谨以此书献给

为天津高速公路发展事业作出贡献的决策者、建设者、管理者

"十三五"国家重点图书出版规划项目
中国高速公路建设实录

Record of Expressway Construction in
Tianjin

天 津 高速公路
建设实录

天津市交通运输委员会

内 容 提 要

本书是《中国高速公路建设实录》系列丛书之天津卷，内容包括经济社会与综合运输发展、公路建设及运输发展、高速公路建设发展及成就、高速公路建设管理地方法规及制度、高速公路建设科技质量成果、高速公路运营管理与执法、高速公路文化建设、高速公路建设项目，以及天津高速公路建设大事记等。

本书全面系统总结了天津市高速公路建设发展成就，详细记述了高速公路建设过程中的管理经验、科技创新、文化建设以及项目建设实情，具有很高的史料价值。本书可供交通运输建设行业相关人员阅读、学习与查询参考。

图书在版编目(CIP)数据

天津高速公路建设实录／天津市交通运输委员会组织编写. — 北京：人民交通出版社股份有限公司，2018.12
ISBN 978-7-114-14840-8

Ⅰ. ①天… Ⅱ. ①天… Ⅲ. ①高速公路—道路建设—天津 Ⅳ. ①U412.36

中国版本图书馆 CIP 数据核字（2018）第 137567 号

"十三五"国家重点图书出版规划项目
中国高速公路建设实录

书　　名：	天津高速公路建设实录
著 作 者：	天津市交通运输委员会
责任编辑：	刘永超　尤晓晔　潘艳霞
责任校对：	刘　芹
责任印制：	张　凯
出版发行：	人民交通出版社股份有限公司
地　　址：	(100011)北京市朝阳区安定门外外馆斜街 3 号
网　　址：	http://www.ccpress.com.cn
销售电话：	(010)59757973
总 经 销：	人民交通出版社股份有限公司发行部
经　　销：	各地新华书店
印　　刷：	北京雅昌艺术印刷有限公司
开　　本：	787×1092　1/16
印　　张：	49
字　　数：	983 千
版　　次：	2018 年 12 月　第 1 版
印　　次：	2018 年 12 月　第 1 次印刷
书　　号：	ISBN 978-7-114-14840-8
定　　价：	320.00 元

(有印刷、装订质量问题的图书，由本公司负责调换)

《天津高速公路建设实录》
编审委员会

主　　任：吴秉军
副 主 任：魏宏云　郝学华
委　　员：张立国　刘胜汉　程金泉　杜二鹏　郝润申
　　　　　杨永前　孙长国　杨　亮　梁　力　李　强
　　　　　祁家林　金宝来　赵银燕　杨西福　张永明
　　　　　郑铁柱　孙妍枫　陈志国　高英贤
主编单位：天津市交通运输委员会
参编单位：天津市市政公路行业协会
　　　　　天津市高速公路管理处
　　　　　天津高速公路集团有限公司
　　　　　天津市市政工程设计研究院
　　　　　天津市交通科学研究院
　　　　　天津市交通运输工程质量安全监督总站
　　　　　天津市交通设施养护管理中心
　　　　　天津市公路处
　　　　　天津滨海新区高速公路投资发展有限公司
　　　　　天津滨海新区投资控股有限公司

天津市公路学会

天津市交通运输工程建设服务中心

天津城建集团有限公司

天津京津高速公路有限公司

天津天昂高速公路有限公司

天津新展高速公路有限公司

天津津滨高速管理有限公司

天津鑫宇高速公路有限责任公司

华北高速公路股份有限公司

天津天永高速公路有限公司

天津津富高速公路有限公司

《天津高速公路建设实录》
编纂工作委员会

顾　　　问：	杨玉淮　韩佩瑄　张宝林
主　　　任：	李国民
副　主　任：	闫维亮　王　健
委　　　员：	李海斌　靳　屹　许顺国　马洪福　周培柏
	孙运国　陈　星　王新岐　韩振勇　张友明
	高伯翔　陈　园　陈志国　李志伟　于冉冉
	曹　伟　黄殿会　李建伯
参编人员：	岳向武　李　尤　邢　锦　王海燕　赵　巍
	申　婵　崔　巍　张建东　赵晓萍　孙　妍
	高　嵩　徐　颢　黄忠明　焦晓磊　马振海
	杨　辉　冀国光　郑明坊　尤爱刚　马鹏举
	谢　彬　孙　炜　汪东升　杜蕴哲　韩雅迪
	王晓玲　李　桐　李宇光　张凌翙　郝　娟
	蒋方兵　张　钰　霍学君　袁永萍　冯成祥
	张耀华　郭淑立　刘福宏　田乃婷　刘　岩
	杨显维　殷明文　赵　杨　蔡朝阳　李　洋
	佟大伟　杨　琦　崔　伟

交通运输是兴国之器、强国之基,国家要强盛,交通需先行。这些年来,在市委、市政府的坚强领导下,天津交通运输战线广大党员干部职工以习近平总书记对天津工作提出"三个着力"的重要要求和对交通运输工作重要论述为根本遵循,紧紧围绕当好发展先行官的职责使命,着力推进综合交通、智慧交通、绿色交通、平安交通建设,交通运输事业发展取得重大成就,为实现"两个一百年"奋斗目标奠定了坚实基础。

高速公路是交通运输现代化的重要标志,也是一个国家、一个地区经济社会发展程度的重要标志。以1987年12月开工建设京津塘高速公路为序幕,我市展开了高速公路快速发展的历史画卷。30多年的奋斗前行,天津高速公路建设取得了令人瞩目的发展成就。截至2017年底,通车总里程达到1248公里,路网密度10.4公里/百平方公里,居全国前列。

回顾30多年我市高速公路的发展历程,大体上经历了三个发展阶段:

1987年至1998年为起步发展阶段。以京津塘高速公路建成为标志,结束了天津没有高速公路的历史,也使我国拥有了第一条利用世界银行贷款建设的、跨省市的高速公路,突破了高速公路建设的多项重大技术"瓶颈",积累了设计、施工、监理和运营等建设和管理全过程的经验。这一时期,第一条由本市自行设计和施工的津沧高速公路全线通车。为了集中力量、突出重点,加快落实交通部"五纵七横"国道主干线规划,相继建成了津保、唐津、京沈等高速公路,为我市高速公路持续、快速、健康发展奠定了坚实的基础。

1999年至2011年为快速发展阶段。通过制定和不断完善天津高速公路网规划,大规模招商引资,逐步形成了"国家投资、地方筹资、社会集资、国内贷款、利用外资"多元化融资体制,我市高速公路步入了快速发展轨道。期间,先后建成津汕、丹拉(天津段)、京沪(天津段)、津宁等十多条高速公路,基本形成了以中心城区和滨海新区为中心的对外辐射型高速公路网络骨架,对提高我市公路路网的整体服务水平,推动天津市及环渤海地区经济快速发展起到了十分重要的作用。

2012年以来进入转型发展新阶段。习近平总书记亲自谋划提出推进京津冀协同发展国家战略,天津市以打造世界级城市群交通体系为目标,积极推进交通一体化率先突破,努力实现"规划同图、建设同步、运输一体、管理协同",加快互联互通高速公路项目建设,开通了京台高速公路天津段、京秦高速公路天津段,唐廊高速公路、津石高速公路等,形成了"八横六纵"高速公路网。在加快建设、强化管理、提升服务的同时,综合交通运输管理体制机制逐步完善,综合交通政策、法规、规划和标准体系基本形成,促进了各种运输方式的衔接,综合运输管理和服务能力不断提升,交通对京津冀协同发展战略的支撑作用越来越突出。

30多年来,天津交通人牢记使命,艰苦创业,砥砺奋进,高速公路建设突飞猛进,在招商引资、规划设计、施工技术、质量管理、科技进步、运营管理、文化建设等方面取得了丰硕成果。彻底改善了我市交通基础设施发展面貌,基本形成六条国家运输主通道、三条京津城际快速通道、八条双城对外放射通道,市域路网骨架基本形成;一大批科技创新成果陆续问世,探索完善了一整套符合国际惯例、适合中国国情的项目建设管理机制和监理工程师制度;工程总体水平达到国内领先和国际先进水平,多项工程荣获国家和地方奖项;国民经济重要的先导性、基础性、战略性和服务性带动作用越发凸显,对促进天津国土资源开发、生产力合理布局、区域之间的合作、投资环境改善、交通出行消费、生活水平的提升等诸多方面都带来了巨大而深远的影响。

30多年来,一代又一代交通人用智慧和汗水铺就了一条条高速公路,在艰苦创业的过程中,形成了具有时代特征、行业特点的交通文化,这就是自觉秉承心系百姓、服务社会的工作宗旨;始终保持勇于创新、开拓进取的精神状态;大力实施筑路育人、人才强企的发展战略;始终保持强基创先、攻坚破难的政治优势,弘扬这些交通精神和光荣传统,成为推动交通运输事业持续健康发展宝贵的精神财富。

为回顾既往,总结经验,探索规律,策励未来,按照交通运输部的统一部署和要求,自2014年10月起,由各省、自治区、直辖市交通运输部门分别组织力量编撰《中国高速公路建设实录》,本书为天津卷。经过3年多的辛勤耕耘,在大家的共同努力下,终于集腋成裘,胜利脱稿。这本书基本上做到了资料丰富、内容翔实、图片醒目,可读性较强,对于今后一个时期更好地建设高速公路提供了有益借鉴。

党的十九大明确提出建设交通强国的战略要求,开启了建设社会主义现代化交通强国的新征程,要求我们必须站在新的历史起点上,准确把握新时代交通运输发展所处的历史方位和时代特征,紧紧抓住交通运输基础设施发展、服务水平提高和转型发展的黄金期,围绕落实天津"一基地三区"的定位,建设人民满意交通,主动作为、锐意进取,打造现代综合交通运输体系,为实现"五个现代化天津"奋斗目标打下更加坚实的基础。

《天津高速公路建设实录》编纂工作委员会

2018 年 8 月

目录
Contents

第一章 经济社会与综合运输发展	1
第一节 经济社会发展	1
第二节 综合运输与物流发展	20
第二章 公路建设及运输发展	49
第一节 公路建设	49
第二节 公路运输	53
第三章 高速公路建设发展及成就	58
第一节 高速公路规划及发展历程	58
第二节 高速公路与经济社会发展	73
第三节 天津市高速公路建设	78
第四节 高速公路软基处理与桥梁建设	104
第五节 高速公路建设经验	114
第四章 高速公路建设管理地方法规与制度	123
第一节 市级相关法规	123
第二节 市级交通运输主管部门制订的文件与制度	126
第三节 建设单位项目管理制度	133
第五章 高速公路建设科技质量成果	142
第一节 道路工程	142
第二节 桥隧工程	160
第三节 重要科技创新	173
第四节 科技成果汇总	184
第五节 工程质量创优	200
第六章 高速公路运营管理与执法	224
第一节 高速公路运营管理	224

第二节	高速公路联网收费及 ETC 建设运营管理	231
第三节	路警联动执法模式	235
第四节	应急抢险	235
第五节	公众出行服务	238

第七章　高速公路文化建设　240
　第一节　高速公路建设与精神文明　240
　第二节　天津高速公路文化特色　293

第八章　高速公路建设项目　312
　第一节　S40 京津塘高速公路（北京十八里店—滨海新区河北路立交）天津段（武清大王古镇—滨海新区河北路立交）　312
　第二节　G1 京哈高速公路（北京—哈尔滨）天津段（宝坻史各庄镇—蓟运河西引桥）　355
　第三节　G18 荣乌高速公路（荣成—乌海）天津段（大港翟庄子—武清王庆坨镇）　368
　第四节　G1N 京秦高速公路（北京—秦皇岛）天津段　384
　第五节　G2 京沪高速公路（北京—上海）天津段（武清大王古—静海唐官屯镇）　401
　第六节　G25 长深高速公路（长春—深圳）天津段（汉沽杨家泊镇—大港唐官屯镇）　421
　第七节　G2501 滨保高速公路　442
　第八节　G0111 秦滨高速公路（秦皇岛—滨州）天津段（汉沽大神堂—大港马棚口）　459
　第九节　G0211 滨石高速公路　483
　第十节　S1 津蓟高速公路（金钟路—蓟县田家峪）　491
　第十一节　S2 津宁高速公路（外环线—宁河芦台镇）　521
　第十二节　S21 塘承高速（东疆联络线—京哈高速公路—京秦高速公路）　532
　第十三节　S3 津滨高速公路（外环线津滨桥—胡家园立交桥）　551
　第十四节　S30 京津高速公路天津段（滨海新区北塘镇—武清高村）　577
　第十五节　S3600 京台联络线（石各庄互通—京台高速公路）　603
　第十六节　S4 津港高速公路（外环线—大港城区）　611
　第十七节　S5 荣乌高速公路联络线（外环线—青泊洼互通）　623
　第十八节　S50 津晋高速公路（临港工业区—西青当城）　629
　第十九节　S51 宁静高速公路（津滨高速公路—津晋高速公路）　642

第二十节　S6 津沧高速公路(外环线—静海唐官屯镇) …………………… 674
　　第二十一节　S7 津保高速公路天津西段(外环线—武清王庆坨镇) ………… 684
附录　天津高速公路建设大事记 ……………………………………………………… 695
附表1　天津市高速公路总体情况 …………………………………………………… 720
附表2　天津市高速公路建设主管部门负责人基本信息 …………………………… 722
附表3　天津市高速公路项目基本信息 ……………………………………………… 727
附表4　天津市高速公路桥梁汇总表 ………………………………………………… 733
附图1　天津市公路图 ………………………………………………………………… 765
附图2　天津市高速公路图 …………………………………………………………… 766
附图3　天津市省级公路网规划(2012—2030年) …………………………………… 767

第一章
经济社会与综合运输发展

第一节 经济社会发展

一、天津市基本市情

1. 地理位置

天津市位于北纬38°34′~40°15′,东经116°43′~118°4′之间,处于国际时区的东八区。土地总面积11916.85km²,疆域周长1290.814km,其中海岸线长153.334km,陆界长1137.48km。天津地处太平洋西岸,华北平原东北部,海河流域下游,东临渤海,北依燕山,西靠首都北京,是海河五大支流南运河、子牙河、大清河、永定河、北运河的汇合处和入海口,素有"九河下梢""河海要冲"之称。天津是中蒙俄经济走廊主要节点、海上丝绸之路的战略支点、"一带一路"交汇点、亚欧大陆桥最近的东部起点,凭借优越的地理位置和交通条件,成为连接国内外、联系南北方、沟通东西部的重要枢纽,是邻近内陆国家的重要出海口。天津背靠华北、西北、东北地区,经济腹地辽阔,是中国北方十几个省区市对外交往的重要通道,也是中国北方最大的港口城市。天津距北京120km,是拱卫京畿的要地和门户。

2. 行政区划

天津是我国四大直辖市之一,现辖16个区,共有124个镇、3个乡、118个街道、3680个村委会和1645个居委会。市辖区包括滨海新区、和平区、河北区、河东区、河西区、南开区、红桥区、东丽区、西青区、津南区、北辰区、武清区、宝坻区、静海区、宁河区、蓟州区。

3. 人口与民族

截至2016年末,天津市常住人口1562.12万人。其中,外来人口507.54万人,占常住人口增量的47.4%。常住人口中,城镇人口1295.47万人,城镇化率为82.93%,65岁及以上人口156.09万人,占10.0%。常住人口出生率7.37‰,死亡率5.54‰,自然增长率1.83‰。年末全市户籍人口1044.40万人。

天津是一个多民族和谐聚居的沿海开放城市。第六次全国人口普查数据显示,天津共有53个少数民族(无德昂族和珞巴族),少数民族人口总数32.97万人。其中,回族人口最多,人口数量17.77万人,占全市少数民族人口的54%。其他万人以上的少数民族有:满族(8.36万人)、蒙古族(2.03万人)、朝鲜族(1.82万人)。现有1个民族乡(蓟州区孙各庄满族乡),有53个民族村。

4. 自然资源

天津气候属暖温带半湿润大陆季风气候。主要气候特征是:四季分明,春季多风,干旱少雨;夏季炎热,雨水集中;秋季气爽,冷暖适中;冬季寒冷,干燥少雪。流经天津的一级河道有19条,总长1095km。还有子牙新河、独流减河、马厂减河、永定新河、潮白新河、还乡新河6条人工河道,总长284km。二级河道79条,总长度1363km。天津市土地面积11916.85km^2,其中,农用地6982.29km^2,建设用地4093.33km^2(含交通运输用地283.86km^2),未利用地841.24km^2。

天津自然资源丰富。一是充足的油气资源。天津有渤海和大港两个国家重点开发的油气田,2016年年产原油3273.26万t、天然气19.69亿m^3。二是取之不尽的海盐资源。天津有约153.3km的海岸线,中国著名的海盐产区长芦盐场就位于这里,年产原盐158.39万t。三是丰富的矿产资源。金属矿产主要有锰硼石、锰、金、钨、钼、铜等20多种,非金属矿产主要有水泥石灰岩、重晶石、叠层石等,都具有较高的开采价值。四是丰富的地热资源。具有埋藏浅、水质好的特点,已发现的10个具有勘探和开发利用价值的地热异常区,热水总储藏量达1103.6亿m^3,是国内最大的中低温地热田。

5. 经济状况

2016年,天津市经济保持平稳较快发展,"十三五"实现良好开局。地区生产总值17885亿元,比上年增长9%,人均地区生产总值114472元。全社会固定资产投资14629亿元,增长12%。一般公共预算收入2723亿元,按可比口径增长10%,其中税收收入1624亿元,增长12.1%。天津市国民经济主要指标和增长速度见表1-1-1。

天津市国民经济主要指标和增长速度　　　　　表1-1-1

年份(年)	户籍人口（万人）	地区生产总值（亿元）	人均地区生产总值（元）	农业总产值（亿元）	工业总产值（亿元）
1990	866.25	310.95	3487	27.32	165.59
1991	872.63	342.65	3777	29.26	179.75
1992	878.97	411.04	4481	30.26	212.80
1993	885.89	538.94	5800	35.40	280.73
1994	890.55	732.89	7751	46.55	371.43
1995	894.67	931.97	9769	60.80	467.93

第一章 经济社会与综合运输发展

续上表

年份(年)	户籍人口（万人）	地区生产总值（亿元）	人均地区生产总值（元）	农业总产值（亿元）	工业总产值（亿元）
1996	898.45	1121.93	11734	67.67	549.81
1997	899.80	1264.63	13142	69.52	609.65
1998	905.09	1374.60	14243	74.14	622.15
1999	910.17	1500.95	15405	71.14	682.52
2000	912.00	1701.88	17353	73.69	785.96
2001	913.98	1919.09	19141	78.73	869.15
2002	919.05	2150.76	21387	84.21	968.44
2003	926.00	2578.03	25544	89.91	1217.88
2004	932.55	3110.97	30575	105.28	1549.67
2005	939.31	3697.62	35783	112.38	1957.95
2006	948.89	4359.15	41163	103.35	2261.52
2007	959.10	5050.40	46122	110.19	2661.87
2008	968.87	6354.38	55437	122.58	3418.87
2009	979.84	7521.85	62574	128.85	3622.11
2010	984.85	9224.46	72994	145.58	4410.85
2011	996.44	11307.28	85213	159.72	5430.84
2012	993.20	12893.88	93173	171.60	6123.06
2013	1003.97	14370.16	99607	188.45	6686.60
2014	1016.66	15722.47	106810	441.69	7079.10
2015	1026.91	16538.19	107960	467.44	6982.66
2016	1044.40	17885	114472	7423.97	7238.7
年平均增长率(%)					
1991—1995	0.65	11.7	23.2	17.92	23.4
1996—2000	0.38	11.3	12.3	4.04	11.1
2001—2005	0.59	14.0	15.6	8.88	20.3
2006—2010	0.95	16.1	15.4	5.59	17.9
2011—2015	0.8	12.4	8.2	3.4	12.4

注：数据来源于历年天津统计年鉴。

(1)先进制造业发展壮大。工业增加值7239亿元,增长8.3%。节能与新能源汽车产量增长8.1倍,轨道车辆实现零突破。推动万企转型升级,全年3936家企业实施4167个转型升级项目,累计15502家企业实施15893个转型升级项目。

(2)现代服务业质量提高。服务业增加值9661亿元,增长10%,占生产总值的54%。金融改革创新三年行动计划实施,新增上市公司和新三板挂牌企业83家,国际航运船舶、飞机和海工平台租赁业务分别占全国的80%、90%和100%。电子商务快速成长,蚂蚁金服、融宝支付、天物大宗商城等一批电商平台蓬勃发展,限额以上互联网零售额增长44.6%。社会消费品零售总额增长7.2%,新建商品房销售面积增长53.1%。总部经济、文化创意、科技服务等新兴服务业快速发展。

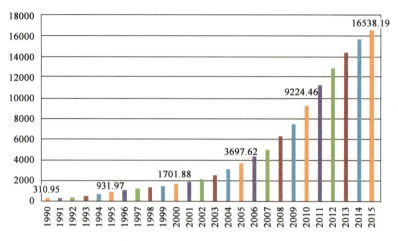

天津市历年地区生产总值(单位:亿元)

(3)现代都市型农业建设加快。调整种养殖业结构,超额完成40万亩年度任务。推进"互联网+"现代农业,新建农业物联网试验基地10个。休闲农业综合收入60亿元,增长20%。健全完善农业生产经营体系,新增市级合作社114家,流转土地221万亩,流转率44.5%。

(4)创新发展成效明显。新增科技型企业1.47万家、小巨人企业456家,累计分别为8.8万家、3902家。改善科技创新生态,新建23个工程中心、12个科技企业孵化器和10个生产力促进中心。加快国家自主创新示范区建设,新注册企业超过2万家,聚集新型研发机构30家。建成运营市级众创空间139个,入驻创客团队4000个、注册初创企业2300家。全社会研发经费占生产总值的3.1%,全市拥有有效专利12.5万件,增长20.2%,万人拥有发明专利14.4件。

(5)开放水平显著提升。自由贸易试验区总体方案90项改革任务完成80%,175项制度创新举措完成90%。全年实际利用内资4537亿元,增长12%;实际直接利用外资101亿美元,增长12.2%。京津冀协同发展提速,全年引进京冀企业投资项目2701个,到位资金1994亿元,占全市利用内资的44%。津企到河北省投资项目793个,投资金额521亿元。启动"一带一路"项目库建设,入库项目85个,总投资1800亿元。天津渤海职业技术学院在泰国建立的"鲁班工坊"落成揭牌,天津市设在海外的孔子学院(课堂)67个。设立外国留学生政府奖学金,在津留学生2.67万人。

二、改革开放前后天津的发展

1949年1月15日,在隆隆的炮火声中,饱经帝国主义、封建主义和官僚资本主义压迫剥削的天津人民获得了解放,天津这个中国北方最大的工商业城市回到了人民的手中。新中国成立60多年来,在共产党和人民政府的领导下,经过全市人民的艰苦努力,天津的政治、经济和社会发展取得了巨大的成就,从一个半封建、半殖民地性质的旧城市,建设成为一个欣欣向荣的现代化的新天津。

1. 新中国成立后至改革开放前的天津

新中国成立后到改革开放前,天津社会经济发展道路是起伏曲折的,这29年的跌宕历史大体可以分为三个阶段:

第一阶段,是1950—1957年,即新中国成立后的8年。它包括1950—1952年三年经济恢复时期和1953—1957年的第一个国民经济和社会发展的五年计划时期。这个时期在国民经济得到恢复的基础上,胜利地完成了对农业、手工业和私营工商业的社会主义改造。由于采取了在国有经济占统治地位的情况下,多种经济成分、多种经营方式与多条经济渠道并存的正确方针和一系列正确的政策,从而大大促进了生产力的发展。这个时期,天津的工业发展迅速,内外贸易活跃,与外地经济联系广泛,1950—1957年的经济增长速度为平均每年递增23.2%,经济效益达到全国先进水平,天津在全国的经济地位有了明显的提高,是作为沿海大工商业城市的作用发挥比较顺利的时期。

第二阶段,是1958—1965年。它包括1958—1962年的"二五"计划时期和1962—1965年的三年经济恢复时期。这期间,由于"大跃进"和自然灾害的影响,在"二五"后三年天津经济发展恢复,8年间的经济增长速度为平均每年递增4.3%,其中1961年和1962年出现了负增长,在全国的地位和作用开始呈现减退的趋势。1958年以后,由于国家政策的影响,无论是工业还是内、外贸易的管理体制,都发生了很大的变化。国营商业对国营工业实行统购包销,流通渠道减少;各地区按行政区划管理经济,各部门按条条管理经济,形成条、块分割,限制了天津作为老工业基地的作用的发挥;再加上从1958年开始,天津并入河北省改为省辖市,更使天津经济的发展受到很大的影响。1963—1965年,贯彻"调整、巩固、充实、提高"的八字方针以后,经济有所加快,与各兄弟省、自治区、直辖市的经济联系也有加强。但是,随后的"四清"运动,对天津的经济发展又产生了不利的影响。

第三阶段,是1966—1978年。它包括"三五""四五""五五"时期的前三年。由于受"文化大革命"和受强烈地震破坏的影响,天津经济遭到新中国成立以来最严重的破坏,发展速度减慢。这一时期全市经济增长速度为平均每年递增7.0%,经济效益下降,工业生产平均增长速度较"文化大革命"前17年平均增长速度低一半以上,国内市场不断缩小,外贸经营方式过死,发展缓慢。1967年的唐山大地震灾害,使天津国民经济的发展又受到极大的破坏性影响。

2. 改革开放后的天津

改革开放以来是天津社会经济颠覆性发展时期,是城市面貌变化最大的时期,也是精神文明建设获得丰硕成果、社会全面进步的时期。这个时期的发展大体可以分为两个阶段:

第一阶段,是1979—1997年。它包括"五五"后两年、"六五""七五""八五"和"九五"前两年,共计19年。1978年党的十一届三中全会召开以来,天津社会经济的发展进入新的历史时期。历届市委、市政府坚定不移地贯彻执行党的十一届三中全会以来的路线方针和政策,团结带领全市人民,紧紧围绕经济建设这个中心,不断解放思想,深化改革,扩大开放,进行了卓有成效的工作。19年间,全市经济增长速度达到平均每年递增9.3%,是天津经济发展较快、综合经济实力得到显著增强的时期,也是改革开放取得突破性进展的时期。

第二阶段,是1998年至今。这个时期四通八达的高速公路全面建设完善,极大地促进了省区市之间、地区之间的交流,使经济发展的速度急速提高。随着港口进一步建设发展,经济技术开发区的建设、新技术产业园区的开辟和保税区的建立,整个城市以海河为轴线,以天津中心城区和滨海新区为城市发展的两个主体,呈"哑铃式"(也被形象地称为"一条扁担挑两头")的布局向滨海方向快速发展。天津单核心城市的结构被打破,开始向多核心结构转变。城市总体布局呈现出外向开放的特点。中心城区的服务职能不断提升,工业重心不断东移,津滨走廊和滨海地区成为城市发展的重点地区。

中央对天津进一步加快发展寄予厚望,明确了"一基地三区"的城市定位,即"全国先进制造研发基地、北方国际航运核心区、金融创新运营示范区、改革开放先行区",京津冀协同发展、自由贸易试验区建设、国家自主创新示范区建设、"一带一路"倡议、滨海新区开发开放五大国家战略叠加,机遇千载难逢,发展潜力巨大。《天津市国民经济和社会发展第十三个五年规划纲要》提出:"十三五"时期天津经济社会发展的主要目标是:基本实现"一基地三区"定位,全面建成高质量小康社会。

(1)建设高质高效、持续发展的经济发达之都。经济保持平稳较快增长,实体经济不断壮大,产业结构优化升级,质量效益明显提高,协同发展取得新进展,开放型经济和城市国际化程度达到新水平,综合实力和城市影响力大幅提升,全市生产总值年均增长8.5%,服务业增加值占全市生产总值比重超过55%。

(2)建设充满活力、竞争力强的创新创业之都。创新创业生态系统更加完善,创新人才大量集聚,自主创新能力显著增强,创新创造活力竞相迸发,全社会研发经费支出占全市生产总值比重达到3.5%,综合科技进步水平保持全国前列。

(3)建设生态良好、环境优美的绿色宜居之都。生态文明建设加快推进,资源节约型、环境友好型的空间格局、产业结构、生产方式、生活方式基本形成,空气质量、水质达标率显著提高,林木绿化率大幅提升。

(4) 建设文化繁荣、社会文明的魅力人文之都。社会主义核心价值观深入人心,爱国诚信、务实创新、开放包容、崇德尊法的社会风尚更加浓厚,市民思想道德素质、科学文化素质、健康素质明显提高,文化软实力显著增强。

(5) 建设共有共享、安全安定的和谐幸福之都。公共服务体系更加完善、均等化水平稳步提高,民主法制更加健全,生产生活安全有序,居民收入增长和经济增长、劳动报酬提高和劳动生产率提高保持同步,居民主要健康指标达到世界先进水平,人民生活更加殷实。

三、天津市国民经济和社会发展基本情况

1. 产业结构

(1) 改革开放以来三大产业的发展

随着经济发展,天津的产业结构也不断优化和调整,第一产业稳步增长,第二产业不断调整优化,第三产业发展速度加快。2015年天津市生产总值16538.19亿元,三大产业的比重分别为1.3%、46.7%和52.0%;人均市生产总值107960元;全市财政收入2666.99亿元,财政支出3231.35亿元。1978—2015年天津市经济社会发展见表1-1-2。

1978—2015年天津市经济社会发展　　　　表1-1-2

年份(年)	地区生产总值(亿元)	第一产业(亿元)	第二产业(亿元)	第三产业(亿元)	人均生产总值(元)
1978	82.65	5.03	57.53	20.09	1133
1979	93.01	6.54	64.82	21.65	1241
1980	103.53	6.53	72.56	24.44	1357
1981	107.96	5.18	76.97	25.81	1458
1982	114.11	7.00	79.86	27.24	1469
1983	123.42	7.60	84.47	31.35	1555
1984	147.53	11.13	96.47	39.93	1853
1985	175.78	12.95	114.92	47.91	2169
1986	194.74	16.51	123.33	54.90	2352
1987	220.12	19.63	138.02	62.47	2621
1988	259.71	26.21	160.96	72.54	3035
1989	283.49	26.85	177.54	79.10	3261
1990	310.95	27.32	181.38	102.25	3487
1991	342.65	29.26	196.60	116.79	3777
1992	411.04	30.26	233.41	147.37	4481
1993	538.94	35.40	308.40	195.14	5800
1994	732.89	46.55	414.95	271.39	7751
1995	931.97	60.80	518.55	352.62	9769

续上表

年份(年)	地区生产总值（亿元）	第一产业（亿元）	第二产业（亿元）	第三产业（亿元）	人均生产总值（元）
1996	1121.93	67.67	609.10	445.16	11734
1997	1264.63	69.52	676.01	519.10	13142
1998	1374.60	74.14	697.99	602.47	14243
1999	1500.95	71.14	758.51	671.30	15405
2000	1701.88	73.69	863.83	764.36	17353
2001	1919.09	78.73	959.06	881.30	19141
2002	2150.76	84.21	1069.08	997.47	21387
2003	2578.03	89.91	1337.31	1150.82	25544
2004	3110.97	105.28	1685.93	1319.76	30575
2005	3905.64	112.38	2135.07	1658.19	37796
2006	4462.74	103.35	2457.08	1902.31	42141
2007	5252.76	110.19	2892.53	2250.04	47970
2008	6719.01	122.58	3709.78	2886.65	58656
2009	7521.85	128.85	3987.84	3405.16	62574
2010	9224.46	145.58	4840.23	4238.65	72994
2011	11307.28	159.72	5928.32	5219.24	85213
2012	12893.88	171.60	6663.82	6058.46	93173
2013	14370.16	188.45	7276.68	6905.03	100015
2014	15722.77	201.53	7765.91	7755.03	105231
2015	16538.19	210.51	7723.60	8604.08	107960

注：数据来源于历年天津统计年鉴。

改革开放后，天津的第一产业持续保持稳步增长，除了1980年、1981年是负增长外，其他年份都保持正增长。天津第二产业增长的起伏较大，在20世纪70—80年代增长速度很快，最快达23.3%，在80—90年代增长相对较慢，甚至在1989年呈现负增长的状态。进入新世纪后受大型企业的拉动，天津第二产业加速增长，2005年天津第二产业增长速度达26.6%，近些年一直保持较快的增长速度；天津第三产业一直处于增长状态，增速比较稳定。

（2）三大产业的结构变化

改革开放以来，第一产业所占比重呈现先增加后降低的趋势，在1988年达到最大，占比重10.1%，2012—2015年第一产业所占比重保持在1.3%；"九五"之前，第二产业占GDP比重是逐步下降的趋势，"十五"一直到2015年，第二产业保持相对稳定的状态；从长期看，第三产业所占比重一直处于增长趋势，从1978年的24.3%，增加到2015年的

52.0%。天津市历年按产业划分生产总值变化情况见表1-1-3。

天津市历年按产业划分生产总值变化情况 表1-1-3

年份(年)	生产总值(亿元)				所占比重(%)		
	全市生产总值	第一产业	第二产业	第三产业	第一产业	第二产业	第三产业
1990	310.95	27.32	181.38	102.25	8.8	58.3	32.9
1991	342.65	29.26	196.60	116.79	8.5	57.4	34.1
1992	411.04	30.26	233.41	147.37	7.4	56.8	35.8
1993	538.94	35.40	308.40	195.14	6.6	57.2	36.2
1994	732.89	46.55	414.95	271.39	6.4	56.6	37.0
1995	931.97	60.80	518.55	352.62	6.5	55.7	37.8
1996	1121.93	67.67	609.10	445.16	6.0	54.3	39.7
1997	1264.63	69.52	676.01	519.10	5.5	53.5	41.0
1998	1374.60	74.14	697.99	602.47	5.4	50.8	43.8
1999	1500.95	71.14	758.51	671.30	4.7	50.6	44.7
2000	1701.88	73.69	863.83	764.36	4.3	50.8	44.9
2001	1919.09	78.73	959.06	881.30	4.1	50.0	45.9
2002	2150.76	84.21	1069.08	997.47	3.9	49.7	46.4
2003	2578.03	89.91	1337.31	1150.82	3.5	51.9	44.6
2004	3110.97	105.28	1685.93	1319.76	3.4	54.2	42.4
2005	3905.64	112.38	2135.07	1658.19	2.9	54.6	42.5
2006	4462.74	103.35	2457.08	1902.31	2.3	55.1	42.6
2007	5252.76	110.19	2892.53	2250.04	2.1	55.1	42.8
2008	6719.01	122.58	3709.78	2886.65	1.8	55.2	43.0
2009	7521.85	128.85	3987.84	3405.16	1.7	53.0	45.3
2010	9224.46	145.58	4840.23	4238.65	1.6	52.4	46.0
2011	11307.28	159.72	5928.32	5219.24	1.4	52.4	46.2
2012	12893.88	171.60	6663.82	6058.46	1.3	51.7	47.0
2013	14370.16	188.45	7276.68	6905.03	1.3	50.6	48.1
2014	15722.47	201.53	7765.91	7755.03	1.3	49.4	49.3
2015	16538.19	210.51	7723.60	8604.08	1.3	46.7	52.0

注:数据来源于历年天津统计年鉴。

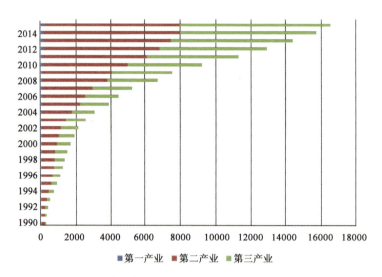

天津市历年按产业划分生产总值变化情况(单位:亿元)

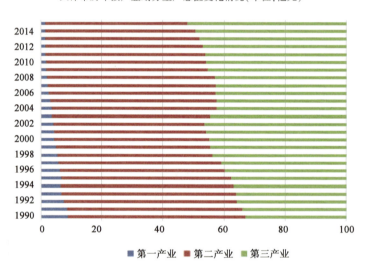

天津市历年经济结构所占比例图(单位:%)

(3)产业发展规划

推行产业发展的高级化与高新化,形成"三二一"的产业结构形式,提高高新技术产业、高端服务业的比重。

①第一产业。大力提高农业科技创新和转化能力,加强农村现代流通体系建设,因地制宜发展农业产业化经营,规模经营,加快发展循环农业,逐步提高农业的综合生产能力和经济效益。调整农业结构,重点发展符合生态要求的技术含量高、水资源消耗低的设施农业、精品农业、加工农业等现代都市型农业。北部山区,依托山林资源和地形特点,重点发展观光农业和林果种植等特色农业。西部和南部平原地区,重点发展设施农业、观光农业和养殖业。东部沿海地区,积极发展海水养殖业,扶植海产品深加工业,发展水产物流

业,形成辐射"三北"地区的水产品集散地。

②第二产业。走新型工业化道路,加快形成以支柱产业和高新技术产业为主体,以都市型工业为重要补充的新型工业结构。继续壮大石油和海洋化工、汽车和装备制造、现代冶金等支柱产业,并与周边省市形成布局合理、衔接紧密、聚集效应强的产业集群;特别是重点开发高新技术产业,大力发展电子信息、生物技术和现代医药业、新材料、新能源等高新技术领航产业群。

继续实施工业战略东移,疏散传统制造业,以节约资源、保护生态环境、增加就业为原则,用高新技术改造传统制造业,鼓励发展服装、食品、电子、包装等都市型工业。

进一步整合现有各级开发区,引导工业企业向工业园区集中,提高工业布局的集聚度和集群化。同时,根据各地的客观条件和发展机遇,引导各工业区形成主导产业,避免产业雷同和无序竞争,实现工业的总体协调发展,提高天津工业体系的整体竞争力。

以滨海新区为基地,以现代制造业为突破,以高新技术产业为龙头,形成世界著名的制造业集聚区。工业增长主要由支柱产业和高新技术产业支撑,主要发展电子信息、汽车制造、石油化学等工业。

电子信息业:依托武清新技术产业园区、逸仙国际工业园区、华苑产业园、塘沽海洋高新技术产业园区、天津经济技术开发区等产业园区,重点发展无线通信制造业、显示器制造业、基础元器件制造业、集成电路制造业、汽车电子产品制造业、光通信产业制造业和软件产业等领域,形成电子信息产业带。

汽车制造业:充分利用天津现有汽车工业基础,继续走与跨国公司金融合资合作的路子。发展中高档轿车,形成经济型用车、中高档轿车、微型乘用车和中高档豪华客车的整车生产基地。在空间布局上,全市形成杨柳青、天津经济技术开发区等汽车产业基地。

石油化学工业:未来天津石油化学工业将集中布置在临港工业区、三角地石化工业区和油田化工产业区。重点发展石油化工、海洋化工和精细化工,延伸产业链,相应发展下游产品,形成国家级石化产业基地。

③第三产业。大力发展第三产业,重点发展金融、商贸、物流、科技研发、文化、教育、旅游、中介服务等现代服务业。

充分利用财政、金融等经济手段和信息平台等优势,大力提高金融服务,尤其是高端金融服务的能力与水平,积极扩大服务范围。

实施结构调整,完善商贸流通体系。打造不同特色的商贸集聚区,形成深购远销、高效畅通的批发经营网络和布局合理、业态先进的零售商业格局。

建立分布合理、结构优化、高效低耗的现代物流体系,积极发展第三方物流。重点建设辐射环渤海地区的物流基地、综合物流区和专业物流区,满足国内外物流需求。

充分发挥科技教育、文化、信息等方面的资源优势,增强总体实力,培育高科技人才,加快发展建设高水平的技术研发中心和孵化基地。

充分利用近代历史文化旅游资源、山河湖海自然旅游资源、都市及休闲旅游资源,大力发展具有天津特色的旅游业。

加快发展中介服务业,提高执业水平,形成专业化市场化程度较高、门类齐全的中介服务体系。

现代物流业:以港口、航空、铁路、公路、物流园区等为依托,发展天津为北方最大的物流枢纽城市。

商贸会展业:未来的天津商业发展目标是建立起布局合理、结构优化、功能先进、配套完善、可持续发展的现代商业网络体系,基本实现商业现代化,总体上接近世界中等发达城市商业水平。

房地产业:天津房地产业发展空间广阔,一是天津消费结构的升级,居民住宅购房需求快速增长;二是天津正在进行的城市改造、住宅拆迁,都为房地产业的发展提供了迅速发展的良机。房地产业的发展需要相应的规范发展和合理宏观调控,避免出现房地产泡沫,引导房地产的健康成长。

金融保险业:天津要成为北方的经济中心,必须优先发展金融保险业。未来的战略是吸引外资银行和证券、保险机构进入,并争取设立更多总部在天津的金融机构(如渤海银行、渤海证券、渤海财险等),为其他产业发展提供良好的融资平台和金融服务环境。建立完善、发达的现代金融体系(包括银行、保险、证券业),设施和服务实现网络化和现代化,便利金融服务,形成优越的融资环境。

旅游业:摆脱目前天津旅游较弱的现状,大力发展旅游业,建立与城市地位相符的旅游体系。重点开发建设11个全市性的风景旅游资源区:包括运河—海河观光旅游区、中心城区综合旅游区、滨海观光度假娱乐旅游区、西青民俗旅游区、小站、葛沽历史文化旅游区、蓟州自然风景和名胜古迹旅游区、宝坻温泉休闲娱乐区、武清现代休闲娱乐区、团泊洼—大港水库生态湿地旅游区和东丽湖温泉康体运动度假区。

2.城乡统筹

建设社会主义新农村是新形势下党中央作出的一项重大战略部署,是实现全面建设小康社会目标的必然要求,是贯彻落实科学发展观和构建和谐社会的重大举措,是改变我国农村落后面貌的根本途径,是系统解决"三农"问题的有效方法。加快社会主义新农村建设,有利于缩小城乡差别、促进农村全面发展,有利于全面建设小康社会,有利于实现农村的现代化和天津整体的现代化。

贯彻"工业反哺农业,城市支持农村"的方针,按照"生产发展、生活宽裕、乡风文明、村容整洁、管理民主"的要求,以统筹城乡规划和产业布局、统筹城乡基础设施和生态环境建设、统筹城乡社会事业发展为原则,以示范小城镇建设为突破口,整理村庄居民点,整合土地资源,提高土地使用效益,提高农业综合生产能力,稳步推进城镇化,加快建设社会主义新农村。

全面推进社会主义新农村建设,因地制宜地稳步推进城镇化,逐步改变城乡二元结构,积极创建文明生态村,提高公共设施和基础设施服务水平,推动产业向规模经营集中、工业向园区集中、农民向城镇集中,促进城乡统筹发展。

加强农村居民点的整合,将分散的农村居民点逐步集中,并采取一定的优惠政策鼓励山区、生态保护区、蓄滞洪区内的人口逐步向新城和中心镇转移。要积极探索建设新农村发展模式:一是城镇一体化发展模式,将现状在城镇规划范围内的村庄纳入城镇建设范围,统筹规划建设,在编制镇村规划体系时不再单独考虑;二是中心村发展模式。选择条件较好、发展潜力比较大的村庄作为中心村,迁并村庄,集中建设新农村;三是村庄整治发展模式。保留因各种原因不宜迁并的村庄,针对存在的问题进行综合整治,逐步改善生产、生活环境。

3. 城镇体系

《天津市国民经济和社会发展第十三个五年规划纲要》(以下简称"规划纲要")第四章"建设管理高品质的现代城市"明确提出:深化落实"双城双港、相向拓展、一轴两带、南北生态"空间发展战略,主动融入京津冀城市群建设,构建以双城、辅城和中等城市、特色小城镇、美丽乡村为骨架的现代城乡体系,推进陆海统筹,加强城市建设和管理,打造功能完善、智能精细、宜居宜业的现代都市。

"规划纲要"第四章第一部分"优化城市空间格局"提出了明确的发展目标:

①做优"双城"。中心城区坚持内涵集约式发展,大力发展现代服务业,打造更多亿元楼宇,推进城市、产业、生态、文化融合,全面提升城市功能和品质。优化提升城市主中心小白楼、友谊路、文化中心周边地区、海河东岸等节点功能,推进西站、天钢柳林等城市副中心功能再造,推动海河上、中游及新开河两岸综合开发,提升改造大胡同地区,构建环天大南大知识经济创新圈、陈塘科技商务区。滨海新区进一步增强综合实力和竞争力,做优做强先进制造、国际航运、国际贸易、金融创新和滨海旅游等功能,加快中心商务区等重点区域综合开发,深化综合配套改革试验,创新与其他区县联动共赢合作模式,建设国际化创新型宜居新城区。

②做强辅城和中等城市。按照辅城定位,推进环城四区优化发展,建设生态宜居城区、高端产业聚集区和京津城市功能拓展区。东丽区加快构建以战略性新兴产业和现代服务业为主导的现代产业体系,建设智慧生态新城区。津南区做强教育经济、会展经济和楼宇经济,建设产城一体化创新示范区。西青区加快南站科技商务区建设,大力发展高端服务业和先进制造业,打造创新驱动转型发展示范区。北辰区着力推进北部新区开发建设,积极发展科技研发、高端装备和现代物流等特色产业,打造北部城市副中心。按照中

等城市标准建设武清、宝坻、静海、宁河、蓟州区,打造京津冀城镇体系重要节点。武清区着力提升城市和产业园区功能品质,建设成为高端产业聚集区和京津发展轴节点城市。宝坻区加快发展高新技术产业、生态农业、现代服务业,打造优势突出的产业重镇和环境优美的活力新城。静海区重点发展循环经济、生命健康、旅游度假等产业,建设宜居宜业、产城融合的新兴城市。宁河区重点依托津冀芦台协同发展示范区、未来科技城京津合作示范区,打造京津产业新区和生态魅力新城。蓟州区重点发展文化旅游、健康养老、绿色食品和战略性新兴产业,打造京津冀一流旅游目的地和休闲之都。

③做特小城镇。推进以人为核心的新型城镇化,加快建设示范小城镇,推动"三区"联动发展,继续实施"三改一化"改革,稳妥推进农业转移人口市民化,实现农民安居乐业有保障。推进国家新型城镇化综合试点、全国中小城市综合改革试点、产城融合试点和深化基础设施投融资改革试点。培育杨柳青镇、华明镇、小站镇、双街镇、崔黄口镇、大邱庄镇、七里海镇、下营镇等一批历史文化悠久、产业特色鲜明、区位优势突出的特色小城镇和经济强镇。到2020年,城镇化率达到84%。

④做美新乡村。实施农村道路联网、农村饮水安全等工程,完善农村基础设施配套。推进农村环境综合整治,健全卫生保洁、设施养护等长效管理机制。尊重自然、顺应自然,呵护园林田塘,保护特色文化村落,保留村庄原有形态,建设别致多样、干净整洁、留住乡愁的美丽乡村,打造一批农家乐、渔家乐,使农村走上生产发展、生活富裕、生态良好之路。

⑤融入区域空间格局。推动沿京津发展轴的武清区、中心城区、环城四区、滨海新区加快发展,打造京津冀区域高端产业发展带、城镇聚集轴和核心功能区。推动宝坻区融入京唐秦发展轴,建设产业升级发展带。促进天津平原地区与北京、廊坊及保定平原地区深度融合,打造要素资源集聚、产业层次高、创新能力强的核心区域。推动滨海新区成为东部滨海发展区的核心区,携手河北省沿海地区形成与生态保护相协调的滨海型产业聚集和城镇发展区。推动蓟州区山区与北京山区、河北省张承地区共同建设支撑京津冀协同发展的生态涵养区。规划建设"微中心",有序承接北京非首都功能。

⑥拓展海洋经济发展空间。全面推进海洋经济科学发展示范区建设。加快形成海洋装备制造、海水利用等先进制造产业集群,积极发展海洋现代服务业,提升发展海洋渔业、海洋盐业等传统产业。深入推进科技兴海,建成全国海洋科技创新和成果高效转化集聚区。严格执行海洋功能区划制度,加强海域使用管理,集约节约高效用海。加大海洋污染防控力度,全面治理入海排污口。实施海岸线综合整治工程,到2020年,海洋自然岸线保有量不低于18km。

城镇体系发展的主要内容:根据"一轴两带三区"的城市空间结构,结合市域城镇发展的特征,规划形成"城市主副中心—新城—中心镇——般建制镇"四级城镇体系。中心城市内由中心城区、滨海新区核心区作为城市主副中心。近郊区实施以新城、中心镇为重点的城镇化战略,与城市空间布局和产业结构调整相适应,逐步形成分工合理、高效有序的网络状城镇空间结构。

(1)城市主副中心

①城市发展的主中心。中心城区包括外环线绿化带以内地区,总面积 371km²,是全市的综合性服务中心,它集中了全市大部分的公共设施,是全市人口和城镇建设最密集的地区,也是发挥对环渤海地区城市辐射功能的主要地区。近年来,天津启动工业东移战略,中心城区工业布局的结构调整成效显著。中心城区布局不断优化,功能日益提升,环境也不断改善。未来中心城区加快产业结构调整步伐,为发展都市型工业和现代服务业腾出空间,提高土地利用效益。

规划中心城区为天津城市发展的主中心,要调整城市功能布局与产业结构,提升金融、商贸、科教、信息、旅游等现代服务职能,适当发展都市型工业,突出城市文化特色,改善生活环境。规划 2020 年中心城区人口控制在 470 万人以内。

②城市发展的副中心。滨海新区核心区包括一港三区(指包含天津经济技术开发区、天津港保税区、天津港和塘沽城区在内的塘沽行政区范围内的地区),位于天津东部,渤海湾海河入海口,是京津冀地区的海上门户。近年来,滨海新区核心区内的天津经济技术开发区、天津港、天津港保税区等区域快速崛起,发展非常迅速,为天津社会经济的发展做出了巨大贡献。如今,国家提出开发滨海新区发展战略,这一地区作为滨海地区的核心发展地区,其作用和地位将日益凸现,成为天津经济发展最具活力的地区。

规划滨海新区核心区是天津城市发展的副中心,应以科技研发转化为重点,大力发展高新技术产业和现代制造业,增强为港口服务的功能,积极发展商务、金融、物流、中介服务等现代服务业,完善城市的综合功能。规划 2020 年滨海新区核心区人口规模为 160 万人。未来应加强塘沽城区—开发区—保税区—港区之间的协作,实行一体化发展。

(2)新城

新城是天津城市发展轴和发展带上的重要节点,是各区的政治、经济、文化中心或重要的功能区,是未来承担疏解中心城区人口和功能,承接产业转移,带动区域发展的中等规模的城市地区。新城按照中等城市标准进行建设,充分利用滨海新区开发开放带来的机遇,不断壮大经济实力,承担中心城区人口的疏散。要不断优化产业布局,促进产业结构升级,增强发展动力,全面提高竞争力,形成多级增长的格局和各具特色的现代化新城。规划 11 个新城,分别为蓟州、宝坻、武清、宁河、汉沽、西青、津南、静海、大港、京津和团泊新城。

①蓟州新城。蓟州城区位于天津市北部,燕山南麓,地处北京、天津、唐山、承德四市的腹心地带,蓟州对外交通十分便利,津蓟高速公路直达城区,京哈公路、津围公路、邦喜公路、大秦铁路、京秦铁路和津蓟铁路贯穿东西南北。蓟州是天津仅有的山地新城,其历史悠久,独乐寺距今已有一千多年的历史,生态环境良好,旅游资源丰富,是天津城市重要

的生态后花园。蓟州产业发展主要以轻型产业为主,目前基本形成了食品、服装、建材、建筑、轻加工等六大主导产业。

结合蓟州区特征,规划蓟州城区是京津冀地区重要的风景旅游区,重点发展旅游业和轻加工工业,建设成为城市北部重要节点和历史文化特色的现代化新城。规划2020年蓟州新城人口规模为30万人。

②宝坻新城。宝坻城区位于天津市北部,地处北京、天津、唐山三个特大城市中心地带,西北距北京市85km,南距天津市73km,东距唐山市105km。改革开放以来,宝坻工业迅速崛起,逐步形成了纺织、服装、旅游用品、文体用品、地毯、鞋类等六大支柱行业群体和以轻加工型、出口创汇型为主的工业发展模式。宝坻城区商贸繁荣,城区集市面积已达40万m^2,是天津地区最大的集贸市场,辐射八省三市三十多个区,素有"京东第一集"之称。

结合宝坻特征,规划宝坻城区重点发展商贸物流业、现代制造业,建设成为西部城镇发展带中部的重要节点和现代化新城。规划2020年宝坻新城人口规模为30万人。

③武清新城。武清城区位于天津市西北部,处在京津大通道的轴向位置,也处在京津城市发展的主轴上,西距北京72km,东距天津中心城区25km,区位条件十分优越。武清交通十分便利,境内拥有京津塘高速公路、京塘公路、津围公路等12条干线公路。依托这些区位优势,近年来武清高新技术产业和第三产业发展迅猛,产业的外向型程度也不断提升。而且,武清介于北京与天津之间,在吸引大型项目上具有强大的优势。

结合武清特征,规划武清城区重点发展高新技术产业和服务业为主导的外向型产业,建设成为京津城市发展主轴的重要节点和现代化新城。规划2020年武清新城人口规模为50万人。

④宁河新城。宁河城区位于天津市东北部、渤海湾西北部。其交通便利,境内主要公路有唐津高速公路、津榆公路、宝芦公路、芦玉公路、芦汉公路、梅丰公路、津汉公路等。目前宁河工业基本形成了以建材、酿酒、化工、食品、机械、旅游制品、服装为主的结构。宁河新城是天津东部滨海发展带的重要节点,未来宁河新城发展应与汉沽新城统一规划,结合天津滨海旅游,共同发展为旅游服务的产业。

结合宁河特征,规划宁河城区重点发展加工工业和旅游服务业,注重与汉沽新城的一体化发展,建设成为东部滨海发展带北部的重要节点和现代化新城。规划2020年宁河新城人口规模为25万人。宁河新城(芦台镇)和汉沽新城要统一规划,实现基础设施共享,共同建设芦汉新城。

⑤汉沽新城。汉沽城区位于天津市东北部,南濒渤海湾,蓟运河由北向南流经区内,是天津通往东北三省的门户。汉沽城区是天津滨海新区的重要组成部分,辖区海岸线长32km,尚保持自然状况,是天津发展滨海旅游的最佳场所。随着基辅号航母在汉沽沿海地区的落成,汉沽的旅游休闲产业发展日益快速。

结合汉沽特征,规划汉沽城区重点发展旅游、休闲、度假产业,注重与宁河新城的一体化发展,建设成为东部滨海发展带北部的重要节点和以休闲旅游为特色的现代化新城。规划2020年汉沽新城人口规模为25万人。汉沽新城和宁河新城(芦台镇)要统一规划,实现基础设施共享,共同建设芦汉新城。

⑥西青新城。西青城区(杨柳青镇)位于天津市西南部,与中心城区相邻,已经开始逐渐与中心城区发展融为一体,其交通便捷,境内有京福公路、津淄公路、津港公路、津同公路、外环线等11条公路干线。西青新城是天津支柱产业之一——汽车产业的重要生产基地,也是天津高新技术、科技、教育产业发展的主要地区,天津第三高校区、华苑高新技术产业区等在此已初具规模。同时,西青的杨柳青年画等民间艺术也是闻名全国,杨柳青镇是中国三大木版年画之一——杨柳青年画的发祥地。结合西青特征,规划西青城区以民俗和民间艺术为特色,重点发展科技、教育和高新技术产业、现代制造业及旅游业,建设成为现代化新城。规划2020年西青新城人口规模为50万人。

⑦津南新城。津南城区(咸水沽镇)位于天津市东南部,海河下游南岸,是联结市中心城区和滨海新区的重要节点,其距天津中心城区12km,距天津港30km。随着滨海新区的快速崛起,津南新城的区位优势得到日益显现,近年来津南经济发展迅速,现已形成环保、基建关联产品、交通运输工具、金属制品、机电制品、服装、食品、化工等支柱行业,并且商贸、房地产等服务业也得到不断发展。

结合津南特征,规划津南城区重点发展综合服务、环保产业和加工制造业,建设成为现代化新城。规划2020年津南新城人口规模为40万人。

⑧静海新城。静海城区地处华北平原北部,天津市西南隅,距天津市区25km,是北上京津、南下江浙的交通要冲。静海交通运输条件较为优越,通往南方的重要通道京沪高速公路和津浦铁路贯穿全境。目前静海产业发展主要有电子、机电、化工、轻纺、食品、建材、服装、铸造等。

结合静海特征,规划静海城区重点发展制造业、物流业,建设成为西部城镇发展带南部的重要节点和现代化新城,规划2020年静海新城人口规模为30万人。

⑨大港新城。大港城区地处天津市东南部,东临渤海湾,是天津市滨海新区的重要组成部分,是一个以石油和石油化工为主体产业的新型滨海城区,大港油田是我国重要的石化石油基地之一。大港区位优势明显,李港铁路穿境,唐津、津晋、津港高速公路和津港公路相连,交通极为便捷。大港资源丰富,已探明石油储藏量8.87亿t,天然气储量360.5亿m^3,由于目前工业基础较好,一些重大工业项目大炼油、大乙烯等进驻大港。

结合大港特征,规划大港城区是国家级石化基地,重点发展石油化工产业,建设成东部滨海发展带南部的重要节点和现代化新城。规划2020年大港新城人口规模为45万人。

⑩京津新城。周良庄镇地区位于天津中心城区和宝坻新城之间,该地区拥有丰富的地热资源,其区位条件优越,与天津、北京联系都很方便。目前这一地区利用区位优势、环境优势和资源优势,正大力发展休闲、旅游、会议服务业,发展已初具规模。未来这一地区应大力发展高端服务业,与其他区域形成差别化的竞争优势,成为吸引北京、天津及周边地区的重要旅游休闲度假会议基地和文化交流基地。在发展过程中要严格控制污染项目进入,保持高质量的生态环境和旅游休闲产业的协调发展。

规划周良庄镇地区重点发展旅游、商贸物流、教育和会议服务,建设成为以休闲度假等现代服务功能为特色的现代化的京津新城。规划2020年京津新城人口规模为20万人。

⑪团泊新城。团泊镇地区位于天津中心城区南部,静海新城西部,濒临团泊洼湿地,生态环境良好,要继续保持生态环境优势,发展生态休闲旅游产业,严格控制新城规模,禁止污染产业的发展,重点协调好城镇建设和环境保护的矛盾,采取优惠政策鼓励生态湿地周边农村居民点向新城集中,以改良生态环境。

规划团泊镇地区重点发展体育及休闲度假产业,建设成为以风景旅游度假为特色的现代化的团泊新城。规划2020年团泊新城人口规模为10万人。

(3)中心镇

中心镇是农村地域型经济文化中心,是城乡统筹发展的纽带。

天津已成为我国尽快实现现代化的先导地区,经济要素的开放与市场流通出现区域化,甚至全球化的趋势,而目前传统的、相对封闭、数量偏多、分布较散的小城镇发展格局已无法适应天津社会经济的发展。

乡镇规模普遍偏小,在经济、社会发展中暴露出诸多问题。一是行政管理成本较高;二是小城镇建设困难较多,重复建设,极大地浪费了宝贵的土地资源、建设资金和大量的社会财富。由于许多小城镇的腹地小,服务人口少,许多已建设施不能充分发挥效能;三是小城镇建设可用财力少,投入不足,发展不快,城镇功能不强,难以发挥对周围农村的辐射和带动作用;四是小城镇布点过多,城镇体系不合理;五是小城镇社会事业发展缓慢。

因此,天津改变目前小城镇分散发展、实力较弱的局面,实现小城镇的集中发展显得非常必要。故规划确定重点发展中心镇战略,以优化经济发展格局,形成经济的规模优势。

城镇发展受地理区位、交通、资源、经济发展水平等多种因素影响,这些因素对各个城镇的影响程度不同,它们的影响作用叠加共同决定了不同城镇发展的条件优劣差异。规划以经济实力、交通区位、发展特色、区域地位等多项指标为参考,通过对全市小城镇的比较分析,确定了30个中心镇,分别为杨家泊镇、茶淀镇、小王庄镇、太平镇、华明镇、军粮城镇、双港镇、小站镇、八里台镇、葛沽镇、青光—双口镇、双街镇、大寺镇、辛口镇、张家窝镇、河西务镇、崔黄口镇、王庆坨镇、大口屯镇、林亭口镇、下营镇、邦均镇、马伸桥镇、上仓镇、唐官屯镇、独流镇、王口镇、七里海镇、宁河镇、潘庄镇。

根据各中心镇的不同条件,发展加工工业、交通运输、商品流通和社会化服务等,形成工业主导型、现代农业型、商贸型、交通型、旅游型等职能特色突出的新型城镇。今后天津将以这些中心镇为基础,有计划地撤并其他过于弱小的小城镇,集中建设中心镇;完善城镇体系建设,大力加强这些中心镇的基础设施和公共设施建设,逐步实现土地集约、产业集聚和人口集中,实现小城镇的合理和可持续发展。

(4) 一般建制镇

经2001年新一轮行政区划调整后,天津全市仍有140个乡镇,平均每百平方公里上即有1.17个小城镇,这种密度仍然偏高。天津小城镇规模普遍偏小,城镇人口平均值在4000人左右,经济总量不足,吸引农村剩余劳动力的作用不明显。天津小城镇发展缺乏特色,没有能充分利用自身的特色来发展,市域内小城镇大多以工业发展为主,而工业基础薄弱,乡镇企业分散发展,建设环境较差,影响了市域整体经济和城乡空间的合理利用。

因此,天津未来一般建制镇的发展应注重集约发展,根据各自基础条件和资源状况,发展为大城市服务的劳动密集型工业和第三产业。应节约用地,紧凑发展,注重保护生态环境,改善投资环境,统筹城乡经济、社会和环境的协调发展。在有条件的情况下,一般建制镇可以中心镇为核心,逐步实现一般建制镇的撤并。

(5) 村庄建设

村庄建设应按照"生产发展、生活宽裕、乡风文明、村容整洁、管理民主"的要求,统一规划,合理布局,集中紧凑建设。加强农村居民点的整合,实施迁村并点,将分散的农村居民点逐步集中,并采取一定的优惠政策鼓励山区、生态保护区、蓄滞洪区内的人口逐步向新城和中心镇转移,全面推进社会主义新农村的建设,积极创建文明生态村,提高公共设施和基础设施服务水平,推动产业向规模经营集中、工业向园区集中、农民向城镇集中,促进城乡统筹发展。

整理农村建设用地,逐步将农村建设用地转化为城镇建设用地、耕地、生态用地等,减少城市发展对农用土地、生态用地的占用,推动农村城镇化,集约使用土地资源,切实保护耕地。

4. 发展战略

(1) 构筑高层次产业结构

积极发展现代都市型农业和特色养殖业,逐步提高农业的综合生产能力和经济效益。充分利用天津市雄厚的产业基础,发挥资源、交通、科技人才和对外开放等优势,发展壮大支柱产业和高新技术产业,加快建设现代制造和研发转化基地。完善自主研发体系,提高自主创新能力,建设一批高水平的技术研发中心和高科技企业孵育基地。大力发展金融、物流、旅游等现代服务业,增强城市综合服务功能。

（2）加快基础设施建设

充分发挥海洋和港口的优势，加快天津港和疏港通道建设，打造北方国际航运中心和国际物流中心。加强天津机场与首都机场的合作，共同构建东北亚地区国际航空客货运枢纽。完善陆路交通体系，加强天津各功能区与周边城市基础设施建设的衔接，努力构筑与周边地区紧密联系的综合交通体系网络。推进物流网络化和信息化，加快建设现代化物流基地，建立国际贸易信息服务体系。

（3）加强区域合作

积极推进环渤海地区在产业结构、生态建设、环境保护、城镇空间与基础设施布局等方面的协调发展。发挥天津港口、交通和现代服务业等优势，为环渤海地区扩大开放和产业转移提供通道和载体。进一步形成以京津冀为经济核心区、以辽东半岛和山东半岛为两翼的环渤海区域经济共同发展的大格局。

（4）实施科教优先发展和人才战略

依托京津地区高等院校、科研机构密集的优势，发挥创新孵化器、企业研发中心、博士后工作站等多层次科技人才创新基地的作用，加快培育各类高素质人才，广泛吸引人才，为天津乃至整个环渤海地区的发展提供强有力的人才支撑和智力保障。

（5）节约资源和保护环境

坚持可持续发展，节约集约利用土地、水资源和能源。按照规划，充分利用不适宜耕种的盐碱地作为城市发展用地，加强对耕地、湿地的保护。大力发展循环经济，节约用水，循环用水，加强环境保护和治理，节约用能，提高能源利用效率，建设节约型、环保型的生态城市。

（6）推进和谐社会建设

坚持以人为本，大力发展教育、文化、卫生、体育等社会事业，提高社会保障水平，构筑社会防控、应急管理和城市安全保障体系，创造和谐、优美、安全的人居环境。推动经济建设、政治建设、文化建设，建立城乡协调发展机制，发挥城市对农村的辐射带动作用，加快城乡一体化发展，全面推进社会主义新农村现代化建设。

第二节 综合运输与物流发展

一、天津市交通行政管理体制的沿革

1. 综合交通运输管理沿革

1949年1月15日天津解放，市人民政府接管旧工务局，沿袭原有建制成立天津市人民政府工务局，主管天津市区道路、桥梁、排水、园林、防洪等市政设施建设和养护管理工作。

1950年3月,市工务局撤销,分别成立建设局、卫生工程局、园林广场处和水利处。

1952年下半年天津市建设局、卫生工程局、水利处、园林广场处合并成立市政工程局。

1955年1月,河北省和天津专署将天津市郊区干线公路移交给天津市市政工程局。

1955年2月天津市城市建设委员会撤销后,由市政工程局接管原市建委的城市规划和规划管理业务,更名为天津市建设局。

1957年7月成立天津市建设委员会,市建设局城市规划和规划管理业务划归市建委。

1960年初,天津市委、市人大决定,在天津市交通办公室和天津市运输指挥部的基础上,组建天津市交通运输委员会,为主管全市交通运输工作的职能部门。

1962年7月,天津市交通运输委员会撤销,全市交通运输工作,由天津市经济委员会主管。

1970年10月,天津市建设局、天津市建筑工程局、天津市建筑材料工业局合并,组建成天津市建设局革命委员会。

1972年12月,天津市建设局革命委员会又一分为三,分别组建天津市市政工程局、天津市建筑工程局、天津市建筑材料工业局。

1973年1月,市政工程局开始对外办公,同月,负责地铁建设的天津市7047工程指挥部并入市政工程局。

1983年9月,经市委、市政府批准,将市经委的交通运输管理职能剥离,重新组建天津市交通委员会,其职能为统筹、协调全市交通、邮电工作,综合平衡运力、运量,推进联合运输,制订并组织实施交通运输、邮电技术经济发展规划及相应的政策、措施。1992年5月,市联合运输办公室划归市交通委直属领导。

2000年5月22日,市委、市政府印发了《天津市人民政府机构改革实施方案的通知》(津党发〔2000〕5号),将市政工程局成建制转制为市政工程总公司,为市管企业。

2000年10月,根据市委《关于天津市市政工程局改制为天津市市政工程总公司的通知》(津党〔2000〕34号)文件精神,市政工程局机关工作人员退出公务员序列。

2003年底,市政工程总公司正式注册,按照市政府文件精神,保留了原市政工程局和政府职能,实为一个机构,两块牌子。为实现政企分设,首先剥离了原局属的8个施工企业,共15000多人,组建了天津市城建集团。

2004年,地铁总公司从市政工程局剥离,划归市城投集团。

2007年1月,将市政工程局所属的高速公路投资建设发展有限公司、市政投资公司、创业环保股份公司等单位剥离到城投集团;同时,将所属的滨海市政投资有限公司、市政开发总公司和市政建设发展有限公司等投资和建设业主型企业剥离,组建了市政建设集团。以上6家投资和业主型企业,从市政工程局共剥离企业总资产297亿元,2006年12月31日账面数净资产101亿元,人均净资产量为865万元,相当于市政公路管理局人均资产量的80多倍。

2007年1月,中共天津市委、市人民政府作出了撤销天津市市政工程局(市政工程总公司)和公路管理局,组建天津市市政公路管理局的决定。组建后的市政公路管理局为正局级事业单位。中共天津市委2007年1号文件确定了市政公路管理局承担8项基本职责。

2007年11月,市编委向市委规划建设工委、市建委下发了《关于市市政公路管理局内设机构和编制问题的批复》,明确了市政公路管理局的单位性质、内设机构、人员编制和经费来源,明确了市政公路管理局为差额拨款事业单位。

2009年,在新一轮政府机构改革中,市政府、市政府在《关于印发＜天津市机构改革实施方案＞的通知》(津党发〔2009〕15号)中明确:天津市市市政公路管理局为主管全市市政道桥、公路(含高速公路)管理工作的具有行政职能的市政府直属专业管理局。

2009年5月,天津市交通委员会改组为天津市交通运输和港口管理局,整合全市公交、出租、长途运输、港口等9个行业,统一优化配置全市交通资源,实行全市交通统一管理。

2010年,天津市委《关于印发天津市市政公路管理局主要职责内设机构和人员编制规定》明确了天津市市政公路管理局的主要职责:①贯彻执行有关市政道桥、公路管理的法律、法规、规章和方针政策,起草相关地方性法规、规章草案和规范性文件并组织实施。②拟订市政道桥、公路专项规划和近期建设计划;制订市政道桥、公路基础设施养护、维修计划;会同市财政局制订并下达市政道桥、公路养护维修资金计划,负责资金的安排和管理;负责已接收管理的道桥、公路范围内地下管网施工的协调管理。③组织实施市政道桥、公路的养护及大中维修项目;负责对全市市政道桥、公路设施状况进行检测评定,并对运行服务进行监督考核;负责市政道桥、公路设施的综合统计工作。参与市政道桥、公路建设市场的管理。④承担道路、公路运行设施执法监督的相关工作;负责有关行政复议工作;负责市政道桥、公路设施命名申报工作。⑤负责市政道桥、公路养护维修工程的质量和安全监督。⑥拟订市政道桥、公路设施有关收费标准;负责高速公路联网收费的管理;编制修订养护工程定额。⑦组织推动市政道桥、公路养护维修技术发展。拟订行业技术标准及规范,组织科技攻关,推广科技成果;组织实施信息化建设工作。⑧负责市政道桥、公路基础设施管理。⑨负责市政道桥、公路养护管理;指导推动市政道桥、公路养护专业技能培训工作;配合有关部门负责专业人员技术资格评审工作;指导有关行业协会、学会工作。⑩承办市委、市政府交办的其他事项。

2010年8月,天津市建设管理委员会更名为天津市城乡建设和交通委员会。

2014年7月,天津市整合市交通运输和港口管理局、市市政公路管理局、市城乡建设和交通委员会相关职能,组建市交通运输委员会,为市人民政府组成部门。改革后,市交通运输和港口管理局、市市政公路管理局不再保留,市城乡建设和交通委员会更名为市城乡建设委员会。市交通运输委员会的主要职责为:①负责组织拟订全市综合交通运输发展战略;②组织编制综合交通运输体系规划、中长期规划和专项规划;③负责编制公路、水路、港口年度建设计划和养护计划,并组织实施;④统筹协调公路、水路、铁路、航空和公共客运、轨道交通等多种运输方式和基础设施的配套衔接;⑤负责海港、空港、铁路、公路、道路运输、水路运输、公共汽车、出租汽车、轨道交通、机动车维修等行业管理和市场监管;⑥协调铁路、民航、邮政、海事、救助、打捞等涉地管理工作;⑦负责交通基础设施运行维护的监督管理;⑧负责交通运输行业行政执法工作;⑨组织协调公路"三乱"和超限超载治理工作;⑩承担小客车总量调控管理工作;⑪承担国防交通战备工作,负责天津市国防动员委员会交通战备办公室的日常工作。2016年高速公路建设项目管理职责划归市交通运输委。

2. 公路交通运输管理沿革

天津解放后至1954年2月初,全市公路运输处于多头管理状态。市内短途运输和搬运装卸,由市公用局运输事务所和天津市运输(搬运)公司负责管理,公路长途汽车客、货运等事项,则由华北区(交通部)与河北省部分驻津单位行使管理职能。1954年2月天津市交通运输管理局成立,公路运输多头管理的局面始告结束。由此至1970年,天津市交通运输管理局(期间,先后改称天津市公用交通运输管理局、天津市交通局)成为统管全市公路客、货运输和汽车维修、搬运装卸的行政主管机构。1971年,公路长途汽车客运的经营与管理,移交市公用局。1993年1月,公路长途汽车客运的经营、管理从市公用局划出,此后即由天津市交通局行使行政管理职能。1996年4月,天津市交通局改组为市交通运输总公司,仍保留天津市交通局牌子,行政管理权转给市交通委员会,过渡期间,由市交通委员会委托市交通局行使行政管理权。2005年,天津市交通局政企分开,改制为市交通集团,由市交通局代管的运政、航运、汽车维修等行政管理职能完全归市交通委员会,原市交通局管理的运输管理、运政稽查、航运管理、机动车维修管理4个行政管理处室由市交通委员会直接管理。

3. 公路管理沿革

1949年天津市辖区只有市区和塘沽区,市区公路由天津市工务局负责,塘沽区公路由市工务局塘大工程处负责。1955年河北省将原天津县境的津沽、津德、津盐和津同等4条公路移交天津市,由市属东、南、西、北4个郊区管理,业务上接受市政工程局(原工务局领导)。1958年,河北省交通厅撤销京塘国道管理局,将京塘国道自汉沟经天津市区至塘沽区河北路的京塘南段移交天津市,由市建设局管理。1963年3月,组建天津市建设局郊区公路管理处,统筹天津市郊区公路养护管理工作。1970年,市建设局郊区公路管理处并入局属市政工程管理处。1973年8月,五县划归天津市。1976年,市市政工程局恢复公路管理处,统管全市公路建设和养管工作。1991年1月,市委、市政府决定,市公路管理处改组为市公路管理局,为副局级单位,隶属市市政工程局,负责全市公路的建设、管理、养护工作。2007年1月,市委、市政府决定成立天津市市政公路管理局,撤销天津市市政工程总公司(天津市市政工程局)和天津市公路管理局。2007年7月,天津市公路管理局变更为天津市公路处。2010年,天津市实施公路养管体制改革,将各区公路处从市公路处剥离,划归所属区领导,同时将区县级公路管理权划归各区县,国、市干线公路由市公路处委托所属区县管理。

高速公路管理体制:1991年7月成立京津塘高速公路管理处,隶属天津市市政工程局领导,由市公路管理局管辖。2001年1月,京津塘高速公路组建华北高速有限公司,京津塘高速公路由华北高速公路有限公司经营管理。1994年12月,组建天津市公路建设发展公司,隶属市公路管理局,其下属合作经营的高速公路公司,基本为"一路一桥一公司"的模式独立经营。1998年天津市公路建设发展公司从市公路管理局剥离,直属天津市市政工程局领导,2003年11月更名为天津市高速公路投资建设发展公司,2007年归属天津城市基础设施建设集团有限公司管理,2010年更名为天津市高速公路集团。津滨高速公路、海滨高速公路由滨海新区投资修建,独立经营,由滨海新区主管。2007年以前,市公路管理局对全市高速公路的管理养护实行行业管理,路政实行派驻式管理。2007年7月组建天津市高速公路管理处,全市高速公路行业管理及路政管理职能由市公路处划归市高速公路管理处负责。2014年7月,天津市交通运输委员会成立后,市公路处、市高速公路管理处归市交通运输委直接管理。

4. 公共客运交通管理沿革

新中国成立以来,天津市公共交通、出租汽车一直归市公用局管理;2000年,市公用局撤销,公共汽车、出租汽车归市建设委员会管理;2010年,市建设委员会将公共客运交通(含出租汽车)管理职责划给市交通运输和港口管理局管理。

1970年地铁筹建工作由市公用局负责,1976年改由市市政工程局领导,2004年市政工程局所属地铁总公司划归市城投集团,地铁管理职能归市建委。2014年7月,轨道交通行业管理和市场监管职能划归市交通委。

5. 港口管理沿革

1950年9月,成立交通部天津区港务管理局。1957年交通部天津区港务管理局改属河北省,1961年又改为交通部直属。经中央批准,自1984年6月起,天津港务局实行交通部和天津市双重领导、以天津市为主和"以港养港"的管理体制,港口实行政企分开,港务局代表市政府行使行政管理职能,天津港所属基层单位实行独立经营、独立核算、自负盈亏,成为责、权、利统一的具有法人地位的经济实体。2003年11月,经天津市委批准,天津港务局将行政职能转交给天津市交通委员会,转制为天津港(集团)有限公司,2004年6月3日,天津港(集团)有限公司正式挂牌。2016年深化港航管理体制改革,经中央编办批准,市委、市政府决定设立天津市港航管理局,为市政府部门管理机构,规格为副局级,由市交通运输委管理,承担全市港口、航运、航道行政管理职责。

二、各种运输方式的发展现状

天津市位于环渤海地区的中心位置,基本形成了海陆空交通兼备的综合交通运输体系,是沟通华北、东北、西北和华东地区重要的交通枢纽。2015年完成客运量1.98亿人次,货运量53179万t;旅客周转量445.62亿人公里,货运周转量2320亿吨公里。

1. 铁路

截至2015年,天津市域铁路总长度1200km,其中高速铁路与城际铁路300km,普通铁路900km。铁路线网格局已基本实现"客货分离",客运基本实现高速化,货运基本实现环放式结构。

2015年铁路完成客运量4054万人次;货运量8377万t。旅客周转量17047百万人公里;货物周转量226亿吨公里。

天津市域铁路网分布图

2. 公路

天津市已经形成由国省干线及农村公路组成的公路网。其中,国道形成天津与北京、东北、华北、西北、华东等地的通道联系,省道形成了中心城区与各区县的通道联系,农村公路实现所有行政村通油路或水泥路。

2015年底天津路网总长度16550km,路网平均技术等级2.97。2015年公路完成客运量14218万人次,货运量33724万t。公路旅客周转量8583百万人公里,货物周转量380亿吨公里。天津市公路网现状情况见表1-2-1。

天津市公路网现状情况一览表　　　　　　　　　表1-2-1

等级		数量(条)	里程(km)		路网密度(km/km²)	
高速公路	国高	8	546.822	1208.11	0.03	0.31
	省高	16	661.288		0.06	
普通干线	普通国道	5	981.149	2572.152	0.04	
	普通省道	86	1591.003		0.18	
总里程(km)		—	3780.262		0.31	

天津市公路网布局图

3. 港口

天津港地处渤海湾西端,位于海河下游及其入海口处,是环渤海港口群中与华北、西北等内陆地区距离最短的港口,是首都北京的海上门户,也是亚欧大陆桥最短的东端起点。天津港是我国北方最大的国际贸易口岸,华北地区最大的水陆交通枢纽。天津港航道和码头等级达到30万吨级,同全球180多个国家、500多个港口有贸易往来,在环渤海港口群中居于重要地位。

2015年,港口货物吞吐量完成5.41亿t,在全国沿海港口中排第3位,在世界沿海港口中排第4位;集装箱吞吐量1411万标箱,在世界沿海港口中排第10位,已成为世界重要的集装箱枢纽港和中国北方最大的综合性港口。

4. 机场

天津滨海国际机场位于天津市区东部,距中心城区约13.3km,距天津港30km,占地面积约6.5km²。地理位置优越,具有较强的铁路、高速公路、轨道等综合交通优势,基础设施完善,市政能源配套齐全,是国内干线机场、国际定期航班机场、国家一类航空口岸,是北京首都国际机场的主备降机场。国内航线以上海、广州、深圳等地航线为主;国际航线主要开通了俄罗斯、乌克兰、日本、韩国和新加坡等地的航线。另外,还开通了香港地区航线。

目前,天津滨海国际机场航站楼总面积为36.4万m²,2016年天津滨海国际机场旅客吞吐量达1687.2万人次,居全国第20位;货邮吞吐量为23.71万t,居全国第13位,年均增长率20%以上,较好地支撑了天津经济社会发展。

5. 管道

天津的管道运输分为成品油和原油两种类型。

成品油管道有以天津港南疆码头为起点经天津机场到达首都机场岗山油库的京津输油管道,全长185km,为目前国内最长的航空输油管线,可输送航空煤油、汽油、柴油、石脑油等多种成品油,年输油能力320万t。另有通往天津石化公司炼油厂、中石化销售公司海河油库的原油、成品油等专用管道。

原油管道大部分集中在滨海新区内,其中南疆港区至石化炼油厂主管道42km,大港油田至各炼油厂间主管道92km,大港油田至周李庄输油管线总长210.5km,年输油能力500万t。

6. 交通运输信息化建设

从发展阶段上看,信息化发展一般而言可分为单机应用、联网应用、整合应用、协同应用、智能应用等阶段。天津市由于信息化发展的不平衡,市政公路领域处于整合应用迈向协同应用的阶段,道路运输、水路运输领域处于联网应用迈向整合应用的阶段。从国内城市来看,与北京、上海、广州等先进城市相比,天津市智能交通发展总体上处于相对落后的位置,智能交通发展水平与天津市直辖市地位、国际港口城市的城市定位不匹配。

(1)信息资源整合初见成效

公路领域的数据资源整合取得较大进展,天津公路数据中心基本建成,建立了统一的市政公路地理信息系统,高速公路、普通公路、城市道路等交通基础设施基本信息和部分重点路段、桥梁、隧道的技术状况信息、运行动态信息实现整合接入。航道、港口、营运车辆、船舶、经营业务、从业人员等行业核心的基础性数据库基本建成。"两客一危"车辆运营动态数据已经汇聚至市运管处,部分出租车运营动态数据已经接入市客管办,港口运营动态数据已经接入市港航局,但地面公交、轨道交通运营动态数据尚未整合接入,道路和水路运输领域的数据资源整合相对滞后。

(2)运行监测能力显著增强

初步建成了覆盖高速公路、国省干线公路重点路段、港口航道、两客一危车辆、公交车、出租车、四类重点运输船舶等的动态运行监测体系,行业运行监测能力显著增强。高速公路基本实现了100%全程视频监控,普通公路已建设视频监控216路(含治超站点视频监控105路);应急重大工程实施后,高速公路和普通国道重点路段、桥梁、隧道运行动态监测覆盖率均将达到75%以上,省道重点路段、桥梁、隧道运行动态监测覆盖率将达到30%左右;高速公路、普通公路已分别建设自动化交调观测站17处、132处;整合接入了部分公交场站、火车站、机场等30余处重点场站的视频监控;北疆、南疆等港口重点区域已建视频监控234处,东疆尚未建设视频监控;两客一危车辆、公交车、出租车运行动态监测率分别达到100%、85%和14%。

(3)核心业务应用基本覆盖

在行业管理方面,市政公路、港口航道、道路运输、水路运输等业务领域均开展了大量的信息化建设工作,基本覆盖行政许可、行政执法、建设养护、运行监管、市场监管、安全应急、宏观决策、公共服务、小客车调控等所有业务,业务覆盖广度已达到80%以上,但是行政执法、安全应急、宏观决策所覆盖的业务范围还比较有限。在行业生产方面,港口、城市轨道交通、地面公交等大型运输企业均建立了生产调度系统,港口集装箱、煤炭/焦炭、散杂货等货运生产组织均实现信息化,地面公交85%的线路和车辆均纳入了智能调度,出租车由于存在大量个体户,出租车调度系统仅纳入4300多辆出租车,约占14%。

(4)信息服务水平明显提升

天津市交通运输委员会及公路处、高速处、客管办等直属机构均建立了各自的门户网站;市交通运输委员会建设了天津市公路出行服务系统,提供列表式的实时路况信息服务;天津港建设了EDI系统和新物流服务系统,提供电子数据交换、货物跟踪等物流信息服务;智能支付服务基本覆盖城市轨道交通和地面公交,全市已有7020辆公交车安装使用公交IC卡刷卡机,覆盖率接近70%,但城市轨道交通和地面公交IC卡尚未完全实现互联互通;已建设高速公路ETC车道301条,ETC用户数超过60万,ETC车道覆盖率达到100%;市公交集团、滨海公交集团建设了公众出行信息"车来了"APP软件,能够提供实时公交到站信息服务。

(5)信息基础条件明显改善

市交通运输委员会及各直属业务处室基本上设立了信息化组织管理机构,市交通运输委员会成立了信息中心,公路处、巡管处、运管处等部分直属业务处室设置了信息技术科、科技科等信息化主管机构,各直属业务处室一般都配置了2~3名专职/兼职的信息化工作人员;市交通运输委员会与直属业务处室、区交管局、区公路局之间建立了比较完善的网络设施;市交通运输委员会以及各直属业务处室均建立了专业机房和比较完善的硬件、网络、安全设备设施;市交通运输委员会已经建设了小客车调控指挥中心和市政公路指挥中心,公路处、高速处、公路执法大队等单位也建设了各自的指挥中心。

三、综合运输发展规划

1. 指导思想

在科学发展观指导下,按照党的十八届三中、四中、五中、六中全会的总体要求,利用"五大战略叠加"政策优势,以信息技术为支撑,调整运输结构,创新组织方式,优化资源配置,提高运输效率,构建服务区域、紧密衔接、高效便捷、绿色低碳的现代综合交通体系,加速交通运输与现代物流的融合,提升物流效率,降低物流成本,提升服务品质,充分发挥物流业基础性和战略性作用,不断增强天津的国际国内物流资源配置能力,提升天津在国际物流枢纽中的地位,显著提高天津物流业的国际化水平和全球竞争力。

2. 基本原则

(1)市场为主、改革发展。充分发挥市场配置资源的基础性作用,强化企业的市场主体地位。进一步放权给市场,提升市场效率。支持企业建立健全法人治理结构,逐步清理解决挂靠问题,增强竞争力,努力做大做强。

(2)政府引导、规范发展。发挥政府对市场的引导作用,政府对物流市场的管理向"管理政策细化、监督强化、服务深化、利益淡化"四化转型。健全法规政策和标准规范,设定合理的市场准入门槛,制订运输、仓储标准,运用"制度加科技"办法,完善物流市场监管体系,为天津物流营造良好发展环境。

(3)优化结构,协调发展。注重各种交通方式的衔接、互补和有机组合,充分发挥各种交通方式的比较优势与集成效能,合理配置、科学布局、集约利用交通资源,构建结构合理的综合交通运输体系。提高运输效率,改善服务质量,促进现代物流发展。

(4)科技引领,创新发展。形成以标准化的车辆船舶为主体、标准化和专业化的设施设备为基础的现代化物流装备设施体系;鼓励企业开发应用移动互联网、物联网、云计算、大数据等新技术,注重提升综合交通体系科技水平,全面提高交通设施、交通装备、管理系统的科技含量和信息化水平,通过新技术应用、制度创新加快交通运输增长方式的转变。

(5)节能环保,低碳发展。注重考虑土地、水等资源约束和环境保护因素,推进交通绿色和循环经济发展。充分依靠现代科技进步节约集约用地,推广利用新技术、新材料、新工艺、新设备,实现节能减排。

(6) 区域一体,协同发展。与北京、河北实现交通基础设施一体化,运输市场一体化、运输管理一体,加快物流市场对内对外开放步伐,加强与京津冀城市群、环渤海区域、东北亚地区乃至全球的物流业合作联动,更好地发挥物流枢纽城市的服务功能。

3. 发展目标

到2020年,互联互通的交通基础设施网络进一步完善,行业转型升级取得明显突破,运输效率和服务水平显著提升,基本形成服务区域、紧密衔接、高效便捷、绿色低碳的现代综合交通体系,单位生产总值的物流成本显著下降,使天津交通运输业成为"创新驱动、转型发展"的引领示范高地,将天津打造成我国北方国际物流新平台,"一带一路"的综合枢纽、重要节点和京津冀城市群国际物流网络的战略核心。

4. 对策措施

(1) 构建互联互通、畅通高效的区域物流大通道

①完善天津港集疏运体系;

②构建与京冀互联互通的公路网络。

(2) 打造网络化、协同化的物流运作新平台

①大力发展港口物流平台;

②构筑公路港物流网络平台;

③推动铁路货场向物流枢纽的转型;

④打造航空物流综合服务平台;

⑤推进快递物流园区和最后一公里服务平台建设。

(3) 开发、拓展海、陆、空立体化的航班航线

①大力支持船公司以天津港为枢纽港开设远洋和内贸集装箱航线;

②打造"津—新—欧"海铁联运新通道,优化国际联运集装箱班列;

③推动开行铁路快运班列;

④弥补盲区,加快形成全覆盖的航空货运航线。

(4) 培育龙头骨干企业,创建天津物流的国际化品牌

①加快培育龙头骨干企业;

②大力吸引国内外知名运输及物流企业落户天津;

③鼓励中小企业联盟、合作与集聚发展;

④推进企业的协同发展。

(5) 发展先进运输组织方式,加快重点领域的物流发展

①推进甩挂运输的发展;

②加快城市配送的发展;

③促进冷链物流的发展。

（6）创新服务模式，开发新型物流产品

①开发铁路零散货物快运产品；

②发展高端国际集装箱班列物流服务；

③培育冷鲜贵危等特货航空物流市场；

④发展"自贸区+海外仓"的跨境电子商务快递服务；

⑤创新海铁联运业务运作模式，降低大容量海运集装箱铁路运行成本。

（7）搭建智能化的物流信息平台

（8）创建公平竞争的市场环境和高效的服务环境

5. 规划思路

充分发挥交通运输在物流产业发展中的重要作用，整合天津综合交通系统及其他物流资源，推进"五大战略"，完善"三个平台"、构建"四大体系"、实现"五类功能"，形成一个有利于天津物流业提质增效，更好地服务我国北方地区，促进"京津冀协同""一带一路""天津自贸区"等战略实施的综合交通运输服务系统。

（1）五大战略

①综合运输网络协同发展战略。以交通基础设施的互联互通为基础，货运枢纽建设、改造、升级为核心，运输企业合作为主体，建立和完善合作协调机制，构建公路、铁路、水运、航空运输四网联合的多式联运体系，发挥各运输方式的经济技术优势，提升运输效率。

②综合交通网络国际化发展战略。利用天津的区位优势，结合"五大战略"叠加的机遇，以促进互联互通发展为导向，连接东北亚、辐射中西亚的铁水联运大通道建设为基础，发展高端国际集装箱班列物流服务为重点，把天津打造成为亚欧大陆桥东部起点、中蒙俄经济走廊主要节点。推进港口海上战略合作，沿着"一路"的走向，通过三条海运航线，联通日韩、澳新、欧洲大陆，把天津打造为海上合作战略支点。

③京津冀交通一体化战略。以京津冀协同发展为先导，以交通基础设施规划、建设协同为基础，以先进运输组织方式为载体，以政策、标准的统一和区域交通与物流协调联动机制为保障，推进京津冀交通一体化发展，使天津发展成为世界级城市群的综合交通枢纽、全球航运及物流服务要素集聚地和区域交通一体化制度创新示范区，为落实京津冀协同发展起到基础性支撑作用。

④综合交通运输管理体制深化改革战略。结合滨海新区开发开放、国家自主创新示范区发展战略和党的十八届三中全会全面深化改革精神，推进天津综合运输管理的制度创新。简政放权与加强监管相结合，切实扩大企业自主经营权，政府部门对综合交通运输的市场监管、社会管理和公共服务的职能落实到位。重点推进天津综合交通运输管理工作联席会议制度、城市配送管理工作会商制度和京津冀区域交通与物流协调联动机制的

设立、贯彻落实。

⑤综合交通运输服务转型升级战略。结合自贸区、自主创新示范区战略的实施,以市场需求为导向,以企业为主体,以提升物流市场主体发展质量和效益为目的,加快实现运输企业、物流企业转型发展。道路货运车辆重型化、厢式化、专业化比例稳步提高,甩挂运输水平明显提升。鼓励货运、物流企业拓展物流服务领域,提高综合服务能力。引导企业网络化发展,鼓励和支持企业实现联盟、协作发展,提高可持续发展能力。支持港站枢纽转型发展,延伸服务链条、优化服务流程、拓展服务内容,充分发挥港站枢纽物流节点功能。

(2)三个平台

①交通基础设施平台。由公路、铁路、航空、港口、运输场站枢纽(物流园区)构成的相互衔接、运作高效的基础设施平台。

②交通公共信息平台。基本建成覆盖全市、与京津冀周边地区实现互联互通、功能完善的交通运输物流公共信息平台,实现与国家平台的全面对接。为社会用户提供资质信用、公众查询等公共基础服务,为物流企业提供货物交易、信息增值等在线物流业务"一站式"服务。

③交通政策平台。有利于综合交通运输、快递发展、促进物流业提质增效相关政策的集合。

(3)四大体系

①运输运作体系。由港口、机场、船公司、铁路运输企业、公路运输企业、航空公司、物流公司、货运中介等企业聚集形成。

②交通配套服务体系。由仓储、装卸、口岸通关、检验检疫、中介代理、货运金融、运输保险等内容组成。

③交通市场监管体系。在政府职能部门的行业监管与物流行业协会的行业自律基础上形成。

④研发与人才培训体系。由官、产、学多方整合,国内外优势智力资源聚集形成。

(4)五大功能

①交通运作功能。单一方式运输、多式联运、甩挂运输、危险品运输、甩箱运输、滚装运输、集装箱运输、共同配送等运作功能。

②综合服务功能。集货、拼箱、国际采购、通关、货运金融、上门取货、代收货款、送货回单、全程供应链等服务功能。

③信息采集与发布功能。运输信息集散、行业指数发布等。

④资源配置功能。运力整合、供需匹配、运输业务的交易、运输资源的调度管理等。

⑤研发与咨询服务功能。交通物流学术研究、咨询、人员培训等。

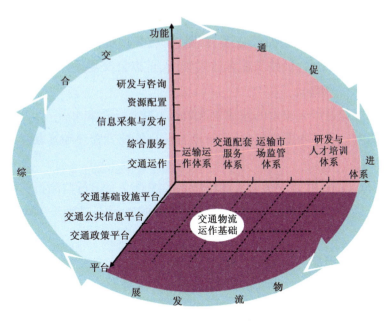

天津交通促进物流发展的系统建设框架

6.综合运输信息化的战略目标

到2020年,初步建立决策科学、管理智慧、生产智能、服务人文的智能型综合交通运输体系。

(1)发展决策数据化

全面提升交通运输基础设施、运载装备的运行监测水平,高速公路和国道重点路段监测率达到85%以上,重点运载装备监测率达到100%,全面推进综合交通运输信息资源互联互通,强化信息资源开发利用,实现交通运输决策100%基于大量鲜活、真实的数据,提升宏观发展决策的科学化程度。

①国家级交调站点全面建成,《天津市公路交通情况调查站点布局规划》的交调站点全面建成;实现高速公路收费数据的整合利用;国道重点路段视频、交通量运行监测率达到85%以上,省道重点路段视频、交通量运行监测率达到40%以上;实现高速公路、国省干线公路路面、桥梁预防性养护以及状况评价信息100%联网管理;全面提升市政道路运行监测水平,实现40%重点桥梁、10%重点立交桥的视频监测、交通量监测,实现50%特殊结构桥梁的实时健康监测。

②"两客一危"车辆、城市公交、重点营运货车GPS动态运行监测覆盖率达到100%,出租车GPS动态运行监测覆盖率达到80%以上;城市公交IC卡终端覆盖率达到100%,实现IC卡刷卡数据实时传输;城市公交车载视频监控覆盖率达到100%。

③实现天津港货运量数据、集疏运数据、视频数据100%整合接入;海河重点航段水位自动测报站点覆盖率、航标遥测遥控覆盖率均达到100%,重点航段视频监控覆盖率达

到70%以上。

④轨道交通、地面公交、公路长途客、铁路、民航客运量数据100%整合接入,轨道交通换乘通道、轨道交通站台、公路长途客运候车区、重点公交场站站台等重点区域视频监控联网覆盖率不低于90%。

⑤重点快递企业进出天津市的快递单次数据100%整合接入。

⑥实现行业内交通基本要素信息、运行动态信息的统筹管理和互联互通,共享率达到80%以上。

⑦强化数据开发利用,建立适合天津市特点的综合交通运行监测指标体系;提高交通运输决策的科学性,交通需求管理、运力投放、票价调整等宏观决策100%做到"有数可依""有据可查"。

(2)行业管理精细化

实现行政许可、行政执法、市场监管、安全应急等业务与信息化的深度融合,深化基层基础应用,行业管理基本依靠信息化手段完成,并实现跨部门、跨区域业务协同,信息共享率达到80%。

①继续深化并推广交通运输核心业务信息化应用,实现与基层基础业务应用的紧密结合,基层核心业务信息化覆盖率达到90%以上。

②实现行政许可、非行政许可事务、行政执法等事项100%可通过网上进行受理和告知,行政相对人只需要一次到达现场的行政许可和执法类事项占70%以上。

③实现行政许可、行政执法、市场信用信息互联互通和业务协同,行政许可和行政执法类信息跨部门、跨区域共享率达到80%以上;建立健全交通运输市场主体和从业人员"黑名单",实现行业信用信息与公安、工商、税务、金融、安监等部门的信息共享。

④实现交通运输主管部门与高速公路运营企业、运输企业、驾培维修企业、快递企业等信息平台的全面对接,强化企业安全风险监管,提高行业运行掌控能力。

⑤提高突发事件应急处置能力,交通突发事件实时监测率达到70%以上。

⑥提高一线工作人员信息化装备水平,执法车辆、执法船舶GPS运行监测覆盖率达到100%、车(船)载视频覆盖率达到30%,行政执法一线工作人员、养护巡查人员移动智能终端覆盖率达到100%,实现第一线信息采集的数字化、网络化。

(3)运输生产智能化

积极推动客货运输企业生产组织的现代化、智能化,大力推进多式联运,基本实现各种运输方式生产组织的有序衔接、协调调度,能够初步提供一体化的客货运输服务。

①积极推动大中型运输企业生产组织的现代化、智能化,实现100%的客运企业和80%的货运企业生产调度的平台化。

②建成服务我国北方地区的多式联运信息服务平台,实现与东北亚物流信息网络的

对接,集装箱海铁联运比例达到20%以上。

③实施重点运输电子路单管理,危险品运输、集装箱运输、特种运输的电子路单使用率达到100%。

④大力推进物流公共信息服务平台市场化运作,公路运输50%以上货运场站和运输企业由第三方物流平台协作运行,水路运输100%外贸货物、50%内贸货物由港航EDI平台交换信息。

⑤提高城市公共交通智能化调度水平,主城区和滨海新区公交班线智能化调度比例达到100%。

(4)公共服务多样化

通过政府信息资源开放共享,鼓励社会资本开发多种多样的交通公共信息服务产品,满足人民群众和社会生产对交通信息服务及时性、多样化、个性化的要求。

①全面提升交通行政许可、行政执法、市场信用等政务信息服务和网上办事服务的便捷性和透明度,整合建设交委门户网站,上述政务信息100%网上公开。

②建成交委交通出行网、服务热线和手机APP,实现全市"一站式"出行信息服务。

③大力推广公共交通一卡通,公交一卡通使用率达到80%以上,实现京津冀公交一卡通互联互通。

④实现全市二级以上客运站的联网售票;鼓励新兴互联网企业建设"一票制"客运联程联网第三方服务平台,交通智能支付比例达到80%以上。

⑤高速公路ETC车道覆盖率达到100%,ETC用户数达到150万户,ETC使用率达到50%。

四、现代物流业发展

1. 发展政策

在转变经济增长方式的背景下,我国政府对物流发展的重视程度不断提高,近几年,我国政府出台了多项物流发展相关政策,进一步推进交通运输市场化、物流信息化等领域发展,加强城市配送、快递物流、危险品运输等专项政策的实施。从近几年出台的物流政策看,行业监管将走向规范、民生物流、国际物流和区域物流协同四大市场导向值得关注。

(1)行业监管走向规范。一是市场监管逐步加强。我国近年来逐步建立完善从生产加工到流通消费的全程监管机制、社会共治制度和可追溯体系,健全从中央到地方直至基层的食品药品安全监管体制。食品、药品、化学危险品等物流安全问题,公路运输安全、寄递服务信息安全和快递市场监管工作进一步加强。二是诚信体系建设加速。国家发改委等七部委出台的《关于我国物流业信用体系建设的指导意见》,提出加强物流信用服务机构培育和监管、推进信用记录建设和共享、积极推动信用记录应用、开展专业物流领域信用建设试点、加强物流信用体系建设的组织协调等十余项措施。三是绿色低碳物流力度加强。加大节能减排力度，控制能源消费总量，是我国经济发展未来很长一段时间内面临的重要工作。物流业是对资源环境依赖较强的行业，面临着节能减排的"倒逼"机制。2013年，交通运输部颁发了《加快推进绿色循环低碳交通发展指导意见》，提出了建设低碳交通的主要任务。

（2）民生物流位置凸显。民生物流作为扩大内需的重要支撑，受到政府普遍关注。政府出台了一系列促进物流配送、快递业等与民生紧密相关的物流发展政策。

（3）国际物流迎来新机遇。我国政府规划建设丝绸之路经济带、21世纪海上丝绸之路，推进孟中印缅、中巴经济走廊建设，推出一批重大支撑项目，加快基础设施互联互通，为物流业"走出去"提供了新的渠道。

（4）区域物流协同发展。国家先后出台了长江经济带和京津冀协同发展战略，区域协同发展要求区域物流和交通一体化协同发展先行。

2. 基础设施

（1）公路

公路运输完成运量增长迅速，在综合运输体系占比持续增加。2010—2015年，天津市公路货运量及货运周转量持续高速增长，公路货运量由20855万t增长至33724万t，年均增长率15.9%，在综合运输体系中占比上升将近12个百分点。

公路货物周转量由231亿吨公里增加至380亿吨公里，年均增长率18.2%，在综合运输体系中占比上升4个百分点。

①公路运输装备发展现状

一是公路营运货车向重型化、厢式化发展。截至2014年底，天津市公路营运货车总量达171336部，相比于2010年的98487部增长了73.97%。伴随总量的飞速增长，天津市公路营运车辆档次及整体技术水平有所提高。货车重型化趋势明显，2014年底，重型车占比达到25.66%，相比于2010年底的8.05%增长了17.6个百分点；同时，厢式车占比由2010年底的19.88%增长至2014年底的22.1%，增长2.2个百分点。2010年与2014年天津市公路货运重型车、厢式车拥有量情况见表1-2-2。

2010年与2014年公路货运车型构成情况　　　　表1-2-2

项　　目	2010年	2014年
重型车占比（%）	8.05	25.66
专用车占比（%）	6.19	4.09
厢式车占比（%）	19.88	22.1
节能环保车型占比（%）	0.02	1.3

资料来源：《天津市交通运输促进现代物流业发展的战略与政策研究》调研整理。

二是节能环保车型占比有所提升,大范围推广仍面临困难。"十二五"期间,天津市公路营运货车中节能环保车型虽有较大增长,但总量仍然偏小。截至2014年底,占比仅为1.3%。究其原因,主要在于货运车辆清洁能源车型在推动过程中仍存在较大困难,如车辆类型较少,企业可选择范围较小,加气站数量少且分布不均,车辆运营成本过高等。

三是货运专用车占比明显下降,运输装备水平落后。天津市公路运输专业车辆使用比例偏低,2014年公路营运货车中专用车占比仅为4.09%,与2010年的6.19%相比下降了2个百分点。主要原因是天津市尚缺乏从事冷链、大件等专业运输的行业标准,现有运输企业大多技术装备差、专业化程度不高,甚至存在私自改装车辆、改变车辆用途现象,从而导致运输设施设备的技术状况偏低。

四是道路运输装备技术和信息化水平偏低。天津市货运市场经营主体仍呈现"小、散、弱"的特点,个体经营业主仍为货运经营主体的主力军,个体运输、承包和挂靠经营仍占主导地位。导致天津市公路货运尚未普遍采用货物跟踪系统、EDI电子货运商务数据交换系统、计算机业务管理系统、车辆运行高度系统等先进技术装备。

②公路运输装备发展方向

推行创新驱动政策,提升运输装备现代化、行业物流信息化水平。

一是鼓励运输工具向大型化、标准化、清洁化方向发展。推广以LNG、CNG等清洁能源为代表的新型运输车,实现绿色运输;支持发展甩挂、集装箱、厢式、冷藏、液罐等专用运输车辆和多轴重载大型运输车辆;鼓励购置专业化、标准化、大型化船舶,引导船舶向技术先进、安全可靠、环保节能方向发展。

二是加大货运便利化技术攻关力度,提升货运通行效率。加快货车ETC科技攻关,开展货车不停车收费相关技术与政策研究,探索不停车收费技术在公路货运车辆中的应用;鼓励高速收费公路运营单位在鲜活农产品主要运输通道的收费站安装数字辐射透视成像等技术设备,提高鲜活农产品运输车辆检测和通行效率;加快研发应用先进适用、经济安全、节能环保的各类装卸设备和成组运载装备。

三是加快城市配送车辆设备更新改造。应大力发展标准化载货汽车,积极推进厢式、冷藏等专用车型、轻量化车型的应用;引导货运配送企业积极购置全电动、天然气等清洁能源车辆;加快推进城市配送车辆标识化管理。

四是支持快递企业的装备更新,鼓励快递企业应用新技术。应在快递企业推广自动化、智慧化先进技术装备;鼓励快递企业结合移动互联网、电子商务等开展跨界经营。推动物联网、云计算、大数据、仓库AGV机器人等新技术在快递行业的应用转化;探索无人机、轨道舱等先进快递系统在部分地区的应用可行性。

五是利用先进信息技术提升行业物流信息化水平。应鼓励车联网、船联网技术的开发和推广应用,加快营运车辆联网联控系统建设;深化交通电子口岸、海铁多式联运等综合信息服务系统建设。

（2）铁路与水运

铁路及水路运输完成运量呈现下滑趋势。2010—2015年,天津市铁路货运量持续稳步增长,由7597万t增长至8377万t,年均增长率6.8%;铁路货物周转量呈现下滑趋势,且下滑速度加快,由298亿吨公里减少至226亿吨公里,年均下降率3.2%。

2010—2011年,天津市水路货运量及货物周转量低速增长。2012年,天津货运量及货物周转量呈现大幅下滑。其中,水路货运量由2010年的11911万t下滑至2015年的9910万t;水路货物周转量由2010年的9324亿吨公里下滑至2015年的1708亿吨公里。

（3）民航

民航运输货运量、货物周转量总量持续增长,但增速放缓。2010—2014年,天津市民航货运量及货物周转量呈现增长趋势,其中货运量由4万t增长至7万t,年均增长率25%;货物周转量由0.5亿吨公里增长至1亿吨公里,年均增长26.7%。

（4）社会客运量与社会货运量

天津市历年社会客运量、货运量及比重见表1-2-3、表1-2-4。

社会客运量及比重 表1-2-3

年份（年）	客运量（万人）					所占比重（%）			
	铁路	公路	水运	民航	合计	铁路	公路	水运	民航
1990	1722	447		6	2175	79.17	20.55		0.28
1991	1718	1196		8	2922	58.80	40.93		0.27
1992	1731	897		34	2662	65.03	33.70		1.28
1993	1812	1380	4	29	3225	56.19	42.79	0.12	0.90
1994	1863	1463	6	41	3373	55.23	43.37	0.18	1.22
1995	1802	1464	5	37	3308	54.47	44.26	0.15	1.12
1996	1580	1496	5	44	3125	50.56	47.87	0.16	1.41
1997	1449	1640	5	42	3136	46.21	52.30	0.16	1.34
1998	1511	1651	4	41	3207	47.12	51.48	0.12	1.28
1999	1546	1671	3	39	3259	47.44	51.27	0.09	1.20
2000	1594	1820	2	58	3474	45.88	52.39	0.06	1.67
2001	1456	1780	6	60	3302	44.09	53.91	0.18	1.82
2002	1498	1870	5	84	3457	43.33	54.09	0.14	2.43
2003	1281	2109	2	115	3507	36.53	60.13	0.06	3.28
2004	1491	2457	2.5	153	4103	36.34	59.88	0.06	3.73
2005	1558	2961	3	165	4687	33.24	63.17	0.06	3.52
2006	1632	3807	3.5	227	5670	28.78	67.14	0.06	4.00
2007	1573	5253	3.1	275	7104	22.14	73.94	0.04	3.87

第一章
经济社会与综合运输发展

续上表

年份(年)	客运量(万人)					所占比重(%)			
	铁路	公路	水运	民航	合计	铁路	公路	水运	民航
2008	1907	6579	2.4	264.6	8753	21.79	75.16	0.03	3.02
2009	2384	22566	1.2	334	25299	9.42	89.20	0.06	1.32
2010	2654	21822	1	396	24873	10.67	87.73	0.00	1.59
2011	2801	22053	1	475	25331	11.06	87.06	0.00	1.88
2012	2970	24483		1009	28462	10.43	86.02		3.55
2013	3352	24980		1186	29518	11.36	84.63		4.02
2014	3687	14530		1382	19599				
2015	4054	14218		1503	19775				

资料来源:天津统计年鉴。因交通运输部统计口径变化,2009年公路和水运数据与2008年以前数据不可比。

社会货运量及比重

表1-2-4

年份(年)	货运量(万t)						所占比重(%)				
	铁路	公路	水运	民航	管道	合计	铁路	公路	水运	民航	管道
1990	2228	12329	1046		326	15929	13.99	77.4	6.57	0	2.04
1991	2290	14537	1163		318	18308	12.51	79.4	6.35	0	1.74
1992	2392	13562	1248	1	319	17522	13.65	77.4	7.12	0	1.82
1993	2618	17244	1347	2	429	21640	12.1	79.69	6.22	0.01	1.98
1994	2634	19270	1421	2	456	23783	11.07	81.02	5.97	0.01	1.92
1995	2722	19323	1517	5	473	24040	11.32	80.38	6.31	0.02	1.97
1996	2668	19491	1489	11	474	24133	11.06	80.76	6.17	0.05	1.96
1997	2548	20515	1390	11	626	25090	10.16	81.77	5.54	0.04	2.5
1998	2467	18584	2867	7	580	24505	10.07	75.84	11.7	0.03	2.37
1999	2380	20049	3884	4	735	27052	8.8	74.11	14.36	0.01	2.72
2000	3079	18764	4165	4	391	26403	11.66	71.07	15.77	0.02	1.48
2001	3727	19382	5037	1	461	28608	13.03	67.75	17.61	0	1.61
2002	4519	19554	6452	1	490	31016	14.57	63.04	20.8	0	1.58
2003	5662	20072	8944	1	573	35252	16.06	56.93	25.37	0	1.62
2004	6108	19560	11613	1.7	651	37934	16.1	51.56	30.61	0	1.72
2005	6794	19850	12368	2	734	39748	17.09	49.94	31.12	0	1.85
2006	8409	20290	13313	2.4	848	42863	19.62	47.34	31.06	0.01	1.98
2007	11288	23500	15671	2.9	876	51338	21.99	45.77	30.51	0.01	1.71
2008	12161	27000	15096	3	805	55065	22.08	49.03	27.41	0.02	1.46
2009	11284	19800	11656	4	810	43554	25.91	45.46	26.76	0.01	1.86
2010	7597	20855	11911	4	1243	41611	18.26	50.12	28.62	0.01	2.99
2011	7286	23426	12711	5	1224	44651	16.32	52.46	28.47	0.01	2.74
2012	7909	28228	10332	6	1222	47698	16.58	59.18	21.66		2.58
2013	8446	31985	9884	7	1280	51603	16.37	61.98	19.15		2.50
2014	8872	31130	9749	7	1189	50948					
2015	8377	33724	9910	8	1160	53179					

资料来源:《天津统计年鉴》。因交通运输部统计口径变化,2009年公路和水运数据与2008年以前数据不可比。

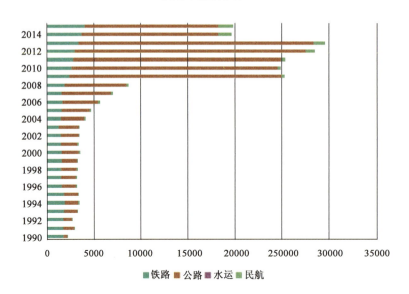

各种运输方式旅客运量历年变化情况(单位:万人)

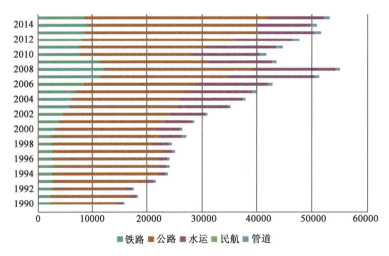

各种运输方式货物运量历年变化情况(单位:万t)

由图可以看出,随着经济增长和城市的发展,各运输方式客货运量均呈增长趋势。就客运量来讲,铁路占综合客运量的比例逐渐下降,由1990年的79.17%下降到2013年的11.36%;公路客运在综合运输中的占比例逐步上升,由1990年的20.55%上升到2013年的84.63%,逐渐占据主导地位。就货运量来讲,近二十年公路货运量在综合交通货运总量中的比例在50%~82%范围内波动,虽然近年有所下降但始终占主导地位;水路货运比例显著上升,由1990年的6.31%上升至2013年的19.15%;其他运输方式比例变化不大。

(5)社会旅客周转量与货物周转量

天津市历年旅客周转量、货物周转量见表1-2-5、表1-2-6。

第一章
经济社会与综合运输发展

历年旅客周转量　　　　　　　　　　　　　　　　　　　　　表 1-2-5

年份(年)	旅客周转量(百万人公里)				
	合计	铁路	公路	水运	民航
1990	5716	5409	307		
1991	5915	4974	941		
1992	7561	6742	819		
1993	8825	6584	1463	92	686
1994	8299	5778	1639	49	833
1995	7927	5437	1680	41	769
1996	7599	4917	1772	43	867
1997	7921	5050	2017	41	813
1998	7950	5280	1914	33	723
1999	8277	5780	1782	25	690
2000	8845	6022	1864	26	933
2001	9197	5996	2205	34	962
2002	9255	5782	2272	33	1168
2003	9274	5526	2158	23	1567
2004	11713	7112	2404	30	2167
2005	14210	9070	2646	36	2458
2006	16341	9651	3564	38	3088
2007	18380	10228	4470	37	3645
2008	19612	10426	5671	29	3486
2009	29766	12482	13122	19	4143
2010	32312	14066	13196	18	5032
2011	34214	14838	13391	17	5968
2012	43249	16399	15043	0	11807
2013	47289	17836	15442	0	14011
2014	41971	16412	8847	0	16712
2015	44562	17047	8583	0	18932

资料来源:历年天津统计年鉴。因交通运输部统计口径变化,2009年公路和水运数据与2008年以前数据不可比。

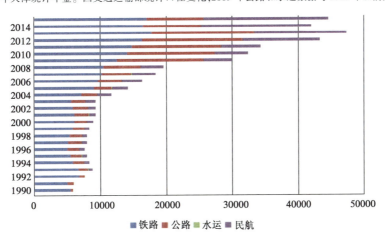

各种运输方式旅客周转量历年变化情况(单位:百万人公里)

历年货运周转量　　　　　　　　　　　　　　　　　　　　表1-2-6

年份(年)	货物周转量(亿吨公里)				
	合计	铁路	公路	水运	民航
1990	1139	234	52	852	0.1
1991	1216	204	37	973	0.2
1992	1321	217	37	1067	0
1993	1341	264	46	1030	0.1
1994	1325	225	46	1053	0.1
1995	1412	230	41	1139	0.9
1996	1052	224	41	784	0.3
1997	1031	219	44	765	0.3
1998	3710	198	60	3449	0.3
1999	4759	200	60	4497	0.3
2000	4674	275	63	4334	0.9
2001	5166	230	65	4870	0.2
2002	6484	228	66	6188	0.2
2003	8169	259	68	7840	0.2
2004	11473	286	72	11112	0.3
2005	12461	353	74	12031	0.3
2006	12184	353	76	11751	0.35
2007	15221	355	88	14774	0.4
2008	14479	343	103	14029	0.4
2009	10102	297	206	9595	0.5
2010	9859	298	231	9324	0.6
2011	10121	296	267	9553	0.6
2012	7635	287	329	7012	0.9
2013	5390	273	368	4742	0.9
2014	3354	265	349	2734	1
2015	2320	226	380	1708	1

资料来源：天津统计年鉴。因交通运输部统计口径变化，2009年公路和水运数据与2008年以前数据不可比。

由上图表可以看出，随着经济增长和城市的发展，各种运输方式周转量均呈增长趋势。

五、《天津市综合交通运输"十三五"发展规划》主要内容

"十三五"时期是全面建成小康社会、实现第一个百年目标的决胜时期，是天津市全面建成高质量小康社会的决胜时期，是建成现代化综合交通运输体系的攻坚时期。今后五年，世界经济深度调整，国家改革深入推进，天津发展机遇难得。交通运输发展的机遇与挑战并存，为适应引领经济发展新常态，需保持交通运输适度超前发展；推进供给侧结构性改革，需提升交通运输发展质量；创新动力活力不断涌现，需强化交通运输改革创新；资源环境进入紧约束阶段，需推进交通运输可持续发展。

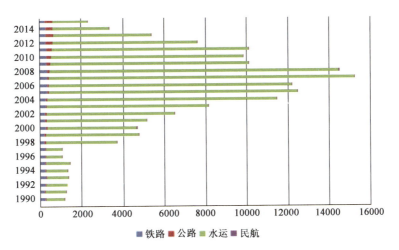

各种运输方式货运周转量历年变化情况(单位:亿吨公里)

为此,确定"十三五"时期天津市交通运输发展的指导思想是:高举中国特色社会主义伟大旗帜,全面贯彻党的十八大和十八届历次全会精神,以马克思列宁主义、毛泽东思想、邓小平理论、"三个代表"重要思想、科学发展观为指导,深入贯彻习近平总书记系列重要讲话精神,按照"四个全面"战略布局,坚持发展是第一要务,牢固树立和贯彻落实创新、协调、绿色、开放、共享的发展理念,抓住京津冀协同发展等五大国家战略叠加机遇,适应经济发展新常态,以提高交通运输发展质量和效益为中心,以建设综合交通、智慧交通、绿色交通、平安交通、美丽交通为主线,着力深化交通运输体制机制改革,着力推进交通运输基础设施建设,着力改进提升交通运输服务,着力提升交通运输管理水平,到 2020 年,基本建成与高质量小康社会相适应的安全便捷、畅通高效、绿色智能的现代综合交通运输体系。

《天津市国民经济和社会发展第十三个五年规划》第四章"建设高品质的现代城市"中第二、三部分对天津交通运输业的发展目标明确阐述如下:

1. 建设北方国际航运核心区

(1)建设国际一流枢纽海港。促进北部港区向集装箱港、商港、邮轮母港转型,加快南部港区大宗散货港和能源港建设,大力发展中部港区临港产业,形成"北集南散"港口布局。推进大港港区深水航道建设;加快实施东疆二岛等工程;完善内陆无水港布局;推动津保忻、津承等货运铁路前期研究,畅通直达满洲里、二连浩特、阿拉山口等口岸的大容量货运通道;建成南港铁路,启动豆双、汉周铁路联络线建设,形成集疏港货运环线;扩大空铁、空海联运覆盖范围,建设国家级海铁联运综合试验区;完善邮轮母港配套设施,吸引大型邮轮公司落户,打造邮轮经济聚集区。到 2020 年,港口货物吞吐量达到 6.5 亿 t,集装箱吞吐量达到 1700 万标准箱,基本建成国际一流枢纽港。

(2)显著提升国际航运服务功能。加快发展航运保险、航运交易、海事仲裁等高端航运服务业。积极引进国内外知名航运公司和分支机构,做强国际金融仲裁、海损理算、交易结算等航运服务机构,形成航运总部集聚区。大力发展航运金融业,鼓励开展仓单质押、存货抵押、融资租赁等创新业务。探索建立航运要素交易平台,提升天津航运指数影响力。推进航运服务创新,深化口岸单位"一站式"作业、海关检验检疫通关一体化改革,建设高效便捷的大通关体系。完善符合国际惯例的政策体系,推进航运资源要素集聚,增强资源配置能力。

2.构建现代综合交通体系

(1)建设区域枢纽机场。建成京津城际机场延伸线,建设机场周边客货运集疏运道路。扩大天津机场空域容量,增加高峰小时架次,优化机场双跑道运行模式。开拓航空市场,加密国内国际干线航班,增加支线航线。拓展国际国内全货机航线,加快建设航空物流园区。到2020年,旅客吞吐量达到2500万人次,货邮吞吐量达到60万t,基本建成区域枢纽机场和国际航空物流中心。

(2)完善高效密集铁路网。建成京滨城际和京唐城际,开展津石、津承等客运铁路前期研究,建成京津冀主要城市1小时通勤圈。充分利用既有铁路富余能力,开行市郊列车。加强综合交通枢纽建设,推动高速铁路、市郊铁路、城市轨道无缝衔接。到2020年,高速铁路与城际铁路里程达到460km,铁路枢纽功能显著增强。

(3)畅通区域公路网。打通高速公路"断头路",完善"八横六纵"高速公路网。实施G205、G104、G103等国省干线提级改造,消除邦喜、津围、梅丰等普通国省道"瓶颈路"。实施区县公路联网工程。到2020年,公路总里程达到1.75万km。

(4)优化城市交通网络。完善城市快速路网和干支路网,强化道路微循环体系。大力推进城市轨道交通建设,建成地铁4、5、6、10号线及1号线东延线,加快建设7、8、11号线,实现B1线和市域Z2、Z4线滨海新区核心区内通车。到2020年,轨道交通运营里程达到375km。加强公共交通网络建设,优化线路设计,积极发展智能公交,推进公交服务向村镇延伸。完善城市慢行交通体系,倡导绿色出行。加强停车设施建设管理。到2020年,公共交通占机动化出行比例提高到60%。

(5)推进区域交通一体化。深化港口群合作,发挥津冀渤海港口投资公司作用,优化港口货类结构,与河北省港口形成合理分工和错位发展格局。推动区域航道、引航、锚地等公共资源共建共享。加强机场群合作,促进区域机场群合理定位、协调发展,积极承接首都机场客货运溢出需求。建立区域综合交通信息平台和服务监督信息网络,推进智能管理、运输服务、安全保障一体化。

除了《天津市国民经济和社会发展第十三个五年规划》提出的上述天津交通运输发展的目标外,按照《天津市人民政府办公厅关于贯彻落实"十三五"现代综合交通运输体系发展规划的实施意见》还包括以下发展目标:

1. 打造综合运输服务升级版

以客运零距离换乘、货运无缝隙换装为方向,强化不同交通方式衔接,发挥综合运输组合效率和整体优势,形成衔接顺畅、服务优质、支撑有力、管理协同的综合运输服务体系,打造客运更便捷、物流更高效、服务更优质的综合运输服务示范城市。

(1)加强交通方式互联互通,完善客运交通枢纽衔接。结合城际铁路、长途客运场站建设,推进多种运输方式统一设计、同步建设、协同管理;提高现有综合枢纽换乘效率,推动中转换乘信息互联共享和交通导向标识连续、一致、明晰。构建城市内部换乘枢纽。构建以轨道交通为中心的城市交通换乘枢纽,强化枢纽对公交线网组织功能;加强其他出行方式与轨道站点的衔接。

加强物流枢纽节点建设。发展港口物流枢纽,加快建设航空物流区,推进铁路物流枢纽升级,完善公路物流枢纽。支持快递设施布局优化,推进建设四级快递网络布局和服务体系。

强化油气管网互联互通。按照国家规划,大力推动油气主干管网、区域管网和互联互通管网建设。

(2)促进运输服务一体化。加强道路客运协同发展。推动区域出行信息服务一体化,加快公众出行信息服务系统建设;实施京津冀交通"一卡通"互联互通工程;实施区域道路客运联网售票工程;推进省际毗邻地区道路客运班线公交化运营。推进公交服务向村镇延伸,推进城乡客运公交一体化,提高运营安全水平。发展机场专线等特色客运线路,构建快捷服务网络。

促进现代物流运输发展。开展多式联运和甩挂运输,促进京津冀甩挂运输协同发展,加快完善区域内甩挂运输相关法规政策和标准规范体系,推动甩挂运输车型和设备标准化。大力发展冷链物流、大件运输等特色物流;积极推进城市物流配送;建成城乡一体化终端配送网络;推广专用车型应用,鼓励发展节能环保车型。

加大交通邮政深度融合。积极推进交邮协同发展,统筹基础设施建设。推进快递"上车上船上飞机",大力发展共同配送、统一配送,积极推动"快递下乡"。

(3)完善运输便民服务,优化运输市场经营环境。强化市场监管,规范经营行为,严厉打击客运市场违法违规经营,完善省际、市际、城乡接合部等重点区域执法协作,加强京津冀交通运输管理部门协同监管执法协作;加强运输行业诚信体系建设,建立健全行业诚信考核体系,构建长途客货运信用管理平台,营造公平开放透明的市场环境。

推进机动车维修转型升级。积极开展绿色维修,升级改造设施设备,减少对环境的污染。建立市级汽车综合性能检测中心站,推动实施汽车检测与维护制度,加强对营运车辆检测维护,减少机动车维修及社会车辆对环境的污染。

促进汽车租赁业健康发展。建立健全汽车租赁法规体系;鼓励企业开展专业化、规模化经营,鼓励使用节能环保、低排放车型。

推进交通与旅游深度融合。不断完善基础设施水平,全面提升交通运输服务品质,加强多种交通方式协调互补,形成综合立体、高效快捷的现代交通运输体系,为我市旅游产业发展提供便捷、高效、安全、绿色的交通运输环境。

2. 着力推进智能交通建设

以整合交通运输数据资源、提升交通出行智能服务、强化业务应用智能管理为导向,加大管理与技术创新,完善交通决策支持系统,驱动生产组织和管理方式转变,全面提升运输效率和服务品质。

(1)整合交通运输数据资源。打造综合交通信息集成平台。推进交通运输数据资源在线集成,建设天津市智能交通信息系统。加强京津冀区域交通信息共享机制建设。构建智能交通感知网络,利用信息化技术提升服务管理水平。全面提升交通运输基础设施、运载装备的运行监测水平,推进信息化基础设施与交通运输基础设施同步规划、同步建设,形成动态感知、全面覆盖、泛在互联的交通运输运行监控体系。

(2)完善交通运输信息服务。推广智能出行应用。提供基于位置的全程、实时交通出行信息服务;整合完善各类交通信息,提供综合出行信息服务,打造公共出行信息"一站解决"平台;深入推进掌上应用服务,升级改造"一卡通"系统;推进跨区域客运联网售票,完善旅客联程出行票务服务系统;实现高速公路电子不停车收费系统(ETC)全覆盖;推广掌上公交、智能泊车的应用。

完善物流信息服务。构建综合物流公共信息服务平台,实现物流数据安全、高效交换与共享,实现"一站式"对外信息服务和"一单到底"全过程物流信息服务,加快建设天津多式联运信息服务平台;研究推进标准厢式货车使用ETC系统;推进区域物流信息一体化,建设京津冀物流公共信息平台交换节点。

(3)保障交通网络信息安全。构建行业网络安全信任体系,基本实现重要信息系统和关键基础设施的安全可控,提升抗毁性和容灾恢复能力。加强大数据环境下防攻击、防泄露、防窃取的网络安全监测预警和应急处置能力建设。加强交通运输数据保护,防止侵犯个人隐私和滥用用户信息等行为。

3. 着力推进绿色交通建设

促进交通运输节能减排,加强资源集约利用,严格遵循生态保护红线管理规定,开展重点领域环境保护,建成在全国具有领先水平及典型示范意义的绿色循环低碳交通示范城市,为美丽天津建设提供坚实有力支持。

(1)促进交通运输节能减排。促进交通运输结构性节能减排。强化绿色运输,优化运输方式结构,严格控制燃油机动车保有量,研究实施柴油车总量控制,加快淘汰老旧车、船设备;加强新能源交通工具的推广应用。促进重点领域技术性节能减排,加强公路资源低碳技术应用,重点推广温拌沥青技术、低排放路面技术、循环再生技术利用。促进交通运输管理性节能减排,强化对营运车辆的环保监管,加强京津冀机动车污染排放监管合作。

(2)开展重点领域环境保护。强化船舶与港口污染防治工作,严格落实港口不再接收公路运输煤炭工作。全面落实交通运输部船舶与港口污染防治相关政策、法规和标准。推进落实《珠三角、长三角、环渤海(京津冀)水域船舶排放控制区实施方案》(交海发〔2015〕177号)。实施港口污水处理与回收利用设施技术改造,建立船舶污染物和废弃物的接收处理系统,增强污水接收和处理设施能力,加强港口噪声防治和粉尘治理工作。加强高速公路服务区污染综合治理,积极推进高速公路服务区污水循环利用系统建设。严格履行"三同时"制度,严格落实生态保护措施。

4. 着力推进平安交通建设

深入推进安全生产信息化建设,大力实施主体责任、制度规范、设施建设、全员教育、信息管理和专家检查"5+1"安全监管举措,着力完善交通安全制度、提升监管水平、增强应急保障能力等,基本建成适应现代交通运输发展需要的安全管理与应急保障体系,为高质量小康社会建设提供坚实的运输安全服务保障。

(1)加强交通安全制度建设。严明交通行业安全标准。健全完善行业安全标准。督促企业严格执行国家强制性规范和行业标准,深入推进交通运输企业安全生产标准化建设,切实加强各类交通运输企业安全生产标准化达标考评工作。

加快安全责任体系建设。强化企业安全主体责任,逐级签订安全生产责任书,建立健全各项安全生产管理制度。强化部门安全监管责任,加强事中事后监管,建立企业经营安全生产信誉考核机制。加强安全生产制度保障。健全完善行业规章制度,规范事故统计信息,强化安全生产考核,严格事故调查处理和责任追究。

(2)提升交通安全管理水平。加大安全监管投入力度。强化安全监管队伍建设,加大安全生产投入,提高设施运行监测能力,强化对客运、危险货物运输、城市轨道交通、港口危险化学品罐区、在建和运营桥梁隧道等设施设备监测,推动基础设施监测系统与运载装备监测系统之间的互联互通,加强跨行业跨部门跨地区联防联控,强化预测预警预控和过程监管。提升设备安全水平,完善安全生产检查设备和手段,加强交通设施安全管理。

建立统一的市级交通运输安全监管和应急指挥平台系统。全面推进卫星定位系统在道路客货营运车辆上的应用,加快建立营运车辆动态信息公共服务平台;建立完善高速公路路网指挥中心和公路路网管理与应急中心,加强重点点位施工现场视频监控;建立轨道交通综合调度指挥中心,扩大视频监控覆盖范围;全面落实公交智能化监管,对公交场站、车辆运营和驾驶人行为进行实时监控;建设水上交通安全信息平台,对游船渡口、内河码头安装视频监控系统,实施24小时监控监管;加强有关部门信息共享,强化对综合动态信息的监测分析,及时、快速、稳妥处理急险事件。加强全员安全培训教育。

(3)提升安全应急保障能力。建立健全应急机制。完善应急管理机制,健全区域、部门应急保障协同机制,推动建立应急指挥信息系统。健全应急预案体系,加强应急力量建设,建立应急救援队伍,加大应急运力保障,加强应急物资和装备合理配置,定期组织开展应急演练。增强安全监管信息跨区域、跨方式共享,推动与公安、海事、环保、市场监管等部门的信息共享与监测应急一体联动。

5. 着力推进法治交通建设

加快推进行业治理体系和治理能力现代化,形成法治交通"四个体系",努力在法治政府建设中走在前列。

(1)建设完备的法律规范体系。加强交通运输法规体系建设。抓好天津市航道管理条例、天津市道路运输条例等立法项目的推进工作,加快重点领域的立法进程,填补立法空白。加强交通运输领域规范性文件的监督管理,强化合法性审查制度,形成规范性文件清理长效机制,每年进行清理,向社会公布现行有效的规范性文件及其目录。加强交通运输标准体系建设。开展管理制度机制建设,强化交通运输标准化的技术归口管理,探索建立标准化成果奖励制度,建成标准化信息平台。

(2)建设高效的法治实施体系。坚持依法用权依法履职。健全普法依法治理机制,全面实施"七五"普法规划。完善交通运输区域执法协作机制,推进执法信息共享、执法结果互认和执法工作协同,加强执法监督跨区域协作。继续推进交通运输部门职能转变,持续推进简政放权,坚持放管结合,强化事中事后监管。稳步推进交通运输综合执法改革,整合交通运输行政执法机构和执法资源,实现交通运输领域"一支队伍管执法"。

(3)建设严密的法治监督体系。加强交通运输执法监督考核。坚持用制度管权管事管人,对权力集中的机构和岗位实行权力的适度分解和相互制衡。明确执法岗位职责,落实执法岗位责任。推广交通运输行政执法督察制度,强化行政执法督察力量,严格执行执法过错责任追究制度。

(4)建设有力的法治保障体系。加强交通运输法制机构建设,适应执法重心下沉、执法案件实时全程监督等要求。推进"三基三化"(基层执法队伍职业化、基层执法站所标准化、基础管理制度规范化)建设,加强执法人员职业化培训工作。推动执法信息系统应用,强化信息化应用对推进依法行政的保障作用,提高执法与监督的科技含量和信息技术水平。

第二章
公路建设及运输发展

第一节 公 路 建 设

天津市作为国际港口城市、北方经济中心,其重要的地理位置,决定了天津公路在全国公路网中的重要地位。天津公路是国家公路网的重要组成部分,也是华北、东北地区公路交通的主枢纽。天津公路网的发达与否,影响着广大地区的经济发展。目前,由高速公路和国、市干线组成的公路主骨架及区县级公路和乡村公路组成的公路网系统,不仅为天津市作为公路交通主枢纽的地位奠定了基础,也为环渤海特别是京津冀地区的经济发展提供了重要的交通基础设施保障。

新中国成立以来,特别是改革开放以来,天津公路行业在市委、市政府的正确领导下,认真贯彻执行了国家交通部公路交通工作的方针建设,以公路建设管理为中心,不断提高公路建设管理水平,使天津公路在原有基础上不断取得新的快速发展。从全市第一条高速公路京津塘高速公路的建成通车,到服务于市域、区域及国家的公路运输大通道体系的基本形成;从依托"贷款修路、收费还贷"政策修建收费路,到采用BOT模式等多方式、多渠道筹集公路建设资金;从增加设施总量,缓解公路交通对国民经济的"瓶颈"制约,到扩大运输能力,提高服务质量,主动引导经济社会发展,促进区域协调发展、缩小城乡差距,满足多层次、多方位的交通需求,无论是公路的网络体系、投资方式还是发展理念,无不生动具体地折射出天津公路跨越式发展的清晰脉络,见证了天津公路事业发展的辉煌历程。

截至2016年底,天津市公路网总里程达到16764km,其中高速公路1208km,普通干线公路2572km,农村公路12984km,继续位列全国第6位,基本构建了布局合理、层次分明、干支协调、衔接顺畅的公路网体系。

一、高速公路由"初步连通"向"覆盖成网"转变

2013年底,"7918"国家高速公路天津段全面建成,规划新增国家高速公路建设全面启动,省级高速公路建设全面提速,高速公路密度居全国第二。

高速公路是关系国计民生的基础性、战略性的重要基础设施,天津市高速公路建设以

京津塘高速公路的建成通车为标志,展开了高速公路发展的历史新篇章。1995年,天津市独立设计建成了津沧高速公路,唐津高速公路天津段也同时启动。至2000年,京哈高速公路天津段、唐津高速公路天津北段和津保、津滨高速公路相继建成通车;2003年,津蓟高速公路建成通车;2005年,唐津高速公路全线贯通。

"十一五"期,天津市加大了对规划"九横五纵"高速公路骨架网的建设力度,高速公路建设总里程700km,其中国家高速公路233km,地方高速公路467km。建成通车高速公路421km,包括:建成京沪高速公路天津段二期工程,形成北京至华东的重要通道;建成京津高速公路,形成京津城际间联系的北通道;建成荣乌高速公路天津段、津蓟高速延长线、津港高速一期工程,增加了天津市区通往华东、华南地区、市区通往蓟州以及北京平谷以远地区、市区通往大港的便捷联系;实施津滨高速公路改扩建工程,加强了双城之间的联系。在"十一五"期开工建设跨转"十二五"期的高速公路里程279km,包括滨保高速公路(国道112天津段)部分路段、塘承高速公路、津宁高速公路、滨海新区西外环高速公路、津汉高速公路、海滨高速公路等6条(段)。至"十一五"期末,规划高速公路网建成65%,其中,原"7918"国家高速公路网天津市境内段基本建成,"七横四纵三联"的规划集疏港主骨架公路网建成70%,形成了以双城为核心,初步连通周边各大中城市,通达市域新城,覆盖中心镇、旅游景区、重要功能开发区的高速公路网络体系。

"十二五"期,天津市高速公路通车总里程突破1292km。高速公路由"初步连通"向"覆盖成网"转变,"7918"国家高速公路天津段全面建成,规划新增国家高速公路建设全面启动,省级高速公路建设全面提速,累计新改建534km,高速公路密度居全国第二。

截至2016年底,天津市高速公路通车里程已达到1208km,已基本形成了以中心城区和滨海新区为中心的对外辐射型高速公路主骨架网络。这对提高公路路网的整体服务水平,推动天津市及周边地区的经济快速发展起到了十分重要的作用。高速公路的发展,提高了公路网的整体技术水平,优化了交通运输结构,使公路交通运输成为国民经济和社会发展的有力支撑。

二、普通国省干线公路由"基本成网"向"能力提升"转变

按照改造挖潜、适度新建的原则,"十一五""十二五"期间,以治理干线公路拥堵、提升省际出口路、打通区县间断头路为重点,对普通干线公路路网进行提升改造,路网等级水平持续提升,国道一级化实现率由"十一五"期末55%提高到90%,普通国省干线公路二级及以上里程比重达到95%。

干线公路改建是辅助高速公路形成干线路网的必要一环。1991年以来,天津市普

通干线公路建设坚持走多元化融资之路,采取"国家投资、地方筹资、社会集资、国内贷款、利用外资"等多元化融资方式解决建设资金,进一步完善了公路交通基础设施建设投融资体制。以天津市公路管理局、天津市公路建设发展公司、各区县政府,单独或合作形成多渠道加快国、市干线公路建设,取得了可喜的成绩。一方面加强了高速公路的建设;另一方面逐年加强了国、市干线的改建,包括拓宽、补强、完善交通设施、绿化美化,由此形成了今天比较完善、适当超前的公路网络,为天津市的经济社会发展做出了应有的贡献。

"九五"期间,普通干线公路建设完成新改建102国道北段、宝平公路、津沽公路塘沽段、新津杨公路、咸水沽南线、津霸公路、津同公路、邦喜公路、外环线东南半环,104国道、津围公路、津文公路、津涞公路、津港公路北段、津淄公路、津沽公路西段、津塘二线等项目,提高了路网的整体水平,缓解了公路交通的紧张状况,改善了区域投资环境,对促进国民经济快速增长起到了积极的作用。

"十五"期间,普通干线公路先后完成杨北公路、103国道、汉港公路、津涞公路、塘汉汉北联络线、津静公路、大赵公路、大陈公路、津汉公路、大丰公路、宝白公路改线、津塘二线等新建和改扩建项目,优化了整个干线公路网的布局和结构,提高了技术等级,实现了路网规划的目标,基本形成了以高速公路和干线公路为骨架的路网。

"十一五"期间,普通干线公路先后完成天津大道、宝白公路、汉蔡公路、津芦公路、104国道、205国道、112国道、102国道、港中公路、钱顺公路、团塘公路等新建和改扩建项目,有效地改善了交通出行条件和投资环境,带动了地方经济的发展,有力地推动了全市经济社会发展和城市化进程。交通运输部国检组对天津市"十一五"期干线公路养护管理工作给予了充分肯定和高度评价,取得了国检第4名的优异成绩,跨入全国先进行列。

"十二五"期间,普通国省干线公路由"基本成网"向"能力提升"转变,按照改造挖潜、适度新建的原则,以治理干线公路拥堵、提升省际出口路、打通区县间断头路为重点,累计新改建930km,路网等级水平持续提升,国道一级化实现率由"十一五"期末55%提高到90%,普通国省干线公路二级及以上里程比重达到95%。

三、农村公路由"规模扩张"向"质量效益"转变

以加密路网、改造提级、完善设施为重点,等级公路比重达到100%。乡镇通达率、乡镇通畅率、建制村通达率和建制村通畅率均达到100%,在全国率先实现自然村"村村通"油路。

从1983年开始,天津市人民政府每年都把修建乡村公路列入改善农村人民生活十项工作的内容。采取以干线带支线,县乡相通、乡村相连、一村一路的办法,大力修建乡村公

路,基本上实现了村村通公路。1998年底乡村公路由市农委归口市市政工程局管理以后,每年的补贴增加到2000万元,并增加了每年对桥梁的改造费用500万元,后又增至1000万元。乡村公路由公路部门、地方政府、所在乡村共同修建,其建设进入了新的发展阶段。在大力发展国、市级干线公路和区县级公路的同时,从发展生产、完善路网、方便群众的原则出发,每年改造乡村公路1000km,对发现的严重病害桥梁及时进行维修改造消除安全隐患。2012年提升路网通达深度,完成自然村通畅工程,不断将路网向自然村、农业产业园区、农业产业基地、农场、林区延伸,2012底,解决天津市北部山区27个自然村共29km的未通油路,实现北部山区自然村"村村通"列入20项民心工程。天津市完成自然村"村村通"油路。

2013年重视桥梁安全,双曲拱桥全部改造。按照交通运输部落实中央1号文件的10项举措要求,在农村公路危桥改造方面,将全市乡村公路50座双曲拱桥改造工程列入天津市20项民心工程,加大双曲拱桥改造的市补贴力度,桥梁造价从2333元/m^2提升到3500元/m^2,保障农村公路通行安全。

2014年开展专项整治,进行山区乡村公路安全保障工程提升改造工程。由于建设资金问题,天津市山区乡村公路的安保设施存在较大的安全隐患,为提高乡村公路安全通行能力,改善乡村公路服务功能,降低交通事故损害程度,2014年对全市山区乡村公路进行实地调查,制订完善公路安全防护设施,完成103处路段,累计38706延米的波形梁护栏,有效地保证了人民的生命财产安全。

2015年京津冀一体化,完成最后一公里通达。随着京津冀一体化加快推进,京津冀乡村公路"毛细血管"堵塞,"最后一公里"问题突出,同时随着农村经济的快速发展,村镇和城乡往来频繁,疏通断头路接通"最后一公里"为群众出行和区域经济发展提供有利交通支撑。2015年,天津市加大了对省际最后一公里道路的改造力度,改造9.8km,2016年完成全部道路改造任务。

四、公路基础设施现状

截至2016年底,天津市干线公路网运能稳步增长,与经济社会发展、交通需求发展稳增态势基本保持一致,见表2-1-1。

高速公路车辆平均行驶速度超过100km/h,普通国省干线公路超过50km/h,路网总体运行状态由"轻度拥堵"改善为"基本畅通"。收费公路和非收费公路间交通分布正趋于均衡,高速公路利用率显著提高,普通国省干线公路拥挤度下降34%,拥挤状况明显改善。

第二章 公路建设及运输发展

2016年公路里程年底到达数(按技术等级分)(单位:km)　　表2-1-1

行政等级	总计	等级公路								
		合计	高速公路				一级公路	二级公路	三级公路	四级公路
			小计	四车道	六车道	八车道及以上				
1.国道	1527.971	1527.971	546.822	46.12	454.602	46.1	545.792	394.791	23.896	16.67
国家高速公路	546.822	546.822	546.822	46.12	454.602	46.1				
普通国道	981.149	981.149					545.792	394.791	23.896	16.67
2.省道	2252.291	2252.291	661.288	307.562	273.194	80.532	515.18	974.23	101.593	
省道高速公路	661.288	661.288	661.288	307.562	273.194	80.532				
普通省道	1591.003	1591.003					515.18	974.23	101.593	
3.县道	1317.342	1317.342					94.617	433.926	518.814	269.985
4.乡道	3934.741	3934.741						323.26	239.391	3372.09
5.村道	6724.491	6724.491						492.98	233.665	5997.846
6.专用公路	1007.274	1007.274					58.422	595.868	152.844	200.14
合计	16764.11	16764.11	1208.11	353.682	727.796	126.632	1214.011	3215.055	1270.203	9856.731

第二节　公路运输

一、发展政策

1."五个交通"建设和机构改革、政策调整,要求道路运输进一步转变发展方式

随着各种运输方式大规模建设不断推进,交通基础设施逐步投入使用,各种运输方式独立发展达到一定新的水平,公路、铁路、民航等运输方式之间的竞争更加激烈。在这种背景下,对道路运输更好地发挥比较优势、增强发展能力和服务水平,更好地衔接其他运输方式提出了更高的要求。公路运输发展必须站在发展综合运输的全局角度,积极应对、主动适应,优化布局、加快发展,把握好道路运输发展的定位、方向和重点。

同时,随着大部制改革的完成和新一轮行政体制改革的逐步推进,如何在新的体制框架下处理好道路运输与其他运输方式关系、处理好城乡客运一体化发展关系,已经成为"十三五"期必须面对和解决的问题。过去"重收费、轻监管""重处罚、轻服务"的管理模式也亟待改变。这就要求公路运输站在综合交通运输的全局角度,主动融入,衔接和协调各种运输方式的资源,加快形成高效、合理、通畅、安全的交通运输体系,充分发挥综合交通运输的组合优势。

2. 天津自贸区全面开发开放,要求公路运输的发展能力和水平进一步提高

随着天津自贸区的建立,可以预见天津的公路运输、客(货)站场等领域也必将出现延拓创新,行业管理部门的职能也带来大尺度的转变,因此要用全新的思维和方式来引导行业发展,促进天津市经济社会的发展。特别是在建设更高效的物流体系方面,目前确实存在许多影响物流行业发展的政策障碍和许可限制,如:物流站场的建设审批问题,外商投资国内公路运输业及维修业事项中多部门、多环节许可问题等。如何放宽对物流经营的不合理限制,如何优化资质准入条件,减少许可环节,在政策上出台更多与"自贸区"相配套的优惠政策措施等,应成为"十三五"期间的改革重点,要用全新的管理机制改革和调整原有管理模式和职能,进一步提升公路运输行业的发展能力和服务水平,以适应天津自贸区给城市经济发展带来的正能量,促进天津经济社会的大发展。

3. 京津冀协同发展,要求公路运输全面优化结构布局

京津冀协同发展给公路运输带来历史发展机遇,同时也带来了挑战。京津冀协同发展首先要求区域道路客运形成区域性、多层次、一体化的循环网络,与其他运输方式衔接顺畅;二是行业管理标准和发展规划统一协调,形成联合管理、协同发展、有序竞争的行业体系;三是信息化领域合作要密切,健全共享机制,积极推进区域性公共服务平台建设;四是充分提高专业运输领域相关资源使用率,基本建设完成区域联动的服务运输体系,形成高效便捷的现代物流体系;五是增强承接北京地区产业转移的物流能力,提升物流园区及货运场站的服务功能、转变经营模式。

4. 深化节能减排,要求大力推动低碳环保的公路运输发展

公路运输作为资源消耗型行业,面对资源环境的约束,必须转变传统的发展方式,走资源节约和环境友好发展的新路子。"十三五"期间,是公路运输节能减排、转变发展方式的重要时期,必须强化科技作用、提高运输效能、转变传统发展方式、促进公路运输可持续发展,这事关公路运输业的整体竞争力提高,事关公路运输业的长远发展,事关国家资源节约、环境友好型社会建设目标的实现,具有重要的现实意义。

二、基础设施

1. 道路客运

(1) 发展现状

目前天津市共有24个客运场站,其中一级客运站6个,二级客运站9个,三级及以下客运站6个,简易站3个。在毗邻省市客运站建立天津滨海国际机场异地航站楼5个(保定、廊坊、唐山、白沟、胜芳),服务天津机场进一步发挥区域客运枢纽地位和服务腹地的作用。同时,开通了3条机场巴士专线,实现了市区5座道路客运枢纽站与机场的无缝接

驳,增强了班线客运对中心城区及周边地区的辐射带动功能。

(2)规划目标

建设以市区客运枢纽为中心,以区县客运场站为基础、农村客运站点为补充的客运站场服务体系。新建宝坻、武清、静海、张家窝客运站,整合市区客运站场功能,在有条件毗邻市县依托客运站建设天津机场异地航站楼。

2.道路货运

(1)发展现状

截至 2014 年底,天津市纳管的从事公路货运站(场)经营业户共计 32 户,基本为从事货运代理、仓储、配载、物流等服务项目的小型场站,尚没有大规模、上等级的货运站场。

"十二五"期间,组建了京津冀甩挂运输联盟,签订了《京津冀甩挂运输联盟章程》,建立了联席会议制度,组织京津冀 10 家企业、300 余部专用运输车辆,联合开展了天然气联合甩挂运输试点项目,建立"集约、高效、便捷和适时化、一体化"的物流体系。

(2)规划目标

将货运枢纽场站建设纳入城市整体发展规划,不断优化运输结构,运行效率和质量显著提高。加大对甩挂运输站场建设的投资力度,完成对传统货运站场进行升级改造,鼓励有实力、有规模的运输企业建设甩挂运输场站,逐步构建层次清晰、功能完善、衔接顺畅的站场节点体系。拓展公路货运枢纽功能,以促进现代物流发展为重点任务,促进其向物流园区转型。

依托港口、产业园的物流中心(物流园区),引导建设甩挂运行服务中心和专业货运站。到 2020 年,建立甩挂运输货运站场 5 个。到"十三五"期末,培育 4 家以上的甩挂运输示范企业和 1 个以上标准化的甩挂作业示范站场,鼓励示范企业建立区域性挂车资源共享系统和甩挂运输信息平台。

三、运能运力

1.道路客运

截至 2014 年,省际道路客运班线已辐射至京、冀、晋、内蒙古、辽、吉、黑、苏、浙、皖、闽、鲁、豫、鄂、湘、渝、川、陕、甘 19 个省(自治区、直辖市),客运线路平均日发送班次 7635 个/日,客运站平均日旅客发送量 5.4 万人次/日。根据市场需求,在兼顾各方利益、促进行业发展的基础上,共新开通道路客运班线 27 条,调整开通与公、铁、轨道等衔接的长途客运班线 36 条,开通了 4 条 1500km 以上的超长线路实施了接驳运输,填补了铁路通达不到地区的线路空白点,有效地发挥了道路旅客运输的优势。"十二五"期间,妥善解决了津汉线、津塘线、塘港线、塘咸线、津芦线等 65 条道路客运班线、782 部班线客运车辆退出市场的问题,为我市全面推进城乡公交一体化奠定了基础。

截至2014年底,全市道路客运车辆9136辆(省际班车:872辆,市际班车:587辆,县内班车:902辆,旅游包车:6775辆)。其中:高级客车7191辆,中级客车1945辆,分别占客运车辆总数的78.71%、21.29%。同时,清洁能源客运车辆754辆,占客运车辆总数的8.25%。

"十三五"期间,我市道路运输行业积极配合落实城乡客运公交一体化工作,市域班车客运条线路、1300部车辆全部退出市场。2020年底,天津市跨省班车客运线路将达565条,辐射至京、冀、晋、内蒙古、辽、吉、黑、苏、浙、皖、闽、鲁、豫、鄂、湘、渝、川、陕、甘19个省(自治区、直辖市)。道路客车辆总数9300辆,其中:跨省班车客运车辆950辆,包车客运车辆8350辆。高级客车达到90%以上,清洁能源车辆达到19.8%以上。

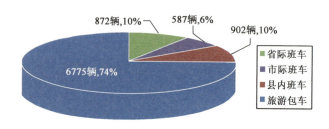

道路客车比例

2.道路货运

截至2014年底,道路货物运输经营业户达到19884户,其中:危险货物运输经营业户219户。道路货物运输车辆17.13万辆(栏板货车:89313辆,厢式、集装箱货车:32977辆,罐式货车:4067辆,牵引车:22638辆,货运挂车:22341辆),载货汽车平均吨位6.92t/辆。与2010年相比,道路营运货车辆数增长73.97%,平均吨位增长23.13%。清洁能源营运车辆3057部,其中:客车754部,货车2303部,见表2-2-1、表2-2-2。

2010年与2014年公路货运车型构成情况　　　　　表2-2-1

项　　目	2010年	2014年
重型车占比(%)	8.05	25.66
专用车占比(%)	6.19	4.09
厢式车占比(%)	19.88	22.1
节能环保车型占比(%)	0.02	1.3

2010年与2014年道路运输业户结构对比情况　　　　　表2-2-2

项　　目	2010年	2014年
集装箱运输业户占比(%)	3.07	6.1
专业运输业户占比(%)	4.95	9.62

"十三五"期间，天津市货运车辆将达到23.02万部，车辆结构进一步优化，重型车、专用车、厢式车占营运货车比例分别达到28%、15%和24%，清洁能源车辆达到2%以上。

四、运量

1. 道路客运

"十二五"期间，通过企业重组、并入、集约化经营，道路客运经营业户由2010年底的377户，集约优化到2014年底的185户，户均车辆由22部提高到49部。2014年完成客运量1.45亿人次，完成客运周转量88.47亿人公里，与2010年基本持平。

"十三五"期间，道路客运量将达到1.64亿人次，旅客周转量将达到93亿人公里。到2020年，取消所有个体客运经营户，道路客运经营业户全部实现公司化经营，营运车辆公司化达到100%，户均车辆60部以上。

2. 道路货运

"十二五"期间，天津市交通运输货运量持续增长，2013年完成货运量51603万t，比2010年货运量增长24.01%。货物周转量在2012年创新高后，呈现快速下滑趋势，2013年完成货物周转量比2010年下降45.33%。2010—2013年天津市货运量、货物周转量情况见表2-2-3。

2010—2015年天津市货运量、货物周转量情况　　　　表2-2-3

年份(年)	货运量(万t)	货物周转量(亿吨公里)
2010	41611	9859
2011	44651	10121
2012	47698	7635
2013	51603	5390
2014	50948	3354
2015	53179	2320

资料来源：2010—2016年《天津市国民经济和社会发展统计公报》数据整理。

2014年天津市完成货运量3.11亿t，比2010年增长了49%，完成周转量349.02亿吨公里，比2010年增长了50.93%。

2020年，天津市道路货运量将达到5.25亿t，货物周转量619亿吨公里。

第三章
高速公路建设发展及成就

第一节 高速公路规划及发展历程

一、建设起步（1987—1998年）

高速公路是公路交通高度发展的必然产物,是公路现代化的主要标志,也是一个国家或地区现代化的重要标志之一。中国高速公路的兴建,起于20世纪80年代中期,交通部于1981年制订了高速公路技术标准。随后,全国各地高速公路建设开始起步。

（一）天津高速公路建设以京津塘高速公路工程为开端

京津塘公路是北京连接天津通向塘沽新港的一条具有重要政治、经济、军事意义的干线公路。新中国成立后曾多次整修、分段改建,大部分路段达到二级标准,天津、北京城市进出口达一级公路标准。1978年初,交通部结合塘沽港的现代化建设,拟定修建京津塘高速公路。由于这是中国大陆上第一次引入世界银行贷款正式测设修建的高速公路,交通部领导极为重视。为此,于同年3月成立了京津塘高速公路测设领导小组,部公路规划设计院副院长蔡维之任组长,第二公路勘察设计院副院长贾炽民和第一公路勘察设计院党委副书记陈秉信为副组长,部公路局技术领导王世瑞为总工程师,以及北京、天津、河北两市一省有关方面的代表共12人组成,具体组织领导全线的测设工作。5月,第一、二公路勘察设计院共抽调了6个测量队、2个钻井队开始京津塘高速公路的测设工作,1978年底完成了全线外业测量和初步设计文件及靠近塘沽港10km的施工设计文件编制工作,对线路布设、互通立交的设置等重大方案均取得了北京市、天津市、河北省和交通部领导的同意。但由于当时有关方面对高速公路认识上的不一致和资金不落实等原因,该路未获准列入国家建设计划。交通部遵照国务院"关于京津塘公路要按一级公路标准进行改造"的批复,于1982年2月确定重新对该路进行可行性研究,由交通部规划设计院主持,部公路科学研究所、第一公路勘察设计院、北京市交通局、天津市市政工程局参加,联合组成共14人的"京津塘（汽车专用）公路建设项目可行性研究组",同年10月完成了京津塘公路建设项目可行性研究报告。1983年2月,交通部和北京市、河北省、天津市人民政府联合向国家计委报送了《京津塘汽车专用公路设计计划任务书》，经呈准国务院批复了京津塘汽车专用一级公路的设计任务书。交通部随即组成以部公路局副局长阎广祯为组长的测设领导小组，并由交通部第一、二公路勘察设计院抽调测设力量负责测设工作，设计负责人为第一公路勘察设计院副院长刘济源，交通部公路规划设计院、公路科学研究所及京、津、冀三省、市有关设计单位参与了部分勘察设计工作。1984年10月，时任国务院副总理李鹏召集有关部门开会，最后作出了按高速公路标准修建京津塘高速公路的正确决策。测设工作改按高速公路标准，同时按照使用世界银行贷款的要求，补充财务分析，进一步修改编写了《京津塘高速公路可行性研究报告》，全面论证修建收费高速公路的必要性和可行性，也为世界银行对该项目贷款进行预评估提供了依据。到1984年底，第一、二公路勘察设计院完成了送审的初步设计文件。其线路走向和主要技术指标与1978年编制的京津塘高速公路初步设计文件基本吻合。1986年7月，国务院正式批准了交通部《关于京津塘高速公路设计任务书的报告》。1987年5月，京津塘高速公路工程按照国际招标程序进行了投标。10月与中标人签订了承包合同，12月全部土建工程4个合同段正式破土开工。

京津塘高速公路建设过程，按照国际惯例组织施工和进行管理，不仅培养出了管理严格、质量意识增强、能打硬仗、装备精良的机械化施工队伍，所施建的各项工程质量创出了新水平，而且注重并建立起了比较完善和科学的工程管理制度，首次实行了工程招投标和工程监理，吸收和采用了较多新工艺、新技术，积累了许多有益的经验，为工程建设管理和保证优良质量创出了新路，成为事后组织高速公路工程的典范。

1994年，交通部颁布了《收费公路管理条例》。同年成立的天津公路建设发展公司开始探索依靠项目融资来加快公路建设步伐。通过积极开发融资新渠道，先后采取与投资企业合作和银行贷款等形式，先后成功建成了万家码头大桥和津榆公路扩建两个项目，在项目开发、可行性研究、融资方案制订、项目谈判等主要方面取得了初步经验，为日后高速公路建设项目的融资开发打下了良好的基础。

(二)三十年公路网发展规划

1991年开始交通部领导制订《三十年公路网发展规划》，拉开了全国公路的大发展的序幕，之后陆续出台了《五纵七横国道主干线系统规划》《国家重点公路建设规划》《国家高速公路网规划》《公路水路交通"十一五"发展规划》《环渤海地区现代化公路水路交通基础设施规划纲要》。超前的规划带来了高速度的建设，使我国的高速公路通车里程稳居于世界第二位。

天津现代公路的发展得益于天津总体发展规划的确立。公路部门按照交通部关于编制《三十年公路网发展规划》的部署要求，根据天津市总体发展规划的战略目标，1995年编制完成了《天津市1991—2020年公路网规划》,制订了未来三十年公路远景规划的战略目标。以后又不断进行调整,先后出台了《天津市干线公路规划调整》《天津市高速公路网规划调整》《天津市公路基础设施建设"十一五"规划》。进一步增强公路发展的前瞻性、针对性和时效性,为促进公路建设各项工作的落实起到重要的指导作用。

1. 国家三十年路网规划

(1)"五纵七横"国道主干线系统规划

为落实国务院部署,从根本上改变交通运输瓶颈状况,着力解决公路与水路交通的滞后局面,交通部于1989年9月明确提出建设全国性的公路主骨架、水运主通道、港站主枢纽和交通保障支持系统(三主一支持)的战略设想,自此确立了全国公路水路建设长远规划的基本设想。"八五"期间,为深化公路主骨架设想,交通部按照"统筹规划、条块结合、分层负责、联合建设"的原则,确定了"五纵七横"12条路线(含支线)的国道主干线系统规划布局方案,1992年规划方案被国务院认可,并于1993年正式部署实施。

五纵:北京—珠海、北京—福州、同江—三亚、成都—湛江、二连浩特—河口。

七横:满洲里—绥芬河、丹东—拉萨、青岛—银川、连云港—霍尔果斯、上海—成都、上海—瑞丽、衡阳—昆明。

"五纵七横"12条国道主干线全部是二级以上的高等级公路,其中高速公路约占总里程的76%,一级公路约占总里程的4.5%,二级公路占总里程的19.5%。

《"五纵七横"国道主干线系统规划》有三个特点:一是在指导思想上,从划定国家干线公路网的平战结合转为以经济建设为中心;二是规划出了我国公路网的主骨架;三是确定了规划建设专供汽车行驶为主的高等级公路,找到了汽车专用公路这一解决混合交通问题的主要途径。

《"五纵七横"国道主干线系统规划》确立发展专供汽车行驶的高速公路,在当时的社会引起巨大反响。20世纪90年代初,我国民用汽车保有量只有500多万辆,平均每公里公路上只有5辆车。要不要发展高速公路,人们认识并不统一,在后来的实践中才被广泛地理解。

(2)两纵两横三条重要路段

"九五"开始总结了"八五"期间公路事业发展的经验教训,对公路网规划有了深一步地理解。1998年6月,交通部在福州召开了全国加快公路建设工作会议,会议对加快高速公路建设作出了部署。提出到2000年,"两纵两横三条重要路段"中的北京至沈阳、北京至上海、西南出海通道重庆至南宁要全线贯通,高速公路超过8000km。福州会议明确了加快高速公路建设的新目标、任务和措施,决定1998年加快公路建设,公路投资规模由原计划1200亿元增加到1600亿元,下半年又追加到1800亿元,而且将高速公路建设计划目标的实施提前了一大步,"五纵七横"中大部分路段高速公路项目相继开工建设。

(3) 西部地区规划

1999年,为落实西部大开发战略,尽快形成西部地区与中部和东部地区、西南地区与西北地区通江达海、连接周边国家的公路运输大通道,承担大经济区和省际中长距离的客货运输,为西部大开发经济和社会发展服务,交通部规划了西部开发8条省际公路通道,全长约1.7万km,于2010年全部建成,其中,高速公路约为6000km。

"九五"期末,以高等级公路为主的国道主干线将形成规模效益,使东部地区干线公路拥挤状况明显缓解,中西部贫困地区交通条件有所改善,国边防公路得以加强。

2. 天津市三十年公路网规划

(1) 天津市公路网规划的形成

20世纪80年代末期,天津市坚持稳定发展的方针,治理整顿收到比较明显的成效,国民经济保持稳步发展,人民生活继续得到改善。在发展规划方面,国家对环渤海地区经济发展提出了明确的要求,以支柱产业发展为动力,依托沿海大中城市,形成以辽东半岛、山东半岛、京津冀为主的环渤海综合经济圈。天津市处于环渤海经济圈的中心位置,所以提出了加快天津滨海新区建设的要求。这是党中央、国务院从我国区域经济战略发展的需要出发,为了实现东部率先发展,率先实现现代化而规划的一个国家战略的一个重要的组成部分,是继深圳经济特区、上海浦东新区之后我国又一个经济增长点。要以邓小平理论和"三个代表"重要思想为指导,深入贯彻落实科学发展观,综合推进滨海新区的体制机制创新和对外开放。用5~10年时间,在滨海新区率先基本建成完善的社会主义市场经济体制,推动新区不断提高综合实力、创新能力、服务能力和国际竞争力,使新区在带动天津发展、推进京津冀和环渤海区域经济振兴、促进东中西互动和全国经济协调发展中发挥更大的作用。

滨海新区的发展带动天津市整体经济的增长,提出了20世纪末的奋斗目标,按照我国社会主义现代化建设第二步战略目标和国家对天津市的要求,到20世纪末实现国民生产总值按不变价格计算比1980年翻两番;人民生活全面达到小康水平,并向更高层次迈进。

(2) 天津市公路网规划制订

在"三主一支持"国家三十年路网规划发展的基础上,1991年10月交通部向全国交通部门部署了编制1991—2020年全国公路网规划工作,要求各省、自治区、直辖市用2~3年左右时间,编制各地公路网规划,经省、区、市批准后报交通部。

按照交通部通知的精神,天津市开始了公路网的规划研究,经过三年多的工作,于1994年2月完成了《天津市1991—2010年公路网规划》,1995年9月上报天津市领导小组审查,并报交通部核备。

(3) 天津市 1991—2020 年公路网规划要点

《天津市 1991—2020 年公路网规划》是在 20 世纪 80 年代编制的"三环十四射"道路骨架的基础上编制的,1996 年 3 月由天津市政府审批通过,并报交通部备案。

天津市《三十年公路网发展规划》提出公路网规划的战略目标是:提高路网密度,实现全市公路网密度达到 $100km/100km^2$ 以上;提高干线公路等级,普遍达到高等级公路的技术水平,使高速公路网密度达 $10km/100km^2$ 以上,相当于发达国家的平均水平;中心市区与各区县之间,均有高速公路相通,汽车 1h 内均可到达。规划提出以"一带、两环、三纵、四横"为骨架的干线公路网布局,里程为 2467km,公路网规划总里程为 1.24 万 km。

一带:沿海河轴向,由杨北公路、京津塘高速公路、津北公路、津滨高速公路、京塘公路、津沽公路等多条连接中心市区与滨海新区的东西向高等级公路组成。

两环:第一环为现有的外环公路;第二环由高速公路北环线、唐津高速公路、津晋高速公路、京沪高速公路的部分路段组成,长约 180km。

三纵:第一纵为京沪主干线(含京福公路以及京沪代用线);第二纵为以津围公路、邦喜公路、津蓟公路、外环线、津沽公路、津歧公路、海防公路等多条高等级公路组成;第三纵主线为唐津高速公路和山广公路。

四横:京哈公路、京沈高速公路(含通唐公路)、北京环公路(由津保公路、津榆公路组成)、津晋高速公路等高等级公路组成。

1996 年天津市城市总体规划在修编过程中,对 30 年路网规划布局作了局部调整。依据交通部颁发的《公路工程技术标准》(JTJ 001—97),公路技术等级取消了汽车专用路。干线路网增设了蓟塘线、塘汉线和海防线组成的第四纵向骨架走廊,增加京沪高速公路代用线等规划路线。到 2020 年全市形成"二环、三纵、四横、四条重要路段"的公路干线网主骨架规划布局(外环线作为城市环线未纳在内),从市中心到各区县,汽车 1h 可以到达。规划的公路网总里程 12360km,其中干线公路网由 10 条国道和 50 条市级干线组成,总里程为 2752km,其中高速公路 807km,一级公路 1115km,二级公路 830km。

(三)高速公路建设管理体制

京津塘高速公路管理处自 1991 年 7 月成立,隶属天津市政工程局领导,由天津市公路管理局管辖,1997 年,华北高速公路有限公司成立,京津塘高速公路管理处由华北高速接管,职能重新划分。

1994 年组建了天津市公路建设发展公司,隶属于天津市公路管理局,为独立核算、自主经营的全民所有制事业单位,实行企业化管理。该公司是当时天津市唯一一家在公路建设领域对外招商引资的经营实体,作为与社会主义市场经济体制相契合的新型企业,主要负责公路的融资、建设和运营管理,其下属各合作经营的高速公路公司,基本为一路一桥一公司的模式独立经营。1998年该公司由公路局剥离,直属天津市市政工程局领导,2003年11月更名为天津市高速公路投资建设发展公司。

津滨高速公路由滨海新区投资修建,独立经营,由滨海新区主管。

二、快速发展(1998—2012年)

"八五""九五"期间,我国公路事业得到了长足发展。以国道主干线为重点的国家高等级干线公路建设突飞猛进,公路交通对国民经济的"瓶颈"制约得到明显缓解。但是,从总体上看,我国公路基础设施尚不能适应社会经济发展的需要。"十五"期间,交通部调整了公路发展战略并出台了"国家重点公路建设规划"等一批长远发展规划。

天津市根据《国家重点公路建设规划》的要求相应地调整了公路网规划,出台了《天津市干线公路规划调整》。

(一)国家重点公路建设规划

1. 公路交通现代化发展战略

2001年,根据国家现代化发展的总体战略部署,交通部制订了公路交通现代化发展战略,提出到21世纪中期,基本实现公路交通现代化,为国家基本实现现代化发挥支撑和先导作用。在21世纪前20年必须努力实现新的跨越式发展,到2010年,公路交通紧张状况全面缓解,对国民经济发展的制约全面改善;到2020年,公路交通基本适应国民经济和社会发展需要,为全面建设小康社会、适应人民群众出行的需求提供更畅通、更安全、更便捷的交通运输条件。

公路交通的阶段发展目标是,到2010年,全国公路总里程力争达到210万~230万km,全面建成"五纵七横"国道主干线,基本建成西部开发8条省际通道,高速公路连接90%目前人口在20万以上的城市。东部地区基本形成高速公路网,高速公路总里程达到5万km。到2020年,全国公路总里程达到260万~300万km。高速公路里程达到7万km以上,连接所有目前人口在20万以上的城市,基本形成国家高速公路网。

2. 国家重点公路建设规划

为了在国道主干线系统基础上进一步完善国家干线公路网布局,指导2020年前全国特别是东、中部地区干线公路建设,2001年,交通部出台了"国家重点公路建设规划"。国家重点公路规划方案由13条纵向线路和15条横向线路组成,规划建设总里程约8.3万km,其中东部1.6万km,中部1.9万km,西部308万km,高速公路约4.5万km。该规划首次命名了以天津市为起点的国道放射线津汕公路(天津—汕尾)。

国家重点公路是"五纵七横"国道主干线的补充,与其共同构成全国公路网主骨架;覆盖人口约9亿人;连接全国所有重要的公路、水路、铁路和航空枢纽;平均间距缩小至

190km,全国大部分地区在 2~3h 之内可到达骨架公路,各大经济区之间、相邻省(区、市)之间的公路联系得到进一步强化,为促进区域经济协调发展和建立全国统一的大市场创造了良好条件。

(二)天津市干线公路规划调整

1. 天津市"十五"历史任务

自 1992 年后,天津市国民经济进入较快发展时期,经济增长速度明显加快。1994 年以来,经济发展的一个显著特点是"高增长,低通货",国内生产总值连续 6 年保持两位数增长速度,并且超过全国平均增长水平。人均国内生产总值由 1991 年的 3943 元迅速提高到 2000 年的 17940 元。综合经济实力显著增强。

跨入新世纪,天津市在实现现代化建设前两步战略目标的基础上,经济社会发展进入新的历史时期。2001 年,天津市"十五"计划提出了"十五"期间要完成三大历史性任务,就是把天津建设成为现代化国际港口大都市和我国北方重要的经济中心,建立起比较完善的社会主义市场经济体制,成为全国率先基本实现现代化的地区之一。

2. 天津市干线公路网调整要点

世纪之交,天津市提出了"用 5~10 年时间力争成为我国率先基本实现现代化地区之一"的宏伟发展目标,基于公路要提早于社会实现现代化的理念,2001 年由天津市市政工程局统一组织开展了《天津干线公路网规划调整(2001—2020 年)》工作。该规划调整提出,要形成以围绕中心城区的"一环、七射、四主"高速公路网为主骨架的干线公路网络。规划公路网总里程为 15000km,其中:干线公路 3237km,高速公路 862km。与《三十年路网发展规划》相比,2001 年规划调整突出了高速公路网的独立性。规划的高速公路网在 2003 年又进行了专门研究,进行了一定的补充和完善。

一环:是中心城区外环线以外的一条高速公路城市交通枢纽环。由 4 条高速公路交汇围合形成,包括津汕高速公路(后改为唐津高速)、津晋高速公路、京沪高速公路、国道 112 线高速公路 4 条,环线全长约 136km,双向六至八车道。

七射:重点强化中心城市对外辐射功能的高速公路通道,满足对外交通功能及中心城区向各区县的辐射功能,突出体现天津市的城市功能和定位,里程合计为 387km。第一射线为中心城区至宝坻区、蓟州区及承德、内蒙古东部地区的津蓟高速公路,全长 103km;第二射线为中心城区至汉沽区、宁河县乃至东北地区的国道 112 线东段及其支线,全长 42km;第三射线为中心城区至滨海新区的津滨高速公路,全长 28km;第四射线为中心城区至港口的津晋高速公路东段,全长 37km;第五射线为中心城区至大港区及河北省黄骅市直至华南地区的津汕高速公路,全长 99km(含支线);第六射线为中心城区至静海县、华东地区的京沪高速公路代用线,全长54km;第七射线为中心城区至保定、大同直至西北地区的112线西段及津晋高速公路西段,全长24km。

四主:即4条国道主干线。其功能主要是为天津市过境交通和港口疏港运输服务,突出体现天津市公路主枢纽地位,里程合计为397.2km(含环线重合段)。第一条为京沈高速公路天津段(现京哈高速公路),是联系西北、北京至东北的重要通道,全长37.2km;第二条为京沪高速公路天津段,是北京至华东的重要通道,全长116km;第三条为京沪高速公路支线,即由京沪线连接天津港的京津塘高速公路,承担了天津港集、疏、运的重要功能,全长111km(含东港线);第四条为丹拉支线(唐津高速公路),连接丹拉线(京沈)和京沪线,是东北至华东的重要通道,全长133km。以上高速公路构成的骨架网通车里程合计为862km。覆盖了市域内各主要节点。

(三)高速公路网规划

随着改革开放进程的加快,国家经济规模越来越大,原国道主干线已不能满足全面建设小康社会的新要求。国际上经济发达、交通现代化的国家,出于政治、经济、国防等方面的需要,都在一定时期内规划建设国家高速公路主骨架。我国已进入全面建设小康社会的新阶段,并将逐步实现现代化,经济社会的发展对高速公路提出了更高的要求,交通部因此出台了"国家高速公路网规划",天津市也相应地做出了"天津市高速公路网规划调整",明确了"十五"以后的高速公路发展目标。

1.国家高速公路网规划

(1)国家高速公路网规划要点

2004年,交通部制定了《国家高速公路网规划》,于2005年1月执行。国家高速公路网是在"五纵七横"国道主干线的基础上,建立平衡、全面发展的高速公路网络体系,进一步适应国民经济发展的要求。国家高速公路网采用放射线与纵横网格相结合的布局方案,由7条首都放射线、9条南北纵线、18条东西横线组成,简称为"7918"网,总规模约8.5万km。

7条首都放射线:北京—上海、北京—台北、北京—港澳、北京—昆明、北京—拉萨、北京—乌鲁木齐、北京—哈尔滨。

9条南北纵线:鹤岗—大连、沈阳—海口、长春—深圳、济南—广州、大庆—广州、二连浩特—广州、包头—茂名、兰州—海口、重庆—昆明。

18条东西横线组成:绥芬河—满洲里、珲春—乌兰浩特、丹东—锡林浩特、荣成—乌海、青岛—银川、青岛—兰州、连云港—霍尔果斯、南京—洛阳、上海—西安、上海—成都、上海—重庆、杭州—瑞丽、上海—昆明、福州—银川、泉州—南宁、厦门—成都、汕头—昆明、广州—昆明。

(2) 国家高速公路网的作用和效果

一是充分体现了"以人为本"。最大限度地满足人的出行要求,创造出安全、舒适、便捷的交通条件,使用户直接感受到高速公路系统给生产、生活带来的便利。

二是重点突出了"服务经济"。强化高速公路对于国土开发、区域协调以及社会经济发展的促进作用,贯彻国家经济发展战略。

三是着力强调了"综合运输"。注重综合运输协调发展,规划路线将连接全国所有重要的交通枢纽城市,包括铁路枢纽50个、航空枢纽67个、水路枢纽50个和公路枢纽140多个,有利于各种运输方式优势互补,形成综合运输大通道和较为完善的集疏运系统。

四是全面服务于"可持续发展"。据测算,在提供相同路网通行能力条件下,修建高速公路的土地占用量仅为一般公路的40%左右,高速公路比普通公路可减少1/3的汽车尾气排放,交通事故率降低1/3,车辆运行燃油消耗也将有大幅度降低。

《国家高速公路网规划》的出台,将对中国经济社会的发展以及公众的生活方式和质量产生重大而深远的影响,必将成为中国高速公路长远发展和交通运输现代化的战略蓝图,标志着中国高速公路发展进入了新的历史阶段。

2. 天津市高速公路网规划调整

(1) 天津市"三步走"战略目标

2003年年初,天津市委、市政府对新世纪前10年发展提出了分"三步走"的战略目标。"三步走"的第一步,到2003年,人均生产总值达到3000美元,实现全面建设小康社会的主要经济指标;第二步,提前3~4年,实现生产总值和城市居民人均可支配收入、农民人均纯收入分别比2000年翻一番,使经济总量和群众收入水平再上一个大台阶;第三步,到2010年,人均生产总值达到6000美元,把天津市建设成为现代化国际港口大都市和我国北方重要的经济中心,建立起比较完善的社会主义市场经济体制,成为全国率先基本实现现代化的地区之一。

(2) 天津市高速公路网"3·3·10"规划

随着我国进入全面建设小康社会新时期,高速公路发挥了越来越重要的作用。2004年,交通部从国家发展战略和全局考虑,出台了《国家高速公路网规划》,该规划是我国高速公路长远发展和交通运输现代化的战略蓝图,标志着我国高速公路发展进入了新的历史阶段。在规划路网布局中有5条国家高速公路经过天津。同年,交通部还开展了环渤海地区现代化公路水路交通基础设施规划修订,涉及天津高速公路与周边地区的衔接。国家及区域公路网规划及研究对天津公路的发展产生重大影响,同时,城市总体规划修编、滨海新区战略地位的提升以及京津冀区域一体化进程的加快都为天津公路的发展带来新的机遇与挑战。高速公路作为公路网的主骨架,对引导城镇合理布局、促进经济发展、推动区域一体化进程等方面发挥着越来越大的作用。为此,2005年进行了"高速公路网规划"滚动调整工作。

高速公路网规划调整提出:要构筑"以中心城区和滨海新城(含港口)为双核心,辐射'三北'腹地,沟通华东、华南,连接周边大中城市、交通枢纽,通达市域新城,覆盖重要的中心镇、旅游景点、开发区"的高速公路网络,为形成市域内的"一小时市域快速圈"、京津冀都市圈一体化发展的"三小时都市经济圈"和服务环渤海区域经济发展的"八小时腹地服务圈"提供保障。

该规划方案主要由3条过境主通道、3条京津城际高速公路通道和10条中心城区和滨海新城的放射线组成,概括为"3·3·10",总计1200km,密度为10km/100km^2。规划布局方案纳入2006年经国务院批复的《天津市城市总体规划(2005—2020年)》。该规划对"十一五"期间高速公路网建设起到重要的指导作用。2006年初,规划的高速公路全部开工建设。

3条过境高速公路主通道:它们是连接北京至东北、北京至华东、东北至华东和西北3个主要方向的高速公路主通道。其功能是承担国家综合运输过境交通任务,在区域交通发挥重要作用,突出体现天津市中心城区及滨海新区公路主枢纽地位,服务全国经济发展的需要。具体为:一是京沈(京哈)高速公路,是北京通往沈阳以及东北的高速公路,天津市境内全长37km;二是京沪高速公路,是北京市和天津市通往华东、华南的高速公路,天津市境内全长92km;三是唐津高速公路,是国家高速公路网中长深高速公路的一段,是京沈(京哈)和京沪高速公路的连接线,天津市境内全长133km。

3条京津城际高速公路主通道:它们是联系北京市、天津市中心城区、滨海新区和天津港之间的3条高速公路通道。分别为:京津塘高速公路(101km),京津高速公路二线(144km,含快速路21km),京津高速公路三线(83km)。

10条中心城区和滨海新区高速公路放射线:其功能是增强中心城区和滨海新区周边地区以市域内辐射和集聚功能,为区域经济及天津市经济快速发展服务。第一射线为津蓟高速公路,是中心城区通往宝坻区、蓟县乃至承德市、内蒙古东部地区的快速通道,同时也是天津市贯穿南北方向主轴线。该路由主线(103km)和北延线(16km)组成;第二射线为蓟塘高速公路(84km),是滨海新区、天津港通往宝坻区、蓟县和承德市、内蒙古东部、东北北部的快速通道,是北疆港集、疏、运的重要快速通道;第三射线为国道112高速公路(94km),是中心城区通往汉沽区、宁河县乃至东北地区的快速通道,也是滨海新区通往西北方向的快速通道;第四射线为津汕(荣乌、长深)高速公路(52km),是中心城区通往河北省黄骅市以及华东、华南地区的快速通道;第五射线为津沧高速公路(54km),是中心城区通往静海县、华东地区的快速通道;第六射线为津保高速公路(24km),是中心城区通往保定、大同、内蒙古以及西北地区的快速通道;第七射线为海滨大道高速公路(89km,含快速路16km),是塘沽城区及港口通往周边沿海地区的快速通道。该路北端接河北省秦滨高速公路,南端延伸至黄骅港;第八射线是津港高速公路(30km),是中心城区通往大港城区及海滨浴场的快速通道;第九射线为津宁高速公路(28km,含快速路15km),是中心城区通往汉沽区和宁河县的快速通道;第十射线是津滨高速公路(28km),是中心城区通往塘沽城区的快速通道。

(四)"十一五"公路交通发展规划

"十五"期间,我国公路交通事业的发展举世瞩目,高速公路总里程达到4.1万km,稳居世界第二,农村公路总里程发展到63万km,比新中国成立后53年的总和翻了一番。"十一五"期间,国民经济持续快速增长将使公路交通需求更加旺盛,人民生活水平普遍提高将促进交通消费结构进一步升级,这对运输服务提出新的、更高的要求。为满足全面建设小康社会对公路交通发展的新要求,充分发挥交通的支撑和带动作用,交通部出台了《公路水路交通"十一五"发展规划》和《环渤海地区现代化公路水路交通基础设施规划纲要》,天津市相应出台了《天津市公路基础设施建设"十一五"规划》,进一步明确了路网建设的目标。

1. 公路水路交通"十一五"发展规划

2006年,交通部正式印发《公路水路交通"十一五"发展规划》。该规划提出公路基础设施建设的发展重点是:到2010年,国家高速公路网骨架基本形成,国省干线公路技术等级进一步提高,农村公路交通条件得到明显改善。

高速公路:至2007年底,贯通"五纵七横"12条国道主干线;2010年,基本建成西部开发8条省际公路通道;重点建设高速公路"7918"网规划中的"五射两纵七横"共14条路线,并力争到2010年基本贯通。

国省干线公路:加大国省干线公路改造建设力度,国省干线公路技术等级、质量和服务水平进一步提高。

农村公路:全面实施并基本完成农村公路"通达工程"建设任务,加快推进"通畅工程"建设。

2. 环渤海地区现代化公路水路交通基础设施规划纲要

(1)总体目标

为促进京津冀及环渤海地区加快发展,率先实现现代化,2006年,交通部出台了《环渤海地区现代化公路水路交通基础设施规划纲要》。规划范围为北京、天津两个直辖市和辽宁、河北、山东三省,规划期至2020年。该纲要提出以高速公路、主要港口、能源运输通道、快速客运体系和集装箱运输系统建设为重点,建立布局合理、能力充足、衔接顺畅、服务高效、安全经济的现代化公路水路交通体系,实现基础设施、运输服务、信息资源、政策法规等各方面的衔接与协调,提供通畅、便捷、安全、经济的运输服务。

(2)阶段目标

到 2010 年以高速公路为骨架,干线公路为基础,区域公路运输枢纽为节点,与其他运输方式及城市交通有效衔接的快速客货运输系统初步形成。公路总里程约 28.5 万 km,区域高速公路总里程约 1.2 万 km,京津冀都市圈区域高速公路网里程约 3200km。区域高速公路网初步形成,与相邻省份之间、三大城市群之间形成 2 条以上高速公路通道,中心城市之间、中心城市至地市实现高速公路连接,连接主要港口的高速公路集疏运通道基本建成。干线公路技术等级全面提高,国省干线公路平原和山区分别达到二级和三级以上标准,县级行政中心实现二级以上公路连通,农村公路基本实现所有具备条件的乡镇、建制村通沥青(水泥)路。2020 年公路水路交通适应环渤海地区加快实现现代化的需要,总体发展阶段将由目前的"得到缓解"升级到"全面适应"的新阶段,有条件的地区应步入"适度超前"的更高阶段,基本实现交通现代化。公路网形成以区域高速公路为骨架,高等级干线公路为基础,农村公路沟通城乡,与其他运输方式有效衔接,安全、便捷、舒适、高效的现代化公路交通体系。公路总里程达到约 37 万 km,区域高速公路总里程达到 1.5 万 km,京津冀都市圈区域高速公路网里程约 5200km。区域高速公路网基本建成,与周边省区高速公路网全面对接,连接所有地市、基本覆盖重要的县级以上节点,连接所有主要港口及地区性重要港口、机场、重要铁路枢纽,能力充分、稳定可靠。国省干线公路基本达到二级以上标准,市到县、县际之间通二级以上公路;农村公路实现所有道路晴雨通车,形成连接干线、沟通城乡、通达社区的较为完善的路网体系。

3. 天津市公路基础设施建设"十一五"规划

(1)"十一五"时期天津市的发展目标

"十一五"时期是天津市全面落实科学发展观和构建社会主义和谐社会的关键时期,是加快推进滨海新区开发开放的关键时期,是完成"三步走"战略、基本实现现代化的关键时期。"十一五"规划纲要提出天津市国民经济和社会发展的主要预期目标是:全市生产总值年均增长 12%,人均生产总值超过 7000 美元。财政收入年均增长 16% 以上。全社会固定资产投资年均增长 15%。万元生产总值能耗比"十五"末降低 15% 以上。全社会研发投入占生产总值的比重达到 2.5%。年均人口出生率 10‰ 左右。累计新增就业 140 万人,其中城镇 115 万人。城镇登记失业率控制在 4% 以内。价格总水平基本稳定。城市居民人均可支配收入和农村居民人均纯收入年均增长 10% 以上。

2006 年 3 月,十届全国人大四次会议明确将滨海新区纳入国家总体发展战略,滨海新区的开发开放进入新的发展阶段,对全市经济的带动作用日益显著。2006 年 7 月,经国务院批准实施的新一轮城市总体规划将天津市定位为国际港口城市、北方经济中心和生态城市,天津市经济社会进入新的跨越式发展。"十一五"前两年,全市全力推进滨海新区开发开放和三个层面联动协调发展,经济呈现又好又快发展势头,各项社会事业取得新进展,人民生活水平继续提高。

(2)天津市公路基础设施建设"十一五"规划要点

基于"十一五"规划纲要提出的把天津建设成为"现代化国际港口大都市和我国北方重要的经济中心""全国率先基本实现现代化的地区之一"奋斗目标,天津市市政工程局出台了《天津市公路基础设施建设"十一五"规划》。该规划是全面建设小康社会目标提出后的第一个天津市公路发展五年规划,是针对这一新时期的公路基础设施建设作出的全方位部署。

"十一五"规划提出公路建设的总体目标:抓住滨海新区纳入国家发展战略布局的历史性机遇,"十一五"期间,继续以高速公路建设为重点,加大普通干线公路和农村公路的建设改造力度,基本建成以天津港为龙头,以中心城区和滨海新城为双核心,通达"三北"腹地和华东、华南地区,便捷连接京津冀都市圈各大中城市,直达周边城市和市域内11个新城,覆盖重要的中心镇、旅游景点、开发区的高速公路网络,以及与之配套的普通干线公路和农村公路网络,实现中心城区通往各卫星城均有高速公路或快速路直接连通,市域内各新城与中心镇之间均有二级及以上等级公路连通,农村公路全部达到四级以上的等级公路标准。

"十一五"规划建设完成高速公路600km,形成由3条过境主通道(京沈、京沪、唐津)、3条京津城际高速公路通道(京津塘、京津塘二线、京津塘三线)和10条中心城区和滨海新区放射线(津沧、津保、津蓟、蓟塘、津宁、津滨、津港、津汕、国道112高速、海滨大道)组成的高速公路网络布局;新建和改建普通干线公路350km;新建和改造农村公路5000km(包括区县级公路和乡村公路)。"十一五"期末,天津市公路通车总里程达到12500km,密度达到105km/100km^2。其中:高速公路里程达到1200km,密度达到10.1km/100km^{2}以上。

(五)高速公路建设管理体制

1998—2006年,天津市高速公路建设由天津市市政工程局主管,直属单位天津市公路建设发展公司具体负责天津市高速公路融资、建设和养护管理工作。2003年11月,天津市公路建设发展公司更名为天津市高速公路投资建设发展公司,2007年,天津市市政公路管理局成立,该公司划归天津市城市基础设施投资集团,2010年更名为天津市高速公路集团。高速公路融资建设由天津市城市基础设施投资集团负责。天津市市政公路管理局对全市高速公路建设和设施养护管理实施行业管理。除京津塘高速公路由华北高速公司有限公司经营管理,津滨高速公路、秦滨高速天津段及其他滨海新区在建拟建高速公路项目由滨海新区投资修建、独立经营管理外,其余高速公路由市高速集团独资或以投资参股的方式经营管理。2007年7月,天津市高速公路管理处成立,依据《中华人民共和国公路法》和高速公路管理法规、政策,对全市高速公路行使日常养护监管、路政执法、规划前期工作等7项职能。

(六)高速公路建设盘活资源,快速发展

在盘活资源、融资建设高速公路过程中,天津公路建设发展公司信守"把握机遇、多元发展、诚信并重、互惠互利"的经营方针,在国家政策及法律法规的框架内,努力与国际惯例接轨,坚持做到视野开阔、不拘模式、着眼长远、坦诚合作。在不依靠政府投资的情况下,充分利用国家政策和天津公路的优势,成功运用国内贷款、与外商合作、转让部分经营权、资产置换等多种融资方式,全面盘活了天津公路资源,促进了天津公路事业的大发展。天津公路建设发展公司(现为天津高速集团)成立至今,累计融资800多亿元,完成30多项路桥工程的开发建设,总建设里程1700km,先后建成了津沧、长深、京沈(京哈)、津保、津晋、津蓟、京沪正线、京津、塘承、津港、津宁、津石、荣乌等14条高速公路,总通车里程947km,占天津市高速公路通车总里程的86.13%。到2012年已初步形成了以中心城区和滨海新区为中心的对外辐射型高速公路网络,对提高公路路网的整体服务水平,推动天津市及周边地区经济快速发展起到了十分重要的作用。

三、逐步完善(2012年至今)

2013年6月20日,交通运输部在国务院新闻办举行的新闻发布会上正式公布了《国家公路网规划(2013—2030年)》,在新的规划里国家高速公路网进一步完善,在西部增加了两条南北纵线,成为"71118"网,规划总里程增加到了11.8万km。

7条首都放射线:北京—上海、北京—台北、北京—港澳、北京—昆明、北京—拉萨、北京—乌鲁木齐、北京—哈尔滨。

11条南北纵线:鹤岗—大连、沈阳—海口、常熟—台州、长春—深圳、济南—广州、大庆—广州、二连浩特—广州、呼和浩特—北海、包头—茂名、兰州—海口、重庆—昆明。

18条东西横线组成:绥芬河—满洲里、珲春—乌兰浩特、丹东—锡林浩特、荣成—乌海、青岛—银川、青岛—兰州、连云港—霍尔果斯、南京—洛阳、上海—西安、上海—成都、上海—重庆、杭州—瑞丽、上海—昆明、福州—银川、泉州—南宁、厦门—成都、汕头—昆明、广州—昆明。

(一)《天津市省级公路网规划(2012—2030年)》编制

按照交通运输部"关于开展省道网规划调整工作的指导意见"及天津市"2012年度城乡规划编制计划"要求,2012年4月,天津市市政公路管理局启动了《天津市省级公路网规划(2012—2030年)》的编制工作,同年年底基本完成。该规划使天津市公路网规划体系进一步完善,成为天津市干线公路建设、管理的基本依据和指导性文件。《天津市省级公路网规划(2012—2030年)》于2014年12月获市政府批复。

规划重点构建与京冀互联互通、通达全国的公路网络,实现区域交通一体化;建设畅通高效的海空港集疏运公路体系,提升综合运输效能,发挥海空两港核心战略资源优势;打造与市域空间发展相匹配的公路网格局,形成中心辐射区县、区县彼此连通、功能区通行便利、乡镇全面覆盖的公路体系。

根据规划,经由天津市的国家公路和全市省级公路规划总里程5240km。其中国家高速天津段与省级高速共同形成"9横6纵5条联络线"的高速公路网,总里程1660km;普通国道天津段与普通省道共同形成"32横18纵"的普通国省道网,总里程3580km。

"9横"自北向南分别为:京秦高速公路、京哈高速公路、唐廊高速公路、滨保高速公路、京津高速公路、京津塘高速公路、津晋高速公路、滨石高速公路、南港高速公路;"5纵"自西向东分别为:京沪高速公路、津蓟—宁静—荣乌高速公路、长深高速公路、塘承高速公路、沿海(海滨)高速公路。

普通省道与普通国道共同形成"32横18纵"的普通干线公路网布局。其中:"32横"自北向南分别为:邦喜线、水库南线、京哈线、仓桑线、侯玉线、玉香线、通唐线、河大—林大线、唐廊线、大东线、武宁—津榆线、新杨北线、津永—九园—梅丰线、津芦线、津霸线、津汉线、津同线、津静—当杨线、津北线、津塘线、津塘二线、天津大道、津沽线、津沽二线、赛达大道、津港线、静霸—独流减河北堤路—北围堤线、津文—港静线、南常—团王线、团大—静咸线、港中线、穿港线;"18纵"自西向东分别为:通王线、津涞线、高王线、京福线、武香—京津线、宝平—宝武线、新蓟宝线、津围线、津淄线、津宝—机场大道、津王—团唐线、东金线、九园线、蓟塘线、津汉—汉港—西外环辅道、滨玉线、滨唐—西外环辅道—津歧线、西中环快速路。

规划到2020年,天津市将基本建成布局合理、规模适当、衔接顺畅、集约环保的公路交通体系。按照功能分类,高速公路将实现"1·3·8"快速通达目标,即京津之间1h内通达,3h内到达河北省主要城市,8h内到达环渤海主要城市,各区县均有高速公路便捷联系周边相邻城市。普通国省道提供普遍性、全天候通行服务,实现一级公路便捷通达全市各区县、主要功能区、交通枢纽,二级公路覆盖全部乡镇,各区县至少有一条一级公路便捷联系周边相邻城市。一般镇及以上节点通过普通公路15min可上高速公路。

到2030年,全面建成与天津市经济社会发展相适应、与公众出行需求相适应的公路交通体系,公路、铁路、港口、机场形成分工协作、有机结合、联系顺畅、布局合理的综合交通运输体系。

（二）高速公路建设管理

1. 招标投标管理

天津市高速公路建设工程全部在公路工程交易中心进行开标、评标；创新招标投标监管方式，建立招标投标信用信息应用机制，市市政公路管理局出台了《关于进一步加强公路建设市场信用信息应用的若干意见》等文件，进一步规范了招标投标秩序，增强了招标投标工作的公平公正性；提高网络应用水平，公路建设招标投标与全国公路建设信用信息系统等平台挂钩，有效避免了虚假业绩等情况。

2. 建设市场管理

推进"天津市公路工程市场监管系统"建设，及时全面掌握公路建设过程的各个环节和动态，逐步实现监管工作的高效化和痕迹化，市市政公路管理局印发了《关于进一步规范天津市公路工程市场监督管理的若干意见》，明确了市公路主管部门及管理机构、区县公路管理部门在招标监督、施工图审批、施工许可、竣（交）工验收等公路工程市场监管方面各自的职责和作用；每年开展公路建设市场督查和高速公路施工企业信用考评；在全市高速公路建设项目全面推行施工标准化活动，编制了《天津市公路工程施工标准化技术指南》及《天津市高速公路施工标准化考核实施细则》，初步形成了高速公路工程施工标准化的长效机制。

第二节 高速公路与经济社会发展

一、经济社会发展促进高速公路建设

1. 天津社会经济发展趋势

（1）国民经济继续保持较高增长速度，经济总量再上台阶。

截至2013年底，全市实现生产总值14370.16亿元，2008年时全市生产总值6719.01亿元，近5年来的年平均增长率为16.4%，由此推算2020年全市生产总值将达到40000亿元以上，更上新的台阶。2013年人均生产总值99607元，超过10000美元，相当于中等发达国家水平，人民生活比较殷实。

（2）城镇化水平持续升高，常住人口持续增加将达到新的高度。

2013年天津市城镇水平为63%，比上年增长一个百分点，保持持续升高的趋势。2013年天津市常住人口1472.21万人，与2008年1176.00万人相比增加将近300万人，按此增长速度，到2020年天津市常住人口将达到1900万人，常住人口将达到新的高度。

(3）入境旅游过夜旅客增加，国际旅游外汇收入不断提高见表3-2-1。

旅游业发展情况　　　　　　　　　　　　　　　表3-2-1

年份（年）	1990	2000	2012	2013
入境旅游过夜游客（万人次）	5.60	15.97	73.75	75.86
国际旅游外汇收入（万美元）	2314	23176	222641	259139

资料来源：天津统计年鉴。

（4）工业化进入新的发展阶段，产业结构进一步优化升级，区域经济协调发展。

目前，天津市的工业化已经进入资金技术密集型的高加工度产业的发展阶段，规模经济和范围经济将不断扩大，汽车、电子通信制造、房地产、金融保险、旅游等产业将加速增长，成为推动经济高速增长的新型主导产业。

由于国内生产总值的快速增加，第二产业增加值比重比较稳定，第二产业绝对值将明显增大，生产集约化程度进一步提高；第一产业增加值比重明显降低，第三产业增加值比重明显提高。随着统筹城乡发展战略的实施，不同地区间和城乡间的社会经济差距将逐步缩小，并形成各具特色、优势互补的区域经济发展新格局，区域经济得到全面、协调发展。

（5）人民生活水平普遍提高，消费结构发生较大变化。

随着生活水平的逐步提高，人们的生活方式将发生深刻变化，由此带动一些新的消费热点形成，并起主导性作用。住房、汽车、通信、旅游等成为新一轮经济增长的主导型消费热点。人们用于交通方面的消费支出将大幅增加，家庭轿车逐步普及，休闲旅游需求将快速增长，见表3-2-2。

居民每百户汽车年末拥有量　　　　　　　　　　　表3-2-2

年份（年）	2010	2011	2012	2013
城市家有汽车（辆）	16.1	20.3	24.9	30.4
农村生活用汽车（辆）	14	15	18	24

一般认为，当车价与人均生产总值之比达到2～3时，是轿车进入家庭的转折点。目前，天津市的车价与人均生产总值之比已经普遍达到这个水平，私人购车进入了爆发性增长阶段。

（6）对外开放达到新水平，在世界制造业中的优势地位更加突出。

在经济全球化背景和滨海新区纳入国家总体发展战略的推动下，天津市的外向型经济将得到进一步发展，并逐步与世界经济接轨，在世界贸易体系中的作用明显增强，在国际产业分工中，在世界制造业中的优势地位更加突出，将逐步成为劳动密集型产业、部分资本密集型产业和高技术产品加工环节的生产基地。在今后相当长的一段时间内，全市的外贸进出口将保持高速增长，并成为我国区域经济发展的重要增长点。

2. 天津市高速公路发展面临的形势

天津市规划高速公路网由3条过境主通道、3条京津城际高速公路通道、9条中心城市放射线和2条联络线组成,可概括为"3392",高速公路网的总规模1200km,密度为10km/100km²。中心城区和塘沽城区通往各卫星城和周边城市的9条高速公路放射线,其功能是增强中心城市对外辐射和集聚功能,突出体现天津的城市功能和定位,为天津市域社会经济发展服务。

(1)国民经济持续快速增长和经济总量的不断扩大,必将带动全社会人员、物资流动总量的升级,导致全社会运输总需求量的不断增长,从而引发公路交通需求的持续增长。

经济和人口总量的快速增长,以及收入水平的不断提高,使得客运出行的需求总量随之大增。同时,伴随着人口的集聚而发生的产业和资源的集聚也必将带来巨大的货运需求。根据经济社会发展战略、宏观环境变化、产业经济与产品结构优化升级、城市空间布局的变化、沿海港口产业布局发展及旅游业发展对交通发展提出的新要求,未来十五年,天津市的交通运输总量将始终保持稳步增长态势。

从客运需求看,人民生活水平的提高必然带来人员流动的增加,公路交通必将面临巨大的旅客运输增长所带来的压力。

从货运需求看,随着经济规模的不断增大,除了适宜水路和铁路运输的大运量、低成本、耗能低、低附加值的货物运输量将有所增加外,适宜公路和航空运输的高附加值产品的货物运输量将大幅度增加。

(2)农村城镇化的不断发展、城镇人口的大幅增加将会产生巨大的公路交通需求,同时也对运输质量提出了更高的要求。

天津市正处于城镇化加速发展阶段,城镇体系在发展过程中伴随这种变化不断调整。目前,以城市核心区、新城、中心镇、一般镇、行政村构成的梯次城镇体系结构形成雏形,已经形成发展基本完善、各具特色的城镇群,城镇化率达到60%。从发展态势看,还有不少乡镇经济发展迅速,这将进一步提高非农人口数量。

城市化水平提高使得区域内农村人口向城市人口过渡,伴随着迅速工业化的是汹涌的城市化浪潮,农民越来越像市民,农村越来越像城镇。城镇化改变的不仅是农民的经济状况,还有他们的精神状态,并直接改变了他们的出行行为,促使区域客运交通增长。农业工业化的发展,使得货物流动范围更加广阔,且对区域内公路系统覆盖率提出了新的要求。

(3)工业化进程的加快,产业结构的优化升级,将促使货物运输规模和结构发生较大变化,要求公路交通运输必须向高效和优质服务的方向发展。

国际经验表明,工业化过程一般要经历4个阶段:①以生活消费品为主的轻工业发展阶段;②以原材料为主的重工业发展阶段;③以高加工度产业为主的发展阶段;④技术集约化发展阶段。

目前天津市工业化进程进一步加快,主导产业逐步向资本技术密集、大型企业为骨干的机电一体化的工业领域转移,工业的加工能力明显提高,生产高附加值工业品和消费品的加工工业的比重逐步加大,使得运输货物的平均价值明显提高,而平均体积却逐渐减少。到"十二五"末,天津市的工业化将进入技术集约化发展阶段。

经济的增长进一步转向更多地依赖深度加工、依靠技术和信息,批次多、批量小、价值高、随机性强、分散度高的货运需求大大增加,而"定单经济""物流经济""跨国经济"等新型经济模式将对交通运输的质量提出更严格的要求,货物运输将成为物流体系中重要的有机组成部分。货物运输的发展趋势将以适应各种小批量灵活多变的生产方式、满足"零库存"和世界范围生产体系的需要为主要特征,运输需求总量的增长速度有所减缓,但运输服务质量的要求更高。

(4)人民生活水平进一步提高,消费结构显著变化,不仅会产生大量的公路客运需求,并呈现多样性、个性化趋势,方便、快捷、舒适、安全、自主等价值取向明显增强。

目前天津市居民在"衣""食"方面已平均达到小康水平,但消费性支出中用于"住""行"相对全面小康水平差距较大。未来人民生活水平的提高和家庭轿车的激增将直接促使人均出行次数的增加,要求有现代化的公路交通运输网络和运输服务体系与之相适应。

预计在未来的旅客出行中消费性出行增长最快,并呈现需求层次高、时间和空间分布不均匀的势态。这就要求客运提供更多的快速、及时、舒适、可选择的运输服务。铁路和民航提供的是群体化的客运服务,而公路除了提供群体化客运外,还提供相当数量的个性化客运,特别是高速公路能够提供规模化、个性化客运服务。因此,随着社会经济的发展、人民生活水平的提高,高速公路的交通需求增长潜力巨大,将面临前所未有的压力。

(5)可持续发展战略的实施,要求公路交通在加快发展的同时,走节约资源、保护环境、提高效率、保障安全的可持续发展的道路。

汽车社会的来临是经济与社会发展的必然趋势。家庭轿车的普及将带来一场行为方式的革命,大大改善人们的生活质量,提高全社会的机动性。但与此同时,也会带来能源紧张、环境污染的压力。资源短缺和环境保护是我国可持续发展面临的严峻挑战。实施可持续发展战略,要求公路交通在加快发展的同时,必须走节约资源、保护环境、提高效率、保障安全的可持续发展的道路,促进人与自然的和谐,为创造经济繁荣、生活富裕、生态良好的发展做出贡献。

高速公路具有功能强、行车速度快、分离行驶、安全舒适等明显特点,是建立高效运输系统的基础。据测算,高速公路可比普通公路节约土地资源50%;美国洲际公路系统比其他系统的二氧化碳排放减少2/3,死亡率和致伤率分别降低60%和70%;英国由于道路拥挤增加的燃油消耗和二氧化碳排量至少增加10%和25%;日本高速公路死亡率和事故率比其他系统公路低60%和75%。发达国家及我国的实践经验表明,高速公路能够更好地集约利用土地资源、提高运输效率、减少空气污染、提高交通安全性,有利于可持续发展战略的实施。

(6)建立和完善综合运输体系,要求公路交通作出应有的贡献。

现代综合运输体系是由多种运输方式共同组成的有机整体,各种运输方式间存在很强的互补性和相互依赖性。一种运输方式的发展和运输量的增多,会给与之相配合的其他运输方式带来更多的需求,越来越紧密的协作将有助于提高运输系统的整体效率,使各自的市场不断扩大、服务不断延伸。综合运输大通道是综合运输网络的骨架和命脉,其发达程度既代表一个国家交通运输的发展水平,也是区域经济发展规模和发展水平的重要影响因素。

公路交通覆盖面广、机动灵活、时效性强、可实现门到门运输,是综合运输体系的基础,既具有通道功能,又具有集散功能。高速公路是综合运输体系的重要组成部分,它在综合运输体系中的基础性作用有:一是与铁路干线等其他运输方式有机配置强化综合运输通道,满足不同货物种类、旅客出行的需求,各展其长,为用户提供便利和选择;二是在铁路、水运、航空不能到达的地方提供更大范围的交通覆盖;三是为铁路枢纽、主要港口、重要机场提供便捷的集疏运条件。发达国家的实践表明,在综合运输大通道中高速公路具有十分重要的地位和作用。

二、高速公路建设带动经济社会发展

高速公路是现代化的公路交通基础设施,具备快速、安全、舒适和经济等特点,也是社会经济发展到一定程度上的必然产物。高速公路的建成通车,以其高速度、大负荷、远辐射、高效益等优势对沿线及周边区域的社会经济环境产生长远、重大的影响。高速公路的发展使其影响区域具备了有利于经济发展的必要条件,使得影响区域形成区位经济优势,从而产生吸引力。在利益原则的驱动下,高速公路的区位优势就有可能把相关企业和生产力要素吸引过来,形成产业布局上的相对集中和聚集,从而促进该地区的经济发展。与之相对应,一定时段内,在高速公路产生大量正面效应的同时,对于缺乏资源、资本和技术的区域,相对于吸引区域而言,其经济则会出现负面效应,即暂时的衰退。然而,这种经济发展的差异性打破了区域原有的平衡,形成了新的非均衡系统,使原有的封闭区域变成了与外界有高级干线轴交流的开放区域,从而为区域的进一步发展奠定良好基础。

高速公路的社会经济效益主要体现在促进、带动区域内其他相关产业部门的发展而产生的宏观经济效益,它大体分为5个部分:直接效益、产出效益、诱导效益、传递效益、其他效益。此外,高速公路给沿线区域的另一个重要影响就是对沿线土地资源开发利用的影响。不仅便利了沿线地区的交通,给沿线地区带来了巨大的经济效益,同时也深刻地改变了沿线地区的土地利用结构。农业土地利用结构得到了不断的优化,耕地面积减少,园地、林地面积大幅度增加,工业用地、商业用地也有所增长,形成了一种特殊的"道口商业圈",大大增加了高速公路沿线的商业用地,并且为地区发展带来了巨大的经济效益和社会效益。

第三节　天津市高速公路建设

截至2016年底,天津市高速公路共有1208.11km,其中国家高速公路8条,总里程546.822km;地方高速公路14条,总里程661.288km;改扩建4条,总里程186.42km。

根据《天津市省级公路网规划(2012—2030年)》,规划重点构建与京冀互联互通、通达全国的公路网络,实现区域交通一体化;建设畅通高效的海空港集疏运公路体系,提升综合运输效能,发挥海空两港核心战略资源优势;打造与市域空间发展相匹配的公路网格局,形成中心辐射区县、区县彼此连通、功能区通行便利、乡镇全面覆盖的公路体系。根据规划,经由天津市的国家公路和全市省级公路规划总里程5240km。其中国家高速天津段与省级高速共同形成"9横6纵5条联络线"的高速公路网,总里程1660km;普通国道天津段与普通省道共同形成"32横18纵"的普通国省道网,总里程3580km。

规划到2020年,天津市将基本建成布局合理、规模适当、衔接顺畅、集约环保的公路交通体系。按照功能分类,高速公路将实现"1·3·8"快速通达目标,即京津之间1h内通达,3h内到达河北省主要城市,8h内到达环渤海主要城市,全市各区县均有高速公路便捷联系周边相邻城市。普通国省道提供普遍性、全天候通行服务,实现一级公路便捷通达全市各区县、主要功能区、交通枢纽,二级公路覆盖全部乡镇,各区县至少有一条一级公路便捷联系周边相邻城市。一般镇及以上节点通过普通公路15min可上高速公路。

到2030年,全面建成与我市经济社会发展相适应、与公众出行需求相适应的公路交通体系,公路出行更加安全、便捷、高效、绿色、经济,与铁路、港口、机场形成分工协作、有机结合、联系顺畅、布局合理的综合交通运输体系,为我市实现更好更快地发展提供服务。

一、高速公路建设总体情况

根据天津市"十二五"期间整体规划,天津高速公路网规划布局方案概括为"9横6纵5条联络线":主要由9条横向通道、6条纵向通道、5条联络线组成。

9条横向通道具体为(由北向南):

第一横是京秦高速公路,是北京通往沈阳以及东北的高速公路,天津境内长32km。

第三章

高速公路建设发展及成就

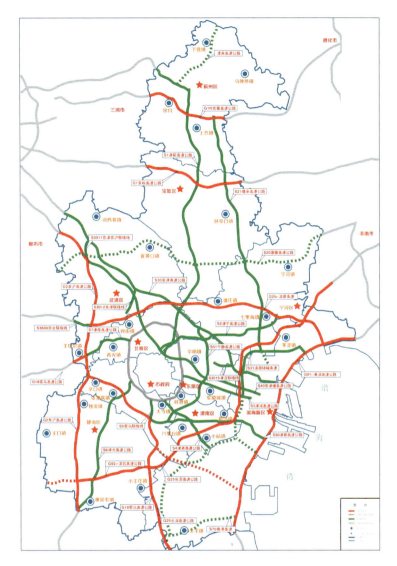

天津市高速公路示意图

第二横是京哈高速公路,是国家高速公路北京至哈尔滨线的组成部分,是北京至东北地区的过境高速公路通道,天津境内长 37km。

第三横是唐廊高速公路,是联系唐山、廊坊两个城市,辐射西北和东北方向的重要路线,天津境内长 85km。

第四横是滨保高速公路,是东北至西北地区的过境通道,也是滨海新区通往西北的快速通道,是天津绕城环线的组成部分,天津境内长 100km。

第五横是京津高速公路,是中心城区、滨海新区及天津港与北京的便捷联系通道,天津境内长 121km。

第六横是京津塘高速公路,是联系北京城区、天津中心城区和滨海新区的高速公路通道,天津境内长 101km。

第七横是京津三通道高速(京台—京沪—荣乌—津晋高速公路),是天津港通往北京、保定及西北腹地的重要通道。其中津晋高速公路全长 74km,津保高速公路天津境内长 24km,部分路段是国家高速公路荣城至乌海线的组成部分。

第八横是津石高速公路,是南部港区通往石家庄及西部腹地的便捷通道,全长 30km。

第九横是南港高速公路,是南部港区的西部辐射通道,联系京沪、津汕和海滨大道高速公路,天津境内长 40km。

6 条纵向通道具体为(由西向东):

第一纵是京沪高速公路,是国家高速公路北京至上海线及北京至台北线的组成部分,是北京和天津通往华东、华南的高速公路,天津境内长 113km。

第二纵由津蓟、宁静及荣乌高速公路组成,是天津贯穿南北方向主轴线。其中津蓟高速公路,是中心城区通往宝坻、蓟县乃至承德、内蒙古东部地区的快速通道,天津境内长 118km;荣乌高速公路是中心城区通往河北省黄骅市以及华东、华南地区的快速通道,是国家高速公路荣城至乌海线的组成部分,天津境内长 52km。

第三纵是长深高速公路,是国家高速公路长春至深圳线的组成部分,是连接东北和华东地区的高速公路,同时也是天津通往东北和西北的重要高速公路,天津境内全长 142km。

第四纵是滨海新区绕城高速(津汉—西外环高速),是滨海新区综合交通体系的重要客运通道,与永定新河、京津高速公路、津秦高铁、津滨高速公路、海河等相交。

第五纵是塘承高速公路,是滨海新区、天津港通往宝坻、蓟县乃至承德、内蒙古东部地区的快速通道,是北疆港集疏运的重要快速通道,天津境内全长 95km。

第六纵是海滨大道高速公路,是滨海核心区及港口通往环渤海地区的高速通道,天津境内全长 70km。

另外还有 5 条联络线,具体为:

第一联是津宁高速公路,是中心城区通往汉沽和宁河的快速通道,全长 40km。

第二联是津滨高速,使市区到滨海新区有了第二条高速公路,极大地缩短市区到新区的距离,为加快滨海新区建设创造了有利条件,全长 28.5km。

第三联是津港高速公路,是北疆港集疏运专用通道,全长 26km。

第四联是津沧高速公路,是中心城区通往静海、华东地区的快速通道,全长 54km。

第五联规划东疆联络线,连接 S30 京津高速公路与沿海的 G0111 秦滨高速公路。

总体来看,天津市地理位置优越,是全国重要的公路运输枢纽地区,同时随着天津市及其周边省份经济的快速发展,公路交通运输需求旺盛,高速公路建设稳定发展,规划发展前景广阔,天津市高速公路行业面临良好的经营环境。

天津绕城高速公路,分为天津城市绕城环线、天津环城高速和滨海新区环城高速。

(1)天津城市绕城环线,由滨保高速公路(汉沽北互通到石各庄互通段82km)、京沪高速公路天津段(石各庄互通到胡辛庄互通段57km)、荣乌高速公路天津西段(胡辛庄互通到团泊南互通段27km)和长深高速公路天津段(团泊南互通到汉沽北互通段88km)组成,编号为G2501,全长254km。

(2)天津环城高速公路,即天津中心城区绕城高速由滨保高速公路(编号G2501,韩盛庄互通到石各庄互通段31km)、京沪高速公路(编号G3,石各庄互通到当城互通段19km)、津晋高速公路天津西段(编号S50,当城互通到蓟汕高速段36km)、蓟汕高速公路(津晋高速到京津高速段42km)和京津高速公路(编号S30,蓟汕高速到韩盛庄互通段14km)组成,全长142km,双向六到八车道。

(3)滨海新区环城高速由津汉高速公路(35km)、西外环高速公路(37.7km)、津港高速公路二期(西外环互通到海滨互通11.27km)和海滨高速公路组成。

二、国家高速公路建设情况

1. G1京哈高速(北京—哈尔滨)天津段(宝坻史各庄镇—蓟运河西引桥)

京哈高速公路(天津段)在国高网中名称为G1,位于天津市宝坻区境内(K64+208~K101+387),西起宝坻区史各庄镇与河北省香河县交界,向东途经牛道口镇、高家庄镇、霍各庄镇、方家庄镇、新安镇共6个镇,至宝坻区新安镇与河北省玉田县交界,全长37.179km,采用平原微丘区双向六车道、全封闭、全立交高速公路标准进行设计和建设。该项目的建成,改善了宝坻区的交通条件,对促进天津市东北部地区的经济交流与协作,保持经济长期、稳定的发展起到了重要作用。

该项目总投资128856万元,沿线为平原地区,横跨津蓟铁路、引滦明渠、蓟运河,主要构造物为特大桥2座,互通立交3座,分离立交5座,中小桥8座,通道桥41座等。一期工程于1997年3月15日开工建设,1999年10月18日完工通车;二期工程于2002年4月25日开工建设,2002年7月1日建成通车。现由天津天昂高速公路有限公司养护管理。

2. G2京沪高速公路(北京—上海)天津段(武清大王古—静海唐官屯镇)

(1)京沪高速公路(天津段)一期工程起自泗村店,接已建京津塘高速公路,经豆张庄、石各庄、王庆坨、大柳滩、杨柳青至张家窝,与威乌西段和已建成京沪高速公路(代用线)天津外环西琉城至唐官屯段相连,全长60.446km。该工程项目全线按高速公路标准建设,其中王庆坨至大柳滩两互通式立交区段为八车道,其余路段为六车道,设计速度为120km/h。沿线穿过的主要区县有:武清区、西青区共2个区县及天津市农林局林果良种场。

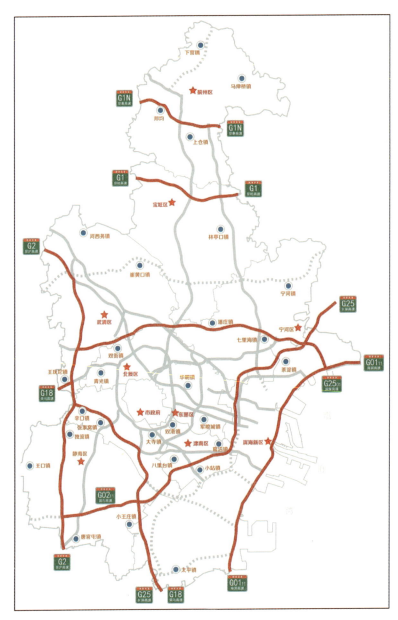

天津市国家级高速公路位置示意图

该项目分两段开工建设,王庆坨至张家窝段于2003年12月开工建设,2005年12月28日建成通车。王庆坨至泗村店段于2004年4月开工建设,2006年7月28日建成通车。现由天津市高速集团运营事业部四分公司养护管理。

(2)京沪高速公路(天津段)二期工程起自西青区京沪高速公路一、二期分流点(当城互通),终止于静海县大张屯南(京沪高速公路津冀主线收费站北侧渐变段起点),路线全长56.328km(其中丹拉支线延长线7.025km,京沪正线49.303km)。沿线穿过的主要区县有:西青区及静海县。其中,西青区穿过1个乡镇,路线长约6.337km;静海县穿过4个乡镇,路线长约49.991km。该项目于2004年11月开工建设,2006年11月29日建成通车。由天津市高速集团运营事业部四分公司养护管理。

该工程是交通部规划的"五纵七横"国道主干线之一——京沪高速公路的一部分,是天津市公路网发展规划确定的"一环、七射、四主、二连"主骨架的重要组成部分。该项目的实施对完善国家路网、促进国民经济的发展具有重要的意义,它的建成将极大地增进我国东北、华北与华东、华南及东南沿海地区的经济发展与交流。此外该项目建成后形成天津市西部地区的南北向大通道,有效缓解了天津市外环线的巨大交通压力,并与国道112线高速公路、津汕高速公路、津晋高速公路形成天津市高速公路城市交通枢纽环,使天津市周边公路网的布局更加合理,为改善投资环境、扩大对外开放提供有利的交通硬环境,推动天津市经济和旅游业的快速发展。

3. G25长深高速公路(长春—深圳)天津段(汉沽杨家泊镇—大港唐官屯镇)

长深高速公路天津段是国家高速公路网规划的国道主干线中长深高速公路的一段,连接京哈和京沪两条高速公路,是我国东北地区交通南下及天津港交通的主要通道,也是天津市重要的过境交通通道。起于河北省唐山与京沈高速公路相接,向南与天津宁河相接,穿越宁河县、汉沽区、塘沽区、大港区,终至静海县王官屯于京沪高速公路相接,全长192km,其中天津段127km。

天津北段唐津高速公路,也称丹拉(丹东至拉萨)高速公路支线天津段,是连接京沈公路(丹拉公路正线)和京沪公路两条国道主干线的重要通道,也是天津市公路网骨架的重要组成部分。北段起于河北省丰南县,止于津塘公路,全长60.67km,设计标准为高速公路标准。其中丰南县界至桃园11km为双向六车道,桃园至津塘公路49.67km为双向四车道,设计速度为120km/h。全线工程包括道路60.67km,桥梁和立交34座,通道37处,收费站7处,总投资29.5亿元。2001年底全部完工。现由天津新展高速公路有限公司养护管理。

天津南段接丹拉支线天津北段,共同构成丹拉公路支线天津段。该路起于天津市塘沽西部接唐津高速公路北段,止于静海县王官屯接国道主干线京沪高速公路,全长66km,高速公路标准,双向四车道,设计速度120km/h,路基宽28m。主要工程包括路面154万 m^2,桥梁和立交44座,涵洞5道,通道33处,涵管153道,收费站4处,服务区1处。总投资30.5亿元,2000年11月开工,2003年年底竣工。现由天津高速公路集团有限公司运营事业部二分公司养护管理。

唐津高速公路天津南段的建成通车,标志着唐津高速公路的全线贯通。唐津高速公路东接京沈高速公路,西连京沪高速公路,形成东北、华北、华东的快速通道,唐津高速公路(胡辛庄互通到汉沽北互通)则是天津绕城高速公路的东南段,也使天津处于环渤海经济中心的地位得到进一步加强,并对天津路段沿线区县经济发展起到重要的推动作用。

随着天津市国民经济的高速增长,作为基础设施的高速公路建设也在不断发展,2003年11月18日唐津高速公路(天津南段)建成通车后将唐津高速公路(天津北段)、津晋高速公路(天津东段)、京沪高速公路代用线(津静—九宣闸)联通,并使唐津高速公路全线贯通。唐津高速的全线贯通使国家高速公路主干线中的京沈、京沪两条高速公路和唐津高速公路、津晋高速公路构成了网络,使之成为连接东北、华北、华东各省市最便捷的高速通道。

4. G2501 天津绕城(滨保高速公路)(汉沽北—北疆电厂)

滨保高速公路天津东段工程是连接河北省东北部、天津滨海新区、市区、北京市、河北省中部、西北部的快速通道,是京津冀都市圈高速公路网规划"6条北京放射线、4条天津放射线、3条京津通道、3条联络线"中4条天津放射线重要的组成部分。

该工程采用高速公路标准,设计速度120km/h,西起京沪高速公路,东至海滨大道高速公路,路线全长约87.9km。该路横穿天津中部,自西向东先后跨越永定河、蓟运河等10条主要河道;跨越京沪铁路、津秦客运专线等6条铁路;跨越京沪高速公路、海滨大道高速公路等9条高速公路。沿线经过洪泛区1处(永定河泛区),蓄滞洪区4处,盐场1处(汉沽盐场盐池);全线共设置互通立交12座,分离式立交17座,跨河特大桥4座,跨河大桥13座,跨河中小桥35座,桥梁面积共计170余万 m^2。工程总投资100.06亿元。该项目开工日期为2006年3月,竣工日期为2008年5月。

该工程起自汉沽区大神堂镇附近,在大神堂与海滨大道相接,向西北方向跨越汉南路、汉南铁路,上跨汉沽盐场五分场,与唐津高速公路相交,过唐津高速公路后跨越芦汉路、蓟运河、津芦南线,向西跨七里海镇北、后辛庄,走俵口,跨越潮白河、青龙湾故道,在潘庄镇西南跨津榆公路,过朱头淀北,沿清污渠南侧向西,在宁河县大龙湾西南跨津蓟高速公路,过北京排污河,跨九园路、引滦明渠,与京津塘高速公路二线相交,经韩盛庄北侧,向西过杨北公路、津围公路,于辛候庄北跨京津塘高速公路,向西南过京津城际快速铁路、京山铁路、京津公路(G103),在刘马庄北跨永定河泛区,过汊沟、庞嘴,下穿京沪高速铁路(在建),于六合庄南跨京福公路(G104),向西经武清区的东肖庄、陈咀镇,止于京沪高速公路石各庄镇东南,向西延接京台高速公路。

滨保高速公路原名国道112线高速公路,该项目概算总投资1028061万元,主要构造物有桥梁100座,其中特大桥14座,大桥59座,中桥34座,小桥1座,收费站5座,服务区2座。该项目于2007年6月1日开工,2010年11月底完成汉沽北互通立交(即唐津高速公路)K11+500至石各庄互通立交(即京沪高速公路)K93+100段,路线长81.6km。现由天津高速公路集团有限公司运营事业部五分公司养护管理。

5. G18 荣乌高速公路(荣成—乌海)天津段(大港翟庄子—武清王庆坨镇)

荣乌高速公路是国家高速公路网规划中18条东西横线中的一条,由山东荣成—内蒙古乌海,经荣成—威海—烟台—新河—东营—黄骅—天津—霸州—涞源—山阴—鄂尔多斯—乌海,全长1820km。荣乌高速公路天津段由4条高速组成,分别为津汕高速公路(大港区子牙新河特大桥—西青区青泊洼互通)、威乌高速天津西段(西青区青泊洼互通—西青区精武镇)、京沪高速天津段一期(西青区精武镇—武清区王庆坨镇)、津保高速(武清区王庆坨镇—津冀界收费站)组成,全长79.28km。它是天津市通往山东半岛和华东、华南的一条放射线。

该项目总投资约815700万元,沿线为平原地区,主要构造物有桥梁73座,其中特大桥9座、大桥18座、中桥34座、小桥12座、通道25座;涵洞83道。该项目于1997年末完成初步设计,于1998年4月开始施工,2008年全线工程竣工,实现通车。现分别由天津高速公路集团有限公司运营事业部二分公司、四分公司,天津津富高速公路有限公司,天津鑫宇高速公路有限责任公司养护管理。

6. G0111秦滨高速公路(秦皇岛—滨州)天津段(汉沽大神堂—大港马棚口)

秦滨高速公路天津段起于河北岐口,终于河北涧河,全长约91.1km。包括秦滨高速公路天津段北段一期工程、秦滨高速公路天津北段二期工程、天津集疏港公路一期工程、天津集疏港公路二期工程、秦滨高速公路天津南段二期工程。

秦滨高速公路天津北段一期工程路线全长24km,起点蛏头沽,终点涧河,采用全封闭、全立交、全部控制出入的双向6车道的高速公路标准,路基宽度34.5m,设计速度120km/h;主要构筑物包括:汉蔡路互通式立交、蔡家堡渔港桥、大神堂渔港桥、六号水门一桥、六号水门二桥、海沿分离式立交、洒金坨分离式立交、2座主线收费站、1座匝道收费站,服务区1处。桥梁面积9万m^2,道路面积77.2万m^2。秦滨高速公路天津段北段一期工程2009年建成通车,总投资16.6亿元。

秦滨高速公路天津北段二期工程南起疏港二线三线互通立交,北至蛏头沽,全长约9km,该工程连接集疏港二期中段和秦滨高速公路天津段北段一期,是打通秦滨高速公路天津段全线的关键段落。工程大部分位于秦滨滩地中,全线采用以高架为主的总体方案,双向六车道或八车道高速公路标准,主要构筑物是永定新河大桥。秦滨高速公路天津段北段二期工程2010年建成通车,工程总投资30.3亿元。

天津集疏港公路一期工程西起京津塘高速公路二线北塘收费站,东至天津港疏港二线,全长12.8km,其中主线高架桥长度为6.8km,主线为双向六车道高速公路(城市快速路)、设计速度80km/h,地面辅道双向六车道城市主干道(北侧辅道兼大件通道)、设计速度40km/h。沿线主要设杨北公路互通立交、跨京山铁路转体桥、中央大道互通立交和疏港二三线互通立交等主要节点,桥梁面积30万m^2,道路面积36万m^2。天津集疏港公路一期工程于2007年4月开工,2008年7月竣工通车,总投资25亿元。

天津集疏港公路二期工程分两段实施,分别为中段和南段,总长22km;天津集疏港公路二期中段工程南起已建津沽一线立交,北至疏港二线立交,路线全长约13km;其中主线桥梁长度为9.395km,快速车道为双向八车道高速公路,设计速度80km/h,地面辅道为双向六车道,设计速度40km/h。主要大型桥梁包括海河大桥、临港立交、泰达大街立交、疏港一线立交,道路面积43.7万 m^2,桥梁面积46.2万 m^2。工程南起已建津晋高速公路,北至津沽一线立交,全长约9km;全线采用地坪为主的总体方案,快速车道为双向八车道高速公路、两侧辅道为双向六车道,主要构筑物包括跨临港铁路桥、临港A30路互通立交和津晋高速互通立交,道路面积50.6万 m^2,桥梁面积13.4万 m^2。天津集疏港公路二期工程于2008年10月开工,2011年12月竣工通车,工程总投资70亿元。

秦滨高速公路天津南段二期工程全线采用高速公路标准,设计速度120km/h,起点至油田联络线长约14.85km,利用现状海防路拓宽改造,双向八车道;油田联络线至终点长约20.709km为新建段,双向六车道。全线道路长度17.219km,道路面积81.5万 m^2;桥梁长度18.342km,桥梁面积61.7万 m^2,全线设特大桥2座,分别为独流减河特大桥及子牙新河特大桥;互通式立交2座,为油田联络线立交、南港工业区红旗路互通立交;主线收费站2处,分别为临港站主线站及滨海南站主线站;匝道收费站2处;服务区1处。秦滨高速公路天津段南段二期工程开工日期为2008年11月,竣工日期为2010年1月,工程总投资57.52亿元。

目前,秦滨高速公路由天津海滨大道建设发展有限公司经营管理,收费里程合计70km。

7. G0211滨石高速公路(静海县邢家垡—王官屯)

滨石高速国家高速公路网编号为G0211,全长26.52km,是连接天津与石家庄的快速主干道,是中国北方交通的重要组成部分,它的建成大大提高津冀两地的经济文化交流,并带动高速沿线地区经济的快速发展。

滨石高速公路属于原丹拉高速公路南段的一部分,路线起自静海县邢家垡,止于静海县王官屯,双向四车道,设计速度为120km/h。设有特大桥2座,分别为K173+356排洪特大桥、津浦立交,大桥6座、中小桥共25座、收费站1处。由天津高速公路集团有限公司运营事业部二分、四分公司负责运营养护管理。

8. G1N京秦高速公路(三河界—玉田界)

G1N北京—秦皇岛高速公路是京哈高速公路(G1)的并行线,是连接北京通往秦皇岛、沈阳及东北地区的一条高速公路,天津境内西起河北省三河界,接河北省密涿支线高速公路,起点桩号:K45+400,东至河北省玉田界,接河北省清东陵高速公路,终点桩号:K75+709,全长30.309km。沿线途经白涧乡、邦均镇、东二营乡、东赵各庄乡、礼明庄乡、上仓镇、别山镇。京秦高速公路天津段工程是天津市域高速公路"九横五纵"骨架路网布

第三章
高速公路建设发展及成就

局中的"一横",是蓟州区域内高速公路规划"两横两纵"中的主要组成部分。该项目的实施将有效地缓解京沈高速公路、国道G102的交通压力,缩短了蓟州区通往周边城市的时空距离,构建北京通往秦皇岛的又一条快速通道,加强天津北部、唐山、秦皇岛地区与北京直接的交通联系,更有力促进京津冀经济一体化进程向纵深发展。同时通过与塘承高速公路的连接,对完善塘承高速公路交通功能,增强天津港的集疏港能力,促进滨海新区、京津冀都市圈、环渤海地区的经济发展有着重要的作用。

G1N北京—秦皇岛高速公路天津段于2016年9月建成通车,由天津高速公路集团有限公司运营事业部一分公司负责运营养护管理。

天津市国家高速公路建设情况见表3-3-1;天津市国家高速公路沿线互通、出入口、服务区信息见表3-3-2。

天津市国家高速公路建设情况　　　　　　　表3-3-1

序号	编号	项目名称	里程(km)	投资(亿元)	车道数	设计速度(km/h)	建设时间(开工—通车)
1	G0111	秦滨高速公路	91.1	181.85	6	80~120	2004—2013 2008—2012 2009—2011
2	G0211	滨石高速公路	26.521	12.45	4	120	2001—2003
3	G1	京哈高速公路天津段	37.179	12.15	6、8	120	1997—1999
4	G18	荣乌高速公路天津段	79.282	81.57	6	120	1998—2008
5	G1N	京秦高速公路	30.309	45.36	6	120	2013—2016
6	G2	京沪高速公路天津段	105.963	82.65	4、6、8	120	1987—1991 2003—2006 2004—2006
7	G25	长深高速公路天津段	105.168	63.19	4、6	120	1994—2003
8	G2501	滨保高速公路	93.1	115.67	6、8	120	2007—2012 2009—2017

天津市国家高速公路沿线互通、出入口、服务区信息　　　　　　　表3-3-2

序号	名称	转接点	途经县级行政区	沿线互通	出入口	服务区(含停车区)
1	G0111秦滨高速公路	与滨保G2501在大神堂互通立交转接、与滨海绕城S31在滨海绕城互通立交转接、与津晋S50在津晋海滨互通立交转接	滨海新区	大神堂互通立交(G2501滨保高速)、滨海绕城互通立交(S31滨海绕城)、中心渔港桥(中央大道)、永定新河站(中央大道)、疏港三线立交(东海路、新港九号路)、津晋海滨互通立交(S50津晋高速公路)、轻纺城收费站(轻纺大道)、南港收费站(海防公路)	中心渔港出入口、永定新河出入口、临港出入口、轻纺城出入口、减河北出入口(未启用)、南港出入口	涧河服务区、轻纺服务区(未启用)

天　津
— 高速公路建设实录 —

续上表

序号	名称	转接点	途经县级行政区	沿线互通	出入口	服务区（含停车区）
2	G0211 滨石高速公路	与京沪 G2 在胡辛庄互通立交转接、与津沧 S6 在王官屯互通立交转接、与 G18、G25 在团泊南互通立交转接	静海区	胡辛庄互通立交（G2 京沪高速公路）、王官屯互通立交（S6 津沧高速公路）、蔡公庄收费站（团王公路）、团泊南互通立交（G18 荣乌高速公路 G25 长深高速公路）	蔡公庄出入口	无
3	G1 京哈高速公路天津段	与 S1 在津蓟高速转接，与 S21 在塘承高速转接	宝坻区	宝平互通立交（宝平公路），津围互通立交（津围公路），津蓟互通立交（S1 津蓟高速公路），塘承互通立交（S21 塘承高速公路），新钟互通立交（新钟路）	宝平出入口、津围出入口、宝坻北出入口、新安镇出入口、新钟出入口	牛道口服务区、天津服务区、新安镇服务区
4	G18 荣乌高速公路天津段	与 S7 在王庆坨互通立交转接、与 G2 在当城互通立交转接、与 S6 在张家窝互通立交转接、与 S50 G18 联络线在青泊洼互通立交转接、与 G0211、G25 在团泊南互通立交转接	武清区、西青区、静海区、滨海新区	王庆坨互通立交（S7 津保高速公路）、津同路收费站（G112 线、津同公路）、当城互通立交（G2 京沪高速公路）、杨柳青互通（S230 营建路）、张家窝互通立交（S6 津沧高速公路）、津文收费站（赛达大道、津文公路）、青泊洼互通立交（S50 津晋高速公路、G18 联络线）、小孙庄收费站（G205 山深线）、团泊新城收费站（中央大道）、团泊南互通立交（G25 长深高速公路、G0211 滨石高速公路）、团泊南收费站（S115 津淄公路）、郭庄子收费站（S315 港中公路）	津同路出入口、杨柳青出入口、津文出入口、小孙庄出入口、团泊新城出入口、团泊南出入口、郭庄子出入口	大港服务区
5	G1N 京秦高速公路	与津蓟 S1 在津蓟高速公路互通立交转接、与 S21 在塘承高速公路互通立交转接	蓟州区	宝平公路互通立交（宝平公路）、京哈公路互通立交（京哈公路）、津蓟高速公路互通立交（S1 津蓟高速公路）、津围公路互通立交（津围公路）、塘承高速公路互通立交（S21 塘承高速公路）	蓟州白涧出入口、许家台出入口、邦均出入口、孟家楼出入口、蓟州别山出入口	白涧服务区（未启用）
6	G2 京沪高速公路天津段	与 S40 在泗村店互通立交转接、与 G2501 在石各庄互通立交转接、与 G18、S7 在王庆坨互通立交转接、与 G18、S50 在当城互通立交转接、与 G0211 在胡辛庄互通立交转接、与 S6 在大张屯立交交汇	武清区、西青区、静海区	泗村店互通立交（S40 京津塘高速公路、武清西收费站（G104 京福线）、石各庄互通立交（G2501 滨保高速公路）、汉沽港互通（新永线）、王庆坨互通立交（G18 荣乌高速公路、S7 津保高速公路）、津同路收费站（G112 线、津同公路）、当城互通立交（G18 荣乌高速公路）、独流收费站（静霸线、G104 京福线）、静海互通（津文线）、子牙园收费站（子牙快速路）、陈官屯互通（团大线、G104 京福线）、胡辛庄互通立交（G0211 滨石高速公路）、大张屯立交（S6 津沧高速公路）	武清西出入口、汉沽港出入口、津同路出入口、独流出入口、静海出入口、子牙园出入口、陈官屯出入口	泗村店服务区、王庆坨服务区、静海服务区、唐官屯服务区

续上表

序号	名称	转接点	途经县级行政区	沿线互通	出入口	服务区（含停车区）
7	G25长深高速公路天津段	与G2501在汉沽北互通立交转接、与S21在塘承高速公路互通立交转接、与S30在京津—长深高速公路互通立交转接、与S40在塘沽西收费站转接、与S50在葛沽互通立交桥转接、与G18、G0211在团泊南互通转接	滨海新区、宁河区、津南区、西青区、静海区	芦台收费站（X414芦堂公路）、汉沽北互通立交（G2501滨保高速公路）、汉沽互通立交（S103滨唐公路）、清河农场收费站（S103津汉公路）、塘承高速公路互通立交（S21塘承高速公路）、京津—长深高速公路互通立交（S30京津高速公路）、塘沽西收费站（S40京津塘高速公路）、塘沽中心桥收费站（G103津塘公路）、葛沽互通立交（S50津晋高速公路）、小站互通立交桥（S107津港公路）、王稳庄收费站（S115津淄公路）、团泊南互通（G18荣乌高速公路、G0211滨石高速公路）、团泊南收费站（S115津淄公路）、郭庄子收费站（S315港中公路）	芦台出入口、汉沽出入口、清河农场出入口、塘沽西出入口、塘沽中心桥出入口、小站出入口、王稳庄出入口、团泊南出入口、郭庄子出入口	汉沽服务区、津南服务区、大港服务区
8	G2501滨保高速公路	与G2在石各庄互通立交转接、与S30在韩盛庄互通立交转接、与S1在大龙湾互通立交转接、与S21在塘承—滨保高速公路互通立交转接、与S2在兰台互通立交转接、与G25在汉沽北互通立交转接、与G0111在大神堂西互通立交转接	武清区、北辰区、宁河区、滨海新区	石各庄互通立交（G2京沪高速公路）、陈嘴互通立交（G104京福公路）、双街互通立交（G103京津公路、京津快速）、大张庄互通立交（S101津围公路）、韩盛庄互通立交（S30京津高速公路）、大龙湾互通立交（S1津蓟高速公路）、潘庄互通立交（G112津榆公路）、塘承—滨保高速公路互通立交（S21塘承高速公路）、兰台互通立交（S2津宁高速公路）、芦台南互通立交（S102津芦线、七里海大道）、汉沽北互通立交（G25长深高速公路）、汉南路收费站（汉南路）、大神堂西互通立交（G0111秦滨高速公路）	陈嘴出入口、双街出入口、大张庄出入口、潘庄出入口、芦台南出入口、汉南路出入口	冀津服务区（未启用）、小韩庄停车区、七里海服务区、杨家泊停车区（未启用）、双桥服务区

三、地方高速公路建设情况

1. S1 津蓟高速公路（金钟路—蓟县田家峪）

津蓟高速公路是天津市公路网规划干线骨架布局中的重要组成部分，贯穿天津市北部的三区两县，是连接津榆公路、京沈高速公路、京哈公路以及北部地市级干线公路的重要通道。津蓟高速公路沿线与新开河、永定新河、潮白新河、引滦明渠等十余条一、二级河道相交，穿越淀北洼、大黄堡洼、青淀洼3个滞洪区，跨越北环、津蓟、京秦、大秦4条铁路，以及25条等级公路。津蓟高速公路由两段组成，分别是外环线金钟路至蓟县城区段和蓟县城区至北京平谷界(蓟县田家峪)段。其中外环线金钟路至蓟县城区段于2001年3月15日开工,2003年9月26日建成通车,运营里程桩号 K0+594~K100+762,全长100.762km,设计速度120km/h,双向四车道,路基宽度28m;蓟县城区至北京平谷界(蓟县田家峪)段于2005年12月正式开工,按总体工期要求,2008年7月1日建成通车,运营里程桩号 K100+762~K116+300,全长15.538km,设计速度120km/h,双向四车道,路基宽度28m。现全线由天津高速公路集团有限公司运营事业部一分公司负责运营管理养护。

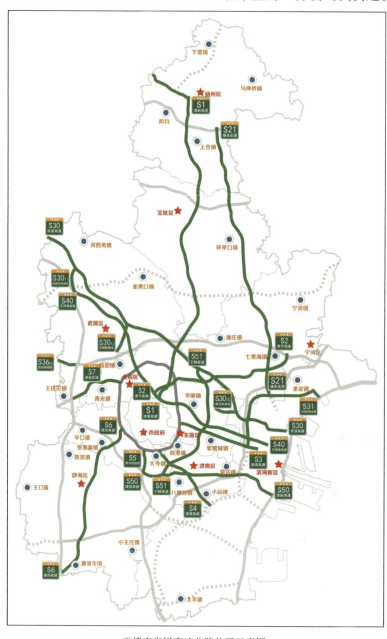

天津市省级高速公路位置示意图

津蓟高速公路总投资55.63亿元,总土石方量1298万 m³,路基最大填土高度控制在8m左右,平均填土高度为4.5m。全线设有长隧道2座,特大桥3座,大桥22座,中小桥96座,互通式立交8座,分离式立交35座,铁路通道2座,通道28座,涵洞447道。主线收费站3处,匝道收费站11处,服务区3处。路面结构从上至下依次为4cmSUP-13改性、5cmSUP-20型、7cmSUP-25型沥青混凝土,18cm水泥稳定碎石,18cm石灰粉煤灰碎石,18cm石灰粉煤灰土。主要技术标准为平原微丘区双向四车道高速公路,设计速度120km/h。该路是迄今为止天津市高速公路一次性建设标准最高、最具影响力的工程,是天津市"十五"计划标志性工程,是天津市重点工程和2001年改善人民生活的20件实事之一。

2. S2 津宁高速公路(外环线—宁河芦台镇)

津宁高速公路是天津市高速公路网中一条重要的中心城区对外放射线,是连接中心城区与滨海新区、宁河区的重要通道。津宁高速公路位于天津市东部,起点位于津蓟高速联络线,终点接宁河津芦南线,全长约43.34km,由天津高速公路集团有限公司运营事业部一分公司负责运营管理养护。设计标准为平原微丘全封闭双向六车道高速公路,主线设计速度120km/h,设计车辆荷载采用汽车-超20级、挂车-120,全线共设置7座互通式立交,主线上跨分离式2座,支线上跨分离式1座,工程总投资52.3亿元。2009年3月开工建设,2011年11月正式通车。

3. S21 塘承高速公路(东疆联络线—京哈高速公路—京秦高速公路)

塘承高速公路一期工程是天津市规划高速公路网"3310"中10条中心城区和滨海新区放射线的第二条放射线。工程的建设对完善环渤海、京津冀都市圈、天津市及滨海新区公路网布局、增强天津港集疏港能力,连接市中心城区、东北部卫星城镇之间的区间交通,促进滨海新区、环渤海地区的经济发展有着重要的作用。塘承高速公路一期工程起点为京港快速路,终点为京沈高速公路,主线按照双向六车道高速公路标准建设,路基宽度34.5m,全封闭、全立交、全长约66.7km。起点至塘沽主线收费站(K0+000~K4+880)为连接线,设计速度为80km/h,塘沽主线收费站至终点京沈高速互通立交(K4+880~K66+756.206)设计速度均为120km/h。全线设有唐津高速公路、津芦公路、G112线高速公路、津榆公路、卫星公路、梅丰公路、宝芦公路、通唐公路、京沈高速公路互通,共9座互通式立交;大桥3座,中小桥31座,通道14座,主线上分离式立交2座,支线上跨分离式立交2座;主线收费站1座,立交匝道收费站7座,宁河服务区1处,宝坻停车区1处。工程于2008年10月开工,2011年12月竣工通车,工程总投资61.76亿元。

塘承高速公路二期工程路线起点为京沈高速公路(接塘承高速公路一期终点),向北与京秦高速公路相交后主线转向东与京秦高速公路并线,高速公路全长24.8km;在京秦高速互通立交收费站后通过G102连接线与京哈公路相接。联络线全长约3.1km(纳入线外工程)。工程沿线经过宝坻区(4.15km)和蓟县(20.65km),全线占地约3120亩(包括立交区,不包括线外工程)。高速段设计车速120km/h,双向六车道,路基宽34.5m;G102连接线,设计车速40km/h,路基宽15m。全线共设置4座互通式立交,分别是宝新公路互通、杨玉公路互通、仓桑公路互通、京秦高速互通;分离式立交2座,分别为林南仓铁路主线上跨分离式、三马路支线上跨分离式(纳入线外工程);大桥2座,中桥5座,通道15座。塘承高速公路二期工程开工日期为:2012年5月,通车日期为2014年11月,工程投资30.77亿元。

塘承高速公路现由天津高速公路集团有限公司运营事业部五分公司进行养护管理。

4. S3 津滨高速公路

1997年,天津市政府通过联营公司的方式成立了一个公私合营的实体——中国天津快速(集团)交通发展有限公司(简称MTD),负责津滨高速公路项目的开发与实施,MTD委托加拿大SLKC集团完成可行性研究报告。天津市市政工程设计研究院在原报告基础上协助MTD完成该项目中的高速公路建设立项上报工作。该工程由主线工程和配套工程两部分组成,自天津市区中环线起至塘沽临港立交,全长约42km。主线工程自市区外环线至塘沽胡家园立交段长28km,按高速公路标准建设;胡家园立交到临港立交段长约9km,按城市主干道标准建设,该段利用现状津塘公路及四号路。配套工程为拓宽张贵庄路段,起自中环线东兴立交,止于外环线,长约5km,按城市快速路标准建设。津滨高速公路征地4200亩,耗资11.6亿元。于1998年10月正式开工,至2000年10月全线完工。该路西起天津市中环线的东兴立交桥,沿津滨大道向东上跨外环线后,穿越东丽区至塘沽区胡家园立交桥进入塘沽区内,全长28.5km。该路的主线由外环线至胡家园立交桥为高速公路段,路基宽26m,双向四车道,设计速度为120km/h。该路上的主要建筑有:大型立交桥4座、跨线桥3座、跨河中小桥11座、地道3座、通道及通道桥16座、涵洞104道、收费站4座。津滨高速公路配备的收费系统、监控系统、通信系统均采用了国内领先的进口技术,使其成为安全运营的坚实保障。收费系统中引进了瑞典公司的不停车收费系统(ETC),使津滨高速公路成为天津市乃至长江以北地区第一条不停车收费高速公路,填补了收费路在此项功能方面的空白。工程的建成,使市区到滨海新区有了第二条高速公路,极大地缩短了市区到滨海新区的距离,为加快滨海新区建设创造了有利条件。由天津津滨高速管理有限公司养护管理。

5. S30 京津高速公路天津段(滨海新区北塘镇—武清高村)

京津高速公路是交通部规划的连接京津两市南、北、中三条高速公路中的北通道,直接服务于北京奥运会和未来北京市东部发展带;是北京和天津之间直达的第二条高速公路;是国家高速公路网的组成部分,首都放射干线公路之一,是交通运输部规划的国家重点工程,也是奥运会的重点工程。

京津高速公路经过天津市滨海新区、东丽区、宁河、北辰、武清区,起点为北京朝阳区五环路化工桥(西直河),终点位于天津市塘沽区东疆港,天津市范围全长143.872km,其中中、西段主线总长101.016km,联络线长42.766km,含双向四、六、八车道高速公路、一级公路和快速路,含大型互通立交15座、跨河桥5座、服务区1处、停车区2处、主线收费站2座。是天津市建设规模和技术标准最高的高等级公路。该项目建安费77.9亿元,总投资105.2亿元。

S3011京津京沪联络线(和平村互通—泗村店)起于主线和平庄互通立交,向南从和平庄与后屯之间穿过跨廊良公路,接京沪高速公路京津塘高速公路泗村店互通式立交起点,该联络线为全封闭联络线,全长为7.150km,设计速度120km/h,双向六车道,路基全宽34.5m。京沪联络线在八里庄设置1处互通式立交。

S3012京津联络线(武清南北辛庄—京津高速主线)起于主线曹子里互通立交,经辛庄,止于双街,接天津外环线,全长16.886km。曹子里互通立交至南北辛庄段长9.197km,按六车道高速公路标准建设,设计速度100km/h,路基宽度34.5m;南北辛庄至终点(双街)段长7.689km,利用现有国道103线扩建为八车道加两侧辅道的城市快速路标准,设计速度80km/h,路基宽度70m。京津联络线在南北辛庄设置1处互通式立交。

S3015津汉联络线(津汉线—京津高速公路主线)起于主线津汉互通立交,经山岭子,止于华明镇(津汉公路与天津机场高速交汇处),全长18.73km,津汉互通立交至东金路段长5.655km,按高速公路标准,设计速度100km/h,双向四车道,路基宽度28.0m,其余路段按城市快速路标准,设计速度80km/h,双向八车道,路基宽度60.0m。

京津高速公路工程是连接京津两市一港口的快速通道,其建设大大缩短京津间的时空距离,加速京津一体化进程,促进环渤海地区经济快速、协调发展;解决北京、天津及天津港北疆港集装箱集疏运通道的问题,促进天津北疆港口及京津两地经济互动和快速发展。该项目开工日期2003年10月20日,竣工日期2008年6月26日。由天津京津高速公路有限公司养护管理。

6. S3600京台高速公路联络线

国道112线高速公路天津东段延长线是国道112线高速公路天津东段工程向西与京津塘南通道(河北省段)衔接的延伸部分。该工程起自滨保高速公路与京沪高速公路石各庄互通,向西先后经过武清区曹场村北,上跨杨王公路后沿西北走向经汉沽港镇胡柳子村北、在武清区定子务村西南在津冀两省交接位置与京津南通道(京台高速公路)河北段相接。本工程基本为东西走向,横穿天津市武清区西部。

该项目的建设将把国道112线高速公路自滨海新区直接与京津南通道贯通,向西北可达廊坊、涿州、北京;同时也使国道112高速公路与河北省高速公路网向沟通,向西可达霸州、涞水、涞源、徐水、阜平、朔州、鄂尔多斯、乌海。使国道112高速公路这一天津中部唯一一条东西向高速充分疏导过境交通、便捷中西部省区与天津这一中西部地区重要出海口的联系纽带功能，对进一步增强滨海新区的辐射作用具有重要意义。该工程修筑起点为K93+531，终点为K99+399.418，路线全长5.87km。该项目于2011年3月正式开工，2014年11月全部完工。由天津高速公路集团有限公司运营事业部五分公司养护管理。

7. S4 津港高速公路（外环线—大港城区）

津港高速公路是天津市中心城区通往津南和大港的放射线，起自中心城区外环线与洞庭路交口，经双港以南、咸水沽、北闸口、小站，终至大港城区，全长约25km。在津晋高速公路、八二路、盛塘路3处设互通式立交。

津港高速公路分两段建设：第一段从外环线至规划环外环，为快速路，双向八车道，设计速度80km/h；第二段从规划环外环至板港路，为高速公路，双向六车道，设计速度120km/h。设计车辆荷载采用汽车-超20级、挂车-120。2008年3月1日开工，2010年12月15日运营通车。现由天津高速公路集团有限公司运营事业部三分公司养护管理。

8. S40 京津塘高速公路

京津塘高速公路是我国"七五"至"八五"期间重点交通建设项目，也是我国第一条经国务院批准并部分利用世界银行贷款建设的跨省、市高速公路工程。

京津塘高速公路土木工程于1987年12月23日开工，1993年9月25日全线竣工。工程建成一段投入使用一段，其中北京至杨村段于1991年1月正式试运行，1991年12月通车至宜兴埠，1992年10月延伸至天津滨海机场，1993年9月底全线开通。电子与机电工程于1992年11月28日开工，1995年3月31日竣工。全部工程于1995年8月4日通过国家验收，国家验收委员会认定工程总体水平达到国内领先和当代国际先进水平。

京津塘高速公路设计里程全长为142.69km，其中：北京市境内35km，河北省境内6.84km，天津市境内100.85km。此外，另有与之配套的北京市区连接线3.06km，连接三环路；天津塘沽区联连接8.07km，连接天津港。

京津塘高速公路自起点北京市十八里店至塘沽主线收费站间140.40km为高速公路，设计速度为120km/h；塘沽主线收费站以东至终点河北路间2.29km为一级路，设计速度为100km/h，两端连接线设计速度为80km/h。全线路基顶宽26m，双向四车道，全部控制出入，设有完善的交通安全、服务和管理设施以及先进的监控、通信、收费系统，功能齐全、适用。全线高速公路总造价为22.5亿元，天津段总造价为16.7亿元。现由华北高速公路股份有限公司养护管理。

9. S5 荣乌高速公路联络线

荣乌高速公路联络线（天津段）是天津市的重点工程，该工程途经天津市的西青区，起于津淄公路与外环线交口,止于荣乌高速公路与津晋高速公路交口。路线全长约7.127km(K0+000~K7+127)。

荣乌高速公路联络线主线采用全封闭、全立交、全部控制出入的双向六车道高速公路标准,设计速度120km/h,路基宽度34.5m。设计荷载为汽车-超20级、挂-120级。

全线共设大桥4座,中桥3座,主要收费站1个。开完工时间为2005—2009年。现由天津高速公路集团有限公司运营事业部二分公司养护管理。

10. S50 津晋高速公路

津晋高速公路是天津市公路网规划主骨架中重要组成部分,也是中心市区海河南岸地区通往滨海新区、临港工业区和南疆码头的高速公路,为南疆码头货物集散的一条快捷、便利的重要通道,对加快天津市区、滨海新区、临港工业区和天津港口的开发,加速沿线地区的经济发展都将具有十分重要的意义。

该路起点为海滨大道高速公路,终点至西青区大寺镇,途经滨海新区、津南区、西青区,路线全长34.87km,其中:海滨大道高速公路至津南区八里台镇26.88km为双向四车道高速公路技术标准,设计速度为120km/h;津南区八里台镇至西青区大寺镇7.99km,为双向六车道高速公路技术标准,设计速度为120km/h。该项目于2001年3月开工建设,2004年10月全线通车。总投资14.65亿元。

起点桩号(注:运营桩号):K10+435,天津市滨海新区,终点桩号:K45+302。由天津高速公路集团有限公司运营事业部三分公司和天津鑫宇高速公路有限责任公司负责运营管理养护。

11. S51 宁静高速公路

宁静高速公路北起京津高速公路,南接津晋高速公路,全长41.5km,由蓟汕高速公路(京津高速—港城大道)工程、津滨高速公路空港经济区联络线(港城大道—津滨高速公路)工程、蓟汕高速公路(津滨高速公路—津晋高速公路)工程三部分组成。现由天津高速公路集团有限公司运营事业部三分公司进行养护管理。

(1)蓟汕高速公路(京津高速公路—港城大道)工程位于天津市中心城区东部(外环线与唐津高速之间),沿线穿越9条现状主要道路及6条规划主、次干道,1条铁路,5条主要河道,涉及北辰、宁河、东丽、空港经济区4个区。工程北起京津高速公路,南接津滨高速公路,该项目是天津市域范围内的南北向通道的重要组成路段,形成联系天津北部地区、海河中游、南部地区的重要通道。该项目的建设对于完善全市综合交通体系,缓解城市交通拥堵,加强中心城区和滨海新区之间交通联系具有重要意义,为天津市"十二五"期间重点工程。

该工程范围起点京津高速公路,终点至津滨高速公路,路线全长18.529km。全线设置互通式立交3座,菱形立交3座,分离式立交3座,大桥1座,地道1座,匝道收费站7

处,养护工区1处,泵站1处,服务区1处,天桥1座。

全线采用双向六车道或八车道高速公路技术标准建设,设计速度100km/h,其中京津高速公路至津宁高速公路采用双向六车道高速公路标准,路基宽34.5m;津宁高速公路至港城大道段采用双向八车道高速公路标准,路基宽度42.0m。路面设计荷载为BZZ-100,桥梁设计荷载为公路Ⅰ级,其他技术指标按《公路工程技术标准》(JTG B01—2003)执行。该工程于2014年3月15日开工建设,于2016年8月31日建成交工。

(2)津滨高速公路空港经济区联络线(港城大道—津滨高速公路)工程是规划蓟汕联络线的一部分,主线桩号范围K17+965.980~K21+526.744,起于港城大道,在港城大道以南约1.0km处开始连续跨越纬十路、京津塘高速公路、环东干道一、规划路一、规划津北路和现状津北路,终点接津滨高速公路,路线全长约3.56km,其中道路长度0.77km,桥梁长度2.79km。

该工程计划总投资17.47亿元,其中建安费10.14亿元;项目资金由天津保税区投资有限公司筹措。

建设标准全线采用双向八车道高速公路技术标准,设计速度100km/h。道路工程路基总宽42m,高架桥梁全宽41.5m。

主线桥涵设计荷载为公路-Ⅰ级。主线桥梁下部结构采用灌注桩、承台上接墩柱形式,上部结构以预应力现浇箱梁为主,匝道为普通钢筋混凝土箱梁。

道路基础采用PTC预应力混凝土管桩、水泥搅拌桩处理。靠近桥头承台25m范围及高速加宽范围内路堤填料采用石灰土(10%),其余路基采用素土填筑。圆管涵覆土高度大于4m时,涵底打PTC预应力混凝土管桩以减小涵洞基地的不均匀沉降。新建路面结构:5cm细粒式胶粉改性沥青混凝土(AC-13C,胶粉)+7cm中粒式SBS改性沥青混凝土(AC-20C)+12cm沥青稳定碎石(ATB 25)+20cm水泥稳定碎石+18cm水泥稳定碎石+18cm石灰粉煤灰土,总厚79cm。

桥梁工程全线共设置枢纽型互通立交1座(津滨高速公路立交,本次实施4个环形匝道和E、H两条右转匝道),简易菱形立交1座(港城大道立交,只实施地面匝道),主线桥梁跨越沿线所有被交道路,桥梁上部结构以预应力现浇箱梁为主。新建设4进6出匝道收费站1座。

该工程于2011年4月3日启动,2014年1月15日,全线工程正式完工,2014年2月28日,正式通车。

(3)蓟汕高速公路(津滨高速公路—津晋高速公路)工程北接津滨高速公路、南连津晋高速公路,途径区域天津市东丽区、津南区、西青区3个区,位于天津市中心区东部,是天津市高速公路规划网中"九横五纵"的重要组成部分,是连接天津市南北方向高速通道的重要连接线。沿线穿越10条现状主要道路及12条规划主、次干道(天津大道、海沽道、津沽路、纬六路、白万路、津港快速路、微山路延长线、梨双支线等),3条铁路(津山铁路等),5条主要河道(海河、先锋河、洪泥河等)。

采用双向六车道或八车道高速公路技术标准建设,设计速度100km/h,其中津滨高速公路至津塘二线段、津沽公路至津晋高速公路段采用双向八车道高速公路标准,路基宽42.0m;津塘二线至津沽公路段(与国家会展中心跨海河通道并行段,4.85km)近期采用双向六车道高速公路标准,路基宽36.5m,并预留远期调整为双向八车道高速公路标准的条件。路面设计荷载BZZ-100,桥梁设计荷载为公路-Ⅰ级,其他技术指标按《公路工程技术标准》(JTG B01—2003)执行。路线全长19.973km。全线设置互通式立交3座,分离式立交8座,特大桥1座,大中桥2座,地道1座,匝道收费站5处。

该工程于2013年10月开工,2016年9月2日完工,2016年11月28日正式通车运营。

12. S6津沧高速公路(外环线—静海唐官屯镇)

津沧高速公路是连接我国东北、华北与华东、华南及东南沿海地区的重要通道。起于天津市外环线津静立交,途经天津市西青区、静海县,终至河北省沧州市青县。全长54.128km,原名京沪代用线,于京沪正线通车后改为津沧高速公路。

津沧高速公路南段工程:该项目由天津市市政工程设计研究院设计,采用全封闭高速公路标准建设,建设规模为双向四车道,路基宽23m,桥梁车辆荷载采用汽车-超20、挂车-120。1993年开工建设静海西琉城至青县段42km,由天津市公路管理局组织了项目经理部负责管理,市政一、三、五公司,公路总公司等参加了施工,1995年10月18日建成通车。这是继京津塘高速公路之后建成的又一段高速公路,也是天津建设者自行设计和施工的第一条高速公路。它方便了京津冀鲁四地的交通联系,促进了区域的经济合作和往来,带动了地方经济的繁荣。津沧高速公路南段由天津天永高速公路有限公司进行养护管理。

津沧高速公路北段工程:1998年开始建设西琉城以北至外环线12.2km(天津北段),同时改建外环线津静公路至宜白立交段长29km,依照标准的双向四车道高速公路标准进行,车行道宽22m,路基宽28m,道路按BZZ-100,桥梁按汽车-超20、挂-120。该项目与港方合资组建了天朗公司投入建设,公路建设发展公司组建了项目经理部,通过招标投标选择了市政局各公司进行施工,1999年年底通车。至此,自京津塘高速公路宜兴埠站,通过外环线西北半环至津静立交进入津沧高速公路,形成京沪高速公路代用线,解决了北京、东北地区至华东的运输通道问题。津沧高速公路北段由天津高速公路集团有限公司运营事业部三分公司进行养护管理。

13. S7津保高速公路天津段(外环线—武清王庆坨镇)

津保高速公路西起河北省徐水,经容城、雄县、霸州、安次入天津,终点至天津外环线,全长128.95km。津保高速公路天津段在地高网中名称为S7,其中K771.816~K776.978

在国高网中名称为G18,位于天津市北辰区,是津、冀、晋地区间的重要通道,修筑起点位于河北省霸州市与天津市交界(交界处在武清区王庆坨镇境内,津同公路以南2km处),修筑终点为外环线津保桥与天津市红桥区丁字沽三号路交口处,全长23.944km。采用全封闭高速公路标准进行设计和建设,建设规模为双向四车道,设计车辆荷载采用汽车-超20、挂车-120,设计速度120km/h。由天津津富高速公路有限公司负责运营管理养护。

沿线途经武清区王庆坨镇、北辰区徐家堡、郝家堡村南、安光村北,向东延伸,通过双口镇、王秦庄、干校北侧,穿过南曹铁路预留洞体与外环线相交。该项目总投资53866.33万元,于1997年末完成初步设计,于1998年4月开始施工,2000年7月主线工程竣工,实现通车。外环线立交桥于2003年4月开工建设,2003年10月建成通车,工程决算金额5201.52万元。该路线位于天津西部,与河北省交界,是山西省通往港口的交通要道,它的建成极大地改善了河北、山西两省通往渤海湾各港口的运输条件,加强天津、河北、山西三省市的经济交流与合作,对整个环渤海地区的经济发展起到重要的作用。

天津市省级高速公路建设情况见表3-3-3;天津市省级高速公路沿线互通、出入口、服务区信息见表3-3-4。

天津市省级高速公路建设情况　　　　　　　表3-3-3

序号	编号	项目名称	里程(km)	投资(亿元)	车道数	设计速度(km/h)	建设时间(开工—通车)
1	S1	津蓟高速公路	116.3	55.63	4	120	2001—2003 2005—2008
2	S2	津宁高速公路	43.34	52.78	6	80~120	2009—2011
3	S21	塘承高速公路	85.568	94.48	6	120	2008—2015
4	S3	津滨高速公路	27.766	23.7	4、6、8	120	1998—2001
5	S30	京津高速公路	101.59	69.84	6、8	120	2003—2008
6	S3011	京沪联络线	8	5.19	6	120	2003—2008
7	S3012	京津联络线	9.304	6.04	6	120	2003—2008
8	S3015	津汉联络线	5.6	3.64	4、6	120	2003—2008
9	S3600	京台联络线	6.299	4.942	6	120	2011—2014
10	S4	津港高速公路	25.126	37.95	6、8	120	2008—2010
11	S40	京津塘高速公路	86.416	11.31	4	120	1987—1998
12	S5	荣乌联络线	7.127	6.68	6、8	80~120	2005—2009
13	S50	津晋高速公路	45.302	16.71	4、6	110~120	2001—2004
14	S51	宁静高速公路	41.496	149.638	6、8	100	2014—2016 2011—2014 2013—2016
15	S6	津沧高速公路	54.128	20.03	4	100~110	1993—1995 1998—1999
16	S7	津保高速公路	18.782	7.22	4	120	1998—2000 2003—2003

第三章
高速公路建设发展及成就

天津市省级高速公路沿线互通、出入口、服务区信息　　　　表 3-3-4

序号	名称	转接点	途经县级行政区	沿线互通	出入口	服务区(含停车区)
1	S1 津蓟高速公路	与 G1N 在京秦津蓟互通立交转接,与 G1 在京哈高速公路大桥转接,与 G2501 在大龙湾互通立交转接,与 S30 在季庄子互通立交转接,与 S2 在津蓟津宁互通立交转接	东丽区、北辰区、宁河区、宝坻区、蓟州区	京秦津蓟互通立交(G1N 京秦高速)、京哈高速公路大桥(G1 京哈高速公路)、大龙湾互通立交(G2501 滨保)、季庄子互通立交(S30 京津高速公路)、津蓟津宁互通立交(S2 津宁高速公路)	田家峪北京方向出入口、田家峪天津方向出入口、盘山出入口、蓟州出入口、京哈路出入口、上仓出入口、宝坻物流城出入口、宝坻北出入口、宝坻出入口、温泉城出入口、九园出入口、津榆路出入口、津蓟天津站出入口	蓟州服务区、温泉城服务区、天津服务区
2	S2 津宁高速公路	与 G2501 在兰台互通立交转接,与 S30 在田辛庄互通立交转接,与 S51 在津宁宁静互通立交转接,与 S1 在津宁津蓟转接	东丽区、北辰区、宁河区、滨海新区	兰台互通立交(G2501 滨保高速公路)、桥沽互通立交主线通道桥、海青公路分离式立交、田辛庄互通立交(S30 津宁高速公路)、宁静高速公路互通立交(S51 宁静高速公路)、津蓟高速公路互通立交(S1)	芦台西出入口、茶淀镇出入口、淮淀新市镇出入口、北辰东站出入口	淮淀服务区
3	S21 塘承高速公路	与 G1N 在京秦塘承立交转接,与 G1 在京哈互通新安镇转接,与 G2501 在塘承滨保立交转接,与 G25 在长深塘承立交转接,与 S31 在塘承滨海绕城立交转接	滨海新区、宁河区、宝坻区、蓟州区	京秦塘承立交、宝新公路互通立交、京哈高速公路互通立交(G1 京哈高速公路)、卫星公路互通、G112 线互通立交(G112 津榆公路)、塘承滨保立交、芦台公路互通立交(S102 津芦公路)、长深塘承立交、塘承滨海绕城立交	蓟州东站、上仓东出入口、下仓出入口、宝坻互通新安镇西出入口、京哈互通新安镇出入口、宝坻东出入口、宝坻温泉东出入口、九园东出入口(未启用)、东棘坨出入口、芦台经济开发区出入口、七里海出入口、塘承滨海站	蓟县服务区(未启用)、宝坻服务区、宁河服务区
4	S3 津滨高速公路	与 S51 在津滨宁立交转接,与 S31 在津滨滨海绕城立交转接	东丽区、滨海新区	津滨宁静立交、津滨滨海绕城立交	津滨天津站出入口、军粮城出入口、天津开发区西区出入口、津滨滨海站出入口	无
5	S30 京津高速公路	与 S3011 在和平庄互通立交转接,与 S3012 在曹子里互通立交转接,与 G2501 在韩盛庄互通立交转接,与 S1 在季庄子互通立交转接,与 S51 在京津宁静互通立交转接,与 S2 在田辛庄互通立交转接,与 S3015 在津汉联络线立交转接,与 G25 在京津长深立交转接,与 S31 在京津滨海城立交转接	武清区、北辰区、宁河区、东丽区、滨海新区	和平庄互通立交(S3011 京沪联络线)、曹子里互通立交(S3012 京津联络线)、韩盛庄互通立交(G2501 滨保高速公路)、季庄子互通立交(S1 津蓟高速公路)、京津宁静互通立交、田辛庄互通立交(S2 津宁高速公路)、津汉联络线立交、京津长深立交、京津滨海绕城立交	高村北京方向出入口、高村天津方向出入口、高村出入口、大孟庄出入口、泗村店东出入口、武清北出入口、梅厂出入口、东堤头出入口、东丽湖出入口、北塘出入口	白古屯服务区、梅厂服务区、造甲城服务区

续上表

序号	名称	转接点	途经县级行政区	沿线互通	出入口	服务区(含停车区)
6	S3011 京沪联络线	与 S30 在和平庄互通立交转接,与 G2 在泗村店立交转接	武清区	和平庄互通立交、泗村店立交	白古屯出入口	
7	S3012 京津联络线	与 S30 在曹子里互通立交转接	武清区	曹子里互通立交	武清南出入口	
8	S3015 津汉联络线	与 S30 在津汉联络线立交转接	东丽区	津汉联络线立交	东丽出入口	
9	S3600 京台联络线	与 G2、G2501 在石各庄互通立交转接	武清区	石各庄互通立交		冀津(未启用)
10	S4 津港高速公路	与 S50 在津晋互通立交转接	西青区、津南区、滨海新区	津晋互通立交(S50 津晋高速)、八二路互通立交(S317 八二公路)、盛塘路互通立交(X468 盛唐路)	津港天津出入口、咸水沽出入口、盛塘路出入口、大港出入口	双港服务区、大港服务区
11	S40 京津塘高速公路	与 G2 在泗村店转接,与 G25 在塘沽西立交转接	武清区、北辰区、东丽区、滨海新区	泗村店立交、塘沽西立交(G25 长深高速公路)	泗村店出入口、泗村店东出入口、杨村出入口、下朱庄出入口、宜兴埠出入口、金钟路出入口、京津塘空港经济区出入口、塘沽西出入口、塘沽西分出入口、塘沽站出入口	东丽服务区、徐官屯服务区
12	S5 荣乌联络线	与 G18、S50 在青泊洼互通立交转接	西青区		荣乌天津站出入口	西青服务区
13	S50 津晋高速公路	与 S4 在津港互通立交转接	塘沽区、津南区、西青区	塘港互通立交、葛沽互通立交、汉港互通立交、津港互通立交	塘沽站出入口、汉港出入口、津港出入口	芦北口服务区
14	S51 宁静高速公路	与 S30 在京津宁静互通立交转接,与 S2 在津宁宁静互通立交转接,与 S3 在津滨宁静互通立交转接,与 S50 在津晋宁静互通立交转接	东丽区、津南区、西青区	京津高速公路互通立交、津芦南线互通立交、津宁高速公路立交、金钟河大桥、津汉公路菱形立交、港城大道菱形立交、津滨高速公路互通立交、津晋高速公路互通立交、	未来科技城出入口、东丽湖西出入口、华明入口、宁静空港经济区出入口、金桥路、新立出入口、辛庄出入口、天南大出入口(未启用)、大寺出入口(未启用)	东丽湖服务区
15	S6 津沧高速公路	与 G18 在张家窝互通立交转接,与 G0211 在王官屯互通立交转接,与 G2 在大张屯互通立交转接	西青区、静海区	张家窝互通立交、西琉城高架桥、前毕庄互通立交、静王路立交、王官屯互通立交、大张屯互通立交	津静站出入口、津来出入口、前毕庄出入口、静王路出入口、唐官屯出入口	唐官屯服务区

续上表

序号	名称	转接点	途经县级行政区	沿线互通	出入口	服务区（含停车区）
16	S7 津保高速公路	与 G18、G2 在王庆坨互通立交转接	北辰区、武清区	王庆坨互通立交	天津站出入口、津同出入口	无

四、高速公路改（扩）建情况

天津市改（扩）建高速公路位置如图所示。

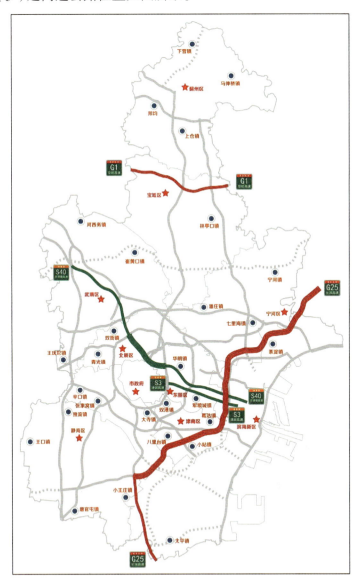

天津市改扩建高速公路位置示意图

1. G1 京哈高速公路(天津段)

该路建设时采用的是按六车道标准分期建设的方案,先修两侧四车道(1997年3月—1999年10月),中央预留两车道在二期建设(2002年4月—2002年7月),工程投资18856万元,由天津市公路建设发展公司单独出资。

二期扩建工程按照充分利用既有公路各种设施,本着体现技术合理、安全经济的原则进行设计。在工作内容上,进行路面结构组合设计、新旧路搭茬设计以及恢复完善各种交通设施;在交通安全组织方面,项目经理部与交管部门一同组织了交通安全联席会议,对安全工作做了周密安排,在施工中未出现一起交通事故;在工程质量及进度管理方面,各参建单位精心进行施工组织设计,对施工过程中可能出现的问题提出了防范措施,为安全、畅通、优质、高效完成扩建工程提供了保障。工程的监理工作按照监理规范程序,在保证质量、工期的过程中有序开展,并建立完善的自身工作体制。

该项目开通不到3年即进行了扩建工程。从现状交通流迅速增长的情况看来,仅从扩建工程施工对交通量影响程度减小到最低的目标来看,在初期交通量不太大的情况下,提早进行项目扩建工程非常正确;从经济角度分析,虽然分期建设的建设总费用要高于一次性建成的费用,但考虑到1996年决策时的经济发展水平、资金供给状况、社会认识程度等,分两期建设京哈高速公路(天津段)的决策非常合理。

2. G25 长深高速公路天津段

G25长深高速公路是"71118"国高网11条南北纵线之一,既是连接东北与华东、华南的快速通道,也是天津市对外的高速公路通道。G25长深高速公路天津段全长约126.66km,设计速度120km/h。途经天津市宁河区、滨海新区、西青区、静海区。

G25长深高速公路扩建工程,划分为北段(河北丰南界—津塘公路)、南段(津塘公路—荣乌高速公路)。扩建全长105.17km,将现状双向四车道扩建为双向六车道,标准断面宽34.5m。

北段(河北丰南界—津塘公路)全长60.6km。包括特大桥、大桥8座,互通立交7处,分离式立交4座,中小桥30座,收费站7处,服务区一处。由主线现状双向四车道(26m)扩建为双向六车道(34.5m)。

南段(津塘公路—荣乌高速公路)全长43.94km。包括特大桥、大桥8座,互通立交7处,分离式立交4座,中小桥30座,收费站7处,服务区一处。由主线现状双向四车道(28m)扩建为双向六车道(34.5m)。

该工程开工日期为2011年8月,竣工日期为2014年10月,总造价约70.91亿元。

3. S40 京津塘高速公路北部新区段

该路段位于天津中心城区东北部,外环线东北部调线围合的范围内,为原位新建高架桥。高架工程改造范围全长约16.3km,起终点均与现状京津塘高速公路相接,全线采用双向四车道设计,路面宽28m。其中,利用现状高架桥约3.1km,以现状徐庄子互通立交为界,新建高架分为南、北两段。北段长8.07km,从永定新河特大桥南侧890m至现状高架桥。南段长4.48km,从现状立交至机场收费站以西1.16km处,最终形成15.6km的连续高架桥,两端接顺道路长约0.7km。

该项目初步设计概算总投资为28.85亿元,其中建安费20.2亿元。资金来源:项目资本金由天津城市道路管网配套建设投资有限公司筹措,其余资金通过银行贷款解决。

工程于2014年7月9日,京津塘高速公路从杨村收费站至机场收费站断交,全线工程正式开工,2015年5月9日,实现双向通车。

4. S3津滨高速公路改扩建工程

该工程起于外环线,止于胡家园立交东侧引路,路线全长27.766km。该工程是滨海新区2009年度26项重大基础设施投资项目之一,是减轻天津中心城区与滨海新区之间的交通压力、加强滨海新区与中心城区联系、促进滨海新区开发开放、带动两侧区域经济快速发展的重点项目。项目初步设计概算总投资为23.7亿元,其中建安费16.66亿元;项目资本金由天津经济技术开发区管委会筹措,其余资金通过银行贷款解决。

津滨高速公路原状为双向四车道高速公路,路基宽度26m。改造后的公路为双向6~8车道,其中:外环线—天津收费站段(K0+210.786~K2+700)、滨海收费站—胡家园互通式立交(K26+800~K27+976.325)采用双向8车道城市快速路标准(其中胡家园互通式立交主线为双向6车道),设计速度80km/h。津滨高速公路天津收费站—滨海收费站段(K3+540~K26+220)采用高速公路标准,设计速度为120km/h,天津收费站—蓟汕联络线互通立交段(K3+540~K7+000)主线采用双向8车道,路基宽度43.5m,蓟汕联络线互通立交—滨海收费站(K7+000~K26+220)主线采用双向6车道,路基宽度36m。K2+700~K3+540段、K26+220~K26+800段为主线收费站范围。

全线路基均利用,设计路中线即为原路路中线,原路基宽度为26m,改扩建路基向两侧拓宽,将高速公路断面两侧各拓宽8.75m,加宽为双向八车道;将高速公路断面两侧各拓宽5.0m加宽为双向六车道。老路路面结构石灰粉煤灰碎石基层及其以上的水泥稳定碎石基层和沥青面层均铣刨掉,铣刨料均再生利用,老路结构的底基层石灰土再利用。

桥梁结构采用"同结构、同跨径、上连下不连"的设计原则,对全线既有的先张和普通板梁进行更换,基础及下部结构利用。全线共改造互通立交3座,中小桥9座,分离式立交1座,人行天桥1座,通道桥13座,箱形通道8座,收费站4座。

该工程于2009年6月1日,试验段工程启动,2009年10月15日,全线工程正式开工,2011年6月26日,双向通车。

天津市高速公路改扩建情况见表3-3-5。

天津市高速公路改扩建情况　　　　　　　　　表3-3-5

序号	编号	项目名称	里程（km）	投资（亿元）	车道数	设计速度（km/h）	建设时间（开工—通车）	备注
1	G1扩建	京哈高速公路天津段扩建	37.179	1.89	6	120	2002.4—2002.7	
2	G25扩建	长深高速公路天津段扩建	105.17	70.91	6	120	2011—2014	
3	S40改建	京津塘高速公路改建	16.3	28.85	4	120	2014.7—2015.5	
4	S3扩建	津滨高速公路改扩建工程	27.766	23.4	6、8	120	2009.10—2011.7	

第四节　高速公路软基处理与桥梁建设

一、总体情况

天津市北倚燕山、东临渤海,高差较大,地势北高南低、西高东低,大致以海河为轴,从蓟州区北部山区向南逐渐下降;西部从武清区永定河冲积扇尾部向东缓缓倾斜;西南部从静海区南运河大堤向海河干流逐渐降低,好似一个簸箕形。地貌以平原和洼地为主,平原广阔,山区窄小。北部山区约占全市总面积的5%,大部分是低于海拔800m的低山和相对高度在200m以下的丘陵,最高峰为蓟州区东北长城附近的八仙桌子,海拔1052m。京沈高速公路以南渐趋平缓,自北向南倾斜,是一片辽阔的堆积平原,面积为10654km^2,占全市陆地面积的94.2%。最低处是塘沽大沽口,海拔为零。

天津地区地质结构复杂,处于燕山东西向构造带与东北—西南向的新华夏构造体系的交接部位,断裂带数量多,断裂、隆起、凹陷,分布错综复杂。活动性断裂带在天津市范围内有10余条,即宝坻、蓟运河、沧东、白塘口西、天津北、大城、海河、河西务和桐城等。处于市区范围内的断裂方向为北北东向和北北西向两组,在两组断裂发育地区,特别是构造凸起部位常为地热异常区。这个复杂的地质构造,造成天津历史上多次发生地震。

天津位于海河流域下游,境内共有一级行洪河道19条(表3-4-1),总长1095.1km;二级河道79条,总长1372.4km。这些河流分属海河流域的北三河(蓟运河、潮白河、北运河)水系、永定河水系、大清河水系、海河干流水系、黑龙港运东水系和漳卫南运河水系,主要水系分述如下。

天津市一级河道基本情况

表 3-4-1

序号	河流名称	起止地点		河道长度（km）	河道宽度（m）	设计流量（m³/s）
		起	止			
1	蓟运河	九王庄	防潮闸	144.5	300	400~1300
2	还乡新河	九丈窝	北闫庄村	31.5	200~300	670
3	州河	山下屯闸	九王庄	48.5	90~250	150
4	沟河	红旗庄闸	九王庄	55.0	90~160	辛撞上1330，下250
5	引沟入潮	罗庄渡槽	郭庄	7.0	200~214	830~1080
6	青龙湾减河	土门楼	大刘坡	52.4	250~272	狼尔窝上1680，下900
7	潮白新河	张甲庄	宁车沽	81.0	420~800	3600~3060
8	北运河	西王庄	子北汇流口	89.8	32~100	300~400
9	龙凤河	里老闸	东堤头	73.7	510~650	522~282
10	永定河	落垡闸	屈家店	29.0	100~600	2500~1800
11	永定新河	屈家店	防潮闸	63.1	500~700	1400~4640
12	大清河	台头西	进洪闸	15.3	73	850
13	独流减河	进洪闸	工农兵闸	70.3	685~850	3600
14	南运河	九宣闸	上改道闸	44.0	45~200	30
15	马厂减河	九宣闸	南台尾闸	40.0	50~70	120
16	子牙河	小河村	子北汇流口	76.1	80~150	进洪闸上300，下1000
17	子牙新河	蔡庄子	海口闸	29.0	2280~3600	5500
18	海河干流	金钢桥	海河闸	72.0	100~350	800
19	新开河—金钟河	耳闸	金钟河闸	36.5	80~100	200
合计				1095.1		

蓟运河：主要支流有沟河、州河及还乡河，均发源于燕山南麓兴隆县境。州、沟两河于九王庄汇合后称蓟运河，至闫庄纳还乡河，南流至北塘汇入永定新河入海，地跨北京、河北、天津三省（市），流域面积10288km²。蓟运河干流由九王庄至防潮闸全长144.5km。

潮白河：上游有潮河和白河两大支流，均发源于河北省的沽源县南，两河在北京市密云区河槽村汇合后始称潮白河，至怀柔纳怀河后流入平原。下游河道经苏庄至香河县吴村闸后称潮白新河，在吴村闸以下约20km处进入天津市，穿黄庄洼、七里海，在宁车沽汇入永定新河入海。由河源至宁车沽防潮闸全长467km，地跨北京、河北、天津三省（市）流域面积19354km²。

北运河：发源于燕山北部山区，通州区北关闸以上称温榆河，以下称北运河，流经北京市在土门楼进入天津市，流至屈家店与永定河会合，至天津大红桥与子牙河会合后入海河。河源至大红桥全长238km，地跨北京、河北、天津三省（市），流域面积6166km²。

永定河：上游有南支桑干河和北支洋河，两河于怀来县朱官屯汇流后称永定河，流经三家店进入平原,于河北省廊坊市南辛庄附近进入天津市,在屈家店与北运河汇流,屈家店以下称永定新河。由河源至永定新河入海口全长747km,地跨山西、内蒙古、河北、北京、天津五省(市、自治区),流域面积47016km²。

大清河:发源于太行山东麓,分为南、北两大支流。北支为白沟河水系,主要支流有小清河、琉璃河、拒马河、易水等,南支为赵王河水系,包括潴龙河、瀑河、府河、方顺河、唐河等,南北两支均流入白洋淀,北支由新盖房分洪道入东淀,南支由白洋淀经赵王新河入大清河、东淀。东淀以下分别经独流减河和海河干流入海。河源至独流减河工农兵闸全长483km,流域面积43060km²。

子牙河:有滹沱和滏阳两支流。滹沱河发源于山西省五台山北麓,流经忻定盆地至东冶镇以下,穿行于峡谷之中,至岗南附近出山峡,纳冶河经黄壁庄后入平原,至草芦进入滹滏三角地带的献县泛区。滏阳河发源于太行山东侧,支流众多,主要有南洺河、槐河等,在艾辛庄与干流汇合到献县与滹沱河相汇后始称子牙河。流域面积46868km²。子牙河原经天津市海河干流入海,1967年自献县新辟子牙新河东行至马棚口入海。该河道的下段位于天津市大港。

漳卫南运河:上游有漳河和卫河两大支流,漳河支流有清漳河与浊漳河,均发源于太行山的背风区,清、浊漳河于合漳河村汇成漳河,经岳城出太行山。卫河源于太行山南麓,由十余条支流汇成,较大的有淇河、汤河、安阳河等。两河在称钩湾汇合后称卫运河,流至德州市的四女寺后,始称南运河。流域面积37584km²。现在漳卫河洪水主要由漳卫新河入海,仅部分水量经南运河九宣闸进入天津市。

海河干流:子牙河和北运河在市区汇合后称海河,穿过市区在滨海新区海河闸入海。流域面积2066km²。

中心城区软土分布不均,上部软土主要分为古河道、沟坑淤积的黑色或灰黑色淤泥及淤泥质土,分布位置、厚度无规律,含有机质、腐殖质,工程性质极差。局部存在湖沼相软土,青灰色,软~流塑,工程性质差。下部软土主要位于第一海相层埋深7~11m,厚度0.5~4m,局部缺失,含云母、贝壳软~流塑状态。软土分布有从东到西、从南到北减弱趋势。

位于渤海湾西岸的天津滨海新区在早更新世、中更新世时期主要以陆地相沉积为主,海洋作用甚微。晚更新世与全新世以来,海洋作用加强,渤海湾西岸以海相沉积为主形成了天津地区比较典型的海陆交互地层。由于海水入侵陆地的形式不同,造成各海相、陆相地层在天津地区的分布不均匀。在全新世黄河数次以河北沧州地区和天津入海,而北宋时期军粮城以南的泥沽河入海的黄河,塑造了由泥沽河向南至上古林贝壳堤以东的陆地,即北宋以来的海河水上三角洲以及三角洲平原。全新世中期形成的第一海相层,主要为:淤泥、淤泥质软土。其中,淤泥:灰色、灰褐色,流塑状、高塑性、土质不均匀,含少量碎贝壳,局部混有多量的粉土、粉砂团块,夹有粉土薄层,该土层底高程位于 $-8\sim-10\mathrm{m}$;淤泥质黏土:灰色、软塑状、土质不均匀,混少量碎贝壳及粉土团块,间粉土薄层,该土层层位较稳定,层底高程在 $-11.5\sim-15\mathrm{m}$。淤泥及淤泥质土的主要特点为含水率高、孔隙比大、抗剪强度低、压缩性大、灵敏度高,是天津地区主要的软梯地基。

滨海新区地质构造属于新华夏构造体系的黄骅拗陷带,而且孕育着以海河断裂为代表的构造带,断裂两侧地层有明显的落差,对两侧建设有潜在影响。地表主要是第四纪河相和海相沉积物。地表属于滨海冲积平原,西北高,东南低,海拔高度 $1\sim3\mathrm{m}$。主要地貌类型有滨海平原、潟湖和海滩。潮汐和海浪是地貌形成的主要动力。区内还有北大港、北塘等水库、大面积的盐田和众多的坑塘。

二、软基处理情况

1. 天津滨海新区软土地质土质特征

由于滨海新区地域较广,不同区域地质情况也略有差异,结合具体工程地质钻探情况,对滨海新区地质情况进行总结归纳,可将滨海新区地质分为6个大区,5个附区。各区分界如下:

(1)滨海新区地质1区——蓟运河以北,秦滨高速公路天津段以西。

(2)滨海新区地质2区——京津塘高速公路以北,蓟运河以南。

(3)滨海新区地质3区——唐津高速公路以东,京津塘高速以南,津晋高速以北,秦滨高速天津段以西。

(4)滨海新区地质4区——港塘公路以北,唐津高速公路以西区域。

(5)滨海新区地质5区——独流减河以北,秦滨高速公路天津段以西区域。

(6)滨海新区地质6区——独流减河以南,秦滨高速公路天津段以西区域。

(7)滨海新区地质附1区——中心渔港区。

(8)滨海新区地质附2区——北疆港区。

(9)滨海新区地质附3区——天津港东疆港围海造地区。

(10)滨海新区地质附4区——临港工业区围海造地区。

(11)滨海新区地质附5区——临港产业区围海造地区。

由滨海新区各条道路地质钻探资料可看出,影响滨海新区道路稳定及沉降的地层均分布于浅层(0～25m),浅部地基主要为第四系全新统粉土、粉质黏土和淤泥质土。按时代和成因可分为上部海陆交互相冲积层、中部湖沼相沉积层和下部河口三角洲相冲积层。上部海陆交互相冲积层主要为灰色、灰黄色淤积土;中部湖沼相沉积层主要为灰色、灰黄灰粉黏土;下部海陆交互冲积层为黄色、灰黄色粉土和粉细砂。

从地质调查可看出,天津滨海新区软基主要为沿海滨海相软土。软土地基土层主要有以下几层：①中液限褐黄色黏土层(俗称"硬壳层")，厚度一般在1~2m；②淤泥质中液限黏土层，厚度1~12m，灰色，软塑状态，高压缩性，承载力为0.06~0.10MPa；③中液限黏土或低液限黏土，厚度6~9m，含粉砂夹层，软塑或硬塑状态，承载力为0.07~0.20MPa；④粉质中液限黏土或粉质低液限黏土，硬塑状态，承载力为0.20~0.40MPa。由土层各项指标可看出，软基处理的范围主要为第二层的淤泥质黏土层，厚度为1~12m。

2. 天津滨海新区软土的主要特点及工程特性

总结滨海新区软土特点可看出，滨海新区浅层地质属第四纪海相为主的成因相类型，为典型的不良土，局部厚度在1~12m范围有淤泥或淤泥质黏土外，地表以下深度10~13m范围内土质含水率高，地质条件差，是典型的软弱土，这种土质特点为含水率高、孔隙比大、抗剪强度低、压缩性大、灵敏度高，对道路沉降及稳定影响较大，是道路需要处理的土层。局部深度为典型的软土(淤泥、淤泥质软土)，其中，淤泥：灰色、灰褐色，流塑状，高塑性、土质不均匀，含少量碎贝壳，局部混有多量的粉土、粉砂团块，夹有粉土薄层。该土层底高程位于-8~-10m。淤泥质黏土：灰色、软塑状、土质不均匀，混少量碎贝壳及粉土团块，间粉土薄层。天津滨海新区软土层的物理、力学性质指标统计见表3-4-2，其平均值见表3-4-3。

天津滨海新区软土层的物理、力学性质统计 表3-4-2

土名	项目	物理性指标			快剪		固快		无侧限抗压强度	压缩指数	固结系数		压缩系数
		含水率	孔隙比	液性指数	黏聚力	摩擦角	黏聚力	摩擦角			C_v	C_H	
淤泥	件数	780	780	780	290	290	248	248	57	384	20	18	47
	最大值	82.3	2.27	2.96	14	15	15.8	35.1	2.19	0.67	0.92	0.634	
	最小值	45.8	1.50	1.01	1	4	100	11.20	0.77	0.28	0.25	0.411	
	平均值	61.6	1.71	1.49	6.4	0	7.9	130	21.95	1.42	0.44	0.54	0.491
	变异系数	0.09	0.09	0.20	0.43		0.27	0.11	0.30	0.18	0.24	0.27	0.11
淤泥质黏土	件数	320	320	320	104	104	128	128	19	151	11	11	11
	最大值	54.2	1.49	1.61	21	3	180	18	58.2	1.32	0.74	0.96	0.46
	最小值	36.1	1.01	1.01	6	0	60	11	24.9	0.64	0.33	0.27	0.32
	平均值	44.1	1.22	1.11	13.2	1.8	10.4	14	41.8	0.92	0.48	0.67	0.39
	变异系数	0.09	0.09	0.09	0.26	0.36	0.26	0.11	0.2	0.15	0.3	0.37	0.11

各类软土主要物理力学指标 表3-4-3

典型地区	沉积相	土层埋深(m)	物理性质指标(平均值)								
			天然含水率(%)	容重(g/cm³)	孔隙比	饱和度(%)	液限(%)	塑限(%)	塑限指数	液限指数	有机质含量(%)
天津滨海	滨海	0~34	45	1.78	1.23	93	42	22	19	1.25	7.5

由表可知,该地区软土具有含水率大于液限,液性指数为1.01~2.96,绝大部分处于流动及软塑状态等特点。

天津滨海新区软土含水率一般在40%~60%之间,孔隙比在1.0~1.3之间;软土压缩系数通常小于1.0MPa,压缩模量E_s多大于2.0MPa;5m的填土沉降量为1.0~1.5m;十字抗剪强度大多小于40kPa,一般容许承载力为50~80kPa;无侧限抗压强度试验表明,该地区软土的灵敏度为4.5左右,属于高灵敏度;无侧限抗压强度试验q_u与十字板剪切试验C_u之比值约为1.31。

3. 天津滨海新区现有软基处理状况

(1)软基浅层处理方法及其特点

滨海新区除桥头路基外,一般道路路基的填土高度较低,因此,其上填土荷载也较小,通常多采用浅层换填处理即可满足工后沉降小于30cm的要求(对路段),这也是滨海新区多年来对于区域道路或高等级道路路段部分常采用的处理方法。一般根据交通荷载的不同采用不同的处理方法。

①重荷载交通道路软基浅层处理

a. 挖方路基。路基清表后,最下层采用混碴+土工格栅+碎石的处理方式,混碴厚60cm,碎石厚50cm,其上施作路床五步水泥石灰土100cm(4%水泥+6%石灰,每步20cm)。

b. 填方路基。填土高度小于2.5m:路基清表后,最下层采用土工格栅+碎石的处理方式,碎石厚50cm,其上填筑6%饻灰土到路床顶以下80cm,然后路床按四步水泥石灰土80cm(4%水泥+6%石灰,每步20cm)处理。

填土高度为2.5~4.0m:路基清表后,填筑6%饻灰土到路床顶以下80cm,如果清表晾晒后碾压机械无法作业,应先填筑50cm山皮土垫层提供承载力;路床按四步水泥石灰土80cm(3%水泥+5%石灰,每步20cm)处理。

c. 沟渠、鱼塘段路基。填土高度小于2.5m(从周围地坪算起):路线在穿越大面积池塘及大型沟渠处应打坝、抽水、清淤、整平后于底部铺设一层土工格栅,其上分两步填筑总厚为60cm的混碴,60cm混碴上回填6%饻灰土;池塘(大型沟渠)边坡应开蹬成台阶状,蹬高0.4m,两步为一蹬,开蹬处铺设≥1.6m宽双向钢塑格栅;路基填至路床下110cm后,施作路床80cm即四步水泥石灰土(3%水泥+5%石灰)。

填土高度在2.5~4.0m(从周围地坪算起):路线在穿越大面积池塘及大型沟渠处应打坝、抽水、清淤、整平后于底部铺设一层土工格栅,其上分两步填筑总厚为60cm的混碴,60cm混碴上回填6%饻灰土;池塘(大型沟渠)边坡应开蹬成台阶状,蹬高0.4m,两步为一蹬,开蹬处铺设≥1.6m宽双向钢塑格栅;路基填至路床下80cm后,其上施作路床80cm即四步水泥石灰土(3%水泥+5%石灰)。

②一般荷载交通道路软基浅层处理

a. 挖方路基。路基清表后,最下层采用土工格栅+碎石的处理方式,碎石厚50cm,其上施作路床四步石灰土80cm(10%石灰,每步20cm)。

b. 填方路基。填土高度小于2.5m:路基清表后,最下层采用土工格栅+碎石的处理方式,碎石厚50cm,其上填筑6%灰土到路床顶以下60cm,然后路床按三步石灰土60cm(10%石灰,每步20cm)处理。

填土高度在2.5~4.0m:路基清表后,填筑6%灰土到路床顶以下40cm,如果清表晾晒后碾压机械无法作业,应先填筑50cm山皮土垫层提供承载力。然后路床按两步石灰土40cm(10%石灰,每步20cm)处理。

c. 沟渠、鱼塘段路基。填土高度小于2.5m(从周围地坪算起):路线在穿越大面积池塘及大型沟渠处应打坝、抽水、清淤、整平后分两步填筑总厚为60cm的混碴,60cm混碴底部铺设一层土工格栅;混碴上回填6%灰土,池塘(大型沟渠)边坡应开蹬成台阶状,蹬高0.4m,两步为一蹬,开蹬处铺设≥1.6m宽双向钢塑格栅;路基填至路床下90cm后,其上施作30cm厚碎石,其上施作路床60cm即三步石灰土(10%石灰)。

填土高度在2.5~4.0m(从周围地坪算起):路线在穿越大面积池塘及大型沟渠处应打坝、抽水、清淤、整平后分两步填筑总厚为60cm的混碴,60cm混碴底部铺设一层土工格栅;混碴上回填6%灰土,池塘(大型沟渠)边坡应开蹬成台阶状,蹬高0.4m,两步为一蹬,开蹬处铺设≥1.6m宽双向钢塑格栅;路基填至路床下40cm后,其上施做路床40cm即两步石灰土(10%石灰)。综合滨海新区道路软基浅层处理汇总见表3-4-4。

滨海新区道路软基处理汇总表　　　　表3-4-4

路基分类		浅层处理方式	
		重荷载交通道路	一般荷载交通道路
挖方路基		清表后+60cm混碴土工格栅+50cm碎石+100cm水泥石灰土(4%水泥+6%石灰)	清表后+土工格栅+50cm碎石+80cm石灰土(10%石灰)
填方路基	$H \leq 2.5$m	清表后+土工格栅+50cm碎石+6%灰土+80cm水泥石灰土(4%水泥+6%石灰)	清表后+土工格栅+50cm碎石+6%灰土+60cm石灰土(10%石灰)
	$2.5\text{m} < H \leq 4.0$m	清表后+6%灰土+80cm水泥石灰土(3%水泥+5%石灰),如果清表晾晒后碾压机械无法作业,应先填筑50cm山皮土垫层提供承载力	清表后+6%灰土+40cm石灰土(10%石灰),如果清表晾晒后碾压机械无法作业,应先填筑50cm山皮土垫层提供承载力
沟渠、鱼塘段路基	$H \leq 2.5$m(从周围地坪高算起)	打坝、抽水、清淤、整平,土工格栅+60cm混碴+6%灰土+30cm碎石+80cm水泥石灰土(3%水泥+5%石灰)	打坝、抽水、清淤、整平,土工格栅+60cm混碴+6%灰土+30cm碎石+60cm石灰土(10%石灰)

续上表

路基分类		浅层处理方式	
		重荷载交通道路	一般荷载交通道路
沟渠、鱼塘段路基	2.5m<H≤4.0m（从周围地坪高算起）	打坝、抽水、清淤、整平，土工格栅+60cm 混渣+6% 饻灰土+80cm 水泥石灰土（3% 水泥+5% 石灰）	打坝、抽水、清淤、整平，土工格栅+60cm 混磋+6% 饻灰土+40cm 石灰土（10% 石灰）
	如果从池塘底部算起，路基填土高度较高，稳定计算很难通过时，可在水泥石灰土下每隔 40cm 加铺一层土工格栅，最多不超过 4 层		

（2）软基深层处理方法及其特点

自1993年9月京津塘高速公路建成以来，天津地区先后修建了唐津、京沪（天津段）、津蓟、津滨、丹拉（天津段）等数条高速公路。在这些道路的建设中，先后采用了袋装砂井、塑料排水板桩、水泥搅拌桩、高压旋喷桩、夯扩桩、CFG桩、薄壁管桩、碎石桩等软基处理方法。已建高速公路软土地基处理措施，见表3-4-5。

滨海新区已建高速公路软土地基处理技术汇总　　　表3-4-5

道路		软基处理措施			
		池塘	桥头	通道	涵洞
已建高速公路	京津塘高速公路	抛填挤淤+填土预压	塑板桩、挤实砂桩、袋状砂井	砂垫层+塑料排水板桩	塑料排水板桩
	津滨高速公路	土工格栅	水泥搅拌桩	水泥搅拌桩	水泥搅拌桩
	津晋高速公路	清淤+土工格栅	水泥搅拌桩	水泥搅拌桩	水泥搅拌桩
	唐津高速公路	清淤，填筑50cm碎石	塑料排水板桩	塑料排水板桩	水泥搅拌桩
	京津高速公路	反压护道	高压旋喷桩	高压旋喷桩	水泥搅拌桩

①京津塘高速公路软基处理方法及特点。京津塘高速公路于1993年建成通车，其软基段长度48km。由于是国内建设的第二条高速公路，设计、监理、施工均高度重视，在全面开工之前即设置了两个试验段。试验路从1987年修筑，1988年完成，历时整整一年，科研观测从路堤填筑开始，一致持续到填筑完成，并在预压期持续进行，预压期观测时间28~36个月；1998年6月—1999年12月，又进行了长达18个月的现场观测。两个试验段分别采用了砂桩、袋装砂井、塑料排水板桩、轻质路基配合浅层处理（如矿渣垫层、砂垫层等），通过实际观测结果，得出了该路15年的沉降不会超过10cm的结论，这在国内是少有的。

②津蓟高速公路软基处理方法及特点。津蓟高速公路全线长90km，软土层厚度在5~12m左右，14m深可见含水率较小的粉质黏土。该路建设中采用了塑料排水板桩、水泥搅拌桩、高压旋喷桩、CFG桩软基处理方法。其软基处理原则是：对于桥头填土高度在3~3.5m以下路基，采用塑料排水板桩处理；对于桥头填土高度在3.5~4.5m内路基，采用塑料排水板桩或水泥搅拌桩处理；对于桥头填土高度在4.5~5.5m内路基，采用水泥搅拌桩处理，如果计算后水泥搅拌桩处理长度大于10m，则采用高压旋喷桩处理；对于桥头填土高度在5.5~6.5m内的路基，采用高压旋喷桩处理；桥头填土高度大于6.5m以上路基，采用高压旋喷桩或CFG桩进行处理。见表3-4-6。

津蓟高速不同填土高度路基处理方案　　　表3-4-6

路基填土高度(m)	处理方式	桩长(m)	间距(m)	填筑时间(月)	预压时间(月)	施作路面后完成沉降(cm)	工后沉降(cm)	15年后总沉降(cm)
3	塑料排水板	10~12	1.0~1.4	2	10~12	35~50	9~11	45~60
4	水泥搅拌桩	8~10	1.0~1.5	2.5	8~10	25~50	9~11	35~50
5	水泥搅拌桩	10~12	0.8~1.1	3	10~12	30~55	9~11	40~65
6	高压旋喷桩	12~14	1.5~2.0	4	10~12	30~50	9~11	40~60
7	CFG桩	14~16	1.8~2.2	5	10~12	30~60	9~11	40~70

③秦滨高速公路软基处理方法及特点。秦滨高速公路天津段工程示范段位于天津集疏港公路二期南段工程（津晋高速公路—津沽一线立交）K6+600~K6+900段，总长300m，该段包括一处桥梁。该处为秦滨高速公路天津段旧路加宽段，地面高程一般在3.82~5.36m之间，地下水位高程在1.19~3.07m之间，场地类别为Ⅳ类，地震设防烈度为7度，设计基本地震加速度为0.10g，该跨线桥处地层在勘察深度范围内主要为全新统及上更新统部分地层，自上而下有8个成因类型。有关各层地质情况见表3-4-7。

秦滨高速天津段管沟桥头处地质条件一览表　　　表3-4-7

成因时代	层底高程(m)	厚度(m)	岩土名称及土层描述
人工填土层 Qml	2.92~1.46	1.00~6.2	素填土：黄褐色~褐色，可塑~软塑状态，中~高压缩性，含小石子，有机质，含少量杂质
Q43al 全新统上组陆相冲积层粉质黏土	1.52~1.46	1~2.1	黄褐色~褐色，软塑~可塑状态，含云母、铁质、有机质，可塑~软塑状态，中~高压缩性
Q42m 全新统中组海相沉积粉土或粉质黏土	-1.53~4.69	1.0~4.3	粉质黏土褐灰色~灰色，含云母、有机质，可塑~软塑状态，中~高压缩性；粉土灰色，砂黏土交互，稍密状态，中压缩性，局部淤泥质黏土

续上表

成因时代	层底高程(m)	厚度(m)	岩土名称及土层描述
Q42m 全新统中组海相沉积黏土或淤泥质黏土	-9.66~11.61	5.7~10	黏土或I_p接近黏土的粉质黏土,褐灰色~灰色,含云母、有机质,局部含贝壳,软塑~流塑状态,高压缩性局部淤泥质黏土
Q42m 全新统中组海相沉积粉质黏土	-12.66~14.23	1.7~3.0	灰色,含云母、有机质、贝壳,可塑~软塑状态,中~高压缩性
Q41al 全新统下组陆相冲积层粉土	-17.12~17.76	3.3~5.0	褐色~褐黄色,含云母、铁质、有机质,可塑~软塑状态,中压缩性,局部粉土,褐黄色,中密~密实状态,中压缩性
Q3eal 上更新统第五组陆相冲积层粉质黏土	-25.69~30.43	8.00~13.0	局部揭示黏土或粉土,褐黄色~黄褐色,可塑状态~软塑状态,含铁质、云母,中压缩性,黏土褐黄色,可塑状态,中压缩性粉土密实状态,中压缩性。
Q3eal 上更新统第五组陆相冲积层黏土	-31.6~33.33	2.00~6.0	黏土或I_p接近黏土的粉质黏土,黄褐色~褐黄色,含云母、有机质,可塑状态,中压缩性

对示范段采用3种处理方式:北侧桥头采用薄壁管桩进行处理,南侧桥头采用双向水泥搅拌桩进行处理,桥头处理范围两侧各50m,50m范围内靠近桥头25m为处理段、远离桥头25m为过渡段,除桥头处理段外其他段落均采用浅层处理方式为50cm山皮土+土工格栅+30cm混渣+8%饻灰+40cm水泥石灰土(3%水泥,6%石灰),具体处理范围及处理形式见表3-4-8。

秦滨高速公路天津段示范段路基处理形式一览表 表3-4-8

主要处理措施	平均处理长度S(m)	平均处理高度H(m)	平均处理宽度W(m)	主要尺寸说明			
				板或桩长L(m)	桩径D(m)	间距a/b(m)	碎石垫层厚度(m)
浅层处理	65.086	3.52	40.5~42.15	50cm山皮土+土工格栅+30cm混渣+8%饻灰+40cm水泥石灰土(3%水泥,6%石灰)			
双向水泥搅拌桩	25.0	2.96	40.8	12	0.5	1.5/1.3	0.6
双向水泥搅拌桩	25.0	3.25	40.8	12	0.5	1.0/0.87	0.6
薄壁管桩	25.0	3.38	40.9	12	1	2.5/1.77	0.6
薄壁管桩	25.0	2.78	41	12	1	3.0/2.12	0.6
浅层处理	105.98	3.52	40.5~42.15	50cm山皮土+土工格栅+30cm混渣+8%饻灰+40cm水泥石灰土(3%水泥,6%石灰)			

三、桥梁建设情况

天津位于九河下梢,河流众多,因此桥梁是高速公路的一个重要组成部分,而且跨铁路、公路的立交桥多、结构形式多。

1987年12月,随着天津境内第一条高速公路——京津塘高速公路的开工建设,天津市的高速公路进入了起步阶段,从此桥梁建设无论从数量上、规模上和技术上,发展都很迅速,建成了各类形式的跨河桥梁和立交桥梁。其中主跨300m以上特大桥2座,主跨100m以上特大桥5座;总长1000m以上的长大桥85座(跨河桥35座;跨铁路桥11座,高架道路桥39座);立交桥102座。桥梁建设技术向轻质、高强、大跨度、桥型多样化和预制装配化方向发展,桥梁设计、施工、养护管理水平以及桥梁工程质量水平得到全面提高。

天津高速公路建设的桥梁类型主要有:

(1)钢桥。包括钢板梁桥、钢箱梁桥、钢桁架桥和钢与混凝土结合梁桥及其应用于梁式桥、拱桥、斜拉桥和悬索桥等各种类型中的钢桥结构。2005年建成的京津高速公路北环铁路立交工程,主跨为钢桁架桥型结构,为天津公路桥梁史上首例。

(2)钢筋混凝土和预应力混凝土梁式桥。天津市高速公路桥梁中建造最多的一种桥型。1991年在唐津高速公路率先采用跨径为30m预制预应力混凝土小箱梁先简支后连续的桥型结构;2000年建成的唐津高速公路永定新河特大桥,桥梁总长1543m,主桥主跨110m,是当时天津市建设的跨度最大的预应力钢筋混凝土变截面连续箱梁桥,并首次在国内将轻集料混凝土应用于引桥。

(3)拱桥。2004年建成开发区西区道路跨线桥,为钢筋混凝土斜立柱肋拱桥,矢跨比为1/7.05,跨越唐津、津滨和京津塘3条高速公路。

(4)斜拉桥。2001年建成的滨海高速公路海河大桥,是连接海河南北两岸的特大型桥梁,全长2033m,主桥为独塔双索面混合梁斜拉桥,主跨310m,边跨180m(50m+50m+40m+40m),新建桥梁桥面宽度22m,主梁采用钢(300m)—混(190m)混合梁结构,结合段位于主跨距离主塔10m位置处,主塔采用钻石型钢筋混凝土结构,总高164.798m;2003年建成的唐津高速公路滨海大桥,跨越海河,为双塔双索面预应力钢筋混凝土斜拉桥,全长668m,主跨为364m,主塔采用倒Y字钻石型钢筋混凝土结构,总高140.1m;是长江以北最大跨径的双塔斜拉桥。

(5)立交桥。1992年建成的京津塘高速公路徐庄子立交桥,总长约3800m,全桥总建筑面积11万m^2,是当时京津塘高速公路上和天津市最大的一座立交桥;2003年建成的津晋高速公路(天津东段)港塘公路互通式立交桥,主线桥长1523.26m。2001年建成的唐津高速公路津塘公路互通式立交,是天津市当时最大最长的一座互通式立交,总建筑面积78022m^2,桥梁全长3558m,5条匝道桥共长1037m。

第五节 高速公路建设经验

在加快高速公路建设过程中,天津市切实做到"三个注重",即注重加强组织领导,全面行使加快高速公路建设的领导指挥职能;注重提升建设理念,在项目设计、施工建设全过程中积极推行以人为本、全面协调的新理念,力求达到高速公路建设资源节约、环境友好的目的,实现高速公路建设的可持续发展;注重创新观念、深化改革,以改革统揽行业管理工作,以创新的理念和改革的方式解决高速公路事业发展中的热点难点问题。

一、坚持严格监管,保证高速公路建设基建程序执行到位

天津市高速公路建设项目均能严格执行公路基本建设程序。在设计阶段,坚持设计合理周期,提高设计质量,坚持两院互审及专家审查的施工图审查审批工作;工程招标阶段,必须满足招标条件,招标文件均按规定进行审查备案;项目法人机构实行报备制度;在初步设计批复中明确工期要求,保证合理工期;在建设阶段,项目取得用地批复手续后,批准施工许可;在项目全线完工后组织交工验收,经质监部门检测合格并报备后开放交通。

二、强化制度建设,推进依法依规行政

一是建立和完善各项规章制度,实现了建设过程全覆盖。按照交通运输部要求,先后制订印发了《天津市公路建设项目行政许可实施细则》《关于进一步规范天津市公路工程市场监督管理的若干意见》《天津市公路工程施工分包管理实施细则》《天津市公路工程施工图设计文件审查审批管理规定》《天津市高等级公路竣交工实施细则》《天津市评标专家库管理办法》《天津市公路工程施工标准化技术指南》《公路设计企业信用评价实施细则》等多项制度、办法和标准,涵盖了公路建设市场管理的全过程,形成了较为完善的市场监管体系。

二是依法行政,强化监管行为的规范化。按照当前依法治国"法定职责必须为,法无授权不可为"的原则,对所负责的公路建设方面的权利清单、行政审批事项清单、政府投资联合审批事项清单进行了认真的梳理,对项目类别、项目名称、实施主体、承办机构、实施依据、实施对象、办理时限全面规范、公开,并即将纳入市行政许可审批中心统一的监管许可平台。

三、坚持先行先试,积极开展公路建设管理体制改革探索

从2012年开始,天津市在普通公路外环线北延桥和东风大桥两座独立桥梁项目开展了设计施工总承包管理模式的试点改革,两个项目在建设过程中,设计和施工单位紧密配合,通力协作,项目整体管理达到了较高的水平,其中外环线北延桥工程荣获2014—2015年度中国建设工程"鲁班奖"。同时,在京津塘高速公路北部新区段工程等3条高速公路推行了代建制,取得了较好的效果。积极参与部公路局组织的设计施工总承包试点改革工作,在津石高速公路继续开展设计施工总承包试点,积累高速公路工程项目设计指导施

工、施工完善设计经验。

四、坚持多措并举,保证建设资金足额到位

目前天津市高速公路建设资金全部由企业解决,其中市级企业融资平台解决资本金,剩余资金通过银行贷款的方式解决。普通公路建设普遍采取市和区县共建的"两家抬"模式,项目建设资金由市级资金和区县资金两部分组成,其中市级资金主要来源于市财政专项资金、燃油费转移支付、地方债、中央车购税等,区县资金由区县财政、区县融资平台、企业投资组成。其中国省干线公路建设征地拆迁和土方供应资金全部由各区县资金解决。通过多种筹措出资方式,有效保证了公路建设项目的资金到位。

五、建立联席会议制度,保证项目前期手续完善

交通运输部门提前做好公路建设项目的储备,并积极与市相关部门进行沟通协调,会同市发改、国土、水利、环保等部门,对涉及高速公路立项核准、用地预审、水土保持、环境保护等行政审批程序,建立联席会议制度,由主管副市长组织召开专题会议,为公路建设项目审批开辟"绿色通道",保证项目在基建程序完善和合理周期的情况下,推进项目建设。

六、强化信用管理,积极推进信用体系建设

一是建立信用信息档案管理体系,规范评价标准。2008年以来,市交通运输部门先后制订了《天津市公路建设市场信用档案管理办法》《天津市设计企业信用评价实施细则》《天津市建设单位信用评价实施细则》《天津市公路工程试验检测信用评价实施细则》《公路工程招标代理机构信用评价管理办法》等规范性文件,建立了建设单位、设计单位、施工单位、监理单位、试验检测单位、招标代理单位、主要工程原材料及构配件企业的信用评价体系,涵盖了公路建设项目的所有从业单位。

二是建立了信用评价组织体系,各评价、审核、审定单位均明确了专人负责,建立了信用评价台账,研发了施工企业信用评价电子系统,继续完善信用评价软件系统,将所有信用评价工作全部实现电子化评价,建立电子化台账。

三是明确了信用评价工作流程,按照参评企业自评、项目建设单位初评、质量监督机构审核,市交通运输部门审定、网上公示、公布等工作流程,覆盖了评价全过程,每次评价结果按时上报交通运输部,客观公正地反映了参评企业在天津市的从业情况。

四是加强信用评价结果应用。信用评价结果与招标投标活动直接挂钩,奖优罚劣,对于诚信企业在资格预审中设定不同分值、降低投标保证金,对于失信企业加大处罚力度,直至取消投标资格。

开展诚信体系考评工作以来,各建设单位不断规范合同管理,能够按照合同约定,及时对施工、监理单位变更人员进行审查、审批;在计量支付方面按程序运作,及时拨付工程款;在项目管理方面,开展了形式多样的阶段性考核评比工作,对各从业单位进行客观公正的考评,通过诚信体系建设,各从业单位履约意识普遍增强,形成了良好的诚实守信的市场氛围。

七、严格招投标管理,规范工程招投标行为

一是完善招标投标监督组织体系。随着天津市交通运输委员会的成立,同步成立了天津市市政公路工程招标管理站,后更名为天津市交通运输工程招标管理站(以下简称"市招标站"),启动了公路工程建设项目监管系统,将招标投标工作与公路工程建设项目监管系统直接挂接,由市招标站、市公路处、市高速处按照各自职责共同对交通运输工程建设项目招标投标活动履行政府监督职责,天津市交通运输委员会建设管理处负责对招标投标活动进行监督和指导。

二是做好招投标宣贯培训工作。为贯彻《中华人民共和国招标投标法实施条例》,加强对交通建设项目招投标活动的管理,天津市交通运输委员会于2012年组织对全市各级招投标管理和从业人员、评标专家进行了解读宣贯培训。

三是加强对公路工程评标专家管理。天津市交通运输委员会出台了《天津市市政公路工程评标专家库管理办法》,对在库评标专家按专业进行了分类调整,每年对评标专家集中进行培训、考核。目前在库市级公路工程评标专家达到710人,能满足天津市公路建设项目评标工作的需要。

四是严格执行招标公告和公示制度。按照交通运输部及市政府关于工程建设领域信息公开工作要求,结合《招投标法实施条例》的规定,认真执行招投标公告和中标候选人公示制度。除在国家发改委指定媒介发布招标公告、中标公示之外,同步在市交通委官方网站、天津市政府信息公开系统、天津建设工程信息网等媒介发布。自2007年以来,高速公路建设工程与市行政许可中心"5+1"监管平台充分挂接,建立起了与该平台在招标监管、集中交易信息共享的长效机制。

五是严厉打击围标串标等违规行为。具体为:①按照交通运输部对评标办法的有关要求和天津市公路工程招标投标管理工作经验,除技术复杂的特大桥梁和特长隧道外,评标办法一律采用合理低价法,不再设定主观评分因素,保证了招标评标工作的公平公正性;②评标过程中,充分利用交通运输部公路建设信用信息系统、公路监理行业数据库、公路三类人员查询数据库,对企业业绩和人员信息进行评审,有效遏制了招标投标过程中的虚假行为;③加强对招标代理机构的监管,规范招标代理行为,开展了对招标代理机构的信用评价;④将公路建设从业单位信用评价结果与招标投标活动直接挂钩,建立黑名单制度,对招标投标出现严重违法违规行为的企业,直接列入"黑名单",限制其市场准入;⑤纪检监察部门介入招标投标工作,严格招标投标纪律,监督招标监督人员和相关单位人员行为,杜绝领导干部插手工程招标活动的违法违规行为。截至目前,天津市在公路建设项目招标投标领域未发现重大违法违纪案件。

六是依法依规处理招投标投诉问题。自《招投标法实施条例》实施以来,因招投标活动提出异议或投诉的案件已逐步减少,市交通运输部门在招投标投诉的调查处理过程中,严格以招标文件、投标文件和投诉事件为依据,依法依规处理投诉举报,严格履行主管部门的行业监管职责。近年,有7家企业先后被查处,禁止其一定时期内在天津市公路工程招标活动中投标。

八、加强对项目法人的管理

目前天津市高速公路建设单位主要有天津高速集团公司和天津滨海新区建投集团,市交通运输部门对公路建设项目法人及其派出机构的资格严格进行审查和批准,在建设过程中,突出加强了对"三个关键人"的管理,强化建设单位项目经理在项目管理中的总牵头作用。从天津市组织的督查情况来看,各项目法人单位能够按照国家、交通运输部及相关部委的有关要求,履行基本建设程序和项目管理,工程管理总体处于受控状态。

九、推行现代工程管理,质量安全管理成效明显

2010年以来,天津市认真贯彻落实交通运输部提出的现代工程管理"五化"要求,积极开展施工标准化活动,按照现代工程管理理念,坚持以质量安全为核心,抓住过程控制和管理行为两个关键,落实管理制度,有效促进高速公路建设管理水平和质量水平的明显提升。

一是制定和完善工作标准。为推行现代工程管理,市交通运输部门会同建设单位制订了《天津市施工标准化技术指南》,对工地建设、路基、路面、桥梁4个方面提出了具体标准和要求。2014年,在施工标准化实施的基础上,编制完成了预制小构件、灌注桩、桥梁下部结构、预制梁预制和安装、防撞护栏、桥面铺装、现浇梁支架、附属工程等15册施工标准化工法手册。通过制订标准和工法,为天津市推行施工标准化提供了强有力的制度保障。

二是将施工标准化活动向纵深发展,坚持"一转变、三延伸",即由工地建设向施工工艺、工序及现场管理转变;施工标准化理念由管理层向操作层延伸;由侧重桥梁施工标准化向道路工程及附属设施延伸;由高速公路向普通公路延伸,在高速公路推行施工标准化取得成功经验的基础上,普通公路建设项目也于2014年全面开展了施工标准化活动。

三是文明施工水平全面提升。遵循"统一规划、因地制宜、功能配套、安全舒适、经济环保"的原则,提供舒适、整洁的工地环境,营造温馨、和谐的工作生活环境,提升从业人

员的行业归属感和责任感。通过"三集中"工厂化管理,将露天作业转到场内作业,生产环境和文明施工程度得到显著改善,改变了以往脏乱差的粗放管理状况。

四是工程实体质量水平明显提升。按照2015年6月份开展的全市在建公路工程质量监督综合检查评比情况,共计抽测5396点,合格率94.2%,其中原材料抽检、桥梁混凝土强度、路基压实度、弯沉等主要指标合格率均达到100%。混凝土钢筋保护层厚度合格率达到了89.4%。2015年上半年检测数据环比2014年下半年总体合格率提高了0.3个百分点。

十、严格市场督查,规范公路建设市场秩序

天津市交通运输委员会每年联合纪检监察、财务、计划、质量安全等部门组成检查组,对在建高速公路和国省道干线公路及农村公路建设项目开展两次综合督查,督查采取先自查后抽查的方式。通过督查,全面掌握天津市公路建设市场管理情况,规范从业行为,对存在的问题,坚持"问题不查清不放过、责任单位和责任人不处理不放过、整改措施不到位不放过"的原则,督查通报并印发全市,督查结果纳入年度信用评价。

十一、加强工程分包管理

天津市交通运输委员会制订了《天津市公路工程施工分包管理实施细则》,印发了公路工程施工专业分包合同范本和劳务分包合同范本,在天津市交通运输委员会组织的督查中,始终将分包管理作为一项重点工作进行督查,通过督查发现,各建设单位基本能够按照实施细则要求,不断加强施工专业分包和劳务分包管理,履行申报审批程序,分包管理日趋规范。

十二、加强建设项目实施过程管理

一是建立强有力的质量安全监管体系,形成企业自检、监理抽检、建设单位监管、政府监督的四级保障体系。各建设单位从组织管理、质量措施、进度计划、投资控制、安全生产、环境保护等方面采取了一系列保证措施,确保总体质量目标的实现。

二是加强设计变更管理。出台了《天津市公路工程设计变更管理办法》,对设计变更条件、单位主体责任、变更申请和审批过程、备案和台账管理、设计变更公开等环节提出了具体要求;通过市交通运输部门督查检查发现,各建设单位基本能够按照相关规定要求履行设计变更申报审批手续,由专人负责,建立了设计变更台账,一般性变更由建设单位通过设计洽商、会议纪要、专家论证等方式履行变更手续,重大及较大变更报市交通运输部门进行审批。

三是严格人员履约管理。各建设单位对施工、监理单位人员在进场前均进行了严格

检查,特别是对"三个关键人"的检查,对主要管理人员变更严格履行变更手续,并要求不得降低资格标准,对人员变更全部纳入信用评价。

四是积极推广应用"四新"技术。针对沿海区域特点,加强对混凝土防腐课题研究,并将研究成果及时应用于施工。在工程设计过程中加大了对新技术、新材料的应用推广,提高了项目科技含量。

五是妥善解决土方问题。天津市公路沿线土地资源非常紧张,为解决土方问题,市交通运输部门采取由沿线区县确定土源和上土队伍的方法,各区县根据本地区土地和水利规划,采用灵活多变的办法,通过高速公路建设既对当地水利设施进行改造,又将不适宜耕种的土地变为养鱼池,提高了土地利用价值,也节约了耕地;同时在京秦高速公路施工过程中,为解决土源紧张问题,建设单位利用蓟州区山区山皮土作为路基填料,积累了山皮土路基施工工艺质量控制经验,并在总结施工经验的基础上,编制了《天津市山皮土路基施工技术标准》。

十三、加强施工质量监管

一是高标准、严要求,强化质量监管。天津市公路工程质量监督部门加大监督检查力度,针对重点部位和关键环节质量管理、原材料质量控制等方面,市质监站每年组织20多次专项检查,千次以上巡查,抽查数据数万点,通过加大检查和巡查频率,及时发现并纠正施工过程中的质量问题,对于发现的质量问题,坚决予以查处;加强制度建设,规范质量安全管理行为,市交通运输部门相继出台了《质量和安全监督工作程序文件》《公路工程安全生产监督管理规定》等一系列指导性文件,保证了质量管理工作正常、有序开展。

二是推动混凝土质量通病治理活动深入开展。建设单位在招标过程中,将混凝土质量通病治理要求写入招标文件;勘察设计单位针对桥梁结构耐久性要求,进行专项设计,积极稳妥地采用新技术、新材料、新工艺;施工过程中,加强混凝土质量通病治理方案审查,施工管理单位做好"三检"制度,确保不留质量隐患;监理单位严格实行工序责任制落实到人,对涉及结构物工程质量与安全的关键工艺、关键工序实行重点监管;强化预拌混凝土搅拌站管理,确保原材料的稳定性、配合比的正确性以及投料偏差的可控性。

三是强化治理,规范检测,为公路工程建设质量保驾护航。出台了《天津市公路工程试验检测市场专项治理工作方案》《天津市公路工程工地试验室管理办法》《市政公路工程见证取样和送检规定》,组织开发了"公路工程试验检测管理信息系统";严格抓好检测机构及人员审查,抓好工地试验室验收;聘请专家对试验检测人员进行培训考核;组织等级检测机构和在建工程工地试验室,认真开展以试验数据、施工原始记录、现场实测数据的符合性为重点的自查自纠活动;开展重要原材料的比对试验,提高试验检测水平;开展监督抽样,严把原材料进场关;实行考核结果与企业诚信行为挂钩,通过利用信息化管理手段,强化考核和建立奖惩机制,促进了试验检测机构管理水平的不断提高,杜绝了数据造假行为。

十四、坚持安全至上,建立安全生产长效机制

一是加强制度建设。组织编制了《天津市公路工程"平安工地(工程)"评审办法》《天津市公路工程安全生产约谈制度(试行)》《天津市公路工程重大危险源报告制度》《天津市市政公路系统事故报告管理办法(暂行)》《天津市公路工程质量安全信息统计报告制度》等一系列指导性文件,确保了安全管理工作正常、有效开展。

二是稳步推进"平安工地"建设常态化。2012年3月,召开"平安工地"建设工作会议,对构建"平安工地"长效机制进行部署,并在实践过程中,不断丰富和完善"平安工地(工程)"创建的考核机制和标准。几年来,各建设项目结合实际情况,以"平安工地"建设为平台,在安全管理体制、应急救援机制、项目管理制度、农民工教育培训模式等方面多措并举、多管齐下,切实推动了各项制度的落实,提升了安全管理的整体效果。

三是扎实有效地开展桥隧施工安全风险评估试点工作。天津市交通运输部门在交通运输部桥隧工程设计阶段和施工阶段风险评估制度的基础上,在天津市推行了安全风险评估制度的实施文件,组建了安全风险评估专家库,对大型桥梁、隧道、深基坑等工程组织专家进行安全风险评估。

四是深刻汲取"8·12"天津港瑞海公司危险品仓库爆炸事故教训,天津市交通运输委员会安委会组织成立了安全督查组,对全市在建公路建设项目不定期的开展全面拉网式安全生产大检查,对发现的问题已立即责令进行了整改完善。

十五、积极探索高速公路建设多渠道投融资模式

20世纪90年代,天津市高速公路建设开始进入快速发展的时期,天津市为减轻政府财政负担,积极深化改革,广开思路,打破政府单一投资模式,探索出了一条多渠道筹集高速公路建设资金的新路子。

(1)盘活资产存量、寻求资本合作,有偿转让高速公路经营权阶段。天津市市政工程局通过调查研究,提出了把存量资产盘活,使之成为活的建设资金和启动建设项目的资本金的新思路。以定期有偿转让京福高速公路天津南段经营权为突破口,通过对国家有关政策的深入研究和对该项目的反复论证,重点抓住项目立项的合法性、汇率风险、投资回报率、交通量及其增长速度的保证、通行费定、调价及税收优惠政策这些招商谈判过程中的关键问题与外商达成共识,成功引进外资5.24亿元人民币,为京沈(京哈)高速公路天津段、京沪高速公路天津北段的建设获得了启动资金。通过有偿转让公路经营权的方式共引进外资6亿多元人民币。

(2)积极利用外资实施高速公路建设,更多地争取国际金融机构、国外政府的各种贷款阶段。"九五"期间,通过"一项目一公司"的模式,即针对每一个项目的具体投资额及投资商投入资金在项目总额中所占的比例,使投资商在项目公司中占有同等比例的股权,由中外合作成立的项目公司共同对项目进行建设、运营、管理及养护。通过采用此种股权融资方式成功地引进外资达43亿多元人民币,合作建设经营京沪高速公路代用线(天津北段)、唐津高速公路一期、唐津高速公路二期、津保高速公路等项目。同时,还积极争取国际金融组织贷款,共获得世界银行等国外贷款14620万美元。

(3)多元筹资、多元还贷阶段。"九五"期末,由于受到亚洲金融危机的影响,外资进入天津市基础设施领域处于停滞阶段。面临这种形势,不断探索新的融资渠道,逐步形成多渠道筹集公路建设资金的格局。一是与地方企业合作引入小部分资金,以当地土地入股的方式合作成立内资项目公司对项目进行建设、运营管理,缓解了项目实施过程中征地拆迁安置工作的难度,同时节约了大部分征地拆迁资金;二是随着"扩大内需、投资拉动"方针的贯彻,国内先后几次下调银行贷款利率,通过积极争取国内银行贷款、进行债务融资获得公路建设资金147.712亿元人民币。

"十五"期间,高速公路建设热潮空前高涨,规划的"3·3·10"布局中的绝大部分高速公路项目开工建设。公路建设成功地运用国内贷款、与中外投资商合作及其他市场化融资方式,建设总投资总规模超过200亿元,极大地缓解了公路建设资金紧张的状况。

"十一五"期间,天津市继续实行多元化融资体制,采用贷款、地方集资等方式解决高速公路建设资金,共完成投资469亿元。

十六、积极培育高速公路建设科技人才

坚持科学技术是第一生产力的指导思想,制订了引进高科技人才的制度,进入市政工程局的博士生可以享受县团正职待遇,硕士研究生可以享受县团副职待遇,而且每年都有一定的科研经费,保证科研项目的顺利进行。科技作为公路事业发展的第一生产力,应适度超前于公路现代化的发展。建立起符合科技发展自身规律的公路行业创新机制,首先拥有一批复合型、外向型、开拓型、专业型的人才,创造条件,研究科学兴路,建立了一支为公路行业从事科技研究的较高素质和较完善结构的科研人员队伍。优化人才结构,自主创新能力不断增强,为今后可持续发展打下了基础。

天津市市政工程局党委坚持把人才战略作为第一战略,摆在突出位置,切实把人才工作抓到位。始终认为做好人才工作是保持优势、创新提速、率先发展的迫切需要,明确提出了人才战略是科教兴局、推动公路事业跨越发展的第一战略,研究制订了一系列推动人才工作的方针政策和措施。一是坚持把人才战略作为第一战略;二是坚持创新人才工作思路;三是努力营造人才成长的良好环境;四是积极探索人才工作的方法和途径;五是加快年轻优秀人才的成长步伐;六是坚持德才兼备原则。

第四章
高速公路建设管理地方法规与制度

第一节　市级相关法规

为不断提高公路管理水平，使天津市高速公路管理工作进一步纳入有法可依、有章可循的法制化轨道，实现依法实施高速公路管理，保障高速公路的完好、安全和畅通，首先强化了公路立法工作。依据《中华人民共和国公路法》《中华人民共和国公路管理条例》《收费公路管理条例》《公路安全保护条例》以及交通运输部颁布实施的部门规章等专业法律法规，天津市公路主管部门积极起草、申报并分别经天津市人大常委会、天津市人民政府审议、批准，出台了天津市有关公路管理的一系列与国家法律、法规相配套的地方性法规和地方人民政府规章。同时，为规范路政管理中的行政许可、行政收费、超限运输、行政执法监督等行政行为以及公路设施损坏赔偿标准等，制订出台了一系列与法律法规相配套的制度规定。

一、《天津市公路保护管理办法》颁布实施

1995年11月4日，经天津市人民政府批准并颁布施行了《天津市公路保护管理办法》（津政发〔1995〕64号），1997年12月17日，市人民政府对该办法予以修改并重新发布。该办法重点对公路用地管理权限和相关行政强制措施作出明确规定，要求各区、县人民政府按照规定确定公路用地的具体范围，并由公路管理部门负责埋设界桩。公路管理部门依照规定全面开展了公路用地的土地管理确权工作，埋设公路用地界桩，清理违章设施，使公路路产得到了应有保护。值此，解决了多年来由于各种历史原因遗留下来的公路用地管理确权的难题，为公路的建设、养护和管理扫清了障碍，排除了干扰。同时《天津市公路保护管理办法》明确了对违反规定、拒不服从管理的，公路管理部门有权暂扣其违章工具或物品，强行拆除或清除其违章设施，并责成违章者支付拆除（清除）违章设施所需费用或以料抵工等行政强制措施，强化了路政管理手段。

二、《天津市公路管理条例》颁布实施

1997年1月28日，经天津市第十二届人民代表大会常务委员会第30次会议审议通

过并颁布实施了《天津市公路管理条例》（天津市人民代表大会常务委员会公告1997年第69号），2005年9月7日经天津市第十四届人民代表大会常务委员会第22次会议审议通过进行第一次修订（天津市人大常委会津人发〔2005〕29号）；2010年9月25日经天津市第十五届人民代表大会常务委员会第十九次会议审议通过进行了第二次修订。

《天津市公路管理条例》共8章53条，其中第六章为收费公路管理。明确了天津市鼓励国内外企业、其他组织在天津市合资、合作或者独资建设、经营国家级主干线、高速公路、一级汽车专用线、大型独立的桥梁、隧道等，并享受国家和天津市的有关优惠待遇；收费公路的建设经营期限、当事人的权利义务、合同期满公路产权的处置等，应当按照有关规定在合同中约定；收费公路经营者应当接受市公路管理部门的监督管理；收费公路的养护、收费和经营管理等事项，应当在合同中约定；收费公路收费站的设置，应当符合国家有关规定，并经天津市人民政府批准。明确天津市高速公路管理适用该《条例》。《天津市公路管理条例》的颁布实施，开创了路政管理依法治路的新局面，为加强公路路政管理，促进天津市公路事业发展，更好地发挥公路在国民经济、人民生活和国防建设中的作用提供了法规保障。

三、《天津市高速公路路政管理规定》颁布实施

1997年经天津市人民政府批准颁布实施了《天津市高速公路路政管理规定》（天津市人民政府1997年第75号令），2004年6月21日经市人民政府第30次常务会议通过重新修订的《规定》并公布（天津市人民政府2004年第56号令）。该《规定》明确：高速公路的运营按照安全、高效的原则，实行24小时对外开放，确需关闭高速公路时，应当由高速公路管理部门和公安交通管理部门共同发布公告实施。高速公路车辆通行费由国家或天津市人民政府批准的高速公路管理部门、收费单位负责计征，禁止非经批准的部门、单位和个人在高速公路上收费。在高速公路上行驶的车辆因发生故障不能继续行驶时，应立即通知救援，由清障车将故障车拖至出口，故障车驾驶人要按有关规定缴纳拖车费用等区别于普通公路管理的相关规定。

四、超限运输管理法规及规章颁布实施

2000年依据交通部颁布的《超限运输车辆行驶公路管理规定》，结合天津市公路和路政管理的具体情况，制订并经天津市人民政府批准颁布实施了《天津市超限运输车辆行驶公路路政管理规定》（津政发〔2000〕64号）。规定了从事跨越天津市和天津市行政区域内进行公路超限运输的，由天津市公路管理局负责审批，并签发《天津市超限运输车辆通行证》。天津市公路管理局可在经市政府批准的公路征费稽查站和通行费收费站范围内设置超限运输监测管理站，安置超限运输车辆检测装置，对超限运输车辆进行检测。2000年10月，天津市公路管理局在蓟县下仓、候家营、宝坻县曹辛庄、武清区大沙河、东

马圈、王庆坨等6个公路征费稽查站和公路通行费收费站设置了公路超限运输监测管理站,开始对超限运输车辆展开治理工作。

2008年11月11日,市政府办公厅印发了《天津市建立长效治理车辆超限超载工作责任机制实施办法》,2013年11月进行了修订并重新发布。

2009年7月27日,天津市人民政府第32次常务会议通过了《天津市治理车辆非法超限超载规定》(以下简称《规定》天津市人民政府令2009第19号)并予以发布,根据2012年5月21日天津市人民政府令第52号公布的《关于修改部分市政府规章的决定》修改。该《规定》共14条。《规定》明确:市和区县人民政府(含天津经济技术开发区、天津港保税区、滨海高新技术产业开发区、东疆保税港区、中新天津生态城管委会)负责统一组织本区域内的治超工作,实施责任追究制度。主要内容包括:总量超55t车禁市内行驶;货源企业超载一辆次罚款千元;运输企业3月内5次超载停业;严禁擅自改装拼装车辆;外省市超载车辆禁入本市等。

2011年8月2日,市人民政府办公厅转发了市政公路局拟定的《天津市治理车辆非法超限超载规定实施办法》(津政办发〔2011〕85号,以下简称《办法》)。《办法》是继市政府19号令、津政发154号文之后在治超工作方面出台的又一主要法律规范。《办法》在19号令确立的基本原则和制度基础上,从充分发挥治超合力的角度,具体明确了各相关职能部门的治超职责,并对有关部门在治超管理中的管理对象、管理方式和管理依据作出了具体规定;从完善治超管理链条的角度,补充了对接收非法超限超载货物行为的管理规定;从加大对妨碍治超执法行为打击力度的角度,对强行闯关、恶意堵路、破坏治超设施、扰乱站区秩序等行为依法规定了相应的处理措施。《办法》对天津市治超工作责任和工作机制作了进一步细化和明确。

2016年9月19日,天津市人民政府办公厅转发了市交通运输委拟定的《天津市治理车辆非法超限超载规定实施办法》(津政办发〔2016〕78号)。实施办法主要从以下几个方面进行了修改完善:一是对部分职能部门名称和援引的法律依据进行了调整;二是调整了非法超限超载行为的认定标准;三是对从重处罚规定进行了调整;四是增加了高速公路治超的相关规定。市政府办公厅《转发市市政公路局拟定的天津市治理车辆非法超限超载规定实施办法的通知》(津政办发〔2011〕85号)同时废止。

天津市公路建设管理相关法规见表4-1-1。

天津市公路建设管理相关法规 表4-1-1

序 号	名 称	文 号
1	天津市公路保护管理办法	津政发〔1997〕76号
2	天津市公路管理条例	天津市人民代表大会常务委员会公告1997年第69号

续上表

序号	名称	文号
3	天津市高速公路路政管理规定	天津市人民政府令2004年第56号
4	天津市超限运输车辆行驶公路路政管理规定	津政发〔2000〕64号
5	天津市治理车辆非法超限超载规定	天津市人民政府令2009第19号
6	天津市治理车辆非法超限超载规定实施办法	津政办发〔2016〕78号

第二节 市级交通运输主管部门制订的文件与制度

天津市交通运输委员会作为市级交通运输主管部门，承担着高速公路建设管理重任。为保证高速公路建设有章可循，进一步提高科学化、规范化、程序化管理水平，根据国家、交通运输部、天津市有关法律、法规，结合工程建设的实际，认真贯彻落实"四项制度"，突出建设单位主导作用，出台了一系列制度、文件，突出了实用性和可操作性。制度建设涉及建设程序管理、招投标管理、信用体系管理、建设单位管理、施工标准化管理、质量与安全管理等方面。

一、建设程序管理

2006年12月，为规范天津市公路建设项目施工管理工作，根据《中华人民共和国公路法》《交通行政许可实施程序规定》《公路建设市场管理办法》和《关于实施公路建设项目施工许可工作的通知》文件规定，制订了《天津市公路建设项目施工行政许可实施细则》。细则分别对高速公路施工许可审批程序和一般公路施工许可审批程序作了详细说明，包括项目法人需提交的相关材料、窗口工作人员现场审查材料、受理部门按时完成审查工作等方面。

2013年3月，为保障天津市公路建设养护市场的健康有序发展，进一步明确和规范公路工程市场监督管理工作，根据国务院《招标投标实施条例》《公路建设市场管理办法》《公路建设监督管理办法》《公路养护工程管理办法》和天津市人民政府《关于深化天津市公路养护管理体制改革的意见》等文件，结合天津市公路建设、养护管理工作实际情况，制订了《关于进一步规范天津市公路工程市场监督管理的若干意见》，就公路工程招标监督、施工图审批、施工许可、竣（交）工验收等工作提出了意见，要求公路管理部门加强对公路工程市场监督管理工作，及时总结经验，不断完善政策、制度，推进天津市公路工程市场的有序发展。

二、招投标监督管理

为完善公路工程建设市场管理体系，先后印发了《天津市市政公路工程评标专家库管理办法》《天津市公路工程施工分包管理实施细则》《天津市公路水运建设工程围标串标问题治理工作实施方案》《天津市公路工程建设项目招标投标管理实施细则》等管理制度。

2010年12月,为加强对评标专家的管理,规范专家评标行为,保证评标的公正与公平,提高评标质量,根据《中华人民共和国招标投标法》《评标专家和评标专家库管理暂行办法》《公路建设项目评标专家库管理办法》,制订了《天津市市政公路工程评标专家库管理办法》。办法规定,市政、公路工程评标专家库的组建、使用、管理活动应当满足评标需要,明确了入选专家库的评标专家必须具备的基本条件、主要权利和义务、年度考核等情况。

2017年8月,为进一步规范天津市公路工程建设项目招标投标活动,根据国家有关法律法规和交通运输部相关文件,市交通运输委制订了《天津市公路工程建设项目招标投标管理实施细则》(津交规〔2017〕2号),进一步明确了市交通运输委、市交通运输工程招标管理站、各区交通运输(公路)主管部门等相关各方的管理职责,对必须招标、可以不招标的范围进行了明确,对投标人所附材料进行了简化,对招标文件编制过程中评标方法适用、通过投标人数量、开标形式、回避等情况进行明确,突出了信用评价结果在招标投标过程中应用,鼓励和引导招标人选择信用评价高的单位。

三、信用体系管理

为规范天津市公路建设市场,促进企业提高诚信经营行为,维护统一开放、竞争有序的市场秩序,制订了《天津市公路建设市场信用档案管理办法》《进一步加强公路建设市场信用信息的若干意见》《天津市公路工程试验检测信用评价实施细则》等管理制度。

2013年3月,为进一步规范公路建设项目招标投标活动,加强天津市公路建设市场信用信息的应用,根据《招标投标法实施条例》《公路建设市场信用信息管理办法》等有关规定,提出《进一步加强公路建设市场信用信息的若干意见》,意见包括高度重视信用信息的录入和更新、强化业绩和人员信用信息的应用、实行信用评价等级奖惩制度、评"优"评"先"等限制。经审核通过的信用信息是企业参与资格审查和投标的重要依据,同时也是资质审查、审批的重要基础资料,在进行公路工程的资质申报、招标投标等活动中未填报的信息或者所填报资料与信用信息不一致的,可以不予认定。

四、建设单位管理

2011年12月,为贯彻落实交通运输部《关于进一步加强公路项目建设单位管理的若干意见》,规范天津市公路建设单位管理行为,科学评价建设单位管理工作,进一步提高公路建设管理水平和管理业绩,使项目质量、安全、进度、投资得到有效控制,制订了适用天津市公路建设实际情况的《天津市公路项目建设单位考核评价办法(试行)》。办法规定了交通运输主管部门负责公路建设单位考核评价管理工作,并对建设单位考核评价结果、相关信息进行公告及发布。考核评价内容包括建设单位的资格管理和项目管理两个方面,资格管理包括管理机构、管理部门、人员资格、项目管理机构人员完成核备等;项目管理包括执行基本建设程序、严格合同管理、细化目标管理与责任、加强质量安全管理、推进信息化管理、维护公众利益和廉洁自律等。鼓励建设单位在执行过程中总结经验,不断完善,以每次评价结果为契机,弥补自身短板,发扬自己的长处,在公路建设中,作为真正的表率者和管理者。

五、施工标准化

为促进施工管理的标准化、规范化与精细化,加快推行现代工程管理,提升工程质量、安全管理水平,树立行业文明施工形象,制订了《天津市高速公路施工标准化活动实施方案》《天津市公路工程施工标准化管理指南(工地建设部分)》《天津市公路工程施工标准化技术指南》《天津市高速公路施工标准化考核实施细则(试行)》《高速公路施工标准化施工工法》等,持续深入推动天津市公路工程施工标准化工作开展。

2013年4月,依据交通运输部和天津市公路工程施工标准化方面的有关要求,制订发布了《天津市高速公路施工标准化考核实施细则(试行)》,细则考核范围是高速公路新建、改(扩)建项目,其他项目可参照执行;考核对象为高速公路新建、改(扩)建项目的建设、施工、监理单位。考核工作实行日常考核与专项考核相结合、以日常考核为主的方针,不影响施工生产,不停工迎检,不铺张浪费,严格遵守廉政规定。细则还规定了考核工作组织、考核程序、考核标准等事项,每年10月底完成考核工作,将考核结果予以公布,并呈报交通运输部。

六、质量与安全管理

质量与安全是工程建设永恒的主题,是所有参建者的重大责任。为加强质量与安全管理,实施综合检查、专项检查和日常巡视、监督抽查制度,制定了《天津市公路工程质量安全监督管理规定》《天津市公路工程质量事故责任追究管理办法》《天津市市政公路工程预拌混凝土质量管理规定》《高速公路工程文件资料归档整理规定》《天津市公路工程工地试验室管理办法》《天津市高速公路养护工程质量监督实施细则》等管理办法。

注重工程结构部位质量控制,确保结构安全。为加强对市政公路工程预拌混凝土质量管理,确保市政公路工程建设质量,2004年印发了《关于加强市政、公路工程预拌混凝土质量管理的通知》(市政局质监〔2004〕108号)。2006年,在该通知的基础上,为进一步总结管理经验,明确各责任主体责任,结合市政工程建设实际,制订实施了《天津市市政公路工程预拌混凝土质量管理规定》(市政局质监〔2006〕84号)。

2008年,为规范高速公路工程竣工资料档案归档整理工作,依据交通部《关于贯彻执行公路工程竣(交)工验收办法有关事宜的通知》(交公路发〔2004〕446号)和《天津市建设工程文件归档整理规程》(建科教〔2004〕1039号)有关规定,结合公路工程文件资料归档整理工作实践,制订了《高速公路工程文件资料归档整理规定》(市政公路管理质监〔2008〕168号),分别从总体要求、工程资料归档质量要求、工程资料组卷、卷内文件排列、案卷编目、案卷装订与图纸折叠、案卷装具要求、工程资料套数、工程资料移交时间、公路工程竣工档案归档内容目录等10个方面明确了制度要求。

为进一步加强天津市公路工程工地试验室管理,规范试验检测行为,提高试验检测数据的客观性、准确性、保证公路工程质量,依据《公路水运工程试验检测管理办法》和《关于进一步加强公路水运工程工地试验室管理工作的意见》,并结合工作实际,天津市市政公路管理局制订了《天津市公路工程工地试验室管理办法》,从工地试验室的成立、职责和义务、登记备案、监督管理等方面作了详细的规定。

为加强高速公路执法管理,原天津市市政公路管理局先后出台了行政执法责任制规定、行政案件查处办法、行政罚款与收缴相分离管理规定、暂扣违法机具、物品及登记保存物证管理规定、行政执法监督规定、行政复议实施办法、听证程序实施办法、办理行政执法投诉案件实施办法、行政执法违法责任追究办法、行政执法责任制考核奖惩规定、行政执法责任制基础工作管理规定、行政查处案件情况统计报告和备案制度、行政执法证件颁发及管理办法、行政执法人员学习培训制度、行政执法人员档案管理规定、行政执法人员着装风纪规定、行政许可行为监督实施办法、法制建设监督考核办法等。

同时,制度建设尤其突出了工程结构安全把控的特点,凸显了时效性,如为确保现浇混凝土结构工程质量,杜绝结构安全事故,2003年8月印发了《关于加强混凝土结构工程支架设置管理的紧急通知》。为进一步规范和加强市政公路工程后张法预应力混凝土施工质量控制,切实保证结构工程施工质量,满足结构使用安全和耐久性的需要,2004年7月,发布了《进一步加强市政公路工程预应力张拉施工质量控制的几点意见》(市政局质监〔2004〕504号)。根据在建桥梁现浇混凝土连续箱梁工程采用两次浇筑和一次浇筑施工工艺的实际质量情况,为确保在建桥梁结构工程质量安全可靠,印发《关于现浇混凝土连续箱梁采用两次浇筑混凝土施工工艺的通知》(市政局质监〔2004〕522号),要求现浇混凝土连续箱梁施工一律采用两次浇筑混凝土施工工艺。2005年4月,为加强市政公路工程钻孔灌注桩施工质量控制,确保结构工程质量安全,印发《关于对钻孔灌注桩工程质量管理几点要求的通知》(市政局质监〔2005〕166号)。为加强市政公路工程预应力施工质量控制,确保结构工程质量安全,印发《关于对预应力施工质量管理几点要求的通知》(市政局质监〔2005〕167号)。

天津市市级交通运输主管部门文件与制度见表4-2-1。

天津市市级交通运输主管部门文件与制度 表4-2-1

序号	类别	名称	文号
1	建设程序管理	关于印发《天津市公路工程设计变更管理办法》的通知	市政局计〔2006〕275号
2		关于印发《天津市公路建设项目施工行政许可实施细则》的通知	市政局工程〔2006〕616号
3		关于印发《天津市公路工程监理工程师岗位责任制管理办法》的通知	市政公路管理建管〔2009〕467号
4		关于进一步加强公路工程竣(交)工验收工作的通知	市政公路管理建管〔2009〕519号
5		关于印发《天津市公路工程施工图设计文件审查审批管理规定》的通知	市政公路管理建管〔2009〕549号
6		关于进一步加强公路建设工程监理服务收费工作的通知	市政公路管理建管〔2010〕41号
7		关于进一步加强公路工程施工许可管理工作的通知	市政公路管理建管〔2010〕379号
8		关于印发天津市公路工程质量监督程序文件(暂行)的通知	市政公路质监站质监〔2011〕14号
9		关于印发《天津市公路工程建设行业安全生产费用财务管理暂行办法》的通知	市政公路管理财〔2011〕346号
10		关于印发天津市普通公路设施移交接管实施细则的通知	市政公路管理工程〔2012〕261号
11		市市政公路局关于印发天津市城市道路移交接管实施细则的通知	市政公路管理工程〔2012〕581号
12		市市政公路局关于进一步规范天津市公路工程市场监督管理的若干意见	市政公路管理工程〔2013〕124号
13		关于进一步做好农民工工资支付工资的通知	
14	招投标管理	关于印发《天津市市政公路工程评标专家库管理办法》的通知	市政公路管理建管〔2010〕682号
15		关于印发天津市公路工程施工分包管理实施细则的通知	市政公路管理工程〔2012〕341号
16		关于印发天津市公路工程施工专业分包合同范本和天津市公路工程施工劳务合作合同范本的通知	市政公路管理工程〔2012〕446号
17		天津市市政公路局关于开展公路建设项目保证金清理工作的通知	市政公路管理工程〔2013〕520号

第四章 高速公路建设管理地方法规与制度

续上表

序号	类别	名称	文号
18	招投标管理	天津市市政公路局关于贯彻落实《交通运输部关于全面完成公路建设项目保证金清理工作的通知》的意见	市政公路管理工程〔2013〕780号
19		天津市公路工程建设项目招标投标管理实施细则	津交规〔2017〕2号
20		关于调整公路工程招标监管有关工作责任的通知	
21		关于印发天津市公路水运建设工程围标串标问题治理工作实施方案的通知	
22	信用体系管理	关于进一步加强天津市公路建设市场信用档案管理工作的通知	市政公路管理建管〔2010〕4号
23		天津市市政公路局关于进一步加强公路建设市场信用信息的若干意见的通知	市政公路管理工程〔2013〕123号
24		天津市市政公路局关于印发《天津市公路工程试验检测信用评价实施细则》的通知	市政公路管理工程〔2013〕651号
25		天津市市政公路局关于印发《天津市公路工程主要原材料、构配件产品信用评价管理规定(试行)》的通知	市政公路管理工程〔2014〕40号
26		天津市市政公路局关于印发天津市公路设计企业信用评价实施细则(试行)的通知	市政公路管理工程〔2014〕236号
27		天津市交通运输委员会关于印发天津市公路工程招标代理机构信用评价管理办法(试行)的通知	津交工程发〔2014〕333号
28	建设单位管理	关于贯彻落实《关于进一步加强公路项目建设单位管理的若干意见》的通知	市政公路管理工程〔2011〕528号
29		关于印发天津市公路项目建设单位考核评价办法(试行)的通知	市政公路管理工程〔2011〕814号
30	施工标准化	关于印发天津市高速公路施工标准化活动实施方案的通知	市政公路管理工程〔2011〕570号
31		关于发布《天津市公路工程施工标准化管理指南(工地建设部分)》的通知	市政公路管理工程〔2012〕314号
32		天津市市政公路局关于发布《天津市公路工程施工标准化技术指南》的通知	市政公路管理工程〔2013〕189号
33		天津市市政公路局关于发布《天津市高速公路施工标准化考核实施细则》(试行)的通知	市政公路管理工程〔2013〕204号

续上表

序号	类别	名称	文号
34	施工标准化	天津市市政公路局关于开展我市高速公路施工标准化活动总结与考核工作的通知	市政公路管理工程〔2013〕408号
35		天津市市政公路局关于印发2014年下半年公路工程施工标准化重点内容的通知	市政公路管理工程〔2014〕367号
36		关于推广使用《高速公路施工标准化施工工法》(试行)的通知	
37	质量与安全管理	关于开展水泥混凝土、沥青混凝土等工程材料配合比设计专项治理工作的通知	市政公路管理科技〔2009〕582号
38		关于印发《天津市公路工程混凝土质量通病治理活动实施方案》的通知	市政公路管理科技〔2009〕282号
39		关于印发《天津市市政公路工程沥青拌合厂(站)试验室管理办法》的通知	市政公路质监站质监〔2012〕8号
40		关于印发《进一步加强天津市公路勘察设计工作的若干意见》的通知	市政公路管理科技〔2012〕13号
41		关于加强市政道桥工程和公路工程质量安全监督管理的通知	市政公路管理质监〔2012〕342号
42		天津市市政公路局关于开展公路桥梁和隧道工程安全风险评估工作的通知	市政公路管理质监〔2012〕534号
43		天津市市政公路局关于印发《天津市公路桥梁后张预应力小箱梁施工指南》的通知	市政公路管理质监〔2012〕845号
44		天津市市政公路局关于印发天津市市政公路工程竣工文件管理用表的通知	市政公路管理质监〔2012〕880号
45		关于加强市政公路工程监督抽测工作的通知	市政公路质监检测〔2013〕7号
46		天津市市政公路局关于强化公路工程钢筋原材料进场检验的通知	市政公路管理质监〔2013〕209号
47		天津市市政公路局关于进一步规范公路工程桥梁桩基检测管理的通知	市政公路管理质监〔2013〕210号
48		天津市市政公路局关于加强天津市高速公路养护工程质量监督管理的通知	市政公路管理质监〔2013〕466号
49		天津市市政公路局关于印发《天津市公路工程试验检测管理规定》的通知	市政公路管理工程〔2013〕650号
50		天津市市政公路局关于印发《天津市高速公路路基山皮土施工指南》的通知	市政公路管理质监〔2013〕782号
51		天津市市政公路局关于印发《天津市高速公路泡沫沥青厂拌冷再生施工指南》的通知	市政公路管理质监〔2013〕783号
52		天津市市政公路局关于印发《天津市公路桥梁钢板桩围堰施工指南》的通知	市政公路管理质监〔2013〕784号
53		天津市市政公路局关于印发《天津市公路交通标志施工指南》的通知	市政公路管理质监〔2013〕810号

续上表

序号	类别	名称	文号
54	质量与安全管理	关于印发《天津市公路工程预拌水泥混凝土试验室管理办法》的通知	市政公路质监管〔2014〕16号
55		关于进一步明确高速公路养护工程质量监督管理工作的通知	市政公路质监质〔2014〕27号
56		天津市市政公路局关于进一步加强养护工程质量监督管理工作的通知	市政公路管理质监〔2014〕113号
57		天津市市政公路局关于进一步加强普通公路新建、改建及养护大修工程竣(交)工验收试验检测工作的通知	市政公路管理质监〔2014〕156号
58		天津市市政公路局关于印发《天津市公路工程预拌水泥混凝土质量监督管理规定》的通知	市政公路管理质监〔2014〕400号
59		天津市交通运输工程质量安全监督总站关于进一步加强桥梁灌注桩施工质量管理要求的通知	质安总发〔2015〕2号
60		天津市公路工程质量事故责任追究管理办法	津交发〔2015〕473号

第三节 建设单位项目管理制度

建设单位是工程建设的投资者与组织者，是建设项目管理的主体。在高速公路建设步伐不断加快的形势下，建设单位的管理水平参差不齐、资源配置效率低下、质量安全监管失灵，项目建设的管理风险越来越大。各建设单位为了提高工程项目管理水平，规范、统一项目管理，推进建设单位管理专业化，确保工程质量、安全、进度、投资等各项工程目标的实现，不断加强制度建设。主要内容包括：职责权限管理、招投标管理、前期协调管理、质量安全管理、进度管理、合同管理与计量支付、安全生产与文明施工管理、环境保护管理、分包管理、标准化管理、廉政管理、监理管理、组织竣工验收、收集工程档案、信用评价管理等。通过加强制度建设，切实增强建设单位的素质能力，提高公路建设现代化管理水平。比如，天津高速公路集团有限公司从集团层面建立了16项规章制度，事业部层面建立了涵盖质量、安全、工程、合约、行政、人力资源、党群7个方面共129项规章制度。再如，天津滨海新区高速公路投资发展有限公司为了提高滨海新区西外环高速工程项目的管理水平，制订了《天津滨海新区高速公路投资发展有限公司西外环工程管理手册》，其中包含建设单位、监督部门的制度文件汇编，用以指导西外环工程的项目管理。建设单位从不同层级建设、健全项目管理制度，推进工程管理现代化，充分发挥项目建设单位的主导作用。天津高速公路集团有限公司和天津滨海新区高速公路投资发展有限公司部分制度见表4-3-1～表4-3-3。

天津高速公路集团有限公司制度 表4-3-1

序号	制度名称	状态	文号
1	工程质量管理规定	有效	工程〔2013〕48号
2	收费站、服务区房屋建筑工程质量保修办法	有效	工程〔2013〕113号
3	高速公路集团质量管理工作经济奖罚规定	有效	工管〔2015〕121号
4	高速公路缺陷责任期满移交管理办法	有效	工程〔2013〕67号
5	高速集团公司缺陷责任期满移交管理办法补充规定	有效	工管〔2015〕1号
6	关于规定已完工项目集团内部竣工资料移交内容的通知	有效	工管〔2014〕214号
7	关于发布天津高速公路集团有限公司公路工程设计变更管理实施细则的通知	有效	高速工管〔2014〕157号
8	关于发布天津高速公路集团有限公司公路工程设计变更管理实施细则(试行)的通知	废止	高速工管〔2014〕63号
9	天津高速集团建设项目计划统计管理办法	有效	工程〔2013〕174号
10	天津高速公路集团有限公司标准化施工工法	有效	工管〔2015〕38号
11	振动成型法水泥稳定碎石施工技术指南和沥青路面施工技术指南	有效	工管〔2014〕204号
12	市政工程建设项目分包管理实施细则	有效	工管〔2015〕264号
13	公路工程建设项目分包管理实施细则	有效	工管〔2015〕264号
14	信用评价管理办法	有效	工管〔2015〕235号
15	招投标管理办法	有效	
16	非招标采购管理办法	有效	

天津高速公路集团有限公司事业部制度 表4-3-2

序号	类别	制度名称	状态	发文号
1		高速公路桥梁拼接植筋施工和检测管理规定	有效	质安〔2012〕29号
2		天津高速公路集团有限公司建设事业部施工组织设计、施工方案审批、审查制度	有效	质安〔2012〕153号
3		天津高速公路集团有限公司建设事业部总体工程开工审批制度	有效	质安〔2012〕153号
4		天津高速公路集团有限公司建设事业部分项工程开工申请制度	有效	质安〔2012〕153号
5	质量	天津高速公路集团有限公司建设事业部施工图纸会审及设计交底制度	有效	质安〔2012〕153号
6		天津高速公路集团有限公司建设事业部隐蔽工程验收制度	有效	质安〔2012〕153号
7		天津高速公路集团有限公司建设事业部首件验收制度	有效	质安〔2012〕153号
8		天津高速公路集团有限公司建设事业部甲供材料现场检验管理制度	有效	质安〔2012〕153号
9		天津高速公路集团有限公司建设事业部质量事故报告和处理制度	有效	质安〔2012〕153号
10		天津高速公路集团有限公司建设事业部施工企业现场负责人带班生产管理实施办法	有效	质安〔2013〕34号

续上表

序号	类别	制度名称	状态	发文号
11	质量	天津高速公路集团有限公司收费站、服务区房屋建筑工程质量保修办法	有效	建设〔2013〕113号
12		天津高速公路集团有限公司建设事业部工程项目工地实验室管理办法	有效	质安〔2013〕0230号
13		天津高速公路集团有限公司建设事业部工程档案管理办法	有效	质安〔2014〕0145号
14		天津高速公路集团有限公司建设事业部施工组织设计、施工方案审批、审查流程	有效	质安〔2012〕153号
15		天津高速公路集团有限公司建设事业部总体工程开工控制流程	有效	质安〔2012〕153号
16		天津高速公路集团有限公司建设事业部分项工程开工控制流程	有效	质安〔2012〕153号
17		天津高速公路集团有限公司建设事业部施工图纸会审流程	有效	质安〔2012〕153号
18		天津高速公路集团有限公司建设事业部隐蔽工程验收流程	有效	质安〔2012〕153号
19		天津高速公路集团有限公司建设事业部首件验收流程	有效	质安〔2012〕153号
20		天津高速公路集团有限公司建设事业部甲供材料现场检验管理流程	有效	质安〔2012〕153号
21		天津高速公路集团有限公司建设事业部质量事故报告和处理流程	部分有效	质安〔2012〕153号
22		天津高速公路集团有限公司建设事业部质量事故处理流程	有效	质安〔2014〕0135号
23		天津高速公路集团有限公司建设事业部科研管理流程	有效	质安〔2014〕0079号
24		天津高速公路集团有限公司建设事业部质量问题处理流程	有效	质安〔2014〕0136号
25		天津高速公路集团有限公司建设事业部工程项目交工验收流程	有效	质安〔2014〕0045号
26		天津高速公路集团有限公司建设事业部工程设计变更流程	有效	质安〔2014〕0046号
27	安全	高速集团建设事业部安全生产费用使用管理办法	有效	质安〔2011〕30号
28		天津高速公路集团有限公司建设事业部安全生产责任制考核制度	有效	质安〔2012〕154号

续上表

序号	类别	制度名称	状态	发文号
29	安全	天津高速公路集团有限公司建设事业部安全生产检查制度	有效	质安〔2012〕154号
30		天津高速公路集团有限公司建设事业部安全生产资金监管使用制度	有效	质安〔2012〕154号
31		天津高速公路集团有限公司建设事业部安全生产责任制考核流程	有效	质安〔2012〕154号
32		天津高速公路集团有限公司建设事业部安全生产检查流程	有效	质安〔2012〕154号
33		天津高速公路集团有限公司建设事业部安全生产资金监管使用流程	有效	质安〔2012〕154号
34		天津高速公路集团有限公司建设事业部工程项目安全隐患整改流程	有效	质安〔2014〕107号
35	工程	天津高速公路集团有限公司建设事业部公路工程变更设计管理实施细则	有效	工〔2011〕13号
36		天津高速公路集团有限公司建设事业部甲供材管理办法	有效	工〔2014〕218号
37		天津高速公路集团有限公司建设事业部林业手续办理办法	有效	工〔2012〕139号
38		天津高速公路集团有限公司建设事业部河道手续办理办法	有效	工〔2012〕137号
39		天津高速公路集团有限公司建设事业部电力切改工作管理办法	有效	工〔2012〕133号
40		天津高速公路集团有限公司建设事业部通信线路切改工作管理办法	有效	工〔2012〕135号
41		天津高速公路集团有限公司建设事业部甲供材料管理流程	有效	工〔2012〕127号
42		天津高速公路集团有限公司建设事业部甲供材计划管理、对账结算流程	有效	工〔2014〕70号
43		天津高速公路集团有限公司建设事业部林业手续办理流程	有效	工〔2013〕118号
44		天津高速公路集团有限公司建设事业部河道手续办理流程	有效	工〔2013〕134号
45		天津高速公路集团有限公司建设事业部跨河道施工手续办理流程	部分有效	工〔2014〕85号
46		天津高速公路集团有限公司建设事业部土地手续办理流程	有效	工〔2014〕134号

续上表

序号	类别	制度名称	状态	发文号
47	工程	天津高速公路集团有限公司建设事业部电力切改工作管理流程	有效	工〔2012〕132号
48		天津高速公路集团有限公司建设事业部通信线路切改工作管理流程	有效	工〔2012〕134号
49		天津高速公路集团有限公司建设事业部铁路手续办理流程	有效	工〔2014〕133号
50	合约	天津高速集团建设事业部计量支付管理办法	有效	合〔2012〕110号
51		天津高速集团建设事业部工程资金管理办法	有效	合〔2012〕113号
52		天津高速集团建设事业部工程合同管理制度	有效	合〔2012〕213号
53		天津高速公路集团有限公司建设事业部公路工程造价审核管理办法	有效	合〔2014〕199号
54		高速建设合同标准化文本修订	有效	合〔2014〕215号
55		天津高速集团建设事业部计量支付管理流程	有效	合〔2012〕111号
56		天津高速集团建设事业部工程资金支付管理流程	有效	合〔2012〕114号
57		天津高速公路集团有限公司建设事业部工程资金拨付流程	有效	合〔2014〕110号
58		天津高速集团建设事业部合同审查管理流程	有效	合〔2012〕218号
59		天津高速公路集团有限公司建设事业部合同审查管理流程	有效	合〔2014〕162号
60		天津高速公路集团有限公司建设事业部工程项目结算管理流程	有效	合〔2013〕130号
61		天津高速公路集团有限公司建设事业部工程结算管理流程	有效	合〔2014〕174号
62		天津高速公路集团有限公司建设事业部工程招标管理流程	有效	合〔2014〕80号
63		天津高速公路集团有限公司建设事业部项目建设单位资格核准流程	有效	合〔2013〕205号
64		天津高速公路集团有限公司建设事业部设计变更新增单价管理流程	有效	合〔2014〕47号
65		天津高速公路集团有限公司建设事业部招标代理机构选择流程	有效	合〔2014〕68号
66		天津高速公路集团有限公司建设事业部工程资金申请流程	有效	合〔2014〕111号
67	行政	关于规范各类文稿格式的通知	有效	办〔2011〕11号
68		天津高速集团建设事业部考勤管理规定	有效	办〔2012〕11号

续上表

序号	类别	制度名称	状态	发文号
69	行政	天津高速集团建设事业部薪酬管理制度	有效	办〔2012〕12号
70		天津高速集团建设事业部薪酬管理制度	有效	办〔2013〕13号
71		天津高速集团建设事业部公务用车制度改革实施方案	有效	办〔2012〕36号
72		天津高速公路集团有限公司建设事业部机关车辆管理规定	有效	办〔2014〕93号
73		关于建设事业部组织架构设置的通知	有效	办〔2012〕56号
74		天津高速公路集团有限公司建设事业部工作职责	有效	办〔2012〕65号
75		天津高速公路集团有限公司建设事业部印章使用管理办法	有效	办〔2014〕149号
76		天津高速公路集团有限公司建设事业部机动车辆及驾驶员管理办法	有效	办〔2013〕80号
77		天津高速公路集团有限公司建设事业部300元以下办公用品管理制度	有效	办〔2013〕19号
78		天津高速公路集团有限公司建设事业部人员流动管理细则	有效	办〔2013〕153号
79		天津高速公路集团有限公司建设事业部工程档案管理办法	有效	办〔2013〕166号
80		天津高速公路集团有限公司建设事业部会议管理制度	有效	办〔2014〕99号
81		天津高速公路集团有限公司建设事业部文件材料归档范围及文书档案保管期限规定	有效	办〔2014〕100号
82		天津高速公路集团有限公司建设事业部综合档案管理办法	有效	办〔2014〕101号
83		天津高速公路集团有限公司建设事业部考勤管理流程	有效	办〔2012〕112号
84		天津高速公路集团有限公司建设事业部项目部加班审批流程	有效	办〔2012〕112号
85		天津高速公路集团有限公司建设事业部事假请假审批流程	有效	办〔2012〕112号
86		天津高速公路集团有限公司建设事业部病假请假审批流程	有效	办〔2012〕112号
87		天津高速公路集团有限公司建设事业部婚假、婚检假请假审批流程	有效	办〔2012〕112号
88		天津高速公路集团有限公司建设事业部产假、护理假、流产假、哺乳假请假审批流程	有效	办〔2012〕112号
89		天津高速公路集团有限公司建设事业部丧假请假审批流程	有效	办〔2012〕112号
90		天津高速公路集团有限公司建设事业部探亲假请假审批流程	有效	办〔2012〕112号
91		天津高速公路集团有限公司建设事业部带薪年休假请假审批流程	有效	办〔2012〕112号

续上表

序号	类别	制度名称	状态	发文号
92	行政	天津高速公路集团有限公司建设事业部出差备案审批流程	有效	办〔2012〕112号
93		天津高速公路集团有限公司建设事业部员工离岗审批流程	有效	办〔2012〕112号
94		天津高速公路集团有限公司建设事业部公务车使用管理流程	有效	办〔2012〕46号
95		天津高速公路集团有限公司建设事业部机动车辆及驾驶员管理流程	有效	办〔2013〕80号
96		天津高速公路集团有限公司建设事业部机关车辆使用管理流程	有效	办〔2014〕30号
97		天津高速公路集团有限公司建设事业部300元以下办公用品管理流程	有效	办〔2013〕19号
98	行政(经营管理)	天津高速公路集团有限公司建设事业部管理费审批使用管理办法	有效	办〔2011〕14号
99		天津高速公路集团有限公司建设事业部通信费标准管理规定	有效	办〔2014〕93号
100		天津高速公路集团有限公司建设事业部资产管理办法	有效	办〔2012〕146号
101		天津高速公路集团有限公司建设事业部员工冬季取暖补贴管理规定	有效	办〔2012〕171号
102		天津高速公路集团有限公司建设事业部管理费用预算管理细则	有效	办〔2013〕223号
103		天津高速公路集团有限公司建设事业部管理费审批使用操作规范表	有效	办〔2014〕72号
104		天津高速公路集团有限公司建设事业部2014年度管理费预算考核细则	有效	办〔2014〕126号
105		天津高速公路集团有限公司建设事业部资产管理流程	有效	办〔2012〕147号
106		天津高速公路集团有限公司建设事业部资产购置预算流程	有效	办〔2012〕147号
107		天津高速公路集团有限公司建设事业部资产申请管理流程	有效	办〔2012〕147号
108		天津高速公路集团有限公司建设事业部内部资产调配流程	有效	办〔2012〕147号
109		天津高速公路集团有限公司建设事业部集团范围内资产调配流程	有效	办〔2012〕147号
110		天津高速公路集团有限公司建设事业部资产购置与领用流程	有效	办〔2012〕147号
111		天津高速公路集团有限公司建设事业部资产退回流程	有效	办〔2012〕147号

续上表

序号	类别	制度名称	状态	发文号
112	行政(经营管理)	天津高速公路集团有限公司建设事业部资产登记与盘点流程	有效	办〔2012〕147号
113		天津高速公路集团有限公司建设事业部资产赔偿流程	有效	办〔2012〕147号
114		天津高速公路集团有限公司建设事业部资产报废流程	有效	办〔2012〕147号
115		天津高速公路集团有限公司建设事业部本部和项目经理部管理费用报销流程	有效	办〔2014〕91号
116		天津高速公路集团有限公司建设事业部通信费标准管理流程	有效	办〔2014〕98号
117		天津高速公路集团有限公司建设事业部管理费年度预算编制及调整流程	有效	办〔2014〕125号
118		天津高速公路集团有限公司建设事业部绩效管理制度	有效	人发〔2014〕95号
119	人力	天津高速公路集团有限公司建设事业部考勤管理规定	有效	人发〔2014〕97号
120		天津高速公路集团有限公司建设事业部信息报告制度	有效	人发〔2014〕102号
121		天津高速公路集团有限公司建设事业部人员流动管理细则	有效	人发〔2014〕127号
122		天津高速公路集团有限公司建设事业部考勤管理流程	有效	人发〔2014〕103号
123		天津高速公路集团有限公司建设事业部部门职能说明书	有效	人发〔2013〕232号
124	党群	天津高速公路集团有限公司建设事业部工会经费管理办法	有效	工会〔2014〕3号
125		天津高速公路集团有限公司建设事业部劳模工作室工作手册	有效	工会〔2015〕1号
126		天津高速公路集团有限公司建设事业部领导班子下基层工作制度	有效	党〔2013〕12号
127		天津高速集团有限公司建设事业部关于规范施工现场接待活动的规定	有效	党〔2013〕11号
128		天津市高速公路集团有限公司竣工结算制度	有效	
129		天津市高速公路集团有限公司非招标工程管理制度	有效	

天津滨海新区高速公路投资发展有限公司
西外环工程管理手册制度汇编

表4-3-3

序号	类别	名称	文号
1	工程管理	关于发布《进一步加强市政公路工程预应力张拉施工质量控制的几点意见》的通知	市政局质监〔2004〕504号
2		关于现浇混凝土连续箱梁采用两次浇筑混凝土施工工艺的通知	市政局〔2004〕522号
3		关于对钻孔灌注桩工程施工质量管理几点要求的通知	市政局质监〔2005〕166号

续上表

序号	类别	名称	文号
4	工程管理	关于对预应力施工质量管理几点要求的通知	市政局质监〔2005〕167号
5		关于加强预应力箱梁混凝土质量控制的紧急通知	市政局质监〔2005〕421号
6		关于加强市政公路工程预拌混凝土质量管理的通知	市政局质监〔2006〕84号
7		关于加强市政公路工程桥梁桩基检测管理的通知	市政局质监〔2006〕85号
8		关于进一步明确防水和冬施混凝土水泥最小用量的通知	建质混凝土〔2007〕49号
9		关于颁发实施《建设工程冬期施工十项禁令》的通知	建质监〔2007〕54号
10		关于加强市政公路工程冬期施工质量管理的通知	市政质监站质管〔2007〕57号
11		关于印发《高速公路工程文件资料归档整理规定》的通知	市政公路管理质监〔2008〕168号
12		关于印发《天津市公路工程工地试验室管理办法》的通知	市政公路管理质监〔2010〕55号
13		天津市市政公路管理局关于加强对水泥混凝土及沥青混凝土等工程材料配合比设计机构技术等级考核和管理的通知	市政公路管理科〔2010〕130号

第五章
高速公路建设科技质量成果

随着天津市高速公路事业的快速发展,以知识经济为代表的科学技术,在促进天津市高速公路事业进入全面实现现代化发展的进程中,发挥着越来越重要的作用。多年来,天津市结合高速公路工程建设实践,对高速公路新材料、新工艺、新技术、新设备进行全面系统研究,解决工程中的技术难题,取得了一项又一项的技术成果,在科研、新技术应用方面取得了长足的进步。高速公路的设施建设与管理,在科技发展过程中,始终坚持以经济建设为中心,深入贯彻"科技兴局"战略,走科技与经济一体化的道路,坚持科学技术是第一生产力的指导思想,制订了引进高科技人才的制度,确保每年都有一定的科研费用用于科研项目的实施。面对市场经济,努力实现科研、设计、施工、养管的紧密结合,加快科技成果向现实生产力的转化,全方位推动天津市高速公路工程的科技进步。

高速公路行业科技工作经过常年的发展、创新,还为今后的可持续发展打下了基础,建立了一支为高速公路行业从事科技研究的较高素质和较完善结构的科研人员队伍,促进了科技发展体制和相应的政策制度的不断完善。

第一节 道路工程

2016年底天津高速公路通车总里程1208.11km,路基宽度26(23)~42.5(60)m。

"八五"期间,以京津塘高速公路建设为主要标志,天津市的高速公路工程技术得到了长足发展。依托京津塘高速公路工程,研究开发了一批新技术、新工艺,施工机械化水平得到迅速提升。软土路基处理技术、水泥稳定碎石基层技术和沥青路面摊铺自动化找平工艺等一整套高速公路施工技术在国内居于领先地位。"京津塘高速公路工程建设成套技术"获交通部1996年度科学技术进步特等奖。

"九五""十五"期间,研发和推广应用了重交通沥青、改性沥青、土工合成材料、增钙渣、钢纤维水泥混凝土、乳化沥青、复合式路面(AC-RCC)等新技术、新材料,高速公路设计施工技术继续得到提高和发展。软土地基综合加固技术和软土路基沉降控制方法的研究达到国内领先水平,立交工程设计理论、立交造型、交通分析、方案评价等方面处于国内领先水平。先后研制出一批公路技术研究试验仪器,引进一批先进的科研设备。开发了道路计算机辅助设计系统,使道路专业设计、科研能力和水平得到提高。

在公路科技管理方面,初步形成科学化养护管理体系,建立了"干线公路路面管理系统",完成了公路工程养护等一批技术规程,使天津市公路养护管理保持全国先进水平。

一、道路设计的发展

随着社会的进步和经济建设事业的发展,高速公路建设开始以惊人的速度推进。自20世纪80年代后期始,由于高速公路的建设和发展,其工程设计是一种全新的技术理论,对传统道路设计理论提出了严峻的挑战,推进了更新传统的设计理论和设计方法。

1. 路基及地基处理设计

天津地处河海相交替沉积及渤海湾沿海盐渍软土地层,道路工程建设材料匮乏,地质条件恶劣。修筑高速公路必须对软土地基进行强化处理。所采用的技术有:工业废渣填筑路基进行浅层处理,采用抛石挤淤,加设透水层,对持力层进行处理,采用深层搅拌桩、CFG桩、旋喷桩等处理,以提高路基承载力;采用塑料排水板桩加轻质填料处理软土路基,以提高桥头引路路基高度,减缩桥梁孔径。这些新技术、新工艺、新材料的广泛应用,在减少工后沉降、保证路基稳定、加速施工进度等方面取得良好效果。

2010年,天津市市政工程设计研究院承担了天津市市长基金项目——"天津滨海新区道路软土地基处理研究及示范工程",针对目前国内外软基处理中普遍存在的问题,特别是滨海新区软基处理中存在的问题,调研对比全国各地软土性质的不同,分析天津滨海新区软基特点,对滨海新区软土地基工程性质、分类及分布规律进行研究;在对国内外软基处理资料收集及软土工程性质、软土地基处理效果调查的基础上,分析天津市已有道路软基设计施工经验和科研成果,以及已有道路软土地基处理方法的优缺点,总结软土工程建设成功的经验与失败的教训;对道路软土地基有关的设计理论、方法及技术开展系统深入的研究;结合天津大道、津滨高速公路加宽及海滨大道等软土地基处理的示范工程,提出有关道路软基浅层处理、道路软基深层处理技术,提出可供指导滨海新区道路软土地基处理设计与施工技术规程,编制形成天津市软土地基设计标准图集。

多年来,天津市市政工程设计研究院对道路工程路基结构形式、路基材料选择等方面进行系统研究。针对天津地区处于滨海软土的特点,在高速公路修建中积累了大量的软土地基处理经验和方法,形成了自己的专利、地区规范和标准,在国内同行中享有盛誉。

2009年,开展了"天津滨海新区盐渍土路基处治技术研究"课题研究,针对天津市滨海新区氯盐渍土与硫酸盐渍土的不同,对氯盐渍土原材料性能、力学强度、路用特性、加固机理、微观结构等进行研究,确定氯盐渍土改良技术方案。

2011年,完成了"工业碱渣在道路路基处理中的应用研究"课题,通过对碱渣特性的研究,解决了在深厚碱渣区域碱渣的高吸水性和易触变性给修建高等级道路带来的综合问题；提出了通过添加辅料进行工业碱渣改良合适的掺配材料和掺配比例，在国内外首次提出了用于高等级道路路基处理的碱渣改良综合处理技术，解决了碱渣在高等级道路上的利用问题，实现了变废为宝和资源节约，具有创新性。

2011年，完成了"现浇泡沫轻质土在道路工程中的应用研究"课题，通过现场调查、综合评价、现场测试、室内各种材料性能试验、有限元分析等手段进行研究，并通过实体工程进行示范。结合各种测试结果，在对泡沫轻质土作用原理、设计标准、力学特性、配合比设计、施工工艺、材料要求、质量控制等技术进行系统研究，对泡沫轻质土密度、渗透、干缩特性、无侧限抗压强度、CBR、回弹模量、剪切等试验研究的基础上，结合重点工程对泡沫轻质土进行工程示范，从而形成系统的泡沫轻质土设计施工方法，编制现浇泡沫轻质土路基设计施工技术规程。

2. 路面设计

高速公路要求路面高平整度，强抗滑能力，抗车辙。改变了过去黑色碎石上加铺粗粒式、细粒式沥青混凝土的传统做法，开始采用上面层为抗滑、抗车辙的沥青混凝土，中面层为中粒式沥青混凝土，下面层为粗粒式沥青混凝土这种新的结构形式。自2006年开始又逐渐推广应用ATB大粒径黑色碎石作为柔性基层。沥青路面开始向长寿命路面设计推进。沥青混合料在抗车辙、抗老化、抗疲劳、抗水坏和抗低温缩裂等方面性能优良，能满足高速公路的生产工艺和技术指标的要求。采用摊铺机的自动找平装置，保证了路面的平整度，实现了沥青混凝土面层施工工艺标准化，具有使工程质量达到国内一流水平的能力。

多年来，天津市市政工程设计研究院结合当地的具体土质条件和交通使用要求，对路面结构组合及材料组成进行优化，由建国初期以粒料基层加沥青表面处治及沥青贯入式为主的单一结构形式，逐步过渡为以沥青混凝土面层加多种半刚性基层为主，并增添了刚柔组合路面、柔性基层路面结构等新型路面结构形式。

总结路面结构形式的变化可看出，结构形式的改变是随着施工机械进步、材料更替、设计及施工水平的提高而逐步提高的，按就地取材和分期修建的原则，逐步形成了适应的结构层次和材料组成，组合成既能经受行车荷载和自然因素的作用，又能充分发挥各结构层材料最大效能的经济合理的路面结构体系。

（1）沥青路面（柔性路面）

1986年，采用三层体系为主或多层弹性体系理论公式，以路表允许弯沉值为路面整体刚度的控制指标，对半刚性基层、底基层进行弯拉应力验算。

1997年，交通部颁发了《公路沥青路面设计规范》（JTJ 014—97），新的行业标准将国家"八五"科技攻关项目的科技成果纳入了新规范。采用计算机设计程序，直接采用多层弹性层状理论公式计算，层间接触条件为完全连续，弯拉模量采用抗拉模量，弯拉强度采

第五章
高速公路建设科技质量成果

用劈裂强度。

1990年开始,国内陆续开始修建高速公路,随着高速公路修筑里程的逐年增加,路面修建技术也在逐步提高,出现了以二灰碎石为基层、沥青混凝土为面层的半刚性基层路面结构形式,所采用的路面结构多为两层或三层,面层为细粒式沥青混凝土+粗粒式沥青混凝土,或细粒式沥青混凝土+粗粒式沥青混凝土+黑色碎石(沥青贯入式),基层多为二灰碎石(矿渣),底基层多采用石灰土。

"七五"期间,天津市市政工程设计研究院积极参与全国组织开展的"高等级公路半刚性基层、重交通道路沥青混凝土面层和抗滑表层的研究",对沥青混合料的高温稳定性,低温抗裂性,沥青混凝土面层开裂机理、车辙和疲劳,抗滑表层设计和应用,半刚性基层材料的强度、收缩特性及组成设计要求等进行了深入的研究,提出了较为完整的研究报告。

配合"八五"期间全国范围内组织开展的"半刚性基层沥青混凝土路面典型结构研究",天津市市政工程设计研究院设立"天津市沥青路面典型结构研究"课题,结合多年实践,对沥青路面典型结构进行系统研究,基层主要着眼于低模量、低收缩系数、高强度半刚性基层的采用,形成了以水泥稳定碎石、石灰粉煤灰综合稳定层为路面基层的典型路面结构,该典型结构在对土基及交通进行等级划分的基础上,建立了不同土基等级、交通等级下的路面结构。

"九五""十五""十一五"期间,结合国内进行的提高高速公路沥青混凝土路面耐久性的研究工作,天津市市政工程设计研究院进行了大量有针对性的专题研究,"滨海新区集疏港重载交通对路面结构的影响""胶粉改性沥青在沥青路面结构中的应用研究"等课题的研究,为提高沥青混凝土路面的使用性能提供了一定的技术保障。

天津市高速公路路面结构形式见表5-1-1。

天津市高速公路路面结构形式一览表　　　　表5-1-1

序号	公路名称		沥青面层			基层（cm）	底基层（cm）
	道路	路段	表面层（cm）	中面层（cm）	底基层（cm）		
1	津滨高速公路	全线	4cm 细粒式沥青混凝土（AC-13）	5cm 粗粒式沥青混凝土（AC-25I）	6cm 粗粒式沥青混凝土（AC-30I）	20cm 水泥稳定碎石(4%)+15cm 石灰粉煤灰碎石(5:10:85)	2×15cm 石灰土（12%,10%）
2	津保高速公路	全线	4cm 细粒式沥青混凝土（AC-13）	5cm 中粒式沥青混凝土（AC-20I）	6cm 粗粒式沥青混凝土（AC-25I）	2×15cm 水泥稳定碎石	2×15cm 石灰土（12%）
3	长深高速公路	全线	4cm 改性沥青混凝土抗滑层	6cm 中粒式沥青混凝土（AC-20I）	6cm 粗粒式沥青混凝土（AC-25I）	18cm 水泥稳定碎石+18cm 二灰碎石	15cm 二灰土（12:35:53）+15cm 石灰土（10%）

续上表

序号	公路名称		沥青面层			基层（cm）	底基层（cm）
	道路	路段	表面层（cm）	中面层（cm）	底基层（cm）		
4	津蓟高速公路	全线	4cm 细粒式改性沥青混凝土（Sup-13）	5cm 中粒式沥青混凝土（Sup-20）	7cm 粗粒式沥青混凝土（Sup-25）	18cm 水泥稳定碎石（5:95）+18cm 二灰碎石（6:14:80）	二灰土（12:35:53）
5	滨石高速公路	一期	4cm 细粒式改性沥青混凝土（Sup-13）	6cm 中粒式沥青混凝土（AC-20I）	6cm 中粒式沥青混凝土（AC-20I）	18cm 水泥稳定碎石（5:95）+18cm 二灰碎石（8:12:80）	15cm 二灰土（12:35:53）+15cm 石灰土（10%）
6	京沪高速公路	一期	4cm 细粒式改性沥青混凝土（AK-13A）	6cm 中粒式沥青混凝土（AC-20I）	8cm 粗粒式沥青混凝土（AC-25I）	18cm 水泥稳定碎石（5:95）+18cm 二灰碎石（6:14:80）	18cm 二灰土（10:30:60）
7	荣乌高速公路联络线	全线	4cm 细粒式沥青混凝土（AC-13C）	6cm 中粒式改性沥青混凝土（Sup-20C）	8cm 粗粒式沥青混凝土（AC-25C）	2×18cm 水泥稳定碎石（6:14:80）	18cm 二灰土
8	津晋高速公路	一期	4cm 细粒式改性沥青混凝土（Sup-13）	6cm 中粒式沥青混凝土（AC-20）	6cm 中粒式沥青混凝土（AC-20）	18cm 水泥稳定碎石（5:95）+18cm 二灰碎石（6:14:80）	15cm 二灰土（12:35:53）+15cm 石灰土（12%）
9	津晋高速公路	二期	4cm 细粒式改性沥青混凝土（Sup-13）	6cm 中粒式沥青混凝土（Sup-20）	8cm 粗粒式沥青混凝土（Sup-25）	18cm 水泥稳定级配碎石+18cm 二灰碎石	18cm 二灰土
10	京沪高速公路	二期	4cm 细粒式改性沥青混凝土（Sup-13A）	6cm 中粒式沥青混凝土（AC-20I）	8cm 粗粒式沥青混凝土（AC-25I）	18cm 水泥稳定碎石（5:95）+18cm 二灰碎石（6:14:80）	18cm 二灰土（10:30:60）
11	滨石高速公路	二期	4cm 细粒式改性沥青混凝土（Sup-13A）	6cm 中粒式沥青混凝土（AC-20I）	8cm 粗粒式沥青混凝土（AC-25I）	18cm 水泥稳定碎石（5:95）+18cm 二灰碎石（6:14:80）	18cm 二灰土（10:30:60）

续上表

序号	公路名称		沥青面层			基层（cm）	底基层（cm）
	道路	路段	表面层（cm）	中面层（cm）	底基层（cm）		
12	津蓟延长线	全线	4cm 细粒式改性沥青混凝土（Sup-13A）	6cm 中粒式改性沥青混凝土（Sup-20I）	8cm 粗粒式改性沥青混凝土（Sup-25I）	18cm 水泥稳定碎石+17cm 二灰碎石（6:14:80）	17cm 二灰碎石（5:14:81）
13	荣乌高速公路	全线	4cm 细粒式沥青混凝土（AC-13C）	6cm 中粒式沥青混凝土（AC-20C）	8cm 粗粒式沥青混凝土（AC-25C）	2×18cm 水泥稳定碎石（5:95）	18cm 二灰土
14	滨保高速公路	全线	4cm 细粒式胶粉改性沥青混凝土（Sup-13C）	7cm 中粒式胶粉改性沥青混凝土（Sup-20C）	12cm 密级配沥青稳定碎石（Sup-20C）	2×18cm 水泥稳定碎石	20cm 二灰土（12:35:53）
15	津港高速公路	全线	4cm 细粒式改性沥青混凝土（Sup-13C）	6cm 中粒式改性沥青混凝土（Sup-20C）	8cm 粗粒式沥青混凝土（AC-25C）	2×18cm 水泥稳定碎石	18cm 石灰土（12%）
16	海滨高速公路	全线	5cm 细粒式改性沥青混凝土（AC-13C）	7cm 中粒式沥青混凝土（AC-20）	8cm 粗粒式沥青混凝土（AC-25）	18cm 水泥稳定碎石+18cm 二灰碎石（6:14:80）	18cm 二灰土（12:35:53）
17	塘承高速公路	全线	4cm 细粒式沥青混凝土	6cm 中粒式沥青混凝土	12cm 密级配沥青稳定碎石（ATB-30）	2×15cm 水泥稳定碎石	15cm 石灰土（12%）
18	津滨高速公路扩建	全线	5cm 细粒式改性沥青混凝土（Sup-13C）	6cm 中粒式沥青混凝土（AC-20）	8cm 粗粒式沥青混凝土（AC-25）	18cm 水泥稳定碎石（5%）+18cm 水泥稳定碎石（5%）	18cm 石灰粉煤灰土（12:35:53）
19	海滨大道	全线	4cm 细粒式改性沥青混凝土（Sup-13C）	6cm 中粒式沥青混凝土（AC-20）	12cm 沥青稳定碎石（ATB-25）	2×18cm 水泥稳定碎石	18cm 二灰土（12:35:53）
20	津宁高速公路	全线	4cm 细粒式改性沥青混凝土（AC-13C）	+6cm 中粒式沥青混凝土（AC-20）	12cm 沥青稳定碎石（ATB-25）	2×18cm 水泥稳定碎石	18cm 二灰土（12:35:53）
21	唐廊高速公路	全线	4cm 细粒式改性沥青混凝土（Sup-13C）	6cm 中粒式沥青混凝土（AC-20）	12cm 沥青稳定碎石（ATB-25）	2×18cm 水泥稳定碎石	18cm 石灰粉煤灰土（12:35:53）

续上表

序号	公路名称		沥青面层			基层（cm）	底基层（cm）
	道路	路段	表面层（cm）	中面层（cm）	底基层（cm）		
22	112高速公路	全线	4cm细粒式改性沥青混凝土（Sup-13C）	7cm中粒式沥青混凝土（AC-20）	12cm沥青稳定碎石（ATB-25）	2×18cm水稳碎石	18cm二灰土（12∶35∶53）

（2）水泥混凝土路面（刚性路面）

1998年在唐津高速公路中铺筑了碾压式水泥混凝土路面，由于存在一些不可避免的因素，没有大面积推广。

（3）路面结构形式的演变与发展

作为高级路面之一的沥青混凝土路面，由于其具有表面平整、无接缝、行车舒适、耐磨、振动小、噪声低、施工期短、易修补、易改造等特点，在国内、外公路建设中得到广泛运用和迅猛发展。

目前采用的路面结构90%以上是沥青路面，且多半以半刚性基层沥青路面为主。而纵观国际上的高速公路和重交通公路，大多是全厚式路面或柔性基层沥青路面，半刚性基层沥青路面普遍使用于交通量不很大的公路，并且即使是同样称为半刚性基层的水泥稳定碎石基层，在强度要求上、具体做法上也有许多不同之处。

2010年以后，结合国内外研究成果，对涵盖国内外所采用各种结构形式——刚性路面、柔性路面、半刚性路面、刚柔组合式路面进行研究尝试，在此基础上，考虑柔性基层（沥青稳定碎石）具有防止反射裂缝、抵抗重载的作用，出现了柔性基层路面结构。

在高速公路路面结构设计方面，近年来，也改变了早年沥青混合料单一的AC型，逐步尝试SMA、SUP、ATB以及LSAM等多种结构形式，对OGFC、全厚式柔性路面等结构形式也展开了系统研究。

2008年，开展了"滨海新区集疏港道路重载交通对路面结构的影响及对策研究"课题研究，结合大量实体工程，从设计参数确定、土基改良加固、路基路面结构材料改善、路面结构组合优化、限超治超管理措施等方面对重载道路进行研究。提出一般交通条件下的沥青路面典型结构，超越规范要求的集疏港重载交通沥青路面典型结构。课题解决了重载软基道路"弱基、强荷"导致道路寿命缩短的技术难题，修筑大量实体工程，制订技术指南。

3.路线线形设计

线形设计是指高速公路平、纵、横三方面的立体形状，选线时就开始考虑线形的平、纵、横的组合设计。

20世纪70~80年代初,交通工程学的科学理念传入我国,美、德、法等国的学者纷纷来我国讲学,促进了天津市设计人员的设计指导思想、设计理论和设计方法等方面发生了质的飞跃和升华。80年代以后,按照交通工程学的设计理念,道路工程设计不仅满足车辆行驶力学方面的要求,还需考虑车辆行驶的安全舒适性以及小转角的曲线设置。

4. 横断面设计

与城市道路不同,高速公路横断面设计更多强调交通功能需求,因此,横断面设计在诸如行车道、路肩、中央分隔带设置宽度、沿线设施布置等方面提出更高的要求,以保障道路交通的安全性。

1994年,交通部颁布《公路路线设计规范》(JTJ 011—94),对公路路基标准横断面、路基宽度、车道宽度、车道数、路肩、中间带等作了详细规定,使得高速公路横断面设计有据可查,保证了这一时期公路工程横断面布置的合理性。

这一时期的横断面布置在宽度上变化较大。为此,天津市市政工程设计研究院对公路、高速公路横断面设计宽度进行研究,提出各种车速下的标准横断面形式。与此同时,考虑规范在景观、设施方面要求的不确定性,对高速公路景观、设施安全等进行研究。

2003年,在津蓟高速公路设计中,天津市市政工程设计研究院设立了"高速公路景观设计研究"课题,对高速公路交通功能与景观协调设计进行研究,提出将交通设计与高速公路景观环境相结合的设计理念,将横断面范围内的车道、中央分隔带、路肩、交通标志标线、边坡绿化、防护网等充分结合起来进行设计,对高速公路红线范围内进行合理的规划和利用,在各类交通及景观设施的设计上力求完美,达到交通与景观、环境协调的目的。这些研究成果在以后的京沪、国道211、唐承、津宁等高速公路横断面设计中得到了充分的体现和应用。

2006年,交通部颁布《公路路线设计规范》(JTG D20—2006),进一步规范了横断面设计,明确了路基宽度、中间带、路肩、车道等具体要求,提出了"安全、环保、可持续发展"的设计理念,依据这一理念,道路工程横断面设计得到了进一步完善。

5. 景观设计

高速公路工程设计,强调注重沿线的景观设计,使公路主体线形与桥梁、隧道、边坡、沿线设施等人工构造物构成与自然景观相协调的建筑群体。设计要求尽量做到:通视良好,诱导视线,景观协调,建设风格与自然条件形成特色,达到线形流畅、各具特色,达到绿化、美化、净化的效果。

结合津蓟高速公路景观设计开展"高速公路景观设计研究"课题研究,为天津市高速公路景观设计提供依据,将已往高速公路边坡防护、中央分隔带景观设计多采用呆板的铺砌,现采用生动活泼的绿色植被,改善了环境、增加了美感,研究成果已成功应用于津蓟高速公路(全长 90 多公里)、丹拉高速公路(长 60 多公里)、京沪高速公路(长 40 多公里)近 200km 高速公路景观设计中,取得了良好的效果。

6. 交通标志设计

交通标志是保障车辆行驶安全、畅通的重要设施的组成部分,也是实施道路工程交通组织设计思想的具体措施之一。在总体布局设计中给予充分考虑,以满足交通组织设计要求,结合道路路线方向、线性条件等具体情况予以合理布置。交通组织设计是交通总体布置设计的指南,国标则是交通标志技术设计的依据。

7. 环保设计

高速公路对周围环境的影响很大,在可行性研究、初步设计和施工图设计中均应注重环境保护综合设计。线路的布设避开村镇,避免干扰,减少拆迁及对环境的影响;要求少占良田,尽量减少对公路两侧农田的污染;互通式立交工程的位置要求符合大城镇出入方便和主干道的规划要求;被交道路的路面高程尽量不低于原地面高程,个别偏低的通道,要进行排水设计。土源要结合地方土地整合治理进行,不在路线两侧取土。路堤、分隔带和两侧红线内,地表要进行防护绿化、美化,起到防眩、防尘和净化空气的作用,同时充分考虑减少噪声危害和防治大气污染和水污染。

二、道路科技成果

1. 规范编制及设计标准与技术规范的采用

道路设计标准,分为城市道路设计标准和公路设计标准。这两类设计标准既有相同和相似的内容,又有截然不同的经济技术指标和设计要求。新中国成立之初,道路工程基础设施比较落后,城市发展刚刚起步,对于公路与城市道路的理解还比较模糊,两者所采用的技术标准和规范没有严格的区别,随着城市道路规模的逐步扩大,公路等级的进一步提高,公路和城市道路技术标准和技术规范也走向各自不同的发展领域。

20 世纪 80~90 年代,全国公路、高速公路建设大规模发展。由于高速公路工程设计是一种全新的技术理论,对传统道路设计技术理论提出了严峻的挑战,促使设计单位开始变革原有的设计理念,更新传统的技术理论和设计方法。鉴于公路、高速公路建设发展的需要,交通部开始制订适合我国国情的公路设计规范,先后于 1988 年、1997 年、2004 年发布了 3 个版本的《公路工程技术标准》,这一系列规范为设计单位完成高速公路工程设计提供了技术依据和标准,提高了设计人员的技术水平。

1985 年,天津市市政工程设计研究院修建京津塘高速公路延长线也即高速公路与天津港的联络线工程,标志着公路、高速公路路线设计在道路工程设计中的主导地位。当时,天津市经济开发区刚刚启动,京津塘高速公路延长线修建更多考虑了与天津港的联系,属于高速公路与城市道路的联络线,基于以上考虑,京津塘高速公路延长线设计标准更多参照了城市道路设计标准,选择线路主要考虑了道路规划、道路与道路之间的连接通畅以及施工成本等问题;避免超高及加宽的设置,基本未设置缓和曲线,横断面设计宽度预留了未来城市扩容的余地,具有一定前瞻性。

1994年,交通部颁布《公路路线设计规范》(JTJ 011—94),由于当时高速公路刚刚起步,规范中对高速公路的有关规定还较粗放、特别是对于公路与公路立体交叉设计指标的要求较简单;对平面交叉口渠化交通、信号管制等要求考虑很少。该规范更多参照了《公路工程设计标准》(JTJ 01—88),山区公路设计痕迹明显,对超高、缓和曲线、视距提出明确要求,由于当时计算机绘图才刚刚起步,手工绘图还是设计人员的主要设计手段,山广高速公路(后称唐津高速公路现称长深高速公路),设计人员与勘测人员深入现场调研测绘,现场实地探勘路线走向,避免与村落发生冲突,设置必要的通道,为了设置必要的缓和曲线,设计人员采用简易计算器编制程序,反复模拟,设置超高过渡,保证视距安全。

1995—2003年间,天津市市政工程设计研究院先后承接了津滨高速、津晋高速、京沪高速(天津段)、京沈高速(天津段)、唐津高速、津蓟高速等多条高速公路工程设计,在高速公路路线设计上,充分结合了天津市平原地形村庄密集的特点,线路的布设避开村镇,避免干扰,减少拆迁及对环境的危害;尽可能少占良田,尽量减少对公路两侧农田的污染;互通式立交工程位置的选择充分考虑了沿线村庄及大城镇出入方便和相交道路规划的要求。

采用的设计标准主要有交通部的《公路工程技术标准》(JTJ 001—97)、《公路路线设计规范》(JTJ 011—94)、《公路路基设计规范》(JTJ 014—97),以及有关公路环境保护、公路软土地基路堤、公路排水等各类专项设计规范。

为了保证设计质量,2003年12月,天津市市政工程设计研究院编制了《市政工程设计文件深度规定》,规定中关于道路工程部分提出了预可行性研究、可行性研究、初步设计、施工图设计4大项,36个子项,109个控制指标,作为院内的设计标准开始贯彻执行。

2004年,在全国公路勘察设计工作会议上,交通部明确我国正处在公路大规模建设时期,提出如何吸取、总结国内外公路建设的经验与教训,承前启后,继往开来,结合国情使我国公路建设既要满足当代人的交通需求,提供安全与舒适的交通方式,又要使公路与自然、社会环境和谐一致,实现可持续发展的总体思路。在这一思想指导下,交通部对《公路路线设计规范》(JTJ 011—94)进行修订,颁布了《公路路线设计规范》(JTG D20—2006)。

根据《公路工程设计标准》(JTG B01—2003)的规定,《公路路线设计规范》(JTG D20—2006)对公路等级、设计速度等作了相应修订,突出了公路功能、按设计路段选用不同设计速度等设计理念;增加了有关交通量、通行能力、车辆折算系数、服务水平等内容;

强调公路功能定位的重要性和考虑建设条件的必要性,对公路根据功能定位进行分类;遵照公路建设必须符合"安全、环保、可持续发展"理念,从线形、平面、横断面、节点、交通等方面提出具体要求;引入采用"运行速度""安全性评价"进行检验的方法和"全寿命"设计思想;补充完善了公路与公路立体交叉相关技术指标。

2004年以来,特别是党的十八大明确提出国家城市化发展战略的思想,高速公路设计向安全、高效、环保方面发展,以便更好地发挥区域带动作用,这对路线设计提出了新的要求和挑战。

2000年前道路设计采用"城市道路设计规范",为切合天津市地方特点,2000年7月11日,天津市市政工程局编制的《天津市城市道路及公路工程设计技术暂行规定》作为行业技术标准颁布施行。

自交通部统一编制公路设计相关规范后,设计均采用交通部部颁规范。

2. 高速公路设计

1987—1993年,建成京津塘高速公路,全长142.69km,其中天津段长100.85km。设计标准为:设计速度120km/h,双向四车道,路基宽26m。工程质量优良,1996年获中国建筑工程鲁班奖(国家优质工程);1997年获国家科学技术进步一等奖。

1993—2007年,天津市进入高速公路建设的高峰期,共建成津沧、津蓟、京沈、唐津、津保、津滨、丹拉支线、津晋、京沪正线、津汕、蓟平高速公路11条,共计长度601.34km。唐津高速公路(天津段)及津蓟高速公路获天津市优秀设计一等奖,津晋高速公路(天津西段)获天津市优秀设计二等奖。

3. 软基处理

1982年天津市经济技术开发区在塘沽盐碱滩地上兴建"起步区",开始注重"常见过湿路基加固处理研究"。经多年时间进行大量的石灰土室内试验、野外试验路测试和土质与地下水位调查,1992年完成了过湿路基石灰土加固处理的设计标准与施工技术规定,研究成果达国内先进水平。

1992年,塘沽区新北路跨线桥引路工程,对软土路基采用粉体搅拌桩的处理技术,即将水泥或生石灰粉体借助深层搅拌机械,边钻孔边喷射粉体,搅拌桩桩长最大12.5m,间距一般1.5m。经处理后搅拌桩和地基土形成复合地基,提高了软土地基的强度,满足设计的沉降要求。

1996年,天津市市政工程设计研究院朱兆芳等与长安大学公路学院忻学森合作,对"软土路基沉降控制设计新方法"进行长达4年的研究,研究课题提出的"软土路基沉降计算方法",考虑因素全面,公式简便,软件功能齐全,可用于路基沉降控制设计。经在唐津高速公路试验段进行实测对比试验表明,该方法具有良好的工程适应性,能反映软土地基沉降的一般规律。

1998年,天津市市政工程设计研究院马承祖等同志在总结上述多项天津地区软土地基加固技术的设计、施工经验的基础上,完成了天津市软土路基加固处理技术的课题研究。研究达到的主要指标:对浅层处理,地基压实度>90%,路基强度达到设计要求;对深层处理,路基沉降满足设计要求,即:桥头工后沉降小于10cm,一般路堤工后沉降小于30cm。

2000年,天津市市政工程设计研究院朱晓东等同志与天津五市政公路工程有限公司合作,研究"软土地基强度随固结变形增长"的规律。根据比奥固结理论,采用弹性本构关系,通过室内外大量试验和理论分析,建立了软土地基三维固结微分方程组和相应的求解公式,并编制了软土地基沉降和固结度计算程序,初步探索出软土地基强度随固结变形增长的规律,对软土地基处理设计、施工均有借鉴作用。

2002年开始,天津市市政工程设计研究院刘润有等同志开展复合地基设计方法的研究,利用粒料桩(如碎石桩、砂桩等)、加固土桩(如水泥搅拌桩、粉喷桩、旋喷桩等)以及水泥粉煤灰碎石桩等对高填土路段地基进行处理,桩土构成复合地基,以减少地基工后沉降,提高地基承载力。2005年,将复合地基处理设计编入国家建筑标准设计图集,2005年6月出版发行,在全国推广使用。

4. 路面结构

20世纪80年代,利用石灰加固土作为路面基层材料,制订过沥青路面典型结构。今天,这种以石灰为主要结合材料的路面基层结构已不适应交通发展和重载交通的需要。2001年,天津市市政工程设计研究院王新岐等,从天津市交通特性与现状路面结构调查入手,通过理论分析、结合室内外试验、设计参数选用以及结构组合设计等方面进行综合研究,提出了沥青路面设计参数的取值方法和一整套系统化、程序化的结构设计方法。并提出"天津市沥青路面典型结构"供设计采用。

1998年,天津市国腾公路咨询监理有限公司在津围公路改造工程中做了大量不同轴载的弯沉测定,研究了超轴载与回弹弯沉的相互关系,完成了超轴载交通对公路造成破坏的机理分析。研究结果首先在九园公路改造工程中应用,获得了实际验证成果。津围公路改造工程采用这一成果进行了路面结构设计,并为其他超重车路线的维修改造提供了理论根据和经验。运用该成果指导的工程实用效果均达到预期效果。

1996年,天津市市政工程局赵可、王玉秀等开展了"碾压混凝土复合式路面成套技术"的研究,在RCC板上加铺沥青混凝土形成复合式路面(AC-RCC)。在唐津高速公路单幅路面做试验路,虽然反射裂缝尚未解决,这项工程实践为复合式路面的推广提供了经验,为路面设计倒装结构提供了数据和经验。

5. 立交工程

（1）立交工程交通分析法

1985年以来，在天津"三环十四射"主干道路网建设中运用交通工程学理论指导立交设计。对交通量的预测分析，采用了定性与定量相结合的方法，即以宏观交通规划、道路性质及周边路网关系进行定性分析，对现状和预测交通量进行定量分析，确定路口交通的主流向，并用交通流量发展趋势图形象表达相交路口交通流的流量、流向特征。根据交通流量发展趋势图构思立交型式，确定立交的各项技术指标。

（2）立交方案评价方法

20世纪80年代，立交方案评价仅从工程造价、桥梁面积以及拆迁占地等经济指标进行比选。90年代，在立交工程设计中建立了技术、经济、社会环境为主的立交方案评价模型，并引入层次分析法，使设计方案比选纳入系统工程范畴，提高了立交方案评价的科学性与立交方案决策的准确性。

（3）道路立交"CAD"

1988年，天津市外环线京津立交工程设计中，天津市市政工程设计研究院赵建伟首次编制了立交定线程序；1990年完成适用于微型计算机的定线程序，增加了计算绘图程序，可绘制无现状平面图。

1992年，天津市市政工程设计研究院承担了建设部"道路立交CAD"的研制开发，于1997年完成具有自主版权的"道路立交CAD"软件。软件具有多窗口平纵交换设计功能，提供逻辑横断模板和三角数模。系统实现了设计、变更、成图、成表、自动布图和图幅选择等功能。该"CAD"软件可用于立交工程的方案设计、初步设计及施工图设计，提高工效10倍以上，获天津市科技进步二等奖。

6."四新"技术（新技术、新工艺、新材料、新结构）的应用

（1）新材料与新结构

①改性沥青。为解决沥青路面的高温稳定性问题，全世界都在研究沥青改性。从1996年开始天津市公路管理局以张永明为首进行了改性沥青的生产技术研究，先后进行了固定式和移动式改性沥青生产设备研制，移动式改性沥青生产设备研制成果获市政局科技进步一等奖。所生产的改性沥青在新津杨等公路试验成功后，在津港公路改造工程中大量应用，减少了沥青路面早期病害的发生，延长了公路的使用寿命。津港公路已经使用8年多，没有明显病害，为高速公路大量使用改性沥青提供了理论准备和施工经验。

2001—2003年，是高速公路建设高峰期。为探索解决沥青面层的高温稳定性，引进特立尼达和多巴哥湖沥青（天然沥青）作为掺配剂，湖沥青的成分为纯沥青质和粉尘杂质，沥青质经过千百年的老化非常稳定，以大于20%的掺配量来提高混合料的动稳定度。

试验路位于津晋高速公路津南区段，共1.4km，经3年通车运行未出现车辙，路况良好。

2004年，天津市公路管理局对胶粉沥青混凝土进行了试验研究。我国逐渐地成为汽车大国，废旧轮胎的利用问题已成为环保关心的问题，通过沥青研磨改性设备处理，将废旧胶粉掺配到沥青中，不但对沥青性能加以改性，而且解决了胶粉利用问题和环境保护问题。在芦台大桥桥面铺筑和北围堤路修筑的试验路充分显示了它的优越性，芦台大桥桥面和北围堤路已经使用了10年，至今完好，在其他工程没有先例。湿法生产的胶粉改性沥青性能比SBS改性沥青性能更优，而且成本低，容易接受。在掺量达到一定比例后，生成高黏度的改性沥青，用作基层上的应力吸收层，可以解决半刚性路面的开裂问题，从而达到减少水损害效果。

②沥青玛蹄脂碎石混合料。2002年，天津市市政工程设计研究院在沥青玛蹄脂碎石混合料(SMA)配合比设计、路用性能、施工技术等方面取得可以生产应用的研究成果。其创新点为：压实成型采用了旋转试验机(GTM)；提出以加配重振实方式确定粗集料的VCA方法和以最小VCA进行级配优化；用动态剪切流变(DSR)试验和弯曲流变(BBR)试验研究胶泥的组成设计。课题还对SMA面层的施工技术进行研究，试验证明振动压路机和轮胎压路机均可用于SMA面层施工。提出分段碾压，波浪式推进的合理碾压方式具有实用价值。SMA混合料在津晋高速公路天津东段完成81m(单幅)示范工程。2001年，在津港公路大修工程中成功铺筑了一段非玄武岩石料的SMA路面，在大流量中轴载的交通情况下经8年多的使用没出现明显的病害。

③高性能沥青混凝土路面。为了提高沥青混合料的设计技术问题，1996年天津市市政工程设计研究院在市政局的支持下，引进了美国工程兵全套的GTM试验仪器设备，开始了GTM混合料设计方法研究和应用。2004年天津市国腾公路咨询监理公司在天津市公路管理局的大力支持下和天津市公路建设发展公司合作研究的将美国Superpave技术国产化的课题："高性能沥青混合料设计及应用研究"通过鉴定，获天津市科技进步二等奖。

高性能沥青混合料设计在津蓟高速公路建设中推广应用，GTM沥青混合料设计方法在丹拉支线高速公路上应用，试验路工程的压实度大于98%，突破了长期以来沥青混合料压实度标准维持在96%的低水平，大大提高了沥青路面施工质量。

④工业余渣用作道路基层材料。1978年，天津市市政工程设计研究院开始研究"粉煤灰在城市道路工程中的应用"。1996年完成了国家行业标准《粉煤灰石灰类道路基层施工及验收规程》(CJJ 4—97)的编制，并颁布施行。

1994年起，天津市市政工程设计研究院赵可为首对"石灰粒化增钙渣"的路用性能进行了长达3年的系统试验研究。石灰增钙渣是电厂对高钙粉煤灰进行技术处理后的副产品，成为颗粒状与高钙粉煤灰成分相同。研究表明，石灰增钙渣混合料早期强度高、后期强度增长迅速、水稳定性优良、收缩性小、疲劳寿命长、造价较低，是一种优良的筑路材料，可用于高等级道路的基层、底基层,在津南区津港公路上应用效果显著。

2000年,天津市市政工程设计研究院对大沽化工厂排放的皂化渣进行了路用性能的研究。由于材料的水稳定性良好,干缩较小,适合用作高液限黏土的稳定材料,在八二路改造应用明显比石灰稳定裂缝少得多。皂化渣可用作各级公路的垫层和底基层,也可用作路基的轻质材料。皂化渣替代石灰,可使废渣资源化,减少环境污染,降低工程造价,经济与环境效益显著。

汉沽化工厂产生大量的膏状电石灰,占用大量用地存放,成为一大公害,至2003年开始对其甩干,产生出半干状的电石灰,当时的公路管理局对其进行应用研究,结论是相当于3级石灰的性能,在海滨大道汉蔡路联络线工程中,用此拌和二灰填筑路基和底基层,至今已经5年,没发现明显沉降等病害,其符合技术上可靠、经济上合理的原则。

⑤半刚性基层抗裂技术研究。半刚性基层是全国高等级公路沥青路面的主要结构形式,采用现行规范设计的半刚性基层结构存在面层裂缝及早期损坏等病害。20世纪90年代以来,用模拟现场压实方式的材料密度试验方法及试件成型方法(振动法),对半刚性材料的密度、力学性能及干缩性能进行研究,提出了水泥稳定碎石混合料配合比设计优化方法。研究成果用于丹拉高速公路部分路段,根据研究成果所做的路面基层,施工难易程度、抗裂性能、钻芯强度、弯沉值等,均优于原设计的路面基层,在通车后的第三年去观察,没发现明显裂缝和其他病害。与常规设计方法相比,水泥剂量可降低0.5%~1.0%。

为了让半刚性基层的裂缝不反射到面层,天津市公路局张永明等研究采用了应力吸收层方法解决,即用自己研究生产的高黏度的橡胶沥青混合料施作下封层。该层有很好的延展性和层间结合力,可阻止半刚性基层的裂缝反射再配合高质量的基层配比设计可有效地控制面层裂缝的形成。

土工合成材料在道路工程中的应用:20世纪90年代,开展了土工合成材料在道路工程中应用研究,主要包括用土工合成材料控制沥青路面的反射裂缝和用土工合成材料进行软土地基处理两部分。旧路拓宽工程中,在新旧接茬部分应用,效果最为明显。通过对不同材料的对比试验,提出了控制沥青路面反射裂缝的材质要求及施工工艺,可以较好地改善路面不均匀沉降。

(2)施工技术

自1988年开始修建京津塘高速公路开始,道路工程施工技术有一个大的飞跃。机械化程度大大提高,高性能的设备逐渐普及,施工技术逐年提高,又不断研究采用新技术、新工艺、新材料,使工程质量得到确实保证。

①施工技术相关标准。2001年,天津市市政工程局对《天津市市政工程道路工程施工技术规程》(JJG 7—93)进行修订,由罗国梁主编。经天津市建设管理委员会批准为天津市工程建设地方标准,编号为DB 29-74—2004,于2004年8月2日颁布施行。新规范

与原规程相比,增补了半刚性基层结构、改性沥青和改性沥青混合料路面,以及土工合成材料的应用等内容。作为天津市市政道路工程和公路工程施工技术操作文件执行,为不断提高工程质量打下了基础。

②水泥稳定级配碎石基层。1989年,京津塘高速公路首次采用水泥稳定级配碎石基层。水稳碎石基层采用厂拌法拌和,拌和设备有巴布格林KS-50粒料拌和机和山东产WCQ-200拌和机,拌和能力200t/h。混合料摊铺采用摊铺机摊铺与平地机摊铺两种施工方法。无论采用摊铺机摊铺或采用MG500平地机摊铺整型,均使用TS290胶轮压路机碾压,再用洛阳BW217D振动压路机终压。压实度和平整度均达到设计要求。

③沥青面层。1985年以前使用没有自动调平装置的沥青混凝土摊铺机,1985年引进联邦德国ABGTITAN355型、420型和VOGELE1700沥青混凝土摊铺机,1990年又引进了VOGELE1800沥青混凝土摊铺机。这些摊铺机能按预先设定的高程基准线和横坡自动调平,并能初步振捣混合料,铺出的沥青混凝土层表面平整,粗细均匀。在京津塘高速公路施工中用两台VOGELE1800摊铺机呈梯形队列进行全幅摊铺的施工工艺,在熨平板安装8轮大滑靴和7m滑杠,全自动找平摊铺。压实分初压、复压和终压三阶段,设备有日本TW100钢胶轮组合振动压路机、瑞典WP20W胶轮压路机、日本酒井R1钢轮压路机等,压实度≥96%,达到设计要求。

沥青挡水缘石采用微粒式沥青混合料,选用美国400-XL沥青挡水缘石一次挤压成型机施工,一次挤压成形,外观平顺、坚实、美观。

④提高公路沥青路面平整度的施工技术。通过对沥青摊铺机下承层平衡梁行走区域进行特殊处理,来提高路面施工平整度水平。1997年,天津五市政公路工程有限公司在石安高速公路施工中,采用此项技术,沥青面层平整度均方差≤0.6(国际规定为1.2),在石安高速公路9个合同段中获第一名,并获河北省交通厅颁发的优质路面工程奖。1998年,在疏港公路和唐津一期工程施工中,使用滑道技术,沥青表面层平整度均方差均小于0.8,达到优质路面工程标准。

⑤不均匀沉降处理技术。路基的压实度是保证公路质量的关键,2001年引进冲击压实机械。利用大功率牵引车带动三棱形或五棱形钢碾,利用其产生500kN的冲击力对密实性差的路基和拓宽路基进行追加压实,解决了路基不均匀沉降的难题。

对旧路已经发生严重不均匀沉降的路段,市政工程研究院首先研究采用了加注水泥浆的措施,在京津塘高速天津站以北路段对路基进行处理,以后公路局又在205国道宁河段进行注浆处理,处理后的质量水平达到规范要求,其综合效果明显优于下挖各处理方式。

7.养护与维修

(1)维修技术

①沥青路面冷再生。1997年天津市公路管理局在听取了德国专家关于水泥冷再生的技术报告后,开始了冷再生的试验研究,将破旧沥青路面材料连同部分基层材料用铣刨机铣刨后添加水泥进行稳定。最早在一些大修路段试验,获得了基本数据和经验后,1999年天津市公路管理局和天津市公路建设发展公司、天津市市政工程设计研究院及组成的课题组,通过大量室内试验和工程实践,分析了不同级配、不同添加剂对冷再生混合料的抗压强度、抗压模量及劈裂强度的影响,确定了现场冷再生的设计参数,完善了设计方法,为推广应用冷再生技术提供了科学依据。之后广泛应用于公路改造项目,如津围公路改造,就地水泥冷再生后,加铺了36cm水泥稳定基层,上铺15cm沥青面层,经过了8年多的重轴载交通的考验,没有发生严重的病害。同样在津港公路、津沽公路、津歧公路、津榆公路等改造项目应用,都获得了很好的效果。在旧沥青面层较厚的情况下,强度可达到1.5~2MPa,作为底基层使用增加了路面抗弯拉能力,从而增强了公路承受超载的能力,而且发现凡是采用冷再生的沥青路面,相对其他路面横向裂缝出现得很晚而且很少。

天津市公路管理局张永明负责于2004年编制了《公路沥青路面基层冷再生设计与施工技术规程》(DB 29-106—2004),冷再生基层、底基层的推广应用,可使废旧材料资源化,减少环境污染,降低工程造价,具有显著的经济效益和社会效益。在之后的公路改造中得到全面推广。

②预防性养护技术。主要包括:

a.改性乳化沥青及微表处。2000年,天津市公路管理局张永明等对"改性乳化沥青及稀浆封层技术"进行应用研究。利用引进的乳化沥青加工设备,研制出性能优良的改性乳化沥青进行沥青路面的微表处,适用于交通量大的沥青路面预防性养护,获市政局科技进步二等奖。

微表处作为交通部推广的工艺,在全国开始应用,为了更好地推广应用,天津市公路管理局张永明负责编制了《天津市公路沥青路面微表处施工技术规程》(DB 29-174—2007),在此规程的指导下对津港公路、津歧公路、津榆公路等大面积地进行微表处,延长了大修期的时限。现在已经成为沥青路面预防性养护最基本的技术措施。

b.沥青面层维修新工艺。路面的裂缝是水进入沥青路面引起水损害的主要原因之一,传统的挖补工艺不能有效地阻止水的进入。2002年引进热再生工艺的"修路王"设备,改变了传统的旧路挖补工艺。新的修补工艺是利用"修路王"将病害部位用红外线加热软化,加入沥青活化剂和新的混合料,就地拌和、碾压,得到一块与旧路面没有接缝的新路面,从而改变了传统的做法,保证了质量,减少了水损害的程度。

c.灌缝工艺。传统的灌缝只是将沥青对着裂缝灌注热沥青,很难灌进裂缝中间。2003年,天津市公路管理局引进了灌缝机,研究成功灌缝专用材料"路面封缝胶",用于路面裂缝的维修。首先将裂缝用专用开缝机将裂缝扩为规则的宽缝,将封缝胶灌进成T字形,至完全封闭,使病害不再发展。材料成本仅为进口的 2/3,目前已得到广泛应用。编写了《公路沥青路面裂缝密封施工技术规程》(DB/T 29-157—2006),由天津市建委签发执行。

在以上新技术、新工艺、新材料研究的基础上,又试验了同步碎石封层,国腾公司进行了全面的总结研究,针对不同路况分别采用不同的封缝手段,进行稀浆封层、碎石封层或微表处,并编撰了《天津市公路沥青路面预防性养护技术规程》。

(2)养护管理技术

1995 年,天津市公路管理局参加交通部"干线公路路面管理系统"的研究,该课题获国家科技进步二等奖。

2003 年,天津市公路管理局刘真岩、于凤和主持编写了《道路改扩建设计施工技术汇编》一书,为人民交通出版社出版的技术丛书之一。

2005 年 12 月,天津市公路设计院与天津市公路建设发展公司合作,编撰完成《天津市高速公路养护技术规范》(DB 29-154—2006)经天津市建设管理委员会批准为天津市工程建设标准。

2005 年,出版了《天津市公路养护管理手册》,使公路的养管更加制度化、规范化。

(3)检测技术

20 世纪 90 年代以前,道路弯沉测定采用贝克曼梁式弯沉仪,但贝克曼梁精度较低,仅测得静态汽车荷载作用下路面的(最大)回弹弯沉值,对路面结构性能评价不够充分。

20 世纪 90 年代开始,引进交通部研制的自动弯沉测定车进行连续测定。自动弯沉测定车在检测路段以一定速度行驶,弯沉通过位移传感器等装置被自动记录下来,周而复始地向前连续测定,通过计算机输出弯沉检测结果。自动弯沉测定车测得的是总弯沉,测试速度快。

2000 年,天津市市政工程质量监督站引进落锤式弯沉仪(FWD),该仪器通过计算机控制下的液压系统提升并释放一重锤,从而对路面施加脉冲荷载,能准确测定弯沉盆,为路面结构层模量换算提供数据。其技术特点是:测速快,精度高,能较好地模拟行车荷载对路面的动力作用。

天津市市政工程质量监督站对落锤式弯沉仪和贝克曼梁测弯法进行回归分析,首次在国内建立了地方性的回归模型。

落锤式弯沉仪的应用研究成果,参与交通部组织的全国公路路网普查,对天津市 16 条公路总长 10121km 进行道路弯沉检测与评价,为交通部提供重要地方道路信息。

路面雷达车在需要检测的车道行驶过后,即可自动记录路面的技术状况,各层的厚度、密度及病害情况,都从彩色图中显示,通过比较可以分析出实际路况。

2006—2014 年,随着沥青路面设计理念向长寿路面设计演进,以及 Superpave 设计方法广泛应用,柔性基层设计逐步推广,重载、超载交通道路结构设计技术取得突破,道路软基处理技术更加多样有效,高速公路改(扩)建技术开始得以研究和实践,道路线形、安全性及景观设计技术持续处于全国先进水平。

道路养护管理方面,科学化养护管理体系不断完善。2005年12月,天津市公路设计院与天津市公路建设发展公司合作,编撰完成《天津市高速公路养护技术规范》(DB 29-154—2006)经天津市建设管理委员会批准为天津市工程建设标准。研究应用了干线公路路面管理系统、高速公路远程办公系统等;编制完成了公路工程养护等一批技术规程;研究并推广应用了沥青路面再生技术、胶粉改性沥青技术、温拌沥青混合料技术等体现节能环保特点的新技术;道路预防性养护理念得到强化,各种预防性养护技术得以不断研发和推广应用;路面检测自动化程度提高,使天津高速公路建设及养护管理保持全国先进水平。

目前,天津市在高速公路养护管理的信息化建设方面已经有了长足的进步,信息系统已经深入到各个高速公路运营公司,在天津市养护生产管理决策中发挥着巨大的支撑作用,但也存在信息管理发展水平不均衡、信息资源共享程度低、管理信息应用不充分、信息资源浪费等问题。今后,各高速公路股运营公司应进一步加大养护管理信息化的资金投入力度,逐步建成全市统一的高速公路养护管理信息系统,搭建路况实时监管与反馈控制平台,采取统一管理、共同维护、分权限更新、分层次使用的办法进行数据库管理。实现路网设施状况的实时感知、使用性能数据的长期积累,加快高速公路数据库的升级换代,提高养护管理效率。同时,各高速公路运营公司还应建立相应的管理制度,提高天津市高速公路养护管理信息化水平和服务水平。

第二节 桥隧工程

天津市地处九河下梢,桥梁是高速公路的重要组成部分。自党的十一届三中全会以来,随着国内经济建设飞速发展,天津市高速公路的桥梁设计技术也有了划时代的提升,修建了许多大型桥梁。同时设计制图和计算分析技术也由以前完全依靠手工操作全部走向电算化的道路,使设计的速度更快,设计计算更精确,设计质量更好。

随着社会与经济的发展,天津市高速公路桥梁设计中对于桥型结构的选择也经历了一个更新换代的历程。由过去的钢筋混凝土桥,发展到大跨度预应力混凝土连续梁桥、斜拉桥、钢管混凝土拱桥等。桥梁建设技术总体发展趋势是向轻质、高强、大跨度、桥型多样化和预制装配化方向发展。

截至2016年底,天津市已通车的高速公路共建有桥梁1029座,其中主跨100m以上特大型桥梁5座(主跨300m以上特大桥2座);总长1000m以上的长大桥85座(跨河桥35座;跨铁路桥11座,高架道路桥39座);高接高互通立交桥34座。桥梁主要跨越障碍物为河流、铁路、公路等。

一、桥梁建设成果

1. 钢桥

钢桥包括钢板梁、钢箱梁、钢桁架和钢与混凝土结合梁及其应用于梁式桥、拱桥、斜拉桥和悬索桥等各类桥型中的钢桥结构。近15年间在天津市桥梁工程建设中发展较快,应用也较广泛。

2005年建成的S30京津高速公路(二通道)北环铁路立交工程,主跨为钢桁架桥型结构,跨径78m。该桥型是天津公路上采用的第一例。

近10年以来,虽然天津市的桥梁大部分都是混凝土结构的桥梁,但是钢结构桥梁以其特有的优点在工程设计中的地位越来越重要。其中,梁式桥又分为钢板梁桥、钢箱梁桥和钢桁架桥。

钢构件为钢箱梁的钢—混叠合梁主要应用在路线线位跨越高速公路位置,钢构件采用钢箱梁的优点是浇注混凝土桥面板时不需要另外增加底部模板,对桥下道路通行车辆的安全性较高。津宁高速公路东外环立交主线跨越京津塘高速公路主跨采用的就是钢构件为钢箱梁的钢—混叠合梁,主跨采用55m跨径一跨跨越京津塘高速公路,桥宽17m,横桥向由4片箱梁组成,钢箱梁间距4.25m,钢箱梁梁高2.6m,混凝土桥面板厚0.2m。桥梁施工混凝土桥面板时不需要另外增加底部模板,这种技术的应用,既增加了桥下行车的安全性又缩短了工期,取得了良好的社会效益和经济效益。

京津高速公路北环铁路跨线桥工程

当跨径增大时,钢板梁桥及结合梁桥所需要的梁高和用钢量将增加,此时采用钢桁梁结构比较经济。京津高速公路北环铁路跨线桥工程竣工于2005年11月,其主桥为钢桁架桥,采用78m下承式钢桁架结构形式,采用顶推法施工。主桥横断面宽度为13.87m(左幅桥)+0.88m(中央分隔带)+13.87m(右幅桥),全宽28.62m,按左、右幅桥进行设计。桥下铁路通行宽度约为27m(垂直铁路方向),桥下净空8m。考虑到斜交跨越,两座桥采用交错布置。结构主体基本上由主桥、桥面系和联结系组成,主体结构采用钢结构形式,桥面板采用钢筋混凝土结构。该桥结构设计虽然与通常铁路桁架桥差别不大,但设计过程中通过大型有限元空间结构分析软件对整体结构进行了优化,构件纤细轻巧,体现了设计的先进性和经济性。

津宁高速公路东外环立交主线跨越京津塘高速公路主跨架设

津宁高速公路东外环竣主线跨越京津塘高速公路主跨

2. 钢筋混凝土和预应力混凝土梁式桥

钢筋混凝土和预应力混凝土梁式桥是天津市公路桥梁中建造最多的一种桥型结构,近年来有了新的发展。1994 年,天津市市政工程设计研究院设计建成的开发区滨海大桥,桥梁全长 1375m,在全市首先采用变径胶囊成型的跨径为 25m 后张预应力混凝土空心板梁桥,荣获 1998 年天津市优秀设计二等奖。

2000 年同济大学设计建成的唐津高速公路永定新河大桥,桥梁总长 1543m,主桥跨径为(83 + 110 + 83)m 预应力混凝土变截面连续箱梁桥,其引桥由天津市市政工程设计研究院设计,采用轻集料混凝土预应力小箱梁桥结构,跨径 35m,每联 3~5 孔。

1991 年天津市市政工程设计研究院在唐津高速公路,率先采用跨径为 30m 预应力混凝土小箱梁桥型结构,与同等跨径的预应力空心板梁相比,较大地降低了工程造价。

为了适应天津市公路与道路运输发展的形势,研究采用"先简支、后连续"预应力混凝土小箱梁新型桥梁结构,在高速公路和城市快速干道上推广应用。并进一步深化研究改进弯、坡、斜、异形桥梁结构技术,进而提高桥梁结构的耐久性和使用功能,取得了明显的效果。

2004年在塘沽疏港路高架桥采用大悬臂脊骨梁新桥型结构,建成后拓宽了桥下交通通行能力,提升了全桥景观效果。

3. 拱桥

2004年建成的钢筋混凝土斜立柱肋拱桥——开发区西区道路跨线桥,即北大街跨唐津高速公路、中心庄路先后跨津滨高速公路和京津塘高速公路3座跨线桥,分上下行桥,每幅桥宽分别为13.0m、13.0m和18.0m,其桥梁中线与相交公路斜交。主桥桥型均为跨径62m钢筋混凝土肋拱桥,矢跨比为1/7.05,每幅桥上部构造由三片拱肋和拱上建筑组成拱架,现浇桥面板和拱梁连接成整体,其拱肋、斜立柱和纵梁的截面均是变化的,构件采用预制安装和现浇连接相结合的施工方法。为平衡拱肋的水平力,拱脚处设置有系杆,采用PE防腐成品索,埋置在高速公路地下钢管内。由天津市市政工程设计研究院设计,中铁第14工程局、第16工程局和第18工程局3个单位施工。

开发区西区道路跨线桥

4. 斜拉桥

改革开放以来,伴随天津市城市基础建设的迅速发展,修建了多座不同形式的斜拉桥,促进了斜拉桥建设和技术的发展,也积累了一些可贵的经验,对美化城市环境景观取得了可嘉的效果。在修建过程中对于桥梁造型及建筑美学方面作了一些探索。按照桥梁造型的美学法则,概括为多样统一,即在造型、功能、受力、创新、与环境相协调5个方面的统一。

(1)塘沽海防路海河大桥

2001年建成通车。该桥位于海河入海口海滨大道跨越海河,主桥为跨径[310+190(3×48.0+46.0)]m,钢与混凝土(主跨为钢结构,边跨为混凝土结构)混合型独塔斜拉桥,引桥为预应力混凝土梁式桥,南北两侧引桥跨径为30～50m,主桥主梁为5孔连续梁,桥梁全长2220m,桥面宽23.0m。主跨采用正交异性钢箱梁结构,双箱开口断面,梁高3.0m,边跨为预应力混凝土箱梁结构;主塔为钢筋混凝土A形塔,塔高167.3m(桥面以上126.0m)。塔高与主跨之比为1/2.46,塔柱采用矩形空心截面;塔墩为钢筋混凝土墩身与承台灌注桩基础直径为2.0m,边墩灌注桩直径为1.5m。斜拉索为双面扇形索,索距主跨为16.0m,边跨为8.0m,结构为纵向半飘浮体系。天津市市政工程设计研究院设计,中信国华工程总承包公司、上海市基础工程公司等负责施工。

2003年获天津市和建设部优秀设计一等奖,2004年获国家优秀设计银质奖。

塘沽海防路海河大桥夜景

溏沽海防路海河大桥

(2)滨海大桥

滨海大桥是唐津高速公路天津南段工程的核心和关键工程,横跨海河,位于津南区葛沽镇西关村与塘沽区于庄子镇之间。该桥采用双塔双索面斜拉桥,为飘浮体系,主塔结构采用倒Y形,塔高140m,主跨为364m,全长2851m,是目前我国北方地区最大的双塔双索面预应力钢筋混凝土斜拉桥,2003年11月底建成通车。

该桥按双向六车道设计,设计荷载标准为汽超-20、挂-120,其主桥跨径为(152＋364＋

152)m 双塔双索面钢筋混凝土斜拉桥,桥宽 30.9m,主桥主梁采用预应力混凝土肋板式梁结构,漂浮结构体系,梁肋高 2.0m,宽 1.7m,桥面板厚 0.32m。倒 Y 形塔,塔高 140.12m (桥面以上高度 100m),塔墩为钢筋混凝土墩身与承台,扇形索索距为 4.6~6.8m。下部结构采用灌注桩基础,主墩灌注桩直径为 2.0m。主梁采取悬臂浇注法施工。该桥由天津市市政工程设计研究院设计,天津市第一市政公路工程有限公司、天津市第三市政公路工程有限公司施工,2004 年获天津市优秀设计一等奖。

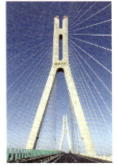

滨海大桥

二、桥梁结构设计研究与施工技术

1. 设计与计算

为了适应天津市公路网桥梁建设发展的需要,从 1991 年开始,进行《中小桥计算机辅助设计(简称 LQCAD)软件系统》的开发研究。该软件系统适用于中小跨度公路梁(板)桥设计,其简支梁桥软件具有国内先进水平,下部结构设计达到国内领先水平。该项研究成果由天津市市政工程设计研究院和西南交通大学联合完成,获 1996 年天津市科技进步二等奖。

结合立交桥梁结构中预应力混凝土曲线箱梁和异形箱梁结构,开展了"预应力混凝土曲线箱梁研究"课题研究工作。对曲线箱梁和异形箱梁计算分析的方法,具有选取单元模型合理,更真实反映曲线箱梁和异形箱梁的受力特性,计算准确方便,输出结果明确等特点,已在高速公路立交工程中成功应用,使工程设计更趋于经济合理,对今后同类结构的设计具有很好的指导意义。该成果由市政工程设计研究院负责完成,获 1999 年天津市科技进步三等奖。

从 2000 年起,桥梁结构计算分析方法在常用桥梁结构计算软件"桥梁博士""同济大学平面杆系"的基础上,通过系统地学习、深化研究,相继引进了美国的"SAP95"、韩国的"MIDAS/ciyil"和美国的"ANSYS8.0"等空间有限元软件并广泛应用于实践工程中。

2004 年,在桥梁设计中推行可靠度理论,建立了设计基准期概念,并明确天津市桥梁结构的设计基准期为 100 年。同年,桥梁设计理论由 1985 年以来沿用的以 3 个系数为基础,并配以安全系数($r_c = r_s = 1.25$)的极限状态理论,全面执行以可靠度理论为基础的概率极限状态设计理论。概率极限状态设计理论表达式中的系数,都是根据基本变量的统计特征和规定的可靠度指标密切关联的。同时,全面建立和健全了桥梁耐久性设计理念。强调桥梁设计在完成规定内容的计算分析外,还应全面满足构造和工艺方面的要求。

2. 预应力技术

2004年以来,随着国家经济建设的迅速发展,天津市城市道路干线网和高等级公路基础设施相继投入建设,预应力技术的发展进一步加快,新的桥型不断出现,桥梁跨度越来越大。2008年天津市市政工程设计研究院设计修建的海滨大道北段二期永定新河特大桥,主桥采用(90+160+90)m预应力混凝土变截面连续箱梁桥,主梁采用三向预应力,悬浇法施工。2008年市政工程设计研究院设计了主跨310m的钢与混凝土组合梁独塔斜拉桥——集疏港公路海河大桥。2011年设计修建了唐津高速公路扩建工程海河特大桥,主桥采用(100+160+100)m预应力混凝土变截面连续箱梁桥,主梁采用三向预应力,悬浇法施工。

天津市地处华北平原渤海之滨,中小跨径的桥梁众多,预应力混凝土预制梁结构具有建筑高度小、外形简洁、施工方便等特点,在公路桥梁中大量使用。目前普遍采用的20～40m跨径的预制梁主要有预应力T梁、预应力空心板梁、预应力小箱梁。其中跨径在20m以下,结构形式较多采用先张预应力混凝土空心板梁;跨径在20～40m,结构形式多采用先简支后连续小箱梁。

2008年设计的天津集疏港公路海河斜拉桥,主塔环向预应力短钢束张拉采用回缩量低于2mm的低回缩锚具,这种预应力锚固结构可显著减少预应力钢束孔道摩阻与锚固回缩引起的预应力损失,提高钢束的有效应力,充分发挥钢束的强度,减少钢束的用量。不仅克服了U形环向预应力钢束弯曲半径小、受力不均匀及管道摩阻损失计算不准确的问题,而且钢束的有效应力沿程分布均匀,索塔锚固区的混凝土应力分布更加均匀。在施工方面,低回缩环向预应力方案钢束管道布置及施工穿束更方便,且可以根据需要灵活调节纵、横向预应力筋数。这种预应力索塔锚固结构较以往常用的环向预应力锚固结构具有更好的经济性、合理性与适用性,值得推广使用。

2011年设计修建的唐津高速公路扩建工程海河特大桥,主桥采用(100+160+100)m预应力混凝土变截面连续箱梁桥,主桥竖向预应力采用了二次张拉低回缩预应力钢绞线技术。二次张拉低回缩预应力钢绞线锚固体系用于竖向预应力,其性能远优于精轧螺纹钢。二次张拉低回缩钢绞线竖向预应力锚固系统,大幅度减小了中短束预应力筋的放张损失,大幅度提高了竖向预应力效率和结构的抗剪安全度,且竖向实际永存应力能稳定达到设计要求,有效地避免了腹板开裂。

3. 轻质集料混凝土的研究和应用

1999年，由天津市市政工程研究院负责组织"桥用高强轻集料混凝土应用技术研究"课题研究，并针对唐津高速公路永定新河大桥的南北引桥通过优化设计，结合研究成果采用CL40级轻集料混凝土应用在桥梁结构上。原设计采用25m跨的T形梁，经优化研究变更为35m轻集料预应力小箱梁，减轻了上部结构的自重，同时减少了下部结构的数量和桩基的数量，满足了功能，减少了投资，总结了一套设计施工的成套技术，取得了显著经济效益，也填补了天津市桥梁中使用轻集料混凝土的空白。该研究成果获2001年天津市科技进步二等奖。

4. 施工技术

1993年，为了大跨度斜拉桥技术的发展，开展了"大跨度预应力混凝土斜拉桥牵索式长挂篮施工新技术的研究"课题研究，包括挂篮设备、挂篮施工技术两部分内容。挂篮设备改变以往斜拉桥所沿用的悬浇挂篮，利用斜拉桥结构本身拉索作为挂篮的前支点，该挂篮施工技术可使挂篮自重轻，每次浇注混凝土主梁长度增大，既可加快施工速度，又可提高经济效益。挂篮施工技术主要研究使用此种新挂篮在施工中移动、抛高、斜拉索的张拉、体系转换等施工工艺及其测控技术。该项新技术研究成果属国内首次应用，其综合技术水平达到国内领先，经济效益和社会效益十分显著。此后，在全国广泛使用，对推进斜拉桥技术发展具有重要意义。该项研究成果由天津市市政工程设计研究院负责完成，获1995年天津市科技进步二等奖、天津市建委科技进步一等奖。

同时，进行了"斜拉桥控制系统的研究"课题研究，保持对斜拉桥塔、梁、索结构受力特性。研究斜拉桥成桥理想状态下内力优化计算方法，完善一套斜拉桥按倒退分析法施工安装设计计算分析的软件和施工控制分析的软件，这些软件适用于牵索式长挂篮及其相应的新工艺新技术，对施工实测结果能及时分析识别提出对策并自动修正起到指导作用。该研究成果，经过工程应用取得了较好的成果。该项研究成果由市政工程设计研究院负责完成，获1996年天津市建委科技进步二等奖、1997年天津市科技进步二等奖。

施工中采用智能预应力张拉技术，大大提高控制精度，有效保证桥梁结构部位可靠性，确保工程质量。

桥梁转体施工法—天津地区首次采用：沿海高速公路跨津山铁路段为双幅后张预应力混凝土T形刚构，斜交正做，桥长130m，单幅桥宽27m，在天津地区首次采用了双幅桥同步转体施工技术，该施工技术的应用极大改善了桥梁施工对铁路运营的影响，整个施工过程从开始转动到桥梁就位仅用时27min，与常规预制梁体吊装就位相比对铁路正常运营影响几乎为零，且安全度高，为天津类似跨铁路桥梁结构和施工工艺选型提供了有益借鉴。该工程单幅桥梁转体质量达13300t，为目前国内同类工程之最。

隧道施工：津蓟高速公路延长线莲花岭隧道工程长2220m（左线2252m）。该隧道属燕山山脉分支段低山丘陵剥蚀区，地形切割强烈，隧道进口段为一早期侵蚀台地，坡面堆积球形风化大孤石，易发生落石。隧道洞身浅埋，风化带较厚，围岩等级偏低，在实际施工中围岩变化无常，多次出现塌方现象，采用环形开挖预留核心土的开挖方法。该隧道施工按新奥法施工原理进行，以系统锚杆、喷射混凝土、钢筋网、格栅钢架等组成的初期支护手段，控制围岩的变形，带围岩稳定后再浇筑二次混凝土。对于软弱围岩段，施工始终坚持"管超前、严注浆、弱爆破、短进尺、早封闭、勤测量、紧衬砌"的原则，并通过对围岩和支护的测量、监控来指导隧道的施工。隧道施工中初期支护是影响隧道工程质量的重要环节，因此对初期支护的各个工序严格按照施工技术规范和设计要求检查，对于不合格的坚决返工，尤其在软弱围岩地段，为保证工程的安全和质量，多次提高初期支护的参数，例如增加超前注浆小导管施工，增加锚杆的数量或加密间距，采用双层钢筋网等。在隧道塌方空洞处理上，也加大质量控制力度，注浆过程中安排专人全天监督，决不留下质量缺陷。

5. 技术标准与规范

《天津市市政工程施工技术规范》（DB 29-75—2004）的桥梁工程部分由黄大健、陈福明、张孚珩、都锡龄、童文威编写，由天津市建委批准作为技术规范在桥梁施工中执行。

三、立交桥

1992年建成的京津塘高速公路徐庄子立交桥，属国家"八五"和"九五"期间重点项目，该工程的初步设计由交通第一勘察设计院完成，后由天津市市政工程设计研究院作了优化设计和施工图设计，交通部第一公路工程局施工。整个工程高架桥总长3800m，全桥总建筑面积11万m^2，成为当时京津塘高速公路上和天津市最大的一座高速立交桥。

2003年建成通车的津晋高速公路（天津东段）港塘公路互通式立交桥，位于塘沽区新城村。它是一座跨越港塘公路、李港公路、大沽排污河的立交桥。主线桥长1523.26m，两条匝道全长489.66m，桥梁总面积4.37万m^2，该工程由天津市市政工程设计研究院设计，由天津市公路工程总公司施工，获2003年国家优质工程奖。

四、附属设施

1. 桥梁支座

由于桥梁结构形式的不断发展，也要求不同的支座形式与之相匹配。一般情况下，20m以上跨径的T形梁、10m以上跨径的板梁、20m以上跨径的小箱梁、不同跨径的连续箱梁多采用矩形和圆形板式橡胶支座以及四氟板式橡胶支座；支座反力较大的墩柱，则采用盆式橡胶支座；在桥梁的纵坡上，有的采用坡式橡胶支座。

在丹拉高速公路天津段修建的滨海斜拉桥，设计采用橡胶隔振支座，这种支座利用夹层橡胶的隔振技术,是具有双线性滞回特性的橡胶(铅芯)隔振支座,能起到减振、隔振的作用,是近年来发展的新技术。

2. 桥梁伸缩缝

20世纪80年代天津永和斜拉桥引进国外伸缩装置技术以后,天津在桥梁伸缩装置的研制和生产方面发生了巨大变化。1989年,天津市公路管理处和天津市政工程研究所的科技人员在消化吸收国外先进技术的基础上,研制出一种防水密封、能适应桥梁结构三维变位和大伸缩量要求的新型伸缩缝装置。该装置适用于各种桥梁(包括弯桥、坡桥、斜桥等),弹性支撑系统具有良好的减振性能,并可降低噪声,保护桥体及其装置,防水密封系统能有效地防止雨水等对桥梁端的侵蚀,提高桥梁的使用寿命,后在天津市桥梁工程中得到推广应用,1990年获市科技进步二等奖。1992年天津市公路局设施厂研制的三维伸缩装置(后称模数式伸缩装置),于当年在中环线西青道立交首次应用。20世纪90年代末期至2005年,一般的跨河桥梁,立交的主桥、引桥、匝道桥的伸缩缝大多采用模数式伸缩装置,依据结构长度和安装温度确定伸缩量,多为80型、160型、240型和320型,且安装工艺日趋成熟。

伸缩缝反开槽施工工艺在京津塘高速公路工程率先使用,对解决桥梁"跳车"现象起到明显效果,后来全国普遍采用此方法。应当讲,伸缩缝反开槽施工工艺对治理桥梁质量通病做出突出贡献。

1998年,天津市公路局引进弹性体改性沥青桥梁伸缩缝,它适用于旧桥伸缩缝改造和新建中小桥等,伸缩变位小于5cm的结构伸缩缝。2001年,天津市市政工程设计研究院又研制出比进口弹塑体材料性能更加好的材料,使该工艺材料国产化,它具有防水性好、桥面连续、减少振动、外形美观、施工简便、造价低廉等特点,在桥梁的渐变段和立交匝道的异形段得到应用。

3. 桥面防水及铺装层

桥面铺装和防水的质量影响到桥梁的使用寿命,随着认识的提高不断地进行改进。20世纪90年代以来,各种梁式桥、拱桥、斜拉桥、悬索桥都施作桥面混凝土铺装层,一般为6~10cmC30防水混凝土或纤维网混凝土(抗渗等级S6),在其中布设一层或两层钢筋网片,桥面铺装层上再施作防水层。20世纪90年代中期,桥面防水采用"两布六涂"工艺,由于铺涂工序多、工期长、材料性能不好、施工过程易损坏,且玻璃纤维布易老化,逐渐被淘汰。后来在高速公路和城市快速路的桥梁上,采用聚合物防水涂料和桥梁用APP改性沥青防水卷材施作防水层,取得了较好效果。在桥梁的主梁顶面采用水泥基渗透结晶型防水材料作防水层,这种材料可提高混凝土本身的防水性,同时又不影响主梁混凝土与桥面铺装混凝土的连接强度。目前在高速公路上普遍采用了喷丸除浮浆、喷洒高黏度热沥青、撒铺石屑的做法。桥面水泥铺装层的做法也趋于统一,改变了该层只是找平层的作用,在实际运行过程中桥面水泥混凝土铺装起着整体连接作用,尤其对预制安装结构更为重要,所以变为最薄处8cm以上的做法。

进入21世纪后,天津的钢桥修建不断增多,对如何解决钢桥面铺装的高温稳定、低温抗裂及与钢结构面层的黏结,市政公路行业的科研、设计、施工联合攻关,取得了可喜成绩。如在钢桥面成功地铺筑了浇注式改性沥青混凝土面层,以及环氧沥青混凝土作为面层,均达到了预期效果,从而使天津市在这个领域处于全国先进水平。

五、桥梁抗震

天津市在桥梁的抗震设计中,一般地按Ⅶ度设计、Ⅶ度设防;重要的跨越铁路、大河的特大桥有的按Ⅷ度设计、Ⅷ度设防,并进行抗震动力稳定与验算分析。在桥梁的结构形式上,多为现浇普通钢筋混凝土连续箱梁和预应力混凝土连续箱梁。进入21世纪,预制的T形梁和小箱梁,采取"先简支、后连续"的做法较多。这期间,按照设计规范的强制性条文规定,各种形式的桥梁都应采取相应的抗震设施,T形梁在梁端间设有抗震栓、侧面设有抗震挡,板梁和箱梁在梁端纵向设抗震栓、侧面设抗震挡,抗震挡内侧粘贴橡胶板。

2001年建成的滨海新区塘沽海河独塔斜拉桥,除结构采用漂浮体系外,在主桥的主塔柱与主梁之间设置横向限位支座,主梁侧面相应位置设有支撑垫石并铺设四氟板式橡胶支座,是一项有效的减震措施。

2003年建成的丹拉高速公路天津段跨海河的滨海双塔斜拉桥,按照"小震不坏、中震能修、大震不倒"的分级设计理念,利用桥梁结构能力设计的方法和减震消震的桥梁设计手段进行抗震设计,结构上也采取漂浮体系,主桥主梁在塔柱两侧及边墩设置纵横向限位及减震装置。

永定新河特大桥是沿海高速天津段北段二期工程中的一座特大桥,该桥跨越永定新河规划主河道,南接疏港二三线立交,北接沿海高速天津段北段二期工程主线高架桥,结构形式为(90+160+90)m的变截面预应力混凝土连续箱梁,特大桥桥长340m。大跨度单箱双室变截面连续箱梁,充分考虑混凝土徐变的影响程度严重性和长期性,主动的控制桥梁恒载下挠值。进行详细的抗震分析,最终采用了在主桥固定墩位增加阻尼器的方案,所采用的阻尼器为清华大学具有完全自主知识产权的金属屈服型阻尼器,为不断提高国内自主研发的高端桥梁减隔振产品的技术水平提供了平台。

六、桥梁养护维修与加固

1.桥梁管理

为了适应不断发展的公路交通,天津市公路管理局针对公路桥梁的科学化管理开展了一系列的研究工作。

1995年以来,针对历年来桥梁的病害情况进行了系统的总结研究,开展了"天津市公路桥梁预防性养护技术与病害治理"研究,获得天津市政局科技进步二等奖。在此基础上又编写了《天津市公路桥梁耐久性养护技术标准》,对维修加固技术和养护工作的操作进行了规范。

1995年天津市公路局参加交通部组织的《公路桥梁管理系统》研究,该成果获1996年度国家科技进步二等奖。

1996年开始,天津市公路局实行"桥梁管理工程师制度",各管辖地段的桥梁由专业技术人员负责,保证桥梁的管理到位、安全畅通。2003年开始,试行《公路桥梁标准化养护制度》,开始重视桥梁的耐久性问题,研究如何延长桥梁的正常服务的寿命。

2. 桥梁养护

20世纪90年代前,对桥梁钢筋的锈蚀情况和混凝土裂缝的检查主要靠目测及破损检查方法。1995年开始先后引进使用了先进的钢筋锈蚀仪、裂缝观测仪、混凝土碳化测试仪等设备,用无损检测的方法,准确地判断、定量地描述病害情况。已应用于东堤头桥、张贵庄立交、永和斜拉桥等桥梁。

为防止水对混凝土的损害,提高桥梁的耐久性,自1998年起先后引进了多种混凝土保护材料。1998年引进了沥青基桥面防水材料,有涂料,也有卷材,有冷作业的,也有热作业的。选用时最主要的指标是黏结性能和耐热性能。此类材料首先在唐津高速公路桥梁上使用,以后的旧桥养护维修大多使用了此种材料进行桥面防水保护。

为了避免和减少环境对混凝土的影响,2001年引进了渗透结晶型防水材料及硅烷类、氟碳类材料,用于当杨路当城桥和宝平路田场立交等。此类材料可渗透到混凝土体内3mm以上,能抑制水及有害离子侵入混凝土内部,而且可以透气,不改变混凝土外观。2002年引进了弹性成模型保护材料。津蓟高速公路立交工程的侧面应用了此材料,既保护了混凝土又美化了外观。

3. 桥梁维修

2001年在华北桥维修工程中引进水泥基钢筋防锈材料和聚合物修补砂浆、修补混凝土。此类材料适用于动荷载、振动下的桥梁混凝土结构修补。此后东风大桥、外环线张贵庄立交、无瑕村立交等旧桥改造中在T形梁横隔板的连接、板梁的绞缝以及混凝土的修补方面进一步得到应用,使桥梁钢筋混凝土结构修复技术得到发展。

在混凝土裂缝处理技术方面,2000年引进使用了带有一定延度的聚合物成膜型弹性涂装材料、丙烯酸酯防水涂料、柔性水泥基成膜涂装材料(弹性水泥)等,用于小于0.2cm的混凝土裂缝修补,大于0.2cm的裂缝,可用同类型的泥子处理,然后再涂涂料。这类涂料因具有一定的弹性,其主要作用是防水及抗氧气和二氧化碳的渗透。同时引进了"闭可注"法,即自压力注胶法。当裂缝不大于 0.3cm 且已经不再发展,可以将裂缝清理干净后注入补缝胶,对裂缝进行封闭。

4. 桥梁加固改造

桥梁病害主要是自然损害和受力破坏,早年建成的桥梁由于技术标准低,构造方面又存在不少缺陷,自然方面经受着盐腐蚀、冻融和碱集料反应等的作用,加上超载运输使桥梁发生大量的病害,严重影响了使用寿命。为解决这方面的问题,近十几年来研究开发了各种病害治理和加固改造技术,针对不同的破坏形式,研究采用了不同的加固办法,获得较大成功。并且总结编撰了《旧桥维修加固技术与实例》技术丛书,由人民交通出版社出版发行,实用性强,可以供桥梁管理者参考应用。

(1) 桥面补强层加固与 T 形梁桥焊接构造改造

预制安装焊接连接的简支梁结构,在车辆荷载作用下形成应力集中,很快出现纵缝,容易造成单梁受力状况,通过检测和计算,主梁符合设计标准,只是梁与梁横向连接薄弱。桥面铺装层加固法是在桥面经过处理植筋后,浇筑一层钢筋混凝土铺装层进行加固,使其与原桥跨结构形成组合结构,达到提高桥梁承载能力的效果,钢筋混凝土材料为冷轧带肋焊接钢筋网和高强度防水混凝土或纤维混凝土。T 形梁间的翼缘横向连接加固是将原焊接连接的部位切开凿除,用现浇混凝土的形式重新连成整体,避免了应力集中引起的病害。

(2) 增大截面和配筋加固法

增大截面加固法,顾名思义,是采用同种材料——钢筋混凝土,用来加大原混凝土结构截面面积,达到提高结构承载能力、提高结构刚度的目的。

当梁的承载力、刚度、稳定性和抗裂性能不足时,通常采用增大构件截面、增加配筋、提高配筋率的加固方法。这种方法是在梁底面或侧面加大尺寸,增配主筋,提高梁的有效高度和抗弯承载力,从而提高桥梁的承载力。该法广泛用于梁桥及拱桥拱肋的加固。

(3) 粘贴(钢板、碳纤维、锦纶纤维)加固法

当交通量增加,主梁出现承载力不足,或纵向力筋出现严重腐蚀的情况时,梁板桥的主梁梁底会出现严重的横向裂缝。采用黏结剂及锚栓,将钢板粘贴锚固在混凝土结构的受拉缘或薄弱部位或碳纤维、锦纶纤维,使其与结构形成整体,达到提高梁的承载能力的目的。这种加固方法的特点是:不需要破坏被加固的原结构的尺寸,施工工艺简单,质量较容易控制,施工工期短。

(4) 体外预应力加固法

对于钢筋混凝土或预应力混凝土梁或板,采用对受拉区施以体外预应力加固,可以抵消外部荷载的附加作用,从而能有效地提高梁的承载能力。体外预应力加固法既可作为

桥梁通过重车的临时加固手段,又可作为永久性提高桥梁荷载等级的措施。

(5)墩台基础加固

混凝土墩柱处在水中或河滩,在浪溅区和干湿交替区容易产生腐蚀、冻融等病害。此时通过对病害部位进行环包加固,简便易行,效果良好。

当地基承载力不足或基础沉降变形较大时,可考虑采用扩大基础加固法,但应通过计算确定。

(6)桩基加固

2002年对当城桥采用旋喷注浆法加固其基础,取得了成功。在原桥墩周围按矩形布置旋喷桩,桩长10m,桩径60cm,咬合15cm,桩内插25mm钢筋。旋喷桩顶部现浇一圈钢筋混凝土梁,在原灌注桩位置顺桥向做斜撑,效果达到了设计要求,通过了时间的考验。旋喷桩的机具比较灵巧,在桥下净空受限制的情况下容易实现,可以推广采用。

为了适应不断发展的高速公路交通,天津市自1995年以来,针对历年来桥梁的病害情况进行了系统的总结研究,制订了《天津市公路桥涵养护技术规范》,在此基础上编写了《天津市公路桥梁耐久性养护技术标准》,对维修加固技术和养护工作的操作进行了规范。

第三节 重要科技创新

随着社会的进步和经济建设事业的发展,高速公路建设以惊人的速度推进。天津市在高速公路建设实施过程中,不断总结经验,凝练科技成果,主要有:

(1)高速公路软土地基、盐渍土路基处理技术水平进一步提高,形成适合天津市软土地质特点的地基处理理论、方法、工艺,推动高速公路建设技术不断发展。

1989年,京津塘高速公路工程建设中,针对天津软土特点,在对软土地基特点深入研究的基础上,采用袋装砂井、塑料排水板预压深层处理技术,使路基软土达到一定的固结度后再修筑路面,达到突破性的进展,为后期软基处理提供了借鉴。

自1993年9月京津塘高速公路建成以来,天津地区先后修建了唐津高速公路、京沪高速公路天津段、津蓟高速公路、津滨高速公路、丹拉高速公路天津段等数条高速公路。在这些公路的建设中,先后采用了袋装砂井、塑料排水板桩、水泥搅拌桩、高压旋喷桩、夯扩桩、CFG桩、薄壁管桩、碎石桩等软基处理方法,积累了成功的经验,也对各种桩的处理效果进行了实际验证。其中,京津塘高速公路施工技术获1996年中国建筑工程鲁班奖。

1997年,由天津市公路建设发展公司组织完成的《夯实扩底水泥粉煤灰碎石桩复合地基技术研究及应用》,通过综合分析,依据地质、工程模型的特点,建立软弱地基处理桩模型,对夯扩桩施工工艺、作用机理进行系统研究,制订施工操作规程,为消除高速公路桥头跳车提供新的技术手段。该课题获2002年度天津市政工程局科技进步二等奖。

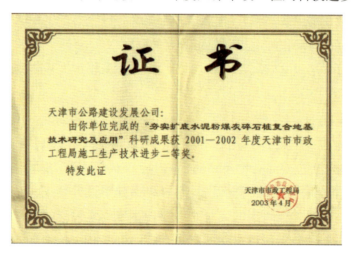

获奖证书

1997年,天津市市政工程设计研究院与西安公路学院合作,开展《软土地基沉降新方法的研究》课题研究,结合山广高速公路(现唐津高速公路)桥头软基处理进行研究,提出了采用塑料排水板桩、水泥搅拌桩、CFG桩处理高填土路基的技术策略,并为天津软土地基设计提供了可靠简便的计算方法,得到大面积的推广应用。

2003年,由天津市市政工程研究院组织完成的《高速公路软基病害的检测技术及处理对策》,采用钻孔电视摄像检测和低频地质雷达物探检测手段对软基病害进行试验检测,提出了路堤渐进破坏分析方法,提出了采用土工合成材料、GTM高性能沥青混合料配合比设计方法、低压灌浆、降低反压护道等治理高速公路软基病害的综合措施,具有很高的应用价值。该课题获2004年度天津市科技进步三等奖。

2006年,天津市市政工程研究院、天津市高速公路投资建设发展公司组织完成《用粉质土修筑高速公路路基技术研究》,将智能灌溉农业使用的美国土壤水分传感器用于粉土路基顶面的含水率监测,研究路基顶面含水率变化的规律和原因;自创了一种能模拟现场情况的毛细管水上升高度试验方法——压实土柱的毛细管水试验;将化工厂的废渣——皂化渣用于粉土的稳定加固,可以使粉土的强度和水稳定性成倍提高。

2008年,天津市市政工程设计研究院、天津市高速公路投资建设发展公司组织完成《PCC桩在天津威乌高速公路软基加固应用的试验研究》,对PCC桩在天津市软土地区的设计理论、施工工艺及质量控制措施进行研究;对PCC桩在天津市软土地区有关塌落度、拔管速度、施工顺序等施工工艺的试验研究;对PCC桩在天津市软土地区复合地基及单桩检测技术研究、PCC桩复合地基与其他地基处理方式的现场监测试验对比与分析。该技术成功在天津威乌高速公路、京沪高速公路等多条路上应用,对于天津高速公路建设及其他地区高速公路软基加固均有重要的指导意义。

2009年,完成《土壤固化剂在路基处理、道路基层中的应用研究》课题对固化剂处理土壤技术的系统研究,通过抗压强度、回弹模量、CBR、干缩性、水稳定性等试验,发明了利用固化剂固化淤泥质土作为重载、软基道路结构层的方法,结合天津高速公路工程进行室外试验研究,通过室外抗压强度、回弹模量、CBR、弯沉等测试,验证固化剂处理淤泥质土作为重载、软基道路结构层的可行性,编制《固化剂类路基处理层及基层施工操作规程》,为高速公路修建提供了指导。该课题2009年获天津市科技进步三等奖及天津市科技成果二等奖。

(2)高速公路沥青路面材料设计水平、结构组合设计质量、试验方法得到逐步完善,保证高速公路路面质量进一步提升。

1997年,交通部颁发了《公路沥青路面设计规范》(JTJ 014—97),新的行业标准将国家"八五"科技攻关项目的科技成果纳入了新规范。

1998年,天津市市政工程设计研究院组织完成天津市沥青路面典型结构的研究。综合利用了调查、试验及理论相结合的办法,提出了沥青路面设计参数的取值方法,推荐天津市沥青路面典型结构,提出适合天津市高速公路特点的交通参数、土基参数确定方法,为高速公路路面设计提供了可行的参数取值法。该课题获2002年度天津市政工程局科技进步二等奖。

2000年,中铁第十八工程局完成《京沪高速公路高陡路堑边坡加固综合技术研究》。以京沪高速公路沪化(马湾)临(邑)段第八合同段金山路堑边坡加固工程为例,具体应用两种不同的方法(模糊测度方法和有限元方法)对边坡加固后的稳定性状况进行了计算分析。应用模糊测度方法和有限元方法相互弥补各自的不足,在不影响工期的情况下,比较精确地分析得出岩土工程的稳定性结论,为类似于此种边坡的岩土工程提供借鉴。对加固设计方案中的高压注浆材料、压力进行了计算分析,对预应力锚杆的预应力值以及布锚参数进行了设计计算。对高压注浆和锚固机理进行了较为详细的分析,并对高压注浆后对岩土体的改性进行了论述。同时分析了预应力锚杆的作用以及高压注浆与预应力锚固共同作用的机理。运用模糊测度法对加固设计后边坡进行了稳定性分析,得出了加固前边坡失稳和加固后边坡能长期稳定的结论。应用有限元分析方法对边坡的开挖、加固以及加固前后的稳定性进行了模拟计算,得到了与模糊测度法相同的结论,并对改进后的设计方案进行计算,认为该设计方案可行且效果明显。针对国内目前在边坡稳定性研究分析方面普遍采用的有限元方法的基础上,创造性地将模糊测度法应用于边坡稳定性分析,得出相同的结论,并创造了显著的经济和社会效益。该项目获2000年天津市科学技术进步二等奖。

2001年,天津市市政工程研究院组织完成《采用GTM的沥青混合料配合比设计方法研究》。采用旋转成型GTM对沥青混合料级配设计、路用技术性能及施工技术等进行系统研究,提出了新的连续级配范围,提出以GSI、GSF相对于油石比的突变点作为确定最大沥青用量的判据,可避免高速公路因材料本身性能缺陷导致的沥青路面早期破坏,具有重大的经济效益和社会效益,该项目获2003年度天津市科技进步三等奖。

2001—2003年是高速公路建设高峰期。为探索解决沥青面层的高温稳定性,引进特立尼达和多巴哥湖沥青(天然沥青)作为掺配剂,湖沥青的成分为纯沥青质和粉尘杂质,沥青质经过千百年的老化非常稳定,以大于20%的掺配量来提高混合料的动稳定度。1.4km试验路位于津晋公路津南区段。经3年通车运行未出现车辙,路况良好。

2001年,天津市市政工程研究院完成的《SMA配合比设计方法、路用性能及施工技术研究》。通过测定有效密度和计算最大理论密度与体积分析,并结合集料裹覆沥青量提出SMA配合比设计计算方法,并对SMA路用性能及施工技术进行系统研究,为SMA路面的推广应用提供了科学依据。该课题获2002年度天津市政工程局科技进步一等奖。

2003年,天津市国腾公路咨询监理有限公司、天津市高速公路投资建设发展公司联合研发《高性能沥青混合料设计及应用研究》。采用Superpave技术,结合我国国情进行高性能沥青混合料设计及应用研究,沥青混合料设计采用旋转压实仪成型,用体积性能控制,突破了常规施工工艺,在不增加工程投资的基础上,改进混合料的设计方法,选择优质沥青,使修建后的沥青路面抗车辙变形能力强,防低温开裂、抗水损害性能优良,提高了路面使用性能。该课题获2004年度天津市科技进步三等奖。

2003年,天津市市政工程研究院、天津市高速公路投资建设发展公司组织完成《半刚性基层抗裂技术研究》。对半刚性材料试验方法(击实法与振实法)、试件成型方法(静压法与振实法)以及级配组成、配合比等力学性质及干缩性质的影响进行研究,以强度满足要求、抗裂能力最佳为判断,以振动成型方式为试验手段,提出了水泥稳定碎石混合料配合比设计优化方法,提出了评价半刚性材料干缩性能的实验方法及评价指标,提高了我国半刚性基层沥青路面的抗裂能力,预防路面早期破坏,节约工程造价。该课题获2004年度天津市政工程局科技进步二等奖。

2004年,天津市公路管理局组织完成《高钙粉煤灰在半刚性基层及刚性路面上的应用研究》。通过室内试验和修筑试验路工程,对高钙粉煤灰应用于半刚性基层及刚性基层路面的相关技术开展较为系统的研究,提出采用高钙粉煤灰替代石灰、水泥等材料用于道路底基层和基层及刚性路面的替代原则,并提出相应施工工艺及配合比设计方法,为高钙粉煤灰应用于半刚性路面底基层和基层提供技术支持。

2005年,天津市公路管理局组织完成《断级配密实性抗滑沥青混凝土的研究与应用》。采用废旧胶粉材料,研制抗滑沥青混凝土沥青结合料,采用酸性石料形成骨架结构,碱性石料作为细集料,形成抗滑密实的混合料,并对制作工艺、施工流程进行规定,制订相关标准。该项目获2006年度天津市政工程局科技进步三等奖。

2005年,天津市公路管理局组织完成《高性能沥青混凝土抗车辙处理技术研究》。对PRPLAST.S抗车辙性能开展研究,分析不同扁平细长颗粒含量对沥青混合料抗车辙能力的影响,研究高温与水耦合作用下对沥青混合料抗车辙性能影响,为高性能抗车辙剂的推广提供技术储备。该项目获2006年度天津市政工程局科技进步三等奖。

2006年,天津市市政工程设计研究院、河北工业大学联合完成《天津市高速公路线性评价研究》。建立了适用于天津地区高速公路特定环境的运行速度预测模型,并编制了相应的运行速度预测程序;基于运行速度及其预测模型,在国内首次建立了以技术指标、功能指标、数量指标和环境指标为评价指标的高速公路线性评价模型。该研究发明了一种高速公路线性设计方法,以该运行速度预测模型为设计参数进行线形设计;发明了一种高速公路线形评价方法,以层次分析和属性数学相结合的方法进行高速公路线形评价。该项目获2007年度天津市科技进步二等奖。

2008年,天津市市政工程研究院、天津市高速公路集团有限公司完成《泡沫沥青再生混凝土半柔性基层成套技术研究》。对沥青发泡特性、泡沫沥青冷再生混合料级配及性能进行深入研究,并通过工程实践,形成泡沫沥青再生混凝土半柔性基层成套技术,填补了国内外该领域的空白;首次提出了泡沫沥青冷再生CTB的工程设计级配范围和设计技术要求,具有开拓性;对泡沫沥青冷再生RAP的工程设计级配范围进行了优化,降低了细集料尤其是粉料的用量,具有创新性,对工程实践有重要的指导意义;在高速公路维修工程中得到成功的应用,并设置了层间结合层,研发了新型的路面结构形式。该项目获2009年度天津市政工程局科技进步一等奖。

2008年,天津市市政工程研究院组织完成《振动成型法水泥稳定碎石混合料配合比设计、施工技术的研究与应用》。以水泥稳定碎石半刚性基层材料的干缩系数、温缩系数为基础,提出以综合收缩抗裂系数作为评价水泥稳定碎石混合料的抗开裂性能指标;提出包括原材料质量要求、矿料级配范围、振动击实试验方法、振动成型试验方法在内的较为系统的"采用振动成型法的半刚性基层材料配合比设计方法",对水泥稳定碎石半刚性基层的路用性能的提高有明显的效果;结合实体工程提出了"采用了采用振动成型法的水泥稳定碎石基层施工技术",对此项技术的推广具有重要意义。该项目获2009年度天津市政工程局科技进步三等奖。

2008年,天津市公路工程总公司组织完成《温拌沥青混合料超薄罩面技术研究》。对温拌沥青混合料技术结合薄层罩面技术进行研究;利用CAVF法进行薄层罩面级配设计研究;针对薄层罩面特点、黏结层施工方法、种类和用量进行研究,在高速公路路面应用中体现了独特的节能减排、绿色环保特性。该项目获2009年度天津市政工程局科技进步三等奖。

2009年,天津市市政工程研究院组织完成《级配碎石振动成型设计方法、路用性能及施工技术研究》。在国内外首次提出了系统的级配碎石振动成型设计方法,对规范CBR指标进行了修正,提出了合理的级配碎石质量控制指标;采用均匀设计方法,提出了多级嵌挤密实型级配碎石的级配范围;提出了基于振动成型方式的级配碎石施工工艺及典型结构。

2010年,天津市公路处组织完成《天津市公路沥青路面设计参数的研究》。提出适合天津市地方材料的路面结构设计参数,同时提出沥青混合料抗剪设计指标,为沥青路面抗剪设计提供依据,提出新型路用材料——泡沫沥青冷再生混合料、胶粉改性沥青混合料、SBS改性混合料和掺加PR固体改性沥青混合料的材料设计参数,为高速公路路面结构设计和抗剪设计提供依据,具有良好的应用推广前景。该项目获2010年中国公路学会科学技术二等奖。

(3)高速公路废旧材料再生利用率逐步增加,节能减排手段进一步丰富,逐步实现高速公路资源的循环利用。

2000年,天津五市政公路工程有限公司组织完成《京珠高速公路武汉军山长江大桥钢桥面沥青铺装层施工技术研究》。结合钢桥面沥青铺装层施工特点,对防水黏结剂施工技术、预拌碎石撒布工艺、适应于钢桥面的沥青混合料SMA配合比、SMA生产技术、钢桥面铺装用SMA沥青混合料施工技术进行系统研究,为大跨钢箱梁桥面的沥青混合料铺装积累施工经验,提供可行的施工工艺,具有深远的意义。该项目获2003年度天津市科技进步三等奖。

2001年,天津市公路建设发展公司组织完成《沥青路面冷再生基层、底基层技术的研究》。通过大量室内实验和工程实践,在国内首次对沥青路面冷再生技术进行了较为系统的应用研究,并提出了冷再生结构设计方法、施工工艺和质量检验评定标准等成套应用技术,提出了关于设计、施工及质量检验评定的技术要求,具有显著的经济效益和社会效益。

2003年,天津市公路管理局组织完成《公路沥青路面基层冷再生设计与施工技术规程》。总结了天津市沥青路面基层冷再生实践和试验研究,对水泥冷再生和二灰冷再生全过程的原材料、配合比、混合料设计参数、工艺流程、施工操作、质量控制等环节进行研究,提出了常用的几种配比冷再生混合料的有关设计参数,提出了水泥和二灰冷再生7d浸水抗压强度的要求,为高速公路沥青路面基层冷再生设计、施工提供技术指导。该项目获2004年度天津市政工程局科技进步三等奖。

(4)高速公路道路、施工、检测设备系统化、程序化,施工手段、效率逐步提高。

自1988年开始修建京津塘高速公路开始,施工技术有了大的飞跃。机械化程度大大提高,高性能的设备逐渐普及,施工技术逐年提高。通过不断研究采用新技术、新工艺与新材料,工程质量得到切实保障。

1989年,京津塘高速公路首次采用水泥稳定级配碎石基层。水稳碎石基层采用厂拌法拌和,拌和设备有巴布格林KS-50粒料拌和机和山东产WC-200拌和机,拌和能力200t/h。混合料摊铺采用摊铺机摊铺与平地机摊铺两种施工方法。摊铺后采用MG500平地机和TS290胶轮压路机整形和碾压,用洛阳BW217D振动压路机终压。压实度和平整度均达到设计要求。

1997年,天津第二市政公路工程有限公司、天津市公路建设发展公司联合攻关《大体积抗渗抗冻混凝土施工技术》。为消除大体积混凝土由于内部水化热不易散发、混凝土表面易开裂等弊端,采用双渗技术(粉煤灰与缓凝型高效减水剂),降低混凝土内部温度,延缓温度峰值时间,降低混凝土内部最高温度值,混凝土内部布设冷缺水管,通过通水散热降低混凝土内部温度,以此延长混凝土寿命,对高速公路大体积抗渗抗冻混凝土的施工具有重要的指导意义。该项目获2001年度天津市政工程局科技进步三等奖。

1998年,天津第二市政公路工程有限公司、天津市公路建设发展公司组织完成《后张预应力真空灌注技术的研究》。优化后的真空灌浆用的水泥浆与普通水泥浆相比,在原料和配比方面差异为低水灰比和多成分,增加了水泥浆的密实度,改善了水泥浆性能;课题对其施工工艺进行研究,制订相应的技术标准,为大面积推广准备条件。该课题获2002年度天津市政工程局科技进步三等奖。

1998年,由天津市道路桥梁管理处与其拌和厂组织完成《AcMixer-150型热沥青拌和设备自动化控制系统的研制与应用》。自主研发沥青混凝土拌和设备整机自控系统,将国产拌和机控制系统技术水平进一步提高,可满足高速公路路面沥青混凝土的需求,具有很高的推广意义。该项目获2002年度天津市政工程局科技进步三等奖。

1999年,天津市公路管理局组织完成《移动式改性沥青生产设备的研制与开发》。研制了移动式改性沥青生产设备,设备的加热系统、预热系统、搅拌系统等各系统均是以尽可能缩短改性剂与沥青混合料在高温下剪切研磨时间为原则进行设计;通过改变胶体磨内部结构,成功地改善了原有胶体磨的研磨,减少了研磨遍数,降低了电机功率;通过改善加工工艺、添加外掺剂,实现了SBS改性沥青的稳定储存,为高速公路建设中改性沥青大规模的推广应用奠定了良好基础。2001年度获天津市政工程局科技进步二等奖。

2003年,天津五市政公路工程有限公司组织完成《高等级公路道路施工成套工艺、技术研究》。对已实施的十余条高速公路施工技术与经验进行系统总结分析,对高速公路路基施工、基层施工、路面施工技术进行系统研究,制订相应的技术规程,对高速公路的施工具有指导意义。

2003年,天津五市政公路工程有限公司组织完成《高等级公路路面排水系统设计与施工技术研究》。结合京珠高速公路路面排水系统进行系统研究,提出了考虑整体排水功效的设置模式,使高速公路的排水形成系统,减小水对沥青铺装层的破坏,对高等级公路沥青排水系统的设计与施工具有重要指导意义。

2006年,天津市市政工程研究院完成《高速公路加宽工程技术的应用研究》。针对高速公路加宽工程,提出采用土工合成材料加筋加桩支撑系统处理技术,同时在新旧路搭接部位进行适度注浆或铺设土工合成材料加筋,采用地质探测雷达检测路面结构层和路基的沉降趋势,并经过唐津高速公路工程进行了检验,方法具有创新性。该项目获2006年度天津市政工程局科技进步三等奖。

2009年,天津市市政工程研究院完成《多功能路况检测车检测数据二次开发》。成功将进口工作站内置的美国病害识别与分类标准转换为符合中国现行规范要求的路面损坏分类与数理统计评定标准。研发出具有道路路况评价自定义管理模型,开发出含路面技术状况属性带桩号定位功能的《公路前方景观展示系统》。该项成果的应用为高速公路养护提供了可靠的数据支持,使道路完好率逐年提高。该项目获2009年度全国市政工程行业市政工程科学技术二等奖。

2010年,天津市市政公路工程质量监督站组织完成《津蓟高速公路延长线隧道工程地质雷达无损检测的技术研究》。采用试验比较的方法,对衬砌厚度、钢筋的位置、衬砌脱空段及空洞位置的雷达法探测进行了研究,指导隧道施工,为消除安全质量隐患提供有力依据。

2011年,天津第一市政公路工程有限公司组织完成《胶粉沥青混凝土施工生产工艺研究》,实现了胶粉改性沥青施工工艺的标准化。

(5)高速公路不断体现技术创新,积极推广新技术、新产品,取得了巨大的经济效益。

天津市在多年高速公路建设实践中,不断体现技术创新,针对天津市"软基、盐渍化、重载"给高速公路建设带来的诸多问题展开研究,形成多项技术成果,并逐步推广使用,取得了巨大的经济效益。

2001年,第一次把SBS改性沥青应用于天津市京沪高速公路(一期)工程中;2002年,在津蓟高速公路工程中,第一次将CFG桩应用于天津市道路工程软基处理中;2004年,通过课题研究,首次将废轮胎胶粉改性沥青应用到天津市京沪高速公路工程中,在其后设计的多条高速公路路面设计中得到大面积推广,总面积达$460m^2$。

2001年开始,对高速公路重载交通路面结构技术进行系统研究,已授权的发明专利——基于软基重载交通条件下的沥青路面结构及路基处理方法已使用道路203km,总面积 1333.9 万 m^2，节省投资 21130.4 万元，实现了科研成果的产业化。

2006 年以来，在多条高速公路建设中采用路面防裂土工布新材料，消除半刚性基层路面上铺筑沥青可能造成的反射裂缝。

2006 年，第一次在天津市将土壤固化剂应用在道路工程路基处理中，已使用道路 99.8km，提出的固化剂固化土典型结构在浸水条件下，强度衰减速度降低 57%～89%；7d 无侧限抗压强度增加 15%～40%，综合回弹模量提高 100%～200%；CBR 值提高 240%～280%；弯沉降低 50%～80%，综合造价可节省 8%～26.4%。

2007 年，在高速公路重载道路路面设计中积极采用路乎 8000 抗车辙剂，对比车辙王、PRI 等几种抗车辙添加剂，消除路面、桥面出现的车辙损坏。

2008 年，第一次将泡沫轻质土应用于天津市软土路基处理中，研发泡沫轻质土土复合材料，将泡沫轻质土新型材料成功应用于多项软基处理及旧路加宽工程中，累计使用泡沫轻质土 963220m^3，节省费用 30934.136 万元，取得了巨大的经济效益。

2009 年开发的盐渍土改良技术成果已应用 286km，总用量达 550.05 万 m^3。为类似滨海地区氯盐渍土加固处理提供了技术途径，减少了土地的浪费及对环境的污染，为道路路基加固处理提供了技术支持。

2010 年以来，确定的一种盐渍化软土地基浅层处理典型结构，使设计的浅层处理从综合回弹模量、CBR、回弹弯沉均有显著改善，综合回弹模量提高 100%～200%，弯沉降低 50%～80%，水稳性提高 40%～60% 以上，减薄处理厚度 0.2～0.4m 以上。软基研究成果所推荐的深层处理方法、浅层处理方法可比传统处理方法综合造价节省 12%～27.8%，实现了科研成果产业化。

(6) 高速公路建设强化"绿色、生态、节能、低碳"理念，形成系列节能减排新技术。

①泡沫轻质土处理软土技术。对于软基的处理历来是国内外技术难题，对于天津市软土，多年来天津市高速公路建设者采用了诸如置换及灌入固化物、振密、挤密法、堆载预压及排水固结法、加筋法、减轻荷载法等 5 大类可能的处理方法，使高速公路软基处理质量得到进一步提高。

以此为契机，2008 年，针对高速公路桥头、高填土跳车问题，开展《现浇泡沫轻质土在道路工程中的应用研究》课题研究，成功地解决软基深层处理计算理论与实际差异、软土地基旧路加宽处理、桥头沉降过大引起跳车、管线开槽回填处理、部分空洞回填加固处理、征地拆迁制约工程修建等问题。

正是由于泡沫轻质土具有质量轻、整体好、抗压性好、施工速度快等特点，大大节省水泥、碎石的用量，降低了工程造价，该项技术已在津滨高速公路加宽、海滨大道高速公路等工程得到广泛应用，实现了经济节能的目的。

②土壤固化剂处治废弃淤泥质黏土、盐渍土技术。以天津市高速公路路基处理为依

托,开展了《土壤固化剂在路基路面中的应用研究》,对比分析了天津市淤泥质黏土在不掺加固化剂、掺加不同类型固化剂的强度及水稳性,固化剂改良后强度大大提高(由原来的 0.23~0.45MPa 提高到 1.25~3.28MPa),水稳定性也得到改善(水稳系数由原来的 0 提高至 0.85~0.93)。

通过研究发现,一般把土壤固化剂分为:一是传统型固化剂,如水泥、石灰、矿渣硅酸盐类等;二是改进型固化剂,如高聚物类、电离子溶液类、粉态类。通过我们研究发现,采用两种组合下的固化剂效果最佳——2%~5%水泥+液态电离子溶液类固化剂。

这项技术进一步推广至海滨大道高速公路、京沪高速公路等重载道路,应用土壤固化剂固化土作为路基处理层和路面结构底基层,不但强度高,而且使土壤由喜水性变为厌水性,起到隔水作用,大大减少了水泥、石灰碎石的用量,取得了良好的效果。

③盐渍土改良利用技术。针对高速公路沿线分布大面积盐渍土特点,先后采用石灰、水泥、粉煤灰及其组合对其进行试验研究,研究结果表明:滨海新区土壤为典型的氯盐渍土;易溶盐含量多在 1.5%~5%,为中盐渍土,可采用石灰、水泥单独加固,或采用石灰粉煤灰、石灰水泥综合加固满足工程的需要,其中水泥石灰综合加固水稳性最好。

利用这项技术,使得天津市高速公路以往就地开挖废弃的盐渍土得到应用,避免了远运好土带来的土地浪费,减少了运费。

④废轮胎胶粉改性沥青技术。针对国内沥青性能的不足,以及 SBS 改性沥青对石油产品的依赖,价较高,浪费能源,天津市对胶粉改性沥青技术进行研究,先后开展《废轮胎胶粉在沥青混凝土路面设计施工中的研究》《利用橡胶粉改性沥青加铺应力吸收层的研究与应用》(2004 年),开发了湿法生产的稳定性很好的胶粉改性沥青,研究成果使得废轮胎胶粉应用于市政道路及高速公路中,替代了 SBS 改性沥青,每年可节省费用 600~800 万元,且大大降低噪声,提高了道路的使用性能。

正是由于胶粉改性沥青所具有的优良性能且造价较低,目前胶粉改性沥青在天津已使用 500 多公里。

(7)高速公路桥梁结构、材料、附属设计水平逐日提高,桥梁质量、安全得到进一步提升。

1998 年,天津市市政工程研究院牵头完成《桥用高强轻集料混凝土应用技术研究》。提出适合我国轻集料特点的高强轻集料混凝土设计方法;制订高强轻集料混凝土的施工工艺和质量控制方案;首次在国内将轻集料混凝土应用于大型型桥梁的主要受力结构中,取得很好的效果。该课题获 2001 年度天津市科技进步二等奖。

1999 年,天津市市政工程研究院组织完成《埋置式桥梁伸缩缝胶结料的研制与应用》。在大量的室内试验、产品试制及工程应用的基础上,系统地研究了埋置式伸缩缝胶结料的技术性能,并提出了评价胶结料性能的指标体系,对于制订产品技术标准具有重要的价值;开发生产的天衣系列胶结材料性能优于国内外的同类产品,对于指导埋置式伸缩缝的推广应用具有实用价值。该课题获2001年度天津市科技进步三等奖。

2005年建成的京津高速公路(二通道)北环铁路立交工程,主跨为钢桁架桥型结构,跨径为78m。该桥型是天津市高速公路上采用的第一例。

2007年,天津市市政工程设计研究院完成《大型斜拉桥的非线性动力分析及其可靠性研究》。提出采用自由交通流作为环境振源进行斜拉桥动力测试,识别出斜拉桥在使用多年后的模态参数,为斜拉桥动力测试提供技术支持,具有较好的实用价值;首次提出采用损伤指标的大小确定损伤位置及损伤程度的方法,提出采用破损位置判别矩阵进行破损位置识别、通过折减系数矩阵进行破损程度确定的最优矢量法,丰富了斜拉桥破损诊断技术;提出的综合静动力分析、动力测试、破损诊断的非线性动力分析法为斜拉桥设计、施工、养护提供了技术支持。该项目获2008年度天津市科技进步三等奖。

(8)高速公路桥梁材料运用、工艺研究、箱梁设计等方面的开发。

1996年,天津第二市政公路工程有限公司完成《津蓟高速公路京沈互通式立交工程抛石层灌注桩施工工艺研究》。对松散抛石层中打灌注桩施工工艺进行系统研究,提出采用水泥浆固化抛石层及冲击钻孔相结合的新技术,并对控制方法、技术参数等进行研究,提出相应的技术标准。该课题获2001年度天津市政工程局科技进步二等奖。

2003年,天津市市政工程设计研究院、天津市高速公路投资建设发展公司组织完成《先简支后连续小箱梁设计施工质控技术研究》。研究形成了一套设计、施工、质量控制工艺技术,为先简支后连续小箱梁提供理论、实践支持,提高了高速公路美观协调性,具有重大的推广意义。该项目获2004年度天津市政工程局科技进步二等奖。

2005年,天津市市政工程研究院完成《按耐久性指标控制的混凝土配合比设计方法研究》。建立了天津地区混凝土桥梁耐久性破坏模式;提出引入耐久性指标控制以改进设计方法和提高混凝土耐久性的理念;比较分析了不同耐久性实验方法作为混凝土配合比控制方法的特点,并优选出适用的方法;按现有的施工和质量控制标准建立了耐久性控制的标准;按照天津地区原材料特点,确定了适用的系列典型耐久性配合比,并研究了典型配合比的性能。该项目获2005年度天津市政工程局科技进步二等奖。

2005年,天津市市政工程设计研究院、天津市市政工程研究院、天津市公路管理局编制《天津市钢筋混凝土桥梁耐久性设计规程》。率先将质量控制从结果控制转向前期控制和过程控制。该规程将耐久性的概念引入桥梁设计,从原材料的选择、结构设计、裂缝控制措施以及预防性保护措施等方面进行系统研究,引入预防性保护的概念,将环境安全设计与结构安全设计融合在一起,把耐久性作为一个系统工程来考虑,使新技术得到集成应用。该项目获2006年度天津市政工程局科技进步三等奖。

第四节 科技成果汇总

一、科技成果汇总

1996年以来的天津市高速公路科技成果汇总见表5-4-1。

高速公路科技成果汇总　　　　表5-4-1

序号	工程名称	完成年度	完成单位	获奖情况	科技项目内容摘要
1	斜拉桥施工控制系统	1996	天津市市政设计院	1996年度天津市市政局科技进步一等奖	
2	斜拉桥施工控制系统	1996	天津市市政工程设计研究院	1996年度天津市建委科技进步二等奖	
3	30m预应力混凝土空心板梁施工工艺	1996	天津市第三市政工程公司	1996年度天津市建委（生产）技术进步三等奖	
4	斜拉桥施工控制系统	1997	天津市市政工程设计研究院	1997年度天津市科技进步二等奖	
5	橡塑沥青混合料路用性能研究	1998	天津市公路管理局	1998年度天津市建委科技进步二等奖	
6	悬臂挂篮与半悬挂的桥梁悬浇施工工艺	1998	天津市第三市政公路工程公司	1998年度天津市建委科技进步三等奖	
7	天津市软土路基加固处理技术研究	1998	天津市市政工程设计院	1998年度天津市建委科技进步三等奖	
8	预应力曲线箱梁和异形箱梁研制	1998	天津市市政工程设计院	1998年度天津市建委科技进步三等奖	
9	橡塑沥青混合料路用性能研究	1998	天津市公路管理局	1998年度天津市市政局科技进步一等奖	
10	预应力曲线箱梁和异形箱梁研制	1998	天津市市政工程设计院	1998年度天津市市政局科技进步一等奖	
11	悬臂挂篮与半悬挂的桥梁悬浇施工工艺	1998	天津市第三市政公路工程公司	1998年度天津市市政局科技进步二等奖	

第五章
高速公路建设科技质量成果

续上表

序号	工程名称	完成年度	完成单位	获奖情况	科技项目内容摘要
12	天津市软土路基加固处理技术研究	1998	天津市市政工程设计研究院	1998年度天津市市政局科技进步二等奖	
13	桥用高强轻集料混凝土应用技术研究	1998	天津市市政工程研究院、天津市公路建设发展公司	2001年度天津市科技进步二等奖	提出适合我国轻集料特点的高强轻集料混凝土设计方法;制订高强轻集料混凝土的施工工艺和质量控制方案;首次在国内将轻集料混凝土应用于大型桥梁的主要受力结构中,取得很好的效果
14	天津市软土路基加固处理技术研究	1998	天津市市政工程设计研究院	1998年度天津市科技进步三等奖	软土路基修筑填土路堤的加固处理,采用轻质材料填路基,两侧设反压护道,加塑料排水板并予压,或取消反压护道,采用深层搅拌桩复合地基,提高软土路基的极限填土高度,使公路桥梁的引路高度提高,缩短桥梁长度,达到降低造价的目的
15	软土路基沉降控制设计新方法的研究	1999	天津市市政工程研究院	1999年度天津市科技进步三等奖	首次从土中一点在任意时刻的变形条件出发研究软基沉降过程,客观地反映了加载速率与分级、土体应力历史、土体自重应力随液性指数变化以及沉降随时间的变化等因素,所以提出的软土路基沉降计算方法考虑因素全面,公式简便,并编制了相应的计算分析软件
16	预应力曲线箱梁和异性箱梁研究	1999	天津市市政工程研究院	1999年度天津市科技进步三等奖	在有限条法、折板法、梁格有限元法等常规计算理论和方法的基础上,提出了采用20节点空间等参元单元模型,对曲线箱梁和异形箱梁进行计算分析的新方法,具有选取单元模型合理、更真实反映曲线箱梁和异形箱梁的受力特性、计算准确方便、输出结果明确等特点
17	埋置式桥梁伸缩缝胶结料的研制与应用	1999	天津市市政工程设计研究院	2001年度天津市科技进步三等奖	在大量的室内试验、产品试制及工程应用的基础上,系统地研究了埋置式伸缩缝胶结料的技术性能,并提出了评价胶结料性能的指标体系,对于制订产品技术标准具有重要的价值;开发生产的天衣系列胶结材料性能优于国内外的同类产品,对于指导埋置式伸缩缝的推广应用具有实用价值

续上表

序号	工程名称	完成年度	完成单位	获奖情况	科技项目内容摘要
18	京塘高速公路优良护坡地被植物的选择与应用	1999	天津市高速公路管理处、天津市园林绿化研究所	1999年度天津市市政局施工技术进步二等奖	
19	京沈高速公路沥青拌合站设备改造	1999	天津五市政公路工程有限公司	1999年度天津市市政局科技进步三等奖	
20	京沈高速公路SBS改性沥青表面层混合料的配比设计和施工	1999	天津第一市政公路工程有限公司	1999年度天津市市政局施工技术进步一等奖	
21	采用GTM的沥青混合料配合比设计方法研究	2001	天津市市政工程设计研究院、天津市公路建设发展公司	2003年度天津市科技进步三等奖	采用旋转成型GTM对沥青混合料级配设计、路用技术性能及施工技术等进行系统研究,提出了新的连续级配范围,提出以GSI、GSF相对于油石比的突变点作为确定最大沥青用量的判据,可避免高速公路因材料本身的性能缺陷导致的沥青路面早期破坏,具有重大的经济效益和社会效益
22	沥青路面冷再生基层、底基层技术的研究	2001	天津市公路建设发展公司、天津市市政工程设计研究院		通过大量室内试验和工程实践,在国内首次对沥青路面冷再生技术进行了较为系统的应用研究,并提出了冷再生结构设计方法、施工工艺和质量检验评定标准等成套应用技术,提出了关于设计、施工及质量检验评定的技术要求,经实践证明,理论上是合理的,方法是可行的,具有显著的经济效益和社会效益,可以推广应用
23	京珠高速公路武汉军山长江大桥钢桥面沥青铺装层施工技术研究	2000	天津五市政公路工程有限公司、天津市市政工程设计研究院	2003年度天津市科技进步三等奖	结合钢桥面沥青铺装层施工特点,对防水黏结剂施工技术、预拌碎石撒布工艺、适应于钢桥面的沥青混合料SMA的配合比、SMA生产技术、钢桥面铺装用SMA沥青混合料施工技术进行系统研究,为大跨钢箱梁桥面的沥青混合料铺装积累施工经验,提供可行的施工工艺,具有深远的意义
24	SMA配合比设计方法、路用性能及施工技术研究	2001	天津市市政工程设计研究院	2002年度天津市市政局科技进步一等奖	通过测定有效密度和计算最大理论密度与体积分析,并结合集料裹覆沥青量提出SMA配合比设计计算方法,并对SMA路用性能及施工技术进行系统研究,为SMA路面的推广应用提供了科学依据

第五章
高速公路建设科技质量成果

续上表

序号	工程名称	完成年度	完成单位	获奖情况	科技项目内容摘要
25	天津市沥青路面典型结构的研究	1998	天津市市政工程设计研究院	2002年度天津市政局科技进步二等奖	综合利用了调查、试验及理论相结合的办法,提出了沥青路面设计参数的取值方法,推荐天津市沥青路面典型结构,提出适合天津市高速公路特点的交通参数、土基参数确定方法,为高速公路路面设计提供了可行的参数取值法
26	移动式改性沥青生产设备的研制与开发	1999	天津市公路管理局	2001年度天津市政局科技进步二等奖	研制移动式改性沥青生产设备,设备的加热系统、预热系统、搅拌系统等各系统均是以尽可能缩短改性剂与沥青混合料在高温下剪切研磨时间为原则进行设计;通过改变胶体磨内部结构,成功地改善了原有胶体磨的研磨效果,减少了研磨遍数,降低了电机功率;通过改善加工工艺,添加外掺剂,实现了SBS改性沥青的稳定储存,为高速公路建设中改性沥青大规模的推广应用奠定了良好基础
27	AcMixer-150型热沥青拌合设备自动化控制系统的研制与应用	1998	天津市道路桥梁管理处 天津市道路桥梁管理处拌合厂	2002年度天津市政局科技进步三等奖	自主研发沥青混凝土拌和设备整机自控系统,将国产拌合机控制系统技术水平进一步提高,可满足高速公路路面沥青混凝土的需求,具有很高的推广意义
28	夯实扩底水泥粉煤灰碎石桩复合地基技术研究及应用	1997	天津市公路建设发展公司 天津市市政工程设计研究院	2002年度天津市政局科技进步二等奖	通过综合分析研究,依据地质、工程模型的特点,建立软弱地基处理桩模型,对夯扩桩施工工艺、作用机理进行系统研究,制订施工操作规程,为消除高速公路桥头跳车提供新的技术手段
29	津蓟高速公路京沈互通式立交工程抛石层灌注桩施工工艺研究	1996	天津第二市政公路工程有限公司	2001年度天津市政局科技进步二等奖	对松散抛石层中打灌注桩施工工艺进行系统研究,提出采用水泥浆固化抛石层与冲击钻孔相结合的新技术,并对控制方法、技术参数等进行研究,提出相应的技术标准
30	大体积抗渗抗冻混凝土施工技术	1997	天津第二市政公路工程有限公司 天津市公路建设发展公司	2001年度天津市政局科技进步三等奖	为消除大体积混凝土由于内部水化热不易散发、混凝土表面易开裂等弊端,采用双渗技术(粉煤灰与缓凝型高效减水剂),降低混凝土内部温度,延缓温度峰值时间,降低混凝土内部最高温度值,混凝土内部布设冷缺水管,通过通水散热降低混凝土内部温度,以此延长了混凝土寿命,对高速公路大体积抗渗抗冻混凝土的施工具有重要的指导意义

续上表

序号	工程名称	完成年度	完成单位	获奖情况	科技项目内容摘要
31	京津塘高速公路工程建设成套技术	1997	天津第一市政公路工程有限公司	国家科技进步奖	
32	后张预应力真空灌注技术的研究	1998	天津第二市政公路工程有限公司 天津市公路建设发展公司	2002年度天津市政局科技进步三等奖	优化后的真空灌浆用的水泥浆与普通水泥浆相比,在原料和配比方面差异为低水灰比和多成分,增加了水泥浆的密实度,改善了水泥浆性能,课题对其施工工艺进行研究,制订相应的技术标准为大面积推广准备条件
33	桥用高强度轻集料混凝土应用技术研究	1998	天津第一市政公路工程有限公司	2002年度天津市科学技术进步奖二等奖	
34	高性能沥青混合料设计及应用研究	2003	天津市国腾公路咨询监理有限公司、天津市高速公路投资建设发展公司	2004年度天津市科技进步三等奖	采用Superpave技术,结合我国国情进行高性能沥青混合料设计及应用研究,沥青混合料设计采用旋转压实仪成型,用体积性能控制,突破了常规施工工艺,在不增加工程投资的基础上,改进混合料的设计方法,选择优质沥青,使修建后的沥青路面抗车辙变形能力强,防低温开裂、抗水损害性能优良,提高了路面使用性能
35	高速公路软基病害的检测技术及处理对策	2003	天津市市政工程研究院	2004年度天津市科技进步三等奖	采用钻孔电视摄像检测和低频地质雷达物探检测手段对软基病害进行试验检测,提出了路堤渐进破坏分析方法,提出了采用土工合成材料、GTM高性能沥青混合料配合比设计方法、低压灌浆、降低反压护道等治理高速公路软基病害的综合措施,具有很高的应用价值
36	高等级公路道路施工成套工艺、技术研究	2003	天津五市政公路工程有限公司		对已实施的十余条高速公路施工技术与经验进行系统总结分析,对高速公路路基施工、基层施工、路面施工技术进行了系统研究,制订相应的技术规程,对高速公路的施工具有指导意义
37	高等级公路路面排水系统设计与施工技术研究	2003	天津五市政公路工程有限公司		结合京珠高速公路路面排水系统进行系统研究,提出了考虑整体排水功效的设置模式,使高速公路的排水形成系统,减小水对沥青铺装层的破坏,对高等级公路沥青排水系统的设计与施工具有重要指导意义

第五章
高速公路建设科技质量成果

续上表

序号	工程名称	完成年度	完成单位	获奖情况	科技项目内容摘要
38	半刚性基层抗裂技术研究	2003	天津市市政工程研究院 天津市高速公路投资建设发展公司	2004年度天津市市政工程局科技进步二等奖	对半刚性材料试验方法（击实法与振实法）、试件成型方法（静压法与振实法）以及级配组成、配合比等对半刚性材料的力学性质及干缩性质的影响进行研究，以强度满足要求、抗裂能力最佳为判断，以振动成型方式为试验手段，提出了水泥稳定碎石混合料配合比设计优化方法，提出了评价半刚性材料干缩性能的实验方法及评价指标，提高我国半刚性基层沥青路面的抗裂能力、预防路面早期破坏、节约工程造价
39	先简支后连续小箱梁设计施工质控技术研究	2003	天津市市政工程设计研究院、天津市高速公路投资建设发展公司	2004年度天津市市政局科技进步二等奖	研究形成了一套设计、施工、质量控制工艺技术，为先简支后连续小箱梁提供理论、实践支持，提高了高速公路美观协调性，具有重大的推广意义
40	公路沥青路面基层冷再生设计与施工技术规程	2003	天津市公路管理局	2004年度天津市市政局科技进步三等奖	总结天津市沥青路面基层冷再生实践和试验研究，对水泥冷再生和二灰冷再生全过程的原材料、配合比、混合料设计参数、工艺流程、施工操作、质量控制等环节进行研究，提出了常用的几种配比冷再生混合料的有关设计参数，提出了水泥和二灰冷再生7d浸水抗压强度的要求，为高速公路沥青路面基层冷再生设计、施工提供技术指导
41	天津市高速公路联网收费技术标准	2002	天津市高速公路投资建设发展公司		根据天津市已建高速公路建管及收费情况，确定天津市高速公路网管理体制及联网收费区域范围，对该范围内收费系统、监控系统、通信系统进行总体设计，实施高速公路联网的研究，完成天津市高速公路联网收费技术标准编制
42	天津市高速公路线性评价研究	2006	天津市市政工程设计研究院、河北工业大学	2007年度天津市科技进步二等奖	建立了适用于天津地区高速公路特定环境的运行速度预测模型，并编制了相应的运行速度预测程序；基于运行速度及其预测模型，在国内首次建立了以技术指标、功能指标、数量指标和环境指标为评价指标的高速公路线性评价模型。发明了一种高速公路线性设计方法，以该运行速度预测模型为设计参数进行线形设计；发明了一种高速公路线形评价方法，以层次分析和属性数学相结合的方法进行高速公路线形评价

续上表

序号	工程名称	完成年度	完成单位	获奖情况	科技项目内容摘要
43	大跨度滑动模板支架系统	2006	天津第一市政公路工程有限公司	国家级工法	滑动模板支架系统是以滑动式导梁为主要支撑结构的整体模板支架系统，一次安装成功后可以连续浇筑，施工荷载分布合理，整体性好，特别是在连续梁施工缝处的处理上，使得沉降易于控制，可提高工程质量。总结出一套较成熟的上导梁式造桥机设计技术、制造工艺及完善的操作规程
44	高钙粉煤灰在半刚性基层及刚性路面上的应用研究	2004	天津市公路管理局		通过室内试验和修筑试验路工程，对高钙粉煤灰应用于半刚性基层及刚性基层路面的相关技术进行较为系统的研究，提出采用高钙粉煤灰替代石灰、水泥等材料用于道路底基层和基层及刚性路面的替代原则，并提出相应施工工艺及配合比设计方法，为高钙粉煤灰应用半刚性路面底基层和基层提供技术支持
45	利用橡胶粉改性沥青加铺应力吸收层的研究与应用	2004	天津市公路管理局	2005年度天津市政局科技进步一等奖	为避免高速公路半刚性基层路面反射裂缝，利用废旧轮胎加工而成的橡胶粉研制新型改性沥青材料，加铺应力吸收层，并对应力吸收层施工工艺进行研究，制订相应的技术规程
46	落锤式弯沉仪（FWD）应用技术成果	2004	天津市市政公路工程质量监督站	2004年度天津市科技进步二等奖	该成果在实际路基路面施工质量检测控制中起到十分重要作用
47	天津市高速公路养护技术规范	2005	天津市高速公路投资建设发展公司		成果结合天津市津蓟、丹拉等高速公路养护工程，编制了天津市高速公路养护规程，完善了养护质量检评方法，提出了微表处、热再生、钢桥除锈防腐等养护新技术和碳纤维、热沥青桥面防水材料、轻质混凝土等新材料的质量标准，具有创新性和实用性
48	按耐久性指标控制的混凝土配合比设计方法研究	2005	天津市市政工程研究院	2005年度天津市政局科技进步二等奖	建立了天津地区混凝土桥梁耐久性破坏的模式；提出引入耐久性指标控制以改进设计方法和提高混凝土耐久性的理念；比较分析了不同耐久性实验方法作为混凝土配合比控制方法的特点，并优选出适用的方法；对现有的施工和质量控制标准建立了耐久性控制的标准；按照天津地区原材料特点，确定了适用的系列典型耐久性配合比，并研究了典型配合比的性能

第五章
高速公路建设科技质量成果

续上表

序号	工程名称	完成年度	完成单位	获奖情况	科技项目内容摘要
49	高速公路景观设计研究	2005	天津市市政工程设计研究院、同济大学		通过大量的工程实例考察、调研和分析,全面、系统、深入地论述了高速公路景观设计的概念、原则和要素,并通过对高速公路各组成部分景观设计的研究,给出了一整套高速公路景观设计的理论、原则和方法及绿化树种的选择,对于实现我国高速公路景观设计的科学化和规范化具有重要的意义
50	用粉质土修筑高速公路路基技术研究	2006	天津市市政工程研究院、天津市高速公路投资建设发展公司		将智能灌溉农业使用的美国土壤水分传感器用于粉土路基顶面的含水率监测,研究路基顶面含水量变化的规律和原因;自创了一种能模拟现场情况的毛细管水上升高度试验方法——压实土柱的毛细管水试验;将化工厂的废渣——皂化渣用于粉土的稳定加固,可以使粉土的强度和水稳定性成倍提高
51	天津市钢筋混凝土桥梁耐久性设计规程	2005	天津市市政工程设计研究院、天津市市政工程研究院、天津市公路管理局	2006年度天津市政局科技进步三等奖	率先将质量控制从结果控制转向前期控制和过程控制。将耐久性的概念引入桥梁设计,从原材料的选择、结构设计、裂缝控制措施以及预防性保护措施等方面进行系统研究,引入预防性保护的概念,将环境安全设计与结构安全设计融合在一起,把耐久性作为一个系统工程来考虑,使新技术得到集成应用
52	高速公路加宽工程技术的应用研究	2006	天津市市政工程研究院	2006年度天津市政局科技进步三等奖	针对高速公路加宽工程,提出采用土工合成材料加筋加桩支撑系统处理技术,同时在新旧路搭接部位进行适度注浆或铺设土工合成材料加筋,这项综合技术具有创新性。采用地质探测雷达检测路面结构层和路基的沉降趋势,并经过唐津告诉公路工程进行了检验,方法具有创新性
53	公路路面管理系统	2005	天津市市政工程研究院	2006年度天津市政局科技进步三等奖	提出了高速公路路面管理系统的评价模型、预测模型,公路路面管理向系统化、科学化、信息化发展;结合模糊数学综合评判的应用,分别建立了路面使用性能单指标和综合指标评价,可及时、准确地多角度反映路面使用性能发展状况,为养护数据的采集提供了多种数据接口,特别是数据库与自动检测连接的高效数据接口,节省了大量人工时间,提高了数据采集的效率

续上表

序号	工程名称	完成年度	完成单位	获奖情况	科技项目内容摘要
54	断级配密实性抗滑沥青混凝土的研究与应用	2005	天津市公路管理局	2006年度天津市政局科技进步三等奖	采用废旧胶粉材料,研制抗滑沥青混凝土沥青结合料,采用酸性石料形成骨架结构,碱性石料作为细集料,形成抗滑密实的混合料,并对制作工艺、施工流程进行规定,制订标准
55	高性能沥青混凝土抗车辙处理技术研究	2005	天津市公路管理局	2006年度天津市政局科技进步三等奖	对PRPLAST.S抗车辙性能进行研究,分析不同扁平细长颗粒含量对沥青混合料抗车辙能力的影响,研究高温与水耦合作用下对沥青混合料抗车辙性能影响,为高性能抗车辙剂的推广提供技术储备
56	大型斜拉桥的非线性动力分析及其可靠性研究	2007	天津市市政工程设计研究院	2008年度天津市科技进步三等奖	提出采用自由交通流作为环境振源进行斜拉桥动力测试,识别出斜拉桥在使用多年后的模态参数,为斜拉桥动力测试提供技术支持,具有较好的实用价值;首次提出采用损伤指标的大小确定损伤位置及损伤程度的方法,提出采用破损位置判别矩阵进行破损位置识别、通过折减系数矩阵进行破损程度确定的最优矢量法,丰富了斜拉桥破损诊断技术;提出的综合静力分析、动力测试、破损诊断的非线性动力分析法为斜拉桥设计、施工、养护提供了技术支持
57	泡沫沥青再生混凝土半柔性基层成套技术研究	2008	天津市市政工程研究院、天津市高速公路集团有限公司	2009年度天津市政局科技进步一等奖	对沥青发泡特性、泡沫沥青冷再生混合料级配及性能进行深入研究,并通过工程实践,形成泡沫沥青再生混凝土半柔性基层成套技术,填补了国内外该领域的空白;首次提出了泡沫沥青冷再生CTB的工程设计级配范围和设计技术要求,具有开拓性;对泡沫沥青冷再生RAP的工程设计级配范围进行了优化,降低了细集料,尤其是粉料的用量,具有创新性,对工程实践有重要的指导意义;在高速公路维修工程中得到成功的应用,并设置了层间结合层,研发了新型的路面结构形式
58	土壤固化剂在路基处理、道路基层中的应用研究	2008	天津市市政工程设计研究院		提出了利用固化剂固化淤泥质土作为重载、软基道路处理层的方法;发明了淤泥质土、固化剂、辅料最佳配合比组合下的复合材料;提出土壤固化剂柔性路面典型结构,在高速公路工程中得到广泛应用,取得了巨大的经济、社会效益

第五章
高速公路建设科技质量成果

续上表

序号	工程名称	完成年度	完成单位	获奖情况	科技项目内容摘要
59	振动成型法水泥稳定碎石混合料配合比设计、施工技术的研究与应用	2008	天津市市政工程研究院	2009年度天津市政局科技进步三等奖	以水泥稳定碎石半刚性基层材料的干缩系数、温缩系数为基础,提出以综合收缩抗裂系数作为评价水泥稳定碎石混合料的抗开裂性能指标;提出包括原材料质量要求、矿料级配范围、振动击实试验方法、振动成型试验方法在内的较为系统的"采用振动成型法的半刚性基层材料配合比设计方法",对水泥稳定碎石半刚性基层的路用性能的提高有明显的效果;结合实体工程提出了"采用了采用振动成型法的水泥稳定碎石基层施工技术",对此项技术的推广具有重要意义
60	PCC桩在天津威乌高速公路软基加固应用的试验研究	2008	天津市市政工程设计研究院、天津市高速公路投资建设发展公司		PCC桩在天津市软土地区的设计理论、施工工艺及质量控制措施研究;在天津市软土地区有关塌落度、拔管速度、施工顺序等施工工艺的试验研究;在天津市软土地区复合地基及单桩检测技术研究,PCC桩复合地基与其他地基处理方式的现场监测试验对比与分析,该技术成功在天津威乌、京沪等多条高速公路应用,对于天津高速公路建设及其他地区高速公路软基加固均有重要的指导意义
61	温拌沥青混合料超薄罩面技术研究	2008	天津市公路工程总公司	2009年度天津市政局科技进步三等奖	对温拌沥青混合料技术结合薄层罩面技术进行研究;利用CAVF法进行薄层罩面级配设计研究;针对薄层罩面特点、黏结层施工方法、种类和用量进行研究,在高速公路路面应用中体现了独特的节能减排、绿色环保特性
62	大沽桥钢桥面环氧沥青铺装施工新工艺的研究	2008	天津五市政公路工程有限公司	2008年度天津市科技进步三等奖	通过对环氧沥青混凝土各方面力学性能的试验研究发现,环氧沥青混凝土具有优良的力学性能而且在低温条件下仍具有很好的变形能力,其强度是普通沥青混凝土或其他桥面铺装用的沥青混合料(SMA、浇注式沥青混凝土)的7~8倍,其温度变形系数接近钢板,环氧沥青混凝土作为钢桥面铺装材料较之其他种类材料具有很大的优越性

续上表

序号	工程名称	完成年度	完成单位	获奖情况	科技项目内容摘要
63	混凝土斜拉索式挂篮	2008	天津第一市政公路工程有限公司	国家级工法	牵索式挂篮是混凝土斜拉桥主梁施工的常用的设备,属于大型高空作业钢结构设备,质量大、操作流程复杂、安全标准高、工期及质量要求严格。以丹拉高速公路直线滨海大桥工程为载体,自主开发研制了新型牵索式挂篮,在主梁施工中发挥了极其重要的作用,确保了施工控制各项指标得以有效的实现,验证了这套设备的科学性和先进性
64	钢桥面铺装浇注式沥青混凝土施工工法	2008	天津五市政公路工程有限公司、天津城建滨海路桥有限公司	国家级工法	钢桥面铺装浇注式沥青混凝土施工工法适用于新建或改建钢桥面铺装工程,其钢桥面采用浇注式沥青混凝土作为桥面铺装的连接层工程,符合钢桥的防锈要求、铺装使用期内钢板与铺装的粘结要求、铺装层与钢板的追从性、铺装层的抗低温开裂,抗高温变形、抗疲劳开裂、抗水损害等性能要求
65	天津市地道(隧道)雨洪灾害防治关键技术研究及工程示范	2015	天津市市政工程设计研究院、天津市赛英工程建设咨询管理有限公司、天津五市政公路工程有限公司、天津城建设计院有限公司、天津市海顺交通工程设计有限公司	2015年度天津市科技进步二等奖	该项目对传统的隧道排水设计方法进行改进,提出防治天津市地道(隧道)雨洪灾害的成套关键技术,为建设宜居城市和平安交通提供科技支撑
66	多功能路况检测车检测数据二次开发	2009	天津市市政工程研究院	2009年度全国市政工程行业市政工程科学技术二等奖	成功将进口工作站内置的美国病害识别与分类标准转换为符合中国现行规范要求的路面损坏分类与数理统计评定标准。研发出具有道路路况评价自定义管理模型,开发出含路面技术状况属性带桩号定位功能的《公路前方景观展示系统》。该项成果的应用为高速公路养护提供了可靠的数据支持,使道路完好率逐年提高

第五章
高速公路建设科技质量成果

续上表

序号	工程名称	完成年度	完成单位	获奖情况	科技项目内容摘要
67	级配碎石振动成型设计方法、路用性能及施工技术研究	2009	天津市市政工程研究院		在国内外首次提出了系统的级配碎石振动成型设计方法,对规范CBR指标进行了修正,提出了合理的级配碎石质量控制指标;采用均匀设计方法,提出了多级嵌挤密实型级配碎石的级配范围;提出了基于振动成型方式的级配碎石施工工艺及典型结构
68	津蓟高速公路延长线隧道工程地质雷达无损检测的技术研究	2010	天津市市政公路工程质量监督站		采用试验比较的方法,对衬砌厚度、钢筋的位置、衬砌脱空段及空洞位置的雷达法探测进行了研究,指导隧道施工,为消除安全质量隐患提供有力依据
69	天津市公路沥青路面设计参数的研究	2010	天津市公路处	2010年中国公路学会科学技术二等奖	提出适合天津市地方材料的路面结构设计参数,同时提出沥青混合料抗剪设计指标,为沥青路面抗剪设计提供依据,提出新型路用材料——泡沫沥青冷再生混合料、胶粉改性沥青混合料、SBS改性混合料和掺加PR固体改性沥青混合料的材料设计参数,为高速公路路面结构设计和抗剪设计提供依据,具有良好的应用推广前景
70	废轮胎胶粉改性沥青及混合料成套技术研究	2010	天津市市政工程研究院	2011年度天津市科技进步三等奖	采用GTM方法对胶粉改性沥青混合料的组成结构及级配形式进行研究,提出了与其材料特性相适应的嵌挤偏骨架密实型级配结构,确定了与GTM方法相适应的胶粉改性沥青混合料的施工工艺,提出《废轮胎胶粉改性沥青路面GTM力学设计方法施工技术指南》,在高速公路建设中大面积使用
71	基于层位分工的耐久性沥青路面材料设计方法与路面结构一体化研究	2010	天津市市政工程研究院		对沥青路面材料新设计方法及新材料参数的系统研究,提出基于层位分工的耐久性路面设计方法、典型结构,节约养护维修费用,达到高速公路路面结构长寿命的目标。具有显著的社会效益和经济效益
72	胶粉沥青混凝土施工生产工艺研究	2011	天津第一市政公路工程有限公司		实现了胶粉改性沥青施工工艺的标准化
73	高速公路旧桥加固维修施工工艺研究	2011	天津路桥建设工程有限公司	天津市市级工法	总结完善了桥梁加固维修中的封闭裂缝法、粘贴碳纤维加固方法、化学灌浆湿式包钢板法、SCX聚合物修补砂浆施工工艺4项施工工艺,适合大量的高速公路桥梁加固维修工程,永久荷载增加较小,对桥梁承载力影响小

二、地方技术规范

天津市地方规范及指导性意见见表5-4-2。

地方规范、指导性意见统计　　　　　　　　　　　　表5-4-2

序号	规范名称	文号	颁发单位	编制单位	颁发时间
1	城市道路工程质量检验标准	DB 29-50—2003	天津市建设管理委员会	天津第一市政公路工程有限公司	2003.8.25
2	天津市高速公路机电工程质量检验评定标准	建科教〔2004〕1313号	天津市建设管理委员会	天津市公路工程质量监督站	2004.12.1
3	公路沥青路面冷再生设计与施工技术规程	建科教〔2004〕1421号	天津市建设管理委员会	天津市公路管理局	2005.1.1
4	天津市高速公路养护技术规范	建科教〔2005〕1455号	天津市建设管理委员会	天津市高速公路投资建设发展公司、天津市公路工程设计研究院	2006.2.1
5	公路沥青路面裂缝密封施工技术规程	建科教〔2005〕1458号	天津市建设管理委员会	天津市公路管理局	2006.2.1
6	天津市彩色沥青混凝土施工技术规程	建科教〔2005〕1391号	天津市建设管理委员会	天津路桥建设工程有限公司	2006.8.21
7	天津市公路沥青路面微表处施工技术规程	建科教〔2005〕1391号	天津市建设管理委员会	天津市公路管理局	2007.9.1
8	天津市钢桥面环氧沥青混凝土铺装施工技术规程	建科〔2008〕76号	天津市建设管理委员会	天津五市政公路工程有限公司、天津城建滨海路桥有限公司	2008.1.29
9	城镇道路工程施工与质量验收规范	建标〔2003〕104号	中华人民共和国住房和城乡建设部	北京市政建设集团有限责任公司、中国市政工程协会、天津第五市政公路工程有限公司	2008.9.1
10	天津市钢桥面浇筑式沥青混凝土铺装施工技术规程	建科〔2010〕1116号	天津市建设管理委员会	天津五市政公路工程有限公司	201.12.13

三、主要专著

主要专著见表5-4-3。

主要专著统计　　　　　　　　　　　　　　　　　　　　　表5-4-3

序号	专著名称	主编	出版社	出版时间	备注
1	京津塘高速公路论文集	田凝寿	陕西科学技术出版社	1997年3月	

四、主要发明专利

主要发明专利见表5-4-4。

主要发明专利统计　　　　　　　　　　　　　　　　　　表5-4-4

序号	专利名称	专利号	专利发明人	授权单位	授权时间
1	采用运行速度预测模型的高速公路线形设计方法	200710057664.1	熊文胜、王晓华、靳灿章、李海舢、李传宪、肖田、汪凌志、王玉秀、王蕊、徐青、郑利、严西华、曹凌峰	国家知识产权局	2010.5.19
2	基于软基重载交通条件下的沥青路面结构及路基处理方法	200910070173.X	王新岐、王晓华、刘润有、苑宏凯、冯炜、龚凤刚、赵建伟、曾伟、付晓敦、狄升贵、练象平、邱志明、曹立松、于立军、任金霞	国家知识产权局	2011.1.5
3	梁的钢—混凝土结合段的结构	201010168569.0	曹景、刘旭锴、谢斌、张强、戴少雄、孙东利、何玉宝、李伟、李焱、陆华臻、张一卓	国家知识产权局	2011.7.20
4	钢主塔或钢主拱的钢—混凝土结合段的结构	201010168575.6	曹景、刘旭锴、谢斌、张强、戴少雄、孙东利、何玉宝、李伟、陆华臻、张一卓、李焱	国家知识产权局	2011.5.4
5	考虑重型拖车甩尾的弯道超高设计方法	201010525468.4	王晓华、白子建、周骊巍、刘润有、王新岐、龚凤刚、贺海、练象平、曾伟、陈雪峰、曹书生、苑宏凯、冯炜、陈国库、孙强、张洋、段绪斌、张国梁、李明剑、代茂华、狄升贯、王志华、张占领、高立新、靳灿章、程海波、曹凌峰、付晓敦、刘超	国家知识产权局	2012.11.7

续上表

序号	专利名称	专利号	专利发明人	授权单位	授权时间
6	考虑重型拖车车轮轨迹偏差和甩尾的弯道加宽设计方法	201010525480.5	王晓华、白子建、周骊巍、刘润有、王新岐、李东、杨万军、龚凤刚、贺海、刘凯、梁青山、练象平、曾伟、苑宏凯、冯炜、张洋、段绪斌、张国梁、李明剑、刘超、付晓敦、狄升贯、张占领、高立新、靳灿章、程海波、曹凌峰、王志华、代茂华	国家知识产权局	2011.12.14
7	一种保证重载交通沥青路面使用寿命的路面设计方法	201110299329.9	肖田、王晓华、孙吉书、熊文胜、靳灿章、李海舢、严西华、董刚、杨春风、徐青、李洪亮、侯志峰、徐桂兴、熊军、郑利	国家知识产权局	2014.4.23
8	道路施工限速标志设置位置设限速大小确定方法	201110313044.6	郑利、白子建、王晓华、钟石泉、柯水平、赵巍、王海燕、邢锦、张磊、贺海、姚晓春、张友明、练象平、曾伟、金学松、张占领、刘炤伟、魏伟、段绪斌、李明剑、葛娟、冯伟、周骊巍、王志华、张洋、狄升贯、张国梁、代茂华	国家知识产权局	2014.4.23
9	出入口纵身长度确定方法	201110314738.1	白子建、徐建平、李伟、刘虹、王晓华、周浩、赵巍、王海燕、孙钦林、邢锦、张磊、周骊巍、郑利、严西华、龚凤刚、贺海、练象平、曾伟、张友明、段绪斌、冯炜、李明剑、张国梁、代茂华、狄升贯、张洋、张占领	国家知识产权局	2014.3.12
10	货车专用直行车道设置方法	201210104905.X	王晓华、白子建、徐建平、陈永恒、王新岐、刘润有、朱自博、赵巍、王新慧、郑利、王海燕、邢锦、李明剑、张春生、周骊巍、段绪斌	国家知识产权局	2014.8.13

续上表

序号	专利名称	专利号	专利发明人	授权单位	授权时间
11	驾驶人行车动态视觉感知仿真方法	201210104933.6	白子建、徐建平、王晓华、郑利、王海燕、赵巍、段绪斌、李明剑、邢锦、张国梁、钟石泉、严西华、周骊巍、冯炜、张占领	国家知识产权局	2013.12.4
12	利用瑞雷面波评价地基强夯加固效果的量化分析方法	201210525534.7	吕耀志、谭儒蛟、张建根、杨旭朝、徐鹏道、盛群陆、刘国权	国家知识产权局	2014.8.13
13	一种带悬臂撑板的箱梁结构	201220056743.7	曹景、张强、孙东利、胡江、刘旭锴、张洪海、骆春雨、周莉、朱涛、张一卓	国家知识产权局	2012.11.7
14	一种正交异性板的加劲构造	201320094928.1	刘旭锴、戴少雄、谢斌、曹景、刘志才、冯希训、李强、骆春雨、赵传亮、乔建刚	国家知识产权局	2013.12.4
15	一种可推到式栏杆	201320119776.6	曹景、谢宝来、孙明哲、李志刚、杨宇辰	国家知识产权局	2013.9.4
16	一种防撞防落物的构造措施	201320120645.X	曹景、何玉宝、丁雪松、张洪海、谢斌、杨洁、张四国、李焱、陆华臻、张一卓、何文飞、吕耀秀	国家知识产权局	2013.9.4
17	高浓度盐溶液腐蚀环境下的桥梁墩柱	201320144965.9	曹景、刘旭锴、胡江、丁雪松、赵伟、姜峰、田川、孙东利、周莉、骆春雨、陈宏	国家知识产权局	2013.9.4
18	防止高浓度盐溶液腐蚀的桥梁下部结构	201320145597.X	曹景、刘旭锴、胡江、丁雪松、赵伟、姜峰、田川、孙东利、周莉、骆春雨、陈宏	国家知识产权局	2013.9.4
19	用于高浓度盐溶液腐蚀环境的灌注桩	201320145598.4	曹景、刘旭锴、胡江、丁雪松、赵伟、姜峰、田川、孙东利、周莉、骆春雨、陈宏	国家知识产权局	2013.10.30

续上表

序号	专利名称	专利号	专利发明人	授权单位	授权时间
20	一种钻探机械设备辅助行走导轨	201320511077.6	刘浩、徐鹏逍、谭儒蛟、刘国权、王辉	国家知识产权局	2014.3.12
21	测量船定位卡杆	201320512314.0	王淳、王蓉蓉、杨勇、魏金龙、杨强、王伟强	国家知识产权局	2014.3.12
22	一种用于半漂浮体系斜拉桥的横桥向抗风装置	201420122191.4	张强、刘旭锴、曹景、谢斌、戴少雄、赵传亮、张一卓	国家知识产权局	2014.3.19
23	适合于软土地基的加筋土挡墙及其施工方法	ZL02104110.5	吴景海	国家知识产权局	2005.4.27
24	一种采用冷再生技术维修的路面及其施工方法	200910068689.0	王德群、吴景海	国家知识产权局	2011.4.6
25	沥青温拌剂和由其拌合的沥青混合料及二者的制备方法	201010233760.9	宋晓燕	国家知识产权局	2012.4.25
26	一种沥青温拌剂添加装置	201220207755.5	周卫峰、宋晓燕、孙研枫、李源渊、张曙光等	国家知识产权局	2013.1.9
27	一种提高级配碎石路用性能的专用纤维	201220407267.9	周卫峰、张秀丽、张周平、宋晓燕、苗乾等	国家知识产权局	2013.2.13
28	一种高抗车辙能力的沥青混合料及其制备方法	201210363518.2	周卫峰、唐秀明、孙妍枫等	国家知识产权局	2014.9.24
29	水泥混凝土搅拌站	ZL201520801640.2	李兵、张伟、孙志强、穆庆刚、马红彬、王兴华、李磊	国家知识产权局	2016.3.30
30	可拆卸的固定式钢筋骨架绑扎台座及其组装和使用方法	ZL201510250759.X	宋博、王波、刘梦忠、刘鹏翔	国家知识产权局	2017.3.8

第五节 工程质量创优

以京津塘高速公路的建成通车为标志,展开了天津市高速公路发展的历史新画卷。截至2016年底,天津市高速公路通车里程达到1208km,初步形成了以中心城区和滨海新区为中心的对外辐射型高速公路网络。天津市的高速公路建设实现了许多新的突破,取得了辉煌的成果。

一、京津塘高速公路

1. 京津塘高速公路简介

京津塘高速公路是我国"七五"至"八五"期间重点建设项目,也是我国第一条按现代化高速公路标准设计,并经国务院批准,部分利用世界银行贷款建设的跨省市的高速公路工程,采取中外联合体的形式,通过国际竞争性投标承包的。天津承建两个合同段,二合同(天津东段)起于武清县大王古乡,止于武清县下朱庄乡郎庄,全长43.7km,三合同(天津西段)起于北辰区郎庄南,止于塘沽区河北路,全长52.8km,两段路宽均为26m,设计速度120km/h。

工程总造价2.52亿元,开工日期:1987年12月23日,竣工日期:1993年9月30日。

建设单位:京津塘高速公路天津公司

设计单位:交通部第一勘察设计院

施工单位:天津五市政公路工程有限公司
    天津第一市政公路工程有限公司
    天津第二市政公路工程有限公司
    天津第三市政公路工程有限公司
    天津第四市政建筑工程有限公司

监理单位:天津市道路桥梁工程监理公司(现名称:天津市华盾工程监理咨询有限公司)

该工程获1993年天津市优秀设计三等奖。1993年,交通部授予京津塘高速公路改革开放以来"全国十大公路工程"光荣称号;1994年,被建设部评为改革开放以来对国内外有重大影响的"全国最佳工程设计特别奖";1995年,被交通部评为"优质工程一等奖";1996年,获"中国建筑工程鲁班奖(国家优质工程)";"京津塘高速公路工程建设成套技术"获交通部1996年度科学技术进步特等奖;1997年,获"国家科学进步一等奖";1999年,获"中国土木工程詹天佑大奖"。2009年10月29日,获"新中国成立60周年百项经典暨精品工程"。

2. 京津塘高速公路北部新区段高架工程三合同

北部新区段高架工程位于天津市中心城区东北部,全长约12.94km,其中三合同段长1760.148m,主要施工内容为桥梁施工,桥面总铺装面积为47524m^2。该工程规模大、工期紧,大部分施工处于雨季及冬季,施工安全质量要求高;在施工过程中项目部全面推行和实施项目责任制,针对工程难点制订具体施工措施,过程中严格控制,精心组织,最终工程于2015年4月30日前顺利完工,工程实体经第三方检验合格,工程施工中无违反现行标准及国家强制性标准,无安全质量事故发生。主体结构安全可靠,使用功能完善,达到国家技术规范和设计要求。

建设单位:天津城市道路管网配套建设投资有限公司

代建单位:天津市市政工程建设公司

勘察及设计单位:天津市市政工程设计研究院

监理单位:天津市华盾工程咨询监理有限公司

施工单位:天津第三市政公路工程有限公司

工程总造价:20017.63万元,开工日期:2014年6月10日,竣工日期:2015年4月30日。

该工程荣获2015年天津市市级文明工地称号;2015年天津市建设工程"结构海河杯"奖;2016年天津市建设工程"优秀项目管理成果"三等奖;2016年天津市建设工程"海河杯"奖。

3. 京津塘高速公路北部新区段高架工程六合同

北部新区段高架工程位于天津市中心城区东北部,根据天津市规划,中心城区向天津市东北部扩增100km², 即北部新区,由现状外环线和规划外环线东北部调线围合而成。该工程桥梁部分包括主线高架桥和徐庄子立交A、B、C、D匝道桥。主线高架桥修筑起止里程桩号为:K12+803.431~K14+037.139,桥梁长度1233.708m,左、右幅桥标准宽度为13.5m,桥梁面积37360.2m²。A匝道长度为103.43m,桥梁面积1738.5m²;B匝道长度为147.04m,桥梁面积1176.4m²;C匝道长度为167.44m,桥梁面积1674.4m²;D匝道长度为183.43m,桥梁面积1674.4m²。

建设单位:天津城市道路管网配套建设投资有限公司

代建单位:天津市市政工程建设公司

勘察及设计单位:天津市市政工程设计研究院

监理单位:天津市路驰建设工程监理有限公司

施工单位:天津第一市政公路工程有限公司

工程总造价2.27亿元;开工日期:2014年7月9日;竣工日期:2015年5月8日。

获奖情况:2016年获得天津市金奖海河河杯奖,天津市建筑业协会;

2015年获得天津市结构海河杯奖,天津市建筑业协会;

2015年获得天津市文明施工工地,天津市建设行业联合会;

2014年获得全国建筑业绿色施工示范工程奖,中国建筑业协会;

2015年获得全国建设工程优秀项目管理成果奖,中国建筑业协会;

2015年获得全国工程建设优秀质量管理小组二等奖,国家工程建设质量奖审定委员会。

4. 京津塘高速公路北部新区段高架工程七合同

北部新区段高架工程七合同,主线高架桥修筑起点里程桩号为 K14+037.139,终点桩号为 K15+722.06,分为左右两幅,灌注桩桩径分别为 1.2m、1.5m 和 1.8m;墩柱包含 A、B、E 三种柱形,上部结构为预应力小箱梁和现浇箱梁,其中小箱梁梁长依次为 25m、30m、35m;现浇箱梁分为 1.6m、2.3m、2.5m 三种梁高。桥梁长度 1684.9m,桥梁面积 45492.9m^2。路线向南分别跨越月牙河、津围快速路及规划地铁 M7,相交里程桩号分别为 K14+164.880、K14+260.827、K14+948.152。

该工程开工日期为 2014 年 6 月 26 日,计划竣工日期为 2015 年 4 月 15 日,实际竣工日期为 2015 年 4 月 30 日。

建设单位:天津城市道路管网配套建设投资有限公司
代建单位:天津市市政工程建设公司
勘察及设计单位:天津市市政工程设计研究院
监理单位:天津市路驰建设工程监理有限公司
施工单位:天津城建集团有限公司
工程总造价:191366999 元

该工程 2014 年 12 月获得第四批全国建筑业绿色施工示范工地;2015 年 3 月获得优秀青年突击队称号;2016 年 2 月获得 2015 年度天津市建筑工程"结构海河杯"奖;2016 年 2 月获得 2015 年度天津市文明施工工地称号。

二、京哈(京沈)高速公路天津段

京沈高速公路获"天津市优质工程奖",其中天津第三市政公路工程有限公司承建的宝坻大桥获"中国建筑工程鲁班奖"。

三、荣乌(津汕)高速公路天津段

津汕高速公路天津段团泊南互通式立交工程位于津汕高速公路与唐津高速公路相交处,为连接津汕高速公路与唐津高速公路的枢纽互通立交,该互通为苜蓿叶与半直连匝道组合式三层立交,立交以津塘高速公路为界,津汕高速公路天津段十合同起讫桩号为 K24+200~K26+210.655,主线全长 2.01km。该合同涉及互通立交项目包括主线及匝道的道路工程(路基工程、路面工程、附属工程)、桥梁工程(主线桥、匝道桥)、通道桥及涵洞工程。

施工单位:天津五市政公路工程有限公司
　　　　　天津第一市政公路工程有限公司
建设单位:天津市高速公路投资建设发展有限公司

设计单位：天津市市政工程设计研究院

监理单位：天津市国腾公路资源监理有限公司

工程总造价21539.87万元，开工日期：2006年4月15日，竣工日期：2008年3月31日

该工程荣获2010年度国家优质工程银质奖；2009年度天津市建设工程"金奖海河杯"奖；2009年度全国优秀质量管理小组；

2009年度天津市优秀项目质量管理成果二等奖；

2009年度天津市市政公路工程质量金奖；

2010年"天津市海河杯优秀勘察设计奖三等奖"、"国家优质工程银质奖"；津汕高速公路（天津段）工程测绘2011年获"天津市海河杯优秀勘察设计奖三等奖"；津汕高速公路天津段工程2011年获"天津市海河杯优秀勘察设计奖二等奖""全国工程勘察设计行业优秀工程勘察设计行业奖二等奖"。

四、京秦高速公路天津段

1. 京秦高速公路天津段工程一合同

京秦高速公路天津段工程一合同位于天津市蓟州区，该合同段工程包括路基填土、桥梁、涵洞及通道、路面底基层。起始桩号K0+000，终止桩号K8+257.570，长度8257.57m。其中包括大桥2座，立交2座，中桥6座，匝道桥2座，人行天桥1座，箱型通道9座，箱涵10座，圆管涵11道。

建设单位：天津高速公路集团有限公司

设计单位：天津市市政工程设计研究院

监理单位：天津市华盾工程监理咨询有限公司

施工单位：天津城建集团有限公司

工程合同造价：28730.6666万元，开工日期：2012年12月30日，竣工日期：2015年11月15日。

2016年2月京秦高速公路天津段工程宝平公路互通式立交荣获2015年度天津市建筑工程"结构海河杯"奖；2017年3月荣获2016年度天津市建设工程"海河杯"奖；2015年2月京秦高速公路天津段工程盘山大道分离式立交荣获2014年度天津市建筑工程"结构海河杯"奖；2014年7月京秦高速公路天津段工程一标段QC小组荣获2014年度全国工程建设优秀质量管理小组二等奖；2014年7月荣获2014年天津市优秀质量管理小组称号；2015年7月荣获2015年度全国工程建设优秀质量管理小组一等奖；2016年7月荣获2016年天津市优秀质量管理小组称号；2016年7月荣获2016年度全国工程建设优秀质量管理小组一等奖；2015年5月获天津市2015年度建设系统QC成果一等奖；2016年5

月获天津市2016年度建设系统QC成果一等奖;2016年4月项目发布的"标准化施工精细化管理铸造行业精品工程"获天津市2016年度优秀项目管理成果一等奖;2016年9月荣获第十一届全国建设工程优秀项目管理成果二等奖;2016年2月荣获2015年度天津市文明施工工地。

2. 京秦高速公路天津段工程十合同

京秦高速公路天津段工程是天津市域高速公路"九横五纵"骨架路网布局中的"一横",是蓟州区区域内高速公路规划"两横两纵"中的主要组成部分,路线全长约30.265km。该合同段为十合同,里程桩号为K15+305～K30+309.164,线路全长约15.004km。涉及路面基层、沥青混凝土面层、通信管道及其附属设施等。

建设单位:天津高速公路集团有限公司

设计单位:天津市市政工程设计研究院

监理单位:天津市华盾工程监理咨询有限公司

施工单位:天津五市政公路工程有限公司

工程总造价:16478.68万元,开工日期:2015年2月15日,竣工日期:2015年12月31日。

该工程荣获2016年度天津市建设工程"金奖海河杯"奖。

五、京沪高速公路

京沪高速公路天津段一期工程获"2008年度天津市海河杯优秀勘察设计奖一等奖";2009年获"新中国成立六十周年60项公路交通勘察设计经典工程";王庆坨互通式立交获"2006年度天津市优秀勘察设计二等奖";京沪高速公路天津段一期工程测量获2009年"中国测绘学会科学技术奖优秀测绘工程奖铜奖";京沪高速公路(天津段)二期工程获"2010年度天津市海河杯优秀勘察设计奖一等奖";获2010年"天津市测绘学会优秀测绘工程奖二等奖";2011年获"全国工程勘察设计行业优秀工程勘察设计行业奖一等奖";"中国测绘学会优秀测绘工程奖铜奖"。

六、长深(唐津、丹拉)高速公路

1. 唐津高速公路二期铁路东南环线立交工程

铁路东南环线立交工程坐落在天津市滨海新区塘沽杨北公路56km处,该立交桥跨越杨北公路、煤下海铁路和塘沽农场排干渠河。桥梁全长1518.32m,总建筑面积39476.32m^2。该桥分上下行四车道,桥宽26m,该桥是一座钢筋混凝土预应力T形梁、桥面现浇连续板为主体结构的高等级、全封闭大型桥梁工程。

建设单位:天津市公路建设发展公司
设计单位:天津市市政工程设计研究院
监理单位:天津市道路桥梁工程监理公司(现名称:天津市华盾工程监理咨询有限公司)
施工单位:天津五市政公路工程有限公司

工程总造价:10185.08万元,开工日期:1998年12月6日,竣工日期:2000年6月25日。

该工程荣获2001年度国家优质工程银质奖。

2. 唐津二期津塘公路互通式立交工程

津塘公路互通式立交工程是唐津高速公路上的一座大型互通式立交桥,位于天津市滨海新区塘沽中心桥乡。该工程桥梁建筑面积78022m^2;桥梁全长3558m,其中主线桥长2521m,5条匝道共长1037m,是当时天津市最大最长的互通式立交工程。

建设单位:天津公路建设发展公司
设计单位:天津市市政设计研究院
施工单位:天津第一市政公路工程有限公司
监理单位:天津市道路桥梁工程监理公司(现名称:天津市华盾工程监理咨询有限公司)

工程总造价:18079.6万元,开工日期:1988年10月25日,竣工日期:2000年9月30日。

该工程2001年荣获天津市优质工程称号;2001年获天津市优秀勘察设计奖;2001年获天津市文明工地奖。

3. 丹拉支线高速公路海河大桥工程

滨海大桥是丹拉支线高速公路天津南段工程中的一座特大型斜拉桥,坐落于天津市滨海新区,横跨海河。该桥由主桥和引桥组成,主桥为双塔双索面预应力混凝土斜拉桥,主跨径364m,边跨径152m;主梁为高2m开口肋板结构,桥塔为钻石型,由上中下三部分塔柱组成,塔高140.12m;引桥上部结构为T形梁先简支后连续体系,最大跨径40m。桥梁全长2838m,建筑总面积79188.6m^2。施工中采用了一系列的新技术、新工艺和工程施工措施,如大直径超长灌注桩的施工、主塔架体式爬模施工技术的应用、主梁牵索式挂篮的设计及成功应用、斜拉索的精确安装等。该桥的建设,在当时创造了天津建桥史上的5个之最:承台体积最大,主梁跨度最长,主塔塔柱最高,工期最短,科技含量最高。它的建成,对改善地区的投资环境产生了深远的影响。

建设单位:天津市公路建设发展公司

设计单位:天津市市政工程设计研究院

监理单位:天津市华盾监理咨询有限公司

承建单位:天津第一市政公路工程有限公司

天津第三市政公路工程有限公司

工程总造价:31819.44万元,开工日期:2001年3月25日,竣工日期:2003年9月30日。

该工程2003年荣获天津市海河杯奖;2002年获天津市市级文明工地称号;2002年全国工程建设优秀质量管理小组奖。

4. 长深(唐津)高速公路

唐津高速公路二期工程获"2002年度天津市优秀勘察设计一等奖";"2003年度建设部优秀勘察设计三等奖";其中丹拉支线高速公路天津南段工程海河大桥获"2003年度天津市优秀勘察设计一等奖";唐津高速公路扩建工程荣获"2013年天津市优秀工程咨询奖"。

5. 长深高速公路2012年维修加固工程一合同

该工程为长深高速公路2012年维修加固工程一合同,施工内容长深高速公路(K1063+152~K1107+657)道路、桥梁维修工程和滨石高速公路(K164+679~K186+724)桥梁维修工程。桥梁工程维修内容包括更换板梁、铰缝维修、桥面铺装维修和伸缩缝维修,道路工程维修内容包括双层挖补、单层挖补、桥头跳车维修。

建设单位:天津高速公路集团有限公司

勘察及设计单位:天津市市政工程设计研究院

监理单位:天津市国腾公路咨询监理有限公司

施工单位:天津第三市政公路工程有限公司

工程总造价:1594万元,开工日期:2012年4月15日,竣工日期:2012年5月20日。

该工程荣获2012年12月天津市建设工程"金奖海河杯";2013年9月获"天津市市政公路工程金奖"。

七、滨保(国道112线)高速公路

1. 国道112线高速公路天津东段汉沽北互通立交工程

国道112线高速公路天津东段汉沽北互通立交工程位于天津市滨海新区汉沽盐场和河北省唐山市汉沽农场境内,是国道112线高速公路与唐津(长深)高速公路两条国道主干线实现互通转换的大型枢纽立交。汉沽北互通立交设计采用半苜蓿叶半直连组合形式,为三层全互通立交,由主线桥和A、B、C、D、E、F、G、H八条匝道桥组成。主线全长

2935.6m,其中主线桥全长1552.9m,标准宽度16.5m,匝道标准宽度为8~11.5m。建筑面积13.8万m²。桥梁上部结构采用先简支后连续小箱梁及现浇混凝土连续箱梁,其中现浇箱梁有6种箱室结构形式。

工程设计理念新颖,提出多项创新性设计方案。首次使用互动式道路及立交CAD系统对互通立交的平、纵、横三方面进行全方位立体设计;首次进行专业的防腐设计;首次全面引入耐久性设计理念;首次在高速公路路面中面层使用胶粉改性沥青材料等。

针对工程所在地为盐池,地质环境恶劣,现场施工环境复杂等特点,项目部成立科研小组,依靠科学组织和运用先进技术解决了盐池池型现浇箱梁施工难题。

建设单位:天津高速公路集团有限公司

勘察及设计单位:天津市市政工程设计研究院

监理单位:天津市国腾公路咨询监理有限公司

施工总承包单位:天津路桥建设工程有限公司

参建单位:天津第六市政公路工程有限公司

工程造价:6.07亿元,开工日期:2008年6月8日,竣工日期:2011年11月8日。

该工程荣获2013—2014年度国家优质工程奖;2013年2月获2011—2012年度天津市建筑业10项新技术应用示范工程;2011年6月"六分公司QC小组"获得全国工程建设优秀质量管理小组二等奖;2011年11月荣获全国工人先锋号;2012年1月荣获2011年度市级文明工地;2012年8月荣获2011年度全国建设工程优秀项目成果三等奖;2013年1月获得天津市"海河杯"优秀勘察设计三等奖;2014年3月获得2013年度天津市建设工程"金奖海河杯"奖。

2.国道112线高速公路天津东段工程永定河特大桥

国道112线高速公路天津东段工程永定河特大桥位于天津市北辰区双街镇,大桥全长7213.7m。高架桥主要跨越京津高速公路的路口和永定河,其中跨越京沪和京山铁路,采用转体法施工,该转体施工创天津地区同类转体桥梁转体重量之最、同类转体角度之最、华北地区转体长度之最。

建设单位:天津高速公路集团有限公司

勘察及设计单位:天津市市政工程设计研究院

监理单位:河北华达公路工程咨询监理有限公司

　　　　　天津市国腾公路咨询监理有限公司

参建单位:中铁十四局集团第二工程有限公司

　　　　　中铁十四局集团有限公司

　　　　　中铁十八局集团第五工程有限公司

利越集团有限公司

中交第四公路工程局有限公司

工程总造价:100896万元,开工日期:2008年3月1日,竣工日期:2010年12月31日。

该工程荣获2011—2012年度"国家优质工程银质奖";2011年4月获"海河杯"天津市优秀勘察设计奖;2011年12月获天津市建设工程"金奖海河杯"奖;2011年12月获中国铁道工程建设协会火车头优质工程;2011年11月工程项目成果获全国优秀项目成果二等奖;2011年10月"苏广民QC小组"获天津市优秀QC小组;2010年5月"提高双向水泥搅拌桩合格率"QC小组被评为山东省优秀QC小组;2010年1月获铁道建筑总公司"安全质量文明工地"称号;2011年1月荣获天津市市级文明工地称号。

3. 国道112线高速公路

该工程项目荣获2007年度天津优秀工程咨询成果二等奖;国道112线高速公路双街互通立交工程2011年获天津市"海河杯"优秀勘察设计奖三等奖;国道112线高速公路大龙湾互通式立交工程2014年获天津市"海河杯"优秀勘察设计奖三等奖。

八、秦滨高速公路(沿海高速公路、海滨大道、集疏港公路)

1. 天津集疏港公路二期南段津晋高速公路互通立交工程

津晋高速公路互通立交工程位于津晋高速公路与海滨大道交叉点,是滨海新区集疏运交通路网关键转换节点,是滨海新区港城分离交通系统的重要组成部分,建成后提高了津晋高速公路与天津港的快速沟通。同时,立交也是临港经济区的高速公路出入口,对临港的开发建设起到很大的促进作用。立交桥采用半苜蓿叶半定向的立交形式,津晋高速公路上跨海滨大道,为三层全互通立交,由左右主线和八条匝道桥组成,桥梁面积54550m^2。津晋高速公路左转海滨大道(西转北)为主流向采用半定向匝道,东向南方向也采用半定向匝道。该桥的建成沟通了天津港物流区,津晋高速公路和滨海大道高速公路的立体交通,对缓解津滨大道的交通压力起到了至关重要的作用。

建设单位:天津海滨大道建设发展有限公司

勘察及设计单位:天津市市政工程设计研究院

监理单位:天津市国腾公路咨询监理有限公司

施工单位:天津城建集团有限公司

工程总造价:203650070元,开工日期:2008年10月22日,竣工日期:2010年12月30日。

该工程荣获"2011—2012年度国家优质工程银质奖";2011年4月获"海河杯"天津市优秀勘察设计奖;2011年12月获天津市建设工程"金奖海河杯"奖;2011年1月获天津市建设工程"结构海河杯"奖;2011年4月获天津市优秀项目管理成果三等奖;2010年1

月荣获天津市市级文明工地称号。

2.天津集疏港公路二期中段2合同段海河大桥

该工程荣获"2011年度中国铁道工程建设协会火车头优质工程";荣获2013度天津市"海河杯"优秀勘察设计一等奖。

3.海滨大道南段二期子牙新河特大桥

该工程荣获"2012—2013年度国家优质工程奖"。

建设单位:天津海滨大道建设发展有限公司

勘察及设计单位:天津市市政工程设计研究院

工程监理单位:河北华达公路工程咨询监理有限公司

施工总承包单位:中铁十八局集团有限公司

参建单位:中铁十八集团第三工程有限公司

　　　　　中铁十五局集团有限公司

　　　　　青岛公路建设集团有限公司

　　　　　中铁十五局集团第七工程有限公司

海滨大道南段二期子牙新河特大桥

4. 沿海高速公路

沿海高速公路天津段(蛏头沽—涧河段)工程测绘项目2011年度获"天津市测绘学会优秀测绘工程奖二等奖";沿海高速公路天津段南段二期工程荣获2009年度天津市优秀工程咨询成果三等奖、2012年度获"天津市海河杯优秀勘察设计奖三等奖";沿海高速公路天津段北段二期工程(疏港三线立交—蛏头沽)2014年度获"天津市海河杯优秀勘察设计奖一等奖"。

天津集疏港公路一期工程荣获2010年度天津市"海河杯"优秀勘察设计二等奖;2011年度全国优秀工程勘察设计行业优秀设计三等奖。

天津集疏港公路二期工程,荣获交通运输部、国家安全生产监督管理总局2013年度公路水运建设"平安工程"。

天津集疏港公路二期南段荣获2012度天津市"海河杯"优秀勘察设计三等奖。

海滨大道北段一期荣获2010度天津市"海河杯"优秀勘察设计三等奖。

海滨大道北段二期工程(疏港三线立交—蛏头沽)荣获2011年度天津市建设工程"海河杯"奖。

"海河杯"奖荣誉证书

九、津蓟高速公路

津蓟高速公路是21世纪天津市开元工程、是"十五"计划标志性工程,是一条亮丽的旅游风景线。该项目被列入市重点工程和天津市2001年改善人民生活20件实事之一。津蓟高速公路是天津市通往北京及东北地区的一条快速交通干线,也是市区通往蓟州区的一条最快捷的通道,南起外环线,北至蓟州区,途经东丽、北辰、武清、宁河、宝坻,全长

103km,设计标准为双向四车道,设计速度120km/h。该工程自2001年4月开工以来,在工程质量和建设速度方面都达到了一个新的水平。它的建成通车,对促进沿线区域的经济发展起到重要的推动作用。

工程总造价:47.4亿元,开工日期:2001年4月20日,竣工日期:2003年8月30日。

建设单位:天津市公路建设发展公司

设计单位:天津市市政工程设计研究院

监理单位:天津市道路桥梁工程监理公司

施工单位:天津第五市政公路工程有限公司等

该工程荣获2004年度国家优质工程银质奖;获2003年度天津市建设工程海河杯;获"2003年度天津市优秀勘察设计(市政类)一等奖";天津市津蓟高速公路工程测绘获"2009年度天津市海河杯优秀勘察设计奖二等奖";2010年度获"天津市测绘学会优秀测绘工程奖二等奖";2012年度获"中国测绘学会优秀测绘工程奖铜奖"。

十、津宁高速公路工程

津宁高速公路工程荣获2008年天津市优秀工程咨询成果二等奖。

1. 第5合同段田辛庄互通式立交

该项目位于津榆公路华北桥(东堤头大桥)下游8km处,合同段范围:K20+332.335~K22+500,路线总长2167.665m,包含田辛庄互通式立交和永定新河大桥两座桥梁。其中田辛庄互通式立交桩号K20+332.335~K21+576.935,路线全长1244.6m。

田辛庄互通式立交上跨京津高速公路,并通过A、B、C、D四条匝道桥与之实现互通。主线桥下部结构采用灌注桩基础、矩形墩柱(1.8m×1.5m墩柱)并设条形承台,根据桥梁宽度的不同,选用单排三桩接三柱、四桩接四柱或四桩接二柱的形式,桩径1.8m,柱顶设置盖梁。在京津高速公路以西,上部结构通过两跨钢筋混凝土现浇简支梁桥,将斜跨转为正跨,其余部分主跨桥梁均采用跨30m左右的现浇预应力混凝土箱梁,上跨高速公路段采用5跨40m先简支后结构连续预应力混凝土小箱梁,后与永定新河大桥相接。

施工单位注重生产管理创新与技术创新相结合,通过积极开展QC小组活动,激发了广大一线职工的积极性和创造性,解决并攻克了施工中的多项技术难题。其中,《预应力小箱梁施工工艺指导意见》与《桥面系施工工艺指导意见》荣获天津市政公路科学技术进步奖二等奖,"用于辅助大型箱梁吊装的滑移槽式横移装置及横移方法"获国家发明专利;"40m跨径斜交小箱梁安装工艺技术研究"获2013年度天津市市政公路管理局科技成果三等奖;荣获"2011—2012年度国家优质工程银质奖";2011年度天津市金奖海河杯;2012年度全国工程建设优秀质量管理小组一等奖。

投资规模:本合同段合同价款为人民币221688120元。

施工周期:本合同段合同工期为16个月;

合同开工完工日期为2009.6.1~2010.9.30;

实际开工完工日期为2009.7.23~2011.12.5。

建设单位:天津高速公路集团有限公司

勘察及设计单位:天津市市政工程设计研究院

监理单位:天津市路驰建设工程监理有限公司

施工总承包单位:天津市公路工程总公司

2. 津宁高速公路东外环立交工程

东外环立交工程位于天津市北辰区宜兴埠镇志成道与外环线交口,是津宁高速公路的重要组成部分,是连接志成道快路、外环线与津宁高速公路的重要节点工程。东外环立交采用简易菱形立交形式,上跨外环线、京津塘高速公路和规划路五,由主线桥梁与A、B、C、D四条匝道道路组成,匝道沿主线桥梁两侧设置,与外环线平交。主桥全长1249.6m,桥梁标准宽度17m,匝道标准宽度8m、12m。桥梁建筑面积4246.8m^2。桥梁上部结构跨越京津塘高速处采用55m大跨径斜交钢混叠合梁,跨越外环线处采用54.6m大跨径变截面现浇箱梁,其余均为预应力混凝土现浇箱梁,标准跨径30m、结构高度1.6m。该工程两个大跨径施工采取交通不断行施工技术工艺。

建设单位:天津高速公路集团有限公司

勘察设计单位:天津市市政工程设计研究院

监理单位:天津市路驰建设工程监理有限公司

施工总承包单位:天津路桥建设工程有限公司

工程造价:1.49亿元,开工日期:2012年10月8日,竣工日期:2014年10月28日。

该工程荣获"2016—2017年度国家优质工程"奖;2015年10月获"海河杯"天津市优秀勘察设计二等奖;2016年2月获2015年度天津市建设"金奖海河杯"奖;2014年6月六分公司QC小组获全国市政工程建设先进质量管理小组;2015年"路顺分公司"获全国优秀质量管理小组;2015年5月获天津市2015年度优秀项目管理成果二等奖;2015年3月荣获2014年度市级文明施工示范工地;2014年3月获2013年度天津市公路工程施工标准化优秀施工合同段。

3. 津宁高速公路十合同

津宁高速公路十合同位于天津市宁河县和汉沽区,路线起点为K43+850,终点为K48+566.683,路线全长4.71km,其中包括兰台互通式立交、桥沽互通立交和3座中桥,分别为兰台互通主线1号桥、兰台互通主线2号桥、K45+326.3中桥、有涵洞29道,孔径为2.0m、1.5m及1m,涵洞共长1430.9m;通道2座。软基处理包括:水泥搅拌桩总长91715m,高压旋喷桩总长1130915m;路基填方量为1130915m³,路面基层工程量为229518m²。

建设单位:天津高速公路投资建设发展公司
设计单位:天津市市政工程设计研究院
监理单位:天津市国腾公路咨询监理公司
施工单位:天津城建集团有限公司

工程总造价19191.2327万元,开工日期:2009年6月1日,竣工日期:2011年10月30日。

该工程2012年2月荣获2011年度天津市建筑工程"结构海河杯"奖;2012年12月荣获2012年度天津市建设工程"海河杯"奖;2011年10月津宁高速QC小组被评为2011年度天津市优秀质量管理小组;2012年5月发布的项目成果"精心组织科学施工,建设优质工程"获天津市2012年度优秀项目管理成果二等奖。

十一、塘承高速公路

塘承高速公路一期工程2013年获天津市"海河杯"优秀勘察设计奖三等奖;塘承高速公路一期工程测绘项目2014年获"天津市测绘学会优秀测绘工程奖二等奖";塘承高速公路一期工程获2013年度天津市"海河杯"优秀勘察设计三等奖;塘承高速公路二期工程荣获2013年天津市优秀工程咨询成果二等奖。

1. 塘承高速公路一期工程四合同

塘承高速公路一期四合同工程位于天津市宁河县七里海镇(4.3km)、北京清河农场(0.3km)。四合同起讫桩号为K11+162.295~K15+800,主线全长4.64km。该合同包括主线道路工程(路基工程、路面底基层工程、附属工程)、桥梁工程(主线分离式立交桥1座、中桥4座)、涵洞工程。桥梁施工包括主线中桥4座、津宁分离式立交,长1130m。

施工单位:天津第五市政公路工程有限公司
建设单位:天津高速公路集团有限公司
设计单位:天津市市政工程设计研究院
监理单位:天津市华盾监理咨询有限公司

工程造价:14152.31万元,开工日期:2008年11月15日,竣工日期:2010年11月30日。

该工程荣获2011年度天津市建设工程"结构海河杯"奖;荣获2011年全国市政工程

建设优秀质量管理小组先进奖;荣获2013年度天津市建设工程"金奖海河杯"奖。

2. 塘承高速公路一期工程二合同

塘承高速公路一期工程位于天津市东部地区,路线起点位于塘沽区,与津港快速路相接,路线经过塘沽区、宁河区、宝坻区,终点位于宝坻区,与京沈高速公路相交。塘承高速公路一期工程第二合同段唐津互通式立交桩号 K5+932.12~K7+565,全长1.633km。

建设单位:天津高速公路集团有限公司

设计单位:天津市市政工程设计研究院

监理单位:天津市华盾工程监理咨询有限公司

施工单位:天津第三市政公路工程有限公司

开工日期:2009年3月12,实际竣工日期:2011年11月,合同总造价:18637万元。

该工程2013年获天津市市政公路工程金奖;2012年获天津市建设工程"结构海河杯"奖。

3. 塘承高速公路一期工程十合同

塘承高速公路一期工程十合同位于天津市宁河区和宝坻区,起点桩号为K31+100,终点桩号为K39+077,路线全长7.977km。工程内容包括道路、桥梁、涵洞及通道等工程。其中道路工程:软土地基处理包括水泥搅拌桩140005m,高压旋喷桩67704m;路基填方量为1182277m^3;路面底基层工程量为237696m^2。

桥梁工程:中桥4座、大桥1座,分别为K32+411中桥、K35+060中桥、K35+511.5中桥、K37+400.5中桥、西关引河大桥,桥梁总面积为40125m^2。涵洞及通道工程:钢筋混凝土圆管涵27道,孔径为1.0m、1.5m、2.0m,圆管涵共长1374.5m;通道工程3道,分别为K31+574通、K35+530通道、K33+458通道,通道共长111.1m。

建设单位:天津高速公路投资建设发展公司

设计单位:天津市市政工程设计研究院

监理单位:重庆中宇工程咨询监理有限责任公司

施工单位:天津城建集团有限公司

工程造价:18699.1965万元,开工日期:2011年3月15日,竣工日期:2011年11月28日。

该工程2012年2月荣获2011年度天津市建筑工程"结构海河杯"奖;2012年12月荣获2012年度天津市建设工程"金奖海河杯"奖;2012年6月塘承高速公路一期工程10合同QC小组荣获2012年度全国市政工程建设先进质量管理小组称号;2012年10月被评为2012年度天津市优秀质量管理小组;2012年5月发布的项目成果"精心组织施工,构筑精品工程"获天津市 2012 年度优秀项目管理成果三等奖;2013 年 12 月获天津市 2013 年度市政公路工程金奖。

4. 塘承高速公路二期工程

建设单位:天津高速公路集团有限公司

勘察及设计单位:天津市市政工程设计研究院

工程监理单位:天津市国腾公路咨询监理有限公司

参建单位:天津第二市政公路工程有限公司

　　　　　中国水利水电第八工程局有限公司

　　　　　中铁四局集团有限公司

　　　　　天津市雍阳公路工程集团有限公司

　　　　　天津第五市政公路工程有限公司

　　　　　天津第二市政公路工程有限公司

　　　　　中交一公局第六工程有限公司

该工程荣获"2016—2017 年度国家优质工程奖"。

5. 塘承高速二期工程五合同

塘承高速公路二期工程五合同,主要为京秦高速互通式立交,为连接塘承高速公路与京秦高速公路的半苜蓿叶、半定向组合枢纽型互通式立交,由 12 条匝道组成。其中路基工程共需土方 40 万 m^3,考虑到蓟州区当地为山区,岩石较多,而土源比较紧张,很难供应。因此,建设单位统一考虑全线路基在蓟州区范围内采用当地比较常见的山皮土代替素土回填路基。桥梁工程采用现浇箱梁的智能张拉、天津地区山皮土填筑路基施工、墩柱养护等 14 项新技术。

施工单位:天津第五市政公路工程有限公司

建设单位:天津高速公路集团有限公司

设计单位:天津市市政工程设计研究院

监理单位:天津市国腾公路咨询监理有限公司

工程总造价:18644 万元,开工日期:2014 年 2 月 16 日,竣工日期:2015 年 11 月 30 日。

该工程荣获 2016 年度国家优质工程奖;荣获 2015 年度天津市建设工程"金奖海河杯"奖;荣获 2013 年度天津市建设工程"结构海河杯"奖;荣获 2013 年度天津市优秀质量管理小组;荣获 2013 年度全国市政工程建设先进质量管理小组;荣获 2014 年度国家知识产权局授权实用新型专利一项。

十二、津滨高速公路改(扩)建工程

津滨高速公路改(扩)建工程勘察与监测2013年获"天津市海河杯优秀勘察设计奖二等奖""全国工程勘察设计行业优秀工程勘察设计行业奖三等奖";津滨高速改扩建工程2014年获"天津市海河杯优秀勘察设计奖二等奖"。

津滨高速公路改(扩)建工程二合同工程起点桩号K3+600,终止桩号K7+400,主线长3800m,其中包含中小桥、箱型通道、圆管涵等(中小桥3座,箱型通道4座,圆管涵6座)及地道排水管道和地道泵站一座。

工程总造价:5811.33万元,开工日期:2009年10月15日,竣工日期:2010年8月31日。

施工单位:天津第五市政公路工程有限公司

建设单位:天津市市政工程建设有限公司

设计单位:天津市市政工程设计研究院

监理单位:天津市路驰建设工程监理有限公司

该工程荣获2012年度天津市建设工程"金奖海河杯"奖。

十三、京津高速公路

京津高速公路工程先后荣获2005年天津市优秀咨询成果一等奖;2011年获"天津市海河杯优秀勘察设计奖一等奖""全国优秀工程勘察设计行业奖"市政公用工程二等奖;京津高速公路天津段测绘项目2012年获天津市测绘学会优秀测绘工程奖二等奖;北环铁路桁架桥获得天津市2007年度优秀勘察设计(市政类)三等奖。

京津高速公路天津西段工程十六合同段位于天津市武清区。施工范围K68+858.53~K71+661.51,全长2802.98m。包括京津高速公路分离式立交、K69+270大桥和连接桥梁的道路,工程总面积108381.73m^2,其中桥梁面积64605.73m^2;工程总造价:1723.1万元;要求工期为639天,开工日期:2005年10月31日,竣工日期:2007年7月31日。

建设单位:天津京津高速公路有限公司

设计单位:天津市市政工程设计研究院

监理单位:天津市华盾工程监理咨询有限公司

施工单位:天津城建集团有限公司

该工程荣获2008年天津市建设工程"结构海河杯"奖。

十四、津港高速公路

津港高速公路工程测绘项目2012年获"天津市海河杯优秀勘察设计奖三等奖"。

十五、津晋高速公路

津晋高速公路港塘立交工程、汉港立交工程分别获"2002年度天津市优秀勘察设计三等奖";津晋高速公路天津东段获"2004年度天津市优秀勘察设计二等奖";威海—乌海公路天津西段工程获"2010年度天津市海河杯优秀勘察设计奖二等奖",2011年获"全国工程勘察设计行业优秀工程勘察设计行业奖二等奖"。

汉港公路互通式立交桥坐落于天津市津南经济开发区以南,津晋高速公路天津东段K15+433.6处,是一座单喇叭全互通立交桥。主线全长1173.2m,4个匝道桥长469.75m,建筑总面积42130.48m^2,该工程应用的新技术、新工艺中有5项(桥面排水体系、可移动吊蓝施工平台、桥面铺装采用钢筋焊接网片、简便可调式临时支座、泄水管表面处理工艺)处于国内同行业中先进施工技术,个别填补了国内空白。

施工单位:天津第五市政公路工程有限公司

建设单位:天津高速公路投资建设发展公司

设计单位:天津市市政工程设计研究院

监理单位:天津市华盾工程监理咨询有限公司

工程总造价:1186.12万元,开工日期:2001年4月15日,竣工日期:2002年9月15日。

该工程荣获2003年度中国建筑工程鲁班奖;荣获2003年度天津市市政工程局施工生产技能进步二等奖;荣获2003年度天津市优秀项目质量管理成果二等奖;荣获2003年度天津市海河杯;荣获2003年度全国优秀质量管理小组;荣获2003年度华夏奖和天津市科学技术奖;2014年荣获改革开放三十五周年百项经典暨精品工程。

十六、宁静高速公路

蓟汕高速公路(津滨高速公路—津晋高速公路)三、四合同段海河特大桥工程荣获"2016—2017年度中国建设工程鲁班奖(国家优质工程)"

天津市高速公路获奖信息见表5-5-1。

第五章 高速公路建设科技质量成果

天津市高速公路获奖信息

表 5-5-1

序号	获奖时间	项目名称	获奖类型	奖励等级	授奖单位	备注
1	1993年		"全国十大公路工程"称号		交通部	
2	1994年		全国最佳工程设计奖	特别奖	建设部	
3	1996年		中国建筑工程鲁班奖		中国建筑业协会	
4	1996年	京津塘高速公路	科学技术进步奖	特等奖	交通部	"京津塘高速公路工程建设成套技术"
5	1997年		国家科学技术进步奖	一等奖	国家科学技术奖励委员会	
6	1999年		中国土木工程詹天佑奖		中国土木工程学会	
7	2009年		新中国成立60周年百项经典暨精品工程		中国建筑业协会、中国公路建设行业协会等12家协会共同举办	
8	1999年	京沈(京哈)高速公路	天津市优质工程奖		天津市建筑业协会	
9	1999年	京沈高速公路(天津段)宝坻大桥工程	天津市优质工程奖		天津市建筑业协会	
10	2000年		中国建筑工程鲁班奖		建设部/中国建筑业协会	
11	2001年	唐津高速公路二期(铁路东南环线立交工程)	国家优质工程银质奖		中国施工企业管理协会	
12	2001年	唐津二期津塘高速公路互通式立交工程	中国建筑工程鲁班奖		建设部/中国建筑业协会	
13	2002年	唐津二期铁路东南环线立交工程	天津市优质工程奖		天津市建筑业协会	
14	2001年		国家优质工程银质奖		中国施工企业管理协会	
15	2002年	唐津(长深)高速公路二期工程	天津市优秀勘察设计奖	一等奖	天津市勘察设计协会	
16	2003年	唐津(长深)高速公路二期工程	优秀勘察设计奖	三等奖	建设部	
17	2003年	唐津(长深)高速公路(丹拉支线高速公路天津南段)工程海河大桥	天津市优秀勘察设计奖	一等奖	天津市勘察设计协会	
18	2003年	津晋高速公路	天津市优质工程奖		天津市建筑业协会	

续上表

序号	获奖时间	项目名称	获奖类型	奖励等级	授奖单位	备注
19	2003年	津晋高速公路汉港互通式立交工程	中国建筑工程鲁班奖		建设部、中国建筑业协会	
20	2003年	津晋高速公路（天津东段）港塘互通式立交工程	国家优质工程银质奖		中国施工企业管理协会	
21	2002年	津晋高速公路（港塘立交工程）	天津市优秀勘察设计奖	三等奖	天津市勘察设计协会	
22	2002年	津晋高速公路（汉港立交工程）	天津市优秀勘察设计奖	三等奖	天津市勘察设计协会	
23	2004年	津晋高速公路（天津东段）	天津市优秀勘察设计奖	二等奖	天津市勘察设计协会	
24	2010年	津晋高速公路（威海—乌海公路天津西段工程）	天津市海河杯优秀工程勘察设计奖	二等奖	天津市勘察设计协会	
25	2011年	津晋高速公路（威海—乌海公路天津西段工程）	全国工程勘察设计行业优秀工程勘察设计行业奖	二等奖	中国勘察设计协会	
26	2004年	津蓟高速公路	国家优质工程银质奖		中国施工企业管理协会	
27	2003年	津蓟高速公路	天津市优质工程奖		天津市建筑业协会	
28	2003年	津蓟高速公路	天津市优秀勘察设计奖	一等奖	天津市勘察设计协会	
29	2009年	天津市津蓟高速公路工程测绘项目	天津市优秀勘察测绘工程奖	二等奖	天津市勘察设计协会	
30	2010年	天津市津蓟高速公路工程测绘项目	中国测绘学会优秀测绘工程奖	二等奖	中国测绘学会	
31	2012年	天津市津蓟高速公路工程测绘项目		铜奖	中国测绘学会	
32	2007年	京沪一期七合同津霸铁路分离式立交桥	天津市优质工程奖		天津市建筑业协会	
33	2007年	京沪一期11合同子牙河特大桥工程	天津市优质工程奖		天津市建筑业协会	
34	2007年	京沪高速公路（天津段）二期工程	天津市优质工程奖		天津市建筑业协会	
35	2008年	京沪高速公路天津段一期工程	天津市海河杯优秀勘察设计奖	一等奖	天津市勘察设计协会	

第五章 高速公路建设科技质量成果

续上表

序号	获奖时间	项目名称	获奖类型	奖励等级	授奖单位	备注
36	2009年	京沪高速公路	新中国成立六十周年60项公路交通勘察设计经典工程		中国公路勘察设计协会	
37	2006年	京沪高速公路（王庆坨互通式立交）	天津市优秀勘察设计奖	二等奖	天津市勘察设计协会	
38	2009年	京沪高速公路天津段一期工程测量工程	中国测绘学会科学技术奖优秀测绘工程奖	铜奖	中国测绘学会	
39	2010年	京沪高速公路（天津段）二期工程	天津市海河杯优秀勘察设计奖	一等奖	天津市勘察设计协会	
40	2010年	京沪高速公路（天津段）	天津市测绘学会优秀测绘工程奖	二等奖	天津市测绘学会	
41	2011年	京沪高速公路（天津段）	全国工程勘察设计行业优秀工程勘察设计奖	一等奖	中国勘察设计协会	
42	2011年	京沪高速公路（天津段）	中国测绘学会优秀测绘工程奖	铜奖	中国测绘学会	
43	2009年	京津高速公路天津中段工程东堤头互通式立交	天津市优质工程奖		天津市建筑业协会	
44	2009年	京津公路跨外环线立交工程	天津市优质工程奖		天津市建筑业协会	
45	2011年	京津高速公路（天津段）	天津市海河杯优秀勘察设计奖	一等奖	天津市勘察设计协会	
46	2011年	京津高速公路（天津段）测绘项目	全国工程勘察设计行业优秀工程勘察设计奖	二等奖	中国勘察设计协会	
47	2010年	京津高速公路（天津段）测绘项目	天津市"海河杯"优秀勘察设计奖	二等奖	天津市勘察设计协会	
48	2012年	京津高速公路（天津段）测绘项目	天津市测绘学会优秀测绘工程奖	二等奖	天津市测绘学会	
49	2011年	京津高速公路（天津段）测绘项目	全国工程勘察设计行业优秀工程勘察设计奖	二等奖	中国勘察设计协会	
50	2009年	津汕高速公路团泊南通立交	天津市优质工程奖		天津市建筑业协会	
51	2010年	津汕高速公路团泊南通立交	国家优质工程奖		中国施工企业管理协会	
52	2011年	津汕高速公路天津段工程	天津市"海河杯"优秀勘察设计奖	二等奖	天津市勘察设计协会	
53	2011年	津汕高速公路天津段工程	全国工程勘察设计行业优秀工程勘察设计奖	二等奖	中国测绘学会	

续上表

序号	获奖时间	项目名称	获奖类型	奖励等级	授奖单位	备注
54	2010年	津汕高速公路天津段团泊南互通式立交工程	天津市"海河杯"优秀勘察设计奖	三等奖	天津市勘察设计协会	
55	2010年	津汕高速公路团泊南互通式交工程天津段	国家优质工程质奖	银质奖	中国施工企业管理协会	
56	2010年	津汕高速公路天津段工程	国家优质工程奖		中国建筑业协会	
57	2011年	津汕高速公路（天津段）工程勘察测绘工程	天津市"海河杯"优秀勘察设计奖	三等奖	天津市勘察设计协会	
58	2011年	国道112线高速公路15合同青龙湾桥	天津市优质工程奖		天津市建筑业协会	金奖海河杯
59	2012年	国道112线高速公路天津东段工程永定河大桥(27,28,29,30,35)	国家优质工程银奖		中国施工企业管理协会	
60	2011年	国道112线高速公路双街互通式交工程	天津市优质工程奖		天津市建筑业协会	
61	2011年	国道112线高速公路天津东段永定河特大桥工程	天津市"海河杯"优秀勘察设计奖	三等奖	天津市勘察设计协会	
62	2012年	国道112线高速公路天津海滨大道北段工程	天津市"海河杯"优秀勘察设计奖	三等奖	天津市勘察设计协会	
63	2012年	国道112线高速公路汉沽北互通立交二期工程	天津市"海河杯"优秀勘察设计奖	三等奖	天津市勘察设计协会	
64	2013年	国道112线高速公路大龙湾互通式立交工程	天津市"海河杯"优秀勘察设计奖	三等奖	天津市勘察设计协会	
65	2014年	国道112线高速公路天津东段工程汉沽互通立交工程	天津市"海河杯"优秀勘察设计奖	三等奖	天津市勘察设计协会	
66	2014年	海滨大道高速公路（蛏头沽—涧河段）工程	国家优质工程银奖		中国施工企业管理协会	
67	2011年	海滨大道高速公路（蛏头沽—涧河段）工程测绘项目	天津市测绘学会优秀测绘工程奖	二等奖	天津市测绘学会	

第五章 高速公路建设科技质量成果

续上表

序号	获奖时间	项 目 名 称	获 奖 类 型	奖励等级	授 奖 单 位	备注
68	2012年	海滨大道高速公路南段二期工程	天津市"海河杯"优秀勘察设计奖	三等奖	天津市勘察设计协会	
69	2014年	海滨大道高速公路北段二期工程(疏港三线立交—蛏头沽)	天津市"海河杯"优秀勘察设计奖	一等奖	天津市勘察设计协会	
70	2011年	津港高速公路3合同津晋互通立交	天津市优质工程奖		天津市建筑业协会	
71	2012年	津港高速公路工程测绘项目	天津市"海河杯"优秀勘察设计奖	三等奖	天津市勘察设计协会	
72	2011	津滨高速公路改(扩)建工程	天津市优秀工程咨询成果	一等奖	天津市工程咨询协会	
73	2011	津滨高速公路改(扩)建工程	天津市市政公路管理局科学技术进步奖	三等奖	天津市市政公路管理局	
74	2012	津滨高速公路改(扩)建工程	天津市市政公路管理局科技成果奖	三等奖	天津市市政公路管理局	
75	2013年	津滨高速公路	天津市"海河杯"优秀勘察设计奖	三等奖	天津市勘察设计协会	
76	2014年	津滨高速公路	天津市"海河杯"优秀勘察设计奖	二等奖	天津市勘察设计协会	
77	2012年	天津集疏港高速公路二期南段津晋高速公路互通立交工程	国家优质工程银质奖		中国施工企业管理协会	
78	2012年	塘承高速公路一期工程10合同丙关引河大桥	天津市优质工程奖		天津市建筑业协会	
79	2012年	塘承高速公路一期工程第七合同津输公路互通立交桥梁工程	天津市优质工程奖		天津市建筑业协会	
80	2013年	塘承高速公路测绘项目	天津市"海河杯"优秀勘察设计奖	三等奖	天津市勘察设计协会	
81	2014年	塘承高速公路一期工程测绘项目	天津市测绘学会优秀测绘工程奖	二等奖	天津市测绘学会	
82	2016年	塘承高速公路二期工程	国家优质工程银质奖		中国施工企业管理协会	
83	2016年	津宁高速公路东外环立交工程	国家优质工程银质奖		中国施工企业管理协会	
84	2017年	蓟汕高速公路(津滨高速—津晋高速)三、四标海河特大桥	2016~2017年度中国建设工程鲁班奖(国家优质工程)		中国建筑业协会	

注:获奖类型包括鲁班奖、省部级及以上的优质工程奖、优秀设计奖、优秀勘察奖、科技进步奖、科学技术奖等。

第六章
高速公路运营管理与执法

第一节 高速公路运营管理

一、总体情况

（一）路网规模

2016年，滨保高速公路（海滨高速公路至长深高速公路段通车）全线贯通，天津市高速公路联网收费工作向前迈进一步；京秦高速公路天津段通车，远期有效缓解G1京哈高速公路、国道G102的交通压力；宁静高速公路全线完工通车，天津环城高速公路圈建成；西外环高速公路、津汉高速公路、津港高速公路二期、津汉联络线基本完成主体建设，与已建成的海滨公路等高速公路和集疏港快速路，共同形成滨海新区环城通道。各高速公路相继通车，在提高路网网络化程度的同时，有效提升路网整体承载能力，为经济社会发展提供有效的交通运输供给能力。

截至2016年底，天津市高速公路通车里程1208.11km，其中国家高速公路546.822km，省级高速公路661.288km，"5纵9横"骨架路网基本建成，路网密度10.1km/100km^2，居全国第二。天津市基本形成服务于区域过境交通、服务于中心城区和滨海新区对外辐射交通的高速公路网络。总里程比上年增加了80.157km。增加的部分包括：新开通的路段G1N京秦高速公路里程30.309km，S51宁静高速公路里程37.936km，G2501滨保高速公路盐场段里程11.912km。至2016年，天津市高速公路桥梁共1022座，隧道2座（即莲花岭隧道和大岭后隧道）。

截至2016年底，天津市高速公路收费站共有130个（2015年为114个），其中23个为主线站，107个为匝道站。收费车道数共计1245条（2015年为1344条），其中包括401条入口车道和844条出口车道。ETC车道共计293条，包括131条入口车道和162条出口车道，入口车道数占总入口车道总数的32.7%（2015年为22.9%），出口车道数占总出口车道总数的19.2%（2015年为15.5%）。

天津市高速公路为社会公众出行便利提供了完善的服务设施，主要包括服务区26处

(含3处单侧式服务区)、停车区7处(含1处单侧式停车区),服务区的设置密度为42.3km/处(若包括停车区,为34.6km/处);为满足社会发展和交通运输的需要,还在京沪高速公路泗村店、王庆坨、静海3个沿线服务区内各配置了4根电动汽车充电桩(每个服务区预留4根),同时在泗村店、王庆坨2个服务区内开辟空间设置了客货运输接泊站;在津沧高速公路唐官屯服务区也配置了4根电动汽车充电桩(预留4根)。为保证养护工程顺利实施,维持路面良好使用性能,高速公路公司在较长路段上逐步建设了养护工区。

(二)运输情况

1. 交通运行基本特征

(1)交通量

2016年天津市高速公路共承担客货交通总量16360万辆(折合标准小客车为28914万pcu),平均日交通量为44.7万辆/d(折合标准小客车为79.0万pcu/d),与2015年的43.0万辆/d(折合标准小客车为74.1万pcu/d)对比,自然数增加4.0%,折算数增加6.6%。

2016年天津市高速公路路段平均日交通量为27790pcu/d,较2015年(28494pcu/d)有小幅变化,减少2.50%。出行总量有小幅提升,但是路段交通量下降明显表明天津高速公路长途出行交通量比重继续下降,短途出行交通量有所上升,高速公路作为区域内部交通联系的功能持续加强。而2016年下半年新开通的京秦高速公路和宁静高速公路两条线路,短期内没有较大客流吸引,因此除去新开通线路外,原有线路路段平均日交通量为29263pcu/d,较2015年增长2.7%,涨幅明显。

各条高速公路中,京津塘、塘承、京津京沪联络线交通量较上年有不同程度的提升,其余均有一定幅度的下降。其中升幅最高的是塘承高速公路,2016年较2015年上涨43%,降幅最大的是京津高速公路,年平均日交通量下降27%。荣乌、津滨、津沧3条高速公路的交通量变化幅度在5%以内。

(2)交通组成

自然数客车比重略下降,折算客车比重上升明显,自然数客车比例比上年降低0.5%,折算数客车比例比上年增长6.7%。货车折算数比重超5成,客车折算数比重较2015年有较为明显的增加,所占总比重接近45%,货车交通比重下降明显。客车自然数比重超6成。

(3)运行速度

运行速度上,高速公路全路网平均行驶速度达到85.4km/h,比2015年全路网平均行驶速度(81.2km/h)提高了5.1%。从典型车型上看,全路网一型客车平均行驶速度为95km/h,五型货车平均行驶速度为53km/h。

(4)拥挤度

整体交通状况上,2016年高速公路平均拥挤度为0.38,路网继续保持总体畅通,仍然有剩余的交通资源可以利用。天津市高速公路平均服务水平均在三级及以上,其中处于三级服务水平的有3条高速公路,分别为:长深高速公路、秦滨高速公路、京津塘高速公路,这3条高速公路饱和度均在0.55以上。

2. 重要通道交通运行情况

天津市作为环渤海地区的重要交通枢纽城市,其在区域内承担的交通功能突出,是联系南北方、沟通东西部的综合交通枢纽,高速公路网在交通出行中发挥着重要作用。天津市高速公路交通出行以内部交通为主,占比超过7成。过境通道中北京—华东通道拥挤度最高,其次为北京—东北通道。中心城区对外放射通道中滨海新区方向交通压力较大。

3. 特殊事件交通运行情况

天津市高速公路阻断事件较上年有所增加,且秋冬季为高速公路交通阻断事件多发期。交通事故、恶劣天气、自然灾害等突发性原因依然是造成公路阻断的主要原因,其中由恶劣天气引发的阻断事件占总量的63.96%。

2016年,天津市高速公路执行小客车免费政策共计20天(其中,春节7天、清明节3天、劳动节3天、国庆节7天)。节假日期间高速公路全路网通行总量为1144.68万辆次(2015年为1062.91万辆次),较去年同期增长7.69%。免征收的高速公路过路费为23878.87万元。国庆节是小型车出行比例最高的节日,驾驶人出行意愿与假日长短呈现正比关系。

4. 特种车辆交通运行情况

2016年各高速公路货车总超限自然车辆数为1479.4万辆,占总货车车辆数的15.34%。

在绿通车辆减免通行费的工作中,天津市绿通车辆通行量及减免费用平稳上升。2016年绿通车通行量为334.9万辆(2015年为287.8万辆),总计减免2.79亿元(2015年为2.4亿元)。

5. ETC的建设和推广情况

2014年12月21日,圆满完成"14省市高速公路电子不停车收费系统联网天津段"工作,系统运行良好。

ETC在全线覆盖率接近100%,其中23个主线收费站的ETC覆盖率为100%,107个匝道收费站的 ETC 覆盖率为 99.1%,较 2015 年匝道收费站覆盖率增长 6.9%。截至 2016 年底,天津市 ETC 用户数量已经达到 56.26 万户。较 2015 年(2015 年有 32.7 万用户)增长高达 72.05%。在 ETC 车道建设和用户增长的双重因素下,2016 年天津市高速公路全网 ETC 通行比例为 20.5%,较 2015 年增加 1.5%。

(三)服务

1. 收费政策

目前,天津市 21 个高速公路收费项目针对客车实行分车型收费,对货车实行计重收费。天津市正在执行的优惠政策主要包括"绿色通道"免费政策、重大节假日小型客车免费政策、标准集装箱九折优惠政策以及 ETC 九五折优惠政策。其中,在免费政策方面,天津市于 2010 年 11 月 25 日(较国家统一要求提前 5 天)在全市行政区域内全部高速公路面向"绿色通道"车辆实行免费通行政策。政策实施以来,联网收费路段(不含京津塘、津滨和海滨高速公路)共为 149893633 辆(次)运输鲜活农产品车辆免收了通行费,累计免费金额 16.99 亿元。与此同时,按照国务院统一部署,天津市于 2012 年中秋、国庆两节开始执行重大节假日小型客车免费通行政策。节日期间,天津市各收费站通过设置免费专用通道以及增加复式收费设备等方式,最大限度地确保各类车辆的安全、快速通行。据统计,自 2012 年"中秋""国庆"两节起,天津市共在重大节假日减免通行费近 12.6 亿元。在优惠政策方面,为进一步鼓励标准集装箱运输,天津市针对 20 英尺、40 英尺的国际标准集装箱实行通行费九折优惠的政策。同时,为促进 ETC 系统的发展,天津市还对 ETC 用户实行通行费九五折的优惠。

2. 收费站点

为保证天津市高速公路收费站点通行顺畅,减少拥堵,提供收费站点收费效率和水平,运营管理部门在传统收费站收费模式下,不断创新,不断实践,在津晋高速公路塘沽收费站、京沪高速公路九宣闸收费站、长深高速公路宁河收费站等站点采取了复式收费的方式,建设了多条复式收费车道,一定程度上提高了通行效率。同时在保证所有车道能够全部开启的情况下,还积极推出客货分离通行的方式,客货各行其道,分开收费的通行方式同样取得了良好效果。

在重大节假日小客车免费通行情况下,高速公路管理机构联合各运营管理公司出台了"重大节假日小型客车免费通行实施方案",成立了保障工作领导小组和办公室,制订了保畅预案和应急管理办法。增加了保畅措施,规范了交通诱导标志标牌和信息服务提示用语,加强了道路的监控,利用可变情报板、交通广播、电视、网站、手机短信等信息平台,及时发布出行信息,发挥路网的统一指挥、协调作用。管理公司还合理安排员工加班,加强了道路及收费站的特情演练,协调交警、路政部门在长假期间做好应急和保畅准备工作,印发了宣传单40万份,牺牲节假日休息靠前指挥现场指导监督运营切换,带动广大干部节日期间在运营一线现场指挥,保证了长假高速公路运营平稳顺畅。

3. 服务区服务

在天津市高速公路管理处成立之前,天津市的高速公路服务区水平参差不齐,无论硬件、软件水平与周边先进省市相比还有不小的差距,日常管理也存在一定的问题。自高速公路管理处成立之初,即将服务区管理工作纳入重要议程,积极着手开展对天津市服务区进行整体提升的管理工作,与服务区经营管理单位共同成立了服务区管委会,并确定了路政人员每旬巡查的工作模式,工作体制和管理机制进一步得到了完善,确保了各类服务设施的完好、整洁及美观。

为积极推动各条高速公路的服务区为社会公众提供优质服务,2009年,天津市高速公路管理处在全市高速公路范围内,开展了服务区星级评定活动,按照《天津市高速公路设施维护运营管理考核暂行办法》的具体规定,成立星级评定评审委员会,经严格审核评定,先后授予津沧高速公路唐官屯服务区、长深高速公路汉沽服务区等12家服务区以"星级服务区"称号。通过星级评定,天津市服务区在软硬件设施、管理服务水平、自身管理水平等方面均得到了快速提升,向社会公众提供了高速公路亮丽的服务区窗口形象。

近年来,随着社会公众对高速公路服务区优质服务的需求越加强烈,高速公路服务区软硬件服务水平提升的要求也日益显现,为了解决供需矛盾,推动经济社会持续快速发展,提升高速公路软实力,交通运输部开展了"全国高速公路服务区文明服务创建活动"。首次创建工作于2015年年底完成,并在后续工作中以两年为一个周期进行文明服务工作的持续创建。

4. 服务规范

在对外服务工作方面,近年来随着天津市高速公路运营服务水平的提升,全行业于2013年对原有行业对外服务标准进行了提升,对全市收费服务岗位人员在岗期间着装、行为以及语言等项服务标准进行了进一步的规范统一。为保证标准落实到位,在日常管理工作中全行业形成了行业—公司—收费站三级稽查考核机制,其中行业考核结果还纳入了年终行业评先选优工作中,以此督促各高速公路经营公司做好对外服务工作。在完善行业管理制度方面,针对整体运营管理工作以及各重点工作如治堵、服务标准、"绿色通道"、站区内务、上岗证等分别制订了行业管理制度或办法,规范了行业内运营管理工作;在组织开展行业考核方面,围绕星级收费站考评工作,形成了一套集日常考评、半全年考评以及社会满意度等多角度的较为完善的考评体系,通过定期通报的方式,提高行业管理力度,促进全行业运营管理水平的提升。

二、运营服务技术

(一)高速公路不停车收费 ETC

天津市高速公路联网电子收费系统项目是交通运输部"京津冀联网不停车收费示范工程"(以下简称"ETC 示范工程")的重要组成部分,项目主要包括 ETC 清分结算中心、发行网点以及市域范围 24 条高速公路 130 个收费站的 ETC、MTC 车道建设或改造。天津市高速公路"ETC 示范工程"项目于 2009 年 9 月开始启动,工期为一年。该项目由天津市高速公路管理处负责建设,交通运输部 ITSC 进行设计,北京诚达交通工程公司中标并完成施工任务(天津市国腾监理咨询公司为监理单位),于 2010 年 9 月 28 日开通并投入运行。

自开通以来,累计建成 ETC 车道 293 条,建成 ETC 一站式办理网点总计 234 个,充值服务网点超过 1000 个,涵盖天津市各行政区县,能够高效服务市域范围内各地区社会公众办理、安装和售后服务。2014 年天津市高速公路 ETC 中心并入全国高速公路联网收费管理中心,发挥了更大的通行优势,获得更多社会公众的认可。截至 2016 年底,天津市 ETC 用户数已累计 56.26 万。自 2015 年 ETC 实现全国联网以来,联网区域共建成 ETC 专用车道 13291 条,用户数近 4000 万;服务网点覆盖全部联网县(区),日均交易量 800 万笔,占高速公路通行量的 28.65%。ETC 的全国联网,极大地节约了出行时间,降低了出行成本,在很大程度上缓解了收费站的拥堵问题。

(二)高速公路联网收费中心

2014 年 7 月,天津市高速公路联网收费管理中心正式成立,代表着以政府为主体进行联网高速公路的收费清分、结算管理等工作的开始。天津市高速公路共形成 5 个收费片区:一是市联网收费管理中心管理的联网收费片区;二是滨海公司收费片区;三是华北高速收费片区;四是泰达津滨收费片区;五是纳入京沈高速收费片区的京哈高速天津段。"十三五"期间,天津市将逐步将第二、第四片区纳入市域联网收费片区,并在京津冀一体化协同发展的背景下积极探索第三、第五收费片区联网收费工作的接入研究工作。

天津市高速公路联网收费系统由联网中心、路段收费分中心、收费站三级组成。其中,各高速公路经营管理单位根据运行管理需要,可设置路段收费分中心,也可以选择大站带小站的管理模式。

联网中心负责全市高速公路联网收费系统的统一管理,实施路网收费资金拆分清算,在约定时间向结算银行发送通行费划账指令文件,通过结算银行划账至各建设单位;路段收费分中心负责对所辖各个收费站具体实施运行监督和调配管理;各收费站按照联网收费的统一要求,完成对出入口车辆的收费操作,数据直接实时传送到联网中心;并将每日收取的通行费统一解缴至结算银行。

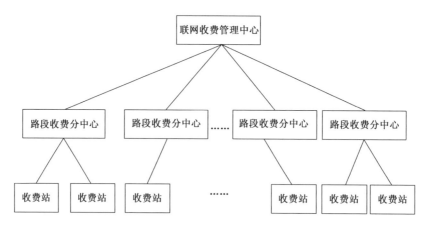

天津市高速公路联网收费系统总体框架

2014年5月,联网收费中心与高速集团拆账中心并网试运行,并于9月正式运行,实现对天津市联网高速公路的收费系统清分、结算管理工作。主要工作包括:一是完成联网收费中心的企业名称、业务范围及法人变更工作;二是完成天津市高速公路统一联网收费清分结算民主监督管理委员会(以下简称"管委会")筹备工作,并召开了管委会第一次全体会议,审议通过联网收费中心编制的"管委会章程""联网收费管理协议"及"运营经费管理办法"等文件;三是确定联网收费中心机构设置,明确各业务部门职责、业务分工,完成中心各项管理制度编制工作;四是开展联网高速收费数据清分结算工作,完成海滨高速公路、滨保高速公路东延段、滨保高速公路西延段收费费率表编制工作;五是完成原有ETC中心机构整合,并实现高速集团拆账中心图像管理软件、稽查管理软件等系统切改工作。

下一步,联网收费管理中心将开展联网高速路径二义性识别系统、稽查管理系统专项课题研究工作,开展天津市高速公路通信专网闭环改造方案研究工作,进一步推进天津市高速公路信息化发展水平。

(三)信息化服务

按照交通运输部《京津冀区域路网调度与应急处置系统示范工程》的部署和要求,天津市高速公路路网管理指挥中心于2011年9月1日正式成立。"十二五"期,路网管理指挥中心基本形成了由路网运行管理、应急指挥、高速公路出行服务、地理信息、数据处理、路政管理、呼叫中心、路网规划、视频会议、联网收费等系统构成的路网运行监测、应急指挥调度、公众服务三大系统体系,制订"全天候、全覆盖、立体化"的服务标准,提升天津市高速公路信息资源的深度开发与综合利用水平,提高了高速公路全网联动、协同应用程度,使得天津市高速公路以此为平台,通过合理调度提高整个路网运行效率,通过网站、微博、广播、电视等媒介加大路况信息立体化发布力度,通过对高速公路进行全程监控,提高应急事件的处置能力,满足了多层次的交通管理需求。

2012年9月,"天津高速公路"政务微博开通,至今粉丝量突破55万人。此外,天津高速公路开通了微信公众服务账号,同样获得公众好评。针对冬季多雾霾、高速路况复杂多变等特点,政务微博与微信重点加强与高速公路公司、交管部门和气象部门的信息联动,进一步提升了政务微博、微信发布信息的准确性和公众的互动性。实现了全国高速公路统一救援电话"12122"在中心落地,建立起一条24小时为公众提供出行服务的便捷通道。2015年初高速公路统一救援电话"12122"整合到天津市统一服务热线"8890",使得"12122"的核心服务理念,及时、准确、耐心的服务标准得以在更广大的平台上延续。

三、运营管理成效

2014年7月之前,天津市公路主管部门为天津市市政公路管理局,2014年7月,天津市交通运输委员会成立,为天津市公路主管部门。为加强对高速公路的管理,2007年7月成立了天津市高速公路管理处,为省级高速公路管理机构。天津市高速公路管理处行使行业管理职能,全市高速公路分由11家经营性公司具体管理,实现了"政企分离"。其中,京津塘高速公路归华北公司经营管理,津滨高速公路由津滨控股公司经营管理,海滨高速公路由大道公司经营管理,宁静高速公路由空港建交局管理,长深高速公路由新展公司经营管理,津保高速公路由津富公司经营管理、津晋高速公路西段、荣乌高速公路由鑫宇公司经营管理,京哈高速公路由天昂公司经营管理,京津高速公路由京津公司经营管理,津沧高速公路南段由天永公司经营管理,其余高速公路归高速集团经营管理。

在养护管理工作中,11家经营性公司内设的养护部门负责计划的制订、计量支付等工作,具体大中修工程和绝大部分小修保养工程由社会招标的专业养护企业完成。"十二五"期着眼为广大出行者提供更好的通行环境,保证养护维修的及时性,长路段逐步建设养护工区,已开通路段建成13处工区。

第二节 高速公路联网收费及ETC建设运营管理

天津市高速公路联网电子收费系统工程是京津冀联网不停车收费示范工程的一部分,包括1个ETC清分结算中心、3个发行网点,市域范围的所有高速公路车道均可实现ETC车道不停车收费或MTC刷卡通行,联网范围包括19个路段118个收费站。

一、建设实施情况

天津市高速公路联网电子收费系统工程,由天津市市政公路管理局组织牵头,天津市高速公路管理处、天津市城投集团、天津市滨海新区投资集团、华北高速公司共同承担建设任务,按照"统一规划、统一设计、分头建设、分期实施"的原则,全面开展了天津市高速公路联网电子收费清分结算及客服系统、高速公路 ETC/MTC 车道的系统改造建设工作。2010 年 9 月 8 日~18 日期间,为在天津市召开的夏季达沃斯论坛提供了 ETC 通行保障服务,并于 2010 年 9 月 28 日实现了京津冀区域成功联网运行。清分中心实现了密钥管理、电子标签/速通卡发行、天津市内和京津冀区域交易传输、清分和结算、客户服务等功能。

二、建设规划

根据天津市经济发展现状、路网现状和高速公路网规划,在"十二五"期间分期开展天津市 ETC 建设。

具体规划原则如下:

(1)对于滨海新区等经济发展较快区域,优先在区域内建立客服分中心;优先在经济发展较快区域内的收费站建设 ETC 车道。

(2)与北京、河北省等地区的省界站,优先设置 ETC 车道。

(3)进出天津市中心城区重要的高速公路收费站,优先设置 ETC 车道。

(4)著名风景区的上下高速点,优先设置 ETC 车道。

(5)在建、新建高速公路同步建成 ETC 车道。

(6)在人口密度较大的地区,优先设置 ETC 客服分中心。

天津市高速公路联网电子收费系统工程分为三个阶段:

第一阶段为 2010 年 11 月至 2011 年 12 月,在 43 个车流量较大的收费站建设 80 条 ETC 车道,使 ETC 收费站覆盖率达到 55.1%,MTC 车道覆盖率达到 100%,并分别在中心城区建设 3 处客服分中心、在蓟县建设 1 处客服分中心以及改造完善在滨海新区内的 2 处客服分中心。

第二阶段为 2012 年 1 月至 2012 年 12 月,结合当时各收费站的流量及第一阶段的建设情况,继续加大 ETC 车道的建设力度,力争使其覆盖率达到 80% 左右。在此期间,结合用户发展情况,适时增加客服网点,客服逐渐覆盖各行政区。

第三阶段为 2013 年 1 月至 2015 年 12 月,在天津市路网全面推进 ETC 车道的建设,使其覆盖率达到 100%。客服网点建设将达到 15 处(不含银行充值网点)。最终形成对天津市中心城区各行政区以及滨海新区的全覆盖。

三、运营管理

天津市高速公路电子收费管理中心于 2010 年 9 月 28 日正式对外营业,其职能为负责全市高速公路联网电子收费系统的运营及管理,其中主要包括密钥系统管理、清分结算、发售车载电子标签,以及向用户提供相关售后服务。

1. 转变工作方法,顺利过渡国标

天津市 ETC 建设完全遵照国标进行,建设过程中组织各参与方的管理、技术和集成开发人员、供货厂家多次集中讨论、交流,完成天津市关键信息编码与数据结构定义、ETC 车道处理流程设计,并在 ETC 国标的基础上,细化补充各种操作流程、技术接口规范,在天津市内成功实现了多厂商、多品牌设备之间的互联互通,同时实现了清算中心与京津冀区域中心之间的互联互通,仅用 3 个月的时间即实现天津市 ETC 和京津冀区域成功联网运行。

天津市津滨高速公路原有的欧标 ETC 用户受限于技术标准和应用规模,用户群体无法在其他高速享受 ETC 快捷服务。一方面,组织技术人员利用津滨高速公路加宽改造对车道、系统、软件等进行反复调试,确保在技术上满足系统转换需求;另一方面,对原欧标用户实行电子标签费用减免等相关优惠措施,采取主动上门等多种市场营销模式,在不到 1 个月的时间里完成 6000 余户欧标客户到国标客户的转换,实现平稳过渡,用户反映良好。

2. 客户拓展,服务先行

面对前期天津拓展电子收费客户业务的种种困难局面,电子收费管理中心采取各种积极措施,用多渠道优质的服务,发展用户。

(1)客服热线。ETC 客服系统主要为公众提供热线电话服务。公众可通过拨打热线电话,根据语音提示的引导并进行业务咨询订购、业务处理、信息查询以及人工服务。客服热线是 ETC 管理部门对外形象的体现,中心客服值班人员秉承亲切、礼貌的服务态度,树立"以人为本、用户至上"的服务理念,使热线服务既有空间的链接又有时间的延续,既有横向的庞大数据收集网又有纵深的全方位业务授理;既拥有有形的信息提供载体又贯通无形的服务理念,及时将最新、最全、最精细、最体贴、最权威的信息服务提供给公路使用者。从发展角度来看,ETC 客服热线与高速公路运营信息发布是相辅相承、不可分割的统一整体。中心将结合路网中心的建设,进一步整合资源,完善客服系统。

(2)咨询投诉服务。中心在业务处理上要求值班人员对客户的咨询与投诉实行"首问负责制",即接到电话的首位值班人员应对业务负责到底。对业务咨询、投诉处理立即答复,无法立即答复的向客户说明情况,并在约定的时间内按时给予答复,客户投诉答复时间不超过 48 小时。客户咨询、投诉回复率达到 100%。

(3)网络服务。中心依托网站为基础,宣传介绍电子收费业务,展示产品,提供在线服务,主要包括业务介绍、业务咨询、通行费查询、网上填报申请,未来还将提供在线充值、在线客服等服务。

(4)大客户服务。为全面提升服务质量,中心设立大客户服务组,对3辆以上的用户实行现场办理、填表、收费、开票、上门安装一条龙服务,方便大客户办理。此外还由专人负责解决客户在通行交易中出现的问题,为ETC业务开展和推广提供后续的支持和保障。

(5)售后服务。中心设立客户回访小组,随时追踪用户通行情况,并出具情况报告,督促相关部门进行整改,最大限度满足用户需要,提升服务质量。

3. 联手多方合作,拓展服务领域

天津市ETC系统开通初期,首先开通了"ETC储值卡"业务。随着用户群的扩大,为满足用户需求,进一步方便车户,推出"ETC记账卡"业务。与华夏银行天津分行合作推行了华夏速通卡,通过华夏借记卡或单位结算账户签约绑定的方式,通行费由华夏银行天津分行系统从用户银行账户中自动扣缴,使用户更便于账目结算和车辆管理,储值卡用户则可以通过银行柜台、客服网点进行充值。作为对自行建设的客服网点的有效补充,营业厅也因合作效应由原来的3个增至14个,更方便新老用户的业务办理。此外中心还积极推动与其他银行、邮政储蓄等领域的合作,建立数据共享、代理充值、代理服务等合作机制,发挥合作银行的积极性,不断拓展ETC客户服务网点的覆盖范围,提高网点覆盖密度,丰富服务内容,为ETC客户充值、查询、车载设备维护等提供便利条件。

4. 改进产品效能,保证通行质量

车载电子标签是ETC的关键设备之一,直接决定了车辆通行情况。为进一步完善产品质量,保证高效通行,自开通初期,中心多次组织电子标签供应商人员对各品牌旗下电子标签在天津市内车道进行综合测试,并配合京津冀联网到北京市、河北省关键路段进行实际跑车测试。根据测试通行情况就所产生的问题督促厂家进行不断调整和完善,进一步改进产品效能,确保ETC车道快速通行。

高速公路监控调度中心a

高速公路监控调度中心 b

高速公路信息管理中心

第三节 路警联动执法模式

"十二五"期,天津高速交警支队指挥室正式入驻天津市高速公路路网管理指挥中心办公,将高速公路路警联合工作进一步落到实处。这一实质性举措实现了资源整合和信息共享,依托路网管理与应急平台,建立健全高速公路车辆救援服务调度和指挥系统。

通过建立健全预测预警、应急处置和信息发布等应急运行机制,推动跨部门、跨区域的沟通与交流,建立预警信息快速通报与联动响应机制。定期组织开展应急演练,建立应急管理培训制度,提高高速公路应急处置与保障能力。

第四节 应 急 抢 险

天津市高速公路管理处成立以后,共制订《天津市高速公路管理处重大、突发事件处置工作预案》《京津塘、津滨高速公路在恶劣天气条件车辆通行安全保障预案》等8项预案,各项预案共涉及路政保障人员200余人。先后启动节日应急保障、恶劣天气安全保障和京津塘、津滨高速公路恶劣天气通行保障等预案达数十次,并且在实际工作中能够做到及时启动,快速反应,圆满完成各项艰巨任务。同时,为进一步做好应急处置工作,高速公路管理处积极开展应急演练活动,极大地提高了路政、养护人员应急处置的实战能力。

一、应急队伍建设

认真贯彻落实天津市高速公路突发公共事件应急预案及相关的规定和要求,按照上级指令,依照程序做好突发事件的处置工作;具体负责掌握和提供所辖高速公路公共突发事件情况,研究部署本单位应急管理工作,制订完善突发事件应急工作预案;做好部门之间配合,组建和培训应急抢险队伍,储备与安排应急抢险物资与机械设备,全力以赴做好突发事件的处置工作。

天津市高速公路应急队伍共有25个,其中包括运营管理单位的养护和运营收费人员组成的应急保通队伍17个,总人数为889人;路政管理大队的路政人员组成的前期处置队伍8个,总人数为388人。

二、应急物资情况

应急物资设备包括清雪、防汛、交通疏导等。各高速公路经营管理单位采取社会租赁和购置相结合的方式,储备一定数量的机械设备和物资。具体如下:

抢险保通物资设备:铁锹(667把)、编织袋(4440条)、小型水泵(45台)、推雪车(67辆)、融雪剂撒布机(45台)、平地机23台、融雪材料(2235t)、木桩(1110根)、铁丝(2.2t)、大锤(222把)、应急照明设备(110个)、灭火器(225个)、扫帚(445把)等。

运输车辆:运输车(48辆)、装载机或挖掘机(共45台)、客车(50辆)等。

交通疏导物资设备:安全标志牌、指示牌、红锥桶、水码若干等。

三、应急抢险方面的创新与特点

(一)充分利用现代化管理平台

天津市高速公路路网中心于2011年建成,经过不断的功能完善和系统升级,目前已能实现重要节点的可视化决策和信息的快速传递、服务信息查询、运行状态实时监控、路政车GPS定位与指挥调度、信息发布等多种功能,并配备1辆应急指挥车和多辆应急路政车具备视频/音频传输功能,同时为视频会议应急会商提供必要的场地和支持环境,有效强化了对天津市高速公路统一指挥、统一调度和应急处置的力度。随着路网中心后续建设的逐步完善,将实现综合预测预警、应急预案管理、应急资源信息日常管理、培训演练管理与评价、应急专家管理、应急档案管理等功能,实现应急管理工作进一步向规范化、信息化、高效化的方向迈进。

(二)引进新设备,快速提升应急处置能力

1. 应急指挥车

应急指挥车是突发事件现场移动指挥中心的重要组成部分,是高速处路网管理指挥中心的延伸。该车具备事故和突发事件现场指挥、调度和部署功能,具备通信组网,现场图像采集和传输功能,能够借助无线网络实现与路网中心图像、语音和数据的实时传送,并能通过视频会议系统与上级主管部门、路网中心、各高速运营公司、其他应急指挥车辆进行音视频会议,既有单独工作的能力,又可与其他车辆和设备进行临时组网使用。该车选用丰田考斯特中型客车车底改装,具有较大的空间,能够满足 6~8 人进行车内会议,最高设计速度 120km/h,到达现场后能够迅速完成稳定和启动并开展工作。该车主要由智能供配电系统、无线专网通信系统、图像采集传输系统、视频会议系统、强光照明系统、集中控制系统和 3G 单兵作战系统组成,并配备了必要的办公设备和生活设施。该车的通信系统为联通的 3G 专网,为音视频传输、数据传输和视频会议提供通信支撑。图像采编系统是由可升降摄像机、云台摄像机、音视频显示切换系统组成,并可以通过无线集中控制系统对所有设备进行集中控制,操作非常方便、快捷。整车智能供配电系统可以通过发电机、UPS 不间断电源与外接市电实现对整车设备的不间断供电。办公系统包括车载工控机、打印一体机。

2. 单兵系统

单兵系统是指为各路政管理大队以及应急指挥车配备的全网络视频采集传输系统,用于各种应急救援指挥过程、抢险现场或其他特殊情况的现场处理和控制。现场情况如有需要实时而迅速地传回监控中心,而事发地点又通常具有不确定性,3G 全网络便携视频监控管理系统便能够发挥出强劲的技术优势和灵活反应能力,通过多种无线网络和有限网络将现场情况及时传回监控中心,便于远程指挥和调度,可以极大地缩短反应时间,便于快速远程调度指挥。

应急指挥车配备的 3G 单兵系统是应急指挥车的延伸,当事故现场情况复杂时,车辆可能无法进入现场,那么 3G 单兵作战系统即可发挥重要的作用,路政人员可随身佩戴该设备进入现场采集图像和语音并通过 3G 专网实时传回路网中心和应急指挥车。

(三)开展实战演练和培训,枕戈待旦防微杜渐

为做好应急处置工作,各高速公路经营公司每年都要按照高速处的统一部署集合养护、路政、收费运营、信息中心等部门开展专题应急演练。内容涵盖快速清融雪、防汛应急抢险、交通疏导、防毒面具的使用、消防器材的使用等。为全面提升天津市高速公路的应急处置能力,2013 年 10 月由原天津市市政公路管理局(以下称原市政局)组织了全市高

速公路的应急演练活动,模拟现场为长深高速公路独流减河大桥边梁断裂,参加单位包括原市政局安监处、管理处、宣传处、科技处以及由高速处、研究院、公路总公司、高速集团组成的综合协调组、道路抢通组、新闻宣传组、专家咨询组等,经过充分准备,严密组织,圆满完成了桥梁梁板断裂抢修任务。通过演练检验了各应急工作组对应急预案的实用性和可操作性,同时检查了各种应急物资、设备、应急人员队伍情况,增强了各个应急队伍的应急处置能力,更密切了各应急工作组之间的协同能力,大大提升了天津市高速公路针对道路桥梁应急抢修事件的处置能力。2014年,天津市高速公路共举行各种应急演练11次,有效提升了天津市高速公路的应急处置能力。

第五节　公众出行服务

2011年天津市高速公路管理指挥中心建立后,对天津市高速公路公众出行服务和信息发布进行了整合和管理,指挥中心把为社会公众提供全面、准确、及时的出行信息作为重要职责。指挥中心从"满足公众需求和满足管理需求"的角度出发,提出了"全天候、全覆盖、立体化"的服务标准。"全天候"——工作人员24小时值守响应公众的服务需求;"全覆盖"——服务内容涵盖了路况信息、阻断信息、气象信息、出行常识、绕行方案等与公众出行密切相关的各类信息;"立体化"——综合利用电台、电视台、报纸、政务网站、热线电话等多种手段为公众提供出行服务。除此之外,路网中心还在新浪与腾讯平台上开通了天津高速公路政务微博,能够做到路况的随发生随发布,在天津市和交通领域都有较强的影响力。天津市高速公路出行服务调查表见表6-5-1。

天津市高速公路出行服务调查表　　表6-5-1

项目		内容	
出行网站	名称	天津市公众出行网	http://222.36.18.184/tjgzcx
	管理单位	天津市高速公路管理处	
微博	名称	天津高速公路	天津高速公路
	开通时间	2012.9	2013.1
	平台(如人民网、新浪、腾讯等)	新浪	腾讯
	管理单位	天津市高速公路管理处	天津市高速公路管理处
微信	名称	天津高速公路	
	开通时间	2014.4	
	管理单位	天津市高速公路管理处	
广播电视	管理单位	天津市高速公路管理处	
	合作媒体	天津广播电台交通频道	
	有无直播间	无	

第六章 高速公路运营管理与执法

续上表

项　目		内　容	
客服电话	号码	022-12122	022-88908890
	开通时间	2014.2	2015年5月1日(整合时间)
	是否路警联合	是	
	日话务量	4000	
	管理单位	天津市高速公路管理处	
短信平台	开通时间	2012.12	
	是否对外	否	
	管理单位	天津市高速公路管理处	
移动客户端	名称		
	开通时间		
	管理单位		

第七章
高速公路文化建设

第一节　高速公路建设与精神文明

一、精神文明建设概述

　　天津高速公路系统坚持"服务人民、奉献社会"的宗旨,紧紧围绕天津经济建设发展的需要,围绕不断提高天津高速公路规划、建设、养护、管理、收费工作的质量和水平,坚持"内强素质、外树形象、纠建并举、重在建设"的工作思路,把交通部提出的"三学四建一创"和天津市部署的窗口建设要求具体化,设计行业开展了文明行业"创四优、评三奖"活动;以创建优质文明行业管理工程、优质文明畅通通道工程、优质廉政安康工程、优质文明执法素质形象工程为具体创建内容,以创建一批优质快速为核心的经济腾飞路、以体现大都市形象的畅洁绿美文化路、以体现最大多数群众利益的连心路为实效,抓规范、打基础;抓载体、求实效;抓成果、促提高,逐步建立了比较完善的组织领导体系、目标责任机制、激励和约束机制,通过每年评选出四项优质工程的"金、银、铜"奖,形成了党政领导高度重视,广大职工积极参与的良好局面,促进了职工思想道德和科技文化素质的提高,提升了行业管理水平,改善了行风,保证了创建质量。此外,坚持典型示范,通过开展"千、百、十"典型选树活动,大力弘扬"爱公路、做主人、开拓创一流、奉献为人民"的公路行业精神,营造学先进、赶先进的良好风尚。通过召开许振超同志事迹报告会,聘请许振超同志担任职工素质工程建设顾问和"导师带徒"活动名誉导师,选树全系统劳动模范、人才标兵等活动,倡导了新一代高速公路人敢于开拓、勇于创新、科技争先、管理创优的时代精神,极大地鼓舞了行业干部职工的责任感和荣誉感。在认真履行高速公路建、养、管职责的同时,把行业文明创建活动延伸到为民解难服务、奉献社会上,职工为支援灾区、支持医务人员防治非典以及系统困难职工等踊跃捐款。公路局三支队驻高速公路路政支队还不断延伸扩大服务,先后成立了全员参加的天津市第一家执法队伍中的青年志愿者服务队,并启动了扶贫助学,为天津市西青区大学城义务修甬路,与周邓纪念馆、儿童福利院、天津第三中学开展共建,环保日义务宣传,参与实施服务万村计划等一系列活动,得到社会各界广泛好评。积极开展跨地区的文明行业创建互学互促互动,在先后与河南省安阳公路局、青岛港开展学习共建活动的基础上，2005年，在交通部体改法规司领导的关心指导下，与山东省公路局建立了文明行业创建互学共促协议关系。在省市一级层面上建立了活动相关领导机构，建立了信息共享、定期开展交流的制度，研究了互学互促共建活动的具体工作程序。同年，以迎接交通部召开的文明创建活动表彰大会和全国公路大检查为动力，进一步探索深化"三学四建一创"活动，抓实示范窗口建设，不断提升文明行业创建水平的长效机制等三个课题，采取实践经验交流、带着课题互相考察观摩、围绕课题专题座谈研讨等形式开展共建活动，创出了一批成果。

二、天津高速公路建设涌现的先进人物、先进集体

"爱岗敬业、争创一流、艰苦奋斗、勇于创新、淡泊名利、甘于奉献"的新时代劳模精神是社会宝贵的精神财富和强大的精神力量。高速公路参建单位以工程建设为载体，积极拓展广大员工成长成才空间，为工程建设领域涌现更多的先进代表搭桥铺路，营造出昂扬向上的企业文化和企业精神。

多年来，在天津高速公路建设过程中先后涌现出了以高速集团建设事业部、高速公路工程各在建项目经理部、孙妍枫、叶强等为代表的一批先进集体及先进个人典型。

（一）先进个人代表

在所涌现的先进个人代表中，有热爱本职、勤于思考、在工程管理方面抓出成效的基层干部；有坚守信念、忠于职守、积极迎接挑战的工程管理人员；还有勤于钻研、勇于创新、为工程建设探索新技术的工程技术专业干部。

1. 开拓进取挑大梁，脚踏实地写人生的原公路工程总公司总经理刘兰强

刘兰强，自1989年从东南大学道桥系毕业后，就投身于公路及高速公路建设，担任过多年的青年共青团工程项目经理。他先后参与或主持了大型公路工程建设十余项，包括京石高速公路、唐津高速公路河北段、天津段工程等，其中：津塘公路与唐津高速公路互通立交被评为国家优质工程"鲁班奖"；唐津高速公路河北段路面工程被评为河北省优质工程；唐津高速公路二期工程被评为天津市优质工程，并荣获团中央"全国青年文明号"。刘兰强先后被评为"全国十大杰出青年岗位能手"，天津市优秀共产党员、市劳动模范、市新长征突击手、市"五四"奖章、市"科技创新明星个人"等荣誉称号。

1996年，30岁的刘兰强首次代表天津市公路工程总公司担任河北省唐津高速公路13km路面工程项目经理。该工程严格按照FIDIC条款施工，参建队伍多为实力雄厚的国内大型施工单位，与他带领的这支缺少高速公路施工经验的"小字辈"队伍相比，形成了很大反差。为此，刘兰强把"质量重于泰山"作为一种理念，深植于心，精心组织施工，在河北省质监站的检查中受到高度评价，全省在建的6条高速公路施工队伍都到现场来学

习,为唐津高速公路河北省段并评为省级优质工程作出了突出贡献。

1998年,刘兰强担任了唐津高速公路天津段二期工程项目经理,负责代建设单位管理。该工程施工难度大,桥梁等构筑物占工程量的一半;施工条件差,沿线地基承载力不足,需采用多种工艺施工;管理经验少,项目部人员平均年龄30岁,虽有承包人施工经历却没有建设单位管理经验。面对机遇和挑战,刘兰强为项目确立了"工程质量保部优、创国优,经理部青年文明号保市级、创国家级"的"双保双创"目标,并在实践中创造了"以质量为重点,以智能化管理为核心,狠抓质量、计划、计量、安全与文明施工四大管理体系"的刘兰强建设单位管理工作法,其工程管理经验成为公路系统建设单位管理的典范,得到广泛推广。

坚持以提高项目科学化、智能化管理水平,向科技要效益,向创新要成果,是刘兰强主持高速公路项目建设的主导思想。他在唐津高速公路永定新河特大桥引桥工程中引进和采用轻质骨料新技术,使桥体自重减轻五分之三,优化了设计,使桥梁线形更加美观,并节约资金200万元,填补了国内实践应用的空白。刘兰强在组织施工中坚持采用先进技术和先进管理,他经过多方调研,主持了SBS改性沥青在唐津高速公路筑路表面层施工项目,填补了该工艺在天津公路工程大面积应用的空白;他还组织并主持开发、应用和推广了丹麦"克裂素纤维"桥面防水铺装新技术、地袱"假缝真做"新工艺等28项科研课题,有效改善了工程质量,节约投资200多万元;为加强管理,他带领青年人,成功开发应用了"唐津高速公路二期工程计量支付软件管理系统",使计量工作从10多个小时缩短到5~10分钟,支付过程由40天缩短为7天,极大地提高了工作效率和质量。刘兰强在唐津高速公路工地,摸爬滚打,风餐露宿,吃住在工地,一干就是6年,期间基本上没有节假日和公休日。

刘兰强以诚实、谦逊、勤勉、敬业的精神,展示了当代青年知识分子党员的风采。经过多年大型公路建设的实践锻炼,2001年,他走上企业领导岗位,担任了天津市公路工程总公司总经理;2007年,担任天津市市政公路管理局副总工程师;2008年担任天津市市政建设集团党委副书记、总经理;2009年担任天津市市城乡建设和交通委员会副主任。2013年3月9日,刘兰强因病医治无效,英年早逝,年仅46岁。

2. 有作为敢担当,做务实为民的好干部郭子杰

郭子杰,男,1965年1月生人,汉族,天津市人,1988年7月参加工作,1994年8月加入中国共产党,正高级工程师,现任天津市交通运输委员会总工程师,多次荣获全国建设系统劳动模范、天津市新长征突击手、首届天津青年"五四"奖章、天津市劳动模范等荣誉。作为原天津市公路工程总公司主要负责人,工作严谨扎实,处处率先垂范;管理科学有序,善于指挥协调;坚持理论和业务学习,不断完善自我;以对单位、对职工高度负责而赢得广大干部职工的信赖和尊敬。

第七章
高速公路文化建设

"严"字当头,"实"为尺,精细化管理,敢作敢为敢担当。郭子杰同志实施严细管理,针对难点热点问题建章立制,建立健全了130余项管理制度,筑起"良心路桥。"

攻坚克难,开拓进取。之前实行的粗放型管理模式,让郭子杰上任第一年就因为施工质量和工程进度问题,被甲方单位"约谈"。他马上召集施工管理人员开会,查找原因,并立即整改,实行严细管理。通过狠抓管理,不仅工程施工细节规范了,施工质量也得到极大提升。

雷厉风行,创新发展。管理是单位的核心竞争力,管理的核心在于严细。郭子杰同志始终把提高经济效益和社会效益作为发展主题。一年抓一个严细管理的环节,紧紧围绕影响单位发展的重点、难点、热点问题建章立制,先后在"工程管理、资产管理、成本管理和人力资源管理"等方面开展专项课题研究。组织开发了工程项目成本、机械设备、交通标志、桥梁信息及人力资源等多套管理系统,促进内部管理向信息化、规范化、科学化发展。

面对日益激烈的市场竞争,由于措施得力,天津市公路工程总公司产品和工程市场占有率逐年提高,新的市场,新的客户逐年增多,经济效益逐年上涨,年产值利润率屡创新高,在天津市同行业中占据了领先位置。近几年单位累计荣获90多项国家级、省部级工程质量荣誉:外环北延跨永定新河大桥项目荣获"鲁班奖";津宁高速公路五合同段获国家优质工程奖,外环线改造工程、津晋高速公路港塘立交工程获国优工程银奖。各类科技研发项目70余项,荣获部级、市级、局级成果共31项,这些成果在实际生产施工中得到了很好应用,实现了理论与实践同步创新,创造了丰厚的经济和社会效益。

郭子杰同志充分发扬冲锋在前、吃苦在先精神,敢想会干,务实创新,在攻坚克难中勇于负责、敢于碰硬,以高度的敬业精神和顽强的工作作风,展现出了一名党员领导干部能力强、作风硬、敢担当、有作为的良好风貌。

3. 始终奋战在高速公路建设一线的孙妍枫

孙妍枫现任天津高速集团总经理、党委副书记。自1997年从西安公路交通大学毕业后,始终奋战在高速公路工程建设一线,历任天津高速集团工程建设项目部技术管理、经理助理、副经理、经理等职务,先后参与了津保高速公路、唐津高速公路芦堂路立交、京沪高速公路二期等项目建设。

在组织唐津高速公路芦堂路立交工程和京沪高速公路二期工程施工中,孙妍枫通过其身先士卒的攻坚破难和统一组织的团队协作,在工程投资、质量、进度、安全等方面均取得了突出成绩。2003年,唐津高速公路芦堂路立交工程获得了"市优质工程",他带领的项目经理部获得了"市级青年文明号"称号。在京沪高速公路二期工程项目中,他率领项目管理团队在合作项目建设领域中,成功理顺了高速公路项目合作建设企业构架,实现了工程项目社会效益和经济效益双丰收,项目经理部被团中央授予"国家级青年文明号"称号。他本人也先后被评为或授予天津市劳动模范、市新长征突击手、市"十五"立功先进个人、市"五一"劳动奖章和全国交通系统青年岗位能手等称号。

孙妍枫在任京沪高速公路二期工程项目经理期间,狠抓工程质量建设,突出质量管理在整个工程项目建设中的中心地位,从原材料、路基、桥头填土、填土分层厚度、涵管接口、混合料、桩基施工、预应力结构、道路附属部位及桥梁细部构造等工程重点部位和环节严把工程质量关。在工作中贯彻"定标准、树样板、勤检查"的工作思路,开展施工队伍自检、监理单位抽检、建设单位联检活动,确保了整体工程质量。他还在项目中开展创建"节约型团队"活动,针对工程项目的重点、难点开展科技立项及"四新"技术的推广,亲自主持成立项目科研课题组。由他主持开发的《高密度聚乙烯管(HDPE)管涵》技术,在京沪高速公路二期应用过程中节约投资成本900多万元。在他的带领下,京沪高速公路二期工程在建期间技改技革立项4项,共节约建设资金2000多万元,其中《高密度聚乙烯管(HDPE)管涵》《金属波纹管代替塑料波纹管真空压浆》两项技术获得"天津市科技进步三等奖"。

孙妍枫在项目管理中,大力倡导利用现代网络信息技术和管理软件的优势,推行智能管理,不断提升项目管理水平。其推广的内部办公实现宽带中枢管理和点对点的资源共享;项目全线实现管理软件的充分利用和全面覆盖,引进现场管理软件,实现透明公开的智能化管理等,对全面提升工程建设项目的动态管理水平起到积极作用。

孙妍枫注重对项目人才的培养,积极开展创建学习型团队和知识型员工活动,根据项目经理部人员特点,开展评选"黄金搭档"活动,通过各部门青年人之间结对子、制订岗位锻炼计划和年度目标,签订互助协议的形式,相互学习,取长补短,促使青年大学生尽快成长、成才。

4. 年轻有为的项目经理叶强

近几年,高速集团年轻的项目经理叶强先后参与了津汕高速公路工程、组织实施了唐津高速公路改(扩)建工程和蓟汕高速公路南段项目工程。由他组织参与建设的津汕高速公路、威乌高速公路项目荣获天津"海河杯"优质工程奖;津汕高速公路团泊南互通立交工程荣获2010年度国家优质工程银奖。叶强因工作业绩突出,先后获得了全国劳动模范、天津市青年突击手、天津市五一劳动奖章、天津市劳动模范等荣誉称号。

作为年轻的项目经理,叶强抓工程、保质量从不手软。他接手的每项工程,从入场开始就严格执行各类规章管理制度,做到科学管理,规范施工,铁面无私,严把质量关,建设"放心工程""良心工程"。

2010年,作为津汕高速公路项目工程主管生产建设的副经理,叶强带领施工人员每天坚持在工地巡视,发现问题当即纠正。当时正值国内建材市场价格高起的时期,他顶着巨大的压力,在保证工程建设平稳、有序开展的前提下,合理压缩成本,节省了建设资金。

2011年作为项目经理,叶强组织实施了唐津高速公路改(扩)建工程建设任务。他把工程质量视为项目建设的第一重要内容,顶住工期紧、任务重的压力,狠抓质量不放松。在工程南段4合同段,一次他发现沥青表面层施工质量不符合标准,立刻要求施工单位返工。施工方担心增加成本,找出各种理由搪塞,并托关系找他求情,被严词拒绝了。叶强耐心细致地用数据和施工方讲道理,强调保障工程质量的必要性,拿出规范,一项一项与施工方核对,最终说服施工方进行了返工,保证了工程质量达标。

高速公路工程建设投资巨大,叶强深知融资的每一元钱都来之不易。在工程建设中,他积极倡导,广泛应用新工艺、新技术,用工艺创新提升管理水平,达到节约建设资金,有效促进工程建设的作用。在唐津高速公路扩建工程中,一段路基的原始设计要求使用轻质土浇筑,但费用太高,增加投资较大。叶强对现场进行无数次勘察,根据天津市土质路基施工情况,经过反复试验,利用工业废渣粉煤灰研究出一套用液态粉煤灰进行路基填筑的施工方法,成功在该工程中得以应用,为工程节能减排作出了贡献。在会审方案时,叶强发现桥梁内地袱方案不是最优,如不解决,不仅工程进度会受影响,投资也较高。为此他参考国内的一些先进经验,结合工程实际进行技术攻关,终于找到了解决问题的办法,对桥梁内地袱施工设计方案进行了优化,不仅保证了工程质量与工期,还节省资金1300万元。已交工的唐津高速公路扩建工程经过一年多的通车运营,工程质量完好。

2013年,因工作能力突出,在唐津高速公路改扩建工程还在收尾阶段同时,叶强又兼任了蓟汕高速公路南段项目工程项目经理。面对这项重要工程,他充分发挥项目经理部管理职能,积极组织驻地建设,完善质量、安全管理体系的建立,推动相关单位协调配合,全面追踪施工计划完成情况,狠抓落实,保证施工进程的连续性。

叶强注重项目部人员的基础能力培养,积极开展职工书屋建设,开设项目人员职工夜校,并设立专业讲台,从理论基础培训入手,不断强化广大项目管理人员的主人翁意识、质量意识、安全意识、纪律意识;强化技术练兵,提升项目管理人员掌握岗位业务理论和执行标准的能力。工程建设过程中,他经常深入工地,严格按照技术指标检查作业进度,检查执行自控、互控、他控措施是否到位,从源头上遏制住违章违纪行为。

5. 天津城建集团市政六公司京秦高速公路6合同段项目经理孙长红

孙长红,毕业于武汉城建学院交通工程专业,1999年参加工作,任天津第六市政公路工程有限公司滨海分公司副经理兼京秦高速公路6合同段项目经理,曾参与津蓟高速公路6合同段、18合同段、京津1合同段、112国道19合同段、36合同段等工程建设。

京秦高速公路项目由于受到周边环境干扰,施工单位被迫延期10个月进场。面对征地拆迁压力,孙长红加大协调力度,想尽一切办法尽快实现进场施工。京秦高速公路6合同段涉及3个乡镇、5个自然村。针对征地、民扰阻碍施工的问题,他和项目班子经过反复讨论,充分考虑手续办理的难度,决定由项目班子成员组成协调小组,与建设单位、政府主管部门积极沟通。与此同时,项目技术安全人员抓紧时间编制跨州河、跨津蓟铁路、跨津围公路等专项施工方案、安全方案,为施工手续办理提供基础资料。

在前期《项目综合管理方案》的指导下,项目3个专项方案顺利通过专家论证。根据对工程进展情况的预测,项目准备了两种不同的预制梁制梁、架梁方案,以应对可能发生的各种情况,其他安全技术方案也做了充分准备,施工队伍、机械材料也快速落实到位,为后期顺利施工打下了坚实基础。

当征地拆迁等施工条件具备后,项目部产能迅速爆发,迎来了两个生产高峰期:一是2013年8月大面积开工以来,道路工程保持了月完成土方量5万m^3的高速度,桥梁工程通过冬季施工抢进度,实现了已有工作面施工至墩柱的阶段性目标;二是2014年开工首季度,通过建设单位组织的劳动竞赛活动的展开,顺利实现了下部结构全部完成的工程节点目标,并获建设单位组织的3~5月份劳动竞赛第一名的好成绩。

项目部标准化驻地建设顺利通过验收并获得建设单位表彰,项目的民工驻地及预制梁场也因标准化水平较高得到了总监办的通报表扬,建设单位多次组织兄弟施工单位进行观摩。项目成立了标准化领导小组,以"标准化建设贯穿始终"指导施工,项目部把施工标准化细化分解到每一个施工工序、每一个施工操作过程,强化细化技术、安全交底,确保施工生产作业流水化、工程质量标准化。

在青年工程的推动过程中,项目班子成员非常重视人才培养与施工管理相结合的问题,他们搭建了三大平台:一是搭建思想引领平台,确保思想统一、不出问题;二是搭建技能培训平台,确保能力过硬、上水平;三是搭建娱乐身心平台,确保职工身体健壮、心情好。通过这三个平台,组织具体活动,推动青年职工在工程建设中成长成才。

桥梁预制梁制梁、架设及桥面系的施工,高空作业较多,面临极大的安全压力,为此项目部制订了"五杜绝、一控制、三消灭、一创建"的安全管理目标,不断完善安全管理机制,创新安全管理手段,加强现场安全监管,确保全过程受控。同时,高度重视跨津蓟铁路、津围公路施工,做好24小时安全监护,确保这两个节点安全顺利完成。

孙长红担任京秦高速公路6合同段项目经理,让他感触最深的是项目青年人多,他们有朝气、有激情,工作热情高。项目部形成了互帮互助、积极进取的气氛,经验丰富的老同志在技术上毫无保留地帮助年轻职工;青年人无论身在什么岗位,都能在别人需要帮助的时候伸出手去帮一把,有些老同志对电脑不太熟悉,年轻人都积极主动帮助完成。在项目全体职工的通力协作,共同拼搏下,圆满完成了京秦高速公路项目。

6.天津城建集团市政五公司蓟汕高速公路2合同段安技科负责人李尊重

李尊重,毕业于石家庄铁道大学安全工程专业,先后参与福建沈海复线高速公路、蓟汕高速公路等工程,曾任天津第五市政公路工程有限公司蓟汕高速公路2合同段项目安技部负责人。

2013年,李尊重刚进入市政五公司参加工作,就被安排到福建莆田项目学习锻炼。

根据所学专业,项目安排他参与安全管理工作,并为他配备了一名师傅。李尊重把加强专业学习、掌握过硬本领当成自己的岗位责任,把这个"软指标"当作硬任务来完成。通过项目的实践锻炼,他从安全标准化到施工标准化再到文明施工,从安全内业资料到施工现场安全管理,从路面安全导行到房建临时用电,从新入场工人三级安全教育到特种工人安全培训,他一步步从一知半解到深入掌握,直到轻松应用、得心应手。

2014年3月,李尊重被调派到蓟汕高速公路2合同段。进入项目后,他始终以做一名合格的安全员严格要求自己,思想上高度重视,行动上一丝不苟。进场初期,他主动参与了项目的风险评估,确定了跨津宁高速公路现浇梁施工、架体搭设、机械施工、施工用电、消防安全等重大风险源,参与制订了《安全施工专项方案》和《实施细则》,得到项目领导好评。在日常工作中,他始终把施工安全放在首位,及时对新入场人员进行安全宣讲,积极开展电工、电焊工、架子工等特殊工种专项教育,先后组织200余人次接受安全培训。针对施工特点,他多次组织现场应急演练,提高了参建人员应急处理能力。他认真落实新安全生产法,加强各类安全检查,强化项目安全生产过程管控,针对重点部位施工,如现浇箱梁架体搭设、混凝土浇筑及跨津宁高速公路段施工等,他带领安全员进行现场实时监控;对于现场各类违章作业,他坚持"教育为主、处罚为辅",认真开展作业层、管理层"两层教育",不断强化操作者、管理者安全意识。李尊重以强烈的责任感和严谨的工作态度,把项目安全工作"做细、做实、做严",为项目优质高效施工提供了有力保障,蓟汕2合同段多次获建设单位好评和奖励。2014年底,在天津市安监总队组织的质量安全检查中,获全市通报表扬。

通过两项大型工程的锤炼,李尊重的专业知识、工作能力有了大幅提升。2015年,蓟汕高速公路2合同段进入施工高潮,主线桥梁架体搭设、跨津宁高速公路不断交施工、路基填筑等同时进行。为确保施工安全无事故,他一是加强现场施工安全管理,认真抓好施工安全技术交底;二是死盯架体搭设现场,全程监督参建人员施工操作;三是加强跨津宁高速公路段安全防护,确保交通、施工两安全。每天,无论风吹日晒,他始终坚持盯在施工一线,组织安排各环节各点位安全防范工作,保障了项目整体施工计划的顺利实施。

7.天津城建集团市政五公司三分公司经理刘兴国

刘兴国,毕业于济南交通高等专科学校。先后主持、参建津蓟高速公路7合同段,港城大道道路改造1、7合同段等交通工程建设,任天津第五市政公路工程有限公司三分公司经理、蓟汕高速公路2合同段项目负责人。

2012年冬,一天傍晚,刚与地方政府部门协调解决群众阻工问题的刘兴国,在驱车返回南站配套交通工程项目驻地时,很自然地把车拐进桥梁预制场。在轰鸣的机械声中,他与项目参建人员一起忙碌,这边才指挥完一片箱梁浇注,又跑去另一边督导成型箱梁模板拆除。直到凌晨四点,他才拖着疲惫的身体回到项目部,随便吃了一碗方便面,和衣倒在床上入睡。刘兴国几乎每天都是这样度过的,每天天不亮起床,然后参加项目部的"早点名",接着到施工现场各部位查看进展情况,利用中午休息时间召开项目例会,晚上遇到关键部位施工还要卯足精神亲自盯,一天下来,平均休息时间不到6小时。

刘兴国始终坚守着"干一项工程树一座丰碑、拓一方市场"理念。在他眼里,工程质量永远是No.1。为确保工程质量,他修订出台了一系列分公司管理规章制度,细化各部门岗位职责;他实行定人定岗,明确各自分工,分解目标责任,与分公司全体职工逐一签订"责任状";他带头学习工程施工规范,要求现场施工技术人员"烂熟于胸",严格按规范操作;他虚心向经验丰富的老职工请教,了解掌握实际操作中的难点、关键点;他带队进行现场检验,发现问题就地整改。为有效控制成本,提高经济效益,他从加强精细化管理入手:一方面,在项目开工伊始,结合项目实际,组织编写《项目内部成本控制清单》,建立责任到人的预算控制体系;另一方面,不断量化施工、人力、物资等相关指标,组织编制《项目收入及各项成本费用预算》,加强事前控制,努力做到"先算账、后干活"。近年来,他主持的项目均取得较好效益,质量进度等均得到建设单位、监理认可,并获得市级优秀项目管理、优秀质量管理称号、优秀施工项目等称号。

2014年,刘兴国主持合同额超3亿元的蓟汕高速公路2合同段施工。受拆迁影响,项目施工进度严重受阻。面对时间紧、任务重、质量安全标准高等诸多压力,他不等不靠、迎难而上,与地方部门积极协调,积极组织人员、物资、设备,为提前进场创造条件,在全线多家企业因征地拆迁困扰停滞不前情况下率先进场,率先开工。他沿用南站项目管理经验,实施作业工序标准化、施工工艺标准化、施工技术标准化、作业区域准化"四个标准化",工程质量"精益求精";采取现场观摩、拜师带徒、青工比武、技能讲座等形式,提高职工队伍专业技能;组建桩基钻孔、钢筋加工、承台施工、墩身施工、预制梁施工5支专业化施工班组,打造高效施工队伍。他组织开展"抢进度、创优质、保安全、树样板"劳动竞赛活动,以日保周、以周保月,掀起大干高潮。经过不懈努力,项目在全线第一个完成软基桩"首件"施工,第一个完成全部灌注桩施工,第一个完成全部180片预制小箱梁施工;在全线7个合同段年终总评比中获集体、进度"双第一",获建设单位103万元奖励,他也被评为优秀项目负责人,受全线通报表扬。蓟汕高速公路2合同段在与多家央企同台竞技中,牢牢站稳"全线排头兵"位置,展现了"天津城建"的综合实力。

(二)先进集体

1. 高速集团建设事业部

建设事业部承担着高速集团全部高速公路建设任务,2014年荣获天津市"五一"劳动奖状。

2014年,建设事业部承担着103.6亿元固定资产投资任务,面对管理资源少,工程建设标准日益增高,建设环境日益复杂的实际情况,他们从强化质量、确保工期入手,通过建立技术质量管理人才培养计划;建立技术指标、质量控制企业标准,完成了《沥青路面技术标准》和《GTM水泥稳定碎石技术标准》的编制工作,作为建设管理依据。高速集团被天津市国资委和建交委推荐为"天津市2014年度质量管理标杆单位",塘承一期项目全线荣获"天津市市政公路金杯示范工程",两项科研课题分别荣获"天津市科技进步三等奖"和"中施企协科技创新二等奖"。从规范管理、强化内控入手,按照高速集团5年发展战略及行动策略的要求,明确了建设事业部由工程建设实施者向利润创造者转型的目标和步骤措施,同时按照战略规划方向,梳理了18个工程结算、工程保修、项目招标等重要工作流程,优化了4个流程节点,有效避免了由于职能交叉、分管工作交叉等带来的职能重叠和空白,有效提高了劳动生产率。从竞赛带动,突出特色入手,形成项目与事业部"双轮驱动"的竞赛模式,两驾马车并驾齐驱,为企业发展保驾护航。如:唐津南项目开展以"统筹兼顾,力保指标完成;争先创优,共建精品工程"为主题的劳动竞赛活动,不断丰富竞赛内容,在通车之际将交通导行、标准化建设纳入到竞赛考核当中,不断拓宽竞赛渠道;塘承二期项目创新竞赛方式,丰富竞赛内涵、提升竞赛实效,更好地凝聚职工力量,激发职工的创造活力,实现劳动竞赛的全域覆盖、全员参与、全方位推进,促进工程建设顺利实施;蓟汕南、北项目分别以"建设美丽天津,争创示范工程"为主题开展围绕全年任务目标,将抓竞赛结果调整为抓竞赛过程,引入了施工单位的竞赛监督机制,同时进一步强化了人、事结合的管理理念。从节能减排、降本增效入手,挖掘事业部技术骨干组建员工技协小组,如:唐津北项目科技成果项目"无振动切割桥面破除关键技术的研究应用"获第四届天津市职工优秀技术创新成果一等奖、高速集团技改技革项目一等奖,并完成了唐津北项目先张法梁板连接杆整体张拉施工、液态粉煤灰在唐津南扩建项目应用、唐廊项目罐装水泥加固土桩施工技术的研究与应用、小箱梁腹板箍筋优化与应用、预制梁自动喷淋养生工艺和塘承二期项目的板梁凿毛创新工艺6项课题研究。

2. 塘承高速公路一期工程项目经理部

项目经理部作为2012年全国"安康杯"竞赛优胜班组,结合项目建设实际,针对建设工期时间要求紧,建设任务繁重,建设困难多等实际问题,突出安全保卫重点,切实从自身实际情况为出发点,精心组织、统筹安排,确保了塘承项目无重大责任事故、人身伤亡及财产损失等问题的发生,确保了生产与效益的同步增长。

项目经理部在安全生产实际管理工作中,落实安全生产责任制,加大对安全制度、安全检查、隐患整改、安全责任、安全宣传教育、安全管理理念、安全管理过程控制上的管理力度。通过牢牢抓好安全培训教育及三级安全技术交底制度,提高了员工及参建单位人员的安全意识。通过加强施工现场的安全检查及隐患整改力度,开展以日常检查、专项检查、突击检查及月度检查相结合,每月不定期组织开展一次综合大检查。同时根据施工现场安全管理防范重点,分别组织开展了深基坑防护检查、施工现场触电检查等专项安全整治工作。建立健全安全生产管理教育台账,完善安全管理制度;加强对特种作业的管理,做到所有特种作业人员必须持证上岗;发挥月度安全例会作用,协调和解决安全生产工作的难题;深入施工现场,及时纠正施工现场的不安全行为和不安全状态;建立重大危险源安全生产应急预案,实时监控重大危险源情况。成立了安全生产应急救援预案领导小组,相继制订了项目经理部安全生产、坍塌事故专项、消防事故专项等应急救援预案措施。同时对应急预案进行演练,验证预案的可行性,及时更新修改不符合实际的预案内容。对进退场人员建立台账,加大对流动人员的管理。加强现场防护,施工现场采用防护挡板、安全警示牌、防护围栏等进行防护,将施工现场隔离封闭,警戒现场作业人员及附近居民,同时加强消防安全、文明施工管理。

3. 天津城建集团市政六公司京秦6合同段项目经理部

在京秦高速公路天津段第6合同段施工过程中,项目经理部坚持抓好"一点两面两建设"的总体施工思路,即"以工程进展情况为中心点,抓牢质量管理和安全管理两方面,深化开展文明施工、标准化施工两个建设",不断推进工程优质高效实施。经过全体参建人员的不懈努力,6合同段在建设单位组织的3次劳动竞赛中,以两次第一、一次第二的优异成绩获得年终总评第一名。

"一点":以推进工程施工为中心。

根据项目特点,项目制订了沿线"四难一重"施工计划:难点一,跨越州河施工。与蓟县水利部门积极沟通,不断加大人力、物力投入,保障了在州河枯水期间顺利完成桥梁下部结构施工;难点二,跨津蓟铁路施工。项目与中铁一局积极合作,共同商讨并制订施工方案,在铁路局要求时间内完成了跨津蓟铁路施工;难点三,跨津围公路施工。与蓟县交通局积极协商,制订交通导行措施,在保证津围公路不断行的前提下,顺利完成跨津围架梁施工;难点四,下穿3条高压线。电力局每切改一条高压线,项目就抓紧施工相应桥梁下部结构,保证了后续架梁施工顺利进行。一重点,预制梁场。为保证预制小箱梁顺利施工,项目在津蓟铁路西侧、主线北侧修建预制梁加工场,2014年开工以来,不断加大预制梁场投入力度,综合调配人员、机械、材料,制订合理高效施工计划,在保证质量安全前提下,于12月底圆满完成670片预制小箱梁制造任务,全部完成桥梁主体结构,共计完成产值1.55亿元。

"两面":抓牢质量管理和安全生产。

一是抓质量管理。始终坚持质量第一原则,坚持做到组织落实、措施落实、制度落实,施工过程中未发生任何质量事故,质量分项分部自检合格率100%。健全保证体系,实现组织落实,完善质量保证体系,各工序设专业质检员,实行质量责任制,严格执行到位,确保措施落实。针对隐蔽工程和工序交接等易产生质量问题且又易被忽视的环节,项目根据图纸和施工组织设计内容,制订专项措施并严格跟踪落实。坚持规范管理,做到制度落实。制订出台各种质量管理办法、保障制度,施工过程中严格实行"三检制",不定期进行质量抽查,确保有效消除质量隐患。

二是抓安全生产。强化教育,提高意识。组织岗前、现场、班前、过程和重点等专项教育培训,不断增强参建人员安全生产意识、安全防护意识。强化标准,规范运行,大力推进安全标准化管理达标活动,以各种形式对国家、地方和行业的安全法规、条例规定和方针政策进行宣贯学习,加深理解,掌握并运用到实际工作中,提高全员遵纪守法和遵章守规意识。强化措施,保障有力,安全人员根据不同阶段施工内容,逐项分析施工特点,对危险源点进行辨识评估,编制《危险源辨识与风险评价表》《危险源控制措施物资清单》,现场设置风险源公示牌,做好安全警示。强化监督,过程管控,架桥机等大型设备由专门检测机构进行检测,并在相关单位进行备案;每天作业前,项目管理人员协同操作人员,对施工现场进行隐患排查,填写《施工作业班前安全隐患排查表》,发现问题及时整改,确保安全生产,全程可控。

"两建设":抓好文明施工和标准化建设。

一是规范文明施工。规范驻地管理。进场后,项目对职工、民工生活区实施物业化管理,设立门卫室,统一发放被罩床单,设专人清扫生活区卫生,保证无污染、无污水,办公室配备资料柜、灭火器材,治安防范措施得力。规范现场管理,现场设专人定时洒水,缓解扬尘;实行围蔽施工,围挡沿线安装彩旗,展现施工企业形象;材料堆放井然有序,物资标识配备齐全;门口设治安岗亭,进出入车辆人员接受登记检查。落实"四节一环保",以《绿色施工导则》和集团《施工现场文明施工实用指导手册》为依据,结合施工现场具体情况,制订《京秦高速绿色文明施工专项方案》《京秦高速绿色文明施工岗位责任制》;最大限度节约资源,追求环保、高效、低耗统筹兼顾;预制小箱梁养护采用自动喷淋装置,与传统箱梁养护模式相比节约用水 $1675m^3$。2014 年,京秦项目 6 合同段顺利通过市级绿色文明工地检查。

二是推进标准化建设。统一思想,强化标准化建设意识。成立以项目经理为组长的领导小组,组织全体参建人员学习标准化文件、标准化考核重点内容、执行方法,不断强化全员标准化建设意识;项目驻地及工地试验室完全参照《天津市公路工程施工标准化技术指南》要求进行选址、规划、建设,顺利通过建设单位、监理单位联合验收,获一致好评。真抓实干,完善标准化建设措施,在桥梁施工中,钻孔灌注桩成孔检测采用电子孔规检测仪器;盖梁、墩柱、承台、系梁等下部结构模板采用定型钢模板;预制梁场采用钢筋数控加工、智能张拉、真空压浆、自动喷淋养护、自动凿毛等先进施工工艺,实现了"先进机械设备替代人工操作"的标准化施工,大幅提高了工程质量,多次受到建设单位、总监办好评,两次接受全线观摩。在路基施工中,采用新型填料——山皮土进行填筑,项目在施工前做了大量基础性试验,掌握了山皮土压实度、孔隙率、沉降差等指标,以及机械配备类型及吨位关系,实现了施工工艺标准化。山皮土路基填筑施工质量获建设单位表扬,接受全线观摩并做专题技术交流。

4. 城建集团路桥建设公司蓟汕高速公路4合同项目经理部

2015年7月13日,中国建筑业协会绿色施工分会3名专家,在天津市建筑业协会领导的陪同下,到天津路桥建设工程有限公司第六分公司蓟汕高速公路4合同进行"全国建筑业绿色施工示范工程"检查。在听取项目汇报、查看现场、检查内业资料以及专家评议等环节后,专家组为项目打出85.25的高分,项目顺利进入最终效果评价阶段。

这是公司首次申报绿色施工示范工程,为达到预期目标,公司、项目立即行动,认真部署,具体做好以下6个方面工作:

一是领导重视。自确定参评开始,项目就成立了以项目经理为组长、项目总工为副组长的评优专项小组,多次召开专题会议,向公司领导汇报"全国建筑业绿色施工示范工程"申报、评选相关事项及重大意义,赢得了公司领导重视和支持,最终形成"公司领导主抓、分公司领导负责、项目具体执行"的工作体系,为项目深入开展绿色施工奠定了坚实基础。

二是概念明确。"绿色施工"是近年来国家大力倡导的一种施工理念,一些企业领导对此还不完全了解,常常把"绿色施工"等同于"文明工地"。为此,项目评优专项小组带领成员认真研读有关文件、规范标准,准确掌握"绿色施工"概念、主要内容、检查方式,明确"绿色施工"是在强调保证质量、安全等基本要求前提下,通过科学管理、技术进步,最大限度实现"四节一环保"的施工活动,并对应找出工作重点,对照 GB T505640—2010 建筑工程绿色施工评价标准,制订了"以管理、技术为主导,实现节能、降耗目的"工作思路,为后续有的放矢地开展绿色施工明确了努力方向。

三是统筹策划。"全国建筑业绿色施工示范工程"申报是一项系统工程,它不是简单涉及项目管理某一方面,而是涵盖项目管理各个方面。工程开工前,项目评优专项小组根据《建筑工程绿色施工规范》《建筑工程绿色施工评价标准》等文件要求,结合工程实际特点、项目管理水平、综合施工能力等,制订《项目绿色施工总体规划方案》。总体规划方案内容既包含制订组织结构、人员分工、管理目标、规章制度、专项方案,也包括具体实施内容,如选择废弃厂房建设项目部、利用原有农田小路修建施工辅道、建设标准化钢筋加工厂和移动钢筋加工罩棚、购置数控钢筋加工设备与智能化预应力施工设备,利用附近废弃鱼塘收集雨水等,为绿色施工实施提供了准确的行动指南。

四是重在落实。项目评优专项小组重点做好以下基础工作:安排人员将策划内容转变成各项实施性文件,尽可能细化成具体要求、表格、记录等,使现场管理人员明确具体任务、评价标准,便于准确实施;构建项目绿色施工组织体系,由分公司主任工程师统一协调、全面管理项目绿色施工工作,项目技术质量、材料机械、工程管理、安技保卫及综合办公室等部门主要负责人,担任分项检查负责人,具体负责各分项任务实施,并对照实施性文件逐项落实到每一名管理人员,层层分解指标;与分包队伍沟通、协调,在合同中明确绿色施工专项工作奖罚制度,调动施工人员积极性。

五是技术先行。推进"绿色施工"的目的是通过主动进行技术革新,提高施工效率,降低资源损耗。施工期间,项目根据工程难点特点、施工技术水平等,积极与技术质量部门协作,先后开展了多种形式的技术攻关活动,如:为提高混凝土外观质量,引入施工新材料,开展相关科研课题工法研究;搅拌站技术改造申请技改专利。在此过程中,项目《降低钢筋加工损耗率》成果获奖,QC 小组获全国优秀质量管理小组称号,工程技术含量得到提高,获专家组认可并赢得加分。

六是健全资料。"全国建筑业绿色施工示范工程"申报贯穿施工全过程,需要收集、编写、整理的资料非常庞杂,一些资料容易在过程中被忽略,最终成为评优的短板。在日常工作中,项目按照检查要求,对相关部门资料整理提出"快勤查"要求:"快"即及时,相关部门资料整理要确保时效性,确保随着现场施工进度及时收集相关材料、数据;"勤"即勤快,要求相关人员腿勤手勤,做到紧随施工进度,随时整理、随时填写、随时成册,保证"当天工作不隔夜,当周成册不转天";"查"即检查,施工过程中,坚持评优小组定期检查与各相关部门自查相结合,发现问题及时整改,确保不留死角。"快勤查"要求的有效落实,使项目绿色施工水平不断提高,得到专家组较高评价。

5. 城建集团市政五公司蓟汕高速公路第 2 合同段项目经理部

蓟汕高速公路第 2 合同段起于七里海大道以南,全长 1.66km,桥梁面积 6 万 m²,含津芦公路菱形立交和津宁互通立交。工程施工中,2 合同段项目凭借过硬的工程质量、细致的施工工艺,得到建设单位好评,在全线受通报表扬。

(1)主动出击,全力抢抓施工进度

2 合同段在前期征地拆迁不到位的情况下,本着"有条件要上,没条件创造条件也要上"的思路,专门成立征地协调小组,配备专职协调人员,与东丽区地方政府主动沟通协调,积极组织人员、物资、设备为提前进场创造条件,在全线众多施工单位中率先进场,在蓟汕高速公路全线抢占先机,率先开工。

施工过程中,由于津宁高速公路以南宁河界内施工区域征地问题迟迟未解决,严重制约了 2 合同段整体施工计划。为此,项目领导班子多次与建设单位和当地政府研究、沟通征地方案,经过多轮谈判协商,终于解决征地问题,至此,项目施工作业面全面打开。为抢抓施工黄金期,2 合同段不断加快施工进度:项目不断激发、调动参建职工及各班组的施工积极性,增强危机感和紧迫感;组织开展"抢进度、创优质、保安全、树样板"劳动竞赛活动,制订各施工部位、施工节点进度计划和保证措施,与相关责任人签订施工备忘录,坚持

"奖罚并举",掀起施工大干高潮;严格按照整体工期计划科学组织、协调施工,以日保周、以周保月,使2合同段施工进度驶入"快车道"。

(2)健全制度,确保施工全程受控

开工之初,项目班子就非常重视建立健全相关制度。一是从制订管理规范入手,编制内容详尽、表格齐全且针对性、可操作性强的管理制度,如《导带班制度》《夜间值班制度》等,同时要求现场施工严格执行《技术交底制度》《巡查制度》《交接班制度》《签认制度》,强化施工过程中的安全质量监督和技术管控,确保施工生产平稳有序;二是编制《作业指导书》,根据桥梁施工工序,先后编写6项分工序施工作业指导书;针对各工序工艺,制订15份技术交底;根据各工序流程,制订6份工序表;针对各工种特点,编制1本操作人员应知应会手册,严格作业行为,确保规范操作。

(3)加强监管,打造高效施工队伍

项目狠抓业务、技术培训,对所有管理人员、技术人员、劳务人员,采取现场观摩、拜师带徒、青工比武等形式,加强教育引导;开办设备操作、钢筋加工等技能讲座,确保关键岗位技术工人、操作人员受训率100%。为加强施工队伍管理,针对桥梁施工特点,项目本着"专业精干、管理有效、监控有力、权责明确、节约用人、运作高效"原则,分别组建桩基钻孔、钢筋加工、承台施工、墩身施工、预制梁施工5支专业化施工班组;项目与施工队伍、作业班组签订经济合同、劳务合同、工序工费承包合同等,明确双方责权利,实施奖惩制度,充分调动施工队伍工作积极性;各施工班组组长、技术负责人持证上岗,对现场安全、质量、物资、技术等进行重点管控,发现问题就地整改,确保施工顺畅、管理高效,实现质量安全进度的全程可控。

(4)严格要求,狠抓"四个标准化"

一是作业工序标准化。实施"首件工程示范制",按照"以工序保分项、以分项保分部、以分部保单位、以单位保总体"的创优原则,在分项工程开工前,编制《首件工程施工方案》,严格按照方案进行施工,形成实体示范件后,获取成熟施工参数,以此作为标准"模具",指导同类分项工程施工。

二是施工技术标准化。为改善预制梁、现浇梁、墩柱混凝土外观质量,历时1个多月,先后试验20多次,根据8个指标进行量化检验,在保证混凝土外观质量方面取得良好效果。项目总结出混凝土施工标准化技术:严格控制砂石料质地、规格、含泥量,严格控制混凝土拌和时间和试验检测密度,混凝土模板必须有足够刚度并使用脱模剂,严格混凝土分层厚度控制、振捣时间控制和养生保护控制。

三是施工工艺标准化。灌注桩施工采用旋挖标准施工工艺,机械化程度高、钻进速度快、成孔质量高,保证施工高效、质量过硬;预制小箱梁张拉施工采用智能张拉标准施工工艺,智能千斤顶与油泵通过无线WIFI与计算机相连,实现全过程智能控制,两侧对称同步张拉、自动测量数据、实时调节,避免了人工误差,提高了张拉精度;张拉压浆施工采用"循环压浆"标准施工工艺,使用大循环智能压浆设备,在压浆过程中完全排除管道内空气,精确控制浆液质量,即时调控灌浆压力大小和稳压时间,确保了预应力管道压浆密实;预制箱梁养护采用自动喷淋标准施工工艺,使用自制式自动喷淋养护装置,利用电子时间继电器控制开关时间和间隔,实现了多角度、自动喷淋;盖梁施工采用支架搭设标准施工工艺,将钢管桩立于承台上作为支架,顶部用机械式千斤顶和工字钢进行支撑,免去地基处理环节,保证安全可靠的同时提高了工作效率。

四是作业区域准化。钢筋加工采用半封闭管理,将生产区分割成钢筋存放区、钢筋加工区、半成品区、成品存放区。原材料经检验合格后分批调入合格区,避免"未检先用";合格区原材料遵循"先进先出"原则,缩短占地时间;钢筋加工区配置数控钢筋调直机、弯曲机、钢筋自动切断机、对焊机,加工优质高效、产品标准统一;半成品材料加工区设立加工示意图,尺寸形状一目了然;为保证存放整齐、容易清点、堆码有序,钢筋存放区设置固定支架、活动支架,半成品、成品分区域摆放,严格执行《限额发料管理制度》。由于区域划分清晰,钢筋加工过程中减少了工序干扰、交叉作业,实现了规模化、流水线生产,既提高了加工速度,又确保了加工质量。

6. 城建集团总承包公司唐廊高速公路1合同段项目经理部

在全体参建职工共同努力下,该项目获建设单位单位组织的劳动竞赛第一名,通过"结构海河杯"专家评审,通过市级绿色文明工地验收,获市级优秀青年突击队称号,项目QC小组获集团三等奖。

(1) 发挥突击队作用,打造唐廊速度

1合同段项目大部分职工是刚刚参加工作的大学生,缺乏工作经验。项目班子结合工程实际情况,根据青年人特点,编制了《青年突击队实施方案》,带领项目青年在工程建设、安全管理、质量控制等方面立足本岗、争创佳绩,确保了年度产值目标和施工进度。项目党支部组织大家学习灌注桩、承台、墩柱施工经验和操作规程,青年职工自觉把所学知识运用到实际工作中,不断掌握各种施工工艺,现场管理水平明显提高。经过努力,在征地审批延后情况下,通过与村镇不断沟通,唐廊1合同段成为全线第一个辅道贯通、第一个完成联现浇箱梁合同段,在全体参建单位中发挥了模范带头作用。2014年,项目圆满完成38联现浇箱梁生产任务,创造了总承包公司乃至集团的最高记录。

(2) 强化创优意识,创建精品工程

项目牢固树立"工程质量是企业生存的根本"理念,不断加强质量管理体系建设,加大全过程监控力度。1合同段工程重点难点是上跨塘承高速施工。本着"安全通行、加快施工"的原则,项目编制了科学严谨的施工计划,制订《专项安全施工方案》并通过专家论证;施工前,项目组织参建人员做好技术交底,对关键工序进行反复观摩、认真指导;严格按照论证方案进行施工作业,为保证施工质量安全,项目安排专职质检员对各工序质量进行严格检查,确认合格后才允许进入下一道操作程序;根据施工图纸及最新施工规范,对施工作业部位进行24小时监控,确保发现问题立刻整改,保证质量合格100%。

(3)坚持标准化施工,打造样板项目

项目围绕"以技术领先行业、以技术赢得市场"目标,在全市第一个实施标准化建设。投入专项资金,采购智能张拉设备、智能压浆设备、智能灌注桩成孔检测仪和钢筋智能弯曲机等。这些先进设备既能确保施工生产更加精细精准,还能大大节省人力物力,为优质高效推进施工生产提供了有力条件。由于大部分设备都是首次使用,项目青年职工操作存在问题,针对这种情况,项目党支部成立"钢筋智能弯曲机质量控制小组"和"现浇箱梁智能张拉和压浆质量控制小组"2个QC攻关小组,结合施工生产实际,深入研究、摸索先进智能设备的操作技巧,较好地提高了施工精细化水平、自动化水平、标准化水平,使1合同段成为全线样板标段。

(4)狠抓过程监管,确保安全生产

项目高度重视安全管理,坚持"全覆盖、零容忍、严标准、重实效",不断加强危险部位、重点岗位安全作业教育培训,提高安全管理人员和一线施工人员的安全监管水平、规范操作能力;积极开展安全隐患自查,项目书记牵头,相关部门配合,对项目危险点源进行拉网式排查,针对查出的问题,制订整改措施,限定整改期限,确保整改到位;广泛开展"人人都做安全员"活动,要求所有参建职工在完成本岗工作的同时,重点注意施工现场存在的安全隐患,坚持每天进行梳理汇总,及时与施工队伍负责人进行沟通,保证迅速解决问题,不留安全死角。整个工程,唐廊1合同段未发生任何安全事故。

(5)抓好文明施工,树立良好形象

按照"四节一环保"要求,项目建立健全长效机制,确保文明施工贯穿全程;细化分解各级文明施工人员职责,压实责任目标,严格考核制度;加大施工现场巡查力度,进行定期综合评比,坚持"奖优罚劣",不断提高全员参与的责任感、紧迫感;投入专项资金,抓好项目驻地建设,采取节能机械、设备,提高施工材料利用率,降低各项能耗;开办农民工业校,安排各部门负责人利用业余时间,为参建农民工重点讲解安全文明施工、质量安全管控等方面的知识,使他们熟知项目各项工作要求,为唐廊1合同段争创市级文明工地打下了良好基,在全线树立了"天津城建"企业形象。

(6)抓好项目党建,护航工程建设

不断深化项目党内民主,公推直选产生项目党支部书记;定期开展党员、职工思想教育座谈会,引导参建职工树立正确的世界观、人生观、价值观,提高大家爱岗敬业意识;项目党员充分发挥模范带头作用,带领参建职工攻克多项施工难点;项目部党支部、工会为大家统一购置床铺、桌椅、被褥、洗漱用品,狠抓食堂伙食质量、营养配比,营造良好生活环境;定期举办乒乓球比赛、扑克牌比赛、读书征文以及集中观影等活动,丰富参建职工的业余生活。

三、高速公路工程共青团联建活动

从津汉立交桥的"共青团工程"到唐津高速公路二期工程开展的共青团联建活动,是适应市场需要、适应时代需要进行的从单一到群体的共青团建设的一次探索与创新。

唐津高速公路二期工程由天津市公路工程总公司刘兰强组成青年项目经理部,从1998年2月25日一进场,就确定了加强管理、向管理要效益的工作思路,并提出了工程质量"保部优、创国优"、青年文明号"保市级、创国家级"的"双保双创"的整体奋斗目标。天津市市政局、公路局团委结合唐津高速公路二期工程团员青年多的特点,为最大限度地凝聚青年人的智慧和力量,实现唐津高速公路二期工程"双保双创"的整体奋斗目标,在团的建设上积极探索一条适应时代需要的管理模式,所有参建单位以共青团联建活动为方式,以"双保双创"为抓手,以"质量效益杯"为竞赛重点,开展了"青年文明号"联建活动。

(一)建立机制,打好基础

为了能够使"共青团联建活动"对工程建设真正起到积极的推动作用,天津市市政局、公路局两局团委会同唐津高速公路二期工程项目经理部成立了"共青团联建活动"工作委员会,由建设单位项目经理部经理、总工、总监及各合同段项目经理组成,对工程的施工质量、进度计划及安全、文明工地建设负全责。由建设单位项目经理部团支部书记与各标段团支部书记组成"青年文明号"联建活动办公室,负责联建活动的竞赛、评比、宣传等工作。建设单位经理部团支部与各合同段团支部签定了"联建协议书",确定了各自的职能、职责以及具体要求和奖惩办法,作为对各团支部工作的考核依据。为了鼓励广大团员青年在工程建设中充分发挥自己的聪明才智,建设单位项目经理部还特别设立了专项奖励基金10万元,每季度奖励1万元,其中特别奖励基金3万元,奖励在竞赛活动中做出突出贡献的个人或集体。建设单位项目经理部还在工程建设之初就编制了唐津高速公路二期工程《工程质量实施细则》《安全生产、文明工地建设管理细则》《文明工地评定标准》,为"联建活动"的顺利开展打下制度基础。

(二)抓住龙头,统领全局

唐津高速公路二期工程由天津市政一、二、三、五公司承建,其团员青年骨干在建设中承担着重要任务。为了把所有团员青年团结起来,最大限度地发挥他们的聪明才智,更好地发挥团组织党的助手和行政帮手作用,发挥青年先锋队优势,"联建活动"首先把工作的重点放在了唐津高速公路二期工程建设单位项目经理部团支部身上。建设单位项目经理部百分之八十都是青年大学生,他们有闯劲、有魄力、肯吃苦,项目经理部以"共青团联建活动"为载体,以工程建设为契机,以团支部为基地给青年知识分子创造一个锻炼成长的空间:

(1)选对人、搭好台、摆上位。为了更好地发挥团组织党的助手、行政帮手作用,团支部主动和党组织密切联系,做到主要领导重视、分管领导明确、班子整体支持、团的活动有力。为使全体青年作用得到充分的发挥,始终坚持了三条原则:一是选对人。以战略和发展的眼光,结合工程实际让青年骨干担任项目部门负责人;二是搭好台。明确中心任务和工作重点,给予权力,赋予责任,培养学先进争第一的竞争意识和敢打必胜的观念;三是定好位。定在争当最佳"团支部"的高标准上。以争当"岗位能手"活动为载体,对工程制标、施工计量、技术工艺标准和质量控制以及内外业管理等各个岗位上的青年人都提出了具体的要求。希望团员青年立足本岗,发扬艰苦创业和爱岗敬业精神,争创一流成绩,使青春的光和热释放出更大的能量。

(2)确定工作重点、抓住重要环节。通过唐津高速公路二期工程建设培养造就一批懂工程、能管理、会经营、做栋梁的跨世纪青年人才。团支部以唐津高速公路工程为基地,以工程前期拆迁征地、制标、招标、施工及计量支付为重点,抓了三个环节的工作:

①加强思想教育、调动团员青年积极性。团支部主动与团员青年谈心,诚恳地交换意见,做到生活上给予关注、学习上给予帮助、工作上给予鼓励,好的意见给予采纳。深入了解团员青年的思想动态,做到做任何工作之前都能心里有数。在"双保双创"目标的前提下,对团员青年有意识地进行了以下5个方面的培养:培养他们积极进取的人生态度和强健的体魄;培养他们敢想敢干不怕失败的无畏精神;培养他们对工作和未来充满信心而且全力投入的事业心;培养他们胸襟广阔、能容善处的品格和良好的自律性;培养他们善于分析形势,适应环境的能力。

②深化"岗位能手"活动。以"共青团联建活动"为载体,在经理部团员青年当中推动争当"岗位能手"活动。营造"比、学、帮"(比:比技术第一、意识超前、敬业爱岗;学:学先进知识、管理经验、奉献精神;帮:互相帮助、共同进步)的竞赛氛围。引导广大团员青年弘扬艰苦创业和敬业爱岗精神,立足本职工作,提高职业技能,争创一流成绩,努力成为合格人才,推动工程建设整体上水平。

唐津高速公路二期工程是一项中外合资项目,施工队伍的招投标工作完全按菲迪克条款有关规定进行。施工队伍的选择,招标工作进行的好坏,招标文件编写的质量,对整个工程质量有着直接的影响。担任此项工作任务的是经理部总工刘少义和青年大学生胡志刚。资格预审文件及招标文件的合同、技术规范编写工作是一项崭新的工作,总工刘少义翻阅了大量的参考资料,收集交通部《国内招投标范本》和河北、山东、内蒙古、辽宁、吉林等有关省市自治区招投标文件编写的技术资料,结合二期工程的特点取长补短,多次听取天津市市政局、公路局有关领导和专家的意见,几经修改,终于编写完成。市政局把唐津二期工程《招标文件》作为样本,在全市市政公路系统广为应用。

二期工程能否按预定的工期开工,施工图纸的按期完成,也是影响整个工期的关键环节。二期工程施工图纸设计任务是由两家设计单位承担的,永定新河大桥的设计图纸由上海同济建筑设计研究院设计,15km 的路基、桥涵设计任务由天津市市政工程设计研究院承担,负责协调出图工作的担子落在经理部青年副总工魏玉国的肩上。两家设计院的任务都很多,协调工作做不好将影响二期工程施工图纸的出图工作,魏玉国负责此项工作后,全身心投入,做了大量的协调工作,保证了二期工程施工图纸顺利出图。

经理部还制成了全部工程计量支付管理用表,编制完成了一套计量支付计算机管理系统,整个一期支付报表只需大约 5~10 分钟的时间,便可完成。如用手算,至少也得 10 多个小时。通过强化执行和培训,项目经理部的这一整套计量支付管理体系得到了施工单位的认可,各合同段在计量支付上不能也不敢弄虚作假,达到履行合同、控制投资的目的,计量支付实现了微机辅助管理。

青年项目经理部在工程实践中大胆采用新材料,推广新工艺、新技术,以永定新河大桥引桥的优化设计为契机带动了一批新材料、新技术的应用。特别是永定新河大桥引桥轻质集料(陶粒)的应用开创了轻质集料混凝土在桥梁上使用的国内先例,为工程节省投资近 200 万元。青年项目经理部又以此为契机,带动了二期工程其他 28 项创新课题的实践运作和研究工作。

1998 年,项目经理部经理刘兰强被评为天津市新长征突击手、市政局十佳青年项目经理、公路局十大杰出青年、市政局优秀党员;副总工程师魏玉国被评为市政局二星级青年岗位能手;常小兰、魏玉国、张秀纪被评为市公路局一星级青年岗位能手;杨万红、胡志刚被评为市公路局优秀团员。2000 年项目经理刘兰强被推选为全国青联委员;2001 年项目经理刘兰强被团中央授予"全国十佳青年岗位能手"的光荣称号,争创"岗位能手"活动结出累累硕果。

③抓住联建点、开拓新思路、为工程建设服务。联建活动是一个整体的工作,龙头(建设单位项目经理部团支部)起到了好的作用,各团支部的积极性大大提高。联建活动办公室和工作委员会把工作重点放到了工程的施工质量、安全生产和文明工地建设上,深入开展了"文明施工竞赛活动",树立了良好的企业形象,提高了二期工程整体的文明施工水平。

一是统一思想认识、把文明施工建设放在工程建设的重要位置。施工工地的文明程度如何直接体现建设单位的管理水平和企业形象、职工素质,同时也影响到工程建设的质量和效益。各合同段一进入施工现场,建设单位经理部就和各项目经理部签订了《唐津高速公路二期工程安全生产、文明施工协议书》，团支部签定了《联建协议书》，从建设单位经理部到各项目经理部及各团支部明确了管理责任，并且建立了唐津高速公路二期工程施工质量保证体系、安全生产保证体系和文明工地建设保证体系。从建设单位经理部到各合同段项目经理部乃至施工班组都有明确的分工，把责任层层分解，层层落实，把压力传递到各级管理人员身上，并使二期工程的每一个参建职工从思想上充分重视。

二是建章建制、深化共青团联建活动。青年项目经理部在项目开工前，就制订了《唐津高速公路二期工程施工质量管理细则》《唐津高速公路二期工程安全生产、文明施工管理细则》及以"三清、六好"（现场清整、物料清楚、操作面清洁；职业道德好、项目经理部管理好、完成任务好、职工生活好、团建工作好）为主要内容的《唐津高速公路二期工程文明工地评定标准》，为共青团联建活动量化各项管理指标做了大量准备工作。联建活动工作委员会要求各合同段项目经理部、团支部，自开工第一天起就把文明施工建设管理工作纳入经理部工作的重要议事日程，将安全生产、文明工地建设与施工质量管理有机结合起来，相互促进，并形成了"一月一检查、一季一评比、日日有巡查"的检查制度，根据检查结果予以奖励，对检查中发现的问题以整改通知书的形式要求被检查单位限期整改，严重的还要给予必要的经济处罚。

三是以点带面、推动二期工程文明施工整体上水平。联建活动工作委员会从施工现场有形化建设与有序施工和施工人员内业管理入手，确立了根据施工进度确定安全生产、文明施工工作重点；根据不同要求，确立主攻方向的工作思路。在整个施工过程中，结合工程的重点部位、重点工艺，按照施工的不同阶段、季节情况，确定安全生产和文明施工的工作重点，采取切实可行的管理措施，把《唐津高速公路二期工程施工质量管理细则》《唐津高速公路二期工程安全生产、文明施工管理细则》认真扎实地落实到每一个环节，使工程的整体施工组织状况有了很大的提高。在整顿二期工程施工人员内业管理特别是一线工人队伍的管理中，制订了《唐津高速公路二期工程一线工人文明公约》并下发执行，把一线工人管理纳入项目管理之中，通过签定《一线工人文明施工协议书》和《文明公约》，增强了一线工人的文明施工意识。把在一线工人队伍管理上的"五个结合"（即：一线工人管理与项目制订的各项管理制度相结合，与工地开展的贯标认证工作相结合，与项目开展的劳动竞赛相结合，与局内职工的思想教育、技术培训相结合，与关心职工生活相结合）、"四个统一"（一线工人着装统一、被褥叠放统一、衣物存放统一、生活用品摆放统一）、"四个整洁"（驻地院内整洁、宿舍整洁、食堂整洁、施工操作面整洁）、"两个一样"（政治待遇一样、生活待遇一样），这些好的经验和模式在二期工程中推广应用，彻底改变了一线工人脏、乱、懒、散的精神面貌，带动了二期工程文明施工整体工作的有效开展。

实践证明，共青团联建活动促进了施工现场整体工作的开展，规范了现场的各项工作，形成了一种"重质量、保安全、促文明"的良好施工氛围；联建活动的开展也充分调动了团员青年的积极性,给了广大青年自由发挥的空间,为了集体的荣誉,青年对待工作更加主动、热情,从思想品德、业务技能、岗位贡献、集体的荣誉等方面对自己更加严格要求。共青团联建活动通过3年的运作实施,取得了一定的成效,促进了企业文化的发展和巩固,树立了良好的企业形象,获得了很好的社会效益和经济效益;工程质量稳步提高,在局质监站的多次检查中工程检验合格率均在80%以上;一大批青年人才从中脱颖而出迅速成长。

1999年建设单位项目经理部又被团市委命名为天津市"十大标杆青年突击队";2000年底唐津高速公路二期工程顺利交工,工程被评为优质工程,2001年工程被评为天津市优质工程,津塘公路互通立交被评为国家鲁班奖,同时唐津高速公路二期青年建设单位项目经理部被团中央命名为国家"青年文明号"。

四、天津公路系统文化建设的思考与实践

(一)对路文化的思考

20世纪90年代初,天津市公路管理局结合创建GBM工程建设,提出了"路文化"的理念。天津公路系统按照交通部颁发的GBM工程建设标准,深入开展了GBM工程建设,在原来文明路的基础上,将国道102、103、104线,外环线、津围公路、津港公路等路线(段)近500km建成了标准化、美化公路,使公路的养护与管理在标准化、美化方面形成了规范,把原来对公路畅、洁、绿、美的要求,升华到了一个更高的标准。

平整的路面,平顺的边坡,洁白顺直的标线,直立醒目的轮廓标、指示标、安全标,整齐成列的路树、绿带,再加上景点的点缀,就是一幅美丽的画面。在这样的公路上行驶,实际是一种美的享受、一种美的欣赏。由公路GBM工程的建筑美,引申到对美景的欣赏和享受,实际上已经使公路的一般工程建设,达到了一种新的文化建设层次,即"路文化"的范畴。

从"路文化"的理念来看,公路GBM工程不是单纯的规模建设而是一种公路环境建设;不是单一的公路标准和设施的完善,而是一种管理的完善和服务的完善,并且还包括人的养护观念的完善和职业道德的完善;不是单一的物质文化建设,还应该是一种精神文明建设,是一种包括提高养护队伍素质在内的人才工程建设等。

路是以服务为宗旨的,建设和发展每一条公路,都体现了为工农业生产服务、为人民群众服务的方针。在这种服务的背后,可以发现蕴藏着更为深刻的内涵,即服务意识。这是一种潜在的思想观念,是一种思维意识的自我表现,反映着路的面貌和人的文化品格,从更深的层次上反映了路和文化的联系。

路文化,从广义上理解,是展示路文明的一种文化指向。主要是指文明特征,包括路的设施标准,养路人的道德,以及与此相联系的科技进步等。总之,可以理解为物质文明与精神文明的客观物质载体。

路文化,主要是指通过公路完整的、标准的设施和畅洁绿美的路环境直接表现出来的。公路是否畅通,标志是否齐全有效,路树是否缺株,路肩有无狼窝、蒿草等,均可称其为有关路的物质文化。

路文化,主要是指公路养护人员、管理人员的文明服务规范、职业道德规范和良好的职业技能,以及运用科学技术养路、运用法律法规治路所呈现出的人的行为规范等它所形成和体现的是一种公路的行业精神。"以路为业,以班为家,养路为民,治路为本"的职业行为准则,也可称其为是与路相关的行为文化。

路文化,主要是指人的思想意识。养路工的主人翁意识;筑路工的质量意识;管理人员的权益意识;以及在整个行业中奋力达标,争创一流,为路争光,为行业增辉的群体意识等。这些都是人的思想深层次中所呈现出来的道德素养。

路文化和其他文化一样,属于综合性概念,从内容的外在反映上,可分为若干层次。

路的设计,是通过点、线、角的优化组合和勾画组合来展现人对路的构思,是将设想与现实、科学与技术编织在一起,体现一种设计美。

路的建筑将建筑学与美学编织在一起,通过沙、石、油、土、灰的优化组合,构筑出人对路的寄托,体现的是一种内在质量与外在质量相统一的美,是一种凝固的艺术。

路的养护是将养路工的主人翁意识、服务精神和辛勤的劳动编织在一起,是人的精神、智慧、劳动相统一的结晶,是守业和创业的统一,体现的是一种物化的美。

路的环境是公路各种设施在文化内容上的反映。健全路上的各种导向标志,为驾驶人和行人起到无声的服务作用;各种警示性标志,使人有一种安全感;各种宣传性标志,使人增加公路知识,扩大公路的社会地位和社会影响。在一些宣传牌、指示牌上,写上一些祝愿性的话,如"驶入天津,欢迎光临""驶出天津,祝您平安"等,能够给人亲切和温馨的感受,体现的是一种文明的氛围和路的环境美。

养路人的行业道德与文化素养,实际是一种伦理意识。公路不仅是服务,也是向社会传播文明、传播美的文化窗口。同时,也是检阅一个地区、一个行业的精神文明及文化水准的窗口。通过公路这个窗口所展示的公路行业形象,可以体现一种人的心灵美和行业的道德美。

创建路文化,一是可以通过实施公路 GBM 工程去改变和改善公路环境,提高公路设施的服务水平。扩大公路的社会影响,发挥路文化的传播作用;二是可以通过路文化的深层次建设,去升华人的思想,培植行业精神,提高人的服务意识、服务技能好管理水平,向社会展现公路行业的行为美,发挥路文化武装人造就人的作用;三是可以促使公路行业坚持两个文明一起抓,避免一手软一手硬的倾向,使物质文明与精神文明齐头并进,互为成果;四是路文化的提出和运用为思想政治工作者增添了一种思想政治工作的物质载体,为做好思想政治工作拓展了一种新的渠道和招法。

(二)天津公路系统文化建设的实践

天津公路系统文化建设的发展分为4个阶段,即公路文化的形成期、发展期、整合期和推进期。

1. 天津公路文化的形成期

新中国成立至20世纪70年代,是天津公路文化的萌芽期,天津公路人从"铁锹、洋镐、破棉袄"的生产力水平和生活水准上起步,坚持"以路为业、以班为家"的信念、修路"为民造福"的价值观和敬业服务精神,成为这一时期公路人艰苦创业的精神支撑。党的十一届三中全会以来至20世纪80年代末,天津公路文化逐步扎根成型,公路系统的职工生活水准、生产手段和工作环境有了很大的改善,建起了"三园化""五小设施"的道班和活动工房,修路建路用上了自动化机械和检测设备,路面沥青混凝土铺装基本普及并进入等级标准规范统一建设阶段。在全系统主动参与天津市城建系统开展窗口建设竞赛活动的背景下,各单位以"养好公路、保障畅通"为价值观,形成新的凝聚力,半自觉的文化建设在干部职工思想上开始扎根。

2. 天津公路文化的发展期

自20世纪90年代到进入21世纪是天津公路文化发展的重要时期,公路系统认真贯彻落实中央关于加强社会主义精神文明建设的要求,结合实际,抓住公路养管,加大科技含量投入,开展GBM工程和文明样板路建设、高速公路建设,落实系统内四大创新发展举措,以成立公路分局、组建三个路政支队进驻高速公路为契机,提出"路文化"建设思路,以交通部开展的"三学一创""三学四建一创""学、树、创"和五项社会承诺为内容的"窗口"建设活动为载体,推动全系统形成了公路养管建收各项工作以争创一流为目标,大干快上全面上水平的热潮。这期间,天津公路系统把四年一届的职工文化艺术节、两年一届的职工运动会固化为制,还组织力量制作电视连续剧《恋路人》在中央和天津市电视台播放,编排的《我们在大地描绘宏图》行业歌曲在队伍中唱响,先后编辑《天津公路》《大地琴弦》《津卫通衢》等反映不同阶段公路建养成果的画册向系统内外发放,出版内部报刊、文集,加强内外宣传报道,创造了内外互促的动力,不仅使职工的精神文化生活丰富、活跃起来,而且致力精神转化,促进了天津公路养管建收工作水平在全国同行业位居先进行列。这个时期的公路文化建设主要取得了以下6个方面的成果:

(1)形成了开拓奉献的行业精神文化

自"八五"期提出"爱公路、做主人、开拓创一流、奉献为人民"的行业精神以来,经过十多年来的培育和弘扬,不断丰富内涵、发展外延,不仅在广大职工头脑中扎根,而且在实践中得到新的升华和发展,形成了 10 种行业精神,即:敬业爱路、务实守信的人文精神;崇尚知识、完善自我的学习精神;遵纪守法、规范有序的法治精神;团结协作、帮难济困的互助精神;学树先进、敢试敢闯的创新精神;唯旗誓夺、勇争一流的进取精神;攻坚克难、敢打必胜的拼搏精神;服从大局、勇挑重担的奉献精神;当好先行、为民服务的负责精神;依法行政、廉洁奉公的自律精神。

（2）形成了科学发展的公路物质文化

"以路为业""人车为本""建设、养管都是发展",观念形态的变化促进了生产方式和公路设施的改进提升。一是推动了由小道班到管理站专业化、机械化、办公自动化工作环境和条件的变化;二是促进了由粗放型管理到规范化、法制化、科技型管理方式的转变;三是加快了由普通公路的综合规范整治到实现按规划布局建设成高速公路、国市干线和乡村公路村村通油路相配套的公路大网络以及由"畅洁绿美"向"畅安舒美优"的服务环境发展的新变化等,树立起了行业良好的社会形象。

（3）形成了目标管理的先进制度文化

在文明行业创建活动不断深入的过程中,以各类迎检为契机,以实施科学管理为目标,强化了制度建设。一是相继建立完善了以市场准入和科学管理为导向的各类管理制度;二是推动了全员聘用制和按劳按绩分配制度的改革;三是制订和完善了各类文明行业创建标准和职业道德规范;四是吸纳了先进管理经验,把学习型组织、ISO 9000 质量认证引入企事业管理,形成制度,提高了现代化管理水平。

（4）形成了积极奋进的系列群众文化

通过办报刊、出画册、编论文集、创办荣誉室、制作专题片、编撰建局大事记、以 MTV 的形式唱响行业歌曲、建兴趣协会等形式,以及设计载体组织"保争创"和技能比武、志愿者服务等活动,建立"合建月"、运动会、文化节等制度,大力学习、树立、宣传各类典型等,形成了各层次、宽领域、成系列的群众文化,积极营造了"四个尊重"、催人奋进全面发展的氛围,广大职工共同创造并展示出了各具特色的机关管理文化、企业文化、班组文化、养护文化、路政文化、征稽文化、工程项目文化、安康文化、廉政文化、群众问题文化、各类专项活动载体的设计文化和以目标、典型、品牌成效为标志的形象文化等。

（5）公路文化建设取得的荣誉成果

天津市公路局 2001 年被交通部评为全国交通系统文明行业,保持了天津市文明行业称号。2003 年获得市职工道德建设十佳单位,市级抗击非典先进党委。2004 年被评为市级文明行业标兵、市实施职工素质工程先进单位;全系统有三分之二的单位获得市级文明单位、文明机关称号,涌现出 1 个全国民族工作模范集体,5 个全国青年文明号,2 个全国交通系统文明道班,17 个市级青年文明号和 6 名全国先进个人,16 名市级劳动模范。

2005年天津市公路局被评为全国文明单位。

（6）形成的文化创建经验

一是坚持用物质文化指导科学发展。自觉服务于全市经济发展大局，围绕公路系统面临的形势和任务，坚持改革促发展，弘扬行业精神，健全制度，激发内在活力，形成以全寿命周期成本管理、"两高两化"为核心的工作理念，高效能地争创一流业绩，为公路事业健康发展提供不竭精神动力；二是坚持用精神文化追求一流成果。与时俱进地把每年总体工作奋斗目标与政治工作的"保争创"目标结合，不断学习先进，通过典型激励，发挥示范带动作用，总结推广经验，不断积累起物质和精神财富；三是坚持用群众文化创造和谐环境。以人为本，开展一系列的"聚人气、抓人心、促人和"活动，形成具有一定特色的行业文化基础，并不断开发职工中蕴藏的精神资源，激活职工的创业和创新热情。

3. 天津公路文化的整合期

从2006年开始，天津公路系统在认真学习贯彻党的十七大关于兴起社会主义文化建设大发展、大繁荣新高潮的重要论述，积极落实交通部加强交通行业文化建设的工作部署，主动参与交通部《公路文化建设》课题组的工作，并以科学发展观为指导，以交通部开展的申报文化建设示范单位为契机，通过学理论、举办文化建设研讨论坛，上下结合，参照企业文化结构理论，对历史形成的公路文化精神、制度、物质成果进行了认真的总结和系统整合，传承创新，提升设计，形成了"十一五"时期《天津公路文化建设实施纲要》《文化建设手册》(初稿)和《文化年实施方案》等三项具体成果。在新疆公路文化建设专题座谈会之后，对天津公路系统已初步形成的公路文化成果，广泛征求专家学者、各级领导和基层群众意见，同时学习借鉴天津港等全国先进单位经验的基础上，形成了比较科学规范的公路文化，构建了如下符合时代特色，具有统筹、引领作用的文化体系，由精神、制度、行为、物质、文化五大系统组成。

（1）精神文化是建设体系的灵魂

根据李盛霖部长在全国交通工作会议上提出的交通运输产业转型和做好"三个服务"的要求，结合服务于天津滨海新区开发开放的国家发展战略布局和天津公路"十一五"发展规划，以及我们干事业、带队伍的职责，经过反复修改完善，提炼出以"四通八达"为核心的精神文化系统。"四通"是以"修现代服务路，搭职工成才桥"为核心的公路使命，以"领先于行业、造福于群众"为目标的公路发展愿景，以"尽心服务公众出行，尽责服务经济社会，尽力服务职工"为核心的公路价值观，以"创滨海新路，求人和途畅"为追求的公路精神，其中包涵"以新为策"的管理文化、"以和为贵"的团队文化、"以畅为本"的服务文化。为落实四大核心理念，又提炼了发展、管理、服务、环保、创建、团队、作风、人才8个应用理念，从而形成了以四大核心价值理念为主体，以八个应用理念为支撑，蕴含公路事业"四通八达"的"通达文化"。

(2)制度文化是目标运行的保证

完善了以高效能管理为中心,以精细化养护为目的三大载体的各项管理制度,形成了制度文化系统。

(3)行为文化是外化于形的关键

制订了以体现"忠、诚、信、仁"为特征的公路职工职业道德规范和不同岗位人员具体行为标准、领导素质修养标准、各类集体的文明工作标准等行为文化系统。行为文化是干部职工自觉遵守、自我约束、外化于形的关键。

(4)物质文化是体系建设的基础

制订了以路桥设施为载体,根据路桥地理位置的历史、民俗、社会、经济特殊意义,建设各具不同文化内涵的人文景观线,以体现不同历史时代的文明物质文化系统建设目标。物质文化既是体系建设的基础,又是建设成果的外在形式。

(5)文化建设助推公路文化发展

按照先进文化重在建设的思路,构建了由组织领导、标识阵地、班组文化活动及各类成果展示为重点的文化建设系统。

4.天津公路文化的推进期

为了使新构建的文化建设体系在公路事业发展中发挥凝聚、引领等作用,使之成为公路系统各单位可持续发展的软实力,天津公路系统开展了一系列推进公路文化建设的活动,取得了实实在在的成效。

(1)强化组织运行,推进文化建设向纵深发展

一是"应用理念"求突破。天津公路系统始终把文化作为提高公路建管养水平、服务天津城市发展的主要动力,把单位的目标愿景与贯彻市委、市政府和上级党委"做优做强专业管理局"的工作要求结合起来,多次开展了"学先进、找差距"等解放思想大讨论活动。通过认真学习分析,系统各单位领导班子不断丰富和发展使命愿景的内涵,以迎接全国公路大检查为契机,先后制订了实现公路管养工作打翻身仗,再创全国同行业先进水平的阶段目标和建设"品质高、服务优、生态型"的现代化公路等长期愿景,从主观上破除解放思想不够,"小富即安""小进即满"的思想观念束缚,提高制度管理效能,形成强劲文化"底蕴"的思路,自觉把构建核心价值体系,作为武装干部职工头脑的重要抓手,向精力集中、行为统一上凝聚。先后制订了三年建设发展规划,文化建设年的实施意见,从而激发了全体干部职工忠于职守、无私奉献的工作热情。

二是"固化于制"进班子。为了对公路文化建设实施系统化、规范化管理,天津公路系统遵循企业文化建设规律,结合天津公路实际,先后建立健全了文化建设的目标、理念、标准、形象识别和组织领导"五大系统"。制订了公路文化建设"四大战略",即在生产、工作实践中导入升华行业精神,成为职工主导意识的铸魂引领战略;提高职工文化品位和素

质,建设过硬队伍的育人为本战略;建立健全以人为本、符合现代科学管理理念的制度创新推动战略;创天津公路特色服务品牌,拓展天津公路行业诚信服务形象的塑造传播战略。系统各单位班子在推进文化建设进程中主要抓了三项制度的落实:①系统学习制度。在构建和推进文化体系中,通过组织认知性的学习研讨和实践性的创新考核,不仅使大家深刻认识到新形势下加强文化软实力建设的重要性、紧迫性,增强党政主要领导"一把手文化"的责任意识,而且强化了党政领导在推进文化体系建设中的主导地位。②宣传贯彻制度。组织班子党政领导在各种宣传载体上进行宣贯赠言,既向职工宣传自己崇尚的文化理念,又在实际行动中表明推进文化建设的坚定决心。③分工落实制度。将文化建设的五个系统分解到班子每个成员,建立了在推进文化体系建设中各自应尽的组织、推动、实践责任和相关落实制度,从而使班子成员把推进公路文化体系建设,促进本单位事业科学发展视为共同担负的使命。

三是"各负其责"入管理。为了保证"四大战略"的贯彻,天津公路系统先后建立健全了"三大机制",即党政工团齐抓共管各负其责、领导干部和党员带头参与、软硬件建设投入的组织保障机制;分类指导、选树推广典型的载体支持机制;以考核评估体系和与主业工作同部署、同检查、同考核、同奖惩的激励机制。针对如何在文化体系建设中体现管理的责任,通过"三个跟进"来实现:①内容跟进。要求各级机关各部门在制订年度计划时要落实物质文化系统的要求;建立管理规范时要落实制度文化系统的要求;健全岗位标准时要落实行为文化系统的要求;确定效能、效益目标时要落实精神文化系统的要求。②责任跟进。将文化建设任务纳入党委全年工作目标、各级领导干部的年度责任目标、党的先进性建设长效机制管理目标。③考核跟进。提出把推进文化体系建设同考察、培养、使用干部相结合,通过目标责任分解,层层签订年度工作目标责任书,以奖优罚劣,强化各司其职的责任机制落实。

(2)强化宣传教育,增强队伍凝聚力

天津公路系统大力实施文化理念和价值观的宣贯工程,利用多种载体营造浓厚的舆论氛围,把价值理念内化为广大干部职工的自觉意志,形成了较强的宣传声势。一方面,在编辑出版《文化手册》基础上,尝试创办了《天津公路文化》杂志,并与《天津公路》报进行了整合,使文化建设阵地形成了强势。另一方面开设"大讲堂",把全系统整体上的进步、成绩,特别是与全国同行业在可比指标上相比存在的差距、找出的问题告诉大家,让大家共同查找认识深层次原因;把构建的核心价值体系从"为什么"上解释给大家,让大家统一认识,在增强体系理念"底蕴"和使命感、责任感的基础上,转化为行动。

一是组织"论坛"研讨,解决公路文化为什么的问题。在构建公路文化体系的过程中,针对绝大多数同志对公路文化一知半解、似懂非懂的实际情况,及时组织领导骨干开展了以什么是公路文化、它与思想政治工作和精神文明建设的关系以及如何推进文化建设为题,采取走出去、请进来的方式,多次开展"论坛"研讨活动,逐步使大家明确了公路文化是由精神、制度、行为、物质、建设5个方面构成的系统工程,它绝不等同一般意义上的思想政治工作和精神文明建设,而是体现时代特征,顺应发展需要的现代化的组织管理方式,扭转了一些人对文化建设的错误观念,如"文化就是文体活动""工程是实的,文化是虚的""文化建设是企业的事,政工人员抓的事,与己无关"等,坚定了"文化是软实力""文化是实现单位科学发展的支撑力"的正确认识。

二是举办"讲堂"宣贯,以解决公路文化是什么的问题。为了把文化体系内容及要求逐步渗透到干部职工的头脑之中,以内请领导和职工、外聘专家学者为主要教员,把天津公路文化体系内容确定为推进文化体系建设的重大意义、精神文化系统的内涵、廉政文化要求、行为文化典范透析、文明礼仪知识、制度文化与高效能管理、路桥文化述评、安全文化要求、班组文化建设标准、行政执法体系建设共10讲,运用"大讲堂"的形式,每讲组织两级管理层近200名领导骨干参加,陆续进行了宣讲,然后又围绕"争行业一流业绩、创国内领先水平"的愿景,组织两级领导班子、机关处长、团员骨干进行了专题培训。为了使宣讲内容深入浅出,生动易懂,采取了领导和专家讲座、典型事迹报告和丰富多彩的文艺展示等形式,力求增强宣讲的吸引力、震撼力,达到听得懂、记得住、能遵守的目的。

三是选树"标杆"示范,以解决怎样做文化人的问题。在宣讲行为文化系统内容时,为了避免干巴巴地解释规范条文,采取了选树身边典型、树立行为文化标杆的方法,引导干部职工透过先进人物的事迹,理解行为文化倡导的行为规范,树立正确的荣辱观,明确加强品行修养的努力方向。通过举办荣获天津市总工会"六大职工先进操作法"和天津市劳动模范殊荣的青年机械手赵希望先进事迹报告会,为广大职工树立起爱岗敬业、刻苦钻研提高技能、争当"多面手"、勇创一流业绩的榜样。每年还通过评比选树、巡回演讲、专题片展播等形式,宣传了一批能够体现核心价值观的各类典型事迹,为干部职工树立了"讲党性、重品行、做表率"的典范,增强了各级领导干部见贤思齐、干事创业的自觉性。

(3)推进制度创新,规范职工行为

在不断加强核心价值观宣贯的同时,天津公路系统更加注重靠制度约束言行、规范行为、实施高效能管理。对应着核心价值体系的不断丰富和完善,逐年对原有的各类制度进行完善,并对能够体现核心价值观的关键制度进行创新。

一是把文化理念融入到具体的规章制度中,建立科学、规范的内部管理体系。为了使全系统深化改革、强化职能、高效管理取得新进展,在修订文化手册的同时,下大力量开展了建立健全公路行政管理规章制度建设,进一步修改完善了《天津公路管理办法》等一批制度办法,对原有的行业规章、养护标准、养管制度、技术规范、保障预案、监督考核体系等进行了梳理和完善。围绕全国公路大检查工作,编辑了《迎国检创新路活动管理规范化指南》。要求系统所有单位,按照现代服务业的要求,建立健全职责明确、办事高效、运转协调、行为规范的公路现代公共服务管理体系,健全公路管理法律法规和标准规范体系;维护安全畅通、功能完备,保障有力的公路基础设施网络;逐步建立和完善适应经济社会发展需求的精细化养护管理体系。

二是在重视科学标准和制度规范的同时,强调管理中的"软要素",推进文化管理。为了把文化理念融入到具体的规章制度中,变成职工的行为习惯,全系统坚持把硬性的制度加以软化,让强制和外在约束变成自觉和自主管理,变防范、惩戒为充分信赖和不断激励。2006年按照交通部全国精神文明建设工作会议精神,修订了文明行业创建的相关考核办法,2007年开始先后在全系统开展了"创五优、夺金牌""五比、五创、一实现"优胜杯竞赛活动,采取了紧密结合公路建设管理养护阶段任务,紧密结合"内强素质、外树形象"服务品牌创建活动的方式,分别对系统各单位的养护管理进行全面考核,并对金牌单位给予20万元奖励,激发了全系统的工作热情。

三是深化特色制度研究与实践。2007年开始,对公路施工、管理、改革发展、党群工作及其他各项工作中积累形成的切实有效并发挥重要作用的制度规定、管理模式和经验做法,进行了深入研究和总结提炼。一方面总结了体现文化价值理念本质内涵的建设养护管理模式,提出了以设施服务水平和规范化管理为核心的创新路活动思路,另一方面,着力抓好职工道德规范的落实,把文化融入到生产经营管理之中,真正把价值理念变成职工的行为规范。同时,围绕安全生产开展了"安康杯"竞赛活动,建立了教育培训、基础管理、安全检查、奖惩激励、物质保障5项制度,近年来组织3200余人次参加了相关培训,建立了班长日志制度,开展了4次"操作规程观摩展示"活动,提升了职工安全生产意识。全系统还加强了廉政文化建设,开展了廉政文化"五进"活动,形成了以"上廉课、写廉信、签廉状、树廉人、敲廉钟"为核心的相关制度。

(4)深入实践,把公路文化落实到基层

一是通过开展试点单位文化建设,逐步形成行业内特色品牌。共选择了6个具有不同特点的基层单位开展试点工作,公路处党委制订了《公路处文化建设试点单位实施方案》,明确了具体创建目标和主要任务,各试点单位充分利用《公路文化手册》和处组织开展的公路文化大讲堂活动有关教材,集中组织职工开展公路文化理念学习活动,运用简报、橱窗、网页等方式开展宣传,采取多种形式组织领导骨干、团员青年以"怎样建设公路文化"为主题开展征文、知识竞赛等活动,加深了广大职工对文化理念的认知程度,并修订完善了自身的精神文化系统,形成了自己的精神、愿景目标、核心价值观,建立了与单位发展相适应的制度,提高管理和服务水平。在创建活动中,还不断丰富文化阵地建设的形式和内容,充分利用现有文化资源,开展了"五个一"文化阵地建设,即制作一本文化手册或画册,建立一部规章制度汇编,完善一个文化成果荣誉展室,建成一个班组文化标杆,编辑一部文化建设成果的专题片。

二是创建"四新"之家,解决公路文化落地生根的问题。在推进文化体系建设中,既尊重职工在生产实践中创造文化、共享文化的主体地位,又不断满足职工日益增长的物质文化需求的新期待。结合文化繁荣发展的新要求,重新设计了班组文化要建设"优美舒适之家、文化健康之家、学习创新之家、温暖和谐之家"的新标准,并组织开展了"五个一"的群众性班组文化创建活动。即学习《文化手册》一本书,选树身边一个先进典型,确立集体和个人一个发展远景,开展"你一招我一计,合起来就是生产力"的献智活动,班组、个人争当"工人先锋号"与"金牌技工"等,努力形成公路文化建设职工积极参与自觉实践的浓厚氛围。自2007年,对全系统179个班组进行了广泛调研,把班组建设标准细化为"四化三好",设施标准细化为"六小十二有",并明确了利用5年时间把班组全部建设成为"优美舒适之家、文化健康之家、学习创新之家、温暖和谐之家"。

(5)坚持外化于行,提升软实力,打造公路品牌

开展文化建设的最终目的,不仅要提高公路人的素质,还要转化为实际的行动,以创出全市一流、全国领先的精神和物质成果,检验文化建设形成的文化力和发展力,推进天津公路又好又快的发展。

一是坚持以核心价值理念提升各级领导干部干好一流工程的思想境界。多年来,天津公路系统举办了二十多次专题创新论坛,进行调研成果发布和工作经验交流,每年出版论文集,先后有十余篇论文在全国、市级刊物和会议上获奖和发表,通过动员大会、现场推动会,引导各级领导干部、项目负责人从承担的"筑滨海现代服务路、搭职工成才立业桥"的行业使命出发,保持工作激情和科学育人的统一,坚持高起点规划、高标准设计、高效能组织,做到抓住机遇、迎难而上,干就干出具有现代水准的优质廉政工程。

二是坚持用工作愿景激励党政工团组织开展的各类"创先争优"竞赛和技术攻关"创号"活动。在"领先于行业、造福于群众"的奋斗目标指引下,用竞赛活动调动各基层"领导干部盯现场,党员奉献在本岗、青知锻炼在一线"的积极性,发挥处机关干部深入基层"抓督导、抓典型、抓帮扶"服务的主动性。在以创建学习型组织为载体的职工素质工程、人才工程建设中,依据事业发展需要,加大培训力度,加大导师带徒、上岗锻炼和提拔使用的力度,不仅以大学本科学历青年知识分子和高级技工比例加大为标志,改变了队伍智力、技能素质结构,而且拥有了与事业发展基本适用的三支人才队伍。在基层先后建成了九个人才基地,选拔了130名各类人才,树立了15名人才标兵。3名同志分别被树立为全国、部级、市级青年岗位能手。

三是坚持把"拼搏奉献创新业、人和路畅争一流"精神作为各项工程施工中打好攻坚战的强大动力。通过运用各种宣传方式和鼓舞斗志的手段,把全体参建队伍的热情凝聚起来,把工作行为规范到各尽其责、各展其能、学先超先、争创一流业绩上。在组织全系统"远学许振超、陈刚毅、陈德华,近学身边典型"的过程中,不仅评树出一批先进单位、集体

和项目,而且还涌现了在全市有影响的以公路卫士、革命烈士王建国;筑路尖兵任春利等为代表的先进个人典型。

四是坚持用制度文化的激励功能,表彰先进,鞭策后进,弘扬正气,扩大文化力,促进公路事业科学发展。全系统在加强公路设施的精细化养护管理,努力实现全市路网良性循环的同时,又承担了为迎奥运进京车辆提供绕行路线的118km拓宽工程和奥运迎宾路线等多项路桥建设和绿化任务。在工期紧、任务重、困难多、工作标准高的情况下,从发挥文化力的引领、渗透、辐射作用,确保高质量地完成好工程任务出发,通过推进文化体系建设的探索实践,在"外化于形"上取得了初步成果。在精神文化层面,广大干部职工自觉践行核心理念,在迎奥项目、民心工程、抗震救灾实践中形成了新时期的"三爱"精神,即"企盼奥运、人人参与"的爱国精神;"昼夜施工、攻坚克难"的爱民精神;"一方有难、八方支援"的爱心精神。在物质文化层面,广大干部职工用好机遇,奋力拼搏,建设完成了一批高速公路和普通干线公路新改(扩)建任务,以绿化、美化的规模景观提升了天津公路的"窗口"形象。

五、"中华第一路"——京津塘高速公路上的工作优势

天津市市政工程局承担了京津塘高速公路的建设任务后,既面临着国际先进技术和管理的考验,又面临中央和天津市委对市政干部职工的政治考验。在双重考验面前,全局干部职工在局党委的正确领导下,充分发挥全局的综合优势,把百余公里施工现场作为学习国际先进技术和管理经验的课堂,作为发扬爱国主义、集体主义精神,讲大局、讲拼搏、讲奉献的战场,作为培养各方面人才的熔炉,谱写了一曲发挥政治优势和讲究科学态度相结合,具有时代精神的颂歌。

(一)充分发挥领导干部的作用,造就一支过得硬的干部队伍

京津塘高速公路的建设过程说明,抓好重点工程建设,领导干部应当做到三个必须:第一,必须把决心下死。

京津塘高速公路于1987年底开工,在一百多公里的地段内全面展开施工。1989年9月,交通部决定,北京至杨村72km要具备试通车条件,为亚运会提供服务。天津市政工程局担负的30.4km的施工任务要提前完成。为此在施工组织上曾做出调整,并于1989年底完成上土方任务。1990年3月开工进入底层灰土施工阶段后,天有不测风云,在两个月的时间里下了13场雨,工期进度拖了一个半月。4月底交通部领导到通车段检查工作,北京、河北段由于前期工作顺利,已经开始炒油,而天津段的不少地段还是一片泥泞,部领导见到如此情形,提出确保单幅,力争全幅的要求。5月5日,李瑞环同志到天津视察工作,提出了对天津段工作的意见。他要求,高速公路8月底必须完工。

5月6日,天津市政工程局党委召开紧急会议,查找了不足,明确了责任,下死了决心。提出必须竭尽全力打好这场政治仗,打好这场声誉仗,会议果断作出7项决定:一是提高认识,统一思想,下死决心,苦战4个月,拼死拼活也要按期按质完成任务;二是集中全局力量保高速,做到要人给人,要材料给材料,要设备给设备,宁可自己受损失,也要为高速作贡献;三是加强组织领导,参建单位的党政一把手都要盯工地,坐镇一线指挥;四是停后方,保前方,不开新工程,一切为通车段让路;五是筹措一千万元资金,砸锅卖铁,倾家荡产也要确保通车段工程;六是确保工程质量,不合格的坚决推倒重来;七是立下军令状,干好的立功,干不好的降职使用,干坏的就地免职。局党委下死决心,很快凝聚了全局干部职工的兴奋点,形成了全局一致保重点的工作气势。

第二,必须死盯现场。

1987年底京津塘高速公路工程开工以后,天津市市政工程局党委在组织指挥上实现了"三个转变",做到"五在现场":一是由过去的现场办公转变为驻场办公;二是由过去的一位局长抓高速公路转变为集体领导,除两名局长在家主持工作外,有6名局领导干部盯在高速公路;三是由过去派驻蹲点小组转变为成立工程指挥部,做到了领导干部在现场,技术干部在现场,管理干部在现场,行政干部在现场,政工干部在现场。在3000多名参建职工中,有各级干部734名,其中局级6名,县团级44名,区科级126名。在30多公里的施工战线上,哪里有人员施工,哪里就有干部盯在那里,每个关键环节,每个重点部位都有领导干部盯在那里。领导干部坐镇一线,指挥全局,四级干部盯在现场,盯在部位,同参建职工一起奋战,不仅密切了干群关系,密切了上下级关系,而且有力地推动了施工生产。实践证明,快节奏、高效率是靠领导作风带出来的。领导干部身体力行,率先垂范是无声的命令,是政治优势最集中的体现。

第三,必须拼死干工作。

领导干部到一线既要抓住关键工序,抓住关键环节,组织好生产组织调度,又要为职工树立起榜样,带出不畏艰难、能打硬仗的队伍。在日夜奋战高速公路的日子里,不少领导干部带兵坚守在工作岗位。局党委书记、局长王天麟腰肌疼痛,直不起腰来,他坚持在一线治疗,在一线指挥。副局长任家琪有病住院动手术,病刚好转就赶赴高速公路施工一线。市政五公司经理董连荣糖尿病4个加号,市政一公司党委书记孔宪斌患高血压,他们都坚持吃住在工地,坚持在一线与基层干部职工一起摸爬滚打。

高速公路工程由于合同价低,职工的奖金与前几年相比有较大幅度下降。在这种情况下,领导干部带头取消奖金系数,盯在一线的干部不拿一线奖金,每天工作14小时以上不计加班费。局党委还作出决定,领导干部往前站,荣誉往后退,市里评选立功个人,县团正职一个不上,县团副职评上先进的,只拿荣誉证书,不享受物质奖励,把荣誉让给基层的干部和职工。领导干部带头讲拼搏、讲奉献,一级做给一级看,一级带着一级干,有力地推动了工程建设的顺利进行。

（二）充分发挥政工干部的作用，造就一支勇于开创局面的政工队伍

在组织京津塘高速公路建设中，天津市市政工程局党委实行党委书记到一线，思想工作到现场，党的建设在工地，人才工程到岗位，在工程建设中充分发挥政工干部的作用，发挥政治工作的威力，使广大干部职工保持了高昂的斗志，施工现场出现了一往无前的工作气势。

1. 建立催人奋进的舆论环境，最广泛地组织和动员职工

一是坚持开工先开课，实现责任的凝聚，带出能打政治仗的队伍。每个工程开工之前，市政工程局党委即通过召开动员大会、誓师大会等形式，让干部职工明确工程的意义和肩负的责任，形成统一的意志和自觉的行动，教育干部职工不要把建一座桥、建一条路仅仅当做一项工程，而是把它当做为民造福的实事来办。同时，把各级领导视察高速公路工程的讲话，直接传达到班组，大讲承担高速公路施工的政治责任，提高职工为国争光意识；大讲市政局的传统，提高职工的社会责任意识；大讲市政局的形象来之不易，提高创纪录、上水平、拿第一的雄心壮志。

二是坚持把目标喊响，把口号喊响，实现目标的凝聚。在组织京津塘高速公路施工中，市政工程局党委提出了"全党动员，讲党性、讲团结、讲拼搏、讲奉献；同心协力，上管理、上质量、上效益、上水平"的口号，这不仅成为参战职工的行为准则，而且使与天津市政一公司合作的日本工程师大为感慨。他问我们的翻译："讲团结、讲拼搏的意思我明白，讲奉献、讲党性是什么意思？"我们的翻译回答他，讲奉献就是有钱干，没钱照样干；讲党性就是个人服从组织，下级服从上级。日本工程师听了翻译的解释，连声称赞这个做法好。高速公路施工中，奖金比前些年相比有了较大幅度的下降，但全体参建干部职工为了维护行业形象，为了为国争光，始终保持了高昂的士气，同时也形成了拼搏奋进、无私奉献的市政公路精神。

通过思想引导、营造氛围，整个高速公路工地从领导干部到参战职工，人人明确工程意义，人人明确工期目标，人人明确质量标准，为国争光，为天津争气，为企业争信誉成为参战干部职工的共同信念。全局宣传部门与本市新闻媒体密切配合，从不同角度连续报道，施工现场浓厚的宣传气氛起到了很好的激励作用，增强了参战职工的责任感、光荣感。干部职工在这种舆论环境下工作，受到鼓舞，受到鞭策，整个工地自始至终保持高昂的气势，不但凝聚了人心，统一了全局的思想和行动，形成一切为大局、一切服从大局的场面，而且使整个工程带上仙气，赢得方方面面的支援，有力地促进了工程建设。

2. 建立奋勇争先的施工环境，坚定地相信和依靠职工

在1990年京津塘高速公路北京至杨村段施工中，天津市市政工程局面临着要在100

多天的时间里,完成160万 m² 一二步灰土任务;完成7.5万 m² 的水泥级配碎石任务;完成36万 t 的炒油任务;完成12项附属工程,这在市政局筑路史上史无前例。为了能如期完成任务,各级领导直接到施工班组进行动员,讲责任、讲目标、讲要求,工地上一下子组建起26个保质创速的尖刀班,要求这些尖刀班每天至少超额完成任务20%,工程质量必须一次验收合格。这些尖刀班建立以后,工程一天一个目标,一天一个进度,使底基层灰土提前10天完成任务,基层水泥级配碎石提前15天完成任务,为工程如期完工奠定了坚实基础。进入炒油阶段后,开始每天日产一、二千吨,达不到日炒油五千吨的要求。参战单位在工地广泛开展"三保一产"劳动竞赛,使炒油日产量不断提高,最高达七千多吨。面层摊铺通过竞赛,操作人员的责任心不断增强,炒油平整度一层比一层好,表面层炒油创市政修路历史最高水平。

3. 建立奋发向上的工作环境,最有效地引导和带领职工

在高速公路工程紧张的施工阶段,党员队伍中涌现出许多感人事迹,他们远离市区施工,战酷暑,斗严寒,舍小家,为国家,一心奋战在高速公路工地。市政工程局党委抓住党员队伍中的典型事例,提出在党员中开展战高速、树形象,为党增辉活动,要求每个共产党员在不同的岗位,不同的角度,确立党员的形象部位,树立党员八种形象:一是要敢于冒尖创高产,带头超额完成任务,树立起拼搏大干的形象;二是要主动加班加点,不斤斤计较,不与群众争利,树立起自觉做奉献、讲奉献的形象;三是要关心群众的疾苦,带头为群众排忧解难,树立起公仆形象;四是要多替兄弟单位着想,带头抢困难、让方便,树立起团结协作的形象;五是要服从整体和大局的利益,带头讲党性,树立起先锋战士的形象;六是要勇于改正不好的施工习惯,带头执行操作规程和技术规范,树立起一丝不苟、严细认真的形象;七是要认真负责,带头执行合同条款,树立起质量信得过的形象;八是要克服大手大脚的毛病,带头增产节约,树立起艰苦奋斗的形象。参战单位党组织还抓住时机在职工中开展抓典型、树先进,百人百事站出来活动,树立起不同岗位、不同层次的先进人物,并通过各种宣传途径把职工中的先进事迹传播出去。另外,还及时发展积极分子入党,不断扩大入党积极分子队伍,做到干一个工程涌现一批先进模范,培养造就出一批先锋战士。

4. 建立健康文明的生活环境,最直接地关心和爱护职工

工程建设中,注重为职工排忧解难,实现感情的凝聚。在宣传、组织、动员职工的过程中,市政工程局各级党组织十分注重关心职工生活,努力为职工排忧解难,把讲道理与解决实际问题结合起来,尤其是每到施工的紧张时刻,各施工单位都组织服务小分队,到一线职工的家中帮助解决实际问题。在高速公路施工中,针对职工远离市区、集中食宿的特点,广泛开展创建文明村活动,各单位按照不同的特点建立了艰苦创业的"南泥湾村",处处为职工着想的"连心村",施工便农不扰农的"文明村",既融洽了干群之间、同志之间、

第七章
高速公路文化建设

工农之间的感情,又陶冶了职工的道德情操。既推动了工程建设,又收到了丰厚的精神文明之果。

(三)充分发挥思想教育的作用,造就一支素质高的职工队伍

1.把握工程特点,在全员培训上下功夫

京津塘高速公路工程与市内工程相比有许多不同特点:一是从施工规范看,市内工程一般按局颁或部颁标准进行,而高速公路必须按国标通用的菲迪克条款进行施工;二是从监控手段看,市内工程主要靠自检系统对工程质量进行检查,而高速公路执行的是国际监理制度,由世行招标监理人员,从施工现场的旁站监理到工程总监理工程师,共有四层监理人员;三是从资金支付手段看,市内工程大都实行投资包干,并可以向设计、向材料要节约,而高速公路不能随意改变设计,否则世行不予支付;四是从管理手段看,市内工程多为经验型,而高速公路施工过程中的每个程序都要有实验、有数据,必须履行严格而又复杂的报表程序。

由于市政工程局的队伍长期担负指令性工程,凭着过去的施工经验干高速,1988年上的土方到冬季许多处推到重来,世行也曾一度停止支付工程款。为此,每到冬季参战单位即组织全员培训,大讲参加高速公路建设的重要性,大讲执行合同规范的重要性,通过不间断的教育,提高全员接受工程监理的自觉性,提高施工单位加强管理的自觉性,提高执行操作规范的自觉性。

2.把握职工队伍的特点,在转变观念上下功夫

市政工程局的队伍经过中环线、外环线及市内大工程的摔打,比较适应指令性工程,能够拉得上来,冲得上去,能够打硬仗。但在高速公路施工中却暴露出许多不适应。这里既有队伍素质、组织管理上的不适应,也有思想观念的不适应。市政工程局党委认为,建设一支素质高的施工队伍,必须转变传统的习惯意识,突出抓好"三个转变":一是转变粗放经营的观念,提高依靠科技进步求发展的意识;二是转变传统的生产管理观念,提高科学管理求发展的意识;三是转变因循守旧的观念,提高靠深化改革求发展的意识。通过不断地转变观念,改正不良的施工和管理习惯,市政工程局的施工队伍基本适应了菲迪克条款这套管理办法,施工、技术、质量等项管理水平不断提高,对外开发能力不断增强。

3.确立发展目标,在人才培养上下功夫

京津塘高速公路中标以后,市政工程局党委就明确提出,一定要通过高速公路工程建设,锻炼出一支适应国际施工规范的队伍。按照职工队伍素质的特点,在狠抓全员培训的基础上,重点抓了对大学生的培养和锻炼,把近些年相继毕业的500多名大学生放到施工一线去锻炼,给他们设台子、搭梯子、压担子,对在实践中做出显著成绩的提拔使用。全局

先后召开了三届科技大会,还召开了首届青年知识分子会议,破格提拔重奖了各方面人才60多人,破格晋升了20名工程师,一批大学生在重点工程上岗锻炼。通过几年的培养锻炼,不仅为高速公路建设培养出一批适应国际施工规范的监理人员,培养出一批能够操作现代化施工机械的人员,培养出一批掌握新的施工工艺和新技术的人员,培养出一批适应菲迪克条款的管理人员,而且为全局的长远发展积蓄了力量,培养出一支高层次、跨世纪的干部队伍。

六、天津公路系统创建学习型班组的实践

2003年初,天津市市政工程局工会在全局开展了大范围的学习型组织理论学习宣传和分析班组(项目)结构的工作。在全局范围内,先后确定了40多个基层组织做为试点,提出了细节考量的工作要求和标准,经过一年多的实际操作和反复研讨,在深入思考和解剖典型的基础上,破解了一些创建工作中的难题。比如:什么是学习氛围?怎样选择恰当的学习架构?如何组织团队学习?以组织学习促进学习组织建设的关键环节在哪里等等,通过实践,摸索了一些创建经验,总结了一些工作规律。同时也可喜地看到试点班组(项目)在创建过程中,由学习力提高而取得的管理和技术等方面的岗位创新成果。

为进一步推动创建工作,市政工程局工会本着知识共享和经验共享的目的,选择了先期试点单位部分较成熟的50个典型招法辑录成册,力求从理论与实践两个方面,为基层下一步的创建活动提供一本符合行业实际情况的工具书和操作范例,以期达到互相借鉴、互相学习、互相启发、互相引导,共同提高创建工作的目的。本书从50个典型案例中选出涉及高速公路系统的16个典型案例。

1. 学习规划

学习规划是个人愿景中与工作目标和职业生涯理想紧密相连的最基本的内容。是职工内心渴望达到成功层次的前期能力准备工作的阶段设计。引导职工制订符合岗位需求和个人愿望、基础素质的切实可行的学习规划,是创建学习型班组的基础性工作。

马卫东,先后担任天津高速集团所属112线高速公路项目经理,任塘承二期项目、京秦高速公路项目经理。他从事高速公路建设12年,参与过津晋、滨保等多条高速公路项目的建设,凭着从施工一线组织施工管理的工作经验,再经过投资建设项目前期的征地拆迁、工程计划组织、全面质量管控、建设资金把握等多个方面的历练,成为了一名优秀的高速公路项目建设的管理者。

马卫东从参加工作伊始,就精心制订自己的学习规划,不断拓展自己的政治理论知识和专业知识,不断提高自身的综合素质。他对待学习孜孜不倦,不断钻研,经过20多年的历练,他从一名普通的施工技术人员成长为一名年度完成20亿元建设投资的项目负责人。他不仅自己在加强学习、刻苦钻研方面做表率,还引导项目团队,以崇尚职业道德作

为建设好项目的思想引领,经常组织项目管理人员学习中华传统文化,并从中汲取做人做事的道理,把党性原则与人性品德紧紧融入到项目建设的责任意识之中。在防范行业廉政风险上,他以身作则带头执行廉政制度,坚持工作原则做到决策民主,并从完善项目管理工作责任上减少和降低权利集中管控漏洞。在为人处事上他讲情讲理更不失原则,在管理大项目行使大量资金管控权上,他顶住了金钱和物质的诱惑,在人性和原则的天平上稳稳站在了中间。在他的带领下,项目团队风气正、干劲足、内外部关系和谐,因此他也多次荣获单位的廉政、勤政先进个人称号。

马卫东从项目副经理的岗位走上经理的位置,也正是当年滨保高速公路建设收尾、工程进入结算阶段,这条高速公路是天津公路项目线路最长、总投资最大、单项投资偏低且工期最长的施工建设项目,在接任当年,项目经理部又同时接到两条新项目工程的进场开工任务。对于项目管理者而言,项目进场开工和项目的最后结算是在项目管理中难度较大的阶段。面对滨保项目的工程收尾和50多家施工单位,几百项工程变更资料完善,上几亿元的项目结算谈判以及两条新开工的高速公路项目的前期征地拆迁,地方上土协调等情况,在已知困难未解决,还要与集团公司签订年内实现建设投资21亿元的经济责任指标。作为项目建设的第一责任人,他义无反顾地担起了这副重担,带领项目团队把经理部扎在蓟县距工地最近的地方,带头吃住在项目上。在项目上,他没有星期天没有节假日,白天跑工地检查解决问题,去政府村镇协调,晚上组织开会研究工作、审批文件,在他的带动下,工程建设突破了一道又一道难关。仅2013年就完成了塘承二期300多万方的路基上土任务,全线结构物全部实现了主体完工。京秦项目全面开工基础工程基本完成,滨保高速公路的收尾工程及结算工作也取得了圆满成果。他带领的项目团队代表天津市公路行业接受了交通部质量安全专项工作综合督察,受到了高度评价。在一年两次的市政质量监督检查中都名列前茅,这是公路行业的标准检查,更是对这个项目管理团队工作过程的检查,同时也是对这位项目团队带头人的认可和高度评价。

2. 拓展学习

建立开放型的学习模式,突破固有的岗位技能学习内容,拓展学习范围,引入新的信息,借鉴其他门类理论改造我们的工作方法,丰富职工知识技能,提高工作水平,是学习型组织学习模式的一大特点。

公路建设发展公司津蓟高速公路分公司是承担津蓟高速公路管理经营收费任务的国有企业。他们在创建工作中,注意建立开放型的学习模式,拓展学习内容,将营销理念引入工作,收到了明显效果。

收费公司作为一个工作性质相对稳定的企业,以前都是采取坐等收费的方法。员工进入收费公司,就有了一份相对稳定的工作,也很少关心收费额的涨落,认为那是领导的事情。近年由于城市周边基础道路建设提速,同一方向的多条公路相继开通,使他们的经营发展遇到困难,收费额难以增长。为了打开工作局面,在激烈的竞争中求得生存和发展,使员工树立竞争意识,掌握竞争手段,津蓟高速公路分公司结合"创争"工作,拓展学习内容,首创了在公路收费行业引入营销学理论,提出人人学做营销员的口号,决心靠良好的路况和优质的服务,拉拢潜在客户,拓展收费市场,增强企业竞争力。

为保证营销工作的顺利启动,津蓟高速公路分公司积极为员工配备营销方面的书籍,建立团队学习模式,以互相启发、互相引导、互相补充、共同提高的方法,使员工掌握营销理念。并开展了多种场景的模拟训练,训练员工在车户停留的几十秒钟之内,推销企业、推销路况、推销服务,强化员工的推销意识,锻炼员工的推销能力。并请礼仪老师进行"良好的仪表与产品营销的关系"等讲座,拓展员工学习思路。公司在工作进行过程中积极与有关部门协调配合,以黄金周为契机,尝试创立并启动高速公路经营新模式。成立了"营销拓展专题小组",在前期调研和分析的基础上,他们抓住宣传与服务两个点位,加大对津蓟高速公路各项功能、服务特色的宣传,分公司为鼓励全体员工进行营销服务,于"五一"黄金周前夕,印制了20000份宣传材料,宣传内容包括津蓟高速公路情况简介、景观特色、现已实行的优惠办法、预付储值卡介绍、津蓟高速公路路线图、各收费站座落位置、蓟县主要景区座落位置及距离、津蓟高速公路周边主要公路连接图、行车安全提示、紧急电话使用方法等,并公布分公司办公地点及联系电话。由于宣传工作到位,大幅度提高了广大车户对津蓟高速公路的知晓程度。随着宣传品的分发,不断有车户打来电话询问预付卡办理事宜。截至目前,已售出预付卡39张,收入达30多万元(含充值),使分公司成功地迈出了高速公路营销工作的第一步。为更多的吸引车户,分公司开始了走出去,访问车户征求建议、推销服务和宣传企业的工作。拓展学习法在津蓟高速公司的应用,取得了良好的经济效益和社会效益。

3. 即时总结

即时总结是与工作过程同步进行的,在工作的中后期寻找差距、质询差距和超越差距,把理性思考直接导入具体工作、总结规律,最终达到提高工作水平和加快职工进步速度的团队学习方法,也是完整地完成工作,产生团体共享的新知识、新智慧,以及富有创意的新决策、新战略,使学习力迅速转化为创新力和生产力的工作学习化模式。

天津市公路局第二路政支队为派驻高速公路路政管理机构,行使维护路产路权的政府职能,在"创建学习型班组、争做知识型职工"的活动过程中,该支队积极运用学习型组织理论中总结学习的原理,针对以往路政管理工作中存在的"重结果轻程序""重落实轻规范""重事后查处轻前置预防"等案件查处不理想的问题,紧紧抓住以提高队员案件处理和分析能力的中心环节,建立了"即时总结"提高的学习模式,有利地推动了综合执法水平的提升。

即时总结提高法的主要内容为:当每一路政中队处理一起路政案件后,由大队召集其他路政中队人员开展交流活动。首先由处理案件的中队介绍案件的现场堪查、测量、询问笔录及案卷制作等具体处理工作操作情况,再由其他中队对案件处理中好的做法、经验及存在的问题进行质询和研讨,特别是对处理中存在的问题进行总结反思,提出更科学准确的处理办法,并形成标准化的文字处理规程,并在以后的工作中进行改进。2002年5月2日,京沪高速公路发生翻车事故,造成沥青混凝土路面$2m^2$损坏。路政员刘兰贵、鲁建学等妥善处理事故现场后,对事故路损现场进行了现场勘察,并制作了路政案卷,要求当事人3日内到京沪路政大队交纳赔偿费。事后,京沪大队组织各中队对此单方交通事故的处理程序进行了学习和交流。在学习交流中,二中队队长张立斌提出:为了快速准确的结案并保存完整的资料,现场勘察应该详细说明情况,并对现场拍照取证以便索赔,如因特殊情况没有拍摄现场照片,一定要绘制现场图作为证据来说明情况。三中队中队长刘为民提出:调查笔录过于简单,应按规范填写,准确填写笔录的固定内容部分,详实记录调查过程中双方的问答情况。通过学习交流,使队员们进一步掌握了天津市公路路政管理行政处罚(处理)案卷流程、公路赔(补)偿案件流程等执法程序,特别是对发现的问题有了更深刻的认识,明确了执法的要点。

通过采用此种方法,在该大队逐步形成了边工作边总结、边总结边学习、边学习边工作,互相取长补短的良好氛围,达到了中队与中队之间资源共享、共同提升执法服务水平的目的。与此同时,进一步规范了案件处理程序,使各中队在案件的处理上做到了有章可循,收到了明显的效果。

4. 反思学习

反思学习是通过反思过去时的学习和工作过程,以存在的问题和失误引导学习、推动学习,吸取经验接受教训,改进工作和学习方法,形成吃一堑长一智、干一项工作进一步的良性循环的学习工作模式。它是班组最常用、也是最直接的提高学习和工作水平的基本学习方法。

津晋高速公路收费公司是中外合作企业,承担着津晋高速公路的经营收费任务,在创建学习型企业的过程中,将学习与工作紧密结合,把学习型组织的反思理论运用到收费工作中,取得了很好的效果。

收费公司在收费过程中时常会遇到拒绝交费和一些需要应急处理的事情,问题虽然不大,但是处理不好就会影响公司的窗口形象和车户的利益。在创建工作中,他们结合这一情况,运用"反思学习法",组织职工对近一年来的工作过程进行了细致梳理和问题反思,首先确定了拒绝交费的矛盾焦点在于代征"道路建设通行费"。然后组织召开专题会进行讨论研究,大家结合一段时间来的具体工作经历,查找归纳出拒交的原因:一是车户对高速公路加收"道路建设通行费"的不理解,认为与政策不符;二是对"道路建设通行费"收取形式不了解,认为是一车双费;三是对"道路建设通行费"一票多用不清楚,乱丢票据造成反复交费而引发纠纷;四是收费员在问题处理时态度不冷静,解释不到位而引发纠纷。针对上述情况,大家各抒己见并就自己在纠纷处理过程中的好方法进行了交流,对教训进行了反思。经过讨论形成了今后处理拒交问题的规范方案:一是重视政策宣传,在收费亭明显位置张贴"代收道路建设通行费"通告,各站备档审批文件便于解释时使用;二是强化微笑服务,问题发生时解释工作要做到耐心细致、不急不燥,问题处理要有理、有力、有节,以文明服务来赢得车户的理解与合作;三是收费过程要做到快速准确、唱收唱付,并及时向车户通告票据的使用办法,维护车户利益;四是情况处理可以采取冷热结合的方法,但要把握好尺度,完成工作是最终目的,不能激化矛盾;五是增加处理问题的灵活性和敏感性,特殊情况及时上报,将不良影响化解在萌芽状态。通过这种学习形式,班组员工在拒交问题处理能力上得到了明显提高,纠纷问题发生的频率大为减少,收费工作得到了广大车户的认可,回头车明显增加。

津晋高速收费公司还时常借鉴兄弟单位的经验教训,进行集体反思。今年7月,发生在其他高速公路的救护车延误通行事件,给津晋高速公司敲了警钟,针对此次事件他们召开了"如遇类似事件,我们该如何处理"的主题研讨会,反思事件中收费站问题处理的不足之处,提出如何才能提高员工处理突发事件的能力,如何更好的协调事后工作。通过研讨他们制订了偶遇突发事件的应急预案:凡遇接送病人的救护车、执行紧急任务的军警车、消防车;遇携带有毒、有害、爆炸危险品的车辆,发生泄露、引燃等特殊情况,威胁人员生命安全和站区财产的突发事件,均可由当班人员依情况进行紧急处理,事后再向相关领导汇报,从而有效地避免了类似事件再次发生。

津晋高速公路收费公司通过问题反思增长知识,积累经验,既避免了工作上的失误,又锻炼了员工队伍,已经形成了边学习边工作,边工作边思考的工作方式。

5.优势互补

优势互补就是将组织内的优势资源重新加以整合,以抵消和弥补资源本身的缺陷和不足,以提高组织整体实力和成员个体能力的学习方法,也是培养成员互相依存、协同工作的伙伴关系和团队意识的创建工作理想措施。

京津高速公路项目经理部承担着京津高速公路的建设任务,他们在"创争"活动中,自觉地运用优势互补学习法,开发制作了京津高速公路东段工程三维动画效果图和工程进度形象网络管理系统,取得了良好的应用效果。

开发管理系统之初,京津高速公路项目部针对研发人员计算机知识丰富但不懂工程管理,而有多年工程实践经验的人又不懂计算机的困难,采取了自力更生、互相学习,取长补短,整合知识的工作办法,吸收两部分人员成立了课题攻关小组,请工程管理经验丰富的同志给研发人员讲解工程建设特点、建设单位管理理念、软件开发的要求;工程管理人员通过研发人员的讲解,学习软件知识,逐步了解研发特点,提出更附合程序要求的系统管理设想和工作目标。研发人员则通过反复研究施工图纸,积极请教,加深对高速公路工程建设管理的理解和把握。通过提高研发人员对工程的理解,丰富其知识面和知识结构,使双方的知识能够融会贯通。工程人员在关键工作设想上进行把关,引导研发人员的设计思路,为研发人员提供心理和技术的支持,使其成为计算机和工程管理上的多面手,并将自动化、计算机专业和土建专业有机融合起来,分析并设计出符合工程点位众多、工序穿插繁杂的网络结构。通过集合双方优势,他们自主研发的"高速公路综合管理网络系统",应用 Flash 技术,针对工程项目进度数据形象化的需要,替代目前基于采集数据手工绘图的方式,提高了工程进度远程形象化把握的质量,取得很好的实际应用效果。

通过一段时间的检验,已经显示出了该网络系统数据汇总精确到位,使用便捷且生动形象,并节约大量人力、物力的优势,弥补了传统的上线巡查了解工程进度做法的不足之处,使整体工程管理水平提高了一个层次。

6. 协作攻关

协作攻关的过程同时也是成员之间互动、协作学习和整合组织内知识、技术和能力,加快职工进步速度的过程。是团队学习的主要形式之一。抓住技术创新这个龙头,带动组织内学习架构的建立,使职工品尝到创新成果的成就感,激发进一步的学习兴趣,是推动"创争"工作的必选招法。

津富公司是中港合作高速公路企业。在投资建设的津保高速公路上承担车辆运行的经营收费工作。

往年各收费公司都会不定期的对该路段的车流量情况做一些摸底,掌握外省市地区往来本路段车辆的情况,以便制订下一阶段工作安排。而做这项工作的重担一般情况下都落在收费员的身上,这不仅增加了收费员的劳动强度,而且由于是人工记录自然很容易出现由于责任心不强等人为因素导致的错记、漏记现象,数据汇总准确率低。而在人工汇总大量数据过程中也可能出现错误。鉴于以上情况,为了能使数据客观有效,减少员工的工作强度,公司监控中心成立了"课题攻关小组",决心利用所学的知识开发一套系统软件以辅助车籍调查,减少收费员及相关工作人员的劳动强度。

监控中心的成员所掌握的知识面和侧重点各不相同,不可能独立完成此项工作,于是大家从协作学习开始,从多方面寻找知识源,组织"难点攻坚会战",即每天提出一个难点问题,由几个人分工协作,分别负责不同部位,共同攻关。如:有人负责资料查询、有人负责思路引导、有人负责具体编程、有人负责检查错误,最后集思广益,完成这项工作。如在设计过程中,遇到数据输入是在收费之前还是在收费之后、出现无牌照车辆将如何处理等软件编排问题,攻坚小组成员充分发挥协作优势,一部分人员负责分析解决此类问题需要的应用软件类型和相关知识,另一部分人则负责寻找、查阅相关内容的资料;一部分人编辑应用软件,另一部分人则对已编好软件进行实用检测,形成前方发现问题,后方有人协助解决问题的局面,大大加快了开发进度,一套车籍统计系统设计方案经过数次修改与可行性论证后,经过十余天的合力攻关,完成了系统的开发与调试工作。

如今该系统已正常运行了两个多月,并运用其进行了多次数据汇总工作。实际情况表明,该系统比人工记录、统计不仅节约时间还简化了操作流程。由于是计算机自动统计,更能避免由于人工统计而造成的误差,使数据更加精确,结论更加客观。

7. 渐进提升

职工素质的提高,不是一朝一夕可以完成的工作。根据每个人的具体情况,把弱点分解量化,制订出阶段性的学习提高的目标,采取逐项击破弱点的方式提高自己,既可以把工作与学习真正的融合起来,使职工享受到由进步成果所带来的学习和工作的乐趣,又可以唤起他们进一步学习和提高的积极性。

天津市公路局第三路政支队津保高速公路大队结合执法单位的工作性质和特点,将职工自身的弱点作为开展"创争"活动的切入点,采用"渐进提升法",促进创建活动取得了明显效果。

在活动开展过程中,他们首先结合大队工作现状,重点对职工队伍素质情况以及由此给工作带来的影响进行了客观的分析,通过研究查找出队员自身素质存在的三点不足:一是部分队员由于自身文化水平偏低,因此在工作中"自我设限"的心理模式影响较重,处理路政案件时习惯于依赖能力较强者,总是以"我不行"为借口,造成工作水平提高较慢;二是一些队员疏于学习,因此对执法程序及相适用的法律法规理解不到位,存在路巡记录不规范、个别案件处理存在偏差的问题;三是个别年轻队员性格比较浮躁,造成了工作中文明执法服务的意识较差,票据填写不规范,错票率相对较高的问题,影响了队伍的整体形象。针对以上问题,大队帮助每名队员客观分析自身的长处与不足,将查找出的自身弱点分类排队,要求采取各个击破的战略战术,逐一转变为强项,并将这些弱项转变为强项的具体目标写入职工的个人愿景,促使他们渐进提升。与此同时,为帮助部分职工克服"自我设限"心理,树立"我能行,我还有潜力"的自信理念,均为他们确定了帮带对象,在路巡和路政案件处理中让他们担任主角,在帮带者的指导下完成任务,使他们在实际工作中逐步提高。另外,结合路巡记录填写、案件处理程序等工作内容,开展了每周一题的专项培训和业务考核,并将结果记入职工的素质档案。

"渐进提升法"的实施,帮助职工普遍树立起了"我能做得更好"的心理,一些队员由原来不具备制作路政路损案卷能力,到现在可以独立进行制作。特别是刘佩林同志,不但可以独立制作路政路损案卷,而且达到了规范、整洁的较高水平。其次,队员的责任意识有所提高,在大大降低错票率的同时,还解决了票据填写、路巡记录填写不规范的问题。路政员黎鹏曾有连续开错票的情况,在创建活动中他积极参加专项培训和帮带活动,苦练基本功,三季度不但没有错票,而且每张票据都达到了规范要求。经过考核,所有队员路巡案件处理的各个环节都达到了合格要求。三是队员的文明执法服务意识和职业道德水平明显增强,在执法中服务的行动更自觉。过往车户得到他们帮助后送来的表扬信、锦旗较之创建活动之前大幅增加。活动结果作用于实际工作中,三季度90余天的路巡记录全部达标,创大队历史最好水平。通过各个击破队员自身素质存在的问题,促进了大队整体工作水平的提高,在支队组织的对大队三季度工作考核中,由二季度的9个扣分点,降至2个扣分点,排名由原来的倒数第二,跃升为第二名,得到考核小组的一致好评。

8. 双向检测

将效能监察机制引入导师带徒工作,采用教与学双向检测的方法,不仅考核"学"是否有所成,而且检测"教"是否到位。是把细节量化的考核方法导入检测学与教的过程和结果尝试,为传统的导师带徒活动注入了新的机制。

天津市公路局国腾咨询监理公司是一个集工程前期建设方案,道路桥梁设计,工程施工监理,课题研究开发为一体,以提供智力服务为特征的综合经济技术型企业。在学习型组织创建过程中,他们将效能监察机制引入该公司开展多年的"导师带徒"活动中,采取教学双向检测法,在提高活动的实效性,促进活动不断深化上取得了一定成果。

根据公司"有经验的老专家多,新毕业的大学生多"的特点,本着充分发挥公司人才优势,使宝贵的知识型人才资源成为公司发展的直接动力的原则,在以往坚持不懈地深抓"导师带徒"活动的基础上,从2003年开始,又试探性地把效能监察机制引入导师带徒活动之中,采用教学双向检测法,建立起"人才培养"考核体系,对"师、徒"实施双向考核,对"教、学"进行定向检测,由此使置于管理中的人力资源,始终处于自我补偿、自我更新、自我丰富和持续开发的良性循环状态。他们在签订包保协议,赋予师徒双方责任与义务的同时,进一步在年初对已结成对子的"师徒"明确了专项教学内容和专项成果目标。年中和年底分别从师傅落实帮带责任情况、徒弟业务能力提高情况、徒弟岗位目标履行情况和师徒专项成果完成情况4个方面对"师徒"结对后的实际效果进行定量与定性考核和综合评定,并根据考核结果进行奖惩,据此通过引入效能监察机制使人才培养目标落在实处。并且他们将活动引入项目,在津蓟、丹拉高速公路监理驻地对徒弟实行定岗、定向培养,由公司党组织和驻地支部签约,将导师带徒活动列入效能监察的重点内容,将活动的实际成效作为对导师和徒弟工作绩效考核的重要条款。津蓟高速公路驻地党支部在结成了9组师徒对子后,以任总监助理等职务的形式将徒弟们推向重要岗位,并进一步明确了导师的帮带责任和徒弟的锻炼目标。通过结对子,鼓干劲,促学习,师徒均在各自的岗位上发挥了积极的作用,不仅推动了项目优质高效地完成,也顺利实现了项目人才培养的目标。公司土木工程部部长荣桂民、咨询部部长陈广永、经营开发部部长郭静辉、津蓟高速公路总监助理邳连好、津晋高速公路总监助理王庆君等大学生虽然仅仅毕业三、四年,但通过"导师带徒"活动,他们努力学习,不断进步,通过考核得到认可,走上重要岗位,发挥着独挡一面的作用。

9. 思路创新

思路创新是通过反思总结工作缺陷和接受新的信息,改变认识角度和思维方式,形成工作创新的灵感和思路的过程。它既是学习和思考的结果,也是学习力转化为创新力在工作中的体现。

京沪高速公路一期项目经理部承担国家重点工程京沪高速公路天津段的建设,在创建学习型项目工会工作中,抓住创新工作思路的关键环节,以创新工作为动力,以寻求全新的竞赛模式为目的,利用反思工作缺陷和存在问题的方法,创造了"双超一创"劳动竞赛机制。

以往的劳动竞赛仅仅以调动职工劳动积极性为主要目的,促进工程质量、效益、文明施工、安全生产等工作措施和要求难以明确、缺乏细节量化指标,难以组织细致考评而不能起到更大的激励作用,因而难以成为企业管理工作中不可或缺的关键环节。为跳出传统的劳动竞赛模式,克服其中的弊端,京沪一期项目经理部工会转变工作思路,大胆将项目管理、合同标准引入劳动竞赛机制,把主管工程、企业管理、项目开发、安全生产、文明施工和财务等相关部门纳入竞赛组织,通过对施工生产规律和企业管理的深入学习;对工程建设、资源开发、财务管理的系统研究,汇集各部门的工作思路和管理要求,把工程管理作为竞赛的工作载体,创新出一套具有超前理念、附合实际需求的建设单位项目劳动竞赛管理格局。一改以往劳动竞赛由工会组织唱独角戏,为竞赛而竞赛、持续性差、考核片面的弊端,促进了施工生产和企业管理上水平。

他们首先将劳动竞赛作为一项条款纳入到工程承发包合同中,形成了甲乙双方认可的合同条款,为劳动竞赛提取20亿元的工程计量款的1%作为奖励资金取得了合法渠道,而且通过竞赛的形式实现了将合同管理变为一种具体的、可操作性强的日常管理手段。将竞赛考核内容覆盖工程进度计划、建设质量、文明施工、安全生产、内业管理等多项内容,不仅将项目管理有效地结合成为一个整体,而且也使经理部的每一个部门都参与到竞赛活动中来,使"劳动竞赛"的传统形式发生了深刻变化。它渗透于项目管理的方方面面,有力地调动了建设单位、监理单位和工程承包商参与竞赛管理的积极性。

10. 竞聘激励

把人事制度改革中的岗位竞聘,与创建工作结合起来,为员工提供一个主流的、公平的展示自己综合素质和学习成绩的平台,使职工通过学习知识、增长才干,达到个人进步和发展成为可能。这个激励机制,是职工进一步学习提高的强大动力来源,也是我们"创争"工作的强力支撑。

津蓟高速收费分公司在创建工作中,以岗位竞聘为载体,改变以往员工任用上的委任式作法,使最基层的员工也能凭借自身能力和学习成果,通过公开竞争方式得到提升,极大地促进了职工的学习积极性。

2003年10月,他们陆续开展了分公司经理助理、部门经理助理、站长助理、监控中心管理员、仓库管理员和司机驾驶员的竞聘活动。员工报名十分踊跃,先后有100余人报名参加了15个岗位的竞聘活动。同时分公司制订了周密的竞聘方案,根据不同岗位的重要性,划分参聘岗位职工的基本学历、能力和素质等资格要求,从报名的资格审查,到参加笔试、面试,部分岗位的实际操作,从德、能、勤、绩4个方面综合考核员工的整体素质,择优录用。

竞聘活动极大地调动了员工学习热情,他们纷纷利用业余时间进行有针对性的技能培训,储备知识能量。这次竞聘成功的监控中心主任助理董斌同志的事迹就非常典型,他刚到分公司时,在宝坻北站从事管理员工作,他利用所学的会计专业知识和以前在收费站从事监控员时积累的一些监控方面的工作经验,工作非常出色,为更好地适应工作岗位,在工作之余,他还对计算机的知识进行了再学习,并取得了国家计算机二级证书,在2003年10月监控中心竞聘系统管理员时,他积极报名,并且竞聘成功;到监控中心以后,面对新的工作环境和新的业务知识,他深感压力重大,距离一名合格的系统管理员还有一定的差距,他敢于迎难而上,找出自己的薄弱环节,积极充电,主动学习业务知识和各种管理知识,在创建活动中,他积极带头学习,并在工作中灵活运用,解决了系统中不少的疑难问题,为监控中心工作的顺利开展打下了良好的基础,通过一段时间的学习,他在业务水平和管理能力方面有了一定的提高,在监控中心主任助理的竞聘中,一举夺魁,竞聘成功。

津蓟高速分公司通过竞聘这一载体,为员工提供了展示自我的平台,把员工积蓄的能量在管理实践中有效地释放出来,只有将创建工作与个人发展有机结合起来,员工才有学习的动力,员工的整体素质提高了,企业才能在日益激烈竞争的发展中立于不败之地。

11. 考评激励

建立科学、严格的工作考评办法,并将考评与收入、奖励、晋级结合起来,为职工自身的发展进步提供一个公平的、通过努力可以进入的通道,帮助职工树立一个明确的学习目的,引导职工为了提高工作水平而学习知识和技能,同时也促进了企业的工作和发展。

天津市最早中外合作经营高速公路的天永公司,在创建工作中,为了调动激发员工的工作热情和创造性,建立星级评定制度,提高了职工的学习积极性,促进了企业发展。

收费站工作就是向过往车车辆收取道路通行费,每位收费人员每天和大量现金、票证打交道,责任重大,但在日复一日重复工作中又容易产生麻痹大意情绪,使得长短款、错收费现象时有发生。为了改变这一状况,天永公司本着"科学严谨、合情合理、可操作性强"的考评思路,体现"多劳多得"和"奖优罚劣、奖功罚过、奖勤罚懒"的分配原则,在收费员中出台了星级评定制度,其内容是对收费员每月工作中的业务当量、收费差错率、文明窗口百分考核和出勤率、上岗率、收费时间、劳动时间等14个环节的量化指标,划分收费员业务星级,将星级评定与员工的奖金、职务升迁等挂钩;将星级评定分为从0级至5级共6个等级,每月根据定量考核的总分数来进行评定,每累加到一定的分数,就向上跃升一个星级,对评选出的四、五星级收费员,每月分别增加岗位津贴50元和100元,对连续两年以上达到四、五星级的收费员实施工资逐年叠加制。

星级评定制度的实施,调整了企业内部管理分配模式,激发了员工学习的自觉性,促进员工转变工作作风,利用业余时间练习收费技能,学习业务知识、收费技巧、文明服务等基本技能。一批优秀的收费员通过不断学习脱颖而出。收费员王静,在2003年初星级评定制度开始实施时,仅是一名一星级收费员,在公司"赶、帮、超"的良好氛围带动下,她不断改进自己,向优秀员工学习工作技巧,减少工作失误,提高工作质量和办事效率,不仅在收费额方面名列前矛,优质服务方面在广大车户中也有良好口碑。在2003年底就取得了四星级收费员荣誉,2004年上半年成为五星级收费员。王静的成长过程,充分体现了考评激励机制对员工努力学习、自我超越和自我重塑的促进作用。

12. 愿景导向

共同愿景是组织和个人工作学习的行动坐标,是个人愿景的汇集和升华。因而也对组织和个人的行为有着定位和定向的作用。如果共同愿景为组织成员普遍接受和理解,便意味着职工的行动与组织的目标相一致,就会创造出众人一心的感觉和努力实现组织目标的工作氛围。

原公路局第一路政支队是全国公路系统第一支对高速公路实行派驻式路政管理的执法队伍。在创建学习型组织活动中,他们着眼于长期发展,从有利于队员根本利益的角度出发,在队员中广泛开展征集愿景方案和深度汇谈,确定了"打造一流路政管理队伍、创建路政管理旗手单位"的共同愿景。

"打造一流路政管理队伍、创建路政管理旗手单位"的共同愿景,即:将注重个性发展、展示整体效能、锻造核心组织(领导班子)、创新管理流程、以素质提升延长队员职业生命周期作为创建的原则和目的,力求在共同愿景的指引下,不同层面、不同角度广泛深入地开展学习创建活动,使全体队员积极投身到共同愿景的实践之中,通过设计多种学习载体,开展路政执法以人为本的管理、路政人员以诚信为本的职业道德建设,不断提高路政队员的整体素质,提高派驻式路政管理和服务工作水平,维护好路产路权,积极创建派驻式路政管理旗手单位。

围绕共同愿景,支队制订了2004—2006年的创建规划,所属大队、科室,两级领导和队员分别从不同层面制订了共同愿景和学习计划。如京沈路政大队确立了"要在各项工作中走在前列,要做派驻式路政管理的排头兵,建成充满活力的学习型班组"的共同愿景;路政大队长周海川确立了个人"将带好京沈大队为自己的光荣使命,追求工作的完美与优秀;不断提高自身综合素质,实现自我价值"的个人愿景。支队团支部副书记王颖制订了"以带领团员青年立足本岗、创新创效为目标,以服务团员青年提高技能成长成才为己任,在团员青年永挑重担当先锋做模范中实现个人价值"的愿景。支队的共同愿景发挥了对班组、个人的引导激励作用。

13."四一"促学

遴选适合组织和职工实际情况和需要的学习培训方式,是创建工作的关键环节。将"学、练、比"等提高职工综合素质的学习培训方法组合成工作链,构建学中练,练中比,比中学的日常工作程序,是促进"创争"工作的优选方式。

天津市公路局第一路政支队京沈高速大队作为创建学习型班组的试点,在开展创建活动中,结合执法单位工作实际,把传统的技能培训、技术比武等工作形式与创建活动有机的结合起来,创建了"四一"促学法。即每周一学、每周一练、每周一比、每月一讲,收到了良好效果。

京沈路政大队创立的"四一"促学法的具体内容包括:

每周一学,就是建立了每周队员学习日,学习路政管理业务知识、时事政治、法律法规等,开展全员学习培训活动。

每周一练,就是以中队为单位,每周进行一次准军事化训练,锻炼队员养成良好的军姿风纪和意志品质,促进树立新型的路政执法队伍窗口形象。

每周一比,就是大队每周组织一次路政执法岗位技能比武活动,内容涉及路政管理法律法规掌握、管辖路段基本情况的掌握、路政案卷的规范书写制作以及车辆装备的维护保养等,训练队员过硬的岗位技能基本功。

每月一讲,就是通过队员学习小课堂,每月组织一次队员学习心得体会的交流活动,每个队员就月内工作的经验教训、学习的成果收获发表5分钟演讲,既检验学习效果和态度,又锻炼了队员口才,达到学习互动,成果共享。

通过实行"四一"促学法,提高了创建活动的经常性和有效性,队员之间呈现出比学赶超的创建局面,学习制度能够坚持和落实,队员精神面貌得到振奋,团队精神得到加强,队员们在工作中开展自发的竞赛和交流,大家的学识能力和岗位技能水平得到了较大的提高。中队长刘进志在"四一"活动中刻苦钻研业务,在路政案件的处理、现场笔录等法律文书的制作和队容队貌的管理等方面做得十分规范,成为大家学习的榜样和小教员;京沈大队队员牛玉宝同志年龄偏大,文化水平偏低,在"四一"活动中,主动加压,与年轻人竞赛。每天路巡归队马上拿起法律书籍,刻苦钻研,遇到难点疑点,记在本上反复琢磨,心得写了两大本。针对自己书写能力差,不敢开票、怕开票的问题,他自费买来钢笔字帖练字,每天规定书写1个小时。现在通过自身的努力,开具票据票面工整、字体漂亮,基本没有错票、废票。此外他还在路巡中主动实践公路养护知识,了解掌握路面松动、下沉原因,学习绿化种植及病害防治等知识，这些积累为他准确及时了解路况信息、变事后管理为事前预防打下了基础。由于他主动学习、提高较快，在队员中产生积极的影响，连续几个月被大队评为学习明星。通过开展"四一"促学活动，大队整体工作水平有了明显提高，在今年上半年公路检查中，京沈大队在派驻式路政管理12个路政大队中取得了第一名的好成绩。

14. 以赛促学

利用竞赛奖励的形式，引导职工的学习方向，调动职工掌握知识和岗位技能的学习兴趣，是企业开展学习培训、岗位练兵，提高企业综合素质的引导措施和激励机制的重要组成部分。

天永公司是合资合作性质的高速公路管理收费公司。他们注重员工素质培养，通过开展多种形式的竞赛活动，形成了以赛代练的工作模式，经常性地、不间断地开展各种竞赛活动，并建立相应的奖罚机制，促进学习型班组创建和员工不断学习，提升整体素质的作用。

过去在员工学习业务知识的过程中，缺乏目标感召和动力来源，学习的效果不太理想。而通过建立以赛促学机制，以竞赛为手段，通过激发员工的竞争意识，形成比学赶帮的学习氛围，达到了促进学习的效果。在竞赛的准备过程中，员工通过了解竞赛目标，能够抓住阶段性学习的重点，同时通过自学和互相学习、技能训练，提高了业务水平。天永公司各工会小组充分利用宣传栏进行学习理念的宣传，让每位员工理解"学习型班组、知识型员工"的含义，面向班组开展技术岗位练兵、技能竞赛活动，营造创建氛围。

3月份开展的收费员收费知识百题竞赛，从不同角度全面考核收费员对收费政策、收费程序、收费方式的掌握程度。为了参加此次竞赛，员工们在工作之余挤时间学习相关政策、法规，练习业务技能。使天永公司员工的学习积极性得到了极大的提高，夯实了员工的业务基础。

5月份开展了提升服务质量，培养"知识型员工"的竞赛活动，举办了"天永公司英语竞赛"，在职工中激起学习英语的热潮。公司将日常英语词汇编成小册子，发给员工，员工则利用各种方法学习英语：有的利用磁带练习听说，有的将短语打成条，贴在岗亭、休息室等处。此次英语竞赛，激发员工学习新知识，拓展新领域的热情，得到了市政总公司和发展公司领导的充分肯定。

7月份发展公司举办了"职工技能比武系列活动"，天永公司许多员工都针对比武内容，聘请专业人士指点，在所参赛的四项比赛中，有三项取得了前三名的好成绩。天永公司依惯例对取得成绩的员工进行通报表扬，并发放奖金。这种坚持以比赛形式促进提高职工素质，强化服务质量的方法，取得了良好的效果。

15. 项目成才

项目成才制是施工企业的人才培养锻炼的基本法则。它以岗位技能要求为标准,以对培养对象保持一定的工作压力,从而激发学习动力的方法促进他们学习提高、增长才干和岗位成才。是施工企业最有效和最直接的人才培养机制。

公路工程总公司桥梁分公司主要承担桥梁施工建设任务。近年来毕业的大学生较多,为在项目上深化学习型班组创建工作,促进青年大学生早日成才,该公司运用学习型组织理论,以深化实施项目成才制为载体,推动企业管理进一步创新,使企业经营目标和核心竞争力获得新的提升。

项目成才制度的具体内容包括以下环节。

(1)项目组建时精挑细训。由公司党支部对公司职工素质档案库中的人才总体情况及"一人一档,定向培养"的方案进行综合分析,根据以往工作业绩和表现,按定向定岗培养目标重点将近年分配来的大本、大专学生安排到项目上,担任项目经理、项目书记、项目总工、工程部部长、办公室主任等重要岗位,为他们提供上岗锻炼的机会,以重要岗位压担子的方式促进他们项目成才。与此同时,邀请项目专家和有经验的同志对他们进行岗前的培训辅导,帮助他们了解项目进行中的每一个步骤和具体的经验做法。

(2)项目实施运作中检查帮教。由公司牵头组织专业人员对项目进行定期的检查和帮教,对项目难点、重点及管理中存在问题现场共同研究解决。与此同时,公司将项目技术创新课题向项目经理、总工压实,并由项目经理组织成立课题攻关组,着力培养他们的创新意识,努力实现工程创优增效。项目每月召开青年专业技术人员座谈会,围绕项目技术难点开展交流活动,请他们各抒己见,有目的地鼓励青年专业技术人员积极参与项目的管理与决策,提高项目的施工质量与水平,既焕发了青年专业技术人员的主人翁精神和责任感,又发现了有思路有专长的人才。如在津晋高速港塘互通立交工程施工中,项目主要负责人万会国、高金红等虽然为近年来刚刚毕业的大学生,但他们积极围绕项目争创国家优质工程的目标,大胆研究采用新材料、新工艺,既节约了资金,又为该项目最终实现国优目标做出了突出贡献。

(3)项目竣工后总结奖励。公司一边通过整理竣工资料,帮助每名成员认真总结自己在项目锻炼的收获和不足,特别是实岗锻炼中自己遇到的问题及解决办法,一边要求项目青年成员根据自己在项目中的实践及承担的研究课题撰写专业论文,组织交流、帮助发表,并给予一定的物质奖励,现已有30多人次的论文发表在《中国公路》等专业刊物上。

(4)项目成才制实施几年来,该公司已有12人通过实岗锻炼成长为项目负责人,有5人已经走上领导岗位,不仅满足了同期开工几个项目的要求,而且还向上级机关输送了4人。如王永成同志大学毕业参加工作后,已从技术员、项目总工、项目经理,成长为桥梁分公司经理,先后参与并主持了京沪高速公路工程、津歧公路改造工程、北水南调工程、103

国道改建工程和津晋高速五合同新建工程等23座桥梁的施工组织管理工作,通过重点工程和施工一线的培养和锻炼,他不断自我完善,脱颖而出,个人先后多次获得市政局先进个人,优秀青年知识分子等荣誉。王永成同志走上领导岗位后,敢于创新,大胆管理,2003年桥梁分公司产值再创新高。该公司每年都能够在项目上推出几项创新成果,如异型小箱梁制作工艺、混凝土防腐技术、水中大跨径现浇箱梁等项目,分别获得市技术创新优秀成果和市政局技改成果奖。该公司承建的津晋高速公路港塘互通式立交工程通过技术创新、精心施工,获得了国家优质工程银质奖。

16. 创立左右手同步快速收费放行操作法

天津高速集团收费员李晶珠通过总结高速公路的收费经验,创立了左右手同步快速收费放行操作法,提高了收费效率。

第一步:左手欢迎,右手制卡。车辆驶入收费窗口前,左手使用手势服务,右手制作河北通行卡并预判车型;第二步:左手收卡,右手操作。车辆行驶到收费窗口时,左手收卡,右手同步按车型,收卡后双臂呈十字交叉的状态同步操作,左右手同时进行操作提高工作效率。第三步:双手补余,一气呵成。将钱款验收后,打票过程中找零,找零期间用补余的方法从最小面值开始凑整找零,直至将应找回的零钱加上应交通行费等于车户所给金额。第四步:撕票递零,微笑道别。打票完成后,左手递票找零,点头微笑并使用文明用语,顺势道别,目光在司乘人员方位稍作停留,目送车辆驶离后恢复标准坐姿。

天津高速公路集团收费员李晶珠

七、天津高速公路集团有限公司企业文化

(一)理念

1. 企业愿景:共创美好生活之路

体现在两个层面:一是我们共同的事业以有形的路为核心,需要集团全体员工齐心协力、努力把有形的路建设得更好;二是我们从事的事业,归根结底是为了社会经济的发展和人民生活水平的提高。通过路网的完善,使全社会能够享受美好生活是我们永远的

追求。

2. 企业使命：提供便捷、安全和舒适的交通服务，建设和谐美丽天津

替政府分忧，为人民修路，是高速公路集团肩负的社会责任，提供便捷、安全、舒适的交通服务是我们的奋斗目标。服务是高速公路集团价值实现好长远发展的关键抓手，而便捷、安全和舒适是社会对交通服务的根本要求。

3. 企业精神：创新不竭，发展永铸

求新，求快，敢于创新，善于创新，以开路先锋的勇气和胆识走在时代的前列，是每一个先进企业所必须拥有的基本素质，更是高速精神的完美注解。创新与发展从来都是相辅相成的，创新的目的在于发展，而发展又倒逼企业要源源不断地创新，这样才能实现健康持续发展。

4. 企业战略目标：以"服务促发展"为主题，以投融资支撑项目建设，努力打造运营平台，以平台为依托做强资产经营业务，深入挖掘路产价值，发挥集团化优势，努力成为具有较强竞争性、协同性和拓展性的交通基础设施运营和服务提供商

这一战略目标的实质，就是客户（或服务）导向型战略，即通过满足客户的需求，实现客户价值的回馈。高速公路集团客户可分为三大类：政府、企业和群体客户。实现这些客户的差异化价值主张则构成集团战略的基础。

（1）服务政府客户，通过高效率地完成建设及保畅任务，赢得政府客户的满意，为集团争取更多的新项目、好项目，保持集团持续发展。

（2）服务企业客户，通过复制高速公路投资、建设经验，通过BT、总承包或衍生模式，为非高速公路基础设施建设项目提供服务；通过提供运营管理新服务，提高集团整体盈利水平。

（3）服务群体客户，通过提升运营服务整体水平，提高客户满意度，增加客户服务性消费，实现资产经营规模扩大。

5. 企业核心价值观：明德、敬业、正典、乐群

明德：德才兼备，以德为先。礼貌谦让，人人平等。干净做事，清白做人。

敬业：注重细节，执行到位。善于思考，自我提升。积极进取，有为有位。

正典：以制治企。奖惩分明。倡导节约，杜绝浪费。尊重事实，重视数据。

乐群：友好合作，和谐共赢。开诚布公，包容大度。凝聚力量，团队协同。

6. 企业理念

（1）人才理念：人才兴则企业兴。高速集团始终坚持以人为本的原则，高度重视员工培养，让想干事的人有机会，能干事的人有舞台，干成事的人有位置。把员工个人进步和企业发展融为一体，不断增强员工对企业的关切度和归属感。

（2）质量理念：质量是企业的命脉。质量是企业的命脉，对任何企业来说，只有严把质量关，才能生存和发展。天津高速肩负的社会责任要求我们只有把产品做到尽善尽美，才不辜负国家和人民的信任。

（3）安全理念：安全就是竞争力。安全是可持续发展的前提条件。任何一次安全事故都会使企业付出沉重的代价，给企业形象造成不利影响，都会影响企业发展。必须强化生产经营安全，才能在日趋激烈的市场竞争中站稳脚跟。

（4）服务理念：服务是企业立足和发展的核心要素。高速集团战略目标的实质是服务导向型战略，即通过满足客户的需求，实现客户价值的回馈。高速集团要实现长远发展，必须坚定不移地按照既定战略方向努力，不走回头路，而服务是实现战略目标，确保高速集团持续发展的重要抓手。

（二）行为

1. 员工通用行为准则

（1）遵守国家法律法规，遵守社会规范，做合格公民。

（2）严格执行企业出台的各项规章制度，确保制度落实。

（3）充分履行自己的工作职责，认真及时地完成工作任务。

（4）工作中要服从上级，同事之间应互相尊重，互相帮助，和睦相处，以诚相待。

（5）积极维护企业利益，发现企业利益受到损害时，应及时阻止并主动汇报。

（6）未经批准，不得对外界传播或泄露公司业务、职务机密等重要资料、数据和信息。

（7）企业对外交际应酬活动，应根据工作需要，本着礼貌大方、简朴务实的原则，做好接待。

（8）严格遵守有关廉洁自律规定，保持清正廉洁。

（9）自觉遵守办公秩序，保持办公环境的整洁美观，在办公场所要注意自己的言行举止，尽量不影响他人。

（10）爱护公司财物，妥善保养，正确使用。

（11）注重仪容仪表，面容清爽干净，衣着整洁得体。

2. 高层管理人员行为准则：六"重"

重公正，重团结，重表率，重创新，重成效，重廉洁。

3. 中层管理人员行为准则：六"讲"

讲执行，讲协调，讲专业，讲创新，讲责任，讲指导。

4. 一般员工行为准则：六"心"

本职工作要专心，各项服务要热心，努力钻研要恒心，创新超越要全心，遵章守纪要用心，确保质量要细心。

第二节　天津高速公路文化特色

天津高速公路系统积极开展绿色、景观、生态通道建设，按照"绿不断线、景不断链、色彩缤纷、形式多样"的原则，重点提升了"三带三区"（中央分隔带、二台绿化带、网外绿化带和互通立交区、服务区、站区）的绿化效果。天津市政府推动建设的高速公路网外两侧50m绿林带，已经形成绿色生态屏障，高速公路宜林路段绿化率达到100%。

一、高速公路景观工程

2003年，在津蓟高速公路设计中，天津市市政工程设计研究院设立了《高速公路景观设计研究》课题，对高速公路交通功能与景观协调设计进行研究，提出将交通设计与高速公路景观环境相结合的设计理念，将横断面范围内的车道、中央分隔带、路肩、交通标志标线、边坡绿化、防护网等充分结合起来进行设计，对高速公路红线范围内进行合理的规划和利用，在各类交通及景观设施的设计上力求完美，达到交通与景观、环境协调的目的。这些研究成果在以后的京沪、国道112、唐承、津宁等高速公路横断面设计中得到了充分的体现和应用。

津蓟高速公路在设计及实施上注重以人为本的理念，着力在环境景观上做文章，力求达到车辆、道路、建筑与周围环境的和谐一致。具体做法为：

（1）运用公路功能美学的观点，注重高速公路平、纵、横的综合设计，并与周边地形、地物相适应，形成了平面顺适、纵面均衡的主体线形，既保证了行车安全，又给驾乘人员视觉上的美感。

（2）收费站方案选定在保证高速公路快速、安全、便利等特征的同时，引入了环保、美学、人文的理念，使高速公路主体工程、附属工程、绿化工程与周围的自然景观协调统一。

津蓟高速公路建筑的设计理念用色彩区分，不管是视觉还是感觉都给人一种超凡感受。起点站——银白色；服务区——银绿色；终点站——红色；津榆——紫色；九园——蓝色；潮白河——明黄色；京沈——橙色。从风格上考虑，主线起点站靠近市区，要体现现代化大都市的气息；服务区主要考虑到环保，设计理念从以人为本出发，以舒缓人的紧张劳累为标准；终点站靠近蓟县，设计上考虑到乡土气息与现代风格相结合的设计理念。津蓟高速公路收费站的建成给整条高速公路添加一道具有人文特色、环保特色的景观点，也是天津市公路建设史上的第一例。

津蓟高速公路全线以绿色为基调，绿化景观以常绿木本植物为主，花卉和果木为辅，整体景观布局以线(主线中央分隔带及边坡绿化)与点(起点和终点收费站、服务区、站区广场的建筑造型及布局)的有机结合为特征。贯穿全线的景观为"绿贯通衢",充分利用主线中央分隔带和路基两侧边坡,在中央分隔带内种植品种不一的绿色植物,防止因环境单调而使人的感官产生厌烦、疲劳等抑制性反应;在边坡植草或爬山虎,使全线构成一条绿色长龙,沿线互通式立交桥下的空地,种植绿色植物组成各种图案。高速公路沿线各收费站和服务区的设计新颖别致、风格突出,具有线条简洁、色彩明快、实用性强的特点。特别是起点收费站和办公用房等建筑物,设计风格十分现代,景观取名为"银浪征帆";终点收费站和办公用房等建筑物,设计风格为中国古典式,景观取名为"蓟门红染";服务区的一组建筑造型也很美观,景观取名为"温馨小筑"。

二、立交工程美学与景观设计

20世纪70年代后期,天津市市政工程设计研究院就开始注重和运用工程美学这一概念。立交工程和类似的结构物通常是大型的具有长期服务寿命的高性能的人工构造物,对它所处的位置人们都有一种习惯性的视觉概念。为此,对于这种结构物,人们要求它要具有美丽的外貌。对于结构物本身来说要具有优美的外观不是一件容易的事情。因为一个形式不变的结构物成为广大场景的一部分时,只有把当它放在一个合适的位置才能让人感到它的美丽。成功的设计目标在于桥梁结构物所处的位置与周围的环境相和谐。

除了观察以外,人们在使用结构物以后也会自然地积累经验,并和别处或别地的结构物相比较。驾驶人和乘客在车上可以体验到车道路面宽度和桥面的轮廓,护栏的安全和视距。行人可以体验到路面材料的质量、修饰、比例、高度、动感、声音和色彩。这些经验可以称之为"人的因素"。通常,成功的设计往往来自于许多使用者的"人的因素"的正面评价。

一个结构物介入到原来没有变化的局部环境中以后,带来一种被重新塑造过的环境形式。立交工程美学设计的目的是加强这种变化并能满足所在地的环境。

立交工程是道路交通的大型构造物,它们建造在地面上给人以非常稳定的观感。为充分提高立交工程或其相类似的工程结构的外观质量,天津市市政工程设计院的设计人员在方案设计中辅以图画、电脑制作的图解、模型和影视动画等手段,以提高结构形式和大样图的三维视觉概念,直至获得满意的美学设计方案为止。

1. 城市立交、桥梁美学的主要内容以及与环境协调等景观设计

20世纪70年代天津市市政工程设计院开始了城市立交工程和桥梁美学方面的研究和实践,并逐步在桥梁工程中应用,限于当时的经济条件,强调功能性要求多一些,装饰性要求则属于第二位,但还是将工程美学这一内容穿插到立交工程和桥梁结构的总体设计中。

80年代后期,天津市市政工程设计院参与编写全国性的《城市桥梁设计准则》工作,编写组吸纳了天津市市政工程设计院的意见,将桥梁美学问题列入《准则》条款中,即:城

市桥梁建筑应反映时代风貌,符合城市规划的要求并与周围的环境相协调。桥梁总体设计要符合建筑原理,注意空间比例、节奏、明暗和稳定感。分清主次,局部服从主体。桥梁建筑的重点,应放在总体布置上和主体结构上,以期塑造桥梁这一跨越性工程建筑物的美。创造清新、明朗的建筑形式。建筑美要忠于合理的受力结构,不在结构之外过多增加装饰。

桥梁美学涉及到美学的4个主要因素,即形式、比例、和谐、尺度。前面两个要素可以对任何一个基本对象分别描述,可是事物总不是孤立的,当形式和比例发生联系或者与周边环境相关联时,和谐和尺度就很自然地与前者链接起来,从而产生功能表现、稳定的视觉、纹理、色彩、光影造成的错觉、节奏和频率感等视觉效果,所谓桥梁美学设计是上述4个美学要素在桥梁设计中的实际运用,以期达到更多美学的认同和使用者的正面评价。

2. 桥梁美学在立交工程设计中的运用

立交工程是矗立在地面以上的大型交通建筑,它不仅仅具有交通的疏导功能,同时也由于它硕大的体形与周围建筑直接构成一个新的空间环境。因此,对立交环境的重新塑造成为桥梁美学的关注对象。根据天津市多座立交工程设计的实践,遵循的原则主要有:

(1)布局简明。立交的选型是由道路的功能决定的,但在布局上力求简明,不要为追求某种"全面"而把立交布局搞的既复杂又烦琐,对于不需要互通的道路,不勉强去做成互通。应尽可能使立交的布局简单化,有通透感。

(2)线形流畅。桥梁本身是一种线条结构,连续重复出现的结构形式本身就给人以流畅的视觉印象,因此在结构的设计中不论是梁高或栏杆宜力求保持横向的连续线形,在弯曲段也应使其线条平缓过渡,不出现有突变情况。

(3)形象统一。立交工程是由多种桥梁构件组成,桥墩和梁件构件在外轮廓线上力求保持统一,如盖梁、柱型、梁体断面、悬臂长度、材料做法等,使各种构件组成和谐统一体。当然,也可能出现设计者难以控制的情况,但至少要做到两者相互融合。

(4)比例谐调。这个比例指立交工程整体比例而言,而不是指某一构件本身。从整体上考虑主跨与边跨的跨比、跨高比、柱高与柱径比、净空与跨径比等,然后再考虑构件本身的比例是否与总体相适应。一个立交结构物要把它看作一个完整的东西,它是依靠许多互相关联的相似尺度的景观元素组合成的集合体。正如同道路本身与两旁的建筑群和地形地貌相结合一样。

(5)配置适当。立交工程在总体上给人的美感是不言而喻的,但在局部处理上须予以充分注意。栏杆(护栏)、伸缩缝、泄水孔、结构构造上需要的沉降缝以及交通标志设置位置、照明灯具的布置和选型等,都要求配置得当,使之成为立交整体的有机组成部分,不能喧宾夺主。其他如地面绿化、高杆照明灯具及小品建筑(如变配电柜等),都要在立交工程总体设计中仔细推敲,合理配置,它们对立交的环境起着点缀作用,使立交工程既成为城市现代化交通设施建筑,又成为大型的人造环境景观。

三、天津高速公路周边旅游景点

(一)京哈(京沈)高速公路

1. 香河中信国安第一城

京哈高速公路河北香河站出口。第一城是按照明、清时期老北京的样子缩小而建,既有古城的韵味,又有现代城的风格。城内共有22个城楼,其中外7个城门,内9个城门和6座特色角楼。内城有许多服务设施,外城分为东区和西区,东区为圆明园景区,西区为王府、四合院景区。

2. 广济寺

京哈高速公路津围公路站出口。位于宝坻区西大街。广济寺俗称西大寺,始建于辽圣宗统和年间,是京东一座著名佛寺。西大寺由天王门、东西配殿、钟楼、鼓楼、三大士殿等构成,三大士殿是我国稀有的单层高大建筑,独具风格,雄伟壮观。青灰瓦顶,砖木斗拱结构。内部结构精巧,似繁实简,供奉有观音、文殊、普贤三位菩萨造像。广济寺内的透灵碑"珉碣银钩"为宝坻八景之一,是指辽代在广济寺内镌刻的记载寺院肇建沿革的石碑,碑文整齐工整,字迹刚劲有力。

(二)京沪高速公路

1. 佛罗伦萨小镇

京沪高速公路武清西站、京津塘高速公路杨村站出口。位于武清区杨村镇西。拥有欧美建筑风格的小镇环境幽雅,聚集了众多国际知名品牌。毗邻京津城际铁路武清站,每逢节假日,京津两地许多游客来此逛街。

2. 津溪桃花源

京沪高速公路汊沽港站出口。位于武清区汊沽港镇。每到春季,这里就成了桃花的世界,园内桃花竞相开放,万亩花海。美丽夺目,一丛丛、一簇簇,汇成满天红霞。一年一度的桃花节,是人们春天踏青赏花、观景采摘、体验世外桃源的好去处。这里还是一个兼具科普认知、文化传播、游览休憩的多功能综合性公园。

3. 绿源生态园

京沪高速公路独流站出口。位于静海区台头镇。生态园资源丰富,树木成林,是集餐饮、垂钓、采摘、农活体验、休闲度假为一体的大型综合性生态园。

4. 真意农庄

京沪高速公路子牙站出口。位于子牙循环经济产业区,是集观光游览、休闲娱乐、有机养生于一体的综合性生态旅游区。林下花海与垂钓区映衬自然景观,近千亩有机种植养殖区及畜牧园可让游客观赏到名贵动物,热带植物区呈现一派四季如春的南国风光。

(三)荣乌高速公路

1. 峰山药王古寺(中华医圣文化苑)

荣乌高速公路外环线津淄公路出口。位于西青区大寺镇王村,也称峰山药王庙。始建于唐永淳二年(683年),距今已有1300年历史。总占地面积10000m^2,建筑面积3000m^2。整体建筑规模恢宏精美,楼阁殿宇错落有致,布局协调浑然一体,古朴幽静。建筑主要由山门、前殿、中殿、后殿、东西后殿及钟楼和鼓楼等部分组成。文化苑内主要展出中国自古以来的圣祖、先贤和佛教圣象以及为中华民族做出杰出贡献的医药圣贤。每逢农历四月二十至二十八的庙会期间,华北地区及东南亚侨胞常来祭拜。

2. 仁爱团泊湖国际休闲博览园

荣乌高速公路津王公路站出口。位于静海区团泊新城东区。团泊湖湖泊面积6666公顷,被誉为"华北明珠",这里水面辽阔,烟波浩渺,芦苇丛生,鱼鸟成群。区内珍禽候鸟繁多,有鸳鸯、白莺、红娟、柳莺等60余种。博览园依湖而建,是集生态休闲、商务会展、温泉度假和生态居住为一体的景区。

3. 水高庄园

荣乌高速公路杨柳青站出口。位于西青区辛口镇,是东淀五万亩都市型现代农业示范区的核心区。占地面积100公顷,分为农业风情园区、欢乐谷采摘园区、子牙河风情园区、温室栽培展示园区、乡村温泉休闲园区5个特色园区,是一处集观光、旅游、休闲、采摘为一体的都市型现代农业旅游景区。现为国家3A级旅游景区。

4. 杨柳青文昌阁

荣乌高速公路杨柳青站出口。位于杨柳青古运河南岸。始建于明万历四年(1576年),现存建筑为清咸丰八年(1858年)修建,与戏楼、牌坊合称为"杨柳青三宝",是目前我国北方保留最完好、最有特色的明清建筑之一。因奉祀"文昌帝君"而得名。建筑通高20m,阁顶呈六角形,阁内上下三层分别供奉孔子、文昌帝君、魁星。

5. 石家大院

荣乌高速公路杨柳青站出口。位于西青区杨柳青镇中心。占地面积近10000m^2,是当年天津八大家之一"尊美堂"石元仕的住宅,始建于光绪初年(1875年),宅院最初建造时总耗白银30万两,被誉为"华北第一宅",是全国重点文物保护单位和国家4A级旅游景区。整座院落东西宽72m,南北长100m,全部建筑用料考究,做工精细,磨砖对缝,画栋雕梁,花棂隔扇,漆珠涂彩,砖、木、石雕以及石府戏楼为津门一绝。设在石家大院的杨柳青博物馆,是展示清代民居建筑艺术及北方传统民俗文化的专题型博物馆,汇集了民间工艺的精华,展有名扬中外的杨柳青年画简史陈列、天津砖雕陈列、天津民俗陈列、石府复原陈列4部分。

6. 杨柳青年画馆

荣乌高速公路杨柳青站出口。位于西青区杨柳青镇明清街西侧。馆内集中展示了杨柳青年画的历史沿革、各时期代表作、制作工序等,并有现场手绘表演。

7. 平津战役天津前线指挥部旧址陈列馆

荣乌高速公路杨柳青站出口。位于西青区杨柳青镇11街药王庙东大街。占地面积280余平方米,为清末民宅。在解放天津的战役中,第四野战军参谋长刘亚楼就是在这里下达了解放天津的总攻令。馆内通过大量实物、照片和文物资料陈列,展现了人民军队鏖战津门的历史。

8. 安家大院

荣乌高速公路杨柳青站出口。位于西青区杨柳青镇估衣街(石家大院后身)。占地面积$1350m^2$。始建于清同治年间,系杨柳青赶大营第一人安文忠的宅邸,现辟为杨柳青珍藏馆,由3个院组成,院院相通,是北方典型的四合连套格局。馆内集中了北方唯一的隔扇展、全国首家赶大营展、天津罕见的私家藏地窖式金银库,以及大量清至民国家具、摆件,再现了当年名宅华彩。

9. 玉佛禅寺

荣乌高速公路杨柳青站出口。位于西青区辛口镇。前身为"法藏寺",当地俗称"大佛寺",占地面积27公顷,分为佛教主道场区、前广场区、安养佛塔区和玉佛寝宫区4个功能区。沿中轴线依次建有山门、天王殿、大雄宝殿和卧佛殿等,两侧为钟鼓楼和文殊、普贤、观音、地藏四大菩萨殿等。整体建筑气势恢宏,古朴典雅。景区内共有缅甸玉佛一万余尊,其中卧佛殿供奉的释迦牟尼卧佛,长7.5m,高3.5m,重达25t,为一整块天然玉石雕刻而成,是仅逊于泰国曼谷大皇宫玉佛寺泰国国宝、宗教圣品佛祖像的玉佛,玉佛数量之多,体量之大,堪称世界之最,是一处集民俗文化、佛教文化、商贸旅游于一体的综合性旅游景区。

(四)长深(唐津)高速公路

1. 茶淀葡萄科技园区

长深高速公路汉沽站出口。位于汉沽茶淀镇。园区素有"天然氧吧"之誉,是一个以农业观光为特色的园区。园区划分为6个功能区:研发实验区、休闲观光旅游区、葡萄标准化示范区等。在园区里,可采摘不同季节的蔬菜,特别是采摘葡萄,很有乐趣。

2. 孟庄园精品葡萄园

长深高速公路汉沽站出口。位于汉沽茶淀镇孟圈村。葡萄园以名品玫瑰葡萄为原料,精制而成的"华梦"系列干白、干红葡萄酒,酒体通透,果香浓郁、口感均和、留香长远。园内有华梦酒文化博物馆,博物馆的设计融合了中西普通酒文化,以历史和地理两条主线展开对葡萄酒文化的阐述。在此,可尽兴观赏和品尝馨香怡口的葡萄酒,参观琳琅满目的博物馆,还可踏青浏览田园风光,采摘精品园里玫瑰香葡萄,感受乡野风情的别样意境。

3. 义聚永酒文化博物馆

长深高速公路汉沽站出口。天津首家酒文化博物馆。位于宁河区芦台镇五纬路。博物馆由盛产玫瑰露、五加皮、高粱酒等"津沽三宝"的天津义聚永酒业酿造有限公司投资建设。博物馆总面积1500m^2,主要包括两层楼的主展厅、玫瑰酒吧、产品展示厅和文化画廊等。

4. 小站练兵园

长深高速公路小站站出口。位于津南区小站镇。占地约19.8公顷,建筑面积达到8万m^2,是中国第一支近代陆军的诞生地,袁世凯曾在此督练"新建陆军"。如今的小站练兵场是经过重修的风貌,但它的结构布局均按原有的设计恢复建造,练兵场设炮队、步队、马队、辎重队等训练场,还有讲武堂、兵营以及袁世凯行辕、小站练兵史馆、军事博物馆等。

5. 米立方·海世界

长深高速公路小站站出口。位于津南区小站镇津歧路与盛塘路交会处。米立方因外形酷似一粒大米而得名,与著名历史人文景区小站练兵园相对,总建筑面积4.3万m^2。"大米"建筑内四季恒温,为全国最大的室内恒温水上娱乐基地。米立方内设有海上冲浪、情侣滑道、离心滑道游泳、标准泳池、温泉SPA、海战区、儿童戏水池、海盗船、玛雅城堡、各式动植物景观等多种包括水上娱乐在内的游玩项目。米立方涵盖购物广场、影城、康体、活动中心、文体设施与办公等多项功能。

6. 周公祠

长深高速公路小站站出口。位于津南区小站镇会馆村。周公祠建于1890年,为纪念小站稻的拓植者和小站镇创始人周盛传(周武壮公)、周盛波(周刚敏公)兄弟所建。周公祠占地14000m^2,南面有戏楼和正门,北面月台上有3座大殿,分别是主殿新农寺、东殿周武壮公祠和西殿周刚敏公祠。主殿新农寺供奉有炎帝神农氏塑像、夏禹和关帝,分别代表拓荒种稻、开河引水、文治武功的业绩。

7. 周家湾绿土地农业观光园

长深高速公路蔡公庄站出口。位于静海区蔡公庄镇。观光园占地13公顷,分为种植采摘区和餐饮住宿区,园内种植美国红提3万株,其他果树7000株,所生产的粮食、水果、禽畜、蔬菜无任何污染,游客可在此享受采摘、垂钓等游乐项目。

(五)滨保高速公路

万源龙顺度假庄园位于北辰区双街镇,滨保高速双街站出口。庄园内设有住宿、商务、餐饮、娱乐、温泉、休闲、垂钓采摘、农业观光等景区,每个区内的建筑都有古典风韵,具有鲜明的明清特色。庄园内的"水上龙宫"建在湖面上,水波粼粼,荷花涟漪,美不胜收。水上龙宫内设有一系列的娱乐设施。另外,庄园内还有自产的以传统手工艺制作的麻酱、香油、酱菜、五谷杂粮、生态鸡蛋、无公害绿色蔬菜等,游客可品尝地道的乡土风味。

(六)津蓟高速公路

1. 盘山风景名胜区

津蓟高速公路延长线盘山联络线盘山站出口。是国家5A级旅游风景区。盘山最高峰挂月峰海拔856.8m,被列为中国15大名胜之一,又被誉为"京东第一山"。盘山以五峰、八石、三盘闻名,即挂月、紫盖、自来、九华、舞剑五峰,悬空、摇动、晾甲、夹木、天井、蛤蟆、蟒、将军等八石,劲松苍翠的上盘松、巨石嵯峨的中盘石、溅玉喷珠的下盘水三盘为胜,回旋百里,步步皆景,呈现"山秀石多怪,林深路转奇,三盘无限意,幽绝少人知"的人间仙境。山中古迹众多,有唐代石幢、辽塔、明清碑记等,天成寺、万松寺、盘古寺等景点亦引人入胜。由于盘山山奇景佳,吸引了历代帝王前往游览。清乾隆皇帝32次到此游历,发出"早知有盘山,何必下江南"的赞叹。

2. 石趣园

津蓟高速公路延长线盘山联络线盘山站出口。位于蓟州区官庄镇、盘山南麓。景区有佛、法、僧三宝俱全的万佛寺、独具一格的麦饭石浴场,并以万佛寺、石怪山、八十七神仙长卷岩画、于庆成泥塑馆四处景点为主。万佛寺内供奉着全国最大的西方三圣石雕立佛,10000余尊栩栩如生的小佛,保佑人们平安吉祥;3000多平方米的八十七神仙卷巨幅岩书,以恢弘壮观的场面再现了中国历史名书的风貌,被载入吉尼斯纪录;于庆成泥塑馆把泥塑文化、乡村文化、性文化融为一体,充满浓郁乡土气息。

3. 独乐寺

津蓟高速公路蓟州站出口。位于蓟州区城内。独乐寺始建于唐代。辽代统和二年(984年)重修,是一座千年古刹,中国保存最完整的三大辽代寺院之一,是国内最古老的高层木结构楼阁式建筑。现为国家4A级旅游景区,全国重点文物保护单位。山门匾额上"独乐寺"三字为明代严嵩所题。其主要建筑观音阁内的菩萨塑像高16m,是中国现存最大的泥塑像,因头上塑有10个小观音头像,故又称"十一面观音",其匾额"观音之阁"出自唐代大诗人李白之手。观音阁内的两尊"哼""哈"二将是辽代彩塑珍品。独乐寺周边还有建于辽代的白塔、白塔寺、鲁班庙等古迹。

4. 黄崖关长城风景区

津蓟高速公路蓟州站出口。长城建于蓟县国家地质公园断层地貌的山脊上,是国家首批4A级旅游景区,也是世界文化遗产。黄崖关长城始建于北齐天保七年(557年),明代又进行了大规模增修,蓟州长城东达河北省遵化县马兰关,西接北京市平谷区将军关,全长42km。有楼台66座,包括敌楼52座和烽火台14座。景区内还有关城、太平寨点将台、寡妇楼、八卦关城等景点。关城是万里长城在蓟州区与河北省兴隆县之间的主要关口和通道,是蓟州区境内唯一的一座关城。关城东西两侧崖壁如削,山势陡峭雄伟,历来为兵家必争之地。控扼黄崖关城东侧的崇山沟谷的太平寨,位于黄崖关东南10km的小平安村,以长城墩台变化多端而闻名。瓮城前广场上,竖立着戚继光的石像,高8m有余,身着戎装,器宇轩昂。游览区还建有百家碑林、竹刻名联堂、黄崖关长城博物馆等旅游设施。新开辟的王帽顶景区有306级石阶天梯与古长城联为一体,景色绝佳。

5. 白蛇谷

津蓟高速公路蓟州站出口。位于蓟州区下营镇黄崖关长城北部。风景区因民间故事"白蛇传"中白蛇、青蛇在此修炼而得名。这里峰奇谷幽,植被繁茂,山林静谧,空气清新。是集亲近自然、休闲避暑、健身探险、生态科考游于一体的原生态风景区,有神龙瀑布、清凉谷、天然石壁图、悬空石、小一线天、白蛇洞、鬼门关、玉米峰、王帽顶山等众多迷人的自然景观。

6. 九山顶自然风景区

津蓟高速公路蓟州站出口。位于蓟州区下营镇常州村。景区以山、水、岩、洞为主体,以雄、秀、险、幽为特色,绿山、绿树、绿水把风景区装点成一个绿色世界,风景区自然风光优美,景点繁多,如神秘谷、国画岭等,其中九山顶海拔1078.5m,是天津市的最高峰。中上元古界国家级自然保护区的界碑竖立在景区内。

7. 蓟州溶洞

津蓟高速公路蓟州站出口。位于蓟州区罗庄子镇洪水庄村北灵气山下,是华北地区面积最大的溶洞。溶洞长达1400m,最宽处15m,洞内有石钟乳、壁流石、石笋、石幔、石柱、石花等,形状千奇百怪,有的像石猴,有的像红旗,有的像观音佛像。洞内景观晶莹剔透,千姿百态,令人流连忘返。

8. 九龙山国家森林公园

津蓟高速公路蓟州站出口。位于蓟州区城东穿芳峪乡果香峪村北,是天津市面积最大且唯一的山区国家森林公园,共分为九龙山、梨木台山、黄花山三大景区。梨木台风景区总面积1000多公顷,地质景观奇特,属于典型的石英岩峰林峡谷地貌,这里峡谷雄险,森林景观秀幽,被专家学者称为"天津的神农架",最高峰梨木台高997m,山势险峻,峭壁林立,自然形成"一线天、五指山、万卷天书、峰林岩画岭"等地质奇观。景区森林覆盖率达90%以上,是中国北方典型的原始森林生态系统。景区内还有全长5600m的北齐古长城。

9. 八仙山森林生态自然保护区

津蓟高速公路蓟州站出口。位于蓟州区、河北遵化、兴隆三地交界处,这里有华北地区罕见的次生阔叶林生态系统,动植物资源非常丰富,生长着热带、亚热带、暖温带、温带、寒带等多种植物。山上不时可见豹、梅花鹿、蓝尾石龙子、金雕、猫头鹰等珍禽异兽。八仙山山体重峦叠嶂,群峰竞秀;山谷清幽深邃,山石千姿百态,嶙峋嵯峨;溪水奔流,生机勃勃。现已形成神水峡、八仙石、石洞沟、太平沟4大景区。八仙石是一块两米见方的巨石,传说铁拐李等八仙遨游东海经此地,在这块巨石上野餐小憩,后来人们称这块巨石为"八仙石"。八仙山主峰聚仙峰,俗称"蝈蝈笼子",海拔1052m,是天津第二高峰。登上山顶,远近的湖水山林尽收眼底。

10. 龙泉山游乐园

津蓟高速公路蓟州站出口。位于蓟州区下营镇古峪村西。园内开辟生态旅游区、水上游乐区、山野林间别墅区、松林沐浴园、湖畔垂钓园、水上游乐场和沙滩等旅游项目。有龙乐园、百杏园、金龟石、鸳鸯洞等50余个自然景点和观景长廊、望湖亭、玉龙桥等10余个人文景观。

11. 玉龙滑雪场

津蓟高速公路蓟州站出口,位于蓟州区城北、津围公路东侧。占地面积13万 m^2,建有初级滑雪道两条、中级滑雪道两条、雪圈道一条,可容纳2000余人同时滑雪。人们在这里不但可以用滑雪来释放激情,还可以在空气清新、视野开阔的"绿色环境"中尽情享受大自然赋予的无穷快乐。

12. 毛家峪长寿度假村

津蓟高速公路蓟州站出口。位于蓟州区穿芳峪乡。这里群山环抱,奇石怪岩,风光秀美,拥有亿年石、万亩林、千亩果、百年树、长寿人、仿古亭等奇特景观。附近有元古奇石林风景区,为距今13亿~8亿年前的中上元古界杨庄组、雾迷山组白云岩地层,其天然形成的奇石景观,巧夺天工。

13. 黑峪神秘谷

津蓟高速公路蓟州站出口。位于蓟州区穿芳峪乡东果园村。景区总面积537公顷,传说谷中早年间曾有"黑狼"和"黑人"共栖,故得名"黑峪谷"。这里荆棘丛生,乱石遍野,多处怪异裸岩千姿百态,面目狰狞,带有一种独特的神秘感。谷中现建有来自云南和广西的少数民族居所,里面可以观看到精彩的民俗表演。

14. 宝坻金代石幢

津蓟高速公路宝坻站出口。位于宝坻区市区十字街中心。石幢始建于辽圣宗年间(983~1031年),金皇统、清康熙、光绪年间重建,由幢座、幢身和幢顶组成,通高11.4m。幢座座部为方形,四面雕刻着佛传故事,方台上放置有须弥座和束腰刻壶门;幢身由八面体石柱和宝盖构成,分上下六级:第一、二级雕刻有千佛像,第三级为清光绪二年(1876年)重刻的康熙二十一年(1682年)《重修石幢记》,第四级镌刻有《佛顶尊胜陀罗尼经》,第五、六级为复雕佛像;宝盖四匝雕刻有兽头和仿丝缕垂幔纹饰,最上一层雕有瓦檐图案。

15. 帝京温泉度假村

津蓟高速公路宝坻温泉城站出口。位于宝坻区京津新城,占地27公顷。东临宽广的潮白河,周边都是纯净的天然绿野。度假村温泉储藏量极为丰富,水质清澈透明,富含锂、锶、锌、偏硅酸等多种保健矿物质,水温温和适宜人体洗浴,实属国内罕见的保健温泉水。度假村依托天然的温泉优势发展成为集温泉沐浴、休闲保健、生态旅游以及完善的集住、餐、娱、购配套于一体的新型温泉休闲度假景区。包括公共温泉区、国际风情区以及12栋VIP温泉别墅、商业街以及完善的SPA健康保健中心、餐饮、娱乐配套设施等。

16. 宝坻玉佛宫博物馆

津蓟高速公路宝坻温泉城出口。位于宝坻区周良庄镇。博物馆建筑面积4.8万m^2,为仿明清时期建筑风格,由玉石博物馆主楼、配殿、3个门楼及古玉研究院组成。主楼为八角亭式造型,高3层,展示面积达2万多平方米。博物馆展出有一批盛唐时期的和田墨玉彩绘鎏金壁画、汉代佛像、南北朝隋唐时期的玉雕彩绘鎏金佛像、绿松石佛像、红白珊瑚佛像,以及唐代贞观、咸通年间的金银器佛像、玉石、玉器等万余件藏品。玉佛宫收藏的良渚文化玉器、红山文化玉器、夏商周时代玉器、春秋战国玉器等直至清代玉器,总计20000余件,多以历代皇家御用佛教祭祀用品为主,它们都是价值连城、首次向世人公开的绝世精品。

17. 潮白新河景观带

津蓟高速公路九园公路出口。潮白新河是海河五大水系之一,流经宝坻区、宁河区入海,其中宝坻新城至京津新城段长27km,水面宽近千米。依托这一天然优势,景区建成了三大特色游览区,分别是游船体验区、渔市体验区和黄庄DIY生态水稻公社。黄庄DIY水稻公社位于潮白新河河畔的黄庄乡小辛码头村。这里地袤水多,自古盛产稻米,素有"北国水乡"之称。游客可在潮白新河上开快艇,乘坐游船划桨捕鱼,品尝黄庄洼水库鱼头等美味农家饭菜,在黄庄 DIY 生态水稻公社感受水稻生产的艰辛与快乐,游兴未尽的话还可以参观晶宝温泉农庄热带植物园。

18. 晶宝温泉农庄

津蓟高速公路宝坻温泉城出口。农庄毗邻宝坻温泉城,有面积广大的种植基地,各类蔬菜植物应有尽有,风景如画,空气清新。目前已建成绿色世界观光园、果蔬采摘体验区、绿色餐饮区、BBQ 自助烧烤区 4 大板块。

19. 大黄堡湿地自然保护区

津蓟高速公路九园站出口。位于武清区大黄堡,是京津地区最大面积的芦苇型生态湿地。保护区水面面积 2200 公顷。保护区内植物种类繁多,有 400 种左右,是各种鸟类生活栖息的乐园。由于这里是多种鸟类北移和东亚—澳大利亚候鸟迁徙归途必经之地,因此春秋季节常有各种珍稀候鸟在这里停歇。

20. 天尊阁

津蓟高速公路九园公路出口,沿九园线—宝芦线—玉芦线方向行驶即到。位于宁河区丰台镇南村。天尊阁是一座高大的木结构建筑,占地 $6000m^2$,由山门、配殿和大阁组成,曾为供奉元始天尊、西天王母和紫薇大帝等神祇的道教场所。大阁建造在高大的台基之上,通高 14.7m,是一座三层木结构建筑,最下层是天尊阁,中层为王母殿,上层为紫薇殿。阁内有 8 根由平地直达阁顶的通天圆柱,通柱之外侧又辅以檐柱、山柱与廊柱,并与三层纵横梁枋和两层楼板通过斗拱、榫卯连接,构成完整的结构体系,虽经历唐山大地震而不倒。

(七)津滨高速公路

1. 滨海新区规划建设展馆

津滨高速公路滨海站出口、京津塘高速公路塘沽站出口。位于天津开发区内。展馆建筑面积 $8340m^2$。一楼展区面积约 $1060m^2$,展现滨海新区 $597km^2$ 内的风貌,展示新区的发展历史和未来图景,为中外访客了解滨海新区的"窗口"。二楼展室侧重于展现天津开发区、天津港保税区、滨海新区中心商务商业区、滨海高新区、中新天津生态城和东疆保税港区等区域全貌的展示。三楼为放映厅,面积为 $200m^2$,可同时容纳观众 80 多人。

2. 泰达热带植物园

津滨高速公路滨海站出口,位于天津开发区内。植物园由形似金字塔的大、小两个温室组成并由一个连廊相通。园内采用先进的配套保障系统,为各类植物生长创造了完善的生态运行体系。园内风格奇特,移步异景,游人可直接感受到山峦叠瀑、曲径徊环、绿意葱茏、溪流潺潺的意境。整个游览过程中人与珍稀植物摩肩接踵,可近距离观看它们的芳容百态,使游客在心旷神怡中丰富生态环保知识。

3. 塘沽滨海世纪广场

津滨高速公路滨海站出口。位于塘沽中心区。广场上矗立着21根世纪柱,分别雕刻着各个世纪中外科技文化重大成果的图案。另有两座由花岗岩和青铜雕塑的浮雕墙,分别雕刻着史前著名人物及其业绩,塘沽数百年历史沿革和主要成就的图案。广场浮雕总面积844.28m^2,堪称"中国之最"。

4. 塘沽海河外滩公园

津滨高速公路滨海站出口。沿海河而建,是集休闲、娱乐、购物、美食于一体的现代城市景观经济区。外滩沿线由文化娱乐区、商业休闲区、绿化景观区、高台景观区和喷泉景观区5部分组成,全部景观水体面积约9000m^2。以沿河木质人行步道相贯通,最为抢眼的大悬挑构架"碧海帆影",自西至东分别高达100m、70m、50m,像大海中航行的帆船,与海河水相映成辉。停靠在岸边的东方公主号邮轮,是集餐饮、娱乐、观光于一体的大型休闲场所,堪称"水上星级宾馆"。

5. 塘沽新洋市场

津滨高速公路滨海站出口。也称"洋货市场",为覆盖"三北"、辐射全国的北方最大洋货集散地。市场货品价位低廉又不乏"珍、奇、特",充分体现"洋货、洋味、洋品牌"的特色。

6. 天津港博览馆

津滨高速公路滨海站出口,坐落于天津国际贸易与航运服务区西段。天津港博览馆在国内首屈一指。博览馆中央大厅由4个实墙面为主的巨大体块围绕而成,象征着天津港围海造地,依海建港的发展背景。博览馆分4个展厅,即天津平原演进史、古代天津港、近代天津港、现代天津港、未来天津港,通过实物、图片、模型等真实地展现了天津港的起源、变迁、发展的历史足迹。

7. 海昌极地海洋世界

津滨高速公路滨海站出口。位于塘沽海河外滩南岸,响螺湾商务开发区。占地19.3万 m^2,是中国规模最大、展示海洋生物品种最全的极地海洋动物展览馆,造型犹如一只巨大的鲸鱼。由极地动物展区、海洋动物展区、海底世界、无水海洋、鲨鱼展区、珊瑚展区、水母展区、科普互动展区、表演场9大游览区组成。展出从世界各地引进的135类2000余种的海洋动物。游客可在馆内观赏到白鲸、海象、北极熊、海狮、企鹅、北极狐、北极狼等珍稀的极地动物,体验目前国内体量最大的海底隧道。

8. 塘沽文化墙

津滨高速公路滨海站出口。位于塘沽海河外滩西侧至老码头的海河防洪墙,雕刻内容集"中华文字发展史""中华书法发展史""中华文学发展史"为一体。文化墙全长3000m,墙均高3.2m。共分为8个部分,分别为"汉字源流""字里乾坤""文海泛舟""商灯射虎""联苑撷英""奇诗共赏""名言警句""名人手笔"。文化墙区内修了石木结合的步行道,使文化墙、海河水景、灯光夜景和绿化景观在海河下游融为一体,并使这一防洪设施成为具有文化价值和艺术品味的亮丽长廊。

9. 海门大桥

津滨高速公路滨海站出口。位于塘沽中心,跨越海河,是一座升降式开启桥。早在明代,这里作为"海门",就成为天津八景之一。如今巨桥飞起,桥上车水马龙,桥下碧水泛舟,远处千帆竞发,恰似繁星点点。特别是入夜,无数彩灯齐放,水中彩影婆娑,大桥宛如一条巨大的彩龙在飞舞,使人心驰神往,甚是惬意。

(八)津沧高速公路

1. 萨马兰奇纪念馆

津沧高速公路前毕庄站出口。坐落于静海区团泊新城西区健康产业园,纪念馆占地约14.4万 m^2,由1.9万 m^2 的主体建筑和奥林匹克雕塑公园组成。纪念馆延续萨马兰奇先生对体育、文化、艺术的追求,成为集国际体育文物珍品展陈、文化艺术交流、大型会展会议论坛及旅游休闲为一体的国际级高品质、多元化综合体。

2. 西双塘民俗风景区

津沧高速公路静王路站出口、京沪高速静海站出口。是中国十大最有魅力的休闲乡村之一。位于静海区双塘镇西双塘村,景区有始建于明朝洪武年间的东五台寺,2006年重修完成。东五台寺规模宏大,殿堂肃穆,佛像庄严,晨钟暮鼓,修行有序,一片人间乐土景象;西双塘有古代与现代交融的中国农宅;明清风格的古街;唐宋风韵的书画街;亭台楼榭、绿叶红花的荷花塘;景色秀丽、鱼虾繁多的凤凰湖等。

3. 鑫通满意庄设施农业观光园

津沧高速公路唐官屯站出口。位于静海区唐官屯镇满意庄村。占地面积3800亩。共分4个区:果木种植区、大棚种植区、林下养殖区、水产养殖垂钓区,集采摘、餐饮、垂钓、温泉洗浴为一体。

(九)津保高速公路

杨柳青庄园位于津保高速津同路站出口,西青区杨柳青镇津同公路西侧,占地800亩,由仿四合院别墅区、景观湖区、露营垂钓区、神秘丛林、梦幻峡谷、骑士俱乐部以及真人CS竞技场等功能分区。是一处集乡村体验、观光游览、户外拓展、休闲度假、商务会议于一体的综合性休闲庄园。现为国家3A级旅游景区,全国休闲农业与旅游示范点。

（十）秦滨高速公路（原沿海高速公路）

1. 滨海鲤鱼门

沿海高速公路中心渔港站出口。位于汉沽中心渔港经济区休闲港湾区,是一个以"海鲜、游艇、四合院"为特色,以餐饮为主,涵盖购物、娱乐和亲水游览的多功能商业区。设有渔家小院、海鲜餐馆、沿街商铺、临海海鲜大排档、观海楼、海鲜市场等一百余个沿街商铺,街区内建有13座古色古香的四合院。

2. 滨海航母主题公园

沿海高速公路永定新河站、中心渔港站出口。位于汉沽八卦滩。公园以基辅号航母为主要景观,是集军事国防、现代科技、休闲娱乐为一体的军事主题公园。园内的基辅号航母是前苏联"基辅"级航母的首制舰,曾是举世瞩目的海上巨无霸,舰长273.1m,宽52.8m,高61m,共17层。登舰后,游客可参观航母甲板、武备、机库、鱼雷舱等展区,充分领略昔日海上霸王的雄风。

3. 方特欢乐世界

沿海高速公路永定新河站、中心渔港站出口。位于滨海新区中新生态城生态岛内,由飞跃极限、蓝色地球、海螺湾、魔法城堡、大闹水晶宫、熊出没历险、唐古拉雪山、津门大峡谷等主题项目区组成,是京津冀地区独一无二的第四代高科技主题公园。区别于国内其他以机械游乐设施为主的传统主题公园概念,方特欢乐世界以科幻和互动体验为最大特色,以大型高科技展示项目为主要表现形式,20多个大型主题项目区,涵盖主题项目、游乐项目、休闲及景观等项目,内容包含科技动漫、未来幻想、科普教育、神话传说、主题表演等方面。

4. 八卦滩休闲岛

沿海高速公路永定新河站出口。位于汉沽营城镇蛏头沽村,是集养殖、垂钓、餐饮、娱乐、观光、历史教育（盐的历史）为一体的休闲基地。具有水上浮岛、海陆空模拟电子战、飞机、轮船、赛车的模型表演,渔家风情的撒网、捕鱼、扎鱼、拾海贝、垂钓、游泳等项目。海上一日游项目,可做一天渔民,乘渔船出海,参与撒网捕鱼。

5. 大沽口炮台

沿海高速公路塘沽城区段,津滨高速公路滨海站出口。位于塘沽海河与渤海的交汇处,是全国重点文物保护单位。在中国近代史中,大沽炮台是中国重要的海防屏障,素有"南有虎门,北有大沽"一说。现存炮台遗址3座,以"威""镇""海"三字命名,是近代中华民族抵御列强侵略的重要历史遗址。

6. 潮音寺

沿海高速公路塘沽城区段。位于西大沽响螺湾商务区。潮音寺已有600年历史,始建于明永乐二年(1404年),占地5124m²,面向大沽海口,寺庙由三层大殿、四座配殿、一座柳仙亭和南北跨院园林组成,保持了明清建筑原有风格,古朴典雅,是全国少有的坐西朝东的庙宇。

7. 海滨旅游度假区

沿海高速公路轻纺城出口。是目前中国最大的人工海滨浴场之一,又称海滨浴场,建于1989年。这里建有中国规模最大、15m高的具有3个直滑道和两个旋转滑道的冲水滑梯。现已形成以海洋为特色,以温泉为优势,集海上旅游、温泉康体、休闲度假、会议接待为一体的旅游度假区。

8. 中国古林古海岸遗址博物馆

沿海高速公路轻纺城出口。位于大港迎宾街31号,天津古贝壳堤形成于5000～10000年间,它与美国圣路易安纳州贝壳堤、南美苏里南贝壳堤并成为"世界三大贝壳堤"。博物馆坐落于贝壳堤一处距今约2600年、保留完整的古海岸遗址剖面上,建筑面积2200m²,可以清晰地看到2600年前的古贝壳堤剖面和种类繁多的贝壳标本、珊瑚标本,十分美丽壮观。

(十一)京津高速公路

1. 港北森林公园

京津高速公路大孟庄站出口。位于武清区下伍旗镇西南部。是华北地区最大的人工森林公园。总面积734公顷,造林534公顷,林区内林木成片、物种丰富、野趣横生,为平原地区罕见。园区内有毛白杨、沙兰杨、小美杨、常绿观赏树、果树等20余个品种30万株。景区兴建了10公顷度假村、20公顷森林游乐园、跑马场、133公顷名特优果园、6.7公顷野生动物饲养区、6.7公顷旅游狩猎区、20公顷红叶观赏区、6.7公顷银杏园等14个风景区。

2. 金泉湖游览区

京津高速公路梅厂站出口。位于武清区上马台乡。金泉湖又称上马台水库,水库面积467公顷,平均水深3m,水质清澈,碧波荡漾。游览区周边原本是一片盐碱低洼的沼泽地,经过改造后,水面、农田、沟渠、阡陌纵横,一片田园景象,是旅游、休闲的理想之地。

3. 东丽湖风景区

京津高速公路联络线东丽站出口,京津塘高速公路天津机场站出口。是天津八大旅游景区和七大自然保护区之一。旅游区占地面积 $58km^2$,其中水域面积 $8km^2$。湖中盛产银鱼、菱角等多种水产,每年有十几万只野禽在湖边繁衍生息。东丽湖地热资源丰富,有100℃、97℃、45℃三眼热泉,水质中含有许多对人体有益的微量元素,可让你享受温泉鱼疗的乐趣。风景区内有东丽湖度假村、水上温泉欢乐谷、天海风水上运动俱乐部等休闲娱乐度假设施,极具趣味性和休闲性。

4. 东疆湾沙滩景区

京津高速公路北塘站出口、京津塘高速公路塘沽站出口。景区位于天津港东疆港区东南部休闲旅游度假区内,是我国最大的人造沙滩景区,由总长约3000m的防波堤环抱而成,总面积约 $2.46km^2$。景区分为沙滩亲水区、沙滩游泳休闲区、水上运动休闲中心和水上休闲娱乐区,可以近距离地和大海接触,参加十分刺激的海上娱乐活动。

5. 彩虹大桥

京津高速公路北塘站出口。位于塘沽北塘镇东,永定新河与蓟运河交汇处。大桥全长1216m,其中主桥长504m,宽29m;引桥长712m,宽7m。该桥具有国内领先水平,为3孔(每孔168m)下承吊杆,系杆无推力钢管混凝土拱桥。此主体结构形式及跨度设计,在国内同类桥梁中尚属首例。此桥构成连接汉沽、塘沽、天津港、开发区、保税区的便捷通道。

6. 北塘古镇

京津高速公路北塘站出口。位于塘沽北塘镇,古镇已有600多年的历史,由一系列的建筑群组成,如凤凰街、沽酒巷、观澜书院、双垒广场、清河会馆、中式大宅等,这些灰砖黛瓦、斗拱檐枋,古朴精致的建筑,充满了文化底蕴。北塘古镇内重现民间绝活、传统美食、民俗表演等历史风貌,重点展示中国北方传统文化、天津地域特色和北塘地区民俗风情。

7. 北塘出海捕鱼游

京津高速公路北塘站出口。北塘是全国最早开展"乘船当渔民,海上生态游"这一特色旅游活动的地区之一。北塘鱼蟹肥美,驰名中外。来到这里有别于一般的观光游览,它最大的特色就是将"客"变为"主",将"观"变为"行",游客可登船出海,参与到行船、下网、捕捞和收获的全过程中去。游客亲自捕获的鱼虾蟹可在船上用传统的渔家烹调方式现做现吃,或是带回与家人共享。

(十二)京津塘高速公路

1. 天鹅湖温泉度假村

京津塘高速公路杨村站出口。位于武清区福源道。是集住宿、会议、餐饮娱乐于一体的涉外豪华四星级度假村。度假村33公顷水面由3个相互连通的湖泊组成。在这里可以看到充满岭南特色的北方最大的风雨桥和江南水乡水车。造型如飞翔的天鹅的水上别墅整齐矗立在水中,湖边修建了许多度假酒店。度假村设有不同功能的温泉池以及保龄球馆、游泳池、大型室内戏水乐园等设施。

2. 南湖游乐园

京津塘高速公路杨村站出口、京津高速公路联络线双街出口。地处京津塘高速公路西侧,东临京津公路3000m,游乐园以水上游乐项目为主,脚踏船、情侣船、水上摩托、高速快艇、电瓶船等游乐设备齐全。园中的湖心岛享有"津京旅游第一岛"的美称。岛上错落有致地分布着蒙古包,能品尝蒙古风味的烧烤、从湖中垂钓或捕捞到底鲜鱼。

3. 天士力集团旅游区

京津塘高速公路宜兴埠站出口。位于北辰区新宜白大道北辰国家高科技产业园区,占地面积$1.05km^2$,是集中医药文化、中草药展示、现代中药先进技术制造平台、特色传统药膳、休闲娱乐、会议交流等多功能为一体的特色旅游区。主要参观景点包括时代广场、国际交流中心、中医药博物馆、中华医药图、文化长廊、药用植物生态园、现代中药生产制造平台等,其中文化长廊有着"世界之最"的墙体浮雕——中华医药图,上面刻画了上百位古代医学界的能人志士和众多生动有趣的中医药典故;药用植物生态园里种植了许多中药植物,游客可近距离接触这些中草药,了解中药的相关知识。

4. 天津纺织工业博物馆

京津塘高速公路天津机场站出口。位于空港经济区高新纺织工业园。博物馆建筑面积约$1800m^2$,是一座全面回顾天津纺织行业发展历史的主题博物馆。博物馆以"天津百年纺织"为展览主题,通过大量历史照片、文献资料、产品、设备等实物,展现百年以来天津纺织行业的历史变迁,展品包括天津纺织老照片、史志、老广告册、老纺车、纺织影像资料,各个时期的证章证件和奖杯、服饰及纺织原料等。另外,博物馆还设置了互动环节,游客可操作手摇木纺车和木织机,体验古代纺纱织布的乐趣。

(十三)津晋高速公路

1. 宝成博物苑(宝成奇石园)

津晋高速公路汉港站出口。位于津南区双桥河镇宝成新村,占地面积260余亩。园区内环境优美宁静,栽种名贵树木、花卉三万多棵。它是一座大型私人博物苑,主要收藏"古石、古树、古建筑、民俗文化"四古合一的特色藏品、主要包括宝成博物苑、民俗博物馆、木化石林、中国传统宗教建筑林等几部分。宝成博物苑有6项之最:人造灵璧石天然石林景象万千为"世间仅有";木化石组成的石林规模之大、品种之多、数量之巨、形体之奇,均堪称"世界之最",已被载入世界吉尼斯大全;百米文化长廊全部采用汉白玉雕刻,为历史首创;1.8亿年的树化玉被誉为"地球杰作,举世无双";宝成博物苑是目前国内仿古无梁式跨度最大的建筑;石刻名人印章全国第一,在一块长达十余米的灵璧石上刻有500位历史名人的签名手迹及印章。

2. 津南国家农业科技园

津晋高速公路津港站、津港高速公路咸水沽站出口。位于津南区八里台镇津港公路28km处,占地2450公顷,是中国农业旅游示范点。以"休闲农业"为主题,是集科普性、趣味性、参与性为一体的大型综合园区。科技园内有一个松江乡村俱乐部,内设有人工垂钓湖、动物观赏、山野名居及欧式高档别墅区、田园无公害种植基地等。还有蝴蝶兰育培园温室、生态植物园、度假观光垂钓园、马术训练馆、蔬果采摘园等十几处旅游观光景点。

3. 葛沽郑家大院

位于津南区葛沽镇南大街与营房道交口。郑家大院始建于清末民初,为郑氏宅第。占地6000m^2,由6个四合院组成,兼有东西两个跨院,建有地窖、角楼。共计房屋百余间,院内有甬道,院与院之间有月亮门相互连接,大院环套小院,院墙上镶嵌石雕动植物图案。

4. 官港森林公园

津晋高速公路港塘站出口。位于大港东北部港塘公路,公园总面积2138公顷,其中心为官港湖,湖面515公顷。公园以森林为主体,兼有奇花异草的自然生态。这里有广阔水域、茂密苇丛、繁茂林木和珍禽候鸟,是人们寻觅野趣、放松心情的休闲旅游之地。公园内有阿尔泰牧场,占地面积667公顷,拥有泥地马场、草地马场和VIP草地马场,有467公顷湖面,湖水碧波荡漾,可供游船航行。

5. 驴驹河赶海

津晋高速公路临港站出口。驴驹河海滩长16km,宽3000m,面积为56km^2。滩涂广阔而平缓。大海退潮时,游人可乘坐三轮机动车或毛驴车,到海滩上捕鱼摸虾、捉蟹采蛤、赶海观光。可享用渔家饭或自己收获的海鲜,夜晚还可以留宿渔家,体验渔民生活,了解渔村风俗。

(十四)津宁高速公路

七里海生态保护区位于津宁高速公路七里海站出口,宁河区津芦公路以南,具有典型的古海岸特征,牡蛎滩、贝壳堤和古河道湿地,构成七里海三大自然景观区,也是北方少有的芦苇水丛、碧水粼粼、百鸟云集、鱼肥蟹美、风光秀丽。七里海还是鸟类的天堂,也是候鸟迁徙途中的栖息地。

第八章
高速公路建设项目

第一节 S40 京津塘高速公路（北京十八里店—滨海新区河北路立交）天津段（武清大王古镇—滨海新区河北路立交）

一、京津塘公路历史溯源

历史上天津的战略地位极为重要，自古就是保卫北京的重要屏障。金、元、明、清四个封建王朝，均建都北京，作为海防重镇和南北大运河必经之地的天津自然就成为"京师门户，畿辅首邑"。明永乐二年，永乐皇帝朱棣在此设"天津卫"，天津设卫建城距今已有600多年的历史。京津两市距离很近，铁路里程137km，公路里程136km，从天津中心花园至北京天安门直线距离只有111km。两个特大城市相距如此之近，在我国是独一无二的，在世界上也不多见。

民国初年，天津由官绅和民间兴办的一些近现代工业有了发展，陆续兴办了造纸、纺织、卷烟、制碱、化工、地毯、面粉等轻工业和化学工业。工商业的发展，使得天津成为华北地区外国货物和日用工业品进口的枢纽，同时也是华北、西北工业原料和土特产远销海外的重要口岸。由于天津与华北、西北内地的商业来往，从而促进了天津地区近代运输工具的输入与使用，也促进了公路的诞生与形成。

一些西方国家为了向我国侵略扩张，在天津修建了一些道路。1910年第二次国际道路会议的召开，又使得近代新型公路修筑技术传播到中国。天津也是北洋军阀政权与国外联系的一个重要窗口，为巩固其统治，加强对天津的控制，也很需要有京津之间的公路交通。自清末西方殖民国家在中国驻军之后，京津两地均有外国驻军，为相互呼应，也主张修筑京津公路。

由于以上种种原因，京兆国道管理局在民国三年（1914年）首次制订颁布了《京师公修道路简章》。此简章的颁布，说明北京政府已开始注重了道路的兴建，此后即开始了天津地区第一条公路——京津大道的修筑。京津大道原修筑计划，是按照国际道路协会的标准设计,除通过市区的路段外,全线线形、纵坡、路拱、弯道半径等技术标准也均按国际道路协会的规定:要求路基8~10m,路面结构也按国际道路协会标准计划全线铺筑宽5.5m的泥结碎石路面。经测算,全线共需资金53万余银元。

1917年,天津地区首次采用近代公路修筑技术,开始修筑京津大道(当时公路习称"大道",不久改为"汽车路",其后才有"公路"这一名称),1922年6月17日京津大道全线竣工通车。明、清时期,京津交通利用北运河大堤和通京驿道。1917年,直隶水灾时,北洋军阀段祺瑞政府为了加强对天津地区的控制,采纳了美国红十字会的建议,用以工代赈办法,派赈务委员会主管熊希龄同美国红十字会协商,由美国红十字会拨赈10万元,北洋政府出资10万元,开始修建京津大道。工程由京兆尹公署和内务部主持,委任金巩伯为京津大道督办,马君为总工程师,计划铺筑5m宽泥结碎石路面,估计资金53万元。1917年底从北京修至通州新城南门,长约10km,因经费不足而中断,该段将残存的清代铺筑"御路"的块石撤去,加宽并填高了路堤,铺筑了泥结碎石路面。1920年6月,由民间商家向北洋政府借款25万银元,美国红十字会又拨款10万元,河工处拨款6万元,中法实业银行借款60万元,共筹集资金105万元,天津警察厅也参与了汉沟至天津市区一段的赞助,由中、美、法三国组成委员会,继续修建京津大道,自通州南门修到天津忠孝门,长99km,至1921年底竣工。由通州至天津修筑路基宽6~8m,填筑路基高0.6~1m(有的路段利用北运河堤,无堤路段填筑路基),修建桥梁4座,北京至杨村段栽植了行道树柳树,但没有铺筑路面,为土路。后因军阀混战,养护乏人,直到1929年经过重修,才使全线畅通。1922年,京津大道建成华北地区第一座钢筋混凝土大桥杨村双龙桥,为当时国内著名的公路桥。1930年,杨村段修筑开始使用美国最新式筑路机械施工。1931年,由中国人自行设计施工,建成京津公路第二座钢筋混凝土大桥——引河大桥。1941年将通县至天津柳滩段修筑成3m宽半幅混凝土路面。同时,天津市内修筑了柳滩至小王庄旱桥(今京津桥)的公路,使平津和津塘路连为一体。京津大道不仅密切了京津之间的联系,而且便利了途经各县与京津之间的经济交流和商旅往来。到1949年通县至天津段宽6~7m,北半幅为混凝土板路面,南半幅为泥结碎石路面,已呈坎坷不平现象。

从全国公路建设历史来看,京津大道的修建,在京津地区乃至华北地区是近代公路修建之始,在全国也具有一定的重要意义。当时的《道路月刊》评论说:"吾国今日以道路运动始肇于京津大道"。

在京津大道基础上形成的京塘公路是我国首都连接天津通向塘沽新港的一条具有重要政治、经济、军事意义的干线公路。新中国成立后,曾经多次整修、分段改建,到20世纪80年代,大部分路段达到二级标准,天津、北京进出口达一级公路标准,但随着交通量的急剧增长,该路已很不适应交通发展的需要,常常导致严重阻塞。

二、京津塘高速公路项目建设的必要性

1. 为首都建设出海大通道和适应京津冀地区经济发展的需要

原有京塘公路虽经多次改造,但由于交通量的不断增加,约有58%路段存在着"一高三多一低"(即交通量高,平面交叉、穿越村镇、交通事故多,行驶速度低)的情况,远远不能适应交通量增长的需求,更不能满足国民经济发展的需要。京津塘高速公路建成后,将进一步完善该地区公路网,为首都联系天津、河北地区和出海口岸开辟一条快速通道,为高速公路沿线经济发展提供现代化的公路运输条件,对加强京津冀地区的社会经济联系,改善投资环境,对两市一省和华北等地区扩大对外开放、发展外向型经济具有重要作用。

2. 适应天津港进出口物资集散和集装箱运输发展的需要

天津港是我国最大的人工港,是首都的海上门户,担负着京津冀和华北、西北地区的主要物资进出口任务。天津港的物资集疏,主要依靠京山、津浦两条铁路和京塘、杨北等几条公路以及天津机场。其中,公路承担的运输量约占60%以上。从发展趋势看,公路运输比重还将继续增长。一是由于铁路运输网的承载量已经饱和;二是由于公路运输货物尤其是集装箱运输,可以实现门到门运输,没有中间环节,效率高,运输成本低。为此,在天津港的货物吞吐量急剧增长的情况下,进一步提高公路运输能力,发展集装箱运输刻不容缓。

3. 缓和京塘间铁路运输压力的需要

据调查,1983年京津间直达客运约555万人次,旅客列车经常超员,到1990年为782万人次,增长41%。铁路货运任务更加日益繁重。为此,京津塘高速公路建成后,一部分铁路的客、货运任务可转移到公路上来,将大大缓解铁路运输的紧张局面。同时,现京津间铁路运距为137km,高速公路运距为115km,比铁路缩短22km,又处于公路经济运距范围内,塘沽与天津市区、廊坊、北京间的客、货运和集装箱运输采用汽车运输将比铁路运输更加经济合理。

4. 促进公路运输和汽车工业发展的需要

京津塘高速公路建成后,交通拥挤减少,避免了混合交通,可使运输成本降低20%以上,有利于发展公路运输业。同时,也为运输车辆高速、安全、舒适运行创造了条件。高速公路通过能力大、行车速度高、安全高效,必将促进我国汽车工业调整产品结构,推动汽车性能、技术质量和品种的不断进步和提高。

因此,在京津塘之间修建一条等级高、容量大的高速公路,是改善这一地区交通条件、缓解铁路运输紧张状况和促进地区经济发展的一项重大决策。该路建成后,事实证明提

出建设京津塘高速公路的理由是科学的、符合实际的,达到并超过了预期目标。

三、京津塘高速公路项目决策和前期工作情况

京津塘高速公路的项目前期工作,在相当长的时间里经历了国人对我国高速公路建设的认识、争论、再认识的过程。这其中存在着要不要建设高速公路、修建高速公路是否符合中国国情的不同争议。京津塘高速公路规划由一级公路、高速公路改为一级公路、汽车专用公路,又改回高速公路,大致经过了13年的提高认识、转变观念的过程,其中包括1979年至1981年的搁置时间。

对京塘公路的运输状况,交通部早已有所预测,从1972年开始就安排交通部第二公路勘察设计院对沿线进行了踏勘和调查,1973年进行补充经济调查,收集了第一手资料。1977年开始,交通部安排部公路规划设计院及部第一、第二公路勘察设计院再次进行补充调查,并制订京塘高速公路技术标准与勘察设计规定。

1978年初,交通部结合塘沽港的现代化建设,拟定修建京津塘高速公路。由于这是中国大陆上第一次正式测设修建高速公路,部领导极为重视。1978年3月,成立了京津塘高速公路测设领导小组,组织交通部公路规划设计院及部第一、第二公路勘察设计院等单位进行了全线测设工作并编制了初步设计文件。但由于当时有关方面对高速公路认识上的不一致和资金不落实等原因,该路未获批准列入国家建设计划。

1981年遵照国务院"关于京塘公路要按一级公路标准进行改造"的批复,交通部于1982年2月重新确定对该路进行可行性研究,由交通部公路规划设计院主持,部公路科学研究所、第一公路勘测设计研究院、北京市交通局、天津市市政工程局参加,共同组成14人的"京塘公路建设项目可行性研究组",同年10月完成了可行性研究报告。1983年2月,交通部和两市一省联合向国家计委呈报了〔1983〕交计字279号文,京塘一级公路设计计划任务书。1984年1月,国家计委批复,计交〔1984〕035号京塘汽车专用公路设计任务书的复函,经国务院批准京塘公路按汽车专用公路建设。同时,交通部随即组成部测设领导小组,组织部属规划、勘察设计单位对京塘汽车专用公路正式进行勘测设计。1984年7月,交通部和两市一省联合向国务院请示,拟将批准修建的汽车专用公路改为高速公路;8月,交通部公路规划设计院完成了"京塘高速公路建设项目可行性研究报告";10月,国家计委正式批复原批设计任务书规定的汽车专用公路改为高速公路,同时国务院召集国家计委、交通部、财政部、两市一省负责同志研究京津塘高速公路建设问题,明确要下决心把这条路修好。随即交通部京塘汽车专用公路测设指挥组更名为京塘高速公路测设指挥组负责编制完成初步设计文件,11月交通部在京邀请国家有关部委、省市和设计、科研、施工、院校等119名专家对京津塘高速公路初步设计进行了会审,1985年12月完成施工图设计。1986年7月21日,国家计委以计交〔1986〕1283号文件批准《京津塘高速公路设计任务书》,国务院正式批准了交通部《关于京津塘高速公路设计任务书的报告》,7月底交通部在京召开了有关省、市和部门负责同志及专家参加的京津塘高速公路修正初步设计审查会,9月6日交通部以〔1986〕交公路字673号文件批准《京津塘高速公路修正初步设计》。京津塘高速公路的决策过程再一次说明了国家有关部门对高速公路认识上的曲折过程。

1984年1月,国务院批准京津塘高速公路作为世界银行贷款的备选项目,1986年3月世界银行对京津塘高速公路项目进行了预评估,6月澳大利亚发展援助局通过我国外经部将澳大利亚政府约150万澳元赠款作为京津塘高速公路前期工作的技术援助项目,派遣了该国10余名专家对京津塘高速公路的设计文件进行完善,并帮助编制招标文件,10月世界银行对该项目进行正式评估。1987年2月交通部完成了"京津塘高速公路项目利用世界银行贷款可行性研究的补充报告",随后该项目转为正式贷款项目,3月我国政府代表团与世界银行进行京津塘高速公路项目贷款协定的谈判,6月京津塘高速公路测设指挥组完成招标文件的编制工作,8月交通部与两市一省政府签定了"关于使用世界银行第二批公路贷款项目——京津塘高速公路执行协议书",9月14日我国政府与国际复兴开发银行和国际开发协会分别签订了京津塘高速公路项目贷款协定和开发信贷协定。1988年4月,交通部与两市一省政府签订了"关于使用世界银行贷款建设京津塘高速公路项目分贷协议"。

京津塘高速公路

四、京津塘高速公路项目概况

京津塘高速公路是我国"七五"至"八五"期间重点交通建设项目,也是我国第一条经国务院批准并部分利用世界银行贷款建设的跨省、市高速公路工程。

京津塘高速公路土木工程于1987年12月23日开工,1993年9月25日全线竣工。工程建成一段投入使用一段,其中北京至杨村段于1991年1月正式试运行,1991年12月通车至宜兴埠,1992年10月延伸至天津滨海机场,1993年9月底全线开通。电子与机电工程于1992年11月28日开工,1995年3月31日竣工。

京津塘高速公路历经科研、勘测、设计单位10余年的技术准备精心设计,先后6次进行大规模现场勘察,并完成大量科学实验和专题研究工作。在项目实施过程中,研究完成12项关键技术和理论成果,包括高速公路项目管理技术、勘察设计技术、工程实施技术和工程监理技术等。项目建设按国际竞争招标,实行施工监理制度,严格遵守国际咨询工程师联合法制订的合同条款进行组织、施工和管理。全部工程于1995年8月4日通过国家验收,国家验收委员会认定工程总体水平达到国内领先和当代国际先进水平。

京津塘高速公路在实施过程中,在项目管理、勘察设计、工程质量和科学技术等方面都取得了显著的成绩。1993年被交通部授予改革开放以来"全国十大公路工程"称号;1994年被建设部评为改革开放以来对国内有重大影响的"全国最佳工程设计特奖";1995年被交通部评为"公路优质工程一等奖";1996年获"中国建筑工程鲁班奖(国家优质工程)"和"交通部科学技术进步特等奖";1997年获"国家科学技术进步一等奖";1999年获"中国土木工程詹天佑大奖";2009年被评为"新中国成立六十周年百项经典暨精品工程";2012年,被中国土木工程学会评为"百年百项杰出土木工程"。

获奖证书展示

京津塘高速公路的探索和实践,为我国高速公路勘察设计理念和方法以及标准规范体系的建立奠定了基础,是我国高等级公路建设的新起点,标志着我国公路建设已进入现代化的新时期。建设过程中研究制订的标准和总结积累的经验,对国内其他高速公路建设起到了深远的影响,具有创新示范和技术指导作用。

京津塘高速公路设计里程全长为142.69km,其中:北京市境内35km,河北省境内6.84km,天津市境内100.85km。此外,另有与之配套的北京市区联结线3.06km,连接三环路;天津塘沽区联结线8.07km,连接天津港。

京津塘高速公路自起点北京市十八里店至塘沽主线收费站间140.40km为高速公路,设计速度为120km/h;塘沽主线收费站以东至终点河北路间2.29km为一级路,设计速度为100km/h,两端联结线设计行车速度为80km/h。全线路基顶宽26.00m,双向4车道,全部控制出入,设有完善的交通安全、服务和管理设施以及先进的监控、通信、收费系统,功能齐全、适用。全线高速公路总造价为22.5亿元,天津段总造价为16.7亿元。

2009年,我国开展了高速公路命名编号和交通标志改造工程,根据交通运输部总体部署,将京津塘高速公路北京市十八里店—武清区大王古庄镇津冀界段41.837km,武清区大王古庄镇津冀界—武清区泗村店镇段14.437km划入G2京沪高速公路。在原天津市市政公路管理局的组织下,天津市高速公路管理处编制了天津市高速公路命名编号和桩号传递方案,将京津塘高速公路武清区泗村店镇—滨海新区河北路立交段86.416km纳入天津市省级高速公路网,编号为S40,在命名编号体系中为横向线。

(一)路径、标准及主要技术指标

该路起自北京市朝阳区十八里店,经北京市的马驹桥、河北省廊坊市的南营村后,进入天津市的武清区境,经大王古、郑楼、北辰区宜兴埠、东丽区徐庄子、李明庄至滨海新区河北路止。沿途经过北京市的朝阳区、大兴区、通州区,河北省廊坊市安次区和天津市的武清区、北辰区、东丽区、滨海新区,共8个区,路线全长142.69km,其中北京市段长35km,河北省段长6.84km,天津市段长100.85km(占路线全长的70.7%)。

1. 高速公路

设计速度:120km/h。

曲线比及平曲线最小半径:全线曲线合计里程占总里程的77%;最小平曲线半径除接近塘沽市区受条件限制,采用了一个$R=3042.5$m者外,其余均为$R \geqslant 5500$m不设超高的半径,最大$R=10000$m。

直线最大长度:在天津东段,长3789.5m。

最大纵坡:2.5%。全线竖曲线长度占总长的56.4%。竖曲线最小半径凸形11000m(1处),凹形10000m(1处)。

路基宽度:26.00m。其中:行车道2×7.5m;中间带4.50m(含中央分隔带3m及左侧路缘带2×0.75m);硬路肩2×2.50m(含右侧路缘带2×0.50m);土路肩2×0.75m(采用10cm厚级配碎石加固)。

路面:沥青混凝土路面,设计使用年限20年,设计标准轴载为100kN。主线及立交引路全是沥青混凝土路面。沥青面层包括中粒式混凝土表面层(硬路肩部位不铺)、粗粒式混凝土中面层和沥青碎石底面层,3层厚度共计20~25cm。基层为水泥稳定级配碎石,厚20cm。底基层为石灰土或石灰粉煤灰,厚20~45cm。收费站广场与进出口等处为钢筋混凝土路面。面层厚30cm,下设水泥级配碎石基层20cm,石灰土或石灰粉煤灰底基层各厚18~23cm,总厚68~73cm。

路肩:10cm厚级配碎石加固层。

全线平均填土高度2.51m,一般路基高2.1~2.73m,天津市段平均填高2.92m。

桥涵设计车辆荷载:汽车超—20级、挂车—120。荷载标准可满足重型卡车、国际集装箱运输车和大型平板拖车通行的需要。桥面净宽2×11m,建成上下行分离式双桥,外侧与路基边缘齐平,只设护栏,不设人行道;涵洞和通道与路基同宽。

立体交叉:桥下净空高度均为5m;畜力车通道净空高分别为3m和4m,净宽分别为

4m 和 6m;行人、自行车通道净空高 2.2m,宽 4m。

交通工程和安全服务设施:采取封闭式收费系统,设置自动控制中心和标志、路面标线,以及监控、供电、通信、安全及服务等设施。

2.联结线

京津塘高速公路的两端,各有一段连接线,是高速公路的组成部分,天津市自塘沽区河北路至临港立交桥连接线,长 8.135km,为一级公路标准,横断面布局与主线同,除设计速度采用 80km/h 及为部分控制出入外,其余主要技术标准参考高速公路标准。并在与京山铁路交叉处修建上跨铁路的立交桥 1 座。

京津塘高速公路滨海段

S40 京津塘高速公路基本信息,桥梁及路面结构见表 8-1-1 ~ 表 8-1-3。

(二)建设规模

天津市路段自武清区大王古庄与河北省廊坊市交界起,至塘沽宁车沽路,长 98.56km,按高速公路标准修建;宁车沽路至河北路段 2.29km,因已进入塘沽市区,为使车辆集散迅速,按一级公路标准修建。

1.主体工程

天津段完成的主要工程量如下:路基土石方 1345.95 万 m^3,软土路基处理 49.01km,占用土地 742.85hm^2;沥青混凝土路面 248.11 万 m^2,高架桥 4913.1m/2 座,大桥 857.2/3 座(凤河大桥、龙凤新河大桥、永定新河大桥),中桥 955.9m/17 座,小桥 348.7m/16 座,涵洞 9941.3m/247 道;互通式立交 540.7m/5 处,分离式立交 1838.1m/19 座,通道桥 77.5m/5 座,通道 2604.5m/85 座,钢护栏 259795m,隔离栅 205147m,标志 350 块,标线 91360m^2/100.85km。

第八章
高速公路建设项目

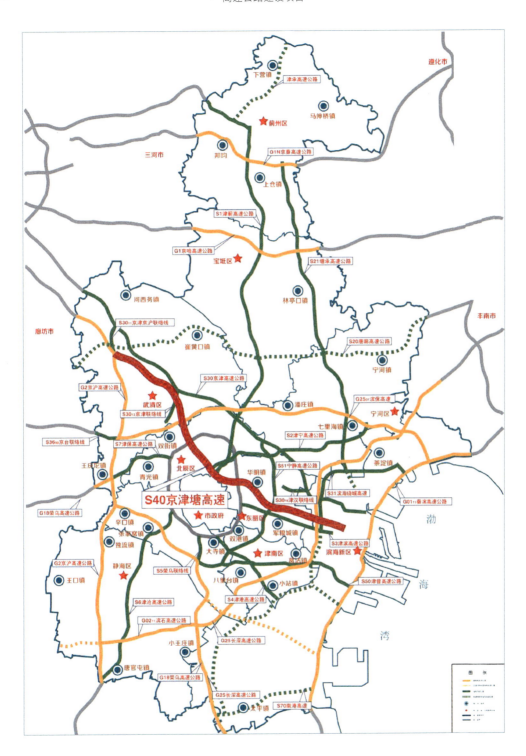

S40 京津塘高速公路在路网中位置示意图

S40 京津塘高速公路项目基本信息

表 8-1-1

路段起止桩号		规模(km)			建设性质(新、改扩建)	设计速度(km/h)	路基宽度(m)	永久占地(亩)	投资情况(亿元)			资金来源	建设时间(开工—通车)	4A级以上主要景区名称	备注
起点桩号	止点桩号	合计	八车道及以上	六车道	四车道					估算	概算	决算				
K56+274	K142+690	86.42			86.42	新建	120	26	5553.49	6.26	11.31	11.21	使用车辆购置附加费和利用世界银行贷款	1987.12—1993.9		
K90+053 K102+850	k99+782 K107+365	12.938			12.938	改建	120	28	8664	28.65	28.85	28.88	地方自筹25%本金,其余银行贷款	2014.7—2015.5		高架桥

S40 京津塘高速公路天津段桥梁汇总

表 8-1-2

序号	名称	规模	桥梁左(m)	桥梁右(m)	主跨长度(m)	桥面宽度(m)	桥底净高(m)	跨越障碍物	桥梁分类	备注
1	津蓟大桥	特大桥	1100	1100	30	26	5.5	道路	梁式桥、钢筋混凝土梁桥、简支梁	
2	北部新区段高架工程	特大桥	4599	4599	30	26	5.5	道路	梁式桥、钢筋混凝土梁桥、连续梁	
3	金钟高架桥	特大桥	3099	3099	30	26		河流	梁式桥、钢筋混凝土梁桥、连续梁	
4	北部新区段高架工程	特大桥	8339	8339	30	26	5.5	道路	梁式桥、钢筋混凝土梁桥、连续梁	
5	凤河大桥	大桥	146.11	146.11	20.28	26		河流	梁式桥、钢筋混凝土梁桥、简支桥梁	
6	龙凤河大桥	大桥	205.8	205.8	25	26		河流	梁式桥、钢筋混凝土梁桥、简支桥梁	
7	永定新河桥	大桥	506.06	506.06	25	26		河流	梁式桥、钢筋混凝土梁桥、简支桥梁	
8	北干渠桥	中桥	64.98	64.98	20	26		水渠	梁式桥、钢筋混凝土梁桥、简支桥梁	

第八章 高速公路建设项目

续上表

序号	名称	规模	桥梁左(m)	桥梁右(m)	主跨长度(m)	桥面宽度(m)	桥底净高(m)	跨越障碍物	桥梁分类	备注
9	西边渠桥	中桥	67.74	67.74	16	26		水渠	梁式桥、钢筋混凝土梁桥、简支桥梁	
10	北运渠桥	中桥	99.74	99.74	16	26		水渠	梁式桥、钢筋混凝土梁桥、简支桥梁	
11	运东渠桥	中桥	42.74	42.74	13.62	26		水渠	梁式桥、钢筋混凝土梁桥、简支桥梁	
12	机排河桥	中桥	42.7	42.74	13.62	26		河流	梁式桥、钢筋混凝土梁桥、简支桥梁	
13	郎园河桥	中桥	42.7	42.7	13.62	26		河流	梁式桥、钢筋混凝土梁桥、简支桥梁	
14	跃进路桥	中桥	55.8	55.8	25	26		河流	梁式桥、钢筋混凝土梁桥、简支桥梁	
15	北塘排污桥	中桥	99.7	99.7	16	26		水渠	梁式桥、钢筋混凝土梁桥、简支桥梁	
16	袁家桥	中桥	51.7	51.7	16	26		河流	梁式桥、钢筋混凝土梁桥、简支桥梁	
17	西区水系桥	中桥	44.5	44.5	20	26		河流	梁式桥、钢筋混凝土梁桥、连续桥梁	
18	黑猪河桥	中桥	64.9	64.9	20	26		水渠	梁式桥、钢筋混凝土梁桥、简支桥梁	

S40 京津塘高速公路天津段路面结构

表 8-1-3

路面形式	起讫里程	长度(m)	水泥混凝土路面	沥青路面	路面结构
柔性路面	K56+274～K142+690	86416		沥青混凝土路面	表面层 4～5cm 中粒式沥青混凝土（硬路肩部位不铺）+ 中面层 5～7cm 粗粒式沥青混凝土 + 底面层 11～13cm 沥青碎石 + 基层 20cm 水泥稳定级配碎石 + 底基层 20～45cm 石灰土或石灰粉煤灰
刚性路面	其中收费站广场与进出口等处		钢筋混凝土路面		面层厚 30cm，下设水泥级配碎石基层 20cm，石灰土或石灰粉煤灰底基层各厚 18～23cm，总厚 68～73cm

路面排水设施如下:路基两侧每隔 25～50m 设置水簸箕 1 道;在硬路肩外缘设盔形沥青混凝土缘石以便分段拦引路表水流,及时排出;在浅碟形中央分隔带内靠右侧铺砌 3 条水泥混凝土预制块和左侧植草,形成排水沟,雨水进入分隔带内所设的水泥混凝土集水井,通过横向排水管侧向急流槽排入边沟内。

2. 交通安全设施

全线设置有标志、标线、护栏、防眩板、轮廓标、防护网、隔离栅等。

防护拦栅:在路基上设护拦 2～4 道,分设于中央分隔带内两侧及路基高于 4m 以上路段的土路肩边部。为 Z 形型钢立柱,波形钢板梁。全线在路基两侧排水边沟外(公路征地界)设置隔离栅各一道。在村镇附近用编织网式,在人烟稀少的沼泽、盐田地带采用刺丝网式。

标志与标线:为行车顺畅和交通安全,按照国标《道路交通标志和标线》(GB 5768—1999)的规定,精心设计、设置和完善各种标志与路面标线。

2010 年在交通运输部开展的高速公路网路线命名编号和交通标志改造工作中,按照《公路交通标志和标线》(GB 5768.2—2009)标准对全线交通标志进行了改造和更换,提高了交通指路设施服务水平。

3. 服务与管理设施

在天津段徐官屯及东丽农场附近分别设置了 2 处服务区,在杨村及宜兴埠等 2 处设立了养护管理所。

房屋建筑:在北京市方庄设管理局、自动控制中心,管理所两处,收费站 6 处等,建筑面积 1.87 万 m²。

徐官屯服务区

4. 监控、通信、收费及照明系统

在北京方庄(办公楼)设置监控、通信、收费中心各 1 处。

交通控制管理系统:全线设置了监视控制系统以监视处理和诱导交通流,监控系统由中心控制室(设于北京市方庄)、终端监视设备及终端控制设备组成。在道路沿线设有可变情报板、可变限速标志、闭路电视摄像机、环形线圈车辆检测器。3个管理所分别设置气象站。

综合通信系统:全线设有9个通信站,在3个管理所内设有紧急电话控制桌和无线电基地台,可分别对车辆事故、紧急情况进行调度和处理。通信系统设备包括:设在控制中心的数字程控交换机,3个通信站设置了具有程控交换功能的远端模块;在高速公路两侧以2km为间隔设有1对紧急电话机,当发生事故或紧急情况时,可直接与其所属紧急电话控制台取得联系;指令电话系统;业务电话系统;移动无线通信系统。

收费系统:为封闭式收费系统是采用磁性通行券以收取现金为主,同时也可处理订户卡。收费系统为三级计算机实时数据处理系统。全线设有9个收费站,进出口车道85个。近期建设入口车道设备25套,出口车道设备37套。

照明系统:为全线3个服务区的加减速车道及主路面、9个收费站的收费广场和互通式立交的路面提供照明。

5. 收费站介绍

大羊坊收费站地处北京大兴区与通州区的交界处,可通往五环路、四环路、三环路(通州、顺义、平谷、昌平、怀柔、密云、延庆),是去往北京市区、北京国际机场、北京经济技术开发区的重要出口。通过环线路,可以连接京哈(京沈)高速公路、京通快速路、首都机场高速公路、京承高速公路、京昌高速公路、京石高速公路、京开高速公路等。

马驹桥收费站与北京六环路紧紧相连,东站出口跨桥左行可以到达大兴区、京开高速公路和京石高速公路,右行可以到达通州区、顺义区、平谷区、昌平区、京哈高速公路、京津公路和八达岭高速公路。

采育收费站地处北京大兴区采育镇东庄村东,从站出口向东是通往通州区和河北香河、大厂的重要通道,向南2km与104国道相连接,可直达廊坊市和廊坊经济技术开发区,出口向西是去往104国道、大兴采育镇的通道。

廊坊站是通往廊坊市区、廊坊经济开发区和华北大学城的重要通道。

泗村店收费站——武清区南马房村泗村店收费站,在京沪高速公路(一期)与京津塘高速公路(K56+7)处相交,是京沪高速公路(天津段)因高速公路运营管理公司不同,为方便收费和运营管理而设置的收费站。

杨村收费站地处天津市武清区,是连接103、104国道、武清开发区的重要通道。出口直行可以通往京沪高速公路、津保高速公路和天津市外环线(去河北省沧州、山东济南、江苏南京、上海方向)。出口即到武清开发区、天鹅湖度假村,行驶3km可到武清区政府,出口直行第二个红绿灯右转行驶6km可到达凯旋王国(雷锋纪念馆)、封神演义宫。

京津塘高速公路杨村出口

京津塘高速公路宜兴埠立交

宜兴埠收费站是通往天津市区、天津外环线、北辰经济技术开发区、京沪高速公路、津保高速、津围公路的重要枢纽。

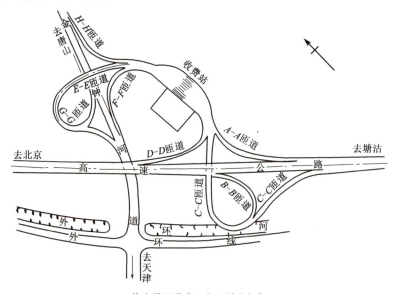

徐庄子互通式立交双喇叭方案

金钟路收费站地处天津市东丽区,是通往天津市区及商业中心最近的通道,是连接河北省和东北地区的重要枢纽。

天津机场收费站坐落于天津市东丽区华明镇,出口联接津汉公路,该出口是通往天津滨海国际机场、天津市中心城区和天津自贸区的重要通道。

空港收费站位于京津塘高速公路与空港物流加工区一期、二期的交汇处,紧邻S51宁静高速公路,为满足空港经济区及周边产业区发展而于2011年建成并开通的收费站。

塘沽西站是京津塘高速公路和长深高速公路的交汇站。进入长深高速公路可到达天津市滨海新区汉沽、宁河县、静海县、河北省唐山市和秦皇岛市及东北地区、山东省、江苏省、上海市等地,是通往京哈高速公路、津晋高速公路、荣乌高速公路的重要通道。

塘沽收费站是京津塘高速公路终点收费站,地处天津市滨海新区核心区河北路,是通往天津市经济技术开发区、保税区的重要通道。

同时,为促进武清南部地区发展,方便当地交通出行,2015年初武清区开始建设位于南部"天河城"的下朱庄出入口,取名"下朱庄收费站"。该收费站为4入6出(包括2入2出ETC),2015年11月建成通车。

在天津城区范围内,京津塘高速公路同津滨高速公路呈平行线,都由天津城区直通塘沽,惟军粮城出口由京津塘高速公路挪到津滨高速公路上。

6.沿线主要控制点

京津塘高速公路的主要路线为北京—廊坊—天津中心城区—塘沽。这条高速公路与北京三、四、五环和六环路、天津外环线与京沪、津蓟和唐津高速公路以及103国道和104国道互相连接。

京津塘高速公路打开了首都直达天津港口的快速通道,汽车单程只需一个半小时。它与北京机场、天津机场又构成"海陆空"完整的交通体系。

京津塘高速公路建成通车以来,显著改善了京津塘地区的道路交通条件,构筑了区域快速交通道路。为加强京、津、冀发展经济合作关系、实现优势互补,形成地区经济总体布局提供了良好的契机和重要的物质条件,对京、津、冀社会经济的迅速发展起到了积极的推动作用;对区域经济的发展布局产生了积极的引导作用,形成了沿京津塘高速公路布局的新经济增长点和发展带。

京津塘高速公路沿线两侧,有北京市经济技术开发区、河北省廊坊市经济技术开发区、天津经济技术开发区、天津港保税区等11个新兴区,初步形成了一条高新技术产业带的新格局。高速公路的人流、物流、信息流、资金流的形成,必将大大加快这一地区的经济发展和对外开放的步伐。

京津塘高速公路正以其对高新技术产业的强大吸附力,形成中国北方的"黄金通道"。中外企业家预言,这里将成为中国北方的"硅谷"带。

(三)参建单位

S40京津塘高速公路参建单位见表8-1-4。

京津塘高速公路建设、设计、施工、接养单位一览表　　表8-1-4

参建单位类别	单 位 名 称	职务或职称	姓名
建设单位	京津塘高速公路联合公司 京津塘高速公路北京市公司 京津塘高速公路河北省公司 京津塘高速公路天津市公司	京津塘高速公路联合公司总经理	田凝寿
设计单位	交通部第一公路勘察设计院 交通部第二公路勘察设计院 交通部公路规划设计院 交通部公路科学研究所 交通部重庆公路科学研究所	交通部第一公路勘察设计院总工程师	陈永耀
监理单位	京津塘高速公路总监理工程师代表处 国际咨询公司丹麦金硕国际有限公司 京津塘高速公路北京段高级驻地监理工程师办公室（北京市高速公路监理公司） 京津塘高速公路河北段高级驻地监理工程师办公室 京津塘高速公路天津段高级驻地监理工程师办公室（天津市道路桥梁监理公司）	总监理工程师	杨盛福
施工单位	一号合同（北京—河北省段41.84km） 中国公路桥梁工程 （北京市公路局、河北省公路工程局） 北京市公路工程公司 交通部第一公路工程总公司 日本西松建设株式会社	北京市公路局副局长	赵大信
	二号合同（天津市西段43.75km 土木工程） 天津市第五市政工程公司 天津市第一市政工程公司 法国伯涅公司	天津市第五市政工程公司经理	韩淑川
	三号合同（天津市东段52.84km 土木工程） 天津市第一市政工程公司 日本铺道株式会社	天津市第一市政工程公司经理	商仁阳
	四号合同（宜兴埠至徐庄子段高架桥4.26km 土木工程） 交通部第一公路工程总公司 日本熊谷组株式会社	交通部第一公路工程总公司企管处处长	陆建中
	五号合同（全线142.69km 电子与机电工程） 德国SBH/中信联合体 加拿大卡乃克通信公司 西班牙圣科交通控制有限公司 天津施莱德照明器材有限公司	项目代表	罗赞文 苏启伦 唐辉等
接养单位	京津塘高速公路联合公司 北京市公路局高速公路管理处 河北省高速公路管理局廊坊管理处 天津市高速公路管理处	京津塘高速公路联合公司副总经理	从士杰

（四）资金来源和征地拆迁情况

1. 资金来源

京津塘高速公路工程总概算为22.70亿元人民币。主线工程费用由交通部使用车辆购置附加费及利用世界银行贷款1.5亿美元解决。征地拆迁、线外工程和联接线工程费用，由北京市、天津市、河北省负责筹措。工程决算为22.52亿元人民币。其中：

（1）内资：16.93亿元人民币；其中：交通部投资12.34亿元人民币；地方自筹4.59亿元人民币。

（2）外资：1.5亿美元，折5.59亿元人民币，全部为世界银行贷款。

2. 征地拆迁

京津塘高速公路建设项目共征用土地1008.669km^2，详见表8-1-5。

京津塘高速公路土地征用情况一览表（单位：km^2） 表8-1-5

地 区	水 田	旱 地	菜 田	鱼、果、苗	合 计
北京	43.561	121.219	40.047	12.883	217.711
河北	43.649	4.459	—	—	48.108
天津	131.747	419.989	131.509	57.351	742.851
合计	218.958	545.667	171.557	70.235	1008.669

最终征用土地费18823.8万元，工程量988.54km^2，征地占用税4714.5万元，拆迁补助费4918.1万元。

征地及主要拆迁量：天津市路段征地728公顷（合10920亩），拆除房屋1925间，计35562m^2，院墙3834m，拆改各种管线370多处，机井31口，迁坟19445座，砍伐树木10.5万余株。

五、京津塘高速公路建设情况

京津塘高速公路的勘察设计工作，一直是在交通部直接领导下进行的。1978年完成全线初步设计和10km路段施工图后，1984年3月再度成立交通部京津塘高速公路测设指挥组，全线初步设计和施工图设计由交通部第一公路勘察设计院负责抓总，组织交通部部属5个公路设计、科研单位共同完成。其中，北京市、河北省段由交通部第二公路勘察设计院承担；天津市西段、天津市东段以及宜兴埠至徐庄子高架桥段由交通部第一公路勘察设计院承担；电子与机电设备的安装设计由交通部公路科学研究所承担。另外，交通部公路科学研究所还负责全线交通工程设施设计和全线路面结构设计方案的提出，交通部重庆公路科学研究所参加软土地基沉降与稳定性验算工作,交通部公路规划设计院负责沿线设施中的房建工程和部分桥涵通用图设计。

鉴于京津塘高速公路在国家交通建设项目中的重要地位,为了探索跨省、市高速公路建设体制,建立具有中国特色的现代化交通建设发展模式,按照国务院决定,于1986年8月成立京津塘高速公路工程领导小组,由交通部、财政部和两市一省的主管领导组成,交通部副部长王展意任组长,作为该工程的组织协调机构。领导小组的任务是根据需要召开会议,检查贯彻实施建设计划情况,及时协调两市一省在工程实施过程中的相互配合和衔接事宜,研究决定工程建设与管理方面的重大问题。同时,根据国务院决定,经工程领导小组研究,于1986年8月底在北京设立京津塘高速公路联合公司,两市一省设分公司,具体负责贯彻执行工程领导小组的决议,实行企业法人责任制。

京津塘高速公路的施工,实施国际竞争性招标。全部工程分为5个合同,其中4个为土建合同,即:第一合同为北京市、河北省段,长41.84km;第二合同为天津西段,长43.75km;第三合同为天津东段,长52.84km;第四合同为宜兴埠至徐庄子高架桥段,长4.26km;第五合同为交通工程电子与机电设备工程的采购与安装,包括为全线及管理控制中心提供监控、通信、收费及照明等4个系统。

每一个合同的招标文件包含4卷:第1卷合同条款;第2卷技术规范;第3卷工程量清单、技术格式和资料表格;第4卷为设计图纸。经过审查补充完善,共约4000张图纸已达到施工图的要求,其规格、符号与国际常用的一致。总计京津塘高速公路全套设计和招标文件有94本,用中文、英文两种文字编写,共为188本,并报送世界银行审阅,被认定为中国利用世界银行贷款项目土建部分国际招标的样本。

1986年9月,4个土建合同公开招标。国内外共有51个承包人申请投标,经资格预审,其中40个单独承人和联营体取得投标资格。1987年6月24日在北京公开开标,由中国技术进出口总公司国际招标公司和两市一省组成的评标小组进行评选,评标结果经国家评标委员会批准和世界银行确认。由于工程招标严格按照规定程序,坚持平等竞争原则,准备工作严谨细致,又组织有经验的技术、经济专家参加资格预审和评标工作,使招标任务得以圆满完成。

1987年10月27日,在北京举行4个土建合同的签字仪式,时任国务院副总理李鹏出席。11月25日,经交通部批准,交通部工程管理司司长、京津塘高速公路总监理工程师杨盛福发布开工令。12月10日举行开工典礼,时任国务院副总理田纪云为工程奠基。12月23日,4个土建合同工程正式开工。

第五合同于1990年10月20日招标,参加投标的有国内外10个承包人联营体,1991年4月23日开标。

1992年4月开始与交通监控、通信、收费及照明等4个系统中标的承包人分别进行合同谈判和合同文本制作,8月1日举行合同签字仪式,11月1日总监理工程师杨盛福下达第五合同段开工令,11月28日该段正式开工。

根据世行贷款的规定,除上述国际招标外,并按国际惯例实行监理工程师制度,执行菲迪克(FIDIC)土木工程施工合同条件条款。交通部工程管理司司长杨盛福为项目总监理工程师,下设总监理工程师代表处,负责监督协调全线监理工作。在该代表处领导下,由总监理工程师授权京津冀三省市分别组建高级驻地监理工程师办公室和驻地工程师办公室,负责日常工程监理。以上三级监理组织共有中方监理人员217人,监理密度为平均每平方公里1.3~1.5人,天津段高级驻地监理工程师办公室为天津市道路桥梁监理公司(后改称天津市华盾工程监理公司),同时还根据世行规定:必须有世行承认的咨询公司参加监理或进行咨询业务,因此采用国际有限竞争招标的手段,选定丹麦金硕国际咨询公司和美国路易斯·伯杰国际工程咨询公司参加工程监理。他们派出5名专家参加咨询性质的服务,分别在总监理工程师代表处、高级驻地监理工程师办公室协同中方监理参与监理培训、合同管理、参加重大技术问题的决策、严格控制质量标准等的监理工作。

京津塘高速公路监理合同签字仪式

京津塘高速公路开工后,在党中央、国务院的亲切关怀和国家计委、财政部、交通部等部委的大力支持下,在两市一省政府的领导下,经建设单位、监理和承包人三方紧密协作共同努力和万余名筑路职工艰苦奋战,工程进展基本顺利。北京至天津杨村段72km主线工程(其中天津段30.4km,内含大桥两座、中小桥10座、互通式立交1座、分离式立交5座、通道36个,以及沿路涵洞、护栏、隔离栅、标志、路面标线和郑楼管理所、收费站等工程)于1990年9月12日举行通车仪式,由邹家华、李锡铭、叶飞、王光英等领导剪彩,为第十一届亚运会提供了通车服务。1991年1月14日,李鹏总理在天津杨村收费站接见了京津塘高速公路建设和管理单位的代表,并题词"把京津塘高速公路的建设和管理达到国际第一流水平"。1991年1月15日北京至天津杨村段正式投入试运营。1992年9月30日,主线工程修到天津机场,通车里程达109km。1993年9月25日,京津塘高速公路全线通车,在塘沽举行庆典仪式,邹家华副总理剪彩,交通部黄镇东部长及京津冀政府领导及有关部门代表参加。第五合同全线的交通控制、管理系统,于1995年3月底竣工。至此,京津塘高速公路工程全部建成。

京津塘高速公路天津段道路实际完成路基土石方1345.95万 m^3,软土地基处理49.01km,沥青混凝土路面248.11万 m^2,以及道路沿线的钢护栏、隔离栅和排水、绿化等附属工程。桥涵工程实际完成高架桥4913.1m/2座,其中跨津蓟铁路与杨北公路的高架桥长1106m,天津宜兴埠至徐庄子跨北环铁路、新开河与金钟路的高架桥长3807.1m;完成跨河桥梁36座,其中大桥857.2m/3座,中、小桥1304.6m/33座,互通式立交4处,分离式立交20处,农村道路下穿高速公路的通道5处以及农村排水涵洞247道。交通管理与服务设施,完成北京控制中心及沿线3个服务区、3个管理所、9个收费站等建筑物,建筑面积56000 m^2;完成监控、通信、收费、照明系统的全部设备安装,包括控制中心的监控计算机、数字程控交换机及沿线8块可变情报板、12块可变限速标志、5台闭路电视摄像机、20组环形线圈车辆监测器和公路两侧142部紧急电话及9处85个车道封闭式收费系统等。全线共征地1008km^2。

交通部副部长、京津塘高速公路工程领导小组组长王展意察看京津塘高速施工现场

津塘高速公路工程总监理工程师杨盛福在工地检查工作

世界银行代表察看施工现场

京津塘高速公路工程路基施工

第八章
高速公路建设项目

京津塘高速公路工程路面施工

京津塘高速公路工程路面压实

京津塘高速公路工程桥梁施工

京津塘高速公路工程现场会

京津塘高速公路项目报告书

京津塘高速公路的工程质量在各监理工程师按合同、按程序、按规范严格控制下，通过对每一道工序检测验收，证明全部达到合同规范指标后，核发各类验收证书。对照现行公路工程质量评定标准，经工程质量监督机构核定，京津塘高速公路工程质量达到优良。

受国家计委委托,由交通部主持,会同国家计委、财政部、建设部、公安部、国家审计署、国家土地局、国家环保局、中国人民建设银行和京津冀三省市政府及有关部门共同组成竣工验收委员会,于1995年8月3~4日对该高速公路工程项目进行国家竣工验收。竣工验收委员会在听取京津塘高速公路建设、设计、监理、施工单位和交工验收工作汇报后,查看了工程现场,审阅了竣工资料和有关文件,经过认真讨论,认为竣工工程符合设计文件标准和要求,竣工资料完整、准确,同意竣工验收。验收结论为:"该项目使用世界银行贷款取得成功,为我国公路建设和争取外资贷款起到了示范和推动作用。通过项目实施,提高了建设、设计、施工、监理单位的技术和管理素质;培养了一批适应国际竞争和建设项目管理的专业技术人员;制定了一套符合国际惯例、适合中国国情的项目建设管理机制和监理工程师制度;引进了国外一批先进的施工设备;工程总体水平达到国内领先和当代国际先进水平。"

从中外监理工程师对已竣工工程的检查签证和验收,一致认为工程质量达到了国内同类工程较高水平,得到了国务院和交通部领导以及世界银行官员的肯定。营运结果表明,它是我国目前设计标准较高、工程管理完善、施工质量较好的一条高等级公路,标志着我国公路建设的技术和管理水平已进入国际先进行列。

六、用技术攻关解难题,创造施工新水平

几年来按照国际惯例,组织京津塘高速公路施工和进行管理,不仅培养出了管理严格、质量意识增强、能打硬仗、装备精良的机械化施工队伍,所施建的各项工程质量创出了新水平,而且注重并建立起了比较完善和科学的工程管理制度,吸收和采用了较多新工艺、新技术,积累了许多有益的经验,为工程建设管理和保证优良质量创出了新路,成为今后组织新建工程的典范。

1. 采用多种技术(工艺)处理软土地基

京津塘高速公路天津段位于海河冲积平原和渤海平原上,根据设计勘探资料分析,从永定河至塘沽河北路50多公里的路段,分布有河湖、海相交替沉积的软土地层,地基土质具有天然含水率高、渗透系数小、强度低、压缩性大的特性,设计中需要进行软土地基处理的有三、四十公里。这里地势低洼潮湿、苇塘遍布、沟渠纵横,施工难度很大。施工地基处理需要的工程费约占总标价的四分之一。为了解决沉陷值过大和路基稳定的问题,需施打12万余根砂桩;而砂桩施工难度大、周期长、用料多,又很难配合总工期要求。为此,京津塘高速公路天津公司会同有关方面,提出在保证工程质量达到标准的前提下,探索替代方案的可行性。天津市市政工程局市政工程研究所、市政一公司并配合有关方面,进行了土基深层处理部分用塑料排水板或袋装砂井作为竖向排水,砂垫层厚40~50cm作为水

平排水,在砂垫层中加铺1~2层土工布的替代方案试验。试验段表明了替代方案的可行,并得到原设计单位及有关专家的认真评议认可,决定在2km的路段采用,工程造价较原方案(挤实砂桩)降低50%以上,施工效率提高了10多倍。

在11种不同的软基处理方式中,有近6km地段采用工业废料钢渣填筑路堤施工,用以进行浅层软基处理。之前这项技术曾在天津外环线等工程成功得以应用。在京津塘高速公路施工中,在钢渣的选择、加工粒径、摊铺厚度、压实方式和机具及遍数,又积累了一整套成功经验,使这一成果更臻完善。

在京津塘高速公路塘沽新北公路跨线桥引路工程中,将粉喷桩加固软土技术应用于桥头引路路基处理。这种新的处理方法,与砂桩、塑板桩相比,简便、快速,是减少工后沉降的好方法。由于加固效果好,提高了引路填土高度,缩短桥长,因此该工程节省投资约130万元,新技术带来了明显的经济效益。

2. 在实践中探索,完善沥青路面施工技术

高速公路的技术标准要求高,仅沥青面层就包括表面层、中面层和底面层3个层次,总厚度在20~25cm,底基层采用强度和刚性都较大的半刚性材料,特别是水泥稳定级配碎石施工难度较大,加上机械化设备的完善配套和消化吸收,摸索出了一整套沥青路面施工经验。

石灰粉煤灰底基层施工,施工单位根据材料特性,从选材、配比试验,控制拌和质量、含灰量和碾压含水率以及碾压机械的搭配、表面养生上摸索出一套成功经验,经5.5km 230组检测平均无侧限抗强度达0.97MPa,其最小值也超过规范0.7MPa的要求,水泥稳定级配碎石的关键在控制级配和碾压上,同时又要成功控制成活时间在水泥初凝阶段。针对混合料摊铺的离析技术难点,创造了平行堆料法为了避免缩裂出现,重点抓住水泥渗配比例合理和施工接茬处理工艺(双斜坡处理方式)。总结了碾压的4阶段:粗平碾压、振动碾压、追实碾压和整型碾压,保障密实度均达到98%以上,7d抗压强度达到3MPa以上。

沥青面层施工从混合料配合比的推荐到进行综合评价的研究,为高速公路沥青混合料的研究提供了良好的开端。实践证明天津段沥青混合料具有良好的施工和易性,摊铺均匀,易于压实,粗糙度一致。起始段(30.4km)通车后3年多,使用性能良好,研究结果也表明,天津段沥青混合料在抗车辙、抗老化、抗疲劳、抗水损害和低温缩裂性能优良。

3. 注重引进设备的消化吸收,改造原有设备、开发研制新成果

从京津塘高速公路筹建阶段大施工的全过程,天津市市政工程局耗资2000万美元,整台(套)、整系列地从日本、德国、美国、瑞典等国引进了270多台(套)的世界一流施工设备,从路基施工的稳定土拌和到路面施工机械,不仅保证了施工的速度和质量,而且改变了遗留的部分传统的、陈旧的工艺,使天津市政施工队伍的综合实力有了质的飞跃。施

工单位还先后研制了沥青摊铺机、灰土拌和机、路面铣刨机、侧石铣沟机,改造并制造沥青混合料拌和机,这些成果大多用于高速公路施工。开发了 TS 型密封三维桥梁伸缩缝,不仅在天津市推广,还在北京西厢工程和昆明等大型立交工程使用;还开发了多项具有国际先进水平的沥青混合料试验仪器,用于控制高速公路工程质量。

七、京津塘高速公路工程科技创新

京津塘高速公路工程建设取得了重大科技成果,推动了我国公路行业的科技进步。

在取得的科技成果中,依托京津塘高速公路项目完成的"京津塘高速公路建设成套技术"科技成果,代表了我国公路建设和管理的先进水平,带动和促进了我国公路交通科学技术进步的发展,为我国高速公路的发展奠定了理论与技术基础。

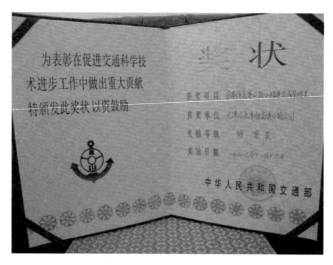

获奖证书

成套技术包括高速公路项目管理技术、勘察设计技术、工程施工技术、工程监理技术。其形成的 12 项关键技术和理论成果为:

(1)论证、制订了我国第一部高速公路工程技术标准。

(2)高速公路软土地基沉降与稳定双控技术。

(3)高质量路面修筑综合控制技术。

(4)在国内首次研究并提出了跨省、市高速公路项目建设管理方案。

(5)在国内高速公路项目中首次实行建设单位责任制,全面采用国际竞争性招标文件编制方法。

(6)首次运用法律、经济和技术手段,开创完整的工程监理方式。

(7)运营现代高新技术,创立全新的公路勘察设计技术。

(8)运营系统工程理论,形成对建设投资、施工周期、工程质量的现场控制技术。

(9)高地震烈度地区桥梁设计和施工技术。

（10）互通式立交匝道出入口通行能力验算技术。

（11）磁性通行券数据处理及防作弊收费控制技术。

（12）车流状态及行车条件信息实时采集、自动判断处理技术。

使用热再生技术后的京津塘高速公路

八、京津塘高速公路对全国高速公路发展的贡献

第一，带动了全国高速公路的大发展。京津塘高速公路是我国自行设计、自行建设的第一条高速公路。20多年间，几代公路科技工作者和数万公路建设大军在没有成功经验的困难情况下，虚心学习，洋为中用，博采众长，反复试验，吸收了国际上先进的理念和管理技术，引进了新技术、新材料、新工艺、新设备，不但建成了具有国际水平的高速公路，而且创立了高速公路成套技术，为全国高速公路大发展起到了奠基作用。京津塘高速公路建设的成功，统一了大家的认识，坚定了发展高速公路的信心，从此全国开始了大规模的高速公路建设。

第二，促进了公路建设体制改革。京津塘高速公路是我国第一条跨省市建设的高速公路，由两市一省公路主管部门组成的联合公司作为项目法人，统一建设、统一管理、统一收费、统一还贷。这一公路建设体制的重大改革，打破了计划经济体制下传统的管理办法和地区封锁，实现了跨省区联合建设，被交通部誉为"京津塘模式"而推向全国。京津塘高速公路的成功建设对于改变国人的观念，培养和锻炼高水平的施工队伍，深化公路建设体制改革，促进全国高速公路迅速发展产生了积极、深远的影响。

第三，推动了技术进步。京津塘高速公路建成之后，完善了中国高速公路的技术标准，对于完善高速公路的测量设计技术、施工规范和工程监理制度，积累了宝贵的经验，在全国起到了示范作用。京津塘高速公路建设成套技术是我国第一个具有国际先进水平并符合国情的高速公路建设技术，形成了13项关键技术成果和新的理论研究成果。这些成果已被国家颁布的《公路工程技术标准》《公路路线设计规范》等20余种技术规范所采纳,在全国高速公路建设项目中得到广泛推广应用。

九、京津塘高速公路工程推动了天津市政建设队伍综合素质的全面提升

改革开放的不断深入,推动着京津冀地区经济的快速增长,客观上要求着高等级公路与之相适应。为了在京津冀大协作和环渤海经济圈中更充分地发挥天津中心大城市的作用,天津市决定迎接新的机遇与挑战,参与修建京津塘高速公路。这条路全长142km,途经天津市境内100km。工程投资由世界银行贷款,采用国际规范标准设计、施工。

1986年9月,工程公开招标,转年6月开标。

参与高速公路投标和建设成为摆在天津市政人面前的一个崭新课题。毕竟,他们还没有干过高速公路,连投标的资格都没有。

最大的压力在于,工程必须按国际施工惯例——菲迪克条款行事。这本条款共9章120万字,大小规矩,每个程序都与过去的施工惯例大相径庭。一些施工企业的经理一翻就头疼……

一次次的辩论,一次次的论证,思路日益明晰,观点渐趋统一。天津市市政工程局的决策者们反躬自审,寻找着自己队伍的差距。我们有值得骄傲的光荣传统,但又存在着不可忽视的弱点:粗放经营的传统,经验型的管理手段,小生产者的思想观念等。一句话,不适应国际施工规范!

改革就是要开拓创新,不能故步自封!

市政局的领导者果断决策,投!就是赔本,也要拿下这项工程!拿下这项工程,我们的队伍走向未来的市场就有了资本;拿下这项工程,就是拿到了承担国际、国内高速公路工程建设的通行证。

市政工程局所属市政一公司与日本铺道株式会社、市政五公司与法国伯涅公司分别组成联合体,参加了由316个承包人进行的角逐,为了中上标,他们把标价一压再压,同时也把自己逼上了梁山。

中标揭晓。在强手如林的竞争中,他们一举拿下了两个最长的合同段:二号和三号合同共96.59km,施工任务占全线总量的近70%。

国内同行们羡慕,未中标的施工单位眼红。有人想出绝招,找上门来,出价四千万元要买工程合同。扣除投标费用,转手可赚一大笔啊!此举的诱惑力颇大。

不卖!市政工程局的决策者们毫不犹豫。

市政公路企业能长久依靠指令性计划活着吗?没有资格,日后进不了市场,几万人的施工队伍靠喝西北风过日子吗?干高速,绝不是为了赚钱,而是锻炼队伍,增强实力,为长远发展打基础,同国际建筑市场接轨。

工程开工了。市政工程局4000名精兵强将、600台大型机械、400部重吨位运输车辆

轰轰烈烈开进了高速公路工地摆开了大兵团作战的架式。然而,出师不利。尽管工人们为了抢工期,顶风冒雨艰苦奋战,但是,铁面无私的国际监理,近乎苛刻的管理要求,一丝不苟的施工程序,使参战人员屡屡受挫:已经推到路基上的30万方土,因为含草根过多,监理一声令下,全部推出去!水泥级配碎石含水率过大,倒掉!沥青混凝土温度不够,拉走!

监理一声声命令,工人一阵阵气恼,他们心里不服气,不就是一条路吗?我们见得多了,得的奖牌,捧的奖杯还少吗?哪有这么多讲究?用外国人的钱修中国的路,还要受"大鼻子"的气。一些人狭隘的自尊心受到了挫伤。

时任市政工程局党委书记、局长王天麟带着他的一班人坐阵一线,住到了工地;700多名各级干部盯在现场。他们蹲关键工序,抓科学施工,面对面、实打实地做思想政治工作,反复从转变思想观念和管理方式入手,努力增强每个职工特别是指挥层领导干部的合同意识、监理意识。

几番碰撞,参建干部职工逐渐认同并习惯了按合同规范施工,自觉地学习先进的筑路技术,掌握科学的施工方法。

我们的建设者从高速公路施工中学到的东西太多了。按合同规定,在施工过程中,建设单位提出设计变更或其他非承包人原因造成的额外损失,承包人可以向建设单位提出索赔。过去一提索赔,我们的施工人员显得很大度:"不就几个钱吗?何必那么小家子气!"外国监理对此不理解:"中国人真傻气!"

该承担的损失不推诿,该索赔的权利不放弃,这就是现代合同意识。此后,我们的干部变得精明了,一份份精确有据的索赔报告提了出来……

观念的转变,标志着市政公路施工企业正在由生产型向经营管理型转轨。

参加施工的一位老工人曾自信地说:"修路这活儿,我干了一辈子,就是用手捧,这条路也能捧出来。"然而,高速公路靠手是捧不出来的。现代化的工程需要现代化的操作规程和专业设备。发达国家的施工工艺已是工厂化、自动化、微机化,而我们使用的仍旧是农用机械和传统的操作工艺。旧的施工机械、施工工艺在高速公路施工中该淘汰了。

他们广泛筹集资金,先后几次进口了200多台发达国家一流的施工设备,总价值达2000万美元,使施工队伍在机械装备上居国内领先地位。市政公路企业真正摆脱了落后的生产方式,提高了劳动生产效率。实行"拿来主义",但并不全盘照搬,他们对进口设备积极消化、吸收、改造完善,让先进设备发挥更大的威力。为了提高路面的平整度,技术人员和工人们反复研究,在德国产的摊铺机上安装了大滑靴装置,使工程质量更加无可挑剔。路面平整度均方差被控制在1mm以内。

市政工程局的代价没有白花,京津塘高速公路建设培育出一支适应国际施工规范的高素质施工队伍。很快,天津市政施工队伍就在广深珠、沪宁、石太、石安等高速公路工程投标中连连中标,展现出自己的实力。

十、运营养护管理

"京津塘高速公路管理处"自 1991 年 7 月成立,隶属天津市市政工程局领导,由天津市公路管理局管辖,1997 年,华北高速公路有限公司成立,高速公路管理处由华北高速公司接管,职能重新划分。服务区基本信息见表 8-1-6;收费站点设置见表 8-1-7。

服务区基本信息　　　　表 8-1-6

序号	服务区名称	布局形式	位置桩号	初始运营时间	产权隶属单位	经营单位	占地面积（m²）	建筑面积（m²）	绿化面积（m²）	停车场面积（m²）
1	徐官屯服务区	双侧分离式	K74+200	1993 年 9 月	天津市市政公路管理局	华北高速公路股份有限公司	91242	6979.5	23750	5000
2	东丽服务区	双侧分离式	K115	1993 年 9 月	天津市市政公路管理局	华北高速公路股份有限公司	73926	3979.74	40100	5000

收费站点设置情况　　　　表 8-1-7

序号	收费站名称	入口车道数		出口车道数		车道总数	
		MTC	ETC	MTC	ETC	MTC	ETC
1	泗村店收费站	0	0	7	1	7	1
2	杨村收费站	2	1	4	1	6	2
3	宜兴埠收费站(塘沽方向)	2	0	3	1	5	1
4	宜兴埠收费站(北京方向)	2	0	3	1	5	1
5	金钟路收费站	3	1	7	1	10	2
6	机场收费站	5	1	9	1	14	2
7	空港经济区收费站	3	1	5	1	8	2
8	塘沽西收费站	0	0	7	1	7	1
9	塘沽西分收费站	2	1	2	1	4	2
10	塘沽收费站(主线站)	3	1	6	2	9	3
11	下朱庄收费站	2	1	4	1	6	2

京津塘高速临时通行票据(一元)

第八章
高速公路建设项目

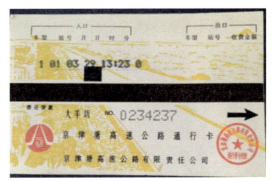

金钟路收费站

机场收费站

十一、京津塘高速公路项目后评估

(一)项目前期工作情况和评价

参见本节京津塘高速公路项目决策和前期工作情况。

(二)项目实施情况及评价

1. 项目实施情况

(1)为适应跨省市高速公路的建设特点,根据国务院的决定,建设期间由交通部、财政部和两市一省的主管领导共同组成京津塘高速公路工程领导小组,为项目实施创造了良好的建设环境和施工条件。

(2)为了充分发挥地方的积极性和加强经济联合的改革精神,由两市一省公路主管部门组建京津塘高速公路联合公司和两市一省公司,作为该项目的建设单位,负责贯彻工程领导小组的决议,实行企业法人责任制,有效地组织了工程建设。

(3)建设期间京津冀三段分别接受了年度审计监督;执行了国家环境影响评价制度和"三同时"制度;按国家规定,较好地完成征地、拆迁和线外配套工程,满足了施工要求;通过国际竞争性招标择优施工、监理单位和实施FIDIC条款对工程进行全方位科学管理和质量控制,工程造价和工期均控制在概算规模和合同工期之内,为我国基本建设项目管理提供了经验。

(4)根据我国政府与世界银行签订的京津塘高速公路工程项目贷款协定中有关规定,在项目实施的同时还完成了养护设备采购、科研课题、人员培训及建立公路数据库等贷款子项目。

2. 竣工验收情况

国家竣工验收的主要结论是:京津塘高速公路按照部颁《公路工程质量检验评定标准》和《公路工程竣工验收办法》规定,工程质量等级评价为优良。竣工工程符合设计文件标准和要求,竣工资料完整、准确,同意竣工验收。工程总体水平到达国内领先和当代国际先进水平。

(三)投资执行情况及评价

(1)修正初步设计概算为9.40亿元人民币。其中主线工程费由交通部使用车辆购置附加费及利用世界银行贷款1.5亿美元;征地拆迁、线外工程和联接线工程费由两市一省自筹。

(2)1990年因建筑材料涨价和政策性调整、修改设计增加工程量等原因,调整概算为

12.56亿元人民币。

（3）1992年因该工程自开工以来正处于建筑材料涨价高峰时期，且交通工程及沿线设施部分原设计为限额设计，现变更较大，加上国家政策性调价变幅较大，以及新增加建设期贷款利息和承诺费、汇率风险等因素，重新核定修正概算为22.7亿元人民币。

（4）由于该项目是依据FIDIC合同条款进行工程支付管理，工程竣工决算为22.5亿元人民币，与1992年交通部重新核定的修正概算比较，节余投资1772万元人民币。

（四）运营情况及评价

1. 运营情况

京津塘高速公路自开通以来交通量持续增长，目前交通量中仍以客车为主，但大中型客车及货车的比重呈增长趋势。全线交通量中平价行驶里程约为89km。车辆平均行驶速度为：客车85km/h；货车64.5km/h；客货车平均81km/h。

2. 与可行性研究阶段的比较及评价

可行性研究报告对全线开通初期的交通量，北京至廊坊段交通量的估计与实际情况是比较接近的，预测结果和实际情况发生较大的差距主要在杨村、塘沽的70km的路段上。

项目可行性研究阶段与现状交通量预测结果另一个显著差异反映在客货车辆构成比例发生了很大差距。可行性研究阶段预测的交通量，对货运车辆估计偏高，而对客运车辆估计偏低。

交通量预测与实际发生差距的主要原因是：

(1) 线路选线偏离天津市区，造成市郊短途车辆绕行的影响。

(2) 地区路网中相关公路改造的影响。

(3) 预测高速公路吸引交通量分析过于乐观的影响；而造成交通量中客货车比重产生较大差异的主要原因是对地区产业结构的变化及其对货物运输需求的影响估计不准。

（五）国民经济评价主要指标及结论

(1) 经济效益成本比EBCR：2.26；

(2) 经济内部收益率EIRR：21.43%；

(3) 经济净现值ENPV：22.9亿元；

(4) 经济投资回收期P_t：14.0年。

通过对主要评价指标的分析计算，可以看出该项目的国民经济效益较为显著。对国民经济指标敏感性分析表明，该项目出现运营成本增加、同时收益下降的最不利情况时，在经济效益方面也有较强的抗风险能力。

（六）财务效益评价主要指标及结论

（1）财务效益成本比 FBCR：1.78%；

（2）财务内部收益率 FIRR：9.82%；

（3）财务净现值 FNPV：22.0 亿元；

（4）投资回收期 P_t：19.2 年。

通过对收费还贷财务评价指标的分析计算，可以看出该项目的财务收益是比较满意的，在收费标准不做调整的情况下，项目在 20 年内收回投资是可能的。

（七）建设项目影响评价

京津塘高速公路的实施不仅获得了良好的经济效益，同时也取得了巨大的社会效益，对于社会发展产生了积极的影响。

（1）改善京津冀地区的投资环境，为沿线高新技术产业经济带的形成和发展创造了良机，提供了必要的保障条件，由此对地区社会经济的发展产生了巨大的诱导效益。

（2）促进了京津冀高速公路地区间经济合作和区域经济的发展，促进了沿线地区土地资源增值，增加了地区人口就业机会。

（3）依托京津塘高速公路项目完成的"京津塘高速公路工程建设成套技术"科研成果，代表了我国公路建设和管理的先进水平，带动和促进了我国公路交通科学技术进步的发展，为我国高速公路发展奠定了理论与技术基础。

（4）京津塘高速公路项目较好地处理了道路交通设施的建设与保护自然环境之间的相互关系，项目的建设实施和运营目前未对周围环境造成不良影响。

该工程建成通车后，货流可直达港口码头，使得京津塘高速公路的功能得到充分发挥；同时为天津经济技术开发区，保税区等吸引外资改善了投资环境。物流畅通无阻，原港区四号路堵车长达 1km 的现象已完全消除。

十二、京津塘高速公路北部新区段高架工程

自 2014 年 7 月 9 日起，京津塘高速公路主线机场收费站至杨村收费站断交，为期 10 个月的北部新区段高架工程宣告正式启动。这也是京津塘高速公路建成以来最大规模的一次改造。

作为国务院批准建设的第一条高速公路，京津塘高速公路也是中国第一条跨省市的高速公路，于 1993 年 9 月 25 日全线贯通。至今，这一线路仍是连通京津最为便捷和繁忙的通道。距离最短、线路设计合理，通行收费相对较低，是人们选择这一线路的主要原因。尽管已"服役"超过 20 年，京津塘高速依然发挥着不可替代的重要作用。

根据天津空间发展战略规划的要求,为下一步北部新区开发打下良好的基础,天津市第十次党代会后,北部新区作为一个区域概念正式亮相,成为天津市整体发展规划中的重要组成部分之一。北部新区是指东北外环线拓圆后新增区域,总用地面积约 $104km^2$,其中北辰区约 $71km^2$,东丽区约 $33km^2$。随着北部新区规划定位的明确,其开发建设步伐正在加快,建设北部新区高架工程势在必行。

北部新区高架工程建成后,将跨越津蓟快速路、志成道延长线、津围快速路3条快速路及登州路延长线、祁连路延长线、建昌道延长线、思源道延长线、金钟路、华实道、华电道、高新大道、龙门东道、北辰东道、新淀道等规划主干路。随着北部新区开发的深入,这些规划道路也将陆续启动建设。

2014年7月,完成招投标工作,施工单位入场开工。在此次高架桥建设过程中,结构形式主要是梁式桥。上部结构为预制梁或现浇箱梁,下部结构为钻孔灌注桩。由于梁式桥制造和架设较为简便,因而被广泛应用。2015年5月9日,随着高架桥梁的建成,京津塘高速公路中心城区段顺利恢复通车,为北部新区的经济发展提供了有利的条件。

(一)项目概况

1. 基本情况

京津塘高速公路北部新区段位于天津中心城区东北部,外环线东北部调线围合的范围内,为原位新建高架桥。高架工程改造范围全长约16.3km,起终点均与现状京津塘高速公路相接,全线采用双向四车道设计,路面宽28m。其中,利用现状高架桥约3.1km,以现状徐庄子互通立交为界,新建高架分为南、北两段。北段长8.07km,从永定新河特大桥南侧890m至现状高架桥。南段长4.48km,从现状立交至机场收费站以西1.16km处,最终形成15.6km的连续高架桥,两端接顺道路长约0.7km。

项目初步设计概算总投资为28.85亿元,其中建安费20.2亿元;资金来源:项目资本金由天津城市道路管网配套建设投资有限公司筹措,其余资金通过银行贷款解决。

桥梁基础及下部结构:基础采用双排钻孔灌注桩,桩顶接矩形承台;左右幅桥基本为独柱,小箱梁段采用墩柱为矩形截面,墩顶设置盖梁;现浇段采用花瓶墩柱。

桥梁上部结构主要分为两种形式:①先简支后连续预应力小箱梁。小箱梁标准跨径30m,跨越规划路和避让管线处为40m跨径。②变截面预应力现浇箱梁分阶段浇筑工艺(室内张拉)。

道路工程:对京津塘主线道路两侧加宽1m,道路路基及台背采用高压旋喷桩处理。

主要技术指标如下:

(1)公路等级:高速公路;设计年限:20年。

(2)设计速度:主线为120km/h。

（3）桥涵设计荷载：主线桥涵设计荷载为公路-Ⅰ级。沥青混凝土路面设计年限：15年；荷载标准：路面结构计算轴载 BZZ-100。

（4）设计洪水频率：路基设计洪水频率1/100。

（5）最大纵坡：最大纵坡2.0%。

（6）最小平曲线半径：最小半径5506m。

2014年7月9日，京津塘高速公路从杨村收费站至机场收费站断交，全线工程正式开工，2015年5月9日双向通车。

S40京津塘高速公路改建工程在路网中位置示意图

2. 前期决策情况

京津塘高速公路位于天津市中心城区东北部，根据天津市规划，中心城区向天津市东北部扩增100km²，即北部新区，由现状外环线和规划外环线东北部调线围合而成。由于外环线东北部调线的实施，将会形成新的城市外环线，北部新区内原有的外环线规划等级由城市快速路调整为城市主干路，京津塘高速成为北部新区与中心城区联系的唯一屏障。现状京津塘高速将中心城区和北部新区切割成两部分，为了推动北部新区的开发建设，加强北部新区和中心城区的联系，该项目将北部新区范围内的京津塘高速公路改为高架桥。高架改造实施后将有利于中心城区与北部新区之间规划路网的实现，对部分仅实施至外环线的现状断头路提供了打通的条件，进而方便北部新区老百姓进出市区，利于北部新区整体开发。

天津市市政工程设计研究院2012年1月下旬接到设计委托，成立了设计项目组，并于2014年3月完成了初步设计。

根据初步设计批复意见，天津市市政工程设计研究院于2014年4月完成施工图设计工作。

3. 参建单位主要情况

天津城市道路管网配套建设投资有限公司作为京津塘高速公路北部新区段高架工程建设单位,委托天津市市政工程建设公司为代建单位负责工程的组织实施,通过公开招标的形式确定了天津市市政工程设计研究院为设计单位,负责该工程的勘察设计任务。

监理单位共3家,分别为天津市华盾工程监理咨询有限公司、天津市路驰建设工程监理有限公司、天津市国腾公路咨询监理有限公司。

全线共划分为11个施工合同段,包括8个土建合同段(包括道路、桥梁工程)、2个路面合同(含交通工程及沿线设施)、1个机电安装合同。

主要参建单位详见表8-1-8。

京津塘高速公路北部新区段高架工程参建单位一览表　　　表8-1-8

建设单位			天津城市道路管网配套建设投资有限公司
代建单位			天津市市政工程建设公司
设计单位			天津市市政工程设计研究院
勘察单位			天津市市政工程设计研究院
监理单位			施工单位
监理1合同	天津市华盾工程监理咨询有限公司	土建1合同	天津市公路工程总公司
		土建2合同	中交第三公路工程局有限公司
		土建3合同	天津第三市政公路工程有限公司
		土建4合同	天津第二市政公路工程有限公司
		土建5合同	天津路桥建设工程有限公司
		路面9合同	天津市公路工程总公司
监理2合同	天津市路驰建设工程监理有限公司	土建6合同	天津第一市政公路工程有限公司
		土建7合同	天津城建集团有限公司
		土建8合同	天津城建滨海路桥有限公司
		路面10合同	天津第五市政公路工程有限公司
监理3合同	天津市国腾公路咨询监理有限公司	机电11合同	中咨泰克交通工程有限公司

(二)建设情况

1. 项目准备阶段

天津市市政工程建设公司具体承担了此项工程的代建任务,为高标准地组织实施好工程建设,该公司组建了建设单位项目经理部。建设单位项目经理部按照相关程序及时完成的工程的立项、工程可行性研究、初步设计等审批手续。

项目初步设计概算总投资为28.85亿元,其中建安费20.2亿元;资金来源:项目资本金由天津城市道路管网配套建设投资有限公司筹措,其余资金通过银行贷款解决。

项目经理部严格按法定程序规范招投标行为,保证公开、公平、公正。从发布招标公告、资格预审、招标开标,一直到评标定标,天津市政公路管理局建管处、局纪检监察室、管网公司及天津市高快指全程参与、跟踪监督,委托招标代理机构具体操作。通过招标主管部门在交通部专家库中随机抽取评标专家,按照《交通部公路工程施工招标文件》(2009版)以及《交通部公路工程施工监理招标文件》(2008版)的规定组建评标委员会,进行封闭评标。下面为各单位招标情况:

(1)设计单位招标

设计单位经公开招标,与2014年2月14日发布招标公告,2014年3月6日开标,2014年3月9日发出中标通知书,2014年3月9日签订设计合同。

(2)施工单位招标

工程分为8土建合同、2个路面合同、1个机电合同、共计11个合同。详见表8-1-9。

合同段划分情况　　　　　　　　　　　　　表8-1-9

合同段号	合同段所在地	工程内容及长度	施 工 单 位
土建1合同段	北辰区	桥梁1594m,道路340m	天津市公路工程总公司
土建2合同段	北辰区	桥梁1877m	中交第三公路工程局有限公司
土建3合同段	北辰区	桥梁1760m	天津市第三市政公路工程有限公司
土建4合同段	北辰区	桥梁1222m,道路358m	天津第二市政公路工程有限公司
土建5合同段	北辰区	桥梁1551m,道路153m	天津路桥建设工程有限公司
土建6合同段	东丽区	桥梁1233m,道路375m	天津第一市政公路工程有限公司
土建7合同段	东丽区	桥梁1684m	天津城建集团有限公司
土建8合同段	东丽区	桥梁1472m,道路207m	天津城建滨海路桥有限公司
路面9合同段	北辰区	8.339km沥青混凝土路面及交通安全设施	天津市公路工程总公司
路面10合同段	东丽区	4.599km沥青混凝土路面及交通安全设施	天津第五市政公路工程有限公司
机电11合同段	北辰区、东丽区	16.3km智能交通工程	中咨泰克交通工程集团有限公司

土建1~8合同段(道路、桥梁)采用公开招标方式,于2014年3月12日发出招标公告,2014年4月13日开标,2014年4月17日发出中标通知书。2014年5月6日签订施工合同。

路面9~10合同段采用公开招标方式,于2014年12月16日发出招标公告,2015年1月27日开标,2015年2月9日发出中标通知书。2015年2月27日签订施工合同。

机电11合同段采用公开招标方式,于2015年2月6日发出招标公告,2015年3月6日开标,2015年3月16日发出中标通知书。2015年3月25日签订施工合同。

(3)监理单位招标

监理合同:分为2个道路桥梁监理合同、1个机电监理合同。

监理1~2合同(道路、桥梁)采用公开招标方式,于2014年3月24日发出招标公告,2014年4月13日开标,2014年4月17日发出中标通知书。2014年5月5日签订监理合同。

监理3合同(机电)采用公开招标方式,于2015年2月6日发出招标公告,2015年3月6日开标,2015年3月12日发出中标通知书。2015年3月25日签订监理合同。

(4)征地拆迁

京津塘高速公路北部新区段高架工程为原位高架施工,不涉及新增征地。详见表8-1-10。

征地拆迁情况统计　　　　　　　表8-1-10

征地拆迁安置起止时间	征用土地(亩)	拆迁房屋(m^2)	管线切改(元)	支付补偿费用(元)	备注
2014年4月~2014年12月	—	—	182461221	33016056	

2.项目实施阶段

为了优质高效完成工程建设任务,尽快打通连接天津中心城区和北部新区之间的屏障,天津市政工程建设公司从公司领导班子中选派了年富力强、专业技术水平高、曾参与并主持广河高速公路、津滨高速公路、津滨空港联络线等多条高速公路建设管理,具有丰富高速公路项目管理经验的管理人员任项目经理和总工,又抽调了公司约20多名年轻骨干力量组成了项目经理部,将公司优秀的项目管理人员集中在了这个项目上,组成了公司一流的项目管理团队,为项目管理各项目标的实现提供了组织保证。

项目经理部坚持做到工程组织超前考虑,不断提高工作的前瞻性、指导性和科学性,每周召开计划会议,总结经验,研究下一步工作目标,对需要提前采取的措施进行了充分、细致的分析和落实。随时掌握各项工程和各标段的进展,并根据实际情况对计划进行调整,确保建设进度始终保持在高速推进状态。

具体措施还包括:

(1)统筹安排总体计划,细化各合同段计划。编制总体计划时充分考虑土建、路面、交安、照明、智能交通工程的专业穿插作业,优化关键施工线路,充分考虑各专业和相关单位的衔接和协调工作。召开全体进度会明确进度目标,同时针对每个合同段召开专题进度会,根据各合同段剩余工程量和资源配置情况调整进度计划,对于比较落后的合同段结合施工队伍多次研究进度计划,明确每天计划完成工作量。

(2)加强履约检查,督促人员进场,尽快形成大干局面。为了督促施工人员、设备尽快到位,项目部组织两个总监办进行了多次履约检查,对应各合同段上报的人员、设备数量表现场核查,对于不能满足计划要求的合同段采取通知、约谈、罚款的形式督促落实。

(3)狠抓进度计划落实。项目经理部安排专人每天检查统计各合同段完成的工程量,采取全场紧逼检查方法来抓好各阶段计划的落实。针对未按时完成的督促查找原因,监督检查工期计划调整以及资源调整的落实情况。

（4）狠抓关键节点，咬住目标不放松。根据工程进展，查找制约工期的关键线路，关键节点工程，专项检查、专项统计，尤其是针对落后合同段，形成了日例会制度，由建设单位、监理、施工三方每天上午9点在施工单位项目部召开例会，研究前天和当天完成的工作，存在问题、解决方法和落实责任人。

（5）加强外部协调工作，促进工程总体进度。施工过程中涉及大量与华北高速、路灯处、管线切改单位的协调工作，尤其是路灯照明施工和管线切改与土建施工交叉进行，华北高速需配合智能交通工程的联调联试工作，项目部安排专人与各单位提前结合，共同研究确定施工计划，施工过程中及时沟通协调，保证了工程有序开展。

（6）开展"五比一确保"劳动竞赛，通过比安全管理，比工程质量，比施工进度，比文明环保，比廉洁高效，确保工程总体目标实现。竞赛设立奖罚机制，并且在活动中加大进度的评比权重，运用经济手段，加大奖罚力度，通过奖优罚次推动工程进度。

（7）建设资金的保障。通过与天津市建委、城投集团、管网公司积极协调，工程建安费能够及时足额的划拨，为工程建设提供了必要保障。

工程建设过程的主要节点包括：

2014年4月25日，施工单位开始驻地及预制梁场建设。

2014年6月30日，施工单位完成驻地建设，开始预制梁加工。

2014年7月9日，京津塘高速公路断交，施工单位进场施工。

2015年4月3日，沥青混凝土面层开始施工。

2015年5月8日，交工验收，9日实现通车。

中断交通

张拉施工技术培训

（三）复杂技术工程

京津塘高速公路北部新区段高架工程主要为桥梁工程，并且上部结构主要为预制小箱梁，共计2464片，工程量大，加工时间短，张拉施工质量对工程整体质量具有决定性作用。项目经理部为了保证工程质量,在工程招标阶段即要求施工单位张拉作业必须采用智能张拉系统。张拉施工全程智能控制,通过预先设置张拉数据,多台张拉设备同步张拉,千斤顶自动加载、停顿持荷、卸压,准确施加应力,张拉数据实时自动存储,减少了人为操作误差,保证了张拉数据的准确性和真实性,保证了预应力张拉施工质量。

智能张拉施工

(四)科技创新

京津塘高速公路北部新区段高架工程重点推出了一批技术创新成果。重点包括以下成果:

(1)钢筋加工采用数控钢筋弯曲机、数控弯箍机,集中生产集中配送。钢筋加工设备能在一个工作单元内同时进行多向弯曲加工形状标准,提高了钢筋加工精度。同时钢筋输送台由多个动力辊轮组成,可存料并完成钢筋自动输送,一次可加工多根钢筋,加工量大,降低了人工劳动强度,提高了效率。

(2)推广应用钢筋直螺纹连接工艺;钢筋直螺纹丝头和连接套筒均在工厂专用机具加工,工业化生产质量稳定,现场连接方式简单耗时短,质量检测方便。钢筋直螺纹连接工艺既保证了钢筋连接质量,又减少了钢筋用量,同时加快了施工速度,保证了工期。

(3)预制箱梁浇筑混凝土之前,波纹管预穿棒芯,防止波纹管在浇筑时挤压变形、漏浆,保证波纹管的通畅,确保了后穿钢绞线施工顺利实施。

(4)预应力施工全面采用智能张拉工艺,张拉施工全程智能控制,通过预先设置张拉数据,多台张拉设备同步张拉,千斤顶自动加载、停顿持荷、卸压,准确施加应力,张拉数据实时自动存储,减少了人为操作误差,保证了张拉数据的准确性和真实性,保证了预应力张拉施工质量。

(5)推广应用大循环压浆工艺,该工艺能够准确控制水胶比,自动感应和调整注浆压力,能够维持稳定压力并保证持压时间,浆液在预应力管道内持续循环直到排净管道内空气,保证了注浆的饱满度。

(6)桥面铺装混凝土采用精铣刨工艺,通过精铣刨较好地处理了桥面混凝土浮浆,获得细密均匀的粗糙表面,保证了桥面混凝土与沥青混凝土之间更好的结合。

（7）采用 GTM 法进行热拌沥青混凝土配合比设计；与传统马歇尔设计方法相比，具有密度大，孔隙率和矿料间隙率小，沥青用量少等优点，能最大限度的防止沥青路面产生车辙、泛油、变形破坏等质量问题。

（8）中面层采用高模量沥青；由于京津塘高速主要为货运车辆并且车流量大，在沥青混凝土生产过程中加入高模量剂，提高了沥青混凝土的模量，增强了路面的抗车辙能力和抗疲劳能力，延长了路面的使用寿命。

（9）热拌沥青混合料质量实时监控系统新技术应用。在沥青面层施工中，对各沥青混合料拌和厂的拌和设备安装了"热拌沥青混合料质量实时监控系统"，对各沥青混合料拌和厂生产沥青混合料的仓料配比、油石比、混合料拌和温度及混合料级配曲线、关键筛孔通过率等影响混合料质量和性能的各项生产参数实行过程质量控制，实现了远程实时监控，有效地保证了各沥青面层的施工质量。

（10）大面积采用目前国内先进的大宽度、抗离析的摊铺机技术。在沥青表面层施工中，为进一步提高沥青表面层的密实度、平整度和均匀度，大面积采用目前国内先进的大宽度、抗离析的摊铺机技术，实现了单机大宽幅一次成型摊铺作业，在提高面层压实度的同时，既改善了面层材料的纵向、横向和上下离析，也避免了因双机并幅摊铺造成的温度离析，显著改善了面层混合料的摊铺质量。

（11）采用新型高阻尼、摩擦摆支座,提高了抗震性能。

通车前的京津塘高速公路北部新区高架路改造工程

（五）主要时间节点

（1）2013年11月15日,天津市发展和改革委员会立项批复《关于京津塘高速公路北部新区段高架工程项目建议书的批复》(津发改城市〔2013〕1185号)。

竣工图片

(2)2014年3月4日,天津市发展和改革委员会可研批复《关于对京津塘高速公路北部新区段高架工程可行性研究报告的批复》(津发改城市〔2014〕157号)。

(3)2014年3月11日,天津市市政公路管理局批复《关于京津塘高速公路北部新区段高架工程初步设计的批复》(市政公路管理计〔2014〕98号)。

(4)2015年1月27日,天津市规划局批复建设工程许可证(编号:2015津线证0003)。

(5)2014年11月10日,天津市交通运输委员会对该工程的施工图设计文件审查批准书。

(6)2014年4月25日,施工单位开始驻地及预制梁场建设。

(7)2014年6月30日,施工单位完成驻地建设,开始预制梁加工。

(8)2014年7月9日,京津塘高速公路断交,施工单位进场施工。

(9)2015年4月3日,沥青混凝土面层开始施工。

(10)2015年5月8日,交工验收,9日实现通车。

第二节　G1京哈高速公路(北京—哈尔滨)天津段(宝坻史各庄镇—蓟运河西引桥)

一、项目概况

(一)基本情况

京哈高速公路天津段在国高网中名称为G1,位于天津市宝坻区境内(K64+208~K101+387),西起宝坻区史各庄镇与河北省香河县交界,向东途经牛道口镇、高家庄镇、霍各庄镇、方家庄镇、新安镇共6个镇,至宝坻区新安镇与河北省玉田县交界,全长37.179km,采用平原微丘区双向六车道、全封闭、全立交高速公路标准进行设计和建设。该项目的建成,改善了宝坻区的交通条件,对促进天津市东北部地区的经济交流与协作,保持经济长期、稳定的发展起到了重要作用。

该项目总投资128856万元,沿线为平原地区,横跨津蓟铁路、引滦明渠、蓟运河,主要构造物为特大桥1座,互通立交3座,分离立交5座,中小桥8座,通道桥41座等。一期工程于1997年3月15日开工建设,1999年10月18日完工通车;二期工程于2002年4月25日开工建设,2002年7月1日建成通车。详见表8-2-1~表8-2-3。

现由天津天昂高速公路有限公司运营养护管理。

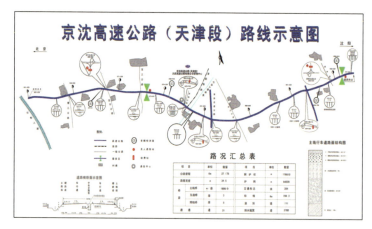

项目路线总体平面图

（二）前期决策情况

建设京哈高速公路,把北京、天津、唐山、秦皇岛及沈阳等大中城市联系起来,将缩短之间距离,极大地促进两省、两市的经济发展,具有更现实的经济意义和政治意义。由于京哈公路标准低,运输能力不高,已不适应经济发展和交通运输的需要,修建京哈高速公路已经刻不容缓,势在必行。天津市市政工程局对项目进行了充分的前期调研和技术经济论证,于1995年上报了可行性研究报告。1996年交通部以交计发〔1996〕607号文正式批准该建设项目,1997年交通部以交公路发〔1997〕139号文批准京哈高速公路天津段的初步设计。

（三）参建单位主要情况

该项目建设单位为天津市公路建设发展公司与新加坡国际资本控股有限公司共同注册成立的天津天昂高速公路有限公司。土木工程设计单位为天津市市政工程设计研究院,交通工程设计单位为中国公路工程咨询监理总公司。监理单位为天津市华光土木建设开发公司。经过邀标程序,中标施工单位分别为天津市第一市政公路工程有限公司、天津市第二市政公路工程有限公司、天津市第三市政公路工程有限公司、天津市第四市政建筑工程有限公司、天津市第五市政公路工程有限公司、中国公路工程咨询总公司。详见表8-2-4。

二、建设情况

（一）项目准备阶段

天津市市政工程局对项目进行了充分的前期调研和技术经济论证,于1995年上报了可行性研究报告。1996年交通部以交计发〔1996〕607号文正式批准该建设项目,

第八章
高速公路建设项目

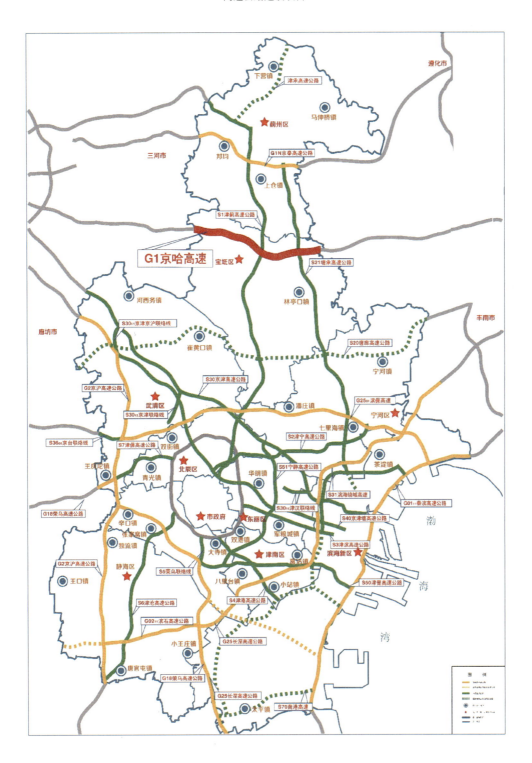

G1 京哈高速公路天津段在路网中示意图

表 8-2-1

G1 京哈高速公路天津段项目基本信息

路段起止桩号		规模（km）			建设性质（新建、改扩建）	设计速度（km/h）	路基宽度（m）	永久占地（亩）	投资情况（亿元）			资金来源	建设时间（开工—通车）	4A级以上主要景区名称	备注
起点桩号	止点桩号	合计	八车道及以上	六车道	四车道					估算	概算	决算				
K64+208	K101+387	37.18		37.18		新建	120	34.5	4650	15.3	12.15	11	交通部补助、国债转贷、银行贷款	1997.3—1999.10		2002.4—2002.7扩建

表 8-2-2

G1 京哈高速公路天津段项目桥梁汇总

序号	规模	名 称	桥梁左（m）	桥梁右（m）	主跨长度（m）	桥面宽度（m）	桥底净高（m）	跨越障碍物	桥梁分类	备注
1	特大桥	宝坻大桥	1345.7	1345.7	25	34.5	5.5	道路	梁式桥、钢筋混凝土梁桥、简支梁桥	
2	大桥	蓟运河西引桥	360	360	20	34.5		河流	梁式桥、钢筋混凝土梁桥、简支梁桥	
3	中桥	冯排一支渠桥	32.61	32.61	8	34.5		水渠	梁式桥、钢筋混凝土梁桥、简支梁桥	
4	中桥	北干渠桥	40.61	40.61	10	34.5		水渠	梁式桥、钢筋混凝土梁桥、简支梁桥	

表 8-2-3

G1 京哈高速公路天津段路面结构

路面形式	起讫里程	长度（m）	水泥混凝土路面	沥青路面	路面结构
柔性路面	K64+208～K101+387	37179		沥青混凝土路面	4cm防滑层+5cm I 型中粒式沥青混凝土+6cm II 型粗粒式沥青混凝土
刚性路面					

第八章 高速公路建设项目

参建单位一览表 表 8-2-4

参建单位	单 位 名 称	合同段编号及起止桩号	负责人
项目管理单位	天津天昂高速公路有限公司	K0+000~K37+178	孙祥保
勘察设计单位	天津市市政工程设计研究院	K0+000~K37+178	贾宝林
监理单位	天津市华光土木建设开发公司	K0+000~K37+178	戎贤
施工单位	天津市第三市政公路工程有限公司	1 合同,K16+911.5~K20+336.5	贾明浩
施工单位	天津市第一市政公路工程有限公司	2 合同,K35+638.7~K37+178	牛青竹
施工单位	天津市第五市政公路工程有限公司	3 合同,K0+000~K12+500	杨喜昆
施工单位	天津市第二市政公路工程有限公司	4 合同,K12+500~K16+911.5 K20+336.5~K26+757	王学文
施工单位	天津市第一市政公路工程有限公司	5 合同,K26+757~K35+638.7	姚国强
施工单位	天津市第四市政建筑工程有限公司	6 合同,房建工程	鲍家钟
施工单位	中国公路工程咨询总公司	7 合同,三大系统	王谦

1997年交通部以交公路发〔1997〕139号文批准京哈高速公路天津段的初步设计。

在建设资金方面,该工程项目采用中外合作的方式,由天津市公路建设发展公司与新加坡国际资本控股有限公司共同出资,一期工程共计投资11亿元,双方按45:55投资,二期工程投资18856万元,由天津市公路建设发展公司单独出资。主要资金来源见表8-2-5;征地拆迁见表8-2-6。

主要资金来源(单位:万元) 表 8-2-5

	资金来源	外方投资	中 方 投 资				合计
			交通部补助	国债贷款	银行贷款	交通部贷款	
一期工程	金额	6050	26100	2500	17900	3000	110000
一期工程	所占比例(%)	55	23.70	2.30	16.30	2.70	100
	资金来源	外方投资	中方投资(银行贷款)				合计
二期工程	金额	0	18856				18856
二期工程	所占比例(%)	0	100				100

征地拆迁情况统计 表 8-2-6

项目	征地拆迁安置起止时间	征用土地(亩)	拆迁房屋(m²)	支付补偿(元)	备注
一期	1997年1月—1998年1月	4650	24600	93529473	—
二期	无	—	—	—	

该项目共分为7个合同段,见表8-2-7。

合同段划分情况　　　　　　　　　　　　　　　　　　表8-2-7

	合同段号	合同段所在地	工程内容及长度	施工单位
一期工程	一	宝坻	1.3km 大桥和1km 路基路面	天津市第三市政公路工程有限公司
	二	宝坻	340m 大桥和2km 路基路面	天津市第一市政公路工程有限公司
	三	宝坻	12.5km 路基路面	天津市第五市政公路工程有限公司
	四	宝坻	11km 路基路面	天津市第二市政公路工程有限公司
	五	宝坻	10km 路基路面	天津市第一市政公路工程有限公司
	六	宝坻	沿线收费站、服务区	天津市第四市政公路工程有限公司
	七	宝坻	三大系统	中国公路工程咨询总公司
二期工程	一	宝坻	9km 路面	天津市第五市政公路工程有限公司
	二	宝坻	8km 路面	天津市公路工程总公司
	三	宝坻	8.5km 路面	天津市第二市政公路工程有限公司
	四	宝坻	9.5km 路面	天津市第一市政公路工程有限公司

(二)项目实施阶段

1997年6月18日,京沈高速公路天津段工程开工奠基仪式举行,副市长王德惠、市建委、市计委等有关局领导以及宝坻县委、县政府、县人大、县政协有关领导出席了奠基仪式。

天津市市委、市政府各级领导高度重视,沿线单位和群众给予极大的理解和支持,为工程建设创造了良好的外部条件。工程建设期间接受了年度审计监督,执行了国家环境影响评价制度和"三同时"制度,较好地完成了征地、拆迁和线外配套,为项目建设创造了良好的内部条件。

各施工单位在软基处理、路基、路面、桥梁和房建施工,以及桥梁伸缩缝、交通标志、标线和护栏安装等工程中均取得了较好的效果,按设计标准和合同要求圆满地完成了任务。

该项目实施过程中,监理单位把工程建设的现代化科学管理方法带到工程中来,在执行合同条款、技术规范,确保工程质量和投资效益方面发挥了积极作用。在工程质量控制方面,监理单位主要采取了以下措施:建立有效的约束机制,完善质保体系;加强质量预控工作,严格开工条件审查;加强对进场原材料的控制;对隐蔽工程、重点部位坚持旁站;加强对承包人质量保证体系的有效性进行监督;强化机械设备进出场的管理;树立精品意识,争创部优工程;建立质量控制检测程序以及质量事故处理程序。在工程进度控制方面,监理人员以合同工期目标为基础,严格审查承包人的总体进度计划、年度进度计划、月度进度计划的编制,以确保总工期目标的实现。

项目经理部把增加科技含量,使用新技术、新工艺、新材料作为提高工程质量、保证工期、节约建设资金的重要手段,积极鼓励设计单位、监理单位、施工单位提出各种合理化建议,不仅保证了工程质量、进度,还有效地使用了建设资金。

一期工程

二期扩建工程,设计时按照充分利用既有公路各种设施,本着体现技术合理、安全经济的原则进行设计,在工作内容上,进行路面结构组合设计、新旧路搭茬设计以及恢复完善各种交通设施;在交通安全组织方面,项目经理部与交管部门一同组织了交通安全联席会议,对安全工作做了周密安排,在两个月施工中未出现一起交通事故。在工程质量及进度管理方面,各参建单位精心进行施工组织设计,对施工中过程中可能出现的问题提出了防范措施,为安全、畅通、优质、高效完成扩建工程提供了依据。该工程的监理工作,按照监理规范程序在保证质量、工期的过程中有序开展,并建立完善的自身工作体制。

三、复杂技术

宝坻特大桥中心桩号 K82+032,大桥全长 1345.7m,共 66 孔,混凝土 T 梁 924 片,25mT 梁 70 片,20mT 梁 854 片,钻孔桩 $\phi1.8m$,柱 $\phi1.3m$,简支悬挑帽梁,双幅、上下行车道分离,单幅桥宽 16.25m,中间设 2m 隔离带。大桥 13~14 号墩跨津围公路,跨径 25m。28~29 号墩跨津蓟铁路单线,49~52 号墩跨引滦明渠,大桥总建筑面积 43735.25m^2。宝坻大桥需跨越津围公路、津蓟铁路和引滦河,津围公路的交通疏导、津蓟铁路的安全、防止河道污染、保证过水断面等都是该工程的重点和难点。

二期工程

四、创新科技

项目经理部把增加科技含量,使用新技术、新工艺、新材料作为提高工程质量、保证工期、节约建设资金的重要手段,积极鼓励设计单位、监理单位、施工单位提出各种合理化建设,不仅保证了工程质量、进度还有效地使用好了工程建设资金。

例如在桥梁施工中,天津市市政设计研究院在桥梁施工地段做了试桩实验,采用先进设备对地质结构、地基承载力进行了检测,根据检测结果,设计单位在不降低安全系数的前提下,对桥梁桩基重新设计与计算,使工程质量和工程造价更趋于科学。

又如由于京哈高速公路天津段坐落在宝坻县境内,路基填筑所需的土方全部由宝坻县提供,而宝坻县属冲击性平原,其土质塑性指数比较高,是工程质量的一个隐患。为解决这个问题,项目经理部委托河北工业大学土木系专门以此作为一个课题研究,进行不同方案综合评价,选择了掺灰处理的方案。经实践检验,不仅保证了工程质量,而且未太多增加工程造价。

五、运营养护管理

京哈高速公路天津段共设置服务区两处,分别为天津服务区和新安镇服务区。天津服务区桩号 K78+000,总规模 159334m^2,建筑面积 7003m^2,绿化面积 58000m^2,共有车位 80 余个。服务区设有加油站、餐饮部、汽修厂以及洗手间,现为天津天昂高速公路有限公司所经营。而新安镇服务区位于 K100+300,上行方向总规模 2560m^2,建筑面积 3140m^2,绿化面积 8500m^2,车位 300 余个。服务区设有超市、加油站、汽修厂、餐厅、洗手间,现有天津市中国石化有限公司经营,是一个四星级服务区。另外,下行方向总规模 65330m^2,建筑面积 3500m^2,绿化面积 2000m^2,大车位 150 余个,小车位 100 余个,服务内容有超市、加油站、汽修厂、餐厅及洗手间,现由天津市正通商贸有限公司所经营,同样为四星级服务区。沿线有 3 个匝道站、2 个高接高互通收费站,详见表 8-2-8。

收费站点设置情况 表 8-2-8

序号	收费站名称	入口车道数		出口车道数		车道总数	
		MTC	ETC	MTC	ETC	MTC	ETC
1	宝平收费站	2	1	4	1	6	2
2	津围收费站	3	1	5	1	8	2
3	宝坻北收费站	0	0	4	1	4	1
4	新安镇收费站(塘承互通)	0	0	7	1	7	1
5	新钟收费站	1	1	1	1	2	2

随着国家经济的不断发展,交通流量也在不断增长,见表8-2-9。京哈高速公路可以说是中国经济的晴雨表。

交通流量发展状况　　　　　　　　　　　　　　　　　　　　表8-2-9

年份(年)	路段交通量	年均日交通量(万辆)	年份(年)	路段交通量	年均日交通量(万辆)
1999	184086	2454	2008	9615475	26272
2000	1845568	5043	2009	12141370	33264
2001	2545035	6973	2010	14513836	39764
2002	3156453	8648	2011	14234952	39000
2003	4083928	11189	2012	13866781	37887
2004	6819873	18634	2013	13599788	37260
2005	7661868	20991	2014	13718568	37585
2006	8040511	22029	2015	19093150	52310
2007	10219929	28000	2016	15509945	42493

京哈高速公路天津段自开通以来的大修工程,主要是自2009—2012年进行的,由于超载车辆的不断碾压,二、三车道结构层遭到严重破坏,为此运营单位委托天津市市政工程研究院进行检测、设计,经天津市市政工程专家委员会进行评审通过,本着循环、节约、全寿命养护原则,采用泡沫沥青再生工艺将废旧沥青混合料再利用作为底基层,面层采用4cmAC-13表面层+6cmAC-20中面层+12cmATB-30底面层的结构形式进行了维修,目前效果良好。

路面铣刨(一)

路面铣刨(二)

六、项目后评估

京哈高速公路天津段的建设决策是正确的,建设时机的选择是适宜的,最终选取的技术标准是适当的。

泡沫沥青拌和站

摊铺泡沫沥青

摊铺 ATB-30

标线

京哈高速公路天津段作为国家"九五"期间的重点公路建设项目，是 12 条国道主干线系统之一的丹东—拉萨公路的组成路段，也是北京至唐山以东地区综合运输大通道的组成部分。建设及其投产运营的实践充分说明，该项目的建设决策和建设时机正确、适宜，并且项目通过二期扩建工程最终选取为双向六车道高速公路技术标准的决策也是正确的。

该项目作为京哈高速公路的组成路段，经过天津市北部经济发展的重点地区，连接北京、天津、唐山、沈阳等城市。经济的快速增长带来了大量的交通需求，项目所在通道内公路是最主要的运输方式，而通道内国道 102（京哈公路）的技术等级已不能满足交通出行的要求，因此，修建高速公路的决策正确及时。

该项目建成后，改善了沿线地区的交通条件，对促进天津市东北部地区的经济交流与协作、保持经济长期稳定的发展起到了积极的作用。京哈高速公路天津段的交通量自开通以来持续增长，通车 5 年来年平均增长率 23%。随着道路使用者对运输效率重视程度的提高以及京津冀地区经济的迅速发展，预计项目路段未来交通量仍将保持较高的增长。

第八章
高速公路建设项目

项目后评估报告经过"四阶段"法的分析预测得出：2010年、2020年项目路段的交通量将分别达到50466pcu/日和85722pcu/日。据此可知，项目高速公路的建设时机把握得当，极大地缓解了国道102的交通压力。

省界收费站

京哈高速公路天津段建设时采用的是按六车道标准分期建设的方案，先修两侧四车道，中央预留两车道在二期建设，而项目开通不到三年即进行了扩建工程。从现状交通流迅速增长的情况来看，仅从扩建工程施工对交通量影响程度减小到最低的目标来看，在初期交通量不太大的情况下，提早进行项目扩建工程是正确的；从经济角度分析，虽然分期建设的建设总费用要高于一次性建成的费用，但考虑到1996年决策时的经济发展水平、资金供给状况、社会认识程度等，分两期建设京哈高速公路天津段的决策是合理的。

京哈高速公路

该项目建设推动了沿线地区及天津市的经济发展，所产生的社会效益比较显著。

该项目作为跨市际、大区域范围内的京哈高速公路的组成路段，在国道网中具有重要的地位。同时其穿越环渤海湾经济圈中天津市的北部地区,满足了环渤海周边城市特别是天津市经济的快速发展对区域内交通条件提出的更高要求。项目的规划建设,完善了国道主干线体系,创建了天津市北部过境运输通道,不仅促进了沿线宝坻区乃至天津市的经济发展,也为京津冀地区经济一体化的进程打下了良好的基础。

京哈高速公路天津段项目的规划建设,改善了京津至东北地区的客货运输条件,使天津市的交通基础设施条件得到了进一步改善,潜在的资源优势得以充分的发挥,从扩大内需、提高运输质量和运输效益、改善投资环境和区位条件等方面带动了地区经济效益的增长和经济产出的增加,为沿线地区的经济发展提供了重要的基础设施保障,对天津市宏观经济发展起到了十分有效的促进作用。同时,交通"瓶颈"对项目沿线地区产业发展的制约问题在一定程度上得以解决,宝坻区农业产业化进程、商贸流通业的发展以及地区招商引资都得到了极大地促进。

该项目的建设实施进一步完善了京津冀地区的快速交通体系,推动了区域内部的互动与优势互补,加快了京津冀区域空间框架下的产业布局重组和经济发展,为京津冀地区经济(特别是旅游产业)一体化进程创造了良好的交通条件。

京哈高速公路天津段项目的建设实施,适应了国民经济持续发展产生的迅速增长的交通需求,在改善区域内交通条件的同时,加快了环渤海湾地区社会经济一体化的进程,初步实现了促进区域宏观经济发展的目标。

该项目促进了天津市综合交通运输体系的优化发展,巩固了其作为全国路网主枢纽城市的地位,对天津市交通事业的发展起到了积极作用。修建京哈高速公路天津段目的是强化了天津市区对外的辐射作用,促进了天津市宏观经济的全面协调发展,尤其是直接带动了宝坻、蓟县等津北地区的经济发展,加快了地区招商引资、经济开发以及产业结构调整的步伐,使宝坻区潜在的资源和区位优势得以开发和利用,为宝坻区实现经济可持续发展奠定了基础,达到了预期的促进宏观经济发展的目标。

该项目的建成,有利地推动了京津冀地区经济的发展,密切了京津冀区域内部各社会经济部门的联系,使地区之间的资源优势进一步得到发挥,为促进京津冀经济一体化的内部互动与优势互补创造了有利的条件。

京哈高速公路天津段的开通,为京津冀地区旅游一体化的发展提供了良好的交通条件,对沿线形成的带状旅游资源的开发发挥了积极的作用,带来显著经济效益,为实现由点到面、连点成线、形成旅游产业带的转变提供了有力保障。

综上所述,京哈高速公路天津段项目的建设,为天津市经济发展提供了重要的交通基础设施保障,项目路段的建成极大地促进了京津冀地区一体化进程,并在此基础上,促进了整个天津市经济的可持续发展。通过对以上各方面科学、客观的评价,后评估报告认为该项目的建设已经实现并超出了立项阶段预期目标,获得了良好的社会经济效益,其建设符合了天津市经济发展需要,建设时机选择较为恰当。因此该项目的实施对天津市乃至京津冀地区的社会经济发展具有重要的现实意义和历史意义。

该项目的建设完善了北京至沈阳的综合运输通道,极大地促进了沿线交通的发展。

京哈高速公路天津段的建成,不仅完善了国家干线路网的建设,并且对天津市以及项目沿线地区交通的发展起到了极大的促进作用。后评价认为,项目的建设实施较好地实现了在决策阶段提出的完善北京至沈阳综合运输通道这一建设目的。

该项目路段修建前,国道102(京哈公路)技术等级较低,运输能力不高,不能适应经济发展和交通运输需求。而作为"两纵两横"国道主干线丹东—拉萨公路的组成路段,项目的建成通车完善了国道主干线公路系统的建设,大大提高了运输通道内的道路通行能力,满足了京津冀地区与重工业基地辽宁省间日益增长交通量的需要。

同时,京哈高速公路天津段是天津市高速公路网"二环、十一射、四主、二支持"格局的重要组成部分,是天津市至辽宁省的第一条高速公路。作为贯穿天津北部地区的东西运输快速通道,项目的建成大大缩短了天津至唐山,以及辽宁省客、货流的集散时间,完善了天津市干线公路网建设,提高了对外交通辐射能力,同时对于沿线地区交通事业的发展也起到了积极的推动作用。

京哈高速公路

京哈高速公路天津段的建设管理模式为后续项目提供了积极的指导作用。

建设单位在征地拆迁、资金运用、深化设计、科学决策、节约土地资源等方面发挥了重要作用。在项目管理上,严格执行基建程序,认真贯彻"四制"要求,积极探索新技术的开发与应用,在工程质量、工期、投资控制方面都取得了显著成绩。设计单位通过设计过程中的多次现场调查勘测和多次方案论证,进行了高标准线形和路面结构设计,以及技术可靠、经济合理、施工方便的桥涵结构设计,并进行了全过程技术服务,为平原微丘区高速公路的设计和施工积累了经验。施工单位建立了完善的质量保证体系,按合同要求配备了技术管理人员和施工机械设备,设立了工地实验室,在工程施工任务重、工期紧、质量要求严的情况下,制订了科学的施工组织设计,严格每道工序操作,确保了工程质量和工期。监理单位根据合同组建了监理机构,设置了驻地监理组,编制了各类监理工作用表,建立健全了管理制度,并开展各类监理培训。监理工作能按照"严格监理、热情服务、秉公办事、一丝不苟"的原则,严格执行国家有关质量标准,有效控制了工程质量、进度、投资,发挥了工程监理的重要作用。总的来看,京哈高速公路天津段项目的建设管理是成功的,对后续高速公路项目的建设发展起到了积极的指导作用。

第三节　G18荣乌高速公路(荣成—乌海)天津段
（大港翟庄子—武清王庆坨镇）

荣乌高速公路项目为我国东部区进入西部区提供了便捷的交通,对于进一步促进东西部密切交流,实现经济互补具有十分重要的意义。荣乌高速公路实际上是以天津市为中心,东接山东半岛东部荣成,西联乌海,贯穿河北、山西、陕西、内蒙古的横向大动脉。荣乌高速公路天津段作为国家高速公路横线荣成至乌海和纵线长春至深圳的重要组成部分,是天津市通往山东半岛和华东、华南的一条放射线。该项目建成后将形成天津市南部地区的南北向大通道,有效连通秦皇岛港、天津港、京唐港、黄骅港,进一步完善综合运输体系,解决天津市快速过境交通问题,尤其可以极大地缓解津沧高速公路津冀省市界主线的交通压力。对改善区域投资环境,加快推进滨海新区开发开放,加快天津经济发展,振兴环渤海乃至北方地区经济具有十分重要的意义。

荣乌高速公路是调整后的天津市公路网发展规划确定的"三条过境主通道、三条京津城际高速公路通道、九条中心城市放射线和两条联络线"中九条中心城市放射线之一。该项目的实施对完善国家路网、促进国民经济的发展具有重要的意义,它的建成将极大地增进环渤海地区与长三角地区、珠三角地区的经济发展与交流,并对东北老工业基地的振兴起到积极的推动作用。此外该项目建成后将形成天津市南部地区的南北向大通道,对天津市的综合运输体系的完善,解决天津市快速过境交通问题,突出体现天津市公路主枢纽地位具有十分重要的意义。它的建成将使天津市周边公路网的布局更加合理,为改善投资环境、扩大对外开放提供有利的交通硬环境,推动天津市经济和旅游业的快速发展。

第八章
高速公路建设项目

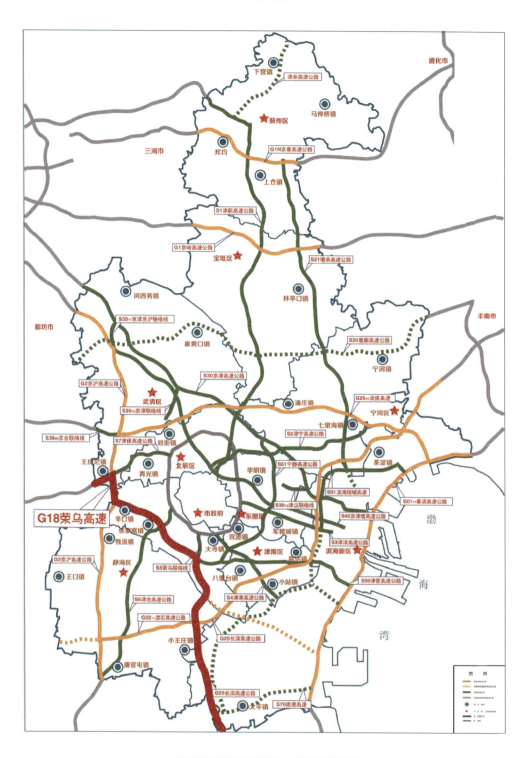

G18 荣乌高速公路天津段在路网中示意图

一、工程概况

(一)基本情况

该线路全长 79.28km,由 4 条高速公路组成,分别为津汕高速公路(大港区子牙新河特大桥—西青区青泊洼互通)、威乌高速公路天津西段(西青区青泊洼互通—西青区精武镇)、京沪高速公路天津段一期(西青区精武镇—武清区王庆坨镇)、津保高速公路(武清区王庆坨镇—津冀界收费站)。G18 荣乌高速公路天津段基本信息、桥梁及路面结构见表 8-3-1~表 8-3-3。

(二)前期决策情况

荣乌高速公路天津段是天津市通往山东半岛和华东、华南的一条放射线。项目贯通后形成天津运输体系,解决天津市快速过境交通问题,尤其可以极大地缓解京沪高速公路津冀界主线站的交通压力,对改善区域投资环境、加快推进滨海新区开发开放、加快天津经济发展、振兴环渤海乃至北方地区经济具有十分重要的意义。

2004 年 10 月 26 日,交通部向天津市市政工程局下达了《关于天津至汕尾公路天津段项目建议书的批复》(交规划发〔2004〕587 号),同意该项目立项。

2006 年 5 月 23 日,交通部向天津市市政工程局下达了《关于天津至汕尾公路天津段可行性研究报告的批复》(交规划发〔2006〕220 号),同意该项目可行性研究报告。

2007 年 3 月 30 日,交通部向天津市市政工程局下达了《关于天津至汕尾公路天津段可初步设计的批复》(交公路发〔2007〕151 号),同意该项目初步设计批复。

2002 年 10 月,天津市市政工程局批复了《关于审批威乌公路天津西段项目建议书的请示》,批准威海乌海公路天津西段项目正式立项,全线均按六车道高速公路标准建设。

2003 年 2 月 26 日,天津市市政工程局批复《关于威乌公路天津西段工程可行性研究报告的请示》,同意进行该项目的可行性研究报告。

2003 年 6 月 2 日,天津市市政工程局向公路发展公司下达了《关于报请审批威海—乌海公路天津西段初步设计的批复》,同意初步设计推荐的建设规模和技术标准,要求发展公司按照批复编制施工图设计文件和招标文件,防止建设过程中人为的设计变更。

2003 年 6 月 30 日,由交通部出具了《关于京沪高速公路天津段(一期工程)可行性研究报告的批复》(交规划发〔2003〕263 号),同意建设国道主干线京沪高速公路天津段(一期工程)。

2003 年 9 月 29 日,国家环境保护总局出具了《关于京沪高速公路天津段环境影响报告书审查意见的复函》(环〔2003〕227),原则同意预审意见及天津市环境保护局初审意见。

第八章 高速公路建设项目

G18 荣乌高速公路天津段项目基本信息 表 8-3-1

路段起止名称	路段起止桩号		规模（km）			建设性质（新、改扩建）	设计速度（km/h）	路基宽度（m）	永久占地（亩）	投资情况（亿元）			资金来源	建设时间（开工~通车）	备注
	起点桩号	止点桩号	八车道及以上	六车道	四车道					估算	概算	决算			
				合计											
子牙河大桥—西青区青泊洼互通	K690+000	K735+413		45.413		新建	120	34.5	8494	44	49.24		交通部补助、养路费、企业自筹	2005~2008	
西青区青泊洼互通—西青区精武镇	K735+413	K747+929		12.516		新建	120	34.5	2337	13.5	14.546	13.25	养路费、交通部补助、银行贷款、股东投资	2003~2005	
西青区精武镇—武清区王庆坨镇	K747+929	K771+816		16.191		新建	120	34.5	2207	13.63	16.38	14.72	交通部补助、养路费、企业自筹	2003~2006	
武清区王庆坨镇—津冀界收费站	K771+816	K776+978			5.162	新建	120	27	543.45	1.43	1.4	1.16	国贷转贷、自筹、贷款	1998~2000	
				79.282											

G18 荣乌高速公路天津段桥梁汇总 表 8-3-2

序号	名称	规模	桥梁左（m）	桥梁右（m）	主跨长度（m）	桥面宽度（m）	桥底净高（m）	跨越障碍物	桥梁分类	备注
1	子牙河新河特大桥	特大桥	1620	1620	35	34.5		河流	梁式桥、钢筋混凝土桥、连续桥梁	
2	青静黄排水渠特大桥	特大桥	1354.66	1354.66	25	34		河流	梁式桥、钢筋混凝土桥、连续桥梁	
3	钱圈互通主线 2 号桥	特大桥	1102.53	1102.53	35	34	5	道路	梁式桥、钢筋混凝土桥、连续桥梁	
4	团泊南互通主线 3 号桥	特大桥	1100.02	1100.02	36	34	5	道路	梁式桥、钢筋混凝土桥、连续桥梁	
5	独流减河特大桥	特大桥	1779.66	1779.66	35	34		河流	梁式桥、钢筋混凝土桥、连续桥梁	
6	青泊洼互通主线桥	特大桥	1324.74	1324.74	35	34	5	河流	梁式桥、钢筋混凝土桥、连续桥梁	
7	张家窝桥	特大桥	1501.66	1501.66	46	33	5	道路	梁式桥、组合梁桥、组合梁	

天　津
高速公路建设实录

续上表

序号	名　称	规模	桥梁左（m）	桥梁右（m）	主跨长度（m）	桥面宽度（m）	桥底净高（m）	跨越障碍物	桥梁分类	备注
8	津浦铁路桥	特大桥	1620.66	1620.66	44	33		铁路	梁式桥,钢筋混凝土梁桥,连续桥梁	
9	子牙河桥	特大桥	2362.33	2362.33	50	33		河流	梁式桥,钢筋混凝土梁桥,连续桥梁	
10	徐太公路口门大桥	大桥	699.66	699.66	30	34	5	道路	梁式桥,钢筋混凝土梁桥,连续桥梁	
11	唐家洼口门大桥	大桥	704.66	704.66	25	34	5	道路	梁式桥,钢筋混凝土梁桥,连续桥梁	
12	大赵路口门大桥	大桥	889.16	889.16	31	34	5	道路	梁式桥,钢筋混凝土梁桥,连续桥梁	
13	团泊北互通主线桥	大桥	926.46	926.46	31	34	5	道路	梁式桥,钢筋混凝土梁桥,连续桥梁	
14	K725+810分离式立交桥	大桥	634.38	634.38	30	34	5	道路	梁式桥,钢筋混凝土梁桥,连续桥梁	
15	K727+723分离式立交桥	大桥	554.66	554.66	25	34	5	道路	梁式桥,钢筋混凝土梁桥,连续桥梁	
16	小孙庄互通主线2号桥	大桥	729.66	729.66	25	34	5	道路	梁式桥,钢筋混凝土梁桥,连续桥梁	
17	小孙庄互通主线1号桥	大桥	654.66	654.66	25	34	5	道路	梁式桥,钢筋混凝土梁桥,连续桥梁	
18	建新南路分离式立交桥	大桥	604.96	604.96	25	34	5	道路	梁式桥,钢筋混凝土梁桥,连续桥梁	
19	大沽排污河桥	大桥	750.64	750.64	44	34.5	5	河流	梁式桥,钢筋混凝土梁桥,连续桥梁	
20	青凝侯公路桥	大桥	103.91	103.91	16	34.5	5	道路	梁式桥,钢筋混凝土梁桥,简支桥梁	
21	小南河桥	大桥	684.74	684.74	30	34.5	5	道路	梁式桥,钢筋混凝土梁桥,连续桥梁	
22	陈台子排污河桥	大桥	160.64	160.64	20	34.5	5	河流	梁式桥,钢筋混凝土梁桥,简支桥梁	
23	津文公路互通式交桥	大桥	941.64	941.64	37.5	34.5	5	道路	梁式桥,钢筋混凝土梁桥,连续桥梁	
24	津涞公路跨线桥	大桥	720.64	720.64	30	34.5	5	道路	梁式桥,钢筋混凝土梁桥,连续桥梁	
25	京福公路桥	大桥	429.66	429.66	25	33	5	道路	梁式桥,钢筋混凝土梁桥,连续桥梁	
26	津静公路桥	大桥	104.66	104.66	20	33	5	道路	梁式桥,钢筋混凝土梁桥,简支桥梁	
27	当城G线桥	大桥	350	350	14	33.5	5	道路	梁式桥,钢筋混凝土梁桥,连续桥梁	
28	K692+147中桥	中桥	44.82	44.82	10	34	5	道路	梁式桥,钢筋混凝土梁桥,简支桥梁	
29	K692+598中桥	中桥	44.82	44.82	10	34	5	道路	梁式桥,钢筋混凝土梁桥,简支桥梁	

第八章 高速公路建设项目

续上表

序号	名称	规模	桥梁左（m）	桥梁右（m）	主跨长度（m）	桥面宽度（m）	桥底净高（m）	跨越障碍物	桥梁分类	备注
30	K693+049中桥	中桥	44.82	44.82	10	34	5	道路	梁式桥,钢筋混凝土梁桥,简支桥梁	
31	K693+445中桥	中桥	53.38	53.38	16	34		河流	梁式桥,钢筋混凝土梁桥,简支桥梁	
32	K693+964中桥	中桥	37.14	37.14	16	34		水渠	梁式桥,钢筋混凝土梁桥,简支桥梁	
33	K694+103中桥	中桥	44.96	44.96	10	34	5	道路	梁式桥,钢筋混凝土梁桥,简支桥梁	
34	K694+341中桥	中桥	45.69	45.69	10	34	5	道路	梁式桥,钢筋混凝土梁桥,简支桥梁	
35	郭庄子互通主线桥	中桥	43.82	43.82	13	34	5	道路	梁式桥,钢筋混凝土梁桥,简支桥梁	
36	K696+397中桥	中桥	44.68	44.68	10	34	5	道路	梁式桥,钢筋混凝土梁桥,简支桥梁	
37	K697+537中桥	中桥	69.68	69.68	13	34	5	道路	梁式桥,钢筋混凝土梁桥,简支桥梁	
38	K698+127中桥	中桥	100.66	100.66	16	34	5	道路	梁式桥,钢筋混凝土梁桥,简支桥梁	
39	K699+177中桥	中桥	95.66	95.66	13	34	5	道路	梁式桥,钢筋混凝土梁桥,简支桥梁	
40	K703+937中桥	中桥	43.66	43.66	13	34	5	道路	梁式桥,钢筋混凝土梁桥,简支桥梁	
41	K704+638中桥	中桥	69.82	69.82	13	34	5	道路	梁式桥,钢筋混凝土梁桥,简支桥梁	
42	K705+112中桥	中桥	56.82	56.82	13	34	5	道路	梁式桥,钢筋混凝土梁桥,简支桥梁	
43	K705+803中桥	中桥	44.82	44.82	10	34	5	道路	梁式桥,钢筋混凝土梁桥,简支桥梁	
44	K706+270中桥	中桥	56.82	56.82	13	34	5	道路	梁式桥,钢筋混凝土梁桥,简支桥梁	
45	K709+203中桥	中桥	56.66	56.66	13	34	5	道路	梁式桥,钢筋混凝土梁桥,简支桥梁	
46	钱圈互通主线1号桥	中桥	69.38	69.38	16	34	5	道路	梁式桥,钢筋混凝土梁桥,简支桥梁	
47	团泊南互通主线2号桥	中桥	66.59	66.59	10	34	5	道路	梁式桥,钢筋混凝土梁桥,简支桥梁	
48	团泊南互通主线1号桥	中桥	85.69	85.69	16	34	5	道路	梁式桥,钢筋混凝土梁桥,简支桥梁	
49	K721+252中桥	中桥	69.66	69.66	13	34	5	道路	梁式桥,钢筋混凝土梁桥,简支桥梁	
50	K737+546中桥	中桥	64.78	64.78	16	34.5	5	道路	梁式桥,钢筋混凝土梁桥,简支桥梁	
51	K741+532桥	中桥	52.71	52.71	13	34.5	5	道路	梁式桥,钢筋混凝土梁桥,简支桥梁	
52	K743+190桥	中桥	52.74	52.74	13	34.5	5	道路	梁式桥,钢筋混凝土梁桥,简支桥梁	

续上表

序号	名 称	规模	桥梁左(m)	桥梁右(m)	主跨长度(m)	桥面宽度(m)	桥底净高(m)	跨越障碍物	桥梁分类	备注
53	津陈公路跨线桥	中桥	80.84	80.84	16	34.5	5	道路	梁式桥,钢筋混凝土梁桥,简支桥梁	
54	K753+962中桥	中桥	56.66	56.66	13	33	5	道路	梁式桥,钢筋混凝土梁桥,简支桥梁	
55	K754+487中桥	中桥	44.66	44.66	10	33	5	道路	梁式桥,钢筋混凝土梁桥,简支桥梁	
56	营建路桥	中桥	64.66	64.66	20	33	5	道路	梁式桥,钢筋混凝土梁桥,简支桥梁	
57	K759+445中桥	中桥	44.66	44.66	10	33	5	道路	梁式桥,钢筋混凝土梁桥,简支桥梁	
58	K760+383中桥	中桥	56.66	56.66	13	33		水渠	梁式桥,钢筋混凝土梁桥,简支桥梁	
59	幸福排干渠桥	中桥	42.64	42.64	13	27		水渠	梁式桥,钢筋混凝土梁桥,简支桥梁	
60	堤西东排干渠桥	中桥	43.64	43.64	13	27		水渠	梁式桥,钢筋混凝土梁桥,简支桥梁	
61	堤西深渠桥	中桥	43.64	43.64	13	27		水渠	梁式桥,钢筋混凝土梁桥,简支桥梁	

G18荣乌高速公路天津段路面结构

表8-3-3

路面形式	起讫里程	长度(m)	水泥混凝土路面	沥青混凝土路面	路 面 结 构
柔性路面	K690+000~K735+413	45413		沥青混凝土路面	4cm沥青玛蹄脂碎石混合料(SMA)+6cm中粒式沥青混凝土+8cm粗粒式沥青混凝土+0.6cm沥青下封层+18cm水泥稳定碎石(5%)+18cm水泥稳定碎石(4%)+18cm石灰粉煤灰土
	K735+413~K747+929	12516		沥青混凝土路面	4cm细粒式沥青混凝土+6cm中粒式沥青混凝土+8cm粗粒式沥青混凝土+18cm水泥稳定碎石+18cm粉煤灰石灰碎石+18cm粉煤灰石灰土
	K747+929~K764+120	16191		沥青混凝土路面	表面层采用改性沥青,中下面层为6cm AC-20和8cm AC-25型沥青混合料,沥青面层总厚度18cm
	K764+120~K776+978	5162		沥青混凝土路面	4cm中粒式沥青混凝土+5cm粗粒式沥青混凝土+6cm粗粒式沥青混凝土+30cm水泥稳定级配碎石+30cm石灰土
刚性路面					

2003年10月21,交通部出具了《关于京沪高速公路天津段(一期工程)初步设计的批复》(交公路发〔2003〕441号)。

1997年5月20日,天津市计划委员会下达,关于津港合作建设津保高速公路天津境内双口镇南—徐家堡之间路段项目可行性研究报告(含项目建议书)的批复。

1997年5月,天津市计划委员会下达关于津港合作建设津保高速公路天津境内外环线—双口镇南之间路段项目可行性研究报告(含项目建议书)的批复。

荣乌高速公路天津西段

(三)参建单位主要情况

工程建设单位:天津市高速公路投资建设发展公司。

设计单位:天津市市政工程设计研究院。

监理单位:天津市华盾工程监理咨询有限公司、天津市国腾公路咨询监理有限公司等。

施工单位:天津市城建集团、中港一航局、路桥集团第一公路工程局等24家单位。

荣乌高速公路参建单位见表8-3-4。

荣乌高速公路参建单位一览表 表8-3-4

工程项目	参建单位类别	单 位 名 称	合同编号及桩号	负责人
荣乌高速公路天津段(青泊洼—精武镇)	项目管理单位	天津高速公路集团有限公司	K0+000~K20+755.35	刘建军
	勘察设计单位	天津市市政工程设计研究院	K0+000~K20+755.35	熊文盛
	监理单位	山西交通科技公路工程咨询监理有限公司	K0+000~K20+755.35	孙常来
	施工单位	天津第一市政公路工程有限公司	1合同,KD+000~K5+000	李士伟
		中铁十七局第六工程游戏公司	2合同,K5+000~K7+300	朱国璠
		天津城建集团有限公司	3合同,K7+600~K17+300	李树槐
		天津第五市政公路工程有限公司	4合同,K17+300~K20+755.35	纪宗良

续上表

工程项目	参建单位类别	单 位 名 称	合同编号及桩号	负责人
荣乌高速公路天津段（精武镇—王庆坨）	项目管理单位	天津高速公路集团有限公司	AK18+050~AK62+300	汲长顺
	勘察设计单位	天津市市政工程设计研究院	1合同	赵建伟
	监理单位	天津市华盾工程监理咨询有限公司	2合同	丁锦波
	施工单位	天津第一市政公路工程有限公司	8合同，AK53+500~AK56+200	陈家驹
		天津市公路工程总公司	9合同，AK56+200~AK60+704	沙春义
		路桥集团第一公路工程局第五工程公司	10合同，AK60+704~AK62+300	黄紫跃
		天津第五市政公路工程有限公司	21合同（路面工程）	王智伟
		天津市政公路设备工程有限公司	25合同（交通工程）	孙善平
荣乌高速公路天津段（子牙河大桥—青泊洼互通）	项目管理单位	天津高速公路集团有限公司	K0+000~K52+8540.387	宋磊
	勘察设计单位	天津市市政工程设计研究院	K0+000~K52+8540.387	贺海
	监理单位	天津市华盾工程监理咨询有限公司	1合同，K0+000~K24+200	张钰琳
		天津国腾监理咨询有限公司	2合同，K24+200~K52+540.387	李文辉
		重庆中宇工程咨询监理有限公司	3合同，K0+000~K52+540.387	林波
		天津市华盾工程监理咨询有限公司	4合同，小孙庄收费站交警用房、西青服务区加油站及服务用房	张钰琳
	施工单位	中铁十九局第一工程有限公司	1合同，K0+000~K2+800	于宏伟
		天津城建集团有限公司	2合同，K2+800~K6+080	李树槐
		中交第一航务工程局有限公司	3合同，K6+080~K8+200	吴晓峰
		天津路桥建设工程有限公司	4合同，K6+080~K8+200	于建起
		湖南益阳公路桥梁建设有限责任公司	5合同，K8+200~K11+400	肖柏轩
		中铁十四局集团有限公司	6合同，K11+400~K13+600	陈祥龙
荣乌高速公路天津段（王庆坨—津冀界收费站）	项目管理单位	天津津富高速公路有限公司	K0+000~K23+945	马纯孝
	勘察设计单位	天津市市政工程研究院	K0+000~K23+945	邱志明
	监理单位	天津市道路桥梁监理公司	K0+000~K7+420	陈家贞
	施工单位	天津雍阳公路工程有限公司	1合同，K0+000~K7+420（K4+700~K6+000除外）	高启生

二、建设情况

（一）项目准备阶段

该项目严格执行了交通基本建设程序，从预可行性研究、工程可行性研究、初步设计、施工图设计、工程施工、监理招投标及工程开工报告的审批，各个环节手续齐全，具体如下：

2004年11月，天津市市政工程局上报《关于报审津汕公路天津段工程可行性研究报告的请示〔2004〕778号》。

2006年3月,天津市规划和国土资源局下达《关于津汕高速公路天津段项目建设用地预审意见的复函》。

2008年4月,天津规划局下达《建设用地规划许可证〔2008〕0145号》通知书。

2004年12月,国土资源部下达《关于对津汕高速公路天津段项目用地审查意见〔2004〕2446号》。

2005年6月,国土资源部下达《建设项目用地预审申请报告〔2005〕125号》及《关于津汕高速公路用地功能分区的说明》。

2007年4月,天津市市政工程局下达《关于天津至汕尾公路天津段初步设计的批复〔2007〕151号》。

2005年12月,天津市市政工程局总工办下达《关于全国示范工程津汕高速公路天津段两阶段初步设计的审查意见〔2005〕47号》。

2005年7月,交通部下达《关于津汕公路天津段工程环境影响报告书审查意见的复函〔2005〕570号》。

(二)项目实施阶段

荣乌高速公路的建设目标:建设集安全、和谐、环保、景观概念于一体的,具有可持续发展特征的高速公路,创沿海北方平原大城市地区修建高速公路的典型、示范的样板工程。

1.质量管理方面

(1)落实质量责任,严格管理制度,为质量管理夯实基础。荣乌项目的建设目标是"建和谐高速,创示范工程",工程质量达到交通部部优标准。建立健全相应的管理制度,制订一套质量管理基础性文件,主要包括《津汕高速公路质量管理办法》《津汕高速公路总体施工组织方案》《津汕高速公路建设质量规程》等,规范质量管理程序、质量标准、施工工艺等方面的要求及各级职责,统一全线的质量标准和质量管理要求,使日常的质量管理做到有章可循、有据可依。建立工程质量奖惩榜,对奖惩结果上墙公示。积极组织经验交流会和专题研讨会,组织重要程序、关键难点、通病问题等有针对性的培训,切实提高参检单位质量管理水平。

(2)依靠科技进步,整合社会资源,为质量创新提供技术保障。首次在高速公路中大面积采用废弃轮胎胶粉改性沥青,与普通路面相比,胶粉改性沥青路面可延长使用寿命1~3倍,降低噪声50%~70%,大幅提高路面的耐热耐寒性,增强防滑性。采用塑料波纹管用于后张预应力真空灌浆,提高施工整体质量。积极开展科技改革活动,将施工中的一些经验技巧总结提炼并加以创新,并在津汕高速公路加以推广应用。津汕高速公路技改技革小组研制的预应力小箱梁钢筋绑扎支架,幅度提高小箱梁生产效率和钢筋绑扎质量,获得2007年度发展公司员工技术协会成果二等奖,已申请施工专利。采用薄壁管桩处理,高填方桥头路基,控制桥头跳车的质量通病。先浇筑混凝土薄壁管桩,施工机械采用振动沉模,完善浇筑混凝土的一次性成装技术,可快速加固软土地基,使其满足设计要求。具有施工质量易控制、承载力高、总成交量小、检测方便、桥头跳车改善程度好等显著优点。

(3)现场靠前指挥,实施有效控制,为质量目标抓好落实。加大日常现场巡查力度,实施有效动态巡查机制,组织施工质量专项检查(包括涵洞、支座垫石、梁板预制、拌和站、张拉灌浆、桥面铺装等)。针对检查中存在的问题,下达质量整改通知书,并附上质量问题照片。要求监理及施工单位在整改后,将附有监理工程师签字的整改意见及整改照片报经理部存档,并实时监控其整改效果。

发挥监理单位主导作用,每个月随机抽取一周时间,作为津汕项目自身质量检查周,联合监理对施工全线进行排查,对于发现的问题进行整合汇总,展开专题反馈会,提出改进措施指导下一步施工。

(4)加强文明施工,重视成品保护。后期交叉作业施工中,要求各单位加强成品保护措施,采取切实可行的防护措施后续施工,已完工作在各主线上坡后铺垫土工布或砂石料,防止运行车辆带泥上路污染主线路面。绿化换土及交通管理预埋施工均要求施工单位在施工工作范围内铺垫土工布或彩条布,有效地减少路面污染。

津汕高速公路路面摊铺施工

2.进度管理方面

(1)以总体方案统筹建设全局,以前瞻性措施应对各种难题。津汕高速公路开工不久,项目经理部根据项目建设的实际,制订了明确的项目总体控制计划和统一的年度计划月度计划格式,要求各单位根据现场实际情况编制计划,对既有合同段的整体安排,认真分析重点难点工程,计划编制重点要求,根据时间计划配置各项资源,保障人机材的投放。

第八章
高速公路建设项目

针对高速公路建设中可能出现的一些常规性问题,项目经理部积极研究应对措施,前期项目经理部重点抓施工环境保障工作,提出协调、征地拆迁等众多难题的各种措施,最大限度地减少了因前期工作不到位产生的工程开工滞后的现象。工程全面开工后,项目经理部通过科学安排工期,均衡施工,一定程度上克服了通常情况下的施工管理前松后紧,中期和后期赶工的现象,而且保障了路基土方施工的质量,减少了交叉施工可能产生的工程反复现象,加快了工程进度。

荣乌高速公路路面

(2)过程跟踪落实,促进工程连续正常开展。工程计划的过程跟踪、落实是实现最终建设目标的关键和难点。在日常管理中,项目经理部逐个合同段对比分析工程进展情况,对于进度滞后、波动较大的单位,深入工地现场与监理单位、施工单位面对面了解情况,掌握现场影响工程进展的各方面因素,制订改进措施,并向相关部门反映。调动多方工作积极性,形成推动工程进展的合力。根据项目经理部安排,认真组织与各合同段上级主管领导的会谈,邀请其上级单位主管领导亲临现场,共同商讨制订相应的施工组织计划,对不合理的工期安排及时提出,对不合理的工序安排及时纠正。

(3)适应外部环境变化,积极应对材料涨价。进入2008年以后,工程所需的大部分主要材料普遍大幅度涨价,在公司的大力支持下,一方面积极实施材料差价调整工作,加快工程计量审批,增加材料预付款,全力保障施工现场资金需求,推动各单位施工正常进行,为工程计划顺利完成提供了坚实的基础。

3. 工程造价控制

项目经理部严格依照《合同法》和国家其他有关法律法规,严格工程资金使用计划,跟踪各施工单位项目资金的使用情况,着重做好对监理工程师、各承包人共同签署的计量支付凭证的审查,计量支付过程的抽查、监督,防止不合理计量支付。

严格工程合同管理,每笔征地拆迁等待摊费用支出均附有正式票据及合同附件,并按合同价进行支付,对各施工单位每月报来的计量支付报表进行严格审核,同时对路面2合同段的沥青油计量进行重点审核,保证各单位对工程款计量支付的准确性,确保计量资金能够拨付到位。

荣乌高速公路天津段

三、科技创新

1. 路基路面排水

路基路面排水中,传统方法施工造价较高,工期较长或质量不可控,因此采用快速"高真空击密法"软地基处理方法(国家发明专利号:ZL01.01127046.2)。它是一种质量可控(能有效控制软土含水率、密实度、工前沉降、差异沉降)、造价低(常规方法的40%~80%)、工期短(常规方法的1/3~1/2)的软地基处理工法。

"高真空击密法"工法是一种快速加固软土地基的新技术,它是通过数遍的高真空,并结合数遍合适的变能量击密,达到降低土层的含水率,提高密实度、承载力,减少地基工后和差异沉降的目的。

此项发明有以下5点创新:

(1)在夯前采用高真空系统,合理控制施工参数,减小了饱和土的饱和度,使规范"饱和软土不宜强夯"成为过去。

(2)高真空结合合适的变能量动力击密,扩大了规范的真空井点在低渗透性软土中排水的应用范围。

(3)由于数遍高真空的作用,缩短了软黏土二遍夯击间隙时间,软土强夯的间隔时间从规范"不小于3~4周"缩短为"5~10天",大大节约了工期。

(4)通过高真空击密,使浅层地基(10m内)形成超固结硬壳层,改善地基的受力性能。由于深层软土不形成排水通道,深层软土工后沉降将明显减小。

(5)大面积加固,对地基有一定的降水预压作用。

"高真空击密法"工法在南方已经在大型港口道路、堆场、仓库,道路工程,厂房、仓库等工程上得到了比较大范围的应用,但天津尚没有应用过。津汕高速路线穿越了大面积的鱼塘,津汕高速公路设计项目组希望通过此工法在津汕高速公路的鱼塘段软基处理中得到部分应用,并与专利发明人徐士龙及其所在单位——上海港湾软地基处理工程有限公司合作,对此工法处理天津的软土地基进行研究并提出适用性研究报告。若课题成功,可在天津的公路和城市道路的设计施工中加以采用,缩短建设工期,减少建设费用。

2. 桥梁涵洞

该工程路线所经路段地貌类型主要为冲积平原、湖积平原、冲积、海积平原区、其地势较为平缓、开阔,主要由第四系松散细粒土组成,植被发育,沟、渠池塘众多。工程范围内地形特征为北低南高,沿线河渠纵横、池塘遍布。地面高程一般为 0.7~2.3m。根据地貌形态、特征及其成因类型,可分为冲积平原(Q43al)、湖积平原(Q43fl)、冲积湖积平原(Q43al-fl)等三个工程地质区。

根据《岩土工程勘察报告》,该工程沿线大多处于天津市南部区,地形平坦,地层属第四纪沉积层。沿线地貌主要为农田地、河流、旧淀塘、鱼池等新旧地貌。沿线场地地基土按时代成因划分,依次为:素填土、第Ⅰ陆相层、第Ⅰ海相层、第Ⅱ陆相层、第Ⅲ陆相层、第Ⅱ海相层、第Ⅳ陆相层。

沿线场地土类别为Ⅲ类,地震基本烈度为Ⅶ度。场地局部为液化场地,液化指数为4.71,折减系数为1/3,液化等级为轻微液化。

沿线地下水类型为第四系地下潜水,静止地下水位随地表土质和地表高程变化,勘察期间地下水位静止高程约在 1.5~2.5m 之间。地下水对钢筋混凝土的腐蚀情况各地段不同,局部地下水显示有中腐蚀性。该场地标准冻土深度 0.60m 左右。

根据沿线地质情况,该工程采用钻孔灌注桩基础,根据上部结构物的荷载情况,桩端持力层选择在深度适宜、土的工程性质较好的第Ⅳ陆相层中的粉质黏土和粉细砂,针对局部拟建场区地下水对混凝土结构存在结晶类腐蚀的等级,采取相应级别的防腐措施。

四、运营养护管理

1. 服务设施

全线设置大港及西青两处服务区,见表 8-3-5。

G18 荣乌高速公路服务区一览表　　　　　　　　表 8-3-5

高速公路编码	服务区名称	桩号	所在区域	占地(m²)	建筑面积(m²)
G18	大港服务区	K700+000	大港区	130000	7683
S5	西青服务区	K5+750	西青区	27956	2241

2. 收费设施

该项目共设置收费站 9 座,其中在河北界设置单向主线收费站 1 座,外环线进河北方向主线收费站1座,翟庄子省界主线收费站1座,在小孙庄、团新、团南、郭庄子、杨柳青、津文设置匝道收费站6座。截至2016年底,匝道出入口数量共计88条,其中ETC车道20条,详见表8-3-6。

G18 荣乌高速公路收费设施一览表　　　　　　表8-3-6

序号	收费站名称	入口车道数		出口车道数		车道总数	
		MTC	ETC	MTC	ETC	MTC	ETC
1	津冀收费站(省界主线站)	0	0	10	2	10	2
2	杨柳青收费站	3	1	5	1	8	2
3	津文收费站	2	1	4	1	6	2
4	天津收费站(主线站)	3	2	8	2	11	4
5	小孙庄收费站	2	1	4	1	6	2
6	团泊新收费站	1	1	3	1	4	2
7	团泊南收费站	2	1	4	1	6	2
8	郭庄子收费站	2	1	4	1	6	2
9	翟庄子收费站(省界主线站)	0	0	10	2	10	2

荣乌高速公路小孙庄收费站

荣乌高速公路年均日交通量(pcu/d)近三年分别为:2016年,39319pcu/d;2015年,38578pcu/d;2014年,42118pcu/d。

3. 养护管理

荣乌高速公路全线为双向六车道,主线起点桩号为K690+000,终点青泊洼互通桩号为K735+413,全线长45.413km。联络线起点为天津市外环线津淄桥,终点为青泊洼互通,全长7.127km。设置小孙庄1处养护工区(表8-3-7),负责养护里程119.09km。该项目自通车以来在2011年进行路面整体补强、单双层挖补、桥头顺接工程;2012年进行路面微表处、桥头顺接、桥梁独柱加固工程;2013年进行路面整体补强、微表处、桥头顺接、注浆工程;2014 年进行双层挖补、微表处、桥头顺接、注浆工程;2015 年进行单双层挖补、双层罩面、微表处、桥头顺接工程;2016 年进行整体补强、双层罩面、桥头跳车、微表处、桥面挖补工程。

G18 荣乌高速段养护设施一览表　　　　表 8-3-7

序号	养护工区名称	桩　　号	路段长度(km)	占地面积(m^2)	建筑面积(m^2)
1	小孙庄养护工区	K730+090	52.54	35000	998

4.监控设施

该项目设置荣乌高速公路天津站监控中心(表 8-3-8),位于荣乌联络线,负责荣乌高速公路的运营监管。

G18 荣乌高速公路监控设施一览表　　　　表 8-3-8

序号	监控设施名称	桩　　号	占地面积(m^2)	建筑面积(m^2)
1	天津站监控中心	K5+750		

五、项目后评估

该工程是交通部规划的国家重点公路建设规划中纵向主干线之一——津汕高速公路(天津—汕尾)的一部分,是调整后的天津市公路网发展规划确定的"三条过境主通道、三条京津城际高速公路通道、九条中心城市放射线和两条联络线"中九条中心城市放射线之一。为了提高工程的整体质量,采取了以下措施:

(1)该工程所需钢材、木材、水泥、沥青等材料均由天津市购运;砂、石料由蓟县和河北省购运;土方由路线所经地方购买。

(2)该工程按机械化施工考虑。

(3)该工程的临时工程有施工便道、便桥、构件预制场、基层拌和厂及面层拌和厂等。

该项目建成后形成天津市南部地区的南北向大通道,有效连通天津港、京唐港、黄骅港,进一步完善综合运输体系,解决天津市快速过境交通问题,尤其可以极大地缓解京沪高速公路津冀界主线站的交通压力。对改善区域投资环境、加快推进滨海新区开发开放、加快天津经济发展、振兴环渤海乃至北方地区经济具有十分重要的意义。

第四节 G1N京秦高速公路(北京—秦皇岛)天津段

G1N京秦高速公路是京哈高速公路(G1)的并行线,是连接北京通往秦皇岛、沈阳及东北地区的一条高速公路。天津境内西起河北省三河界,接河北省密涿支线高速公路,起点桩号K45+400,东至河北省玉田界,接河北省清东陵高速公路,终点桩号K75+709,全长30.309km。沿线途经白涧乡、邦均镇、东二营乡、东赵各庄乡、礼明庄乡、上仓镇、别山镇。2013—2016年,北京—秦皇岛高速公路天津段的建设加速了社会交往经济交流,为促进京津冀交通一体化、加速京津冀协同发展打下了坚实基础。

G1N京秦高速公路天津段于2016年9月建成通车,由天津高速公路集团有限公司运营事业部一分公司负责运营管理养护。

一、项目概况

(一)基本情况

1. 功能定位

京秦高速公路天津段工程是天津市域高速公路"九横五纵"骨架路网布局中的"一横",是蓟州区域内高速公路规划"两横两纵"中的主要组成部分。该项目的实施将有效地缓解京沈高速公路、国道G102的交通压力,缩短了蓟州区通往周边城市的时空距离,构建北京通往秦皇岛的又一条快速通道,加强天津北部、唐山、秦皇岛地区与北京直接的交通联系,更有力地促进京津冀经济一体化进程向纵深发展。同时通过与塘承高速公路的连接,对完善塘承高速公路交通功能,增强天津港的集疏港能力,促进滨海新区、京津冀都市圈、环渤海地区的经济发展有着重要的作用。

2. 技术标准

采用双向六车道,设计速度120km/h,路基宽度34.5m。平曲线最小半径采用1815m,最大纵坡采用1.9%。

3. 建设规模

该线路共设特大桥1座,大桥2座,分离式立交6座,互通式立交5座(其中枢纽型互通2处),服务区1处,养护工区1处(与津围公路互通共同设置),主线收费站2处,匝道收费站3处。管理、养护、服务、监控房屋建筑面积18043.08m^2。

4. 主要控制点

主要公路：宝平公路、京哈公路、津蓟高速公路、津围公路、东昌路（规划）、蓟塘公路（规划）、塘承二期高速公路、军蓟公路。

主要铁路：大秦铁路、京秦铁路、津蓟铁路。

主要河流：州河、漳河、引沵入漳河、辽运河。

乡镇：白涧乡、邦均镇、东二营乡、东赵各庄乡、礼明庄乡、上仓镇、别山镇。

管线：沿线有 35~500kV 高压线、廊多处。其中主要有 500kV 三条，分别为盘通线、盘北线、盘芦线；220kV 三条，分别为蓟北一、二线、蓟宝线、虹蓟1、2线；另外还有多条 110kV 及 35kV 高压线、国防光缆和电信光缆、电缆以及引滦输水暗管等。

5. 地形地貌

路线所经地区属于天津北部洪—冲积平原和冲积平原区。邦喜公路以西为山脚坡地，局部为低山丘陵区，地势起伏相对较大，分布有多条陡坎、凹洼。邦喜公路以东为山前冲积平原，地势较为平坦，并从西向东逐级缓慢下降，分布有多条沟渠。

6. 投资规模

该工程初步设计概算金额为 45.36 亿元（含建设期贷款利息）。

7. 开工及通车、竣工时间

项目于 2013 年 1 月开工建设，2015 年 12 月完成交工验收，2016 年 9 月正式通车运营。该项目基本信息、桥梁及路面结构情况见表 8-4-1~表 8-4-3。

（二）前期决策情况

京秦高速公路是国家高速路网的一部分，横穿京津冀三省市，走向大体与大秦铁路一致，该段是天津市域高速公路"九横五纵"骨架路网布局中的"一横"，根据天津市高速公路网建设的总体规划要求及天津市交通运输委员会有关领导的指示精神，天津高速公路集团有限公司在 2011 年启动京秦高速公路天津段的建设工作。

（三）参建单位主要情况

1. 建设单位

该项目建设单位是天津高速公路集团有限公司，项目执行机构是天津高速公路集团有限公司京秦高速公路天津段工程项目经理部。

2. 设计单位

（1）土建工程设计单位：天津市市政工程设计研究院、中铁工程设计咨询集团有限公司，其中后者负责跨大秦铁路、京哈铁路桥梁部分工程。

G1N 京秦高速公路天津段在路网中示意图

第八章 高速公路建设项目

表 8-4-1

G1N 京秦高速公路天津段项目基本信息

路段起止桩号		规模(km)			建设性质(新、改扩建)	设计速度(km/h)	路基宽度(m)	永久占地(亩)	投资情况(亿元)			资金来源	建设时间(开工~通车)	4A 级以上主要景区名称	备注
起点桩号	止点桩号	合计	八车道及以上	六车道	四车道					估算	概算	决算				
K45+400	K75+709	30.309		30.309		新建	120	34.5	3869.6	43.67	45.36		养路费、自筹资本、贷款资金	2013.1—2016.9	盘山国家级风景名胜区（附近）	

表 8-4-2

G1N 京秦高速公路天津段桥梁汇总

序号	名称	规模	桥梁左(m)	桥梁右(m)	主跨长度(m)	桥面宽度(m)	桥底净高(m)	跨越障碍物	桥梁分类	备注
1	津蓟高速互通式立交主线桥	特大桥	1281.86	1281.86	35.5	34	5	道路	梁式桥、钢筋混凝土梁桥、连续桥桥梁	
2	州河特特大桥	特大桥	1686.86	1686.86	30	34		河流	梁式桥、钢筋混凝土梁桥、连续桥桥梁	
3	京哈铁路分离式立交	特大桥	1036	1036	68	34	8.5	铁路	刚构桥、T形刚构	
4	大秦铁路分离式立交	大桥	947.43	947.43	70	34	8.5	铁路	刚构桥、T形刚构	
5	K45+808 大桥	大桥	155.86	155.86	25	34		沟壑	梁式桥、钢筋混凝土梁桥、连续桥桥梁	
6	K47+395 大桥	大桥	186.86	186.86	30	34		沟壑	梁式桥、钢筋混凝土梁桥、连续桥桥梁	
7	宝平公路互通式主线桥	大桥	127.86	127.86	30	34	5	沟壑	梁式桥、钢筋混凝土梁桥、连续桥桥梁	
8	京秦铁路分离式立交	大桥	311.43	311.43	35	34	5	道路	梁式桥、钢筋混凝土梁桥、连续桥桥梁	
9	津围公路互通式立交主线桥	大桥	372.86	372.86	40	34	5	沟壑	梁式桥、钢筋混凝土梁桥、连续桥桥梁	
10	K45+472 中桥	中桥	68.86	68.86	16	34		沟壑	梁式桥、钢筋混凝土梁桥、简支桥桥梁	
11	K48+217 中桥	中桥	52.86	52.86	16	34		沟壑	梁式桥、钢筋混凝土梁桥、简支桥桥梁	
12	K48+991 中桥	中桥	68.86	68.86	16	42		沟壑	梁式桥、钢筋混凝土梁桥、简支桥桥梁	

续上表

序号	名称	规模	桥梁左（m）	桥梁右（m）	主跨长度（m）	桥面宽度（m）	桥底净高（m）	跨越障碍物	桥梁分类	备注
13	K53+098中桥	中桥	69.86	69.86	13	34		沟壑	梁式桥、钢筋混凝土梁桥、简支桥梁	
14	引禾人漳河中桥	中桥	100.86	100.86	16	34		河流	梁式桥、钢筋混凝土梁桥、简支桥梁	
15	孙晋路通道桥	中桥	52.86	52.86	16	34	5.5	道路	梁式桥、钢筋混凝土梁桥、简支桥梁	
16	K59+268中桥	中桥	43.86	43.86	13	34		沟壑	梁式桥、钢筋混凝土梁桥、简支桥梁	
17	漳河中桥	中桥	84.86	84.86	16	34		河流	梁式桥、钢筋混凝土梁桥、简支桥梁	
18	幺河中桥	中桥	43.86	43.86	13	34		河流	梁式桥、钢筋混凝土梁桥、简支桥梁	
19	州河西路通道桥	中桥	52.86	52.86	16	34	5.5	道路	梁式桥、钢筋混凝土梁桥、简支桥梁	

G1N京秦高速公路天津段路段路面结构

表8-4-3

路面形式	起讫里程	长度（m）	路面结构	
			水泥混凝土路面	沥青路面
刚性路面	K46+665~K46+775左侧半幅	110	钢筋混凝土路面	
	K74+814.994~K74+925.004右侧半幅	110	钢筋混凝土路面	
柔性路面	K45+400~K75+709.164	30309.164		沥青混凝土路面

路面结构：

30cm钢筋水泥混凝土（设计抗弯拉强度5.0MPa）；
18cm水泥稳定碎石（4.0MPa/7d，骨架密实型）；
18cm水泥稳定碎石（4.0MPa/7d，骨架密实型）；
20cm石灰土（12%）
总厚度：86cm

上面层：4cm细粒式沥青混凝土（AC-13C，SBS改性沥青）；
中面层：6cm中粒式沥青混凝土（AC-20C，胶粉改性沥青）；
下面层：12cm密级配沥青碎石（ATB-30）
上基层：18cm水泥稳定碎石（4.0MPa/7d，骨架密实型）；
下基层：18cm水泥稳定碎石（4.0MPa/7d，骨架密实型）；
底基层：20cm石灰土（12%）
总厚度：78cm

(2)房建、绿化工程设计单位:天津市市政工程设计研究院。

(3)交通、机电工程设计单位:中国公路工程咨询集团有限公司。

3.施工单位

通过招投标,该项目有17个施工单位参与建设,其中土建8个,路面2个,房建工程2个,机电工程1个,交通安全设施2个,绿化工程1个,声屏障1个。

4.施工监理单位

该项目设置3个总监办公室,负责全线施工监理工作;其中第一总监办公室下设5个驻地监理办公室,负责监理区段内路基路面桥梁工程、交通安全设施工程、绿化工程的施工监理工作;第二总监办公室负责支线上跨部分桥梁、路基路面、交安工程监理工作;第三总监办公室负责全线的机电工程施工监理。

二、建设情况

(一)项目准备阶段

1.项目审批

该项目严格执行了交通基本建设程序,从工程可行性研究、初步设计、施工图设计、建设用地、工程施工、监理招投标及工程开工报告的审批,各个环节手续齐全,具体如下:

(1)2011年7月,天津市市政公路管理局《京秦高速公路天津段工程可行性研究报告审查意见》(专家委设审〔2011〕33号文件)。

(2)2011年9月,天津市环境保护局《关于对京秦高速公路天津段环境影响报告书的批复》(津环保许可函〔2011〕097号)。

(3)2011年9月,天津市发展和改革委员会《关于准予天津高速公路集团有限公司京秦高速公路项目核准的决定》(津发改许可〔2011〕227号文件)。

(4)2011年9月,天津市国土资源和房屋管理局行政许可事项《建设项目用地预审报告》(〔2011〕建预申字50号)。

(5)2011年10月,天津市市政公路管理局《关于京秦高速公路天津段工程初步设计的审查意见》(市政公路管理计〔2011〕654号)。

(6)2011年12月,天津市国土资源和房屋管理局《压覆流体矿产资源登记证明》(津国土压备〔2011〕78号)。

(7)2012年4月,天津市规划局行政审批事项《市政工程规划设计方案审定通知书》(〔2012〕市线规案申字0036号)。

(8)2012年6月,天津市规划局《建设用地规划许可证》(津线地证〔2012〕0009号)。

(9)2013年5月,天津市林业局《使用林地审核同意书》(林地许准〔2013〕19号)。

2. 资金筹措

该项目概算总投资45.363亿元,资金来源为养路费、银行贷款和自筹资金。

3. 合同段划分

根据各专业的工程内容,划分合同段如下:

(1)土建、绿化、房建工程设计合同段划分1个合同段,跨京哈铁路、大秦铁路桥梁工程分为1个合同段,机电、交安工程设计1个合同段。

(2)施工合同段划分:根据工程内容的不同,土建工程8个合同段,路面工程2个合同段,机电工程1个合同段,房建工程2个合同段,绿化工程1个合同段,交通安全设施2个合同段,声屏障工程1个合同段。

(3)施工监理标段划分:根据工程内容设3个总监办公室。

4. 招投标

该工程采用公开招标的形式,确定中标单位。天津高速集团把招标工作委托于天津平信工程咨询有限公司,根据《中华人民共和国招标投标法》、交通部《公路工程施工招标投标管理办法》及国家计委《招标公告发布暂行办法》,分别于2011年10月、12月在《中国采购与招标网》和《天津路网》发布《招标公告》,并依据《评标委员会和评标方法暂行规定》(国家七部委〔2001〕12号令)、《关于发布公路工程施工招标评标委员会评标工作细则的通知》(交公路发〔2003〕70号)、天津市市政公路管理局及相关主管部门的规定,由招标人依法从天津市公路工程评标专家库中随机抽取4名专家和1名建设单位代表组成评标委员会,负责该工程评标的组织工作。

评标采用合理低价法。评标委员会对满足招标文件实质性要求的投标文件,按照相关国家规定的评分标准进行打分,并按得分由高到低顺序推荐中标候选人,但投标报价低于其成本的除外,或根据招标人授权直接确定中标人。综合评分相等时,以投标报价低的优先;投标报价也相等的,以天津市市政公路管理局该招标年度公路建设市场信用等级较高的优先,信用等级也相等的以报名早的投标人优先。分别在2011年12月和2012年6月经过封闭评标确定路基桥涵合同段中标单位,2014年12月确定路面合同段中标单位,2015年3月确定房建合同段中标单位,2015年6月合同确定交安合同段中标单位,2015年8月确定机电合同段中标单位,2016年2月确定绿化合同段中标单位。各参建单位见表8-4-4。

5. 征地拆迁

(1)工作及范围

沿线经过蓟州区白涧乡、邦均镇、东二营乡、东赵各庄乡、礼明庄乡、上仓镇、别山镇,共计7个乡镇。

第八章 高速公路建设项目

G1N京秦高速公路天津段参建单位一览表　　　　表8-4-4

参建单位类别	类型	参建单位名称	合同段编号及起止桩号	合同段所在地	主要内容	主要负责人	备注
项目管理		天津高速公路集团有限公司				马卫东	
勘察设计单位	土建工程设计	天津市市政工程设计研究院			土建工程(除跨大秦、京哈铁路桥梁部分)	严西华、甄曦	
		中铁工程设计咨询集团有限公司			跨大秦铁路、京哈铁路桥梁工程	焦亚萌	
	房建工程设计	天津市市政工程设计研究院			房建工程施工图设计	贾慧	
	绿化工程设计	天津市市政工程设计研究院			全线绿化设计	冯博	
	交通工程设计	中国公路工程咨询监理总公司			全线交通安全设施	李光磊	
	机电工程设计	中国公路工程咨询集团有限公司			全线机电设计	陈凌飞	
施工单位	土建工程	天津城建集团有限公司	1合同, K45+400~K53+657.57	蓟州区	路基、桥梁	陈其民	
		中铁六局集团天津铁路建设有限公司	2合同, K53+657.57~K54+602.00	蓟州区	桥梁	徐彦胜	
		中国铁建大桥工程局集团有限公司	3合同, K54+602.00~K55+946.43	蓟州区	桥梁	张世平	
		中交一公局第六工程有限公司	4合同, K55+946.43~K62+098.393	蓟州区	路基、桥梁	张陆山	
		核工业西南建设集团有限公司	5合同, K62+098.393~K64+927.476	蓟州区	路基、桥梁	胡鹤鸣	
		中铁四局集团有限公司	6合同, K64+927.476~K69+162.032	蓟州区	路基、桥梁	孙长红	
		天津鑫路桥建设工程有限公司	7合同, K69+162.032~K75+709.164	蓟州区	路基、桥梁	宋述强	
		天津第一市政公路工程有限公司	8合同, K48+358.162、K50+469.106支线上跨,翰东路分离式立交	蓟州区	路基、桥梁、路面、交安	杨书敏	
	路面工程	天津第一市政公路工程有限公司	9合同, K45+400~K60+705	蓟州区	路面	荆玉革	
		天津第五市政公路工程有限公司	10合同, K60+705~K75+709.164	蓟州区	路面	张国光	

续上表

参建单位类别	类型	参建单位名称	合同段编号及起止桩号	合同段所在地	主要内容	主要负责人	备注
施工单位	房建工程	河北建工集团有限责任公司	11合同,白涧、宝平、京哈、津蓟,别山山收费站	蓟州区	收费站房建	王海广	
		中交一航局第四工程有限公司	12合同,白涧服务区	蓟州区	服务区房建	崔德胜	
	交安工程	天津第一市政公路工程有限公司	13合同,K45+400~K61+362.963	蓟州区	交安	张军海	
		天津市公路工程总公司	14合同,K61+362.963~K75+709.164	蓟州区	交安	张秀纪	
	机电工程	天津市高速公路科技发展有限公司	15合同,全线	蓟州区	机电	李子龙	
	绿化工程	天津市松辽生态产业有限公司	16合同,互通式立交、服务区及收费站	蓟州区	绿化	高雪东	
	声屏障工程	盛世国际路桥建设有限公司	17合同,全线	蓟州区	声屏障	黄元日	
监理单位	土建、交安等监理	天津市华盾工程监理咨询有限公司	监理1合同,全线	蓟州区	路基、桥梁、路面、交安、房建、绿化、声屏障	王安源	
	土建、交安等监理	天津市国泰工程咨询监理有限公司	监理2合同,K48+358.162、K50+469.106支线上跨、翰东路分离式立交	蓟州区	路基、桥梁、路面、交安	郜宏忠	
	机电监理	辽宁艾特斯智能交通技术有限公司	监理3合同,全线	蓟州区	机电	刘龙军	

(2)主要内容

①签订协议、界定征地界限、办理永久性占地报批手续。

②永久占地界内房屋等各种构造物的搬迁。

③永久占地内附着物的拆除。

④各种管线的迁移、改建,既有通信管线的改建、迁移,还有电力线路的改建。

⑤临时及借土占地的征用。

(3)遵循的政策法规

《中华人民共和国土地管理法》。

(4)主要做法

该项目沿线经过天津市蓟县白涧镇、邦均镇、东二营乡、东赵镇、礼明庄镇、上仓镇、别山镇等;跨越主要河流有州河、漳河、引泃入漳河、辽运河;沿线有35~500kV高压线、廊多处。其中500kV高压线三条,分别为盘通线、盘北线、盘芦线;220kV高压线三条,分别为蓟北一、二线、蓟宝线、虹蓟1、2线;另有多条110kV、35kV高压线以及国防光缆和电信光缆、电缆等。征地拆迁难度巨大,作为天津市重点工程之一,高速集团公司积极抽调专业人员与各级政府及相关部门紧密结合,有效沟通,赢得了各级地方政府和当地群众的理解和支持。市、县政府给予了高度重视,多次召开协调会,各地方政府和有关部门给予大力配合。2011年10月,与蓟县政府签订了征地补偿协议;2012年3月,与蓟县政府签订了地上物补偿协议;2012年5月,开展征拆工作;2012年底基本完成了相关工作,为进场施工创造了有利条件。在整个过程中,拆迁占地补偿完全按照规定赔偿标准及时到位,未发生任何上访事件。项目征地拆迁统计情况见表8-4-5。

G1N京秦高速公路天津段征地拆迁统计表　　　　表8-4-5

序号	高速公路编码	项目名称	征地拆迁安置起止时间	征用土地(亩)	拆迁房屋(m^2)	拆迁占地费(万元)	备注
1	G1N	京秦高速公路天津段工程	2012.10—2013.5	19609.9	27194.04	57579.957	

①设立专门组织机构。按市、区县、镇三级管理体系设置征拆安置办公室,加强各级政府对征地工作的领导和监督,形成完善的拆迁工作体系,使征地拆迁工作层层有人管、层层有人抓,尽可能减少对工程建设的影响。

根据近几年天津市高速公路建设里程长、路段多、地方问题复杂的特点,天津市成立高速公路快速路指挥部,专门负责督促协调公路建设征拆等问题。各区、县均成立了相应机构,负责本区县段的征迁及建设环境协调,形成了在市领导下的专门负责征地拆迁工作的领导体系和专门机构。为落实政策、落实地方工作、落实人口安置、落实征地拆迁提供了组织保证。

②落实承包责任制。征地拆迁工作实行群众参与,各级政府层层签订责任书,采取

"四到位""四现场"的做法,即县、乡、村、户四方到场,现场丈量、现场清点、现场签字、现场盖章。

（二）项目实施阶段

1. 实施过程

（1）主线土建工程于2013年1月开工,2015年11月完工。

（2）房建工程于2015年5月开工,2015年11月完工。

（3）机电工程于2015年10月开工,2015年12月完工。

（4）交通安全设施工程于2015年7月开工,2015年11月完工。

（5）绿化工程于2016年3月开工,预计2017年5月完工。

（6）2015年12月12日,天津高速公路集团有限公司组织天津市交通运输工程质量安全监督总站、各设计单位及其他各参建单位对京秦高速公路天津段工程进行了路基、桥梁、路面、交通安全设施、房建工程的交工验收。

在质量管理方面,依照施工合同,把施工质量合格、竣工质量达到优良作为项目质量管控总体目标。以项目建设为核心,以承建单位为主体,以监理的控制为保证,树立全员质量意识,注重过程控制,实现高起点、高标准、高科技、高素质,确保总体目标的实现,建设一条优质的高速公路。围绕着总体工作目标,确定具体的工作思路:"定标准、树样板、典型引导、鞭策后进"。为保证京秦高速公路天津段工程保质按期完成,建立了"建设单位第一质量责任人、政府监督、社会监理、企业自检"的四级质量管理体系。项目经理部在开工前根据国家及部颁规范、标准、天津市公路工程施工标准化技术指南和相关规定,结合京秦高速公路天津段工程的实际情况制订了京秦高速公路天津段工程相关的管理规定,确保项目工程在建设单位、监理的可控范围内严格按照标准化要求进行规范施工。

在进度管理方面,按施工总体计划细化工期,阶段化控制。在总体计划安排基础上科学合理地排定工期。把施工计划层层分解,落实到每季度、每月、每周及每道工序,同时,在严格执行工程计划的同时,据实际进展情况,实施阶段性计划调整,充分发挥计划对工程的指导作用。简化程序,靠前指挥,提高效率。建设单位、监理现场办公,减少不必要程序。重大问题及时组织专家研究解决,减少因解决问题耽误时间,把更多的时间留给施工单位,保证了工程进度。信息化及程序化管理,施工单位设置专职统计人员,对进度及投资完成情况以报表的形式,每月、每周、每日进行逐级上报。根据上报的工程进度,通过分析查找来发现影响工程进度的不利因素,对工程的计划做出动态的调整,使得工程的计划更具可操作性。同时,对于进度中反映出来的影响工程进展的不利因素进行分析,究其根本,找出原因,及时对管理重点进行调整。

2.重大决策

(1)2013年1月1日,京秦高速公路天津段工程正式进场开工建设。

(2)为保证施工质量、进度,保护蓟州区耕地及环境,本着就地取材、节约成本的原则,建设项目路基主体填料由素土调整为山皮土。

(3)2015年3月10日,建设单位组织召开"抢抓机遇、集中突破,迅速掀起项目建设新高潮"为主题的开工动员大会。

(4)2015年12月12日,京秦高速公路天津段路基、桥梁、路面、交安、房建合同段顺利通过交工验收。

(5) 2016年9月18日,京秦高速公路天津段正式开通运营。

3. 重大变更

该工程由于路基用土较困难,路基填料由素土改为山皮土。此变更量较大,已报天津市市政公路管理局批准,详见《关于京秦高速公路天津段工程改用山皮土填筑路基等设计变更的审查意见》(市政公路管理计〔2013〕772号)。

4. 重大事件

(1) 2015年4月16日,中铁六局集团承建的跨大秦铁路转体桥顺利转体。

(2) 2015年5月27日,中国铁建大桥局承建的跨京哈铁路转体桥顺利转体。

(3)2015年7月25日,天津市交通运输委员会副总工张宝林参加现场标准化观摩。

(4)2015年5月24日,交通运输部专家组对京秦高速公路天津段工程进行综合督查。

5. 各项活动

(1)项目经理部开展了以"比技术创新、比科学管理、比又好又快、比安全生产、比团队和谐,创精品工程"的"五比一创"劳动竞赛活动。

(2)广泛开展向许振超同志学习的活动。

三、复杂技术工程

复杂技术工程主要为跨大秦铁路分离式立交、跨京哈铁路分离式立交。

(一)跨大秦铁路分离式立交

1. 工程概况

该立交工程同时上跨大秦铁路和邦喜公路,公路里程为 K8+257.57~K9+202.00,全长944.43m,单幅标准断面宽16.5m,双向六车道布置。主线桥采用2×70m变高度预应力混凝土连续梁体系,主梁采用单箱双室箱形截面。

该桥采用双幅同步转体施工,先在铁路线两侧进行悬浇梁体施工,然后水平转动梁体,使主梁就位,调整梁体线形,封固上、下转盘,支架现浇T构两侧现浇段,然后浇筑边跨合龙段使全桥贯通。单幅转体段梁长120m,转体角度62°,单幅转体总质量9600t。

(1)上部结构

主桥采用70m+70m预应力混凝土T型刚构平面转体法施工,上部结构采用单箱双室变截面预应力混凝土现浇箱梁,箱梁宽7.5m,两侧悬臂各3m。

引桥采用30m预应力混凝土先简支后连续斜腹板小箱梁。箱梁横断面由5片小箱梁组成,梁间距2.7m。

(2)下部结构

主桥桥墩采用双薄壁变截面形式墩,下接上转盘、转台、下转盘(承台),基础采用钻孔灌注桩,桩径1.5m。

引桥桥墩采用矩形柱式桥墩、桩基础,柱径主桥边墩1.9m×2m,引桥桥墩1.7m×2m,钻孔桩桩径1m和1.2m。

桥台采用肋板台,钻孔灌注桩基础,桩径采用1.20m。

2.技术特征及难点

(1)转体桥主墩承台第一次浇筑施工属大体积混凝土施工,为克服大体积混凝土常见的温缩裂缝通病,需降低混凝土在硬化过程中的水化热,这就要求大体积混凝土内设置冷却水管,待初凝结束后开始向降温管内通冷水用以混凝土内部降温。

(2)主桥转体结构中的球铰安装定位是施工重点,要求标准高,此外上下球铰与混凝土接触面混凝土振捣的密实性控制难度大,是该工程的难点。

(3)主桥平面转体施工需要协调铁路和公路主管部门,确定转体作业施工方案,同时须封锁大秦铁路和喜邦公路。

转体桥转体前样貌

跨大秦铁路转体桥现场图

（二）跨京哈铁路分离式立交

该工程起始桩号为 K9+202.00，终止桩号为 K10+546.43，全长 1344.43m，共计 42 跨，分左右两幅，单幅桥梁标准宽度 16.5m，桥梁总宽度 34m。该工程于线路中心里程 K9+295.12 处以 49°交角跨越京哈铁路，于中心里程 K10+315.012 与京哈公路相交，交角 65°。主桥左右幅上部结构采用 2×68m 转体 T 构跨越京哈铁路，采用两幅同步转体施工，转体长度 60m+60m，转体角度 49°。

其余同跨大秦铁路分离式立交主桥部分。

跨京哈铁路转体桥现场图

四、科技创新

建设单位项目经理部在项目管理创新、技术创新、技术推广上实现了新的突破。其中管理创新方面 2 项、技术创新方面 6 项。

1. 管理创新

（1）在整个项目建设期间，全面推行标准化管理。从驻地建设、钢筋智能加工、全自动预应力张拉等各方面加强现场管控，以标准化带动现场规范化，促使管理上水平，起到了引领示范作用。

（2）引入了信息化管理模式。对路基、路面碾压设备加装GPS定位系统，水稳、沥青拌和站安装自动监控设备，做到了通过手机或电脑终端即可掌握现场动态的目的。

预制梁现场图

2. 技术创新

（1）山皮土路基施工

结合塘承二期山皮土路基施工经验，京秦高速公路山皮土路基填筑从原材料的控制、机械选择、摊铺、整平、碾压、质量检测等方面均进行了严格试验及控制。根据试验段施工确定了不同压实机具、不同压实厚度的施工方案，进一步完善了天津市高速公路山皮土路基施工内容，验证了山皮土路基施工工艺的可行性。

（2）灰土采用薄膜覆盖养生

灰土施工成形后，在炎热夏季表面失水较快，灰土表面易出现网裂、横缝等质量问题。针对该问题，根据农耕覆盖薄膜保水启发，在灰土成形后，利用水车洒水后用塑料薄膜覆盖养生。为防止大风吹起薄膜，将薄膜分格用素土覆压。经过现场试验段施工，薄膜能有效起到灰土保湿、节约用水、抗开裂、施工高效、提高灰土施工质量的优点。京秦高速公路项目在灰土施工中全面推广应用覆盖薄膜养生工艺取得良好效果。

（3）灌注桩电子孔规的应用

在灌注桩施工中，使用新型的电子孔规检测仪对灌注桩施工质量进行检测。该检测仪器具有自动成像、全面、系统、直观等优点，可以有效地控制施工质量，将质量病害控制在初始阶段。

（4）桥面精铣刨工艺的应用

桥面精铣刨工艺采用大型专业铣刨设备对桥面进行处理，能够有效消除桥面铺装表面松散层，保证足够露骨率，大幅提高防水黏结和防水效果的同时，也提高了桥面平整度。

（5）大功率全幅摊铺机的应用

引入了沥青路面大功率全幅摊铺机，代替传统的两台或三台摊铺机梯度作业的状况。

由于施工时为同一台机械全幅摊铺,有效地避免了多台摊铺机梯度作业时存在的纵缝问题,同时大功率全幅摊铺机一次摊铺,平整度好,生产率高,成本低,离析带少(支撑带少且无接缝),有效地提高了京秦高速公路路面施工质量。

(6)大厚度水稳摊铺及层间水泥浆洒布工艺

针对水稳上下层间水泥浆传统人工洒布不均匀、水泥浆稠度不一致且工作效率低的弊病,组织相关技术人员研发实现了水泥浆的自动洒布。新研制的洒布机具有机器小巧实用、方便移动、在路面水稳层施工时可一次快速均匀洒布的特点。该项技术已获得天津市技改技革奖项。

五、运营养护管理

1. 服务设施

全线设置白涧服务区一处服务区,尚未投入使用,见表8-4-6。

G1N 京秦高速公路服务场区一览表　　　　表8-4-6

序号	服务区名称	桩号	所在区域	占地(m²)	建筑面积(m²)
1	白涧服务区	K48+010	蓟州区白涧镇	74932 m²	8213.8m²

2. 收费设施

该项目共设置收费站5座,其中在津冀界设置单向主线收费站2座,在宝平公路、京哈公路、津围公路设置匝道收费站3座。截至2016年底出入口数量共计54条,其中ETC车道10条。详见表8-4-7。

G1N 京秦高速公路收费设施一览表　　　　表8-4-7

序号	收费站名称	入口车道数		出口车道数		车道总数	
		MTC	ETC	MTC	ETC	MTC	ETC
1	蓟州白涧收费站			13	2	13	2
2	孟家楼站	2	1	4	1	6	2
3	邦均站	2	1	4	1	6	2
4	许家台站	2	1	4	1	6	2
5	蓟州别山收费站			13	2	13	2

第五节　G2 京沪高速公路(北京—上海)天津段 (武清大王古—静海唐官屯镇)

该工程是交通部规划的"五纵七横"国道主干线之一——京沪高速公路的一部分,是天津市公路网发展规划确定的"一环、七射、四主、二连"主骨架的重要组成部分。该项目的实施对完善国家路网、促进国民经济的发展具有重要的意义,它的建成将极大地增进我国东北、华北与华东、华南及东南沿海地区的经济发展与交流。此外该项目建成后将形成天津市西部地区的南北向大通道,可有效缓解天津市外环线的巨大交通压力,并与国道112线高速公路、津汕高速公路、津晋高速公路形成天津市高速公路城市交通枢纽环,使天津市周边公路网的布局更加合理,为改善投资环境、扩大对外开放提供有利的交通硬环境,推动天津市经济和旅游业的快速发展。

一、项目概况

G2京沪高速公路天津段一期工程起自京津塘高速公路泗村店镇镇西(天津富原肉鸡场西北,京津塘高速公路里程JK56+400左右),终止于西青区南河镇大卷子村北(京沪代用线以南1211.54m),与威乌高速公路天津西段相接,路线全长58.213km。沿线穿过的主要区县有:武清区、西青区共2个区县,以及天津市农林局林果良种场。其中,武清区穿过7个乡镇,路线长约40.273km;西青区穿过4个乡镇、一个农场,路线长约17.43km;天津市农林局穿过1个林果良种场,路线长约0.51km。

G2京沪高速公路天津段二期工程起自西青区京沪高速公路一、二期分流点(当城互通),终止于静海县大张屯南(京沪高速公路津冀主线收费站北侧渐变段起点),路线全长56.328km(其中丹拉高速公路支线延长线7.025km,京沪高速公路正线49.303km)。沿线穿过的主要区县有西青区及静海县。其中,西青区穿过1个乡镇,路线长约6.337km;静海县穿过4个乡镇,路线长约49.991km。

(一)基本情况

京沪高速公路天津段起点位于京津塘高速公路泗村店镇镇西(JK56+400),向南跨越龙河故道,经豆张庄向西跨越104国道、京山铁路进入永定河泛区,经黄花店镇镇东,跨越北遥堤出永定河泛区,经石各庄镇东、汊沽港镇西,跨越津永公路、中泓故道、南遥堤及京九铁路津霸联络线,至王庆坨镇,然后折向东南,连续跨越津保高速公路、津同公路、中亭河、东淀蓄滞洪区、子牙河、津静公路、南运河、津浦铁路、新津静公路、104 国道,然后在张家窝镇北穿过与京沪高速公路代用线相接。该路的建成将极大地增进东北、华北与华东、华南及东南沿海地区的经济交流,并成为天津市西部地区的南北大通道,形成天津市高速公路城市交通的枢纽环。

该工程全线按高速公路标准设计,全封闭,全立交,全部控制出入。主线全长105.963km。自泗村店起点——G112 互通立交,路基宽35m,设双向6车道;从G112 互通立交——当城互通立交,路基宽42.5m,设双向八车道。设计速度120km/h。曲线一般最小半径1000m,最大纵坡3%,桥梁设计荷载为汽-超20、挂-120。该项目基本信息、桥梁及路面结构情况见表8-5-1~表8-5-3。

该工程规模宏大,全部工程包括路线土方1040万 m^3,主线沥青混凝土路面110万 m^2。设有特大桥(护路堤、北遥堤、子牙河)3 座,大桥(龙河、菜籽河、三支渠)3 座,互通式立交(泗家店、豆张庄、汉沽港、王庆坨、当城、杨柳青、张家窝)7 座,分离式立交12 座,中小桥34 座,箱型通道4 座,停车区1 处。估算总投资43.39亿元。

1. 京沪高速公路天津段一期工程

该工程起自泗村店,接已建京津塘高速公路,经豆张庄、石各庄、王庆坨、大柳滩、杨柳青至张家窝,与威乌西段和已建成京沪高速公路(代用线)天津外环西琉城至唐官屯段相连,全长60.446km。该工程项目全线按高速公路标准建设,其中王庆坨至大柳滩两互通式立交区段为八车道,其余路段为六车道,设计速度120km/h。

沿线穿过的主要区县有:武清区、西青区共2个区县,以及天津市农林局林果良种场。

项目分两段开工建设,王庆坨至张家窝段于2003年12月开工建设,2005年12月28日建成通车。王庆坨至泗村店段于2004年4月开工建设,2006年7月28日建成通车。

2. 京沪高速公路天津段二期工程

该项目起自西青区京沪高速公路一、二期分流点(当城互通),终止于静海县大张屯南(京沪高速公路津冀主线收费站北侧渐变段起点),路线全长56.328km(其中丹拉高速公路支线延长线7.025km,京沪高速公路正线49.303km)。沿线穿过的主要区县有西青区及静海县。其中,西青区穿过1个乡镇,路线长约6.337km;静海县穿过4个乡镇,路线长约49.991km。

该工程(京沪高速公路正线)主要控制点为:东淀蓄滞洪区、当杨路、大清河、津霸公路、子牙河、东贾口村、北张家庄村梁头砖瓦厂、梁台路、静海地震台、静文公路、瀛海集团、梁头变电站、东河头村、运西排干、后郑庄及前郑庄村、规划方舟生态园区、陈大公路、港团引河、前进渠、程庄子、后小屯村、前小屯村、南运河、津涞公路、104 国道及京沪高速公路代用线。项目于2004年11月开工建设,2006年11月29日建成通车。

第八章

高速公路建设项目

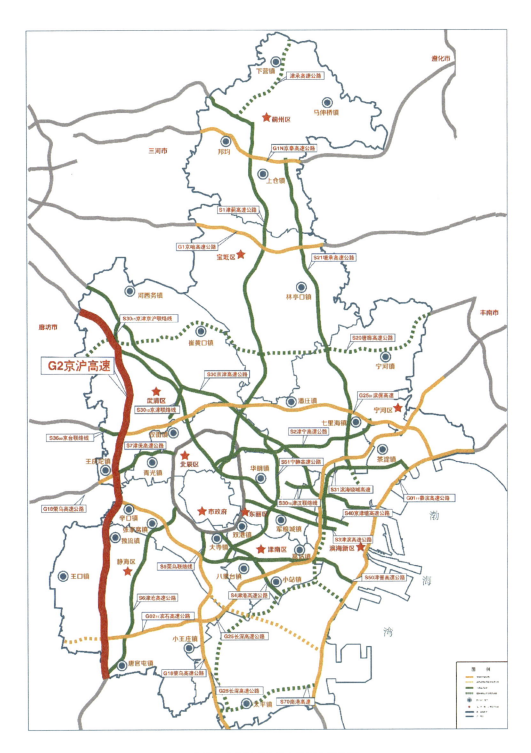

G2 京沪高速公路天津段在路网中示意图

G2京沪高速公路天津段项目基本信息

表 8-5-1

路段起止桩号		规模（km）			建设性质（新、改扩建）	设计速度（km/h）	路基宽度（m）	永久占地（亩）	投资情况（亿元）			资金来源	建设时间（开工—通车）	4A级以上主要景区名称	备注
起点桩号	止点桩号	合计	八车道及以上	六车道	四车道				估算	概算	决算				
K56+274	K149+42	92.768	16.6	76.168		新建	120	35 42.5	14694	73.5	82.65	69.38	交通部补助，路费、车购费，银行贷款，企业自筹	2003.12—2006.11		

G2京沪高速公路天津段桥梁汇总

表 8-5-2

序号	名称	规模	桥梁左（m）	桥梁右（m）	主跨长度（m）	桥面宽度（m）	桥底净高（m）	跨越障碍物	桥梁分类	备注
1	永定河桥	特大桥	4633.66	4633.66	40	33		河流	梁式桥，钢筋混凝土梁桥，连续梁	
2	津霸铁路桥	特大桥	1222.66	1222.66	41	40.5		铁路	梁式桥，钢筋混凝土梁桥，连续梁	
3	当城A线桥	特大桥	1596.33	1596.33	37.95	40.5		河流	梁式桥，钢筋混凝土梁桥，连续梁	
4	东淀特大桥	特大桥	8248	8248	35	33.5		河流	梁式桥，钢筋混凝土梁桥，连续梁	
5	独流互通	特大桥	2259	2259	35.06	33.5	5.5	道路	梁式桥，钢筋混凝土梁桥，连续梁	
6	贾口洼口门	特大桥	2592.33	2592.33	25	33.5	5.5	道路	梁式桥，钢筋混凝土梁桥，连续梁	
7	静海互通1号桥	特大桥	1080.66	1080.66	33.63	33.5	5.5	道路	梁式桥，钢筋混凝土梁桥，连续梁	
8	碱东路桥	大桥	184.66	184.66	20	40.5		河流	梁式桥，钢筋混凝土梁桥，简支梁	
9	龙河桥	大桥	384.66	384.66	20	33		河流	梁式桥，钢筋混凝土梁桥，连续梁	
10	三支渠桥	大桥	179.66	179.66	35	33	5.5	道路	梁式桥，钢筋混凝土梁桥，简支梁	
11	马营路桥	大桥	124.66	124.66	20	33	5.5	道路	梁式桥，钢筋混凝土梁桥，简支梁	
12	杨石路桥	大桥	124.66	124.66	20	33	5.5	道路	梁式桥，钢筋混凝土梁桥，简支梁	
13	石陈路桥	大桥	164.66	164.66	20	33	5.5	道路	梁式桥，钢筋混凝土梁桥，简支梁	
14	新津永公路桥	大桥	124.66	124.66	20	33	5.5	道路	梁式桥，钢筋混凝土梁桥，简支梁	

第八章 高速公路建设项目

续上表

序号	名称	规模	桥梁左（m）	桥梁右（m）	主跨长度（m）	桥面宽度（m）	桥底净高（m）	跨越障碍物	桥梁分类	备注
15	荣轩河桥	大桥	104.66	104.66	20	40.5		河流	梁式桥,钢筋混凝土梁桥,简支桥梁	
16	K91+620大桥	大桥	899.66	899.66	33	40.5	5.5	道路	梁式桥,钢筋混凝土梁桥,简支桥梁	
17	陈官屯2号桥	大桥	665.66	665.66	31.9	33.5	5.5	道路	梁式桥,钢筋混凝土梁桥,连续桥梁	
18	港团引河桥	大桥	144.66	144.66	20	33.5		河流	梁式桥,钢筋混凝土梁桥,连续桥梁	
19	鲁辛庄排干渠桥	大桥	104.66	104.66	20	33.5		河流	梁式桥,钢筋混凝土梁桥,简支桥梁	
20	A线前进渠桥	大桥	261.66	261.66	20	33.5		河流	梁式桥,钢筋混凝土梁桥,简支桥梁	
21	大张屯互通南运河桥	大桥	839.66	839.66	70	33.5		河流	梁式桥,钢筋混凝土梁桥,简支桥梁	
22	大张屯C匝道桥	大桥	555.66	555.66	40	12	5.5	道路	梁式桥,钢筋混凝土梁桥,简支桥梁	
23	四干渠桥	中桥	35.74	35.74	16	26	5.5	道路	梁式桥,钢筋混凝土梁桥,简支桥梁	
24	中干渠桥	中桥	67.74	67.74	16	26		其他	梁式桥,钢筋混凝土梁桥,简支桥梁	
25	八里庄渠桥	中桥	30.8	30.8	25	26	5.5	道路	梁式桥,钢筋混凝土梁桥,简支桥梁	
26	K58+180中桥	中桥	56.66	56.66	13	33	5.5	道路	梁式桥,钢筋混凝土梁桥,简支桥梁	
27	K59+635中桥	中桥	68.66	68.66	16	33	5.5	道路	梁式桥,钢筋混凝土梁桥,简支桥梁	
28	K61+312中桥	中桥	43.66	43.66	13	33	5.5	道路	梁式桥,钢筋混凝土梁桥,简支桥梁	
29	K61+755中桥	中桥	68.66	68.66	16	33	5.5	道路	梁式桥,钢筋混凝土梁桥,简支桥梁	
30	K63+570中桥	中桥	68.66	68.66	16	33		河流	梁式桥,钢筋混凝土梁桥,简支桥梁	
31	K64+170中桥	中桥	44.66	44.66	10	41	5.5	河流	梁式桥,钢筋混凝土梁桥,简支桥梁	
32	K65+466中桥	中桥	40.66	40.66	18	41		道路	梁式桥,钢筋混凝土梁桥,简支桥梁	
33	豆张庄桥	中桥	43.66	43.66	13	33.5	5.5	河流	梁式桥,钢筋混凝土梁桥,连续桥梁	
34	K74+672中桥	中桥	82.66	82.66	13	33	5.5	道路	梁式桥,钢筋混凝土梁桥,简支桥梁	
35	K77+444中桥	中桥	82.66	82.66	13	33	5.5	道路	梁式桥,钢筋混凝土梁桥,简支桥梁	

续上表

序号	名称	规模	桥梁左（m）	桥梁右（m）	主跨长度（m）	桥面宽度（m）	桥底净高（m）	跨越障碍物	桥梁分类	备注
36	K79+866中桥	中桥	44.66	44.66	10	33.5	5.5	道路	梁式桥、钢筋混凝土梁桥、简支桥梁	
37	K80+154中桥	中桥	43.66	43.66	13	33.5	5.5	道路	梁式桥、钢筋混凝土梁桥、简支桥梁	
38	K81+362中桥	中桥	68.66	68.66	16	33	5.5	道路	梁式桥、钢筋混凝土梁桥、简支桥梁	
39	津永公路桥	中桥	68.66	68.66	16	40.5	5.5	道路	梁式桥、钢筋混凝土梁桥、简支桥梁	
40	中泓故道桥	中桥	84.66	84.66	20	40.5	5.5	河流	梁式桥、钢筋混凝土梁桥、简支桥梁	
41	K84+667中桥	中桥	68.66	68.66	16	40.5	5.5	道路	梁式桥、钢筋混凝土梁桥、简支桥梁	
42	K89+149中桥	中桥	43.66	43.66	13	40.5	5.5	道路	梁式桥、钢筋混凝土梁桥、简支桥梁	
43	北环路桥	中桥	68.66	68.66	16	40.5	5.5	道路	梁式桥、钢筋混凝土梁桥、简支桥梁	
44	汉王路桥	中桥	68.66	68.66	16	40.5	5.5	道路	梁式桥、钢筋混凝土梁桥、简支桥梁	
45	K90+830中桥	中桥	68.66	68.66	16	40.5	5.5	道路	梁式桥、钢筋混凝土梁桥、简支桥梁	
46	K92+168中桥	中桥	52.66	52.66	16	45.2	5.5	道路	梁式桥、钢筋混凝土梁桥、连续桥梁	
47	K92+527中桥	中桥	68.66	68.66	16	47.5	5.5	道路	梁式桥、钢筋混凝土梁桥、简支桥梁	
48	K93+743中桥	中桥	68.66	68.66	16	40.5	5.5	道路	梁式桥、钢筋混凝土梁桥、简支桥梁	
49	K113+583中桥	中桥	69.66	69.66	13	33.5	5.5	道路	梁式桥、钢筋混凝土梁桥、简支桥梁	
50	K114+582中桥	中桥	68.66	68.66	16	33.5	5.5	道路	梁式桥、钢筋混凝土梁桥、简支桥梁	
51	K115+276中桥	中桥	56.66	56.66	13	33.5	5.5	道路	梁式桥、钢筋混凝土梁桥、简支桥梁	
52	K115+706中桥	中桥	56.66	56.66	13	33.5	5.5	道路	梁式桥、钢筋混凝土梁桥、简支桥梁	
53	K116+690中桥	中桥	44.66	44.66	10	33.5	5.5	道路	梁式桥、钢筋混凝土梁桥、简支桥梁	
54	K117+024中桥	中桥	52.66	52.66	16	33.5	5.5	道路	梁式桥、钢筋混凝土梁桥、简支桥梁	
55	K118+557中桥	中桥	68.66	68.66	16	33.5	5.5	道路	梁式桥、钢筋混凝土梁桥、简支桥梁	
56	K118+768中桥	中桥	64.66	64.66	20	33.5	5.5	道路	梁式桥、钢筋混凝土梁桥、连续桥梁	

第八章 高速公路建设项目

续上表

序号	名称	规模	桥梁左(m)	桥梁右(m)	主跨长度(m)	桥面宽度(m)	桥底净高(m)	跨越障碍物	桥梁分类	备注
57	静海互通2号桥	中桥	79.66	79.66	25	45.58	5.5	道路	梁式桥,钢筋混凝土梁桥,连续桥梁	
58	K122+165中桥	中桥	44.66	44.66	10	33.5	5.5	道路	梁式桥,钢筋混凝土梁桥,连续桥梁	
59	K126+019中桥	中桥	43.66	43.66	13	33.5	5.5	道路	梁式桥,钢筋混凝土梁桥,简支桥梁	
60	K127+246中桥	中桥	56.66	56.66	13	33.5	5.5	道路	梁式桥,钢筋混凝土梁桥,简支桥梁	
61	K129+450中桥	中桥	64.66	64.66	20	33.5	5.5	道路	梁式桥,钢筋混凝土梁桥,连续桥梁	
62	K131+466中桥	中桥	44.66	44.66	20	33.5	5.5	道路	梁式桥,钢筋混凝土梁桥,连续桥梁	
63	K134+238中桥	中桥	43.66	43.66	13	33.5	5.5	道路	梁式桥,钢筋混凝土梁桥,连续桥梁	
64	K135+197中桥	中桥	43.66	43.66	13	33.5	5.5	道路	梁式桥,钢筋混凝土梁桥,简支桥梁	
65	纪庄子排干渠桥	中桥	84.66	84.66	16	33.5		河流	梁式桥,钢筋混凝土梁桥,连续桥梁	
66	胡辛庄主线2号桥	中桥	43.66	43.66	13	33.5	5.5	道路	梁式桥,钢筋混凝土梁桥,连续桥梁	
67	K139+620中桥	中桥	44.66	44.66	10	33.5	5.5	道路	梁式桥,钢筋混凝土梁桥,简支桥梁	
68	K139+956中桥	中桥	44.66	44.66	10	33.5	5.5	道路	梁式桥,钢筋混凝土梁桥,连续桥梁	
69	K140+674中桥	中桥	43.66	43.66	13	33.5	5.5	道路	梁式桥,钢筋混凝土梁桥,简支桥梁	
70	K141+026中桥	中桥	56.66	56.66	13	33.5	5.5	道路	梁式桥,钢筋混凝土梁桥,简支桥梁	
71	K145+255中桥	中桥	43.66	43.66	13	33.5	5.5	道路	梁式桥,钢筋混凝土梁桥,简支桥梁	

G2京沪高速公路天津段路面结构

表8-5-3

路面形式	起讫里程	长度(m)	水泥混凝土路面	沥青路面	路面结构
柔性路面	K56+274～K90+700	34426		沥青混凝土路面	4cm AK-13(A)抗滑表层+6cm AK-20(I)+8cmAC-25(I)
	K90+700～K149+042	58342			沥青面层总厚度18cm,中下面层为6cm AC-20和8cm AC-25型沥青混合料,表面层采用改性沥青
刚性路面					

(二)前期决策

该项目的实施对完善国家路网、促进国民经济的发展具有重要的意义,它的建成极大地增进我国东北、华北与华东、华南及东南沿海地区的经济发展与交流。此外该项目建成后将形成天津市西部地区的南北向大通道,可有效缓解天津市外环线的巨大交通压力,并与国道112线高速公路、津汕高速公路、津晋高速公路形成天津市高速公路城市交通枢纽环,使天津市周边公路网的布局更加合理,为改善投资环境、扩大对外开放提供有利的交通硬环境,推动天津市经济和旅游业的快速发展。

(三)参建单位主要情况

1. 京沪高速公路一期工程

工程建设单位:天津市高速公路投资建设发展公司。

设计单位:天津市市政工程设计研究院。

监理单位:天津市路驰建设工程监理有限公司、天津市华盾工程监理咨询有限公司、重庆中宇工程咨询监理有限责任公司。

施工单位:北京城建集团有限责任公司、天津市雍阳公路工程有限公司等35家单位。

2. 京沪高速公路二期工程

工程建设单位:天津市高速公路投资建设发展公司。

设计单位:天津市市政工程设计研究院。

监理单位:河北省交通建设监理咨询有限公司、天津市国腾公路咨询监理有限公司。

施工单位:路桥第一公路工程路局第三工程公司、路桥第一公路工程局天津工程处等28家单位。

京沪高速公路参建单位见表8-5-4。

G2 京沪高速公路参建单位一览表　　　　表8-5-4

项目名称	参建单位类别	单位名称	合同段编号及起止桩号	主要负责人
京沪高速公路一期工程	项目管理单位	天津高速公路投资建设发展公司	AK18+050～AK62+300	汲长顺
	勘察设计单位	天津市市政工程设计研究院	1合同	赵建伟
	勘察设计单位	天津市市政工程设计研究院	2合同	王玉秀
	监理单位	天津市路驰建设工程监理有限公司	1合同	李家培
	监理单位	天津市华盾工程监理咨询有限公司	2合同	丁锦波
	监理单位	重庆中宇工程咨询监理有限责任公司	3合同	龚世强
	施工单位	北京城建集团有限责任公司	1合同,AK18+050～AK20+500	刘汉民
	施工单位	天津市雍阳公路工程有限公司	2合同,AK20+500～AK29+493	杨树友
	施工单位	中港第一航务工程局	3合同,AK29+493～AK31+757	常绍杰

第八章
高速公路建设项目

续上表

项目名称	参建单位类别	单位名称	合同段编号及起止桩号	主要负责人
京沪高速公路一期工程	施工单位	中铁四局集团第一工程有限公司	4合同,AK31+759~AK34+122	刘辉
	施工单位	天津城建集团有限公司	5合同,AK34+122~AK43+800	徐长春
	施工单位	天津第五市政公路工程有限公司	6合同,AK43+800~AK48+163 AK49+281~AK53+500	李志勇
	施工单位	中铁十四局集团第二工程有限公司	7合同,AK48+163~AK49+381	赵克东
	施工单位	天津第一市政公路工程有限公司	8合同,AK53+500~AK56+200	陈家驹
	施工单位	天津市公路工程总公司	9合同,AK56+200~AK60+704	沙春义
	施工单位	路桥集团第一公路工程局第五工程公司	10合同,AK60+704~AK62+300	黄紫跃
	施工单位	天津城建集团有限公司	11合同,GK3+093~GK5+453	王桂英
	施工单位	山东省公路工程总公司	12合同,GK8+310~GK9+926	宋长江
	施工单位	天津第一市政公路工程有限公司	13合同,GK5+453~GK8+310 GK9+926~GK15+800	廉桂兴
	施工单位	天津第五市政公路工程有限公司	14合同,GK15+800~GK18+400	张来柱
	施工单位	路桥集团国际建设股份有限公司	15合同,GK15+800~GK18+400	王少华
	施工单位	天津第四市政建筑工程有限公司	16合同(服务区工程)	杨铁链
	施工单位	河北建工集团有限责任公司	17合同(停车区工程)	王英辉
	施工单位	中铁建工集团北方工程有限公司	18合同(收费站工程)	王六生
	施工单位	北京天桥建设集团有限公司,天津市政公路设备工程有限公司	19合同(房建工程)	陈申昌
	施工单位	中铁一局集团第一工程有限公司	20合同(路面工程)	王小民
	施工单位	天津第五市政公路工程有限公司	21合同(路面工程)	王智伟
	施工单位	天津路桥建设工程有限公司	22合同(路面工程)	马敬起
	施工单位	路桥集团第一公路工程局厦门工程处	23合同(路面工程)	乔永和
	施工单位	山西交研科学实验工程有限公司	24合同(交通工程)	李忠陶
	施工单位	天津市政公路设备工程有限公司	25合同(交通工程)	孙善平
	施工单位	天津市环路公路设施有限责任公司	26合同(交通工程)	孙晓义
	施工单位	天津市政公路设备工程有限公司	27合同(交通工程)	张国村
	施工单位	北京市泰克公路科学技术研究所	28合同(交通工程机电项目)	王谦
	施工单位	天津绿茵景观工程有限公司	29合同(绿化工程)	祁永
	施工单位	天津泰达生态园林发展有限公司	30合同(绿化工程)	周洪义
	施工单位	河北新天地园林工程有限公司	31合同(绿化工程)	刘云强
	施工单位	天津绿洲园林有限公司	32合同(绿化工程)	于明喜
	施工单位	云南园景科技产业有限公司	33合同(绿化工程)	李海春
	施工单位	天津港保税区园林发展有限公司	34合同(绿化工程)	曹利祥
	施工单位	天津市瑞景园林建设发展有限公司	35合同(绿化工程)	赵德明
	施工单位	天津市政公路设备工程有限公司	36合同(收费站罩棚工程)	刘文峰

续上表

项目名称	参建单位类别	单位名称	合同段编号及起止桩号	主要负责人
京沪高速公路二期工程	项目管理单位	天津顺通高速公路发展有限责任公司	AK62+300～AK110+824	孙妍枫
	勘察设计单位	天津市市政工程设计研究院	AK62+300～AK110+824	练象平
	监理单位	河北省交通建设监理咨询有限公司	AK62+300～AK82+200	刘司坤
	监理单位	天津市国腾公路咨询监理有限公司	AK82+200～AK110+824.147、LK0+000～LK7+019.788	李文辉
	监理单位	重庆中宇工程咨询监理有限责任公司	三大系统	林波
	施工单位	路桥第一公工程路局第三工程公司	1合同，AK62+300～AK64+370	丁喜红
	施工单位	路桥第一公路工程局天津工程处	2合同，AK64+370～AK66+415	杜庭胜
	施工单位	天津市公路工程总公司	3合同，AK66+415～AK68+460	赵文志
	施工单位	中铁一局集团第二工程有限公司	4合同，AK68+460～AK70+543	张学胜
	施工单位	天津城建集团有限公司	5合同，AK70+543～AK72+801	王杰
	施工单位	天津城建集团有限公司	6合同，AK72+801～AK75+386	刘凤刚
	施工单位	天津路桥建设工程有限公司	7合同，AK75+386～AK82+200	张术
	施工单位	中铁三局集团有限公司	8合同，AK82+200～AK84+010	浑宝成
	施工单位	天津市雍阳公路工程有限公司	9合同，AK84+010～AK93+000	张希信
	施工单位	中铁四局集团有限公司	10合同，AK93+000～AK99+300	梁越柏
	施工单位	天津第五市政公路工程有限公司	11合同，AK99+300～AK101+250	陈克明
	施工单位	天津第一市政公路工程有限公司	12合同，AK101+250～AK108+703	贾学柱
	施工单位	中铁十局集团第二工程有限公司	13合同，AK108+703～AK110+824.147	王成功
	施工单位	中铁十四局集团有限公司	14合同，LK3+543～Lk7+019.758	苏伟洪
	施工单位	中交第四公路工程局有限公司	15合同，收费站	肖传芳
	施工单位	中交一公局第一工程有限公司	16合同，收费站	肖传芳
	施工单位	中铁十四局集团有限公司	17合同，服务区	李海龙
	施工单位	天津路桥建设工程有限公司	18合同，AK62+300～K82+200	张术
	施工单位	路桥集团第一公路工程局天津公路处	19合同，K82+200～K99+300	张晓东
	施工单位	天津第一市政公路工程有限公司	20合同，AK99+300～AK110+824.147	王国利
	施工单位	山西交研科学实验工程有限公司	21合同，K62+300～K82+200交通工程	王建东
	施工单位	天津市环路公路设施有限责任公司	22合同，AK82+200～AK99+300交通工程	张晖
	施工单位	天津市政公路设备有限公司	23合同，AK99+300～AK110+824交通工程	张金声
	施工单位	天津市中滨园林工程有限公司	24合同，绿化	刘铮
	施工单位	天津泰达生态园林发展有限公司	25合同，AK87+700～AK95+100	王建华
	施工单位	天津绿茵景观工程有限公司	26合同，绿化	卢云慧
	施工单位	天津市北方创业园林工程有限公司	27合同，绿化	谭兆军
	施工单位	中资泰克交通工程有限公司	28合同，AK62+300～AK110+824，LK0+150～LK7+020机电工程	王谦

二、建设情况

(一)项目准备阶段

1. 京沪高速公路一期

2003年6月30日,交通部出具《关于京沪高速公路天津段(一期工程)可行性研究报告的批复》(交规划发〔2003〕263号),同意建设国道主干线京沪高速公路天津段(一期工程)。

2003年9月29日,国家环境保护总局出具《关于京沪高速公路天津段环境影响报告书审查意见的复函》(环〔2003〕227号),原则同意预审意见及天津市环境保护局初审意见。

2003年10月21日,交通部出具《关于京沪高速公路天津段(一期工程)初步设计的批复》(交公路发〔2003〕441号)。

该项目筹集建设资金总额37.32亿元,其来源构成是:中央财政补贴2.35亿元,地方财政拨款1.07亿元,开行贷款28.4亿元,自筹5.5亿元,见表8-5-5。

京沪高速公路一期主要资金来源　　　　表8-5-5

资金来源	外方投资	中方投资			合　计
		交通部补助	地方财政拨款	银行贷款	
金额(万元)	54971.45	23500	10700	284000	373171.45
所占比例(%)	15	6	3	76	100

2. 京沪高速公路二期工程

2004年4月14日,交通部出具《关于京沪高速公路天津段(二期工程)可行性研究报告的批复》(交规划发〔2004〕175号),同意建设国道主干线京沪高速公路天津段(二期工程)。

2004年6月9日,交通部出具《关于京沪高速公路天津段(二期工程)初步设计的批复》(交公路发〔2004〕304号),初步设计概算为41.21亿元。京沪高速公路二期主要资金来源见表8-5-6。

京沪高速公路二期主要资金来源　　　　　　表8-5-6

资金来源	外方投资	中方投资			合　计
		交通部补助	地方财政拨款	银行贷款	
金额(万元)	61343.81	22800		237128	321271.81
所占比例(%)	19	7		74	100

(二)项目实施阶段

京沪高速公路在项目管理过程中,注重施工组织管理,完善了项目领导组织体系和项目安全保证组织体系。

工程进度方面,每季度开始下达进度完成目标,季度中间进行督促检查,季度末进行进度指标完成情况检查,对完成季度指标的给予评定分数,进入劳动竞赛评比。主线合同段2004年6月进场后,在较短时间内审批了施工组织设计、总体进度计划等各项工作,陆续批复了各合同段的开工报告。开工后各施工单位根据总体进度计划每月初上报下月计划,监理单位批准后执行。在施工中重视施工进度记录,搜集数据,掌握进度情况,对比做出评价,找出差距原因。对于施工单位每季度进行劳动竞赛评比,从工程进度、质量、安全等方面进行综合评比,奖前惩后。

质量管理方面,项目还采取有效手段,对工程中的质量问题、承包人的违规操作等及时发现,督促全面整改,逐步落实、闭合指令文件,对保证工程施工质量起到了积极作用。

在安全方面,成立安全工作小组,下设安全管理办公室,管理日常事务工作;建立各级人员岗位安全生产责任制;建立相关制度,保证安全生产责任制的落实;安全例会每月至少召开一次。强调安全管理,对安全隐患的预防起到了很好的作用。另外,项目经理部联合总监办先后组织人员参加天津市建委安全监督局组织的安全培训工作,保证了工程的正常施工。

三、复杂技术

线路走向穿越一级河道 2 条、二级河道 3 条以及永定河泛区和东淀蓄滞洪区,首先必须处理好高速公路与水利的关系。在设计中针对不同情况,采取了不同的设计方案,使一系列的水利问题均获得圆满解决。其次是穿越津霸铁路问题,该处位于天津市城市防洪圈以内,没有被洪水淹没的危险,于是决定采用下穿地道,节约工程造价 4500 余万元。第三是针对三角淀蓄滞洪区的正确分析,将线位局部东移,节省工程造价 7000 余万元。

根据分析断定,沿线广泛分布的路用土是性质最差的粉性土,此为影响路基质量的最重要因素,因此,提出对粉性土路基填料改良的关键技术对策。其设计理念是"崇尚绿色、注重环保"为原则,应用新技术、新材料,决定采用土壤固化剂、稳固剂、工业废料、黏性改良和掺加水泥等技术措施综合利用,以保证工程质量,降低工程造价。

路基高度是影响高速公路工程造价、质量与工期的一个重要因素,设计中如何有效地降低路基高度,也是"以人为本"设计理念的体现。为此,结合实际情况对通道设置、支线上跨或下穿等进行了详细的方案论证,使全线平均填土高度降低了50cm。

四、科技创新

1. GPS 卫星定向及 EPS 电子平板

外业测量采用 GPS 卫星定向和 EPS 电子平板新技术,在提高测量精度与速度的同时,也为内业 CAD 辅助设计提供了前提条件。

2. 土工合成材料

高填土路基采用土工合成材料,以减少路基不均匀沉降,减缓桥头跳车的影响。

3. 表面层采用 GTM 法

沥青混凝土表面层采用 GTM 法设计的 AK-13 高性能沥青混合料(SBS 改性沥青)铺筑,其抗车辙变形、抗裂、水稳定性、抗滑、抗老化等性能均俱佳,可延长路面使用寿命,改善路面使用效果,同时节省造价。

4. 桥头高填土路基采用 CFG 桩等

桥头高填土路基采用 CFG 桩、夯实扩底桩和高压旋喷桩进行深层处理,并运用"由刚到柔,逐级过渡"的设计思想,采用轻质、刚性好的材料(如造化渣、高钙粉煤灰等),结合土工合成材料、桥头搭板的设置,有效解决桥头跳车的通病。

5. 钢—混凝土结合梁

跨越现状高速公路大跨径连续梁桥采用钢—混凝土结合梁,有效提高了桥梁的跨越能力,减少了桥梁施工对交通的影响,外形轻盈美观。

6.三维植被网土工合成材料

出于环保目的且考虑到沿线土质物理特性,采用三维植被网土工合成材料防护路基边坡,达到防止路基冲刷和植草皮的目的。

7.采用现浇混凝土薄壁管桩、夯实扩底桩、碎石挤密桩和高压旋喷桩

8.采用计算机计算

内业设计全部采用计算机计算,绘图工作利用CAD辅助设计,CAD出图率达100%。

京沪高速公路一期工程在全线采用如下科技创新:

(1)首次采用扩大桩头的CFG桩进行高填土路基的深层处理,CFG桩具有施工速度快、易于质量控制、易于检测、造价节省等优点,社会经济效果显著。

(2)首次采用碎石挤密桩进行地基处理,以较短的桩长获得较大的地基承载能力。

(3)首次在边坡设计中大面积成功应用三维土工网新材料,造价节省且利于解决高速公路早期边坡冲刷问题。

(4)首次使用先简支后连续的斜腹板小箱梁,行车舒适性、耐久性大大提高,混凝土及钢筋用量大大降低,经济效果显著。

(5)首次采用新型环保混凝土声屏障,景观效果好、施工速度快、耐久性优且造价节省。

(6)首次采用PCC桩进行高填土路基的深层处理,并取得了良好的效果。

京沪高速二期工程在全线采用如下科技创新:

(1)"集中+散排"的新型排水系统。采用的新型路面排水系统有效地解决了工程的实际问题,大大减低了路面水损坏的可能性,路容美观。

(2)新型"点式"排水将雨水箅与可越侧石完美结合为一体,既有效防止雨水箅的丢失,又保证了中央分隔带侧石线形的顺畅美观。

(3)新型轻质高强水泥吸声板声屏障。采用新型轻质高强水泥吸声板作为声屏障的吸声材料,具有节能、环保、景观效果好、施工速度快、耐久性优、造价节省等优点。

五、运营养护管理

1.服务设施

全线设置泗村店、王庆坨、静海3处服务区,见表8-5-7。

G2京沪高速服务场区一览表   表8-5-7

高速公路编码	服务区名称	桩号	所在区域	占地(m^2)	建筑面积(m^2)
G2	泗村店服务区	K60+450	泗村店	160000	7512
G2	王庆坨服务区	K87+200	王庆坨	174000	7120
G2	静海服务区	K125+312	静海县	137319	7024

2. 收费设施

该项目共设置收费站 8 座,其中在津京界设置单向主线收费站 1 座,在杨柳青、武清西、汉沽港、独流、静海、子牙园、陈官屯设置匝道收费站 7 座。截至 2016 年底,匝道出入口数量共计 54 条,其中 ETC 车道 17 条。详见表 8-5-8。

G2 京沪高速公路收费设施一览表　　表 8-5-8

序号	收费站名称	入口车道数		出口车道数		车道总数	
		MTC	ETC	MTC	ETC	MTC	ETC
1	泗村店收费站	0	0	7	1	7	1
2	武清西收费站	1	1	3	1	4	2
3	汉沽港收费站(上海方向)	1	1	3	1	4	2
4	汉沽港收费站(北京方向)	1	1	3	1	4	2
5	独流收费站	1	1	3	1	4	2
6	静海收费站	1	1	3	1	4	2
7	子牙园收费站(上海方向)	1	1	2	1	3	2
8	子牙园收费站(北京方向)	1	1	2	1	3	2
9	陈官屯收费站	1	1	3	1	4	2

3. 养护管理

该项目养护里程 118.269km,设置 1 处养护工区(表 8-5-9)。该项目自通车以来为恢复沿线设施的使用功能及原有的技术标准,2010 年进行路面单层挖补工程、桥头接顺处理及桥梁独柱加固工程;2011 年进行路面单层挖补、双层挖补、路基注浆、微表处、雾封层及桥头接顺处理和桥梁搭板注浆、桥面挖补等工程;2012 年进行路面双层挖补、热再生、微表处及桥头接顺处理和桥梁搭板注浆等工程;2013 年对路面进行单层挖补、热再生、微表处、整体补强,对桥梁进行桥头接顺处理、桥梁搭板注浆及更换板梁工程;2014 年进行路面热再生、微表处、整体补强及桥头接顺处理和桥梁搭板注浆等工程;2015 年进行路面双层挖补、路基注浆、热再生、微表处、整体补强及桥头接顺处理和桥面挖补等工程；2016年进行路面微表处及桥面挖补等工程。

G2京沪高速公路养护设施一览表　　　表8-5-9

序号	养护工区名称	桩　号	路段长度(km)	占地面积(m²)	建筑面积(m²)
1	杨柳青养护工区	K755+611	118.269	3000	147

4. 监控设施

该项目设置杨柳青监控中心，位于荣乌高速公路杨柳青收费站，负责京沪高速公路一期、二期区域的运营监管。

六、项目后评估

该项目的实施对完善国家路网、促进国民经济的发展具有重要的意义，它的建成将极大地增进我国东北、华北与华东、华南及东南沿海地区的经济发展与交流。此外，该项目建成后将形成天津市西部地区的南北向大通道，可有效缓解天津市外环线的巨大交通压力，并与国道112线高速公路、津汕高速公路、津晋高速公路形成天津市高速公路城市交通枢纽环，使天津市周边公路网的布局更加合理，为改善投资环境、扩大对外开放提供有利的交通硬环境，推动天津市经济和旅游业的快速发展。

2005年12月26日，天津市高速公路集团有限公司对京沪高速公路天津段(一期工程)中8~15合同段、20合同段、21合同段进行了验收。12月28日王庆坨至张家窝段建成通车。2006年7月28日,王庆坨至泗村店段建成通车,即京沪高速公路(天津段)一期工程全线通车。11月26日,京沪高速公路(天津段)二期工程全线通车。

2011年6月24日,京沪一期和二期进行了竣工验收,质量评定均为优良工程,综合评价均为优良。

第六节　G25 长深高速公路（长春—深圳）天津段
（汉沽杨家泊镇—大港唐官屯镇）

长春—深圳高速公路,简称长深高速,国家高速公路网编号为 G25。途经吉林、辽宁、河北、天津、山东、安徽、江苏、浙江、福建、广东 9 省,全长 3585km。

一、项目概况

G25 长深高速公路天津段是国家高速公路网规划的国道主干线中长深高速公路的一段,连接京沈(京哈)和京沪两条高速公路,是我国东北地区交通南下及天津港交通的主要通道,也是天津市重要的过境交通通道。起于河北省唐山与京沈高速公路相接,向南与天津宁河区相接,穿越宁河区、滨海新区,终至静海区王官屯于京沪高速公路相接,全长 105.168km。其基本信息、桥梁及路面结构见表 8-6-1～表 8-6-3。

（一）基本情况

1. 天津北段

唐津高速公路,也称丹拉(丹东至拉萨)高速公路支线天津段,是连接京沈公路(丹拉公路正线)和京沪公路两条国道主干线的重要通道,也是天津市公路网骨架的重要组成部分。北段起于河北省丰南县,止于津塘公路,全长 60.67km,设计标准为高速公路标准。其中丰南县界至桃园 11km 为双向六车道,桃园至津塘公路 49.67km 为双向四车道,设计速度为 120km/h。全线工程包括道路 60.67km,桥梁和立交 34 座,通道 37 处,收费站 7 处,总投资 29.5 亿元。2001 年底全部完工。现由天津新展高速公路有限公司养护管理。

2. 天津南段

该路段接丹拉支线天津北段,共同构成丹拉公路支线天津段。该路起于天津市塘沽西部接唐津高速公路北段,止于静海区王官屯接国道主干线京沪高速公路,全长 66km,高速公路标准,双向四车道,设计速度120km/h,路基宽 28m。主要工程包括路面 154 万 m^2,桥梁和立交 44 座,涵洞 5 道,通道 33 处,涵管 153 道,收费站 4 处,服务区 1 处。总投资 30.5 亿元,2000 年 11 月开工,2003 年年底竣工。现由天津高速公路集团有限公司运营事业部二分公司养管。

唐津高速公路天津南段的建成通车,标志着唐津高速的全线贯通。唐津高速公路东接京沈高速公路,西连京沪高速公路,形成东北、华北、华东的快速通道,唐津高速公路（胡辛庄互通到汉沽北互通）则是天津绕城高速公路的东南段。同时也将使天津处于环渤海经济中心的地位得到进一步加强,并对天津路段沿线区县经济发展起到重要的推动

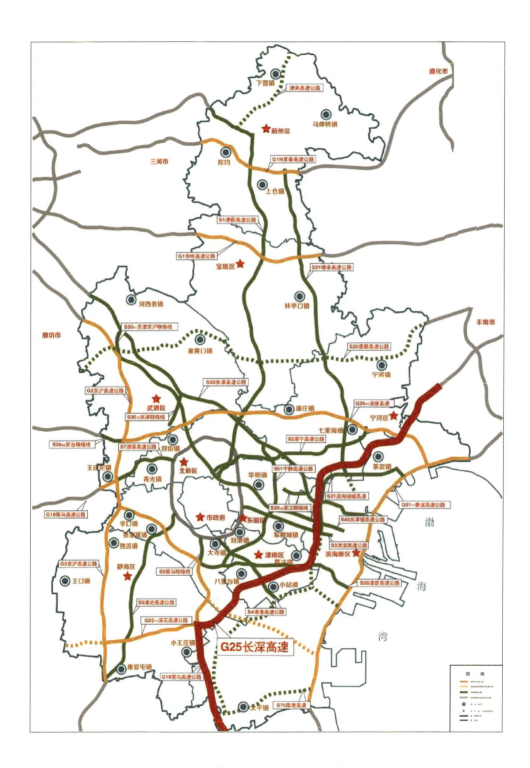

G25 长深高速公路天津段在路网中示意图

第八章 高速公路建设项目

G25 长深高速公路天津段基本信息

表 8-6-1

路段起止桩号		规模（km）			建设性质，新、改扩建	设计速度（km/h）	路基宽度（m）	永久占地（亩）	投资情况（亿元）			资金来源	建设时间（开工—通车）	4A 级以上主要景区名称	备注
起点桩号	止点桩号	合计	八车道及以上	六车道	四车道					估算	概算	决算				
K1002+489	K1107+657	105.17		11.69	93.48	新建	120		12288	25	63.19	59.18	交通部补助、养路费，外方投资，自筹、银行贷款	1994—2003.12		
					105.17	扩建	120				66.71	70.91	外方资金、自筹、银行贷款	2011—2014		

G25 长深高速公路天津段桥梁汇总

表 8-6-2

序号	名称	规模	桥梁左（m）	桥梁右（m）	主跨长度（m）	桥面宽度（m）	桥底净高（m）	跨越障碍物	桥梁分类	备注
1	京山铁路桥	特大桥	1544.8	1544.8	27.5	33	6	铁路	梁式桥、钢筋混凝土梁桥、简支桥梁	
2	永定新河大桥	特大桥	1530.5	1530.5	110	25		河流	梁式桥、钢筋混凝土梁桥、连续桥梁	
3	永定新河大桥新桥	特大桥	1537.3	1537.3	41.37	24.5		河流	梁式桥、钢筋混凝土梁桥、连续桥梁	
4	铁路东南环立交桥	特大桥	1219.8	1219.8	25	33	6	铁路	梁式桥、钢筋混凝土梁桥、简支桥梁	
5	京津塘立交桥	特大桥	1055.6	1055.6	30	33	5.5	道路	梁式桥、钢筋混凝土梁桥、简支桥梁	
6	津塘公路互通式立交桥主线桥	特大桥	2528.9	2528.9	31	33	5.5	道路	梁式桥、钢筋混凝土梁桥、简支桥梁	
7	滨海大桥	特大桥	2838	2838	364	27.5		河流	斜拉桥、混凝土梁桥、简支桥梁、预应力	
8	王稳庄互通主线桥	特大桥	1030	1030	30	34	5.5	道路	梁式桥、钢筋混凝土梁桥、连续桥梁	
9	K1099+974 独流减河桥	特大桥	1100	1100	25	34		河流	梁式桥、钢筋混凝土梁桥、简支桥梁	
10	皂甸干渠桥	大桥	106.59	106.59	13	33		水渠	梁式桥、钢筋混凝土梁桥、简支桥梁	
11	汉南铁路桥	大桥	881.24	881.24	20	33		铁路	梁式桥、钢筋混凝土梁桥、简支桥梁	
12	蓟运河大桥	大桥	305.8	305.8	20	33		河流	梁式桥、钢筋混凝土梁桥、简支桥梁	

续上表

序号	名称	规模	桥梁左 (m)	桥梁右 (m)	主跨长度 (m)	桥面宽度 (m)	桥底净高 (m)	跨越障碍物	桥梁分类	备注
13	于家岭大桥	大桥	705.3	705.3	27	33		河流	梁式桥,钢筋混凝土梁桥,简支桥梁	
14	黑猪河桥	大桥	301.8	301.8	16	33		河流	梁式桥,钢筋混凝土梁桥,简支桥梁	
15	北环铁路桥	大桥	895.6	895.6	25	33	6	铁路	梁式桥,钢筋混凝土梁桥,连续桥梁	
16	K1063+622大桥	大桥	132	132	24	34	5.5	道路	梁式桥,钢筋混凝土梁桥,连续桥梁	
17	K1064+034大桥	大桥	112	112	25	34		河流	梁式桥,钢筋混凝土梁桥,连续桥梁	
18	K1064+476大桥	大桥	356.5	356.5	24	34	5.5	道路	梁式桥,钢筋混凝土梁桥,连续桥梁	
19	K1070+789大桥	大桥	162	162	28	34	5.5	道路	梁式桥,钢筋混凝土梁桥,连续桥梁	
20	K1074+379大桥	大桥	186	186	33	34	5.5	道路	梁式桥,钢筋混凝土梁桥,连续桥梁	
21	K1076+715李港铁路桥	大桥	674	674	30	34		铁路	梁式桥,钢筋混凝土梁桥,简支桥梁	
22	K1082+284津岐立交桥	大桥	591	591	35	34	5.5	道路	梁式桥,钢筋混凝土梁桥,连续桥梁	
23	K1085+805津港公路主线桥	大桥	646	646	35	34		道路	梁式桥,钢筋混凝土梁桥,连续桥梁	
24	K1087+108幸福河桥	大桥	180	180	20	34		河流	梁式桥,钢筋混凝土梁桥,简支桥梁	
25	K1090+114红泥河桥	大桥	200	200	20	34		河流	梁式桥,钢筋混凝土梁桥,简支桥梁	
26	K1093+916东排干渠桥	大桥	220	220	20	34		河流	梁式桥,钢筋混凝土梁桥,简支桥梁	
27	裴庄干渠桥	中桥	80.88	80.88	13	33		水渠	梁式桥,钢筋混凝土梁桥,简支桥梁	
28	百戗河桥	中桥	67.88	67.88	13	33		河流	梁式桥,钢筋混凝土梁桥,简支桥梁	
29	新排水桥	中桥	41.56	41.56	13	33		水渠	梁式桥,钢筋混凝土梁桥,简支桥梁	
30	杨家泊干渠桥	中桥	67.83	67.83	13	33		水渠	梁式桥,钢筋混凝土梁桥,简支桥梁	
31	东排干渠桥	中桥	44.4	44.4	13	33		水渠	梁式桥,钢筋混凝土梁桥,简支桥梁	
32	西排干渠桥	中桥	55.6	55.6	13	33		水渠	梁式桥,钢筋混凝土梁桥,简支桥梁	
33	十四分场虾池中用干渠桥	中桥	44.51	44.51	13	33		水渠	梁式桥,钢筋混凝土梁桥,简支桥梁	

第八章 高速公路建设项目

续上表

序号	名称	起讫里程	规模	桥梁左(m)	桥梁右(m)	主跨长度(m)	桥面宽度(m)	桥底净高(m)	跨越障碍物	桥梁分类	备注
34	火燎佳干渠桥		中桥	69.38	69.38	16	33		河流	梁式桥,钢筋混凝土梁桥,简支桥梁	
35	八堡双沟干渠桥		中桥	53.79	53.79	16	33		水渠	梁式桥,钢筋混凝土梁桥,简支桥梁	
36	十八坝干渠桥		中桥	55.8	55.8	10	33		其他	梁式桥,钢筋混凝土梁桥,简支桥梁	
37	K1065+682 中桥		中桥	48	48	16	34	5.5	道路	梁式桥,钢筋混凝土梁桥,简支桥梁	
38	K1073+729 中桥		中桥	78	78	13	34	5.5	道路	梁式桥,钢筋混凝土梁桥,简支桥梁	
39	K1073+946 中桥		中桥	52	52	13	34	5.5	道路	梁式桥,钢筋混凝土梁桥,简支桥梁	
40	K1077+565 中桥		中桥	65	65	13	34		河流	梁式桥,钢筋混凝土梁桥,简支桥梁	
41	K1079+773 中桥		中桥	91	91	13	34	5.5	道路	梁式桥,钢筋混凝土梁桥,简支桥梁	
42	K1088+914 中桥		中桥	52	52	13	34	5.5	道路	梁式桥,钢筋混凝土梁桥,简支桥梁	
43	K1090+914 中桥		中桥	52	52	16	34	5.5	道路	梁式桥,钢筋混凝土梁桥,简支桥梁	
44	K1091+880 中桥		中桥	52	52	13	34	5.5	道路	梁式桥,钢筋混凝土梁桥,简支桥梁	
45	K1092+484 中桥		中桥	52	52	10	34	5.5	道路	梁式桥,钢筋混凝土梁桥,简支桥梁	
46	K1093+055 中桥		中桥	50	50	13	34	5.5	道路	梁式桥,钢筋混凝土梁桥,简支桥梁	
47	K1098+173 中桥		中桥	91	91	13	34	5.5	道路	梁式桥,钢筋混凝土梁桥,简支桥梁	
48	K1100+790 中桥		中桥	64	64	16	34	5.5	道路	梁式桥,钢筋混凝土梁桥,简支桥梁	
49	K1102+118 中桥		中桥	60	60	10	34	5.5	道路	梁式桥,钢筋混凝土梁桥,简支桥梁	
50	K1103+871 中桥		中桥	65	65	13	34	5.5	道路	梁式桥,钢筋混凝土梁桥,简支桥梁	
51	K1107+438 中桥		中桥	80	80	16	34	5.5	道路	梁式桥,钢筋混凝土梁桥,简支桥梁	

G25 长深高速公路天津段路面结构

表 8-6-3

路面形式	起讫里程	长度(m)	水泥混凝土路面	沥青路面	路面结构
柔性路面	K1002+489~K1107+657	105168		沥青混凝土路面	4cm 改性抗滑层+6cm 中+6cm 粗+18cm 水碎石+18cm 二灰碎石+15cm 二灰土(12:35:53)+15cm 石灰土(10%)
刚性路面					

作用。随着天津市国民经济的高速增长,作为基础设施的高速公路建设也在不断发展,2003年11月18日唐津高速公路(天津南段)建成通车后将唐津高速公路(天津北段)、津晋高速公路(天津东段)、京沪高速公路代用线(津静—九宣闸)连通,并使唐津高速公路全线贯通。唐津高速公路的全线贯通使国家高速公路主干线中的京沈、京沪两条高速公路和唐津高速公路、津晋高速公路构成了网络,使之成为连接东北、华北、华东各省市最便捷的高速通道。

(二)前期决策情况

该项目的实施对完善国家路网、促进国民经济的发展具有重要的意义,它的建成极大地增进我国东北、华北与华东、华南及东南沿海地区的经济发展与交流。此外,该项目建成后将形成天津市西部地区的南北向大通道,可有效缓解天津市外环线的巨大交通压力,并与国道112线高速公路、津汕高速公路、津晋高速公路形成天津市高速公路城市交通枢纽环,使天津市周边公路网的布局更加合理,为改善投资环境、扩大对外开放提供有利的交通硬环境,推动天津市经济和旅游业的快速发展。

1994年2月28日,天津市市政工程局下达《关于对〈山广公路天津段预可行性研究报告〉的批复》(市政局计〔1994〕68号),正式批准该项目立项。

第八章 高速公路建设项目

天津市市政工程局对项目进行了充分的前期调研和技术经济论证,于1996年上报了可行性研究报告,1996年5月天津市市政工程局批复立项(市政局计〔1996〕127号),1997年9月天津市市政工程局批复可行性研究报告(市政局计〔1997〕469号)。

天津市市政工程局以市政局计〔1999〕377号文向交通部提交了《关于报请审批国道主干线唐山—天津公路天津南段工程可行性补充报告的请示》,交通部于1999年11月29日以交规划发〔1999〕642号文向天津市市政工程局下达了《关于唐山至天津公路天津南段可行性研究报告的补充批复》,对可行性研究报告进行了补充批复。

(三)参建单位主要情况

1. 长深高速公路新建工程

工程建设单位:天津新展高速公路有限公司、天津高速公路集团有限公司。
设计单位:天津市市政工程设计研究院等。
监理单位:河北省交通建设监理咨询有限公司等。
施工单位:天津市第一市政公路工程有限公司等。
长深高速公路参建单位情况见表8-6-4。

G25长深高速公路参建单位情况一览表　　表8-6-4

参建单位类别	单 位 名 称	合同编号及桩号	负责人
项目管理单位	天津新展高速公路有限公司	北段,K0+000~K17+227.2	刘兰强
	天津高速公路集团有限公司	南段,K0+000~K65+520.8	汲长顺
勘察设计单位	天津市市政工程设计研究院	北段,K0+000~K17+227.2	朱晓东
	同济大学建筑设计研究院桥梁分院	北段,永定新河大桥	徐利平
	交通部北京泰克设计所	北段,K0+000~K17+227.2	韩春燕
	天津市市政工程设计研究院	南段,K0+000~K65+520.8	郝强
监理单位	河北省交通建设监理咨询有限公司	南段,小站互通工程	马文瑞
	天津市国腾公路咨询有限公司	南段,道路工程、机电工程、通信管道工程	张多马
	山西交科公路工程咨询监理有限公司	南段,道路工程	郝毅庆
	天津市华盾工程监理咨询有限公司	南段,滨海大桥	靳溢舟
	北京成明达监理咨询有限责任公司	南段,道路工程	常征
	天津市道桥工程监理公司	北段,K0+000~K17+227.2	靳溢舟
施工单位	天津第一市政公路工程有限公司	北段,1合同;K0+000~K3+200	李风民
	天津第二市政公路工程有限公司	北段,2合同;K3+200~K6+500	赵惠川
	天津第五市政公路工程有限公司	北段,3合同;K6+500~K9+500	魏宝光
	天津第三市政公路工程有限公司	北段,4合同;K9+500~K11+200	李国敏
	天津第五市政公路工程有限公司	北段,5合同;K11+200~K15+679.32	郭永明
	天津第三市政公路工程有限公司	北段,6合同;K15+679.32~K16+482.76	李国敏

续上表

参建单位类别	单位名称	合同编号及桩号	负责人
施工单位	天津第一市政公路工程有限公司	北段,7合同;K16+482.76~K17+227.2	陈少华
	天津市利泰建筑工程公司	北段,8合同;A0+715	王玮
	天津第二市政公路工程有限公司	北段,9合同;K0+000~K8+000	陈坤
	天津第一市政公路工程有限公司	北段,10合同;K8+000~K17+227.2	田温
	天津公路工程总公司	北段,11合同;K0+000~K8+000	丁恰仁
	天津市政公路设施工程有限公司	北段,12合同;K8+000~K17+227.2	李孝本
	天津公路工程总公司	北段,13合同;K0+000~K17+227.2	徐鹏志
	天津园林局刘园苗圃	北段,14合同;K0+000~K17+227.2	饿继武
	太原市市政工程总公司	南段,1合同;K0+000~K2+945.67	李永林
	天津第一市政公路工程有限公司	南段,2合同;K2+946.67~K4+360	王顺来
	天津第三市政公路工程有限公司	南段,3合同;K4+360~K5+784.33	贾亮
	天津第五市政公路工程有限公司	南段,4合同;K5+784.33~K14+406.55	王宏仁
	路桥集团第一公路工程局天津工程处	南段,5合同;K14+406.55~K20+500	罗凯云
	天津第二市政公路工程有限公司	南段,6合同;K20+500~K23+800	吕福发
	天津第二市政公路工程有限公司	南段,7合同;K23+800~K32+700	徐长春
	天津第三市政公路工程有限公司	南段,8合同;K32+700~K36+050.924	齐秀明
	中铁第十七工程局厦门工程处	南段,9合同;K36+050.924~K37+155.924	林宗琪
	天津市公路工程总公司	南段,10合同;K37+155.924~K45+303.424	孙永兴
	天津第一市政公路工程有限公司	南段,11合同;K45+303.424~K53+453.424	牛青竹
	中国建筑第五工程局	南段,12合同;K53+453.424~K55+880.724	阙毅
	中铁第十四工程局	南段,13合同;K55+880.724~K64+453.424	方源
	天津第五市政公路工程有限公司	南段,14合同;K64+453.424~K65+520.8	张来柱
	天津第四市政公路工程有限公司	南段,15合同;K18+280~K18+520	杨铁链
	天津城建集团有限公司	南段,16合同收费站	李孝本
	天津第五市政公路工程有限公司	南段,17合同;K0+000~K23+800	李湘云
	天津城建集团有限公司	南段,18合同;K23+800~K45+303.424	徐长春
	天津第一市政公路工程有限公司	南段,19合同;K45+303.424~K65+728.603	牛青竹
	天津市政公路设备工程有限公司	南段,20合同;K0+000~K23+800	刘文峰
	天津市政公路工程有限公司	南段,21合同;K23+800~K45+303.424	祁立东
	太原路桥建设有限公司	南段,22合同;K45+303.424~K65+728.603	王秉常
	北京市泰克公路科学技术研究所	南段,23合同;K0+000~K65+520.8	刘国彤
	天津市格瑞园林发展有限公司	南段,24合同;K0+000~K32+465	刘卫忠
	天津绿茵景观工程有限公司	南段,25合同;K32+465~K65+520.8	孟军

2.长深高速公路扩建工程

工程建设单位:天津新展高速公路有限公司、天津高速公路集团有限公司。

设计单位:天津市市政工程设计研究院等。

监理单位:河北华达公路工程咨询监理有限公司等。

施工单位:天津路桥建设工程有限公司等。

(1)北一段招标情况

经天津市市政公路管理局批准,该项目施工招标采用公开招标、资格预审的形式。路基路面施工招标于2011年7月11日发布公告,2011年7月11—18日出售资格预审文件,49家申请人递交了资格预审申请文件,2011年8月3、4日资格预审申请文件进行审查,共有21家施工企业通过了资格预审。其中2合同段只有1家施工企业通过资格审查。2011年8月29—9月2日发布了2合同段招标公告。2011年8月29—9月2日出售招标文件,施工的招标共有25家单位投标,2011年9月27日进行了开标,经过两天的详细评标,中标单位如下:第1合同段:天津路桥建设工程有限公司;第2合同段:中铁四局集团有限公司;第3合同段:核工业华东建设工程集团公司。

交通安全设施的招标是采用公开招标、资格后审的形式,2012年9月10—14日发布公告,共有32家施工企业领取了招标文件。2012年10月18日进行了开标,20家投标单位递交了投标文件。经过详细评标,确定交通安全设施的中标单位:第4合同段:天津市公路工程总公司;第5合同段:天津市环路公路设施有限责任公司。

(2)北二段招标情况

根据天津市发展和改革委员会《关于同意唐津高速公路开展扩建前期试验段工程的批复》(津发改城市〔2010〕1236号)及天津市市政公路管理局《关于对唐津高速公路扩建工程试验(1合同段)设计施工总承包招标工作的意见》文件要求,采用公开招标,最终中标单位:试验段设计施工总承包单位为天津第二市政公路工程有限公司和天津市市政工程设计研究院,试验段监理单位为天津市路驰建设工程监理有限公司。经天津市市政公路管理局批准,该项目施工招标采用公开招标、资格预审的形式。路基路面施工招标于2011年7月11日发布公告,2011年7月11—18日出售资格预审文件,85家申请人递交了资格预审申请文件,2011年8月3、4日资格预审申请文件进行审查,共有19家施工企业通过了资格预审。其中3合同段所有申请人均未通过资格审查。2011年8月29日—9月2日发布了3合同段招标公告。2011年8月29日—9月2日出售招标文件,施工的招标共有25家单位投标,2011年9月27日进行了开标,经过两天的详细评标,中标单位如下:第1合同段:天津第二市政公路工程有限公司;第2合同段:中交第三公路工程局有限公司;第3合同段:中铁五局(集团)有限公司。

交通安全设施的招标是采用公开招标、资格后审的形式,2012年9月10—14日发布公告,共有44家施工企业领取了招标文件。2012年10月18日进行了开标,24家投标单位递交了投标文件。经过详细评标,确定交通安全设施的中标单位:第4合同段:北京汉威达交通运输设备有限公司。

（3）南段招标情况

经天津市市政公路管理局批准,该项目施工招标采用公开招标、资格预审的形式。路基路面施工招标于2011年7月11日发布公告,2011年7月11—18日出售资格预审文件,168家申请人递交了资格预审申请文件,2011年8月3、4日资格预审申请文件进行审查,共有40家施工企业通过了资格预审。2011年8月15~19日出售招标文件,施工的招标共有40家单位投标,2011年9月16日开标,经过两天的详细评标,中标单位如下:第1合同段:中交第一公路工程局有限公司;第2合同段:天津城建集团有限公司;第3合同段:中国水电建设集团路桥工程有限公司;第4合同段:天津市公路工程总公司。

交通安全设施的招标是采用公开招标、资格预审的形式,2012年9月10日发布公告,2012年9月10—14日出售资格预审文件,13家申请人递交了资格预审申请文件,2012年9月25日资格预审申请文件进行审查,共有8家施工企业通过了资格预审。2012年10月11—17日出售招标文件,2012年11月8日进行了开标,经过详细评标,确定交通安全设施的中标单位:第5合同段:天津第一市政公路工程有限公司;第6合同段:天津第五市政公路工程有限公司。

G25长深高速公路扩建工程参建单位情况见表8-6-5。

G25长深高速公路扩建工程参建单位情况一览表　　表8-6-5

参建单位类别	单位名称	合同段编号及起止桩号	主要负责人
项目管理单位	天津新展高速公路有限公司	北一段、北二段:K1002+489~K1063+159	宋磊
项目管理单位	天津高速公路集团有限公司	南段:K1063+159~K1107+106	叶强
勘察设计单位	天津市市政工程设计研究院	全线:K1002+489~K1107+106	熊文胜
监理单位	河北华达公路工程咨询监理有限公司	北一段:K1002+489~K1039+671.585	刘强
监理单位	天津市路驰建设工程监理有限公司	北二段:K1039+671.585~K1063+159.666	李海骢
监理单位	天津市华盾工程监理咨询有限公司	南段一总监办:K1063+159~K1084+478	倪丽英
监理单位	山东恒建工程监理咨询有限公司	南段二总监办:K1084+478~K1107+106	李维汉
监理单位	天津市国腾公路咨询监理有限公司	南段三总监办:三大系统	何玲
施工单位	天津路桥建设工程有限公司	北一1合同段:K1002+489~K1019+219.964	张少军
施工单位	中铁四局集团有限公司	北一2合同段:K1019+219.964~K1023+237.334	王润国
施工单位	核工业华东建设工程集团公司	北一3合同段:K1023+237.334~K1039+671.585	王觉非
施工单位	天津市公路工程总公司	北一4合同段:K1002+489~K1019+219.964	万会国
施工单位	天津市环路公路设施有限责任公司	北一5合同段:K1019+219.964~K1039+671.585	韩嘉成
施工单位	天津第二市政公路工程有限公司	北二1合同段:K1039+671.585~K1045+941.277	李国强
施工单位	中交第三公路工程局有限公司	北二2合同段:K1045+941.277~K1055+125.465	孙贵欣

续上表

参建单位类别	单位名称	合同段编号及起止桩号	主要负责人
施工单位	中铁五局(集团)有限公司	北二3合同段：K1055+125.465～K1063+159.666	何志刚
施工单位	北京汉威达交通运输设备有限公司	北二4合同段：K1039+671.585～K1063+159.666	戴勇
施工单位	中交第一公路工程局有限公司	南段1合同段：K1063+159～K1069+278	刘国彬
施工单位	天津城建集团有限公司	南段2合同段：K1069～278～K1084+478	温德新
施工单位	天津第一市政公路工程有限公司	南段5合同段：K1063+159～K1084+478	张军海
施工单位	中国水电建设集团路桥工程有限公司	南段3合同段：K1084+478～K1095+978	邱泳
施工单位	天津市公路工程总公司	南段4合同段：K1095+978～K1107+106	万会国
施工单位	天津五市政公路工程有限公司	南段6合同段：K1084+478～K1107+106	高建新
施工单位	上海电科智能系统股份有限公司	南段7合同段：三大系统	邹志锋

二、建设情况

(一)项目准备阶段

天津市市政工程局于1995年10月25日以市政局计〔1995〕517号文向天津市公路管理局下达了《关于对〈山广公路天津段道路工程可行性研究报告〉的批复》文件。

天津市市政工程局于1995年12月8日以市政局计〔1995〕472号文向天津市公路管理局下达了《关于对唐津高速公路(原山广公路)河北省丰南市界至京塘公路段初步设计》的批复文件,批准该项目全线建设长度为60.672km,建设总投资为311202.3万元。

1997年10月18日,由香港新世界集团与天津市公路建设发展公司合作建设的唐津高速公路合同在天津市政府签字。仪式前,市长张立昌在市政府贵宾厅会见香港新世界建设有限公司董事会主席郑家纯先生一行。

天津市市政工程局以市政局计〔1999〕320号、〔1999〕370号文向交通部提交了《关于报请审批唐山至天津高速公路天津南段两阶段初步设计调整文件的报告》,交通部于2000年2月1日以交公路发〔2000〕56号文向天津市市政工程局下达了《关于唐山至天津公路南段公路初步设计的批复》,对丹拉高速公路工程初步设计进行了批复。

2011年4月19日,天津市发展和改革委员会以津发改许可〔2011〕80号下发《关于准予天津新展高速公路有限公司唐津高速公路(塘承高速公路—津塘公路)扩建工程项目核准的决定》。

2011年7月8日,天津市市政公路管理局以市政公路管理计〔2011〕371号文下发《关于唐津高速公路(塘承高速公路—津塘公路)扩建工程初步设计的审查意见》。

2011年5月18日,天津市发展和改革委员会以津发改许可〔2011〕104号文下发《关于准予天津新展高速公路有限公司唐津高速公路(河北丰南界—塘承高速公路)扩建工程项目核准的决定》。

2011年7月8日，天津市市政公路管理局以市政公路管理计〔2011〕372号文下发《关于唐津高速公路(河北丰南界—塘承高速公路)扩建工程初步设计的审查意见》。

2011年4月19日，天津市发展和改革委员会以津发改许可〔2011〕83号文下发《关于准予天津高速公路集团有限公司唐津高速公路(津塘公路—荣乌高速公路)扩建工程项目核准的决定》。

2011年7月8日，天津市市政公路管理局以市政公路管理计〔2011〕369号文下发《关于唐津高速公路(津塘公路—荣乌高速公路)扩建工程初步设计的审查意见》。

长深高速公路主要资金来源见表8-6-6。

长深高速公路主要资金来源　　　　　　　表8-6-6

资金来源	外方资金	中方资金					
		交通部补助	养路费	车购费	银行贷款	自筹资金	合计
金额(万元)	93971	48816	63336	18708	106131	90225	421187
所占比例(%)	22	12	15	4	25	21	100

长深高速公路扩建工程征地拆迁情况见表8-6-7。

征地拆迁情况统计　　　　　　　表8-6-7

征地拆迁安置起止时间	征用土地(亩)	拆迁房屋(m^2)	支付补偿(万元)	备注
1998年1月~2003年11月	2682.79	3260	13876.73	

唐津高速公路扩建工程北段(河北丰南—塘承互通)全长37.17km，路线经过汉沽农场、汉沽、北京清河农场、塘沽区4个区县单位，其中汉沽农场长15.7km、汉沽长11.55km、塘沽长0.79km均无征地，清河农场长9.13km，需征地26.18亩。

唐津高速公路扩建工程北段(塘承高速—津塘公路)全长23.49km，路线经过北京信达公司、宁河、塘沽水务局、66356部队、武警天津总队、天津农垦塘沽实业有限公司、塘沽区7个区县级单位，共征地129亩。其中北京信达公司长6.66km，征地31亩；宁河长205m，征地10.26亩；塘沽水务局长5.1km，征地56亩；66356部队长0.88km，征地4.04亩；武警天津总队长0.45km，征地0.8亩；农垦集团段长3km，征地8.02亩；塘沽段长10.9km，征地19.41亩，房屋拆迁约5000m^2。

唐津高速公路南段改扩建工程全长43.946km，路线途经塘沽、津南、西青、大港、静海5个区县，需征地约678.63亩。其中，塘沽段长4.40km，需征地114.38亩，拆迁面积27885m^2；津南段长26.57km，需征地446.34亩，拆迁面积17174.1m^2；西青段长6.12km，需征地71.8亩，拆迁面积1210m^2；静海段长4.23km，需征地16.77亩；大港段长2.63km，需征地29.34亩。涉及拆迁地上建筑面积45749m^2，其中公共建筑44448m^2，住宅1301m^2。截至目前，征地拆迁协议已全部完成，并支付了补偿费用，共计完成地上建筑拆迁 26251m²。

(二)项目实施阶段

天津市委、市政府各级领导高度重视,沿线单位和群众给予极大的理解和支持,为工程建设创造了良好的外部条件。工程建设期间接受了年度审计监督,较好地完成了征地、拆迁和线外配套,为项目的建设创造了良好的内部条件。

天津市市政工程局向交通部提交《关于报请审批国道主干线唐津公路(天津南段)工程可行性研究报告的请示》(市政局计〔1998〕487号),交通部于1998年11月30日向天津市市政工程局下达了《关于唐山至天津公路南段可行性研究报告的批复》(交规划发〔1998〕753号)。

天津市市政工程局于1998年1月6日向天津市公路局下达了《关于唐津高速公路永定新河大桥初步设计的批复》(市政局计〔1998〕187号),批准了该项目建设总投资为1.45亿元。

在项目实施过程中,监理部门根据有关合同文件和技术规范要求,结合该工程的特点,详细制订了《监理规划》《施工监理实施细则》,明确各级监理人员的责权,严格各种监理程序,监理部门把工程建设的现代化科学管理方法带到该工程中来,驻地监理办严格按照制订的工程质量目标来组织和控制施工,并且强化质量教育,提高监理人员的质量意识,层层签订工程质量责任书,确保整个工程在竣工验收中达到优良工程的标准。在施工监理过程中,监理单位主要采取了以下措施:强调过程控制,完善质保体系;明确控制要点,强化监理程序管理;调动承包人质量保证体系的主观能动性;严格执行质量标准,从源头把好质量关;加强现场旁站监督,及时发现并解决问题;用"数据"说话,充分发挥监理抽检的作用。在工程进度控制方面,驻地监理办以合同工期目标为基础,严格敦促承包人切实履行合同承诺,确保唐津高速公路能按期完成。

永定新河大桥

长深高速公路扩建前

唐津高速公路东南环线立交

天津市市政工程局于1998年2月4日向天津市公路局下达了《关于唐津高速公路（津塘公路—永定河南段）修改初步设计的批复》（市政局计〔1998〕317号），批准了该项目初步设计概算由原来的12.93亿元调整到13.3亿元（二期）。

天津市市政工程局于1998年2月20日向天津公路发展公司下达了《关于对〈关于调整唐津高速公路工程概算的请示〉的批复》（市政局计〔1998〕410号），最终该项目初步设计总概算投资由原来的31.12亿元调整为32.67亿元，其中：一期概算投资由原来17.4亿元调整为17.92亿元；二期概算投资由原来13.7亿元调整为14.75亿元。

滨海大桥工程的两个主墩是由106根直径2m、桩长83m的灌注桩组成的群桩基础，而且需要穿越40余米的厚砂层，极易造成塌孔，施工难度不言而喻，这在我国北方地区还是首次遇到的。项目经理部迎着困难上，苦干、实干加巧干。在大桥基础地质不利的情况下，仔细测算、周密安排，根据不同的地质条件，制订周密的施工方案，对护筒的埋设、钻机比选、钻孔顺序、泥浆比重控制、钢筋笼吊放、灌注水下混凝土等施工关键点进行了重点控制，经检测106根灌注桩全部为1类桩。在主梁施工中，根据主梁的结构特点，项目经理部科技人员自主开发设计了牵索式挂篮，并有效地将挂篮结构自重系数控制到了0.417，经专家论证，总体设计水平居全国先进行列。通过使用该挂篮施工，实现了主梁高程合龙误差5mm的高精度。

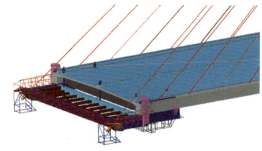

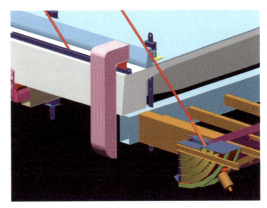

挂篮结构

项目经理部在做好驻地建设的同时,建立各项组织、保证体系和规章制度、措施、办法,对沿线地质、环境、气候情况进行详细调查研究,为开展各项工作做好精心准备。切实贯彻"零缺陷、低成本"战略,精心制订施工计划及采取施工组织措施,严密施工组织及现场管理,确保施工生产顺利进行。

时任天津市市长李盛霖现场指导工作

时任天津市市政工程局党委书记徐毅、局长孙增印到现场祝贺滨海大桥合龙

工程质量方面,各参建单位根据技术标准、工艺文件规定、设计要求以及施工技术规范的要求,对各种影响施工质量的因素具体实施控制方案,以确保施工完成的工程符合设计意图和质量规范的要求。加快公路建设必须以保证质量为前提,以科学的态度,求真务实的精神,一丝不苟的工作作风抓好工程质量的全方位、全过程管理,有效确保了公路工程建设质量,并建立完善的自身工作体制。

该工程1994年3月开工,1998年12月竣工。

长深高速公路扩建工程在项目实施阶段,项目经理部坚持"团结、协作、沟通、执行"的理念,分解目标、细化责任、发挥作用,形成了分工明确、层层负责、团结合作的工作氛围。

项目经理部按照统一指挥、分工负责的原则,明确经理部、监理和施工单位的职责,强化与监理、施工单位的信息沟通,以加强质量保证体系和安全保证体系建设为核心,做到管理人员落实到位,管理制度落实到位,信息沟通落实到位,检查考核落实到位,切实提高各项管理体系的执行力,保障工程顺利开展。

项目经理部在工程建设中强化质量行为和质量过程控制,严肃质量管理工作,坚决杜绝出现质量问题。对施工现场实施专业化的质量管理。统筹全线各单位资源,组建结构层和沥青路面专业化管理组织,各单位明确责任分工,责任到人,形成建设单位—服务组—监理—施工四方共同监管体系,确保施工现场质量管理无空白。

加强文明施工,重视成品保护。后期交叉作业施工中,要求各单位加强成品保护,必须采取切实可行的防护措施,避免后续施工破坏已完工程。在各主线上坡口铺垫土工布或砂石料,防止运行车辆带泥上路,污染主线路面。绿化换土及交通管线预埋施工均要求施工单位在施工作业范围内铺垫土工布或彩条布,有效减少了路面污染。

加强日常管理,规范安全管理工作。项目经理部建立了安全工作例会制度,于每月15日左右在两个总监办轮流召开,专题研究安全生产管理工作。施工单位要具体分析施工过程中出现的问题,提出安全保证措施,安排部署安全生产工作。

进度管理方面,全力以赴做好拆迁征地和地方协调工作,努力营造良好的施工环境。抓关键工序,抓节点工程,保证工程整体推进。

工程造价控制方面,依照《中华人民共和国合同法》和国家其他有关法律、法规,依据工程资金使用计划;跟踪各施工单位项目资金的使用情况,着重对监理工程师、各承包人共同签署的计量支付凭证的(复核)审查,计量支付过程的抽查、监督,防止不合理计量支付。对工程合同进行了严格管理,每笔征地拆迁等待摊费用支出均附有正式票据及合同附件,并按合同价进行支付。对各施工单位每月报来的计量支付报表进行严格审核,同时对路面合同段的沥青油计量进行重点审核,保证各合同段工程款计量支付的准确性,确保计量资金能够及时拨付到位。

三、复杂技术工程

该工程在初步设计的基础上又在施工图设计中进行了设计优化。如葛万公路、东山路两处主线上跨改为支线上跨,节省造价约2500万元;将石闸村分离式立交由支线上跨改为主线上跨,方便了村民出行;将穿越津南区高科技农田路线调出,减少了对高科技农田的占用和影响;对独流减河以南滞洪区路段的主线纵断进行了优化,路基平均下降了1m,节省用地180亩,土方100万m^3,防护构造物节省了14.85万m^3。

滨海大桥

滨海大桥是唐津高速公路（天津南段）工程的核心和关键工程，横跨海河，位于津南区葛沽镇西关村与塘沽区于庄子镇之间。该桥采用双塔双索面漂浮体系，主塔结构采用倒 Y 形，塔高 140m，主跨长为 364m，全长 2851m，是目前我国北方地区最大的双塔双索面预应力钢筋混凝土斜拉桥。

滨海大桥工程中心桩号位于 K1067+513，于 2001 年 7 月 1 日正式开工，2003 年 11 月底竣工。滨海大桥主梁由 25 个标准悬浇块件和 2 个合龙段构成。主跨合同段长 2m，两端分别为182m的预应力混凝土悬浇主梁。主跨中跨合同施工工艺复杂,技术难度大,由于梁体随温度、日照、风力等因素影响变位大,按施工设计要求,两侧端点高程相对偏差必须控制在2cm范围内,技术难度非常大。同时,由于主跨合龙施工位于河中央,施工平台、两端施工均在高空作业,还要保持河中船只正常通行,操作危险性大,安全标准高。

针对主跨施工技术的难点和施工工序的重点,施工人员加大了测量监控力度。对每块悬浇块进行24h全天候的梁体高程观测,分析主梁高程变化规律,每间隔2h,就对两端梁体的绝对高程和相对高程进行同步观测,确定最佳合龙时间。成立专门的中跨施工方案研讨小组,从技术、工艺、安全等方面,认真分析每个细小环节,精心编制施工方案,严格控制施工工序,确保每一个施工环节的质量和施工安全。

针对主塔、主梁固结刚度大的特点和合龙时半漂浮体系的设计施工要求,施工单位组织工序间穿插连续专业,确保主塔、主梁固结施工和合同段两端内、外锁定施工同步进行,顺利实现塔梁固结体系转换,满足设计要求。施工人员根据测量数据和梁体变化规律,选择在晚上21:00梁体变化最小的最佳时间进行浇筑,攻破了技术难题,保证了工程质量。

天津市市政工程局于2003年2月28日成立海河斜拉桥工程指挥部,共召开33次办公会议(2003年2月—2003年11月),20次施工技术分析会,特别是针对中跨合龙段施工工艺就召开5次技术分析会。

在全体施工人员的共同努力下,2003年9月7日,大桥成功合龙。滨海大桥的建成,标志着唐津高速公路天津南段的全线贯通。

该工程在我国北方建桥史上创造了"五个之最":承台(主塔的基座)体积最大,为6000m^3的混凝土结构;主桥跨径最大364m;主梁单位块件浇筑时间最短,整个工期仅30个月;技术含量最高,采用了一系列新技术、新材料、新结构、新工艺;施工实现"六大突破",技术创新国内领先。

四、科技创新

在设计中采用新技术、新材料、新工艺。具体为:一是将高速公路路面表层改为AK-I3型,并将初步设计中的两层水泥稳定碎石改为一层水泥稳定碎石加一层石灰粉煤灰稳定碎石,降低了工程造价;二是将中央分隔带的排水横管由钢筋水泥混凝土管改为聚丙稀管材,缩短了工期,节省了造价;三是发明了一种新式的集水井,通过多次验证,在全线推广使用,取得良好效果;四是经过验算和论证,对独流减河以南路段采取合理的地基处理方法,使桥头路堤高度由6m提高到7m,大大减少了桥梁面积,降低了工程造价。

(1)积极开展技改技革活动,集思广益,将施工中的一些经验技巧总结提炼并加以创新,并在唐津全线加以推广应用。唐津技改技革小组研究的无振动切割桥面破除技术,能够快速的破除桥面铺装混凝土,对旧桥梁体无破坏,获得天津市第四届职工优秀创新成果一等奖,城投集团第三届职工先进操作法称号,并取得了天津市科技成果认定,目前已申请施工专利。

(2)根据设计补强方案一:路面设计涨高13cm,部分段落采用摊铺18cm水泥稳定碎石冷再生作为底基层(3.5MPa/7d)。针对路面结构设计方案中的半刚性基层,采用振动成型法进行水泥稳定碎石冷再生配合比设计,既充分利用了老路水稳铣刨料,又使该结构层有较高的强度和稳定性。该结构层的应用可以节省50%以上的新石料,具有节能环保的显著优点。

(3)唐津高速公路扩建工程大面积采用了16cm泡沫沥青冷再生混凝土作为底面层,将扩建工程施工中产生的废旧沥青路面材料100%的进行再生利用,施工中仅添加少量石屑、水泥和泡沫沥青,经过常温拌和、摊铺、碾压和养生,最终形成具有高质量的路面结构层,完全代替传统的沥青碎石ATB-25/30,具有节省工程成本、节约资源和能源、施工周期短、保护生态环境显著特点。

(4)该项目作为天津地区第一条大规模扩建的高速公路,首次在加宽工程中应用了现浇泡沫轻质土,节省了扩建路基的软基处理强度,大幅减荷并有效减少新老路基的差异沉降。特别是用于软基桥台背填筑,彻底消除台背路堤填料本身的工后沉降、避免桥头跳车病害,并大幅减少工后台背维修费用等技术经济优势。

(5)桥面铺装混凝土采用耐久性配合比,施工要求石料必须水洗,禁止采用泵送混凝土,以保证桥面铺装混凝土坍落度符合要求,做到及时多次收面,及时覆盖洒水养护,防止出现大面积的裂缝。桥面防水层全部采用SBS改性沥青热喷技术,有效避免了桥面铺装的早期破坏。该防水层防水效果好,黏结力强,具有突出的温度稳定性和抗剪切性能。

(6)聘请有资质的科研单位作为技术服务组,直接参与指导施工。加强对桥梁桩基检测和软土地基检测,随机抽取检测桩位进行检测。对桥梁关键部位进行耐久性混凝土设计,保证混凝土施工质量。采用振动成型法的设计方法进行水稳结构层设计,提高半刚性基层沥青路面的技术性能,减少路面早期破坏。沥青混凝土路面采用Superpave高性能混凝土,将大幅提高路面抗车辙变形、抗疲劳、抗水害性能,保证有足够劲度的耐久的沥青路面。

(7)路面分隔带侧石施工中先安装侧石和混凝土后戗,再铺底面层,保证路面边缘压实度,减少以往施工中人工切割油面费用,避免油料浪费,减少现场污染。采用高品质侧石及锥坡砌筑块,其统一模具机械化的生产,保证构件的外形尺寸一致,保证了侧石线形平顺美观。

(8)带帽刚性组合单桩复合地基技术。为保证路基处理质量、减少新旧路沉降差、避免路面开裂,借鉴南方高速公路加宽路基处理的成功经验,在填土高度大于2.5m的段落采用带帽刚性组合单桩[即在新填路基底部打开设预应力混凝土薄壁管桩(PTC桩),并在桩顶设置钢筋混凝土扩大桩帽]复合地基来处理软弱地基,减少新填路基沉降。此工艺充分发挥PTC桩质量可靠处理深度大、单桩承载力高的特点,并采取设置桩帽、疏化桩间距的措施达成降低单位面积处理费用的目的。

五、运营养护管理

1. 服务设施

长深高速公路全线设置汉沽服务区、天津南服务区2处,见表8-6-8。

G25长深高速公路服务场区一览表 表8-6-8

序号	服务区名称	桩　　号	所在区域	占地(m²)	建筑面积(m²)
1	汉沽服务区	K1012+000	滨海新区汉沽	103250	10721
2	天津南服务区	K1081+500	津南区小站	71000	3276

2. 收费设施

该项目共设置匝道收费站8座,截至2016年底匝道出入口数量共计79条,其中ETC车道17条。详见表8-6-9。

G25长深高速公路收费设施一览表 表8-6-9

序号	收费站名称	入口车道数		出口车道数		车道总数	
		MTC	ETC	MTC	ETC	MTC	ETC
1	宁河收费站(省界主线站)	0	0	14	2	14	2
2	汉沽农场收费站	2	1	3	1	5	2
3	芦台收费站	1	1	2	1	3	2
4	汉沽收费站	2	1	3	1	5	2
5	清河农场收费站	2	1	2	1	4	2
6	塘沽西收费站	0	0	7	1	7	1
7	中心桥收费站	4	1	7	1	11	2
8	小站收费站	3	1	6	1	9	2
9	王稳庄收费站	1	1	3	1	4	2

3. 养护管理

该项目养护里程44.505km,设置小孙庄养护工区1座(表8-6-10),负责长深高速公路的养护。该项目自通车以来为恢复沿线设施的使用功能及原有的技术标准,于2012—2014年进行高速公路改扩建工程。2016年进行桥面铺装层维修,桥梁梁体裂缝维修,桥梁粘贴钢板,混凝土缺陷维修,支座维修,伸缩缝维修。

G25 长深高速公路养护设施一览表　　　　　表 8-6-10

养护工区名称	桩　　号	路段长度(km)	占地面积(m²)	建筑面积(m²)
小孙庄养护工区	K730+090	44.505	35000	998

4. 监控设施

该项目设置荣乌高速公路天津站监控中心(表 8-6-11),位于荣乌联络线,负责长深高速公路的运营监管。

G18 长深高速公路监控设施一览表　　　　　表 8-6-11

监控设施名称	桩　　号	占地面积(m²)	建筑面积(m²)
天津站监控中心	K5+750		

六、项目后评估

长深高速公路自通车以来,已取得了显著的社会效益和经济效益,对区域经济的发展产生了积极的促进引导作用,形成了沿高速公路走廊布局的新经济增长和发展带。长深高速公路区域是环渤海经济圈的核心组成部分,是我国主要的经济发达地区之一,社会经济发展在全国处于领先地位。作为区域经济发展重要基础设施的唐津高速公路,不但直接连接河北唐山和天津市及其滨海新区,同时也是东北与华东连接的最重要、最便捷的纽带。

第七节　G2501 滨保高速公路

G2501 滨保高速公路(原称国道 112 线高速公路)天津东段工程是连接河北省东北部、滨海新区、天津市区、北京市、河北省中部、山西北部的又一快速通道的中间部分,它是天津滨海新区对外快速路网"4451"中的 5 横中的 1 横,是天津市规划的 2020 年高速公路网"3310"公路网主骨架中"10 条中心城市放射线"之一,是环渤海地区区域高速公路网"9 纵、11 横、8 条联络线"中的一横,是京津冀都市圈高速公路网规划"6 条北京放射线、4 条天津放射线、3 条京津通道、3 条联络"中 4 条天津放射线中重要组成部分。作为中西部

第八章
高速公路建设项目

省区重要出海口及内引外联窗口的天津,由于其独特的地理优势,该项目的建设将使东部环渤海区域与中西部地区的交通联系更加便捷,对进一步加强京津冀及西部东北部的合作,实现优势互补,促进经济共同繁荣,发挥中心城市的辐射、带动作用。该工程建成后将改变津同公路、天津外环线、津榆公路(G112、G205)、津汉公路、唐津高速公路的交通拥挤状况,形成京津冀之间东部至西部公路交通多通道格局。

一、项目概况

(一)基本情况

该工程起自汉沽区大神堂镇附近,在大神堂与海滨大道相接,向西北方向跨越汉南路、汉南铁路,上跨汉沽盐场五分场,与唐津高速公路相交,过唐津高速公路后跨越芦汉路、蓟运河、津卢南线,向西跨七里海镇北、后辛庄,走俵口,跨越潮白河、青龙湾故道,在潘庄镇西南跨津榆公路,过朱头淀北,沿清污渠南侧向西,在宁河县大龙湾西南跨津蓟高速公路,过北京排污河,跨九园路、引滦明渠,与京津塘高速公路二线相交,经韩盛庄北侧,向西过杨北公路、津围公路,于辛候庄北跨京津塘高速公路,向西南过京津城际快速铁路、京山铁路、京津公路(103),在刘马庄北跨永定河泛区,过汉沟、庞嘴,下穿京沪高速铁路(在建),于六合庄南跨京福公路(G104),向西经武清区的东肖庄、陈咀镇,止于京沪高速公路石各庄镇东南,向西延接京台高速公路。

该工程横贯天津东西,路线长 93.537km,全线共设互通立交 13 处,大神唐西互通立交、汉南路互通立交、汉沽北互通立交、芦台南互通立交、兰台互通立交、国道 112 线高速公路与塘承高速公路互通立交、潘庄互通立交、大龙湾互通立交、韩盛庄互通立交、大张庄互通立交、双街互通立交、陈嘴互通立交、石各庄互通立交;设特大桥 4 座(蓟运河特大桥、潮白河特大桥、北京排污河特大桥、永定河泛区特大桥);设大桥 31 座,中小桥 45 座,分离式立交 17 座,涵洞 232 道;设服务区 1 处(七里海服务区),停车区 2 处(杨家泊停车区和小韩庄停车区);设 6 处匝道收费站(汉南路收费站、芦台南收费站、潘庄收费站、大张庄收费站、双街收费站和陈咀收费站)。G2501 津保高速公路项目基本信息、桥梁及路面结构见表 8-7-1 ~ 表 8-7-3。

(二)前期决策情况

该项目的建设是环渤海、京津冀都市圈发展战略的需要;是滨海新区发展的需要,是加强京津两地经济发展重点区域交通联系的需要,是环境保护和旅游事业发展的需要。该工程的实施对加强和完善环渤海、京津冀区域主干线路网、完善天津市干线公路网主骨架(同时与京津、唐津、津晋、京沪高速公路自然形成天津市高速公路环线)、完善滨海新区对外干线公路网主骨架的需要,对完善天津市综合运输体系具有重要意义,必将推动京津冀都市圈、滨海新区、沿线区县经济的快速发展。

(三)参建单位主要情况

该项目建设单位为天津高速公路集团有限公司,由天津市市政工程设计研究院、中国公路工程咨询集团有限公司、中铁工程设计咨询集团有限公司负责设计,由天津市国腾公路咨询监理有限公司、天津市华盾工程监理咨询有限公司、河北华达公路工程咨询监理有限公司、天津市国腾公路咨询监理有限公司负责工程监理。该工程施工单位分别为天津路桥建设工程有限公司、中铁六局集团有限公司、天津第三市政公路工程有限公司、中国建筑第六工程局等。详见表 8-7-4。

二、建设情况

(一)项目准备阶段

2006 年,天津市发展和改革委员会批复了《关于对国道 112 线天津东段高速公路项目建议书的批复》(津发改基础〔2006〕483 号)和《关于 112 线高速公路天津东段工程可行性研究报告的批复》(津发改基础〔2006〕894 号)。

2006 年天津市市政工程局批复初步设计《关于国道 112 线高速公路天津东段工程程初步设计的批复》(市政局计〔2006〕611 号)。

第八章
高速公路建设项目

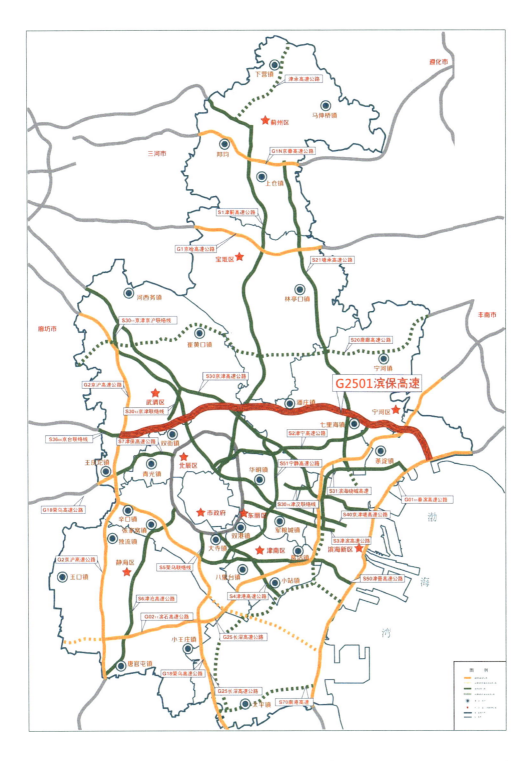

G2501 滨保高速公路在路网中示意图

天　津
高速公路建设实录

G2501 滨保高速公路项目基本信息

表 8-7-1

路段起止名称	路段起止桩号		规模（km）			建设性质（新、改扩建）	设计速度（km/h）	路基宽度（m）	永久占地（亩）	投资情况（亿元）			资金来源	建设时间（开工—通车）	备注
	起点桩号	止点桩号	合计	八车道及以上	六车道	四车道					估算	概算	决算			
海滨大道—长深高速公路	K0+000	K11+912	93.1		11.912		新建	120	34.5	1395	12.71	13.7		交通部补助、养路费、车购费、银行贷款、企业自筹	2009—2017	
汉沽农场—武清区陈嘴村渔坝口村	K11+912	K93+100			51.688	29.56				10936	100	102.6		国债贷款、车购费、养路费、交通部补助、银行贷款和自筹资金	2007—2012	

G2501 滨保高速公路桥梁汇总

表 8-7-2

序号	名　称	规模	桥梁左（m）	桥梁右（m）	主跨长度（m）	桥面宽度（m）	桥底净高（m）	跨越障碍物	桥梁分类	备注
1	汉沽北互通式立交主线桥 2 号桥	特大桥	1552.94	1552.94	40	34	5.5	道路	梁式桥，钢筋混凝土梁桥，连续桥梁	
2	兰台互通立交桥	特大桥	1172.45	1172.45	46	34	5.5	道路	梁式桥，钢筋混凝土梁桥，连续桥梁	
3	潮白河特大桥	特大桥	1735.86	1735.86	40	34.5		河流	梁式桥，钢筋混凝土梁桥，连续桥梁	
4	大龙湾互通主线桥	特大桥	1371.15	1371.15	38	34	5.5	道路	梁式桥，钢筋混凝土梁桥，连续桥梁	
5	北京排污河特大桥	特大桥	1260	1260	35	33		河流	梁式桥，钢筋混凝土梁桥，连续桥梁	
6	韩盛庄主线桥 1 号桥	特大桥	1181.4	1181.4	38	34.5	5.5	道路	梁式桥，钢筋混凝土梁桥，连续桥梁	
7	大张庄互通主线桥	特大桥	1563.72	1563.72	45	41.5	5.5	道路	梁式桥，钢筋混凝土梁桥，简支桥梁	
8	京津塘高速互通式立交	特大桥	1470.9	1470.9	50	41	5.5	道路	梁式桥，钢筋混凝土梁桥，连续桥梁	
9	京津城际铁路分离式立交	特大桥	1656.9	1656.9	30	41		道路	梁式桥，钢筋混凝土梁桥，连续桥梁	
10	双街互通主线桥	特大桥	1277.9	1277.9	68	41	5.5	道路	梁式桥，钢筋混凝土梁桥，连续桥梁	
11	永定河泛区特大桥 1 号桥	特大桥	2117	2117	40	41		河流	梁式桥，钢筋混凝土梁桥，连续桥梁	
12	永定河泛区特大桥 2 号桥	特大桥	2166	2166	58	41		河流	梁式桥，钢筋混凝土梁桥，连续桥梁	
13	K89+400 分离式立交	特大桥	1105.86	1105.86	35	40.5	5.5	道路	梁式桥，钢筋混凝土梁桥，连续桥梁	
14	汉沽北互通式立交主线桥 G 号桥	大桥	155.86	155.86	30	8		旱地	梁式桥，钢筋混凝土梁桥，连续桥梁	

第八章 高速公路建设项目

续上表

序号	名称	规模	桥梁左(m)	桥梁右(m)	主跨长度(m)	桥面宽度(m)	桥底净高(m)	跨越障碍物	桥梁分类	备注
15	汉沽北互通式立交主线桥E号桥	大桥	152.9	152.9	30	8		旱地	梁式桥,钢筋混凝土梁桥,连续桥梁	
16	汉沽北互通式立交主线桥F号桥	大桥	679.72	679.72	30	11.5		旱地	梁式桥,钢筋混凝土梁桥,连续桥梁	
17	汉沽北互通式立交主线桥H号桥	大桥	795.32	795.32	45	10		旱地	梁式桥,钢筋混凝土梁桥,连续桥梁	
18	汉沽北互通式立交主线桥D匝道桥1号桥	大桥	1001.63	1001.63	40	11.5	5.5	道路	梁式桥,钢筋混凝土梁桥,连续桥梁	
19	汉沽北互通式立交主线桥D匝道桥2号桥	大桥	451.06	451.06	45	11.5	5.5	道路	梁式桥,钢筋混凝土梁桥,连续桥梁	
20	汉南互通互通式立交	大桥	905.86	905.86	30	34	5.5	道路	梁式桥,钢筋混凝土梁桥,连续桥梁	
21	芦台南互通主线桥1号桥	大桥	962.9	962.9	45	34.5	5.5	道路	梁式桥,钢筋混凝土梁桥,连续桥梁	
22	芦台南互通主线桥2号桥	大桥	564.4	564.4	30	34.5		水渠	梁式桥,钢筋混凝土梁桥,连续桥梁	
23	蓟运河大桥	大桥	937.43	937.43	40	34.5		河流	梁式桥,钢筋混凝土梁桥,连续桥梁	
24	津芦南线立交桥	大桥	910.36	910.36	45	34	5.5	道路	梁式桥,钢筋混凝土梁桥,连续桥梁	
25	K24+900大桥	大桥	255.86	255.86	25	34		水渠	梁式桥,钢筋混凝土梁桥,连续桥梁	
26	津塘运河大桥	大桥	835.86	835.86	40	34		河流	梁式桥,钢筋混凝土梁桥,连续桥梁	
27	K29+600大桥	大桥	498.36	498.36	35	34	5.5	道路	梁式桥,钢筋混凝土梁桥,连续桥梁	
28	青龙湾故道大桥	大桥	860.86	860.86	40	34.5		河流	梁式桥,钢筋混凝土梁桥,连续桥梁	
29	潘塘路分离式立交	大桥	608.86	608.86	30	33	5.5	道路	梁式桥,钢筋混凝土梁桥,连续桥梁	
30	小南庄分离式立交	大桥	525.86	525.86	30	33	5.5	道路	梁式桥,钢筋混凝土梁桥,连续桥梁	
31	潘庄互通立交主线桥	大桥	764.86	764.86	30	33	5.5	道路	梁式桥,钢筋混凝土梁桥,简支桥梁	
32	K49+740大桥	大桥	132.86	132.86	16	33		水渠	梁式桥,钢筋混凝土梁桥,连续桥梁	
33	K51+650大桥	大桥	180.86	180.86	25	33		水渠	梁式桥,钢筋混凝土梁桥,连续桥梁	
34	K52+900大桥	大桥	155.86	155.86	25	33		水渠	梁式桥,钢筋混凝土梁桥,连续桥梁	
35	K54+700大桥	大桥	175.86	175.86	25	34		水渠	梁式桥,钢筋混凝土梁桥,连续桥梁	
36	大龙湾分离式立交桥	大桥	620.86	620.86	35	34	5.5	道路	梁式桥,钢筋混凝土梁桥,连续桥梁	
37	引滦明渠大桥	大桥	389.44	389.44	40	33		水渠	梁式桥,钢筋混凝土梁桥,连续桥梁	

续上表

序号	名称	规模	桥梁左（m）	桥梁右（m）	主跨长度（m）	桥面宽度（m）	桥底净高（m）	跨越障碍物	桥梁分类	备注
38	K60+797大桥	大桥	160.99	160.99	16	33		其他	梁式桥,钢筋混凝土梁桥,简支桥梁	
39	K63+850大桥	大桥	150	150	25	41		水渠	梁式桥,钢筋混凝土梁桥,连续桥梁	
40	张四庄分离式立交	大桥	445.86	445.86	30	41	5.5	道路	梁式桥,钢筋混凝土梁桥,连续桥梁	
41	K66+500分离式立交	大桥	295.86	295.86	30	41	5.5	道路	梁式桥,钢筋混凝土梁桥,连续桥梁	
42	机场排水河桥	大桥	846.86	846.86	40	41.5		河流	梁式桥,钢筋混凝土梁桥,连续桥梁	
43	陈嘴互通主线桥	大桥	786.36	786.36	40	41.5	5.5	道路	梁式桥,钢筋混凝土梁桥,连续桥梁	
44	渔王路分离式立交	大桥	455.86	455.86	25	40.5	5.5	道路	梁式桥,钢筋混凝土梁桥,连续桥梁	
45	汉沽新港分离式立交	大桥	723.43	723.43	30	40.5	5.5	道路	梁式桥,钢筋混凝土梁桥,连续桥梁	
46	K3+741中桥	中桥	82.86	82.86	13	34		沟壑	梁式桥,钢筋混凝土梁桥,简支桥梁	
47	K4+341.1中桥	中桥	84.86	84.86	16	34		沟壑	梁式桥,钢筋混凝土梁桥,简支桥梁	
48	K5+457.4中桥	中桥	69.86	69.86	13	34		沟壑	梁式桥,钢筋混凝土梁桥,简支桥梁	
49	K8+461.9中桥	中桥	56.86	56.86	13	34		沟壑	梁式桥,钢筋混凝土梁桥,简支桥梁	
50	汉沽北互通式立交主线桥2号桥	中桥	68.86	68.86	16	34		道路	梁式桥,钢筋混凝土梁桥,简支桥梁	
51	K19+585中桥	中桥	44.86	44.86	10	34	5.5	道路	梁式桥,钢筋混凝土梁桥,简支桥梁	
52	K20+096中桥	中桥	52.86	52.86	16	34	5.5	道路	梁式桥,钢筋混凝土梁桥,简支桥梁	
53	K21+022中桥	中桥	52.86	52.86	16	36	5.5	道路	梁式桥,钢筋混凝土梁桥,简支桥梁	
54	K24+092中桥	中桥	44.86	44.86	10	34	5.5	道路	梁式桥,钢筋混凝土梁桥,连续桥梁	
55	K26+252中桥	中桥	44.86	44.86	10	34	5.5	道路	梁式桥,钢筋混凝土梁桥,连续桥梁	
56	K30+310中桥	中桥	48.9	48.9	16	34	5.5	道路	梁式桥,钢筋混凝土梁桥,简支桥梁	
57	K31+648中桥	中桥	41.86	41.86	13	34	5.5	道路	梁式桥,钢筋混凝土梁桥,简支桥梁	
58	K33+018中桥	中桥	52.86	52.86	16	34.5	5.5	道路	梁式桥,钢筋混凝土梁桥,简支桥梁	
59	K33+659中桥	中桥	69.86	69.86	13	34.5	5.5	道路	梁式桥,钢筋混凝土梁桥,简支桥梁	
60	K34+489中桥	中桥	43.86	43.86	13	34.5	5.5	道路	梁式桥,钢筋混凝土梁桥,简支桥梁	
61	K35+290中桥	中桥	69.86	69.86	13	34.5	5.5	道路	梁式桥,钢筋混凝土梁桥,简支桥梁	
62	K35+865中桥	中桥	43.86	43.86	13	42.45	5.5	道路	梁式桥,钢筋混凝土梁桥,简支桥梁	

续上表

序号	名称	规模	桥梁左(m)	桥梁右(m)	主跨长度(m)	桥面宽度(m)	桥底净高(m)	跨越障碍物	桥梁分类	备注
63	K43+473中桥	中桥	100.86	100.86	16	34.5	5.5	道路	梁式桥,钢筋混凝土梁桥,简支桥梁	
64	K48+841中桥	中桥	68.86	68.86	16	33		水渠	梁式桥,钢筋混凝土梁桥,简支桥梁	
65	K50+249中桥	中桥	54.86	54.86	10	33		水渠	梁式桥,钢筋混凝土梁桥,简支桥梁	
66	韩盛庄互通主线桥2号桥	中桥	54.76	54.76	10	34.5		旱地	梁式桥,钢筋混凝土梁桥,连续桥梁	
67	K65+209中桥	中桥	100.86	100.86	16	41	5.5	道路	梁式桥,钢筋混凝土梁桥,简支桥梁	
68	K67+237中桥	中桥	52.86	52.86	16	41	5.5	道路	梁式桥,钢筋混凝土梁桥,简支桥梁	
69	K70+916中桥	中桥	52.86	52.86	16	41.5	5.5	道路	梁式桥,钢筋混凝土梁桥,简支桥梁	
70	K72+721中桥	中桥	43.86	43.86	13	41.5	5.5	道路	梁式桥,钢筋混凝土梁桥,简支桥梁	
71	K73+061中桥	中桥	52.86	52.86	16	41.5	5.5	道路	梁式桥,钢筋混凝土梁桥,简支桥梁	
72	K74+116中桥	中桥	52.86	52.86	16	41.5	5.5	道路	梁式桥,钢筋混凝土梁桥,简支桥梁	
73	K84+795中桥	中桥	43.86	43.86	13	41.5	5.5	道路	梁式桥,钢筋混凝土梁桥,简支桥梁	
74	K87+838中桥	中桥	68.86	68.86	16	40.5		水渠	梁式桥,钢筋混凝土梁桥,简支桥梁	
75	K90+883中桥	中桥	100.86	100.86	16	40.5		水渠	梁式桥,钢筋混凝土梁桥,连续桥梁	

G2501 滨保高速公路路面结构

表 8-7-3

路面形式	起讫里程	长度(m)	水泥混凝土路面	沥青路面	路面结构
柔性路面	K0+000～K11+912	11912		沥青混凝土路面	4cm细粒式沥青混凝土(AC-13C,胶粉改性沥青)+6cm中粒式沥青混凝土(AC-20C,胶粉改性沥青)+8cm粗式沥青混凝土(AC-25C,A级70号道路石油沥青)+下封层+20cm水泥稳定碎石(7d无侧限抗压强度3.5MPa)+18cm水泥稳定碎石(7d无侧限抗压强度0.6MPa),总厚度74cm
	K11+912～K93+100	81188			4cm细粒式沥青混凝土(AC-13C,胶粉改性沥青)+7cm中粒式沥青混凝土(AC-20C,胶粉改性沥青)+12cm密级配沥青稳定碎石(ATB-30,A级70号道路石油沥青)+下封层+18cm水泥稳定碎石(7d无侧限抗压强度3.5MPa)+18cm水泥稳定碎石(7d无侧限抗压强度0.6MPa)+20cm石灰粉煤灰(12:35:53,7d无侧限抗压强度0.6MPa),总厚度79cm
刚性路面					

G2501 滨保高速公路合同段划分情况

表 8-7-4

参建单位类别	单 位 名 称	合同段编号及起止桩号	主要负责人
项目管理单位	天津高速公路集团有限公司	K0+000~K95+108.72	马卫东
勘察设计单位	天津市市政工程设计研究院	K0+000~K95+108.72	李传宪
勘察设计单位	中国公路工程咨询集团有限公司	交通工程	赵晨
监理单位	天津国腾监理咨询有限公司	1合同,K0+000~K31+668.33	孙奇
监理单位	天津市华盾工程监理咨询有限公司	2合同,K31+668.33~K63+600	倪丽英
监理单位	河北华达公路工程咨询监理有限公司	3合同,K63+600~K79+605	姚柏权
监理单位	天津国腾监理咨询有限公司	4合同,K79+605~K95+108	朱景志
监理单位	天津国腾监理咨询有限公司	5合同,K0+0005~K95+108	张爱春
施工单位	中铁十局集团有限公司	1合同,K0+000~K1+500	薛飞宏
施工单位	天津第一市政公路工程有限公司	2合同,K1+500~K6+082.033	张宝刚
施工单位	湖南省益阳公路桥梁建设有限责任公司	3合同,K6+082.033~K7+406.893	肖卓能
施工单位	天津第一市政公路工程有限公司	4合同,K7+406.893~K10+713.43	冯学军
施工单位	天津路桥建设工程有限公司	5合同,K10+713.43~K13+649.109	陈克明
施工单位	中铁六局集团有限公司	6合同,K13+649.109~K15+894.969	于福通
施工单位	天津第三市政公路工程有限公司	7合同,K15+894.969~K18+271.938	王世平
施工单位	天津城建集团有限公司	9合同,K19+209.368~K22+949.477	王杰
施工单位	天津路桥建设工程有限公司	10合同,K22+949.477~K27+075.477	张术
施工单位	中国建筑工程总公司	11合同,K27+075.477~K31+668.330	李宝江
施工单位	天津市雍阳公路工程集团有限公司	12合同,K31+668.330~K35+323.83	张立影
施工单位	天津城建集团有限公司	13合同,K35+323.83~K39+400.135	杨学昀
施工单位	包头市公路工程股份有限公司	14合同,K39+400.135~K41+130.995	付宏霞
施工单位	天津市公路工程总公司	15合同,K41+130.995~K44+116.971	王兆军
施工单位	天津第六市政公路工程有限公司	16合同,K44+116.971~K46+650.153	魏玉国
施工单位	中铁十四局集团第三工程有限公司	17合同,K46+650.153~K48+600	王桂杰
施工单位	中铁十局集团有限公司	18合同,K48+600~K52+972.991	李安宏
施工单位	天津第六市政公路工程有限公司	19合同,K52+972.992~K56+857.337	王荣石
施工单位	天津第五市政公路工程有限公司	20合同,K56+857.337~K58+738.607	阎宝龙
施工单位	中铁十四局集团第二工程有限公司	21合同,K58+738.607~K61+100	程相华
施工单位	天津市雍阳公路工程集团有限公司	22合同,K61+100~K63+600	张伯远
施工单位	天津第五市政公路工程有限公司	23合同,K63+600~K67+881.57	张勇
施工单位	天津城建集团有限公司	24合同,K67+881.57~K69+439.43	周宝良
施工单位	天津第一市政公路工程有限公司	25合同,K69+439.43~K74+446.09	姜瑞生
施工单位	中国建筑第六工程局有限公司	26合同,K74+446.09~K75+916.95	伏正盛

续上表

参建单位类别	单位名称	合同段编号及起止桩号	主要负责人
施工单位	中国建筑第六工程局	8合同,K18+271.938~K19+209.368	程至强
施工单位	中铁十四局集团有限公司	27合同,K75+916.95~K78+327.225	冯卫东
施工单位	中铁十四局集团第二工程有限公司	28合同,K78+327.225~K79+605.127	方源
施工单位	浙江利越路桥建设集团有限公司	29合同,KK79+605.127~K81+772.127	胡敏生
施工单位	中交第四公路工程局有限公司	30合同,KK81+772.127~K83+888.15	许宝忠
施工单位	天津市雍阳公路工程集团有限公司	31合同,K83+888.15~K87+344.51	陈国忠
施工单位	天津路桥建设工程有限公司	32合同,KK87+344.51~K92+101.509	李凤民
施工单位	中交一公局第六工程有限公司	33合同,K92+101.509~K93+495.924	张晓东
施工单位	天津第六市政公路工程有限公司	34合同,K93+495.925~K95+108.72	佟宝祥
施工单位	中铁十八局集团第五工程有限公司	35合同,YK78+616.434~YK78+752.24	刘同乐
施工单位	天津第六市政公路工程有限公司	36合同,K1+500~K31+668.33	孙长红
施工单位	天津第二市政公路工程有限公司	37合同,K31+668.33~K63+600	曾杰
施工单位	天津路桥建设工程有限公司	38合同,K63+600~K79+605.127	张少军
施工单位	天津第五市政公路工程有限公司	39合同,K79+605.127~K95+108.72	张迎军
施工单位	中国建筑第五工程局有限公司	40合同,杨家泊停车区、汉南路收费站、芦台南收费站	王非
施工单位	中国建筑第六工程局有限公司	41合同,七里海服务区、潘庄收费站	崔新贵
施工单位	河北建工集团有限责任公司	42合同,小韩庄停车区、大张庄收费站、双街收费站、陈嘴收费站	程培英
施工单位	天津市政公路设备工程有限公司	43合同,K0+000~K31+668.33	张国村
施工单位	天津第一市政公路工程有限公司	44合同,K31+668.33~K63+600	何士君
施工单位	天津市环路公路设施有限责任公司	45合同,K63+600~K79+605	刘彬
施工单位	天津市公路工程总公司	46合同,K79+605~K95+108	刘江伟
施工单位	中咨泰克交通工程有限公司	47合同,三大系统	樊锐
施工单位	天津绿茵景观工程有限公司	48合同,K0+000~K31+668.33	卢云慧
施工单位	上海为林绿化景观有限公司	49合同,K31+668.33~K63+600	林建华
施工单位	天津绿茵景观工程有限公司	50合同,K63+600~K79+605.127	田继良
施工单位	上海为林绿化景观有限公司	51合同,K79+605.127~K95+108	陈大治
施工单位	中建六局第三建筑工程有限公司	52合同,七里海加油站、小韩庄加油站	张彦真
施工单位	天津第四市政建筑工程有限公司	53合同,芦台南收费站交警用房	苏斌

2006年天津市发展和改革委员会《关于对国道112线天津东段高速公路项目建议书的批复》(津发改基础〔2006〕483号)。

2006年天津市发展和改革委员会《关于112线高速公路天津东段工程可行性研究报告的批复》(津发改基础〔2006〕894号)。

2006年天津市市政公路管理局《关于国道112线高速公路天津东段工程程初步设计的批复》(市政局计〔2006〕611号)。

该工程于2006年8月由天津市发展和改革委员会完成项目的立项批复,工程可行性研究于2006年9月完成,同年12月底得到天津市发展和改革委员会关于该项目的工可批复。

天津市高速公路集团公司分别于2007年2月和2007年10月底,把招标工作委托于天津市广正建设项目管理咨询有限公司和天津市森宇建筑技术法律咨询有限公司。

2010年8月完成了4个绿化工程施工标段招标及合同签订工作。

2008年遵照天津市市政公路管理局《关于公路工程设置施工停滞点验收的规定》(质监〔2008〕374号)要求,分部分项工程执行首件验收制度,对每个分项工程的第一次施作严格把关,首件方案和各项技术指标达到要求后经监督站、建设单位项目经理部和总监办联合验收后方可大面积施工;通过现场观摩会、质量分析会等各种专题会议对施工中施做较好的具有典型代表的工程实例加以推广。

(二)项目实施阶段

1. 工程质量目标、控制措施及效果

项目成立之初确定了"保部优,争国优,重要构筑物争创鲁班奖"的工程总体质量工作目标。以项目建设为核心,以承建单位为主体,以监理的控制为保证,树立全员质量意识,实现高起点、高标准、高科技、高素质,建设一条质量达到部优工程,争创国优工程的高速公路。单位工程验收合格率100%,优良品率达到95%以上,重要构筑物争创鲁班奖,确保总体目标的实现。

围绕着总体工作目标确定具体的工作思路:"定标准、树样板、典型引导、鞭策后进。"为工程保质按期完成,项目经理部在开工前根据国家及部颁规范、标准和相关规定,结合滨保高速公路实际情况制订了相关的管理规定,确保项目工程在建设单位、监理的可控范围内进行规范施工。重点抓好"十项制度"和"八个重点部位"。结合工程设计、施工情况,按照合同要求制订了滨保高速公路质量管理办法,使工程建设做到规范化、制度化,提高检查频率,强化落实效果。

2. 进度管理

按施工总体计划细化工期,阶段化控制。在总体计划安排基础上科学合理地排定工期。把施工计划层层分解,落实到每季度、每月、每周及每道工序,同时,在使工程严格按计划进行同时,根据实际进展情况,实施阶段性计划调整,充分发挥计划对工程的指导作用。由于工程受到拆迁等不定因素的影响,在必要的时候对阶段性计划进行动态调整,使得阶段性计划更接近实际。同时开展竞赛,促进生产。简化程序,靠前指挥,提高效率。建设单位、监理现场办公,减少不必要程序。重大问题及时组织专家研究解决问题;减少解决问题耽误时间,把更多的时间留给施工单位,保证了工程进度。

3. 安全生产

项目自2007年正式开工建设以来,始终将规范安全管理工作作为管理的重点,坚持"规范化、标准化、高标准、高起步"的整体管理思路,所提出的每一项具体的安全管理要求都是以相关的国家规范、行业标准为依据,结合项目自身特点,有针对性地制订。

4. 工程变更管理

在工程建设中,工程变更设计管理是确保工程项目进度和质量,最大限度地发挥投资效益尤为重要的环节,工程变更是投资管理的关键,在变更管理工作中严格按程序进行,项目经理部会同设计、监理、施工单位对施工图和现场的实际情况进行认真研究,合理制订变更方案并进行优化设计。增强了工作的可预见性,对确需变更的工程部位,做到早研究、早上报,严格履行变更程序,变更令必须由总监、建设单位项目总工及公司相关部门领导审核确认后,方可按程序进入变更计量工作,保证了工程变更的严肃性和规范性。

5. 工程造价控制情况

在工程投资管理过程中,紧紧围绕"降低工程造价,狠抓工程质量,提高经济效益"这一主题,主要从计量支付和工程变更两方面入手,做好项目的工程造价控制工作。计量支付是工程造价控制的主要部分,在计量支付过程中,每期计量报表必须由施工、监理及建设单位三方共同审核确认,其中建设单位项目经理部必须由2个以上部门负责人及项目经理签字确认,做到层层审核把关。在预结算工作中,最终的结算数据和细目须由承包人、总监、项目结算负责人及项目经理共同商议并签字确认后,方可形成最终计量报表。

6. 廉政建设情况

项目经理部强化党员干部廉洁自律意识,积极开展"建优质精品工程,做优秀廉政干部"的"双优"活动。项目经理部注重建立健全党内教育、管理、监督制度,在党员中树立起公仆为民意识,针对工程项目进程中容易出现的薄弱环节,进行了认真的分析和总结,进一步强化了党员干部的廉洁自律意识,建立起了一套开展"双优"活动的长效机制。各部门进一步明确了党风廉政建设的责任范围、细化了责任内容,修订了落实党风廉政建设责任制的配套制度等。

7. 文明施工管理

在各合同段进场阶段根据合同规定严抓文明施工管理,整个工程建设期间,工地始终保持整洁有序,体现了施工队伍的综合素质和现场管理人员的管理水平。各种原材料的堆放、各种标示牌的设置等均有从场地平整、支垫、外表尺寸到堆码形式、标志牌埋设位置的详细要求。对施工人员、监理人员和现场管理人员持证上岗,制订了严格的管理制度。抓好形象建设,工程中要求图表上墙,包括工程的机构设置,各道工序的施工工艺,工程进度计划等,使工程情况一目了然。

8. 监理行业"树新风"建设活动情况

以交通部《关于开展"监理企业树品牌、监理人员讲责任"行业新风建设活动的通知》文件精神,认真贯彻落实《天津市公路行业"监理企业树品牌、监理人员讲责任"行业新风建设活动实施方案》具体要求。

9. 招标管理

为了使招标更加规范、减少人为因素,项目经理部一直不断完善改进评标方法和规范招标行为,更加严格执行交通部的有关规定,比如在评标专家的选取上,该项目按管理规定可全部在天津市评标专家库抽取,为了学习全国先进经验和不断完善招标工作,项目经理部在主要工程招标:路基、路面、通信收费监控工程施工招标都从交通部专家库中抽取。资格审查员组成也按评标委员会组成规定组建。早在交通部发布《关于改进公路工程施工招标评标办法的指导意见》之前就已经采用了类似合理低价法的评标方法,并使用工程量固化清单。在交通部发布公路工程标准施工招标文件2009版之前,2007年在该项目即已采用基本账户汇保证金等做法。在评标期间,清标、评标全过程接受监督,并采用清标报告(主要为各投标文件偏差)、投标文件正本由监督负责保管的方式。

三、复杂技术工程

跨京沪铁路转体桥是112国道高速公路全线的重点控制工程,安全风险大、科技含量高。该合同段位于天津市北辰区双街镇与武清区杨村之间,桥梁位于曲线段,分左右两幅反对称布置,左、右幅长136m,左、右桥面分别宽24.25m和28.5m。转体桥离既有线京沪铁路很近,西侧护栏距京沪上行铁路仅6.82m,施工作业面狭窄,京沪铁路是国家铁路网主干线,平均3min一趟列车经过,交叉作业干扰多等困难严重干扰着工程施工。为确保京沪铁路安全运行,两副68m+68m预应力混凝土T形刚构在铁路东西两侧平行铁路分别预制,然后逆时针转动89°转体,跨越京沪铁路,最后浇筑现浇段,完成T构主体施工。

为减小桥梁施工对京沪铁路运营的影响,京沪铁路桥采用转体法施工,左右幅在铁路的东西两侧分别预制,同时进行转体施工,左幅转体长度为61m+61m,右幅转体长度为56m+56m,转体角度为89.5°,转体质量分别为12600t、13500t,转体球铰直径为3.8m。转体施工的运用,可满足铁路部门对铁路上方桥梁施工安全的要求,争取了工期,保证和提高了工程质量,同时对以后其他类似工程积累了宝贵的设计和施工经验。

这座建于软土地基上、京沪铁路上的转体桥,在设计、质量、跨度上创出几项之最:该桥是全线42个合同段唯一一座转体桥;左右转体质量分别为1.26万t和1.35万t,总质量达2.61万t,为京津地区同类转体桥梁之最;用两年时间要完成这一高难动作,更将施工难度推上了中国之巅。

该转体工艺非常复杂,其中最关键部位为转体系统的施工,特别是承台底最核心技术"球铰"部位的设置,安装精度高,要求精确度误差不超过1mm。为了确保工程如期优质安全完成,项目经理部负责人带领全体干部职工科学组织,精心施工,努力攻坚克难,在下转盘施工完成后,安装上球铰,为保持整个结构的稳定性,每个上转盘有8对撑脚,并在每2个撑脚之间安装3个沙箱,使其"四平八稳"。转体就位后,将梁体姿态调整到设计高程后进行合龙段施工。

四、科技创新

1. 沥青稳定碎石基层属柔性结构层材料

有较高的抗剪强度和耐疲劳特性,与半刚性基层相比,不易产生收缩开裂,具有结构均匀、受水与冰冻影响较小、维修费用低、路面材料能够全部被重复利用和使用寿命被延长等优点。密集配沥青碎石混合料具有较高抗开裂能力和承载能力,对于交通量大、重载多的干线公路和高速公路具有很好的适用性。根据滨保高速公路的交通特点和专家评审意见以及初步设计的批复,在唐津高速公路—工程终点(京沪高速)间80km路段的路面结构采用柔性基层与半刚性基层组合的复合式路面结构,这种结构是在天津高速公路中首次采用,结合滨保高速公路的建设争取能够为今后天津高速公路的结构设计中广泛推广应用。

2. 金属波纹钢板管涵(YTHG)

首次采用金属波纹钢板管涵(YTHG),应用在第32合同段的涵洞设计中。金属波纹钢板管涵(YTHG),特点是基础要求较低,金属涵身抗变形能力强,只需要采用普通砂石基础即可满足要求,节省了工期和造价。

3. 预应力管桩PC桩

结合该工程部分桥头路基段软土厚度,采用传统的水泥搅拌桩、旋喷桩处理难度较大的问题,设计中首次提出采用预应力管桩PC桩,对路基进行深层加固处理。PC桩单桩承载力高;施工工艺简单,过程清晰,便于质量跟踪监督管理;而且由于施工速度快捷,可大大缩短工期,加固处理深度较其他方法更深,适宜各种地质条件,可明显减少地基的沉降。

4. 国道112线高速公路天津东段汉沽北互通立交工程

汉沽北互通立交工程是一座大型枢纽立交,该立交将京沪高速公路、唐津高速公路、海滨大道以及汉沽区、宁河区主干道路有效连接起来,为天津中北部区域经济发展及完善国家、天津市路网规划与区县交通网络起到重要作用。同时,也为天津市滨海新区与河北省及东北地区的道路交通提供了快速、便捷的通道,进一步加强了京津冀与周边地区的紧密联系,从而实现地区之间优势互补,促进经济共同繁荣。

由于该立交各条线之间交叉关系复杂,跨径布置类型较多,且大部分桥梁处于平曲线段和异型变化段内,为保证立交整体线形流畅,该立交除特殊位置外均采用预应力混凝土连续箱梁或普通钢筋混凝土连续箱梁结构。

设计理念:工程设计理念新颖,提出多项创新性设计方案。首次使用互动式道路及立交CAD系统对互通立交的平、纵、横三方面进行全方位立体设计;首次进行专业的防腐设计;首次全面引入耐久性设计理念;首次在高速公路路面中面层使用胶粉改性沥青材料等。

科技创新情况:针对工程所在地为盐池,地质环境恶劣,现场施工环境复杂等特点,项目经理部成立科研小组。在工程圆满完成的同时获得了如下技术成果:

(1)《滨海盐土环境下桩基础施工》科研课题通过天津城建集团专家验收,成果达国内先进水平。

(2)《滨海盐土环境下灌注桩施工工法》通过天津建设委员会专家验收,获天津市市级工法。

(3)采用竖立式加工方式加工变截面灌注桩中设计的双层钢筋笼,既方便、又快捷。编写的《提高变截面灌注桩施工效率》QC成果获全国二等奖。

(4)在滨海盐渍土的恶劣施工环境中,利用在混凝土内掺入粉煤灰、矿粉及聚羧酸高效减水剂等材料,不断优化混凝土配合比设计,制作高耐久性的混凝土,提高桥梁混凝土结构的耐久性。

(5)搭设钢管支撑平台,化解桥梁相邻间的高差所带来架桥机横移的难题,顺利实现小箱梁的安装,既施工便捷,又节约施工成本。

(6)伸缩缝施工中采用"双肢槽钢"吊装施工工艺,施工操作方便快捷。

5. 成功申请两项实用新型专利

(1)防止高浓度盐溶液腐蚀的桥梁下部结构。

(2)高浓度盐溶液腐蚀环境下的桥梁墩柱。

五、运营养护管理

滨保高速公路设服务区1处(七里海服务区),停车区2处(杨家泊停车区和小韩庄停车区,各处含上下行两个点位)。

收费站设置见表8-7-5,收费方式分为人工(MTC)及自动(ETC)两种。

G2501 滨保高速公路收费设施一览表　　　表8-7-5

序号	收费站名称	入口车道数		出口车道数		车道总数	
		MTC	ETC	MTC	ETC	MTC	ETC
1	石各庄收费站(省界主线站)	0	0	14	2	14	2
2	芦台南收费站	1	1	3	1	4	2
3	潘庄收费站	2	1	4	1	6	2
4	大张庄收费站	2	1	4	1	6	2
5	双街收费站	2	1	4	1	6	2
6	汉南路站	2	1	4	1	6	2
7	陈嘴收费站	2	1	4	1	6	2

天　津
― 高速公路建设实录 ―

开通以来,该条高速交通流量基本保持一定水平,未有太大增幅。

滨保高速公路开通以来,至2014年开始进行了部分预防性养护施工(微表处),微表处的推广应用,有效防止由于路面裂缝等形成的水损坏,可大大延长了道路寿命、延缓了大中修养护周期。目前滨保高速公路路况水平达优,微表处应用效果良好。

第八节　G0111秦滨高速公路(秦皇岛—滨州)天津段(汉沽大神堂—大港马棚口)

一、项目概况

(一)基本情况

秦滨高速公路即原来的沿海高速公路,天津段起于河北岐口,终于河北涧河,全长约91.1km,包括沿海高速公路天津段北段一期工程、沿海高速公路天津北段二期工程、天津集疏港公路一期工程、天津集疏港公路二期工程、沿海高速公路天津南段二期工程。

1. 沿海高速公路天津北段一期工程

沿海高速公路天津北段一期工程路线全长 24km,起点蛏头沽,终点涧河,采用全封闭、全立交、全部控制出入的双向 6 车道的高速公路标准,路基宽度 34.5m,设计速度 120km/h。主要构筑物包括:汉蔡路互通式立交,蔡家堡渔港桥,大神堂渔港桥,六号水门一桥,六号水门二桥,海沿分离式立交,洒金坨分离式立交,2 座主线收费站,1 座匝道收费站,服务区 1 处。桥梁面积 9 万 m^2,道路面积 77.2 万 m^2。沿海高速公路天津段北段一期工程 2009 年建成通车,总投资 16.6 亿元。

2. 沿海高速公路天津北段二期工程

沿海高速公路天津北段二期工程南起疏港二线三线互通立交,北至蛏头沽,全长约 9km。该工程连接集疏港二期中段和沿海高速公路天津段北段一期,是打通沿海高速公路天津段全线的关键段落。工程大部分位于沿海滩地中,全线采用以高架为主的总体方案,双向六~八车道高速公路标准,主要构筑物是永定新河大桥。沿海高速公路天津段北段二期工程 2010 年建成通车,工程总投资 30.3 亿元。

3. 天津集疏港公路一期工程

天津集疏港公路一期工程西起京津塘高速公路二线北塘收费站,东至天津港疏港二线,全长 12.8km,其中主线高架桥长度为 6.8km,主线为双向六车道高速公路(城市快速路)、设计速度 80km/h,地面辅道双向六车道城市主干道(北侧辅道兼大件通道)、设计速度 40km/h。沿线主要设杨北公路互通立交、跨京山铁路转体桥、中央大道互通立交和疏港二三线互通立交等主要节点,桥梁面积 30 万 m^2,道路面积 36 万 m^2。天津集疏港公路一期工程于 2007 年 4 月开工,2008 年 7 月竣工通车,总投资 25 亿元。

4. 天津集疏港公路二期工程

天津集疏港公路二期工程分两段实施,分别为中段和南段,总长 22km;天津集疏港公路二期中段工程南起已建津沽一线立交,北至疏港二线立交,路线全长约 13km。其中主线桥梁长度为 9.395km,快速车道为双向八车道高速公路,设计速度 80km/h,地面辅道为双向六车道,设计速度 40km/h。主要大型桥梁包括海河大桥、临港立交、泰达大街立交、疏港一线立交,道路面积 43.7 万 m^2,桥梁面积 46.2 万 m^2。

工程南起已建津晋高速公路,北至津沽一线立交,全长约 9km;全线采用地坪为主的总体方案,快速车道为双向八车道高速公路、两侧辅道为双向六车道,主要构筑物包括跨临港铁路桥、临港 A30 路互通立交和津晋高速公路互通立交,道路面积 50.6 万 m^2,桥梁面积 13.4 万 m^2。天津集疏港公路二期工程于 2008 年 10 月开工,2011 年 12 月竣工通车,工程总投资 70 亿元。

5. 沿海高速公路天津南段二期工程

全线采用高速公路标准,设计速度120km/h,起点—油田联络线长约14.85km,利用现状海防路拓宽改造,双向八车道;油田联络线—终点长20.709km为新建段,双向六车道。全线道路长度17.219km,道路面积81.5万 m^2;桥梁长度18.342km,桥梁面积61.7万 m^2。全线设特大桥2座,分别为独流减河特大桥及子牙新河特大桥;互通式立交2座,分别为油田联络线立交、南港工业区红旗路互通立交;主线收费站2处,分别为临港站主线站及滨海南站主线站;匝道收费站2处;服务区1处。沿海高速公路天津段南段二期工程开工日期为2008年11月,竣工日期为2010年1月,工程总投资57.52亿元。目前,沿海高速公路由天津海滨大道建设发展有限公司经营管理,收费里程合计70km。

G0111秦滨高速公路分段基本情况见表8-8-1~表8-8-3。

G0111秦滨高速公路分段示意图

(二)前期决策情况

沿海高速公路天津段是在原海防路的基础上重新规划建设的。老市长李瑞环同志针对天津绵延百公里海岸线容易遭受风暴潮袭击的情况,提议"为天津人民构筑一道安全的屏障",为此建成了海防路及海挡工程。但随着经济和社会的快速发展,原有的海防路

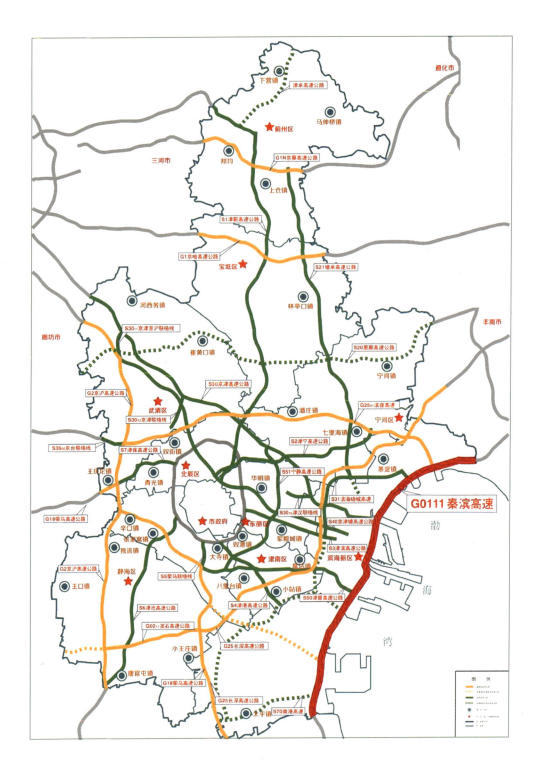

G0111 秦滨高速公路天津段在路网中示意图

第八章 高速公路建设项目

G0111秦滨高速公路天津段基本信息　　　　　表8-8-1

路段起止名称	路段起止桩号		规模(km)			建设性质(新、改扩建)	设计速度(km/h)	路基宽度(m)	永久占地(亩)	投资情况(亿元)			资金来源	建设时间(开工—通车)	备注
	起点桩号	止点桩号	合计	六车道	八车道及以上/四车道					估算	概算	决算			
丰南涧河—塘沽集疏港二三线立交	K0+000	K33+700		33.7		新建	120	34.5	4140	47.8	42.5	40	地方自筹、银行贷款	2004—2013.9	
塘沽立交—塘沽津晋高速公路立交	K33+700	K55+500	91.1		21.8		80	34.5	2054	77.7	69.4	58.7		2008—2012.1	
塘沽津晋高速公路立交—黄骅岐口	K55+500	K91+100			35.6		120	34.5	3042	58.3	57.5	50.3		2009.1—2011.1	一级公路

G0111秦滨高速公路天津段桥梁汇总　　　　　表8-8-2

序号	名称	规模	桥梁左(m)	桥梁右(m)	主跨长度(m)	桥面宽度(m)	桥底净高(m)	跨越障碍物	桥梁分类	备注
1	永定新河特大桥	特大桥	8600	8600	160	43		河流	梁式桥、钢筋混凝土梁桥、连续桥梁	
2	独流减河大桥	特大桥	5265.56	5265.56	50	35.5		河流	梁式桥、钢筋混凝土梁桥、连续桥梁	
3	子牙新河特大桥	特大桥	10392.86	10392.86	50	35.5		河流	梁式桥、钢筋混凝土梁桥、连续桥梁	
4	大神堂渔港桥	大桥	775	775	25	33		水渠	梁式桥、钢筋混凝土梁桥、简支桥梁	
5	汉蔡路互通立交桥主线	大桥	840	840	25	34		水渠	梁式桥、钢筋混凝土梁桥、简支桥梁	
6	蔡家堡渔港桥	大桥	104.66	104.66	21	35		水渠	梁式桥、钢筋混凝土梁桥、简支桥梁	
7	轻纺大道分离式立交桥	大桥	904.66	904.66	36	37	5.5	道路	梁式桥、钢筋混凝土梁桥、连续桥梁	
8	六号水门二桥	中桥	96.68	96.68	16	33		水渠	梁式桥、钢筋混凝土梁桥、简支桥梁	
9	六号水门一桥	中桥	64.68	64.68	16	33		水渠	梁式桥、钢筋混凝土梁桥、简支桥梁	

G0111秦滨高速公路天津段路面结构　　　　　表8-8-3

路面形式	起讫里程	长度(m)	结构		备注
			水泥混凝土路面	沥青路面	
柔性路面	K0+000～K33+700	33700		沥青混凝土路面	5cm细改性(AC-13C)+7cm中(AC-20)+8cm粗(AC-25)+18cm水稳碎石+18cm二灰碎石(6:14:80)+18cm二灰土(12:35:53)
	K33+700～K91+100	57400			4cm细改性(AC-13C)+6cm中(AC-20)+12cm沥青稳定碎石(ATB-25)+18cm水泥稳定碎石+18cm水稳碎石+18cm二灰土(12:35:53)
刚性路面					

显然已经不能满足日益加快发展的需要,规划不到位、道路等级低、南北不畅通的问题显现出来,尽管此后修建了彩虹大桥和海河大桥,解决了贯通滨海新区南北干线的"瓶颈"问题,但没有与河北省沿海公路衔接,因而干线公路功能不强,难以形成交通网络。因此,重新规划建设海防路列入滨海新区决策者的议事日程。立足于滨海新区又着眼于环渤海经济发展的"三环两线一港",成为"十五"期间构筑滨海新区交通网络框架重点工程。沿海高速公路天津段就是"两线"中的"一线"。

沿海高速公路天津段与河北省沿海高速公路相接,构成津冀之间的沿海大通道,一百多公里的海岸线上有秦皇岛、京唐、天津、黄骅四大港口。随着经济和沿海港口的快速发展,从东北地区经河北唐山、天津通往山东、江苏等南方地区的各条道路已经拥挤不堪,而路途最短的津冀沿海道路由于道路等级低,缺乏区域间的衔接,已经不能满足经济发展的需要。建设沿海高速公路天津段,实现津冀之间沿海公路的有效衔接,可以将天津、黄骅、京唐、秦皇岛四大港口连接起来,不仅缩短了相互之间的通行距离,而且能够促进渤海湾地区水陆交通网络的形成。密集的港口群落和海上交通与铁路、公路交通网络,对整合整个京津唐地区各个城市的地缘、资源优势,促进环渤海经济的联合必将产生积极的推动作用。天津市对沿海高速公路天津段工程的建设极为重视,将其列入天津市及滨海新区"十五"期间交通设施建设的重点工程。

(三)参建单位主要情况

G011秦滨高速公路天津段工程参建单位见表8-8-4。

G0111秦滨高速公路参建单位信息汇总 表8-8-4

序号	参建单位类别	单位名称	合同段编号及起止桩号	主要负责人	备注
1	项目管理单位	天津海滨大道建设发展有限公司		李文深	
2	勘察设计单位	天津市市政工程设计研究院		刘润有、蒋宏伟、龚凤刚	曾伟、严习华、曹景、黄思勇、冯克岩
3	监理单位	山东省德州市交通工程监理公司	第3、4合同段	杨卫东	海滨大道南段
4	监理单位	河北华达公路工程咨询有限公司	第1、2合同段	刘树平	海滨大道南段
5	施工单位	中铁十八局集团有限公司	第4合同段	李明松	海滨大道南段
6	施工单位	中铁十五局集团有限公司	第3合同段	徐向真	海滨大道南段
7	施工单位	中铁十局集团有限公司	第2合同段	李具文	海滨大道南段
8	施工单位	天津城建道桥工程有限公司	第1合同段	叶宏卫	海滨大道南段
9	监理单位	天津市国腾监理公司	集疏港公路二期南段	李庆军	海滨大道中段
10	监理单位	天津市路驰监理公司	集疏港公路二期中段2合同段	罗军	海滨大道中段
11	监理单位	北京华通监理公司	集疏港公路二期中段1合同段	杨进华	海滨大道中段

续上表

序号	参建单位类别	单 位 名 称	合同段编号及起止桩号	主要负责人	备注
12	施工单位	天津市城建集团	集疏港公路二期南段	李光昕	海滨大道中段
13	施工单位	中铁一局集团有限公司	集疏港公路二期中段2合同段	魏军	海滨大道中段
14	施工单位	中铁十五局集团有限公司	集疏港公路二期中段1合同段	王春晓	海滨大道中段
15	监理单位	山东恒建监理公司	第2合同段	宋秀国	海滨大道北段二期
16	施工单位	中交第一航务工程局	第1合同段	严宏	海滨大道北段二期
17	监理单位	天津市国腾监理公司	7~8合同段	李庆军	海滨高速公路北段一期
18	监理单位	天津市路驰监理公司	6合同段	李海聪	海滨高速公路北段一期
19	监理单位	天津市国腾监理公司	1~5合同段	王春辉	海滨高速公路北段一期
20	施工单位	天津市公路工程总公司	神堂东路F合同段	董毓	海滨高速公路北段一期
21	施工单位	中铁四局五公司	神堂东路E合同段	李永良	海滨高速公路北段一期
22	施工单位	中铁十八局	汉蔡路立交桥(G合同段)	李明松	海滨高速公路北段一期
23	施工单位	天津市公路工程总公司	蛏蔡路D合同段	王殿军	海滨高速公路北段一期
24	施工单位	中铁二十局	神堂西路C合同段	蔡建岐	海滨高速公路北段一期
25	施工单位	中铁四局	神堂西路B合同段	张安春	海滨高速公路北段一期
26	施工单位	中铁十八局五公司	蛏蔡路A合同段	李春强	海滨高速公路北段一期
27	施工单位	中铁十三局三公司	蛏蔡路A0合同段	李红军	海滨高速公路北段一期

二、分段建设情况

(一)海滨高速公路北段一期

1. 基本情况

海滨高速公路北段一期工程与河北沿海高速公路唐山段接通,可直达曹妃甸、唐山港、北戴河、秦皇岛,是环渤海高速公路的重要组成部分。项目北起汉沽大神堂(近河北涧河),南至蛏头沽,建成后初期(2009~2011年)连接汉北路彩虹桥,全长约27km(含汉北路联络线),全线采用双向六车道高速公路标准,设计速度120km/h,项目总投资约16.6亿元。沿线基本为现场盐池、虾池,主要控制点有蔡家堡渔港、大神堂渔港、六号水门、蛏头沽村、海沿村等。主要构筑物包括蔡家堡立交、112线互通立交、大神堂渔港桥、蔡家堡渔港桥、六号水门一桥、六号水门二桥、海沿分离式立交、洒金坨分离式立交、2座主线收费站、1座匝道收费站,服务区1处。桥梁面积9万m^2,道路面积77.2万m^2。项目2004年开工建设,2009年5月1日建成通车。

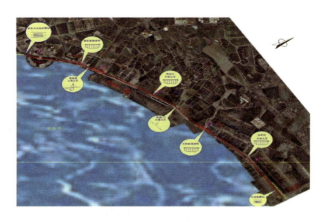

海滨高速公路北段一期总体平面图

2. 前期决策情况

2002年天津市发改委对海滨大道工可的批复中,明确海滨大道彩虹桥以北段按双向四车道一级公路标准建设;2003年天津市市政工程局从行业管理角度对海滨大道工可审查意见的批复中,要求海滨大道彩虹桥以北段按双向四车道高速公路标准建设,预留远期拓宽为双向六车道的可能。

2005年6月24~26日,中共中央政治局常委、国务院总理温家宝在天津考察时指出,加快天津滨海新区开发开放是环渤海区域及全国发展战略布局中重要的一步棋,走好这步棋,不仅对天津的长远发展具有重大意义,而且对于促进区域经济发展、实施全国总体发展战略部署、实现全面建设小康社会和现代化宏伟目标,都具有重大意义。

滨海新区开发开放纳入国家发展战略后,形势发生了很大变化,天津市总体规划以及滨海新区总体规划均进行了调整,海滨大道沿线重新规划了海滨休闲旅游度假区、中心渔港等。滨海新区路网也发生了很大变化。就海滨大道本身而言,调整后的路线走向不再利用彩虹桥及汉北路,而是在彩虹桥下游3.5km处新建跨永定新河大桥,然后沿海边至蛏头沽接原规划线位。同时海滨大道北段按双向六车道一次实施,不再考虑预留。

该段海滨高速公路穿越规划滨海旅游区,高速公路大体沿海挡布线,分隔了滨海航母与外界的沟通。经过与滨海航母主题公园的多次沟通协调,从支持滨海新区旅游业的发展考虑,最后决定海滨高速公路在穿越航母段采用半地下的形式穿越,行人通过横跨高速公路的人行天桥与航母沟通,极大方便了旅游人群。

期间为使海滨大道北段与河北省沿海高速公路顺畅相接,与河北省交通厅达成协议,协议约定,海滨大道与河北省沿海高速公路均在2007年底完工,112线与海滨大道相接。

3. 参建单位

项目建设单位:天津海滨大道建设发展有限公司。

项目设计单位:天津市市政工程设计研究院。

项目施工单位:中铁四局集团有限公司、中铁十三局集团有限公司、中铁十八局集团有限公司、中铁二十局集团有限公司、天津市公路工程总公司。

项目监理单位:天津市国腾公路咨询监理有限公司、天津市路驰建设工程监理有限公司。

4. 项目准备阶段

2001年11月,滨海规划分局对海滨大道规划路由做出批复。

2002年4月11日,市计委对海滨大道工程可行性研究报告做出批复。建设标准为一级公路,投资为24.94亿元。

2003年10月30日,市政局对海滨大道工可审查意见做出批复。建设标准为:(北段)涧河至彩虹大桥长31.899km,近期按四车道高速公路标准建设,预留远期改建为六车道的条件,投资估算20亿元,自筹8亿元,贷款12亿元。

2004年11月,市建委对海滨大道工程初步设计作了批复。建设标准为双向四车道高速公路,预留扩建双向六车道的条件。

滨海新区纳入国家战略后,海滨大道北段直接按双向六车道建设,2007年6月,北段一期完成实施方案及批复。

2004年完成部分段落施工和监理招标,2007年完成部分段落施工和监理招标。项目概算16.628亿元,35%由建设单位自筹,65%申请银行贷款。征地拆迁情况及合同规划分情况分别见表8-8-5、表8-8-6。

征 地 拆 迁 情 况　　　　　表8-8-5

征地拆迁安置起止时间	征用土地(亩)	拆迁房屋(m²)	管线切改(元)	支付补偿费用(元)	备注
2004年3月—2007年9月	2757.3			194286884	

合同段划分情况　　　　　　　　　　　　　　　表8-8-6

标 段 号	合同段所在地	工程内容及长度	施 工 单 位
蛏蔡路A0合同段	汉沽	0.761km,道路桥梁	中铁十三局三公司
蛏蔡路A合同段	汉沽	1.9km,道路桥梁	中铁十八局五公司
神堂西路B合同段	汉沽	4.05km,道路桥梁	中铁四局
神堂西路C合同段	汉沽	4km,道路桥梁	中铁二十局
蛏蔡路D合同段	汉沽	4.4km,道路桥梁	天津市公路工程总公司
汉蔡路立交桥(G合同段)	汉沽	1.85km,道路桥梁	中铁十八局
神堂东路E合同段	汉沽	3.5km,道路桥梁	中铁四局五公司
神堂东路F合同段	汉沽	6.475km,道路桥梁	天津市公路工程总公司

5.项目实施阶段

2007年,海滨高速公路北段一期由双向四车道高速公路调整为双向六车道高速公路,部分段落在已建路基的基础上向两侧进行了加宽。

(二)海滨高速公路北段二期

1.基本情况

北段二期南起疏港三线立交,北接海滨高速公路北段已建永定新河主线收费站,是滨海新区道路骨架中重要的货运通道、过境通道——海滨高速公路的一段,对于实现海滨高速公路的全线贯通具有重要意义。路线全长9.12km,采用高架桥梁方式(8.6km)跨越永定新河入海口及现状海岸滩涂。跨越永定新河入海口为该项目关键节点,采用跨径90m+160m+90m的变截面预应力混凝土连续箱梁,桥长340m。互通立交(预留接口)2座,其中疏港三线立交至京港高速公路段为双向八车道高速公路,设计速度80km/h;京港高速公路至蛏头沽段为双向六车道高速公路,设计速度80km/h。

全线桥梁面积:31.3m^2,道路面积:20818m^2,概算投资额25.78亿元。该项目于2008年11月开工建设,2013年9月竣工通车。

2.前期决策情况

2006年,《天津市国民经济和社会发展第十一个五年规划纲要》指出:未来五年,天津将加快推进滨海新区的开发开放,认真落实"立足天津、依托京冀、服务环渤海、辐射'三北'、面向东北亚、努力建设成为高水平的现代制造和研发转化基地、北方国际航运中心和国际物流中心、宜居的生态城区"的功能定位,构筑高层次的产业结构,加快基础设施建设,做好综合改革和对外开放,不断提升现代制造和研发转化、国际航运和国际物流、改革开放创新示范和宜居生态功能,努力把滨海新区建成高度开放、社会和谐、环境友好的现代经济新区和综合改革试验区。

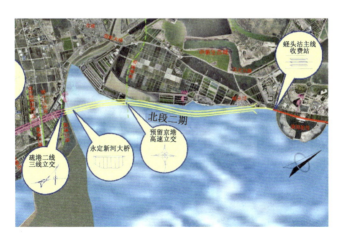

海滨高速公路北段二期总体平面图

为了促进滨海新区发展,滨海委规划建设局于 2005 年 8 月初率先提出了包括道路、轻轨、有轨电车在内的滨海新区大交通体系建设草案。根据大交通体系建设草案,道路主要包括 4 条客运干道和 4 条货运干道:客运干道包括汉塘大道、津汉快速路、津滨大道、津港高速公路;货运干道包括海滨大道、蓟汕快速路、京港快速路和津晋高速公路。

海滨高速公路北段二期工程(疏港三线立交—蛏头沽)是滨海新区道路骨架中重要的货运通道、过境通道——海滨大道的一段,对于实现海滨高速公路的全线贯通具有重要意义。

3. 参建单位主要情况

项目建设单位:滨海新区基础设施建设投资有限公司、天津海滨大道建设发展有限公司。

项目设计单位:天津市市政工程设计研究院。

项目施工单位:中交第一航务工程局。

项目监理单位:山东恒建监理公司。

4. 项目准备阶段

2008 年 2 月,天津市发展和改革委员会,批复海滨大道北段二期工程(疏港三线互通立交—蛏头沽)立项。当年 5 月,天津市发展和改革委员会,批复海滨大道北段二期工程(疏港三线互通立交—蛏头沽)可行性研究报告。

2008 年滨海新区基础设施建设投资有限公司采用 BT(Build-Transfer,即建设—移交)模式组织开工建设该项目,通过优惠政策吸引全国的大型建筑企业来滨海新区投资建设,然后由投资方组建 BT 项目公司,工程建成后移交给甲方即新区建投公司,然后新区建投公司再分期支付回购。

2010 年天津市发展和改革委员会对该项目的投融资模式进行了批复,鉴于该工程融资情况得到改善,为合理降低建设融资成本,原则同意对该项目的融资模式进行调整,不再采用BT融资模式建设,项目资本金由天津滨海新区建设投资集团有限公司自行筹措,其余通过商业银行贷款解决。

该项目总费用为25.78亿元,其中静态投资为24.47亿元,2008年5月天津滨海新区基础设施建设投资有限公司组织进行项目勘察设计招标,最终由天津市市政工程设计研究院中标该工程勘察设计工作。

2008年7月完成设计招标;2008年9月完成设计工作;2008年9—10月完成施工和监理。该项目征地拆迁及合同段划分情况见表8-8-7、表8-8-8。

征地拆迁情况   表8-8-7

项目	征地拆迁安置起止时间 (年 月—年 月)	征用土地(亩)	拆迁房屋(m²)	管线切改(元)	支付补偿费用(元)	备注
北段二期	2008年11月—2009年5月	1382.7	114.5	—	43645600	

合同段划分情况   表8-8-8

合同段号	合同段所在地	工程内容及长度	施工单位
1	滨海新区旅游区	9.12km,道路桥梁及附属	中交第一航务工程局

5.项目实施阶段

重大事件:该项目北段二期永定新河特大桥于2010年11月合龙,并于2010年底通车。

重要变更:182~192号墩位,原设计为现浇预应力箱梁结构,考虑到滩涂支架施工难度大,变更为预制预应力小箱梁结构。

海滨高速公路北段二期工程

(三)海滨高速公路中段(集疏港公路段)

1.基本情况

海滨高速公路中段起点为永定新河,终点为津晋高速公路,全长21.3km,属于天津集疏港公路的重要组成部分,该段也是滨海新区港城交通矛盾最集中的段落,项目的建设可大大改善集疏港交通环境、促进天津港发展和两侧地块开发,对于充分发挥天津港作为环渤海地区的枢纽功能、加快滨海新区开发开放具有重要作用。设计采用双向八车道高速公路设计（两侧设双向六车道辅道），设计速度80km/h，为高速公路开放段，项目总投资约69.43亿元。沿线基本为城区和港区，主要控制点进港铁路二线、三线、临港桥、海河、大沽排污河等，主要构筑物包括疏港二三线互通立交、海河大桥斜拉桥、临港立交、泰达大街立交、疏港一线立交、港滨桥、跨临港铁路桥、临港A30路互通立交和津晋高速公路互通立交。项目2008年开始建设，2011年建成通车。项目主要分为天津集疏港公路二期中段和二期南段两个子项单独立项并同步建设。

海滨高速公路中段总体平面图

2.前期决策情况

2006年，中央把规划和建设好天津滨海新区纳入国家发展战略的总体布局，为新区发展创造了重大历史机遇。国务院确定滨海新区的功能定位：依托京津冀、服务环渤海、辐射"三北"、面向东北亚，努力建设成为中国北方对外开放的门户、高水平的现代制造业和研发转化基地、北方国际航运中心和国际物流中心，逐步成为经济繁荣、社会和谐、环境优美的宜居生态型新城区。

2005年7月，交通部领导率部有关司、处、院负责同志到天津滨海新区调研，部领导和天津市政府领导对滨海新区路网规划和港城分离提出重要指示；交通部规划研究院并提出"四横两纵七个节点"的港城分离方案；天津市根据实际情况重点对其中的"三横一纵"进行了深入研究，并提出了总体建设方案，2006年4月30日，天津市发改委和市政局邀请交通部、交通部规划研究院以及天津市有关专家审查并原则通过了集疏港公路交通规划建设方案。

2007年初，"三横一纵"中的一横天津集疏港公路一期工程京津塘高速公路二线北塘收费站—疏港二线启动建设，为了进一步改善集疏港环境，应尽快启动天津集疏港公路二期工程——"三横一纵"中的一纵海滨高速公路中段。

3.参建单位主要情况

项目建设单位：滨海新区基础设施建设投资有限公司、天津海滨大道建设发展有限公司。

项目设计单位：天津市市政工程设计研究院。

项目施工单位：中铁一局集团有限公司、中铁十五局集团有限公司、天津城建集团。

项目监理单位：北京华通监理公司、天津市路驰监理公司、天津国腾监理公司。

天津集疏港公路一期工程疏港二线、三线互通立交效果图

港滨桥立交效果图

4. 项目准备阶段

2008年初，完成立项批复。天津市发展和改革委员会文件《关于天津集疏港公路（津沽一线立交～疏港二线立交）项目建议书的批复》（津发改基础〔2008〕169号）、《关于天津集疏港公路南段工程（津晋高速～津沽一线）项目建议书的批复》（津发改基础〔2008〕302号）。

2008年7月，完成工可编制和批复。天津市发展和改革委员会文件《关于天津集疏港公路二期中段工程（津沽一线立交～疏港二线立交）可行性研究报告的批复》（津发改基础〔2008〕516号）、《关于天津集疏港公路二期南段工程（津晋高速～津沽一线立交）可行性研究报告的批复》（津发改基础〔2008〕517号）。

2008年8月，完成初设批复。天津市市政公路管理局文件《天津集疏港公路二期中段工程（津沽一线立交～疏港二线立交）初步设计批复》（市政公路管理计〔2008〕340号）。

2008年底,完成施工图设计和施工图审查。

2008年8月,完成设计招投标。

2008年9月,完成监理招标。

2008年10月,完成施工招标。

集疏港公路中段项目概算总投资51.08亿元,项目资金由新区建投集团筹措,资金来源为自筹资本金35%,工行银团贷款资金为65%。

集疏港公路南段项目概算总金额为18.35亿元,采用BT模式建设,建设期由天津市城建集团出资建设,建成后由建投集团分5年回购。

集疏港公路中段项目征地拆迁与合同段划分情况见表8-8-9、表8-8-10。

征地拆迁情况　　　　　　　　　　　　　　　　　　　　表8-8-9

项目	征地拆迁安置起止时间	征用土地(亩)	拆迁房屋(m²)	管线切改(元)	支付补偿费用(元)	备注
中段	2008年10月—2009年9月	2053.6	42524	134096500	1223164959	

合同段划分情况　　　　　　　　　　　　　　　　　　　　表8-8-10

合同段号	合同段所在地	工程内容及长度	施工单位
中段一合同段	塘沽	5.9km,海河大桥和临港立交主体及附属	中铁十五局
中段二合同段	塘沽	5.2km,泰达大街立交和九大街立交主体及附属	中铁一局
南段(BT)	塘沽	8.24km,全线主体及附属	城建集团

5.项目实施阶段

重大变更主要包括以下两个方面:

(1)海河大桥斜拉桥主桥原设计桥面铺装为5.5cm环氧沥青,对施工技术及环境要求高,维修难度大、周期长,根据专家评审意见,将环氧沥青改为施工难度小、周期短、便于维护的浇筑式沥青。

(2)受警备区占地影响,取消原津沽公路立交,远期待条件成熟再实施立交。

重大事件:2011年10月4日海河斜拉桥合龙,2012年1月全线贯通。

海滨高速公路中段(集疏港公路段)工程

(四)海滨高速公路南段(2009~2011年)

1.基本情况

海滨高速公路南段是在原海滨大道南段一期四车道公路基础上改建和扩建而成,项目北起津晋高速公路互通式立交,沿现状海防路向南,跨越轻纺大道后,在独流减河北侧与油田联络线相交并设置互通立交后,偏离现状路,跨越热火河、独流减河、大港分洪通道,穿越大港油田生产区、南港工业区后,相继跨越沙井子行洪通道、子牙新河、青静黄排水渠、津歧公路,南至津冀界(接河北省沿海高速公路),路线全长35.559km。全线采用高速公路标准,双向六车道,设计速度120km/h。

海滨高速公路南段总体平面图

项目毗邻渤海,沿线地质条件复杂,保护区、河流、分洪通道众多,且位于入海口处,控制条件标准较高。全线设特大桥2座,分别为独流减河特大桥及子牙新河特大桥;互通式立交2座,为油田联络线立交、南港工业区红旗路互通立交;主线收费站2处,分别为临港站主线站及滨海南站主线站;匝道收费站2处;服务区1处。

全线道路长17.219km,桥梁长18.342km,其中特大桥2座,总长16.615km,占路线总长的43.1%。工程概算总投资57.52亿元。

该项目于2009年1月开工,2011年1月建成。

2.前期决策情况

2008年,随着海滨高速公路北段的即将开通,河北省沧州段高速公路也已开工,海滨高速公路中段也已经立项,南段原为双向四车道一级公路(部分为高速公路)作为全线的一部分,车道数、通行能力已经不匹配,为保证环海滨高速公路及渤海高速公路高标准的建设,天津市及滨海新区决定尽快启动海滨高速公路南段的建设。

3.参建单位主要情况

建设单位:滨海新区基础设施建设投资有限公司、天津海滨大道建设发展有限公司。

设计单位:天津市市政工程设计研究院。

施工单位:共分为4个施工合同段,施工单位分别为:天津城建道桥工程有限公司、中铁十局集团有限公司、中铁十五局集团有限公司、中铁十八局集团有限公司。

监理单位:山东德州交通工程监理公司、河北华达公路工程咨询监理有限公司。

4.项目准备阶段

该项目于2008年9月28日取得天津市发展和改革委员会工可批复。

2008年10月,完成设计招投标。

2008年10月,完成工程初步设计。

2008年11月17日,取得天津市市政公路管理局初步设计批复(市政公路管理 计〔2008〕475号)。

2008年11月,完成工程施工图设计工作。

2009年1月,完成监理和施工招标。

项目资金筹措:总投资57.52亿元,项目资金由新区建投集团筹措,资金来源为自筹资本金35%,工行银团贷款资金为65%。

该项目征地拆迁与合同段划分见表8-8-11、表8-8-12。

征地拆迁情况 表8-8-11

项目	征地拆迁安置起止时间 (年 月~年 月)	征用土地(亩)	拆迁房屋(m²)	管线切改(元)	支付补偿费用(元)	备注
南段	2008年10月~2009年5月	3041.73	214.4	13000000	71925663	

合同段划分情况 表8-8-12

合同段号	合同段所在地	工程内容及长度	施工单位
1	滨海新区	主体及附属,15.3km	天津城建道桥工程有限公司
2	滨海新区	主体及附属,6.8km	中铁十局集团有限公司
3	滨海新区	主体及附属,7.3km	中铁十五局集团有限公司
4	滨海新区	主体及附属,69.8km	中铁十八局集团有限公司

5.项目实施阶段

在施工过程中,结合现场情况,为保证工程施工,根据现场会议纪要、工程洽商,对原设计部分内容进行了变更,主要为沧浪区大桥北侧由路基变更为桥梁,变更手续齐全,

海滨高速公路南段工程

变更后能满足施工及设计规范要求。

三、复杂技术工程

1. 率先在天津采用"港城分离,快速疏港"的指导思想

根据天津集疏港公路交通规划建设总体方案提出的"集疏港交通和城市交通分层运行"的指导思想,为保证港城交通的相对分离,全线采用了主辅路立体分离的理念,中间高架以过境交通和集疏港交通为主,地面辅道以区域交通为主。首次在天津滨海地区沿渤海湾软土地区建设高速公路,提出了"与海挡相结合建设战略备战公路"的主导理念,与河北省沿海高速公路相接,并具备集疏港的道路功能,完善了滨海新区骨架路网建设、促进了天津港和滨海新区的快速发展。

集疏港交通和城市交通分层运行

2. 转体施工法——天津地区首次采用

跨津山铁路段为双幅后张预应力混凝土T型刚构,斜交正做,桥长130m,单幅桥宽27m,在天津地区首次采用了双幅桥同步转体施工技术,该施工技术的应用极大改善了桥梁施工对铁路运营的影响,整个施工过程从开始转动到桥梁就位仅用时27min,与常规预制梁体吊装就位相比对铁路正常运营影响几乎为零,且安全度高,为天津类似跨铁路桥梁结构和施工工艺选型提供了有益借鉴。该工程单幅桥梁转体质量达13300t,为当时国内同类工程之最。

3. 海河斜拉桥

海河大桥是天津海滨高速公路的咽喉要道,是集疏港公路二期工程中技术难度最大的关键控制节点。桥址位于海河入海口处,新港船闸和防潮闸内侧。海河大桥桥址处现在有一座双向四车道的独塔混合梁斜拉桥,跨径布置为:310m + 3 × 48m + 46m。鉴于现

状海河大桥桥面窄，车道数少，不能满足疏港功能要求，需进行改(扩)建。设计创造性地采用新旧斜拉桥反对称设置技术，新建的海河大桥与现状海河大桥呈反对称布置，既满足了疏港功能要求，又兼顾了整体景观需要，既保证了良好的道路线形，又减少了征地拆迁和对新港船闸的影响，节约投资约2亿元。新建的海河大桥主桥为独塔双索面混合梁斜拉桥，主桥跨径布置为：310m+2×50m+2×40m，桥面宽度22m。主梁采用钢(300m)—混(190m)混合梁结构，结合段位于主跨距离主塔10m位置处。主塔采用钻石型钢筋混凝土结构，总高164.798m。全桥除0号垂直索外，共有36对斜拉索，钢梁上索间距16m，混凝土梁上索间距8～10m。塔上索间距2.5～3.5m。斜拉桥结构复杂，施工难度大，主塔承台尺寸达到46.5×34.5×5m，165m高主塔采用液压爬模施工，主跨300m钢箱梁采用悬臂拼装施工，斜拉索长度最长达到310m，配跨预应力混凝土梁施工支架高度达30m。海河大桥的每一阶段施工安全和施工工期都至关重要。

4. 永定新河特大桥

永定新河特大桥是海滨高速公路北段二期工程中的一座特大桥，该桥跨越永定新河规划主河道，南接疏港二三线立交，北接主线高架桥，结构形式为90m+160m+90m的变截面预应力混凝土连续箱梁，特大桥桥长340m。

大跨度单箱双室变截面连续箱梁，充分考虑混凝土徐变的影响程度严重性和长期性，主动的控制桥梁恒载下挠值。

该桥进行了详细的抗震分析，最终采用了在主桥固定墩位增加阻尼器的方案，所采用的阻尼器为清华大学具有完全自主知识产权的金属屈服型阻尼器，为不断提高国内自主研发的高端桥梁减隔振产品的技术水平提供了平台。

钢围堰的加工、运输、安装及下沉工艺复杂，尤其是该钢围堰入泥深度达16m，是当时国内入泥深度最大的钢围堰。

为控制大体积混凝土水化热导致结构产生破坏，专门设立专题研究，分析了该工程承台冷却管道布置方式。通过实践检验，有效控制了大体积混凝土水化热，取得了良好效果。

5. 海滨高速公路北段二期跨海大桥

海滨大道北段二期工程位于现状海挡以外的沿海滩地之中,海水及地下水中腐蚀性较强,且桥梁墩柱可能遭受沿海流冰危害。设计进行了细致调研,根据现场情况编制了针对该工程"耐久结构混凝土工程施工技术要求",采取以下主要措施,提高桥梁耐久性:①提高混凝土中钢筋的保护层厚度;②控制裂缝宽度;③充分利用施工结构(保留钻孔灌注桩钢护筒);④采用高性能混凝土;⑤混凝土表面涂层;⑥墩柱易受流冰危害范围内设置铁钢砂混凝土防护层。

针对集疏港公路交通量大、重载、超载车多的特点,在道路、桥梁的结构设计中多方面提高结构的强度和耐久性,并对钢箱梁、现浇箱梁、小箱梁、T梁等结构进行了细致的结构计算及构造措施处理。

四、科技创新

该工程在实施过程中,重点在以下方面进行了科技创新:

(1)典型软基处理。该工程毗邻渤海,地形主要为盐田、虾池、沟渠、河流、行(分)洪通道等,为天津市距海最近、软基最厚、地质最差、地下水腐蚀性最强的一条高等级公路。地基土层工程地质性质多数为差~较差,存在厚度较大的软土和软弱土(达20m左右),特别是在第Ⅰ海相层中存在天然含水率大、压缩性大的高压缩性软弱土。软基处理是该工程最复杂的技术工程,建设过程中结合各种情况采用了不同处理方案:

①不具备预压条件段,采用泡沫轻质土填筑路基。这是泡沫轻质土首次应用在天津

高速公路建设中,同时形成了较完善的资料,促成了天津市地方标准《现浇泡沫轻质土路基设计施工技术规程》的制订和发布。

②在临海软土厚度达20m区域,进行高速公路加宽设计,这是在天津地区首次。为了解决加宽路基以及桥头不均匀沉降问题,在天津地区首次将预应力混凝土管桩(PC)桩、钉型水泥搅拌桩大规模应用在天津市高速公路的建设中。

③该工程临近大港热电厂,在天津地区高速公路建设中首次开展了利用电厂工业废料电石灰(皂化渣)对盐渍土进行土质改良的应用研究。

④该工程毗邻渤海,需向海中进行高速公路加宽。由于向海中加宽不具备打坝抽水清淤条件,在天津地区首次使用了抛土挤淤加宽高等级公路的地基处理工艺。

⑤原路基为抛石挤淤老路基,在天津地区首次进行了抛石挤淤路基拓宽改造为高速公路的地基处理工艺。

(2)在路面设计中,充分考虑重载交通要求,采用10cm沥青稳定碎石(ATB-25)代替传统的8cm粗粒式沥青混凝土。

(3)该工程部分路段路基外侧(东侧)为海挡,在天津地区首次进行了路挡(海挡)结合高速公路排水设计。

(4)桥梁结构根据滨海及盐池环境,基础结构均采用高标号混凝土材料,上部结构采用耐久性高性能混凝土。

(5)以试验为依托,通过大胆创新调整混凝土配合比设计并引入引气剂、减水剂、阻锈剂、防腐剂、缓凝剂及膨胀剂等外加材料,改善混凝土材料强度及密实度,有效提高混凝土耐久性。

(6)提高混凝土本身耐久性能前提下,通过采用涂装、喷刷新材料高性能防腐层等附加防腐措施,提高混凝土耐久性。

(7)该工程中河道多而宽,河床淤泥较深,河道内深淤泥基础施工工艺设计作为该工程的创新工艺进行了专题研究。

(8)在该工程中的部分预应力混凝土连续箱梁段或钢筋混凝土箱梁段推广应用高强

轻集料混凝土新技术。在预应力钢材供应量允许条件下,尽量采用2000MPa低松弛预应力钢绞线新材料做预应力筋。预应力孔道采用真空高压灌浆新工艺。

（9）突破传统路面设计,面层采用温拌改性沥青混凝土,有效地减少了有害废气的排放量,延长沥青路面的使用寿命,减少能源浪费和对环境的污染。

（10）现浇箱梁采用整体式斜腿钢架支撑结构,保证了在恶劣地质情况下桥梁施工期的安全性和可行性,同时节约了工期、降低工程费用。

（11）针对地质淤泥较深、氯离子含量较高和受海洋气候影响较大的不利条件,对桩基混凝土、桥梁防腐涂料、道路软基处理工艺等进行了研究、试验,分别采用了耐久性防腐混凝土、优质重防腐涂料等新工艺、新材料。同时采用了胶粉改性沥青、温拌沥青、泡沫轻质混凝土等新技术、新材料,应用效果良好。

（12）对超长钢束张拉工艺进行实验研究,确定超长钢束的设计参数,采用整体一阶段张拉工艺,缩短预应力箱梁施工工期,提高了施工临时支架的循环使用效率,节省了施工成本。

（13）在照明、配电、电气安全等方面,合理应用智能化控制器、电缆防盗系统、预放电式避雷针、节能控制等技术,营造绿色、节能、安全、以人为本的照明环境。

（14）采用多项创新成果,因地制宜,通过大量调研沿线交通组成,有针对性地进行结构设计,将"安全设计"贯穿设计始终。

①重要节点结构安全。永定新河特大桥是沿海高速公路天津段北段二期工程中的一座特大桥,该桥跨越永定新河规划主河道,南接疏港二三线立交,北接沿海高速公路天津段北段二期工程主线高架桥,结构形式为90m+160m+90m的变截面预应力混凝土连续箱梁,特大桥桥长340m。大跨度单箱双室变截面连续箱梁,充分考虑混凝土徐变的影响程度的严重性和长期性,主动控制桥梁恒载下挠值。进行详细的抗震分析,最终采用了在主桥固定墩位增加阻尼器的方案,所采用的阻尼器为清华大学具有完全自主知识产权的金属屈服型阻尼器。为不断提高国内自主研发的高端桥梁减（隔）振产品的技术水平提供了平台。钢围堰的加工、运输、安装及下沉,尤其是该钢围堰入泥深度达16m,是目前国内入泥深度最大的钢围堰。开展承台、墩柱等大体积混凝土施工质量控制（大体积混凝土）。为控制大体积混凝土水化热使结构产生破坏,专门设立专题研究分析了该工程承台冷却管道布置方式。通过实践检验,有效控制了大体积混凝土水化热,取得了良好效果。

②充分结合车辆荷载,注重结构安全。沿海高速公路天津段作为货运通道、集疏港通道,其交通具有交通量大、货车比重大、轴载重、超载超限严重、轮胎充气压力和接地压强大等特点。针对沿海高速公路天津段交通特点进行交通量及轴载调查,对重载、超载车辆按各轴载等级进行分级,以代表车型为分析对象,通过有限元计算,研究路面及桥梁结构在代表车辆作用下的力学特性,得出适用于重载道路的轴载换算方法,确定合理的路面结

构,适当加大桥梁结构安全储备。

针对沿海高速公路天津段作为省际高速公路交通量大、重载车多的特点,设立了滨海新区软土地基重载交通道路和桥梁耐久性研究及应用的课题,采用研究成果提高了路面结构综合适用能力,减小路表弯沉,提高了桥梁结构的耐久性和使用寿命,保证了工程质量。

③充分结合地质条件,确保路基处理经济合理。针对沿海高速公路天津段所处的特殊地理位置设立了滨海新区盐渍土路基处治技术研究的课题,专项研究现状软土、盐渍土改良技术,充分利用沿线现场土源,避免了远运买土带来的造价高、影响工期的弊端,不仅降低了工程投资,同时也降低了土方运输对环境的污染,无论从环保还是能源等方面都具有显著的社会效益。

针对沿海高速公路天津段软土地基的特点,为减少路基的工后沉降,在工程设计中根据不同工程部位的特点采取不同的软基处理方式,包括旋喷桩、水泥搅拌桩、水泥石灰、电石灰处理现状路基。尤其是电石灰的应用使露天堆放污染环境工业废渣变废为宝并降低了工程造价。

(15)将桥梁耐久性设计贯穿于设计全过程。沿海高速公路天津段北段二期工程位于现状海挡以外的沿海滩地之中,海水及地下水中腐蚀性较强,且桥梁墩柱可能遭受沿海流冰危害。设计进行了细致调研,根据现场情况编制了针对该工程"耐久结构混凝土工程施工技术要求",采取以下主要措施,提高桥梁耐久性:①提高混凝土中钢筋的保护层厚度;②控制裂缝宽度;③充分利用施工结构(保留钻孔灌注桩钢护筒);④采用高性能混凝土;⑤混凝土表面涂层;⑥墩柱易受流冰危害范围内设置铁钢砂混凝土防护层。

针对集疏港公路交通量大,重载、超载车多的特点,在道路、桥梁的结构设计中多方面提高结构的强度和耐久性,并对钢箱梁、现浇箱梁、小箱梁、T梁等结构进行了细致的结构计算及构造措施处理。

2014年,《滨海新区盐渍化软土路基路面综合处理技术研究及示范》《港口桥梁汽车荷载安全性关键技术研究及工程应用》荣获中国市政工程协会"全国市政行业市政工程科学技术奖一等奖"。

五、运营养护管理

1. 收费设施

海滨大道出入口(主线收费站):

(1)北段高速公路有4个出入口(收费站):永定新河收费站、中心渔港(原蔡家堡立交桥)、112高速公路(尚未开通)、涧河收费站。

(2)中段高速公路有5个出入口(收费站):京津高速/中央大道、第九大街出入口、津塘四号路、新港二号路/海河船闸、海河大桥收费站(现建设新的海河大桥,原海河大桥收费站则作废)。

(3)南段高速公路有6个出入口(收费站):津沽路/大沽船坞、南疆公路大桥(天津大道入口,河南路)、津晋高速公路、海滨浴场、高沙岭/大港区/312省道、减河北收费站、106省道/大港/歧口。

天津海滨大道是滨海新区的交通干线,从歧口到秦皇岛只需2h。

全线设服务区2处,为涧河服务区、轻纺服务区;全线设置主线收费站4处,匝道收费站5处。见表8-8-13。

秦滨高速公路收费设施一览表　　　表8-8-13

序号	收费站名称	入口车道数		出口车道数		车道总数	
		MTC	ETC	MTC	ETC	MTC	ETC
1	涧河收费站(省界主线站)	0	0	9	2	9	2
2	中心渔港收费站	3	1	7	1	10	2
3	永定新河收费站(主线站)	6	2	12	2	18	4
4	临港收费站(主线站)	8	2	16	2	24	4
5	轻纺城收费站(黄骅方向)	0	0	5	1	5	1
6	轻纺城收费站(塘沽方向)	2	1	0	0	2	1
7	轻纺城收费站(塘沽方向)	0	0	5	1	5	1
8	轻纺城收费站(黄骅方向)	3	1	0	0	3	1
9	减河北收费站	4	1	4	1	8	2
10	南港收费站	3	1	7	1	10	2
11	滨海南收费站(省界主线站)	0	0	13	2	13	2

2.交通流量发展状况

海滨大道近年交通流量发展状况见表8-8-14。

交通流量发展状况　　　表8-8-14

年份(年)	南段流量(万辆)	北段流量(万辆)	合计(万辆)	日均流量(万辆)
2009	0	289.43	289.43	1.18
2010	0	555.07	555.07	1.52
2011	535.11	418.12	953.23	2.61
2012	768.33	717.26	1485.59	4.07
2013	973.87	901.59	1875.46	5.14
2014	1029.69	868.25	1897.94	5.20
2015	951.73	878.53	1830.26	5.0144
2016	1297.52	1150.64	2448.16	6.7073

3.养护管理模式

对小修保养工程采取公开招标的形式。对中修、改扩建项目采取设计招标、监理招标、施工招标的形式。

4. 主要养护大修工程开展情况

2016年养护资金投入4908万元,其中日常养护投入1853万元,专项工程3055万元。

北段专项工程:票亭更换及车牌识别、路网应急系统、高速交通广播系统、桥下空间封闭、桥梁检测等。

南段专项工程:南段边网改造、声屏障安装、挡水埝改造、车牌识别改造、桥下空间封闭、路网应急系统、高速交通广播系统等。

六、项目后评估

沿海高速天津段是滨海新区规划"八纵十四横"道路骨架路网中重要的一条货运干道,作为环渤海高速公路的重要组成部分和滨海新区南北交通的主动脉,是以集疏港交通、过境交通、城市交通为主的南北大通道,也是连接天津港、黄骅港、曹妃甸港、京唐港及秦皇岛港的重要交通枢纽。沿海高速公路天津段在天津境内与京津塘高速公路、京津高速公路、滨保高速公路、津塘公路、津滨高速公路、津沽一线、二线等多条东西向干线公路相连接,构成了以港口为龙头的区域交通网络,从而进一步发挥天津港作为枢纽口岸的辐射作用,为天津滨海新区的加快发展提供了"快车道"。

该项目的建成通车完善了滨海新区路网,完善天津港集疏港交通,有效缓解了集疏港交通压力,促进海滨休闲旅游区的开发,加快京津区域经济一体化、带动环渤海地区经济快速、协调发展,进一步提升滨海新区对外辐射功能,促进京津冀经济一体化发展具有重要意义。

该项目的建成通车,不仅完善了交通运输网络,还将促进天津工业战略东移和滨海新区的加快发展。建设沿海高速公路天津段为开发海洋资源创造了条件。以沿海高速公路为依托的海岸线正在筹划之中,海洋渔业、海洋化工、海洋生物制药、海水淡化等一大批以海洋资源为原料的新型产业将蓬勃发展,成为滨海新区新的经济增长点,沿海高速公路为走向海洋、开发海洋提供了新的"结合点"。

沿海高速公路天津段的建成,使一批极具特色的新旅游资源项目落户滨海新区,得天独厚的临海优势使滨海新区旅游业的发展方兴未艾。沿海高速公路天津段将使天津沿海旅游资源得到整合,体现出规模效益的聚集效应。

第九节 G0211 滨石高速公路

滨石高速公路,国家高速公路网编号为G0211,途经天津市静海县,全长26.52km。

一、项目概况

滨石高速公路是连接天津与石家庄的快速主干道,是我国北方交通的重要组成部分,它的建成将大大提高津冀两地的经济文化交流,并带动高速公路沿线地区经济的快速发展。

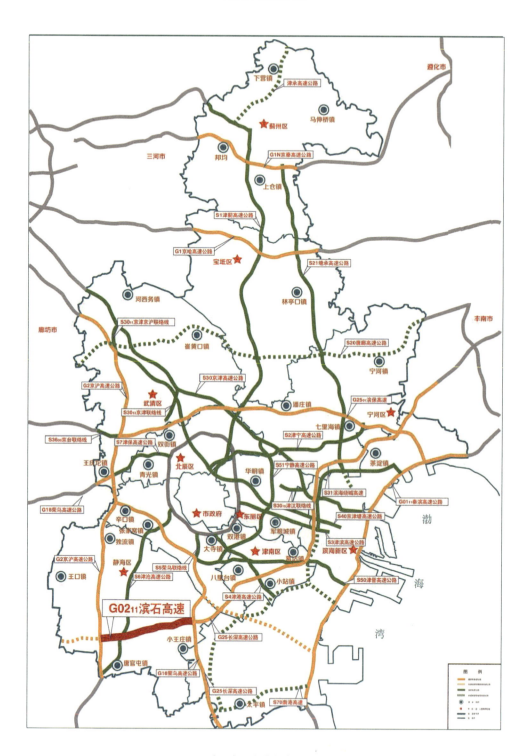

G0211 滨石高速公路在路网中示意图

（一）基本情况

滨石高速公路属于原丹拉高速公路的一部分，路线起自静海区邢家堼，止于静海区王官屯，双向4车道，路基宽28m，设计速度为120km/h。设有特大桥2座，分别为K173+356排洪特大桥、津浦立交，大桥6座、中小桥36座、收费站1处。G0211滨石高速公路基本信息见表8-9-1~表8-9-3。

（二）前期决策情况

天津市位于环渤海地区的中心，是我国北部沿海的黄金海岸，该地区在我国进一步全面对外开放和区域经济发展战略中有举足轻重的作用。从区域经济发展、优化综合运输体系、提高宏观经济效益来看，该项目的实施是非常必要的。该项目的实施是完善国道主干线功能的需要，是形成天津市干线公路网体系的需要，是地区经济发展的需要，是天津港疏港交通的需要。

为缓解天津周边地区交通压力，带动天津经济发展，快速提升城市载体的功能，天津市市政工程局向交通部提交了《关于报请审批国道主干线唐津公路（天津南段）工程可行性研究报告的请示》（市政局计〔1998〕487号），交通部于1998年11月30日向天津市市政工程局下达了《关于唐山至天津公路南段可行性研究报告的批复》（交规划发〔1998〕753号），同意建设丹拉国道主干线唐津支线天津南段公路。

（三）参建单位主要情况

工程建设单位：天津市高速公路投资建设发展公司。

设计单位：天津市市政工程设计研究院、上海同济规划建筑设计研究院。

监理单位：天津市华盾工程监理咨询有限公司和天津市国腾公路咨询监理有限公司。

施工单位：天津第一市政公路工程有限公司、中国建筑第五工程局、中铁第十四工程局、天津第五市政公路工程有限公司。

G0211滨石高速公路参建单位见表8-9-4。

二、建设情况

（一）项目准备阶段

该项目严格执行了交通基本建设程序，从预可行性研究、工程可行性研究、初步设计、施工图设计、工程施工、监理招投标及工程开工报告的审批，各个环节手续齐全，具体如下：

天 津

G0211 滨石高速公路项目基本信息

表 8-9-1

路段起止桩号		规模（km）			建设性质（新、改扩建）	设计速度（km/h）	路基宽度（m）	永久占地（亩）	投资情况（亿元）			资金来源	建设时间（开工—通车）	4A级以上主要景区名称	备注
起点桩号	止点桩号	合计	八车道及以上	六车道	四车道					估算	概算	决算				
K164+679	K191+200	26.52			26.52	新建	120	28		10.2	12.45	11.18	交通部补助、路费、银行贷款、自筹	2001—2003		

G0211 滨石高速公路桥梁情况

表 8-9-2

序号	名称	规模	桥梁主（m）	桥梁右（m）	主跨长度（m）	桥面宽度（m）	桥底净高（m）	跨越障碍物	桥梁分类	备注
1	K173+356 排洪特大桥	特大桥	1011.96	1011.96	20	27.5		河流	梁式桥、钢筋混凝土梁桥、简支桥梁	
2	津浦立交	特大桥	1014.66	1014.66	35	27		铁路	梁式桥、钢筋混凝土梁桥、连续桥梁	
3	K171+986 大桥	大桥	251.96	251.96	20	27.5	5.5	道路	梁式桥、钢筋混凝土梁桥、简支桥梁	
4	大邱庄互通主线桥	大桥	391	391	20	27	5.5	道路	梁式桥、钢筋混凝土梁桥、简支桥梁	
5	K175+755 大桥	大桥	106	106	20	27.5	5.5	道路	梁式桥、钢筋混凝土梁桥、简支桥梁	
6	王官屯互通主线桥	大桥	672.33	672.33	30	27.5	5.5	道路	梁式桥、钢筋混凝土梁桥、连续桥梁	
7	王官屯大桥	大桥	244.66	244.66	20	27	5.5	道路	梁式桥、钢筋混凝土梁桥、简支桥梁	
8	南运河桥	大桥	894.66	894.66	60	27		河流	拱式桥、钢管混凝土拱桥、桥架型	
9	K165+439 中桥	中桥	48.93	48.93	16	27.5	5.5	道路	梁式桥、钢筋混凝土梁桥、简支桥梁	
10	K167+894 青年渠桥	中桥	75.86	75.86	25	27.5		河流	梁式桥、钢筋混凝土梁桥、简支桥梁	

第八章 高速公路建设项目

续上表

序号	名称	规模	桥梁左(m)	桥梁右(m)	主跨长度(m)	桥面宽度(m)	桥底净高(m)	跨越障碍物	桥梁分类	备注
11	K171+714 中桥	中桥	60.93	60.93	20	27.5	5.5	道路	梁式桥、钢筋混凝土梁桥、简支桥梁	
12	K176+790 中桥	中桥	39.68	39.68	13	27.5	5.5	道路	梁式桥、钢筋混凝土梁桥、简支桥梁	
13	K178+846 中桥	中桥	52.66	52.66	13	27.5	5.5	道路	梁式桥、钢筋混凝土梁桥、简支桥梁	
14	K181+649 中桥	中桥	39.69	39.69	13	27.5	5.5	道路	梁式桥、钢筋混凝土梁桥、简支桥梁	
15	K182+955 中桥	中桥	91.66	91.66	13	27.5	5.5	道路	梁式桥、钢筋混凝土梁桥、简支桥梁	
16	K184+699 中桥	中桥	65.66	65.66	13	27.5	5.5	道路	梁式桥、钢筋混凝土梁桥、简支桥梁	
17	K188+380 中桥	中桥	44.66	44.66	10	27	5.5	道路	梁式桥、钢筋混凝土梁桥、简支桥梁	
18	L线前进溪桥	中桥	84.66	84.66	20	27.5		河流	梁式桥、钢筋混凝土梁桥、简支桥梁	

G0211 滨石高速公路路面结构

表 8-9-3

路面形式	起讫里程	长度(m)	水泥混凝土路面	沥青路面	路面结构
柔性路面	K164+679 ~ K191+200	26521		沥青混凝土路面	4cm 中粒式沥青混凝土 + 5cm 粗粒式沥青混凝土 + 6cm 粗粒式沥青混凝土 + 2×19cm 水泥稳定碎石 + 2×15cm 石灰土（10%）
刚性路面					

G0211 滨石高速公路参建单位一览表　　　　　表8-9-4

参建单位类别	单 位 名 称	合同段编号及起止桩号	主要负责人
建设单位	天津市高速公路投资建设发展公司	K5+784.33～K65+520.8	济长顺
设计单位	天津市市政工程设计研究院	K5+784.33～K65+520.8	
	上海同济规划建筑设计研究院	行洪特大桥、大邱庄互通立交	
监理单位	天津市国腾公路咨询监理有限公司	4合同，K5+784.33～K7+800	
	天津市华盾工程监理咨询有限公司	5合同，K23+800～K37+153.24	
施工单位	天津第一市政公路工程有限公司	11合同，K45+303.424～K53+453.424	
	中国建筑第五工程局	12合同，K53+453.424～K55+880.724	阚毅
	中铁第十四工程局	13合同，K55+880.724～K64+453.424	方源
	天津第五市政公路工程有限公司	14合同，K64+453.424～K65+520.8	张来柱

（1）天津市市政工程局向交通部提交了《关于报请审批国道主干线唐山—天津公路天津南段工程可行性补充报告的请示》（市政局计〔1999〕377号），交通部于1999年11月29日向天津市市政工程局下达了《关于唐山至天津公路天津南段可行性研究报告的补充批复》（交规划发〔1999〕642号），对可行性研究报告进行了补充批复。

（2）交通部于1999年11月10日印发《关于1999年公路建设投资规模及重点项目有关问题的通知》（交规划发〔1999〕597号），下达了1999年投资计划4000万元。

（3）天津市市政工程局向交通部提交了《关于报请审批唐山至天津高速公路天津南段两阶段初步设计调整文件的报告》（市政局计〔1999〕320号），交通部于2000年2月1日向天津市市政工程局下达了《关于唐山至天津公路南段公路初步设计的批复》（交公路发〔2000〕56号），对丹拉高速公路工程初步设计进行了批复。

（4）天津市市政工程局于2001年1月19日印发《关于下达2000年公路养护、建设及建设前期调整计划的通知》（市政局计〔2001〕27号），下达了2000年投资计划123000万元。

（5）天津市市政工程局于2001年4月4日印发《关于下达2001年高等级公路及二级公路改造工程计划的通知》（市政局计〔2001〕167号），下达了2001年投资计划82680万元。

（6）天津市市政工程局于2002年3月14日印发《关于下达2002年高等级公路建设计划的通知》（市政局计〔2002〕126号），下达了2002年投资计划94500万元。

（7）交通部于2003年4月29日印发《关于印发2003年交通固定资产投资计划的通知》（交规划发〔2003〕88号），下达了2003年投资计划100000万元。

（8）天津市市政工程局印发《关于下达2003年高等级公路建设计划的通知》（市政局计〔2003〕39号）也下达了2003年投资计划。

（9）交通部于2004年4月14日印发《关于印发2004年交通固定资产投资计划的通

知》(交规划发〔2004〕88号),下达了2004年投资计划8000万元。

(10)天津市市政工程局印发《关于下达2004年高等级公路建设计划的通知》(市政局计〔2004〕93号)也下达了2004年投资计划。

经核算,滨石高速公路竣工决算为11.18亿元,平均每公里造价0.42亿元。见表8-9-5。

G0211滨石高速公路主要资金来源(单位:万元人民币)　　　　　表8-9-5

资金来源	交通部补助	养路费	银行贷款	自筹资金	合　计
金额	12607	6181	72746	20318	111852
所占比例(%)	4	9	54	27	100

(二)项目实施阶段

1. 工程质量目标与效果

项目成立自进场以来,便确定了"保部优、创鲁班奖"的目标要求和"丹拉高速公路支线天津南段保交通部优质工程技术规范"为指导的总体质量工作目标。严格按照设计要求和施工规范,以项目建设为核心,以承建单位为主体,以监理的控制为保证,树立全员质量意识,实现高起点、高标准、高科技、高素质,努力达到国家优质高速公路工程。

工程建设期间接受了年度审计监督,执行了国家环境影响评价制度和"三同时"制度,较好地完成了征地、拆迁和线外配套,为项目的建设创造了良好的内部条件。

2. 安全文明施工

安全文明施工情况的好坏直接影响到工程质量和工程进度。自入场以来对全体干部职工进行了安全文明施工教育,安排专人负责,进行定期和不定期的检查落实。组织各项安全施工竞赛和活动,取得了预期目标。

3. 工程管理

在项目实施过程中,监理部门把工程建设的现代化科学管理方法带到工程中来,在执行合同条款、技术规范,确保工程质量和投资效益方面发挥了积极作用。在工程质量控制方面,监理单位主要采取了以下措施:建立有效的约束机制,完善质保体系;加强质量预控工作,严格开工条件审查;加强对进场原材料的控制;对隐蔽工程、重点部位坚持旁站;加强对承包人质量保证体系的有效性进行监督;强化机械设备进出场的管理;树立精品意识,争创部优工程;建立质量控制检测程序以及质量事故处理程序。在工程进度控制方面,监理人员以合同工期目标为基础,严格审查承包人的总体进度计划、年度进度计划、月度进度计划的编制,以确保总工期目标的实现。

项目经理部把增加科技含量,使用新技术、新工艺、新材料作为提高工程质量、保证工期、节约建设资金的重要手段,积极鼓励设计单位、监理单位、施工单位提出各种合理化建议,不仅保证了工程质量、进度,还有效地确保建设资金的规范使用。

4. 廉政建设

项目经理部强化党员干部廉洁自律意识,积极开展"建优质精品工程,做优秀廉政干部"的"双优"活动。注重建立健全党内教育、管理、监督制度,在党员中树立起公仆为民意识,针对工程项目进程中容易出现的薄弱环节,进行认真分析和总结,进一步强化了党员干部的廉洁自律意识,建立起一套开展"双优"活动的长效机制。各部门进一步明确了党风廉洁建设的责任范围、细化了责任内容,修订了落实党风廉洁建设责任制的配套制度等。

项目经理部在开工初期,围绕工程建设,积极开展效能监察立项工作。通过理顺基建程序,实现规范化管理。通过强化合同管理,做深、做细建设单位职能。在实际工作中,充分发挥建设单位是工程建设第一责任人的作用,不断强化经济意识、责任意识和质量意识,努力实施设计上的优化,保证资金合理投入。项目经理部从严审施工图入手,组织工程技术人员到现场进行实地勘察,对发现不合理问题,及时与设计单位沟通论证,并进行优化设计,为工程节约了投资。

三、复杂技术工程

津浦立交起止桩号为 K64+453.42～K65+056.265,主线长 602.841m,匝道 4 个;路面宽度:主线 28m,匝道 9m;连接部全长 1500m。该立交位于丹拉支线高速公路与京福高速公路交点。在该立交范围内,丹拉支线高速公路主线跨京福高速公路,其匝道与京福高速公路连接,是一座双喇叭式,由预应力板梁、普通箱梁和预应力箱梁等不同构造组成的大型预应力钢筋混凝土互通式立交桥梁工程。该桥主线长 672.338m,面积 21472.6m^2。4 个匝道桥长度分别为:A 线 82.38m,面积 699.81m^2;B 线 126.33m,面积 1073.81m^2;C 线 100.96m,面积 858.16m^2;D 线 83.783m,面积 712.18m^2。全桥总面积 24816.56m^2。

四、科技创新

在设计中采用新技术、新材料、新工艺。一是将高速公路路面表层改为 AK-I3 型,并将初步设计中的两层水泥稳定碎石改为一层水泥稳定碎石加一层石灰粉煤灰稳定碎石,降低了工程造价;二是将中央分隔带的排水横管由钢筋水泥混凝土管改为聚丙烯管材,缩短了工期,节省了造价;三是发明了一种新式的集水井,通过多次验证,在全线推广使用,取得良好效果;四是经过验算和论证,对独流减河以南路段采取合理的地基处理方法,使桥头路堤高度由 6m 提高到 7m,大大减少了桥梁面积,降低了工程造价。

五、运营养护管理

1. 服务设施

滨石高速无服务区。

2. 收费设施

该项目共设置匝道收费站1座，截至2016年底匝道出入口数量共计6条，其中ETC车道2条，见表8-9-6。

G0211滨石高速公路收费设施一览表　　　　表8-9-6

序号	收费站名称	入口车道数		出口车道数		车道总数	
		MTC	ETC	MTC	ETC	MTC	ETC
1	蔡公庄收费站	1	1	3	1	4	2

3. 养护管理

该项目养护里程22.045km，设置丹拉养护工区1座，负责滨石高速的养护，见表8-9-7。该项目自通车以来为恢复沿线设施的使用功能及原有的技术标准，路面工程于2008~2011年上半年进行了面层挖补和桥头接顺维修；2011年下半年至2015年进行整体补强维修；桥梁工程主要进行过桥面铺装层维修、桥梁梁体裂缝维修、桥梁粘贴钢板、混凝土缺陷维修、支座维修和伸缩缝维修等。

G0211滨石高速公路养护设施一览表　　　　表8-9-7

序号	养护工区名称	桩号	路段长度(km)	占地面积(m^2)	建筑面积(m^2)
1	丹拉养护工区	K730+090	22.045	35000	998

六、项目后评估

依据《公路工程竣（交）工验收办法》（交通部2004年第3号令），天津市市政工程局组成竣工验收委员会于2006年12月22日对丹拉高速公路进行了竣工验收，工程评定为优良工程。该路全线贯通以后，极大地改善了天津东部地区的交通环境，有利于及时疏散天津空港和海港的物资，促进了天津市的繁荣发展，有力地支援冀、鲁、皖以及苏浙等省的经济建设。

第十节　S1津蓟高速公路（金钟路—蓟县田家峪）

津蓟高速公路是天津市公路网规划干线骨架布局中的重要组成部分，也是当时天津市北部地区唯一的一条南北向高速公路，贯穿天津市北部的三区两县，是连接津榆公路、京沈高速公路、京哈公路以及北部地市级干线公路的重要通道。该工程被市政府列为2002年重点工程，批复总投资55.63亿元。2001年3月开工，2008年6月建成通车。

一、项目概况

该项目主线南起于中心城区金钟路与外环线交口徐庄子附近，北止于蓟县田家峪，按高速公路标准设计,全封闭、全立交,全长116.3km,路基宽28.0m,双向4车道,设计速度120km/h。津蓟高速公路沿线与新开河、永定新河、潮白新河、引滦明渠等十余条一、二级河道相交,穿越淀北洼、大黄堡洼、青淀洼3个滞洪区,跨越北环、津蓟、京秦、大秦4条铁路,以及25条等级公路。该项目采用平原微丘高速公路等级标准,不设超高平曲线,最小半径5500m,最大纵坡3%,最小坡长300m,竖曲线最小长度100m;路面横坡2%;荷载标准路面结构为BZZ-100,桥梁为汽-超20,挂-120。

(一)基本情况

S1津蓟高速公路是天津市公路网规划"一带、三环、四纵、四横"干线骨架布局中"四纵"之一,工程起自天津外环线金钟公路,止于北京平谷界(蓟县田家峪)段,途经东丽、北辰、武清、宁河、宝坻、蓟州6个区,全长116.3km。其基本情况见表8-10-1～表8-10-4。

S1津蓟高速公路由两段组成,分别是外环线金钟路至蓟县城区段和蓟县城区至北京平谷界(蓟县田家峪)段。其中外环线金钟路至蓟县城区段于2001年3月15日开工,2003年9月26日建成通车,运营里程桩号K0+594～K100+762,全长100.762km,设计速度120km/h,双向四车道,路基宽度28.0m;蓟县城区至北京平谷界(蓟县田家峪)段于2005年12月正式开工,按总体工期要求,2008年7月1日建成通车,运营里程桩号K100+762～K116+003,全长15.538km,设计速度120km/h,双向四车道,路基宽度28.0m。现全线由天津高速公路集团有限公司运营事业部一分公司负责运营管理养护。

津蓟高速公路总投资55.63亿元,总土石方量1298万m³,路基最大填土高度控制在8m左右,平均填土高度为4.5m。全线设有长隧道2座,特大桥3座,大桥22座,中小桥96座,互通式立交8座,分离式立交35座,铁路通道2座,通道28座,涵洞447道。外环线金钟路至蓟县城区段征地1万多亩;土方1325万m³;拆迁房屋3万m²。主线收费站3处,匝道收费站11处,服务区3处。路基宽28m,路面结构从上至下依次为4cm Sup-13改性、5cm Sup-20型、7cm Sup-25型沥青混凝土、18cm水泥稳定碎石、18cm石灰粉煤灰

第八章
高速公路建设项目

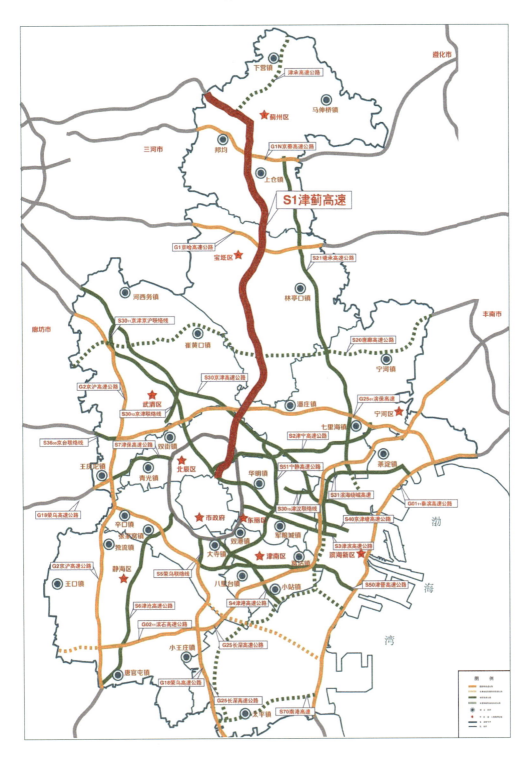

S1 津蓟高速公路在路网中示意图

天 津

S1 津蓟高速公路基信息

表 8-10-1

路段起止名称	路段起止桩号		规模（km）			建设性质（新、改扩建）	设计速度（km/h）	路基宽度（m）	永久占地（亩）	投资情况（亿元）			资金来源	建设时间（开工—通车）	备注
	起点桩号	止点桩号	八车道及以上	六车道	四车道	合计					估算	概算	决算			
外环线金钟线—大秦铁路地道	K0+000	K100+762			100.762	116.3	新建	120	28	8489	53.74	41.12	36.75	国债贷款、车购费、养路费、交通部补助、银行贷款和自筹资金	2001.3—2003.9	
大秦铁路地道—蓟县田家峪	K100+762	K116+003			15.538						11.3	14.51	13.48	养路费、交通部补助、银行贷款和自筹资金	2005.12—2008.7	

S1 津蓟高速公路桥梁汇总

表 8-10-2

序号	名　称	规模	桥梁左（m）	桥梁右（m）	主跨长度（m）	桥面宽度（m）	桥底净高（m）	跨越障碍物	桥梁分类	备注
1	永定新河特大桥	特大桥	1455	1455	30	27.5		河流	梁式桥、钢筋混凝土梁桥、简支桥梁	
2	北京排污河特大桥	特大桥	1017	1017	30	27.5		河流	梁式桥、钢筋混凝土梁桥、简支桥梁	
3	潮白河特大桥	特大桥	1408	1408	35	27.5		河流	梁式桥、钢筋混凝土梁桥、简支桥梁	
4	北环铁路桥大桥	大桥	612	612	38	27.5		铁路	梁式桥、钢筋混凝土梁桥、简支桥梁	
5	新开河大桥	大桥	300	300	30	27.5		河流	梁式桥、钢筋混凝土梁桥、简支桥梁	
6	永金引河大桥	大桥	685	685	30	27.5		河流	梁式桥、钢筋混凝土梁桥、简支桥梁	
7	清污渠大桥	大桥	200	200	25	35		水渠	梁式桥、钢筋混凝土梁桥、简支桥梁	
8	尔王庄大桥	大桥	120	120	20	27.5	5.5	道路	梁式桥、钢筋混凝土梁桥、简支桥梁	
9	引青人潮河大桥	大桥	625	625	25	27.5		河流	梁式桥、钢筋混凝土梁桥、简支桥梁	
10	5×20m大桥	大桥	100	100	20	27.5	5.5	道路	梁式桥、钢筋混凝土梁桥、简支桥梁	
11	跨京哈高速公路大桥	大桥	940	940	29	27.5	5.5	道路	梁式桥、钢筋混凝土梁桥、简支桥梁	
12	引滦明渠大桥	大桥	198	198	35	27.5		河流	梁式桥、钢筋混凝土梁桥、简支桥梁	
13	津蓟铁路桥大桥	大桥	942	942	38	27.5		铁路	梁式桥、钢筋混凝土梁桥、简支桥梁	
14	洵河大桥	大桥	220	220	20	27.5		河流	梁式桥、钢筋混凝土梁桥、简支桥梁	

续上表

序号	名称	规模	桥梁左(m)	桥梁右(m)	主跨长度(m)	桥面宽度(m)	桥底净高(m)	跨越障碍物	桥梁分类	备注
15	K73+240大桥	大桥	240	240	20	27.5	5.5	道路	梁式桥、钢筋混凝土梁桥、简支桥梁	
16	白塔子大桥	大桥	720	720	20	27.5	5.5	道路	梁式桥、钢筋混凝土梁桥、简支桥梁	
17	一线穿大桥	大桥	359	359	33	27.5	5.5	道路	梁式桥、钢筋混凝土梁桥、简支桥梁	
18	引漳入州大桥	大桥	160	160	20	27.5		河流	梁式桥、钢筋混凝土梁桥、简支桥梁	
19	邦誉公路大桥	大桥	716	716	30	27	5.5	道路	梁式桥、钢筋混凝土梁桥、简支桥梁	
20	漳河大桥	大桥	426	426	30	27		河流	梁式桥、钢筋混凝土梁桥、简支桥梁	
21	胡各庄大桥	大桥	306	306	30	27	5.5	道路	梁式桥、钢筋混凝土梁桥、简支桥梁	
22	邢家沟大桥	大桥	299	299	30	27	5.5	道路	梁式桥、钢筋混凝土梁桥、简支桥梁	
23	盘山连接线2号桥	大桥	566	566	28	15.5	5.5	道路	梁式桥、钢筋混凝土梁桥、简支桥梁	
24	盘山互通立交桥	大桥	304	304	30	13	5.5	道路	梁式桥、钢筋混凝土梁桥、简支桥梁	
25	田家岭大桥	大桥	110	110	20	13	5.5	道路	梁式桥、钢筋混凝土梁桥、简支桥梁	
26	K3+770中桥	中桥	39	39	13	27.5	5.5	道路	梁式桥、钢筋混凝土梁桥、简支桥梁	
27	K6+960中桥	中桥	80	80	16	27.5	5.5	道路	梁式桥、钢筋混凝土梁桥、简支桥梁	
28	K10+356中桥	中桥	80	80	16	27.5	5.5	道路	梁式桥、钢筋混凝土梁桥、简支桥梁	
29	K10+878中桥	中桥	48	48	16	27.5	5.5	道路	梁式桥、钢筋混凝土梁桥、简支桥梁	
30	K14+874中桥	中桥	48	48	16	27.5	5.5	道路	梁式桥、钢筋混凝土梁桥、简支桥梁	
31	K16+840中桥	中桥	80	80	16	27.5	5.5	道路	梁式桥、钢筋混凝土梁桥、简支桥梁	
32	K16+948中桥	中桥	96	96	16	27.5	5.5	道路	梁式桥、钢筋混凝土梁桥、简支桥梁	
33	K21+378中桥	中桥	48	48	16	27.5	5.5	道路	梁式桥、钢筋混凝土梁桥、简支桥梁	
34	K21+948中桥	中桥	80	80	16	27.5	5.5	道路	梁式桥、钢筋混凝土梁桥、简支桥梁	
35	K23+734中桥	中桥	48	48	16	27.5	5.5	道路	梁式桥、钢筋混凝土梁桥、简支桥梁	
36	K24+348中桥	中桥	80	80	20	27.5	5.5	道路	梁式桥、钢筋混凝土梁桥、简支桥梁	
37	K24+956中桥	中桥	48	48	16	27.5	5.5	道路	梁式桥、钢筋混凝土梁桥、简支桥梁	
38	K25+534中桥	中桥	60	60	20	27.5	5.5	道路	梁式桥、钢筋混凝土梁桥、简支桥梁	
39	K27+584中桥	中桥	80	80	16	27.5	5.5	道路	梁式桥、钢筋混凝土梁桥、简支桥梁	

续上表

序号	名称	规模	桥梁左(m)	桥梁右(m)	主跨长度(m)	桥面宽度(m)	桥底净高(m)	跨越障碍物	桥梁分类	备注
40	中桥 K29+558	中桥	39	39	13	27.5	5.5	道路	梁式桥,钢筋混凝土梁桥,简支桥梁	
41	K30+424 中桥	中桥	48	48	16	27.5	5.5	道路	梁式桥,钢筋混凝土梁桥,简支桥梁	
42	K30+732 中桥	中桥	83	83	25	27.5		管道	梁式桥,钢筋混凝土梁桥,简支桥梁	
43	K31+667 中桥	中桥	64	64	16	27.5		河流	梁式桥,钢筋混凝土梁桥,简支桥梁	
44	K32+832 中桥	中桥	64	64	16	27.5	5.5	河流	梁式桥,钢筋混凝土梁桥,简支桥梁	
45	K33+788 中桥	中桥	40	40	10	27.5		道路	梁式桥,钢筋混凝土梁桥,简支桥梁	
46	K34+738 中桥	中桥	52	52	13	27.5		河流	梁式桥,钢筋混凝土梁桥,简支桥梁	
47	K35+806 中桥	中桥	52	52	13	27.5	5.5	河流	梁式桥,钢筋混凝土梁桥,简支桥梁	
48	K36+803 中桥	中桥	52	52	13	27.5		道路	梁式桥,钢筋混凝土梁桥,简支桥梁	
49	K38+676 中桥	中桥	48	48	16	27.5	5.5	河流	梁式桥,钢筋混凝土梁桥,简支桥梁	
50	K39+682 中桥	中桥	52	52	13	27.5	5.5	道路	梁式桥,钢筋混凝土梁桥,简支桥梁	
51	K40+466 中桥	中桥	39	39	16	27.5	5.5	道路	梁式桥,钢筋混凝土梁桥,简支桥梁	
52	K41+830 中桥	中桥	42	42	16	27.5	5.5	河流	梁式桥,钢筋混凝土梁桥,简支桥梁	
53	K43+561 中桥	中桥	68	68	16	27.5	5.5	河流	梁式桥,钢筋混凝土梁桥,简支桥梁	
54	K44+084 中桥	中桥	68	68	16	27.5		道路	梁式桥,钢筋混凝土梁桥,简支桥梁	
55	K45+498 中桥	中桥	32	32	16	27.5	5.5	道路	梁式桥,钢筋混凝土梁桥,简支桥梁	
56	K45+886 中桥	中桥	40	40	20	27.5	5.5	道路	梁式桥,钢筋混凝土梁桥,简支桥梁	
57	K51+130 中桥	中桥	32	32	16	27.5		道路	梁式桥,钢筋混凝土梁桥,简支桥梁	
58	K56+472 中桥	中桥	60	60	20	27.5		道路	梁式桥,钢筋混凝土梁桥,简支桥梁	
59	K61+380 中桥	中桥	48	48	16	27.5	5.5	道路	梁式桥,钢筋混凝土梁桥,简支桥梁	
60	K61+644 中桥	中桥	52	52	13	27.5	5.5	道路	梁式桥,钢筋混凝土梁桥,简支桥梁	
61	K63+310 中桥	中桥	80	80	16	27.5	5.5	道路	梁式桥,钢筋混凝土梁桥,简支桥梁	
62	K65+050 中桥	中桥	64	64	16	27.5	5.5	道路	梁式桥,钢筋混凝土梁桥,简支桥梁	
63	K65+914 中桥	中桥	32	32	16	27.5	5.5	道路	梁式桥,钢筋混凝土梁桥,简支桥梁	
64	K69+176 中桥	中桥	40	40	20	27.5	5.5	道路	梁式桥,钢筋混凝土梁桥,简支桥梁	
65	K71+840 中桥	中桥								

续上表

序号	名称	规模	桥梁左(m)	桥梁右(m)	主跨长度(m)	桥面宽度(m)	桥底净高(m)	跨越障碍物	桥梁分类	备注
66	K72+945 中桥	中桥	20	20	20	27.5	5.5	道路	钢筋混凝土梁桥、简支桥梁	
67	K73+710 中桥	中桥	20	20	20	27.5	5.5	道路	钢筋混凝土梁桥、简支桥梁	
68	K75+403 中桥	中桥	46	46	30	27.5	5.5	道路	钢筋混凝土梁桥、简支桥梁	
69	K76+246 中桥	中桥	32	32	16	27.5	5.5	道路	钢筋混凝土梁桥、简支桥梁	
70	K79+316 中桥	中桥	32	32	16	27.5	5.5	道路	钢筋混凝土梁桥、简支桥梁	
71	K82+665 中桥	中桥	20	20	20	27.5	5.5	道路	钢筋混凝土梁桥、简支桥梁	
72	K85+918 中桥	中桥	20	20	20	27.5	5.5	道路	钢筋混凝土梁桥、简支桥梁	
73	K86+209 中桥	中桥	48	48	16	27.5	5.5	道路	钢筋混凝土梁桥、简支桥梁	
74	K89+738 中桥	中桥	20	20	20	27.5	5.5	道路	钢筋混凝土梁桥、简支桥梁	
75	K90+690 中桥	中桥	48	48	16	27.5	5.5	道路	钢筋混凝土梁桥、简支桥梁	
76	K91+554 中桥	中桥	36.97	36.97	16	27		河流	钢筋混凝土梁桥、简支桥梁	
77	肘各庄中桥	中桥	36.97	36.97	16	27	5.5	道路	钢筋混凝土梁桥、简支桥梁	
78	田家岭中桥	中桥	96	96	20	13	5.5	道路	钢筋混凝土梁桥、简支桥梁	

S1 津蓟高速公路隧道汇总　　　　　　　　　　　　　表 8-10-3

序号	项目名称	名称	规模	长度(m)	隧道全长左(m)	隧道全长右(m)	洞门形式	隧道分类		备注
								按地质条件划分	按所在区域划分	
1	津蓟高速公路	莲花岭隧道	长隧道	100762	2190	2220	坡墙式	石质隧道	山岭隧道	
2	津蓟高速公路	大岭后隧道	长隧道	15538	1575.6	1586.2	坡墙式	石质隧道	山岭隧道	

S1 津蓟高速公路路面结构　　　　　　　　　　　　　表 8-10-4

路面形式	起讫里程	路面结构	
		水泥混凝土路面	沥青路面
柔性路面	K0+000~K100+762		沥青混凝土路面 4cm 细改性（Sup-13）+5cm（Sup-20）+7cm 粗（Sup-25）+18cm 水泥稳碎石（5:95）+18cm 二灰碎石（6:14:80）+二灰土（12:35:53）
	K100+762~K116+003		4cm 细粒式沥青混凝土+6cm 中粒式沥青混凝土+8cm 粗粒式沥青混凝土+18cm 水稳+二步 17cm 二灰碎
刚性路面			

碎石、18cm 石灰粉煤灰土。主要技术标准为平原微丘双向四车道高速公路,设计速度 120km/h。该路是迄今为止天津市高速公路一次性建设标准最高、最具影响力的工程;是天津市"十五"计划标志性工程,天津市重点工程和 2001 年改善人民生活的二十件实事之一;也是连接津榆公路、京沈高速公路、京哈公路及天津市北部地区市政道路公路干线的重要通道。

(二)前期决策

天津市位于环渤海湾的中部,东临渤海,特殊的地理位置决定了天津是我国北方地区重要的公路主枢纽,承担着重要的过境公路交通责任。天津作为我国北方经济中心和现代化港口城市,与周边省市以及天津内部存在着便捷高效的现代化公路交通需求。

根据天津市"十五"期间经济社会发展战略目标,针对天津公路现状,天津市制订了"集中力量开展大规模的高速公路建设"为主题的"十五"期间公路建设计划。5 年内,计划建设完成津蓟高速公路 104km、唐津高速公路(天津南段)66km、津晋高速公路(天津东段)37km,并新开工建设京沪高速公路天津段正线 57km、津晋高速公路(天津西段)38km。争取在 10 年内完成天津市高速公路从"骨架型"向"网络型"的转变,以满足经济社会发展对公路交通运输的需要。

天津中心市区通往北部宝坻、蓟县乃至河北省承德地区只有津围公路唯一一条干线公路,二级公路标准。该路承担着市区去蓟县风景区旅游的客运功能,也承担着天津市及南部地区所需 90% 建筑材料的运输功能,日交通量已达到 1.5 万辆(中型车),处于超负荷运营状态,改造前的津围公路严重破损。为解决该通道的便捷交通问题,从 1998 年开始,原天津市市政工程局着手对该通道的公路进行改建及新建,并将该通道的三条公路作为一个项目进行运作,统一进行融资、建设、经营和管理。该项目三个部分为:改建九园公路;改造津围公路;新建津蓟高速公路。

随着天津经济社会快速发展对交通发展的需要,迫切需要修建贯穿天津南北的高速公路,以不断完善天津市公路网干线骨架,从而缓解津围公路交通压力,促进经济的持续平稳发展。为此,天津市政府于1997年提出了修建津蓟高速公路的要求。天津市公路管理局随即启动对该项目的前期调研和技术经济论证,并于1998年4月向天津市市政工程局提出了《关于津蓟高速公路项目立项的请示报告》,天津市市政工程局于1998年5月下达《关于津蓟高速公路工程立项的批复》(市政局计〔1998〕256号),同意建设天津市中心区至蓟县的高速公路。

(三)参建单位主要情况

该工程从立项、初步设计到监理施工招标都是严格执行公路建设市场管理办法的有关规定和基本建设程序,采用国内公开招标方式,确定了中标的监理单位和施工单位。工程建设单位为天津市高速公路投资建设发展公司;设计单位为天津市市政工程设计研究院;监理单位为天津市华盾工程监理咨询有限公司和天津市国腾公路咨询监理有限公司;施工单位为天津市城建集团、中港一航局、路桥集团第一公路工程局等24家单位。详见表8-10-5、表8-10-6。

津蓟高速公路参建单位一览表　　　　　　表8-10-5

参建单位类别	单 位 名 称	合同编号及桩号	负责人
项目管理单位	天津高速公路集团有限公司	K0+000~K104+000	李树茂
勘察设计单位	天津市市政工程设计研究院	K0+000~K104+000	赵建伟
监理单位	天津市道路桥梁工程监理公司	1合同	张钰林
	天津市国腾公路咨询监理有限公司	2合同	李树铭
	天津市华盾工程监理	3合同,主线起点收费站、津榆匝道收费站、九园匝道收费站、周良庄匝道收费站、服务区监理	王雁序
	天津市国腾公路咨询监理有限公司	4合同,潮白河匝道收费站、京沈匝道收费站、主线终点收费站监理	董世明
施工单位	天津第一市政公路工程有限公司	1合同,K0+000~K6+075.779、K1+202.559~K3+800	田温
	中国航空港建设总公司	2合同,K3+800~K7+650	冯辉
	天津第三市政公路工程有限公司	3合同,K7+650~K9+500	王世平
	天津城建集团有限公司	4合同,K9+500~K13+400、K14+700~K20+500	杨渡
	中港第一航务工程局	5合同,K13+400~K14+700	杨必泉
	天津市第二市政公路工程有限公司	6合同,K20+500~K32+400	陈坤
	天津五市政公路工程有限公司	7合同,K32+400~K42+300	熊光宇
	天津第一市政公路工程有限公司	8合同,K42+300~K52+690	廉桂兴

续上表

参建单位类别	单位名称	合同编号及桩号	负责人
施工单位	天津市公路工程总公司	9合同,K55+000~K61+050、K63+150~K65+100	徐鹏志
	天津第三市政公路工程有限公司	10合同,K65+100~K66+712、K71+400~K73+100	张强
	邢台路桥建设总公司	11合同,K66+712~K71+400、K73+100~K76+600	许祥顺
	天津第二市政公路工程有限公司	12合同,K76+600~K86+350	刘建生
	中国路桥集团总公司	13合同,K92+000~K92+929.024	田连民
	天津第五市政公路工程有限公司	14合同,K86+350~K92+000、K92+929.024~K97+686.348	黄茂华
	天津第三市政公路工程有限公司	15合同,K52+690~K55+000	王桂英
	天津第二市政公路工程有限公司	16合同,K61+050~K63+150	王惠和
	天津第一市政公路工程有限公司	17合同,K63+150~K88.523	马敬起
	天津第二市政公路工程有限公司	18合同,K88+523~K114+323	周宝良
	路桥集团第一工程局天津工程处	19合同,津蓟高速公路路面工程	丁建伟
	天津五市政公路工程有限公司	20合同,津蓟高速公路路面工程26.2km	李湘云
	天津市第四市政建筑工程有限公司	21合同,津蓟高速公路土建工程	危金阳
	天津三建建筑工程有限公司	22合同,津蓟高速公路土建工程	刘军
	北京铁路建设集团有限公司	23合同,津蓟高速公路下穿铁路框构立交桥工程	刘月涛
	中铁第十六集团第二工程有限公司	24合同,津蓟高速公路下穿铁路框构立交桥工程	孙吉堂
	天津第一市政公路工程有限公司	25合同,津蓟高速公路交通工程	杜亚民
	天津市政公路设备工程有限公司	26合同,津蓟高速公路交通工程	李孝本
	山西乾通公路工程机械有限公司	27合同,津蓟高速公路交通工程	王保金
	天津环路公路设施有限责任公司	28合同,津蓟高速公路交通工程	张强
	天津市华泰苑环境艺术工程有限公司	29合同,津蓟高速公路绿化工程	杨学永
	天津市绿化工程公司	30合同,津蓟高速公路绿化工程	韩德周
	北京绿洲科技发展有限公司	31合同,津蓟高速公路绿化工程	王健
	天津市绿世界园林有限公司	32合同,津蓟高速公路绿化工程	李瑞祥
	北京市泰克公路科学技术研究所	33合同,津蓟高速公路交通工程机电项目	刘国彤
	北京铁路建设集团有限公司	34合同,津蓟高速公路下穿铁路框构立交桥工程	刘月涛
	天津宝泉路桥有限公司	35合同,津蓟高速公路潮白河出口联络线工程	于海富

津蓟高速公路(蓟平线)参建单位一览表　　　　表 8-10-6

参建单位类别	单 位 名 称	合同编号及桩号	负责人
项目管理单位	天津高速公路集团有限公司	K95+056~YK15+300	滕长秋
勘察设计单位	铁道第二勘察设计院	K95+056~YK15+300	徐捷
监理单位	天津市华盾工程监理咨询有限公司	1合同,K95+055~K9+400	庞永华
监理单位	河北华达公路工程咨询监理有限公司	2合同,L9+400~YK15+300	徐胜利
监理单位	重庆中宇工程咨询监理有限责任公司	3合同,交安、机电工程	林波
施工单位	天津市第一市政公路工程有限公司	1合同,K95+055~K1+455	王子麒
施工单位	天津路桥建设工程有限公司	2合同,K1+455~K4+619	廉桂兴
施工单位	中铁一局集团第一工程有限公司	3合同,K4+619~K7+917.5	汪建民
施工单位	中铁十四局集团有限公司	4合同,K7+917.5~K9+400	刘宏文
施工单位	中铁十五局集团有限公司	5合同,K9+400~K13+003	金国海
施工单位	中铁五局(集团)有限公司	6合同,YK13+003~YK15+300	张尚书
施工单位	天津第四市政建筑工程有限公司	7合同,房建工程	韩军
施工单位	中铁十局集团有限公司	8合同,房建工程	牟松华
施工单位	天津市政公路设备工程有限公司	9合同,房建工程	孙善萍
施工单位	中咨泰克交通工程有限公司	10合同,交通工程	王谦
施工单位	天津津利堡消防装饰工程有限公司	11合同,隧道消防工程	姚文海
施工单位	天津路桥建设工程有限公司	12合同,K95+056~YK15+300	马敬起
施工单位	天津市政公路设备工程有限公司	13合同,K95+056~YK15+300	张国村
施工单位	天津市绿化工程公司	14合同,绿化工程	崔修勇

二、建设情况

(一)项目准备阶段

该项目严格执行交通工程基本建设程序,从预可行性研究、工程可行性研究、初步设计、施工图设计、工程施工、监理招投标及工程开工报告的审批,各个环节手续齐全,具体如下:

(1)1998年4月,天津市公路管理局向天津市市政工程局提出了《关于津蓟高速公路项目立项的请示报告》。

(2)1998年5月,天津市市政工程局下达《关于津蓟高速公路工程立项的批复》(市政局计〔1998〕256号)。

(3)1998年6月,天津市公路管理局委托天津市市政工程设计研究院开始编制《津蓟高速公路工程可行性研究报告》。

(4)1998年9月,天津市公路管理局向天津市市政工程局提出了《关于审批津蓟高速公路工程可行性研究报告的请示》（市公路局计〔1998〕215号）。

（5）1998年9月25日，天津市市政局以计〔1998〕568号文件的形式，对工程可行性研究报告进行了正式批复。

（6）1998年10月，天津市公路管理局委托天津市市政工程设计研究院开展津蓟高速公路初步设计工作。2000年11月6日，初步设计工作全部完成。

（7）2000年11月17日，天津市市政工程局下达《关于津蓟高速公路初步设计的批复》（市政局计〔2000〕644号）。

（8）2001年1月15日，天津市市政工程局下达《关于津蓟高速公路修改补充初步设计的批复》（市政局计〔2001〕16号）。

（9）2001年1月25日，天津市市政工程局下达《关于津蓟高速公路工程修改补充初步设计概算的批复》（市政局计〔2001〕36号）。

（10）2004年12月7日，天津市发展和改革委员会下达《关于对津蓟高速公路延长线项目建议书的批复》（津发改基础〔2004〕397号）。

（11）2005年4月20日，天津市发展和改革委员会下达《关于对津蓟高速公路延长线工程可行性研究报告的批复》（津发改基础〔2005〕217号）。

（12）2005年6月29日，天津市市政工程局下达《关于津蓟高速公路延长线工程初步设计的批复》（市政局计〔2005〕300号）。

（13）2008年6月18日，天津市市政工程局下达《关于津蓟高速公路延长线工程调整初步设计的批复》（市政局计〔2008〕251号）。

该项目概算总投资55.63亿元，竣工决算为50.23亿元，投资节约5.4亿元，平均每公里造价0.43亿元，见表8-10-7。

S1 津蓟高速公路主要资金来源 表8-10-7

资金来源	交通部补助	车购费	养路费	国债资金	银行贷款	自筹资金	合计
金额（万元）	20300	4800	45720	25898	270618	134999	502335
所占比例（%）	4	1	9	5	54	27	100

（二）项目实施阶段

为了将津蓟高速公路建设成为质量一流、景观一流、效益一流的精品工程，工程建设初期项目部就确定了"创国优、创市级文明工地，保部优、保工期，实现世纪精品工程"的总体目标。同时，采取了以下措施：一是建立健全一整套的质量保证措施及组织机构，将质量目标层层分解，落实到人；二是建立了由建设单位和监理单位共同管理的中心实验室，为保证工程质量提供可靠数据；三是实施施工控制预案和重大技术评审制度；四是依靠政府质量监督,加强现场巡视,确保监理人员到位,实行质量处罚通知单制度;五是通过开展"双创双保一实现"劳动竞赛活动,形成建设单位、设计、监理及各承包人之间比学赶超、目标共创、成果共享的良好氛围。

该项目建设过程中针对重大技术问题,多次邀请行业内专家进行评审工作,先后重点解决了 16 合同段京沈互通立交片石路基钻孔灌注桩成桩工艺、10 合同段在已吊装的梁上实施预制梁方案、CBR 不合格土的改良方案等一大批技术问题,不仅方便了施工,而且有效地保证了工程质量。

做好技术培训,为工程提供后劲。工程进场前,坚持做好监理人员、施工管理人员的培训教育工作,并进行相应的考核确保持证上岗。利用冬休期间,组织项目经理及总工参观外地工程,邀请国内外知名专家学者进行座谈,不断提高参建人员的业务素质。

为了提高工程质量,项目部把"三新"(新技术、新工艺、新材料)在工程中的运用看作重中之重。采用特里尼达湖沥青就是很好的例子,特里尼达湖改性沥青是由千里达湖沥青与 AH-90 沥青按 1:3 比例掺配混合制成,原材料指标按 BS3690"经提炼处理的精制特里尼达湖沥青的性能指标"进行要求,重交通 AH-90 沥青按照相关国家标准进行检测;采用 25% 特尼达湖沥青和 AH-90 重交通沥青进行掺配,混合后检测标准采用 ASTM D5710"特里尼达湖沥青改性沥青标准"中 TMAl 等级。大大改善了沥青性能,提高了劲度模量,增加了使用寿命,提高了沥青混凝土的高温性能、低温性能及水稳定性,延长了路面的使用寿命。

此外,针对目前沥青路面早期破坏现象严重,现行规范已经部分不能满足要求的情况,在现行规范基础上,全面推行美国公路战略研究计划(SHRP)采用新的沥青和沥青混合料检验和设计方法,全面推行高性能沥青路面(Suprpave)设计理论。并在现行管理体系的基础上,由国腾、华盾公司总监办、津蓟项目经理部、中心实验室相关人员组成了沥青路面技术服务和质量监控小组,主要对严格配合比及方案的审查工作加大了投入力度,不论哪一层的沥青路面大面积开工之前,必须进行试验路段,在组织有关人员对试验路段进行评审合格后,方可进行正式路段施工。选派了有经验的技术人员加大对现场的巡视力度,严格控制现场摊铺碾压程序,定期组织好沥青路面质量专项例会,总结已施工沥青路面情况和落实上次例会存在问题的整改情况,从管理体系上有效地保证了沥青路面的施工质量。

同时,注重提高压实度标准。在保证压实度基础上不断提高路面平整度。规范马氏密度 96% 已不能满足目前交通量及轴载的要求,过低的压实度会导致路面透水,造成沥青剥落,形成路面松散,因此项目经理部对压实度采用双控标准,即马氏密度达到 98% 以上,理论密度达到 94% 以上。在保证压实度的基础上,追求平整度,避免"先平而后不平"的现象发生,预控油面早期破坏现象的发生。

  项目经理部摈弃以往"重主体,轻附属"的观念,高度重视工程附属设施的外观质量。在新工艺方面,采用了超高段点式排水设计,在预制混凝土小构件的生产上,针对以往公路工程小构件由承包人自行采购、厂家分散、标准不统一、供货无保证、管理难度大等诸多问题,决定该项工程采取统一厂家、统一标准、统一供货原则。根据项目经理部印发的《关于进一步加强水泥小构件成品质量的通知》,对小构件生产从原材料要求、冬季生产养护、检验标准等方面提出了具体的要求,并要求统一水泥品牌、统一砂的材质、统一模板加工,力求小构件色泽统一、外形统一,杜绝石粉在水泥混凝土中的应用,以防止小构件产生网裂、脱皮、松散等早期破坏现象。

加强原油进场的质量管理工作。由项目经理部、国腾中心实验室以及供货单位共同在现场取样,采取见证取样的方式,由供货方、接货方代表(津蓟中心实验室)共同送至双方约定的有资质的试验单位进行检验(检测单位拟定为国腾中心实验室),送试检验应附出厂试验报告或 SGS 试验报告、合同指标和送试任务单等,试验单位接样后必须在 3d 内完成检测工作。加强二次倒运沥青质量控制,当沥青运至炒油厂时,需由驻地监理会同炒油厂进行三大指标测试,合格后方可进行生产使用。

从源头严格控制石料的品质。采石山体必须彻底清除覆盖层,确保石料含泥量满足规范要求,严禁使用颚式破碎机加工生产的石料,严格控制针片状石料的含量。津蓟中心实验室负责招标用石料和施工单位选用石料的检测,并负责监理日常对石料抽检的试验。各合同段采料产地不超过两处,技术服务和质量监督小组对进场后的集料外观及测试结果负责。

为保证项目档案管理与项目建设同步进行,加强了内业资料管理。严格执行重点建设项目档案工作的有关规定,接受上级档案部门的监督、检查和业务指导,按照《天津市市政、公路工程档案编制管理细则》进行档案资料的编制管理。

津蓟高速公路项目经理部积极开展效能监察活动。根据立项内容,进行目标分解,建立项目责任网络体系,把责任与各项指标落实到各个部门与具体的管理者身上。同时,结合效能监察的目标和项目管理的实际需要,先后制订和完善了质量管理、文明施工管理、安全管理、计量支付管理等方面规章制度,建立了效能监察工作定期检查制度,做到了在工程立项、设计、招投标、监理、计量支付、质量监测等方面按照基建程序严格规范运作,严格按照各项规章制度实施有效的管理。项目经理部还借助工程载体,把全线十几个合同段的十几家参建单位组织为一个整体,围绕实现"创部优、创文明工地、保证建设单位责任到位"总体目标,开展了"双创一保"劳动竞赛活动,建立了奖一罚一的激励机制,在全线营造了比学赶超的竞争氛围。在项目效能监察过程中,注意抓关键环节,堵塞管理漏洞,运用市场机制规范各项工作。项目经理部把加强对大宗原材料资金控制和对原材料质量控制作为重点,采取了大宗混凝土小构件、沥青油原材料统一招标比选。专家审核方式,在保证原材料品质、控制投资规模、协调工期进度、确保工程质量等方面起到了明显的作用。项目经理部狠抓合同管理,强化管理规范,严格执行设计标准,严格按合同办事。另外,项目经理部还从抓自身建设入手,以效能监察为契机,强化建设单位自身建设,规范自身行为,努力树立良好的建设单位形象。在对建设单位项目经理部总体评议中,满意率达到了98.2%。

全线桥梁灌注桩合格率100%,其中1类桩占98.69%,交工验收单位工程合格率100%,单位工程优良率98.5%,工程质量总评分92.6,工程质量等级为优良。经过一年多重载大流量交通的考验,工程竣工验收专家鉴定意见为:该项工程主体线形流畅,路基质量稳定,路面舒适平整,附属工程美观实用,桥梁结构安全可靠。

津蓟高速公路项目部召开动员会、党建会议

第八章
高速公路建设项目

津围立交架梁

津蓟高速公路施工现场

引青入潮河特大桥

京哈互通（一）

京哈互通（二）　　　　　　　　　　　　　　　　九园互通立交全景

津蓟高速公路在设计及实施上注重以人为本的理念，着力在环境景观上做文章，力求达到车辆、道路、建筑与周围环境的和谐一致。具体做法为：一是运用公路功能美学的观点，注重高速公路平、纵、横综合设计，并与周边地形、地物相适应，形成了平面顺适、纵面均衡的主体线形，既保证了行车安全，又给驾乘人员视觉上的美感；二是收费站方案选定在保证高速公路快速、安全、便利等要求的同时，引入了环保、美学、人文的理念，使高速公路主体工程、附属工程、绿化工程与周围的自然景观协调统一。

三、复杂技术

津蓟高速公路延长线莲花岭隧道工程 K111+220～K113+410、K113+420～K111+200，长 2220m（左线 2252m）。该隧道施工按新奥法施工原理进行，以系统锚杆、喷射混凝土、钢筋网、格栅钢架等组成的初期支护手段，控制围岩的变形，待围岩稳定后再浇筑二次混凝土。对于软弱围岩段，施工始终坚持"管超前、严注浆、弱爆破、短进尺、早封闭、勤量测、紧衬砌"的原则，并通过对围岩和支护的量测、监控来指导隧道的施工。

该隧道属燕山山脉分支段低山丘陵剥蚀区，地形切割强烈，隧道进口段为一早期侵蚀台地，坡面堆积球形风化大孤石，易发生落石。隧道洞身浅埋，风化带较厚，围岩等级偏低，在实际施工中围岩变化无常，多次出现塌方现象，故采用环形开挖预留核心土的开挖方法。该隧道施工按新奥法施工原理进行,以系统锚杆、喷射混凝土、钢筋网、格栅钢架等组成的初期支护手段,控制围岩的变形,待围岩稳定后再浇筑二次混凝土。对于软弱围岩段,施工始终坚持"管超前、严注浆、弱爆破、短进尺、早封闭、勤测量、紧衬砌"的原则,通过对围岩和支护的测量、监控来指导隧道的施工。隧道施工中初期支护是影响隧道工程质量的重要环节,项目经理部对初期支护的各个工序严格按照施工技术规范和设计要求检查,对于不合格的坚决返工。尤其在软弱围岩地段,为保证工程的安全和质量,多次提高初期支护的参数,如增加超前注浆小导管施工,增加锚杆的数量或加密间距,采用双层钢筋网等。在隧道塌方空洞处理上,也加大质量控制力度,注浆过程中安排专人全天监督,决不留下质量缺陷。

津蓟高速公路隧道施工

津蓟高速公路隧道

四、创新科技

针对津蓟高速公路项目工期紧、跨越区域多、地质条件差异大、质量要求高的特点,结合桥头跳车、路面早期破坏等质量通病的预防,大胆采用新技术、新材料、新工艺,确定了多项科研课题。其中《高性能沥青混合料设计及应用研究》通过天津市科委授权天津市市政工程局组织的科技成果鉴定,专家评价整体技术居国内领先水平。

(1)针对天津市软土地基特征明显的特点,结合不同地段运用由刚到柔的逐级过渡设计思想,在高填土路基深层采用 CFG 桩、水泥搅拌桩、旋喷桩、夯扩桩、塑板桩、碎石桩等桩型进行处理;路基浅层采用土工隔栅、土工布进行处理;结合沉降观测数据对重点薄弱环节采用超载预压等综合路基处理措施,取得了显著效果。特别是将建筑中普遍应用的 CFG 桩在华北地区首次改进应用到公路施工中,提高了路基的承载力,减小了路基沉降,降低了综合工程造价。

(2)针对高等级公路路面早期损坏现象严重的现实,全面引进了美国 SHAP 计划 Superpave 路面设计技术。采取 PG 分级方法选用沥青胶结料,优化沥青混合料配合比设计,一改传统的马氏击实成型工艺为旋转压实成型工艺,使沥青混凝土密实度均达到马氏密度控制 98%、理论密度控制 94% 以上;针对北方季节性温差大的气候特点,全线面层及重载一侧的中面层和全线桥梁沥青混凝土均采用具有高热稳定性和低温抗裂性的改性沥青;摊铺沥青混凝土时,采用非接触式平衡梁,比传统的接触式平衡梁,提高平整度达 10% 以上,实测沥青混凝土表面层平整度标准差平均值为 0.6,大大高于部颁平整度 1.2 的标准。其次,通过优化配合比设计改进半刚性基层,使其既有足够的强度、良好的水稳定性,又具备较小的收缩变形,从而减少了沥青路面的收缩裂缝。此外,在路基及刚柔搭接等容易开裂部位,采用自粘式玻璃纤维网,延缓和减少了路面局部因刚度、强度不一致导致基层收缩开裂及不均匀沉降而引起的沥青面层反射裂缝。三项工艺的结合使用,有效减少了路面早期损坏现象的发生。

（3）在路基及桥梁排水方面，采用无砂混凝土排水盲沟及齿型排水扎，有效地解决了桥面沥青混凝土层间水的排放，减少了因水损坏导致的桥面铺装早期破坏现象的发生；超高段中央分隔带排水采用点式可跃式侧石排水形式，并通过预埋管道将水排放到急流槽，避免了传统因采用断口排放方式，导致两侧路面的水汇于一侧，造成"水漂"影响行车安全的现象；将传统铺砌式、浅碟式的排水系统，变更为L型预制结构，减少了中央分隔带渗水盲沟的施做，既提高了排水效能、增加了绿化面积，又使中央隔离带布局更加合理。此外，在路面横向排水施工中使用UPVC管，替代传统的水泥混凝土管材，具有方便施工、便于维修养护的特点。

（4）在华北地区首次全线采用可再生能源利用的地源热泵作为能量转换媒介，利用浅层土壤的储热特性，结合绿色环保高效节能的热泵系统，来调节不同季节站区建筑内的温度，取代传统的燃油、燃煤锅炉等单一供热系统和常规空调系统，既充分利用了自然资源，又避免了环境污染。在国内，三大系统首次实现综合收费业务网络、多用途语言通信网络及全线局域网办公网络的三网合一，通过高亮度情报板实时直报全天候气象监测信息。监控系统在天津市首次应用DLP数字大屏幕技术；太阳能紧急电话的使用，也为今后建设更多的绿色环保型高速公路做了有益的尝试。

（5）附属工程本着以人为本的设计理念，着眼于细微之处的美观实用。一是利用橡胶板可压缩及恢复变形的特点，将其作为防撞地袱缩缝填料，既保持了地袱的整体性，外形也变得更加美观；二是桥梁防撞栏采用热镀锌喷塑工艺，降低了后期养管费用；三是支线上跨造型采用现浇梁，下部结构采用独柱，增强了视觉效果；四是交通工程标线采用闪光雨线，增强了雨天、夜间的可视性，提高了行车的安全性；五是通过绿化中央隔离带和沿线边坡、匝道，既美化环境，又增强了防眩功能。

首次进行填石路基的施工，严格控制填料粒径和填筑厚度，碾压设备采用大型振动压路机，用沉降法控制压实度。

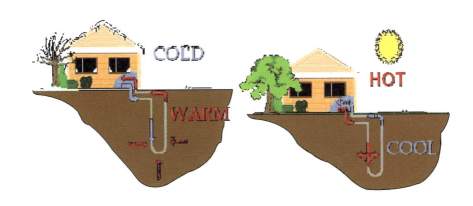

天　津
高速公路建设实录

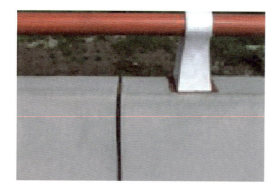

30m 预应力箱梁孔道压浆采用真空压浆这一新工艺,找出了真空压浆的难点在于孔道内真空负压的保持,并有效解决了问题,真正掌握了真空压浆的工艺,取得了良好的技术经济效果。

在波形梁钢护栏桥头封头的施工中,采用直板封头代替图纸中使用的斜角板,增加了护栏的美观程度。

(6)科研及技术创新应用

开发应用计算机技术运用整个项目工程中,实行网络系统管理,收到实效。实践证明,计算机网络管理系统在津蓟项目中起到了不可替代的作用,为优质高效的完成项目建设发挥了巨大作用;从根本上彻底解决了多信息点之间的同时通信及信息资源,以及信息资源的再次利用问题;提高了信息资源的安全性和再次调用的频率;极大地提升了工程管理人员的办事效率和决策的科学性;计算机网络在津蓟项目管理中的成功运用,为今后的项目管理做了有益的探索;该工程通信管道在天津市高速公路中首次采用七孔梅花管,极大地提高了管孔的利用率;首次在天津市封闭高速公路上应用不停车收费系统(ETC),提高了全路的管理水平和通行能力;首次在天津市的高速公路上应用大屏幕显示技术,彻底改变了地图板的旧模式,也从根本上解决了因路线变化造成地图板作废的老问题。

津蓟高速公路建筑的设计理念是用色彩区分的,不管是视觉还是感觉都要给人一种超凡感受。起点站——银白色;服务区——银绿色;终点站——红色;津榆——紫色;九园——蓝色;潮白河——明黄色;京沈——橙色。从风格上考虑,主线起点站靠近市区,要体现现代化大都市的气息;服务区主要考虑到环保,设计理念从以人为本出发,以舒缓人的紧张劳累为标准;终点站靠近蓟县,设计上考虑到乡土气息与现代风格相结合的设计理念。津蓟高速公路收费站的建成给整条高速添加一道具有人文特色、环保特色的景观点,也是天津市公路建设史上的第一例。

由于高速公路收费站一般远离市区,不仅没有常规集中供热系统,生活用水也要通过打地下水井来解决,而且因为环保的要求常规的燃煤锅炉供热系统不允许使用。因此,采用地源热泵系统,用于以土壤或地下水为冷(热)源的集中供热制冷系统,用来改善员工的生活环境,是一种新的对可再生能源利用与开发的良好措施。

(7)技术特点如下:

①尽量选取高技术指标。按交通部部颁《公路工程技术标准》(JTJ 001—97)执行,在可能的情况下尽量选取高指标值,道路的容量设计保证具有较高的服务水平;路线布设尽量顺捷,以缩短里程,降低工程造价,获得最佳经济效益,路线设计中注意与沿线村镇规划相结合,以方便当地居民的生产生活,设计中充分考虑了尽量减少对自然环境、对农业生产环境的不良影响。

②注重综合设计。路线设计中,充分注意平、纵、横三方面的综合设计,尽量考虑车辆行驶的安全舒适和驾驶人的视线良好及心理反应,为此,要求保持线形的连续性;在设计中,还注意了与周围环境自然景观相协调,在不降低技术标准的情况下,尽量少拆房屋和重要建筑物。

③路基设计的正确合理。该工程沿线穿越3处蓄滞洪区和众多河道及铁路、公路,且村镇密集,这些因素对高速公路路基的平均填土高度有着很大的影响。设计中,通过合理确定通道的规模和数量,采用线外铺道减少通道数量,堤后设置防洪通道,设置支线上跨分离式立交,采用主线下穿铁路地道等多种技术措施,有效地降低了路基的平均填土高度,节省了工程造价。同时,根据沉降及稳定计算结果,结合路线不同区段地基的实际情况,分别采用塑料排水板、水泥搅拌桩、高压旋喷桩、CFG桩及夯扩桩等多种路基深层处理方法,保证了路基地基的稳定性。

此外,该工程在整体设计中特别注重跨河桥及立交桥结构形式的选择。为满足景观要求,在互通立交较高处均采用现浇箱梁;对跨河桥均采用预制板梁及T型梁,以最大限度地实行预制化、标准化和工厂化生产,从而节省了造价,有利于工程质量控制,加快了施工进度。

5 合同段 CFG 桩施工现场

④积极采用新技术、新材料、新工艺,实现多项第一。主要包括:

a. 对鱼塘沟渠路段、高填土桥头、新旧路搭接处,推广应用聚丙烯双向土工格栅,有效地减少了路基的不均匀沉降及工后总沉降,防止了由于不均匀沉降引起的路面开裂、纵向裂缝及桥头跳车问题。

b. 在蓄滞洪区内的粉性土高路基路段,采用土工布与水泥土相结合的处理方法,增强了路基稳定性,保证路基在洪水浸泡和退水时的安全。

c. 设计中首次采用CFG桩进行高填土路基深层处理。CFG桩复合地基处理技术为国家85攻关课题,被国家科委列为国家级全国重点推广项目。在该高速公路建设项目中大规模应用此项新技术,取得了良好效果。CFG 桩具有施工速度快、易于质量控制、易于检测、造价节省等优点,社会效益与经济效益显著。

d. 首次在高速公路设计中采用夯实扩底桩进行地基处理,以较短的桩长获得较大的地基承载能力,易于控制施工质量,检测方便,社会与经济效益显著。

e. 首次在天津市高速公路边坡设计中采用三维土工网新材料,节省造价,有利于解决高速公路早期边坡冲刷问题。

f. 首次在天津市高速公路中央带排水设计中采用 UPVC 管材,施工速度快,节省造价,耐久性优于普通钢筋混凝土管材。

g. 主线加筋土挡墙拉带,采用 CAT 钢塑复合拉带新型材料,延伸率小,强度高,耐久性好,造价经济,适合在高速公路中推广应用。

新型浅碟式排水

中央分隔带点式排水

h. 路面结构的表面层采用 SBS 改性沥青,改善了路面使用性能,延长了路面使用寿命。此外,部分路段采用 TLA 沥青(特立尼达湖沥青)。TLA 沥青采自加勒比岛国特立尼达和多巴哥境内的沥青湖,属天然沥青,其物质与化学成分与普通沥青完全一致。用 TLA 沥青的改性沥青制成品,拥有更为出色的路用性能,如出色的高温稳定性、极强的低温抗裂性、无与伦比的抗老化性能以及不产生离析现象等。该路应用 TLA 沥青路段均取得了良好的效果。

  i. 应用 SHRP 计划研究成果 Superpave 混合料设计方法进行沥青混凝上面层配合比设计。

  j. 收费站及主线地道引路均采用铣削钢纤维水泥混凝土路面,减薄了水泥混凝土面板厚度,延长了路面使用寿命。

  k. 采用齿形排水孔与无砂混凝土排水盲沟相结合的桥面排水系统,及时排除桥面层间水,延长桥面使用寿命。

  l. 采用新型浅碟式中央分隔带并设置完善排水系统,有效地防止雨水渗入路面结构层。此外,从景观角度出发,全线采用可越式侧石,外形顺畅美观:在超高段结合可越侧石的设置,采用新型"点式"排水方式,将雨水井篦与可越侧石完美结合为一体,既有效防止雨水井篦的丢失,又保证了中央分隔带侧石线形顺畅美观。

  m. 结合沿线土源不足的实际情况,蓟县山前区采用碎石土路基,有效地保护了沿线稀缺的土地资源。

  n. 采用矩形孔板梁,有效降低桥梁上部结构混凝土及钢筋用量,经济效益显著。

  o. 后张预应力梁采用真空后压浆技术,防止预应力钢筋被腐蚀,提高了结构的安全度和耐久性。

五、运营养护管理

  津蓟高速公路共设置 3 处(各处含上下行两个点位)服务区分别为:天津站服务区(K7+600)总体规模 16970m^2,建筑面积 4813m^2,车位共计 50 个,服务内容为超市、公卫、加油站;温泉城服务区(K51+800)总体规模 67200m^2,建筑面积 2434m^2,车位共计 40 个,服务内容为餐厅、超市、汽修、客房、公卫、加油站;蓟州服务区(K96+500)总体规模

80091m², 建筑面积3050m², 车位共计140个, 服务内容为超市、公卫、加油站。以上3个服务区目前的经营单位均为天津市高速公路经营开发公司, 且均为开通状态。

收费站设置见表8-10-8, 收费方式分为人工(MTC)及自动(ETC)两种。

S1 津蓟高速公路收费设施一览表　　　　　　　　　　表8-10-8

序号	收费站名称	入口车道数		出口车道数		车道总数	
		MTC	ETC	MTC	ETC	MTC	ETC
1	天津收费站(主线站)	3	2	11	2	14	4
2	津榆路收费站	2	1	3	1	5	2
3	九园收费站	2	1	4	1	6	2
4	宝坻温泉城收费站(蓟州方向)	1	1	2	1	3	2
5	宝坻温泉城收费站(天津方向)	1	1	2	1	3	2
6	宝坻收费站	2	1	4	1	6	2
7	宝坻北收费站	0	0	6	1	6	1
8	宝坻物流城收费站	1	1	3	1	4	2
9	上仓收费站	1	1	3	1	4	2
10	京哈路收费站	1	1	3	1	4	2
11	蓟州收费站	5	1	10	1	15	2
12	盘山收费站	2	1	6	1	8	2
13	莲花岭收费站(省界主线站)	0	0	6	2	6	2
14	田家峪收费站(天津方向)	2	1	4	1	6	2
15	田家峪收费站(北京方向)	3	0	2	1	5	1

开通以来, 该条高速交通流量于2010年以前整体上呈明显上升趋势, 2010年以后, 递增趋势放缓, 具体交通流量数据见表8-10-9。

交通流量发展状况(单位:辆/日)　　　　　　　　　　表8-10-9

年份(年)		路段总流量	年均日交通量
2008	入口	6038664	16545
	出口	5745373	15740
2009	入口	8162426	22362
	出口	8027829	21994
2010	入口	13469951	36903
	出口	13524577	37053
2011	入口	13494196	36970
	出口	13259290	36326
2012	入口	12782206	37759
	出口	11001961	30142

续上表

年份(年)	路段总流量		年均日交通量
2013	入口	10769479	29505
	出口	17194829	47109
2014	入口	10162482	27842
	出口	10038121	27501
2015	入口	13803187	37816
	出口	13938804	381885
2016	入口	14500674	39727
	出口	15181559	41593

津蓟高速公路至2008年开始进入大中修养护期，先后分别应用了单双层挖补、泡沫沥青冷再生、微表处、就地热再生、路基高压旋喷桩加固以及桥梁换板、梁底粘钢板加固以及防撞墙防腐等养护技术。其中泡沫沥青冷再生不仅起到良好的节能减排效果，而且有效解决了半刚性基层开裂形成路面反射裂缝的难题，同时也起到了良好的底面层、基层层位承载功能；微表处的大量应用，抵制了由于路面裂缝等形成的水损坏，大大延长了道路寿命、延缓了大中修养护周期。通过以上这些技术的应用，目前津蓟高速公路路况水平达优，充分发挥了其作为天津市政治、旅游路线的职能。

六、项目后评估

建设质量一流、景观一流、效益一流的新世纪精品工程,争创"鲁班奖",是津蓟高速公路建设者确定的目标。津蓟高速公路外环线至蓟州区段工程项目经理部的管理者树立先进的管理理念,依靠科技进步,应用科学高效的现代管理手段,实现科技兴企和跨越式发展的宏伟目标。工程的跨越力度之大,是近几年来国内同类公路项目中少有的。其主要特征有:一是工程的实际建设周期比计划的建设周期缩短了2/5,即计划5年完,实际3年完成;二是全线102km范围内的126座桥梁、478道涵洞与通道、路基填筑、软基处理等多项工程同时开工;三是施工战线长、管理点位多,工程数据统计量大。项目经理部将现代管理手段引入项目管理,成立了以项目经理为首的科技攻关组,大胆应用计算机网络技术,实现了科学高效的超前管理,确保了工程的顺利实施。

津蓟高速公路在设计及实施上注重以人为本的理念,着力在环境景观上做文章,力求达到车辆、道路、建筑与周围环境的和谐一致。具体做法为:

(1)运用公路功能美学的观点,注重高速公路平、纵、横的综合设计,并与周边地形、地物相适应,形成了平面顺适、纵面均衡的主体线形,既保证了行车安全,又给驾乘人员视觉上的美感。

(2)收费站方案选定在保证高速公路快速、安全、便利等特征的同时引入了环保、美学、人文的理念,使高速公路主体工程、附属工程、绿化工程与周围的自然景观协调统一。

津蓟高速公路项目经理部荣获2002年度天津市"十五"立功先进单位和市级模范先进单位荣誉称号,该工程被评为2002年度天津市市级文明工地,工程设计荣获2003年度天津市优秀设计一等奖,工程项目被评为2003年度天津市"海河杯"优质工程奖。

2004年8月26日,津蓟高速公路外环线至蓟州区段工程顺利通过国家优质工程专家组的复查。专家组严格地检查了内业资料、外业现场,并听取了建设、设计、监理、监督、施工、养管等单位的汇报,在随后召开的讲评会上,各位专家对津蓟高速工程建设质量和管理工作给予了很高的总体评价。天津市建筑业协会、天津市质监总站、天津市市政工程局和天津公路建设发展公司领导,以及各参建、监督、养管单位负责人参加了会议。

"国优"工程复查组专家们认为:①内业资料翔实全面,具有很强的完整性、系统性和一致性;②质量创优意识很强,项目一开工就确定了"双创双保一实现"的质量目标;③实体质量水平高,沥青混凝土表层平整度标准差平均值为0.6,在建设单位和监理随机抽签指定桩基检测单位的情况下,灌注桩Ⅰ类桩占98%以上;④积极采用新技术、新材料,软基处理、沥青混凝土科研成果、桥梁排水创新、超高段点式排水的应用等充分体现了建设者细心精心的责任心和使命感。通过实地考察,道路的平整度、路面反射裂缝指标在全国领先,结构坚固、排水顺畅、安全美观。在竣工一年后的检查中,没有发现大面积维修,全线100多座桥梁基本没有桥头跳车的感觉,总体感到是一个较完美的优质工程。

津蓟高速公路在建设过程中所进行的技术创新和实践取得了显著的社会效益和生态效益,将高速公路建成一条具有人文特色、环保特色的景观路,在天津市公路建设史上还是第一次。

津蓟高速公路的建成对天津市区域经济和社会的发展,对便捷客货运输都具有重要的意义,对蓟县旅游风景区的进一步开发起到积极促进作用。

在津蓟高速公路外环线至蓟州区段30个月的建设过程中,建设、设计、监理、施工单位夜以继日顽强拼搏,以新技术、新工艺、新材料打造精品;遵循以人为本、保护环境为原则,实现人、路、建筑、环境的和谐统一。全力凸现津蓟高速公路质量一流、景观一流、综合功能一流的显著特征,使该路成为新世纪天津高速公路建设发展史上新的里程碑。

津蓟高速公路在建设过程中所进行的技术和实践创新取得了显著的社会效益和生态效益,积累了大量的宝贵经验,这必将对今后天津市乃至全国高等级公路建设起到巨大的推动作用。

第十一节　S2 津宁高速公路（外环线—宁河芦台镇）

一、项目概况

（一）基本情况

津宁高速公路是天津市高速公路网中一条重要的中心城区对外放射线，是连接中心城区与滨海新区、宁河区的重要通道。

津宁高速公路位于天津市东部，起点位于津蓟高速联络线，终点接宁河津芦南线，起点桩号（运营桩号）：K5+227.83，天津市北辰区宜兴埠镇，终点桩号：K48+566.683。全长43.339km，由天津市高速集团一分养护公司负责运营管理养护。设计标准为平原微丘全封闭双向六车道高速公路，线路起点至杨北公路以东主线收费站为城市快速路标准，设计速度80km/h，主线收费站至终点设计标准为平原微丘全封闭双向六车道高速公路标准，设计速度120km/h，设计车辆荷载采用公路-Ⅰ级，路基宽度34.5m。平曲线最小半径采用1800m，最大纵坡采用3.029%。

全线共设置7座互通式立交,主线上跨分离式2座,支线上跨分离式1座;特大桥2座,大桥11座,中桥11座,通道4座;道路面积81.5万 m^2,桥梁面积43.6万 m^2。主线收费站2处,匝道收费站2处,服务区1处。另建有管理、养护、服务、监控用房。工程总投资52.3亿元。

地形地貌:项目属平原地貌,地势较低。

津宁高速公路途径北辰区、东丽区、汉沽区、宁河区及北京市清河农场,覆盖118.49万人。2005—2006年,直接影响区域内GDP平均以16.3%的均速度增长。2007年11月完成初步设计,2009年3月开工建设,2011年11月正式通车。

S2津宁高速公路项目信息、桥梁及路面结构等基本情况见表8-11-1~表8-11-3。

(二)前期决策情况

根据天津市高速公路网建设统一安排,并为加快津宁高速公路建设前期工作,受天津市公路管理局委托,天津市市政工程设计研究院、天津市公路工程设计研究院开展了津宁高速公路可行性研究工作,并于2006年5月完成该报告的编制。

2007年8月2日,天津市发展和改革委员会下发《关于津宁高速公路工程项目建议书的批复》(津发改基础〔2007〕503号)。

2007年11月8日,天津市发展和改革委员会下发《关于津宁高速公路工程可行性研究报告的批复》(津发改基础〔2007〕863号)。

2008年8月27日,天津市环境保护局下发《关于对津宁高速公路工程环境影响报告书的批复》(津环保许可函〔2008〕59号)。

2011年1月26日,天津市规划局下发《建设用地规划许可证》。

2007年12月6日,天津市市政公路管理局下发《关于津宁高速公路工程初步设计的批复》(市政公路管理规划〔2007〕555号)。

(三)参建单位主要情况

建设单位:天津高速公路集团有限公司。

设计单位:天津市市政工程设计研究院、中国公路工程咨询集团有限公司。

监理单位:天津市华盾工程监理咨询有限公司。

施工单位:天津第二市政公路工程有限公司、中国建筑第五工程局有限公司等。

S2津宁高速公路参建单位情况见表8-11-4。

二、建设情况

(一)项目准备阶段

1.项目审批

该项目严格执行了交通基本建设程序,从预可行性研究、工程可行性研究、初步设计、施工图设计、工程施工、监理招投标及工程开工报告的审批,各个环节手续齐全,具体如下:

第八章

高速公路建设项目

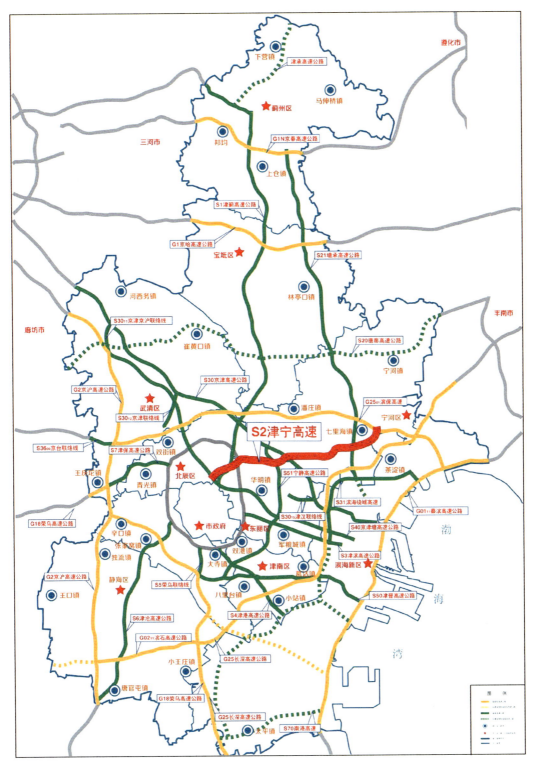

S2 津宁高速公路在路网中示意图

S2津宁高速公路项目基本信息

表 8-11-1

路段起止桩号		规模(km)			建设性质(新、改扩建)	设计速度(km/h)	路基宽度(m)	永久占地(亩)	投资情况(亿元)			资金来源	建设时间(开工—通车)	4A级以上主要景区名称	备注
起点桩号	止点桩号	合计	八车道及以上	六车道	四车道					估算	概算	决算			
K5+227	K48+567	43.339			43.339	新建	80~120	34.5	5674.4	49	52.78		银行贷款和自筹资金	2009.6—2011.12		

S2津宁高速公路桥梁汇总

表 8-11-2

序号	名称	规模	桥梁左(m)	桥梁右(m)	主跨长度(m)	桥面宽度(m)	桥底净高(m)	跨越障碍物	桥梁分类	备注
1	永金引河特大桥	特大桥	1048.96	1048.96	36.5	17		河流	梁式桥、钢筋混凝土梁桥、简支梁桥	
2	潮白河特大桥	特大桥	1468.36	1468.36	40	16.5		河流	梁式桥、钢筋混凝土梁桥、简支梁桥	
3	北杨公路立交主线桥	大桥	944.06	944.06	25	17	5.5	道路	梁式桥、钢筋混凝土梁桥、简支梁桥	
4	华北河大桥	大桥	710.99	710.99	30	16.5		河流	梁式桥、钢筋混凝土梁桥、连续梁桥	
5	津唐运河大桥	大桥	885.87	885.87	30	16.5		河流	梁式桥、钢筋混凝土梁桥、连续梁桥	
6	K19+370大桥	大桥	605.86	605.86	28	16.5	5.5	道路	梁式桥、钢筋混凝土梁桥、简支梁桥	
7	田辛庄互通式立交主线桥	大桥	694.83	694.83	40	27.4	5.5	道路	梁式桥、钢筋混凝土梁桥、简支梁桥	
8	永定新河大桥	大桥	926.5	926.5	40.6	27.3		河流	梁式桥、钢筋混凝土梁桥、简支梁桥	
9	K23+200大桥	大桥	680.86	680.86	25	16.5	5.5	道路	梁式桥、钢筋混凝土梁桥、简支梁桥	
10	分洪口门1号大桥	大桥	680.86	680.86	25	16.5		河流	梁式桥、钢筋混凝土梁桥、简支梁桥	
11	分洪口门2号大桥	大桥	430.86	430.86	25	16.5		河流	梁式桥、钢筋混凝土梁桥、简支梁桥	
12	海青公路分离式立交	大桥	740.36	740.36	35	16.5	5.5	道路	梁式桥、钢筋混凝土梁桥、简支梁桥	
13	蓟塘公路分离式立交	大桥	705.86	705.86	25	16.5	5.5	道路	梁式桥、钢筋混凝土梁桥、简支梁桥	
14	K9+983中桥	中桥	68.86	68.86	16	17		沟壑	梁式桥、钢筋混凝土梁桥、简支梁桥	
15	K15+493中桥	中桥	68.86	68.86	16	16.5		沟壑	梁式桥、钢筋混凝土梁桥、简支梁桥	

第八章 高速公路建设项目

续上表

序号	名称	规模	桥梁左(m)	桥梁右(m)	主跨长度(m)	桥面宽度(m)	桥底净高(m)	跨越障碍物	桥梁分类	备注
16	K24+735中桥	中桥	43.86	43.86	13	16.5		沟壑	梁式桥、钢筋混凝土梁桥、简支桥梁	
17	K29+065中桥	中桥	56.86	56.86	13	16.5		沟壑	梁式桥、钢筋混凝土梁桥、简支桥梁	
18	淮淀K32+717中桥	中桥	100.86	100.86	16	16.5		沟壑	梁式桥、钢筋混凝土梁桥、简支桥梁	
19	K37+005中桥	中桥	68.86	68.86	13	16.5		沟壑	梁式桥、钢筋混凝土梁桥、简支桥梁	
20	K40+097中桥	中桥	56.86	56.86	20	16.5		沟壑	梁式桥、钢筋混凝土梁桥、简支桥梁	
21	杨虎河中桥	中桥	65.86	65.86	16	34		河流	梁式桥、钢筋混凝土梁桥、简支桥梁	
22	K45+326中桥	中桥	84.86	84.86	13	13.25		沟壑	梁式桥、钢筋混凝土梁桥、简支桥梁	
23	兰台互通式立交主线1号桥	中桥	56.86	56.86	16	21.75		沟壑	梁式桥、钢筋混凝土梁桥、简支桥梁	
24	兰台互通式立交主线2号桥	中桥	84.86	84.86				沟壑	梁式桥、钢筋混凝土梁桥、简支桥梁	

S2 津宁高速公路路面结构

表 8-11-3

路面形式	起讫里程	长度(m)	路面结构		
			水泥混凝土路面	沥青路面	
柔性路面	K5+227.1～K12+150	6922.9		沥青混凝土路面	4cmAC-13C胶粉改性沥青+6cmAC-20C胶粉改性沥青+8cm AC-25C A级70号道路石油沥青+18cm水泥稳定碎石(4.0MPa/7d)+18cm水泥稳定碎石(3.5MPa/7d)+20cm水泥石灰土(4:8:88)
	K12+150～K48+566.683	36416.683			4cm AC-13C胶粉改性沥青+6cm AC-20C胶粉改性沥青+12cm ATB-30 A级70号道路石油沥青+18cm水泥稳定碎石(4.0MPa/7d)+18cm水泥稳定碎石(3.5MPa/7d)+20cm水泥石灰土(4:8:88)
刚性路面					

S2 津宁高速公路参建单位情况一览表 表8-11-4

参建单位类别	单 位 名 称	合同编号及桩号	负责人
项目管理单位	天津高速公路集团有限公司	K5+227.1~K48+566.683	纪宗良
勘察设计单位	天津市市政工程设计研究院	K5+227.1~K48+566.683	于立军
监理单位	天津市路驰建设工程监理有限公司	1合同,主体工程	李海璁
	天津市国腾公路咨询监理有限公司	2合同,三大系统	朱旭东
施工单位	天津第二市政公路工程有限公司	3合同,K5+227.1~K12+150	孙振西
	中国建筑第五工程局有限公司	4合同,K12+150~K20+500	胡明德
	天津市公路工程总公司	5合同,K20+332.335~K22+500	张秀纪
	天津第一市政公路工程有限公司	6合同,K22+500~K29+300	张军海
	天津城建道桥工程有限公司	7合同,K29+300~K33+698	张亚东
	天津第三市政公路工程有限公司	8合同,K33+698~K36+973	魏伦华
	天津路桥建设工程有限公司	9合同,K36+973~K43+850	张术
	天津城建集团有限公司	10合同,K43+850~K48+566.683	田继业
	中太建设集团股份有限公司	11合同,房建工程	刘成林
	山西四建集团有限公司	12合同,南淮淀收费站、淮淀服务区	张旺玉
	中国水电建设集团路桥工程有限公司	13合同,K5+227.1~K29+300	方珍平
	天津路桥建设工程有限公司	14合同,K29+300~K48+566.683	赵铁成
	天津第一市政公路工程有限公司	15合同,K5+227.1~K29+300	兰全来
	黑龙江省北交通工程有限公司	16合同,K29+300~566.683	王金发
	天津市绿化工程公司	17合同,K5+227.1~K29+300	刘林
	宁波园冶建有限公司	18合同,K22+500~K48+566.683	孙刚

2007年8月2日,天津市发展和改革委员会印发《关于津宁高速公路工程项目建议书的批复》(津发改基础〔2007〕503号)。

2007年11月8日,天津市发展和改革委员会印发《关于津宁高速公路工程可行性研究报告的批复》(津发改基础〔2007〕863号)。

2008年8月27日,天津市环境保护局印发《关于对津宁高速公路工程环境影响报告书的批复》(津环保许可函〔2008〕59号)。

2011年1月26日,天津市规划局印发《建设用地规划许可证》。

2007年12月6日,天津市市政公路管理局印发《关于津宁高速公路工程初步设计的批复》(市政公路管理规划〔2007〕555号)。

2008年5月9日,天津市规划局印发《建设项目选址意见书》。

2. 资金筹措

该项目概算总投资78.63亿元,资金来源为银行贷款和企业自筹。

3. 招投标

按照国家颁布的《招投标法》和交通部颁布的《公路工程施工招标投标管理办法》《公路工程施工招标资格预审办法》《公路工程施工招标评标办法》的要求,由项目法人单位组织招标工作。

2009年5月,完成2个施工监理单位和8个施工标段招标工作;2010年8月,组织完成2个房建施工标段招标工作;2010年12月,组织完成2个路面施工标段招标工作及合同签订工作;2011年2月至4月又完成了交通、绿化和机电5个施工标段。

4. 征地拆迁

该项目沿线经过北辰区、东丽区、宁河县、汉沽区及北京市清河农场。其中,北辰区穿过2个乡镇(宜兴埠镇、小淀镇),东丽区穿过2个街道(金钟街、华明街),宁河县穿过3个乡镇(造甲城镇、北淮淀乡、七里海镇),汉沽区穿过1个乡镇(茶淀镇),清河农场穿过1个分场(六分场)。

(二)项目实施阶段

S2津宁高速公路项目规模大,标准高,是天津市政府2008年20项民心工程之一。

1. 质量管理

按照国家有关规定建立健全了质量保证体系,对各参建单位的质量行为都作出了明确的要求。严格执行工程首件制度。层层把关,各尽其职,力保质量。强化参建人员的责任意识,做到责任到人,实现"源头管理,质量不留死角"。

2. 安全文明施工管理

项目经理部坚决贯彻落实"安全第一、预防为主、综合治理"的方针,围绕管理目标内容,组织监理、施工单位建立了各项有效的运行体系,把安全生产、绿色施工纳入项目经理部重要管理内容,做到"超前规划、标准建设、规范运行"。

3. 进度管理

按施工总体计划细化工期,阶段化控制。在总体计划安排基础上科学合理地排定工期。把施工计划层层分解,落实到每季度、每月、每周及每道工序,同时,在严格执行工程计划的同时,据实际进展情况,实施阶段性计划调整,充分发挥计划对工程的指导作用。由于工程受到拆迁等不定因素的影响,在必要的时候对阶段性计划进行动态调整,使得阶段性计划更接近实际。

简化程序,靠前指挥,提高效率。建设单位、监理现场办公,减少不必要程序。重大问题及时组织专家研究解决问题;减少解决问题耽误时间,把更多的时间留给施工单位,保证了工程进度。S2 津宁高速公路天津段建设生产要素统计见表 8-11-5。

S2 津宁高速公路天津段建设生产要素统计   表 8-11-5

建设时间	钢材(t)	沥青(t)	水泥(t)	人工(工日)	原木(m^3)	锯材(m^3)
2009.6—2011.12	8388	28480	449752	10480365	2045	10685

4. 工程变更管理

严格按照集团公司制订的管理制度和有关的文件的要求,统一了变更用表和审批变更管理程序。在工程建设中,工程变更设计管理是确保工程项目进度和质量,最大限度地发挥投资效益尤为重要的环节,工程变更是投资管理的关键,在变更管理工作中严格按程序执行,保证了工程变更的严肃性和规范性。

5. 工程造价控制

在工程投资管理过程中,紧紧围绕"降低工程造价,狠抓工程质量,提高经济效益"这一主题,主要从计量支付和工程变更两方面入手,做好项目的工程造价控制工作。项目经理部专人负责计量工作,项目经理签字确认,做到层层审核把关。

6. 廉洁建设

项目经理部深入学习、宣传、贯彻党中央新修订的《中国共产党廉洁自律准则》和《中国共产党纪律处分条例》。在项目建设签订合同阶段,与各参建施工、监理单位签订了廉洁合同。在项目建设全过程中,强化党员干部廉洁自律意识,注重建立健全党内教育、管理、监督制度,在党员中树立起廉洁自律意识,针对工程项目进程中容易出现的薄弱环节,进行了认真的分析和总结,确保了工程项目建设的廉洁安全。进一步明确了党风廉洁建设的责任范围、细化了责任内容,改进了落实党风廉洁建设责任制的配套制度等。从思想和行动上都能够坚决地铲除不良现象的苗头。项目经理部的廉洁建设工作目标是"争创精品工程,争做廉洁干部"。

三、复杂技术工程

1. 东外环立交

复杂技术工程主要为东外环立交 15~16 号墩上跨京津塘高速钢混凝土叠合梁施工。

(1)工程概况

津宁高速公路第一合同段东外环立交位于天津市北辰区宜兴阜镇,为连接津宁高速公路联络线与东外环的简易菱形立交。该立交的修建将志成道快速路(北横快速路)、外环线与津宁高速公路相连接,其中主线桥 15~16 号墩上跨京津塘高速公路,其余跨上部结构形式均为预应力现浇连续。

上部结构:15~16 号墩上跨段上部结构形式为钢混凝土叠合梁,桥梁跨径为 55m,净空高度为 5.5m。主梁高 2.8m(含 20cm 叠合层),半幅桥梁宽为 17m,横桥向设 4 片主梁,主梁间距为 4.25m,全桥钢梁质量 1012t。

0~15 号墩、16~32 号墩为预应力混凝土现浇连续箱梁,标准跨径为 30m,梁高 1.8m,其中 10~13 号墩上跨外环线,最大跨径为 54.6m,箱梁截面高度为 2.4~3.3m。

下部结构:钢桥桥墩采用盖梁、矩形柱式桥墩,基础采用钻孔灌注桩,桩径 1.5m。

预应力混凝土现浇箱梁桥墩采用矩形柱式桥墩、桩基础,钻孔桩桩径为 1.2～1.8m。桥台采用肋板台,钻孔灌注桩基础,桩径采用 1.2m。

(2)技术特征及难点

①钢箱梁上跨京津塘高速公路金钟河高架桥段,现状高架桥为双向四车道,桥梁横断面全宽为 25.5m,车流量较大,京津塘高速公路不断交通的要求增加了钢箱梁的安装难度和施工风险。

②每片钢箱梁需分 3 段进行现场预制拼装,由于钢箱梁安装离地面垂直高度至少 16m,且京津塘高速公路不断交通,无法支设大型吊车进行分段安装、就位,安装难度大。

③钢箱梁长 55m、高 2.6m、重 117t,采用架桥机整体安装。由于架桥机桁架超长,且安装位置处于桥梁最高点的下行区域,纵坡大(3.488%),使得桁架悬臂端挠度成倍加大,造成过孔就位困难,安全施工风险大。

S2 津宁高速公路跨京津塘高速公路钢混凝土叠合梁

2. 田辛庄互通式立交

田辛庄互通式立交位于津榆公路华北桥(东堤头大桥)下游 8km 处,桩号 K20+332.335～K21+576.935,路线全长 1244.6m。

田辛庄互通式立交上跨京津高速公路,并通过 A、B、C、D 四条匝道桥与之实现互通。主线桥下部结构采用灌注桩基础、矩形墩柱(1.8m×1.5m 墩柱)并设条形承台,根据桥梁宽度的不同,选用单排三桩接三柱、四桩接四柱或四桩接二柱的形式,桩径为 1.8m,柱顶设置盖梁。在京津高速公路以西,上部结构通过两跨钢筋混凝土现浇简支梁桥,将斜跨转为正跨,其余部分主跨桥梁均采用跨径 30m 左右的现浇预应力混凝土箱梁,上跨高速公路段采用 5 跨 40m 先简支后结构连续预应力混凝土小箱梁,后与永定新河大桥相接。

2012 年津宁高速公路 5 合同段田辛庄互通式立交工程荣获中国施工企业管理协会"国家优质工程银奖"。

2012 年津宁高速公路工程第 5 合同段田辛庄互通式立交工程荣获天津市市优工程天津市建筑业协会"金奖海河杯"。

2012年津宁高速公路兰台互通立交工程荣获天津市建筑业协会"海河杯"天津市市优工程。

四、科技创新

该项目在实施过程中,坚持科技创新,主要有:

(1)桥梁设计体现了"通用、经济、先进、合理、科学"的设计理念。

(2)软土地基的路基填筑采用动态跟踪的设计技术,根据填料来源的不同,确定了土方填筑料最佳含水率和最大干密度,总结了掺灰处治湿软土的理论和施工工艺、方法及质量控制方法并监测沉降与稳定,及时调整设计方案,保证填筑的顺利完成。

(3)建筑设计结合运营精细化管理的特点大胆采用模块化、标准化,将建筑平面按照使用功能进行模块划分,结合收费站不同的建筑规模进行调整,统一建筑风格,体现出一线一景的建筑特点。

(4)半刚性基层沥青路面。沥青稳定碎石基层属柔性结构层材料,具有较高的抗剪强度和耐疲劳特性,不易产生收缩开裂,具有结构均匀、受水与冰冻影响较小、维修费用低,能够全部被重复利用和使用寿命被延长。密集配沥青碎石混合料具有较高抗开裂能力和承载能力,重载多的干线公路和高速公路具有很好的适用性。

(5)使用透水模板布提高了混凝土强度和耐久性,减少表面气泡的产生。

(6)高强聚羧酸减水剂的应用,可使混凝土早期强度提高、改善拌合物和易性,减少泌水,提高混凝土体积稳定性,减少混凝土开裂带来的危害,提高了混凝土的外观质量及抗冻、抗渗等耐久性能。

(7)广泛使用钢筋绑扎模架法。通过绑扎成型后整体吊装,提高了钢筋绑扎质量,节约了工人劳动时间,增加了工效。

(8)近年来天津高速公路建设中平均填土高度最低的一条高速公路,极大地节约了土地。

五、运营养护管理

津宁高速公路共设置1处服务区,即淮淀服务区(K33+350);收费站设置见表8-11-6。收费方式分为人工(MTC)及自动(ETC)两种。

S2 津宁高速公路收费公路设施一览表　　　　　　　　　　表8-11-6

序号	收费站名称	入口车道数		出口车道数		车道总数	
		MTC	ETC	MTC	ETC	MTC	ETC
1	北辰东收费站(主线站)	4	2	9	2	13	4
2	淮淀新市镇收费站	1	1	2	1	3	2
3	茶淀镇收费站	2	1	4	1	6	2
4	芦台西收费站	2	1	4	1	6	2

津宁高速公路自2011年开通以来,交通量逐渐增加,2013年、2014年基本保持持平,具体交通量数据见表8-11-7。

交通流量发展状况(单位:辆/日)　　　　　　　　表8-11-7

年份(年)	路段总流量	年均日交通量	年份(年)	路段总流量	年均日交通量
2011	23978	580	2014	1864326	5108
2012	1238562	3393	2015	2476160	6784
2013	2566019	7030	2016	2317385	6349

津宁高速公路开通以来,自2014年开始进行了部分预防性养护施工(微表处),微表处的推广应用,有效防治由于路面裂缝等形成的水损坏,大大延长了道路寿命、延缓了大中修养护周期。目前津宁高速公路路况水平达优,微表处应用效果良好。

六、项目后评估

津宁高速公路连接市区与宁河县、汉沽区,是沿线区域进入市区及国家高速公路网最便捷的通道。津宁高速公路的建设,形成辐射东北、沟通京津冀区域圈的交通枢纽,将极大地改善天津市中心城区与东北部地区之间的路网现状,提升天津市整体路网的载体功能。津宁高速公路是天津市综合交通体系的重要组成部分,是"十一五"规划确定的重点建设项目,也是天津市委确定的20项民心工程的重要内容。该项目的建成,对于建设综合交通体系,推进滨海新区开发开放、带动区域经济发展,具有重要意义。

津宁高速公路工程荣获2008年度天津市优秀工程咨询成果二等奖。

第十二节　S21塘承高速(东疆联络线—京哈高速公路—京秦高速公路)

一、项目概况

(一)基本情况

1. 塘承高速公路一期工程

塘承高速公路一期工程是天津市规划高速公路网"3310"中10条中心城区和滨海新区放射线的第二条放射线。该工程的建设对完善环渤海、京津冀都市圈、天津市及滨海新区公路网布局、增强天津港集疏港能力,连接市中心城区、东北部卫星城镇之间的区间交通,促进滨海新区、环渤海地区的经济发展有着重要的作用。

塘承高速公路一期工程起点为京港快速路,终点为京沈高速公路,主线按照双向六车道高速公路标准建设,路基宽度34.5m,全封闭、全立交,全长66.7km。起点至塘沽主线收费站(K0+000~K4+880)为连接线,设计速度为80km/h,塘沽主线收费站至终点京沈高速互通立交(K4+550~K66+756.206),设计速度为120km/h。

全线设有唐津高速公路、津芦公路、G112线高速公路、津榆公路、卫星公路、梅丰公路、宝芦公路、通唐公路、京沈高速公路互通,共9座互通式立交,主线上跨分离式立交2座,支线上跨分离式立交2座。全线设大桥3座,中小桥31座,通道14座,主线收费站1座,立交匝道收费站7座,宁河服务区1处,宝坻停车区1处。全线占地8442亩。

工程于2008年11月15日正式开工,2011年12月31日通车,工程概算总投资61.76亿元。

2. 塘承高速公路二期工程

路线起点为京沈高速公路(接塘承高速公路一期终点),向北与京秦高速公路相交后主线转向东与京秦高速公路并线,全长24.8km;在京秦高速公路互通立交收费站后通过G102连接线与京哈公路相接。联络线全长约3.1km(纳入线外工程)。工程沿线经过宝坻区和蓟县,全线占地3299亩。高速公路段设计速度120km/h,双向六车道,路基宽35.1m;G102连接线,设计速度60km/h,路基宽15m。全线共设置4座互通式立交,分别是宝新公路互通、杨玉公路互通、仓桑公路互通、京秦高速公路互通;分离式立交3座,分别是京沈高速公路跨线桥、林南仓铁路主线上跨分离式、三马路支线上跨分离式(纳入线外工程);大桥2座,中桥5座,通道15座。

塘承高速公路二期工程于2012年4月正式开工,2015年2月通车,工程概算总投资32.72亿元。现由天津高速公路集团有限公司运营事业部五分公司进行养护管理。

S21塘承高速公路在路网中的位置如下图所示;其基本信息、桥梁及路面结构等见表8-12-1~表8-12-3。

(二)前期决策情况

2003年6月受天津市公路局委托,天津市市政工程设计研究院和天津市国腾公路咨询监理有限公司组成项目组,开始蓟塘高速公路预可行性研究工作。2005年5月完成了预可行性研究报告的编制工作。随着滨海新区的重新定位,天津市高速公路网规划的重新调整,2005年所做预可行性研究方案与新规划相差较大,因此受天津市公路局的委托,结合新的规划方案重新开展预可行性研究,2007年5月完成了蓟塘高速公路一期工程预可行性研究报告的编制工作。2007年6月天津市公路局计划处下达关于编制《塘承(原蓟塘)高速公路一期工程可行性研究报告》的委托书,2007年8月完成了塘承(原蓟塘)高速公路一期工程可行性研究报告。

2009年3月受天津市公路处委托,天津市市政工程设计研究院和天津市国腾公路咨询监理有限公司组成项目组,开始塘承高速公路二期预可行性研究工作。项目研究组对建设理由、交通量分析预测、路线起终点、路线走向、工程方案、投资估算、经济评价做了深入的分析研究,根据天津市城投集团、蓟县、宝坻区政府的意见和天津市市政公路管理局领导的指示精神,2010年4月完成了预可行性研究报告的编制工作。2010年5月,根据专家评审意见,项目组完成了对预可的修改,形成了《塘承高速公路二期预可行性研究报告》的终稿。根据2011年3月天津市发展和改革委员会《关于塘承高速公路二期工程项目建议书的批复》,经过对预可报告进行了仔细完善,并重点对路线交叉工程部分进行了深入研究,2011年4月完成了《塘承高速公路二期可行性研究报告》。2011年5月,根据专家评审意见,项目组完成了对工可的修改,形成了《塘承高速公路二期可行性研究报告》的终稿。

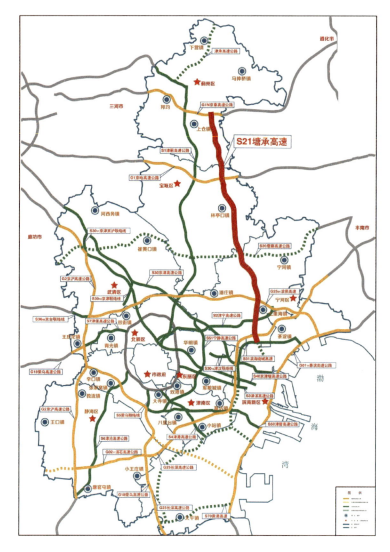

S21塘承高速公路在路网中示意图

第八章 高速公路建设项目

S21 塘承高速公路项目基本信息

表 8-12-1

路段起止桩号		规模(km)			建设性质(新、改扩建)	设计速度(km/h)	路基宽度(m)	永久占地(亩)	投资情况(亿元)			建设时间(开工—通车)	4A级以上主要景区名称	备注
起点桩号	止点桩号	合计	八车道及以上	六车道	四车道					估算	概算	决算	资金来源		
K5+932	K91+500	85.568		85.568		新建	120	34.5~35.1	11741	89.77	94.48		养路费、银行贷款和自筹资金	2008.11—2015.2		

S21 塘承高速公路桥梁汇总

表 8-12-2

序号	名称	规模	桥梁左(m)	桥梁右(m)	主跨长度(m)	桥面宽度(m)	桥底净高(m)	跨越障碍物	桥梁分类	备注
1	津宁分离式立交桥	特大桥	1130	1130	30	34	5.5	道路	梁式桥、钢筋混凝土梁桥、连续梁桥	
2	津芦公路互通主线桥	特大桥	1061.42	1061.42	33	34		旱地	梁式桥、钢筋混凝土梁桥、连续梁桥	
3	G112线互通主线桥	特大桥	1354	1354	35	34	5.5	道路	梁式桥、钢筋混凝土梁桥、连续梁桥	
4	京哈高速互通主线桥	特大桥	1050	1050	30	34.5		其他	梁式桥、钢筋混凝土梁桥、连续梁桥	
5	林南仓分离式立交桥	特大桥	1700.86	1700.86	30	34	5.5	道路	梁式桥、钢筋混凝土梁桥、连续梁桥	
6	津汉分离式立交桥	大桥	700	700	25	34	5.5	道路	梁式桥、钢筋混凝土梁桥、连续梁桥	
7	津榆公路互通立交	大桥	884.69	884.69	35.43	34	5.5	道路	梁式桥、钢筋混凝土梁桥、连续梁桥	
8	卫星公路互通主线桥	大桥	837	837	33	33	5.5	道路	梁式桥、钢筋混凝土梁桥、连续梁桥	
9	西关引河大桥	大桥	920	920	30	34	5.5	道路	梁式桥、钢筋混凝土梁桥、连续梁桥	
10	黄庄洼退水渠桥	大桥	116.86	116.86	16	34		道路	梁式桥、钢筋混凝土梁桥、简支梁桥	
11	黄庄洼口大桥	大桥	280.86	280.86	25	34	5.5	道路	梁式桥、钢筋混凝土梁桥、连续梁桥	
12	口门桥	大桥	155.86	155.86	25	34		河流	梁式桥、钢筋混凝土梁桥、连续梁桥	
13	箭杆河大桥	大桥	728.86	728.86	30	33		河流	梁式桥、钢筋混凝土梁桥、连续梁桥	
14	K68+834.2大桥	大桥	116.86	116.86	16	33		旱地	梁式桥、钢筋混凝土梁桥、连续梁桥	
15	塘承蓟运河大桥	大桥	796.36	796.36	35	34.5		旱地	梁式桥、钢筋混凝土梁桥、连续梁桥	
16	仓桑互通主线桥	大桥	580.86	580.86	25	16.5	5.5	道路	梁式桥、钢筋混凝土梁桥、简支梁桥	

续上表

序号	名 称	规模	桥梁左 (m)	桥梁右 (m)	主跨长度 (m)	桥面宽度 (m)	桥底净高 (m)	跨越障碍物	桥梁分类	备注
17	K9+968 中桥	中桥	82.86	82.86	13	34	5.5	道路	梁式桥、钢筋混凝土梁桥、简支梁桥	
18	K12+530 中桥	中桥	43.86	43.86	13	34	5.5	道路	梁式桥、钢筋混凝土梁桥、简支梁桥	
19	K13+662 中桥	中桥	52.86	52.86	16	34		其他	梁式桥、钢筋混凝土梁桥、简支梁桥	
20	K14+062 中桥	中桥	68.86	68.86	16	34	5.5	道路	梁式桥、钢筋混凝土梁桥、简支梁桥	
21	K15+441 中桥	中桥	36.86	36.86	13	34	5.5	道路	梁式桥、钢筋混凝土梁桥、简支梁桥	
22	K23+569 中桥	中桥	82.86	82.86	13	34		其他	梁式桥、钢筋混凝土梁桥、简支梁桥	
23	K24+511 中桥	中桥	95.86	95.86	13	34		其他	梁式桥、钢筋混凝土梁桥、简支梁桥	
24	K25+557 中桥	中桥	56.86	56.86	13	34	5.5	道路	梁式桥、钢筋混凝土梁桥、简支梁桥	
25	K26+598 中桥	中桥	84.86	84.86	16	34	5.5	道路	梁式桥、钢筋混凝土梁桥、简支梁桥	
26	K27+658 中桥	中桥	69.86	69.86	13	34	5.5	道路	梁式桥、钢筋混凝土梁桥、简支梁桥	
27	K28+369 中桥	中桥	56.86	56.86	13	34	5.5	道路	梁式桥、钢筋混凝土梁桥、简支梁桥	
28	K32+411 中桥	中桥	80	80	16	34		其他	梁式桥、钢筋混凝土梁桥、简支梁桥	
29	K35+060 中桥	中桥	32	32	16	34		其他	梁式桥、钢筋混凝土梁桥、简支梁桥	
30	K36+511 中桥	中桥	91	91	13	34		其他	梁式桥、钢筋混凝土梁桥、简支梁桥	
31	K37+400 中桥	中桥	65	65	13	34	5.5	道路	梁式桥、钢筋混凝土梁桥、简支梁桥	
32	K41+646 中桥	中桥	52.86	52.86	16	34		其他	梁式桥、钢筋混凝土梁桥、简支梁桥	
33	K43+937 中桥	中桥	52.86	52.86	16	34	5.5	道路	梁式桥、钢筋混凝土梁桥、连续梁桥	
34	K46+200 中桥	中桥	69.68	69.68	13	34		河流	梁式桥、钢筋混凝土梁桥、简支梁桥	
35	K48+644 中桥	中桥	43.86	43.86	13	34		其他	梁式桥、钢筋混凝土梁桥、简支梁桥	
36	K49+008 中桥	中桥	68.86	68.86	16	34		其他	梁式桥、钢筋混凝土梁桥、简支梁桥	
37	K49+989 中桥	中桥	56.86	56.86	13	34		其他	梁式桥、钢筋混凝土梁桥、简支梁桥	
38	K51+137 中桥	中桥	43.86	43.86	13	34		其他	梁式桥、钢筋混凝土梁桥、简支梁桥	
39	K51+973 中桥	中桥	43.86	43.86	13	34		其他	梁式桥、钢筋混凝土梁桥、简支梁桥	
40	K54+581 中桥	中桥	52.86	52.86	16	34		其他	梁式桥、钢筋混凝土梁桥、简支梁桥	

第八章 高速公路建设项目

续上表

序号	名称	规模	桥梁左(m)	桥梁右(m)	主跨长度(m)	桥面宽度(m)	桥底净高(m)	跨越障碍物	桥梁分类	备注
41	K55+835 中桥	中桥	43.86	43.86	13	34		其他	梁式桥,钢筋混凝土梁桥,简支梁桥	
42	K56+817 中桥	中桥	36.86	36.86	16	34		其他	梁式桥,钢筋混凝土梁桥,简支梁桥	
43	K57+716 中桥	中桥	56.86	56.86	13	34		其他	梁式桥,钢筋混凝土梁桥,简支梁桥	
44	K58+458 中桥	中桥	43.86	43.86	13	34		其他	梁式桥,钢筋混凝土梁桥,简支梁桥	
45	K59+992 中桥	中桥	56.86	56.86	13	34		其他	梁式桥,钢筋混凝土梁桥,简支梁桥	
46	K60+251 中桥	中桥	56.86	56.86	16	34		道路	梁式桥,钢筋混凝土梁桥,简支梁桥	
47	K61+017 中桥	中桥	53.37	53.37	16	39.57	5.5	道路	梁式桥,钢筋混凝土梁桥,简支梁桥	
48	K62+022 中桥	中桥	52.86	52.86	16	38.53	5.5	道路	梁式桥,钢筋混凝土梁桥,简支梁桥	
49	K63+190 中桥	中桥	68.99	68.99	13	34	5.5	河流	梁式桥,钢筋混凝土梁桥,简支梁桥	
50	K64+200 中桥	中桥	43.87	43.87	16	34		河流	梁式桥,钢筋混凝土梁桥,简支梁桥	
51	K64+608 中桥	中桥	43.86	43.86	13	33		其他	梁式桥,钢筋混凝土梁桥,简支梁桥	
52	K64+756 中桥	中桥	84.86	84.86	16	33		水渠	梁式桥,钢筋混凝土梁桥,简支梁桥	
53	K65+512 中桥	中桥	52.86	52.86	16	33		水渠	梁式桥,钢筋混凝土梁桥,简支梁桥	
54	调节干渠中桥	中桥	69	69	16	34.5		道路	梁式桥,钢筋混凝土梁桥,简支梁桥	
55	K72+830 中桥	中桥	84	84	13	34.5	5.5	道路	梁式桥,钢筋混凝土梁桥,简支梁桥	
56	K75+271 中桥	中桥	43	43	16	34.5		旱地	梁式桥,钢筋混凝土梁桥,简支梁桥	
57	K78+566 中桥	中桥	80	80	16	34		旱地	梁式桥,钢筋混凝土梁桥,连续梁桥	
58	三道港干渠主线中桥	中桥	52	52	13	34		其他	梁式桥,钢筋混凝土梁桥,连续梁桥	
59	蓟县服务区主线中桥	中桥	68.86	68.86	16	16.5		其他	梁式桥,钢筋混凝土梁桥,连续梁桥	

S21 塘承高速公路路面结构

表 8-12-3

路面形式	起讫里程	长度(m)	路面结构	
			沥青混凝土路面	水泥混凝土路面
柔性路面	K5+400 ~ K66+756.206	61356.206	沥青混凝土路面	4cm 细粒式沥青混凝土 + 6cm 中粒式沥青混凝土（ATB-30）2×18cm 水稳碎石 + 12cm 水泥石灰稳定土 + 20cm 水稳石灰稳定土
	K66+756.206 ~ K91+500	24743.794		4cm 细粒式沥青混凝土 + 6cm 中粒式沥青混凝土（ATB-30）2×18cm 水稳碎石 + 12cm 水泥石灰稳定土 + 20cm 石灰土(12%)
刚性路面				

(三)参建单位主要情况

S21 塘承高速公路项目参建单位见表 8-12-4、表 8-12-5。

塘承高速公路一期工程参建单位情况一览表 表 8-12-4

参建单位类别	单位名称	合同编号及桩号	负责人
项目管理单位	天津高速公路集团有限公司	K0+000～K66+756.206	卢建国
勘察设计单位	天津市市政工程设计研究院	K0+000～K66+756.206	练象平
监理单位	天津市华盾工程监理咨询有限公司	1 合同,K0+000～K29+650	孙新伟
监理单位	重庆中宇工程咨询监理有限公司	2 合同,K29+650～K66+756.206	杨兵
监理单位	天津国腾公路咨询监理有限公司	3 合同,三大系统	张爱春
施工单位	核工业西南建设集团有限公司	1 合同,K0+000～K5+932.12	罗恒
施工单位	天津市第三市政公路工程有限公司	2 合同,K5+932.12～K7+565	贾明浩
施工单位	中交一公局海威工程建设有限公司	3 合同,K7+565～K11+162.295	邱龙
施工单位	天津市第五市政公路工程有限公司	4 合同,K11+162.295～K15+800	高建新
施工单位	天津市第五市政公路工程有限公司	5 合同,K89+300～K91+549.375	范恩玉
施工单位	中国建筑股份有限公司	6 合同,K17+716～K20+350	于福桂
施工单位	天津市第六市政公路工程有限公司	7 合同,K20+350～K23+700	云学
施工单位	天津城建道桥工程有限公司	8 合同,K23+700～K29+650	王剑东
施工单位	中交一公局第六工程有限公司	9 合同,K29+650～K31+100	孙良
施工单位	天津城建集团有限公司	10 合同,K31+100～K39+077	戴方栋
施工单位	天津路桥建设工程有限公司	11 合同,K39+077～K45+050	马敬起
施工单位	济宁市公路工程公司	12 合同,K45+050～K52+607.434	高建国
施工单位	天津市第一市政公路工程有限公司	13 合同,K52+607.434～K59+000	闫绍斌
施工单位	吉林省亨通公路建设集团有限公司	14 合同,K59+000～K64+500	杨文刚
施工单位	天津市雍阳公路工程集团有限公司	15 合同,K64+500～K66+756.206	陈国忠
施工单位	河北建工集团有限责任公司	16 合同,收费站	王献廷
施工单位	中国建筑第六工程局有限公司	17 合同,宁河服务区 K34+250	赵国录
施工单位	天津市兴业龙祥建设工程有限公司	18 合同,宝坻停车区 K61+500 通唐收费站	陈震
施工单位	天津市兴业龙祥建设工程有限公司	19 合同,宝芦收费站东南侧交警楼	王玉山

第八章 高速公路建设项目

续上表

参建单位类别	单 位 名 称	合同编号及桩号	负责人
施工单位	天津市第一市政公路工程有限公司	20合同,K5+400~K23+700	李庆旭
	天津市第二市政公路工程有限公司	21合同,K23+700~K45+050	刘向波
	天津城建集团有限公司	22合同,K45+050~K66+756.206	牛晓宇
	宁波园冶建设有限公司	23合同,K6+382~K35+000	陈际伸
	天津绿茵景观工程有限公司	24合同,K35+000~K66+752绿化	祝吉峰
	中咨泰克交通工程有限公司	25合同,交通工程机电收费、监控、通信	王谦
	爱尔建材(天津)有限公司	26合同,小构件	胡师雄
	天津市政公路设备工程有限公司	27合同,K0+000~K35+000交通工程	刘文峰
	天津市环路公路设施有限责任公司	28合同,K35+000~K66+756.206	韩嘉成

塘承高速公路二期工程参建单位情况一览表　　　表8-12-5

参建单位类别	单 位 名 称	合同编号及桩号	负责人
项目管理单位	天津高速公路集团有限公司	K0+000~K91+549.375	马卫东
勘察设计单位	天津市市政工程设计研究院	1合同,K0+000~K91+549.375	甄曦
设计单位	中国公路工程咨询集团有限公司	2合同,三大系统,交通工程	彭锐
监理单位	天津国腾公路咨询监理有限公司	K0+000~K91+549.375	孙奇
施工单位	天津市雍阳公路工程集团有限公司	1合同,K66+756.206~K70+521.900	陈国忠
	中国水利水电第八工程局有限公司	2合同,K70+521.900~K76+943.200	王杰生
	中铁四局集团有限公司	3合同,K76+943.200~K83+950.000	吴锡君
	天津第二市政公路工程有限公司	4合同,K83+950.000~K89+300.000	祖家辉
	天津五市政公路工程有限公司	5合同,K89+300.000~K91+549.375	范恩玉
	天津第二市政公路工程有限公司	6合同,K86+858.220~K87+439.080仓桑匝道	孙准正
	中铁十局集团济南铁路工程有限公司	7合同,收费站	曾来仕
	天津市兴业龙祥建筑工程有限公司	8合同,蓟县服务区	张志伟
	中交一公局第六工程有限公司	9合同,K66+756.206~K91+549.375	肖传芳
	天津绿茵景观工程有限公司	10合同,K66+756.206~K91+549.375绿化	卢云慧

续上表

参建单位类别	单 位 名 称	合同编号及桩号	负责人
施工单位	北京汉威达交通运输设备有限公司	11 合同,K66+756.206~K91+549.375 交通安全设施	尤良春
	中咨泰克交通工程集团有限公司	12 合同,机电收费、监控、通信	樊锐

二、建设情况

(一)项目准备阶段

1. 塘承项目审批

该项目严格执行了交通基本建设程序,从预可行性研究、工程可行性研究、初步设计、施工图设计、工程施工、监理招投标及工程开工报告的审批,各个环节手续齐全,具体如下:

(1)2007 年 6 月 26 日,天津市发展和改革委员会印发《关于对蓟塘高速公路一期工程项目建议书的批复》(津发改基础〔2007〕408 号)。

(2)2007 年 11 月 8 日,天津市发展和改革委员会印发《关于塘承高速公路一期工程可行性研究报告的批复》(津发改基础〔2007〕862 号)。

(3)2008 年 5 月 9 日,天津市规划局印发《建设项目选址意见书》,2008 年 6 月 24 日,下发《建设用地规划许可证》。

(4)2007 年 12 月 6 日,天津市市政公路管理局印发《关于塘承高速公路一期工程初步设计的批复》(市政局规划〔2007〕554 号)。

(5)2007 年 11 月 23 日,天津市市政公路管理局印发《关于塘承高速公路一期工程两阶段初步设计的审查意见》(市政局设审〔2007〕19 号)。

(6)2008 年 8 月 27 日,天津市环境保护局印发《关于对蓟塘高速公路一期工程环境影响报告的批复》(津环保许可函〔2008〕58 号)。

(7)2009 年 3 月 6 日,河北环境保护厅印发《关于塘承高速公路一期工程河北段环境影响报告书的批复》(冀环评〔2009〕96 号)。

(8)2009 年,天津市林业局印发《使用林地审核同意书》(林地许准〔2009〕2 号,林地许准〔2009〕10 号)。

(9)2008 年 9 月 10 日,天津市市政公路管理局印发《天津市公路工程施工图设计文件审查批准书》。

(10)2009 年 1 月 6 日,天津市市政公路工程质量监督站印发《天津市公路工程质量监督通知书》。

(11)2011年3月,天津市发展和改革委员会印发《关于塘承高速公路二期工程项目建议书的批复》(津发改基础〔2011〕208号)。

(12)2011年5月,天津市环境保护局印发《关于对塘承高速公路二期工程环境影响执行书的批复》(津环保许可函〔2011〕056号)。

(13)2011年7月,天津市发展和改革委员会印发《关于准予天津高速公路集团有限公司塘承高速公路二期工程项目核准的决定》(津发改许可〔2011〕176号文件)。

(14)2011年9月,天津市市政公路管理局印发《塘承高速公路二期工程可行性研究报告审查意见》(专家委设审〔2011〕24号)。

(15)2011年9月,天津市市政公路管理局印发《关于塘承高速公路二期工程初步设计的审查意见》(市政局计〔2011〕549号)。

(16)2012年4月,天津市规划局印发《建设用地规划许可证》(2012市征地证申字0007号)。

2.塘承项目合同段划分

塘承一期的主要勘察设计单位只有一家。施工监理划分为3个合同段,1~2合同是路基路面、桥梁、交通安全、绿化、房建等工程监理,3合同是机电工程监理。施工合同段共划分为28个合同段,1~15合同是路基桥梁工程,16~19合同是房建工程,20~22合同是路面工程,22~23合同是绿化工程,25合同是机电工程,26合同是小构件采购,27~28合同是交通安全工程。

塘承二期的主要勘察设计单位是天津市市政工程设计研究院(土建、房建、绿化部分)和中国公路工程咨询集团有限公司(机电、交通工程)。施工监理只有一个合同段。施工合同段划分为12个合同段,1~6合同是路基桥梁工程,7~8合同是房建工程,9合同是路面工程,10合同是绿化工程,11合同是交通工程,12合同是机电工程。

3.塘承项目招投标

(1)塘承一期

依据《中华人民共和国招投标法》,天津高速公路集团有限公司于2008年8月将招标工作委托给天津广正建设项目管理咨询有限公司,由其负责塘承一期项目除设计招标之外的所有招投标工作。

该项目由天津高速公路集团有限公司负责项目工程设计招标工作,最终确定由天津市市政工程设计研究院为该项目的主要设计单位。

在施工招标工作中,为了使其更加规范,招标文件清单使用了工程量固化清单;在评标办法的制订中,采用合理低价法的评标办法;按规定组建了评标委员会,并从交通部和天津市专家库中抽取评标专家,从而减少了人为因素。在整个工程清标、评标工作中,接受了天津市市政公路工程招标管理站的监督。

2008年路基桥梁施工1~15合同段、2010年路面施工20~22合同段招标采用公开招标、资格预审的方式,最终确定了18家施工单位。2010年和2011年以公开招标、资格后审的方式确定了房建16~19合同段、绿化22~23合同段、机电25合同段、小构件采购26合同段、交通安全27~28合同段。支座、伸缩缝供应单位以公开招标、资格后审的方式确定了1家供货单位。以上施工单位的确定,均严格执行《中华人民共和国招标投标法》《中华人民共和国合同法》及招标文件的有关规定,并在规定时间内签订了施工合同,在上级主管部门备案存档。

监理单位招标采用公开招标、资格后审的方式。2008年确定路基桥梁等工程监理单位2家,即天津华盾工程监理咨询有限公司、重庆中宇工程咨询监理有限责任公司,分别负责路基施工1~8合同段、9~15合同段及以上路面、交通安全等工程施工的监理工作。2011年在机电工程监理招标中,由于其专业性较强,最终投标的监理单位不足3家,最后由天津市市政公路管理局指定天津市国腾公路咨询监理有限公司负责机电施工的监理工作。以上招标均按照《中华人民共和国招标投标法》的有关规定,依据2008版、2009年版新旧两版《公路工程施工监理招标文件范本》的要求,分别签订了监理1~3合同段。

(2)塘承二期

依据《中华人民共和国招标投标法》,天津高速公路集团有限公司把招标工作委托给天津市广正建设项目管理咨询有限公司。

勘察设计招标于2011年8月发布了招标公告,采用资格后审方式,最终确定由天津市市政工程设计研究院和中国公路工程咨询集团有限公司为本项目的主要设计单位。

施工招标文件清单使用了工程量固化清单;在评标办法的制订中,采用合理低价法的评标办法;按规定组建了评标委员会,并从交通部和天津市专家库中抽取评标专家。在整个工程清标、评标工作中,接受了天津市市政公路工程招标管理站的监督。

2012年和2013年路基桥梁1~6合同段、房建7~8合同段、路面9合同段,2014年交通工程11合同段采用公开招标、资格预审方式,绿化10合同段和机电工程12合同段采用公开招标、资格后审方式,最终确定了中标单位。以上施工单位的确定,均严格执行《中华人民共和国招标投标法》《中华人民共和国合同法》及招标文件的有关规定,并在规定时间内签订了施工合同,在上级主管部门备案存档。

监理单位招标采用公开招标、资格后审的方式,最终确定了天津国腾公路咨询监理有限公司为中标单位,负责路基、桥涵、路面、交通安全设施、绿化等工程的施工监理。

4.塘承项目征地拆迁

(1)工作范围

塘承一期征地拆迁涉及塘沽区、北京清河农场、宁河县、宝坻区、河北唐山芦台经济开发区共5个行政区县。塘承二期征地拆迁涉及宝坻区新安镇和蓟县下仓镇、杨津庄镇、礼明庄乡、别山镇等。征地拆迁统计见表8-12-6。

S21塘承高速公路征地拆迁统计　　　　表8-12-6

项目名称	征地拆迁安置起止时间	征用土地(亩)	备注
S21塘承高速公路	2008年4月—2014年11月	11741	

(2)主要内容

①签订协议、界定征地界限、办理永久性占地报批手续。

②永久占地界内房屋等各种构造物的搬迁。

③永久占地内附着物的拆除。

④各种管线的迁移、改建,既有通信管线的改建、加高、迁移,还有电力线路的改建、加高、迁移。

⑤临时及借土占地的征用。

(3)遵循的政策法规

①《中华人民共和国土地管理法》。

②《关于公布实施天津市征地区片综合地价标准的通知》。

③《天津市建设项目征用土地补偿安置标准》。

④《土地勘测定界技术成果》。

(4)主要做法

①由项目管理单位与沿途区县交通局、国土资源分局或其他政府部门签订征地拆迁协议,由这些政府部门承担征地拆迁任务。协议内容包括征地面积、征地单价、地上物拆迁补偿标准、线外工程补偿标准、完成征地拆迁的时间、款项支付方式等。项目管理单位在支付征地拆迁费用时,根据征地拆迁的进展情况分批支付费用,征地拆迁应当满足施工单位进场施工的需要。

②遵循两条腿走路的原则,既要全心全意依靠政府,依靠政府做村镇的工作,同时项目管理单位组织人员深入各村各户和工厂田间,真正了解老百姓的需求,沟通感情,根据实际情况有针对性地解决问题。这样不仅加快了拆迁进度,而且可以根据实际情况分片、分部地进行赔偿,节约了大量前期投入。

(二)项目实施阶段

1. 实施过程

(1)塘承一期主线路基桥梁工程于2008年11月15日开工,2011年12月10日完工。主线路面工程于2011年3月15日开工,2011年12月10日完工。交通工程于2011年7月15日开工,2011年12月15日完工。2011年12月21日,天津市高速公路集团有限公司组织专家对塘承一期工程进行了交工验收。

（2）塘承二期主线路基桥梁工程于2012年4月开工,2014年10月完工。主线路面工程于2014年4月开工,2014年11月完工。交通工程于2014年6月开工,2014年12月完工。2014年12月,天津市高速公路集团有限公司组织专家对塘承二期工程进行了交工验收。

S21塘承高速公路工程建设生产要素统计见表8-12-7。

S21 塘承高速公路工程建设生产要素统计　　　　表8-12-7

建设时间	人工(工日)	原木(m^3)	锯材(m^3)	钢材(t)	水泥(t)	沥青(t)
2008.11—2014.11	21975845	4934	29749	157855	905193	50140

2. 重大变更

塘承项目途经蓟县,该路段黏性素土极其缺乏,沿线所能提供土方量远远不能满足路基填筑要求,所以该路段的路基填料改为山皮土,相应增加以下工程量：

（1）由于填料比重增加,为控制路基工后沉降,需对个别路段增设高压旋喷桩处理措施以满足设计要求。

（2）根据路基高度不同,分别增加浆砌片石及空心六棱砖进行防护。

（3）取消中央分隔带绿化,采用花砖硬化铺装,增设防眩网。

3. 重大事件

（1）2013年5月,交通运输部专家组对塘承二期项目开展了综合督查。

（2）2016年12月，塘承二期项目荣获中国施工企业管理协会颁发的"国家优质工程奖"。

4. 重大活动

在工程建设的全过程中，项目法人以项目经理部为管理主体开展了劳动竞赛活动。项目经理部在劳动竞赛启动之前，与参赛单位签订劳动竞赛协议书，明确双方的职责、权利、利益。劳动竞赛的主要内容是：比质量更好，比进度更快，比安全生产，比文明施工，比技术创新，比科学管理，比团队和谐。劳动竞赛组织者依据劳动竞赛协议，对参赛各单位进行各项竞赛内容的检查考核，每3个月为一个评比赛季。根据评比检查结果，对名列前茅的单位给予通报表彰和奖励，对落后的单位给予处罚。对劳动竞赛过程中产生的优秀工程进行各类优秀工程奖项申报，对劳动竞赛过程中产生的先进集体和个人，进行五一奖状、工人先锋号和五一奖章、劳动模范等先进奖项的申报。

三、复杂技术工程

在项目实施过程中，遇到的复杂技术工程见表8-12-8。

S21塘承高速公路复杂技术工程　　　　　表8-12-8

名　称	里程桩号	长度(m)	内　容
地基加固和填筑石灰土			桥头高填土路基采用地基加固和填筑石灰土的综合处理方法，以减少不均匀沉降，减缓桥头跳车、路基稳定的影响
改进的水泥搅拌桩、旋喷桩			对桥头高填土路基采用改进的水泥搅拌桩、旋喷桩进行深层处理，提高路基承载力，降低路基后沉降
新型土工合成材料	K0+000~K66+756.206	66756	应用新型土工合成材料是防止路面结构早期开裂的重要途径，在已完成的"土工格栅防止路面结构早期开裂的研究"基础上，通过试验路段的铺设，进一步研究烧毛土工布、路用增强纤维对防止路面结构早期开裂的效果，并通过对比分析，总结出不同土工合成材料的适用条件、使用效果、技术经济指标和设计、施工方法
橡胶粉等材料降低路面噪声			由于该工程处于城市近郊区，村镇密集，本工程有多处离村镇较近，从和谐社会、以人为本的要求出发，降低工程对沿线村镇居民的干扰是十分必要的。部分段落将采用橡胶粉等材料改善路面微观结构，降低噪声，减少对居民的干扰，并指导以后工程实践

续上表

名　　称	里程桩号	长度(m)	内　　容
静态 GPS 与动态 GPS(RTK 实时定位)卫星定位系统相结合	K0 + 000 ~ K66 + 756.206	66756	静态 GPS 与动态 GPS(RTK 实时定位)卫星定位系统相结合进行控制点的布设,机电一体化外业数据采集,SCS 系统内业成图
路线设计程序 HintCAD、立交设计程序 DICAD PRO			道路设计采用国内先进的路线设计程序 HintCAD、立交设计程序 DICAD PRO,路基计算程序理正软土计算 4.5 版、公路路面设计程序系统(2003)
桥梁结构综合分析系统 BSACS			桥梁设计采用桥梁结构综合分析系统 BSACS,空间有限元综合分析程序 MIDAS,空间有限元通用程序 ANSYS
地基加固和填筑石灰土	K66 + 756.206 ~ K91 + 549.375	24793	桥头高填土路基采用地基加固和填筑石灰土的综合处理方法,以减少不均匀沉降,减缓桥头跳车、路基稳定的影响
改进的水泥搅拌桩、旋喷桩			对桥头高填土路基采用改进的水泥搅拌桩、旋喷桩进行深层处理,提高路基承载力,降低工后沉降
特大桥和大桥上部结构采用简支变连续后张预应力混凝土小箱梁			根据桥梁跨越要求,综合考虑材料用量、施工吊装能力、造价和使用功能等因素,选择 25m、30m 两种跨径为特大桥和大桥的基本跨径,特殊位置根据实际情况确定。跨径为 20 ~ 30m,其结构形式以简支变连续后张预应力混凝土小箱梁为主,在个别路线走向与河流夹角较小的桥位处,为减少桥墩阻水面积,采用斜桥斜做的预应力混凝土连续箱梁桥型

四、科技创新

1. 一期工程

(1)坚持统筹全局,兼顾区域经济发展,强调合理、灵活、以人为本的设计理念。

①路线布设尽量直接、顺畅,避免不必要的绕行,以缩短建设里程,降低工程造价,充分体现地形选线、地物选线、生态选线的理念。

②全线 9 座互通立交选型时,综合考虑了连接道路的功能、等级、设计速度、交通量等因素,通过对互通区地形、地貌、地物及土地利用现状和规划情况的调查,结合区域工程地质条件,选择技术标准适宜、经济合理的方案,并使之与周围环境相协调,满足互通立交区直行交通快速通过,转弯交通快速分、合流的功能。

③立交出入口设置形式统一,利于驾驶人的辨别。

(2)坚持务实创新,注重细节,体现精细化设计的思路。

①对路线设计的平、纵、横三方面立体线形用先进的设计软件进行透视图检验,达到最佳组合,满足汽车动力学要求,给驾驶人以视觉和心理上的舒适、愉悦感,减少交通事故发生的隐患,充分体现"以人为本、为人服务"的设计理念。

②在鱼塘沟渠处理中、高填土桥头、新旧路搭接处大力推广应用凸节点钢塑双向土工格栅,有效地减少了路基的不均匀沉降及工后总沉降量。

③在中央带排水设计中采用 UPVC 管材,施工速度快,造价节省,耐久性大大优于普通钢筋混凝土管材,且施工不受季节限制。

④采用环保型路面添加剂—胶粉改性沥青,降低噪声,较少废弃轮胎的浪费。

⑤从景观角度出发,全线采用统一侧石,外形顺畅美观;超高段结合侧石的设置,采用新型"点式"排水方式,将雨水井箅与侧石完美地结合为一体,既有效防止雨水井箅的丢失,又保证了中央分隔带侧石线形的顺畅美观。

⑥软土地基的路基填筑,采用动态跟踪的设计技术,根据填料来源的不同,确定了土方填筑料最佳含水率和最大干密度,总结了掺灰处治湿软土的理论和施工工艺、方法及质量控制方法并监测沉降与稳定,及时调整设计方案,保证填筑的顺利完成。

(3)注重环境保护,兼顾景观建设。

基于对自然环境、社会环境、土地资源的可能影响,提出切实可行的减缓措施,如尽量少占农业用地,尽量减少施工临时占地,随工程的进度尽快使得取土场得到恢复措施,对清表土方充分利用为绿化土方和复耕处,采用施工过程中水土保持的必要措施,临时用地等尽快恢复绿化植被,施工期间对于牡蛎礁和湿地进行相应的保护等。

(4)坚持可持续发展,合理利用、节约土地资源。

路线设计中在贯彻公路设计新理念的前提下严格控制用地指标,尽量减少耕地占用,减少拆迁。

①线位布设尽量靠近河道、高压线走廊,以减少土地分隔,节约土地。如在 K5～K25 范围内,主线在满足高压走廊安全距离的条件下,与 500kV 高压走廊平行,共用走廊带,减少对土地的分隔。

②选用合理技术指标,在满足安全前提下尽量加大竖曲线纵坡。

③沿线穿越河流、村镇、公路较为密集,桥梁所占比例达到 18%,桥梁比重的适度增大,一定程度节约了路基放坡所占的用地。全线该项土地节约将近 260 亩。

④机耕道路密集路段,采取通过设置线外辅道连通的方式集中过路。如 K4+100～K5+900,通过在主线南侧设置辅道,该段 1.8km 范围内没有过路通道,降低了主线高度,极大地节约了土地。

⑤在征得水利部门同意的前提下,尽量结合现场实际情况将防洪通道改在大堤后仓位置下穿高速公路,如津唐运河、箭杆河等。

⑥合理确定立交匝道设计指标(以中、低值为主),尽量压缩立交占地规模。

(5)充分吸收国内桥梁施工、运营经验教训,确保桥梁结构安全、合理。

2. 二期工程

（1）立交设计新颖独特，造型美观，成为沿线标志性建筑。

（2）统筹发展，适当倾斜，以人为本，建造便民之路。综合沿线发展需求，在宝坻新安镇设置宝新公路互通式立交，在蓟县设置3处互通式立交，立交平均间距5.2km，大大方便了沿线的交通出行，带动沿线各工业园区的大力发展。另外，结合沿线乡镇现状和规划情况，对通道位置、规模及数量进行了逐一落实，全线共设置通道35处，同时为方便村民生产生活需要，在道路两侧局部路段设置8.3km的线外辅道。

（3）首次在天津高速公路中大规模采用山皮土填筑路基，总结形成天津地区山皮土路基施工关键技术。

（4）路基碾压过程中，行车记录仪首次使用，大大提高施工质量。

（5）路基路面防护等小构件大规模采用标准化，设计标准化、生产标准化、施工标准化。

（6）桥梁设计标准化，减少施工难度。从经济、适用、安全和方便施工出发，桥梁尽可能采用标准化、系列化和便于集中预制的构件，以确保工程质量、加快建设速度、降低工程造价。对大桥、特大桥，此次设计选择25m和30m两种跨径为基本跨径，其结构形式以简支变连续后张预应力混凝土小箱梁为主。中小桥根据每条河渠的不同其跨径选择为13m、16m、20m三种形式。

五、运营养护管理

1. 服务设施

全线设置宁河、宝坻、蓟县3处服务区，全线服务区平均间距35km，见表8-12-9。

S21塘承高速公路服务区一览表　　　　　表8-12-9

服务区名称	桩　　号	所在区域	占地(m²)	建筑面积(m²)
宁河服务区	K34+250	宁河区	40000	2500.00
宝坻服务区	K61+000	宝坻区	40000	2500.00
蓟县服务区	K84+744	蓟州区	40000	2500.00

2. 收费设施

全线共设置收费站9座，其中主线收费站1座，匝道站8座。出入口数量共计68条，其中ETC车道17条，见表8-12-10。

S21塘承高速公路收费设施一览表　　　　　表8-12-10

序号	收费站名称	入口车道数		出口车道数		车道总数	
		MTC	ETC	MTC	ETC	MTC	ETC
1	七里海收费站	2	1	4	1	6	2
2	芦台经济开发区收费站	2	1	4	1	6	2

续上表

序号	收费站名称	入口车道数		出口车道数		车道总数	
		MTC	ETC	MTC	ETC	MTC	ETC
3	东棘坨收费站	2	1	4	1	6	2
4	宝坻温泉东收费站	2	1	4	1	6	2
5	宝坻东收费站	2	1	4	1	6	2
6	新安镇收费站(京哈互通)	0	0	6	1	6	1
7	新安镇西收费站	1	1	3	1	4	2
8	下仓收费站	1	1	3	1	4	2
9	蓟州东收费站(主线站)	2	1	5	1	7	2

3. 养护管理

道路养护方面,塘承一期高速公路 2014 年开始进入大中修养护期,主要以路面桥头接顺及微表处预防性养护为主。S21 塘承高速公路养护设施见表 8-12-11。

S21 塘承高速公路养护设施一览表

表 8-12-11

序号	养护工区名称	桩号	路段长度(km)	占地面积(m²)	建筑面积(m²)
1	下仓工区	K76+500	86	60000	15000

桥梁养护方面,塘承高速全线共有141座桥涵。其中主线桥梁59座,匝道桥42座,跨线桥6座,箱形通道34座;141座桥涵中,特大桥5座、大桥46座、中桥53座、小桥3座、通道桥34座。在2014年、2016年主要对梁体裂缝、支座及桥面铺装等进行了养护维修,保证了桥梁结构的完整且正常使用。

微表处施工

4.监控设施

全线设置潘庄收费站监控中心,负责全线收费站的监控管理,见表8-12-12。

S21 塘承高速公路监控设施一览表　　表 8-12-12

序　号	监控设施名称	桩　号	占地面积(m²)	建筑面积(m²)
1	潘庄收费站监控中心	K48+700	3430	1010

桥头接顺维修

六、项目后评估

塘承高速公路是连接天津市滨海新区与蓟县的重要通道,同时通过与京秦高速公路的连接,形成通往河北承德、内蒙古东部和东北西部的一条重要通道,对于调整区域产业结构、加快区域产业升级,促进区域经济繁荣,对于完善天津市区域高速公路网、加快滨海新区开发开放、促进环渤海和京津冀都市圈发展起到十分重要的作用。

塘承高速公路一期工程获得 2013 年度天津市"海河杯"优秀勘察设计三等奖。塘承高速公路二期工程荣获 2013 年度天津市优秀工程咨询成果二等奖。

第十三节　S3 津滨高速公路(外环线津滨桥—胡家园立交桥)

天津位于渤海经济圈的中心,是我国北方的工业和外贸中心,通过开发区、保税区和塘沽区构成一个交通枢纽,客、货物运输对经济发展十分重要,天津市区和滨海新区是天津两个主要的经济发展点,高速度的经济发展,必将促进两个市区之间交通要求量的快速增长。

津滨高速公路在天津公路网规划中为一级公路,根据修编的天津市城市总体规划成果,天津市市区和滨海新区为城市发展的主轴上的两个中心,共同组成城市主体,因此从公路网系统建设的需要,天津市外环线到天津滨海新区应建设一条径直方便的高速公路,以缩短两区间的距离,改善两区间的交通联系,促进经济快速发展,满足日益增长的交通需求。

津滨高速公路是天津市区和滨海新区的交通纽带,沿线途经东丽区、滨海新区。工程于1998年10月开工建设,2001年4月18日正式投入运营,路基顶宽26m,双向四车道,设计速度为120km/h。按近、远期相结合的方案,随着交通流量增加,2009年改扩建为路基顶宽33.5m,双向六车道,局部为双向八车道。目前由天津津滨高速公路管理有限公司负责运营管理养护,运营里程27.766km。

一、S3 津滨高速公路新建

1997年,天津市政府通过联营公司的方式成立了一个公私合营的实体——中国天津快速(集团)交通发展有限公司(简称MTD),负责津滨高速公路项目的开发与实施,MTD委托加拿大SLKC集团完成可行性研究报告。天津市市政工程设计研究院在原报告基础上协助MTD完成该项目中的高速公路建设立项上报工作。

(一)项目概况

1. 基本情况

该工程由主线工程和配套工程两部分组成,市区配套段起点为东兴立交桥,终点为外环线张贵庄路交口处,按城市快速路设计,设计速度80km/h,双向六车道,路宽30～37m;津滨高速公路主线A段起点为外环线与张贵庄路交叉点,终点为塘沽区胡家园立交桥,按标准高速公路设计,设计路面宽26m,双向四车道,设计速度120km/h,全长27.956km。全线设有大型立交4座,跨线桥3座,中小型主线桥10座,通道、地道21座,涵洞103道。自天津市区中环线起至塘沽临港立交,全长约42km。主线工程自市区外环线至塘沽胡家园立交,全长27.766km,按高速公路标准建设;胡家园立交到临港立交段长约9km,按城市主干道标准建设,该段利用现状津塘公路及四号路。配套工程为拓宽张贵庄路段,起自中环线东兴立交,止于外环线,长约5km,按城市快速路标准建设。线路途经天津市东丽区、滨海新区。

津滨高速公路征地4200亩,耗资11.6亿元。1998年10月正式开工,2000年10月全线完工。该路西起天津市中环线的东兴立交桥,沿津滨大道向东上跨外环线后,穿越东丽区至塘沽区胡家园立交桥进入塘沽市区,全长28.5km。该路的主线由外环线至胡家园立交桥为高速公路段,路基宽26m,双向四车道,设计速度为120km/h。该路上的主要建筑有:大型立交桥4座,跨线桥3座,跨河中小桥11座,地道3座,通道及通道桥16座,涵洞104道,收费站4座。津滨高速公路配备的收费系统、监控系统、通信系统均采用了领先国内的进口技术,使其成为安全运营的坚实保障。收费系统中引进了瑞典公司的不停车

第八章
高速公路建设项目

收费系统(ETC),使津滨高速公路成为天津市乃至长江以北地区第一条不停车收费高速公路,填补了收费路在此项功能方面的空白。该工程的建成,使市区到滨海新区有了第二条高速公路,极大地缩短市区到滨海新区的距离,为加快滨海新区建设创造了有利条件。

S3 津滨高速公路在路网中的位置如下图所示;其基本信息,桥梁及路面结构见表 8-13-1 ~ 表 8-13-3。

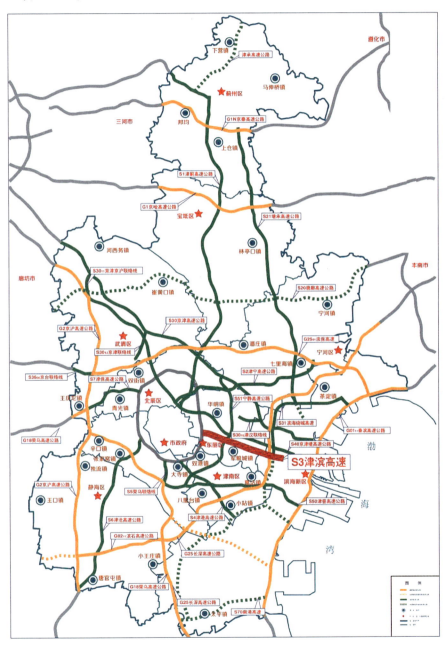

S3 津滨高速公路在路网中示意图

S3 津滨高速公路项目基本信息

表 8-13-1

路段起止桩号		规模（km）			建设性质（新、改扩建）	设计速度（km/h）	路基宽度（m）	永久占地（亩）	投资情况（亿元）			资金来源	建设时间（开工—通车）	4A级以上主要景区名称	备注
起点桩号	止点桩号	合计	八车道及以上	六车道	四车道					估算	概算	决算				
K0+000	K27+766	27.766			27.766	新建	120	26		23.4	23.7		银行贷款和自筹资金	1998.10—2001.4		
		27.766	6.79	20.976		扩建	120	36~43.5	2594.6			11.6	地方自筹	2009.10—2011.7		

S3 津滨高速公路桥梁汇总

表 8-13-2

序号	名称	规模	桥梁左（m）	桥梁右（m）	主跨长度（m）	桥面宽度（m）	桥底净高（m）	跨越障碍物	桥梁分类	备注
1	津滨立交桥	大桥	281	281	35	33	5.5	道路	梁式桥、钢筋混凝土梁桥、连续桥梁	
2	驯海路立交桥	大桥	846	846	20	34	5.5	道路	梁式桥、钢筋混凝土梁桥、连续桥梁	
3	津北公路分离式立交（一）	大桥	154	154	32	12	5.5	道路	梁式桥、钢筋混凝土梁桥、连续桥梁	
4	津北公路分离式立交（二）	大桥	368	368	60	12	5.5	道路	梁式桥、钢筋混凝土梁桥、连续桥梁	
5	东金路立交	大桥	342	342	24.9	34	5.5	道路	梁式桥、钢筋混凝土梁桥、连续桥梁	
6	胡家园立交桥	大桥	621	621	33	34		道路	刚构桥、T形刚构	
7	中河桥	中桥	66	66	13	34		河流	梁式桥、钢筋混凝土梁桥、简支桥梁	
8	东河桥	中桥	43	43	16	34		河流	梁式桥、钢筋混凝土梁桥、简支桥梁	
9	袁家河桥	中桥	66	66	13	34		河流	梁式桥、钢筋混凝土梁桥、简支桥梁	
10	开源河桥	中桥	72	72	16	34		河流	梁式桥、钢筋混凝土梁桥、简支桥梁	

续上表

序号	名　称	规模	桥梁左(m)	桥梁右(m)	主跨长度(m)	桥面宽度(m)	桥底净高(m)	跨越障碍物	桥梁分类	备注
11	军粮城一村桥	中桥	21	21	20	34		河流	梁式桥,钢筋混凝土梁桥,简支桥梁	
12	一场干渠桥	中桥	43	43	13	34		河流	梁式桥,钢筋混凝土梁桥,简支桥梁	
13	中心排干渠桥	中桥	49	49	13	34		河流	梁式桥,钢筋混凝土梁桥,简支桥梁	
14	黑潴河桥	中桥	66	66	13	34		河流	梁式桥,钢筋混凝土梁桥,简支桥梁	
15	新河东干渠桥	中桥	64	64	16	34		河流	梁式桥,钢筋混凝土梁桥,简支桥梁	

S3 津滨高速公路路面结构

表 8-13-3

路面形式	起 讫 里 程	长度(m)	路 面 结 构
柔性路面	K0+000～K27+766 新建	27766	沥青混凝土路面 4cm 细粒式沥青混凝土(AC-13)+5cm 粗粒式沥青混凝土(AC-25Ⅰ)+6cm 粗粒式沥青混凝土(AC-30Ⅱ)+20cm 水稳碎石(4%)+15cm 石灰粉煤灰碎石(5:15:85)+2×15cm 石灰土(12%,10%)
	K0+000～K27+766 扩建	27766	5cm 改性沥青混凝土(AC-13C)+6cm 沥青混凝土中面层(AC-20)+8cm 沥青混凝土底面层(AC-25)+18cm 水泥稳定碎石(水泥含量 5%)+18cm 水泥稳定碎石(水泥含量 5%)+18cm 石灰粉煤灰土(12:35:53)
刚性路面			水泥混凝土路面

2. 前期决策情况

天津位于渤海经济圈的中心,是华北地区的工业与贸易中心。天津市区和滨海新区是天津两个主要的经济发展点,经济的高速发展必将促进两区之间交通要求的快速增长,为满足此项要求,天津市修建了一条便捷的高速公路——津滨高速公路。

天津市区规划为天津市的政治、文化、商贸、金融中心,重点发展商贸、金融、信息、文化、科研、教育、房地产和高新技术产业,形成服务于全国的多层次、多功能、开放型的第三产业群体,简称资金、技术、商品、信息等流通中心,对外交通通信、大型会议、国际体育、文化交流中心,在城市中心区建设中心商务区。根据新规划,今后天津城市发展设想除发展中心市区外,要形成"三区三带一中心"的大格局(三区即经济技术开发区、天津保税区、高新技术园区,三带即沿海一带、海河一带、高速公路一带,一中心即商贸金融中心),将天津市建设成为国际型港口大城市,形成我国北方改革开放和经济发展最具活力的一个地带,推动天津市的现代化建设飞速发展。

滨海新区重点发展工业、交通、能源和外向型产业,培育优势行业,形成以石油化工、海洋化工、精细化工为重点的化工工业基地;以优特钢材、高档新型金属为重点的冶金工业基地;形成外向型工业为主导的现代化国际港口和自由港区。

实现天津市区与滨海新区城市发展规划,安全、快速、舒适的交通环境是十分重要的条件之一。

1996年12月9日,天津经济技术开发区管理委员会向天津市计划委员会报送《关于申请开展津滨高速公路项目前期工作的报告》(津开报〔1996〕118号)。

1996年12月12日,天津市计划委员会下达《关于同意津滨高速公路项目开展前期工作的批复》(津计外经〔1996〕号)。

1996年12月9日,天津市规划设计管理局向天津市城乡建设管理委员会报送《关于报审"津滨高速公路规划方案"的请示》(规业字〔1996〕234号)。

1996年12月18日,天津市城乡建设管理委员会下达《关于津滨高速公路规划方案的批复》(津规设〔1996〕1095号)。

1997年1月8日,天津经济技术开发区管理委员会向天津市计划委员会报送《关于报送津滨高速公路项目第一段、第二段、第三段、第四段、第五段可行性研究报告(含项目建议书)的请示》(津开报〔1997〕49、50、51、52、53号)。

1997年1月16日,天津市计划委员会下达《关于中外合资建设经营津滨高速公路第一段、第二段、第三段、第四段、第五段项目可行性研究报告(含项目建议书)的批复》(津计外经〔1997〕335、336、337、338、339号)。估算投资:8亿元。

1997年3月6日,天津市规划设计管理局下发《关于津滨高速公路规划红线的函复》(规业字〔1997〕45号)。

1997年3月,天津市市政工程设计研究院完成《津滨高速公路的工程可行性研究报告》。

1997年8月,天津快速交通发展有限公司完成《津滨高速公路可行性研究报告》。

3. 参建单位主要情况

项目管理单位:中国天津快速(集团)交通发展有限公司。

项目代建单位:天津市滨海市政建设发展有限公司。

勘察设计单位:天津市市政工程设计研究院。

监理单位:交通部北京育才监理公司。

施工单位:天津第一市政公路工程有限公司,天津第二市政公路工程有限公司,天津第三市政公路工程有限公司,天津第四市政公路工程有限公司,天津第五市政公路工程有限公司,交通部公路一局,河北省邢台路桥建设总公司,天津市环路公路设施有限责任公司,天津市路普市政工程科技有限公司,天津市安基工程监测技术有限公司等。详见表8-13-4。

S3津滨高速公路工程参建单位一览表　　　　表8-13-4

合同段	合同价（万元）	施工单位		监理单位		设计单位	
		名称	资质等级	名称	资质等级	名称	资质等级
三合同	7458.98	天津第三市政公路工程有限公司	市政施工一级	交通部北京育才监理公司	双甲级	天津市市政工程设计院	甲级
四合同	5633.01	天津第三市政公路工程有限公司	市政施工一级				
五合同	6118.60	天津第一市政公路工程有限公司	公路施工一级				
六合同	8668	天津第五市政公路工程有限公司	公路施工一级				
七合同	6412	天津第二市政公路工程有限公司	市政施工一级				
八合同	6388	交通部公路一局	公路工程施工一级				
九合同	5458	天津第五市政公路工程有限公司、河北省邢台路桥建设总公司	公路工程施工一级				
十合同	5326	天津第二市政公路工程有限公司	市政建设施工一级				

(二)建设情况

1. 项目准备阶段

中国天津快速(集团)交通发展有限公司对项目进行了充分的前期调研和技术经济论证,于1997年上报了可行性研究报告,1997年1月天津市计划委员会批复可行性研究报告(津计外经〔1997〕49、50、51、52、53号)。

(1)项目审批

该项目严格执行了交通基本建设程序,从预可行性研究、工程可行性研究、初步设计、施工图设计、工程施工、监理招投标及工程开工报告的审批,各个环节手续齐全,具体如下:

1997年10月14日,天津市市政工程局技术委员会回复天津滨海市政发展有限公司《关于天津市津滨高速公路工程技术咨询意见的函》(津市政局〔1997〕咨字006号)。

1997年10月20日,天津快速(集团)交通发展有限公司向天津市市政工程局报送《关于申请对津滨高速公路初步设计审查的函》(MTD-TMEDRB-97-001号)。

初步设计单位为天津市市政工程设计研究院,甲级资格等级,资信登记编号:0201061。

1998年7月24日,天津市市政工程局《关于对津滨高速公路工程初步设计的批复》(市政局计〔1998〕434号)。

1999年5月11日,天津快速(集团)交通发展有限公司向天津市市政工程局报送《关于报送津滨高速公路工程交通工程初步设计的函》。

1999年6月28日,天津市市政工程局《关于对"关于报送津滨高速公路工程交通工程初步设计的函"的批复》(市政局计〔1999〕340号)。

1998年8月8日,天津市公路管理局、天津市市政工程局同意天津快速(集团)交通发展有限公司报送的《津滨高速公路工程报建表》。

1998年10月26日,天津市公路管理局、天津市市政工程局批复天津市滨海市政建设发展有限公司报送的《津滨高速公路工程开工报告》。

2001年8月,中国天津快速(集团)发展有限公司委托国家环境保护总局南京环境科学研究院(证书编号:国环评证甲字第1901号)、天津市环境保护科学研究院(证书编号:国环评证甲字第1101号)编制了《津滨高速公路工程环境影响报告书》。

1998年10月20日,津滨高速公路开工。

2000年6月26日,经天津市规划设计管理局审定,津滨高速公路工程符合城市规划要求,获得《中华人民共和国建设工程规划许可证》(编号2000-津线证字-0211号)。

1998年12月16日,获得天津市规划设计管理局《建设用地规划许可证》(津地证98-305号)。

(2)资金筹措

该工程由中外合资天津快速(集团)发展有限公司全额投资,由天津市滨海市政发展有限公司总包承建。工程于1998年11月开工,2001年8月竣工。1998年11月至1999年12月投资为20000万元。1999年12月至2000年12月投资为30000万元。2000年12月至2001年8月投资为20000万元。工程共计投资11.6亿元。具体详见表8-13-5。

S3 津滨高速公路工程主要资金来源 表 8-13-5

合同段名称	段 落	投资(万元)	出资单位及资金来源
一合同	中环线—外环线	24917	天津快速(集团)发展有限公司自筹解决
二合同	外环线—机场(东侧)段	22876	天津津飞交通发展有限公司自筹解决
三合同	机场(东侧)—军粮城	22801	天津津粮交通发展有限公司自筹解决
四合同	军粮城—山广公路交叉口	22846	天津津胡交通发展有限公司自筹解决
五合同	山广公路交叉口—塘沽胡家园(包括立交)	22894	天津津港交通发展有限公司自筹解决

(3) 合同段划分

根据各专业的工程内容划分合同段如下：

全线分为12个合同段,其中4座大型立交为4个合同段,收费站为1个合同段,其余27.96km分为7个合同段。详见表8-13-6。

S3 津滨高速公路工程标段划分情况 表 8-13-6

合同段号	合同段所在地	工程内容及长度	施工单位
三	东丽区	张贵庄互通式立交	天津第一市政公路工程有限公司 天津第三市政公路工程有限公司
四	东丽区	津滨高速公路驯海路立交 K0+448.442～K3+000	天津第三市政公路工程有限公司
		K2+734 涵洞	天津第三市政公路工程有限公司专业分公司
五	东丽区	K3+280～K7+000	天津第一市政公路工程有限公司,分包单位: 天津东环建筑安装公司 天津市宁河县第三建筑工程公司
六	东丽区	K7+000～K11+700	天津第五市政公路工程有限公司
七	东丽区	K11+700～K13+200 茶金路分离式立交 K12+340.569～K12+684.031	天津第二市政公路工程有限公司
八	东丽区	K13+200～K17+600	中国路桥集团第一公路工程局第二工程处
九	滨海新区	K17+600～K21+700	天津第五市政公路工程有限公司 河北省邢台路桥建设总公司联合体
十	滨海新区	K21+700～K27+125.202	天津第二市政公路工程有限公司
十一	滨海新区	胡家园立交 K27+125.202～K27+956.432	天津第五市政公路工程有限公司
十二	东丽区、滨海新区	收费站(津滨高速公路收费站、驯海路收费站、茶金路收费站),滨海收费站	天津第四市政公路工程有限公司
	东丽区、滨海新区	交通工程(标志标线)	天津市公路管理局公路设施修造厂
	东丽区、滨海新区	交通工程(防眩板)	天津市路普市政工程科技有限公司
	东丽区、滨海新区	软基沉降观测、试验	天津市安基工程监测技术有限公司

(4) 招投标

按照国家颁布的《中华人民共和国招标投标法》和交通部颁布的《公路工程施工招标

投标管理办法》《公路工程施工招标资格预审办法》《公路工程施工招标评标办法》的要求,由项目法人单位组织招标工作。天津市滨海市政建设发展有限公司于1997年10月28日,委托天津市市政工程招标投标服务公司组织第十合同工程全过程招标工作。

根据交通部《公路工程施工招标投标管理办法》的规定,天津市滨海市政建设发展有限公司于1998年4月28日,委托天津市市政工程招标投标服务公司组织第三、八、九合同工程全过程招标工作,具体组织标前会议、现场考察、标前答疑会、集中封闭做标底及评标定标工作。

1998年8月10日,天津市滨海市政建设发展有限公司与天津市市政公路工程招标公司签署《委托协议书》。

1998年9月23日,天津市滨海市政建设发展有限公司与北京育才交通工程咨询监理公司签署《天津市津滨高速公路项目监理协议书》。

1998年8月18日,天津市滨海市政建设发展有限公司与天津市市政工程设计研究院签署《津滨高速公路工程设计合同》。

1998年8月8日,天津市滨海市政建设发展有限公司与天津第五市政公路工程有限公司、河北省邢台路桥建设总公司联合体签署《津滨高速公路工程第九合同段施工合同协议书》。

1998年9月15日,天津市滨海市政建设发展有限公司与天津第一市政公路工程有限公司签署《津滨高速公路工程第五合同段施工合同协议书》。

1998年9月15日,天津市滨海市政建设发展有限公司与天津第五市政公路工程有限公司签署《津滨高速公路工程第六合同段施工合同协议书》。

1998年10月,天津市滨海市政建设发展有限公司与天津市安基工程监测技术有限公司签署《津滨高速公路软土地试验协议书》。

1998年12月8日,天津市滨海市政建设发展有限公司与天津第一市政公路工程有限公司签署《津滨高速三合同段张贵庄立交桥施工分包合同》。

2000年12月,天津市滨海市政建设发展有限公司与天津市环路公路设施有限公司签署《津滨高速公路交通工程承包合同》。

2000年12月20日,天津市滨海市政建设发展有限公司与天津市环路公路设施有限公司签署《津滨高速公路站区交通工程承包合同》。

(5)征地拆迁与管线迁移

工作及范围:沿线经过河东区、东丽区、滨海新区,共3个区。

征地基本情况:一期征地主要涉及张贵庄配套工程和高速公路主线A段,全长33.556km(需征地总量3891.89亩),东丽区内长26.24km(需征地总量3036.23亩),塘沽区内长6.416km(需征地总量855.66亩)。其中土地类别以水田居多,约占需征总量的

46%,考虑到夹角地等因素,实际征地面积应增 10%,为 4232.23 亩,详见表8-13-7。

S3 津滨高速公路征地拆迁情况统计　　　　表 8-13-7

征地拆迁安置起止时间	征用土地(亩)	拆迁房屋(m²)	管线切改(万元)	支付补偿(万元)	备注
1998 年 10 月—2000 年 10 月	4232.23		2690.45	14194.53	

1997 年 12 月 18 日,天津市滨海市政建设发展有限公司与塘沽区规划土地局签署《津滨高速公路项目征地拆迁协议》。

1998 年 10 月 16 日,天津市滨海市政建设发展有限公司与东丽区规划土地局签署《津滨高速公路项目征地拆迁协议》。

主要内容如下:

①签订协议、界定征地界限、办理永久性占地报批手续。

②永久占地界内房屋等各种构造物的搬迁。

③永久占地内附着物的拆除。

④各种管线的迁移、改建,既有通信管线的改建、加高、迁移,还有电力线路的改建、加高、迁移。

⑤临时及借土占地的征用。

2. 项目实施阶段

主线土建工程于 1998 年 10 月 20 日开工,2000 年 10 月完工。2001 年 2 月 27 日津滨高速公路通车。

1999 年 6 月 4 日,天津市公路工程质量监督站发布《津滨高速公路工程质量监督通知书》。

重大决策:天津市城乡建设管理委员会《关于申请免缴津滨高速公路征地有关税费的报告》(建规〔1998〕187 号)。

根据《设计变更管理办法》,该项目有无重大变更。

板梁预制 1

板梁预制 2

板梁预制 3

胡家园互通式立交开工前施工现场原貌

津北路立交全貌

桥梁灌注桩施工 1

桥梁灌注桩施工 2

收费站施工 1

收费站施工 2

预制梁吊装 1

预制梁吊装 2

胡家园立交全貌　　　　　　　　　扩建前的津滨高速公路

（三）复杂技术工程

津滨高速公路所在地区为天津市区与滨海新区之间，所经过的区域有东丽区和塘沽区。与津滨高速公路相交的道路有外环东路、驯海路、东金路、中心庄路、唐津高速公路、津塘路等。津滨高速公路地处华北平原的滨海边缘，地势低洼，浅层地质条件为天津沿海软土地区，由市区至塘沽方向厚度逐渐增大，形成嗽叭口状，为典型的滨海沉积之地。其中，路线所经塘沽地段地质条件最差，下卧层有 $-8.0\sim15.0\mathrm{m}$ 厚的淤泥质黏土层，夹有粉质黏土，呈软塑~流塑状态，属高压缩性软土。按地貌单元分段，东兴立交至军粮城段属海河冲积平原，军粮城至塘沽段属渤海淤泥平原，由于海潮涨落而形成了陆海相交替沉积层，使军粮城附近古老的海岸线逐渐东移，因而造成下部地质层次紊乱，长期水浸、软土发育、盐碱严重等不良状态，导致地基土承载力低、透水性差，土的含水率大，压缩性高，给工程设计施工都带来很大难度。

（四）科技创新

采用新工艺、新技术解决质量通病。津滨高速公路张贵庄立交桥在工艺上有其独特的特点，加上工期紧张，质量要求高，为克服困难，在工程上，大胆采用新工艺、新材料，突出科技进步，解决质量通病，收到良好的效果。

（1）采用"补偿收缩（微膨胀）混凝土"这一新工艺，在墩柱、防撞护栏施工中，解决混凝土表面龟裂现象，提高混凝土的外观质量。

（2）引进"KCM 防水防腐釉面耐磨涂料"，解决在炎热季节箱梁模板生锈问题，改善箱梁梁底外观不洁净现象。

（3）在外环河、稻田地等软弱地带，采用打入混凝土预制方桩，彻底解决因基础沉降给箱梁混凝土带来的危害。

(4)设施施工缝解决地袱混凝土收缩受到梁板的约束,新浇筑混凝土极易发生竖向通裂,直接影响地袱混凝土的外观。在施工中,在地袱的跨中部位假缝凹槽内设置一道真缝,将地袱混凝土断开,特意引导地袱在此处开裂和产生微小的收缩活动。由于地袱在凹槽内开裂,开裂现象不易被发现,改善了地袱外观。

二、S3 津滨高速公路改(扩)建工程

(一)项目概况

津滨高速公路改(扩)建工程起于外环线,止于胡家园立交东侧引路,路线全长27.766km。该工程是滨海新区 2009 年度 26 项重大基础设施投资项目之一,是减轻天津中心城区与滨海新区之间的交通压力,加强滨海新区与中心城区联系,促进滨海新区开发开放,带动两侧区域经济快速发展的重点项目。项目初步设计概算总投资为 23.7 亿元,其中建安费 16.66 亿元;项目资本金由天津经济技术开发区管委会筹措,其余资金通过银行贷款解决。

津滨高速公路现状为双向四车道高速公路,路基宽度 26m。改造后的公路为双向六～八车道,其中:外环线—天津收费站段(K0+210.786～K2+700)、滨海收费站—胡家园互通式立交(K26+800～K27+976.325)采用双向八车道城市快速路标准(其中胡家园互通式立交主线为双向 6 车道),设计速度 80km/h。津滨高速公路天津收费站—滨海收费站段(K3+540～K26+220)采用高速公路标准,设计速度 120km/h,天津收费站—规划蓟汕联络线互通立交段(K3+540～K7+000)主线采用双向八车道,路基宽度 43.5m,规划蓟汕联络线互通立交—滨海收费站(K7+000～K26+220)主线采用双向六车道,路基宽度 36m。K2+700～K3+540 段、K26+220～K26+800 段为主线收费站范围。

全线路基均利用原路路中线为设计路中线,原路基宽度为 26m,改(扩)建路基向两侧拓宽,将高速公路断面两侧各拓宽 8.75m,加宽为双向八车道;将高速公路断面两侧各拓宽 5.0m,加宽为双向六车道。老路路面结构石灰粉煤灰碎石基层及其以上的水泥稳定碎石基层和沥青面层均铣刨掉,铣刨料均再生利用,老路结构的底基层石灰土再利用。

桥梁结构采用"同结构、同跨径、上连下不连"的设计原则,对全线既有的先张和普通板梁进行更换,基础及下部结构利用。全线共改造互通立交 3 座,中小桥 9 座,分离式立交 1 座,人行天桥 1 座,通道桥 13 座,箱形通道 8 座,收费站 4 座。

主要技术指标如下:

(1)公路等级:高速公路;设计年限:20 年。

(2)设计速度:主线为 120km/h。

(3)桥涵设计荷载:主线桥涵设计荷载为公路—Ⅰ级。沥青混凝土路面设计年限:15年;荷载标准:路面结构计算轴载 BZZ-100。

(4)设计洪水频率:路基设计洪水频率1/100。

(5)最大纵坡:最大纵坡3.076%。

(6)最小平曲线半径:最小半径5500m

2009年6月1日试验段工程启动,2009年10月15日全线工程正式开工,2011年6月26日双向通车。

(二)前期决策情况

津滨高速公路为中心城区联系滨海新区核心区最重要的高速通道。随着滨海新区的快速发展和津滨高速公路沿线土地的开发,津滨高速公路的交通压力越来越大。特别是该路的出行车辆以通勤、办公为主,早、晚高峰潮汐现象明显,高峰小时交通量基本达到饱和,速度也有明显的下降,交通堵塞时有发生。为加快滨海新区的开发开放,更好地发挥中心市区、东丽区、滨海新区三区的联动作用,配合新区的进一步建设,急需增强连接天津中心市区与滨海新区核心区的通道的通行能力,从而保证中心城区和滨海新区的高速联系的可靠性和时效性,带动天津整体经济的协调发展、带动天津市整体水平的进一步提高,对现状津滨高速公路进行改造已显得非常重要。

2009年5月7日,天津市市政工程设计研究院按照天津经济技术开发区津滨高速公路改(扩)建工程项目领导小组办公室《关于委托天津市市政工程设计研究院承担津滨高速公路改扩建工程设计任务的通知》(津高办〔2009〕001号)的设计委托,成立了津滨高速公路改(扩)建工程设计项目组,并于2009年6月完成了初步设计。

2009年6月12日,天津市市政公路管理局组织相关专家对该工程初步设计进行了设计审查,依据审查意见修改后,天津市市政工程设计研究院于2009年8月底完成初步设计。

根据初步设计批复意见,天津市市政工程设计研究院于2009年10月完成施工图设计工作。

(三)参建单位主要情况

泰达津滨高速公路有限公司作为津滨高速公路改(扩)建工程建设单位,委托天津市市政工程建设公司为代建单位负责工程的组织实施,通过公开招标的形式确定了2家设计单位,分别为天津泰达园林规划设计院有限公司、天津市市政工程设计研究院。天津市市政工程设计研究院负责该工程的土建工程的勘察设计任务;天津泰达园林规划设计院有限公司负责绿化工程的设计任务。

监理单位共4家,分别为天津市华盾工程监理咨询有限公司、北京逸群工程咨询有限公司、天津市路驰建设工程监理有限公司、天津市国腾公路咨询监理有限公司。

全线共划分为18个施工合同段,包括先期施工的试验段1、2合同、新河东干渠桥抢修工程以及6个路基合同(含桥梁工程)、4个路面合同(含交通工程及沿线设施)、1个照明合同、2个土建合同(收费站)、1个绿化合同及1个机电安装合同。

主要参建单位详见表8-13-8。

S3津滨高速公路改扩建工程参建单位一览表 表8-13-8

参建单位类别	单位名称	合同编号及桩号	负责人
建设单位	泰达津滨高速公路有限公司	K0+210.786~K27+976.325	
项目管理单位	天津市市政工程建设公司	K0+210.786~K27+976.325	王桂英
勘察设计单位	天津市市政工程设计研究院	K0+210.786~K27+976.325	贺海
绿化设计	天津泰达园林规划设计院有限公司	K0+210.786~K27+976.325	
监理单位	天津市路驰建设工程监理有限公司	新河东干渠桥合同、监理1合同,K0+210.786~K14+500	林锦华
	天津市华盾工程监理咨询有限公司	试验段监理1合同、监理2合同、监理5合同、监理6合同,K14+500~K27+976.325	安伟峰
	北京逸群工程咨询有限公司	试验段监理2合同、监理4合同,K3+137.688、K12+304.904、K12+644.723、K26+489.466	徐国斌
	天津市国腾公路咨询监理有限公司	监理3合同,K0+210.786~K27+976.325	何玲
施工单位	中交第四公路工程局有限公司	试验段1合同,K13+800~K14+500	吴文建、刘正兵
	天津市公路工程总公司	试验段2合同,K20+000~K22+000	刘建民、栾红霞
	中铁十八局集团第五工程有限公司	新河东干渠桥,K26+889.984~K26+962.634	李世争、王昌
	山西路桥第二工程有限公司	路基1合同,K0+210.768~K3+600	魏网民、杨蒲雯
	天津第五市政公路工程有限公司	路基2合同,K3+600~K7+400	魏继合、黄茂华
	中国建筑第七工程局有限公司	路基3合同,K7+400~K11+680	黄延铮、彭占文
	中交一公局第六工程有限公司	路基4合同,K11+680~K13+800	刘宝忠、石银光
	中交第四公路工程局有限公司	路基5合同,K14+500~K20+000	李志伟、吴云
	中铁十八局集团第五工程有限公司	路基6合同,K22+000~K27+976.325	黄献、王昌
	天津市公路工程总公司	路面7合同,K0+210.786~K7+400	徐鹏志、徐文海
	天津第二市政公路工程有限公司	路面8合同,K7+400~K14+500	张昌润、周宝良
	中铁十局集团有限公司	路面9合同,K14+500~K20+000	轩俭忠、方宝库
	天津城建集团有限公司	路面10合同,K22+000~K27+976.325	李湘云、张来柱
	中咨泰克交通工程有限公司	机电11合同,K0+210.786~K27+976.325	王谦、徐华峰
	河北大元建业集团有限公司	房建12合同,K3+137.688	许云飞、郑培壮
	北京欧可信文行灯饰有限公司	照明合同,K0+210.786~K27+976.325	洪东阳、张建昌
	天津六建建筑工程有限公司	房建13合同,K12+304.904 K12+644.723 K26+489.466	廖励海、张跃亭
	天津泰达园林建设有限公司	绿化14合同,K0+210.786~K27+976.325	王志刚、周荣艳

(四)建设情况

1. 项目准备阶段

为高标准地组织实施好工程建设,天津市滨海委、开发区分别成立了项目领导小组,天津市市政公路管理局成立了重点工作督查组、建立了工程指挥部。天津市市政公路管理局指派天津市市政工程建设公司具体承担了此项工程的代建任务,天津市市政工程建设公司组建了项目经理部。项目经理部按照相关程序及时完成了工程的立项、工程可行性研究、初步设计等审批手续。

该项目初步设计概算总投资为23.7亿元,其中建安费16.66亿元;项目资本金由天津经济技术开发区管委会筹措,其余资金通过银行贷款解决。

项目经理部严格按法定程序规范招投标行为,保证公开、公平、公正。从发布招标公告、资格预审、招标开标,一直到评标定标,天津市政公路管理局建管处、局纪检监察室,开发区基建中心及国金、泰达两家造价咨询公司全程参与、跟踪监督,委托招标代理机构具体操作。通过招标主管部门在交通运输部专家库中随机抽取评标专家,按照《公路工程标准施工招标文件》(2009年版)以及《公路工程标准施工监理招标文件》(2008年版)的规定组建评标委员会,进行封闭评标。同时,针对试验段工程、路基工程及路面工程的不同特点及要求,按照交通运输部的规定,研究制订了科学合理、有针对性的评标办法并进行现场考核监督,实现了阳光操作。以下为各单位招标情况。

(1)设计单位招标

设计单位经天津经济技术开发区津滨高速公路改(扩)建项目领导小组办公室批准,直接委托天津市市政工程设计研究院进行土建及照明设计;委托天津泰达园林规划设计院有限公司进行绿化设计。

(2)施工单位招标

工程分为3个试验段合同、6个路基合同、4个路面合同、1个机电合同、2个房建合同、1个照明合同、1个绿化合同,共计18个合同段。详见表8-13-9。

合同段划分情况 表8-13-9

合 同 段 号	合同段所在地	工程内容及长度	施 工 单 位
第1合同(试验段)	东丽区	700m道路拓宽	中交第四公路工程局有限公司
第2合同(试验段)	东丽区	2km道路拓宽	天津市公路工程总公司
第3合同(试验段)	东丽区	桥梁1座,长72.65m	中铁十八局集团第五工程有限公司
1合同段(路基合同)	东丽区	互通立交1座,3.389km路基	山西路桥第二工程有限公司

续上表

合同段号	合同段所在地	工程内容及长度	施工单位
2合同段(路基合同)	东丽区	3.8km路基	天津第五市政公路工程有限公司
3合同段(路基合同)	东丽区	4.28km路基	中国建筑第七工程局有限公司
4合同段(路基合同)	东丽区	互通立交1座,2.12km路基	中交一公局第六工程有限公司
5合同段(路基合同)	东丽区	互通立交1座,5.5km路基	中交第四公路工程局有限公司
6合同段(路基合同)	东丽区	互通立交1座,5.976km路基	中铁十八局集团第五工程有限公司
7合同段(路面合同)	东丽区	7.189km沥青混凝土路面	天津市公路工程总公司
8合同段(路面合同)	东丽区	7.1km沥青混凝土路面	天津第二市政公路工程有限公司
9合同段(路面合同)	东丽区	5.5km沥青混凝土路面	中铁十局集团有限公司
10合同段(路面合同)	东丽区	5.976km沥青混凝土路面	天津城建集团有限公司
11合同(机电)	东丽区	交通工程机电项目	中咨泰克交通工程有限公司
12合同(房建)	东丽区	天津收费站,包括收费站房、收费岛、罩棚等工程	河北大元建业集团有限公司
13合同(房建)	东丽区	军粮城收费站、滨海收费站,包括收费站房、收费岛、罩棚等工程	天津六建建筑工程有限公司
14合同(绿化)	东丽区	全线绿化土方整理、改土、边坡绿化防护、苗木栽植、养护等工程27.766km	天津泰达园林建设有限公司
照明合同	东丽区	全线路灯照明安装	北京欧可信文行灯饰有限公司

试验段1~2合同段标采用邀请招标方式,于2009年4月25日发出招标邀请,2009年5月19日开标,2009年5月27日发出中标通知书。2009年6月10—17日签订施工合同。

试验段3合同段(新河东干渠桥)施工标采用邀请招标方式,于2009年8月12日发出招标邀请,2009年9月4日开标,2009年9月14日发出中标通知书。2009年9月17日签订施工合同。

路基1~6合同段(路基、路面)采用公开招标方式,于2009年9月3日发出招标公告,2009年9月25日开标,2009年10月9日发出中标通知书。2009年10月22日签订施工合同。

路面7~10合同段采用公开招标方式,于2009年12月4日发出招标公告,2010年1月27日开标,2010年2月5日发出中标通知书。2010年3月6日签订施工合同。

机电 11 合同段采用公开招标方式,于 2010 年 1 月 25 日发出招标公告,2010 年 3 月 30 日开标,2010 年 4 月 7 日发出中标通知书。2010 年 4 月 15 日签订施工合同。

房建 12 合同段采用公开招标方式,于 2010 年 5 月 5 日发出招标公告,2010 年 6 月 2 日开标,2010 年 6 月 10 日发出中标通知书。2010 年 7 月 16 日签订施工合同。

房建 13 合同段采用公开招标方式,于 2010 年 4 月 20 日发出招标公告,2010 年 5 月 18 日开标,2010 年 5 月 28 日发出中标通知书。2010 年 6 月 24 日签订施工合同。

绿化 14 合同段采用公开招标方式,于 2010 年 5 月 14 日发出招标公告,2010 年 6 月 8 日开标,2010 年 6 月 17 日发出中标通知书。2010 年 6 月 28 日签订施工合同。

照明标段采用公开招标方式,于 2010 年 5 月 4 日发出资格预审招标公告,2010 年 7 月 12 日开标,2010 年 7 月 21 日发出中标通知书。2010 年 7 月 29 日签订施工合同。

监理合同:分为 3 个试验段合同、2 个路基、路面监理合同、1 个房建监理合同、1 个机电监理合同、1 个绿化监理合同、1 个照明监理合同。

试验段 1~2 合同段监理合同采用邀请招标方式,于 2009 年 4 月 25 日发出招标邀请,2009 年 5 月 19 日开标,2009 年 5 月 27 日发出中标通知书。2009 年 6 月 10~17 日签订监理合同。

试验段 3 合同段(新河东干渠桥)监理合同采用邀请招标方式,于 2009 年 8 月 12 日发出招标邀请,2009 年 9 月 4 日开标,2009 年 9 月 14 日发出中标通知书。2009 年 9 月 17 日签订监理合同。

监理 1~2 合同(路基、路面)采用公开招标方式,于 2009 年 9 月 3 日发出招标公告,2009 年 9 月 25 日开标,2009 年 10 月 9 日发出中标通知书。2009 年 10 月 22 日签订监理合同。

监理 3 合同(机电)采用公开招标方式,于 2010 年 3 月 2 日发出招标公告,两次公告后因投标单位不满足 3 家,直接委托监理单位,并于 2010 年 4 月 10 日签订施工监理合同。

监理 4 合同(房建)采用公开招标方式,于 2010 年 4 月 20 日发出招标公告,2010 年 5 月 18 日开标,2010 年 5 月 28 日发出中标通知书。2010 年 6 月 24 日签订监理合同。

监理 5 合同(绿化)采用公开招标方式,于 2010 年 5 月 14 日发出招标公告,2010 年 6 月 8 日开标,2010 年 6 月 17 日发出中标通知书。2010 年 6 月 28 日签订监理合同。

监理 6 合同(照明)采用公开招标方式,于 2010 年 6 月 13 日发出招标公告,两次公告后因投标单位不满足 3 家,直接委托监理单位,并于 2010 年 8 月 19 日签订施工监理合同。

(3)征地拆迁

因原津滨高速公路未办理土地证,项目经理部结合此次改(扩)建工程规划方案,委托天津市勘察院开展核定用地的勘察工作,明确用地范围并经市规划局审批规划方案后,及时与东丽区、塘沽区进行结合,共同确认土地权属,协商征地费用等问题,最终东丽区征地 110 亩;塘沽区 500 亩,为工程顺利实施创造了有利条件。详见表 8-13-10。

征地拆迁情况统计表　　　　表 8-13-10

征地拆迁安置起止时间	征用土地（亩）	拆迁房屋（m²）	管线切改（元）	支付补偿费用（元）	备注
2009 年 7 月—2011 年 1 月	610		92971151	70331666	

2.项目实施阶段

为高效地组织实施好工程建设任务,尽快打通连接天津中心城区和滨海新区最便捷的通道,项目经理部经过多次论证,决定先进行新建路基(含桥梁与排水)工程施工,再进行路面工程、交通工程、房建机电工程和绿化工程的施工。主体工程采取先北半幅后南半幅贯通的方法,同时兼顾互通立交及匝道的特别需要。根据工程施工组织安排,确定了 8 个施工阶段,明确了 10 个关键控制环节。为此要求各参建单位统筹安排,快速推进,健全总监办、驻地办和施工项目经理部组织机构,按合同约定充实人员、调配设备,制订完善各项制度、保证措施,精心做好施工组织设计,做到工程施工指挥系统健全、灵敏、高效,各自职责明确,相互协调配合,计划安排周密细致,选派专人盯死重点部位,集中精力组织项目实施,根据项目经理部确定的工程进度倒排工期、合理安排施工工序,采取切实可行的措施,抓紧落实施工准备的各项工作要求,迅速开好局、起好步,在项目经理部发出中标通知书后 7 日内全线正式进场,各种安全、文明施工设施同时布设完毕,当月形成实物工程量,20 日内驻地及试验室全面建成并投入使用工作要求的落实。结合工程特点,各单位要南北同时施工,合理安排工作面,加大人员、机械设备投入,24 小时连续作业,全方位保证施工计划目标的实现。以下为工程主要施工节点：

(1)2009 年 6 月 1 日,试验段工程启动。

(2)2009 年 10 月 15 日,全线工程正式开工。

(3)2010 年 8 月 15 日,北侧主体施工完成,顺利导行;2011 年 1 月 9 日,完成中面层以下主体及附属工程施工,全线双向试通车。

(4)2011 年 5 月 14 日,恢复"潮汐式"导行,展开表面层铺筑等收尾工程施工。

(5)2011 年 6 月 26 日,全线双向正式通车。

第八章
高速公路建设项目

专家论证会

津滨高速公路+标北侧道路工程顺利完工

(五)复杂技术工程

为了解决天津软土区高速公路改扩建软基处理、道路拼宽差异沉降控制技术难题,在工程中大力推广应用了预应力混凝土薄壁管桩(PTC 桩)技术用于地基处理,在新旧路搭接处大力推广应用土工合成材料。预应力混凝土薄壁管桩(PTC 桩)技术在我国北方地区公路工程中首次使用,该项技术列入市政公路 2010 年"四新"技术重点推广计划。全线采用 PTC 桩进行新加宽高填方路基及新旧路基搭接部位的地基处理,对控制新旧路基的不均匀沉降起到关键作用,既经济又便于检测,易于保证工程质量,对控制旧路加宽的新旧路基不均匀沉降及深厚软基的处理起到示范作用。在新旧路搭接位置,使用钢塑复合土工格栅、玻纤双向土工格栅,该材料具有大拉力低伸长率的特点,有效地减少了路基的不均匀沉降及工后总沉降量,对防止不均匀沉降引起的路面开裂、纵向裂缝起到很好的作用。2011 年 1 月 9 日津滨高速公路双向试通车至今已经历 3 个冻融期,经动态沉降观测,全线路基特别是拼宽接茬部位已基本趋于稳定,尚未发现明显病害发生,初步证明采取的技术及施工管理措施较为有效。津滨高速公路拼宽处理方法已经在唐津高速公路改(扩)建工程中得到了推广应用。

为了缓解桥头跳车质量通病,工程项目在桥头台背应用了泡沫轻质土和液态粉煤灰技术。泡沫轻质土技术不仅具有自流平、不需碾压、强度高、容重极轻等特点,而且实际应用中很好地控制了沉降,效果良好,对高质量轻质填料在天津市公路工程的推广应用起到了示范作用。液态粉煤灰和泡沫轻质土具有类似的特点,对不便于施工的狭窄地带实际应用可很好地解决不易碾压施工部位的密实问题,保证路基稳定、且较经济,应用效果良好。津滨高速公路自运营以来,未发生明显的桥头跳车现象,以上技术已经在唐津高速公路改(扩)建工程中得到了推广应用。

在沥青表面层施工中,为进一步提高沥青表面层的密实度、平整度和均匀度,大面积采用目前国内先进的大宽度、抗离析的摊铺技术,实现了单机大宽幅一次成型摊铺作业,在提高面层压实度的同时,既改善了面层材料的纵向、横向和上下离析,也避免了因双机并幅摊铺造成的温度离析,显著改善了面层混合料的摊铺质量。经第三方检测单位现场实测,路面平整度均方差达到 0.7 左右,远优于评定标准要求的 1.2。

为了提高路面的高低温性能和耐久性,该项目在路面结构表面层采用废轮胎胶粉改性沥青。废轮胎改性沥青混合料面层具有感温性较低,具有较佳的抗车辙变形与抗低温龟裂能力,进而可增加路面寿命、节省养路经费,并且可以减少噪声、防湿滑、碎冰雪,提高了安全系数,增加路面的服务品质。实际铺筑完成的沥青路面平整、坚实,无离析、烂边现象,行车舒适。

(六)科技创新

津滨高速公路改(扩)建工程重点推出了一批技术创新成果。重点包括以下 10 项:

(1)在国内北方地区公路工程中首次使用预应力混凝土薄壁管桩(PTC 桩)技术。
(2)新型材料——泡沫轻质土的应用。
(3)采用了液态粉煤灰应用技术。
(4)在新旧路搭接处大力推广应用土工合成材料。
(5)大面积采用目前国内先进的大宽度、抗离析的摊铺技术。
(6)路面结构表面层推广应用废轮胎胶粉改性沥青。
(7)广泛应用了旧路路面结构材料冷再生技术。施工中,对铣刨的废旧路路面材料采用冷再生工艺加以利用,废旧沥青路面材料利用率达 90%以上。在保证路面结构质量的前提下达到环保节能、节约资源的作用(按节约 40 万 t 新石料计算,节约运燃料消耗达 877.2t 标准煤,减少 CO_2 排放达 2155t),应用效果良好。对今后公路、道路养护和高速改(扩)建工程利用旧路材料起到了示范作用。
(8)采用了钻孔灌注桩桩底压浆技术。津滨工程中在 260 根桩的桩基处理上采用了该项技术,在不增加桩长前提下,大幅增加了钻孔灌注桩单桩承载力,实际应用效果良好。
(9)对温拌沥青技术进行了有益的尝试。温拌沥青技术的采用,可降低胶粉改性沥青混合料的施工温度 30～50℃，充分展示了使用温拌沥青技术对节能减排（可降低节省加热燃油 20%～30%，减少 CO_2 排放 50% 以上）和环境保护（减少沥青烟等有毒气体排放 80% 以上）的重要意义。

（10）热拌沥青混合料质量实时监控系统新技术应用。在沥青面层施工中，对各沥青混合料拌和厂的拌和设备安装了"热拌沥青混合料质量实时监控系统"，对各沥青混合料拌和厂生产沥青混合料的仓料配比、油石比、混合料拌和温度及混合料级配曲线、关键筛孔通过率等影响混合料质量和性能的各项生产参数实行过程质量控制，实现了远程实时监控，有效保证了各沥青面层的施工质量。

三、运营养护管理

津滨高速公路于2001年4月18日零时正式投入运营。津滨高速公路是天津市第一条采用公路自动收费系统(ETC)的智能高速公路。自动收费系统(ETC)也称"不停车收费系统",是津滨高速公路整个收费系统的一部分,主要是以"电子标签"为媒介完成收费操作,即通过"电子标签"的发行、充值及车道识别等操作来实现。此自动收费系统免去了车辆通过收费站时停车、领卡、交费、找钱等烦琐手续,在系统稳定及使用方法正确的前提下,可以节约时间提高效率。因此,使津滨高速公路成为长江以北地区第一条不停车收费高速公路,填补了收费路在此项功能方面的空白。

津滨高速公路没有设置服务区,收费站设置见表8-13-11,收费方式分为人工(MTC)及自动(ETC)两种。

S3 津滨高速公路收费设施一览表 表8-13-11

序号	收费站名称	入口车道数		出口车道数		车道总数	
		MTC	ETC	MTC	ETC	MTC	ETC
1	天津收费站(主线站)	5	3	10	3	15	6
2	军粮城收费站(塘沽方向入口)	2	1	0	0	2	1
3	军粮城收费站(天津方向出口)	0	0	2	1	2	1
4	军粮城收费站(塘沽方向出口)	0	0	2	1	2	1
5	军粮城收费站(天津方向入口)	2	1	0	0	2	1
6	中心庄收费站	3	2	8	2	11	4
7	滨海收费站(主线站)	4	3	6	3	10	6

四、项目后评估

道路通车运营至今,拓宽部分道路与原有高速公路相接部位拼宽路基稳定,新旧路基沉降均较小并互相匹配,未发现有因新旧路基沉降不一致造成的路面纵向裂缝,采用的路基处理方法安全有效,道路运营状况良好。

津滨高速公路是天津市首条实施全线拓宽改造的高速公路。该项目荣获2012年度天津市建设工程"金奖海河杯"。

高速公路通常并没有照明的要求,但由于津滨高速公路是连接天津市区和滨海新区中心城区的主要通道,为使市民出行更便捷、安全和舒适,改造后的津滨高速公路实行全线路灯照明。

津滨高速公路在全程28km的高速公路两侧安装1500盏太阳能路灯,这些路灯白天将通过太阳能电池板为蓄电池充电,夜幕降临或可见度降低时,根据事先设定的光敏感值,太阳能路灯将自动启动灯具发光。

使用太阳能路灯将大大节能,减少发电带来的环境污染,同时还省去挖沟、铺管、铺设线缆等费用。这种太阳能路灯由津滨高速公司自行研制,与普通路灯在外观上并没有太大区别,只是在灯杆顶端高低错落安装有两块太阳能电池板,电池板将太阳能转换成电能,然后输送到路灯底部的蓄电池进行充电。

第十四节　S30 京津高速公路天津段（滨海新区北塘镇—武清高村）

一、项目概况

（一）基本情况

京津高速公路是交通部规划的连接京津两市南、北、中三条高速公路中的北通道，直接服务于北京奥运会和未来北京市东部发展带,是北京和天津之间直达的第二条高速公路,是国家高速公路网的组成部分(首都放射干线公路之一),是交通部规划的国家重点工程,也是奥运会的重点工程。

京津高速公路经过天津市滨海新区、东丽区、宁河区、北辰区、武清区,起点为北京朝阳区五环路化工桥(西直河),终点位于天津市塘沽区东疆港,天津市范围全长142.7km,其中中、西段主线总长100km,联络线长42.1km,含双向四、六、八车道高速公路、一级公路和快速路,含大型互通立交15座、跨河桥5座、服务区1处、停车区2处、主线收费站3座,是天津市建设规模和技术标准最高的高等级公路。该项目建安费77.9亿元,总投资105.2亿元。

S3011京哈京沪联络线(和平村互通—泗村店)起于主线和平庄互通立交,向南从和平庄与后屯之间穿过跨廊良公路,接京沪高速公路京津塘高速公路泗村店互通式立交起点,该联络线为全封闭联络线,全长为6.4km,设计速度120km/h,双向六车道,路基全宽35.0m。

S3012京津联络线(武清南北辛庄—京津高速主线)起于主线曹子里互通立交,经辛庄,止于双街,接外环线,全长17km,其中全封闭路段长9.3km。京津高速公路主线至京山铁路按高速公路标准,设计速度100km/h,双向六车道,路基全宽35.0m。京山铁路至京津立交按城市快速路标准,设计速度80km/h,双向八车道,路基全宽70.0m。

S3015津汉联络线(津汉线—京津高速公路主线)起于主线津汉互通立交,经山岭子,止于华明镇(津汉公路与天津机场高速公路交汇处),全长18.72km,其中全封闭路段长5.6km,由东金路至京津高速公路主线按高速公路标准,设计速度100km/h,双向四车道,路基全宽28.0m,其余路段按城市快速路标准,设计速度80km/h,双向八车道,路基全宽60.0m。

京津高速公路工程是连接京津两市一港口的快速通道,其建设可大大缩短京津间的时空距离,加速京津一体化进程,促进环渤海地区经济快速、协调发展;解决北京、天津及天津港北疆港集装箱集疏运通道的问题,促进天津北疆港口及京津两地经济互动和快速发展。

天津京津高速公路有限公司由北京首都创业集团有限公司(出资比例60%)、天津世纪高速公路建设发展有限公司(出资比例25%)、天津高速公路集团有限公司(出资比例10%)、天津市宇通公路建设开发有限公司(出资比例5%)4家法人机构共同发起设立,于2004年7月在天津市工商行政管理局注册,注册地址为天津市武清开发区泉发路西,注册资本金35.50亿元人民币。注册经营范围:京津高速公路天津段项目的投资、建设、建成后的运营管理;公路设施养护、维修;京津高速公路天津段沿线相关配套设施的开发、经营与管理。

该项目开工日期:2003年10月20日;竣工日期:2008年6月26日。表8-14-1~表8-14-6为S30京津高速公路和联络线项目基本信息汇总情况。

第八章
高速公路建设项目

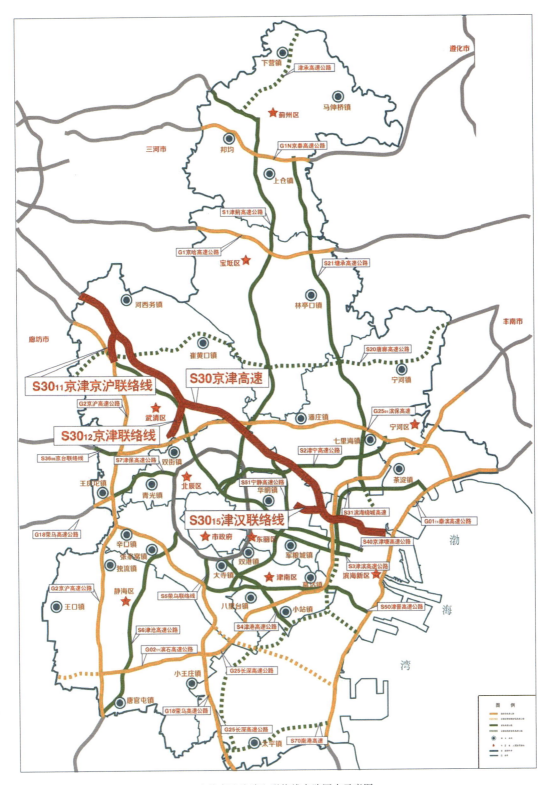

S30 京津高速公路和联络线在路网中示意图

天　津

S30 京津高速公路和联络线项目基本信息

表 8-14-1

路段起止名称	路段起止桩号		建设规模（km）			建设性质（新，改扩建）	设计速度（km/h）	路基宽度（m）	永久占地（亩）	投资情况（亿元）			建设时间（开工—通车）	备注
	起点桩号	止点桩号	合计	八车道及以上	六车道	四车道					估算	概算	决算	资金来源	
S30 京津高速公路	K34+100	K135+693	101.59	41.55	60.04		新建	120	34.5	12600		69.84		自筹	2003.10—2008.6
S3011 京津京沪联络线	K0+000	K8+000	8		8		新建	120	34.5	356		5.19		自筹	2003.10—2008.6
S3012 京津联络线	K7+696	K17+000	9.304		9.304		新建	100	34.5	418		6.04		自筹	2003.10—2008.6
S3015 津汉联络线	K0+000	K5+600	5.06		0.542	5.058	新建	100	28—34	203		3.64		自筹	2003.10—2008.6

S30 京津高速公路桥梁汇总表

表 8-14-2

序号	名　称	规模	桥梁左（m）	桥梁右（m）	主跨长度（m）	桥面宽度（m）	桥底净高（m）	跨越障碍物	桥梁分类	备注
1	京津公路分离式立交	特大桥	1432.66	1432.66	30	41.5		河流	其他桥	
2	津蓟铁路分离式立交	特大桥	1166.86	1166.86	35	34	6	铁路	其他桥	
3	九园公路分离式立交	特大桥	1010.43	1010.43	40	34	5.5	河流	其他桥	
4	季庄子互通主线桥（2）	特大桥	1399	1399	32	67		道路	其他桥	
5	永定新河特大桥	特大桥	1762.2	1762.2	55	34		河流	其他桥	
6	津汉分离式立交	特大桥	1428.86	1428.86	25	34	5.5	道路	其他桥	
7	京山铁路特大桥	特大桥	2948.45	2948.45	41.2	35	6	铁路	梁式桥，钢筋混凝土梁桥，连续桥梁	
8	牛镇互通立交主线桥	大桥	575.66	575.66	25	41.5	5.5	道路	其他桥	

第八章 高速公路建设项目

续上表

序号	名称	规模	桥梁左(m)	桥梁右(m)	主跨长度(m)	桥面宽度(m)	桥底净高(m)	跨越障碍物	桥梁分类	备注
9	K91+775大桥	大桥	105.04	105.04	25	48.5		沟壑	梁式桥,钢筋混凝土梁桥,连续桥梁	
10	凤河西支大桥	大桥	245.66	245.66	30	41.5		沟壑	梁式桥,钢筋混凝土梁桥,连续桥梁	
11	新碱东路分离式立交	大桥	949.96	949.96	40	41.5		河流	其他桥	
12	南东路跨线桥	大桥	555.66	555.66	25	41.5	5.5	道路	梁式桥,钢筋混凝土梁桥,连续桥梁	
13	K69+270大桥	大桥	155.06	155.06	25	41.5	5.5	道路	梁式桥,钢筋混凝土梁桥,连续桥梁	
14	杨崔公路跨线桥	大桥	714.66	714.66	25	41.5	5.5	道路	其他桥	
15	龙凤新河桥	大桥	662.66	662.66	30	41.5		河流	梁式桥,钢筋混凝土梁桥,连续桥梁	
16	杨六分离式立交	大桥	385.7	385.7	20	41.5	5.5	道路	梁式桥,钢筋混凝土梁桥,连续桥梁	
17	津围公路桥	大桥	713.86	713.86	43	34	5.5	道路	其他桥	
18	运东干渠大桥	大桥	301.19	301.19	25	34		水渠	梁式桥,钢筋混凝土梁桥,连续桥梁	
19	北宝路分离式立交	大桥	460.94	460.94	25	34	5.5	道路	梁式桥,钢筋混凝土梁桥,连续桥梁	
20	K48+101大桥	大桥	126.19	126.19	25	34	5.5	道路	梁式桥,钢筋混凝土梁桥,连续桥梁	
21	东堤头互通主线桥	大桥	852.08	852.08	25	34		河流	梁式桥,钢筋混凝土梁桥,连续桥梁	
22	津塘运河大桥	大桥	450.91	450.91	25	34		河流	梁式桥,钢筋混凝土梁桥,连续桥梁	
23	金钟河大桥	大桥	411.19	411.19	40	34		河流	梁式桥,钢筋混凝土梁桥,连续桥梁	
24	津汉互通二线桥	大桥	218.93	218.93	20	33.5	5.5	道路	梁式桥,钢筋混凝土梁桥,简支桥梁	
25	水库泵站桥	大桥	555.62	555.62	25	42	5.5	道路	其他桥	
26	塘黄公路跨线桥	大桥	614.62	614.62	30	34.5	5.5	道路	其他桥	
27	B线1号桥	中桥	54.59	54.59	16	10	5.5	道路	梁式桥,钢筋混凝土梁桥,简支桥梁	
28	A线2号桥	中桥	54.59	54.59	16	10	5.5	道路	梁式桥,钢筋混凝土梁桥,简支桥梁	
29	A线1号桥	中桥	52.82	52.82	16	10	5.5	道路	梁式桥,钢筋混凝土梁桥,简支桥梁	
30	B线2号桥	中桥	52.96	52.96	16	10	5.5	道路	梁式桥,钢筋混凝土梁桥,简支桥梁	
31	K100+718中桥	中桥	52.87	52.87	13	41.5	5.5	道路	梁式桥,钢筋混凝土梁桥,简支桥梁	

续上表

序号	名 称	规模	桥梁左（m）	桥梁右（m）	主跨长度（m）	桥面宽度（m）	桥底净高（m）	跨越障碍物	桥梁分类	备注
32	K98+217中桥	中桥	48.68	48.68	16	41.5	5.5	道路	梁式桥,钢筋混凝土梁桥,简支桥梁	
33	K97+574中桥	中桥	49.19	49.19	16	41.5	5.5	道路	梁式桥,钢筋混凝土梁桥,简支桥梁	
34	武河路分离式立交	中桥	97.04	97.04	16	41.5	5.5	道路	梁式桥,钢筋混凝土梁桥,简支桥梁	
35	K93+790中桥	中桥	53.06	53.06	13	41.5		沟壑	梁式桥,钢筋混凝土梁桥,简支桥梁	
36	K93+417中桥	中桥	82.06	82.06	13	41.5		沟壑	梁式桥,钢筋混凝土梁桥,连续桥梁	
37	K92+813中桥	中桥	56.06	56.06	13	41.5		沟壑	梁式桥,钢筋混凝土梁桥,简支桥梁	
38	K91+968中桥	中桥	43.06	43.06	13	41.5		沟壑	梁式桥,钢筋混凝土梁桥,简支桥梁	
39	K91+135中桥	中桥	53.06	53.06	16	48.5		沟壑	梁式桥,钢筋混凝土梁桥,简支桥梁	
40	K89+850中桥	中桥	85.03	85.03	13	41.5		沟壑	梁式桥,钢筋混凝土梁桥,简支桥梁	
41	K88+971中桥	中桥	43.06	43.06	16	41.5		沟壑	梁式桥,钢筋混凝土梁桥,连续桥梁	
42	K88+247主线桥（2）	中桥	84.96	84.96	16	49		沟壑	梁式桥,钢筋混凝土梁桥,简支桥梁	
43	K86+432主线桥（1）	中桥	102.59	102.59	16	41.5	5.5	道路	梁式桥,钢筋混凝土梁桥,简支桥梁	
44	K85+835中桥	中桥	85.06	85.06	16	41.5	5.5	道路	梁式桥,钢筋混凝土梁桥,简支桥梁	
45	K84+774中桥	中桥	85.06	85.06	16	41.5	5.5	道路	梁式桥,钢筋混凝土梁桥,简支桥梁	
46	K83+683中桥	中桥	53.06	53.06	16	41.5	5.5	道路	梁式桥,钢筋混凝土梁桥,简支桥梁	
47	大孟庄互通立交主线桥梁K82+609	中桥	34.06	34.06	30	41.5	5.5	道路	梁式桥,钢筋混凝土梁桥,简支桥梁	
48	K81+731中桥	中桥	69.03	69.03	16	41.5	5.5	道路	梁式桥,钢筋混凝土梁桥,简支桥梁	
49	K80+827中桥	中桥	56.06	56.06	13	41.5	5.5	道路	梁式桥,钢筋混凝土梁桥,简支桥梁	
50	K80+022中桥	中桥	69.06	69.06	13	41.5	5.5	道路	梁式桥,钢筋混凝土梁桥,简支桥梁	
51	泗村店东互通立交主线桥梁	中桥	85.06	85.06	16	45.5	5.5	道路	梁式桥,钢筋混凝土梁桥,简支桥梁	
52	K75+938中桥	中桥	56.06	56.06	13	41.5	5.5	道路	梁式桥,钢筋混凝土梁桥,简支桥梁	

续上表

序号	名　称	规模	桥梁左 (m)	桥梁右 (m)	主跨长度 (m)	桥面宽度 (m)	桥底净高 (m)	跨越障碍物	桥梁分类	备注
53	K73+874中桥	中桥	69.06	69.06	16	41.5	5.5	道路	梁式桥,钢筋混凝土梁桥,简支桥梁	
54	K66+593.5中桥	中桥	85.06	85.06	16	41.5	5.5	道路	梁式桥,钢筋混凝土梁桥,简支桥梁	
55	K63+260.5中桥	中桥	85.06	85.06	16	41.5	5.5	道路	梁式桥,钢筋混凝土梁桥,简支桥梁	
56	K60+822中桥	中桥	48.98	48.98	16	34	5.5	道路	梁式桥,钢筋混凝土梁桥,简支桥梁	
57	K60+379.5中桥	中桥	52.94	52.94	13	34	5.5	道路	梁式桥,钢筋混凝土梁桥,简支桥梁	
58	K59+360中桥	中桥	65.89	65.89	13	34	5.5	道路	梁式桥,钢筋混凝土梁桥,简支桥梁	
59	K58+703中桥	中桥	52.89	52.89	13	34	5.5	道路	梁式桥,钢筋混凝土梁桥,简支桥梁	
60	K57+897.8中桥	中桥	80.89	80.89	16	34	5.5	道路	梁式桥,钢筋混凝土梁桥,简支桥梁	
61	梅厂互通主线桥(1)	中桥	70.66	70.66	13	34	5.5	道路	梁式桥,钢筋混凝土梁桥,简支桥梁	
62	K53+100.5中桥	中桥	53.06	53.06	16	34	5.5	道路	梁式桥,钢筋混凝土梁桥,简支桥梁	
63	K50+339中桥	中桥	53.06	53.06	16	34	5.5	道路	梁式桥,钢筋混凝土梁桥,简支桥梁	
64	K47+103中桥	中桥	53.06	53.06	16	34	5.5	道路	梁式桥,钢筋混凝土梁桥,简支桥梁	
65	K46+451中桥	中桥	53.06	53.06	13	34	5.5	道路	梁式桥,钢筋混凝土梁桥,简支桥梁	
66	K45+946中桥	中桥	85.06	85.06	16	34	5.5	道路	梁式桥,钢筋混凝土梁桥,简支桥梁	
67	季庄子互通主线桥(1)	中桥	78.83	78.83	13	34	5.5	道路	梁式桥,钢筋混凝土梁桥,简支桥梁	
68	K42+091中桥	中桥	69.06	69.06	13	34	5.5	道路	梁式桥,钢筋混凝土梁桥,简支桥梁	
69	K41+684中桥	中桥	69.06	69.06	13	34	5.5	道路	梁式桥,钢筋混凝土梁桥,简支桥梁	
70	K40+850中桥	中桥	56.06	56.06	13	34	5.5	道路	梁式桥,钢筋混凝土梁桥,简支桥梁	
71	K39+820.5中桥	中桥	69.06	69.06	13	34	5.5	道路	梁式桥,钢筋混凝土梁桥,简支桥梁	
72	K38+942.5中桥	中桥	82.06	82.06	13	34	5.5	道路	梁式桥,钢筋混凝土梁桥,简支桥梁	
73	赵温庄分离式立交	中桥	96.86	96.86	16	34	5.5	道路	梁式桥,钢筋混凝土梁桥,简支桥梁	
74	田辛庄分离式立交	中桥	96.85	96.85	16	9	5.5	道路	梁式桥,钢筋混凝土梁桥,连续桥梁	
75	K30+700中桥	中桥	69.06	69.06	16	34	5.5	道路	梁式桥,钢筋混凝土梁桥,简支桥梁	

续上表

序号	名称	规模	桥梁左(m)	桥梁右(m)	主跨长度(m)	桥面宽度(m)	桥底净高(m)	跨越障碍物	桥梁分类	备注
76	K27+947中桥	中桥	69.06	69.06	13	34	5.5	道路	梁式桥、钢筋混凝土梁桥、简支桥梁	
77	K25+499中桥	中桥	85.06	85.06	16	34	5.5	道路	梁式桥、钢筋混凝土梁桥、简支桥梁	
78	K15+612.5中桥	中桥	69.06	69.06	13	34	5.5	道路	梁式桥、钢筋混凝土梁桥、简支桥梁	
79	津汉互通1线桥	中桥	48.86	48.86	16	24.25		沟壑	梁式桥、钢筋混凝土梁桥、简支桥梁	
80	K11+661中桥	中桥	65.74	65.74	13	42		沟壑	梁式桥、钢筋混凝土梁桥、简支桥梁	
81	K5+570中桥	中桥	48.91	48.91	16	34.5	5.5	道路	梁式桥、钢筋混凝土梁桥、简支桥梁	
82	东干渠中桥	中桥	48.66	48.66	16	34.5	5.5	道路	梁式桥、钢筋混凝土梁桥、简支桥梁	
83	主线桥	中桥	71.59	71.59	13	35.5	5.5	道路	梁式桥、钢筋混凝土梁桥、简支桥梁	

表8-14-3 S3011京津京沪联络线桥梁汇总表

序号	名称	规模	桥梁左(m)	桥梁右(m)	主跨长度(m)	桥面宽度(m)	桥底净高(m)	跨越障碍物	桥梁分类	备注
1	京津塘桥	特大桥	1066.6	1066.6	35	33	5.5	道路	梁式桥、钢筋混凝土梁桥、简支桥梁	
2	京沪联络线桥K13+105	大桥	184.57	184.57	20	37.34		沟壑	梁式桥、钢筋混凝土梁桥、连续桥梁	
3	主线桥1(K14+933.5)	大桥	565.86	565.86	25	34	5.5	道路	其他桥	
4	AK16+130桥	中桥	53.38	53.38	16	34	5.5	道路	梁式桥、钢筋混凝土梁桥、简支桥梁	
5	AK16+832.5桥	中桥	69.68	69.68	13	34	5.5	道路	梁式桥、钢筋混凝土梁桥、简支桥梁	
6	AK17+323.5桥	中桥	43.68	43.68	13	34	5.5	道路	梁式桥、钢筋混凝土梁桥、简支桥梁	
7	AK17+847.5桥	中桥	43.68	43.68	13	34	5.5	道路	梁式桥、钢筋混凝土梁桥、简支桥梁	

第八章 高速公路建设项目

S3012 京津联络线桥梁汇总表

表 8-14-4

序号	名 称	规模	桥梁左(m)	桥梁右(m)	主跨长度(m)	桥面宽度(m)	桥底净高(m)	跨越障碍物	桥梁分类	备注
1	南北辛庄互通式立交	大桥	919.41	919.41	38	28.5	6	铁路	梁式桥、钢筋混凝土梁桥、连续桥梁	
2	下朱庄互通式立交	大桥	401.86	401.86	30	34	5.5	道路	梁式桥、钢筋混凝土梁桥、连续桥梁	
3	K10+842 大桥	大桥	151.22	151.22	25	34	5.5	道路	梁式桥、钢筋混凝土梁桥、连续桥梁	
4	杨北公路分离式立交	大桥	647.7	647.7	30	40.75	5.5	道路	其他桥	
5	杨裴公路分离式立交	大桥	416.86	416.86	25	40.5	5.5	道路	其他桥	
6	机场排污河1号桥	中桥	39.95	39.95	13	34	5.5	河流	梁式桥、钢筋混凝土梁桥、简支桥梁	
7	K11+993 中桥	中桥	52.87	52.87	13	34	5.5	道路	梁式桥、钢筋混凝土梁桥、简支桥梁	
8	机场排污河2号桥	中桥	39.86	39.86	13	34	5.5	河流	梁式桥、钢筋混凝土梁桥、简支桥梁	
9	K15+652 中桥	中桥	39.92	39.92	13	40.5		水渠	梁式桥、钢筋混凝土梁桥、简支桥梁	
10	杨丰公路分离式立交	中桥	80.87	80.87	22	40.5	5.5	道路	梁式桥、钢筋混凝土梁桥、连续桥梁	

S3015 津汉联络线桥梁汇总表

表 8-14-5

序号	名 称	规模	桥梁左(m)	桥梁右(m)	主跨长度(m)	桥面宽度(m)	桥底净高(m)	跨越障碍物	桥梁分类	备注
1	北环铁路特大桥	特大桥	1702.72	1702.72	78	27.5	6	铁路	梁式桥、钢梁桥、简支钢梁、钢筋混凝土梁桥、连续桥梁	
2	K19+913 大桥	中桥	80.65	80.65	16	34.5		沟壑	梁式桥、钢筋混凝土梁桥、简支桥梁	
3	K19+041 中桥	中桥	65.64	65.64	13	27.5		沟壑	梁式桥、钢筋混凝土梁桥、简支桥梁	
4	K15+673 中桥	中桥	52.64	52.64	13	34.5		沟壑	梁式桥、钢筋混凝土梁桥、简支桥梁	

S30 京津高速公路和联络线路面结构表

表 8-14-6

路面形式	起讫里程	长度(m)	水泥混凝土路面	沥青混凝土路面	路面结构
柔性路面	京津高速 K34+100～K135+693	101593		沥青混凝土路面	4cm 细粒式沥青混凝土（AC-20I）+8cm 中粒式沥青混凝土（SMA-13I）+6cm 中粒式沥青混凝土（AC-25I）+18cm 水泥稳定碎石（5%）+18cm 石灰粉煤灰碎石（6:14:80）+18cm 石灰粉煤灰土（12:35:53）
	京津、京沪联络线 K0+000～K8+000	8000			4cm 细粒式沥青混凝土（AC-20I）+10cm 中粒式沥青混凝土（SMA-13I）+6cm 中粒式沥青混凝土（AC-25I）+18cm 水泥稳定碎石（5%）+18cm 石灰粉煤灰土（12:35:53）+20cm 石灰土（12%）
	京津联络线 K7+696～K17+000	9304			4cm 细粒式沥青混凝土（AC-20I）+8cm 中粒式沥青混凝土（SMA-13I）+6cm 中粒式沥青混凝土（AC-25I）+18cm 水泥稳定碎石（5%）+18cm 石灰粉煤灰碎石（6:14:80）+18cm 石灰粉煤灰土（12:35:53）+15cm 石灰土（12%）
	津汉联络线 K0+000～K5+600	5600			4cm 细粒式沥青混凝土（SBS 改性 AC-13I）+6cm 中粒式沥青混凝土（SBS 改性 AC-20I）+12cm 沥青碎石（ATB-30I）+18cm 水泥稳定碎石（5%）+18cm 石灰粉煤灰碎石（6:14:80）+18cm 石灰粉煤灰土（12:35:53）
刚性路面					

（二）前期决策情况

2005年6月，交通部部长张春贤、天津市市长戴相龙出席京津高速公路（天津段）开工动员大会，标志着京津高速公路（天津段）项目建设正式拉开了序幕。为顺利完成京津高速公路（天津段）的建设任务，天津市政府成立了京津高速公路建设指挥部，并分别在涉及的沿线区县设立了区县指挥部，负责征地拆迁及土方供应等保障性工作。天津京津高速公路有限公司根据天津市政府下发给予京津高速征地拆迁优惠政策的文件精神，分别与区县指挥部建立了工作联系，并根据区县地理位置分别签订了征地拆迁协议及土方供应协议，为工程建设顺利开展打下了基础。

时任天津市市长戴相龙出席京津高速公路开工动员大会

京津高速公路（天津段）开工动员大会

（三）参建单位主要情况

京津高速公路工程参建单位见表8-14-7。

京津高速公路工程参建单位情况一览表

表 8-14-7

参 建 单 位	单 位 名 称	合同段编号及起止桩号	负 责 人
项目管理单位	天津京津高速公路有限公司	K15 + 400.000 ~ K100 + 772.000	史炳中、马纯孝、付朝生
勘察设计单位	天津市勘察院	K15 + 400.000 ~ K100 + 772.000	
	天津市市政工程设计研究院	K15 + 400.000 ~ K100 + 772.000	李海舢、张志贤
	天津市建筑设计院	K15 + 400.000 ~ K100 + 772.000	
	中国公路工程咨询集团有限公司	K15 + 400.000 ~ K100 + 772.000	
	天津市大地景观园林建设发展有限公司	K15 + 400.000 ~ K100 + 772.000	
监理单位	北京华宏路桥咨询监理公司	K15 + 400.000 ~ K100 + 772.000	齐庆祥
	天津市华盾工程监理咨询有限公司	K15 + 400.000 ~ K100 + 772.000	郑敬民
	天津市国腾公路咨询监理有限公司	K15 + 400.000 ~ K100 + 772.000	刘伟
施工单位	唐山远大交通工程有限公司	1：K15 + 400.000 ~ K19 + 760.596	廉桂兴
	中铁四局集团第四工程有限公司	2：K19 + 760.596 ~ K27 + 979.956	梁永松
	中铁一局集团第二工程有限公司	3：K27 + 979.956 ~ K34 + 900.000	孙宇
	天津城建集团有限公司	4：K34 + 900.000 ~ K35 + 876.000	李亚光
	北京市市政一建设工程有限责任公司	5：K35 + 876.000 ~ K37 + 638.230	王阁军
	辽河油田勘探局筑路工程公司	6：K37 + 638.230 ~ K42 + 600.000	韩文哲

第八章
高速公路建设项目

续上表

参 建 单 位	单 位 名 称	合同段编号及起止桩号	负 责 人
施工单位	中国建筑工程总公司	7：K42+600.000～K44+356.890	田振国
	北京市海龙公路工程公司	8：K44+356.890～K45+367.320	魏连义
	河北北方公路工程建设集团有限公司	9：K45+367.320～K54+850.000	张立明
	北京市政建设集团有限责任公司	10：K54+850.000～K56+650.000	张连革
	攀枝花公路建设有限公司	11：K56+650.000～K60+994.620	谭宗森
	北京城建集团有限责任公司	12：K60+994.620～K62+145.772	宋毅
	北京市市政一建设工程有限责任公司	13：K62+145.772～K63+150.000	高益民
	路桥集团第一公路工程局第三工程公司	14：K63+150.000～K67+218.170	张克宇
	中铁十八局集团第五工程有限公司	15：K67+218.170～K68+858.530	黄献
	天津城建集团有限公司	16：K68+858.530～K71+661.510	刘金斌
	北京市市政二建设工程有限责任公司	17：K71+661.510～K75+167.830	姜建国
	太原市市政工程总公司	18：K75+167.830～K77+798.266	阎济生
	中铁六局集团有限公司	19：K77+798.266～K82+550.000	宋长鹏
	中铁二十二局集团第四工程有限公司	20：K82+550.000～K86+300.000	杨四龙
	中铁十三局集团有限公司	21：K86+300.000～K88+500.000	崔守运
	承德路桥建设总公司	22：K88+500.000～K94+550.675	阚荣生
	中铁二十三局集团有限公司	23：K94+550.675～K95+970.000	倪修全
	天津市雍阳公路工程集团有限公司	24：K95+970.000～K100+772.000	张雪松
	廊坊市交通公路工程有限公司	25：K13+250.000～K18+050.000	张建军
	山东中宏路桥建设有限公司	26：K11+966.784～K17+003.879	刘昌军
	中国光大国际经济技术合作有限公司	27：K7+700.000～K11+966.748	朱取才
	岳阳市公路桥梁基建总公司	28：K7+700.000～K4+549.430	
	中国建筑第六工程局	29：K1+600.000～K4+549.430	
	天津市雍阳公路工程集团有限公司	30：K0+000～K1+600	
	北京市市政一建设工程有限责任公司	31：K15+400.000～K42+600.000	王阁军

天　津

高速公路建设实录

续上表

参 建 单 位	单 位 名 称	合同段编号及起止桩号	负 责 人
施工单位	天津第一市政公路工程有限公司	32：K42+600.000~K60+994.62	李亚东
	岳阳市公路桥梁基建总公司	33：K60+994.62~K71+661.510 京津联络线：K11+966.748~K17+003.879	陈鹏
	江西省公路桥梁工程局	34：K71+661.510~K88+500.000	方鑫林
	承德路桥建设总公司	35：K88+500.000~K100+772 京沪联络线：K13+250~K18+050	葛海明
	唐山公路建设总公司	36：京津联络线：K1+600~K11+966.748	姜广利
	天津市龙祥建材建设工程有限公司	FJ1：K15+400.000~K100+772.000	
	中国航空港建设总公司	FJ2：K15+400.000~K100+772.000	
	邯郸建工集团有限公司	FJ3：K15+400.000~K100+772.000	
	天津市公路工程总公司	JT1：K15+400.000~K37+638.23	李洪刚
	江苏路成工程有限公司	JT2：K37+638.23~K60+994.62	姚卫东
	海南中咨泰克交通工程有限公司	JT3：K60+994.62~K71+664.51，京津联络线：K1+600~K17+003.879	万嘉
	北京路桥瑞通养护中心	JT4：K71+661.510~K100+772.000，京沪联络线：AK12+160~AK18+050	李玉柱
	天津市远成景观建设发展有限公司	LH1：K15+400.000~K100+772.000	
	济宁市景臻园林工程有限责任公司	LH2：K15+400.000~K100+772.000	
	济南园林开发建设集团公司	LH3：K15+400.000~K100+772.000	
	河北风景园林工程有限公司	LH4：K15+400.000~K100+772.000	
	北京大墅绿化有限责任公司	LH5：K15+400.000~K100+772.000	
	天津泰达园林建设有限公司	LH6：K15+400.000~K100+772.000	
	北京路桥海威园林绿化中心	LH7：K15+400.000~K100+772.000	
	山西路桥建设集团园林绿化工程有限公司	LH8：K15+400.000~K100+772.000	
	河北林溪园林工程有限公司	LH9：K15+400.000~K100+772.000	
	上海电器科学研究所（集团）有限公司	JD：K15+400.000~K100+772.000	

第八章
高速公路建设项目

续上表

参 建 单 位	单 位 名 称	合同段编号及起止桩号	负 责 人
项目管理单位	天津市高速公路投资建设发展公司	K0+000~K20+141.65	
勘察设计单位	天津市市政工程设计研究院	K0+000~K20+141.65	
	天津市市政工程设计研究院	K0+000~K20+141.65	
	天津市建筑设计院	K0+000~K20+141.65	
	中国公路工程咨询集团有限公司	K0+000~K20+141.65	
	天津市园林规划设计院	K0+000~K20+141.65	
监理单位	天津市华盾工程监理咨询有限公司	K0+000~K20+141.65	
	天津市国腾公路咨询监理有限公司	K0+000~K20+141.65	
施工单位	天津城建集团有限公司	1:K0+000~K9+811.49	
	中国建筑第五工程局	2:K9+811.490~K11+600	
	天津第一市政公路工程有限公司	3:K11+600~K13+650,K18+169.81~K20+141.65	
	岳阳市公路桥梁基建总公司	4:K13+650~K15+363.528	
	中港第一航务工程局	5:K15+363.528~K18+169.81	
	天津第四市政建筑工程有限公司	6-1:K0+000~K20+141.65	
	天津市政公路设备工程有限公司	6-2:K0+000~K20+141.65	
	天津路桥建设工程有限公司	7:K0+000~K20+141.65	
	天津市环路公路设施有限责任公司	8:K0+000~K20+141.65	
	北京市泰克公路科学技术研究所	9:K0+000~K20+141.65	
	天津泰达生态园林发展有限公司	10:K0+000~K20+141.65	
项目管理单位	天津市高速公路投资建设发展公司	K0+000~K6+663.5	
勘察设计单位	天津市市政工程设计研究院	K0+000~K6+663.5	
监理单位	天津市国腾公路咨询监理有限公司	K0+000~K6+663.5	
施工单位	天津第一市政公路工程有限公司	1:K0+000~K3+715.050	
	天津路桥建设工程有限公司	2:K3+715.050~K5+063.5	
	天津城建集团有限公司	3:K5+063.5~K6+663.5	
	天津路桥建设工程有限公司	4:K0+000~K6+663.5	
	天津市政公路设备工程有限公司	5:K0+000~K6+663.5	

二、建设情况

(一)项目准备阶段

2005年5月23日,国家发展和改革委员会以发改交运〔2005〕857号《国家发展和改革委关于京津高速公路天津段项目核准的批复》,批复京津高速公路天津段项目建设,项目总投资98.6亿元,其中资本金34.51亿元,由北京首都创业集团有限公司、中辉投资有限公司、天津市高速公路投资建设发展公司和天津市雍阳公路工程有限公司共同出资,出资比例分别为60%、25%、10%、5%,其余64.09亿元申请国内银行贷款解决。

2005年7月20日,天津市市政工程局以市政局计〔2005〕351号《关于京津高速公路天津段初步设计的批复》,批复天津段(含天津东段、天津中段、天津西段及津汉公路4个单项概算)初步设计概算总额1052211.01万元,具体包括建筑安装工程为780892.18万元,设备及工、器具购置费为10338.42万元,工程建设其他费用213467.66万元,预备费47512.74万元。

征地拆迁情况:征用武清区、北辰区、东丽区、宁河区4个区土地共计12717.45亩,并办理了相关手续。具体详见天津市土地规划局2008津地证0219号建设用地规划许可证。

(二)项目实施阶段

整体设计方面,该项目的设计基本遵循"经济、适用、安全、可靠"的基本原则。从目前的通车情况来看,各项设计参数也基本满足京津两地经济增长形势的需求;制订的相关变更、索赔管理制度对工程变更与费用索赔起到了控制作用,对项目变更费用的认定及审批权限、程序提供了制度依据。京津高速公路变更申请汇总见表8-14-8。

京津高速公路变更申请汇总表　　　　表8-14-8

编　号	变更申请内容	增减金额(万元)	申请日期	批复日期
京津高速公路06-013号	关于京津高速公路工程田辛庄分离式立交设计变更的请示	360.9	2006.6.25	2006.6.30
	关于京津高速公路工程永定新河特大桥下部结构设计变更的请示	180.3		
京津高速公路06-021号	关于京津高速公路工程土壤改良设计变更的请示	12849.24	2006.8.4	2006.8.10
京津高速公路06-027号	关于京津高速公路工程沥青混凝土路面面层、下封层设计变更的请示	7588.7	2006.8.16	2006.8.22
京津高速公路06-035号	关于京津高速公路工程特殊路基处理设计变更的请示	10216.8	2006.9.16	2006.9.21
京津高速公路06-039号	关于京津高速公路工程季庄子互通立交主线2号桥设计变更的请示	31.2	2006.9.27	2006.9.29

第八章 高速公路建设项目

续上表

编 号	变更申请内容	增减金额（万元）	申请日期	批复日期
京津高速公路07-005号	关于京津高速公路工程永定新河特大桥预应力箱梁设计变更的请示	2588.4	2007.1.23	2007.1.27
京津高速公路07-013号	关于京津高速公路工程南北辛庄互通立交桥5~10号墩工程设计变更的请示	73.5	2007.3.15	2007.3.20
	关于报请批复京津高速公路工程南北辛庄互通立交灌注桩设计变更的请示	-29		
京津高速公路07-019号	关于京津高速公路工程廊良公路分离式立交设计变更的请示	2063.5	2007.5.15	2007.5.18
京津高速公路07-028号	关于京津高速公路工程K68+012圆管涵设计变更的请示	679.1	2007.5.22	2007.5.25
	关于京津高速公路工程北峰道分离式立交设计变更的请示	506.6		

该项目单位对施工和主材采购进行了公开招标。招标各项环节严格按照相关业务流程开展工作,对各标段均编制了标底,设置了拦标价,不仅对评标工作提供了有效标准,更有力地控制了项目的资金投入;合同价均低于或等于中标价,较为合理,合同要素基本齐备,支付条件清晰。

1. 设计单位招标

委托四家设计单位:天津市市政工程设计研究院,天津市建筑设计院,中国公路工程咨询集团有限公司,天津市大地景观园林建设发展有限公司。

2. 施工单位招标

自2005年8月17日开始至2007年3月15日止,依据《中华人民共和国招标投标法》,天津京津高速公路有限公司委托天津金衡工程招标有限公司、北京华捷招投标代理公司,遵循公平、公正、客观、准确、科学、择优和保密的原则,采取公开招标方式进行招标,组成评标委员会负责整个评标工作,评标专家组以投标报价、施工能力、施工组织管理、质量保证和信誉等方面,以百分比制评定,确定中标单位。工程施工招标共计53个合同段,其中:土建工程30个合同段、路面工程6个合同段、机电工程1个合同段、房建工程3个合同段、交通安全设施4个合同段、绿化工程9个合同段。各合同段划分情况见表8-14-9。

参加项目交工验收的共计37个合同段,其中路基工程1~27合同、路面工程31~36合同、交通工程1~4合同,由3家监理单位进行社会监理。

3. 监理单位招标

通过招标确定3家监理单位:北京华宏路桥咨询监理公司,天津市华盾工程监理咨询有限公司,天津市国腾公路咨询监理有限公司。

S30 京津高速公路工程标段划分情况

表 8-14-9

参 建 单 位	单 位 名 称	起 止 桩 号
项目管理单位	天津京津高速公路有限公司	K15+400.000 ~ K100+772.000
设计单位	天津市勘察院	K15+400.000 ~ K100+772.000
	天津市市政工程设计研究院	K15+400.000 ~ K100+772.000
	天津市建筑设计院	K15+400.000 ~ K100+772.000
	中国公路工程咨询集团有限公司	K15+400.000 ~ K100+772.000
	天津市大地景观园林建设发展有限公司	K15+400.000 ~ K100+772.000
监理单位	北京华宏路桥咨询监理公司	K15+400.000 ~ K100+772.000
	天津市华盾工程监理咨询有限公司	K15+400.000 ~ K100+772.000
	天津市国腾公路咨询监理有限公司	K15+400.000 ~ K100+772.000
土建施工单位	1 合同　唐山远大交通工程有限公司	K15+400.000 ~ K19+760.596
	2 合同　中铁四局集团第四工程有限公司	K19+760.596 ~ K27+979.956
	3 合同　中铁一局集团第二工程有限公司	K27+979.956 ~ K34+900.000
	4 合同　天津城建集团有限公司	K34+900.000 ~ K35+876.000
	5 合同　北京市市政一建设工程有限责任公司	K35+876.000 ~ K37+638.230
	6 合同　辽河油田勘探局筑路工程公司	K37+638.230 ~ K42+600.000
	7 合同　中国建筑工程总公司	K42+600.000 ~ K44+356.890
	8 合同　北京市海龙公路工程公司	K44+356.890 ~ K45+367.320
	9 合同　河北北方公路工程建设集团有限公司	K45+367.320 ~ K54+850.000
	10 合同　北京市政建设集团有限责任公司	K54+850.000 ~ K56+650.000
	11 合同　攀枝花公路建设有限公司	K56+650.000 ~ K60+994.620
	12 合同　北京城建集团有限责任公司	K60+994.620 ~ K62+145.772
	13 合同　北京市市政一建设工程有限责任公司	K62+145.772 ~ K63+150.000
	14 合同　路桥集团第一公路工程局第三工程公司	K63+150.000 ~ K67+218.170
	15 合同　中铁十八局集团第五工程有限公司	K67+218.170 ~ K68+858.530
	16 合同　天津城建集团有限公司	K68+858.530 ~ K71+661.510
	17 合同　北京市市政二建设工程有限责任公司	K71+661.510 ~ K75+167.830
	18 合同　太原市市政工程总公司	K75+167.830 ~ K77+798.266
	19 合同　中铁六局集团有限公司	K77+798.266 ~ K82+550.000
	20 合同　中铁二十二局集团第四工程有限公司	K82+550.000 ~ K86+300.000
	21 合同　中铁十三局集团有限公司	K86+300.000 ~ K88+500.000
	22 合同　承德路桥建设总公司	K88+500.000 ~ K94+550.675
	23 合同　中铁二十三局集团有限公司	K94+550.675 ~ K95+970.000
	24 合同　天津市雍阳公路工程集团有限公司	K95+970.000 ~ K100+772.000
	25 合同　廊坊市交通公路工程有限公司	K13+250.000 ~ K18+050.000
	26 合同　山东中宏路桥建设有限公司	K11+966.784 ~ K17+003.879

第八章
高速公路建设项目

续上表

参 建 单 位	单位名称	起 止 桩 号
土建施工单位	27 合同	中国光大国际经济技术合作有限公司	K7+700.000~K11+966.748
	28 合同	岳阳市公路桥梁基建总公司	K4+549.430~K7+700.000
	29 合同	中国建筑第六工程局	K1+600.000~K4+549.430
	30 合同	天津市雍阳公路工程集团有限公司	K0+000~K1+600
路面施工单位	31 合同	北京市市政一建设工程有限责任公司	K15+400.000~K42+600.000
	32 合同	天津第一市政公路工程有限公司	K42+600.000~K60+994.620
	33 合同	岳阳市公路桥梁基建总公司	K60+994.620~K71+661.510 京津联络线： K11+966.748~K17+003.879
	34 合同	江西省公路桥梁工程局	K71+661.510~K88+500.000
	35 合同	承德路桥建设总公司	K88+500.000~K100+772 京沪联络线： K13+250~K18+050
	36 合同	唐山公路建设总公司	京津联络线： K1+600~K11+966.748
房建施工单位	FJ1	天津市龙祥建材建设工程有限公司	K15+400.000~K100+772.000
	FJ2	中国航空港建设总公司	K15+400.000~K100+772.000
	FJ3	邯郸建工集团有限公司	K15+400.000~K100+772.000
交通工程施工单位	JT1	天津市公路工程总公司	K15+400.000~K37+638.230
	JT2	江苏路成工程有限公司	K37+638.230~K60+994.620
	JT3	海南中咨泰克交通工程有限公司	K60+994.620~K71+664.510 京津联络线： K1+600.000~K17+003.879
	JT4	北京路桥瑞通养护中心	K71+661.510~K100+772.000 京沪联络线： AK12+160~AK18+050
绿化施工单位	LH1	天津市远成景观建设发展有限公司	K15+400.000~K100+772.000
	LH2	济宁市景臻园林工程有限责任公司	K15+400.000~K100+772.000
	LH3	济南园林开发建设集团公司	K15+400.000~K100+772.000
	LH4	河北风景园林工程有限公司	K15+400.000~K100+772.000
	LH5	北京大墅绿化有限责任公司	K15+400.000~K100+772.000
	LH6	天津泰达园林建设有限公司	K15+400.000~K100+772.000
	LH7	北京路桥海威园林绿化中心	K15+400.000~K100+772.000
	LH8	山西路桥建设集团园林绿化工程有限公司	K15+400.000~K100+772.000
	LH9	河北林溪园林工程有限公司	K15+400.000~K100+772.000
机电施工单位		上海电器科学研究所（集团）有限公司	K15+400.000~K100+772.000

续上表

参 建 单 位		单 位 名 称	起 止 桩 号
项目管理单位		天津市高速公路投资建设发展公司	K0+000~K20+141.65
设计单位		天津市市政工程设计研究院	K0+000~K20+141.65
		天津市建筑设计院	K0+000~K20+141.65
		中国公路工程咨询集团有限公司	K0+000~K20+141.65
		天津市园林规划设计院	K0+000~K20+141.65
监理单位		天津市华盾工程监理咨询有限公司	K0+000~K20+141.65
		天津市国腾公路咨询监理有限公司	K0+000~K20+141.65
施工单位	1合同	天津城建集团有限公司	K0+000~K9+811.49
	2合同	中国建筑第五工程局	K9+811.490~K11+600
	3合同	天津第一市政公路工程有限公司	K11+600~K13+650 K18+169.81~K20+141.65
	4合同	岳阳市公路桥梁基建总公司	K13+650~K15+363.528
	5合同	中港第一航务工程局	K15+363.528~K18+169.81
	6-1合同	天津第四市政建筑工程有限公司	K0+000~K20+141.65
	6-2合同	天津市政公路设备工程有限公司	K0+000~K20+141.65
	7合同	天津路桥建设工程有限公司	K0+000~K20+141.65
	8合同	天津市环路公路设施有限责任公司	K0+000~K20+141.65
	9合同	北京市泰克公路科学技术研究所	K0+000~K20+141.65
	10合同	天津泰达生态园林发展有限公司	K0+000~K20+141.65
项目管理单位		天津市高速公路投资建设发展公司	K0+000~K6+663.5
设计单位		天津市市政工程设计研究院	K0+000~K6+663.5
监理单位		天津市国腾公路咨询监理有限公司	K0+000~K6+663.5
施工单位	1合同	天津第一市政公路工程有限公司	K0+000~K3+715.050
	2合同	天津路桥建设工程有限公司	K3+715.050~K5+063.5
	3合同	天津城建集团有限公司	K5+063.5~K6+663.5
	4合同	天津路桥建设工程有限公司	K0+000~K6+663.5
	5合同	天津市政公路设备工程有限公司	K0+000~K6+663.5

该项目充分利用大环境的有力形势,借助天津市高速公路建设指挥部和地方政府对工程建设、征地拆迁的推动作用,根据总体工期进度,倒排工期,关键节点把控,按时完成主线的交工验收并试运营。

该项目制订的相关工程质量制度为施工质量管理提供了制度保障,工程建设档案资料保存较为完整。通过了质量监督站的检测,工程项目得分为95.0分,评定等级为合格,经验收组认真评议,同意工程交工,正式投入运营。

该项目通过总投资概算控制、招投标标底的设定、固定总价合同及甲供材料等环节控制,有效地节约了工程建设投资;融资方式较为成功,实际还贷利率低于市场利率,避免因银行频繁上调利息带来的还贷压力。

项目交工验收完成情况较好,符合相关公路工程竣(交)工验收要求。

总体而言,该项目较好地组织了工程建设工作,工程项目设计管理、招标管理、质量管理等主要管控环节能够紧紧围绕建设目标开展工作,基本做到了组织工作合规、有序、制度安排完备、可操作、管控措施得当、有效,并最终按时建成通车、节省了建设投入。其中,设定拦标价、包干价合同、主材甲供等成功的管控措施值得认真总结与推广。

三、复杂技术工程

项目设计前期在充分结合天津市公路网规划及地方要求的前提下,对路线方案在1/10000地形图上进行路线的平纵横综合设计工作,在避免人为构造曲线的前提下,结合地形、地物合理提高曲线占有率,力求使平面顺适,纵断均衡,横断合理,应用计算机辅助设计,优化线形。将高速公路线形评价科研课题成果应用于该项目,使路线线位设计达到长度最短,线形最优,平纵面配合最为和谐的成果,大幅度节约工程投资。

首次对路线设计的平、纵、横三方面立体线形用先进的设计软件进行动态透视图检验,达到最佳组合,既满足汽车动力学要求,又给驾驶员以视觉和心理上的舒适、愉悦感,减少交通事故发生的隐患。

四、科技创新

该项目在实施过程中坚持科技创新,主要有以下几个方面:

(1)桥头高填土路基采用现浇混凝土薄壁管桩(PCC 桩)、水泥搅拌桩、夯实扩底桩和旋喷桩、预制混凝土方桩进行深层处理,并运用"由刚到柔,逐级过渡"的设计思想,采用轻质、刚性好的材料,结合土工合成材料、桥头搭板的设置,以减少不均匀沉降,有效解决桥头跳车的通病。

(2)沥青混凝土表面层采用抗裂、水稳定性、抗滑、抗老化等性能均具佳的 SMA 铺筑,延长路面使用寿命,改善路面使用效果。该项目是天津市首个全线采用 SMA 高等级沥青面层的高速公路。首次在沥青中面层采用改性剂,提高了路面的抗疲劳性、抗拉强度和抗车辙性能,为天津市建设长寿命高等级公路的创新提供了宝贵的经验。

(3)首次在沥青面层中大范围采用特立尼达湖沥青,极大地增强了沥青面层的高温稳定性和低温抗裂性,提高了沥青面层的使用寿命,为天津市建设长寿命路面的技术创新提供了坚实的技术基础。

(4)首次在高速公路软土路基处理中应用了高强经编 PVC 双向土工格栅和高强土工格室,减少不均匀沉降,加强了路堤的整体稳定性,可作为今后高等级公路软土路基处理的指导性经验。

(5)在快速路改造中首次采用抗裂贴和聚酯玻纤布等新材料处理旧路裂缝,新型材料具有强度高、质量轻、厚度薄、耐高温、施工快捷的特点,施工期间受周围环境干扰小,明显加快了施工进度。

(6)首次在天津高速公路中成功采用真空堆载联合预压软基处理技术,为今后天津市高速公路软基处理积累了宝贵经验。

(7)桥梁设计中大桥、特大桥采用装配式部分预应力简支变连续小箱梁连续结构的先进体系。

(8)跨越北环铁路设计采用 78m 钢桁架桥跨越,设计借鉴铁路桁架桥的设计经验,并通过 MIDAS 等大型有限元设计软件的分析,使该座桁架桥达到了造价经济、结构合理的目标,结构设计达到了目前国内此类桥梁的先进水平,并根据铁路部门的反复调研,最终确定了采用预制顶推的施工方案,该项目为国内目前顶推质量最大的结构。

(9)大面积采用先简支后连续小箱梁结构形式,既保证施工方便、标准,同时节约降低工程造价,同时也改善了桥梁运营期间的使用效果。

(10)永定新河特大桥,采用移动模板设计桥梁上部结构(即 PZ 梁),有效地解决了在大河里桥梁修建的难点,减少了桥梁施工对水利防汛的影响,同时降低了整体工程造价,外形轻盈美观。

(11)结合该项目开展科研课题"天津市高速公路线形评价研究",该课题获天津市科技进步二等奖及天津市市政公路管理局科技成果奖二等奖;研究成果"采用运行速度预测模型的高速公路线形设计方法"已获得国家专利;结合该项目北环铁路特大桥开展了科研课题"钢桁架桥空间计算及结构优化设计研究"。

五、运营养护管理

京津高速公路天津段共设置服务区3处,分别在K43+377、K75+090和K103+649处,沿线有12个收费站(东堤头收费站暂时关闭),具体设置情况见表8-14-10。

收费站点设置情况　　　　　　　　　　表8-14-10

序号	收费站名称	入口车道数		出口车道数		车道总数	
		MTC	ETC	MTC	ETC	MTC	ETC
1	高村收费站(省界主线站)	0	0	18	2	18	2
2	高村收费站(天津出口)	0	0	1	1	1	1
3	高村收费站(北京入口)	1	1	0	0	1	1
4	高村收费站(天津入口,北京出口)	1	1	1	1	2	2
5	牛镇收费站	1	1	2	1	3	2
6	泗村店东收费站	1	1	2	1	3	2
7	武清北收费站	1	1	2	1	3	2
8	梅厂收费站	2	1	4	1	6	2
9	东堤头站	1	1	2	1	3	2
10	大孟庄站	1	1	2	1	3	2
11	东丽湖收费站	1	1	2	1	3	2
12	北塘收费站(主线站)	3	2	9	2	12	4
13	京沪联络线白古屯收费站	1	1	2	1	3	2
14	京津联络线武清南收费站	4	1	7	1	11	2
15	津汉联络线东丽收费站	2	1	4	1	6	2

京津高速公路天津段自开通以来的大修工程,主要是2015年进行的,以"十二五"全国干线公路养护管理规范化检查的计划迎检路段为重点维修路段、并根据道路技术状况,对路况较差的非迎检路段进行了维修。维修范围涵盖京津主线及京沪、津汉及京津三条联络线,维修内容包括路面及桥面两部分(不包括通道等构筑物及附属设施)。运营公司委托天津市市政工程研究院进行检测与设计,经天津市市政工程专家委员会进行评审通过,本着循环、节约、全寿命养护原则,采用双层挖补、单层挖补、微表处等多种技术手段。施工计划工期为2015年7月—2015年10月,共计99天。目前维修效果良好。

六、项目后评估

由于京津冀北都市圈将实现北京与天津优势互补,天津市积极发挥港口和滨海新区的作用。目前,在京津走廊内仅有一条高速公路既国道主干线京津塘高速公路,其服务水平正处于下降趋势,未来的几年内交通将趋于饱和。京津经济带在未来几年内经济将保持着较快的增长,地区内各区域来往也将十分密切,势必对交通建设提出更高的要求,在走廊带内仅有一条高速公路,是不能满足日益增长的交通需求,而且将会影响到国道主干线应有的作用。京津高速公路的建成,将缩短天津港和北京的距离,加强北京市、天津市中心城市和滨海旅游区的联系。京津高速公路为核心区至武清、北京地区的一条主干道,又是天津港集疏运交通的主要通道,是 3 条京津城际高速公路通道之一,它的实施将促进公路网主骨架的形成,从而加强市中心与外围二级市及组团的联系,引导大城市近郊区域经济模式的形成和发展,疏导均衡中心城区对外放射线的交通流及过境交通流,减轻市区外环的交通压力;同时改善通往旅游景点的交通条件,促进旅游事业的发展。

京津高速公路是连接北京、天津及滨海新区、天津港的又一条快速通道,是加强京津两地经济联系的重要纽带。京津高速公路的建成通车,对推动两地及周边地区的经济发展,促进环渤海经济圈的形成发挥着重要作用,特别是对滨海新区的建设发展以及完善区域干线公路网和货物运输体系,缓解京津、华北地区交通紧张压力具有十分重大的意义。随着京津高速公路的建成通车,仅天津段沿线就已陆续建成或正在建设十余个工业园区、产业园区、大型物流中心等开发项目,带动了区域经济发展,增加了当地政府税收,为当地居民提供了就业机会,在实现企业盈利目标同时,很好地履行了社会责任,社会效益十分巨大。

京津高速公路还承担了国家多项重大活动的交通保障任务。北京奥运会期间,京津高速公路被确定为各国运动员由北京主赛区前往天津分赛区的保障道路,并为各国运动员和观赛宾客提供了优质的交通保障服务,为奥运会的圆满举办做出了应有的贡献。同时京津高速公路还是历届夏季达沃斯论坛的首选陆路通道,各国元首政要降落首都机场后经由京津高速公路进入天津达沃斯论坛举办地,京津高速公路以其优美的环境、良好的路况和优质周到的服务赢得了各国宾客的广泛赞誉。

此外,京津高速公路执行重大节假日免收小型客车通行费、免收整车合法装载鲜活农产品车辆通行费的国家政策,为稳定物价、方便民众出行做出了贡献。

京津高速公路建设阶段在环境保护方面投入了一定资源,采取了相关措施,获得了试运营的许可,基本上达到了工程可行性研究报告的相关环保要求。项目的建成通车,对京津冀地区社会经济快速协调发展,完善区域干线公路网和综合运输体系,满足天津港集疏运需要,起到了积极的推动作用,并带动了区域经济发展,增加了地方税收,为当地居民提供了就业机会,很好地履行了社会责任,总体社会效益显著。

项目先后荣获2005年天津市优秀咨询成果一等奖;2011年"海河杯"天津市优秀勘察设计一等奖;2011年全国优秀工程勘察设计行业奖市政公用工程二等奖;北环铁路桁架桥获得天津市2007年度优秀勘察设计(市政类)三等奖。

第十五节　S3600 京台联络线(石各庄互通—京台高速公路)

S3600 京台联络线即国道 112 线高速公路天津东段延长线,是国道 112 线高速公路天津东段工程向西与京津塘南通道(河北省段)衔接的延伸部分。该工程基本为东西走向,横穿天津市武清区西部,设计起点位于 112 线高速公路天津东段工程与京沪高速公路相交处,向西经过杨王公路、胡柳子村北,在天津武清区石各庄镇定子务村和河北省廊坊穆家口村间进入河北省界,与京津南通道(河北省廊坊段)相接。

该项目的建设将把国道 112 线高速公路自滨海新区直接与京津南通道贯通,向西北可达廊坊、涿州、北京;同时也使国道 112 线高速公路与河北省高速公路网沟通,向西可达霸州、涞水、涞源、徐水、阜平、朔州、鄂尔多斯、乌海,使国道 112 线高速公路这一天津中部唯一一条东西向高速公路充分疏导过境交通、便捷中西部省区与天津这一中西部地区重要出海口的联系纽带功能,对进一步增强滨海新区的辐射作用具有重要意义。

一、项目概况

(一)基本情况

国道 112 线高速公路天津东段延长线工程起自滨保高速公路与京沪高速公路石各庄互通,向西先后经过武清区曹场村北,上跨杨王公路后沿西北走向经汉沽港镇胡柳子村北、在武清区定子务村西南在津冀两省交接位置与京津南通道(京台高速公路)河北段相接。项目建设起点为 K93+531,终点为 K99+399.418,路线全长 5.87km。2011 年 3 月正式开工,2014 年 11 月全部完工。S3600 京台联络线高速公路项目基本情况见表 8-15-1~表 8-15-3。

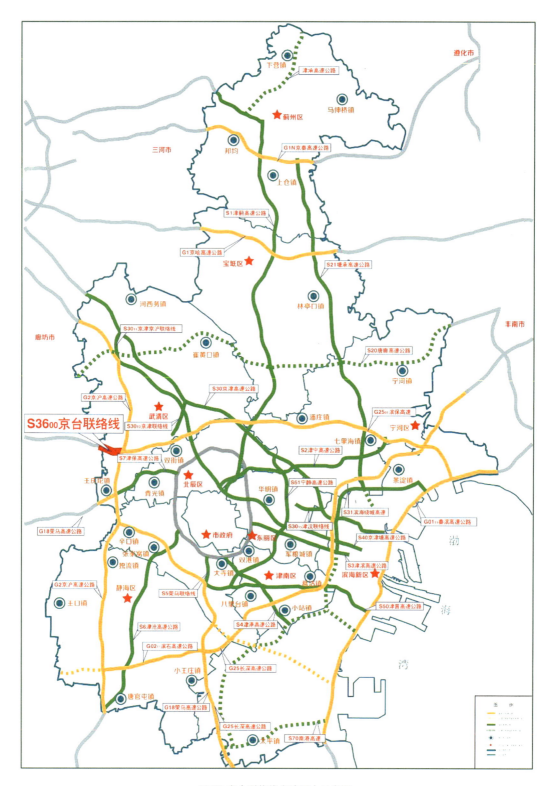

S3600 京台联络线在路网中示意图

第八章 高速公路建设项目

S3600 京台联络线高速公路项目基本信息　　　　　　表 8-15-1

路段起止桩号		规模（km）			建设性质（新、改扩建）	设计速度（km/h）	路基宽度（m）	永久占地（亩）	投资情况（亿元）			建设时间（开工—通车）	4A 级以上主要景区名称	备注
起点桩号	止点桩号	合计	八车道及以上	六车道	四车道					估算	概算	决算			
K93+100	K99+399	6.299		6.299		新建	120	34.5			5.79	4.9417	企业自筹	2011.3—2014.11	

S3600 京台联络线高速公路桥梁汇总　　　　　　表 8-15-2

序号	名　称	规模	桥梁左（m）	桥梁右（m）	主跨长度（m）	桥面宽度（m）	桥底净高（m）	跨越障碍物	桥梁分类	备注
1	石各庄互通主线桥	特大桥	1897	1897	48	40.5	5.5	道路	梁式桥,钢筋混凝土梁桥,连续桥梁	
2	自行车王国立交	大桥	425.9	425.9	20	34	5.5	道路	梁式桥,钢筋混凝土梁桥,连续桥梁	
3	杨王公路立交	大桥	730.9	730.9	25	34	5.5	道路	梁式桥,钢筋混凝土梁桥,连续桥梁	
4	K94+631 中桥	中桥	100.86	100.86	16	41	5.5	道路	梁式桥,钢筋混凝土梁桥,简支桥梁	
5	K98+071 中桥	中桥	68.86	68.86	16	38	5.5	道路	梁式桥,钢筋混凝土梁桥,简支桥梁	

S3600 京台联络线路面结构　　　　　　表 8-15-3

路面形式	起讫里程	长度（m）	沥青路面	水泥混凝土路面	路面结构
柔性路面	K93+100~K99+399	6299	沥青混凝土路面		4cm 细粒式沥青混凝土＋7cm 中粒式沥青混凝土＋12cm 沥青稳定碎石＋18cm 水泥稳定碎石＋18cm 水泥稳定碎石＋20cm 石灰粉煤灰土
刚性路面					

(二)前期决策情况

国道112线高速公路延长线工程的主要影响区包括天津、河北两省市,作为国道112线高速公路西端连接河北省京津塘南通道的唯一一条联络线,该项目的建设将使国道112线、京沪高速公路与京津塘南通道河北段连为一体,共同构成完整的第3条京津塘高速通道,形成京、津、冀高速公路网间的又一重要通道,有利于天津市与河北省便捷交通纽带的形成,有利于京津冀都市圈的现代化建设。同时,对加强和完善环渤海、京津冀区域主干线路网,完善天津市干线公路网主骨架,拉动京津冀都市圈、滨海新区和沿线区县经济的快速发展具有重要推动作用。

(三)参建单位主要情况

工程建设单位为天津高速集团有限公司;设计单位为天津市市政工程设计研究院、中国公路工程咨询集团有限公司;监理单位为天津市国腾公路咨询监理有限公司;施工单位为天津市雍阳公路工程有限公司等,见表8-15-4。

S3600 京台联络线参建单位一览表　　　表8-15-4

参建单位	单位名称	合同段编号及起止桩号	负责人
项目管理单位	天津高速公路集团有限公司	K93+531~K99+399.418	马卫东
勘察设计单位	天津市政工程设计研究院	K93+531~K99+399.418	董刚、姜峰
	中国公路工程咨询集团有限公司	K93+531~K99+399.418	李光磊
监理单位	天津市国腾公路工程监理有限公司	K93+531~K99+399.418	初宏、曹琳琳
施工单位	天津市雍阳公路工程有限公司	1合同,K93+531~K99+399.418	李克新
	天津市第四市政建筑工程有限公司	2合同,冀津服务区、石各庄收费站	曹文胜
	天津市雍阳公路工程有限公司	3合同,K93+531~K99+399.418	李海珍
	天津市公路工程总公司	4合同,K93+531~K99+399.418	王存海
	中咨泰克交通工程集团有限公司	5合同,K93+531~K99+399.418	刘国彤
	天津市园林建设总公司	6合同,冀津服务区、石各庄收费站	张玉果
	天津恒益建筑装饰工程有限公司	7合同,冀津服务区、石各庄收费站	李歆

二、建设情况

(一)项目准备阶段

该项目严格执行公路建设程序,依法依规,规范运作,各阶段审批情况如下:

2006年11月,天津市市政工程局与河北省交通厅签署《关于京津南通道公路路线衔接和工程实施问题和协议》,就路线衔接和工程实施达成协议。

2007年9月,天津市市政工程设计研究院编制《国道112线高速公路天津东段延长线工程可行性研究报告》。

2007年12月,天津市发改委印发《关于112线高速公路天津东段延长线(京津塘南通道)工程可行性研究报告的批复》(津发改基础〔2007〕971号)。

2009年11月,天津市市政公路管理局下达《关于对国道112线高速公路天津东段延长线工程初步设计的批复》(市政公路管理计〔2009〕505号)。

2011年10月,天津市市政公路管理局下达《关于准予天津高速公路集团有限公司国道112调整公路天津东段延长线项目公路建设单位资格的决定》(市政公路管理计〔2011〕679号)。

(二)项目实施阶段

1. 招标工作

依据《中华人民共和国招标投标法》,招标工作委托天津市森宇建筑技术法律咨询有限公司和天津市广正建设项目管理咨询有限公司进行。采用公开招标的形式,确定监理单位和各承建中标单位,以上所有基建程序均按照国家规定进行,符合相关行业主管部门的规定。

为了使招标更加规范、减少人为因素,该项目一直不断完善改进评标方法和规范招标行为,更加严格执行交通运输部的有关规定,比如在评标专家的选取上,该项目按管理规定可全部在天津市评标专家库抽取,为了学习全国先进经验和不断完善招标工作,在主要工程(如路基、路面、房建、通信收费监控等)招标都从交通运输部专家库中抽取。资格审查人员也是按评标委员会的规定组建。早在交通运输部发布《关于改进公路工程施工招标评标办法的指导意见》之前,已经采用了类似合理低价发的评标方法,并使用工程量固化清单。在交通部运输部2009年《发布公路工程标准施工招标文件》(2009年版)之前,该项目就已经采用基本账户汇保证金等做法。在评标期间,清标评标全过程接受监督,并采用清标报告(主要为各投标文件偏差)、投标文件正本由监督负责保管的方式。

2. 征地拆迁工作

该项目途经天津武清区石各庄镇,作为天津重点工程之一,市、区政府给予了高度重视,多次召开协调会,地方政府积极配合。2010年,与武清区政府签订了征地拆迁协议,同时开展征拆工作。2011年完成了相关工作,为进场施工创造了条件。在整个过程中,拆迁占地补偿完全按照规定赔偿标准及时到位,未发生任何上访事件。

3. 工程质量

围绕总体工作目标确定具体的工作思路:"定标准、树样板、典型引导、鞭策后进"。为保证国道112延长线工程保质按期完成,项目经理部在开工前根据国家及部颁规范、标准和相关规定,结合国道112延长线的实际情况制订了国道112延长线工程相关的管理规定,确保项目在建设单位、监理的可控范围内进行规范施工。

具体做法:一是在分项工程大面积施工前全线树立样板工程,以点带面,分部分项工程执行首件验收制度,对每个分项工程的第一次施作严格把关,首件方案和各项技术指标达到要求后经质监站、建设单位和总监办联合验收后方可大面积施工。二是通过现场观摩会、质量分析会等各种专题会议对施工中施作较好的具有典型代表的工程实例加以推广。加强现场质量控制,强化梁场、搅拌站、试验室、台背回填的现场管理。三是抓重点,把重点部位变成工程的亮点,"以点带面,点面结合,部位交叉"形成重点部位有人抓,关键部位(尤其是隐蔽工程)有人盯,通过工程亮点的延伸,路基整体质量得到了控制。通过梁场、拌和站的规范管理,提升了在建混凝土的质量。

建立质量保证体系、落实保证措施。重点抓好"十项制度"和"八个重点部位"。结合国道112延长线工程设计、施工情况,按照合同要求制订了工程质量管理办法,使工程建设做到规范化、制度化。提高检查频率,强化落实效果。

4. 安全生产

2011年正式开工建设以来,项目部就始终将规范安全管理工作作为管理的重点,坚持"规范化、标准化、高标准、高起步"的整体管理思路。提出的每一项具体的安全管理要求都是以相关的国家规范、行业标准为依据,结合项目自身特点,有针对性地制订。建立并强化安全生产管理体系,做到建设单位、监理单位、施工单位的三位一体。完善制度建设,重视规范化管理。用好合同规定的专项安全生产措施费,以经济杠杆强化安全管理。在整个项目建设期,未发生重大安全事故。

5. 进度管理

(1)按施工总体计划细化工期,阶段化控制。在总体计划安排基础上科学合理地排定工期。把施工计划层层分解,落实到每季度、每月、每周及每道工序。同时,在严格按计划进行施工的同时,据实际进展情况,实施阶段性计划调整,充分发挥计划对工程的指导作用。由于工程受到拆迁等不定因素的影响,在必要的时候对阶段性计划进行动态调整,以使阶段性计划更接近实际。

(2)简化程序,靠前指挥,提高效率。建设单位、监理现场办公,减少不必要程序。重大问题及时组织专家研究解决;减少解决问题耽误时间,把更多的时间留给施工单位,保证了工程进度。

(3)信息化及程序化管理。施工单位设置专职统计人员,进度及投资完成情况报表每月25日上报工程部,每周进度上报项目办,每日驻地监理将工程进展情况上报总监办。指挥部根据施工单位上报的工程进度,通过分析来发现影响工程进度的不利因素和工程进展顺利的有利条件,根据实际情况,对工程计划做出动态调整,使得工程的计划更具可操作性。同时,对于进度中反映出来的影响工程进展的不利因素进行分析,究其根本,找出原因,及时对自身的管理重点进行调整。

6. 工程变更

严格按照集团公司制订的管理制度和有关的文件的要求,统一了变更用表和审批变更管理程序。在工程建设中,工程变更设计管理是确保工程项目进度和质量、最大限度地发挥投资效益尤为重要的环节,工程变更是投资管理的关键,在变更管理工作中严格按程序进行。项目部会同设计、监理、施工单位对施工图和现场的实际情况进行认真研究,合理制订变更方案并进行优化设计,增强了工作的可预见性。对确需变更的工程部位,做到早研究、早上报,严格履行变更程序,变更令必须由总监、建设单位项目总工及公司相关部门领导审核确认后,方可按程序进入变更计量工作,保证了工程变更的严肃性和规范性。

7. 工程造价控制

在工程投资管理过程中,紧紧围绕"降低工程造价,狠抓工程质量,提高经济效益"这一主题,主要从计量支付和工程变更两方面入手,做好项目的工程造价控制工作。计量支付是工程造价控制的主要部分。在计量支付过程中,每期计量报表必须由施工、监理及建设单位单位三方共同审核确认,其中建设单位项目经理部必须由2个以上部门负责人及项目经理签字确认,做到层层审核把关。在预结算工作中,最终的结算数据和细目须由承包人、总监、项目结算负责人及项目经理共同商议并签字确认后,方可形成最终计量报表。

8. 廉政建设

项目部强化党员干部廉洁自律意识,积极开展"建优质精品工程,做优秀廉政干部"的"双优"活动。项目部注重建立健全党内教育、管理、监督制度,在党员中树立起公仆为民意识,针对工程项目进程中容易出现的薄弱环节,进行认真的分析和总结,进一步强化党员干部的廉洁自律意识,建立了一套开展"双优"活动的长效机制。进一步明确了党风廉政建设的责任范围,细化了责任内容,修订了落实党风廉政建设责任制的配套制度等。同时,围绕"管好人、用好权、理好财、办好事"等方面制订具体措施,堵塞漏洞,加强党员干部的管理和监督。在管好人方面,着重加强对领导干部特别是对"一把手"及身边工作人员的教育、管理和监督;在用好权方面,加强对重要部门、重要岗位人员从政行为的监督制约;在理好财方面,提出了加强资金监督管理的具体措施。进一步完善规章制度,特别是对关系到工程建设过程中的质量、进度、计量等方面的制度办法。组织签订廉政合同,坚决地铲除不良现象的根源,争创精品工程,争做廉政干部。所有参建人员均能廉洁自律,建设期未出现人员违法违纪现象或被处分、起诉等情况。

9.文明施工管理

项目部在各合同段进场阶段严抓文明施工管理,整个工程建设期间,工地始终保持整洁有序,体现了施工队伍的综合素质和现场管理人员的管理水平。各种原材料的堆放、各种标识牌的设置等均有从场地平整、支垫、外表尺寸到堆码形式、标识牌埋设位置的详细要求。施工人员、监理人员和现场管理人员持证上岗,制订了严格的管理制度。加强形象建设,工程中要求图表上墙,包括工程的机构设置,各道工序的施工工艺,工程进度计划等,工程情况一目了然。

三、科技创新

1.天津市典型路面结构研究

结合目前国内及天津地区施工设备功率、施工工艺、质量控制标准等,通过对不同道路结构组合形式的试验及后期数据采集,得出适合天津地区的最佳高速公路结构组合形式,以期得到保证质量、满足功能、造价最合理的效果。

2.桥面精铣刨工艺的应用

桥面精铣刨工艺采用大型专业铣刨设备对桥面进行处理,在大幅提高防水黏结和防水效果的同时提高了桥面平整度,此工艺现已全面推广。

3.振荡压路机的应用

在桥面沥青面层压实过程中,采用振荡压路机进行压实,提高桥面沥青混凝土质量。振荡压路机能量消耗少,改善工作环境,提高了工作效率;不会产生过大的激振力,不会压碎填铺材料,也不会使已压实的材料重新产生疏松现象。在加强面层压实、提高桥面沥青混凝土施工质量的同时,克服了传统振动压路机对桥梁结构的冲击影响。

四、运营养护管理

1.服务设施

全线设置服务区1处,见表8-15-5。

S3600 京台联络线服务场区一览表　　表8-15-5

高速公路编码	服务区名称	桩号	所在区域	占地(m²)	建筑面积(m²)
S3600	冀津服务区	K97+900	武清区石各庄镇	7691.1	45282

2.收费设施

该项目共设置收费站1座,为省界主线共管站。截至2016年底,匝道出入口数量共计36条,其中ETC车道2条,见表8-15-6。

S3600 京台联络线收费设施一览表　　　　　　　表 8-15-6

收费站名称	桩　　号	入口车道数		出口车道数		收费方式
		总车道	ETC 车道	总车道	ETC 车道	
石各庄收费站	K98+809	18	0	18	2	MTC+ETC

五、项目后评估

该项目的建设使东部环渤海区域与中西部地区的交通联系变得更加便捷，将改变津同公路、天津外环线、津榆公路(G112、G205)、津汉公路、唐津高速公路的交通拥挤状况，形成京津冀之间东部至西部公路交通多通道的格局。

第十六节　S4 津港高速公路(外环线—大港城区)

一、项目概况

(一)基本情况

津港高速公路是天津市中心城区通往津南和大港的放射线，起自中心城区外环线与洞庭路交口，经双港以南、咸水沽、北闸口、小站，终至大港城区，全长约 25km。在津晋高速公路、八二路、盛塘路 3 处设互通式立交。

津港高速公路分两段建设：第一段从外环线至规划环外环，为快速路，双向八车道，设计速度 80km/h，路基宽度 39m；第二段从规划环外环至板港路，为高速公路，双向六车道，设计速度 120km/h，路基宽度 34.5m；设计车辆荷载采用汽车—超 20 级、挂车—120。高速公路平曲线最小半径采用 5500m/3 处，最大纵坡采用 1.74%/1 处。

里程桩号：外环线至主线收费站段 K0+156.377~K10+580，长 10.4km；主线收费站至终点 K10+580~K25+282.633，长 14.7km；总长度 25.1km。该项目于 2008 年 3 月 1 日正式开工，2010 年 12 月 15 日运营通车。项目概算总投资 379503.4 万元。

起点桩号(注：运营桩号)：K10+580，终点桩号：K25+282。全长 14.702km。天津高速公路集团有限公司运营事业部三分公司负责运营管理养护。

全线设分离式立交 3 座、特大桥 11458m/1 座、中小桥 412m/6 座、通道 1 处、涵洞 46 道，桥梁长度占路线总长度的 47%；互通式立交 3 处；服务区 2 处、主线收费站 2 处、匝道收费站 2 处；管理、养护、服务、监控房屋建筑面积 14410.2m²。

地形地貌：项目属平原地貌，多为黏性土、粉性土、细砂土，地势表现为从北、西、南三面向渤海倾斜。

该路线位于天津南部,作为中心城区至大港区最重要的一条快速通道,并且将来成为向东至临港产业园区的主要通道。它的实施将促进天津市公路网主骨架的形成,从而加强市中心与外围二级市及组团(功能区)的联系,引导大城市近郊局域经济模式的形成和发展,疏导均衡中心城区对外放射线的交通流及过境交通流。津港高速公路一期工程的修建将会促进大港区的经济发展,加快天津滨海新区的发展。津港高速公路项目基本情况见表8-16-1~表8-16-3。

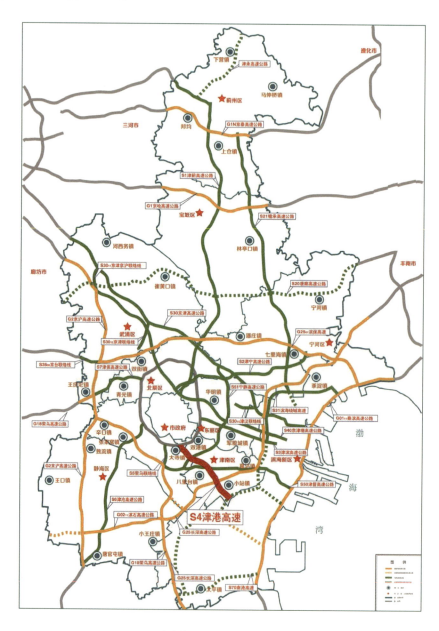

S4 津港高速公路在路网中示意图

第八章 高速公路建设项目

S4 津港高速公路项目基本信息

表 8-16-1

路段起止桩号		规模(km)			建设性质(新、改、扩建)	设计速度(km/h)	路基宽度(m)	永久占地(亩)	投资情况(亿元)			资金来源	建设时间(开工—通车)	4A级以上主要景区名称	备注
起点桩号	止点桩号	合计	六车道	八车道及以上					估算	概算	决算				
				四车道											
K10+580	K25+282	14.702	14.702		新建	120	38	3465	36.82	37.95	35.17	养路费、银行贷款和自筹资金	2008.3—2010.12		

S4 津港高速公路桥梁汇总

表 8-16-2

序号	名称	规模	桥梁左(m)	桥梁右(m)	主跨长度(m)	桥面宽度(m)	桥底净高(m)	跨越障碍物	桥梁分类	备注
1	津晋互通立交主线桥	特大桥	1715.47	1715.47	35.45	55.8	5.5	道路	梁式桥,钢筋混凝土梁桥,连续桥梁	
2	八二路互通立交主线桥	特大桥	2696.34	2696.34	39	49	5.5	道路	梁式桥,钢筋混凝土梁桥,连续桥梁	
3	K16+883高架桥	特大桥	2720	2720	35	36.8	5.5	道路	梁式桥,钢筋混凝土梁桥,简支桥梁	
4	盛塘路互通立交主线桥	特大桥	2278.65	2278.65	45	36.8	5.5	道路	梁式桥,钢筋混凝土梁桥,简支桥梁	
5	K21+517高架桥	特大桥	2050.43	2050.43	40	36.8	5.5	道路	梁式桥,钢筋混凝土梁桥,连续桥梁	
6	梨双公路分离式立交	大桥	476.64	476.64	45	36.8	5.5	道路	梁式桥,钢筋混凝土梁桥,连续桥梁	
7	南边界路分离式立交	大桥	450.43	450.43	30	36.8	5.5	道路	梁式桥,钢筋混凝土梁桥,连续桥梁	
8	白万公路分离式立交	大桥	474.8	474.8	45	36.8	5.5	道路	梁式桥,钢筋混凝土梁桥,简支桥梁	
9	八二路EK6+448.575加宽桥	大桥	819.65	819.65	42	10.44		道路	梁式桥,钢筋混凝土梁桥,简支桥梁	
10	K6+293.9卫津河桥	中桥	85.04	85.04	16	36.8		河流	梁式桥,钢筋混凝土梁桥,连续桥梁	
11	K9+280.8洪泥河桥	中桥	81.06	81.06	25	57.8		河流	梁式桥,钢筋混凝土梁桥,连续桥梁	
12	K9+934.2大沽排污河桥	中桥	81.06	81.06	25	36.8		河流	梁式桥,钢筋混凝土梁桥,简支桥梁	
13	K10+194.3污水河桥	中桥	85.04	85.04	16	36.8		河流	梁式桥,钢筋混凝土梁桥,简支桥梁	
14	幸福河中桥	中桥	85.06	85.06	16	4.21		河流	梁式桥,钢筋混凝土梁桥,连续桥梁	
15	津晋互通EK4+411.259加宽桥	中桥	62.49	62.49	13	10	5.5	道路	梁式桥,钢筋混凝土梁桥,连续桥梁	
16	黄汉路桥	中桥	40.86	40.86	20	37.8	5.5	道路	梁式桥,钢筋混凝土梁桥,连续桥梁	
17	八米河桥	中桥	48.9	48.9	17	36.8		河流	梁式桥,钢筋混凝土梁桥,连续桥梁	

S4 津港高速公路路面结构　　　　　　　　　　表 8-16-3

路面形式	起讫里程	长度（m）	水泥混凝土路面	沥青路面	路 面 结 构
柔性路面	K10+580~K25+282	14702		沥青混凝土路面	4cm 细粒式改性沥青混凝土（AC-13C）+6cm 中粒式改性沥青混凝土（AC-20C）+8cm 粗粒式改性沥青混凝土（AC-25C）+1cm 下封层+18cm 水泥稳定碎石（水泥含量5%）+18cm 水泥稳定碎石（水泥含量4%）+18cm 石灰土（石灰含量12%）
刚性路面					

（二）前期决策情况

1. 前期决策背景

天津市高速公路网规划布局由 3 条过境主通道（京沈高速公路、京沪高速公路、唐津高速公路），3 条京津城际高速公路通道（京津塘高速公路、京津塘高速公路二线、京津塘高速公路三线）和 10 条中心城区、滨海新区放射线（9 条中心城区放射线和 1 条滨海新区放射线）组成，概括为"3310"。津港高速公路作为 9 条中心城区放射线之一，是中心城区通往大港区的一条快速通道。其功能是增强中心城市对外辐射和集散功能，为天津中心城区及沿线津南区、大港区经济发展服务。

大港历史悠久，地处天津市东南部，东临渤海湾、塘沽区，南与河北省黄骅市接壤，西与静海县为邻，与津南区为界。区内分布着大港油田、天津石化公司、中石化第四建设公司、大港发电厂及天津联合化学公司等一批国有特大型企业，初步形成了从石油开采、油品加工到化工生产、石化建筑设备安装、电力生产的配套体系。石化主体产业的基础性、可深加工性和高附加值为区域经济规模的进一步扩大提供了条件。在津港高速公路竣工之前，连接天津中心城区与大港区的公路只有 3 条，分别是津淄公路、津港公路和津歧公路。其中津港公路是一级公路，是主要通道，津淄公路和津歧公路是二级路。津淄公路和津歧公路交通量已经超过其通行能力，处于饱和状态，津港公路的部分路段也处于饱和状态。

大港的经济发展已经进入快速发展阶段，与中心城区及各区县联系更加紧密，主要对外道路处于饱和状态，不能满足大港的经济发展交通需求，所以在中心城区与大港区之间修建一条快速通道势在必行。

2. 前期决策过程

2005 年 9 月 30 日，天津市发展和改革委员会《关于对津港高速公路一期工程项目建议书的批复》(津发改基础〔2005〕626号)批准该工程项目建议书。

2005年8月,天津市市政工程设计研究院完成该项目预可行性研究报告的编制工作。

2006年3月9日,天津市市政局《关于津港高速公路工程可行性研究报告的审查意见》(设审〔2006〕06号)对可行性研究报告提出了审查意见。

2007年2月6日,天津市发展和改革委员会《关于津港高速公路一期工程可行性研究调整报告的批复》(津发改基础〔2007〕128号)批准该工程可行性研究报告。

2009年12月31日,天津市国土资源和房屋管理局印发《关于落实津港高速公路工程农用地转用土地征收的函》(津国土房资函〔2009〕1397号)批准该项目建设用地。

3. 参建单位主要情况

S4津港高速公路参建单位基本情况见表8-16-4。

S4 津港高速公路参建单位一览表 表8-16-4

参建单位类别	单 位 名 称	合同编号及桩号	负责人
项目管理单位	天津高速公路集团有限公司	K0+156.337~K25+282.633	邓海川
勘察设计单位	天津市市政工程设计研究院	K0+156.337~K25+282.633	阎希华
监理单位	山东格瑞特监理咨询有限公司	1合同,K0+156.337~K12+796.931	张培龙
	河北华达公路工程咨询监理有限公司	2合同,K12+796.931~K25+282.633	马震
	重庆中宇工程咨询监理有限公司	3合同,三大系统	林波
施工单位	天津市第六市政公路工程有限公司	1合同,K0+156.337~K6+167.848	赵文艺
	天津第一市政公路工程有限公司	2合同,K6+167.848~K10+856.648	贾学柱
	天津城建集团有限公司	3合同,K10+856.648~K12+796.931	孙忠良
	中铁十四局集团第二工程有限公司	4合同,K12+796.931~K15+493.268	于自清
	中交第三公路工程局有限公司	5合同,K15+493.268~K18+213.268	侯建刚
	天津路桥建设工程有限公司	6合同,K18+213.269~K20+491.925	廉桂兴
	攀枝花公路建设有限公司	7合同,K20+491.926~K22+542.355	胡振勇
	山东通达路桥工程有限公司	8合同,K22+542.356~K25+282.633	刘学建
	天津第一市政公路工程有限公司	9合同,K0+156.337~K10+856.648	张华军
	天津城建集团有限公司	10合同,K10+856.648~K25+282.633	李树槐
	天津第一市政公路工程有限公司	11合同,K0+156.337~K10+856.648	杜亚民

续上表

参建单位类别	单位名称	合同编号及桩号	负责人
施工单位	天津市环路公路设施有限责任公司	12合同,K10+856.648~K25+282.633	韩嘉成
	天津绿茵景观工程有限公司	13合同,K0+156.377~K25+186.3	党彩娴
	河北建工集团有限责任公司	14合同,收费站	宋世勇
	中咨泰克交通工程有限公司	15合同,三大系统	王谦
	天津第四市政建筑工程有限公司	16合同,停车区	任晓亮

二、建设情况

(一)项目准备阶段

1. 项目审批

该项目严格执行交通基本建设程序,从预可行性研究、工程可行性研究、初步设计、施工图设计、工程施工、监理招投标及工程开工报告的审批,各个环节均手续齐全。

(1)2005年9月30日,天津市发展和改革委员会《关于对津港高速公路一期工程项目建议书的批复》(津发改基础〔2005〕626号)批准该工程项目建议书。

(2)2007年2月6日,天津市发展和改革委员会印发《关于津港高速公路一期工程可行性研究调整报告的批复》(津发改基〔2007〕128号)。

(3)2007年6月28日,天津市市政公路管理局《关于津港高速公路一期工程初步设计的批复》(市政公路管理计〔2007〕139号)批复该工程初步设计。

(4)2008年1月31日,天津市市政公路管理局核发《施工图设计文件审查批准书》。

(5)2007年8月8日,天津市环境保护局《关于对津港高速公路一期工程环境影响报告书的批复》(津环保许可函〔2007〕041号)同意该项目建设。

(6)2007年9月25日,天津市规划局核发《选址意见书》。

(7)2009年12月4日,国土资源部印发《国土资源部关于津港高速公路工程建设用地的批复》(国土资函〔2009〕1278号)批准该工程用地。

(8)2011年5月9日,天津市规划局核发《建设用地规划许可证》。

2. 资金筹措

该工程概算总投资379503万元。项目资本金170794万元,由天津市高速公路集团有限公司负责筹措,使用养路费 19400 万元,其余 161500 万元申请银行贷款。竣工决算为 351694 万元,投资节约 27809 万元,见表 8-16-5。

S4 津港高速公路工程主要资金来源(单位:万元人民币)　　　　表 8-16-5

资金来源	养路费	银行贷款	自筹资金	合　　计
金额	19400	161500	170794	351694
所占比例(%)	6	46	49	100

3. 合同段划分

根据各专业的工程内容划分合同段如下:

(1)土建工程设计标段划分 1 个标段,房建工程设计 1 个标段,交通安全设施和机电工程设计 1 个标段。

(2)施工标段划分:根据工程内容的不同,土建工程 10 个标段,机电工程 1 个标段,房建工程 2 个标段,绿化工程 1 个标段,交通安全设施 2 个标段。

(3)施工监理标段划分:根据工程内容设 3 个总监办公室,第一总监办负责土建、交通安全设施、绿化工程的监理工作,第二总监办负责土建和房建工程的监理工作,第三总监办负责机电工程的监理工作。

4. 招投标

按照国家颁布的《中华人民共和国招标投标法》和交通部颁布的《公路工程施工招标投标管理办法》《公路工程施工招标资格预审办法》《公路工程施工招标评标办法》的要求,由项目法人单位组织招标工作。天津高速公路集团有限公司委托天津广正建设项目管理咨询有限公司负责全线路基桥涵、路面、交通工程、绿化工程、房建工程的招标工作,委托天津市泛亚工程机电设备咨询有限公司负责机电工程的招标工作。

(1)全线路基桥涵、路面底基层(石灰土)工程划分为 8 个合同段,2007 年 11 月 11 日有 87 家土建工程施工单位通过资格预审。87 家施工单位购买了该工程的招标文件,2007 年 12 月 17 日在天津市行政许可服务中心公开开标,采用合理低价中标方式。由抽取的 4 名专家和 1 名建设单位代表组成评标委员会,为每个合同段评审出 3 家中标候选人。天津高速公路集团有限公司经过合同澄清谈判确定了每个合同段的中标人。

(2)房建工程划分为 2 个合同段,分 2 次招标,招标采用资格后审,共有 27 家房建工程施工单位参加投标。2 个合同段分别于 2010 年 2 月 8 日和 7 月 26 日在天津市行政许可服务中心公开开标,采用合理低价中标方式。每次招标均由抽取的 4 名专家和 1 名建设单位代表组成评标委员会,评审出2家中标候选人。天津高速公路集团有限公司经过合同澄清谈判确定了中标人。

(3)路面工程划分为2个合同段,分2次招标,9合同招标采用资格预审,10合同招标采用资格后审。2009年4月17日有5家路面工程施工单位通过资格预审,5家施工单位购买了9合同招标文件,2009年5月25日在天津市行政许可服务中心公开开标。10合同有8家施工单位购买了招标文件,2010年1月26日在天津市行政许可服务中心公开开标。2次招标均采用合理低价中标方式,每次招标均由抽取的4名专家和1名建设单位代表组成评标委员会,评审出3家中标候选人。天津高速公路集团有限公司经过合同澄清谈判确定了中标人。

(4)交通工程划分为2个合同段,分2次招标,均采用资格后审,共有8家施工单位参加投标。2个合同段分别于2009年9月7日和2010年3月29日在天津市行政许可服务中心公开开标。2次招标均采用合理低价中标方式,每次招标均由抽取的4名专家和1名建设单位代表组成评标委员会,评审出2~3名中标候选人。天津高速公路集团有限公司经过合同澄清谈判确定了中标人。

(5)绿化工程只有1个合同段,采用资格后审,共有10家施工单位参加投标。2010年3月29日在天津市行政许可服务中心公开开标。由抽取的4名专家和1名建设单位代表组成评标委员会,评审出2家中标候选人。天津高速公路集团有限公司经过合同澄清谈判确定了中标人。

(6)机电工程只有1个合同段,采用资格后审,共有6家单位参加投标。2010年6月3日在天津市行政许可服务中心公开开标。由抽取的4名专家和1名建设单位代表组成评标委员会,推荐并确定了中标人。

5. 征地拆迁与管线迁移

(1)工作范围

沿线经过西青区、津南区、大港区,共计3个区。

(2)主要内容

①签订协议、界定征地界限、办理永久性占地报批手续。

②永久占地界内房屋等各种构造物的搬迁。

③永久占地内附着物的拆除。

④各种管线的迁移、改建,既有通信管线的改建、加高、迁移,还有电力线路的改建、加高、迁移。

⑤临时及借土占地的征用。

(3)遵循的政策法规

①《中华人民共和国土地管理法》。

②《关于公布实施天津市征地区片综合地价标准的通知》。
③《天津市建设项目征用土地补偿安置标准》。
④《土地勘测定界技术成果》。

(4) 主要做法

①由项目管理单位与西青区建设管理委员会、津南区高速公路建设工程指挥部等单位签订征地拆迁协议,由上述单位承担征地拆迁任务。协议内容包括征地面积、征地单价、地上物拆迁补偿标准、完成征地拆迁的时间、款项支付方式等。项目管理单位在支付征地拆迁费用时,根据征地拆迁的进展情况分批支付费用,征地拆迁应当满足施工单位进场施工的需要。

②遵循两条腿走路的原则,既全心全意依靠当地政府做好村镇的工作,同时项目管理单位组织人员深入各村各户和工厂田间,真正了解老百姓的需求,沟通感情,根据实际情况有针对性地解决问题。这样不仅加快了拆迁进度,而且可以根据实际情况分片、分部地进行赔偿,节约了大量前期投入。S4 津港高速公路征地拆迁基本情况见表 8-16-6。

S4 津港高速公路征地拆迁情况统计表　　　　表 8-16-6

征地拆迁安置起止时间	征用土地(亩)	拆迁房屋(m^2)	管线切改(万元)	支付补偿(万元)	备注
2007.11—2011.1	3809	47914	7728	62582.43	

(二) 项目实施阶段

1. 实施过程

(1) 主线土建工程于 2008 年 3 月 1 日开工,2010 年 10 月 31 日完工。
(2) 房建工程于 2010 年 3 月开工,2010 年 12 月完工。
(3) 机电工程于 2010 年 7 月开工,2010 年 10 月完工。
(4) 交通安全设施工程于 2009 年 10 月开工,2010 年 10 月完工。
(5) 绿化工程于 2010 年 5 月开工,2010 年 11 月完工。
(6) 2010 年 12 月 15 日,由天津市高速公路集团有限公司组织专家对津港高速公路一期工程进行了交工验收。

2. 重大决策

(1) 津港高速公路一期工程是 2007 年天津市 20 项民心工程之一,时任市委书记张高丽多次听取工程设计方案汇报。张高丽强调,20 项民心工程是提升城市竞争力的基础工程,是展现天津新面貌的重点工程,是造福百姓的惠民工程,全市一定要把思想认识行动统一到市委、市政府的要求上来,切实增强做好工作的自觉性和坚定性,推动天津科学发展和谐发展率先发展。

（2）2007年年底，津港高速公路一期工程举行了开工典礼。

3. 重大变更

该项目无重大变更。

4. 各项活动

在工程建设的全过程中，项目法人以项目经理部为管理主体开展了劳动竞赛活动。项目经理部在劳动竞赛启动之前，与参赛单位签订劳动竞赛协议书，明确了双方的职责、权利、利益。劳动竞赛的主要内容是：比质量更好、比进度更快、比安全生产、比文明施工、比技术创新、比科学管理、比团队和谐。劳动竞赛组织者依据劳动竞赛协议，对参赛各单位进行各项竞赛内容的检查考核，每3个月为一个评比赛季。根据评比检查结果，对名列前茅的单位给予通报表彰和奖励，对落后的单位给予处罚。对劳动竞赛过程中产生的优秀工程进行各类优秀工程奖项申报，对劳动竞赛过程中产生的先进集体和个人，进行"五一"奖状、工人先锋号和"五一"奖章、劳动模范等先进奖项的申报。

三、复杂技术工程

津港高速公路一期工程桥梁多,桥梁长度占路线总长度的47%,桥梁面积共计59万余平方米。该工程主要穿越西青区、津南区,地质条件相对变化不大,设计单位通过计算比较,确定了全线桥梁统一使用30m跨径为主导布跨的思路,特别是大面积采用30m装配式部分预应力混凝土连续箱梁结构。

四、科技创新

1. "津港高速公路垃圾场路段路基填筑关键技术研究"课题项目

"津港高速公路垃圾场路段路基填筑关键技术研究"制订了针对不同区域分别采取强夯置换法、抛石挤淤法、混合粒料代替部分山皮土路基处理等不同的技术方案并组织实施。完工后经检测,复合地基承载力、路基回弹模量等全部达到设计要求,满足了路基的力学稳定性和环境保护要求,解决了该本工程路基筑路材料缺乏问题,达到了节能减排的效果,减少了垃圾场路段垃圾清除的二次污染,降低工程成本,节约工程投资约3400万元,取得了良好的经济效益和社会效益。该课题获国家科学技术委员会天津市高新技术成果转化中心"国际先进"科技成果奖。同时,此课题也荣获中国公路学会2011年度科学技术奖三等奖。

2. "橡胶沥青在天津地区高速公路中的应用研究"课题项目

"橡胶沥青在天津地区高速公路中的应用研究"课题项目的实施,对路面的降噪、抗车辙及高温稳定性等方面取得了良好的路用效果。

五、运营养护管理

1. 服务设施

全线设置双港、大港2处服务区,见表8-16-7。

S4 津港高速公路服务场区一览表　　　表8-16-7

高速公路编码	服务区名称	桩　号	所在区域	占地(m²)	建筑面积(m²)
S4	双港服务区	K4+000	津南区	43934	4172
S4	大港服务区	K24+000	大港区	62354	5360

2. 收费设施

该项目共设置收费站4座,其中在天津、大港设置单向主线收费站2座,在咸水沽、盛塘路设置匝道收费站 2 座。截至 2016 年底,匝道出入口数量共计 35 条,其中 ETC 车道 10 条,见表 8-16-8。

S4 津港高速公路收费设施一览表　　　　表 8-16-8

序 号	收费站名称	入口车道数		出口车道数		车道总数	
		MTC	ETC	MTC	ETC	MTC	ETC
1	天津收费站(主线站)	4	2	8	2	12	4
2	咸水沽收费站	2	1	4	1	6	2
3	盛塘路收费站	2	1	4	1	6	2
4	大港收费站	4	1	7	1	11	2

3. 养护管理

该项目养护里程 25.126km,自通车以来在 2013 年对主线部分路面进行了预防性养护施工(微表处)以及桥头跳车维修。2014 年对主线路面进行了微表处,以及桥头跳车维修。2015 年对主线路面进行了微表处、单层挖补,以及桥头跳车维修。2016 年对主线路面进行了微表处。微表处的推广应用,有效防治由于路面裂缝等形成的水损坏,可大大延长了道路寿命、延缓了大中修养护周期。目前津港高速路况水平达优,微表处应用效果良好。

六、项目后评估

大港区是天津市滨海新区的重要组成部分,党中央、国务院将天津滨海新区的开发开放纳入国家发展战略。津港高速公路一期工程的竣工通车,将大大缓解从天津市中心城区至大港区的交通拥堵状况,形成市中心城区通往滨海新区的高速公路网络,积极推动滨海新区的快速发展。

第十七节　S5 荣乌高速公路联络线（外环线—青泊洼互通）

荣乌高速公路联络线（天津段）是天津市的重点工程，该工程途经天津市西青区、静海区，起于津淄公路与外环线交口，止于青泊洼互通。路线全长约 7.127km（K0+000～K7+127）。

一、项目概况

（一）基本情况

荣乌高速公路联络线外环线至主线收费站采用双向六车道城市快速路标准，设计速度 80km/h。起点主线收费站至青泊洼互通采用全封闭、全立交、全部控制出入的双向六车道高速公路标准，设计速度 120km/h，路基宽度 34.5m。设计荷载为汽车—超 20 级，挂—120 级。基本信息见表 8-17-1～表 8-17-3。

全线共设大桥 4 座，中桥 3 座，主要收费站 1 个。建设期 2005—2009 年。

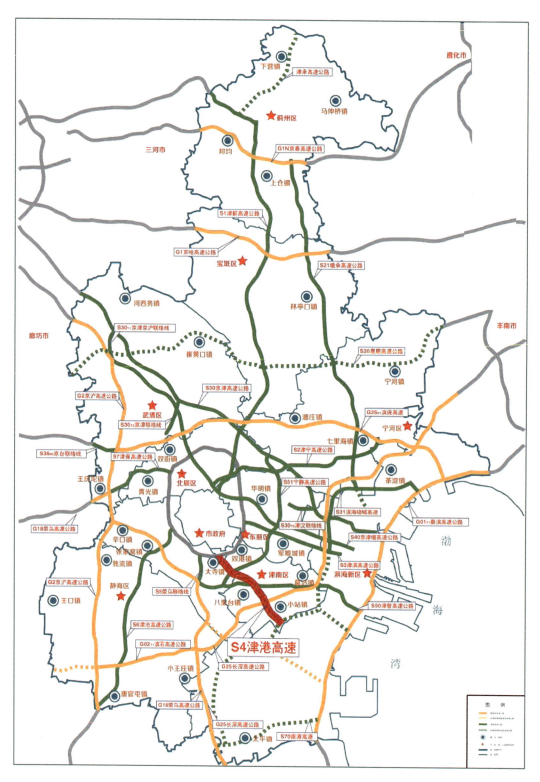

S5 荣乌高速公路联络线在路网中示意图

第八章 高速公路建设项目

表 8-17-1

S5 荣乌高速公路联络线基本信息

路段起止桩号		规模（km）			建设性质（新、改、扩建）	设计速度（km/h）	路基宽度（m）	永久占地（亩）	投资情况（亿元）			资金来源	建设时间（开工—通车）	4A 级以上主要景区名称	备注
起点桩号	止点桩号	合计	八车道及以上	六车道	四车道					估算	概算	决算				
K0+000	K7+127	7.127	5.75	1.377		新建	120	34.5~52		5.97	6.68		交通部补助、养路费、银行贷款、企业自筹	2005—2009		

表 8-17-2

S5 荣乌高速公路联络线桥梁汇总

序号	名 称	规模	桥梁左（m）	桥梁右（m）	主跨长度（m）	桥面宽度（m）	桥底净高（m）	跨越障碍物	桥梁分类	备注
1	津淄公路分离式立交桥	大桥	694.63	694.63	37.5	33.5	5.5	道路	梁式桥、钢筋混凝土梁桥、连续桥梁	
2	天祥工业园分离式立交	大桥	279.66	279.66	25	33.5	5.5	道路	梁式桥、钢筋混凝土梁桥、连续桥梁	
3	K3+598 大桥	大桥	304.85	304.85	25	33.5	5.5	道路	梁式桥、钢筋混凝土梁桥、连续桥梁	
4	青凝侯路分离式立交	大桥	304.73	304.73	13	33.5	5.5	道路	梁式桥、钢筋混凝土梁桥、连续桥梁	
5	K5+359.8 中桥	中桥	43.67	43.67	20	10.25	5.5	河流	梁式桥、钢筋混凝土梁桥、连续桥梁	
6	右侧辅道桥	中桥	89.42	89.42	20	10.25	5.5	道路	梁式桥、钢筋混凝土梁桥、连续桥梁	
7	左侧辅道桥	中桥	89.42	89.42					梁式桥、钢筋混凝土梁桥、连续桥梁	

表 8-17-3

S5 荣乌高速公路联络线路面结构

路面形式	起讫里程	长度（m）	水泥混凝土路面	沥青路面	路 面 结 构
柔性路面	K0+000~K7+127	7127		沥青混凝土路面	4cm 细粒式沥青混凝土+6cm 中粒式沥青混凝土+8cm 粗粒式沥青混凝土+18cm 水泥稳定碎石（水泥含量5%）+18cm 水泥稳定碎石（水泥含量4%）+18cm 石灰粉煤灰土，总厚度72cm
刚性路面					

(二)前期决策情况

随着天津经济社会快速发展的客观需要,迫切需要修建贯穿天津南北的高速公路,以此来不断完善天津市公路网干线骨架,从而缓解津围公路交通压力,促进经济的持续、平稳发展。荣乌高速公路联络线是天津市通往山东半岛和华东、华南的一条放射线。该项目贯通后将完善天津交通运输体系,解决天津市快速过境交通问题,尤其可以极大地缓解京沪高速公路津冀界主线站的交通压力。对改善区域投资环境,加快推进滨海新区开发开放,加快天津经济发展,振兴环渤海乃至北方地区经济具有十分重要的意义。

(三)参建单位主要情况

工程建设单位:天津市高速公路投资建设发展公司。

设计单位:天津市市政工程设计研究院。

监理单位:天津市华盾工程监理咨询有限公司、天津市国腾公路咨询监理有限公司、重庆中宇工程咨询监理有限公司。

施工单位:中铁十九局集团第一工程有限公司、天津城建集团有限公司、中交第一航务工程局有限公司。

荣乌高速公路联络线参建单位见表8-17-4。

荣乌高速公路联络线参建单位一览表　　　　表8-17-4

参建单位类别	单 位 名 称	合同编号及桩号	负责人
项目管理单位	天津高速公路集团有限公司	K0+000~K52+540.387	宋磊
勘察设计单位	天津市市政工程设计研究院	K0+000~K52+540.387	贺海
监理单位	天津市华盾工程监理咨询有限公司	1合同,K0+000~K24+200	张钰琳
监理单位	天津国腾监理咨询有限公司	2合同,K24+200~K52+540.387	李文辉
监理单位	重庆中宇工程咨询监理有限公司	3合同,K0+000~K52+540.387	林波
施工单位	中铁十九局集团第一工程有限公司	1合同,K0+000~K2+800	于宏伟
施工单位	天津城建集团有限公司	2合同,K2+800~K6+080	李树槐
施工单位	中交第一航务工程局有限公司	3合同,K6+080~K8+200	吴晓峰

二、建设情况

(一)项目准备阶段

2004年10月26日,交通部向天津市市政工程局下达了《关于天津至汕尾公路天津段项目建议书的批复》(交规划发〔2004〕587号)文件,同意该项目立项。

2006年5月23日,交通部向天津市市政工程局下达了《关于天津至汕尾公路天津段可行性研究报告的批复》(交规划发〔2006〕220号)文件,同意该项目可行性研究报告。

2007年3月30日,交通部向天津市市政工程局下达了《关于天津至汕尾公路天津段可初步设计的批复》(交公路发〔2007〕151号)文件,同意该项目初步设计批复。

(二)项目实施阶段

天津市市委、市政府各级领导高度重视,沿线单位和群众给予极大的理解和支持,为工程建设创造了良好的外部条件。工程建设期间接受了年度审计监督,较好地完成了征地、拆迁和线外配套,为项目的建设创造了良好的内部条件。

落实质量责任,严格管理制度。严格落实工程首件制度。每个分项工程的施工方案先要经过审批,现场施工实体质量达到设计图纸及规范要求,明确质量标准,确定施工工艺。

强化监理质量责任,突出监理职能。经理部先后多次组织对监理人员进行业务水平测试,并对监理人员进行业务知识培训。强调凡是监理现场未发现,但经理部和质监站检查中发现的问题,对监理单位也要一并进行相应处理,强化现场监理人员责任心。

进度管理是工程项目管理的重要内容,项目经理部坚持科学组织、过程控制、强化协调的原则,实事求是地解决影响工程进度的各种问题,较好地保证了工程顺利完工。

项目经理部严格按照《中华人民共和国合同法》和国家其他有关法律、法规,坚持工程资金使用计划;跟踪各施工单位项目资金的使用情况,加强对监理工程师、各承包人共同签署的计量支付凭证的审查,计量支付过程的抽查、监督,防止不合理计量支付。

严格工程合同管理,每笔征地拆迁等待摊费用支出均附有正式票据及合同附件,并按合同价进行支付。对各施工单位每月报来的计量支付表严格审查,同时对路面合同段的沥青油计量重点审核,保证各合同段工程款计量支付的准确性,确保计量资金能够及时拨付到位。

三、复杂技术工程

津淄公路分离式立交分左、右两幅,全长2×1116.625m,每幅宽16.75m,其中主桥长为2×693.66m。全桥共有138根桥墩,52座盖梁,4座桥台,上部梁体共12联58跨,跨径25m,其中10联为预制小箱梁逐孔拼装施工,2联为满堂支架现浇法施工。

系梁由于在地下,系非暴露结构,采用组合钢模,建筑脚手管、方木加固。

墩柱、盖梁模板采用由专业钢结构厂设计生产的整体钢模板,型钢桁架加固,由于墩台不高,采用一模到顶法浇筑。

先简支后连续的 25m 小箱梁采取集中预制、架桥机架设法施工;普通混凝土连续箱梁采用满堂支架现浇法施工。箱梁的底模、侧模采用大块的高强覆膜竹胶板,以保证良体外表美观,箱梁内模采用木框架配木模板制成。

该工程共有 84 片 $L=13$m 先张法预应力混凝土空心板需要预支安装。空心板联合其他合同段集中外委预制,预制好的空心板,采用平板运输车运输,汽车吊架设,并根据桥梁下部施工进度,安排空心板生产计划和架梁时间,半成品存放期小于 60 天。

在钢筋制作场钢筋采用成套专业机具集中加工,尽量加工成半成品,减少现场绑扎量,加快施工进度,提高工程质量。钢筋接长时,加工厂内采用闪光对焊连接,现场采用电弧搭接焊连接,并按频率进行抽检,保证钢筋制作质量。

混凝土采用集中拌和站供给,混凝土泵车,龙门吊或吊车吊送浇筑。

桥梁下部工程总体按架梁顺序施工,首先进行桩基础中间跨桥墩施工,待软基处理完成后桥台再进行施工,水中墩安排在枯水季节施工。

基础施工时及时核对地址情况,若发现与设计文件不符,及时向设计、监理单位汇报,按设计要求进行处理。

各支座位置、地面高程、平整度必须严格控制,保证支座正常使用,支座下钢筋网按设计要求埋入。

认真处理柱、桩与系梁及柱与盖梁相接部位钢筋,交叉的主筋点焊成整体。

张拉过程随中注意上拱度的变化,张拉时弹性上拱值与计算值误差按照不大于 0.5mm 控制,梁体预制时按照设计要求设置反拱。

采用架桥机架梁,按所采用的架桥机型号,对主梁、盖梁、墩柱及基础等进行施工荷载验算,验算通过后方可施工,施工中必须使架桥机质量落在梁体腹板上。

四、运营养护管理

1. 收费设施

该项目共设置收费站 1 座,为天津收费站,见表 8-17-5。

S5 荣乌高速公路联络线收费设施一览表　　　　表 8-17-5

收费站名称	桩号	入口车道数		出口车道数		收费方式
		总车道	ETC 车道	总车道	ETC 车道	
天津收费站	K5+750	5	1	10	1	MTC + ETC

2. 养护管理

该项目自通车以来,2011 年进行路面整体补强、单双层挖补、桥头顺接工程;2012 年进行路面微表处、桥头顺接、桥梁独柱加固工程;2013 年进行路面整体补强、微表处、桥头顺接、注浆工程;2014 年进行双层挖补、微表处、桥头顺接、注浆工程;2015 年进行单双层挖补、双层罩面、微表处、桥头顺接工程;2016 年进行整体补强、双层罩面、桥头跳车、微表处、桥面挖补工程。

五、项目后评估

荣乌高速公路联络线在建设过程中所开展的技术创新和实践取得了显著的社会效益和生态效益,将高速公路建成一条具有人文特色、环保特色的景观路,在天津市公路建设史上还是第一次。

荣乌高速公路联络线建成对天津市区域经济和社会的发展,对便捷客货运输都具有重要的意义。

第十八节　S50 津晋高速公路(临港工业区—西青当城)

一、项目概况

(一)基本情况

津晋高速公路是国家规划的重点干线公路之一。该路东连环渤海经济区,起于山东威海,沿线经河北黄骅,天津港,河北保定、涞源,西接山西朔州、大同以及内蒙古东胜、乌海,是西北地区进入天津港的重要通道,对加强我国东西部地区的联系将发挥重要作用。

津晋高速公路是天津市公路网规划主骨架中重要组成部分,也是中心市区海河南岸地区通往塘沽区、临港工业区和南疆码头的高速公路,为南疆码头货物集散的一条快捷、便利的重要通道,对加快天津市区、滨海新区、临港工业区和天津港口的开发,加速沿线地区的经济发展都将具有十分重要的意义。

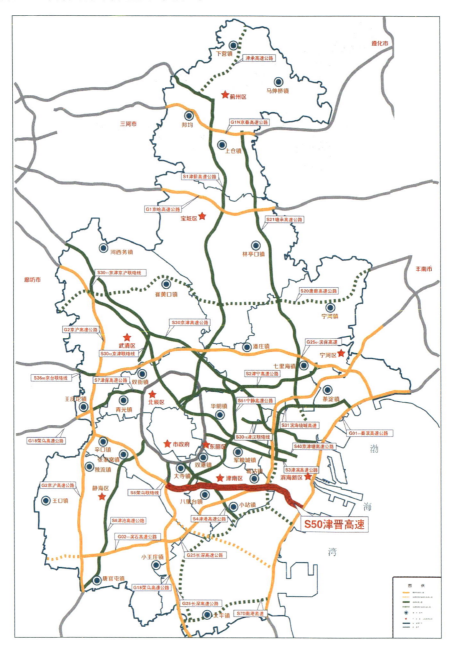

S50 津晋高速公路在路网中示意图

该路起点为海滨大道高速,终点至西青区大寺镇,途经塘沽区、津南区、西青区,路线全长 34.87km,其中:海滨大道高速公路至津南区八里台镇 26.88km 采用双向四车道高速公路技术标准,路基宽度 28m,设计速度为 120km/h;津南区八里台镇至西青区大寺镇 7.99km 采用双向六车道高速公路技术标准,路基宽度 35m,设计速度为 120km/h。该项目于 2001 年 3 月开工建设,2004 年 10 月全线通车。基本信息详见表 8-18-1～表 8-18-3。

第八章 高速公路建设项目

S50 津晋高速公路项目基本信息

表 8-18-1

路段起止桩号		规模 (km)			建设性质(新、改扩建)	设计速度(km/h)	路基宽度(m)	永久占地(亩)	投资情况(亿元)			资金来源	建设时间(开工—通车)	4A级以上主要景区名称	备注
起点桩号	止点桩号	八车道及以上	六车道	四车道					估算	概算	决算				
			合计												
K10+435	K45+302		34.867	7.989	26.878	新建	110-120	28-35	2595		16.71	14.65	车购费、养路费、银行贷款和自筹资金	2001.3— 2004.10	

S50 津晋高速公路桥梁汇总

表 8-18-2

序号	名称	规模	桥梁左(m)	桥梁右(m)	主跨长度(m)	桥面宽度(m)	桥底净高(m)	跨越障碍物	桥梁分类	备注
1	港塘互通立交桥	特大桥	1523.26	1523.26	33.5	27.5	5.5	铁路	梁式桥、钢筋混凝土梁桥、简支桥梁	
2	葛沽互通立交桥	特大桥	1042.29	1042.29	45	27.5	5.5	道路	梁式桥、钢筋混凝土梁桥、连续桥梁	
3	汉港互通立交桥	特大桥	1173.33	1173.33	30	27.5	5.5	铁路	梁式桥、钢筋混凝土梁桥、简支桥梁	
4	津淄跨线桥	特大桥	1114.68	1114.68	30	34.5	5.5	河流、道路	梁式桥、钢筋混凝土梁桥、连续桥梁	
5	马厂减河桥	大桥	520.32	520.32	25	27.5	5.5	河流	梁式桥、钢筋混凝土梁桥、简支桥梁	
6	葛万公路跨线桥	大桥	723.14	723.14	30	27.5	5.5	道路	梁式桥、钢筋混凝土梁桥、连续桥梁	
7	津岐公路跨线桥	大桥	750.64	750.64	35	27.5	5.5	道路	梁式桥、钢筋混凝土梁桥、简支桥梁	
8	八二路跨线桥	大桥	813.64	813.64	42	27.5	5.5	道路	梁式桥、钢筋混凝土梁桥、连续桥梁	
9	洪泥河桥	大桥	545.64	545.64	25	27.5		河流	梁式桥、钢筋混凝土梁桥、简支桥梁	
10	津港互通立交桥	大桥	842.96	842.96	38	27.5	5.5	道路	梁式桥、钢筋混凝土梁桥、连续桥梁	
11	K39+011桥	大桥	140.91	140.91	20	34.5	5.5	道路	梁式桥、钢筋混凝土梁桥、简支桥梁	
12	K40+069桥	大桥	260.91	260.91	20	34.5	5.5	道路	梁式桥、钢筋混凝土梁桥、简支桥梁	
13	南引河桥	大桥	660.64	660.64	30	34.5	5.5	道路	梁式桥、钢筋混凝土梁桥、连续桥梁	

续上表

序号	名称	规模	桥梁左（m）	桥梁右（m）	主跨长度（m）	桥面宽度（m）	桥底净高（m）	跨越障碍物	桥梁分类	备注
14	幸福河桥	中桥	80.64	80.64	16	27.5		河流	梁式桥，钢筋混凝土梁桥，简支桥梁	
15	K031+684桥	中桥	52.66	52.66	13	27.5	5.5	道路	梁式桥，钢筋混凝土梁桥，简支桥梁	
16	K37+266桥	中桥	48.64	48.64	16	34.5	5.5	道路	梁式桥，钢筋混凝土梁桥，简支桥梁	
17	K37+584桥	中桥	48.66	48.66	16	34.5	5.5	道路	梁式桥，钢筋混凝土梁桥，简支桥梁	
18	K44+873桥	中桥	60.91	60.91	20	34.5	5.5	道路	梁式桥，钢筋混凝土梁桥，简支桥梁	

S50 津晋高速公路路面结构

表 8-18-3

路面形式	起讫里程	长度(m)	水泥混凝土路面	沥青路面	路面结构
柔性路面	K10+435~K45+302	34867		沥青混凝土路面	表面层4cm（AK-13A和SMA-13）细粒式改性沥青+中面层为6cm中粒式沥青混凝土，底面层为6cm粗粒式沥青混凝土，面层厚度共76cm。路面基层采用18cm水泥稳定碎石+18cm石灰粉煤灰碎石+15cm石灰土，总厚度82cm
刚性路面					

起点桩号(注:运营桩号):K10+435,天津市滨海新区,终点桩号:K45+302。天津高速公路集团有限公司运营事业部三分公司和天津鑫宇高速公路有限责任公司负责运营管理养护。

该项目总投资14.65亿元,于1997年经天津市市政工程局批准立项,一期工程自2001年3月开工,于2002年12月主线道路通车,2003年8月完成竣工验收。二期工程盐场段于2003年6月开工,2004年10月完工通车。

(二)前期决策情况

1997年7月13日,天津市市政工程局《关于津沽二线高速公路工程立项的批复》(市政局计〔1997〕478号)批准该工程立项。

1998年3月20日,天津市市政工程局《关于津沽二线高速公路工程可行性研究报告的批复》(市政局计〔1998〕27号),原则同意该项目的可行性研究报告。

1998年5月20日,天津市市政工程局《关于津沽二线高速公路(津港公路至海防路)初步设计的批复》(市政局计〔1998〕272号),原则同意津沽二线高速公路初步设计。

2001年2月5日,天津市市政工程局《关于审批津沽二线高速公路修改初步设计的批复》(市政局计〔2001〕47号),同意对建设单位上报的津沽二线高速公路初步设计进行修改,对建设工程的建设规模、标准、内容和数量进行修改。

2001年2月15日,天津市市政工程局《关于对津沽二线高速公路修改补充初步设计概算的批复》(市政局计〔2001〕59号)批复了设计概算金额。

2001年3月15日,天津市市政工程局《关于对公路建设发展公司申请变更津沽二线高速公路工程项目名称的批复》(市政局计〔2001〕125号),同意依据国家天津市干线公路网规划,将原津沽二线高速公路工程项目名称统一调整为"津晋高速公路(天津东段)",起止地点、建设规模与标准不变。

时任天津市市长李盛霖视察津晋高速公路

(三)参建单位主要情况

该项目建设单位为天津高速公路投资建设发展公司,设计由天津市市政工程设计研究院负责。施工单位包括天津第一、二、三、四、五市政公路工程有限公司等单位。天津市道路桥梁工程监理公司及天津市国腾公路咨询监理有限公司监理。参建单位情况见表 8-18-4。

津晋高速公路参建单位情况一览表　　表 8-18-4

参建单位类别	单位名称	合同编号及桩号	负责人
项目管理单位	天津高速公路集团有限公司	K0+000~K25+715	史炳中
勘察设计单位	天津市市政工程设计研究院	K0+000~K25+715	李海舢
监理单位	北京华通公路桥梁监理咨询公司	1 合同,K0+000~K25+715	桂勇
	天津市华盾工程监理咨询有限公司	2 合同,K13+700~K25+715	盛金柱
施工单位	天津第三市政公路工程有限公司	1 合同,K20+500~K23+234	姜德泉
	天津第一市政公路工程有限公司	2 合同,K0+000~K5+563.6	宋金河
	天津第二市政公路工程有限公司	3 合同,K5+563.6~K13+700	李义武
	天津第五市政公路工程有限公司	4 合同,K13+700~K20+500	崔丙申
	天津市公路工程总公司	5 合同,K23+234~K25+715	沙春义
	天津第四市政公路工程有限公司	6-1 合同,收费站	安宝丽
	天津市政公路设备工程有限公司	6-2 合同,环岛及罩棚	于洪方
	中国通信建设总公司	9 合同,交通工程(机电部分)	张蔚
	天津市公路工程总公司	10-1 合同,同学管线	杨洪春
	天津市公路设备工程有限公司	11-1 合同,护栏	齐立东
	天津第一市政公路工程有限公司	11-2 合同,护栏	李志高
	天津市公路工程总公司	11-3 合同,护网	田善顺
	天津市环路公路设施有限责任公司	12 合同,交通工程(标志标线)	刑燕坤

二、建设情况

(一)项目准备阶段

1. 项目审批

该项目严格执行交通基本建设程序,从预可行性研究、工程可行性研究、初步设计、施工图设计、工程施工、监理招投标及工程开工报告的审批,各个环节手续齐全,具体如下:

(1)1997 年 7 月 13 日,津沽二线高速公路工程项目由天津市市政工程局《关于津沽二线高速公路工程立项的批复》(市政局计〔1997〕478 号)批准该工程立项。

(2)1998 年 3 月 20 日,天津市市政工程局《关于津沽二线高速公路工程可行性研究报告的批复》(市政局计〔1998〕246 号),原则同意该项目的可行性研究报告。

(3)1998 年 5 月 20 日,天津市市政工程局《关于津沽二线高速公路(津港公路至海防路)初步设计的批复》(市政局计〔1998〕272 号),原则同意津沽二线高速公路初步设计。

(4) 2001年2月5日,天津市市政工程局《关于审批津沽二线高速公路修改初步设计的批复》(市政局计〔2001〕47号),同意对建设单位上报的津沽二线高速公路初步设计进行修改,对工程的建设规模、标准、内容和数量进行修改。

(5) 2001年2月15日,天津市市政工程局《关于对津沽二线高速公路修改补充初步设计概算的批复》(市政局计〔2001〕59号),批复津沽二线工程设计概算金额167150万元(含建设期贷款利息)。

(6) 2001年4月4日,天津市市政工程局《关于下达2001年高等级公路建设及二级公路改造工程计划的通知》(市政局计〔2001〕167号)。

(7) 2002年3月14日,天津市市政工程局《关于下达2002年高等级公路建设计划的通知》(市政局计〔2002〕126号)。

2. 资金筹措

该项目筹集建设资金总额146496万元,其来源构成是:市财政预算资金7092万元,自筹资金32853万元,贷款106551万元,见表8-18-5。

主要资金来源(单位:万元人民币)　　　　　　表8-18-5

资金来源	市财政预算资金	自筹资金	银行贷款	合　计
金额	7092	32853	106551	146496
所占比例(%)	5	22	73	100

3. 招投标

按照国家颁布的《中华人民共和国招标投标法》和交通部颁布的《公路工程施工招标投标管理办法》《公路工程施工招标资格预审办法》《公路工程施工招标评标办法》的要求,由项目法人单位组织招标工作。

4. 征地拆迁与管线迁移

依靠当地政府,确保征地拆迁顺利完成。建设单位认识到在市场经济的条件下建设高速公路,简单的行政命令和市场手段都未必完全奏效,结合沿线鱼池多、电力设施多、果木林多、穿村段多等特点,通过区高速公路指挥部牵头与地方土地、电力、水利、农林、公安等各个主管部门进行频繁接触,并坚持以政治为先导,通过项目党支部开展的"党旗在津晋高速飘扬"党建竞赛和共青团联建争创"青年文明号"活动,实现了建设单位、承包人、地方党建联建一体化,从而调动了各方积极性,有利地促进了各项管理工作的顺利开展,从而确保施工连续性,弥补了前期工作时间短的不足。

(二)项目实施阶段

天津市市委、市政府各级领导高度重视,沿线单位和群众给予极大的理解和支持,为工程建设创造了良好的外部条件。工程建设期间接受了年度审计监督，较好地完成了征地、拆迁和线外配套，为项目的建设创造了良好的内部条件。

在项目实施过程中，要求监理根据有关合同文件和技术规范要求，结合该工程的特点，详细制订了《监理规划》《施工监理实施细则》，明确各级监理人员的职权，落实各种监理程序，监理部门把工程建设的现代化科学管理方法带到工程中来，驻地监理办严格按照制订的工程质量目标来组织和控制施工，并且强化质量教育，提高监理人员的质量意识，层层签订工程质量责任书，确保整个工程在竣工验收中达到优良工程的标准。

在施工监理过程中，监理单位主要采取了以下措施：强调过程控制，完善质保体系；明确控制要点，强化监理程序管理；调动承包人质量保证体系的主观能动性；严格执行质量标准，从源头把好质量关；加强现场旁站监督，及时发现并解决问题；用"数据"说话，充分发挥监理抽检的作用。在工程进度控制方面，驻地监理办以合同工期目标为基础，严格敦促承包人切实履行合同承诺，确保津晋高速公路能按期完成。

一期工程自2001年3月开工，2002年12月主线道路通车。2003年6月完成绿化工程和"三大系统"，2003年8月取得工程竣工验收鉴定书。二期工程盐场段与2003年6月开工，2004年10月完工。

第八章
高速公路建设项目

三、复杂技术工程

1. 工程概况

港塘公路互通式立交桥位于港塘公路 K2+200 附近,立交桥西起 K24+192.148,东至 K25+715.408,主线长 1523.26m。津晋高速公路上跨李港铁路、匝道、港塘公路及大沽排污河,与其斜交角为 50°~75°。主线桥梁分上下行两座桥,呈 Y 形立交。其结构形式分为先简支后连续预制预应力小箱梁、30m 后张预应力板梁、现浇普通箱梁、现浇预应力箱梁 4 种。该桥建筑面积为 4.37m²,总造价为 7612 万元。

2. 技术特征及难点

重点是钻孔灌注桩水下混凝土灌注的施工,小箱梁、板梁及现浇预应力箱梁预应力的施工。难点是大跨径跨河于永利箱梁支架基础的施工,预制梁矩形芯模的设计和大跨径跨河预应力箱梁支架基础沉降不均匀的难题。

四、科技创新

在津晋高速公路东段实施的科技创新主要有:

(1)清淤回填路基段使用土工格栅。在全线的鱼池、水塘范围清淤后大面积使用土工格栅,一方面减少石料的用量,可减少 30cm 厚的石料;另一方面减少路基总沉降量,避免路基出现不均匀沉降。

(2)在路基填筑中大量使用皂化渣,提高了路基的水稳定性,同时也改变了路基土质,减少石灰的掺入量,降低了工程造价。

(3)皂化渣处置盐渍土路用性能研究及应用。该项目以津晋高速公路建设工程为依托(应用皂化渣 13 万 m³,改善盐渍土 35.7 万 m³),首次提出以皂化渣作为胶结料稳定盐渍土或高液限黏土,解决了由于土质不合格导致公路病害的难题,具有施工简便、节约成本、性能良好的特点,并有效解决了产地周边环境保护问题。该项目的研究使天津滨海地区土可以就近利用,节省了大量材料成本,并验证了成果的正确性,总结出一套可行的施工工艺方法。

(4)桥头高填土地基采用水泥搅拌桩、夯扩桩、高压旋喷桩处理,并采用了横向沉降管观测沉降。为了减少桥头跳车现象,在桥头范围普遍采用水泥搅拌桩处理,首次使用夯扩桩和大范围使用高压旋喷桩处理地基,并首次采用了横向沉降管观测沉降。

(5)中面层采用改性沥青混凝土,表面层部分采用 SMA 和特立尼达湖沥青 TLA 路面。首次在道路中面层采用改性沥青,表面层施作单层 4km SMA 路面和用达湖天然沥青生产的改性沥青路面单侧 1.5km,首次在底面层采用 AC-20I,表面层采用 AK-13A 和 SMA-13。

（6）SMA推广应用技术研究。该项目以津晋高速公路等建设工程为依托，在SMA配合比设计上有创新。用旋转试验机（GTM）和沥青混合料性能作为配合比优化手段，以GIS、GSF的突变点作为确定最佳细集料含量的依据。该项目的研究作为提高沥青路面路用性能的一项新技术手段，在同行业起到指导意义。

（7）桥梁上部结构首次采用先简支后连续小箱梁结构。桥梁上首次采用先简支后连续小箱梁，既减少桥梁上部结构的截面，降低了工程造价全线节省造价400万元，同时提高了桥梁上部结构的整体性和桥梁使用寿命，减少桥梁伸缩缝的个数，提高了行车舒适性。

（8）先简支后连续小箱梁设计施工质量控制技术研究。该项目以津晋高速公路桥梁建设工程为依托。项目首次提出先简支后连续小箱梁结构，验证了该结构的设计理论的科学、合理性，并形成了一整套设计、施工、质量控制工艺技术，为今后的相关应用提供理论、实践支持，积累了宝贵经验，具有重大的社会效益和经济效益。

（9）滨海地区混凝土抗腐蚀课题研究及应用。津晋高速公路位于滨海地区，部分桥梁构筑位于大沽排污河和盐池内，为了提高桥梁混凝土的抗腐蚀能力，延长桥梁使用寿命。

（10）收费站采用地源热泵中央空调系统。将收费站的冷暖系统由热泵制冷、燃油炉取暖，优化成环保节能、造价和运营费用都较低的地源热泵系统。

（11）采用自动化和无破损检测手段。大量采用自动化和无破损手段加快了检测的速度，为及时掌握工程质量并使质量处于受控状态提供了保障，提高了检测准确度，避免了对已完工程的破坏。

（12）采用GTM旋转压实法进行沥青混凝土目标配合比设计。采用GTM旋转压实法代替传统的马歇尔设计法进行沥青混凝土的目标配合比设计，使室内设计与实际路用状况更趋于一致，提高了沥青混凝土的密实和压实度和路用性能。

（13）采用玻璃纤维网预防反射裂缝。为避免和减缓水稳层开裂造成的对沥青路面的反射裂缝和桥梁搭板与路基相接处的不均匀沉降对路面的破坏，分别在水稳顶面和沥青混凝土底、中面层表面加铺了玻璃纤维网。

（14）桥梁防水层结合无砂混凝土排除层间水。为了便于尽快排除桥面的沥青混凝土的层间水，减少桥面的水损害，在桥梁地栿的内侧，桥梁防水层上施作10cm宽、5cm高的无砂混凝土透水槽。

五、运营养护管理

1. 服务设施

津晋高速公路东段全线无服务区设置。

2. 收费设施

该项目共设置收费站3座,其中塘沽设置主线收费站1座,汉港、津港设置匝道收费站2座。截至2016年底,匝道出入口数量共计26条,其中ETC车道6条,见表8-18-6。

S50津晋高速公路收费设施一览表 表8-18-6

序 号	收费站名称	入口车道数		出口车道数		车道总数	
		MTC	ETC	MTC	ETC	MTC	ETC
1	塘沽收费站(主线站)	3	1	7	1	10	2
2	汉港收费站	1	1	3	1	4	2
3	津港收费站	2	1	4	1	6	2

3. 养护管理

该项目设置汉港养护工区1处,负责养护里程为37.063km,见表8-18-7。全线于2002年12月31日建成通车。该项目自通车以来为恢复沿线设施的使用功能及原有的技术标准,2011年对主线路面进行了整体补强、微表处,对葛沽互通立交和汉港互通立交部分破损匝道进行了微表处,汉港互通立交站区广场进行了双层挖补,以及部分桥头跳车的维修。2012年对主线路面进行了微表处、热再生,以及部分桥头跳车的维修。2013年对主线路面进行了微表处,对葛沽互通H匝道进行了整体补强,对津港互通站外F匝道、塘沽主线收费站站区进行了微表处。2014年对主线及匝道路面进行了微表处维修,以及部分桥头跳车的维修。2015年对主线及匝道路面进行了微表处、单层挖补、双层挖补维修,以及部分桥头跳车的维修。2016年对主线路面进行了微表处维修,以及部分桥面挖补维修。

S50津晋高速公路养护基本信息一览表 表8-18-7

序号	养护工区名称	桩号	路段长度(km)	占地面积(m²)	建筑面积(m²)
1	汉港工区	K20+300	37.063	3021	560

六、项目后评估

2003年8月,天津市市政工程局组织对该项目一期工程进行竣工验收鉴定,被评定为优良等级工程。津晋高速汉港公路互通式立交于2003年获得中国建筑工程鲁班奖。

津晋高速公路汉港公路互通式立交桥

津晋高速公路工程1

津晋高速公路工程2

团中央授牌仪式

第十九节　S51 宁静高速公路（津滨高速公路—津晋高速公路）

宁静高速公路北起京津高速，南接津晋高速，全长41.5km，由蓟汕高速公路（京津高速公路—港城大道）、津滨高速公路空港经济区联络线（港城大道—津滨高速公路）、蓟汕高速公路（津滨高速公路—津晋高速公路）三部分组成。现由天津高速公路集团有限公司运营事业部三分公司进行养护管理。

一、项目概况

（一）蓟汕高速公路（京津高速公路—港城大道）

1. 基本情况

蓟汕高速公路（京津高速公路—港城大道）位于天津市中心城区东部（外环线与唐津高速公路之间），沿线穿越9条现状主要道路及6条规划主、次干道，1条铁路，5条主要河道，涉及北辰、宁河、东丽、空港经济区4个区县。该项目北起京津高速公路，南接津滨高速公路，是天津市域范围内的南北向通道的重要组成路段，是联系天津北部地区、海河中游、南部地区的重要通道。该项目的建设对于完善天津市综合交通体系，缓解城市交通拥堵，加强中心城区和滨海新区之间交通联系具有重要意义，为天津市"十二五"期间重点工程。

该工程范围起点京津高速公路，终点至津滨高速公路，路线全长18.529km。全线设置互通式立交3座，菱形立交3座，分离式立交3座，大桥1座，地道1座，匝道收费站7处，养护工区1处，泵站1处，服务区1处，天桥1座。

全线采用双向六至八车道高速公路技术标准建设，设计速度100km/h，其中京津高速公路至津宁高速公路段采用双向六车道高速公路标准，路基宽34.5m；津宁高速公路至港城大道段采用双向八车道高速公路标准，路基宽度42.0m。路面设计荷载为BZZ-100，桥梁设计荷载为公路—Ⅰ级，其他技术指标按《公路工程技术标准》（JTG B01—2003）执行。

工程于2014年3月15日开工建设，2016年8月31日建成交工。

2. 前期决策情况

蓟汕高速公路工程（京津高速公路—港城大道）是连接天津市南北向通道的重要连接线，沿线分布多个功能组团，该项目承担沿线区域对外联系的功能。由于受河流、铁路阻隔，中心城市南北交通不畅，该项目承担天津市东部地区南北沟通的功能。该项目的建设对于完善全市综合交通体系、缓解城市交通拥堵具有重要意义。该项目是国家会展中

第八章
高速公路建设项目

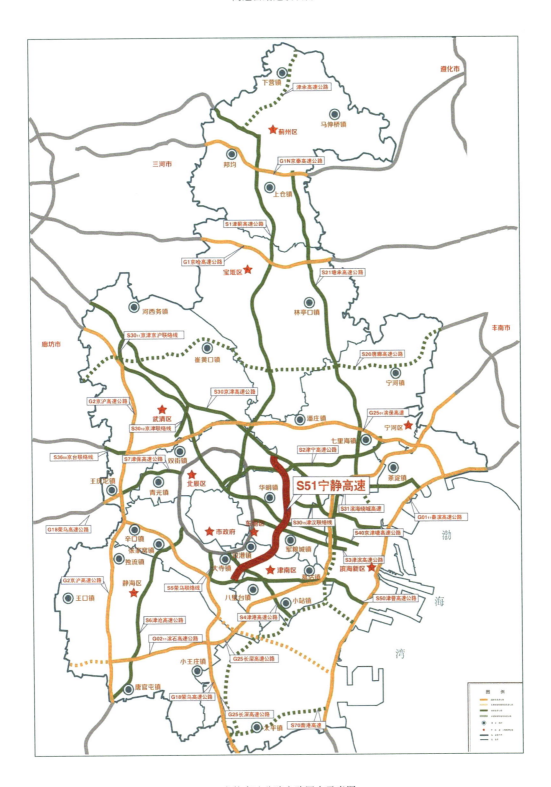

S51 宁静高速公路在路网中示意图

心最主要的对外通道,按照部、市协议要求须与国家会展中心同步建成使用,为天津市"十二五"期间重点工程。

2010年10月26日,天津市规划局《关于津塘二线、蓟汕联络线道路等级有关规划意见的函》(规总字〔2010〕600号)。

2011年2月25日,天津市人民政府办公厅《关于研究高速公路蓟汕联络线规划设计有关问题的会议纪要》。

2013年1月21日,天津市环境保护局《天津市环保局关于蓟汕高速公路分段实施有关环评批复问题的复函》(津环保管函〔2013〕41号)。

2013年3月,天津市市政工程设计研究院编制完成《蓟汕高速公路工程(京津高速公路—港城大道)项目申请报告》。

2013年4月25日,天津市发展和改革委员会组织召开专家评审会,形成《蓟汕高速公路工程(京津高速公路—港城大道)项目申请报告专家审查意见》。

3. 参建单位主要情况

建设单位:天津高速公路集团有限公司。

设计单位:天津市市政工程设计研究院、中国市政工程华北设计研究总院、中国公路咨询集团有限公司。

监理单位:天津市国腾公路咨询监理有限公司、辽宁艾特斯智能交通技术有限公司。

施工单位:中交第三公路工程有限公司、天津第五市政公路工程有限公司等14家单位,见表8-19-1。

蓟汕高速公路(京津高速公路—港城大道)参建单位情况一览表　　表8-19-1

序号	参建单位	单位名称	合同段编号及起止桩号	主要负责人
1	项目管理单位	天津高速公路集团有限公司	K0+004.137~K18+532.704	贾学柱
2	勘察设计单位	天津市市政工程设计研究院	1合同: K0+004.137~K5+002.567	赵建伟
3		中国市政工程华北设计研究总院	2合同: K5+002.567~K18+532.704	徐强
4		中国公路咨询集团有限公司	3合同,交通工程	王国锋
5	监理单位	天津市国腾公路咨询监理有限公司	1合同: K0+004.137~K18+532.704	董宝彦
6		辽宁艾特斯智能交通技术有限公司	2合同: 机电工程	崔哲宝
7	施工单位	中交第三公路工程有限公司	1合同:K0+004.137~K4+366.567	田岱松
8		天津第五市政公路工程有限公司	2合同:K4+366.56~K6+029.546	刘兴国
9		天津第二市政公路工程有限公司	3合同:K4+366.56~K6+029.547	陈志平
10		中铁六局集团有限公司	4合同:K9+085.918~K12+530.4	徐彦胜
11		天津第六市政公路工程有限公司	5合同:K12+530.400~K14+423.500	张利

续上表

序号	参建单位	单位名称	合同段编号及起止桩号	主要负责人
12	施工单位	核工业西南建设集团有限公司	6 合同：K14+423.5～K16+527	李周
13		中铁四局集团有限公司	7 合同：K16+527～K18+532.704	梅长安
14		天津城建滨海路桥有限公司	8 合同：K0+004.137～K18+532.704	夏立明
15		中铁十二局集团建筑安装工程有限公司	9 合同：K0+004.137～K18+532.705	高晋春
16		天津第四市政建筑工程有限公司	10 合同：K9+085.918～K10+530.4	尚坤
17		天津市政公路设备工程有限公司	11 合同：K0+004～K18+533	王瑞鹏
18		天津市雍阳公路工程集团有限公司	12 合同：K10+160 人行天桥	崔学锋
19		中咨泰克交通工程集团有限公司	13 合同：K0+004.137～K18+532.704	刘国彤
20		天津市松江生态产业有限公司	14 合同：K0+000～K18+534	常金宇
21		天津市政公路设备工程有限公司	15 合同：K0+950～K1+900，K11+612～K12+250，K12+350～K12+500	祁立东

（二）津滨高速公路空港经济区联络线（港城大道—津滨高速公路）

1. 基本情况

津滨高速公路空港经济区联络线（港城大道—津滨高速公路）（建设期：2011 年 4 月 3 日—2014 年 1 月 15 日）是规划蓟汕联络线的一部分，主线桩号范围 K17+965.980～K21+526.744，起于港城大道，在港城大道以南约 1.0km 处开始连续跨越纬十路、京津塘高速公路、环东干道一、规划路一、规划津北路和现状津北路，终点接津滨高速公路，路线全长约 3.56km，其中道路长度 0.77km，桥梁长度 2.79km。

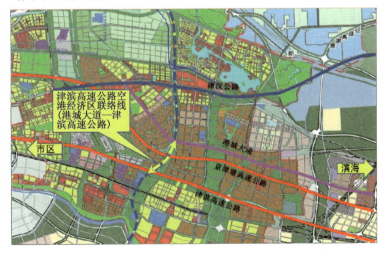

空港经济区联络线项目在路网中位置示意图

该工程计划总投资17.47亿元,其中建安费10.14亿元。项目资金由天津保税区投资有限公司筹措。

建设标准全线采用双向八车道高速公路技术标准,设计速度100km/h。道路工程路基总宽42m,高架桥梁全宽41.5m。

主线桥涵设计荷载为公路—Ⅰ级。主线桥梁下部结构采用灌注桩、承台上接墩柱形式,上部结构以预应力现浇箱梁为主,匝道为普通钢筋混凝土箱梁。

道路基础采用PTC预应力混凝土管桩、水泥搅拌桩处理。靠近桥头承台25m范围及高速公路加宽范围内路堤填料采用石灰土(10%),其余路基采用素土填筑。圆管涵覆土高度大于4m时,涵底打PTC预应力混凝土管桩以减小涵洞基地的不均匀沉降。新建路面结构:5cm细粒式胶粉改性沥青混凝土(AC-13C,胶粉)+7cm中粒式SBS改性沥青混凝土(AC-20C)+12cm沥青稳定碎石(ATB-25)+20cm水泥稳定碎石+18cm水泥稳定碎石+18cm石灰粉煤灰土,总厚79cm。

桥梁工程全线共设置枢纽型互通立交1座(津滨高速公路立交,4个环形匝道和E、H两条右转匝道),简易菱形立交1座(港城大道立交),主线桥梁跨越沿线所有被交道路,桥梁上部结构以预应力现浇箱梁为主。新建设4进6出匝道收费站1座。工程性质为新建工程。

主要技术指标如下:

(1)公路等级:高速公路。

(2)设计年限:20年。

(3)设计速度:主线100 km/h。

(4)桥涵设计荷载:主线桥涵设计荷载为公路—Ⅰ级。沥青混凝土路面设计年限:15年;荷载标准:路面结构计算轴载BZZ-100。

(5)路基设计洪水频率:1/100。

(6)最大纵坡:2.0%。

(7)最小平曲线半径:3300m。

该工程于2011年4月3日启动,2014年1月15日全线工程正式完工,2014年2月28日正式通车。

2. 前期决策情况

空港经济区交通路网被京津塘高速公路分隔,形成了南北两个部分,受京津塘高速公路阻隔影响,两个区域之间缺乏南北向通行的高等级快速通道。北部地区包括空港经济区Ⅰ期与Ⅱ期,对外交通尤其是与中心城区及滨海新区的交通目前仅能依靠津汉公路解决,而津汉公路(外环线至空港一号桥路段)由于交通量过大,已经接近饱和状态,在早晚交通高峰时段出现了严重的堵塞现象。南部地区主要是空港服务区及居住区,目前对外交通主要依靠津北路和津滨高速公路。由于缺乏南北部交通主轴,空港经济区北部大量的车流无法分流至南部通道,造成津汉公路的严重拥堵延误现象,对空港经济区的经济建设发展造成极大的制约。

随着经济的持续发展和交通量的不断增长,津汉公路的拥堵问题已经严重影响了空港经济区、高新技术产业园区、华明镇等地区的投资环境。特别是随着港城大道、津汉高速公路的建成通车,津汉公路的交通量将会进一步加大,这将加剧目前已十分严重的交通拥堵现象,不良的交通环境严重制约着航空城的经济发展。为加快地区经济的发展和便利地区居民生活出行,空港经济区迫切需要一条南北向的对外快速通道。结合空港经济区的对外规划路网,建议实施蓟汕联络线的局部段落即港城大道至津滨高速公路段,使港城大道能够通过蓟汕联络线与津滨高速公路连通,形成空港经济区南部便捷的外部通道,分流津汉公路巨大的交通压力,改善航空城的投资环境。

该项目的建设将加强天津市区与航空城之间的多通道路网格局,增强中心城市的对外辐射和集散功能,为天津中心城区及沿线东丽区、空港经济区及开发区等功能区的经济发展服务。

2010年7月,天津市市政工程设计研究院按照天津空港经济区建设办公室《空港经济区南部通道(蓟汕联络线港城大道—津滨高速公路段)的设计委托》成立了津滨高速公路空港经济区联络线工程设计项目组,并于2009年6月完成了初步设计。

2009年6月12日,天津市市政公路管理局组织相关专家对该工程初步设计进行了设计审查,依据审查意见修改后,天津市市政工程设计研究院于2009年8月底完成初步设计。

根据初步设计批复意见,天津市市政工程设计研究院于2009年10月完成施工图设计工作。

3. 参建单位主要情况

天津保税区投资有限公司作为津滨高速公路空港经济区联络线(港城大道—津滨高速公路)建设单位,委托天津市市政工程建设公司为代建单位负责工程的组织实施,通过公开招标的形式确定了2家设计单位,分别为中咨泰克交通工程集团有限公司、天津市市政工程设计研究院,天津市市政工程设计研究院负责该工程的土建工程的勘察设计任务;中咨泰克交通工程集团有限公司负责机电工程的设计任务。

监理单位共2家,分别为天津市路驰建设工程监理有限公司、天津市国腾公路咨询监理有限公司。

全线共划分为6个施工合同段,包括3个道路桥梁标、1个交通设施标(含交通工程及沿线设施)、1个土建标(收费站)、1个机电安装标、1个收费站装修标,见表8-19-2。

津滨高速公路空港经济区联络线工程参建单位一览表　　　表 8-19-2

建设单位			天津保税区投资有限公司
代建单位			天津市市政工程建设公司
设计单位			中咨泰克交通工程集团有限公司
			天津市市政工程设计研究院
勘察单位			天津市市政工程设计研究院
监理单位			施工单位
监理1合同	天津市路驰建设工程监理有限公司	道路桥梁1标	中铁十六局集团第二工程有限公司
		道路桥梁2标	中铁十四局集团第三工程有限公司
		道路桥梁3标	中铁一局集团有限公司
		交安标	天津市政公路设备工程有限公司
		房建标	天津六建建筑工程有限公司
		装修标	天津浩博建设集团有限公司
监理2合同	天津市国腾公路咨询监理有限公司	机电安装标	上海电科智能系统股份有限公司

（三）蓟汕高速公路（津滨高速公路—津晋高速公路）

1. 基本情况

蓟汕高速公路（津滨高速公路—津晋高速公路）北接津滨高速公路，南连津晋高速公路，位于天津市中心区东部，涉及东丽、津南、西青3个区，是天津市高速公路规划网中"九横五纵"的重要组成部分，是连接天津市南北方向高速通道的重要连接线。沿线穿越10条现状主要道路及12条规划主、次干道（天津大道、海沽道、津沽路、纬六路、白万路、津港快速路、微山路延长线、梨双支线等），3条铁路（津山铁路等），5条主要河道（海河、先锋河、洪泥河等）。

采用双向六至八车道高速公路技术标准建设，设计速度100km/h，其中津滨高速公路至津塘二线段、津沽公路至津晋高速公路段采用双向八车道高速公路标准，路基宽42.0m；津塘二线至津沽公路段（与国家会展中心跨海河通道并行段，4.85km）近期采用双向六车道高速公路标准，路基宽36.5m，并预留远期调整为双向八车道高速公路标准的条件。路面设计荷载BZZ-100，桥梁设计荷载为公路—Ⅰ级，其他技术指标按《公路工程技术标准》（JTG B01—2003）执行。

蓟汕高速公路（津滨高速公路—津晋高速公路）起自津滨高速公路，止于津晋高速公路，路线全长19.973km。全线设置互通式立交3座，分离式立交8座，特大桥1座，大中桥2座，地道1座，匝道收费站5处。

该项目属平原地貌，多为亚砂土、亚黏土、粉砂亚砂土，地势西高东低。途经区域天津市东丽区、津南区、西青区。

该工程于 2013 年 10 月开工,2016 年 9 月 2 日完工,2016 年 11 月 28 日正式通车运营。

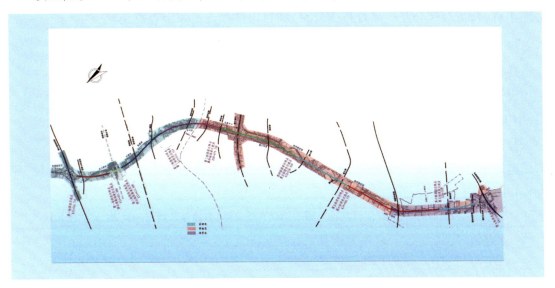

S51 蓟汕高速公路(津滨高速公路—津晋高速公路)路线总体平面图

2. 前期决策情况

蓟汕高速公路(津滨高速公路—津晋高速公路)是连接天津市南北向通道的重要连接线,沿线分布多个功能组团,该项目承担沿线区域对外联系的功能;由于受海河、铁路阻隔,中心城市南北交通不畅,该项目承担海河两岸南北沟通的功能;该项目的建设对于完善全市综合交通体系,缓解城市交通拥堵具有重要意义;该项目是国家会展中心最主要的对外通道,按照部市协议要求须与国家会展中心同步建成使用,为天津市"十二五"期间重点工程。

2010 年 1 月 12 日,天津市城乡建设和交通委员会《关于蓟汕快速路下穿津山铁路节点工程可行性研究报告(代立项)的批复》(建计〔2010〕25 号)。

2010 年 1 月 27 日,天津市规划局《关于对蓟汕快速路与津山铁路节点规划意见的复函》(规市字〔2010〕50 号)。

2010 年 10 月 26 日,天津市规划局《关于津塘二线、蓟汕联络线道路等级有关规划意见的函》(规总字〔2010〕600 号)。

2011 年 2 月 25 日,天津市人民政府办公厅《关于研究高速公路蓟汕联络线规划设计有关问题的会议纪要》。

2013 年 1 月 21 日,天津市环境保护局《市环保局关于蓟汕高速公路分段实施有关环评批复问题的复函》(津环保管函〔2013〕41 号)。

2013 年 3 月,天津市市政工程设计研究院编制完成《蓟汕高速公路工程(津滨高速公路—津晋高速公路)项目申请报告》。

2013年4月1日,天津市发展和改革委员会组织召开专家评审会,并形成《蓟汕高速公路工程(津滨高速公路—津晋高速公路)项目申请报告专家审查意见》。

3.参建单位主要情况

建设单位:天津高速公路集团有限公司。

设计单位:天津市市政工程设计研究院、上海市政工程设计研究总院(集团)有限公司、中国公路工程咨询集团有限公司

监理单位:天津市华盾工程监理咨询有限公司。

施工单位:天津城建道桥工程有限公司、天津市公路工程总公司等12家单位,见表8-19-3。

蓟汕高速公路(津滨高速公路—津晋高速公路)参建单位情况一览表   表8-19-3

序号	参建单位类别	单 位 名 称	合同段编号及起止桩号	主要负责人
1	项目管理单位	天津市高速公路集团有限公司	起止桩号:K21+526.743~K41+500	叶强
1	勘察设计单位	天津市市政工程设计研究院	起止桩号:K21+526.743~K35+000	肖田
2		上海市政工程设计研究总院(集团)有限公司	起止桩号:K35+000~K41+500	石坤磊
3		中国公路工程咨询集团有限公司	交安,起止桩号:K21+526.743~K41+500	李光磊
1	监理单位	天津市华盾工程监理咨询有限公司	合同段编号:JSBJL-2013-01 起止桩号:K21+526.743~K41+500	马先进
1	施工单位	天津城建道桥工程有限公司	合同段编号:JSBJSG-2013-01 起止桩号:K21+526.743~K23+055	王有为
2		天津市公路工程总公司	合同段编号:JSBJSG-2013-02 起止桩号:K23+633.000~K25+972.514	王兆军
3		中国建筑第六工程局有限公司	合同段编号:JSBJSG-2013-03 起止桩号:K25+927.514~K28+679.728	王建朋
4		天津路桥建设工程有限公司	合同段编号:JSBJSG-2013-04 起止桩号:K28+679.728~K32+238.039	张伟
5		天津市雍阳公路工程集团有限公司	合同段编号:JSBJSG-2013-05 起止桩号:K32+238.039~K34+900.379	朱俊慧
6		中交第三公路工程局有限公司	合同段编号:JSBJSG-2013-06 起止桩号:K34+900.379~K39+300	孙贵新
7		天津第二市政公路工程有限公司	合同段编号:JSBJSG-2013-07 起止桩号:K39+300~K41+500	吕福发
8		天津城建集团有限公司	合同段编号:JSBJSG-2015-08 起止桩号:K21+526.743~K41+500	牛晓宇
9		天津市兴业龙祥有限公司	合同段编号:JSBJSG-2015-02 新立收费站、金桥收费站、监控中心	张志伟
10		河北省第二建设集团有限公司	合同段编号:JSBJSG-2015-03 天南大收费站、辛庄收费站、大寺收费站	张燕
11		北京汉威达交通运输设备有限公司	合同段编号:JSBJSG-2015-05	尤良春
12		天津城建道桥工程有限公司	绿化工程	李玺

S51宁静高速公路情况见表8-19-4~表8-19-6。

第八章 高速公路建设项目

表8-19-4 **S51宁静高速公路项目基本信息**

路段起止名称	路段起止桩号		规模（km）			建设性质（新、改扩建）	设计速度（km/h）	路基宽度（m）	永久占地（亩）	投资情况（亿元）			资金来源	建设时间（开工—通车）	备注
	起点桩号	止点桩号	合计	八车道及以上	六车道	四车道					估算	概算	决算		
京津高速公路-港城大道	K0+000	K18+529	13.07	13.07			新建	100	34.5~42	2309	52.87	53.47		养路费、银行贷款和自筹资金	2014.3—2016.8
港城大道—津滨高速公路	K17+966	K21+526	3.56	3.56			新建	100	42	540.5	15.3046	17.54		地方自筹6.1145亿元,其余银行贷款	2011.4—2014.2
津滨高速公路—津晋高速公路	K21+526	K41+500	17.165		2.809		新建	100	38.87~44.37	2129	81.52	78.63		养路费、银行贷款和自筹资金	2013.10—2016.11

表8-19-5 **S51宁静高速公路桥梁汇总**

序号	名称	规模	桥梁左（m）	桥梁右（m）	主跨长度（m）	桥面宽度（m）	桥底净高（m）	跨越障碍物	桥梁分类	备注
1	津汉公路菱形立交	特大桥	1893.1	1893.1	30	41.5		河流	梁式桥、钢筋混凝土梁桥、连续桥梁	
2	纬三路、纬五路分离式立交	特大桥	1628.16	1628.16	45	20.25		河流	梁式桥、钢筋混凝土梁桥、连续桥梁	
3	港城大道菱形立交	特大桥	1791.1	1791.1	43	41.5		道路	梁式桥、钢筋混凝土梁桥、连续桥梁	
4	津塘二线分离式立交主线桥	特大桥	1014.9	1014.9	51	20.25		河流	梁式桥、钢筋混凝土梁桥、连续桥梁	
5	海河特大桥	特大桥	1215	1215	110	35.6	5.5	道路	梁式桥、钢筋混凝土梁桥、连续桥梁	
6	天津大道分离式立交	特大桥	1253.32	1253.32	48	35.6	5.5	道路	梁式桥、钢筋混凝土梁桥、连续桥梁	
7	津港快速路分离式立交	特大桥	1823.06	1823.06	46.5	41.5	5.5	道路	梁式桥、钢筋混凝土梁桥、连续桥梁	
8	京津高速公路互通式立体交叉B线桥	大桥	706.85	706.85	40	16	5.5	道路	梁式桥、钢筋混凝土梁桥、连续桥梁	
9	规划主干线一分离式立交	大桥	487.1	487.1	30	34		河流	梁式桥、钢筋混凝土梁桥、连续桥梁	
10	津芦南线菱形立交R匝道桥	大桥	105.53	105.53	20	14.5		河流	梁式桥、钢筋混凝土梁桥、简支桥梁	
11	津芦南线互通式立体交叉桥	大桥	422.1	422.1	40	34		河流	梁式桥、钢筋混凝土梁桥、连续桥梁	

续上表

序号	名称	规模	桥梁左(m)	桥梁右(m)	主跨长度(m)	桥面宽度(m)	桥底净高(m)	跨越障碍物	桥梁分类	备注
12	津芦南线互通式立交(左、右幅)	大桥	636	636	32	34		道路	梁式桥,钢筋混凝土梁桥,连续桥梁	
13	津宁南线菱形立交S匝道桥	大桥	105.53	105.53	20	14.5	5.5	河流	梁式桥,钢筋混凝土梁桥,简支桥梁	
14	津宁高速公路加宽桥右幅桥	大桥	328.43	328.43	25	4		旱地	梁式桥,钢筋混凝土梁桥,连续桥梁	
15	津宁高速公路加宽桥左幅桥	大桥	203.43	203.43	25	4		旱地	梁式桥,钢筋混凝土梁桥,连续桥梁	
16	津宁高速公路立交主线(左幅)	大桥	460.68	460.68	50	16.5	5.5	道路	梁式桥,钢筋混凝土梁桥,连续桥梁	
17	津宁高速公路立交主线(右幅)	大桥	460.68	460.68	50	16.5	5.5	道路	梁式桥,钢筋混凝土梁桥,连续桥梁	
18	金钟河大桥	大桥	654.17	654.17	40	41.5	5.5	河流	梁式桥,钢筋混凝土梁桥,连续桥梁	
19	津大公路菱形立交	大桥	760.2	760.2	40	41.5	5.5	道路	梁式桥,钢筋混凝土梁桥,简支桥梁	
20	中心西道分离式立交	大桥	576.86	576.86	30	41.5	5.5	道路	梁式桥,钢筋混凝土梁桥,连续桥梁	
21	津汉公路菱形立交西侧坡道桥	大桥	183.43	183.43	30	10		河流	梁式桥,钢筋混凝土梁桥,简支桥梁	
22	津汉公路菱形立交东侧坡道桥	大桥	183.43	183.43	30	10		河流	梁式桥,钢筋混凝土梁桥,简支桥梁	
23	津滨高速公路互通立交	大桥	917.33	917.33	30	30	5.5	道路	梁式桥,钢筋混凝土梁桥,连续桥梁	
24	M线桥梁	大桥	105.5	105.5	20	15		河流	梁式桥,钢筋混凝土梁桥,简支桥梁	
25	N线桥梁	大桥	105.5	105.5	20	15		河流	梁式桥,钢筋混凝土梁桥,简支桥梁	
26	海河东道分离式立交	大桥	452.1	452.1	40	35.6	5.5	道路	梁式桥,钢筋混凝土梁桥,连续桥梁	
27	津沽路分离式立交	大桥	754.2	754.2	33	36	5.5	道路	梁式桥,钢筋混凝土梁桥,连续桥梁	
28	规划经十路分离式立交桥	大桥	326.68	326.68	40	40.5	5.5	道路	梁式桥,钢筋混凝土梁桥,连续桥梁	
29	洪泥河大桥	大桥	105.61	105.61	20	40.5		河流	梁式桥,钢筋混凝土梁桥,简支桥梁	
30	规划纬六路分离式立交桥	大桥	476.68	476.68	30	40.5	5.5	道路	梁式桥,钢筋混凝土梁桥,连续桥梁	
31	先锋排污河中桥	大桥	101.84	101.84	20.42	43.54		河流	梁式桥,钢筋混凝土梁桥,简支桥梁	
32	津港高速公路互通式立交	大桥	880.86	880.86	40	41.5	5.5	道路	梁式桥,钢筋混凝土梁桥,连续桥梁	
33	津晋高速公路互通式立交	大桥	282.54	282.54	35	41.5		河流	梁式桥,钢筋混凝土梁桥,连续桥梁	
34	京津互通立交东堤头加宽桥	中桥	86.96	86.96	22	5.35	5.5	道路	梁式桥,钢筋混凝土梁桥,简支桥梁	

第八章 高速公路建设项目

续上表

序号	名　　称	规模	桥梁左(m)	桥梁右(m)	主跨长度(m)	桥面宽度(m)	桥底净高(m)	跨越障碍物	桥梁分类	备注
35	京津互通立交越温庄加宽桥	中桥	101.86	101.86	16	4	5.5	道路	梁式桥,钢筋混凝土梁桥,简支桥梁	
36	津汉公路菱形立交西侧北塘河	中桥	64.89	64.89	20	16		河流	梁式桥,钢筋混凝土梁桥,简支桥梁	
37	津汉公路菱形立交西侧袁家河	中桥	43.9	43.9	20	16		河流	梁式桥,钢筋混凝土梁桥,简支桥梁	
38	津汉公路菱形立交东侧袁家河	中桥	43.9	43.9	20	16		河流	梁式桥,钢筋混凝土梁桥,简支桥梁	
39	津汉公路菱形立交东侧北塘河	中桥	64.89	64.89	20	16		河流	梁式桥,钢筋混凝土梁桥,简支桥梁	

S51 宁静高速公路路面结构

表 8-19-6

路面形式	起讫里程	长度(m)	水泥混凝土路面	沥青路面	路面结构
柔性路面	K0+004.137~K18+532.704	18529		沥青混凝土路面	4cm 细粒式沥青混凝土+7cm 中粒式沥青混凝土+12cm 密级配沥青碎石+18cm 水泥稳定级配碎石+20cm12%石灰土
其中:刚性路面	K3+764~K4+588	824	钢筋混凝土路面		28cm 钢筋混凝土+18cm 水泥稳定级配碎石+20cm12%石灰土
	K7+336~K7+953	617			
	K12+295~K13+448	1153			
	K18+532.704~K21+526.743 高速集团 K17+965.978-K21+526.744 建设公司	3560			
柔性路面	K21+526.743~K41+500	19973		沥青混凝土路面	4cm 细粒式沥青混凝土+7cm 中粒式沥青混凝土+12cm 密级配沥青碎石+18cm 水泥稳定级配碎石+20cm12%石灰土
	K36+237~K36+337	100			
其中:刚性路面	K38+526.911~K38+646.911	120	钢筋混凝土路面		28cm 钢筋混凝土+18cm 水泥稳定级配碎石+20cm12%石灰土
	K31+397~K31+517	120			

653

二、建设情况

(一)蓟汕高速公路(京津高速公路—港城大道)工程

1. 项目准备阶段

(1)项目审批

该项目严格执行了交通基本建设程序,从预可行性研究、工程可行性研究、初步设计、施工图设计、工程施工、监理招投标及工程开工报告的审批,各个环节手续齐全,具体如下:

2010年10月26日,天津市规划局《关于津塘二线、蓟汕联络线道路等级有关规划意见的函》(规总字〔2010〕600号)。

2011年2月25日,天津市人民政府办公厅《关于研究高速公路蓟汕联络线规划设计有关问题的会议纪要》。

2012年2月1日,天津市环境保护局《关于对蓟汕联络线高速公路(京津高速公路—津晋高速公路)环境影响报告书的批复》(津环保许可函〔2012〕004号)。

2013年1月21日,天津市环境保护局《天津市环保局关于蓟汕高速公路分段实施有关环评批复问题的复函》(津环保管函〔2013〕41号)。

2013年3月,天津市市政工程设计研究院编制完成《蓟汕高速公路工程(京津高速公路—港城大道)项目申请报告》。

2013年4月25日,天津市发展和改革委员会组织召开专家评审会,并形成《蓟汕高速公路工程(京津高速公路—港城大道)项目申请报告专家审查意见》。

2013年9月18日,天津市发展和改革委员会《关于准予天津市高速公路集团有限公司蓟汕高速公路工程(京津高速公路—港城大道)项目核准的决定》(津发改许可〔2013〕181号)。

2013年10月18日,天津市市政公路管理局《天津市市政公路管理局关于蓟汕高速公路(京津高速公路—港城大道)工程初步设计的审查意见》(市政公路管理计〔2013〕656号)

(2)资金筹措

该项目概算总投资53.46亿元,资金来源为养路费、银行贷款和企业自筹。

(3)招投标

按照国家颁布的《中华人民共和国招标投标法》和交通部颁布的《公路工程施工招标投标管理办法》《公路工程施工招标资格预审办法》《公路工程施工招标评标办法》的要求,由项目法人单位组织招标工作。

①设计单位招标情况。该项目路基、路面的设计工作由天津市市政工程设计研究院和中国市政工程华北设计研究总院完成,天津市市政工程设计研究院负责编制该项目的工程可行性研究报告、初步设计、施工图设计和地质勘察。

该项目的交通安全设施设计工作由中国公路工程咨询集团有限公司完成,中国公路工程咨询集团有限公司负责施工图设计等工作。

②施工单位招标情况。经天津市市政公路管理局批准,该项目施工招标采用公开招标、资格预审的形式。路基施工招标于2013年10月21日发布公告,2013年10月21日至25日出售资格预审文件,29家申请人递交了资格预审申请文件,2013年11月7日进行资格预审申请文件审查,共有16家施工企业通过了资格预审。2014年1月15日开标,经过详细评标,中标单位如下:第1合同段:中交第三公路工程局有限公司;第2合同段:天津第五市政公路工程有限公司;第3合同段:天津第二市政公路工程有限公司;第4合同段:中铁六局集团有限公司;第5合同段:天津第六市政公路工程有限公司;第6合同段:核工业西南建设集团有限公司;第7合同段:中铁四局集团有限公司。

路面的招标是采用公开招标、资格后审的形式。2014年11月10日至14日发布公告,共有29家施工企业领取了招标文件。2014年12月23日开标,6家投标单位递交了投标文件。经过详细评标,确定路面(第8合同段)中标单位:天津城建滨海路桥有限公司。

房建的招标是采用公开招标、资格预审的形式。2014年9月1日发布公告,2014年9月1日至5日出售资格预审文件,36家申请人递交了资格预审申请文件,2014年9月21日进行资格预审申请文件审查,共有19家施工企业通过了资格预审。2015年3月2日开标,经过详细评标,中标单位如下:第9合同段:中铁十二局集团建筑安装工程有限公司;第10合同段:天津第四市政建筑工程有限公司。

交通安全设施的招标是采用公开招标、资格预审的形式。2015年4月7日发布公告,2015年4月7日至13日出售资格预审文件,26家申请人递交了资格预审申请文件,2015年4月24日进行资格预审申请文件审查,共有18家施工企业通过了资格预审。2015年6月9日开标,经过详细评标,中标单位如下:第11合同段:天津市政公路设备工程有限公司。

天桥的招标是采用公开招标、资格后审的形式。2015年4月15日至21日发布公告,共有4家施工企业领取了招标文件。2015年5月27日开标,3家投标单位递交了投标文件。经过详细评标,确定天桥的中标单位:第12合同段:天津市雍阳公路工程集团有限公司。

(4)征地拆迁

该工程全长18.53km,路线经过北辰、宁河、东丽、空港4个区县单位,其中北辰长0.97km,需征地299.74亩;宁河长3.73km,需征地413.96亩;东丽长8.28km,需征地1301.3亩;空港长5.55km,需征地461.7亩。

2. 项目实施阶段

(1)质量控制措施与效果

项目经理部在工程建设中强化质量行为和质量过程控制,严肃质量管理工作,坚决杜绝出现质量问题。

对施工现场实施专业化的质量管理。统筹全线各单位资源,组建结构层和沥青路面专业化管理组织,各单位明确责任分工,责任到人,形成建设单位—服务组—监理—施工四方共同监管体系,确保施工现场质量管理无空白。

加大对后场施工原材料、混合料的抽检力度。对于原材料、沥青混合料的试验检测,按照施工自检、监理抽检、第三方见证、技术服务组随机检测等4种方式进行,经理部安排专人负责第三方见证和技术服务组检测,对各种检测报告的数据及时分析,对不合格的材料坚决清除出场。

加强施工检测的及时性。专业管理组在每天施工结束后,应对当天施工段落进行及时检测,对施工质量不合格的段落坚决返工处理。若出现质量检测数据接近下限的情况,及时改进施工工艺,用数据指导现场施工。

推行标准化管理,狠抓制度落实。项目经理部整合各方技术资源,组织制订了《蓟汕高速公路(京津高速公路—港城大道)工程水泥搅拌桩施工管理办法》《台背回填施工控制要点》等共计9项管理制度,严格落实试桩制度。

严格规范施工程序,加强过程试验检测,保证工程质量。项目经理部严格要求监理、施工单位规范施工监理程序,必须做到施工前有技术交底,施工中有质量监督,施工后有技术总结。同时,积极组织监理单位和第三方检测单位,加强对原材料的验收和对标准试验的控制,加大中间检测力度,及时有效为质量控制提供数据,真正指导现场施工。严格落实工程首件制度。每个分项工程的施工方案先要经过审批,现场施工实体质量达到设计图纸及规范要求,明确了质量标准,确定了施工工艺,方可开展大面积施工。

实施有效的动态巡查机制,为各项质量工作留下追溯依据。项目经理部在保证每日现场质量巡查的基础上,根据现场实际工程进度,不定期地组织施工质量专项检查,并且每个月组织监理单位对施工全线进行质量安全检查。对于发现的问题,下达质量整改通知书并附上质量问题照片,同时组织召开专题反馈会进行座谈,提出改进措施,并实时监控其整改效果。

积极组织质量培训会、经验交流会和专题研讨会,切实提高参建单位质量管理水平。质量培训会主要对重要工序、关键难点部位、通病问题等组织有针对性的培训。经验交流会主要对施工质量较好的分项工程组织参观学习,树立"样板工程",使全线各单位"学有榜样,赶有目标"。专题研讨会主要对出现的质量问题组织专题研究,提出切实可行的处理和预防措施。

发挥监理单位主导作用。每个月随机抽出一周时间作为蓟汕项目自身的质量检查周,联合监理对施工全线进行排查。对于发现的问题进行汇总整理,开展专题反馈会,提出改进措施,指导下一步施工。

加强文明施工,重视成品保护。后期交叉作业施工中,要求各单位加强成品保护,必须采取切实可行的防护措施,避免后续施工破坏已完工程。在各主线上坡口铺垫土工布或砂石料,防止运行车辆带泥上路,污染主线路面。绿化换土及交通管线预埋施工均要求施工单位在施工作业范围内铺垫土工布或彩条布,有效减少了路面污染。

(2)安全生产

为了做好工程施工的安全生产管理工作,建设单位、监理单位、施工单位相应成立了安全生产管理机构,指定专人负责工程施工的安全生产管理工作,要求施工单位严格按照《公路工程施工安全技术规程》进行规范操作,开展定期和不定期检查,对检查存在的问题要求施工单位及时整改,并督促落实情况,使安全事故降低到萌芽状态,最大限度消除安全隐患的发生。由于加强了安全生产管理,工程开工至全幅交工,未出现重大事故和不安全事故发生。

(3)进度管理

①全力以赴做好拆迁征地和地方协调工作,努力营造良好的施工环境。蓟汕高速公路路线长,涉及面广,问题多,沿线的单位、村镇等对其自身的影响十分敏感,利益矛盾冲突尖锐,协调工作难度大。

项目经理部本着面对问题不回避不推托的原则,积极与地方政府和有关单位、交警、路政等部门沟通情况,制订稳妥的解决方案,全力推进项目前期工作,积极创造施工作业面,保证工程连续进行。征地拆迁与群众利益密切相关,社会敏感性强,关系到社会的和谐稳定。项目经理部对于有些征地难度大的地方,组织设计修改、论证、优化设计方案,既节约了投资又加快了施工进度。

②抓关键工序,抓节点工程,保证工程整体推进。蓟汕高速公路工程工序多,前后工序制约影响大,在客观分析工程特点的基础上,结合不同段落的工程情况,制订详细的施工组织方案。力求工序穿插严谨,上下工序跟进紧凑,保证节点工期目标实现。

加强节点工程施工组织管理,重点落实铁路下穿地道施工组织安排。项目经理部按照公司要求成立了专项管理小组,定期召开专题会,分析解决存在问题。

重点加强进度过程控制,采取定期考核、专项考核、关键节点考核等措施,深入施工现场及时全面掌握实际完成情况。分析各合同段存在问题,有针对性地提出整改要求限时整改。各合同段施工情况及存在问题及时通报上级单位,调动各方面积极性,促进工程建设。

根据工程总体控制计划,制订年度实施计划,制订了劳动竞赛实施办法,明确了项目的施工进度目标,将月进度计划进一步细化。特别是各单位的目标计划和施工资源投入的匹配,项目经理部多次组织逐段逐桥检查落实,有效地加快了现场工程进度。

(4)工程造价控制

依照《中华人民共和国合同法》和国家其他有关法律法规,依据工程资金使用计划,跟踪各施工单位项目资金的使用情况,着重对监理工程师、各承包人共同签署的计量支付凭证进行(复核)审查,计量支付过程进行抽查、监督,防止不合理计量支付。对工程合同进行严格管理,每笔征地拆迁等待摊费用支出均附有正式票据及合同附件,并按合同价进行支付。对各施工单位每月报来的计量支付报表进行严格审核,同时对路面合同段的沥青油计量进行重点审核,保证各合同段工程款计量支付的准确性,确保计量资金能够及时拨付到位。

(二)津滨高速公路空港经济区联络线(港城大道—津滨高速公路)工程

1. 项目准备阶段

天津市市政工程建设公司具体承担了此项工程的代建任务,为高标准地组织实施好工程建设,该公司组建了建设单位项目经理部。项目经理部按照相关程序及时完成工程立项、工程可行性研究、初步设计等审批手续。

该项目初步设计概算17.47亿元,其中建安费10.14亿元。项目资金由天津保税区投资有限公司筹措。

(1)招投标

项目经理部严格按法定程序规范招投标行为,保证公开、公平、公正。从发布招标公告、资格预审、招标开标,一直到评标定标,天津市市政公路管理局建管处、纪检监察室、天津空港经济区建设办公室及兴业造价咨询公司全程参与、跟踪监督,委托招标代理机构具体操作。通过招标主管部门在交通运输部专家库中随机抽取评标专家,按照《公路工程标准施工招标文件》(2009年版)以及《公路工程标准施工监理招标文件》(2008年版)的规定组建评标委员会,进行封闭评标。各单位招标情况如下:

①设计单位招标。设计单位经招标确定天津市市政工程设计研究院进行土建工程设计;委托中咨泰克交通工程集团有限公司进行机电工程设计。

②施工单位招标。工程分为3个道路桥梁合同、1个机电合同、1个交安合同、1个房建合同、1个装修合同,共计7个合同段。合同段划分情况见表8-19-7。

合同段划分情况 表8-19-7

合同段号	合同段所在地	工程内容及长度	施工单位
第1合同段	东丽区	桥梁,长度787.5m;道路,长度772m	中铁十六局集团第二工程有限公司
第2合同段	东丽区	桥梁,长度1357.9m	中铁十四局集团第三工程有限公司
第3合同段	东丽区	桥梁,全长约640.3m,含主线与津滨高速公路互通立交一座;道路对津滨高速公路2100m范围内两侧各加宽一车道	中铁一局集团有限公司
第4合同段	东丽区	交通工程3560m	天津市政公路设备工程有限公司
第5合同段	东丽区	收费站土建工程	天津六建建筑工程有限公司
机电合同段	东丽区	收费站及沿线收费、通信、监控三大系统施工	上海电科智能系统股份有限公司
收费站装修合同段	东丽区	收费站管理用房装修工程	天津浩博建设集团有限公司

道路桥梁1~3合同段采用公开招标方式。2011年2月11日发出招标公告,2011年

3月11日开标,2011年3月22日发出中标通知书,2011年3月28日签订施工合同。

机电合同段采用公开招标方式。2011年6月8日发出招标公告,2011年7月6日开标,2011年7月14日发出中标通知书,2011年8月11日签订施工合同。

交安合同段采用公开招标方式。2011年6月17日发出招标公告,2011年7月15日开标,2011年8月3日发出中标通知书,2011年8月29日签订施工合同。

房建合同段采用公开招标方式。2011年6月3日发出招标公告,2011年7月1日开标,2010年6月10日发出中标通知书,2010年7月16日签订施工合同。

装修合同段采用公开招标方式。2011年11月4日发出招标公告,2011年12月6日开标,2011年12月21日发出中标通知书,2012年1月10日签订施工合同。

③监理单位招标。监理标包括1个道路桥梁监理标、1个机电监理标。

监理1合同(道路、桥梁)采用公开招标方式。2011年2月11日发出招标公告,2011年3月11日开标,2011年3月22日发出中标通知书,2011年3月28日签订监理合同。

监理2合同(机电)采用公开招标方式。2011年6月8日发出招标公告,两次公告后因投标单位不满足3家,直接委托监理单位,并于2011年8月11日签订施工监理合同。

(2)征地拆迁

建设单位项目经理部委托天津市勘察设计院开展核定用地的勘察工作,明确用地范围后,并经市规划局审批规划方案后,及时与东丽区进行结合,共同确认土地权属,协商征地费用等问题,最终东丽区征地540.5亩,为工程顺利实施创造了有力条件。征地拆迁情况统计见表8-19-8。

征地拆迁情况统计　　　　表8-19-8

征地拆迁安置起止时间	征用土地（亩）	拆迁房屋（m²）	管线切改（元）	支付补偿费用（元）	备注
2011年4月—2012年7月	540.5		11220799	193132500	

2.项目实施阶段

为保证津滨高速公路空港经济区联络线工程优质按期完成,结合该工程的实际情况,项目经理部制订了质量管理的相应管理制度和实施细则,编制了关键工艺施工过程中的控制要点及检查重点,结合"混凝土质量通病治理"活动,从混凝土原材料质量控制、配合比设计等基础环节入手,加强模板支护及拆除、混凝土浇筑及养护等环节施工要点的教育培训,通过对混凝土工程各个施工管理细节的严格把控,避免混凝土质量通病的出现。

结合"施工标准化"活动要求,积极组织各单位参加活动宣贯会,从思想上提高各单位对推广施工标准化重要性的认识程度,要求各单位按照标准化要求制订具体落实方案,结合工程特点以及自身施工能力、技术优势,确定采取有利于标准化施工的组织方式和工艺流程,主要提高现场管理人员对于标准化施工技术指南的把握精度,强化施工一线操作人员的培训。确定将混凝土护栏施工、面层施工作为标准化推广重点,并在实施过程中不断总结交流经验,进一步推动了"施工标准化"活动更好地开展。

同时,为解决以往工程中容易出现的质量问题,项目经理部积极开展工程"技改技革"活动,依据各合同段不同的施工特点,确定了"预制箱梁质量通病防治""泄水孔周边混凝土防渗漏技术研究""防撞护栏施工工艺研究"3个技术革新课题,其中一合同段的"预制箱梁质量通病防治"课题以及三合同段的"防撞护栏施工工艺研究"课题,获得市政局经济技术创新成果三等奖。

在此基础上,重点加强现场质量的监督检查,专门成立了质量督查组,深入现场检查施工单位"三检"制度的落实情况、监理单位监管情况,发现质量隐患坚持按"四不放过"原则予以整改,同时借鉴津滨高速公路改扩建工程管理经验,坚持"首件验收制度",不断总结经验提高技术管理水平,由此保证了质量处于可控状态,工程质量检测情况良好。

以下为工程主要施工节点:2011年4月3日,全线工程正式开工;2012年10月15日,跨越京津塘高速公路预制梁架设施工完成;2012年12月22日,跨越津滨高速公路预制梁架设施工完成;2013年10月24日,沥青混凝土路面铺筑完成;2014年2月28日,全线正式通车。

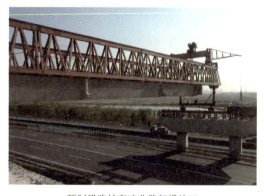
预制梁跨越高速公路架设施工

专家论证施工方案

天津市市政公路管理局领导视察工地

(三)蓟汕高速公路(津滨高速公路—津晋高速公路)工程

1. 项目准备阶段

(1)项目审批

该项目严格执行交通基本建设程序,从预可行性研究、工程可行性研究、初步设计、施工图设计、工程施工、监理招投标及工程开工报告的审批,各个环节手续齐全,具体如下:

2010年1月12日,天津市城乡建设和交通委员会《关于蓟汕快速路下穿津山铁路节点工程可行性研究报告(代立项)的批复》(建计〔2010〕25号)。

2010年1月27日,天津市规划局《关于对蓟汕快速路与津山铁路节点规划意见的复函》(规市字〔2010〕50号)。

2010年1月27日,天津市规划局《关于对蓟汕快速路与津山铁路节点规划意见的复函》(规市字〔2010〕50号)。

2010年10月26日,天津市规划局《关于津塘二线、蓟汕联络线道路等级有关规划意见的函》(规总字〔2010〕600号)。

2011年2月25日,天津市人民政府办公厅《关于研究高速公路蓟汕联络线规划设计有关问题的会议纪要》。

2012年2月1日,天津市环境保护局《关于对蓟汕联络线高速公路(京津高速公路—津晋高速公路)环境影响报告书的批复》(津环保许可函〔2012〕004号)。

2013年1月21日,天津市环境保护局《天津市环保局关于蓟汕高速公路分段实施有关环评批复问题的复函》(津环保管函〔2013〕41号)。

2013年3月,天津市市政工程设计研究院编制完成《蓟汕高速公路工程(津滨高速公路—津晋高速公路)项目申请报告》。

2013年3月8日,天津市水务局《天津市水务局关于蓟汕高速公路跨海河等防洪排涝河道防洪影响评价报告的批复》(津水审批〔2013〕78号)。

2013年4月1日,天津市发展和改革委员会组织召开专家评审会,并形成《蓟汕高速公路工程(津滨高速公路—津晋高速公路)项目申请报告专家审查意见》。

2013年4月27日,天津市发展和改革委员会《关于准予天津市高速公路集团有限公司蓟汕高速公路工程(津滨高速公路—津晋高速公路)项目核准的决定》(津发改许可〔2013〕80号)。

2013年5月31日,天津市市政公路管理局《天津市市政公路管理局关于蓟汕高速公路(津滨高速公路—津晋高速公路)工程初步设计的审查意见》(市政公路管理计〔2013〕274号)。

(2)资金筹措

该项目概算总投资78.63亿元,资金来源为银行贷款和企业自筹。

(3)招投标

按照国家颁布的《中华人民共和国招标投标法》和交通部颁布的《公路工程施工招标投标管理办法》《公路工程施工招标资格预审办法》《公路工程施工招标评标办法》的要求,由项目法人单位组织招标工作。

①路基(1~7合同段)。经天津市市政公路管理局批准,该项目路基施工招标采用公开招标、资格预审的形式。2013年7月8日发布公告,2013年7月8日至12日出售资格预审文件,30家申请人递交了资格预审申请文件,2013年7月24日审查资格预审申请文件,共有24家施工企业通过了资格预审。2013年7月29日至8月2日出售招标文件,施工的招标共有8家单位投标,2013年9月10日开标,经过详细评标,中标单位如下:第1合同段:天津城建道桥工程有限公司;第2合同段:天津市公路工程总公司;第3合同段:中国建筑第六工程局有限公司;第4合同段:天津路桥建设工程有限公司;第5合同段:天津市雍阳公路工程集团有限公司;第6合同段:中交第三公路工程局有限公司;第7合同段:天津第二市政公路工程有限公司。

②路面(8合同段)。经天津市市政公路管理局批准,该项目路面施工招标采用公开招标、资格后审的形式。2014年11月10日发布公告,2014年11月10日至14日出售招标文件,施工的招标共有3家单位投标,2014年12月23日开标,经过详细评标,中标单位为天津城建集团有限公司。

③房建(9、10合同段)。经天津市市政公路管理局批准,该项目施工招标采用公开招标、资格预审的形式。房建施工招标于2014年9月1日发布公告,2014年9月1日至5日出售资格预审文件,35家申请人递交了资格预审申请文件,2014年9月21日审查资格预审申请文件,共有23家施工企业通过了资格预审。2015年1月4日至8日出售招标文件,施工的招标共有8家单位投标,2015年3月2日开标,经过详细评标,中标单位如下:第9合同段:天津市兴业龙祥建设工程有限公司;第10合同段:河北省第二建筑工程有限公司。

④交安(11合同段)。经天津市市政公路管理局批准,该项目施工招标采用公开招标、资格预审的形式。交安施工招标于2015年4月7日发布公告,2015年4月7日至13日出售资格预审文件,13家申请人递交了资格预审申请文件,2015年4月24日审查资格预审申请文件,共有9家施工企业通过了资格预审。2015年4月29日至5月6日出售招标文件,施工的招标共有9家单位投标,2015年6月9日开标,经过详细评标,中标单位为北京汉威达交通运输设备有限公司。

⑤天桥(12合同段)。经天津市市政公路管理局批准,该项目施工招标采用公开招标、资格后审的形式。天桥施工招标于2015年4月15日发布公告,2015年4月15日至21日出售招标文件,施工的招标共有6家单位投标,2015年5月27日开标,经过详细评标,中标单位为天津城建道桥工程有限公司。

⑥机电(13合同段)。经天津市市政公路管理局批准,该项目施工招标采用公开招标、资格后审的形式。机电施工招标于2015年7月3日发布公告,2015年7月3日至9日出售招标文件,施工的招标共有3家单位投标,2015年8月18日开标,经过详细评标,中标单位为天津市高速公路科技发展有限公司。

⑦绿化(14合同段)。经天津市市政公路管理局批准,该项目施工招标采用公开招标、资格后审的形式。绿化施工招标于2015年12月30日发布公告,2015年12月30日至2016年1月6日出售招标文件,施工的招标共有32家单位投标,2016年2月17日开标,经过详细评标,中标单位为天津市石艺园林艺术工程有限公司。

⑧声屏障(15合同段)。经天津市市政公路管理局批准,该项目施工招标采用公开招标、资格后审的形式。声屏障施工招标于2016年5月20日发布公告,2016年5月20日至24日出售招标文件,施工的招标共有14家单位投标,2016年6月30日开标,经过详细评标,中标单位为天津第一市政公路工程有限公司。

(4)征地拆迁

该工程征地约2346.1亩,其中东丽段长约5.6km,征地约780亩;津南段长约10.5km,征地约911.4亩;西青段长约3.3km,征地约654.7亩。截至目前,征地拆迁协议已全部完成,并支付了补偿费用,共计完成地上建筑拆迁354003m^2。

2. 项目实施阶段

(1)质量控制措施与效果

"追求卓越,质量为本",蓟汕高速公路(津滨高速公路—津晋高速公路)工程作为示范工程,工程质量是最终的评定标准,也是体现示范工程最好的载体。在项目管理的全过程中,项目经理部始终将质量管理作为重要内容。

注重质量管理制度建设,积极在全线营造良好的质量管理环境,各参建单位树立高度的质量意识和严谨的质量作风,落实质量责任,保证实现工程质量目标。

保证质量管理体系运行正常,对体系中存在的问题及时完善。认真落实建设单位、监理单位、施工单位等各方的质量管理责任,要求监理、施工单位针对现场质量问题落实到具体责任人。

成立专家技术小组,提升工程质量管理工作水平。重视技术质量培训工作。为提高项目整体质量管理水平,满足现场质量管理工作需要,项目经理部积极组织施工、监理单位人员进行各项质量培训学习。

严格履行工程质量管理制度,落实参建各方工程质量管理责任。施工单位认真落实工程质量管理自查工作,按规范要求对施工部位进行检查,确保分部、分项工程质量合格。

（2）安全生产

为了做好工程施工的安全生产管理，建设单位、监理单位、施工单位相应成立了安全生产管理机构，指定专人负责工程施工的安全生产管理工作，要求施工单位严格按照《公路工程施工安全技术规程》进行规范操作，开展定期和不定期检查，对检查存在的问题要求施工单位及时整改，并督促落实情况，使安全事故降低到萌芽状态，最大限度消除安全隐患的发生。由于加强了安全生产管理，工程开工至全幅交工，未出现重大事故和不安全事故发生。

（3）进度管理

工程进度管理是工程项目管理的重要组成部分。开工伊始，项目经理部制订工程施工进度管理制度，明确工程进度管理的目标，确定各参建单位进度管理责任人。项目经理部注重过程管理，针对项目建设中进度问题及时进行解决，保证工程进度。

项目经理部根据项目建设的具体情况，明确蓟汕高速公路（津滨高速公路—津晋高速公路）工程的总体进度控制计划，并制订项目的每年年度计划，再将年度计划分解成每季季度计划。要求施工单位根据项目统一进度计划编制各自施工详细计划，并以正式文件形式上报项目经理部，项目经理部定期对工程进度情况进行考核。工程计划的过程控制、落实是最终实现建设目标的关键和难点。在日常管理中，项目经理部逐个合同段对比分析工程进展情况，对于进度滞后、进度波动较大的单位要深入工地现场与监理单位、施工单位面对面了解情况，掌握现场影响工程进展的各方面因素，制订改进解决措施。

（4）工程变更

为了做好工程施工的变更管理，严格按照工程变更规定对施工单位的工程变更申请进行审核，详细查看施工现场，根据实际需要和权限确定或上报工程变更，对不符合变更要求的工程变更坚决不予审批，严格控制工程变更。工程变更保证了工程的质量及工程进度，一定程度上减少了民扰及填补工程设计缺陷，使工程施工能够顺利进行。

（5）工程造价控制

严格履行《公路工程标准施工招标文件》（2009年版）及上级主管单位内部规定，完善各合同段的合同，并认真做好合同管理工作，定期按照合同条款对合同执行情况进行检查，确保人员、机械配备满足现场施工要求，从而保障工程质量和工程工期。计量支付严格按合同条款执行，保证数据准确、计量规范、支付及时，确保工程资金及时到位，使资金运转处于良好的循环状态，保证了各项工作的顺利进行。项目经理部与施工单位签订资金监管协议，及时与集团财管中心沟通，对施工单位每笔资金支出进行监管，确保支付资金用于该工程项目建设。按照集团合同、协议审核程序，审核各类合同、协议，并完善相关手续。根据合同、协议的支付条款及时请款，并积极催办，保证做到按约定条款正当履行合同、协议。对发生的各类款项及时请款，资金按时支付，从而保证各项工作的顺利进行。

(6)各项活动

2013年11月16日,召开第一次工地例会。

2015年8月7日,海河特大桥主墩墩柱在各参建单位的共同努力和积极协作下,主墩混凝土浇筑完成,标志着水中关键工序顺利完成,工程取得阶段性的成果,为后续钢箱梁施工打下坚定的基础。

2015年10月15日上午10∶00时,经过一年多紧张施工,海河特大桥钢箱梁顺利合龙。蓟汕高速公路(津滨高速公路—津晋高速公路)海河特大桥主跨110m,钢箱梁310块全部架设完成并顺利合龙。这是在水中大体积混凝土承台、大倾角墩柱完成后的又一个历史性节点。

同段和国家会展通道桥第一合同段(联体桥梁),右幅3号~6号混凝土现浇箱梁,最后一次浇筑混凝土,混凝土浇筑完成后,即两个项目的海河特大桥主体工程顺利贯通。

三、复杂技术工程

1. 津滨高速公路空港经济区联络线(港城大道—津滨高速公路)工程

为了解决天津软土区高速公路改扩建软基处理、道路拼宽差异沉降控制技术难题,在工程中大力推广应用了预应力混凝土薄壁管桩(PTC桩)技术用于地基处理,在新旧路搭接处大力推广应用土工合成材料。津滨高速公路2.1km加宽段全线采用PTC桩进行新加宽高填方路基地基处理,对控制新旧路基的不均匀沉降起到关键作用,既经济又便于检测,易于保证工程质量,对控制旧路加宽的新旧路基不均匀沉降及深厚软基的处理起到示范作用。在新旧路搭接位置,使用钢塑复合土工格栅、玻纤双向土工格栅,该材料具有大拉力低伸长率的特点,有效地减少了路基的不均匀沉降及工后总沉降量,对防止不均匀沉降引起的路面开裂、纵向裂缝起到很好的作用。自通车以来尚未发现明显病害发生,证明采取的技术及施工管理措施较为有效。

为了缓解桥头跳车质量通病,该项目在桥头台背应用了泡沫轻质土和液态粉煤灰技术。泡沫轻质土技术不仅具有自流平、不需碾压、强度高、重度极小等特点,而且实际应用中很好地控制了沉降,效果良好,对高质量轻质填料在天津市公路工程的推广应用起到了示范作用。液态粉煤灰和泡沫轻质土具有类似的特点,对不便于施工的狭窄地带实际应用可很好解决不易碾压施工部位的密实问题,保证路基稳定且较经济,应用效果良好。津滨高速公路自运营以来,未发生明显的桥头跳车现象,以上技术已经在唐津高速公路改扩建工程中得到了推广应用。

PTC 桩施工

土工格栅施工

液态粉煤灰施工

2. 蓟汕高速公路(津滨高速公路—津晋高速公路)工程

海河特大桥起于天津市东丽区卧河村,止于津南区北洋村,该桥梁上部结构涵盖了预应力现浇箱梁、变截面钢箱梁和钢混叠合梁三种结构形式,为跨海河桥梁。海河特大桥起讫里程为 K25+973~K28+948,全长 2975m,设计速度 100km/h;分左右两幅,单幅桥宽 27.6m。该桥梁分为两部分,0 号~48 号墩为蓟汕高速公路三合同段,48 号~90 号墩为蓟汕高速公路四合同段,分别由中国建筑第六工程局有限公司和天津路桥建设工程有限公司承建。

(1)跨海河部分

海河特大桥跨越海河部分为 70m+110m+70m 三跨变截面连续钢箱梁形式,桥宽达 35.6m,总质量 12000t,分为 310 个块体厂内制作运至现场,在临时胎架上拼装焊接,现场焊缝达19000m。邻跨各为跨度50m的钢混叠合梁。

其中主墩为小水平角大悬臂多维曲面Y形墩柱,斜腿水平角为38.4°,两斜腿夹角为103.2°,Y形墩平面尺寸23m(横)×32m(纵)×17m(高),悬臂各悬挑出16m,其壁厚达2.5m。造型非常独特,在天津市绝无仅有,在国内也属罕见。

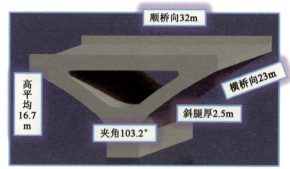

海河特大桥水中主墩示意图

(2)跨天津大道部分

天津大道为连接中心市区和滨海新区的快速客运道路,双向八车道,设计速度80km/h,全断面宽约41m,单幅宽度为15.5m,中央隔离带宽度为10m。上跨天津大道段为预应力现浇箱梁,现浇箱梁底至天津大道路面净空高度7m,梁高2.2m,箱梁最大跨径42m。

跨路现浇箱梁采用门洞形式搭设跨路支架,单个门洞跨度为10m,门洞支撑体系采用钢管柱架工字钢形式。

跨路施工实际效果图

(3)主要工作量

桥梁包含桩径1.0m、1.2m和1.5m的钻孔灌注桩2344根,桩长32~70m,墩柱555根,承台187座,桥台4座,现浇箱梁90跨,最大跨度110m,安装盆式支座648个,摆式支座110个,伸缩缝58道。

(4)工程施工技术难点

①深水大体积异形围堰及基坑施工技术

以蓟汕高速公路天津海河特大桥为研究背景,通过对钢板桩围堰受力情况研究分析,初步拟定钢板桩围堰内支撑设置方案,并用 Midas/civil 对不同内支撑方案进行模拟,通过模拟结果确定合理的支撑系统布置方案。根据支撑系统平面布置方案,结合现场施工情况,对该布置方案各个施工工况进行模拟研究,通过分析每个施工工况中钢板桩桩身的变形和应力分布情况,以及围檩与内支撑的变形和应力分布情况,制订相对应的施工方案,确定合理的施工工艺顺序及施工方法,保证施工顺利进行。通过现场监测,钢板桩位移、应力和内支撑的轴力均符合相关规范要求,表明制订的钢板桩围堰施工方案具有稳定性和安全性以及该内支撑布置方案的可行性。模拟结果与监测结果基本相符。

通过对围堰形状的优化,有效分散了水流冲击力,提高了安全系数,节省了材料,缩短了工期,节约了成本,并形成两项专利,均已获得授权。

②斜拉支撑体系平衡塔架法施工技术

Y 形墩柱钢构桥的优点在于悬臂施工期间可以利用 Y 形墩自身来抵抗悬臂浇筑过程中可能出现的不平衡弯矩而不需要另外设置辅助支撑,以及采用悬臂施工的方法,无需大量的施工支架和临时设备,施工时不影响桥下通航、通车,成桥后不需进行体系转化,同时,施工不受季节、河道水位的影响。

预应力混凝土 Y 形墩施工方法主要由两个斜腿和其顶部系梁组成倒三角结构。Y 形墩斜腿主要构成为劲性预应力钢筋混凝土,其在形成三角形结构之前,承载能力很小,且根部由于混凝土自重存在拉应力,容易产生裂缝。因此,选择正确的施工方法将有效地避免 Y 腿根部产生裂缝。桥梁 Y 形墩倒三角部分主要由 Y 肢与两 Y 肢间系梁两部分组成,通常选用劲性骨架法的施工方法,即在 Y 肢内埋设劲性骨架,在 Y 形墩根部夹角中央采用中心平衡塔架对等拉住劲性骨架及底模进行混凝土浇筑施工。但当内夹角较大时(大于60°),由于荷载较大,支于直腿墩顶夹角部位的平衡塔架受力及稳定均得不到保证,此时通常采用满堂支架的方法。但当 Y 形墩处于水中或者外部支撑困难,特别是 Y 形墩宽度(横桥向)较大时(大于10m),支架较长,稳定性降低,挠度过大,使满堂支架法受到很大的限制。因此,针对大夹角、大宽度、外部水中施工支撑困难且没有劲性骨架的 Y 形墩,借鉴劲性骨架中心平衡塔架的施工方法,研发了"平衡塔架法"的施工技术。

③基于 BIM 技术的多维曲面 Y 形墩柱模板预拼装方法

国外对于 BIM 的研究相对比较完善,已涉及建设项目的各个方面,并已经探讨了 BIM 在项目全生命周期各个阶段的应用,更是进一步拓展了研究领域,研究其结合应用和相应程序的开发。而国内对于 BIM 的研究相对比较晚,但在政府和行业的推动下,研究势头迅猛,已经深入到了建筑全生命周期的各个阶段,并探讨了其应用的局限性和效益,还进一步探究了在全生命周期实现数据转换与共享的思路和方法。

该工程 Y 形墩柱线形优美,参数复杂,模板数量多,样式繁杂,异形模板无法进行实体预拼装,因此采用了 BIM 技术进行模拟预拼装,解决了异形模板难以预拼装的难题,保证了关键部位的线形流畅,使模板拼缝严密。

BIM技术具有可视性、模拟性、优化性、协调性等特点,能够以三维可视化的形式表现出结构物的形状并模拟工程建设的施工方案,可以为工程提供信息化支撑平台,从而优化结构施工管理,减少因施工错误所造成的返工,节约工期和施工成本。

④小水平角大悬臂Y形主墩分节段浇筑施工技术

我国经济的迅速发展,工程建设规模越来越大型化。与此相适应,在普通工业与民用建筑中大体积混凝土结构大量出现。目前建筑施工中普遍使用的商品混凝土和大坍落度混凝土的开裂现象一直比较普遍,加之现在所生产的水泥放热速度较过去大为提高,这使得大体积混凝土的温度裂缝问题日益突出,已成为普遍性的问题。大体积混凝土温度裂缝问题十分复杂,涉及结构、建筑材料、施工、岩土、环境等多方面因素。很多工程实践中的问题只能依靠经验处理,缺乏适当的理论依据,这使得在工程实践中造成许多不必要的人力、物力、财力浪费,大体积混凝土施工质量控制的结果也不太理想。

海河特大桥主墩在参考了大量文献资料、总结了大体积混凝土温度裂缝产生原因的基础上,改进了大体积混凝土温度裂缝的控制方法,并将这些方法应用于实际大体积混凝土工程的裂缝控制中,取得了良好效果。同时也说明该工程所采取的温控措施的合理性和有效性。该工程在大体积混凝土工程中所采用的温度监测和裂缝控制措施,为今后同类工程的施工提供了方便,也为今后进行进一步的理论研究提供了试验和理论参考依据。

⑤大跨径变截面连续钢箱梁施工技术

随着我国钢结构技术和钢铁工业的迅猛发展,钢桥在桥梁中发挥的作用越来越显著。尤其钢结构箱形桥梁,凭借其跨越能力强、桥型美观、施工周期短、抗扭刚度大、整体性好、施工时对环境影响少等优点,在市政桥梁上得到了广泛的应用,且多用于大跨度桥梁。但是由于受到运输条件、吊装条件以及施工环境的复杂性、功能要求的多样性等限制,钢箱梁往往需要纵向分段,横向分片,将闭口完整的钢箱梁分割成若干开口单元。在施工现场再将这些分成的片段,组装拼接成整体,再进行吊装施工,完成钢箱梁的架设。市政钢箱梁桥往往采取此施工方法。

分段吊装法的施工方法是将钢箱梁整体由若干个分段进行吊装、焊接、拼装完成。施工顺序是先在地面胎架上将制作单元焊接拼装成分段吊装单元,然后用起重设备将各单元吊装至设计位置,吊装就位后,再人工焊接连接结构分段和嵌补分段,最后拼装成整体钢箱梁结构。分段吊装法的主要特点:施工技术性不强,简单易行,结构安装定位精确,拼装质量容易保证,并且采用的起重设备不大。但是此方法需要较大拼装胎架,较多高空作业,施工人员的安全保障难度大,带来的安全措施费用高。分段吊装法的主要技术难题:结构分段单元的分割;结构分段吊装顺序的确定;结构分段的高空焊接。该方法一般用于中小跨径的简支梁桥,也可以制作临时墩的连续梁桥。整体吊装法的主要特点:该施工方法不需要高大的拼装支架,最大限度地减少了高空作业,易保证施工安全与连接质量,但需要起重量大的起重设备,技术较复杂。大节段吊装法与整体吊装法类似,但大节段其吊装的规模较大,因其运输吨位较大,特别适合于跨海或沿海大桥。

⑥预应力Y形墩柱智能张拉压浆施工技术

桥梁结构耐久性是影响桥梁结构安全、寿命的关键因素,上部结构的提前损坏(如出现早期下挠、开裂等病害)和桥梁安全事故的发生逐渐成为人们日益关注的热点问题。大量预应力桥梁调查和检测表明,预应力桥梁质量隐患主要来源于预应力张拉施工工艺的不规范和缺乏有效的压浆控制手段,建立有效预应力直接关系到桥梁结构安全性、可靠性和使用寿命。

传统的预应力张拉压浆控制中,一般存在张拉力控制误差过大、张拉伸长控制不准确、张拉力与张拉伸长量不能同时控制以及预应力筋实际应力检测困难等问题。在管道灌浆施工中,浆液质量不高、压浆不饱满已成为预应力混凝土的主要病害之一。新的《公路桥涵施工技术规范》(JTG/T F50—2011)对后张预应力张拉和管道压浆施工进行了修订,提高了后张预应力张拉和管道压浆的材料性能、设备要求、技术工艺要求及质量标准。

如何改进预应力施工技术,对桥梁预应力进行有效控制,已经成为亟待解决的重要问题。蓟汕高速公路(津滨高速公路—津晋高速公路)工程第三合同段及天津国家会展中心海河通道工程推行桥梁标准化施工和精细化管理,桥梁预应力采用智能张拉和智能压浆施工技术,改变了传统的张拉压浆工艺,严格控制预应力张拉的精度。对提高桥梁结构的耐久性和使用寿命、降低桥梁的寿命周期成本具有重大现实意义。

⑦无中央分隔带左右两幅防撞护栏共同浇筑施工技术

防撞护栏是桥梁结构附属工程的重要组成部分。在中央隔离带两侧防撞护栏浇筑时,一般采用分别浇筑,这样既能保证浇筑过程中防撞护栏的浇筑质量,也可以保证在浇筑时防撞护栏的侧模板不会发生变形。但是,没有中央隔离带,或左右幅的防撞护栏间距过小,分别施工会增加模板拆除及安装过程中的困难,施工进度慢,效率低。

因此,为了满足施工进度要求,提高工作效率,促进工程技术发展,提高工程经济效益,亟需研制出一种操作简便、方法可行,适合于相邻防撞护栏同时浇筑的模板,基于此,该项目创新提出一种操作简单、方法可行的防撞护栏模板,以解决在实际防撞护栏浇筑时工期长、效率低的问题。

四、科技创新

依靠科技进步,整合社会资源,为质量创新提供技术保证。

(1)积极开展技改技革活动,集思广益,将施工中的一些经验技巧总结提炼并加以创新,并在蓟汕全线加以推广应用。蓟汕技改技革小组研究的高压水射流无振动切割施工技术,涉及桥梁施工工程,以盘踞切割配合高压水射流无振动切割破除混凝土施工工艺,来拆除钢筋混凝土防撞墙和箱梁翼板的钢筋混凝土结构而不损坏结构中的钢筋。通过高压水射流无振动切割施工,能够达到在加宽桥施工中破除混凝土结构,除了具有传统拆除施工所不能达到的不破坏原有钢筋混凝土的结构特点,同时施工中安全可靠、文明施工、减少噪声和降低粉尘污染的效果对老桥结构无影响。

该技术已在蓟汕高速公路(京津高速公路—港城大道)工程得到全面应用。该技术不仅加快了工程进度,极大地保证了原有桥梁结构的安全和稳定性,保证了加宽桥的搭接质量同时节约人员和资金投入,而且创造了可观的经济效益,成本节约1/3,已申请天津市科技成果认定。

(2)聘请有资质的科研单位作为技术服务组,直接参与指导施工。加强对桥梁桩基检测和软土地基检测,随机抽取检测桩位进行检测。对桥梁关键部位进行耐久性混凝土设计,保证混凝土施工质量。采用振动成型法的设计方法进行水稳结构层设计,提高半刚性基层沥青路面的技术性能,减少路面早期破坏。沥青混凝土路面采用Superpave高性能混凝土,将大幅提高路面抗车辙变形、抗疲劳、抗水害性能,保证有足够强度的耐久的沥青路面。

2. 津滨高速公路空港经济区联络线(港城大道—津滨高速公路)工程

该工程重点推出了一批技术创新成果,重点包括以下5项:

(1)在国内北方地区公路工程中首次使用预应力混凝土薄壁管桩(PTC桩)技术。
(2)新型材料——泡沫轻质土的应用。
(3)采用了液态粉煤灰应用技术。
(4)在新旧路搭接处大力推广应用土工合成材料。
(5)热拌沥青混合料质量实时监控系统新技术应用。

在沥青面层施工中,对各沥青混和料拌和厂的拌和设备安装了"热拌沥青混合料质量实时监控系统",对各沥青混合料拌和厂生产沥青混合料的仓料配合比、油石比、混合料拌和温度及混合料级配曲线、关键筛孔通过率等影响混合料质量和性能的各项生产参数实行过程质量控制,实现了远程实时监控,有效保证了各沥青面层的施工质量。

3. 蓟汕高速公路(津滨高速公路—津晋高速公路)工程

该工程预制梁底座创新QC小组"组装桁架式预制箱底座研发"于2016年5月获一等奖(一项),2016年天津市工法(一项)、2016年天津市建设领域推广新技术(一项)2016年中建总公司科研立项(国际先进水平)(一项)、2016年9月项目管理成果"绿色施工标准化管理建设高品质节能型工程"获得全国二等奖(一项)、2016年7月"提高大曲率正反弧匝道箱梁外观质量QC课题"获国家级一等奖(一项)。

五、运营养护管理

1. 服务设施

全线设置东丽服务区一处服务区,见表8-19-9。

S51 蓟汕高速公路服务区一览表　　　　表8-19-9

服务区名称	桩　　号	所 在 区 域	占地(m²)	建筑面积(m²)
东丽服务区	K9+100	东丽湖	61073.5	4980.6

2. 收费设施

该项目共设置收费站9座,均为匝道收费站,在津芦南线、津大公路、津汉公路、港城大道、津滨高速公路、津晋高速公路等处设置。匝道出入口数量截至2016年底共计123条,其中ETC车道29条,见表8-19-10。

S51 宁静高速公路收费设施一览表　　　　表8-19-10

序号	收费站名称	入口车道数		出口车道数		车 道 总 数	
		MTC	ETC	MTC	ETC	MTC	ETC
1	空港经济区收费站(南)	4	2	3	3	7	5
2	空港经济区收费站(北)	3	1	5	1	8	2
3	辛庄站	4	1	6	1	10	2
4	新立桥站	3	1	5	1	8	2
5	华明站(南)	3	1	4	1	7	2
6	华明站(北)	3	1	5	1	8	2
7	东丽湖西站(南)	2	1	4	1	6	2
8	东丽湖西站(北)	2	1	4	1	6	2
9	金桥站	2	1	4	1	6	2
10	天南大站(暂不开通)	3	1	5	1	8	2
11	大寺站(暂不开通)	3	1	5	1	8	2
12	未来科技城站(南)	2	1	4	1	6	2
13	未来科技城站(北)	2	1	2	1	6	2

第二十节　S6 津沧高速公路(外环线—静海唐官屯镇)

津沧高速公路是连接我国东北、华北与华东、华南及东南沿海地区的重要通道。它的建成将大大提高津沧两地的经济文化交流,并带动高速公路沿线地区的经济发展。

一、项目概况

津沧高速公路起于天津市外环线津静立交,途经天津市西青区、静海区,终至河北省沧州市青县。原名京沪高速公路代用线,于京沪高速公路正线通车后改为津沧高速公路。按照高速公路标准设计,全封闭、全立交,全长 54.1km,双向四车道,设计速度 100 ~ 110km/h。主要工程占地 3882.84 亩,其中大桥 4 座,中桥 5 座。S6 津沧高速公路项目基本情况见表 8-20-1 ~ 表 8-20-3。

(一)基本情况

1. 津沧高速公路南段工程

该项目由天津市市政工程设计研究院设计,采用全封闭高速公路标准建设,建设规模为双向四车道,路基宽 23m,桥梁车辆荷载采用汽—超 20、挂—120。1993 年开工建设静海西流城至青县段 41.628km,由天津市公路管理局组织了项目经理部负责管理,市政一、

三、五公司,公路总公司等参加了施工,1995年10月18日建成通车。这是继京津塘高速公路之后建成的又一段高速公路,也是天津建设者自行设计和施工的第一条高速公路。它方便了京津冀鲁四地的交通联系,促进了区域的经济合作和往来,带动了地方经济的繁荣。现由天津天永高速公路有限公司进行养护管理。

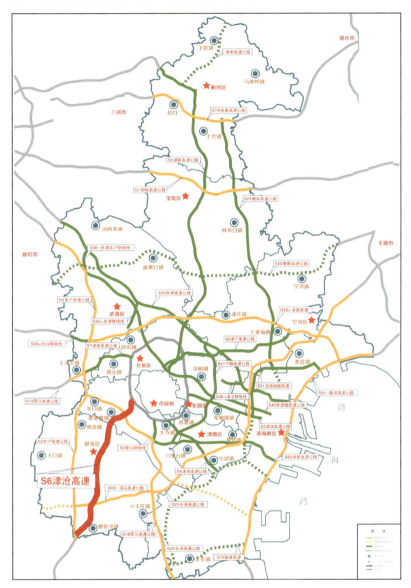

S6 津沧高速公路在路网中示意图

2. 津沧高速公路北段工程

1998年开始建设西流城以北至外环线12.5km(天津北段),同时改建外环线津静公路至宜白立交段长29km,依照标准的双向四车道高速公路标准进行,行车道宽22m,路基宽28m,道路按BZZ-100,桥梁按汽—超20、挂—120。该项目与港方合资组建了天朗公

天　津
高速公路建设实录

S6 津沧高速公路项目基本信息

表 8-20-1

路段起止桩号		规模（km）			建设性质（新、改扩建）	设计速度（km/h）	路基宽度（m）	永久占地（亩）	投资情况（亿元）			资金来源	建设时间（开工—通车）	4A级以上主要景区名称	备注
起点桩号	止点桩号	合计	八车道及以上	六车道	四车道					估算	概算	决算				
K0+000	K12+500	54.128			12.5	新建	110	24.5	3882.84	6.36	20.03	18.55	交通部补助、交通部贷款、国债转贷、养路费、银行贷款	1998—1999.12 1993—1995.10		
K12+500	K54+128				41.628		100	23								

S6 津沧高速公路桥梁汇总

表 8-20-2

序号	名称	规模	桥梁左（m）	桥梁右（m）	主跨长度（m）	桥面宽度（m）	桥底净高（m）	跨越障碍物	桥梁分类	备注
1	津静高架桥	大桥	406.14	406.14	25	25	5.5	道路	梁式桥，钢筋混凝土梁桥，简支桥梁	
2	周芦铁路高架桥	大桥	717.73	717.73	30	25		铁路	梁式桥，钢筋混凝土梁桥，简支桥梁	
3	西琉城高架桥	大桥	318.65	318.65	25	25	5.5	道路	梁式桥，钢筋混凝土梁桥，简支桥梁	
4	独流减河桥	大桥	840	840	20	20		河流	梁式桥，钢筋混凝土梁桥，简支桥梁	
5	前毕庄立交桥	大桥	380	380	20	23	5.5	道路	梁式桥，钢筋混凝土梁桥，简支桥梁	
6	静王路立交桥	大桥	380	380	20	23	5.5	道路	梁式桥，钢筋混凝土梁桥，简支桥梁	
7	运东干渠桥	大桥	119.54	119.54	16	22.5		水渠	梁式桥，钢筋混凝土梁桥，简支桥梁	
8	唐官屯立交桥	大桥	475	475	32	18.6		铁路	梁式桥，钢筋混凝土梁桥，简支桥梁	
9	南运河一号桥	大桥	172	172	30	23		河流	梁式桥，钢筋混凝土梁桥，简支桥梁	
10	南运河二号桥	大桥	172	172	30	23		河流	梁式桥，钢筋混凝土梁桥，简支桥梁	
11	大张屯立交桥	大桥	406	406	30	23	5.5	道路	梁式桥，钢筋混凝土梁桥，简支桥梁	
12	马场减河桥	大桥	119.37	119.37	16	18.6		河流	梁式桥，钢筋混凝土梁桥，简支桥梁	
13	自来水河桥	中桥	42.74	42.74	16	25		河流	梁式桥，钢筋混凝土梁桥，简支桥梁	
14	排干污水河桥	中桥	50.33	50.33	16	25		河流	梁式桥，钢筋混凝土梁桥，简支桥梁	
15	西大洼污水河桥	中桥	84.76	84.76	16	25		河流	梁式桥，钢筋混凝土梁桥，简支桥梁	

续上表

序号	名称	规模	桥梁左(m)	桥梁右(m)	主跨长度(m)	桥面宽度(m)	桥底净高(m)	跨越障碍物	桥梁分类	备注
16	丰产河桥	中桥	65.05	65.05	20	25		河流	梁式桥,钢筋混凝土梁桥,简支桥梁	
17	老君堂排干渠桥	中桥	20.64	20.64	20	25		水渠	梁式桥,钢筋混凝土梁桥,简支桥梁	
18	港团运河桥	中桥	58.45	58.45	13	22.5		河流	梁式桥,钢筋混凝土梁桥,简支桥梁	
19	刘上道桥	中桥	45.38	45.38	13.08	22.5		水渠	梁式桥,钢筋混凝土梁桥,简支桥梁	

S6 津沧高速公路路面结构

表 8-20-3

路面形式	起讫里程	长度(m)	水泥混凝土路面	沥青路面	路面结构
柔性路面	K0+000~K12+500	12500		沥青混凝土路面	4cm 中粒式沥青混凝土 + 5cm 粗粒式沥青混凝土 + 6cm 粗粒式沥青混凝土 + 20cm 水稳 + 15cm 石灰粉煤灰碎石 + cm 粉煤灰石灰土 + 15cm 石灰土
	K12+500~K54+128	41628			4cm 中粒式沥青混凝土表面层 + 7cm 粗粒式沥青混凝土中面层 + 7cm 沥青碎石(粗粒式)底面层 + 18cm 水泥稳定级配碎石基层(5%) + 15cm 石灰土(12%) + 15cm 石灰土(10%)
刚性路面					

司投入建设,公路发展公司组建了项目经理部,通过招标选择施工单位进行施工,1999年年底通车。至此,自京津塘高速公路宜兴埠站,通过外环线西北半环至津静立交进入津沧高速公路,形成京沪高速公路代用线,解决了北京、东北地区至华东的运输通道问题。现由天津市高速集团一分公司进行养护管理。

(二)前期决策情况

随着天津经济社会快速发展的需要,迫切需要修建天津到沧州的高速公路,以此来不断完善天津市公路网干线骨架,从而缓解京福公路交通压力,促进经济的持续、平稳发展。为此,天津市政府提出了修建京福高速公路的要求。天津市公路管理局随即启动对该项目的前期调研和技术经济论证,并向天津市市政工程局提出了《关于京福高速公路项目立项的请示报告》,天津市市政工程局下达《关于京福高速公路工程立项的批复》,同意建设天津市至沧州的高速公路。

(三)参建单位主要情况

津沧高速公路北段工程合同段划分及招标经过报请天津市市政工程局批准后进行组织实施,7个合同段划分基本合理,每个合同段均有独立的进出场运输路线。该工程采用邀请招标方式,标价确定采用合成标底,评标定标采用综合办法,综合分最高的投标人中标,标价基本合理。招投标工作均委托天津市政招标公司组织,通过严格的资格预审、评审、招标等过程确定了中标单位。监理单位的确定也是通过招标方法,两家监理公司进行竞标,最后选定天津市道桥监理公司作为该工程的监理单位,通过签订监理服务协议书,授权委托监理单位对工程质量严格监理。参建单位基本情况见表8-20-4、表8-20-5。

津沧高速公路(津沧南)参建单位情况一览表　　　表8-20-4

参建单位类别	单 位 名 称	合同编号及桩号	负 责 人
项目管理单位	天津天永高速公路有限公司	K0+000~K35+034	
勘察设计单位	天津市政工程设计研究院	K0+000~K35+034	
监理单位	天津市道路桥梁工程监理公司	K0+000~K35+034	冯金城
施工单位	天津市第三市政公路工程公司	1合同,马厂碱河桥	贾利亨
施工单位	天津市静海静海公路工程有限公司	2合同,K0+000~K5+841	尚国强
施工单位	天津市第一市政公路工程公司	3合同,K5+842~K14+825	兰全来
施工单位	天津市第五市政公路工程公司	4合同,K14+826~K27+635	胡寿奎
施工单位	天津市第二市政公路工程公司	5合同,K27+636~K35+034	李德宏
施工单位	雍阳公路工程公司	6-1合同,收费站广场混凝土工程	刘文军
施工单位	公路设施修造厂	6-2合同,收费站罩棚工程	朱玉章
施工单位	公路设施修造厂	7合同,交通工程	吴长青
施工单位	天津市第五市政公路工程公司	8合同,津淶公路	宋子冬

津沧高速公路（津沧北）参建单位情况一览表　　　　　表 8-20-5

参建单位类别	单 位 名 称	合同编号及桩号	负 责 人
项目管理单位	天津公路建设发展有限公司	K0+000～K12+228.855	邓海川
勘察设计单位	天津市政工程设计研究院	K0+000～K12+228.855	杨玉淮
监理单位	天津市道路桥梁工程监理公司	K0+000～K12+228.855	陈家贞
施工单位	天津市第二市政工程公司	1 合同，K1+544～K6+300	刘世善
施工单位	天津市第五市政工程公司	2 合同，K6+300～K9+000，K10+629～K11+010	张锦珠
施工单位	天津市第三市政工程公司	3 合同，K0+340～K1+544	董树华
施工单位	天津市第二市政工程公司	4 合同，K9+000～K10+629	刘世善
施工单位	天津市第一市政工程公司	5 合同，K11+010～K11+405	王庆生
施工单位	天津市第一市政工程公司	6 合同，K11+405～K12+247	王庆生
施工单位	天津市第三市政工程公司	7 合同，K8+375	董树华
施工单位	天津市第一市政工程公司	8 合同，K11+010～K11+405	王庆生
施工单位	天津市第四市政工程公司	9 合同，收费站	从月宾

二、建设情况

（一）项目准备阶段

1997 年 7 月 29 日，交通部《关于京沪公路（天津北段）初步设计的批复》（交公路发〔1997〕446 号）正式批准了该工程立项。

1998 年 12 月 20 日，天津市市政工程局《关于对〈关于京福公路（南段）改造工程立项的请示〉的批复》（计〔1998〕830 号）正式批准了该改造工程的立项，工程总投资估算为 19603.7 万元。

1999 年 11 月 10 日，天津市公路建设发展公司以《关于对京福公路南段改造工程可行性研究报告和初步设计委托书》正式委托天津市市政工程设计研究院开展该项目的可行性研究报告和初步设计工作。

1999 年 12 月 29 日，天津市发展计划委员会《关于津港合作改造京福公路（天津南段）项目可行性研究报告（代项目建议书）的批复》（津计外经〔1999〕1123 号）正式批准了由天津市公路建设发展公司与香港浩天投资发展公司共同合作经营京福公路（天津南段）项目，投资组建天津浩天京福公路有限公司。

（二）项目实施阶段

津沧高速公路工程由于地处天津市近郊，拆迁量大，拆迁难度高，地方干扰较为严重。加上工期紧、施工难度大、技术含量高等不利因素，对工程的进展影响很大。尤其新辟线工程，虽然路线不长，但地质条件复杂，有软基、稻田等。在工程实施过程中，始终把工程质量放在首位,建立了三级质量保证体系,即监督、监理和施工自检。同时在施工管理上采取多项措施。

(1)依靠当地政府做好拆迁工作,确保施工顺利进行。征地拆迁工作是工程的一项重要工作,针对拆迁工作难做的问题,紧紧依靠当地政府,1997年与西青区建委签订了1000亩地的征地协议和房屋的拆迁协议,由区建委做各乡镇及当地居民的工作,降低了工作的难度,保证了工程顺利进行。

(2)确定"优质高效、争创最佳工程"的总体目标。工程之初,组织施工单位负责人到河北省学习工程管理经验,结合工程实际确定了"优质高效、争创最佳工程"实施方案,制订了最佳工程质量技术标准。要求所有参建人员必须牢固树立"质量重于泰山"的思想,在工作上以争创最佳为准则。摆正质量、进度、效益的关系。以百倍的勤勉、先进的技术、严格的管理来保证工程质量。

(3)实行项目工程师制度,狠抓施工现场管理。在建设中,向各合同段派驻项目工程师,加强对工程的管理和对质量的控制,行使建设单位对工程质量的监督和管理权。

(4)建立质量联查制度。要求总监每月组织一次联合检查,客观评价各合同段的工程质量情况,同时对监理工作进行检查,依照监理工作考评细则,对各驻地办的工作、人员进行定量考核。

(5)抓好关键部位,消除质量通病。

(6)通过科技创新,提高工程质量,加快工程进度。积极使用新材料、新设备、新工艺,提高工程质量。

(7)加强安全文明施工,重视环境保护。始终把安全生产、文明施工、环境保护作为工作的重要内容。

(8)建设资金的管理使用情况。在建设中做到严格控制资金。征地费、拆迁费、监理费等管理费用,严格按照合同条款约定付款。天津市公路局与新加坡合作组建的京福公路天永公司于1998年1月8日成立。

三、复杂技术工程

周芦铁路在天津市西青区与京沪高速公路斜交。为保证火车、汽车高速安全行驶,修建跨周芦铁路高架桥。周芦铁路桥地处西青区张家窝农田中,现场地势平坦、开阔,主线过农田,两侧为枣树林,地下水位较高。

周芦铁路桥分上下行,上行桥结构部分从桩号 K9+214.195~K9+927.259,长 713m,共 34 跨;下行桥结构部分从桩号 K9+214.951~K9+921.911,长 707m,共 34 跨,桥宽 11.86m。

钻孔灌注桩桩径为 1.2m、1.5m。系梁承台双柱桩径为 1.2m、1.5m。盖梁后张预应力 T 梁跨经为 35m、20m。

四、科技创新

针对津沧高速公路项目工期紧、跨越区域多、地质条件差异大、质量目标高的特点,结合桥头跳车、路面早期破坏等质量通病的预防,大胆采用新技术、新材料、新工艺,确定了多项科研课题及技术。施工中使用了较先进的施工工艺,效果显著。

(1)改进了墩柱的模板工艺。为保证墩柱的外观,改拼装模板为整体式模板,这样形成成品的墩柱,几乎看不到任何模板拼缝,先加大柱长的模数,使整个柱子的模板拼缝几乎没有,大大提高了墩柱的整体效果。其次,改变了柱模竖向拼装位置,平整度大大提高。

最后在模板处理上严格打磨,保证使用时光亮如新。

(2)地袱模板及支撑用脚手架的改进。地袱工艺全部采用了新式的"外跨式"工艺,此工艺线形优美,但支撑困难,若下部拼缝不严极易漏浆,针对这种作出以下改进:

①设计采用悬臂式脚手架"旱桥水做",该方法操作简单。

②改进模板拼缝形式,采用磨口拼缝法。

③箱梁内侧模板平整度的改进。在周芦桥的箱梁施工中,采用了竹胶板新工艺。竹胶板具有平整度高、变形小、施工简单、外形优美等优点,尤其在对混凝土要求极高的箱梁部位,它的使用解决了以往钢模板拼装不严、接缝多、支模困难的缺点。经拆模后检测,箱梁大面积平整度均符合要求,而且外观质量有了较大提高。

(3)冷再生应用及机理的研究。在组织工程技术研究,推广应用新技术、新工艺方面,按照公司规定的课题要求,京福南项目经理部承担了冷再生应用及机理研究,分别与市质监站、市设计院和河北工业大学联合进行课题攻关,多次组织科研课题活动分析会,以求课题研究成果达到高水平、高质量。

五、运营养护管理

1. 服务设施

津沧高速公路起自外环线津静立交处,止于河北省青县,全线长54km。该段主线设置1个服务区,唐官屯服务区。

2. 收费设施

全线共设收费站六座,津静主线收费站、津涞匝道收费站、前毕庄匝道收费站、静王路匝道收费站、唐官屯匝道收费站、九宣闸主线收费站,见表8-20-6。

S6 津沧高速公路收费设施一览表 表8-20-6

序 号	收费站名称	入口车道数		出口车道数		车道总数	
		MTC	ETC	MTC	ETC	MTC	ETC
1	津静收费站(主线站)	4	1	9	1	13	2
2	津涞收费站	2	0	2	0	4	0
3	前毕庄收费站	1	1	3	1	4	2
4	静王路收费站	2	0	4	1	6	1
5	唐官屯收费站	1	0	5	1	6	1
6	九宣闸收费站(省界主线站)	0	0	13	2	13	2

3. 养护管理

该项目养护里程54.1km。近几年对津沧高速主线维修情况如下：2008年前对主线路面进行过微表处；2008年对主线K0+000～K7+000按路段分别进行了单层挖补、双层挖补和基层补强；2009年对K10+872～K11+326双向四个车道和天津至沧州K12+159～K12+496两个车道进行了基层补强，并对沧州至天津K12+496～K12+159两个车道进行了双层挖补；2010年对主线部分路段进行了单层挖补，主线K7+000～K10+600中部分路段进行了整体补强；2011年对主线部分路段进行了双层挖补、单层挖补和微表处；2012年对双向行车道、超车道及西硫城大桥天津至沧州方向全桥面进行了微表处维修；2013年和2014年对路面损坏路段进行了微表处。

津沧高速公路养护维修

六、项目后评估

津沧高速公路(天津段)的建设决策是正确的，建设时机的选择是适宜的，最终选取的技术标准是适当的。项目建设推动了沿线地区及天津市的经济发展，所产生的社会效益较为显著。

该项目作为跨市际、大区域范围内的津沧高速公路的组成路段，在国道网中具有重要的地位。津沧高速公路(天津段)项目的规划建设，使天津市的交通基础设施条件得到了进一步改善，潜在的资源优势得以充分的发挥，从扩大内需、提高运输质量和运输效益、改善投资环境和区位条件等方面带动了地区经济效益的增长和经济产出的增加，为沿线地区的经济发展提供了重要的基础设施保障，对天津市宏观经济发展起到了十分有效的促进作用。同时，交通"瓶颈"对项目沿线地区产业发展的制约问题在一定程度上得以解决，商贸流通业的发展以及地区招商引资都得到了极大的促进。

该项目的建设实施进一步完善了京津冀地区的快速交通体系，推动了区域内部的互动与优势互补，加快了京津冀区域空间框架下的产业布局重组和经济发展，为京津冀地区经济(特别是旅游产业)一体化进程创造了良好的交通条件。

该项目促进了天津市综合交通运输体系的优化发展,巩固了其作为全国路网主枢纽城市的地位,对天津市交通事业的发展起到了积极作用。

同时,津沧高速公路(天津段)的建设管理模式为后续项目提供了积极的指导作用。建设单位在征地拆迁、资金运用、深化设计、科学决策、节约土地资源等方面发挥了重要作用,在项目管理上,严格执行基建程序,认真贯彻"四制"要求,积极探索新技术的开发与应用,在工程质量、工期、投资控制方面都取得了显著成绩。设计单位通过设计过程中的多次现场调查勘测和多次方案论证,进行了高标准线形和路面结构设计,以及技术可靠、经济合理、施工方便的桥涵结构设计,并进行了全过程技术服务,为平原微丘区高速公路的设计和施工积累了经验;施工单位建立了完善的质量保证体系,按合同要求配备了技术管理人员和施工机械设备,设立了工地试验室,在工程施工任务重、工期紧、质量要求严的情况下,制订了科学的施工组织设计,严细每道工序操作,确保了工程质量和工期;监理单位根据合同组建了监理机构,设置了驻地监理组,编制了各类监理工作用表,建立健全了管理制度,并开展各类监理培训。监理工作能按照"严格监理、热情服务、秉公办事、一丝不苟"的原则,严格执行国家有关质量标准,有效控制了工程质量、进度、投资,发挥了工程监理的重要作用。

综上所述,津沧高速公路(天津段)项目的建设,为天津市经济发展提供了重要的交通基础设施保障,该项目的建成极大地促进了京津冀地区一体化进程,并在此基础上,促进了整个天津市经济的可持续发展。通过对以上各方面科学、客观的评价,可以认为该项目的建设已经实现并超出了立项阶段预期目标,获得了良好的社会经济效益,其建设符合了天津市经济发展需要,建设时机选择较为恰当。因此该项目的实施对天津市乃至京津冀地区的社会经济发展具有重要的现实意义和历史意义。

第二十一节 S7津保高速公路天津西段
（外环线—武清王庆坨镇）

一、项目概况

津保高速公路西起河北省徐水,经容城、雄县、霸州、安次入天津,终点至天津外环线,全长128.95km。津保高速公路(天津西段)工程,占地2520.79亩,总投资7.18亿元人民币。

全线共设收费站3处:津保天津主线收费站,规模为6进6出;津同路匝道收费站,规模为3进3出;冀津主线收费站(与津保高速公路河北段共管收费站),规模为9进9出。

第八章
高速公路建设项目

（一）基本情况

津保高速公路在地高网中名称为 S7，位于天津市北辰区，是津、冀、晋地区间的重要通道，建设起点位于河北省霸州市与天津市交界（交界处在武清区王庆坨镇境内，津同公路以南 2km 处），建设终点为外环线津保桥与天津市红桥区丁字沽三号路交口处。津保高速公路天津段起外环津保桥，止于武清区王庆坨镇。起点桩号（注：运营桩号）：K0+000，终点桩号：K18+782。全长 18.782km。采用平原微丘、全封闭高速公路标准进行设计和建设，建设规模为双向四车道，设计车辆荷载采用汽—超 20 级、挂—120，设计速度 120km/h，路基宽度 27.0m。

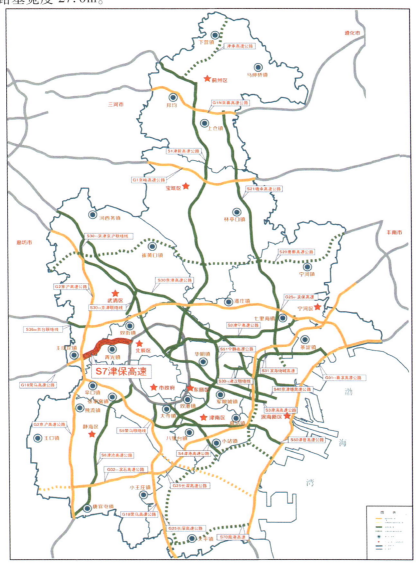

S7 津保高速公路在路网中示意图

主要构造物有互通式立交桥1座,分离式立交桥1座,中桥2座,小桥6座,通道25座,涵洞83道,主线收费站2处,匝道收费站1处,并设有监控中心等相关配套的附属工程。

该项目沿线途经武清区王庆坨镇,北辰区徐家堡、郝家堡村南、安光村北,向东延伸,通过双口镇、王秦庄、干校北侧,穿过南曹铁路预留洞体与外环线相交。该项目总投资53866.33万元,1997年末完成初步设计,1998年4月开工,2000年7月主线工程竣工实现通车。外环线立交桥于2003年4月开工建设,2003年10月建成通车,工程决算金额5201.52万元。1999年1月完成竣工验收。该路线位于天津西部,与河北省交界,是山西省通往港口的交通要道,它的建成极大地改善了河北、山西两省通往渤海湾各港口的运输条件,加强天津、河北、山西三省市的经济交流与合作,对整个环渤海地区的经济发展起到重要的作用。该路现由天津津富高速公路有限公司负责运营养护管理。S7津保高速公路基本情况见表8-21-1~表8-21-3。

(二)前期决策情况

建设津保高速公路,把天津、河北、山西等地区联系起来,缩短重要城市之间距离,可以分流过境交通,减轻杨柳青及市区交通压力,有利于改善天津市经济开发区的投资环境,加速天津市的经济发展,具有更现实的经济意义和政治意义。天津港是重要的煤炭外运港口,随着港口吞吐能力提高,进出港物资增多,对公路交通的要求也会更高,该项目是晋煤外运通道中的一段,因此,该项目的建设也将对晋煤外运起到重要作用。

1997年5月20日,天津市计划委员会《关于津港合作建设112国道高速公路天津境内双口镇南—徐家堡之间路段项目可行性研究报告(含项目建议书)的批复》(计〔1997〕716号)。

1997年5月,天津市计划委员会《关于津港合作建设112国道高速公路天津境内外环线—双口镇南之间路段项目可行性研究报告(含项目建议书)的批复(计〔1997〕718号)。

(三)参建单位主要情况

该项目建设单位为天津津富高速公路有限公司,由天津市市政工程设计研究院负责设计,由天津市道路桥梁监理公司和天津市国腾监理公司负责工程监理。该工程经过邀标程序,中标施工单位分别为天津市第一市政公路工程有限公司、天津第三市政公路工程有限公司、天津第五市政公路工程有限公司、天津市雍阳公路工程有限公司等。参建单位情况见表8-21-4。

第八章
高速公路建设项目

S7 津保高速公路基本信息

表 8-21-1

路段起止桩号		规模（km）			建设性质（新、改扩建）	设计速度（km/h）	路基宽度（m）	永久占地（亩）	投资情况（亿元）			建设时间（开工—通车）	4A 级以上主要景区名称	备注
起点桩号	止点桩号	合计	八车道及以上	六车道	四车道					估算	概算	决算	资金来源		
K0+0000	K18+782	18.782	—	—	18.782	新建	120	27	2520.79	6.63	6.48	5.39	交通部补助、国债转贷、自筹、贷款	1998.4—2000.7	—
—	—	—	—	—	—	新建	—	30~80	162	—	0.74	0.52	贷款自筹	2003.3—2003.10	—	外环立交

S7 津保高速公路桥梁汇总

表 8-21-2

序号	名称	规模	桥梁左(m)	桥梁右(m)	主跨长度(m)	桥面宽度(m)	桥底净高(m)	跨越障碍物	桥梁分类	备注
1	外环津保桥	大桥	321.71	321.71	32	27.5	5.058	道路	梁式桥、钢筋混凝土梁桥、连续桥梁	
2	永清渠桥	中桥	54.14	54.14	20	27	7.039	水渠	梁式桥、钢筋混凝土梁桥、简支桥梁	
3	京福分离式立交桥	中桥	67.9	67.9	16	27	6.11	道路	梁式桥、钢筋混凝土梁桥、简支桥梁	

S7 津保高速公路路面结构

表 8-21-3

路面形式	起讫里程	长度（m）	水泥混凝土路面	沥青路面	路面结构
柔性路面	K0+000~K18+782	18782	—	沥青混凝土路面	4cm 中粒式沥青混凝土+5cm 粗粒式沥青混凝土+6cm 粗粒式沥青混凝土+30cm 水泥稳定级配碎石+30cm 石灰土
刚性路面	—	—	—	—	—

S7 津保高速公路天津西段参建单位情况一览表　　　　表 8-21-4

参建单位类别	单位名称	合同编号及桩号	负责人
项目管理单位	天津津富高速公路有限公司	津保高速公路与外环线和丁字沽三号路交汇处	李凤来
		K0+000～K23.944	马纯孝
勘察设计单位	天津市市政工程设计研究院	津保高速公路与外环线和丁字沽三号路交汇处	李凯健
		K0+000～K23.944	邱志明
施工单位	天津城建集团三公司	津保高速公路与外环线和丁字沽三号路交汇处	王桂英
	天津市雍阳公路工程有限公司	1合同，K0+000～K4+700及K6+000～K7+420段路基土方及构筑物施工工程；K0+000～K4+700及K6+000～K7+420段路面结构层施工工程；通道引路工程K0+000～K9+409）；K0+000～K7+420隔离栅；K0+000～K8+000波形梁护栏；全线收费岛路面路基工程；匝道收费站直埋电缆工程；武清区段建设单位委托其他工程；武清段线外工程	高启生
	天津公路工程总公司	2合同	安德发
	天津市第五市政工程公司	3合同，K7+420～K16+650段路基路面及结构物施工	李志安
	天津市第一市政工程公司	4合同，K7+420～K16+650段收费岛、路基路面施工	何士君
	天津市第三市政工程公司	5合同，K4+700～K6+000及K16+650～K17+900段桥梁和引路施工工程	孙忠良

二、建设情况

（一）项目准备阶段

1. 项目审批

该项目严格执行交通基本建设程序，从预可行性研究、工程可行性研究、初步设计、施工图设计、工程施工、监理招投标及工程开工报告的审批，各个环节手续齐全，具体如下：

1998年3月14日，天津市公路局向天津市市政局呈报《关于112国道高速公路（天津西段）工程报建的请示》。

1998年3月14日，天津市公路局向天津市市政局呈报《关于112国道高速公路（天津西段）工程资格预审的请示》。

1998年4月14日，天津市市政局向天津市公路局批复了《关于112国道（天津西段）高速公路工程可行性研究报告的批复》。

1998年4月28日，天津市市政局向天津市公路局批复了《关于审批112国道（天津西段)工程报建的批复》。

1998年7月29日,天津市市政局向天津市公路局批复了《关于审批112国道(天津西段)高速公路工程初步设计的请示》的批复。

1998年10月28日,No.4合同津同跨线桥竣工通车。

1998年11月17日、25日,津保高速公路项目组织No.1-1合同(已填土到路基面段)交工验收。

1999年5月20日上午11:00以前,共有10个单位对交通工程5个合同段(隔离栅、波形梁)进行了投标。11:00举行了交通工程开标会。

2. 资金筹措

在建设资金方面,工程项目采用中外合作的方式,由天津市公路建设发展公司与天津原鸿高速公路有限公司、天津朗道高速公路有限公司、天津津富高速公路有限公司共同出资,工程共计投资5.91亿元,见表8-21-5。平均每公里造价0.31亿元。

S7 津保高速公路天津段(国道112线)工程主要资金来源 表8-21-5

资金来源	外方投资	中方投资				合计
		交通部补助	国债贷款	银行贷款	中方投入	
金额(万元)	15912.02	7200	1500	23845.31	10610.52	59067.85
所占比例(%)	27	12	3	40	18	100

注:包含外环线立交桥项目投资情况。

3. 合同段划分

根据各专业的工程内容,合同段划分见表8-21-6、表8-21-7。

S7 津保高速公路天津西段(国道112线)工程合同段划分情况 表8-21-6

合同段号	合同段所在地	工程内容及长度	施工单位
一	北辰区	K7+420~K16+650段收费岛、路基路面施工	天津市第一市政公路工程有限公司
二	北辰区	K4+700~K6+000及K16+650~K17+900段桥梁和引路施工工程	天津市第三市政公路工程有限公司
三	北辰区	K7+420~K16+650段路基路面及结构物施工	天津市第五市政公路工程有限公司
四	北辰区	K0+000~K4+700及K6+000~K7+420段路基土方及构筑物施工工程;K0+000~K4+700及K6+000~K7+420段路面结构层施工工程;K0+000~K9+409通道引路工程;K0+000~K8+000波形梁护栏;全线收费岛路面路基工程;匝道收费站直埋电缆工程;武清区段建设单位委托其他工程	天津市雍阳公路工程有限公司
五	北辰区	三大系统	长城电子研究所

S7 津保高速公路天津西段外环线立交桥工程合同段划分　　　　表 8-21-7

合同段号	合同段所在地	工程内容及长度	施工单位
一	北辰区	外环线与丁字沽三号路交口，外环线方向长 628.443m，立交主线东西向长 734m，桥梁总面积 11430m²	天津市第三市政公路工程有限公司

（1）土建工程设计合同分 4 个合同段，房建工程设计 2 个合同段，绿化工程设计 1 个合同段，机电工程设计 1 个合同段。

（2）施工合同段划分：根据工程内容的不同，土建工程 4 个合同段，机电工程 1 个合同段，房建工程 2 个合同段，绿化工程 1 个合同段，交通安全设施 3 个合同段。

（3）施工监理合同段划分：根据工程内容设 4 个总监办公室，3 个土建工程驻地监理合同段，2 个房建工程监理合同段，1 个机电工程监理合同段。

4. 征地拆迁

1997 年 10 月 13 日，天津市市政工程局与天津市人民政府就 112 国道高速公路路线方案及沿线构筑物设置位置、标准、规模等问题进行了商洽。区政府同意沿线征地约 2042.04 万亩，其中旱地 1195.413 亩，果园 813.614 亩，鱼塘 29.265 亩，荒地 3.748 亩，具体征地手续由区政府土地局协助办理。S7 津保高速公路天津西段征地拆迁情况见表 8-21-8。

S7 津保高速公路天津西段征地拆迁情况　　　　表 8-21-8

征地拆迁安置起止时间	征用土地（亩）	拆迁房屋（m²）	管线切改（万元）	支付补偿（万元）	备注
1998 年 1 月—2003 年 11 月	2682.79	3260	—	13876.73	

注：包含外环线立交桥项目征地拆迁情况。

1997 年 11 月 13 日、11 月 19 日，天津市公路管理局与武清县人民政府就 112 国道高速公路路线方案及沿线构筑物设置位置、标准、规模等问题进行了商洽。县政府同意征地 690 亩，其中旱地 568 亩，果园 122 亩，鱼塘 29.265 亩，具体征地手续由区政府土地局协助办理。

（二）项目实施阶段

1997 年 4 月 28 日，天津市公路建设发展公司与香港大利富投资有限公司共同投资兴建的津保高速公路天津西段正式签约，副市长王德惠等出席签字仪式。

天津市市委、市政府各级领导高度重视，沿线单位和群众给予极大的理解和支持，为工程建设创造了良好的外部条件。工程建设期间接受了年度审计监督，较好地完成了征地、拆迁和线外配套，为项目的建设创造了良好的内部条件。

在项目实施过程中，监理部门根据有关合同文件和技术规范要求，结合工程的特点，详细制订了《监理规划》《施工监理实施细则》，明确各级监理人员的责权，落实各种监理程序，监理部门把工程建设的现代化科学管理方法带到工程中来。驻地监理办严格按照制订的工程质量目标来组织和控制施工,并且强化质量教育,提高监理人员的质量意识,层层签订工程质量责任书,确保整个工程在竣工验收中达到优良工程的标准。在施工监理过程中,监理单位主要采取了以下措施:强调过程控制,完善质保体系;明确控制要点,强化监理程序管理;调动承包人质量保证体系的主观能动性;严格执行质量标准,从源头把好质量关;加强现场旁站监督,及时发现并解决问题;用"数据"说话,充分发挥监理抽检的作用。在工程进度控制方面,驻地监理办以合同工期目标为基础,严格敦促承包人切实履行合同承诺,确保津保高速公路能按期完成。

项目经理部在做好驻地建设的同时,建立各项组织、保证体系和规章制度、措施、办法,对沿线地质、环境、气候情况进行详细调查研究,为开展各项工作做好精心准备。切实贯彻"零缺陷、低成本"战略,精心制订施工计划及施工组织措施,严密施工组织及现场管理,确保施工生产顺利进行。

在工程质量方面,各参建单位根据技术标准、工艺文件的规定、设计要求以及施工技术规范的要求,对各种影响施工质量的因素制订具体实施控制方案,以确保施工完成的工程符合设计意图和质量规范的要求。坚持以保证质量为前提,以科学的态度,求真务实的精神,一丝不苟的工作作风抓好工程质量的全方位、全过程管理,有效确保了公路工程建设质量,并建立完善的自身工作体制。

主要施工节点如下:

(1)主线土建工程于1998年3月25日开工,2000年7月完工。

(2)房建工程于1999年7月开工,2000年5月完工。

(3)机电工程于1999年7月开工,1999年11月完工。

(4)交通安全设施工程于1999年10月开工,2000年7月完工。

根据《设计变更管理办法》,该项目无重大变更。

三、运营养护管理

津保高速公路天津全长18.782km,辖区内设有3个收费站,其中天津收费站为主线收费站,津同路站为匝道收费站,津冀站为河北共用省界收费站。拥有收费员工130余人,负责通行费的收缴和站区管理工作。天津站位于津保高速公路K4+900;津同站位于津保高速公路K18+500;津冀站位于津保高速公路天津和河北交界K24+000处,该站由天津方和河北方共同管理,采取收本方通行费代对方发卡的形式。

2010年4月开始实施了营运分析例会制度,各个部门、收费站借助分析模型对各自工作状况进行剖析和判断,帮助基层管理者实事求是地对管理效果做出评价,进而有的放矢地挖掘、利用内部潜力,提升科学化管理程度。

目前,营运分析中已形成了"数据分析"模型、"特情分析"模型、"系统分析"模型、

"稽查分析"模型和"收费站管理分析"模型。前3个模型分别实现了对"收益变化""制度流程""系统保障"的监测,后两个模型则反映了对"管理落实"的监测,基本实现了全方位的管理评价。

津保高速公路天津西段自2000年7月全线开通,车流量逐年上升,到2012年日均流量已接近25000辆。交通流量发展状况见表8-21-9。收益方面,运营的前11年,收益一直稳步上升,2010年收益额达到历史最高值1.67亿元,日均达到45.7万元。

交通流量发展状况　　　　　　　　　　　　　　表8-21-9

年份(年)	路段一	日平均流量(辆)	年份(年)	路段一	日平均流量(辆)
2000	1771315	5788.611	2009	7269600	19916.71
2001	2123203	5816.995	2010	8155743	22344.50
2002	2601907	7128.512	2011	8850555	24248.10
2003	2946406	8072.345	2012	9123121	24926.56
2004	3682492	10061.45	2013	9445047	25876.84
2005	3912176	10718.29	2014	9260378	25370.90
2006	4121475	11291.71	2015	9408655	25777.14
2007	5270883	14440.78	2016	9879572	26993.37
2008	6617739	18081.25			

全线共设收费站3座,津保天津主线收费站,规模为7进7出;津同路匝道收费站,规模为4进4出;津冀主线收费站(与津保高速公路河北段共管收费站),规模为13进13出。收费站点设置见表8-21-10。

津保高速公路天津西段天津收费站

收费站点设置情况　　　　　　表8-21-10

序号	收费站名称	入口车道数		出口车道数		车道总数	
		MTC	ETC	MTC	ETC	MTC	ETC
1	天津收费站(主线站)	4	2	4	2	8	4
2	津同收费站	2	1	2	1	4	2

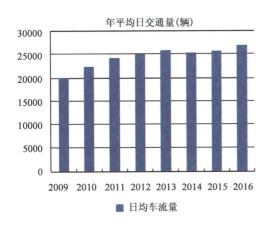
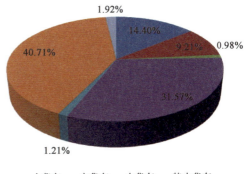

交通量增长柱状图　　　　　　　　　　　　车型构成比例图

津保高速公路自开通以来的大修工程,主要是2009—2010年期间进行的,由于重载交通、气候条件等综合作用的影响,水泥稳定碎石层和沥青混凝土面层出现疲劳破坏,导致路面出现龟裂、车辙等病害,路面整体强度下降,影响交通质量,达不到国检要求,为此运营单位委托天津市市政工程设计研究院进行检测、设计,本着循环、节约、全寿命养护原则,采用泡沫沥青再生工艺将废旧沥青混合料再利用作为底基层,面层采用4cmAC-13C表面层+6cmAC-20底面层的结构形式进行了维修,目前效果良好。

与此同时,2011年投入172万元,完成路基边坡排水改造,降低暗排水毁隐患;2012年投入151万元,完成路基边坡水毁维修,保障路基安全稳固。2014年、2015年,分别投入328万元、534万元,完成路面微表处预防性养护233438m^2,投入99万元、327万元完成2.5cm路面超薄磨耗层70929m^2,巩固提升了路况水平。桥梁维修5年累计投入583万元,确保了桥梁运行安全。坚持小修养护按需投入,累计投入3339万元,保持了路况及设施完好。工程管理方面,严格执行《天津市高速公路养护工程质量安全监督管理实施办法》《天津市高速公路养护大中修工程管理办法》等管理制度。

路面铣刨　　　　　　　　　　　　　　　泡沫沥青拌和站

摊铺泡沫沥青

标线

四、项目后评估

该项目建成,改善了天津市北辰区的交通条件,对改善天津市投资环境、促进经济发展、缓解周边地区的交通压力起到了重要作用。

附录
天津高速公路建设大事记

1972 年

11 月　交通部第二公路勘察设计院首次对北京至天津新港公路进行实地踏勘,提出《调查报告》。

1973 年

7 月　对北京至新港公路进行补充经济调查,再次提出《调查报告》。

1974 年

2 月　完成《北京—天津新港一级公路调查报告》。

11 月　交通部公路科学研究所等单位提出"关于北京—塘沽高速公路几何设计标准的建议"。

1977 年

10 月　交通部规划设计院,交通部第一、第二公路勘察设计院组成京塘公路联合调查组,提出《北京—塘沽高速公路调查报告》,并编制《北京—塘沽高速公路测设规定》。

1978 年

3 月　交通部叶飞部长提出修建京津塘高速公路。

4 月　交通部成立京津塘高速公路测设领导小组及测设队 570 人进驻天津杨村。

7 月　京塘公路软土地基科研组成立。

8 月　交通部(78)交计字 1331 号《关于新建京津塘高速公路的报告》报国家计委。

9 月　完成《京津塘高速公路初步设计》。

1982 年

2 月　交通部遵照国务院"关于京塘公路要按一级公路标准进行改造"的批复,确定对该路进行可行性研究,由交通部规划设计院主持,部公路科学研究所、第一公路勘察设计院、北京市交通局、天津市市政工程局参加,联合组成共 14 人的"京塘(汽车专用)公路建设项目可行性研究组"。

10 月　《京塘公路建设项目可行性研究报告》完成,推荐采用一级公路标准。

1983 年

2月 交通部和北京市、河北省、天津市人民政府联合向国家计委报送了《京塘汽车专用公路设计计划任务书》。

6月 "中国第一批世界银行公路项目"开始鉴别(含京津塘高速公路)。

1984 年

1月7日 国家计委下达京塘汽车专用公路设计任务书。

3月 成立"京塘汽车专用公路测设领导小组"及"京塘汽车专用公路测设指挥组",同时交通部第一、二公路勘察设计院,交通部公路规划设计院,交通部公路科学研究所,交通部重庆公路科学研究所测设队伍进场勘测。

4—5月 国务院国阅(1984)27号文及中共中央中委(1984)17号文下达"关于加快京津塘高速公路建设,成立高速公路开发公司"的指示。

6月 京津塘高速公路开发公司筹备组成立。

7月 交通部、北京市人民政府、天津市人民政府、河北省人民政府联合向国务院上报"关于建设京塘高速公路有关问题的请示",提出将原批准修建汽车专用公路,改为修建高速公路。

8月 完成《京津塘高速公路建设项目可行性研究报告》。

9月 完成《京津塘高速公路初步设计》。

10月 国务院李鹏副总理主持国家计委、国家经委、交通部、财政部、北京市、天津市、河北省研究北京至天津塘沽高速公路建设问题。明确要下决心把这条路修好,一定要保证质量,不修则已,修必修好,并以国阅(1984)61号文下达会议纪要。

10月 国家计委计交(1984)2124号文"关于建设京塘高速公路有关问题的复函"中指出京塘公路原批设计任务规定的汽车专用公路,现改为高速公路。

11月 交通部向国家计委上报关于重新编报"京津塘高速公路设计任务书"的报告。

11月 交通部第一、二公路勘察设计院完成送审的京塘高速公路初步设计文件,交通部组织有关部门负责同志、专家、教授和工程技术人员对初步设计进行会审,通过了初设方案。

11月 "中国第一批世界银行公路项目"通过评估。

1985 年

3月 交通部向国家计委报送《京津塘高速公路初步设计审核意见》。

3月21日 国务院副总理李鹏在天津再次主持关于京津塘高速公路建设和天津火车站改造问题的会议,明确兴建京津塘高速公路是我国高速公路建设的起步。会议以国阅(1985)30号文下发纪要。

5月 "中国第一批世界银行公路项目"(含京津塘高速公路)被批准。

12月 完成《京津塘高速公路施工图设计》。

1986年

3月 世界银行对京津塘高速公路项目进行预评估。

5月 李鹏副总理主持会议研究了京津塘高速公路和天津市建设彩色显像管厂问题。明确京津塘高速公路是我国第一条高速公路,一定要建设好,并以国阅(1986)49号文下发纪要。

7月21日 国家计委下达《关于京津塘高速公路设计任务书的批复》。该条高速公路起自北京市四环路十八里店,终于天津市塘沽区河北路,全长142.69km。高速公路路基宽26m,双向四车道,设计行车速度120km/h。

8月 京津塘高速公路工程领导小组在北京召开第一次会议,成立领导小组,明确职责范围;研究成立联合公司和两市一省分公司;着手准备招标工作、试验路段、征地拆迁及研究贷款使用问题。

9月 交通部批复京津塘高速公路修正初步设计。

9月 京津塘高速公路5个合同开始资格预审。

10月 世界银行对京津塘高速公路项目进行正式评估。

10月 京津塘高速公路北京市、河北省、天津市公司分别成立。

1987年

2月 完成《京津塘高速公路项目利用世界银行贷款可行性研究的补充报告》。

4月 京津塘高速公路联合公司成立。

4月 京津塘高速公路土木合同招标。

6月 京津塘高速公路土木合同开标。

7月 京津塘高速公路工程领导小组在天津召开第二次会议,研究招标评标情况、联合公司的工作情况、工程拨款及开工等问题。

9月 我国政府代表与世界银行签订京津塘高速公路项目贷款协议。

10月 国家计委下达京津塘高速公路列入1987年新开工项目通知。

10月23日 京津塘高速公路土建承包合同签字仪式在北京举行。该高速公路是中国第一个利用世界银行贷款和通过国际招标方式进行建设的公路项目。天津市第一市政工程公司、第五市政工程公司与法国博涅公司、日本铺道株式会社合作,与其他承包商分别与京津塘高速公路北京市公司、天津市公司、河北省公司签订建设合同。国务院副总理李鹏、国家有关部委及京、津、冀政府负责人出席签字仪式。京津塘高速公路是我国"七五"

计划期间重要的交通建设项目,也是我国第一条由国家投资、向世界银行贷款的高速公路。

11月　京津塘高速公路总监理工程师杨盛福下达开工令。

12月6日　京津塘高速公路天津西段工程开工。

12月23日　在北京市朝阳区大羊坊举行京津塘高速公路开工奠基仪式,国务院副总理田纪云、交通部长钱永昌等领导参加仪式。

1988年

2月　京津塘高速公路总监理办公室在天津成立,与丹麦公路局和金硕国际咨询公司签订监理合同仪式在天津举行。

5月7日　京津塘高速公路天津段工程全面铺开,天津段高速公路全长100.8km。

1989年

3月　京津塘高速公路工程领导小组第三次会议在天津举行。会议研究工程进度、质量、资金、造价、工期问题,并提出建成一条达到国际水平的高速公路。

6月　邹家华副总理视察京津塘高速公路。

9月　京津塘高速公路开始公路环境评价,翌年8月提出《京津塘高速公路环境评价报告书》。

1990年

5月29日　市委书记谭绍文到京津塘高速公路天津西段检查工程进展情况,并亲切慰问了全体参建人员。他希望进一步加快施工进度,充分发挥政治优势,做好思想政治工作,发挥市政工人敢打硬仗的拼搏精神。

6月29日　京津塘高速公路天津西段的5座大型分离式立交全部达到开通放行标准,今天交付使用。

9月1—3日　中共中央政治局常委、书记处书记李瑞环来津考察工作,并为京津公路改造工程和天津机场新航站楼两项工程剪彩。李瑞环在津期间,先后察看了京津塘高速公路(天津西段)工程、京津公路郑楼至引河桥拓宽改造工程等。

9月4日　京津塘高速公路北京起点至天津武清郑楼段72km主体工程建成,其中天津段大王古至郑楼段30.4km,并先行试通车,为第十一届亚运会提供服务,1991年1月15日正式开始收费运营。

9月11日　市人民政府召开京津塘高速公路工程庆功表彰大会。市长聂璧初号召全市人民学习市政战线职工为国争光的奉献精神。

9月13日　京津塘高速公路(天津杨村至北京段)72.48km建成通车。是日,在北京举行通车典礼。

1991 年

1 月 14 日　国务院总理李鹏在天津考察工作期间,考察了京津塘高速公路,指出这条路把两个城市和港口更紧密地联系在一起,将更有利于改革开放和经济发展。李鹏总理题词"把京津塘高速公路的建设和管理达到国际一流水平"。

1 月 15 日　中共天津市委、市政府以津党(1991)2 号文件发布通知:"市委、市人民政府决定:天津市市政工程局公路管理处改建为天津市公路管理局,为副局级单位,隶属市政工程局,负责全市公路的建、管、养工作。"7 月 13 日,公路管理局挂牌成立。公路管理局下设高速公路管理处,负责京津塘高速公路运营管理。

4 月　京津塘高速公路第四次领导小组会议在北京召开,研究项目执行和工作安排情况。

4 月　京津塘高速公路第五合同开标。

6 月　世界银行贷款中的科研课题项目"公路资金筹措""国产沥青用于高速公路的研究""高速公路管理体制研究"3 个课题报告完成。

10 月　京津塘高速公路郑楼至宜兴埠段 27km 构筑物及路基、路面工程竣工,至此京津塘高速天津市段增至 57.45km。

12 月　京津塘高速公路通车段年日均交通量 1844 辆。

1992 年

8 月　京津塘高速公路第五合同签字仪式在北京人民大会堂举行。

9 月　京津塘高速公路徐庄子立交建成,由宜兴埠至徐庄子段高架桥和徐庄子互通式立交两部分组成,是京津塘高速公路上规模最大、工程最集中的一座大型立体交叉工程。高架桥为双向四车道,全宽 26m,共 154 孔,总长 3807.04 延米,建筑面积 102492.07m^2。徐庄子互通式立交,以双喇叭形布于金钟河两侧,由 8 条匝道 5 座匝道桥和 1 处双向收费站组成。

10 月 25 日　京津塘高速公路宜兴埠至跃进路段试通车。至此,全线通车路段达 110km,并把首都机场与天津机场连接起来,提高了京津地区的交通功能。

11 月　京津塘高速公路第五合同电子与机电工程开工。

12 月　京津塘高速公路已通车段年日均交通量达 4158 辆。

1993 年

1 月 28 日　《天津日报》报道,京津塘高速公路成为中外投资热点,公路两侧将形成中国北方的"硅谷带"。1988 年开工兴建的京津塘高速公路,全长 142.69km,其中京津段于 1991 年 1 月投入运营,昼夜通车辆达 1 万辆,经济效益累计达 1.2 亿元。在已通车的公路两侧,京津冀先后兴建了 7 个高新技术开发区,开发面积达 20km^2,近 40 家中外高新技术企业在此安家落户,一条高新技术产业带初具规模。

9月25日　京津塘高速公路全线通车,该路是我国第一条利用世界银行贷款,按照国际标准兴建的现代化交通工程。起点为北京东南四环路,终点至天津塘沽河北路,全长142.69km。其中北京市境内35km,河北省境内6.84km,天津市境内100.85km。设计行车速度120km/h,路基宽26m,双向四车道、全封闭、全立交,沿线设有完善的交通工程和服务设施。该路在北京起点修建连接线3.06km至三环路,在天津塘沽修建连接线8.07km,通至经济技术开发区、保税区和天津港,形成北京市至天津港的安全、快速、便捷的交通走廊。中共中央政治局委员、国务院副总理邹家华为通车剪彩。交通部部长黄镇东,天津市市长张立昌等参加了在塘沽举行的通车仪式并讲话。国务院和国家有关部委领导同志及北京、河北、天津三省市领导同志出席了通车典礼。

10月　京津塘高速公路工程获交通部全国十大公路工程称号。

12月　京津塘高速公路全线年日平均交通量达6023辆。

1994年

4月　京津塘高速公路工程获全国最佳工程设计特等奖。

5月　京津塘高速公路工程领导小组第五次会议在北京召开,会议决定设立工程协调小组对通行费标准和车种分类进行调整,并研究了项目执行情况、偿还世界银行贷款问题。

5月　京津塘高速公路后评价工作启动。

10月　京津塘高速公路启用纸质磁卡收费系统。

12月　京津塘高速公路全线年日平均交通量8795辆。

12月　组建了天津市公路建设发展公司,隶属于天津市公路局,为独立核算、自主经营的全民所有制事业单位,实行企业化管理。

1995年

1月　京津塘高速公路协调小组第一次会议在北京召开,会议强调做好国家竣工验收的准备工作,并决定通行费统一管理、统一还贷。

3月　京津塘高速公路电子与机电设备采购合同结束,监控、通信、收费等系统提供使用。

6月29日　唐津高速公路开工。

7月　京津塘高速公路环境评价项目通过国家环保局验收。

8月　京津塘高速公路通过国家验收,国家验收委员会认为:工程总体水平达到国内领先和当代国际先进水平。

11月18日　京福高速公路天津代用线南段(津沧高速)举行通车典礼。该段北起静海县西琉城大桥,南至河北省青县,全长41.83km。交通部副部长刘锷、市人大常委会副主任刘文藩为工程竣工剪彩。

12月5日　经验收,京津塘高速公路(天津段)文明样板路各项指标已达到交通部颁发的《国家干线公路文明建设样板路实施标准》。

12月　京津塘高速公路工程获交通部公路优质工程一等奖。

1996年

6月4日　京福(津沧)高速公路前毕庄站新辟出口正式开通运营。

8月14日和18日　天津市计划委员会分别以津计外经(1996)526号文《关于中外合作建设经营京沪高速公路天津北1段项目建议书的批复》、津计外经(1996)528号文《关于中外合作建设经营京沪高速公路天津北2段项目建议书的批复》、津计外经(1996)527号文《关于中外合作建设经营京沪高速公路天津北3段项目建议书的批复》、津计外经(1996)529号文《关于中外合作建设经营京沪高速公路天津北4段项目建议书的批复》、津计外经(1996)530号文《关于中外合作建设经营京沪高速公路天津北5段项目建议书的批复》和津计外经(1996)531号文《关于中外合作建设经营京沪高速公路天津北6段项目建议书的批复》批准了由天津高速公路建设有限公司分别与香港朗适企业有限公司、香港嘉裕企业有限公司、香港满盈企业有限公司、香港轩冠企业有限公司、香港长柏企业有限公司和香港铭嘉企业有限公司合作经营,建设京沪高速公路天津北段工程项目。根据以上文件,由天津市公路建设发展公司分别与上述六家香港企业投资成立了六家中外合作企业,即天津天朗高速公路有限公司、天津喜路高速公路有限公司、天津满发高速公路有限公司、天津轩展高速公路有限公司、天津长海高速公路有限公司和天津公铭高速公路有限公司。

8月　"京津塘高速公路工程建设成套技术"获交通部科学技术进步特等奖。

9月29日　天津市公路局公路建设发展公司与香港沿海建设投资有限公司合作建设经营的京沪高速公路(天津北段)合同仪式在凯悦饭店举行,副市长叶迪生和有关方面负责人出席签字仪式。

10月　京津塘高速公路工程获中国建筑工程鲁班奖(全国优质工程奖)

11月26日　天津市国有资产管理局以津国资农评(1996)289号文《关于对京沪高速公路(天津北段)资产评估结果予以确认的批复》对评估结果予以确认。

12月22日　津滨高速公路开工奠基,该工程西起中环线东兴立交桥,东至天津开发区洞庭路,由中外合资的天津快速集团公司投资,投资额约10亿元。全长43km,设计为双向四车道,路宽26m。该高速公路于2000年竣工通车。

1997年

1月8日　"京福高速公路(天津南段)转让经营权项目"正式运营。由公路局公路建设发展公司与新加坡国际资本控股有限公司组建的天津市天永高速公路有限公司于当日举行开业典礼。副市长王德惠出席开业仪式并会见新加坡国际资本控股有限公司董事长、主席高家仁先生一行。

1月28日 《天津市公路管理条例》由天津市第十二届人民代表大会常务委员会第十次会议通过,并于即日起公开实施。

4月28日 由天津公路建设发展公司与香港大利富投资有限公司共同投资兴建的津保高速公路(天津段)正式签约,副市长王德惠、市政府副秘书长刘玉麟,市建委、市计委及市政府有关领导出席签字仪式。

6月18日 京沈高速公路(天津段)工程开工奠基仪式举行。天津段全长37.128km,位于宝坻县境内,西与河北省香河县相接,东至河北省玉田县,路基宽34.5m,双向四车道。副市长王德惠等出席开工典礼。

7月1日 由天津天朗高速公路有限公司、天津喜路高速公路有限公司、天津满发高速公路有限公司、天津轩展高速公路有限公司、天津长海高速公路有限公司和天津公铭高速公路有限公司六家中外合作公司签署了"五家中外合作公司对甲方之授权书",授权天朗高速公路有限公司作为业主之代表,签署京沪高速公路天津北(Ⅰ～Ⅵ)段项目及工程总承包合同书。同日,天津天朗高速公路有限公司与天津市公路建设发展公司签订了"京沪高速公路天津北(Ⅰ～Ⅵ)段项目及工程总承包合同",由天津市公路建设发展公司对京沪高速公路(天津北段)工程建设实行总承包。

7月23日 天津公路建设发展公司与意大利英普洛基罗工程公司就合作建设经营津蓟高速公路项目有关事宜在外商投资中心签订了合作意向书。外经贸委胡洽经以及市有关部门、市政局、公路局有关领导出席了签字仪式。

7月29日 中华人民共和国交通部以交公路发(1997)446号文《关于京沪公路(天津北段)初步设计的批复》正式批准了该工程立项,将初步设计总概算1307619150元核定为1270532612元。

7月 京沈高速公路宝坻大桥开工,该桥跨越了引滦明渠、津蓟铁路和津围公路,1999年6月竣工通车。桥长1345.7m,宽度34.5m,高度5.5m,桥梁面积46426.65km。该桥获得中国建筑工程鲁班奖。

10月18日 外环线西北半环改建工程竣工通车。该段由津静公路至宜白立交段长29km,除了大桥外,对全线车行道进行了加宽补强,与津沧高速公路共同组成京沪高速公路代用线。

10月18日 由香港新世界集团与天津市公路建设发展公司合作建设的唐津高速公路合同在市政府签字。市长张立昌会见了香港新世界建设有限公司董事会主席郑家纯先生一行。

11月　交通部批准京津塘高速公路管理体制改革方案,成立京津塘高速公路股份有限公司,建立滚动发展机制,逐步组建成京津冀地区公路网建设的开发公司。

11月　"京津塘高速公路工程建设成套技术"被国家科学技术奖励评审委员会评为1987年度国家科学技术进步一等奖。

12月　京津塘高速公路全线年日均交通量14007辆。

1998年

3月26日　唐津高速公路天津段续建工程开工。该工程起自京塘公路中心桥以南(天津无缝钢管公司以东),终点至河北省丰南县,全长60km。

5月4日　津保高速公路(天津段)接到市政工程局转发文件《关于津保高速公路(天津段)收取通行费的函》。

5月15日　京福高速公路正式执行新通行费标准。

6月13—16日,津保高速公路建设单位在广州召开了津富高速公路有限公司第一次董事会。

6月下旬,在市城乡建设委员会有关领导的直接干预下,津保高速公路2合同范围内50万伏高压线铁塔问题获圆满解决,涉及施工红线范围内外的6座铁塔全部迁移,津保高速公路原设计不变。

8月7日　农业银行天津市分行与天津市公路建设发展公司举行贷款协议签字仪式。为进一步加快天津市公路基础设施建设步伐,农业银行天津市分行决定向天津市公路建设发展公司发放总额度为2.65亿元的中长期贷款,用于津保高速公路天津段的建设。

8月21日　市政局下发《关于公路建设发展公司变更隶属关系的通知》,由公路局剥离,归属市政局直接领导。

10月14日　由津保高速公路总监办牵头,按照业主的指令,组织各施工单位参观了全线的工地,并在No.1-1合同项目经理部召开了"全线观摩交流现场会"。

11月4日　唐津高速公路一期工程河北省丰南界至天津永定新河段43km全线贯通。该段途经宁河、汉沽、北京清河农场,至津汉公路。12月19日竣工通车。

12月1日　零时起,京津塘高速公路管理处开始执行京津塘高速公路联合公司新的收费标准,新的标准比原价平均上调了35%。

12月30日　天津市副市长王德惠同志到津保高速公路工地现场检查工作。

1999年

2月11日　津保高速公路业主单位津富高速公司领导赴河北省与有关方面洽商津保高速公路项目天津段与河北段同时竣工时间表。双方敲定:1999年10月1日为全线竣工通车日期。

7月　由交通部特别推荐并得到中国证监会特批,以京津塘高速公路为主体资产的华北高速股份有限公司3.4亿元A股在深交所上网发行,这是天津市境内第一条公开发行股票向社会筹集资金的高速公路项目。

9月23—26日　"交通部第二次公路建设质量大检查"活动在津进行。9月25日,交通部检查组对津保高速公路施工现场管理、质量管理、内业资料、财务管理等方面进行了全面检查,对津保项目各项工作给予肯定,综合得分92分。

9月28日　京沈高速公路天津段建成通车,该路全长37km。常务副市长杨新成、副市长王德惠、等察看工程并出席竣工通车活动。

10月15日　国家审计署特派人员对津保高速公路(天津段)项目财务运作情况进行审查。此次审查活动主要针对各"国家增量项目"资金使用和帐目设立情况进行细致检查。

11月20日　交通部公路司张之强司长等领导在天津市公路局王树行局长的陪同下视察了津保高速公路项目。

11月20日　京福高速公路代用线天津北段建成通车,该路全长12.5km。

12月3日　为贯彻1998年全国福州公路会议上精神,天津市公路管理局对路政队伍采取派驻式管理模式组建第二路政支队,派驻到外环线公路、津保高速公路天津段、京沈高速公路天津段三条高等级经营性公路,行使路政管理职能。

12月9日　中国光大银行向天津市公路建设发展公司提供3亿元贷款协议签字仪式在利顺德大饭店举行。常务副市长杨新成、中国光大银行行长许斌以及中国人民银行天津分行、市建委、市计委、市财政局、市物价局、市政工程局有关领导出席了签字仪式。

2000年

3月18日　津保高速公路天津段建成通车,该路系112国道的一部分,起自外环线,止于武清区王庆坨,与河北省段相接,全长23.9km,是天津市公路网的重要组成部分。

6月13日　交通部部长黄镇东一行专程来津考察,检查指导我市公路港口及部分重点基础设施项目的建设工作。黄镇东一行先后考察了津保高速公路西段、104国道天津段、外环线西段、唐津高速公路天津北段、京沈高速公路等公路建设情况并听取了市公路局负责同志的汇报。

10月27—29日　交通部干线公路检查组对我市干线公路进行检查。通过对本市20余条共计475km的高速公路、国道市级干线公路的全面复核,检查组认为,本市通过加大公路建设和强化养护管理,初步形成了以高等级公路为主的快速公路交通网络。

12月19日　唐津高速公路天津北段二期工程竣工通车仪式举行。副市长王德惠、团中央书记处书记孙金龙参加了通车仪式。该路段全长17.2km,起于永定新河北岸,止于疏港公路,工程总投资14.2亿元。同时举行了唐津高速公路天津北段二期业主项目经理部获国家级"青年文明号"授牌仪式。

12月22日　天津市市政工程局同国家开发银行就"津蓟高速公路贷款合同"举行签字仪式。国家开发银行对津蓟高速公路贷款额为19.5亿元,约占该项目总投资的36%。津蓟高速起于外环线,止于邦喜公路,全长104km。

2001年

1月10日　公路局召开祝贺天津市高速公路管理处转制成功大会,京津塘高速公路组成"华北高速有限公司",京津塘高速由华北高速有限公司经营管理。

2月27日　津滨高速公路建设历时2年竣工通车。该路起自中环线东兴立交桥,止于塘沽区胡家园立交桥,全长33.6km,路面宽28m,双向四车道,设计速度120km/h,工程总投资11.6亿元。市委书记张立昌,市委副书记、市长李盛霖察看了公路建设情况,并向工程建设者表示慰问。

2月28日　市政府召开津蓟等三条高速公路征地拆迁暨开工动员大会。王德惠副市长主持会议,李盛霖市长作了重要讲话。市计委、市建委、市政工程局及相关区县、委办局和总公司负责同志出席了会议。会议决定成立天津市津蓟等三条高速公路建设领导小组,副市长王德惠任组长、市政工程局局长孙增印任副组长,兼任工程建设总指挥。

3月15日　津晋高速公路天津段葛沽立交工程开工建设,标志着津晋高速公路天津段工程建设正式启动。津晋高速公路起于临港工业区,与海防公路相接,止于咸水沽以西,与津港公路相接,全长36.9km,计划2002年10月建成通车。

3月29日　天津市市政工程局与国家开发银行举行高速公路项目贷款签字仪式。合同总金额为15亿元。副市长王德惠、国家开发银行天津分行行长黎维彬及市政工程局、公路局负责同志出席签字仪式。

4月　为适应天津市公路路政管理的需要,公路局继续推行派驻市路政管理方式,第三路政支队宣布成立。第三路政支队负责京津塘高速公路天津段和津滨高速公路的管理工作。

5月4日　共青团中央下发《共青团中央关于命名和认定2000年度全国青年文明号的决定》(中青发〔2001〕14号),公路局唐津高速公路二期工程业主项目经理部获得全国青年文明号称号。

5月　公路局公路工程总公司副经理、唐津高速公路二期工程业主项目经理部经理刘兰强被团中央、国家经贸委、劳动和社会保障部授予"全国十大杰出青年岗位能手称号"。

5月中旬　交通部在举行的全国公路养管工作座谈会上发布了《关于全国干线公路

养护与管理工作检查情况的通报》。在去年交通部组织的"九五"期全国干线公路检查评比中，天津市获得全国排位第五名的好成绩。

7月1日　唐津高速公路滨海大桥工程正式开工。

8月1日　市委书记张立昌在杨新成、王德惠等市领导同志的陪同下视察了津晋、津蓟、丹拉支线高速公路工程，并与市有关委、局和10个区县的主要负责同志进行座谈，对三条高速公路建设中的土方、拆迁、电力以及进度提出了要求。

10月6日　市长李盛霖、副市长王德惠带领市有关部门负责同志对当年新开工的津蓟、丹拉（天津南段）、津晋（天津东段）高速公路工程的建设情况进行检查，对在节日期间仍坚持在施工一线的参建职工进行慰问。

10月16日至18日　交通部在南京召开了全国交通系统创建文明行业工作会议。天津市公路行业被命名为"全国交通系统文明行业"。

10月24—26日　交通部全国高速公路养管工作检查组一行9人来津检查我市境内的京津塘、唐津、京沪代用线、津滨等6条高速公路，对我市高速公路养管工作给予高度评价。

2002年

3月28日　国家开发银行贷款委员会对天津市市政工程局申请的贷款进行了评审，同意提供贷款，贷款总额为73.83亿元。其中市政基础设施资产置换贷款11.5亿元，公路资产置换贷款23.83亿元，津晋高速公路东段贷款8.2亿元，京沪高速公路贷款20.3亿元，张贵庄路土地开发贷款10亿元。

5月1日　京沈高速公路（天津段）扩建工程全面启动。京沈高速公路全长658km，其中天津段长37.13km，于1999年建成通车。该路是连接北京和东北的重要通道，特别是每年自五月旅游黄金周开始后，车辆通行进入高峰阶段，中央领导和外宾从北京到北戴河也经常往来经过。此次扩建在交通不断行的情况下，将现有四车道扩建为六车道，扩建工程于当年7月8日竣工通车。

6月8日　市委书记张立昌、副市长王德惠视察丹拉、津晋两条高速公路在建工程，听取了工期、质量、进度情况的汇报。

6月19日　市长李盛霖、副市长王德惠等市领导到全市重点工程津蓟和丹拉高速公路工地察看工程进展情况，解决施工难题。

8月10日　市政工程局组织完成京沪高速公路天津段一期工程勘察设计招投标工作，交通部公路司王玉副司长亲临指导工作。

10月30日　由公路工程总公司承建的我市重点工程——京津塘高速公路天津机场站出口改造工程正式开工。该工程位于东丽区京津塘高速公路机场站口，至外环线津汉立交桥，整个工程包括机场站出口南侧绿地广场、机场路至津汉路口段拓宽工程、跃进路西减河综合整治及 50m 宽道路两侧绿化。此工程将同时对机场站至津汉公路立交桥段道路进行拓宽,而津汉公路经改造后有 60m 宽,可双向并排行驶 8 辆汽车。

11 月 2 日 副市长王德惠及市有关部门领导到京津塘高速公路天津机场站出口改造工程现场办公,提出了"空间占满、时间不断、分秒必争、昼夜奋战、安全优质、完成精品工程"的奋斗目标。

11 月 20 日 津晋高速公路(天津东段)正式通车。市委书记张立昌、市长李盛霖等市领导视察工程建设情况并慰问参建人员。津晋高速公路(天津东段),是天津市公路网规划主骨架中公路二环的重要组成部分。津晋高速公路(天津东段)起点为津港公路距外环线 9.3km 处,终点为海防路水门处,全长 36.99km。

11 月 24 日 市长李盛霖、副市长王德惠在市有关委、局领导的陪同下视察了正在施工的京津塘高速公路天津机场站出口改造工程现场。

12 月 28 日 中共中央政治局委员、市委书记张立昌同志视察京津塘高速公路机场站出口改造工程,并听取了工程整体情况汇报。

2003 年

1 月 25 日 津晋高速公路共青团联建工程被团中央命名为"国家级青年文明号"。团中央书记处书记胡伟、天津市团市委书记吕福春等领导亲临现场,为津晋高速公路业主项目经理部授奖牌,并察看了津晋高速公路全线。

2 月 4 日 中央政治局委员、市委书记张立昌到京津塘高速公路机场站出口改造工程现场慰问一线职工并对工程建设提出要求。

2 月 26 日 国家计划发展委员会对津蓟高速公路工程进行复查,市政工程局领导陪同检查活动。

5 月 8 日 市长戴相龙到京津塘高速公路杨村站和 103 国道大沙河站检查健康检查站和卫生消毒工作。

8 月 威乌高速公路(天津段)工程开工。该路起点与津晋高速公路(天津东段相接),终点与京沪高速公路(天津段)一期工程相连,全长 20.76km,双向六车道,设计行车速度 120km/h。

8 月 31 日 市委书记张立昌到唐津高速公路滨海大桥建设工地,察看了即将合龙的大桥,并慰问参建干部职工。

9 月 7 日 丹拉高速公路滨海大桥主跨胜利合龙,实现了丹拉高速公路天津段全线贯通。

9 月 26 日 津蓟高速公路建成通车。市委书记张立昌、市人大常委会主任房凤友等出席了通车仪式。津蓟高速公路全长 102.6km,起点为金钟路与外环线交口徐庄子附近,终点至蓟县邦喜公路县城西3km处,双向四车道,路基宽28m,设计行车速度120km/h。工程批复总投资41.11亿元。

10月20日 京沈高速公路正式实施联网收费。交通部张春贤部长、冯正霖副部长及部有关司局和沿线省市交通部门负责人及市政局有关领导出席了情况汇报会。

11月19日 唐津高速公路(天津南段)建成通车。该路段东起塘沽区疏港公路立交桥,与已运行的唐津高速公路(天津北段)连接,西至京沪高速公路王官屯立交桥,经过塘沽、津南、西青、大港等区及静海县。全长66km,路基宽28m,设计行车速度120km,总投资约30.52亿元。中共中央政治局委员、天津市委书记张立昌,市领导戴相龙、房凤友等和交通部副部长冯正霖视察工程建设情况并慰问参建人员。张立昌书记在接见唐津高速公路建设者代表时,称赞市政工程局是一支能吃苦、过得硬的队伍,是特别能战斗的队伍,是市委、市政府信得过、靠得住的队伍。

11月19日 位于唐津高速公路(天津南段)上的跨海河桥梁—滨海大桥与唐津高速天津南段同时建成通车。该桥为双塔双索面钢筋混凝土斜拉桥,漂浮结构体系,主桥全长2838m桥,宽30.5m。主跨364m,是目前本市跨度最大的桥梁,两边跨各为152m,双向四车道,设计荷载为汽超—20级、挂—100,桥下能保证5000吨级客轮双向通行。

11月27日 经国家发改委、建设部、交通部同意,北京市和天津市决定,将再增建京津高速公路南、北两个通道,并在北京签署会谈纪要。南通道起自北京,至天津,与京沪高速公路相通,主要解决北京至华东方向过境交通;北通道起自北京,止于天津北塘,主要加强天津港为北京服务,天津为2008年北京奥运会服务,实现京津两大机场共同发展。中共中央政治局委员、天津市委书记张立昌,中共中央政治局委员、北京市委书记刘淇出席会谈纪要签署仪式。天津市长戴相龙、北京市代市长王岐山签署会谈纪要。

12月1日 华北5省市区联动联合治超行动于零点正式启动。公路系统580名干部和执法队员在高速公路和主要国省干线上的27个治超站点开始专项整治活动。

12月11日 在市文明办、市总工会组织召开的"天津市职工职业道德建设"双十佳"表彰暨先进事迹报告会"上,公路局荣获"天津市职工职业道德建设十佳单位"。

12月28日 京沪高速公路(天津段)一期工程开工。京沪高速公路工程北起武清区泗村店,接京津塘高速公路,南至静海县,接京沪高速公路河北省段,全长120km,双向六车道,设计行车速度120km/h。一期工程由泗村店至张家窝,与威乌高速公路天津西段相接,全长58.9km。

12月28日 京津高速公路(天津东段)工程开工。该工程全长20.142km,其中高速公路15.34km,一级公路4.8km,起于塘沽区北塘镇,止于东金路。设计行车速度120km/h。

12月 沿海高速公路天津段北段一期工程(汉沽蛏头沽—河北涧河)开工,全长

27.4km,按高速公路双向六车道设计。

2004 年

6月2日 市市政工程局与市公安局联合召开高速公路建设安全保卫工作会议。

6月6日 市政府领导戴相龙、何荣林等深入京沪高速公路(天津段)和津晋高速公路(天津西段)施工现场检查工程建设情况。

6月24日 市长戴相龙、市政府秘书长何荣林等会见交通部部长张春贤,就天津交通发展交换了意见,对加快京津高速公路多通道建设、促进京津冀区域交通一体化发展达成共识。市政工程局领导参加会见。

6月30日 市政府发布第56号令《天津市高速公路路政管理规定》。《规定》明确,天津市市政工程局是本市高速公路路政管理工作的行政主管机关。天津市公路管理局负责高速公路的监督管理,其设置的高速公路管理机构具体负责高速公路的养护、维修、收费、设施保护和路政管理。

9月21日 中国国际工程咨询公司来津对京津高速公路项目建议书进行正式评估。22日,市长戴相龙接见中国国际工程咨询公司"京津高速公路项目评估专家组"。

10月 津晋高速公路天津盐场段建成通车。该工程长10.7km,采用一级公路标准,起点为港塘公路,终点至海防路。工程于2003年6月开工,总投资1.67亿元。

11月8日 交通部组织京津冀两市一省公路主管部门、华北高速公路公司召开京津高速公路通道规划建设前期工作协调小组第三次会议,就京津高速公路通道建设方案达成一致意见。

11月22日 京沪高速公路(天津段)二期工程开工。该工程在西青区当城接京沪高速公路一期工程,在九宣闸河北省青县处与京沪高速公路河北段相连,全长56.33km,双向六至八车道,设计行车速度120km/h。

12月 天津市精神文明建设委员会授予公路局2003—2004年度文明行业标兵荣誉称号。

2005 年

3月17日 市政府在武清区召开天津市加快京沪高速公路建设推动会。市政工程局汇报了京沪高速公路建设的有关情况。

5月7日 交通部部长张春贤率部有关负责人来津调研。中共中央政治局委员、市委书记张立昌,市委副书记、市长戴相龙,市政府秘书长何荣林及市有关部门负责同志参加会见和座谈。会后,张春贤部长率交通部一行沿103国道察看了京津高速公路北通道建设选线工作,市政工程局领导陪同。

5月12日 本市召开京津高速公路征地拆迁动员大会,市政工程局领导介绍了工程有关情况以及前期工作的进展和建设情况。

6月16日　天津市召开京津塘高速公路二线天津段(今称京津高速公路)工程开工动员大会。市长戴相龙出席会议并讲话,交通部部长张春贤应邀出席会议并宣布京津塘高速公路二线工程开工。何荣林等市领导,交通部办公厅、规划司负责同志以及市有关部门、区县及参建单位的负责同志共计200多人参加了会议。该工程起于武清区高村,止于塘沽区北塘京山铁路立交桥,全长144km(主线长101km),设计双向六至八车道,设计行车速度120km/h,计划2008年北京奥运会之前投入使用。投资概算105亿元。

8月18日　津蓟高速公路延长线项目开工。工程两端分别与津蓟高速公路和京平(北京至平谷)高速公路相接,穿越蓟县盘山山区,主线长15km,路基全宽21m,设计行车速度80km/h,另设盘山风景区连接线2.36km/h。全线设隧道两座。

12月28日　天津港南通道威乌高速公路(天津段)和天津港北通道京津高速公路(天津东段)工程建成通车。威乌高速公路天津段起点与津晋高速公路天津东段相接,终点与京沪高速公路天津段相接,全长20.755km,双向六车道。京津高速公路天津东段起于塘沽区北塘镇,止于荼金路,全长20.142km,双向六车道。

12月28日　津汕高速公路举行开工仪式。津汕高速天津段起于中心城区外环线与津淄公路交口,止于大港区翟庄子以北,在子牙新河特大桥中心位置接津汕高速公路河北省段,天津段路线全长约52km,双向六车道。

12月28日　市高速公路联网收费信息管理中心开始运行。

12月　天津市公路管理局被中央文明委授予全国文明单位称号。

2006年

1月18日　公路局与高速公路投资建设发展公司共同举办以公路事业发展为主题的区县长座谈会。

1月24日　团市委在威乌高速公路业主项目部举行授旗仪式,项目部被授予"天津市新长征突击队"称号。

3月　国道112线高速公路天津东段工程开工。该路段是连接河北省东北部、天津滨海新区、天津市区、北京市、河北省中部和西北部的快速通道,是京津冀都市圈高速公路规划"6条北京放射线、4条天津放射线、3条京津通道、3条联络线"中4条天津放射线重要的组成部分。

3月15日　市高速公路建设指挥部召开京津塘高速公路二线工程建设中期推动会。市政工程局领导、京津高速公路主要负责人及沿线区县主管区县长及有关部门、参建单位代表出席会议。

7月31日　京沪高速公路一期工程竣工通车。京沪高速公路(天津段)工程北起武清区泗村店与京津塘高速公路相连,南至静海县与京沪高速公路河北省段相接,全长115km,双向六车道。一期工程于2003年12月28日开工。由武清区泗村店至西青区张家窝,全长59km。

11月25日 京沪高速公路(天津段)二期工程业主项目经理部被授予全国青年文明号称号,授牌仪式在工程现场举行,团市委书记李虹等出席仪式。

11月29日 京沪高速公路天津段正线工程竣工通车,至此,京沪高速公路实现全线贯通。市长戴相龙等察看了工程,市政工程局汇报了工程建设情况。京沪高速公路是我国"五纵七横"高速公路网规划中的一条重要的国道主干线。天津段起于武清区泗村店与京津塘高速公路相交,途经北辰区、西青区,在静海县大张屯南与河北省段相连,主线全长90km。该段按六车道高速公路标准设计,路基宽35m,其中武清区汉沽港至西青区当城段为双向八车道,路基宽42.5m。设计行车速度120km/h。

12月 天津市精神文明建设委员会授予公路局2005—2006年度文明行业标兵荣誉称号。

2007年

1月19日 中共天津市委印发《关于成立天津市市政公路管理局的通知》(津党〔2007〕1号),做出了撤销市政总公司(市政工程局)和公路管理局,组建成立市政公路管理局的决定。高速公路建设发展公司划归市城投集团管理。

1月23日 市政府召开国道112线高速公路开工动员大会。国道112线高速公路(天津段)起于武清区石各庄,止于汉沽区大神堂以西,与在建的沿海高速公路天津段相交,全长93.6km。该高速公路设计行车速度120km/h,计划2009年底完成建设。

6月26日 天津市机构编制委员会下发《关于市市政公路管理局管理的事业单位机构编制问题的批复》(津编事字〔2007〕87号),明确了天津市公路处、天津市高速公路管理处等单位的编制及主要职责。

8月27日 自上午8时起,本市在津沧、唐津、津晋、津保、京津、京沪6条联网高速公路天津段试行计重收费。

12月20日 津宁、塘承高速公路(一期)工程开工。这两条高速公路是天津市"3310"高速公路网10条中心城区和滨海新区放射线的重要组成部分。津宁高速公路连接市区与宁河、汉沽,是沿线区域进入天津市域及国家高速公路网最便捷的通道,主线全长约48km,双向六车道;塘承高速公路(一期)工程,连接滨海新区、天津港与宝坻、蓟县,通往河北承德、内蒙古东部和东北北部,主线全长61.4km,双向六车道,是具有集疏港功能的重要快速通道。

2008年

1月18日 从上午8点起,京沈高速公路联网收费片区将试行跨省市计重收费。

2月6日 津蓟高速公路延长线莲花岭隧道左线全部贯通,至此,津蓟高速公路延长线隧道工程已经全部贯通。

2月18日 为迎接奥运,本市决定投入3.4亿元对8条630km迎奥运高速公路进行综合整治。8条迎奥路线包括京津塘、唐津、京沈、津滨、京沪、京津、津蓟、津沧等8条高速公路。其中,唐津北段、京沈、津滨、京津塘高速公路同时为"奥运火炬"路线。

6月30日 津蓟高速公路延长线竣工通车。该路起于蓟县县城以西,接津蓟高速公路K100+100处,经蓟县官庄、莲花岭、盘山风景区,止于道卜谷,与京平高速公路连接,全长15.5km,设有两处隧道,其中莲花岭隧道长2.2km,大岭后隧道长2.7km。隧道工程采用双向四车道高速公路标准建设,设计行车速度为80km/h。

6月 京津高速公路东延工程完工。该路段西接京津高速公路,东接天津港,是集疏港公路体系中的重要组成部分。起于京津高速公路北塘收费站,止于京山铁路以西230m处,全长6.6km,采用双向六车道高速公路标准,设计行车速度80km/h,路基宽度35.5米。

7月 经市编办批准,天津市高速公路管理处成立,为天津市高速公路行业管理机构。

7月16日 京津高速公路主线建成通车。该工程包括一条主线和三条联络线,起于天津市塘沽区北塘镇,经塘沽、东丽、北辰、宁河、武清等区县,止于武清区高村(京津界),主线全长101.8km,联络线长约49.426km。是目前本市建设规模最大的一条高等级公路。京津高速公路(天津段)全线采用双向六至八车道高速公路标准,设计行车速度120km/h。京津高速公路的建成,将成为连接京、津两市又一条快速通道。开通前。

9月30日 荣乌(津汕)高速公路天津静海至大港段开通,为前往山东半岛以及江浙沿海一带的车辆,在原有行驶津沧、京沪高速路线以外,提供了一条新的选择路线。该路段全长30km。

9月 天津境内国家高速公路网重新命名和编号活动全面展开。根据《国家高速公路网命名及编号规则》,天津境内纳入国家高速公路网"7918"布局方案的路线共6条,分别为:G1京哈高速、G2京沪高速、G3京台高速公路、G18荣乌高速公路、G25长深高速公路、G2501天津绕城高速公路,里程总计452km。目前,示范路京沪高速公路(G2)的交通标志调整设计工作已经全面展开。

9月 集疏港公路一期工程建成通车。该工程起于京山铁路桥以北,止于疏港二线立交桥,全长6.1km,其中高架桥长2.9km,采用全封闭全立交双向六车道快速路标准。

9月 集疏港公路中段、南段工程开工。中段工程南起津沽一线立交桥,北至疏港二线立交桥,全长10.5km,主线采用双向八车道城市快速路标准;南段工程南起津晋高速公路,北至津沽一线立交桥,全长8.2km,主线高架段采用双向六车道城市快速路标准。

12月6日　沿海高速公路天津段北段二期工程正式开工建设。二期工程南起疏港三线互通立交,向北跨越永定新河北塘入海口,在蛏头沽以北约1km处与沿海高速公路天津段北段相接,全长9.11km。沿海高速公路天津段全长90km,含立交及桥梁15座,其中高架桥38.8km,双层双向八车道,全部在海滩软基上建设,是连接汉沽、塘沽、大港的重要通道,也是连接东北、华东对外交通中贯通滨海新区最便捷的沿海大通道。工程总投资200亿元。计划2011年建成通车。

12月　塘承高速公路一期工程开工。该工程起于塘沽区境内规划京港快速路处,终至宝坻京沈高速公路互通立交,全长66.5km,设计为双向六车道。

12月　沿海高速公路天津段南段二期工程开工。该路段起点为津晋高速公路立交,沿现状沿海高速天津段向南,扩建现有的四车道,与河北省沧州沿海高速公路相接。全长约35km,为双向六车道高速公路,路基宽34.5m。计划2010年12月完工。

年内　津港高速公路一期工程开工。该路线起于外环线与洞庭路交口,止于大港区板港路与胜利路交口,全长25.13km。工程从外环线至规划环外环设计标准为快速路,设计行车速度80km/h,双向八车道,从规划环外环至板港路为高速公路,设计行车速度120km/h,双向六车道。2008年开工,计划2010年底建成通车。

2009年

5月9日　《津滨高速公路改扩建工程设计合同》签订。

5月30日　沿海高速公路天津段北段一期工程建成通车。该工程起于汉沽区蛏头沽,终点在涧河与河北省段交接,全程24km,总投资16.6亿元,按高速公路双向六车道设计。

6月1日　津滨高速公路改扩建工程试验段工程启动。

6月　天津市市政公路管理局出具《津滨高速公路改扩建工程初步设计专家审查意见》。

8月　《津滨高速公路改扩建工程初步设计》经修改后报批。

9月　天津市市政公路管理局下发《关于津滨高速公路改扩建工程初步设计的批复》。

9月28日　津汕高速公路建成通车。该工程北起津淄公路与外环线交口,南至大港区张庄子与河北省相接,途经西青区、静海县、大港区3个区县,全长53km,是连通秦皇岛港、天津港、京唐港和黄骅港的南北向大通道,总投资51.6亿元。

10月15日　津滨高速公路改扩建工程全线正式开工。该工程由现状双向四车道改造为双向六车道、局部双向八车道高速公路,路线全长27.766km。

2010年

1月　沿海高速公路天津段南段二期(津晋高速公路—河北歧口)建成通车。该工程起点至油田联络线约14.85km,利用现状海防路拓宽改造,双向八车道;油田联络线至终点长约20.7km为新建段,双向六车道。

3月18日　津汉高速公路一期工程开工。该工程东起东丽区津岐延长线(东金路)以西1.2km处,东与河北省沿海公路相接,全长54.5km。工程拟分两期进行建设。一期工程路线长度35km,西起东丽区津岐延长线(东金路)以西1.2km处,与现状津汉公路相接。一期工程建成后,将进一步沟通中心城区与市区东部的联系,加强天津与东北三省等地区的经贸往来,对促进天津经济社会发展将起到积极作用。

8月15日　津滨高速公路改扩建工程北侧主体施工完成,顺利导行。

8月25日　市政公路管理局召开高速公路增设智能化监控管理系统座谈会。

9月9—10日　交通运输部部长李盛霖来津考察蓟县公路、天津集疏港公路建设情况以及天津港东疆港保税港区和天津南港工业区建设情况。

9月28日　京津冀区域高速公路联网不停车收费正式开通。今后京津冀三地的高速公路不停车收费(简称ETC)用户,均可实现京津冀区域内的跨省(市)畅行。

9月　滨海新区西外环高速公路开工建设。工程北起清河农场,南至海景大道连接线,全长37.7km,设计为六至八车道高速公路,速度100km/h。项目总投资116.87亿元。

12月7日　交通运输部副部长冯正霖来津调研我市公路规划、建设和管理情况。

12月16日　津港高速公路一期工程建成通车。一期工程自外环线与洞庭路交口,到大港区板港路与胜利路交口,全长25.13km。工程从外环线至规划环外环设计标准为快速路,设计行车速度80km,双向八车道;从规划环外环至板港路,设计标准为高速公路,设计行车速度120km,双向六车道。工程总投资37.95亿元。

12月31日　国道112线高速公路(滨保高速公路)天津东段工程建成通车。工程西起京沪高速公路,东至沿海高速公路天津段,全长93.6km。

12月　沿海高速公路天津段北段二期(疏港三线—蛏头沽段)工程建成通车。该路段南起疏港二线、三线互通立交,北至蛏头沽,全长约9km,工程连接集疏港二期中段和沿海高速公路天津段北段一期,全线以高架为主,双向六至八车道。

12月　津汉高速公路一期工程开工。该工程西起东丽区东金路以西1.2km处,与现状津汉公路相接,在汉沽与汉蔡路相交。路线全长35km,双向四车道。

年内　京台(北)高速京冀津段(京津塘高速公路南通道)开工建设。该通道为国家高速公路网规划中的京台高速公路的组成部分,路线全长175km。天津线路起自本市与河北省穆家口交界处,与规划的京津塘高速公路南通道河北段相接,止于武清区石各庄镇东南,与国道112线高速公路天津东段相接,全长6km。全线双向六车道,设计行车速度120km/h。

2011 年

1月9日　津滨高速公路改扩建工程完成中面层以下主体及附属工程施工,实行双向试通车。市委副书记、滨海新区区委书记何立峰,滨海新区区长宗国英等领导出席通车典礼仪式。该工程起于外环线津滨高速公路互通立交,止于塘沽胡家园立交,全长27.766km。其中,天津收费站至滨海收费站23.39km采用双向六至八车道高速公路标准,设计行车速度120km/h;外环线至天津收费站2.91km和滨海收费站至胡家园立交段,分别采用双向八车道城市快速路标准,设计行车速度80km。工程总投资23.7亿元。

5月14日　津滨高速公路改扩建工程恢复"潮汐式"导行,展开表面层铺筑等收尾工程施工。

6月10—17日　交通运输部全国干线公路养护管理检查组对我市干线公路进行检查,对市政公路管理局、公路处、高速公路管理处和蓟县、宝坻、武清、津南公路管理机构以及高速集团、华北高速、津滨高速的管理规范化工作进行了检查,对我市350km高速公路以及508km普通国、省干线公路进行了路况检测。

6月24日　天津高速公路管理处第一路政支队荣获"2009—2010年度全国交通运输行业青年文明号"称号。

6月26日　津滨高速公路改扩建工程竣工,全线双向正式通车。

10月19—21日　在全国公路养护管理工作会议上,交通运输部公布了"十一五"全国干线公路养护管理工作检查结果,天津市获"十一五"全国干线公路养护管理检查第四名,天津市市政公路管理局获"十一五全国干线公路养护管理先进单位"称号,实现历史性突破。

12月　塘承高速公路一期工程建成通车。该路起点为京港快速路,终点为京沈高速公路,全长66.7km,设计行车速度为120km/h,工程于2008年12月开工。工程总投资61.76亿元。

12月　经天津市人民政府批准,市市政公路管理局、市发展与改革委员会、市财政局联合发出通知:根据交通运输部、国家发展改革委、财政部关于"高速公路运营单位对ETC客户给予高速公路车辆通行费优惠,优惠幅度原则上不少于5%"的要求,结合京津冀区域联网电子不停车收费中北京、河北均已实现九五折优惠的实际,自12月5日起,我市高速公路联网ETC非现金支付用户通行费享受九五折优惠。

12月5日　京沪高速公路津冀界九宣闸收费站扩建工程正式交付使用。此次扩建工程包括新建收费站房及两条车道,扩建后该收费站离津南下的车道数增至15条,有效提升了该收费站区的通行能力。

12月31日　津宁高速公路建成通车。该工程起于志成道快速路与外环线交点,止于宁河县兰台村西北,与津芦公路相接,全长43.3km,路基宽34.5m,双向六车道,设计行车速度120km/h。

12月31日 海滨高速公路(原称沿海高速公路天津段)建成通车。北段起自河北省丰南涧河,南至塘沽集疏港二三线立交;南段起自塘沽津晋高速公路立交,止于黄骅歧口,全长70km,双向六车道。

12月 集疏港公路中段工程,津沽立交至疏港二线立交段建成通车。

12月 唐津(长深)高速公路改扩建工程开工建设。该项目起于河北省唐山界,止于荣乌高速公路,全长104.55km,由双向四车道拓宽到双向六车道。

12月 京秦高速公路天津段工程开工。该路段西起河北省三河界,与密涿支线高速公路相接,止于河北省玉田界,路线全长30.265km,设计为双向六车道。

12月 塘承高速公路二期工程开工。项目起于京沈高速公路,与塘承高速公路一期相接,止于京秦高速公路,全长约24.8km,设计为双向六车道。

2012年

3月27日 市政公路管理局举行高速公路联网收费管理中心揭牌仪式。

5月 市政公路管理局完成对津蓟高速公路延长线工程竣工验收。经竣工验收委员综合评审,该工程质量评分93.6分,质量评定为优良工程,建设项目综合评分94.08分,工程建设项目综合评价等级确定为优良。

7月20日 熊建平副市长听取市政公路管理局关于京津塘高速公路天津中心城区段高架工程前期工作进展情况汇报。该工程是打通中心城区与北部新区交通屏障、支持和推动北部新区开发建设的重要举措。工程起自永定新河南侧,终点至京津塘高速公路机场站互通立交西侧,全长18.3km,改造为高架形式。

8月 唐廊高速公路天津段一期工程开工建设。该项目起于塘承高速公路,止于津冀唐山界,东西两端分别与长深高速公路唐山西环段、廊涿高速公路廊坊段相接,全长约33.7km,设计为双向六车道,设丰津路联络线2.4km。

9月26日 市政公路管理局高速公路管理处正式开通"天津高速公路"微博。

10月8日 市政公路管理局圆满完成国庆节免收小客车通行费保障任务,得到交通运输部和天津市领导的高度肯定。交通运输部给天津市委、市政府发来感谢信。

2013年

4月 "天津高速公路"政务微博被市政府新闻办破格纳入"天津发布"微博门户,成为市政府微博政务厅的成员单位。"天津高速公路"政务微博开通以来,相继设置了天津高速路况、高速微讲堂、行车锦囊和我在高速现场等多个栏目。

3月 津港高速公路二期工程开工建设。工程起于西外环高速公路,止于临港工业区海滨高速公路以东,路线全长11.27km,双向六车道,设计行车速度100km/h。预计2015年底竣工通车。

10月30日　孙文魁副市长、李福海副秘书长检查我市高速公路服务区管理和沿线绿化工作。

10月　蓟汕高速公路开工建设。该工程北起京津高速公路、南接津晋高速公路,经天津北辰、宁河、东丽、津南、西青等区域,全长41.5km,设计为双向六至八车道。工程总投资65亿元。

11月15日　天津市发改委立项批复《关于京津塘高速公路北部新区段高架工程项目建议书的批复》(津发改城市〔2013〕1185号)。该工程将外环线东北部调线围合范围内的京津塘高速公路改造为连续高架桥,工程建成后将优化城市功能结构,支撑城市空间结构调整,促进市区与北部新区一体化发展。路线长度15.9km,其中15.3km为高架段落,利用现状桥梁3km,新建桥梁12.3km,设计行车速度120km/h,双向四车道。

2014年

3月4日　天津市发改委批复《关于对京津塘高速公路北部新区段高架工程可行性研究报告的批复》(津发改城市〔2014〕157号)。

3月11日　天津市市政公路管理局批复《关于京津塘高速公路北部新区段高架工程初步设计的批复》(市政公路管理计〔2014〕98号)。

7月9日　京津塘高速公路断交,北部新区段高架工程正式开工,施工单位进场施工。

4月25日　京津塘高速公路北部新区段高架工程施工单位开始驻地及预制梁场建设。

6月30日　京津塘高速公路北部新区段高架工程施工单位完成驻地建设,开始预制梁加工。

11月10日　天津市交通运输委员会对京津塘高速公路北部新区段高架工程的施工图设计文件审查批准。

12月　长深高速公路(河北省丰南界至荣乌高速公路段)改扩建工程建成通车。项目于2011年9月底开工建设,由双向四车道扩建为双向六至八车道高速公路技术标准。

2015年

1月27日　天津市规划局批复京津塘高速公路北部新区段高架建设工程许可证(编号:2015津线证0003)。

2月　塘承高速公路二期建成通车,天津市高速公路通车里程上升至1140.656公里,较去年(2014年为1113.11公里)增加27.546公里,高速公路网密度达到9.5公里/百平方公里(2014年为9.3公里/百平方公里)。

4月3日　京津塘高速公路北部新区段高架工程沥青混凝土面层开始施工。

5月8日　京津塘高速公路北部新区段高架工程交工验收。

5月9日　京津塘高速公路北部新区段高架桥梁改造工程恢复通车。该项目于2014年7月9日进场施工,历史10个月,全长12.9km,在京津塘高速公路原线位平行于外环线的路段将原来市区路基段改造成高架桥梁,新建改造高架桥12.3km,全线采用高速公路技术标准建设。

9月23日　海河大桥恢复通车。作为海滨高速公路连接海河两岸交通大动脉上的关键桥梁,是进出天津港集装箱货运的必经之路。在长期重载交通荷载作用下,海河大桥老桥钢箱梁段梁体及铺装出现较多的破损病害。为了尽快修复桥梁结构,确保车辆通行安全,滨海新区于2015年6月24日起对海河大桥进行维修施工,历时3个月。

2016年

9月18日　京秦高速公路天津段建成通车。京秦高速公路天津段西起河北省三河市,向东与宝平公路相交并互通后,跨越大秦铁路和京秦铁路,与G102国道、S1津蓟高速公路相交并互通后转向东,跨越州河、津蓟铁路,与津围公路和S21塘承高速公路河北东段相交并互通后,继续向东与河北东段京秦高速相接,全长30.3km,为双向六车道高速公路。

11月18日　京津高速公路大孟庄收费站正式恢复开通运营。大孟庄收费站于2005年12月28日与京津高速公路天津段同步开通运营,后因2008年北京奥运会安保需要而封闭,随后未再开通。京津高速公路大孟庄收费站,其车道规模维持原有的2入3出(其中,入出口各建有1条ETC车道)。该站开通后,对武清区周边乡镇的经济发展起到有效的带动作用。

11月28日　宁静高速公路全线完工和通车,标志着天津环城高速公路圈建成。天津市环城高速公路由宁静高速和已经通车的滨保高速公路、京津高速公路、京沪高速公路、津晋高速公路围合形成,共计140.2km,是天津继内环、中环、外环、快速路之后的第五条环线。宁静高速位于天津市中心城区东部,南北走向,与外环东路走向基本平行,相距约为5~10km。路线北起京津高速公路,南接津晋高速公路,路线全长41.5km,采用双向六至八车道。宁静高速公路的空港经济区收费站到蓟汕高速公路互通段先期开通。

12月8日　京津高速公路东堤头收费站正式开通运行。自此,京津高速公路天津段所规划的13个收费站全部开通运行,在优化路网建设,打造便利交通环境的同时,将更好地推动京津冀一体化,助力北辰及周边区域经济发展。

12月31日　滨保高速公路汉沽北互通至大神堂互通段通车。该线路起自滨保高速公路与海滨高速公路主线交叉大神堂立交位置,止于滨保高速公路与长深高速公路主线交叉汉沽北立交位置。该段为双向六车道高速公路,路线封闭、连续,里程为11.912km。

12月底　天津市交通运输委员会转发《天津市综合交通运输"十三五"发展规划》,标志着从2015年启动的高速公路"十三五"规划工作,于2016年画上圆满的句号,并为"十三五"期间高速公路行业发展指明了方向。

截至2016年底,全市高速公路通车里程1208.141km,"5纵9横"骨架路网基本建成,路网密度居全国第二。2016年,滨保高速公路(海滨高速公路至长深高速公路段通过)全线贯通,全市高速联网收费工作迈进一步;京秦高速公路天津段通车,远期有效缓解G1京哈高速公路、国道G102线的交通压力;宁静高速公路全线完工通车,天津环城高速公路圈建成;西外环高速公路、津汉高速公路、津港高速公路二期、津汉联络线基本完成主体建设,与已建成的海滨高速公路和集疏港快速路等,共同形成滨海新区环城通道。

附表1 天津市高速公路总体情况

序号	性质	编号	主要控制点	项目名称	立项名称	里程长度（km）	投资（亿元）	车道数	设计速度（km/h）	建设时间（开工—通车）	备注
1	国高	G0111	滨海新区	秦滨高速公路	海滨大道	91.1	181.85	6	80~120	2004—2013.9	
2		G0211	静海区	滨石高速公路	国道主干线唐津公路（天津南段）	26.521	12.45	4	120	2001—2003	
3		G1	宝坻区	京哈高速公路	京沈高速公路（天津段）	37.179	12.15	6/8	120	1997.3—1999.10	扩建
4		G18	滨海新区,静海区,西青区,武清区	荣乌高速公路	天津至汕尾公路天津段	79.282	81.57	6	120	2002.4—2002.7	
5		G1N	蓟州区	京秦高速公路	京秦高速公路天津段	30.309	45.36	6	120	1998—2008	
6		G2	武清区,西青区,津南区,滨海新区	京沪高速公路	京沪高速公路天津段	105.963	82.65	4/6/8	120	2013.1—2016.9	
7		G25	滨海新区,宁河区,津南区,西青区	长深高速公路	山广公路天津段	105.168	63.19	4/6	120	1987.12—1991.1	京津塘
8		G2501	滨海新区,宁河区,北辰区,武清区	滨保高速公路	国道112线天津东段	93.1	70.91	6	120	2003.12—2006.11	
							115.67	6/8	120	1994—2003.12	扩建
9	地高	S1	东丽区,北辰区,武清区,宁河区,宝坻区	津蓟高速公路	津蓟高速公路	116.3	55.63	4	120	2011—2014	盐场段
										2009—2017	
										2007—2012	
										2001.3—2003.9	
10		S2	北辰区,宁河区	津宁高速公路	津宁高速公路	43.34	52.78	6	80—120	2005.12—2008.7	延长线
11		S21	宁河区,宝坻区,蓟州区	塘承高速公路	蓟塘高速公路	85.568	94.48	6	120	2009.6—2011.12	
										2008.11—2015.2	
12		S3	河东区,东丽区,塘沽区	津滨高速公路	津滨高速公路	27.766	23.70	4/6/8	120	1998.10—2001.4	
										2009.10—2011.7	扩建

附表1

天津市高速公路总体情况

续上表

序号	性质	编号	主要控制点	项目名称	立项名称	里程长度(km)	投资(亿元)	车道数	设计速度(km/h)	建设时间(开工—通车)	备注
13		S30	滨海新区、东丽区、宁河区、北辰区、武清区	京津高速公路	京津高速公路天津段	101.593	69.84	6、8	120	2003.10—2008.6	
14		S3011	武清区	京津京沪联络线	京津京沪联络线	8	5.19	6	120	2003.10—2008.6	
15		S3012	武清区	京津联络线	京津联络线	9.304	6.04	6	120	2003.10—2008.6	
16		S3015	东丽区	津汉联络线	津汉联络线	5.6	3.64	4、6	120	2003.10—2008.6	
17		S3600	武清区	京台联络线	京台联络线	6.299	4.9417	6	120	2011.3—2014.11	
18		S4	津南区、滨海新区	津港高速公路	津港高速公路	25.126	37.95	6、8	120	2008.3—2010.12	
19	地高	S40	武清区、北辰区、东丽区、滨海新区	京津塘高速公路	京津塘高速公路	86.416	11.31 / 30.32	4	120	1987.12—1993.9 / 2014.7—2015.5	改建
20		S5	西青区	荣乌联络线	天津至汕尾公路天津段	7.127	6.68	6、8	80~120	2005—2009	
21		S50	西青区、津南区、滨海新区	津晋高速公路	津沽二线高速公路	45.302	16.71	4、6	110~120	2001.3—2004.10	
22		S51	东丽区、津南区、西青区	宁静高速公路	津塘二线 蓟汕联络线	41.496	149.638	6、8	100	2011.4—2016.11	
23		S6	西青区、静海区	津沧高速公路	京沪公路(天津北段)	54.128	20.03	4	100~110	1998—1999.12 / 1993—1995.10	京福
24		S7	北辰区、武清区	津保高速公路	国道112线高速公路天津西段	18.782	7.22	4	120	1998.4—2000.7 / 2003.4—2003.10	外环线桥

注:①国高/地高一栏按《国家高速公路网命名和编号规则》填写编号。
②项目名称按项目批复文件名填写。
③开工/通车时间按年月填写。
④投资按批复概算填写。
⑤主要控制点:国高路线在天津境内经过的县级以上行政区域,地高指镇级以上行政区域。

附表2 天津市高速公路建设主管部门负责人基本信息

单位名称	姓名	历届主要分管负责人 职务	任职年限
天津市交通运输委员会	王福山	天津市交通运输委员会党委书记、主任	2015年9月—2018年9月
	武岱	天津市交通运输委员会党委书记、主任	2014年7月—2015年9月
天津市市政公路管理局	李树义	天津市市政公路管理局党委书记、局长	2013年12月—2014年6月
	徐毅	天津市市政公路管理局党委书记	2007年1月—2013年12月
	李树义	天津市市政公路管理局局长	2010年1月—2013年12月
	孟庆旺	天津市市政公路管理局局长	2007年1月—2010年1月
天津市市政工程局	徐毅	天津市市政工程总公司党委书记	2001年12月—2007年1月
	孙增印	天津市市政工程总公司董事长、总经理	2001年12月—2007年1月
		天津市市政工程总公司总经理	2000年5月—2001年12月
		天津市市政工程局局长	1996年5月—2000年5月
	刘长顺	天津市市政工程局党委书记	2000年5月—2001年12月
	王天麟	天津市市政工程局党委书记	1996年5月—2000年5月
	胡晓槐	天津市市政工程局局长、党委书记	1988年7月—1996年5月
		天津市市政工程局局长、党委书记	1988年6月—1988年11月
		天津市市政工程局局长	1983年2月—1988年6月
	朱四玉	天津市市政工程局党委书记	1982年1月—1983年2月
	李杰	天津市市政工程局副局长、局长、党委书记	1981年10月—1983年2月
			1973年1月—1981年12月

附表 2

天津市高速公路建设主管部门负责人基本信息

续上表

单位名称	姓名	历届主要分管负责人职务	任职年限
天津市市政工程局	吴一夫	天津市市政工程局局长、党委书记	1973年1月—1978年7月
	吕洪娟	天津市交通运输委会计计划财务处处长	2017年8月—2019年2月
	刘胜汉	天津市交通运输委会计计划统计处处长	2015年2月—2017年8月
	刘胜汉	天津市市政公路管理局计划处处长	2011年9月—2015年2月
	付进光	天津市市政公路管理局计划处处长	2009年7月—2011年4月
	罗凤	天津市市政公路管理局计划处处长	2007年1月—2009年6月
	罗凤	天津市市政工程局(总公司)计划处处长	2003年12月—2007年1月
	刘胜汉	天津市交通运输委会建设管理处处长	2017年8月至今
规划、建设等处室	唱润好	天津市交通运输委工程管理处副处长主持工作	2017年2月—2017年8月
	郝润申	天津市交通运输委会工程管理处处长	2015年2月—2017年2月
	郝润申	天津市市政公路管理局工程管理处处长	2011年7月—2015年2月
	裴世保	天津市市政公路管理局建设管理处处长	2010年11月—2011年7月
	邱照宝	天津市市政公路管理局建设管理处处长	2009年12月—2010年11月
	陈长来	天津市市政公路管理局建设管理处处长	2007年1月—2009年5月
	陈长来	天津市市政工程局(总公司)工程管理处处长	2006年1月—2007年1月
	苏宝耀	天津市市政工程局(总公司)工程管理处处长	2001年11月—2006年1月
	孙长国	天津市交通运输委综合规划处副处长主持工作	2017年8月至今
	孙长国	天津市交通运输委综合规划处处长	2016年3月—2017年8月
	程锦	天津市交通运输委综合规划处处长	2015年2月—2016年3月
	程锦	天津市市政公路管理局规划处处长	2011年9月—2015年2月
	杨树海	天津市市政公路管理局规划处处长	2007年1月—2010年11月
	杨树海	天津市市政工程局(总公司)规划处处长	2003年8月—2007年1月
质量安全监督部门	杨亮	天津市交通运输委安全监督处处长	2017年8月至今

续上表

单位名称	姓名	职务	任职年限
	杨亮	天津市交通运输委安全监督处副处长主持工作	2016年3月—2017年8月
	姜幼学	天津市交通运输委安全监督处处长	2015年2月—2016年3月
	邱照宝	天津市市政公路管理局安全监督处处长	2010年11月—2014年7月
	李志毅	天津市市政公路管理局安全保卫处处长	2010年4月—2010年8月
	李志毅	天津市市政公路管理局安全保卫处副处长主持工作	2007年1月—2010年4月
	李志毅	天津市市政工程局(总公司)安全保卫处副处长主持工作	2006年1月—2007年1月
	史少华	天津市市政工程局安技处处长	2000年2月—2006年1月
	刘晓宇		2016年7月至今
质量安全监督部门	陈园	天津市交通运输工程质量安全监督总站书记	2015年2月—2016年6月
	张永明	天津市交通运输工程质量安全监督总站站长	2015年2月至今
	陈园	天津市市政公路工程质量监督站(天津市公路工程质量安全监督站)书记	2011年6月—2015年2月
	张永明	天津市市政公路工程质量监督站(天津市公路工程质量安全监督站)站长	2011年6月—2015年2月
	孙奎发	天津市市政公路工程质量监督站(天津市公路工程质量安全监督站)书记	2007年7月—2011年6月
	张宝林	天津市市政公路工程质量监督站(天津市公路工程质量安全监督站)站长	2007年7月—2011年5月
	杜新生	天津市公路工程质量监督站	2002年3月—2007年7月
	刘学敏	天津市公路工程质量监督站书记	2002年3月—2007年7月
	杜新生	天津市公路工程质量监督站站长、书记	1994年9月—2002年3月
天津市高速公路管理处	沙春义	天津市高速公路管理处党委书记	2017年—2019年2月
	杨西福	天津市高速公路管理处党委书记	2015—2017年
	张志禄	天津市高速公路管理处党委书记	2009—2015年
	杨西福	天津市高速公路管理处处长	2011年7月—2018年4月
	国长生	天津市高速公路管理处党委书记	2007—2009年
	郝润申	天津市高速公路管理处处长	2007—2011年7月

附表2

天津市高速公路建设主管部门负责人基本信息

续上表

单位名称	姓名	历届主要分管负责人职务	任职年限
天津高速公路集团有限公司	张自山	天津高速公路集团有限公司董事长	2016年3月—2018年9月
	孙妍枫	天津高速公路集团有限公司总经理	2014年3月—2018年8月
	刘建军	天津高速公路集团有限公司董事长	2014年3月—2016年3月
	刘建军	天津高速公路集团有限公司总经理	2010年10月—2014年3月
	顾启峰	天津高速公路集团有限公司董事长	2010年10月—2014年3月
	顾启峰	天津高速公路集团有限公司总经理	2009年10月—2010年10月
	杨明	天津高速公路集团有限公司总经理	2001年2月—2009年10月
	马白玉	天津高速公路集团有限公司总经理	2007年5月—2010年10月
	韩立祥	天津高速公路集团有限公司董事长	2006—2007年5月
	韩立祥	天津市高速公路投资建设发展公司董事长	2003年11月—2006年
	韩立祥	天津市公路建设发展公司董事长	1994年7月—2003年11月
华北高速公路股份有限公司	杨利军	华北高速公路股份有限公司总经理	2012—2015年
	孙祥保	华北高速公路股份有限公司总经理	2008—2011年
	董平如	华北高速公路股份有限公司总经理	2002—2008年
	田凝寿	华北高速公路股份有限公司总经理	1999—2002年
京津塘高速公路联合公司	田凝寿	京津塘高速公路联合公司总经理	—
天津市市政工程建设公司	王桂英	天津市市政工程建设公司总经理	2008年10月—2018年4月
	赵子良	天津市市政工程建设公司总经理	2004年10月—2008年10月
	从月宾	天津市市政工程建设公司总经理	2000年10月—2004年10月
	董宏春	天津市市政工程建设公司总经理	1993年10月—2000年10月
	张淑霞	天津市市政工程建设公司总经理	1992年5月—1993年10月
天津海滨大道建设发展有限公司	陈志国	天津海滨大道建设发展有限公司董事长	2016年1月至今
	李东	天津海滨大道建设发展有限公司总经理	2016年1月至今

续上表

单位名称	历届主要分管负责人		
	姓名	职务	任职年限
天津滨海大道建设发展有限公司	陈广永	天津滨海大道建设发展有限公司董事长	2010年9月—2015年6月
	陈志国	天津滨海大道建设发展有限公司总经理	2010年6月—2016年1月
	李文深	天津滨海大道建设发展有限公司董事长	2008年7月—2010年9月
	刘立柱	天津滨海大道建设发展有限公司总经理	2008年8月—2010年6月
	于复新	天津滨海大道建设发展有限公司董事长	2001年12月—2008年7月
	李文深	天津滨海大道建设发展有限公司总经理	2008年4月—2008年7月
	于复新	天津滨海大道建设发展有限公司总经理	2001年12月—2008年4月
天津滨海新区投资控股有限公司	高英贤	天津滨海新区投资控股有限公司董事长	2013年12月至今
	李志伟	天津滨海新区投资控股有限公司总经理	2013年12月至今
	李文深	天津滨海新区投资控股有限公司董事长	2010年10月—2013年12月
	万福铎	天津滨海新区投资控股有限公司总经理	2010年7月—2013年12月
	陈广永	天津滨海新区投资控股有限公司董事长,总经理	2010年1月—2010年7月
	陈广永	天津滨海新区投资控股有限公司总经理	2009年1月—2010年1月
	杨程	天津滨海新区投资控股有限公司董事长	2009年1月—2010年1月
	陈广永	天津滨海新区投资控股有限公司董事长,总经理	2008年3月—2009年1月
	解文玲	天津滨海新区投资控股有限公司董事长	2007年3月—2008年3月
	孙涛	天津滨海新区投资控股有限公司董事长,总经理	2004年9月—2007年3月

附表 3

天津市高速公路项目基本信息

序号	项目名称	起止点	规模（km） 合计	八车道及以上	六车道	四车道	建设性质（新、改、扩建）	设计速度（km/h）	永久占地（亩）	投资情况（亿元）估算	概算	决算	资金来源	建设时间（开工—通车）	养管单位	备注
1	G0111秦滨高速公路	丰南涧河—塘沽集疏港二三线立交	91.1		33.7			120	4140	47.8	42.5	40	地方自筹、银行贷款	2004—2013.9	天津海滨大道建设发展有限公司	
		塘沽集疏港二三线立交—塘沽津晋高速公路立交			21.8		新建	80	2054	77.7	69.4	58.7		2008—2012.1	天津海滨大道建设发展有限公司	一级公路
		塘沽津晋高速公路立交—黄骅歧口			35.6		新建	120	3042	58.3	57.5	50.3		2009.1—2011.1	天津高速公路集团有限公司运营事业部四分公司	
2	G0211滨石高速公路	胡辛庄—静海区那家堡	26.521			26.521	新建	120		10.2	12.45	11.18	交通部补助、养路费、银行贷款、自筹	2001.3—2003.12		
3	G1京哈高速公路	河北香河界—玉田界	37.179			37.179	新建	120	4650	15.3	12.15	11	交通部补助、国债转贷、银行贷款、交通部贷款	1997.3—1999.10 2002.4—2002.7	天津天昂高速公路有限公司	
					37.19		改建									
4	G18荣乌高速公路	大港区子牙新河特大桥—西青区青泊洼互通	79.282		45.413		新建	120	8494	44	49.24		交通部补助、养路费、银行贷款、企业自筹	2005—2008	天津高速公路集团有限公司运营事业部二分公司	
		西青区大寺镇—西青区精武镇			12.516				2337	13.5	14.55	13.25	养路费、交通部补助、银行贷款、股东投资	2003—2005	天津鑫宇高速公路有限责任公司	

续上表

序号	项目名称	起止点	规模（km） 合计	八车道及以上	六车道	四车道	建设性质（新、改、扩建）	设计速度（km/h）	永久占地（亩）	投资情况（亿元）估算	概算	决算	资金来源	建设时间（开工—通车）	养管单位	备注
4	G18荣乌高速公路	张家窝—当城	79.282		16.191		新建	120	2207	13.63	16.38	14.72	交通部补助、养路费、银行贷款、企业自筹	2003—2006	天津高速公路集团有限公司运营事业部四分公司	
5	G1N京秦高速公路	武清区王庆坨镇—津冀界收费站	30.309		5.162		新建	120	543.45	1.43	1.4	1.16	交通部补助、国债转贷、自筹、贷款	1998—2000	天津津富公路有限公司	
		津冀界（三河）—津冀界（玉田）	30.309		30.309		新建	120	3869.6	43.67	45.36		养路费、自筹资金、银行贷款	2013.1—2016.9	天津高速公路集团有限公司运营事业部四分公司	
6	G2京沪高速公路	武清区大王古庄镇（津冀界）—武清区泗村店镇	105.963	16.6	26.726	14.437							使用车辆购置附加费和利用世界银行贷款	1987.12—1991.1	华北高速公路股份有限公司	
		泗村店镇—当城					新建	120	14694	73.5	82.65	69.38	交通部补助、养路费、银行贷款、企业自筹	2003.12—2006.7		
		当城—九宣闸		48.2										2004.11—2006.11	天津高速公路集团有限公司运营事业部四分公司	

附表3

天津市高速公路项目基本信息

续上表

序号	项目名称	起止点	规模(km) 合计	规模(km) 八车道及以上	规模(km) 六车道	规模(km) 四车道	建设性质(新、改、扩建)	设计速度(km/h)	永久占地(亩)	投资情况(亿元) 估算	投资情况(亿元) 概算	投资情况(亿元) 决算	资金来源	建设时间(开工—通车)	养管单位	备注
7	G25长深高速公路	滨海新区汉沽农场(津冀界)—静海区邢家垒	105.168		11.689	93.479	新建	120	12288	25	63.19	59.18	交通部补助、养路费、外方资金、银行贷款、自筹	1994~2003.12	天津新展高速公路有限公司、天津高速公路集团有限公司运营事业部二分公司	
8	G2501滨保高速公路	海滨大道—长深高速公路	93.1		105.17		扩建		1395	66.71	70.91		外方资金、自筹、银行贷款	2011—2014		
		汉沽农场—武清区陈嘴村渔坝现村		29.5	51.688	11.912	新建	120	10936	12.71	13.07	未决算	交通部补助、养路费、银行贷款、企业自筹	2009—2017	天津高速公路有限公司运营事业部一分公司	
1	S1津蓟高速公路	金钟路—大秦铁路地道	116.3			100.76	新建		8489	53.74	41.12	36.75	国债贷款、车购费、养路费、交通部补助、银行贷款、自筹资金	2001.3—2003.9	天津高速公路集团有限公司运营事业部五分公司	
		大秦铁路地道—蓟州区田家岭			15.538					11.3	14.51	13.48	养路费、交通部补助、银行贷款和自筹资金	2005.12—2008.7	天津高速公路集团有限公司运营事业部一分公司	

天津

高速公路建设实录

续上表

序号	项目名称	起止点	规模(km) 合计	规模(km) 八车道及以上	规模(km) 六车道	规模(km) 四车道	建设性质(新、改、扩建)	设计速度(km/h)	永久占地(亩)	投资情况(亿元) 估算	投资情况(亿元) 概算	投资情况(亿元) 决算	资金来源	建设时间(开工—通车)	养管单位	备注
2	S2津宁高速公路	温家房子—东丽北辰界	43.34		7.313		新建	80	5674.4	49	52.78		银行贷款和自筹资金	2009.6—2011.12	天津高速公路集团有限公司运营事业部一分公司	
		东丽北辰界—汉宁路西			36.027			120								
3	S21塘承高速公路	塘沽清河界—蓟州区别山	85.568		85.568		新建	120	11741	89.77	94.48		养路费、银行贷款和自筹资金	2008.11—2015.2	天津高速公路集团有限公司运营事业部五分公司	
4	S3津滨高速公路	外环东路(津滨桥)—胡家园立交桥	27.766			27.766	新建		2594.6			11.6	银行贷款和自筹资金	1998.10—2001.4	天津津滨高速管理有限公司	
5	S30京津高速公路	高村—京山铁路立交桥	101.593	41.554	6.79 20.976 60.039		扩建	120		23.4	23.7		地方自筹	2009.10—2011.7	天津京津高速公路有限公司	
6	S3011京津京沪联络线	和平庄互通—京沪联络线	8		6.4 1.6		新建	120	12600		69.84		自筹	2003.10—2008.6	天津京津高速公路有限公司	
7	S3012京津联络线	城关镇—润村店103国道—曹子里互通	9.304		9.304		新建	120	356		5.19		自筹	2003.10—2008.6	天津高速公路集团有限公司运营事业部四分公司	
8	S3015津汉联络线	三号桥下—东丽站东丽站—津汉联络线	5.6		0.542	5.058	新建	120	418 203		6.04 3.64		自筹 自筹	2003.10—2008.6 2003.10—2008.6	天津京津高速公路有限公司 天津京津高速有限公司	

附表3

天津市高速公路项目基本信息

续上表

序号	项目名称	起止点	规模（km）				建设性质（新、改、扩建）	设计速度（km/h）	永久占地（亩）	投资情况（亿元）			资金来源	建设时间（开工—通车）	养管单位	备注
			合计	八车道及以上	六车道	四车道				估算	概算	决算				
9	S3600京台联络线	武清区石各庄镇东南—武清区定子务村	6.299		6.299		新建	120		5.79	4.9417		企业自筹	2011.3—2014.11	天津高速公路集团有限公司运营事业部五分公司	
10	S4津港高速公路	洞庭路—津港天津站	25.126	10.424			新建	120	3465	36.82	37.95	35.17	养路费、银行贷款和自筹资金	2008.3—2010.12	天津高速公路集团有限公司运营事业部三分公司	一级公路
		津港天津站—胜利路			14.702											
11	S40京津塘高速公路	洞村店—塘沽河北路立交桥	86.416			86.416	新建	120	5553.49	6.26	11.31	11.21	使用车辆购置附加费和利用世界银行贷款	1987.12—1993.9	华北高速公路股份有限公司	
		永定新河特大桥南—机场收费站西				12.938	改建	80	8664	28.647	28.85		地方自筹25%本金,其余银行贷款	2014.7—2015.5		
12	S5荣乌联络线	外环线—收费站	7.127	5.75			新建	120		5.97	6.68		交通部补助、养路费、银行贷款,企业自筹	2005—2009	天津高速公路集团有限公司运营事业部二分公司	
		收费站—青泊洼互通			1.377											
13	S50津晋高速公路	塘沽区海防路水门处—港塘路	45.302			10.435	新建	110	2595	16.71	14.65		车购费、养路费、银行贷款和自筹资金	2001.3—2004.10	天津高速公路集团有限公司运营事业部三分公司	一级公路
		港塘路—八里台镇				26.628		110								
		津南八里台镇—西青区大寺镇			7.987	0.25		120							天津鑫宇高速公路有限责任公司	

续上表

序号	项目名称	起止点	规模(km) 合计	规模(km) 八车道及以上	规模(km) 六车道	规模(km) 四车道	建设性质(新、改、扩建)	设计速度(km/h)	永久占地(亩)	投资情况(亿元) 估算	投资情况(亿元) 概算	投资情况(亿元) 决算	资金来源	建设时间(开工—通车)	养管单位	备注
14		京津高速公路—港城大道			13.07	5.459			2309	52.87	53.47		养路费、银行贷款和自筹资金	2014.3—2016.8	天津高速公路集团有限公司运营事业部三分公司	
	S51宁静高速公路	港城大道—津滨高速公路	41.496	3.56			新建	100	540.5	15.305	17.538		地方自筹、6.1145亿本金，其余银行贷款	2011.4—2014.2		
		津滨高速—津晋高速公路			17.165	2.809			2129	81.52	78.63		养路费、银行贷款和自筹资金	2013.10—2016.11		
15	S6津沧高速公路	津静立交桥—西琉城大桥	54.128			12.5	新建	110	3882.84	6.36	20.03	18.55	交通部补助、交通部贷款、国债转贷、养路费贷款	1998—1999.12	天津高速公路集团有限公司运营事业部三分公司	
		静海县西琉城大桥南—河北省青县				41.628								1993—1995.10	天津天永高速公路有限公司	
16	S7津保高速公路	外环津保桥—武清区王庆坨镇	18.782			18.782	新建	120	2520.79	6.63	6.48	5.39	交通部补助、国债转贷、自筹、贷款	1998.4—2000.7	天津津富高速公路有限公司	
		津保高速公路(外环线立交桥)							162	0.74		0.52	贷款自筹	2003.4—2003.10		

附表 4 天津市高速公路桥梁汇总表

编号	序号	名称	规模	桥梁左(m)	桥梁右(m)	主跨长度(m)	桥面宽度(m)	桥底净高(m)	跨越障碍物	桥梁分类	备注
G1	1	宝坻大桥	特大桥	1345.7	1345.7	25	34.5	5.5	道路	梁式桥,钢筋混凝土梁桥,简支梁桥	
G1	2	蓟运河西引桥	大桥	360	360	20	34.5		河流	梁式桥,钢筋混凝土梁桥,简支梁桥	
G1	3	冯排一支渠桥	中桥	32.61	32.61	8	34.5		水渠	梁式桥,钢筋混凝土梁桥,简支梁桥	
G1	4	北干渠桥	中桥	40.61	40.61	10	34.5		水渠	梁式桥,钢筋混凝土梁桥,简支梁桥	
G1	5	子牙新河特大桥	特大桥	1620	1620	35	34.5		河流	梁式桥,钢筋混凝土梁桥,连续梁桥	
G18	6	青静黄排水渠特大桥	特大桥	1354.66	1354.66	25	34		河流	梁式桥,钢筋混凝土梁桥,连续梁桥	
G18	7	钱圈互通主线 2 号桥	特大桥	1102.53	1102.53	35	34	5	道路	梁式桥,钢筋混凝土梁桥,连续梁桥	
G18	8	团泊南互通主线 3 号桥	特大桥	1100.02	1100.02	36	34	5	道路	梁式桥,钢筋混凝土梁桥,连续梁桥	
G18	9	独流减河特大桥	特大桥	1779.66	1779.66	35	34		河流	梁式桥,钢筋混凝土梁桥,连续梁桥	
G18	10	青泊洼互通主线桥	特大桥	1324.74	1324.74	35	34		河流	梁式桥,钢筋混凝土梁桥,连续梁桥	
G18	11	张家窝桥	特大桥	1501.66	1501.66	46	33	5	道路	梁式桥,钢筋混凝土梁桥,组合梁桥,组合梁	
G18	12	津浦铁路桥	特大桥	1620.66	1620.66	44	33		铁路	梁式桥,钢筋混凝土梁桥,连续梁桥	
G18	13	子牙河桥	特大桥	2362.33	2362.33	50	33		河流	梁式桥,钢筋混凝土梁桥,连续梁桥	
G18	14	徐太公路口大桥	大桥	699.66	699.66	30	34	5	道路	梁式桥,钢筋混凝土梁桥,连续梁桥	
G18	15	唐家洼口大桥	大桥	704.66	704.66	25	34	5	道路	梁式桥,钢筋混凝土梁桥,连续梁桥	
G18	16	大赵路口大桥	大桥	889.16	889.16	31	34	5	道路	梁式桥,钢筋混凝土梁桥,连续梁桥	
G18	17	团泊北互通主线桥	大桥	926.46	926.46	31	34	5	道路	梁式桥,钢筋混凝土梁桥,连续梁桥	
G18	18	K725+810 分离式立交桥	大桥	634.38	634.38	30	34	5	道路	梁式桥,钢筋混凝土梁桥,连续梁桥	

天　津
高速公路建设实录

续上表

编号	序号	名　称	规模	桥梁左（m）	桥梁右（m）	主跨长度（m）	桥面宽度（m）	桥底净空高（m）	跨越障碍物	桥梁分类	备注
G18	19	K727+723分离式立交桥	大桥	554.66	554.66	25	34	5	道路	梁式桥,钢筋混凝土梁桥,连续桥梁	
G18	20	小孙庄互通主线2号桥	大桥	729.66	729.66	25	34	5	道路	梁式桥,钢筋混凝土梁桥,连续桥梁	
G18	21	小孙庄互通主线1号桥	大桥	654.66	654.66	25	34	5	道路	梁式桥,钢筋混凝土梁桥,连续桥梁	
G18	22	建新南路分离式立交桥	大桥	604.96	604.96	25	34	5	道路	梁式桥,钢筋混凝土梁桥,连续桥梁	
G18	23	大沽排污河桥	大桥	750.64	750.64	44	34.5	5	河流	梁式桥,钢筋混凝土梁桥,连续桥梁	
G18	24	青凝侯公路桥	大桥	103.91	103.91	16	34.5	5	道路	梁式桥,钢筋混凝土梁桥,简支桥梁	
G18	25	小南河桥	大桥	684.74	684.74	30	34.5	5	河流	梁式桥,钢筋混凝土梁桥,连续桥梁	
G18	26	陈台子排污河桥	大桥	160.64	160.64	20	34.5	5	道路	梁式桥,钢筋混凝土梁桥,连续桥梁	
G18	27	津文公路互通式立交桥	大桥	941.64	941.64	37.5	34.5	5	道路	梁式桥,钢筋混凝土梁桥,连续桥梁	
G18	28	津涞公路跨线桥	大桥	720.64	720.64	30	34.5	5	道路	梁式桥,钢筋混凝土梁桥,连续桥梁	
G18	29	京福公路桥	大桥	429.66	429.66	25	33	5	道路	梁式桥,钢筋混凝土梁桥,简支桥梁	
G18	30	津静公路桥	大桥	104.66	104.66	20	33	5	道路	梁式桥,钢筋混凝土梁桥,连续桥梁	
G18	31	当城G线桥	大桥	350	350	14	33.5	5	道路	梁式桥,钢筋混凝土梁桥,简支桥梁	
G18	32	K692+147中桥	中桥	44.82	44.82	10	34	5	道路	梁式桥,钢筋混凝土梁桥,简支桥梁	
G18	33	K692+598中桥	中桥	44.82	44.82	10	34	5	道路	梁式桥,钢筋混凝土梁桥,简支桥梁	
G18	34	K693+049中桥	中桥	44.82	44.82	10	34	5	道路	梁式桥,钢筋混凝土梁桥,简支桥梁	
G18	35	K693+445中桥	中桥	53.38	53.38	16	34	5	河流	梁式桥,钢筋混凝土梁桥,简支桥梁	
G18	36	K693+964中桥	中桥	37.14	37.14	16	34	5	水渠	梁式桥,钢筋混凝土梁桥,简支桥梁	
G18	37	K694+103中桥	中桥	44.96	44.96	10	34	5	道路	梁式桥,钢筋混凝土梁桥,简支桥梁	
G18	38	K694+341中桥	中桥	45.69	45.69	10	34	5	道路	梁式桥,钢筋混凝土梁桥,简支桥梁	
G18	39	郭庄子互通主线桥	中桥	43.82	43.82	13	34	5	道路	梁式桥,钢筋混凝土梁桥,简支桥梁	
G18	40	K696+397中桥	中桥	44.68	44.68	10	34	5	道路	梁式桥,钢筋混凝土梁桥,简支桥梁	
G18	41	K697+537中桥	中桥	69.68	69.68	13	34	5	道路	梁式桥,钢筋混凝土梁桥,简支桥梁	

附表4
天津市高速公路桥梁汇总表

续上表

编号	序号	名称	规模	桥梁左(m)	桥梁右(m)	主跨长度(m)	桥面宽度(m)	桥底净高(m)	跨越障碍物	桥梁分类	备注
G18	42	K698+127 中桥	中桥	100.66	100.66	16	34	5	道路	梁式桥,钢筋混凝土梁桥,简支桥梁	
G18	43	K699+177 中桥	中桥	95.66	95.66	13	34	5	道路	梁式桥,钢筋混凝土梁桥,简支桥梁	
G18	44	K703+937 中桥	中桥	43.66	43.66	13	34	5	道路	梁式桥,钢筋混凝土梁桥,简支桥梁	
G18	45	K704+638 中桥	中桥	69.82	69.82	13	34	5	道路	梁式桥,钢筋混凝土梁桥,简支桥梁	
G18	46	K705+112 中桥	中桥	56.82	56.82	13	34	5	道路	梁式桥,钢筋混凝土梁桥,简支桥梁	
G18	47	K705+803 中桥	中桥	44.82	44.82	10	34	5	道路	梁式桥,钢筋混凝土梁桥,简支桥梁	
G18	48	K706+270 中桥	中桥	56.82	56.82	13	34	5	道路	梁式桥,钢筋混凝土梁桥,简支桥梁	
G18	49	K709+203 中桥	中桥	56.66	56.66	13	34	5	道路	梁式桥,钢筋混凝土梁桥,简支桥梁	
G18	50	钱圈互通主线1号桥	中桥	69.38	69.38	16	34	5	道路	梁式桥,钢筋混凝土梁桥,简支桥梁	
G18	51	团泊南互通主线2号桥	中桥	66.59	66.59	10	34	5	道路	梁式桥,钢筋混凝土梁桥,简支桥梁	
G18	52	团泊南互通主线1号桥	中桥	85.69	85.69	16	34	5	道路	梁式桥,钢筋混凝土梁桥,简支桥梁	
G18	53	K721+252 中桥	中桥	69.66	69.66	13	34	5	道路	梁式桥,钢筋混凝土梁桥,简支桥梁	
G18	54	K737+546 桥	中桥	64.78	64.78	16	34.5	5	道路	梁式桥,钢筋混凝土梁桥,简支桥梁	
G18	55	K741+532 桥	中桥	52.71	52.71	13	34.5	5	道路	梁式桥,钢筋混凝土梁桥,简支桥梁	
G18	56	K743+190 桥	中桥	52.74	52.74	13	34.5	5	道路	梁式桥,钢筋混凝土梁桥,简支桥梁	
G18	57	津陕公路跨线桥	中桥	80.84	80.84	16	34.5	5	道路	梁式桥,钢筋混凝土梁桥,简支桥梁	
G18	58	K753+962 中桥	中桥	56.66	56.66	13	33	5	道路	梁式桥,钢筋混凝土梁桥,简支桥梁	
G18	59	K754+487 中桥	中桥	44.66	44.66	10	33	5	道路	梁式桥,钢筋混凝土梁桥,简支桥梁	
G18	60	菅建路桥	中桥	64.66	64.66	20	33	5	道路	梁式桥,钢筋混凝土梁桥,简支桥梁	
G18	61	K759+445 中桥	中桥	44.66	44.66	10	33	5	道路	梁式桥,钢筋混凝土梁桥,简支桥梁	
G18	62	K760+383 中桥	中桥	56.66	56.66	13	33	5	道路	梁式桥,钢筋混凝土梁桥,简支桥梁	
G18	63	幸福排干渠桥	中桥	42.64	42.64	13	27	5	水渠	梁式桥,钢筋混凝土梁桥,简支桥梁	
G18	64	堤西东排干渠桥	中桥	43.64	43.64	13	27	5	水渠	梁式桥,钢筋混凝土梁桥,简支桥梁	

天　津

续上表

编号	序号	名　称	规模	桥梁左(m)	桥梁右(m)	主跨长度(m)	桥面宽度(m)	桥底净高(m)	跨越障碍物	桥梁分类	备注
G18	65	堤西深渠桥	中桥	43.64	43.64	13	27		水渠	梁式桥、钢筋混凝土梁桥、简支桥梁	
G1N	66	津蓟高速公路互通式立交主线桥	特大桥	1281.86	1281.86	35.5	34	5	道路	梁式桥、钢筋混凝土梁桥、连续桥梁	
G1N	67	州河特大桥	特大桥	1686.86	1686.86	30	34		河流	梁式桥、钢筋混凝土梁桥、连续桥梁	
G1N	68	京哈铁路分离式立交桥	特大桥	1036	1036	68	34	8.5	铁路	刚构桥、T形钢构	
G1N	69	大秦铁路分离式立交桥	大桥	947.43	947.43	70	34	8.5	铁路	刚构桥、T形钢构	
G1N	70	K45+808 大桥	大桥	155.86	155.86	25	34		沟壑	梁式桥、钢筋混凝土梁桥、连续桥梁	
G1N	71	K47+395 大桥	大桥	186.86	186.86	30	34		沟壑	梁式桥、钢筋混凝土梁桥、连续桥梁	
G1N	72	宝平公路互通主线桥	大桥	127.86	127.86	30	34	5	沟壑	梁式桥、钢筋混凝土梁桥、连续桥梁	
G1N	73	京哈公路互通主线桥	大桥	311.43	311.43	35	34	5	沟壑	梁式桥、钢筋混凝土梁桥、连续桥梁	
G1N	74	津围公路互通式立交主线桥	大桥	372.86	372.86	40	34	5	道路	梁式桥、钢筋混凝土梁桥、连续桥梁	
G1N	75	K45+472 中桥	中桥	68.86	68.86	16	34		沟壑	梁式桥、钢筋混凝土梁桥、简支桥梁	
G1N	76	K48+217 中桥	中桥	52.86	52.86	16	34		沟壑	梁式桥、钢筋混凝土梁桥、简支桥梁	
G1N	77	K48+991 主线桥	中桥	68.86	68.86	16	42		沟壑	梁式桥、钢筋混凝土梁桥、简支桥梁	
G1N	78	K53+098 中桥	中桥	69.86	69.86	13	34		沟壑	梁式桥、钢筋混凝土梁桥、简支桥梁	
G1N	79	引禾人漳河中桥	中桥	100.86	100.86	16	34		河流	梁式桥、钢筋混凝土梁桥、简支桥梁	
G1N	80	孙晋路通道桥	中桥	52.86	52.86	16	34	5.5	道路	梁式桥、钢筋混凝土梁桥、简支桥梁	
G1N	81	K59+268 中桥	中桥	43.86	43.86	13	34		沟壑	梁式桥、钢筋混凝土梁桥、简支桥梁	
G1N	82	漳河中桥	中桥	84.86	84.86	16	34		河流	梁式桥、钢筋混凝土梁桥、简支桥梁	
G1N	83	幺河中桥	中桥	43.86	43.86	13	34		河流	梁式桥、钢筋混凝土梁桥、简支桥梁	
G1N	84	州河西路通道桥	中桥	52.86	52.86	16	34	5.5	道路	梁式桥、钢筋混凝土梁桥、简支桥梁	
G1N	85	永定河桥	特大桥	4633.66	4633.66	40	33		河流	梁式桥、钢筋混凝土梁桥、简支桥梁	
G1N	86	津霸铁路桥	特大桥	1222.66	1222.66	41	40.5		铁路	梁式桥、钢筋混凝土梁桥、连续桥梁	
G1N	87	当城A线桥	特大桥	1596.33	1596.33	37.95	40.5		河流	梁式桥、钢筋混凝土梁桥、连续桥梁	

附表4

天津市高速公路桥梁汇总表

续上表

编号	序号	名称	规模	桥梁左(m)	桥梁右(m)	主跨长度(m)	桥面宽度(m)	桥底净高(m)	跨越障碍物	桥梁分类	备注
G1N	88	东淀特大桥	特大桥	8248	8248	35	33.5		河流	梁式桥,钢筋混凝土梁桥,连续桥梁	
G1N	89	独流互通	特大桥	2259	2259	35.06	33.5	5.5	道路	梁式桥,钢筋混凝土梁桥,连续桥梁	
G1N	90	贾口洼口门	特大桥	2592.33	2592.33	25	33.5	5.5	道路	梁式桥,钢筋混凝土梁桥,连续桥梁	
G1N	91	静海互通1号桥	特大桥	1080.66	1080.66	33.63	40.5	5.5	道路	梁式桥,钢筋混凝土梁桥,连续桥梁	
G1N	92	碱东路桥	大桥	184.66	184.66	20	33		道路	梁式桥,钢筋混凝土梁桥,简支桥梁	
G1N	93	龙河桥	大桥	384.66	384.66	20	33		河流	梁式桥,钢筋混凝土梁桥,连续桥梁	
G1N	94	三支渠桥	大桥	179.66	179.66	35	33	5.5	河流	梁式桥,钢筋混凝土梁桥,连续桥梁	
G1N	95	马营路桥	大桥	124.66	124.66	20	33	5.5	道路	梁式桥,钢筋混凝土梁桥,简支桥梁	
G1N	96	杨石路桥	大桥	124.66	124.66	20	33	5.5	道路	梁式桥,钢筋混凝土梁桥,简支桥梁	
G1N	97	石陈路桥	大桥	164.66	164.66	20	33	5.5	道路	梁式桥,钢筋混凝土梁桥,简支桥梁	
G1N	98	新津永公路桥	大桥	124.66	124.66	20	33	5.5	道路	梁式桥,钢筋混凝土梁桥,简支桥梁	
G1N	99	菜籽河桥	大桥	104.66	104.66	20	40.5		河流	梁式桥,钢筋混凝土梁桥,简支桥梁	
G1N	100	K91+620大桥	大桥	899.66	899.66	33	40.5	5.5	道路	梁式桥,钢筋混凝土梁桥,连续桥梁	
G1N	101	陈官屯2号桥	大桥	665.66	665.66	31.9	33.5	5.5	道路	梁式桥,钢筋混凝土梁桥,连续桥梁	
G1N	102	港团引河桥	大桥	144.66	144.66	20	33.5		河流	梁式桥,钢筋混凝土梁桥,连续桥梁	
G1N	103	鲁辛庄排干渠桥	大桥	104.66	104.66	20	33.5		河流	梁式桥,钢筋混凝土梁桥,简支桥梁	
G1N	104	A线前进渠桥	大桥	261.66	261.66	20	33.5		河流	梁式桥,钢筋混凝土梁桥,简支桥梁	
G1N	105	大张屯互通南运河桥	大桥	839.66	839.66	70	33.5		河流	梁式桥,钢筋混凝土梁桥,连续桥梁	
G1N	106	大张屯C匝道桥	大桥	555.66	555.66	40	12	5.5	道路	梁式桥,钢筋混凝土梁桥,连续桥梁	
G1N	107	四干渠桥	中桥	35.74	35.74	16	26	5.5	道路	梁式桥,钢筋混凝土梁桥,简支桥梁	
G1N	108	中干渠桥	中桥	67.74	67.74	16	26		其他	梁式桥,钢筋混凝土梁桥,简支桥梁	
G1N	109	八里庄渠桥	中桥	30.8	30.8	25	26	5.5	道路	梁式桥,钢筋混凝土梁桥,简支桥梁	
G1N	110	K58+180中桥	中桥	56.66	56.66	13	33	5.5	道路	梁式桥,钢筋混凝土梁桥,简支桥梁	

续上表

编号	序号	名称	规模	桥梁左(m)	桥梁右(m)	主跨长度(m)	桥面宽度(m)	桥底净高(m)	跨越障碍物	桥梁分类	备注
G1N	111	K59+635中桥	中桥	68.66	68.66	16	33	5.5	道路	梁式桥,钢筋混凝土梁桥,简支桥梁	
G1N	112	K61+312中桥	中桥	43.66	43.66	13	33	5.5	道路	梁式桥,钢筋混凝土梁桥,简支桥梁	
G1N	113	K61+755中桥	中桥	68.66	68.66	16	33	5.5	道路	梁式桥,钢筋混凝土梁桥,简支桥梁	
G1N	114	K63+570中桥	中桥	68.66	68.66	16	33	—	河流	梁式桥,钢筋混凝土梁桥,简支桥梁	
G1N	115	K64+170中桥	中桥	44.66	44.66	10	33	5.5	道路	梁式桥,钢筋混凝土梁桥,简支桥梁	
G1N	116	K65+466中桥	中桥	40.66	40.66	18	41	—	河流	梁式桥,钢筋混凝土梁桥,连续桥梁	
G1N	117	豆张庄中桥	中桥	43.66	43.66	13	41	5.5	道路	梁式桥,钢筋混凝土梁桥,简支桥梁	
G1N	118	K74+672中桥	中桥	82.66	82.66	13	33.5	5.5	道路	梁式桥,钢筋混凝土梁桥,简支桥梁	
G1N	119	K77+444中桥	中桥	44.66	44.66	10	33	5.5	道路	梁式桥,钢筋混凝土梁桥,简支桥梁	
G1N	120	K79+866中桥	中桥	43.66	43.66	13	33.5	5.5	道路	梁式桥,钢筋混凝土梁桥,简支桥梁	
G1N	121	K80+154中桥	中桥	68.66	68.66	16	33.5	5.5	道路	梁式桥,钢筋混凝土梁桥,简支桥梁	
G1N	122	K81+362中桥	中桥	68.66	68.66	16	33	5.5	道路	梁式桥,钢筋混凝土梁桥,简支桥梁	
G1N	123	津永公路桥	中桥	84.66	84.66	20	40.5	—	河流	梁式桥,钢筋混凝土梁桥,简支桥梁	
G1N	124	中泓故道桥	中桥	68.66	68.66	16	40.5	5.5	道路	梁式桥,钢筋混凝土梁桥,简支桥梁	
G1N	125	K84+667中桥	中桥	43.66	43.66	13	40.5	5.5	道路	梁式桥,钢筋混凝土梁桥,简支桥梁	
G1N	126	K89+149中桥	中桥	68.66	68.66	16	40.5	5.5	道路	梁式桥,钢筋混凝土梁桥,简支桥梁	
G1N	127	北环路桥	中桥	68.66	68.66	16	40.5	5.5	道路	梁式桥,钢筋混凝土梁桥,简支桥梁	
G1N	128	汉王路桥	中桥	68.66	68.66	16	40.5	5.5	道路	梁式桥,钢筋混凝土梁桥,简支桥梁	
G1N	129	K90+830中桥	中桥	52.66	52.66	16	45.2	5.5	道路	梁式桥,钢筋混凝土梁桥,简支桥梁	
G1N	130	K92+168中桥	中桥	68.66	68.66	16	47.5	5.5	道路	梁式桥,钢筋混凝土梁桥,连续桥梁	
G1N	131	K92+527中桥	中桥	68.66	68.66	16	40.5	5.5	道路	梁式桥,钢筋混凝土梁桥,简支桥梁	
G1N	132	K93+743中桥	中桥	68.66	68.66	16	40.5	5.5	道路	梁式桥,钢筋混凝土梁桥,简支桥梁	
G1N	133	K113+583中桥	中桥	69.66	69.66	13	33.5	5.5	道路	梁式桥,钢筋混凝土梁桥,简支桥梁	

附表4

天津市高速公路桥梁汇总表

续上表

编号	序号	名称	规模	桥梁左(m)	桥梁右(m)	主跨长度(m)	桥面宽度(m)	桥底净高(m)	跨越障碍物	桥梁分类	备注
G1N	134	K114+582中桥	中桥	68.66	68.66	16	33.5	5.5	道路	梁式桥,钢筋混凝土梁桥,简支桥梁	
G1N	135	K115+276中桥	中桥	56.66	56.66	13	33.5	5.5	道路	梁式桥,钢筋混凝土梁桥,简支桥梁	
G1N	136	K115+706中桥	中桥	56.66	56.66	13	33.5	5.5	道路	梁式桥,钢筋混凝土梁桥,简支桥梁	
G1N	137	K116+690中桥	中桥	44.66	44.66	10	33.5	5.5	道路	梁式桥,钢筋混凝土梁桥,简支桥梁	
G1N	138	K117+024中桥	中桥	52.66	52.66	16	33.5	5.5	道路	梁式桥,钢筋混凝土梁桥,简支桥梁	
G1N	139	K118+557中桥	中桥	68.66	68.66	16	33.5	5.5	道路	梁式桥,钢筋混凝土梁桥,简支桥梁	
G1N	140	K118+768中桥	中桥	64.66	64.66	20	33.5	5.5	道路	梁式桥,钢筋混凝土梁桥,连续桥梁	
G1N	141	静海互通2号桥	中桥	79.66	79.66	25	45.58	5.5	道路	梁式桥,钢筋混凝土梁桥,连续桥梁	
G1N	142	K122+165中桥	中桥	44.66	44.66	10	33.5	5.5	道路	梁式桥,钢筋混凝土梁桥,简支桥梁	
G1N	143	K126+019中桥	中桥	43.66	43.66	13	33.5	5.5	道路	梁式桥,钢筋混凝土梁桥,简支桥梁	
G1N	144	K127+246中桥	中桥	56.66	56.66	13	33.5	5.5	道路	梁式桥,钢筋混凝土梁桥,连续桥梁	
G1N	145	K129+450中桥	中桥	64.66	64.66	20	33.5	5.5	道路	梁式桥,钢筋混凝土梁桥,简支桥梁	
G1N	146	K131+466中桥	中桥	44.66	44.66	20	33.5	5.5	道路	梁式桥,钢筋混凝土梁桥,连续桥梁	
G1N	147	K134+238中桥	中桥	43.66	43.66	13	33.5	5.5	道路	梁式桥,钢筋混凝土梁桥,连续桥梁	
G1N	148	K135+197中桥	中桥	43.66	43.66	13	33.5	5.5	道路	梁式桥,钢筋混凝土梁桥,连续桥梁	
G1N	149	纪庄子排干渠桥	中桥	84.66	84.66	16	33.5		河流	梁式桥,钢筋混凝土梁桥,简支桥梁	
G1N	150	胡辛庄主线2号桥	中桥	43.66	43.66	13	33.5	5.5	道路	梁式桥,钢筋混凝土梁桥,简支桥梁	
G1N	151	K139+620中桥	中桥	44.66	44.66	10	33.5	5.5	道路	梁式桥,钢筋混凝土梁桥,连续桥梁	
G1N	152	K139+956中桥	中桥	44.66	44.66	10	33.5	5.5	道路	梁式桥,钢筋混凝土梁桥,简支桥梁	
G1N	153	K140+674中桥	中桥	43.66	43.66	13	33.5	5.5	道路	梁式桥,钢筋混凝土梁桥,连续桥梁	
G1N	154	K141+026中桥	中桥	56.66	56.66	13	33.5	5.5	道路	梁式桥,钢筋混凝土梁桥,简支桥梁	
G1N	155	K145+255中桥	中桥	43.66	43.66	13	33.5	5.5	道路	梁式桥,钢筋混凝土梁桥,简支桥梁	
C25	156	京山铁路桥	特大桥	1544.8	1544.8	27.5	33	6	铁路	梁式桥,钢筋混凝土梁桥,简支桥梁	

续上表

编号	序号	名　称	规模	桥梁左（m）	桥梁右（m）	主跨长度（m）	桥面宽度（m）	桥底净高（m）	跨越障碍物	桥梁分类	备注
G25	157	永定新河大桥	特大桥	1530.5	1530.5	110	25		河流	梁式桥、钢筋混凝土梁桥、连续桥梁	
G25	158	永定新河大桥新桥	特大桥	1537.3	1537.3	41.37	24.5		河流	梁式桥、钢筋混凝土梁桥、连续桥梁	
G25	159	铁路东南环线立交桥	特大桥	1219.8	1219.8	25	33	6	铁路	梁式桥、钢筋混凝土梁桥、简支桥梁	
G25	160	京津塘立交桥	特大桥	1055.6	1055.6	30	33	5.5	道路	梁式桥、钢筋混凝土梁桥、简支桥梁	
G25	161	津塘公路互通立交桥主线桥	特大桥	2528.9	2528.9	31	33	5.5	道路	梁式桥、钢筋混凝土梁桥、简支桥梁	
G25	162	滨海大桥	特大桥	2838	2838	364	27.5		河流	斜拉桥、钢筋混凝土梁、预应力混凝土梁式桥、钢筋混凝土梁桥、连续桥梁	
G25	163	王稳庄互通主线桥	特大桥	1030	1030	30	34	5.5	道路	梁式桥、钢筋混凝土梁桥、连续桥梁	
G25	164	K1099+974独流减河桥	特大桥	1100	1100	25	34		河流	梁式桥、钢筋混凝土梁桥、简支桥梁	
G25	165	皂甸干渠桥	大桥	106.59	106.59	13	33		水渠	梁式桥、钢筋混凝土梁桥、简支桥梁	
G25	166	汉南铁路桥	大桥	881.24	881.24	20	33		铁路	梁式桥、钢筋混凝土梁桥、简支桥梁	
G25	167	蓟运河大桥	大桥	305.8	305.8	20	33		河流	梁式桥、钢筋混凝土梁桥、简支桥梁	
G25	168	于家岭大桥	大桥	705.3	705.3	27	33		河流	梁式桥、钢筋混凝土梁桥、简支桥梁	
G25	169	黑猪河桥	大桥	301.8	301.8	16	33		河流	梁式桥、钢筋混凝土梁桥、简支桥梁	
G25	170	北环铁路桥	大桥	895.6	895.6	25	33	6	铁路	梁式桥、钢筋混凝土梁桥、连续桥梁	
G25	171	K1063+622大桥	大桥	132	132	24	34	5.5	道路	梁式桥、钢筋混凝土梁桥、简支桥梁	
G25	172	K1064+034大桥	大桥	112	112	25	34		河流	梁式桥、钢筋混凝土梁桥、简支桥梁	
G25	173	K1064+476大桥	大桥	356.5	356.5	24	34	5.5	道路	梁式桥、钢筋混凝土梁桥、简支桥梁	
G25	174	K1070+789大桥	大桥	162	162	28	34	5.5	道路	梁式桥、钢筋混凝土梁桥、简支桥梁	
G25	175	K1074+379大桥	大桥	186	186	33	34	5.5	道路	梁式桥、钢筋混凝土梁桥、连续桥梁	
G25	176	K1076+715李港铁路桥	大桥	674	674	30	34		铁路	梁式桥、钢筋混凝土梁桥、简支桥梁	
G25	177	K1082+284津岐公路桥	大桥	591	591	35	34	5.5	道路	梁式桥、钢筋混凝土梁桥、连续桥梁	
G25	178	K1085+805津港公路主线桥	大桥	646	646	35	34	5.5	道路	梁式桥、钢筋混凝土梁桥、连续桥梁	

附表4
天津市高速公路桥梁汇总表

续上表

编号	序号	名称	规模	桥梁左(m)	桥梁右(m)	主跨长度(m)	桥面宽度(m)	桥底净高(m)	跨越障碍物	桥梁分类	备注
G25	179	K1087+108 幸福河桥	大桥	180	180	20	34		河流	梁式桥,钢筋混凝土梁桥,简支桥梁	
G25	180	K1090+114 红泥河桥	大桥	200	200	20	34		河流	梁式桥,钢筋混凝土梁桥,简支桥梁	
G25	181	K1093+916 东排干渠桥	大桥	220	220	20	34		河渠	梁式桥,钢筋混凝土梁桥,简支桥梁	
G25	182	裴庄干渠桥	中桥	80.88	80.88	13	33		水渠	梁式桥,钢筋混凝土梁桥,简支桥梁	
G25	183	百钹河桥	中桥	67.88	67.88	13	33		河流	梁式桥,钢筋混凝土梁桥,简支桥梁	
G25	184	新排水桥	中桥	41.56	41.56	13	33		水渠	梁式桥,钢筋混凝土梁桥,简支桥梁	
G25	185	杨家泊干渠桥	中桥	67.83	67.83	13	33		水渠	梁式桥,钢筋混凝土梁桥,简支桥梁	
G25	186	东排干渠桥	中桥	44.4	44.4	13	33		水渠	梁式桥,钢筋混凝土梁桥,简支桥梁	
G25	187	西排干渠桥	中桥	55.6	55.6	13	33		水渠	梁式桥,钢筋混凝土梁桥,简支桥梁	
G25	188	十四分场虾池中用干渠桥	中桥	44.51	44.51	13	33		河流	梁式桥,钢筋混凝土梁桥,简支桥梁	
G25	189	火燎洼干渠桥	中桥	69.38	69.38	16	33		水渠	梁式桥,钢筋混凝土梁桥,简支桥梁	
G25	190	八堡双沟干渠桥	中桥	53.79	53.79	16	33		其他	梁式桥,钢筋混凝土梁桥,简支桥梁	
G25	191	十八坝干渠桥	中桥	55.8	55.8	10	33		其他	梁式桥,钢筋混凝土梁桥,简支桥梁	
G25	192	K1065+682 中桥	中桥	48	48	16	34	5.5	道路	梁式桥,钢筋混凝土梁桥,简支桥梁	
G25	193	K1073+729 中桥	中桥	78	78	13	34	5.5	道路	梁式桥,钢筋混凝土梁桥,简支桥梁	
G25	194	K1073+946 中桥	中桥	52	52	13	34	5.5	道路	梁式桥,钢筋混凝土梁桥,简支桥梁	
G25	195	K1077+565 中桥	中桥	65	65	13	34		河流	梁式桥,钢筋混凝土梁桥,简支桥梁	
G25	196	K1079+773 中桥	中桥	91	91	13	34	5.5	道路	梁式桥,钢筋混凝土梁桥,简支桥梁	
G25	197	K1088+914 中桥	中桥	52	52	13	34	5.5	道路	梁式桥,钢筋混凝土梁桥,简支桥梁	
G25	198	K1090+914 中桥	中桥	52	52	13	34	5.5	道路	梁式桥,钢筋混凝土梁桥,简支桥梁	
G25	199	K1091+880 中桥	中桥	52	52	16	34	5.5	道路	梁式桥,钢筋混凝土梁桥,简支桥梁	
G25	200	K1092+484 中桥	中桥	52	52	13	34	5.5	道路	梁式桥,钢筋混凝土梁桥,简支桥梁	
G25	201	K1093+055 中桥	中桥	50	50	10	34	5.5	道路	梁式桥,钢筋混凝土梁桥,简支桥梁	

天 津

高速公路建设实录

续上表

编号	序号	名 称	规模	桥梁左(m)	桥梁右(m)	主跨长度(m)	桥面宽度(m)	桥底净高(m)	跨越障碍物	桥 梁 分 类	备注
G25	202	K1098+173中桥	中桥	91	91	13	34	5.5	道路	梁式桥,钢筋混凝土梁桥,简支桥梁	
G25	203	K1100+790中桥	中桥	64	64	16	34	5.5	道路	梁式桥,钢筋混凝土梁桥,简支桥梁	
G25	204	K1102+118中桥	中桥	60	60	10	34	5.5	道路	梁式桥,钢筋混凝土梁桥,简支桥梁	
G25	205	K1103+871中桥	中桥	65	65	13	34	5.5	道路	梁式桥,钢筋混凝土梁桥,简支桥梁	
G25	206	K1107+438中桥	中桥	80	80	16	34	5.5	道路	梁式桥,钢筋混凝土梁桥,简支桥梁	
G2501	207	汉沽北互通式立交主线桥2号桥	特大桥	1552.94	1552.94	40	34	5.5	道路	梁式桥,钢筋混凝土梁桥,连续桥梁	
G2501	208	兰台互通立交桥	特大桥	1172.45	1172.45	46	34	5.5	道路	梁式桥,钢筋混凝土梁桥,连续桥梁	
G2501	209	潮白河特大桥	特大桥	1735.86	1735.86	40	34.5		河流	梁式桥,钢筋混凝土梁桥,连续桥梁	
G2501	210	大龙湾互通特大桥	特大桥	1371.15	1371.15	38	34	5.5	道路	梁式桥,钢筋混凝土梁桥,连续桥梁	
G2501	211	北京排污河特大桥	特大桥	1260	1260	35	33		河流	梁式桥,钢筋混凝土梁桥,连续桥梁	
G2501	212	韩盛庄互通主线桥1号桥	特大桥	1181.4	1181.4	38	34.5	5.5	道路	梁式桥,钢筋混凝土梁桥,连续桥梁	
G2501	213	大张庄互通特大桥	特大桥	1563.72	1563.72	45	41.5	5.5	道路	梁式桥,钢筋混凝土梁桥,简支桥梁	
G2501	214	京津塘高速公路分离式立交桥	特大桥	1470.9	1470.9	50	41	5.5	道路	梁式桥,钢筋混凝土梁桥,连续桥梁	
G2501	215	京津城际铁路分离式立交桥	特大桥	1656.9	1656.9	30	41	5.5	道路	梁式桥,钢筋混凝土梁桥,连续桥梁	
G2501	216	双街互通主线桥	特大桥	1277.9	1277.9	68	41	5.5	道路	梁式桥,钢筋混凝土梁桥,连续桥梁	
G2501	217	永定河泛区特大桥1号桥	特大桥	2117	2117	40	41		河流	梁式桥,钢筋混凝土梁桥,连续桥梁	
G2501	218	永定河泛区特大桥2号桥	特大桥	2166	2166	58	41		河流	梁式桥,钢筋混凝土梁桥,连续桥梁	
G2501	219	K89+400分离式立交	特大桥	1105.86	1105.86	35	40.5	5.5	道路	梁式桥,钢筋混凝土梁桥,连续桥梁	
G2501	220	汉沽北互通式立交主线桥G号桥	大桥	155.86	155.86	30	8		旱地	梁式桥,钢筋混凝土梁桥,连续桥梁	
G2501	221	汉沽北互通式立交主线桥E号桥	大桥	152.9	152.9	30	8		旱地	梁式桥,钢筋混凝土梁桥,连续桥梁	
G2501	222	汉沽北互通式立交主线桥F号桥	大桥	679.72	679.72	30	11.5		旱地	梁式桥,钢筋混凝土梁桥,连续桥梁	
G2501	223	汉沽北互通式立交主线桥H号桥	大桥	795.32	795.32	45	10		旱地	梁式桥,钢筋混凝土梁桥,连续桥梁	
G2501	224	汉沽北互通式立交主线桥D匝道1号桥	大桥	1001.63	1001.63	40	11.5	5.5	道路	梁式桥,钢筋混凝土梁桥,连续桥梁	

附表4
天津市高速公路桥梁汇总表

续上表

编号	序号	名称	规模	桥梁左(m)	桥梁右(m)	主跨长度(m)	桥面宽度(m)	桥底净高(m)	跨越障碍物	桥梁分类	备注
G2501	225	汉沽北互通式立交主线桥D匝道桥2号桥	大桥	451.06	451.06	45	11.5	5.5	道路	梁式桥,钢筋混凝土梁桥,连续桥梁	
G2501	226	汉南路互通式立交主线桥	大桥	905.86	905.86	30	34	5.5	道路	梁式桥,钢筋混凝土梁桥,连续桥梁	
G2501	227	芦台南互通主线桥1号桥	大桥	962.9	962.9	45	34.5	5.5	道路	梁式桥,钢筋混凝土梁桥,连续桥梁	
G2501	228	芦台南互通主线桥2号桥	大桥	564.4	564.4	30	34.5		水渠	梁式桥,钢筋混凝土梁桥,连续桥梁	
G2501	229	蓟运河大桥	大桥	937.43	937.43	40	34.5		河流	梁式桥,钢筋混凝土梁桥,连续桥梁	
G2501	230	津芦南线立交桥	大桥	910.36	910.36	45	34	5.5	道路	梁式桥,钢筋混凝土梁桥,连续桥梁	
G2501	231	K24+900大桥	大桥	255.86	255.86	25	34		水渠	梁式桥,钢筋混凝土梁桥,连续桥梁	
G2501	232	津塘运河大桥	大桥	835.86	835.86	40	34		河流	梁式桥,钢筋混凝土梁桥,连续桥梁	
G2501	233	K29+600大桥	大桥	498.36	498.36	35	34.5	5.5	道路	梁式桥,钢筋混凝土梁桥,连续桥梁	
G2501	234	青龙湾故道大桥	大桥	860.86	860.86	40	33	5.5	河流	梁式桥,钢筋混凝土梁桥,连续桥梁	
G2501	235	潘塘路分离式立交桥	大桥	608.86	608.86	30	33	5.5	道路	梁式桥,钢筋混凝土梁桥,连续桥梁	
G2501	236	小南庄分离式立交桥	大桥	525.86	525.86	30	33	5.5	道路	梁式桥,钢筋混凝土梁桥,连续桥梁	
G2501	237	潘庄互通式立交主线桥	大桥	764.86	764.86	30	33		水渠	梁式桥,钢筋混凝土梁桥,连续桥梁	
G2501	238	K49+740大桥	大桥	132.86	132.86	16	33		水渠	梁式桥,钢筋混凝土梁桥,简支桥梁	
G2501	239	K51+650大桥	大桥	180.86	180.86	25	33		水渠	梁式桥,钢筋混凝土梁桥,连续桥梁	
G2501	240	K52+900大桥	大桥	155.86	155.86	25	33		水渠	梁式桥,钢筋混凝土梁桥,连续桥梁	
G2501	241	K54+700大桥	大桥	175.86	175.86	25	34		水渠	梁式桥,钢筋混凝土梁桥,连续桥梁	
G2501	242	大龙湾分离武立交桥	大桥	620.86	620.86	35	34	5.5	道路	梁式桥,钢筋混凝土梁桥,连续桥梁	
G2501	243	引滦明渠大桥	大桥	389.44	389.44	40	33		水渠	梁式桥,钢筋混凝土梁桥,连续桥梁	
G2501	244	K60+797大桥	大桥	160.99	160.99	16	33		其他	梁式桥,钢筋混凝土梁桥,简支桥梁	
G2501	245	K63+850大桥	大桥	150	150	25	41		水渠	梁式桥,钢筋混凝土梁桥,连续桥梁	
G2501	246	张四庄分离式立交桥	大桥	445.86	445.86	30	41	5.5	道路	梁式桥,钢筋混凝土梁桥,连续桥梁	
G2501	247	K66+500分离式立交桥	大桥	295.86	295.86	30	41	5.5	道路	梁式桥,钢筋混凝土梁桥,连续桥梁	

续上表

编号	序号	名称	规模	桥梁左(m)	桥梁右(m)	主跨长度(m)	桥面宽度(m)	桥底净空高(m)	跨越障碍物	桥梁分类	备注
G2501	248	机场排水河桥	大桥	846.86	846.86	40	41.5		河流	梁式桥,钢筋混凝土梁桥,连续桥梁	
G2501	249	陈嘴互通主线桥	大桥	786.36	786.36	40	41.5	5.5	道路	梁式桥,钢筋混凝土梁桥,连续桥梁	
G2501	250	渔王路分离式交桥	大桥	455.86	455.86	25	40.5	5.5	道路	梁式桥,钢筋混凝土梁桥,连续桥梁	
G2501	251	汉沽新港分离式立交桥	大桥	723.43	723.43	30	40.5	5.5	道路	梁式桥,钢筋混凝土梁桥,连续桥梁	
G2501	252	K3+741 中桥	中桥	82.86	82.86	13	34		沟壑	梁式桥,钢筋混凝土梁桥,简支桥梁	
G2501	253	K4+341.1 中桥	中桥	84.86	84.86	16	34		沟壑	梁式桥,钢筋混凝土梁桥,简支桥梁	
G2501	254	K5+457.4 中桥	中桥	69.86	69.86	13	34		沟壑	梁式桥,钢筋混凝土梁桥,简支桥梁	
G2501	255	K8+461.9 中桥	中桥	56.86	56.86	13	34		沟壑	梁式桥,钢筋混凝土梁桥,简支桥梁	
G2501	256	汉沽北互通立交主线桥2号桥	中桥	68.86	68.86	16	34		沟壑	梁式桥,钢筋混凝土梁桥,简支桥梁	
G2501	257	K19+585 中桥	中桥	44.86	44.86	10	34	5.5	道路	梁式桥,钢筋混凝土梁桥,简支桥梁	
G2501	258	K20+096 中桥	中桥	52.86	52.86	16	34	5.5	道路	梁式桥,钢筋混凝土梁桥,简支桥梁	
G2501	259	K21+022 中桥	中桥	52.86	52.86	16	36	5.5	道路	梁式桥,钢筋混凝土梁桥,简支桥梁	
G2501	260	K24+092 中桥	中桥	44.86	44.86	10	34	5.5	道路	梁式桥,钢筋混凝土梁桥,连续桥梁	
G2501	261	K26+252 中桥	中桥	44.86	44.86	16	34	5.5	道路	梁式桥,钢筋混凝土梁桥,连续桥梁	
G2501	262	K30+310 中桥	中桥	48.9	48.9	13	34	5.5	道路	梁式桥,钢筋混凝土梁桥,简支桥梁	
G2501	263	K31+648 中桥	中桥	41.86	41.86	16	34.5	5.5	道路	梁式桥,钢筋混凝土梁桥,简支桥梁	
G2501	264	K33+018 中桥	中桥	52.86	52.86	13	34.5	5.5	道路	梁式桥,钢筋混凝土梁桥,简支桥梁	
G2501	265	K33+659 中桥	中桥	69.86	69.86	16	34.5	5.5	道路	梁式桥,钢筋混凝土梁桥,简支桥梁	
G2501	266	K34+489 中桥	中桥	43.86	43.86	13	34.5	5.5	道路	梁式桥,钢筋混凝土梁桥,简支桥梁	
G2501	267	K35+290 中桥	中桥	69.86	69.86	13	34.5	5.5	道路	梁式桥,钢筋混凝土梁桥,简支桥梁	
G2501	268	K35+865 中桥	中桥	43.86	43.86	13	42.45	5.5	道路	梁式桥,钢筋混凝土梁桥,简支桥梁	
G2501	269	K43+473 中桥	中桥	100.86	100.86	16	34.5	5.5	道路	梁式桥,钢筋混凝土梁桥,简支桥梁	
G2501	270	K48+841 中桥	中桥	68.86	68.86	16	33		水渠	梁式桥,钢筋混凝土梁桥,简支桥梁	

附表 4
天津市高速公路桥梁汇总表

续上表

编号	序号	名称	规模	桥梁左(m)	桥梁右(m)	主跨长度(m)	桥面宽度(m)	桥底净高(m)	跨越障碍物	桥梁分类	备注
G2501	271	K50+249中桥	中桥	54.86	54.86	10	33		水渠	梁式桥,钢筋混凝土梁桥,简支梁桥	
G2501	272	韩盛庄互通主线桥2号桥	中桥	54.76	54.76	10	34.5		旱地	梁式桥,钢筋混凝土梁桥,连续梁桥	
G2501	273	K65+209中桥	中桥	100.86	100.86	16	41	5.5	道路	梁式桥,钢筋混凝土梁桥,简支梁桥	
G2501	274	K67+237中桥	中桥	52.86	52.86	16	41	5.5	道路	梁式桥,钢筋混凝土梁桥,简支梁桥	
G2501	275	K70+916中桥	中桥	52.86	52.86	16	41.5	5.5	道路	梁式桥,钢筋混凝土梁桥,简支梁桥	
G2501	276	K72+721中桥	中桥	43.86	43.86	13	41.5	5.5	道路	梁式桥,钢筋混凝土梁桥,简支梁桥	
G2501	277	K73+061中桥	中桥	52.86	52.86	16	41.5	5.5	道路	梁式桥,钢筋混凝土梁桥,简支梁桥	
G2501	278	K74+116中桥	中桥	52.86	52.86	16	41.5	5.5	道路	梁式桥,钢筋混凝土梁桥,简支梁桥	
G2501	279	K84+795中桥	中桥	43.86	43.86	13	41.5	5.5	道路	梁式桥,钢筋混凝土梁桥,简支梁桥	
G2501	280	K87+838中桥	中桥	68.86	68.86	16	40.5		水渠	梁式桥,钢筋混凝土梁桥,简支梁桥	
G2501	281	K90+883中桥	中桥	100.86	100.86	16	40.5		水渠	梁式桥,钢筋混凝土梁桥,连续梁桥	
G2501	282	永定新河特大桥	特大桥	8600	8600	160	43		河流	梁式桥,钢筋混凝土梁桥,简支梁桥	
G0111	283	独流减河大桥	特大桥	5265.56	5265.56	50	35.5		河流	梁式桥,钢筋混凝土梁桥,连续梁桥	
G0111	284	子牙新河特大桥	特大桥	10392.86	10392.86	50	35.5		河流	梁式桥,钢筋混凝土梁桥,简支梁桥	
G0111	285	大神堂渔港桥	大桥	775	775	25	33		水渠	梁式桥,钢筋混凝土梁桥,简支梁桥	
G0111	286	汉蔡路互通立交桥主线	大桥	840	840	25	34		水渠	梁式桥,钢筋混凝土梁桥,简支梁桥	
G0111	287	蔡家堡渔港桥	大桥	104.66	104.66	21	35		道路	梁式桥,钢筋混凝土梁桥,连续梁桥	
G0111	288	轻纺大道分离式立交桥	大桥	904.66	904.66	36	37	5.5	道路	梁式桥,钢筋混凝土梁桥,连续梁桥	
G0111	289	六号水门二桥	中桥	96.68	96.68	16	33		水渠	梁式桥,钢筋混凝土梁桥,简支梁桥	
G0111	290	六号水门一桥	中桥	64.68	64.68	16	33		水渠	梁式桥,钢筋混凝土梁桥,简支梁桥	
G0111	291	K173+356排洪特大桥	特大桥	1011.96	1011.96	20	27.5		河流	梁式桥,钢筋混凝土梁桥,简支梁桥	
G0211	292	津浦立交	特大桥	1014.66	1014.66	35	27		铁路	梁式桥,钢筋混凝土梁桥,连续梁桥	
G0211	293	K171+986大桥	大桥	251.96	251.96	20	27.5	5.5	道路	梁式桥,钢筋混凝土梁桥,简支梁桥	

续上表

编号	序号	名称	规模	桥梁左 (m)	桥梁台 (m)	主跨长度 (m)	桥面宽度 (m)	桥底净高 (m)	跨越障碍物	桥梁分类	备注
G0211	294	大邱庄互通主线桥	大桥	391	391	20	27.5	5.5	道路	梁式桥,钢筋混凝土梁桥,简支桥梁	
G0211	295	K175+755大桥	大桥	106	106	20	27.5	5.5	道路	梁式桥,钢筋混凝土梁桥,简支桥梁	
G0211	296	王官屯互通主线桥	大桥	672.33	672.33	30	27.5	5.5	道路	梁式桥,钢筋混凝土梁桥,连续桥梁	
G0211	297	王官屯大桥	大桥	244.66	244.66	20	27	5.5	道路	梁式桥,钢筋混凝土梁桥,连续桥梁	
G0211	298	南运河桥	大桥	894.66	894.66	60	27		河流	拱式桥,钢管混凝土拱桥,桁架型	
G0211	299	K165+439中桥	中桥	48.93	48.93	16	27.5	5.5	道路	梁式桥,钢筋混凝土梁桥,简支桥梁	
G0211	300	K167+894青年渠桥	中桥	75.86	75.86	25	27.5		河流	梁式桥,钢筋混凝土梁桥,简支桥梁	
G0211	301	K171+714中桥	中桥	60.93	60.93	20	27.5	5.5	道路	梁式桥,钢筋混凝土梁桥,简支桥梁	
G0211	302	K176+790中桥	中桥	39.68	39.68	13	27.5	5.5	道路	梁式桥,钢筋混凝土梁桥,简支桥梁	
G0211	303	K178+846中桥	中桥	52.66	52.66	13	27.5	5.5	道路	梁式桥,钢筋混凝土梁桥,简支桥梁	
G0211	304	K181+649中桥	中桥	39.69	39.69	13	27.5	5.5	道路	梁式桥,钢筋混凝土梁桥,简支桥梁	
G0211	305	K182+955中桥	中桥	91.66	91.66	13	27.5	5.5	道路	梁式桥,钢筋混凝土梁桥,简支桥梁	
G0211	306	K184+699中桥	中桥	65.66	65.66	13	27.5	5.5	道路	梁式桥,钢筋混凝土梁桥,简支桥梁	
G0211	307	K188+380中桥	中桥	44.66	44.66	10	27	5.5	道路	梁式桥,钢筋混凝土梁桥,简支桥梁	
G0211	308	L线前进渠桥	中桥	84.66	84.66	20	27.5		河流	梁式桥,钢筋混凝土梁桥,简支桥梁	
S1	309	永定新河特大桥	特大桥	1455	1455	30	27.5		河流	梁式桥,钢筋混凝土梁桥,简支桥梁	
S1	310	北京排污河特大桥	特大桥	1017	1017	30	27.5		河流	梁式桥,钢筋混凝土梁桥,简支桥梁	
S1	311	潮白河特大桥	特大桥	1408	1408	35	27.5		河流	梁式桥,钢筋混凝土梁桥,简支桥梁	
S1	312	北环铁路大桥	大桥	612	612	38	27.5		铁路	梁式桥,钢筋混凝土梁桥,简支桥梁	
S1	313	新开河大桥	大桥	300	300	30	27.5		河流	梁式桥,钢筋混凝土梁桥,简支桥梁	
S1	314	永金引河大桥	大桥	685	685	30	27.5		河流	梁式桥,钢筋混凝土梁桥,简支桥梁	
S1	315	清污渠大桥	大桥	200	200	25	35		水渠	梁式桥,钢筋混凝土梁桥,简支桥梁	
S1	316	尔王庄大桥	大桥	120	120	20	27.5	5.5	道路	梁式桥,钢筋混凝土梁桥,简支桥梁	

附表4

天津市高速公路桥梁汇总表

续上表

编号	序号	名称	规模	桥梁左(m)	桥梁右(m)	主跨长度(m)	桥面宽度(m)	桥底净高(m)	跨越障碍物	桥梁分类	备注
S1	317	引青人潮河大桥	大桥	625	625	25	27.5		河流	梁式桥,钢筋混凝土梁桥,简支桥梁	
S1	318	5×20m大桥	大桥	100	100	20	27.5	5.5	道路	梁式桥,钢筋混凝土梁桥,简支桥梁	
S1	319	跨京哈高速公路大桥	大桥	940	940	29	27.5	5.5	道路	梁式桥,钢筋混凝土梁桥,简支桥梁	
S1	320	引滦明渠大桥	大桥	198	198	35	27.5		河流	梁式桥,钢筋混凝土梁桥,简支桥梁	
S1	321	津蓟铁路大桥	大桥	942	942	38	27.5		铁路	梁式桥,钢筋混凝土梁桥,简支桥梁	
S1	322	洵河大桥	大桥	220	220	20	27.5		河流	梁式桥,钢筋混凝土梁桥,简支桥梁	
S1	323	K73+240大桥	大桥	240	240	20	27.5	5.5	道路	梁式桥,钢筋混凝土梁桥,简支桥梁	
S1	324	白塔子大桥	大桥	720	720	20	27.5	5.5	道路	梁式桥,钢筋混凝土梁桥,简支桥梁	
S1	325	一线穿大桥	大桥	359	359	33	27.5	5.5	道路	梁式桥,钢筋混凝土梁桥,简支桥梁	
S1	326	引漳人州大桥	大桥	160	160	20	27.5		河流	梁式桥,钢筋混凝土梁桥,简支桥梁	
S1	327	邦喜公路大桥	大桥	716	716	30	27	5.5	道路	梁式桥,钢筋混凝土梁桥,简支桥梁	
S1	328	漳河大桥	大桥	426	426	30	27		河流	梁式桥,钢筋混凝土梁桥,简支桥梁	
S1	329	肘各庄大桥	大桥	306	306	30	27	5.5	道路	梁式桥,钢筋混凝土梁桥,简支桥梁	
S1	330	邢家沟大桥	大桥	299	299	30	27	5.5	道路	梁式桥,钢筋混凝土梁桥,简支桥梁	
S1	331	盘山连接线2号桥	大桥	566	566	28	15.5	5.5	道路	梁式桥,钢筋混凝土梁桥,简支桥梁	
S1	332	盘山互通立交桥	大桥	304	304	30	13	5.5	道路	梁式桥,钢筋混凝土梁桥,简支桥梁	
S1	333	田家峪大桥	大桥	110	110	20	13	5.5	道路	梁式桥,钢筋混凝土梁桥,简支桥梁	
S1	334	K3+770中桥	中桥	39	39	13	27.5	5.5	道路	梁式桥,钢筋混凝土梁桥,简支桥梁	
S1	335	K6+960中桥	中桥	80	80	16	27.5	5.5	道路	梁式桥,钢筋混凝土梁桥,简支桥梁	
S1	336	K10+356中桥	中桥	80	80	16	27.5	5.5	道路	梁式桥,钢筋混凝土梁桥,简支桥梁	
S1	337	K10+878中桥	中桥	48	48	16	27.5	5.5	道路	梁式桥,钢筋混凝土梁桥,简支桥梁	
S1	338	K14+874中桥	中桥	48	48	16	27.5	5.5	道路	梁式桥,钢筋混凝土梁桥,简支桥梁	
S1	339	K16+840中桥	中桥	80	80	16	27.5	5.5	道路	梁式桥,钢筋混凝土梁桥,简支桥梁	

续上表

编号	序号	名称	规模	桥梁左(m)	桥梁右(m)	主跨长度(m)	桥面宽度(m)	桥底净高(m)	跨越障碍物	桥梁分类	备注
S1	340	K16+948 中桥	中桥	96	96	16	27.5	5.5	道路	梁式桥、钢筋混凝土梁桥、简支桥梁	
S1	341	K21+378 中桥	中桥	48	48	16	27.5	5.5	道路	梁式桥、钢筋混凝土梁桥、简支桥梁	
S1	342	K21+948 中桥	中桥	80	80	16	27.5	5.5	道路	梁式桥、钢筋混凝土梁桥、简支桥梁	
S1	343	K23+734 中桥	中桥	48	48	16	27.5	5.5	道路	梁式桥、钢筋混凝土梁桥、简支桥梁	
S1	344	K24+348 中桥	中桥	80	80	20	27.5	5.5	道路	梁式桥、钢筋混凝土梁桥、简支桥梁	
S1	345	K24+956 中桥	中桥	48	48	16	27.5	5.5	道路	梁式桥、钢筋混凝土梁桥、简支桥梁	
S1	346	K25+534 中桥	中桥	60	60	20	27.5	5.5	道路	梁式桥、钢筋混凝土梁桥、简支桥梁	
S1	347	K27+584 中桥	中桥	80	80	16	27.5	5.5	道路	梁式桥、钢筋混凝土梁桥、简支桥梁	
S1	348	K29+558 中桥	中桥	39	39	13	27.5		管道	梁式桥、钢筋混凝土梁桥、简支桥梁	
S1	349	K30+424 中桥	中桥	48	48	16	27.5		河流	梁式桥、钢筋混凝土梁桥、简支桥梁	
S1	350	K30+732 中桥	中桥	83	83	25	27.5		河流	梁式桥、钢筋混凝土梁桥、简支桥梁	
S1	351	K31+667 中桥	中桥	64	64	16	27.5	5.5	道路	梁式桥、钢筋混凝土梁桥、简支桥梁	
S1	352	K32+832 中桥	中桥	64	64	10	27.5		河流	梁式桥、钢筋混凝土梁桥、简支桥梁	
S1	353	K33+788 中桥	中桥	40	40	13	27.5		河流	梁式桥、钢筋混凝土梁桥、简支桥梁	
S1	354	K34+738 中桥	中桥	52	52	13	27.5	5.5	道路	梁式桥、钢筋混凝土梁桥、简支桥梁	
S1	355	K35+806 中桥	中桥	52	52	13	27.5		河流	梁式桥、钢筋混凝土梁桥、简支桥梁	
S1	356	K36+803 中桥	中桥	52	52	13	27.5	5.5	道路	梁式桥、钢筋混凝土梁桥、简支桥梁	
S1	357	K38+676 中桥	中桥	48	48	16	27.5		河流	梁式桥、钢筋混凝土梁桥、简支桥梁	
S1	358	K39+682 中桥	中桥	52	52	13	27.5	5.5	道路	梁式桥、钢筋混凝土梁桥、简支桥梁	
S1	359	K40+466 中桥	中桥	39	39	13	27.5	5.5	道路	梁式桥、钢筋混凝土梁桥、简支桥梁	
S1	360	K41+830 中桥	中桥	42	42	16	27.5	5.5	道路	梁式桥、钢筋混凝土梁桥、简支桥梁	
S1	361	K43+561 中桥	中桥	68	68	16	27.5	5.5	道路	梁式桥、钢筋混凝土梁桥、简支桥梁	
S1	362	K44+084 中桥									

附表4
天津市高速公路桥梁汇总表

续上表

编号	序号	名称	规模	桥梁左(m)	桥梁右(m)	主跨长度(m)	桥面宽度(m)	桥底净高(m)	跨越障碍物	桥梁分类	备注
S1	363	K45+498 中桥	中桥	68	68	16	27.5	5.5	道路	梁式桥、钢筋混凝土梁式桥、简支桥梁	
S1	364	K45+886 中桥	中桥	32	32	16	27.5	5.5	道路	梁式桥、钢筋混凝土梁式桥、简支桥梁	
S1	365	K51+130 中桥	中桥	40	40	20	27.5		河流	梁式桥、钢筋混凝土梁式桥、简支桥梁	
S1	366	K56+472 中桥	中桥	32	32	16	27.5		河流	梁式桥、钢筋混凝土梁式桥、简支桥梁	
S1	367	K61+380 中桥	中桥	60	60	20	27.5		河流	梁式桥、钢筋混凝土梁式桥、简支桥梁	
S1	368	K61+644 中桥	中桥	48	48	16	27.5	5.5	道路	梁式桥、钢筋混凝土梁式桥、简支桥梁	
S1	369	K63+310 中桥	中桥	52	52	13	27.5	5.5	道路	梁式桥、钢筋混凝土梁式桥、简支桥梁	
S1	370	K65+050 中桥	中桥	80	80	16	27.5	5.5	道路	梁式桥、钢筋混凝土梁式桥、简支桥梁	
S1	371	K65+914 中桥	中桥	64	64	16	27.5	5.5	道路	梁式桥、钢筋混凝土梁式桥、简支桥梁	
S1	372	K69+176 中桥	中桥	32	32	16	27.5	5.5	道路	梁式桥、钢筋混凝土梁式桥、简支桥梁	
S1	373	K71+840 中桥	中桥	40	40	20	27.5	5.5	道路	梁式桥、钢筋混凝土梁式桥、简支桥梁	
S1	374	K72+945 中桥	中桥	20	20	20	27.5	5.5	道路	梁式桥、钢筋混凝土梁式桥、简支桥梁	
S1	375	K73+710 中桥	中桥	20	20	20	27.5	5.5	道路	梁式桥、钢筋混凝土梁式桥、简支桥梁	
S1	376	K75+403 中桥	中桥	46	46	30	27.5	5.5	道路	梁式桥、钢筋混凝土梁式桥、简支桥梁	
S1	377	K76+246 中桥	中桥	32	32	16	27.5	5.5	道路	梁式桥、钢筋混凝土梁式桥、简支桥梁	
S1	378	K79+316 中桥	中桥	32	32	16	27.5	5.5	道路	梁式桥、钢筋混凝土梁式桥、简支桥梁	
S1	379	K82+665 中桥	中桥	20	20	20	27.5	5.5	道路	梁式桥、钢筋混凝土梁式桥、简支桥梁	
S1	380	K85+918 中桥	中桥	20	20	20	27.5	5.5	道路	梁式桥、钢筋混凝土梁式桥、简支桥梁	
S1	381	K86+209 中桥	中桥	48	48	16	27.5	5.5	道路	梁式桥、钢筋混凝土梁式桥、简支桥梁	
S1	382	K89+738 中桥	中桥	20	20	20	27.5	5.5	道路	梁式桥、钢筋混凝土梁式桥、简支桥梁	
S1	383	K90+690 中桥	中桥	20	20	20	27.5	5.5	道路	梁式桥、钢筋混凝土梁式桥、简支桥梁	
S1	384	K91+554 中桥	中桥	48	48	16	27.5		河流	梁式桥、钢筋混凝土梁式桥、简支桥梁	
S1	385	肘各庄中桥	中桥	36.97	36.97	16	27	5.5	道路	梁式桥、钢筋混凝土梁式桥、简支桥梁	

续上表

编号	序号	名 称	规模	桥梁左(m)	桥梁右(m)	主跨长度(m)	桥面宽度(m)	桥底净高(m)	跨越障碍物	桥 梁 分 类	备注
S1	386	田豪峪中桥	中桥	96	96	20	13	5.5	道路	梁式桥,钢筋混凝土梁桥,简支桥梁	
S2	387	永金引河特大桥	特大桥	1048.96	1048.96	36.5	17		河流	梁式桥,钢筋混凝土梁桥,简支桥梁	
S2	388	潮白河特大桥	特大桥	1468.36	1468.36	40	16.5		河流	梁式桥,钢筋混凝土梁桥,简支桥梁	
S2	389	北杨公路立交主线桥	大桥	944.06	944.06	25	17	5.5	道路	梁式桥,钢筋混凝土梁桥,简支桥梁	
S2	390	华北河大桥	大桥	710.99	710.99	30	16.5		河流	梁式桥,钢筋混凝土梁桥,连续桥梁	
S2	391	津唐运河大桥	大桥	885.87	885.87	30	16.5		河流	梁式桥,钢筋混凝土梁桥,连续桥梁	
S2	392	K19+370大桥	大桥	605.86	605.86	28	16.5	5.5	道路	梁式桥,钢筋混凝土梁桥,简支桥梁	
S2	393	田辛庄互通式立交主线桥	大桥	694.83	694.83	40	27.4	5.5	道路	梁式桥,钢筋混凝土梁桥,简支桥梁	
S2	394	永定新河大桥	大桥	926.5	926.5	40.6	27.3		河流	梁式桥,钢筋混凝土梁桥,简支桥梁	
S2	395	K23+200大桥	大桥	680.86	680.86	25	16.5	5.5	道路	梁式桥,钢筋混凝土梁桥,简支桥梁	
S2	396	分洪口门1号大桥	大桥	680.86	680.86	25	16.5		河流	梁式桥,钢筋混凝土梁桥,简支桥梁	
S2	397	分洪口门2号大桥	大桥	430.86	430.86	25	16.5		河流	梁式桥,钢筋混凝土梁桥,简支桥梁	
S2	398	海青公路分离式立交桥	大桥	740.36	740.36	35	16.5	5.5	道路	梁式桥,钢筋混凝土梁桥,简支桥梁	
S2	399	蓟塘公路分离式立交桥	大桥	705.86	705.86	25	16.5	5.5	道路	梁式桥,钢筋混凝土梁桥,简支桥梁	
S2	400	K9+983中桥	中桥	68.86	68.86	16	17		沟壑	梁式桥,钢筋混凝土梁桥,简支桥梁	
S2	401	K15+493中桥	中桥	68.86	68.86	16	16.5		沟壑	梁式桥,钢筋混凝土梁桥,简支桥梁	
S2	402	K24+735中桥	中桥	43.86	43.86	13	16.5		沟壑	梁式桥,钢筋混凝土梁桥,简支桥梁	
S2	403	K29+065中桥	中桥	56.86	56.86	13	16.5		沟壑	梁式桥,钢筋混凝土梁桥,简支桥梁	
S2	404	淮淀K32+717中桥	中桥	100.86	100.86	16	16.5		沟壑	梁式桥,钢筋混凝土梁桥,简支桥梁	
S2	405	K37+005中桥	中桥	68.86	68.86	16	16.5		沟壑	梁式桥,钢筋混凝土梁桥,简支桥梁	
S2	406	K40+097中桥	中桥	56.86	56.86	13	16.5		沟壑	梁式桥,钢筋混凝土梁桥,简支桥梁	
S2	407	杨虎河中桥	中桥	65.86	65.86	20	16.5		河流	梁式桥,钢筋混凝土梁桥,简支桥梁	
S2	408	K45+326中桥	中桥	84.86	84.86	16	34		沟壑	梁式桥,钢筋混凝土梁桥,简支桥梁	

附表4
天津市高速公路桥梁汇总表

续上表

编号	序号	名称	规模	桥梁左(m)	桥梁右(m)	主跨长度(m)	桥面宽度(m)	桥底净高(m)	跨越障碍物	桥梁分类	备注
S2	409	兰台互通主线1号中桥	中桥	56.86	56.86	13	13.25		沟壑	梁式桥,钢筋混凝土梁桥,简支梁桥	
S2	410	兰台互通立交主线2号桥	中桥	84.86	84.86	16	21.75		沟壑	梁式桥,钢筋混凝土梁桥,简支梁桥	
S2	411	津宁分离式立交桥	特大桥	1130	1130	30	34	5.5	道路	梁式桥,钢筋混凝土梁桥,连续梁桥	
S21	412	津芦公路互通主线桥	特大桥	1061.42	1061.42	33	34		旱地	梁式桥,钢筋混凝土梁桥,连续梁桥	
S21	413	G112线互通主线桥	特大桥	1354	1354	35	34	5.5	道路	梁式桥,钢筋混凝土梁桥,连续梁桥	
S21	414	京哈高速公路互通主线桥	特大桥	1050	1050	30	34		其他	梁式桥,钢筋混凝土梁桥,简支梁桥	
S21	415	林南仓分离式立交桥	特大桥	1700.86	1700.86	30	34.5	5.5	道路	梁式桥,钢筋混凝土梁桥,连续梁桥	
S21	416	津汉分离式立交桥	大桥	700	700	25	34	5.5	道路	梁式桥,钢筋混凝土梁桥,连续梁桥	
S21	417	津榆公路互通立交桥	大桥	884.69	884.69	35.43	33	5.5	道路	梁式桥,钢筋混凝土梁桥,连续梁桥	
S21	418	卫星公路互通主线桥	大桥	837	837	33	34	5.5	道路	梁式桥,钢筋混凝土梁桥,连续梁桥	
S21	419	西关引河大桥	大桥	920	920	30	34	5.5	道路	梁式桥,钢筋混凝土梁桥,连续梁桥	
S21	420	黄庄洼退水渠桥	大桥	116.86	116.86	16	34	5.5	道路	梁式桥,钢筋混凝土梁桥,简支梁桥	
S21	421	黄庄洼口门大桥	大桥	280.86	280.86	25	34	5.5	道路	梁式桥,钢筋混凝土梁桥,连续梁桥	
S21	422	口门大桥	大桥	155.86	155.86	25	34		河流	梁式桥,钢筋混凝土梁桥,连续梁桥	
S21	423	箭杆河大桥	大桥	728.86	728.86	30	33		河流	梁式桥,钢筋混凝土梁桥,连续梁桥	
S21	424	K68+834.2大桥	大桥	116.86	116.86	16	33		旱地	梁式桥,钢筋混凝土梁桥,连续梁桥	
S21	425	塘承蓟运河大桥	大桥	796.36	796.36	35	34.5		旱地	梁式桥,钢筋混凝土梁桥,连续梁桥	
S21	426	仓桑互通主线桥	大桥	580.86	580.86	25	16.5	5.5	道路	梁式桥,钢筋混凝土梁桥,简支梁桥	
S21	427	K9+968中桥	中桥	82.86	82.86	13	34	5.5	道路	梁式桥,钢筋混凝土梁桥,简支梁桥	
S21	428	K12+530中桥	中桥	43.86	43.86	13	34	5.5	道路	梁式桥,钢筋混凝土梁桥,简支梁桥	
S21	429	K13+662中桥	中桥	52.86	52.86	16	34		其他	梁式桥,钢筋混凝土梁桥,简支梁桥	
S21	430	K14+062中桥	中桥	68.86	68.86	16	34	5.5	道路	梁式桥,钢筋混凝土梁桥,简支梁桥	
S21	431	K15+441中桥	中桥	36.86	36.86	16	34	5.5	道路	梁式桥,钢筋混凝土梁桥,简支梁桥	

续上表

编号	序号	名称	规模	桥梁左(m)	桥梁右(m)	主跨长度(m)	桥面宽度(m)	桥底净高(m)	跨越障碍物	桥梁分类	备注
S21	432	K23+569 中桥	中桥	82.86	82.86	13	34		其他	梁式桥、钢筋混凝土梁桥、简支梁桥	
S21	433	K24+511 中桥	中桥	95.86	95.86	13	34		其他	梁式桥、钢筋混凝土梁桥、简支梁桥	
S21	434	k25+557 中桥	中桥	56.86	56.86	13	34	5.5	道路	梁式桥、钢筋混凝土梁桥、简支梁桥	
S21	435	k26+598 中桥	中桥	84.86	84.86	16	34	5.5	道路	梁式桥、钢筋混凝土梁桥、简支梁桥	
S21	436	k27+658 中桥	中桥	69.86	69.86	13	34	5.5	道路	梁式桥、钢筋混凝土梁桥、简支梁桥	
S21	437	k28+369 中桥	中桥	56.86	56.86	13	34		道路	梁式桥、钢筋混凝土梁桥、简支梁桥	
S21	438	K32+411 中桥	中桥	80	80	16	34		其他	梁式桥、钢筋混凝土梁桥、简支梁桥	
S21	439	K35+060 中桥	中桥	32	32	16	34	5.5	其他	梁式桥、钢筋混凝土梁桥、简支梁桥	
S21	440	K36+511 中桥	中桥	91	91	13	34		道路	梁式桥、钢筋混凝土梁桥、简支梁桥	
S21	441	K37+400 中桥	中桥	65	65	13	34	5.5	其他	梁式桥、钢筋混凝土梁桥、简支梁桥	
S21	442	K41+646 中桥	中桥	52.86	52.86	16	34		道路	梁式桥、钢筋混凝土梁桥、简支梁桥	
S21	443	K43+937 中桥	中桥	52.86	52.86	16	34		河流	梁式桥、钢筋混凝土梁桥、连续梁桥	
S21	444	K46+200 中桥	中桥	69.68	69.68	13	34		其他	梁式桥、钢筋混凝土梁桥、简支梁桥	
S21	445	K48+644 中桥	中桥	43.86	43.86	13	34		其他	梁式桥、钢筋混凝土梁桥、简支梁桥	
S21	446	K49+008 中桥	中桥	68.86	68.86	16	34		其他	梁式桥、钢筋混凝土梁桥、简支梁桥	
S21	447	K49+989 中桥	中桥	56.86	56.86	13	34		其他	梁式桥、钢筋混凝土梁桥、简支梁桥	
S21	448	K51+137 中桥	中桥	43.86	43.86	13	34		其他	梁式桥、钢筋混凝土梁桥、简支梁桥	
S21	449	K51+973 中桥	中桥	43.86	43.86	13	34		其他	梁式桥、钢筋混凝土梁桥、简支梁桥	
S21	450	K54+581 中桥	中桥	52.86	52.86	16	34		其他	梁式桥、钢筋混凝土梁桥、简支梁桥	
S21	451	K55+835 中桥	中桥	43.86	43.86	13	34		其他	梁式桥、钢筋混凝土梁桥、简支梁桥	
S21	452	K56+817 中桥	中桥	36.86	36.86	16	34		其他	梁式桥、钢筋混凝土梁桥、简支梁桥	
S21	453	K57+716 中桥	中桥	56.86	56.86	13	34		其他	梁式桥、钢筋混凝土梁桥、简支梁桥	
S21	454	K58+458 中桥	中桥	43.86	43.86	13	34		其他	梁式桥、钢筋混凝土梁桥、简支梁桥	

附表4
天津市高速公路桥梁汇总表

续上表

编号	序号	名称	规模	桥梁左(m)	桥梁右(m)	主跨长度(m)	桥面宽度(m)	桥底净高(m)	跨越障碍物	桥梁分类	备注
S21	455	K59+992中桥	中桥	56.86	56.86	13	34		其他	梁式桥,钢筋混凝土梁桥,简支梁桥	
S21	456	K60+251中桥	中桥	56.86	56.86	13	34		其他	梁式桥,钢筋混凝土梁桥,简支梁桥	
S21	457	K61+017中桥	中桥	53.37	53.37	16	39.57	5.5	道路	梁式桥,钢筋混凝土梁桥,简支梁桥	
S21	458	K62+022中桥	中桥	52.86	52.86	16	38.53	5.5	道路	梁式桥,钢筋混凝土梁桥,简支梁桥	
S21	459	K63+190中桥	中桥	68.99	68.99	16	34	5.5	道路	梁式桥,钢筋混凝土梁桥,简支梁桥	
S21	460	K64+200中桥	中桥	43.87	43.87	13	34		河流	梁式桥,钢筋混凝土梁桥,简支梁桥	
S21	461	K64+608中桥	中桥	43.86	43.86	13	33		其他	梁式桥,钢筋混凝土梁桥,简支梁桥	
S21	462	K64+756中桥	中桥	84.86	84.86	16	33		河流	梁式桥,钢筋混凝土梁桥,简支梁桥	
S21	463	K65+512中桥	中桥	52.86	52.86	16	33		其他	梁式桥,钢筋混凝土梁桥,简支梁桥	
S21	464	调节干渠中桥	中桥	69	69	16	34.5		水渠	梁式桥,钢筋混凝土梁桥,简支梁桥	
S21	465	K72+830中桥	中桥	84	84	16	34.5		水渠	梁式桥,钢筋混凝土梁桥,简支梁桥	
S21	466	K75+271中桥	中桥	43	43	13	34.5	5.5	道路	梁式桥,钢筋混凝土梁桥,简支梁桥	
S21	467	K78+566中桥	中桥	80	80	16	34		旱地	梁式桥,钢筋混凝土梁桥,连续梁桥	
S21	468	三道港干渠中桥	中桥	52	52	13	34		旱地	梁式桥,钢筋混凝土梁桥,连续梁桥	
S21	469	蓟县服务区主线中桥	中桥	68.86	68.86	16	16.5		其他	梁式桥,钢筋混凝土梁桥,连续梁桥	
S3	470	津滨立交桥	大桥	281	281	35	33	5.5	道路	梁式桥,钢筋混凝土梁桥,连续梁桥	
S3	471	驯海路立交桥	大桥	846	846	20	34	5.5	道路	梁式桥,钢筋混凝土梁桥,连续梁桥	
S3	472	津北公路分离式立交桥一	大桥	154	154	32	12	5.5	道路	梁式桥,钢筋混凝土梁桥,简支梁桥	
S3	473	津北公路分离式立交桥二	大桥	368	368	60	12	5.5	道路	梁式桥,钢筋混凝土梁桥,连续梁桥	
S3	474	东金路立交	大桥	342	342	24.9	34	5.5	道路	梁式桥,钢筋混凝土梁桥,连续梁桥	
S3	475	胡家园立交	大桥	621	621	33	34	5.5	道路	刚构桥,T形刚构	
S3	476	中河桥	中桥	66	66	13	34		河流	梁式桥,钢筋混凝土梁桥,简支梁桥	
S3	477	东河桥	中桥	43	43	16	34		河流	梁式桥,钢筋混凝土梁桥,简支梁桥	

续上表

编号	序号	名称	规模	桥梁左(m)	桥梁右(m)	主跨长度(m)	桥面宽度(m)	桥底净高(m)	跨越障碍物	桥梁分类	备注
S3	478	袁家河桥	中桥	66	66	13	34		河流	梁式桥、钢筋混凝土梁桥、简支桥梁	
S3	479	开源河桥	中桥	72	72	16	34		河流	梁式桥、钢筋混凝土梁桥、简支桥梁	
S3	480	军粮城一村桥	中桥	21	21	20	34		河流	梁式桥、钢筋混凝土梁桥、简支桥梁	
S3	481	一场干渠桥	中桥	43	43	13	34		河流	梁式桥、钢筋混凝土梁桥、简支桥梁	
S3	482	中心排干渠桥	中桥	49	49	13	34		河流	梁式桥、钢筋混凝土梁桥、简支桥梁	
S3	483	黑潴河桥	中桥	66	66	13	34		河流	梁式桥、钢筋混凝土梁桥、简支桥梁	
S3	484	新河东干渠桥	中桥	64	64	16	34		河流	梁式桥、钢筋混凝土梁桥、简支桥梁	
S30	485	京津公路分离式立交桥	特大桥	1432.66	1432.66	30	41.5		其他桥	其他桥	
S30	486	津蓟铁路分离式立交桥	特大桥	1166.86	1166.86	35	34	6	铁路	其他桥	
S30	487	九园公路分离式立交桥	特大桥	1010.43	1010.43	40	34	5.5	河流	其他桥	
S30	488	季庄子互通主线桥2号桥	特大桥	1399	1399	32	67	5.5	道路	其他桥	
S30	489	永定新河特大桥	特大桥	1762.2	1762.2	55	34		河流	其他桥	
S30	490	津汉分离式立交桥	特大桥	1428.86	1428.86	25	34	5.5	道路	其他桥	
S30	491	京山铁路立交特大桥	特大桥	2948.45	2948.45	41.2	35	6	铁路	梁式桥、钢筋混凝土梁桥、连续桥梁	
S30	492	牛镇互通立交主线桥	大桥	575.66	575.66	25	41.5	5.5	道路	其他桥	
S30	493	K91+775大桥	大桥	105.04	105.04	25	48.5		沟壑	梁式桥、钢筋混凝土梁桥、连续桥梁	
S30	494	凤河西支大桥	大桥	245.66	245.66	30	41.5		沟壑	梁式桥、钢筋混凝土梁桥、连续桥梁	
S30	495	新碱东路分离式立交桥	大桥	949.96	949.96	40	41.5		河流	其他桥	
S30	496	南东路跨线桥	大桥	555.66	555.66	25	41.5	5.5	道路	梁式桥、钢筋混凝土梁桥、连续桥梁	
S30	497	k69+270大桥	大桥	155.06	155.06	25	41.5	5.5	道路	梁式桥、钢筋混凝土梁桥、连续桥梁	
S30	498	杨崔公路跨线桥	大桥	714.66	714.66	25	41.5	5.5	道路	其他桥	
S30	499	龙凤新河桥	大桥	662.66	662.66	30	41.5	5.5	河流	梁式桥、钢筋混凝土梁桥、连续桥梁	
S30	500	杨六分离式立交桥	大桥	385.7	385.7	20	41.5	5.5	道路	梁式桥、钢筋混凝土梁桥、连续桥梁	

附表4

天津市高速公路桥梁汇总表

续上表

编号	序号	名称	规模	桥梁左(m)	桥梁右(m)	主跨长度(m)	桥面宽度(m)	桥底净高(m)	跨越障碍物	桥梁分类	备注
S30	501	津围公路桥	大桥	713.86	713.86	43	34	5.5	道路	其他桥	
S30	502	运东干渠大桥	大桥	301.19	301.19	25	34		水渠	梁式桥,钢筋混凝土梁桥,连续桥梁	
S30	503	北宝路分离式立交桥	大桥	460.94	460.94	25	34	5.5	道路	梁式桥,钢筋混凝土梁桥,连续桥梁	
S30	504	K48+101大桥	大桥	126.19	126.19	25	34	5.5	道路	梁式桥,钢筋混凝土梁桥,连续桥梁	
S30	505	东堤头互通主线桥	大桥	852.08	852.08	25	34		河流	梁式桥,钢筋混凝土梁桥,连续桥梁	
S30	506	津塘运河大桥	大桥	450.91	450.91	25	34		河流	梁式桥,钢筋混凝土梁桥,连续桥梁	
S30	507	金钟河大桥	大桥	411.19	411.19	40	34	5.5	河流	梁式桥,钢筋混凝土梁桥,连续桥梁	
S30	508	津汉互通2线桥	大桥	218.93	218.93	20	33.5	5.5	道路	梁式桥,钢筋混凝土梁桥,简支桥梁	
S30	509	水库泵站桥	大桥	555.62	555.62	25	42	5.5	道路	其他桥	
S30	510	塘黄公路跨线桥	大桥	614.62	614.62	30	34.5		道路	其他桥	
S30	511	B线1号桥	中桥	54.59	54.59	16	10	5.5	道路	梁式桥,钢筋混凝土梁桥,简支桥梁	
S30	512	A线2号桥	中桥	54.59	54.59	16	10	5.5	道路	梁式桥,钢筋混凝土梁桥,简支桥梁	
S30	513	A线1号桥	中桥	52.82	52.82	16	10	5.5	道路	梁式桥,钢筋混凝土梁桥,简支桥梁	
S30	514	B线2号桥	中桥	52.96	52.96	16	10	5.5	道路	梁式桥,钢筋混凝土梁桥,简支桥梁	
S30	515	K100+718中桥	中桥	52.87	52.87	13	41.5	5.5	道路	梁式桥,钢筋混凝土梁桥,简支桥梁	
S30	516	K98+217中桥	中桥	48.68	48.68	16	41.5	5.5	道路	梁式桥,钢筋混凝土梁桥,简支桥梁	
S30	517	K97+574中桥	中桥	49.19	49.19	16	41.5	5.5	道路	梁式桥,钢筋混凝土梁桥,简支桥梁	
S30	518	武河路分离式立交桥	中桥	97.04	97.04	16	41.5	5.5	道路	梁式桥,钢筋混凝土梁桥,简支桥梁	
S30	519	K93+790中桥	中桥	53.06	53.06	16	41.5		沟壑	梁式桥,钢筋混凝土梁桥,简支桥梁	
S30	520	K93+417中桥	中桥	82.06	82.06	13	41.5		沟壑	梁式桥,钢筋混凝土梁桥,连续桥梁	
S30	521	K92+813中桥	中桥	56.06	56.06	13	41.5		沟壑	梁式桥,钢筋混凝土梁桥,简支桥梁	
S30	522	K91+968中桥	中桥	43.06	43.06	13	41.5		沟壑	梁式桥,钢筋混凝土梁桥,连续桥梁	
S30	523	K91+135中桥	中桥	53.06	53.06	16	48.5		沟壑	梁式桥,钢筋混凝土梁桥,简支桥梁	

天津
高速公路建设实录

续上表

编号	序号	名称	规模	桥梁左(m)	桥梁右(m)	主跨长度(m)	桥面宽度(m)	桥底净高(m)	跨越障碍物	桥梁分类	备注
S30	524	K89+850 中桥	中桥	85.03	85.03	16	41.5		沟壑	梁式桥、钢筋混凝土梁桥、简支桥梁	
S30	525	K88+971 中桥	中桥	43.06	43.06	13	41.5		沟壑	梁式桥、钢筋混凝土梁桥、简支桥梁	
S30	526	K88+247 主线桥 2 号桥	中桥	84.96	84.96	16	49		沟壑	梁式桥、钢筋混凝土梁桥、简支桥梁	
S30	527	K86+432 主线桥 1 号桥	中桥	102.59	102.59	16	41.5		沟壑	梁式桥、钢筋混凝土梁桥、简支桥梁	
S30	528	K85+835 中桥	中桥	85.06	85.06	16	41.5	5.5	道路	梁式桥、钢筋混凝土梁桥、简支桥梁	
S30	529	K84+774 中桥	中桥	85.06	85.06	16	41.5	5.5	道路	梁式桥、钢筋混凝土梁桥、简支桥梁	
S30	530	K83+683 中桥	中桥	53.06	53.06	16	41.5	5.5	道路	梁式桥、钢筋混凝土梁桥、简支桥梁	
S30	531	大孟庄互通式立交主线桥 K82+609	中桥	34.06	34.06	30	41.5	5.5	道路	梁式桥、钢筋混凝土梁桥、简支桥梁	
S30	532	K81+731 中桥	中桥	69.03	69.03	16	41.5	5.5	道路	梁式桥、钢筋混凝土梁桥、简支桥梁	
S30	533	K80+827 中桥	中桥	56.06	56.06	13	41.5	5.5	道路	梁式桥、钢筋混凝土梁桥、简支桥梁	
S30	534	K80+022 中桥	中桥	69.06	69.06	13	41.5	5.5	道路	梁式桥、钢筋混凝土梁桥、简支桥梁	
S30	535	润村店东互通立交主线桥	中桥	85.06	85.06	16	45.5	5.5	道路	梁式桥、钢筋混凝土梁桥、简支桥梁	
S30	536	K75+938 中桥	中桥	56.06	56.06	13	41.5	5.5	道路	梁式桥、钢筋混凝土梁桥、简支桥梁	
S30	537	K73+874 中桥	中桥	69.06	69.06	16	41.5	5.5	道路	梁式桥、钢筋混凝土梁桥、简支桥梁	
S30	538	K66+593.5 中桥	中桥	85.06	85.06	16	41.5	5.5	道路	梁式桥、钢筋混凝土梁桥、简支桥梁	
S30	539	K63+260.5 中桥	中桥	85.06	85.06	16	41.5	5.5	道路	梁式桥、钢筋混凝土梁桥、简支桥梁	
S30	540	K60+822 中桥	中桥	48.98	48.98	16	34	5.5	道路	梁式桥、钢筋混凝土梁桥、简支桥梁	
S30	541	K60+379.5 中桥	中桥	52.94	52.94	13	34	5.5	道路	梁式桥、钢筋混凝土梁桥、简支桥梁	
S30	542	K59+360 中桥	中桥	65.89	65.89	13	34	5.5	道路	梁式桥、钢筋混凝土梁桥、简支桥梁	
S30	543	K58+703 中桥	中桥	52.89	52.89	13	34	5.5	道路	梁式桥、钢筋混凝土梁桥、简支桥梁	
S30	544	K57+897.8 中桥	中桥	80.89	80.89	16	34	5.5	道路	梁式桥、钢筋混凝土梁桥、简支桥梁	
S30	545	梅厂互通主线桥 1 号桥	中桥	70.66	70.66	13	34	5.5	道路	梁式桥、钢筋混凝土梁桥、简支桥梁	
S30	546	K53+100.5 中桥	中桥	53.06	53.06	16	34	5.5	道路	梁式桥、钢筋混凝土梁桥、简支桥梁	

附表4
天津市高速公路桥梁汇总表

续上表

编号	序号	名称	规模	桥梁左(m)	桥梁右(m)	主跨长度(m)	桥面宽度(m)	桥底净高(m)	跨越障碍物	桥梁分类	备注
S30	547	K50+339 中桥	中桥	53.06	53.06	16	34	5.5	道路	梁式桥,钢筋混凝土梁桥,简支桥梁	
S30	548	K47+103 中桥	中桥	53.06	53.06	16	34	5.5	道路	梁式桥,钢筋混凝土梁桥,简支桥梁	
S30	549	K46+451 中桥	中桥	53.06	53.06	16	34	5.5	道路	梁式桥,钢筋混凝土梁桥,简支桥梁	
S30	550	K45+946 中桥	中桥	85.06	85.06	16	34	5.5	道路	梁式桥,钢筋混凝土梁桥,简支桥梁	
S30	551	季庄子互通主线桥1号桥	中桥	78.83	78.83	13	34	5.5	道路	梁式桥,钢筋混凝土梁桥,简支桥梁	
S30	552	K42+091 中桥	中桥	69.06	69.06	13	34	5.5	道路	梁式桥,钢筋混凝土梁桥,简支桥梁	
S30	553	K41+684 中桥	中桥	69.06	69.06	13	34	5.5	道路	梁式桥,钢筋混凝土梁桥,简支桥梁	
S30	554	K40+850 中桥	中桥	56.06	56.06	13	34	5.5	道路	梁式桥,钢筋混凝土梁桥,简支桥梁	
S30	555	K39+820.5 中桥	中桥	69.06	69.06	13	34	5.5	道路	梁式桥,钢筋混凝土梁桥,简支桥梁	
S30	556	K38+942.5 中桥	中桥	82.06	82.06	13	34	5.5	道路	梁式桥,钢筋混凝土梁桥,简支桥梁	
S30	557	赵温庄分离式立交桥	中桥	96.86	96.86	16	34	5.5	道路	梁式桥,钢筋混凝土梁桥,简支桥梁	
S30	558	田辛庄分离式立交桥	中桥	96.85	96.85	16	9	5.5	道路	梁式桥,钢筋混凝土梁桥,连续梁	
S30	559	K30+700 中桥	中桥	69.06	69.06	16	34	5.5	道路	梁式桥,钢筋混凝土梁桥,简支桥梁	
S30	560	K27+947 中桥	中桥	69.06	69.06	13	34	5.5	道路	梁式桥,钢筋混凝土梁桥,简支桥梁	
S30	561	K25+499 中桥	中桥	85.06	85.06	16	34	5.5	道路	梁式桥,钢筋混凝土梁桥,简支桥梁	
S30	562	K15+612.5 中桥	中桥	69.06	69.06	13	34	5.5	道路	梁式桥,钢筋混凝土梁桥,简支桥梁	
S30	563	津汉互通1线桥	中桥	48.86	48.86	16	24.25		沟壑	梁式桥,钢筋混凝土梁桥,简支桥梁	
S30	564	K11+661 中桥	中桥	65.74	65.74	13	42		沟壑	梁式桥,钢筋混凝土梁桥,简支桥梁	
S30	565	K5+570 中桥	中桥	48.91	48.91	16	34.5	5.5	道路	梁式桥,钢筋混凝土梁桥,简支桥梁	
S30	566	东干渠中桥	中桥	48.66	48.66	16	34.5	5.5	道路	梁式桥,钢筋混凝土梁桥,简支桥梁	
S30	567	主线桥	中桥	71.59	71.59	13	35.5	5.5	道路	梁式桥,钢筋混凝土梁桥,简支桥梁	
S3011	568	京津塘桥	特大桥	1066.6	1066.6	35	33	5.5	道路	梁式桥,钢筋混凝土梁桥,简支桥梁	
S3011	569	京沪联络线桥 K13+105	大桥	184.57	184.57	20	37.34		沟壑	梁式桥,钢筋混凝土梁桥,连续梁	

续上表

编号	序号	名称	规模	桥梁左(m)	桥梁右(m)	主跨长度(m)	桥面宽度(m)	桥底净高(m)	跨越障碍物	桥梁分类	备注
S3011	570	主线桥1（Kk14+933.5）	大桥	565.86	565.86	25	34	5.5	道路	其他桥	
S3011	571	Ak16+130中桥	中桥	53.38	53.38	16	34	5.5	道路	梁式桥,钢筋混凝土梁桥,简支桥梁	
S3011	572	Ak16+832.5中桥	中桥	69.68	69.68	13	34	5.5	道路	梁式桥,钢筋混凝土梁桥,简支桥梁	
S3011	573	Ak17+323.5中桥	中桥	43.68	43.68	13	34	5.5	道路	梁式桥,钢筋混凝土梁桥,简支桥梁	
S3011	574	Ak17+847.5中桥	中桥	43.68	43.68	13	34	5.5	道路	梁式桥,钢筋混凝土梁桥,简支桥梁	
S3011	575	南北辛互通式立交桥	大桥	919.41	919.41	38	28.5	6	铁路	梁式桥,钢筋混凝土梁桥,连续桥梁	
S3012	576	下朱庄互通式立交桥	大桥	401.86	401.86	30	34	5.5	道路	梁式桥,钢筋混凝土梁桥,连续桥梁	
S3012	577	K10+842大桥	大桥	151.22	151.22	25	34	5.5	道路	梁式桥,钢筋混凝土梁桥,简支桥梁	
S3012	578	杨北公路分离式立交桥	大桥	647.7	647.7	30	40.75	5.5	道路	其他桥	
S3012	579	杨裳公路分离式立交桥	大桥	416.86	416.86	25	40.5	5.5	道路	其他桥	
S3012	580	机场排污河1号桥	中桥	39.95	39.95	13	34		河流	梁式桥,钢筋混凝土梁桥,简支桥梁	
S3012	581	K11+993中桥	中桥	52.87	52.87	13	34	5.5	道路	梁式桥,钢筋混凝土梁桥,简支桥梁	
S3012	582	机场排污河2号桥	中桥	39.86	39.86	13	34		河流	梁式桥,钢筋混凝土梁桥,简支桥梁	
S3012	583	K15+652中桥	中桥	39.92	39.92	13	40.5		水渠	梁式桥,钢筋混凝土梁桥,简支桥梁	
S3012	584	杨丰公路分离式立交桥	中桥	80.87	80.87	22	40.5	5.5	道路	梁式桥,钢筋混凝土梁桥,连续桥梁	
S3015	585	北环铁路跨特大桥	特大桥	1702.72	1702.72	78	27.5	6	铁路	梁式桥,钢筋混凝土梁桥,连续桥梁	
S3015	586	K19+913中桥	中桥	80.65	80.65	16	34.5		沟壑	梁式桥,钢筋混凝土梁桥,简支桥梁	
S3015	587	K19+041中桥	中桥	65.64	65.64	13	27.5		沟壑	梁式桥,钢筋混凝土梁桥,简支桥梁	
S3015	588	K15+673中桥	中桥	52.64	52.64	13	34.5		沟壑	梁式桥,钢筋混凝土梁桥,简支桥梁	
S3600	589	石各庄互通主线桥	特大桥	1897	1897	48	40.5	5.5	道路	梁式桥,钢筋混凝土梁桥,连续桥梁	
S3600	590	自行车王国立交桥	大桥	425.9	425.9	20	34	5.5	道路	梁式桥,钢筋混凝土梁桥,连续桥梁	
S3600	591	杨王公路立交	大桥	730.9	730.9	25	34	5.5	道路	梁式桥,钢筋混凝土梁桥,连续桥梁	

附表4
天津市高速公路桥梁汇总表

续上表

编号	序号	名称	规模	桥梁左(m)	桥梁右(m)	主跨长度(m)	桥面宽度(m)	桥底净高(m)	跨越障碍物	桥梁分类	备注
S3600	592	K94+631中桥	中桥	100.86	100.86	16	41	5.5	道路	梁式桥,钢筋混凝土梁桥,简支桥梁	
S3600	593	K98+071中桥	中桥	68.86	68.86	16	38	5.5	道路	梁式桥,钢筋混凝土梁桥,简支桥梁	
S4	594	津晋互通立交主线桥	特大桥	1715.47	1715.47	35.45	55.8	5.5	道路	梁式桥,钢筋混凝土梁桥,连续桥梁	
S4	595	八二路互通立交主线桥	特大桥	2696.34	2696.34	39	49	5.5	道路	梁式桥,钢筋混凝土梁桥,连续桥梁	
S4	596	K16+883高架桥	特大桥	2720	2720	35	36.8	5.5	道路	梁式桥,钢筋混凝土梁桥,简支桥梁	
S4	597	盛塘路互通立交主线桥	特大桥	2278.65	2278.65	45	36.8	5.5	道路	梁式桥,钢筋混凝土梁桥,简支桥梁	
S4	598	K21+517高架桥	特大桥	2050.43	2050.43	40	36.8	5.5	道路	梁式桥,钢筋混凝土梁桥,连续桥梁	
S4	599	梨双公路分离式立交桥	大桥	476.64	476.64	45	36.8	5.5	道路	梁式桥,钢筋混凝土梁桥,连续桥梁	
S4	600	南边界路分离式立交桥	大桥	450.43	450.43	30	36.8	5.5	道路	梁式桥,钢筋混凝土梁桥,连续桥梁	
S4	601	白万公路分离式立交桥	大桥	474.8	474.8	45	36.8	5.5	道路	梁式桥,钢筋混凝土梁桥,连续桥梁	
S4	602	八二路EK6+448.575加宽桥	大桥	819.65	819.65	42	10.44	5.5	道路	梁式桥,钢筋混凝土梁桥,简支桥梁	
S4	603	K6+293.9卫津河桥	中桥	85.04	85.04	16	36.8		河流	梁式桥,钢筋混凝土梁桥,简支桥梁	
S4	604	K9+280.8洪泥河桥	中桥	81.06	81.06	25	57.8		河流	梁式桥,钢筋混凝土梁桥,连续桥梁	
S4	605	K9+934.2大沽排污河桥	中桥	81.06	81.06	25	36.8		河流	梁式桥,钢筋混凝土梁桥,连续桥梁	
S4	606	K10+194.3污水河桥	中桥	85.04	85.04	16	36.8		河流	梁式桥,钢筋混凝土梁桥,简支桥梁	
S4	607	幸福河中桥	中桥	85.06	85.06	16	4.21	5.5	河流	梁式桥,钢筋混凝土梁桥,连续桥梁	
S4	608	津晋互通EK4+411.259加宽桥	中桥	62.49	62.49	13	10	5.5	道路	梁式桥,钢筋混凝土梁桥,简支桥梁	
S4	609	黄汉路桥	中桥	40.86	40.86	20	37.8	5.5	道路	梁式桥,钢筋混凝土梁桥,连续桥梁	
S4	610	八米河桥	中桥	48.9	48.9	17	36.8		河流	梁式桥,钢筋混凝土梁桥,连续桥梁	
S4	611	津蓟大桥	特大桥	1100	1100	30	26	5.5	道路	梁式桥,钢筋混凝土梁桥,简支桥梁	
S40	612	北部新区段高架桥	特大桥	4599	4599	30	26	5.5	道路	梁式桥,钢筋混凝土梁桥,连续桥梁	
S40	613	金钟路高架桥	特大桥	3099	3099	30	26		河流	梁式桥,钢筋混凝土梁桥,连续桥梁	

天　津

续上表

编号	序号	名称	规模	桥梁左(m)	桥梁右(m)	主跨长度(m)	桥面宽度(m)	桥底净高(m)	跨越障碍物	桥梁分类	备注
S40	614	北部新区段高架桥	特大桥	8339	8339	30	26	5.5	道路	梁式桥,钢筋混凝土梁桥,连续梁桥	
S40	615	凤河大桥	大桥	146.11	146.11	20.28	26		河流	梁式桥,钢筋混凝土梁桥,简支桥梁	
S40	616	龙凤河大桥	大桥	205.8	205.8	25	26		河流	梁式桥,钢筋混凝土梁桥,简支桥梁	
S40	617	永定新河桥	大桥	506.06	506.06	25	26		河流	梁式桥,钢筋混凝土梁桥,简支桥梁	
S40	618	北干渠桥	中桥	64.98	64.98	20	26		水渠	梁式桥,钢筋混凝土梁桥,简支桥梁	
S40	619	西边渠桥	中桥	67.74	67.74	16	26		水渠	梁式桥,钢筋混凝土梁桥,简支桥梁	
S40	620	北运渠桥	中桥	99.74	99.74	16	26		水渠	梁式桥,钢筋混凝土梁桥,简支桥梁	
S40	621	运东河渠桥	中桥	42.74	42.74	13.62	26		水渠	梁式桥,钢筋混凝土梁桥,简支桥梁	
S40	622	机排河桥	中桥	42.74	42.74	13.62	26		河流	梁式桥,钢筋混凝土梁桥,简支桥梁	
S40	623	郎园河桥	中桥	42.7	42.7	13.62	26		河流	梁式桥,钢筋混凝土梁桥,简支桥梁	
S40	624	跃进路桥	中桥	55.8	55.8	25	26		河流	梁式桥,钢筋混凝土梁桥,简支桥梁	
S40	625	北塘排污桥	中桥	99.7	99.7	16	26		河流	梁式桥,钢筋混凝土梁桥,简支桥梁	
S40	626	袁家河桥	中桥	51.7	51.7	16	26		河流	梁式桥,钢筋混凝土梁桥,简支桥梁	
S40	627	西区水系河桥	中桥	44.5	44.5	20	26		水渠	梁式桥,钢筋混凝土梁桥,连续桥梁	
S40	628	黑猪河桥	中桥	64.9	64.9	20	26		河流	梁式桥,钢筋混凝土梁桥,简支桥梁	
S5	629	津淄公路分离式立交桥	大桥	694.63	694.63	37.5	33.5	5.5	道路	梁式桥,钢筋混凝土梁桥,连续桥梁	
S5	630	天祥工业园分离式立交桥	大桥	279.66	279.66	25	33.5	5.5	道路	梁式桥,钢筋混凝土梁桥,连续桥梁	
S5	631	K3+598大桥	大桥	304.85	304.85	25	33.5	5.5	道路	梁式桥,钢筋混凝土梁桥,连续桥梁	
S5	632	青疑陵路分离式立交桥	大桥	304.73	304.73	25	33.5	5.5	道路	梁式桥,钢筋混凝土梁桥,连续桥梁	
S5	633	K5+359.8中桥	中桥	43.67	43.67	13	33.5	5.5	道路	梁式桥,钢筋混凝土梁桥,连续桥梁	
S5	634	右侧辅道桥	中桥	89.42	89.42	20	10.25		河流	梁式桥,钢筋混凝土梁桥,连续桥梁	
S5	635	左侧辅道桥	中桥	89.42	89.42	20	10.25	5.5	道路	梁式桥,钢筋混凝土梁桥,连续桥梁	
S50	636	港塘互通立交桥	特大桥	1523.26	1523.26	33.5	27.5	5.5	铁路	梁式桥,钢筋混凝土梁桥,简支桥梁	

附表4

天津市高速公路桥梁汇总表

续上表

编号	序号	名称	规模	桥梁左(m)	桥梁右(m)	主跨长度(m)	桥面宽度(m)	桥底净高(m)	跨越障碍物	桥梁分类	备注
S50	637	葛沽互通立交桥	特大桥	1042.29	1042.29	45	27.5	5.5	道路	梁式桥、钢筋混凝土梁桥、简支桥梁	
S50	638	汉港互通立交桥	特大桥	1173.33	1173.33	30	27.5	5.5	铁路	梁式桥、钢筋混凝土梁桥、连续桥梁	
S50	639	津淄跨线桥	特大桥	1114.68	1114.68	30	34.5	5.5	河流、道路	梁式桥、钢筋混凝土梁桥、连续桥梁	
S50	640	马厂减河桥	大桥	520.32	520.32	25	27.5		河流	梁式桥、钢筋混凝土梁桥、简支桥梁	
S50	641	葛万公路跨线桥	大桥	723.14	723.14	30	27.5	5.5	道路	梁式桥、钢筋混凝土梁桥、连续桥梁	
S50	642	津岐公路跨线桥	大桥	750.64	750.64	35	27.5	5.5	道路	梁式桥、钢筋混凝土梁桥、连续桥梁	
S50	643	八二路跨线桥	大桥	813.64	813.64	42	27.5	5.5	道路	梁式桥、钢筋混凝土梁桥、连续桥梁	
S50	644	洪泥河桥	大桥	545.64	545.64	25	27.5		河流	梁式桥、钢筋混凝土梁桥、简支桥梁	
S50	645	津港互通立交桥	大桥	842.96	842.96	38	27.5	5.5	道路	梁式桥、钢筋混凝土梁桥、连续桥梁	
S50	646	K39+011大桥	大桥	140.91	140.91	20	34.5	5.5	道路	梁式桥、钢筋混凝土梁桥、简支桥梁	
S50	647	K40+069大桥	大桥	260.91	260.91	20	34.5	5.5	道路	梁式桥、钢筋混凝土梁桥、简支桥梁	
S50	648	南引河桥	大桥	660.91	660.64	30	34.5		河流	梁式桥、钢筋混凝土梁桥、简支桥梁	
S50	649	幸福河桥	中桥	80.64	80.64	16	27.5		河流	梁式桥、钢筋混凝土梁桥、连续桥梁	
S50	650	K031+684中桥	中桥	52.66	52.66	13	27.5	5.5	道路	梁式桥、钢筋混凝土梁桥、简支桥梁	
S50	651	K37+266中桥	中桥	48.64	48.64	16	34.5	5.5	道路	梁式桥、钢筋混凝土梁桥、简支桥梁	
S50	652	K37+584中桥	中桥	48.66	48.66	16	34.5	5.5	道路	梁式桥、钢筋混凝土梁桥、简支桥梁	
S50	653	K44+873中桥	中桥	60.91	60.91	20	34.5	5.5	道路	梁式桥、钢筋混凝土梁桥、简支桥梁	
S50	654	津汉公路菱形立交桥	特大桥	1893.1	1893.1	30	41.5	5.5	道路	梁式桥、钢筋混凝土梁桥、连续桥梁	
S51	655	纬三路、纬五路分离式立交桥	特大桥	1628.16	1628.16	45	20.25	5.5	道路	梁式桥、钢筋混凝土梁桥、连续桥梁	
S51	656	港城大道菱形立交桥	特大桥	1791.1	1791.1	43	41.5		道路	梁式桥、钢筋混凝土梁桥、连续桥梁	
S51	657	津塘二线分离式立交主线桥	特大桥	1014.9	1014.9	51	20.25	5.5	道路	梁式桥、钢筋混凝土梁桥、连续桥梁	
S51	658	海河特大桥	特大桥	1215	1215	110	35.6		河流	梁式桥、钢筋混凝土梁桥、连续桥梁	

续上表

编号	序号	名称	规模	桥梁左(m)	桥梁右(m)	主跨长度(m)	桥面宽度(m)	桥底净高度(m)	跨越障碍物	桥梁分类	备注
S51	659	天津大道分离式立交桥	特大桥	1253.32	1253.32	48	35.6	5.5	道路	梁式桥,钢筋混凝土梁桥,连续桥梁	
S51	660	津港快速路互通式立交桥	特大桥	1823.06	1823.06	46.5	41.5	5.5	道路	梁式桥,钢筋混凝土梁桥,连续桥梁	
S51	661	京津高速公路互通式立体交叉B线桥	大桥	706.85	706.85	40	16	5.5	道路	梁式桥,钢筋混凝土梁桥,连续桥梁	
S51	662	规划主干线一分离式立体交叉桥	大桥	487.1	487.1	30	34		道路	梁式桥,钢筋混凝土梁桥,连续桥梁	
S51	663	津芦南线菱形立交R面道桥	大桥	105.53	105.53	20	14.5		河流	梁式桥,钢筋混凝土梁桥,简支桥梁	
S51	664	津芦南线互通式立体交叉桥	大桥	422.1	422.1	40	34		河流	梁式桥,钢筋混凝土梁桥,连续桥梁	
S51	665	津芦南线菱形立交(左、右幅)	大桥	636	636	32	34	5.5	道路	梁式桥,钢筋混凝土梁桥,连续桥梁	
S51	666	津芦南线菱形立交S面道桥	大桥	105.53	105.53	20	14.5		河流	梁式桥,钢筋混凝土梁桥,简支桥梁	
S51	667	津宁高速公路加宽桥(右幅)	大桥	328.43	328.43	25	4		旱地	梁式桥,钢筋混凝土梁桥,连续桥梁	
S51	668	津宁高速公路加宽桥(左幅)	大桥	203.43	203.43	25	4		旱地	梁式桥,钢筋混凝土梁桥,连续桥梁	
S51	669	津宁高速公路立交主线(左幅)	大桥	460.68	460.68	50	16.5	5.5	道路	梁式桥,钢筋混凝土梁桥,连续桥梁	
S51	670	津宁高速公路立交主线(右幅)	大桥	460.68	460.68	50	16.5	5.5	道路	梁式桥,钢筋混凝土梁桥,连续桥梁	
S51	671	金钟河大桥	大桥	654.17	654.17	40	41.5		河流	梁式桥,钢筋混凝土梁桥,连续桥梁	
S51	672	津大公路立交桥	大桥	760.2	760.2	40	41.5	5.5	道路	梁式桥,钢筋混凝土梁桥,连续桥梁	
S51	673	中心西道分离式立交桥	大桥	576.86	576.86	30	41.5	5.5	道路	梁式桥,钢筋混凝土梁桥,连续桥梁	
S51	674	津汉公路菱形立交西侧坡道桥	大桥	183.43	183.43	30	10		河流	梁式桥,钢筋混凝土梁桥,简支桥梁	
S51	675	津汉公路菱形立交东侧坡道桥	大桥	183.43	183.43	30	10		河流	梁式桥,钢筋混凝土梁桥,简支桥梁	
S51	676	津滨高速公路互通式立交桥	大桥	917.33	917.33	30	30	5.5	道路	梁式桥,钢筋混凝土梁桥,连续桥梁	
S51	677	M线桥梁	大桥	105.5	105.5	20	15		河流	梁式桥,钢筋混凝土梁桥,简支桥梁	
S51	678	N线桥梁	大桥	105.5	105.5	20	15		河流	梁式桥,钢筋混凝土梁桥,简支桥梁	
S51	679	海河东道分离式立交桥	大桥	452.1	452.1	40	35.6	5.5	道路	梁式桥,钢筋混凝土梁桥,连续桥梁	
S51	680	津沽路分离式立交桥	大桥	754.2	754.2	33	36	5.5	道路	梁式桥,钢筋混凝土梁桥,连续桥梁	
S51	681	规划经十路分离式立交桥	大桥	326.68	326.68	40	40.5	5.5	道路	梁式桥,钢筋混凝土梁桥,连续桥梁	

附表4 天津市高速公路桥梁汇总表

续上表

编号	序号	名称	规模	桥梁左 (m)	桥梁右 (m)	主跨长度 (m)	桥面宽度 (m)	桥底净高 (m)	跨越障碍物	桥梁分类	备注
S51	682	洪泥河大桥	大桥	105.61	105.61	20	40.5		河流	梁式桥,钢筋混凝土梁桥,简支桥梁	
S51	683	规划纬六路分离式立交桥	大桥	476.68	476.68	30	40.5	5.5	道路	梁式桥,钢筋混凝土梁桥,连续桥梁	
S51	684	先锋排污河中桥	中桥	101.84	101.84	20.42	43.54		河流	梁式桥,钢筋混凝土梁桥,简支桥梁	
S51	685	津港公路分离式立交桥	大桥	880.86	880.86	40	41.5	5.5	道路	梁式桥,钢筋混凝土梁桥,连续桥梁	
S51	686	津晋高速公路互通式立交桥	大桥	282.54	282.54	35	41.5	5.5	道路	梁式桥,钢筋混凝土梁桥,简支桥梁	
S51	687	京津互通立交东堤头加宽桥	中桥	86.96	86.96	22	5.35	5.5	道路	梁式桥,钢筋混凝土梁桥,简支桥梁	
S51	688	京津互通立交赵温庄加宽桥	中桥	101.86	101.86	16	4	5.5	道路	梁式桥,钢筋混凝土梁桥,简支桥梁	
S51	689	津汉公路菱形立交西侧北塘河	中桥	64.89	64.89	20	16		河流	梁式桥,钢筋混凝土梁桥,简支桥梁	
S51	690	津汉公路菱形立交东侧袁家河	中桥	43.9	43.9	20	16		河流	梁式桥,钢筋混凝土梁桥,简支桥梁	
S51	691	津汉公路菱形立交西侧袁家河	中桥	43.9	43.9	20	16		河流	梁式桥,钢筋混凝土梁桥,简支桥梁	
S51	692	津汉公路菱形立交东侧北塘河	中桥	64.89	64.89	20	16		河流	梁式桥,钢筋混凝土梁桥,简支桥梁	
S6	693	津静高架桥	大桥	406.14	406.14	25	25	5.5	道路	梁式桥,钢筋混凝土梁桥,简支桥梁	
S6	694	周芦铁路高架桥	大桥	717.73	717.73	30	25		铁路	梁式桥,钢筋混凝土梁桥,简支桥梁	
S6	695	西琉城高架桥	大桥	318.65	318.65	25	25	5.5	道路	梁式桥,钢筋混凝土梁桥,简支桥梁	
S6	696	独流减河桥	大桥	840	840	20	20		河流	梁式桥,钢筋混凝土梁桥,简支桥梁	
S6	697	前毕庄立交桥	大桥	380	380	20	23	5.5	道路	梁式桥,钢筋混凝土梁桥,简支桥梁	
S6	698	静王路立交桥	大桥	380	380	20	23	5.5	道路	梁式桥,钢筋混凝土梁桥,简支桥梁	
S6	699	运东干渠桥	大桥	119.54	119.54	16	22.5		水渠	梁式桥,钢筋混凝土梁桥,简支桥梁	
S6	700	唐官屯立交桥	大桥	475	475	32	18.6		铁路	梁式桥,钢筋混凝土梁桥,简支桥梁	
S6	701	南运河一号桥	大桥	172	172	30	23		河流	梁式桥,钢筋混凝土梁桥,简支桥梁	
S6	702	南运河二号桥	大桥	172	172	30	23		河流	梁式桥,钢筋混凝土梁桥,简支桥梁	
S6	703	大张屯立交桥	大桥	406	406	30	23	5.5	道路	梁式桥,钢筋混凝土梁桥,简支桥梁	
S6	704	马场减河桥	大桥	119.37	119.37	16	18.6		河流	梁式桥,钢筋混凝土梁桥,简支桥梁	

续上表

编号	序号	名称	规模	桥梁左(m)	桥梁右(m)	主跨长度(m)	桥面宽度(m)	桥底净高(m)	跨越障碍物	桥梁分类	备注
S6	705	自来水河桥	中桥	42.74	42.74	16	25		河流	梁式桥、钢筋混凝土梁桥、简支桥梁	
S6	706	排干污水河桥	中桥	50.33	50.33	16	25		河流	梁式桥、钢筋混凝土梁桥、简支桥梁	
S6	707	西大连污水河桥	中桥	84.76	84.76	16	25		河流	梁式桥、钢筋混凝土梁桥、简支桥梁	
S6	708	丰产河桥	中桥	65.05	65.05	20	25		河流	梁式桥、钢筋混凝土梁桥、简支桥梁	
S6	709	老君堂排干渠桥	中桥	20.64	20.64	20	25		水渠	梁式桥、钢筋混凝土梁桥、简支桥梁	
S6	710	港团运河桥	中桥	58.45	58.45	13	22.5		河流	梁式桥、钢筋混凝土梁桥、简支桥梁	
S6	711	刘上道桥	中桥	45.38	45.38	13.08	22.5		水渠	梁式桥、钢筋混凝土梁桥、简支桥梁	
S7	712	外环津保桥	大桥	321.71	321.71	32	27.5	5.058	道路	梁式桥、钢筋混凝土梁桥、连续桥梁	
S7	713	永清渠桥	中桥	54.14	54.14	20	27	7.039	水渠	梁式桥、钢筋混凝土梁桥、简支桥梁	
S7	714	京福分离式立交桥	中桥	67.9	67.9	16	27	6.11	道路	梁式桥、钢筋混凝土梁桥、简支桥梁	

天津市高速公路隧道汇总

序号	项目名称	规模	名称	隧道全长左(m)	隧道全长右(m)	洞门形式	隧道分类		备注
							按地质条件划分	按所在区域划分	
1	S1 津蓟高速公路	长隧道	莲花岭隧道	2190	2220	坡墙式	石质隧道	山岭隧道	
2	S1 津蓟高速公路	长隧道	大岭后隧道	1575.6	1586.2	坡墙式	石质隧道	山岭隧道	

附图1 天津市公路图

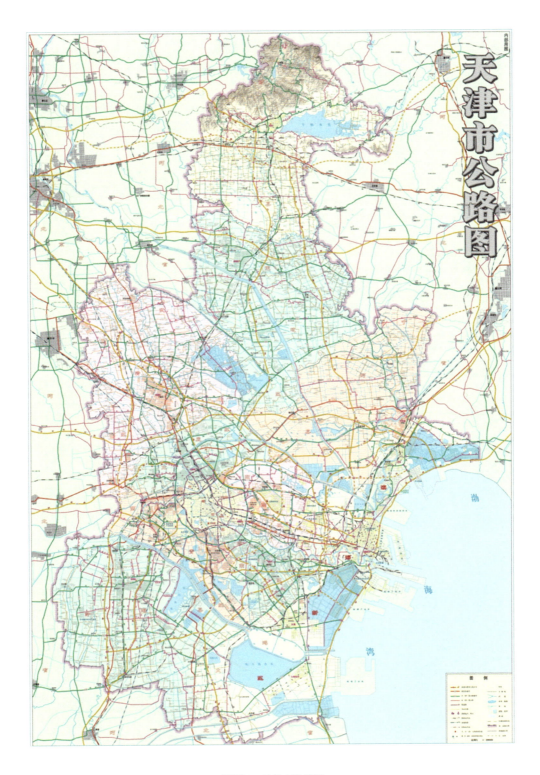

附图1　天津市公路图

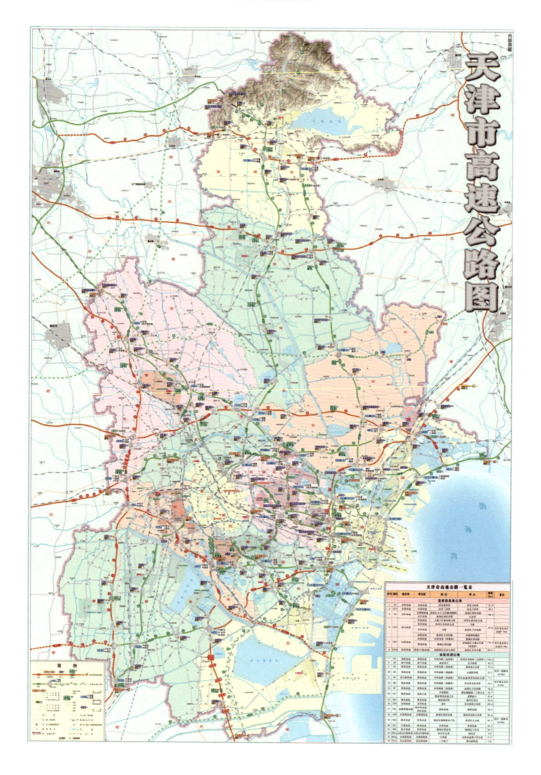

附图2　天津市高速公路图

附图 3

天津市省级公路网规划（2012—2030 年）

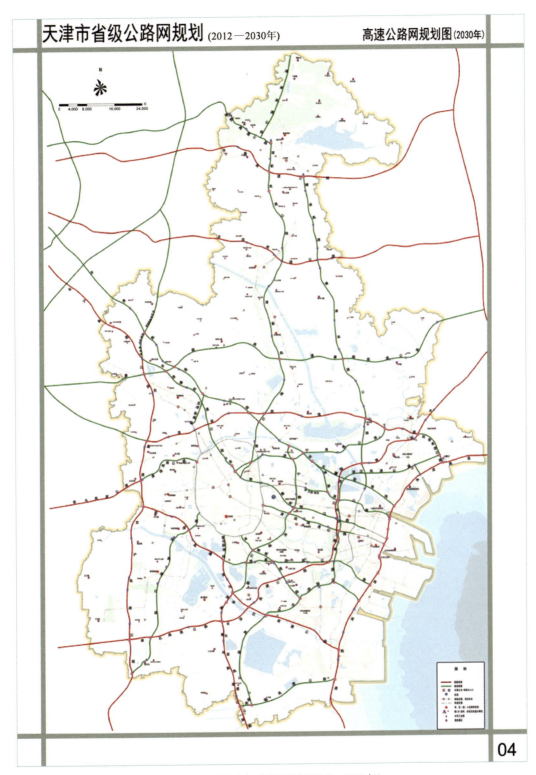

附图 3　天津市省级公路网规划（2012—2030 年）